2015

CHINA TV RATING YEARBOOK

中国电视收视年鉴 2015

陈若愚 主编

中国传媒大学出版社

《中国电视收视年鉴（2015）》
编写委员会

出版说明

为更好地服务于业界，作为中国最专业、最权威的视听率调查公司，CSM媒介研究从2003年起每年编写出版一部《中国电视收视年鉴》。《中国电视收视年鉴（2015）》是CSM媒介研究编写出版的第十三部电视收视年鉴。

《中国电视收视年鉴（2015）》主要包括四部分内容。第一部分：综述。本部分主要从收视环境、观众特征、观众收视行为、频道竞争、节目竞争、电视广告投放与竞争等方面对2014年中国电视收视市场进行了全景式的描述与分析。第二部分：专题研究。本部分除了对2014年全国新闻、电视剧、综艺、体育几个主要节目类型以及晚间新节目、户外真人秀、巴西世界杯的收视状况进行分析外，还对我国当代医疗剧的播出与收视、电视剧收视的影响因素以及省级卫视日间收视及节目编排特点进行了剖析。同时，本部分还对业界关注的热点问题，如新传播空间中地面频道的发展困境及突围路径、收视率调查体系的融合与发展、视频节目跨平台传播的价值评估、中国电视竞争"新常态"等进行了深入研究。第三部分：收视数据。这部分是关于全国电视收视市场以及重点市场的收视统计数据，主要指标涉及收视设备的拥有情况、人均收视时间、全年和全天收视率走势、各类频道的市场份额、各类节目的播出份额与收视份额以及主要节目类型的收视排行等。第四部分：附录。这部分主要包括CSM媒介研究各种收视调查网的基本情况。

《中国电视收视年鉴（2015）》为广大媒介从业人员既可以提供有关2014年中国电视收视市场的全面分析，又可以提供2014年全国以及各重点市场翔实的收视数据，它是媒介从业人员必备的一本工具书。

编者

2015年5月

目 录
CONTENTS

第一部分 综 述

第二部分 专 题

第三部分　收视数据

第四部分　附　录

第一部分
Part One

综 述 Overview

综　述

一、收视环境

2014年是我国全面深化改革的第一年，是实现“十二五”规划目标任务的关键之年，也是我国广播影视业全面实施进一步深化改革总体方案的改革之年。广播影视系统在党中央、国务院和中宣部的正确领导下，认真贯彻落实中央部署和总局要求，始终坚持正确方向，创新理念手段，顺利完成各项任务，在各个方面都取得了显著成绩，广播影视业保持了持续、健康、快速发展的良好态势。

2014年，我国电视业高举旗帜，坚定信念，深入学习贯彻习近平总书记系列重要讲话精神，牢牢把握工作总基调，坚持围绕中心、服务大局，坚持稳中求进、改革创新，敢于担当、攻坚克难，深化改革、扎实推进，奋力开创了电视业繁荣发展的新局面。2014年，我国电视业以弘扬中国梦为主题，坚持为民惠民，加快重点工程建设，以重点惠民工程为载体，电视公共服务水平显著提升；坚持品质至上，加强精品创作生产，电视内容产业持续健康快速增长，影视精品创作生产再上一个新台阶。2014年，我国电视业改革也取得了新成效，努力实现了新常态下的创新发展。我国电视业坚持科技引领，紧跟科技趋势，把握科技规律，创新理念和手段，安全播出保障能力进一步提高，公共服务技术支撑体系进一步完善，科技创新与应用步伐进一步加快，科技管理进一步加强；积极推进数字化网络化建设，电视数字化、网络化和新媒体有了显著发展，传统媒体和新兴媒体融合建设得到进一步发展，实现了媒体建设战略升级。2014年，我国电视业更加注重统筹国内、国际发展，加强电视节目海外落地，调整布局，以重点媒体为龙头，加快构建国际传播体系，依托重点项目和活动，促进优秀产品对外传播，国际传播能力进一步提升。

1. 全国共有电视台159座，广播电视台2214座，教育电视台42座

根据《中国广播电视年鉴（2015）》的最新统计，截至2014年底，全国共批准设立电视台159座、广播电视台2214座、教育电视台42座。其中国家级电视台有中央电视台和中国教育电视台，每个省、自治区、直辖市，每个地级及以上城市至少有一座电视台或广播电视台。全国有电视转播发射台11254座，有线电视网络415万公里，全国电视人口综合覆盖率达98.6%。全国有线广播电视用户数为23458.23万户，

数字电视用户数为19143.21万户，付费数字电视用户数为4505.41万户。2014年全年制作的电视节目时间为327.74万小时，全年公共电视节目播出时间为1747.61万小时。

2. 家庭电视机拥有率达97.7%，拥有二台及以上电视机家庭的比例为30.5%

目前我国居民家庭电视机的普及率已经基本处于一个稳定的水平。2014年CSM媒介研究全国收视调查网基础研究数据显示，我国居民家庭电视机拥有率达97.7%，拥有二台及以上电视机家庭的比例达30.5%，平均每百户居民家庭的电视机拥有量达136.5台（表1.1.1）。其中，城市居民家庭的电视机拥有率为96.8%，农村居民家庭的电视机拥有率为98.3%；拥有二台及以上电视机的家庭比例在城市为27.0%，在农村为33.0%；平均百户电视机拥有量在城市为131.6台，农村为140.0台。

从各大行政区来看，电视机拥有情况在全国存在显著的地域差异。拥有二台及以上电视机的居民家庭比例，华东地区最高，达41.2%；东北最低，仅为16.7%。百户电视机拥有量华东地区最高，达154.1台；东北地区最低，只有115.8台；华南地区为119.6台；西北地区为121.0台；西南地区为130.1台；华北地区为130.2台；华中地区为141.8台（表1.1.2）。

表1.1.1　2014年全国城乡居民家庭电视机拥有情况

	全国	城市	农村
一台户比例（%）	67.2	69.8	65.3
二台及以上户比例（%）	30.5	27.0	33.0
没有电视机户比例（%）	2.3	3.2	1.7
百户电视机拥有量（台）	136.5	131.6	140.0

数据来源：CSM媒介研究2014年全国收视调查网基础研究

表1.1.2　2014年全国各大行政区居民家庭电视机拥有情况

	东北	华北	华东	华南	华中	西北	西南
一台户比例（%）	81.3	71.8	56.0	78.5	62.8	78.6	70.2
二台及以上户比例（%）	16.7	26.5	41.2	18.8	35.2	19.8	27.5
没有电视机户比例（%）	2.1	1.7	2.8	2.7	2.0	1.6	2.3
百户电视机拥有量（台）	115.8	130.2	154.1	119.6	141.8	121.0	130.1

数据来源：CSM媒介研究2014年全国收视调查网基础研究

2014 年，彩色电视机在我国居民家庭中已处于绝对主导地位，在电视家庭户中，全国彩色电视机的家庭拥有率达到了99.9%，黑白电视机已基本被淘汰（表1.1.3）。从不同区域来看，2014年各大行政区居民家庭的彩色电视机拥有率差别不大，均在99.7%及以上（表1.1.4）。

表1.1.3　2014年全国及城乡居民家庭拥有不同类型电视机的比例（%）

电视机类型	全国	城市	农村
彩色电视机	99.9	99.9	99.9
普通电视机	69.9	58.4	78.0
背投电视机	0.7	0.7	0.6
液晶电视机	43.0	51.4	37.2
等离子电视机	0.3	0.5	0.1

数据来源：CSM媒介研究2014年全国收视调查网基础研究

表1.1.4　2014年全国各大行政区拥有不同类型电视机的家庭比例（%）

电视机类型	东北	华北	华东	华南	华中	西北	西南
彩色电视机	100.0	99.9	99.9	99.9	99.9	99.7	100.0
普通电视机	64.7	65.3	71.1	61.6	75.3	73.3	73.7
背投电视机	0.6	0.6	0.5	0.9	0.4	1.2	0.9
液晶电视机	41.6	42.7	46.7	44.6	42.1	33.7	40.4
等离子电视机	0.3	0.5	0.3	0.5	0.1	0.4	0.2

数据来源：CSM媒介研究2014年全国收视调查网基础研究

2014年我国城乡居民家庭电视机更新换代速度进一步加快。随着城乡居民收入水平的提高和技术革新带来的高品质电视机价格的下降，城乡居民家庭电视机拥有情况从数量上的增加逐步过渡到质量上的改善，城市居民家庭以及部分农村居民家庭开始追求电视机的更新换代，由原来的CRT电视机、传统的背投电视机，向液晶电视机、等离子电视机等平板电视机升级。尽管传统意义的普通彩电仍然是居民家庭的主流机型，但平板电视机的普及率在全国居民家庭户中2014年已经达到43.3%，比2013年的34.5%提高了8.8个百分点。按城乡分别来看，2014年城市居民家庭拥有平板电视机的比例已达51.9%，比2013年的43.4%大幅增长了8.5个百分点；农村居民家庭拥有平板电视机的比例也达到37.3%，比2013年的28.3%提高了9个百分点（图1.1.1）。分地区来看，各地区除西北以外平板电视机的普及率都在40%以上，华东地区最高，达到46.9%；普及率较低的是西北地区，平板电视机的普及率为34.1%。随着数字电视的发展，高清信号源的增多以及高品质电视机价格的不断下降，平板电视机的普及率必将进一步提高。

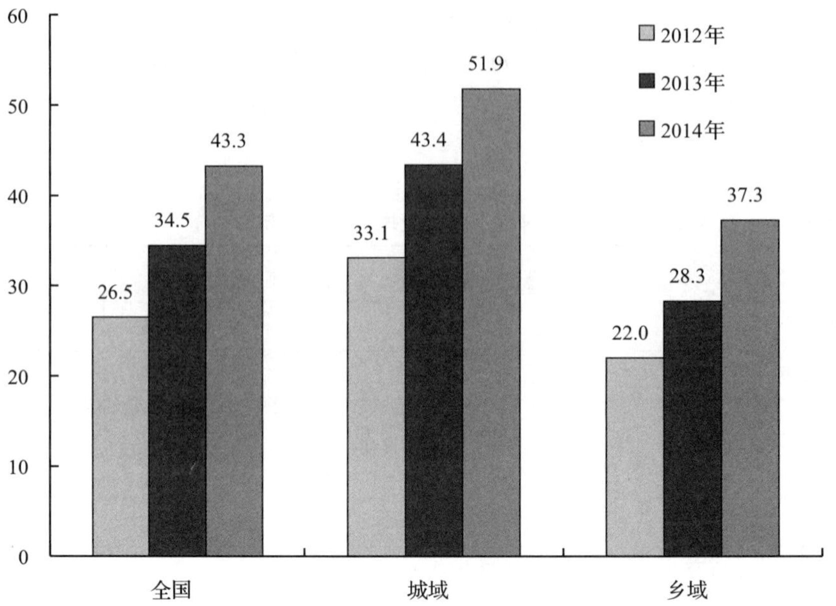

数据来源：CSM 媒介研究 2012 年、2013 年和 2014 年全国收视调查网基础研究

图 1.1.1　2012～2014 年全国及城乡居民家庭拥有平板电视机的比例（%）

3. 城乡居民家庭平均每户可以收看到 64.8 个频道

随着有线电视数字化建设的全面展开，越来越多的有线电视网整体平移，使城乡居民家庭能够收看到的电视频道数量增加。根据 CSM 媒介研究历年全国收视调查网基础研究数据，全国城乡居民家庭可以接收到的电视频道数量逐年增加，2014 年全国平均每户可以接收 64.8 个电视频道，比 2013 年的 59.4 增加 5.4 个。2014 年城市居民家庭平均每户可以接收到 73.1 个频道，比 2013 年增加 4.4 个；农村居民家庭平均可以接收 59.1 个频道，比 2013 年增加 6.2 个（表 1.1.5）。从分地区的情况来看，2014 年平均每户可接收到电视频道数量最多的是华北地区，为 72.1 个，接收频道较少的有华南和华中地区，平均每户可接收到的电视频道数分别为 59.1 和 58.5 个（图 1.1.2）。

表 1.1.5　2007～2014 年全国及城乡居民家庭可以接收到的电视频道数量（个）

年份	全国	城市	农村
2007 年	25.6	35.1	21.4
2008 年	30.4	40.5	26.0
2009 年	39.1	50.1	33.2
2010 年	41.4	53.0	34.7
2011 年	47.6	58.5	40.4
2012 年	54.3	63.8	47.7
2013 年	59.4	68.7	52.9
2014 年	64.8	73.1	59.1

数据来源：CSM 媒介研究历年全国收视调查网基础研究

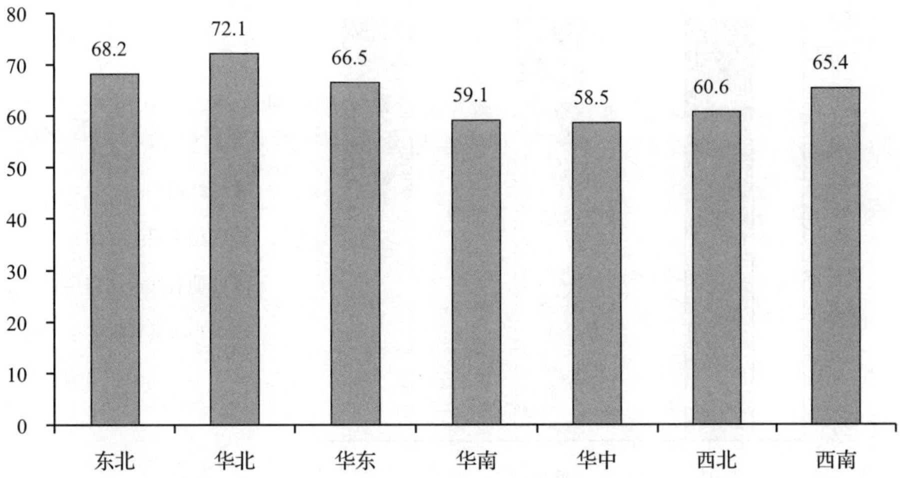

数据来源：CSM 媒介研究 2014 年全国收视调查网基础研究

图 1.1.2　2014 年全国各大行政区居民家庭可以接收到的电视频道数量（个）

4. 有线接收逐渐成为农村居民家庭接收电视信号的主要方式，可接收数字电视、IPTV 的家庭比例大幅增长

随着电视信号数字化、网络化进程的不断推进，有线电视网络频道增多，信号清晰度提高，有线接收已成为全国城乡居民家庭接收电视信号的主要方式。根据 2014 年 CSM 媒介研究全国收视调查网基础研究数据，全国电视家庭户中，有线电视用户普及率为 67.5%，其中城市为 81.9%，与 2013 年数据基本持平，有线接收方式已经是绝大多数城市居民家庭接收电视节目的方式；农村为 57.5%，与 2013 年相比有所上升，有线接收方式也逐渐成为农村居民家庭接收电视信号的主要方式。在有线接收方式中，通过省、市（县）有线网接收电视信号的家庭户比例全国为 56.4%，其中在城市，有 72.3% 的家庭接入了省、市（县）有线网；在农村，通过省、市（县）有线网收看电视节目家庭的比例为 45.3%（图 1.1.3）。

从各大行政区的情况来看，有线电视普及率较高的是东北、华东和华南地区，有线电视普及率均接近或者超过 70%，其中东北地区最高，为 82.8%。西北地区的有线户比例最低，为 51.9%，华中地区也仅为 55.1%；有线电视普及率较低的地区还有西南和华北地区，分别为 59.0% 和 62.4%（图 1.1.4）。华北及中西部地区特别是西南和西北地区通过非有线方式收看卫视频道的比例较大，都在 34% 以上，其中华北为 34.1%，华中为 39.8%，西南为 38.7%，西北为 41.4%，说明这些地区特别是西部地区在有线网络难以到达的地方更多地采用了碟形天线等方式解决接收问题。以无线方式接收卫视频道的比例在西北、华中和华东地区相对较高，均在 5% 以上；西北地区由于有线电视普及率较低，以无线方式接收卫视频道的比例达到 6.7%；而西南地区由于碟型卫星天线比例较高，以无线方式接收卫视频道的比例很小，仅为 2.3%。

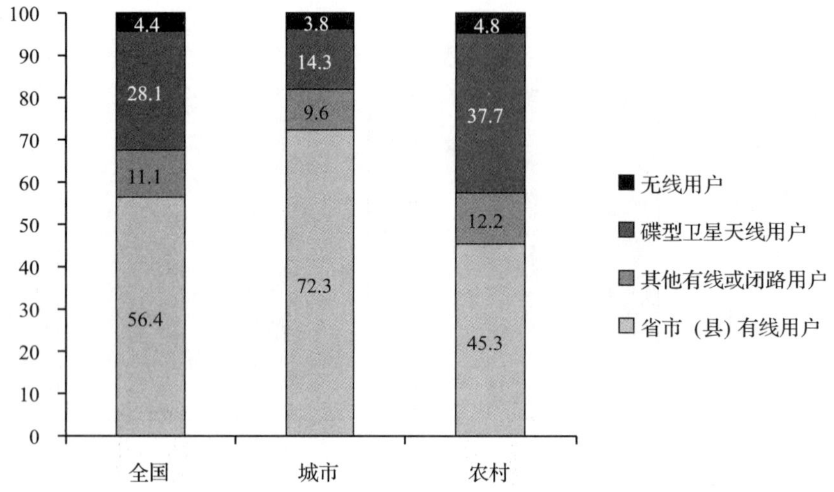

数据来源：CSM 媒介研究 2014 年全国收视调查网基础研究

图 1.1.3　2014 年全国城乡居民家庭不同电视信号接收方式的比例（%）

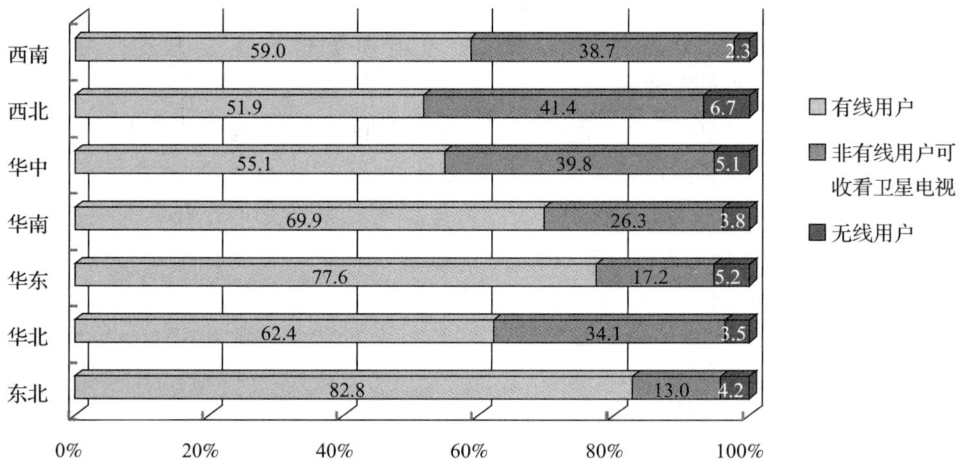

数据来源：CSM 媒介研究 2014 年全国收视调查网基础研究

图 1.1.4　2014 年全国各大行政区居民家庭不同电视信号接收方式的比例（%）

CSM 媒介研究全国收视调查网基础研究数据表明，近年来我国电视家庭中可接收数字电视或 IPTV 的比例稳步增长，2014 年该比例已达 50.5%，比 2013 年增长了 5.9 个百分点。其中在城市为 65.8%，比 2013 年增长了 4.2 个百分点；在农村为 39.9%，比 2013 年增长了 7.2 个百分点（图 1.1.5）。从不同地区来看，全国七大行政区中可接收数字电视或 IPTV 的电视家庭比例有一定差异，在华东和东北地区，其比例都在 60% 以上，东北地区更是高达 63.3%；华北、西北和华南地区，该比例在43% ~49% 之间，而在西南和华中地区则分别只有 41.5% 和 37.9%（图 1.1.6）。

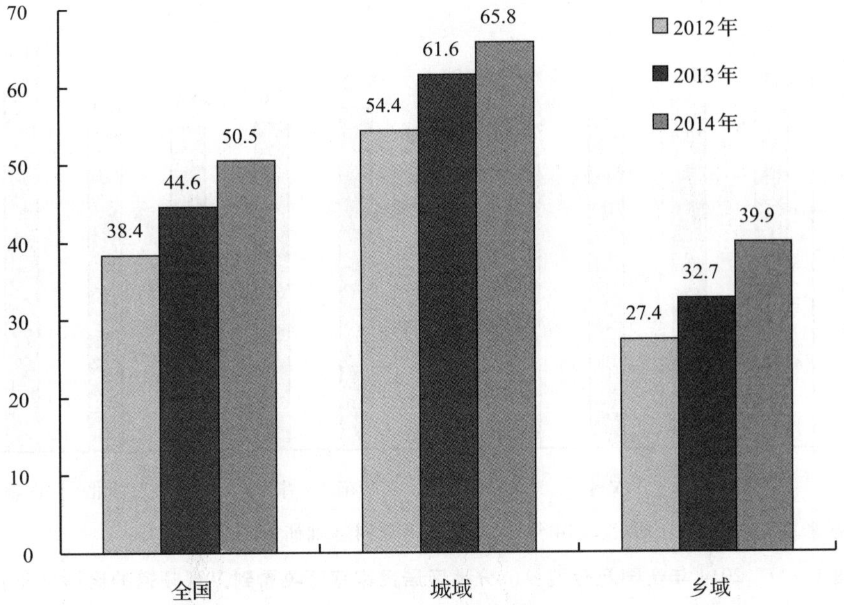

数据来源：CSM 媒介研究历年全国收视调查网基础研究

图 1.1.5　2012 ~2014 年全国城乡居民家庭可接收数字电视或 IPTV 的比例（%）

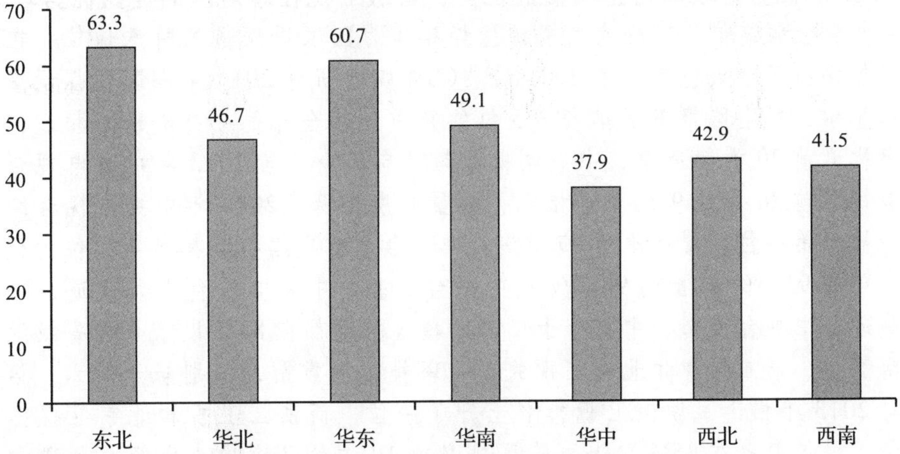

数据来源：CSM 媒介研究 2014 年全国收视调查网基础研究

图 1.1.6　2014 年全国各大行政区居民家庭可接收数字电视或 IPTV 的比例（%）

5. 88.6%的城市家庭和 84.0%的农村家庭可收看到卫视节目

2014 年全国收视调查网基础研究数据表明，2014 年全国可接收卫视频道的家庭比例达 85.9%，比 2013 年的 84.4%增长了 1.5 个百分点。其中在城市，88.6%的电视家庭可以收看到卫视节目，比 2013 年增长了 0.6 个百分点；在农村，电视家庭中能够收看到卫视节目的比例也达到了 84.0%，比 2013 年的 81.8%增长了 2.2 个百分点。从不同地区来看，全国七大行政区之间能收看到卫视节目的电视家庭比例有一定的差异，最高的西南地区达 94.9%，最低的东北地区为 74.6%，其他地区在 81% ~89%之间不等（图 1.1.7）。

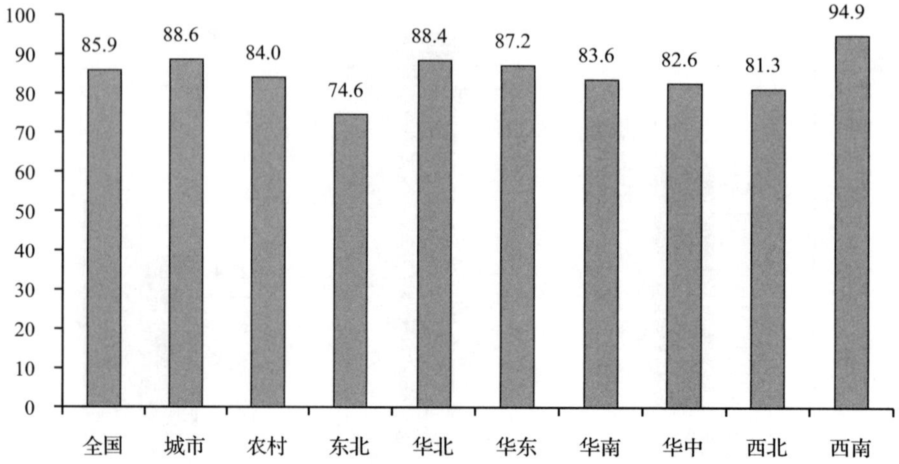

数据来源：CSM 媒介研究 2014 年全国收视调查网基础研究

图 1.1.7　2014 年全国及分城乡、分地区居民家庭可收看到卫视频道的比例（%）

6. 中央电视台继续保持全国覆盖优势，省级卫视在本地区的覆盖优势较大

中央电视台频道依靠其强大的资源优势和作为国家级频道的特殊地位，在全国的覆盖率仍然保持了很大优势（表 1.1.6）。CSM 媒介研究 2014 年全国收视调查网基础研究数据显示，在全国覆盖率排名前 5 位的频道仍然全部是中央电视台频道；而在进入覆盖率排名前 20 的频道中，中央电视台频道有 7 个，与 2013 年中央电视台频道入围覆盖率排名前 20 位的 9 个频道相比，数量有所下降。2014 年中央电视台综合频道与上年一样排第一位，覆盖率达 97.2%；中央台七套也维持其排名第二位的优势，覆盖率由上年的 91.3% 增长到 93.0%；中央台二套、中央电视台少儿频道、中央电视台新闻频道、中央台十套、中央台十二套的覆盖率也都在 88% 以上。在省级卫视频道中，湖南卫视、浙江卫视和北京卫视的覆盖率排名最靠前，分别居于第六、第九、第十位，与 2013 年相比，湖南卫视排名上升了一位，而浙江卫视和北京卫视排名则下降了一位，覆盖率也在 85% 以上。除了排名前 10 位的 7 个中央电视台频道和 3 个省级卫视频道外，进入覆盖率前 20 位的频道还包括贵州、安徽、四川、江西、河南、湖北、天津、重庆、山东这 9 个省级卫视频道和中国教育台一套。2014 年覆盖率排名前 20 名的频道覆盖率都在 80% 以上，比 2013 年覆盖率整体有较大提升。

在城市地区，覆盖率排名前 6 位的频道全部是中央电视台频道，其中中央电视台综合频道排第一位，覆盖率达 98.0%；另外，中央台十二套也进入了覆盖率排名前 20 位，排第十一位（表 1.1.7）。在城市地区，2014 年有 12 个省级卫视频道进入覆盖率排名前 20 位，其中湖南、浙江、北京和安徽这 4 个省级卫视频道在城市地区排名最靠前，位居覆盖率排名表的第七到第十位。另外，贵州卫视、四川卫视、中国教育台一套、天津卫视、山东卫视、河南卫视、江苏卫视、湖北卫视和江西卫视也进入了覆盖排名表中前 20 位，分别排在第十一到第二十位。

表 1.1.6　2014 年全国卫视频道覆盖率排名前二十位

排名	频道	覆盖率（%）	排名	频道	覆盖率（%）
1	中央电视台综合频道	97.2	11	贵州卫视	85.8
2	中央台七套	93.0	11	安徽卫视	85.8
3	中央台二套	92.2	13	四川卫视	84.2
4	中央电视台少儿频道	90.5	14	中国教育台一套	83.3
5	中央电视台新闻频道	90.2	15	江西电视台卫星频道(一套)	82.1
6	湖南卫视	89.5	16	河南电视台卫星频道(一套)	81.9
6	中央台十套	89.5	16	湖北卫视	81.9
8	中央台十二套	88.8	18	天津卫视	81.6
9	浙江卫视	86.9	19	重庆卫视	80.9
10	北京卫视	85.9	20	山东卫视	80.1

数据来源：CSM 媒介研究 2014 年全国收视调查网基础研究

表 1.1.7　2014 年城市地区卫视频道覆盖率排名前二十位

排名	频道	覆盖率（%）	排名	频道	覆盖率（%）
1	中央电视台综合频道	98.0	11	中央台十二套	87.6
2	中央台七套	93.0	11	贵州卫视	87.6
3	中央台二套	92.2	13	四川卫视	87.0
4	中央电视台少儿频道	91.3	14	中国教育台一套	85.7
5	中央电视台新闻频道	90.9	15	天津卫视	85.4
6	中央台十套	90.2	16	山东卫视	84.3
7	湖南卫视	89.5	16	河南电视台卫星频道(一套)	84.3
8	浙江卫视	88.3	18	江苏卫视	84.2
9	北京卫视	87.8	18	湖北卫视	84.2
10	安徽卫视	87.7	20	江西电视台卫星频道(一套)	83.9

数据来源：CSM 媒介研究 2014 年全国收视调查网基础研究

与往年一样，2014 年卫视频道在农村地区的覆盖率整体上比在城市地区低。从排名前 20 位的频道来看，在农村地区，2014 年排名最后一位的频道覆盖率是 77.1%，高于 2013 年的 73.4%，尽管其低于城市地区的 83.9%，但与 2013 年相比城乡差距进一步缩小。与城市地区的情况相比，中央电视台频道在农村地区的覆盖强势地位更加明显，在覆盖率排名前 8 位的频道中，中央电视台频道占了 7 个。农村地区进入覆盖率排名前 20 位的省级卫视频道与城市地区一样，达到 12 个；从频道排名来看，湖南卫视、浙江卫视和北京卫视在农村地区的覆盖率进入前 10 位，贵州卫视、安徽卫视、四川卫视、江西卫视、河南卫视、湖北卫视、重庆卫视、天津卫视和山东卫视也进入了排名的前 20 位（表 1.1.8）。

表 1.1.8　2014 年农村地区卫视频道覆盖率排名前二十位

排名	频道	覆盖率（%）	排名	频道	覆盖率（%）
1	中央电视台综合频道	96.6	11	贵州卫视	84.5
2	中央台七套	93.0	12	安徽卫视	84.4
3	中央台二套	92.2	13	四川卫视	82.3
4	中央电视台少儿频道	89.9	14	中国教育台一套	81.6
5	中央电视台新闻频道	89.7	15	江西电视台卫星频道(一套)	80.9
5	中央台十二套	89.7	16	河南电视台卫星频道(一套)	80.3
7	湖南卫视	89.5	16	湖北卫视	80.3
8	中央台十套	89.0	18	重庆卫视	80.1
9	浙江卫视	85.8	19	天津卫视	79.0
10	北京卫视	84.5	20	山东卫视	77.1

数据来源：CSM 媒介研究 2014 年全国收视调查网基础研究

表 1.1.9　2014 年东北地区卫视频道覆盖率排名前二十位

排名	频道	覆盖率（%）	排名	频道	覆盖率（%）
1	中央电视台综合频道	98.9	11	浙江卫视	90.9
2	中央台七套	95.8	12	吉林卫视	88.7
3	中央台二套	95.4	13	天津卫视	88.5
4	辽宁卫视	94.2	14	中国教育台一套	87.4
5	黑龙江卫视	93.5	15	四川卫视	86.8
6	中央电视台少儿频道	93.3	16	北京卫视	86.5
6	中央电视台新闻频道	93.3	17	贵州卫视	86.0
6	中央台十套	93.3	18	湖南卫视	85.8
9	安徽卫视	92.1	19	山东卫视	84.6
10	中央台十二套	91.5	20	上海东方卫视	83.6

数据来源：CSM 媒介研究 2014 年全国收视调查网基础研究

表 1.1.10　2014 年华北地区卫视频道覆盖率排名前二十位

排名	频道	覆盖率（%）	排名	频道	覆盖率（%）
1	中央电视台综合频道	97.6	11	安徽卫视	89.1
2	中央台二套	94.3	12	贵州卫视	88.7
3	中央台七套	93.5	13	山西卫视	88.5
4	中央台十二套	91.8	13	山东卫视	88.5
5	中央电视台少儿频道	91.2	15	浙江卫视	88.2
6	北京卫视	91.1	16	湖南卫视	88.0
7	中央台十套	91.0	17	重庆卫视	87.4
8	中央电视台新闻频道	90.6	18	中央台十一套	86.8
9	河北卫视	90.5	19	湖北卫视	86.4
10	天津卫视	89.6	20	四川卫视	86.2

数据来源：CSM 媒介研究 2014 年全国收视调查网基础研究

表 1.1.11　2014 年华东地区卫视频道覆盖率排名前二十位

排名	频道	覆盖率（%）	排名	频道	覆盖率（%）
1	中央电视台综合频道	97.2	11	北京卫视	86.7
2	中央台七套	92.2	12	贵州卫视	86.2
3	中央台二套	90.8	13	山东卫视	85.9
4	中央电视台新闻频道	89.8	14	江西电视台卫星频道(一套)	85.2
5	中央电视台少儿频道	89.5	15	中国教育台一套	84.4
5	湖南卫视	89.5	16	天津卫视	83.3
7	中央台十套	88.8	17	中央台十一套	82.6
8	浙江卫视	88.0	17	江苏卫视	82.6
9	安徽卫视	87.7	19	中央台四套	82.5
9	中央台十二套	87.7	20	河南电视台卫星频道(一套)	82.4

数据来源：CSM 媒介研究 2014 年全国收视调查网基础研究

表 1.1.12　2014 年华南地区卫视频道覆盖率排名前二十位

排名	频道	覆盖率（%）	排名	频道	覆盖率（%）
1	中央电视台综合频道	95.1	11	安徽卫视	79.2
2	中央台七套	90.4	12	中央台十二套	78.7
3	湖南卫视	86.9	13	贵州卫视	77.4
4	中央台二套	86.4	14	四川卫视	76.5
5	中央电视台新闻频道	85.9	15	中央台四套	76.4
6	中央电视台少儿频道	85.1	16	江西电视台卫星频道(一套)	74.9
7	浙江卫视	81.6	17	上海东方卫视	73.4
8	中央台十套	80.9	18	江苏卫视	72.7
9	中国教育台一套	80.7	18	广西电视台卫星频道	72.7
10	广东卫视	79.9	20	河南电视台卫星频道(一套)	72.6

数据来源：CSM 媒介研究 2014 年全国收视调查网基础研究

表 1.1.13　2014 年华中地区卫视频道覆盖率排名前二十位

排名	频道	覆盖率（%）	排名	频道	覆盖率（%）
1	中央电视台综合频道	97.5	11	湖北卫视	85.9
2	中央台二套	93.0	11	北京卫视	85.9
3	湖南卫视	92.5	13	安徽卫视	83.6
4	中央台十套	91.7	14	贵州卫视	82.0
4	中央台七套	91.7	15	四川卫视	81.4
6	中央电视台新闻频道	91.1	16	中国教育台一套	80.6
7	中央电视台少儿频道	90.8	17	江西电视台卫星频道(一套)	80.0
8	中央台十二套	90.7	18	重庆卫视	79.9
9	河南电视台卫星频道(一套)	87.7	19	天津卫视	76.3
10	浙江卫视	86.2	20	中央台十一套	74.6

数据来源：CSM 媒介研究 2014 年全国收视调查网基础研究

表 1.1.14　2014 年西北地区卫视频道覆盖率排名前二十位

排名	频道	覆盖率（%）	排名	频道	覆盖率（%）
1	中央电视台综合频道	97.8	11	陕西卫视	88.4
2	中央台二套	93.9	12	四川卫视	88.1
3	中央台七套	92.4	13	中央台十二套	87.8
4	安徽卫视	90.5	14	山西卫视	87.7
5	中央电视台少儿频道	90.0	14	甘肃卫视	87.7
6	中央电视台新闻频道	89.8	16	重庆卫视	86.5
7	北京卫视	89.7	17	辽宁卫视	85.9
8	贵州卫视	89.5	18	中国教育台一套	85.8
9	中央台十套	88.9	19	宁夏卫视	85.6
10	湖北卫视	88.5	20	内蒙古卫视	84.6

数据来源：CSM 媒介研究 2014 年全国收视调查网基础研究

表 1.1.15　2014 年西南地区卫视频道覆盖率排名前二十位

排名	频道	覆盖率（%）	排名	频道	覆盖率（%）
1	中央电视台综合频道	96.6	11	贵州卫视	90.6
2	中央台七套	96.2	12	北京卫视	87.6
3	中央台二套	94.2	13	浙江卫视	86.9
4	湖南卫视	94.1	14	江西电视台卫星频道(一套)	84.0
5	中央电视台少儿频道	93.9	15	湖北卫视	83.3
5	四川卫视	93.9	16	中国教育台一套	81.5
7	中央台十二套	93.0	17	云南广播电视台卫视频道(一套)	81.3
8	中央台十套	91.5	18	东南卫视	80.6
9	重庆卫视	91.3	19	天津卫视	80.4
10	中央电视台新闻频道	91.2	20	河南电视台卫星频道(一套)	79.7

数据来源：CSM 媒介研究 2014 年全国收视调查网基础研究

随着有线网络的普及以及数字电视的不断推广，频道竞争日益加剧，各卫视频道在不同地区的覆盖率明显不同。尽管中央电视台频道在各个地区都表现出明显优势地位，但在不同地区，其优势还呈现出不同程度的差异。CSM 媒介研究 2014 年全国收视调查网基础研究数据表明，在各大行政区覆盖率排名前 20 位的频道中，中央电视台频道在华东地区占 9 个，在华南地区占 8 个，在华中地区占 8 个，在华北地区占 8 个，而在东北、西北和西南地区则只占7个。中央电视台综合频道稳居各地区覆盖率排名表第一位，覆盖率都在95%以上。各省级卫视的覆盖率排名在不同地区差异很大，基本特点是在本地区的覆盖率排名中优势较大。如在东北地区，辽宁卫视排在第四位，黑龙江卫视排在第五位，吉林卫视排在第十二位；北京卫视、河北卫视和天津卫视在华北地区分别排在第六、第九和第十位；浙江卫视、安徽卫视、山东卫视、江西卫视和江苏卫视在华东地区分别排在第八、第九、第十三、第十四和第十七位；广东卫视和广西卫视在华南地区分别排在第十和第十八位；湖南卫视、河南卫视和湖北卫视在华中地区分别排在第三、第九和第十一位；陕西卫视、甘肃卫视和宁夏卫视在西北地区分别排在第十一、第十四和第十九位；四川卫视、重庆卫视、贵州卫视和云南卫视在西南地区则分别排在第五、第九、第十一和第十七位。

二、电视观众特征

2014年，全国电视观众规模达12.78亿人，比2013年略有增加；电视观众性别结构维持稳定，与人口性别构成差别很小；主体观众群体仍为中青年，城乡观众年龄构成差异明显；主体观众群体学历偏低，城市观众的文化程度明显高于乡村；无业群体占据观众的较大比例，城乡观众职业构成同中有异；低收入观众所占比例较大，城市观众个人月收入水平高于农村观众。

1. 全国电视观众规模达12.78亿人，比2013年略有增加

继2008年国家提前实现中央广播电视节目“十一五”农村无线覆盖目标后，国家又推出了“家电下乡、以旧换新”等政策，并大力推进数字电视转换。在多项政策的共同推动下，全国电视观众规模连续多年呈现增长态势，但由于受到新媒体的冲击及其他因素的影响，受众使用的媒介工具发生了较大变化，电视观众规模在2013年首次出现了下滑。2014年，全国电视观众规模较2013年略有增加。CSM媒介研究全国测量仪收视调查网2014年基础研究数据显示，2014年中国内地年龄在4岁及以上的电视观众规模达到12.78亿人，占全国4岁及以上人口的98.4%。与2013年相比，2014年中国电视观众规模增加了299.7万人，增幅为0.24%。2014年电视观众规模虽有所上升，但在全国4岁及以上人口中所占比例却是下降的，较2013年下降了0.2个百分点。

2. 电视观众性别结构维持稳定，与人口性别构成差别很小

CSM媒介研究2014年全国测量仪收视调查网电视观众数据显示，男性观众比例为51.0%、女性观众比例为49.0%，与2013年CSM媒介研究的调查数据趋同，说明目前我国电视观众的性别结构基本维持稳定。同时，这一性别结构也与中国内地人口的性别构成差别很小，《中国统计年鉴（2014）》数据显示，2013年全国男性人口占总人口的比例为51.2%、女性为48.8%。城乡电视观众的性别比例与全国整体观众的性别比例基本保持一致。在城市观众中，男性群体所占比例为51.2%，女性群体所占比例为48.8%；在农村，男女观众所占的比例则分别为50.9%和49.1%（图1.2.1）。

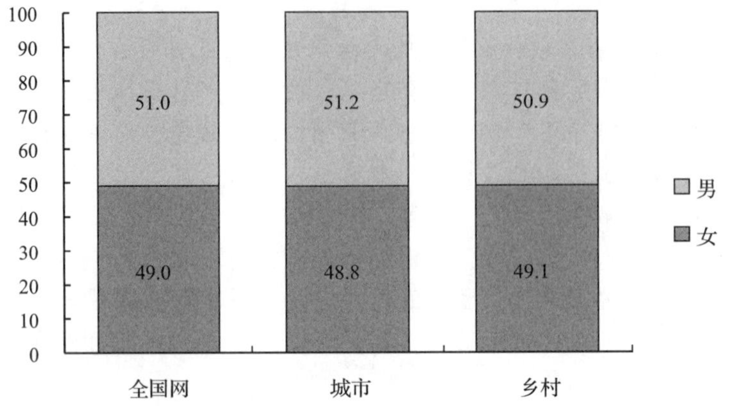

数据来源：CSM 媒介研究

图 1.2.1　2014 年全国测量仪收视调查网及分城乡电视观众的性别构成（%）

3. 主体观众群体为中青年，城乡观众年龄构成差异明显

从 2014 年全国电视观众整体构成来看，35～44 岁和 15～24 岁这两个群体在所有电视观众中所占的比例分居前两位，分别为 19.0% 和 17.7%，二者之和占据了超过了三分之一的份额；25～34 岁和 45～54 岁观众群所占的比例分列第三和第四位，分别达到 15.5% 和 14.6%，二者相加占据了超过 30% 的份额；4～14 岁、55～64 岁和 65 岁及以上的观众群体所占比例相对较小，依次分别为 12.7%、11.1% 和 9.4%。电视观众凸显出年轻化的特征。比较城乡观众的年龄构成可以看出，乡村观众中 4～24 岁青少年观众

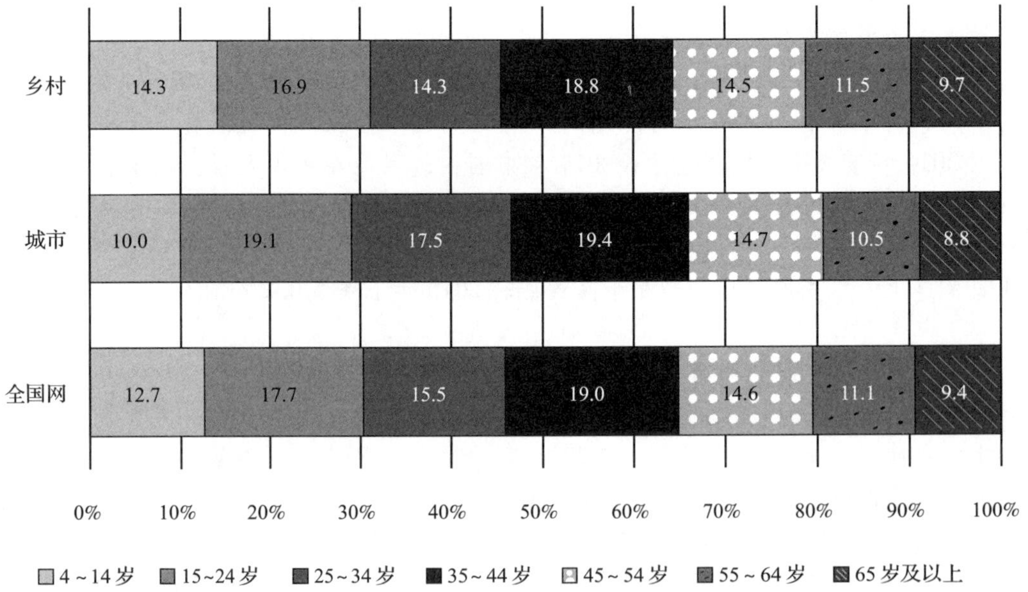

数据来源：CSM 媒介研究

图 1.2.2　2014 年全国测量仪收视调查网及分城乡电视观众的年龄构成（%）

的合计比例高于同年龄段城市观众，而25~54岁中青年观众的合计比例则低于城市同年龄段观众，55岁及以上的老年观众所占比例高于城市同年龄段的观众所占比例。总体而言，乡村观众年龄构成呈现出两头大、中间小的特征，相反，城市观众年龄构成则表现出中间大、两头小的特征。无论表现为何种特征，城乡主体受众群均为中青年群体（图1.2.2）。

4. 主体观众群体学历偏低，城市观众文化程度明显高于乡村

从全国电视观众的文化程度构成来看，中低学历观众占据了绝对优势。所占比例位居前3位的依次为初中文化程度观众，比例高达36.4%；小学文化程度观众，比例为25.4%和高中文化程度观众，比例为17.8%。排在第四位的是未受过正规教育的观众，所占比例为10.5%；排在最后一位的是大学及以上文化程度观众，只占9.9%的比例。主体观众群体的学历偏低是我国电视观众的一个重要特征。城乡观众的文化程度构成有各自鲜明的特色，总体而言，城市观众的文化程度明显高于乡村观众，城市观众中高中及以上文化程度观众的比例高达42.6%，乡村观众中该比例则仅为18.7%；城市观众中小学及以下文化程度观众所占比例为25.4%，而乡村观众中该群体所占的比例则高达42.3%（图1.2.3）。

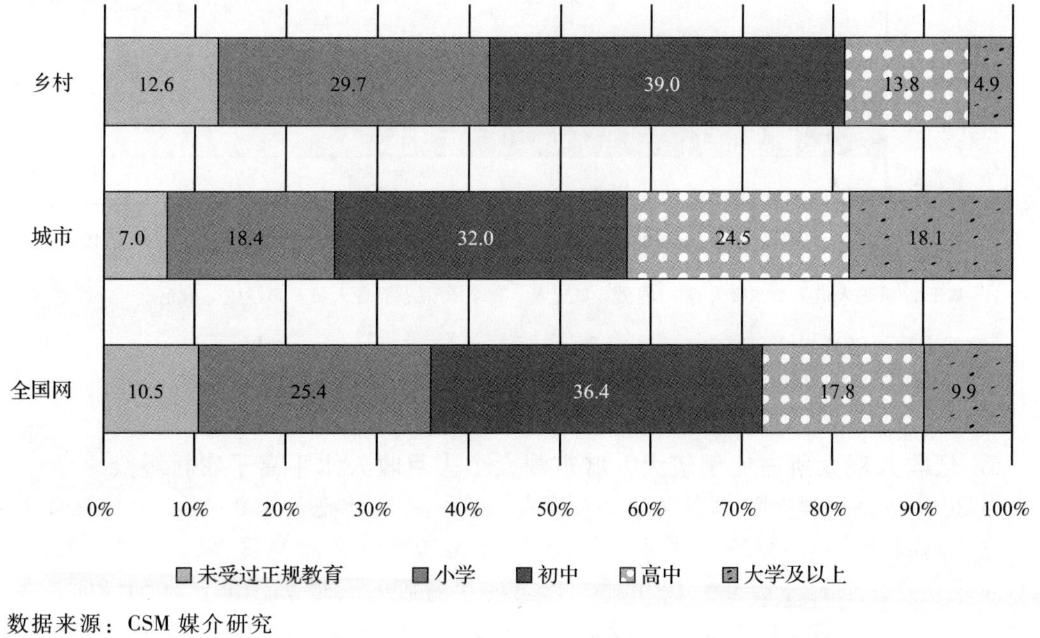

数据来源：CSM 媒介研究

图1.2.3　2014年全国测量仪收视调查网及分城乡电视观众的文化程度构成（%）

5. 无业群体占据观众较大比例，城乡观众职业构成同中有异

从2014年全国观众整体职业构成来看，无业群体（包括离退休人员）在电视观众中占据了较大比例，为19.3%，位居第二位，位列第三的学生群体占15.4%的比例，位列第四的个体/私营企业人员占13.2%的比例，然后依次为工人、初级公务员/雇员和干

部/管理人员，分别占 12.1%、9.4% 和 1.7% 的比例。全国测量仪收视调查网中包括了对乡村的调查，农民/渔民/牧民等包含在其他类中，因此该群体占到了全国电视观众的 28.9%，位居首位。分城乡来看，电视观众职业构成同中有异，无论是在城市还是在农村，无业群体（包括离退休人员）均在电视观众中占据了较大的比例，其中在城市观众中该比例达到了 23.1%，在所有职业类别中占比最大；在乡村观众中，该群体所占比例也高达 17%。城乡观众职业构成最大的差异体现在农村拥有较高比例的农民群体，使得职业类别为“其他”的观众所占比例高达 38.3%，远高于城市中该职业类别观众所占比例。城市观众中则是初级公务员/雇员所占的比例明显高于乡村该类人群所占的比例（图 1.2.4）。

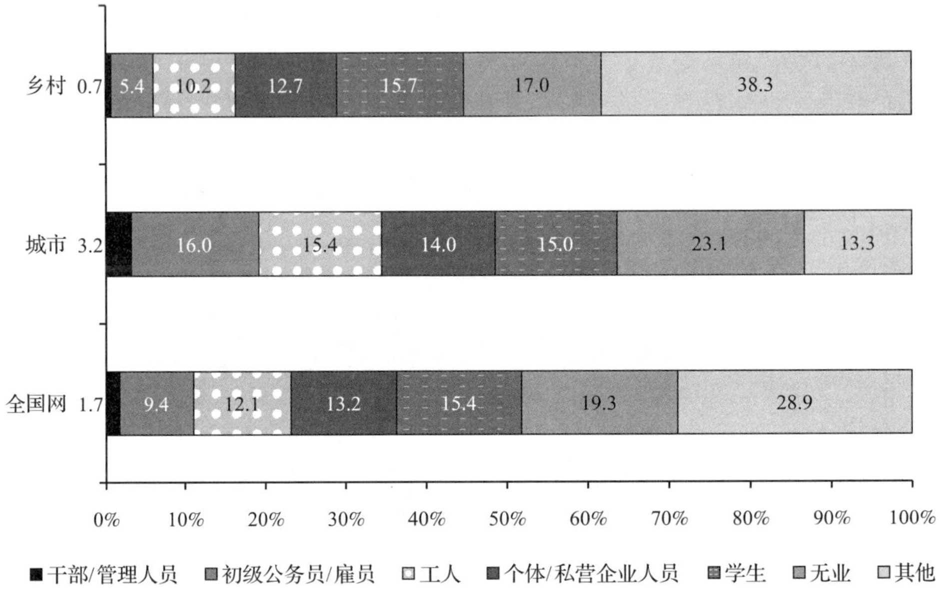

数据来源：CSM 媒介研究

图 1.2.4　2014 年全国测量仪收视调查网及分城乡电视观众的职业构成（%）

6. 低收入观众所占比例较大，城市观众个人月收入水平高于农村观众

从 2014 年全国观众整体个人月收入构成来看，个人月收入在 0～300 元的低收入群体所占比例最大，达 38.3%，在城市该比例为 31.7%，乡村则更高，达到了 42.3%。在城市观众中，个人月收入在 1701 元及以上的中高收入人群所占比重为 51.8%，超过半数，农村观众中该比例则仅为 28.2%，不足 1/3，较城市中该收入人群所占比例少了 23.6 个百分点。总体而言，城市观众中中高收入人群所占比重明显高于乡村中该类人群所占的比重，乡村中低收入人群所占比重更大（图 1.2.5），城市观众个人月收入水平高于农村观众。

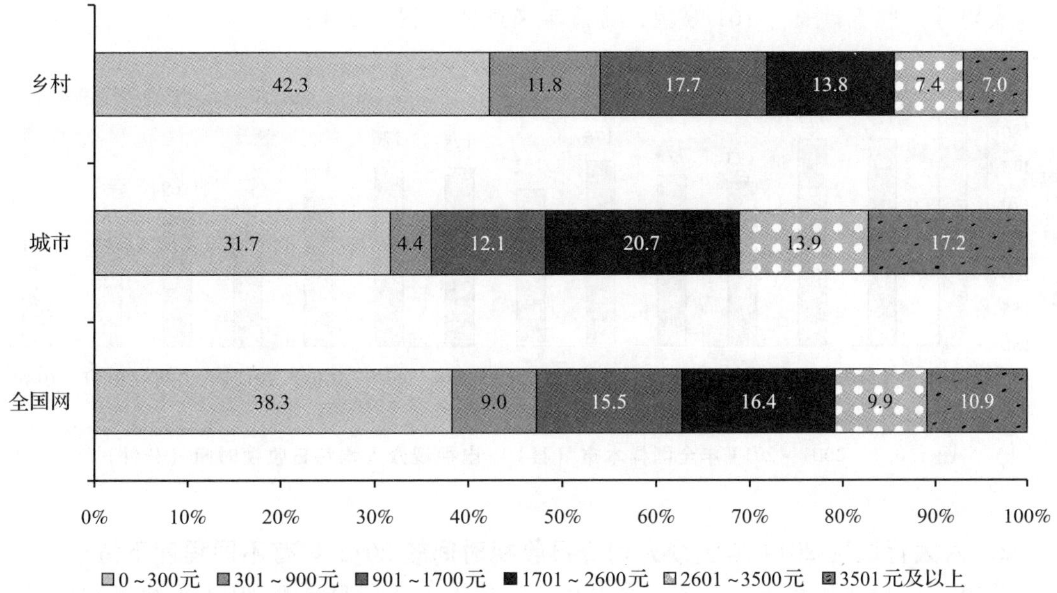

数据来源：CSM 媒介研究

图 1.2.5 2014 年全国测量仪收视调查网及分城乡电视观众的个人月收入构成（%）

三、观众收视行为

2014 年全国电视观众人均收视时长低于 2013 年，创历史新低。受新媒体冲击及缺乏重大事件的支撑，全年收视表现较为平淡，仅凭巴西世界杯“一己之力”无力回天，整体较 2013 年回落。以晚间黄金时段为代表的传统黄金收视萎缩加剧，形势不容乐观。

（一）人均收视时间

1. 2014 年全国电视观众人均每日收视时间为 161 分钟，为历年最低

自 2001 年以来，我国电视观众人均收视时间呈现波动下行的发展态势（图 1.3.1）。2005 年和 2006 年，由于各级电视台在新闻和综艺等节目形态上的大力创新和突破，加上世界杯等特殊事件的推动，观众人均收视时间曾一度出现回升。然而到 2007 年，由于观众对选秀和民生新闻等新节目形态产生“审美疲劳”，加上缺乏特殊重大事件的支撑，观众人均收视时间又下降。2008 年和 2009 年，由于北京奥运会的举办、新中国成立六十周年大庆等一系列重大事件的发生，观众的注意力又重新回到电视上来，人均每日收视时间又略有回升。继 2010 年全国电视观众人均收视时间下降后，2011 年全国观众人均收视时间继续下降，为 166 分钟；2012 年由于伦敦奥运会的举办，全国电视观众人均每日收视时长为 169 分钟，较 2011 年有所上升，但仍低于 2011 年以前各年的人均收视时长。近几年，受新媒体进一步发展的影响，受众对媒体的接收方式发生了很大的变化，在这个“无处不视频”的时代，电视这块“大屏”受到了前所未有的冲击，最直接

的表现为人均每日收视时长进一步下滑，经历了2013年的收视低点后，2014年再创新低，人均每日收视时长为161分钟，为历年来最低（图1.3.1）。

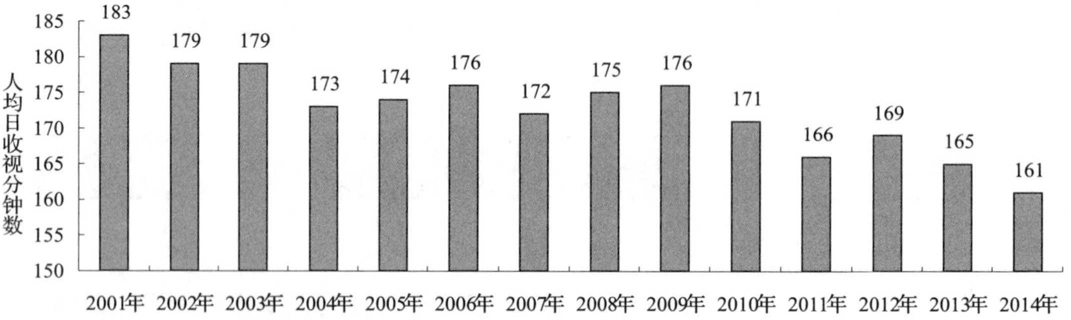

数据来源：CSM媒介研究

图1.3.1　2001~2014年全国样本市（县）① 电视观众人均每日收视时间（分钟）

2. 六大行政区2014年观众人均每日收视时间较2013年有不同程度下滑

2014年，除西南地区外，其余六大行政区的人均收视时间较2013年均有不同程度的下滑。华南地区的人均每日收视时长下滑幅度最大，从2013年的146分钟减少到了2014年的138分钟，下降达8分钟；其次是华东地区，2014年人均收视时长较2013年减少了6分钟，然后依次为华北、西北、东北和华中地区，2014年人均收视时长较2013年分别减少了5分钟、4分钟、3分钟和1分钟，相比而言华中地区的降幅最小；七大行政区内唯有西南一个地区逆势上扬，2014年人均收视时长较2013年增加了3分钟(表1.3.1)。

表1.3.1　2001~2014年全国七大行政区观众人均每日收视时间（分钟）

地区	2001年	2002年	2003年	2004年	2005年	2006年	2007年	2008年	2009年	2010年	2011年	2012年	2013年	2014年
东北	189	189	190	185	193	198	199	202	198	191	185	190	184	181
华北	200	202	204	195	195	198	193	196	197	196	196	198	193	188
西北	193	196	194	180	185	187	182	186	182	180	168	172	169	165
西南	181	179	177	175	179	183	173	163	166	169	166	174	170	173
华东	177	166	168	165	164	166	164	172	172	168	162	162	157	151
华南	184	172	173	168	169	171	163	169	167	152	148	149	146	138
华中	169	168	164	154	157	160	158	162	166	166	164	166	164	163

数据来源：CSM媒介研究

① 注：2009年以前的数据包含有样本城市和样本县，从2009年起全部为样本城市。

从各大行政区人均收视时间较平均水平的差异来看，目前华北和东北地区仍然是电视收视水平较高的区域，高于平均水平的幅度均在10%以上，这很大程度上与上述地区冬季时间较长、气温较低、人们的室内生活时间相对较长有关。相比较而言，在气温相对较高、经济相对发达、人们业余生活相对丰富的华东和华南地区，观众的人均每日收视时间明显较短，均低于平均水平（图1.3.2）。

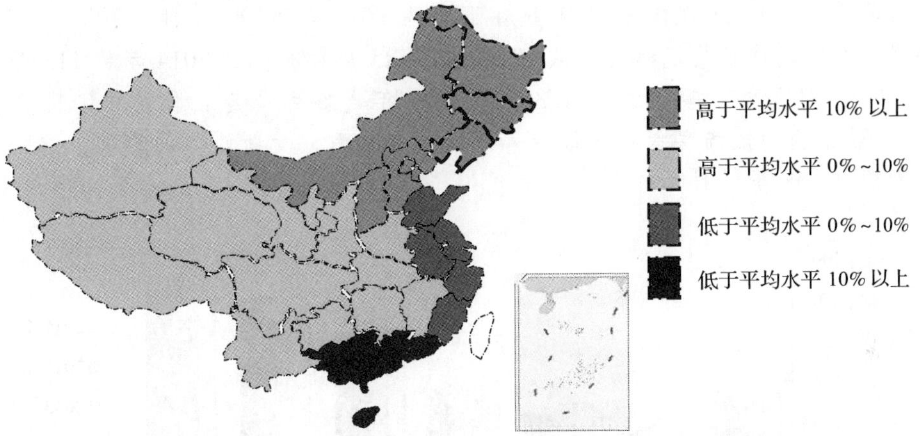

数据来源：CSM媒介研究

图1.3.2　2014年电视观众人均每日收视时间的区域差异

3. 女性观众人均收视时间多于男性观众，较2013年均出现下滑

CSM媒介研究收视调查数据显示，2014年女性观众人均每日收视时长为165分钟，男性观众为157分钟，女性观众人均每日收视时长较男性观众多8分钟（表1.3.2）。无论是男性观众还是女性观众，人均收视时长较2013年均有不同程度下滑。自2001年以来的14年数据显示，女性观众收视时间长于男性观众是一个规律性现象，而伴随着互联网等新媒体的发展，无论是男性观众还是女性观众对电视的注意力都出现了明显游离的现象。

表1.3.2　2001~2014年全国样本市（县）男女观众平均每日收视时间（分钟）

性别	2001年	2002年	2003年	2004年	2005年	2006年	2007年	2008年	2009年	2010年	2011年	2012年	2013年	2014年
男	182	177	176	171	172	173	168	172	171	167	162	164	161	157
女	183	180	181	175	177	179	176	179	180	176	171	173	170	165

数据来源：CSM媒介研究

4. 老年观众是传统电视的忠实拥趸，中青年观众注意力进一步游离

受互联网等新媒体的冲击，受众对各种媒体的关注度以及使用方式发生了很大的变化，电视作为传统媒体之一也受到了巨大的冲击。老年人仍是传统电视的忠实拥趸，中

青年人群对电视的注意力进一步游离。体现在收视表现上就是，2014 年 55～64 岁和 65 岁及以上人群的人均收视时长分别为 253 分钟和 275 分钟，其中 65 岁及以上老年受众的人均收视时长保持了连续 3 年持续上升的态势；35～44 岁和 45～54 岁人群的人均收视时长分别为 144 分钟和 211 分钟，继续呈现出下滑的发展态势；4～14 岁、15～24岁和 25～34 岁人群的人均日收视时长分别为 132 分钟、90 分钟和 113 分钟，远低于中老年人群的人均日收视时长，并且也呈现出连续 3 年持续下降的发展态势；特别是15～24岁人群，人均收视时长由 2011 年的 102 分钟下降为 2014 年的 90 分钟，下降了 12 分钟，25～34岁人群的人均日收视时长也从 2011 年的 125 分钟减少到 2014 年的 113 分钟，减少了 12 分钟，下滑幅度较大（图 1.3.3）。青少年人群可谓是互联网和手机的“原住民”，对传统电视的依赖度本身就很低，而从目前来看，受新媒体的影响，这一趋势有向中年人群进一步蔓延的倾向。

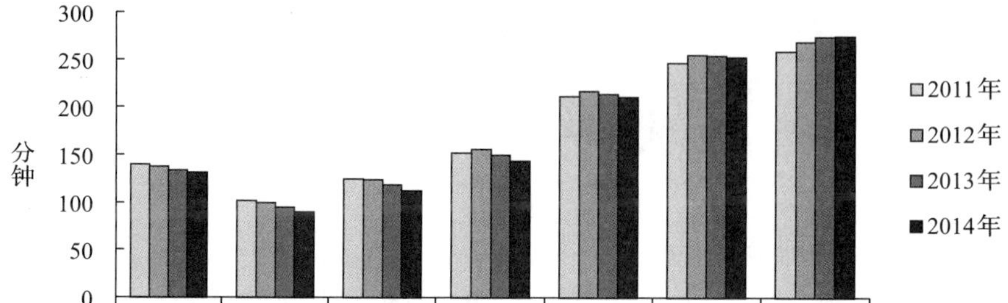

	4～14 岁	15～24 岁	25～34 岁	35～44 岁	45～54 岁	55～64 岁	65岁及以上
2011 年	140	102	125	152	212	247	259
2012 年	138	100	124	156	217	255	269
2013 年	134	95	119	150	214	254	274
2014 年	132	90	113	144	211	253	275

数据来源：CSM 媒介研究

图 1.3.3　2011～2014 年全国样本城市不同年龄段观众人均每日收视时间（分钟）

5. 中低学历观众收视时间较长，大学及以上学历观众人均收视时长最低

中低学历人群历来是传统电视的忠实“粉丝”，2014 年，小学学历人群的人均日收视时长为 181 分钟，超过初中学历人群而跃居第一，初中学历人群人均日收视时长为 178 分钟，位列第二，两者的收视时长远高于其他学历人群的收视时长；然后依次为未受过正规教育和高中学历人群，人均日收视时长分别为 160 分钟和 159 分钟；大学及以上学历人群每日收看电视的时间最少，为 130 分钟（图 1.3.4）。整体而言，初中以上受教育程度的观众花费在看电视上的时间与学历成反比，学历越高，花费在看电视上的时间越少。

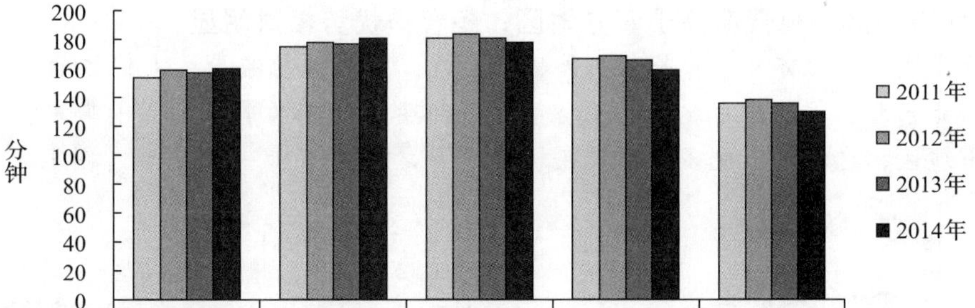

	未受过正规教育	小学	初中	高中	大学及以上
2011 年	154	175	181	167	136
2012 年	159	178	184	169	138
2013 年	157	177	181	166	136
2014 年	160	181	178	159	130

数据来源：CSM 媒介研究

图 1.3.4　2011～2014 年全国样本城市不同教育程度观众人均每日收视时间（分钟）

（二）全年收视走势

1. 2014 年全年收视平平，整体水平较 2013 年明显回落

2014 年全年缺乏重大事件的支撑，反映在收视表现上就是平淡，再加上受到互联网等新媒体的冲击，整体收视水平较 2013 年有明显下滑。春节期间出现了一个收视小高峰，收视峰值达到 13.34%，但仍低于 2013 年 13.46% 的水平。巴西世界杯期间收视略有回升，但也仅是略高于 2013 年同时期的收视水平，并没有出现特别明显的收视高峰。暑期和国庆期间收视表现平平，都低于 2013 年同时期收视水平（图 1.3.5）。

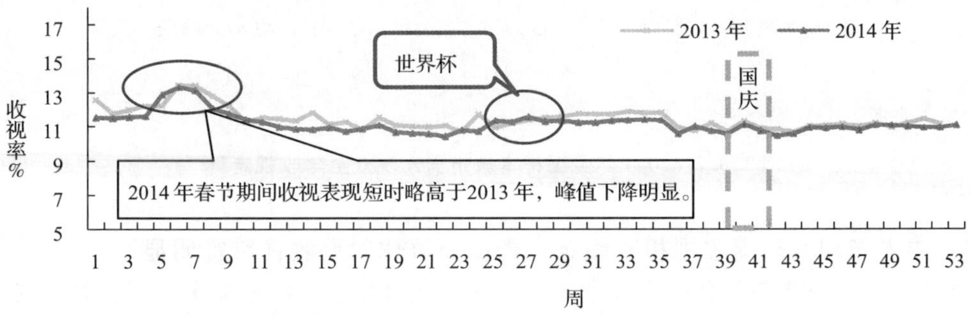

数据来源：CSM 媒介研究

图 1.3.5　2013 年和 2014 年全国样本城市观众全年收视走势

2. 北方地区收视普遍高于南方地区，冬春季优势相对明显

受气候影响，北方冬季较长，户外气温较低，室外活动减少，人们更倾向于在家看电视，因此东北、华北和西北地区在全年各个时期的收视水平普遍高于华东、华南、华中和西南地区，这种优势更多地体现在“五一”之前和“十一”之后（图 1.3.6）。

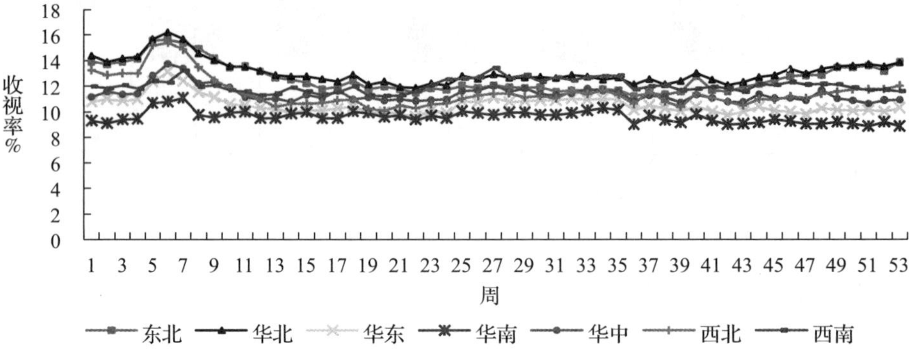

数据来源：CSM 媒介研究

图 1.3.6　2014 年全国七大行政区观众全年收视走势

3. 女性观众全年收视水平明显高于男性

2014 年男女观众全年收视走势基本趋同，相比女性，男性观众更加游离于传统电视之外，女性观众收视水平明显高于男性（图 1.3.7）。

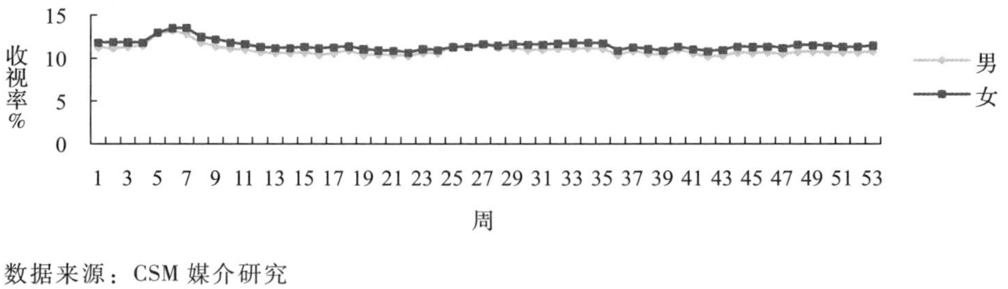

数据来源：CSM 媒介研究

图 1.3.7　2014 年全国样本城市男女观众全年收视走势

4. 中老年观众时期收视相对稳定，青少年群体时期收视特征明显

45 岁及以上中老年群体全年各个时期收视水平明显高于年轻观众，且各时期波动较小；25～34 岁和 35～44 岁群体收视水平位居中游，且全年各时期较为稳定；24 岁及以下的青少年群体大多数时期的收视水平均相对较低，但时期特征较为明显，每逢寒暑假及“十一”黄金周期间，该类人群就会出现明显的收视高潮，该特征在 4～14 岁小观众群体中表现尤为突出（图 1.3.8）。

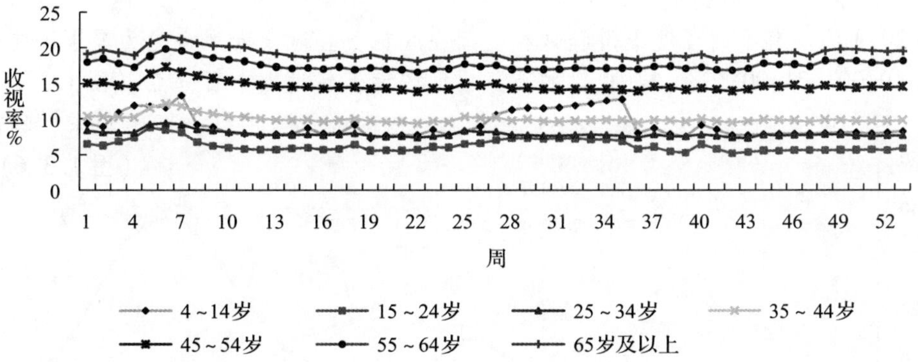

数据来源：CSM 媒介研究

图 1.3.8　2014 年全国样本城市不同年龄观众全年收视走势

5. 中低文化程度观众拥有全年收视优势，低学历人群拥有时期收视高峰

小学和初中文化程度观众全年拥有绝对的收视优势，在小学文化程度的观众中有大批学龄儿童，因此他们的收视表现呈现出明显的时期特征，寒暑假期间收视水平有显著提升，拥有相对明显的时期收视高峰；相对而言，高中和大学及以上文化程度的观众全年时期收视较为平缓，后者的收视水平偏低（图 1.3.9）。

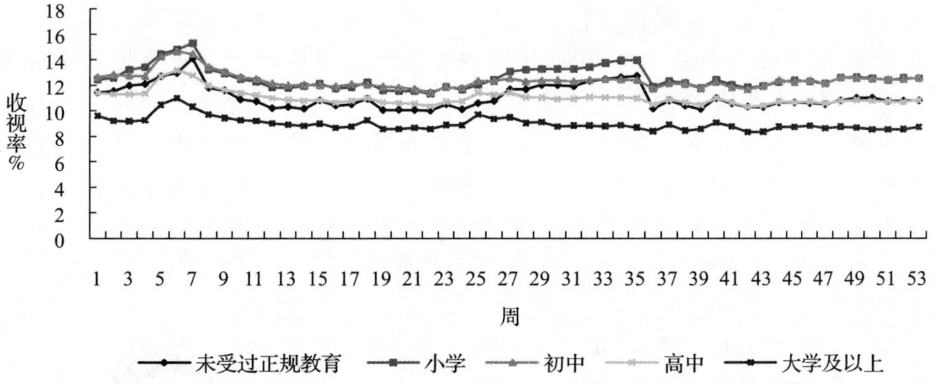

数据来源：CSM 媒介研究

图 1.3.9　2014 年全国样本城市不同教育程度观众全年收视走势

（三）全天收视走势

1. 全天收视走势保持稳定，黄金时段收视萎缩加剧

2014 年全天收视走势与 2013 年基本保持一致。全天收视走势呈双峰型，最高峰出现在晚间黄金收视时段 19:00～22:00，最高峰值接近 40%；次高峰出现在午间 12:00～13:00 时段，峰值为 13.89%。总体而言，2014 年全天收视走势与观众日常工作和生活

习惯相符，维持一贯的稳定性，但收视水平较2013年整体下降，全天绝大多数时段收视水平较2013年均有不同程度下滑。这种萎缩在收视黄金时段表现得尤为显著，主要体现在晚间19:00~21:00时段，收视率的下降幅度较大，超过1个百分点（图1.3.10）。

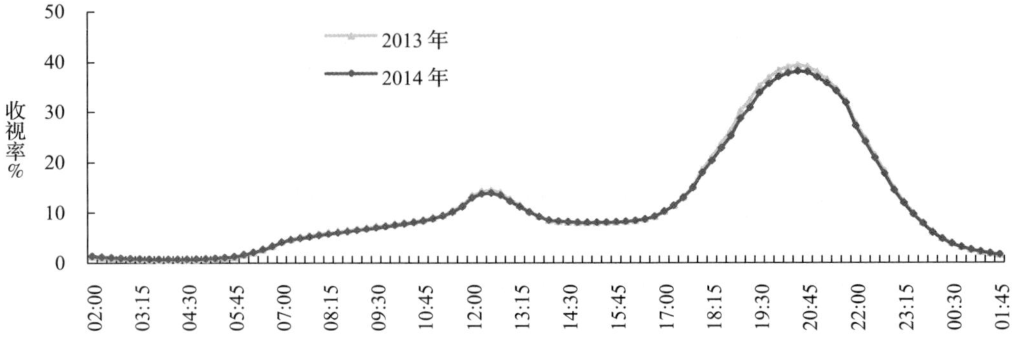

数据来源：CSM媒介研究

图1.3.10　2013年、2014年全国样本城市观众全天收视走势

2. 观众全天收视走势区域特征明显

中国地大物博、幅员辽阔，不同区域的观众长期以来形成了不同的工作和生活习惯，表现在对传统电视的收看上也呈现出明显的地域差异。全天收视走势显示，东北、华北和华东等地区因地理位置偏东，日出时间较早，故收视行为开始得也较早，其中东北地区在早间7:00左右就拥有了接近10%的收视率，相应地，这些地区日落时间也较早，因此晚间收视高峰开始时段也较其他地区早，东北地区从傍晚17:00左右收视就开始出现向上攀升的态势；相比较而言，地理位置相对偏西的西北和西南地区则在深夜时段拥有相对较高的收视水平，西南地区晚间黄金时段的收视水平远高于其他地区的收视水平，华南地区晚间黄金时段的收视水平明显低于其他地区（图1.3.11）。

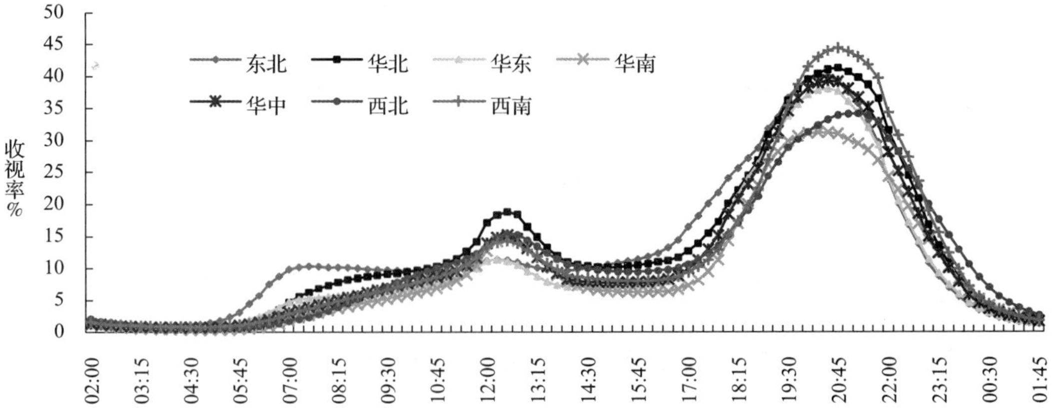

数据来源：CSM媒介研究

图1.3.11　2014年全国七大行政区观众全天收视走势

3. 女性收视水平整体高于男性，晚间黄金时段优势尤为显著

男女观众全天收视走势趋同。女性观众在全天大部分时段收视水平明显高于男性观众，集中表现在下午 13:00～18:30 时段和晚间 19:30～22:00 收视黄金时段，其中晚间黄金时段表现最为明显，该时段是各电视频道的电视剧时段，女性观众的收视兴趣远远高于男性（图 1.3.12）。

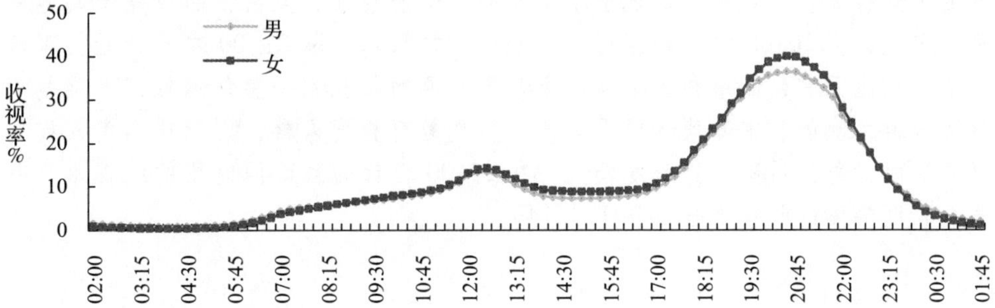

数据来源：CSM 媒介研究

图 1.3.12　2014 年全国样本城市不同性别观众全天收视走势

4. 不同年龄段观众表现出与其年龄契合的收视特征

各年龄段观众全天收视整体走势基本趋同，不同年龄段观众收视走势各有特点，表现出与其年龄相契合的收视特征。55 岁及以上的中老年群体拥有相对较长的闲暇时光且可以自主安排时间，因此全天收视水平明显优于其他年龄段观众，其中 65 岁及以上的老年人群在晚黄金时段收视峰值可达 60% 以上，遥遥领先于其他年龄段观众；35～54 岁的观众群因白天大多在上班，因此日间时段的收视水平相对较低，但晚间黄金时段仍然拥有较为突出的收视高峰；34 岁及以下的青少年和儿童观众群受上学时间的限制和新媒体的影响，更偏好于使用新的媒介工具，如互联网、手机和 iPad 等介质来达到观看视频、获得资讯的目的，因此他们属于游离于传统电视之外的受众群，故而该类人群整体收视水平偏低，特别是晚间收视高峰时段与其他年龄段观众的差距更大，且收视高峰的下滑早于其他年龄段观众（图 1.3.13）。

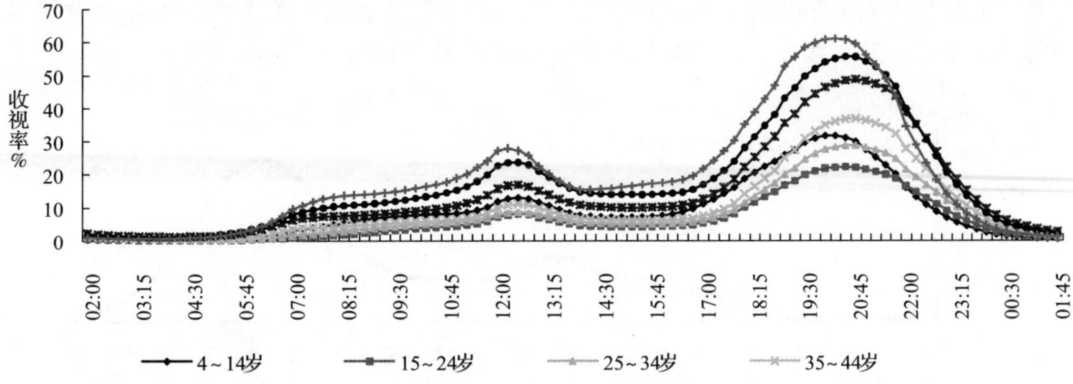

数据来源：CSM 媒介研究

图 1.3.13　2014 年全国样本城市不同年龄观众全天收视走势

5. 不同文化程度观众全天收视走势各有特点

受教育程度不同，所从事的工作和日常的生活作息习惯必然存在差异，表现在对电视的收看上也是各有特点。不同文化程度观众全天收视走势显示，小学和初中学历观众全天收视水平较高，拥有明显高于其他教育程度观众的午间和晚间收视高峰；未受过正规教育的观众群体晚间收视峰值低于小学和初中学历观众，且收视高峰先于其他受教育程度观众出现，在20:00左右就达到了全天的收视顶峰，从21:00左右开始出现收视曲线的下滑；相比而言，高中和大学及以上学历人群的收视水平整体偏低，尤其是大学及以上学历人群，晚间收视峰值远低于其他几类受教育程度人群，同时这两类人群在晚间的收视高峰时段整体后延，且跨度较大，在22:00之后的后晚间时段的收视水平明显高于低教育程度群体的收视水平（图1.3.14）。

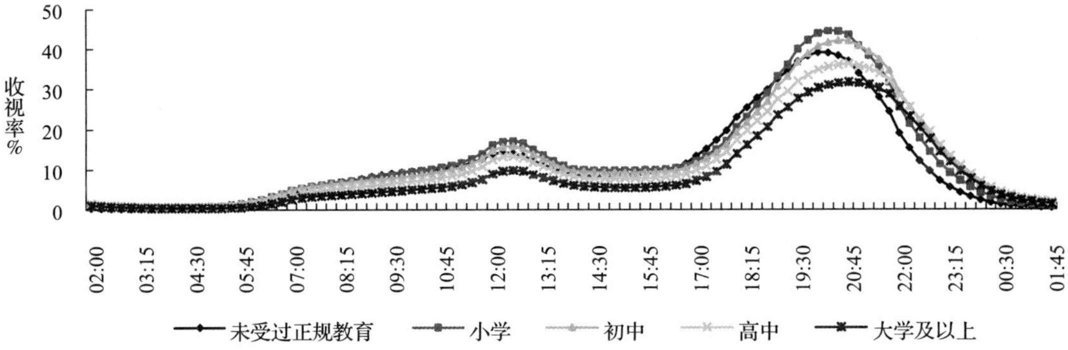

数据来源：CSM媒介研究

图1.3.14　2014年全国样本城市不同教育程度观众全天收视走势

6. 周末白天收视水平明显高于工作日

与往年情况一样，2014年中国观众周末的收视水平明显高于工作日，主要集中在早间7:45之后时段，尤以8:15～17:30和22:00～22:45时段表现更甚，周末收视水平较工作日同时段收视水平均高出1个百分点以上。相比而言，晚间黄金收视时段的收视水平周末和工作日基本接近，周末略高于工作日（图1.3.15）。

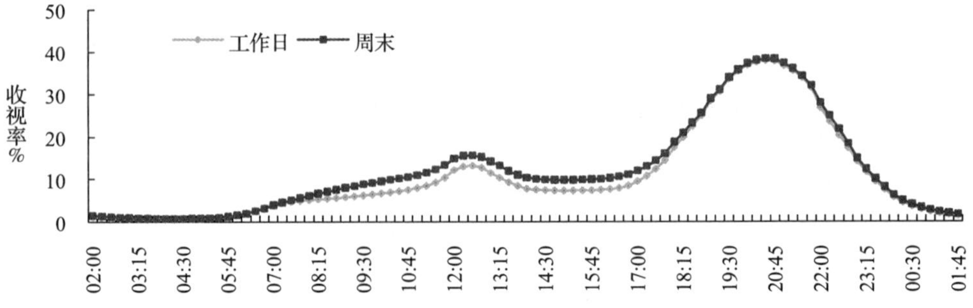

数据来源：CSM媒介研究

图1.3.15　2014年全国样本城市周末和工作日全天收视走势

四、频道竞争格局

2014年中国电视收视市场受政策影响和新媒体的双重冲击，各频道间的竞争愈加激烈。在全国市场，中央台和上星频道继续加大竞争扩张的步伐，地面频道的市场份额进一步萎缩，但在部分重点城市市场，本土频道的竞争优势显著，中央电视台和外省卫视很难占有一席之地。2014年，包括中央电视台和省级卫视在内的上星频道在节目创新上继续探索，同时不少地面频道也在夹缝中不断寻求变化，利用自身所长在竞争中取得优势。在多屏竞争日益严峻的大背景下，未来的电视收视市场势必出现更多变数。

（一）全国电视收视市场的频道竞争格局

1. 中央电视台和省级卫视市场份额稳定增长，地面频道市场份额进一步萎缩

2014年，在全国143个城市电视收视市场中，各级频道的竞争格局基本延续了上一年的状况。中央电视台依托强大的媒介平台和资源优势，加大节目创新，市场份额在2014年保持稳定增长，由2013年的28.7%增长至2014年的29.2%，抢占了省级非上星频道及市级频道的部分市场。省级上星频道连续两年保持增长，继续稳固自己在全国市场的领先地位，2014年以32.6%的市场份额领跑全国收视市场，较上年增加了0.7个百分点。在强势频道竞争愈演愈烈之时，省级非上星频道和市级频道的生存空间进一步受到挤压，市场份额均有一定程度下降，2014年省级非上星频道市场份额由2013年的21.0%下降到20.1%，市级频道的市场份额也有0.6个百分点的下降，仅获得9.5%的市场份额。中国教育电视台的市场份额也呈下降趋势，由2013年的0.4%降至2014年的0.3%（图1.4.1）。

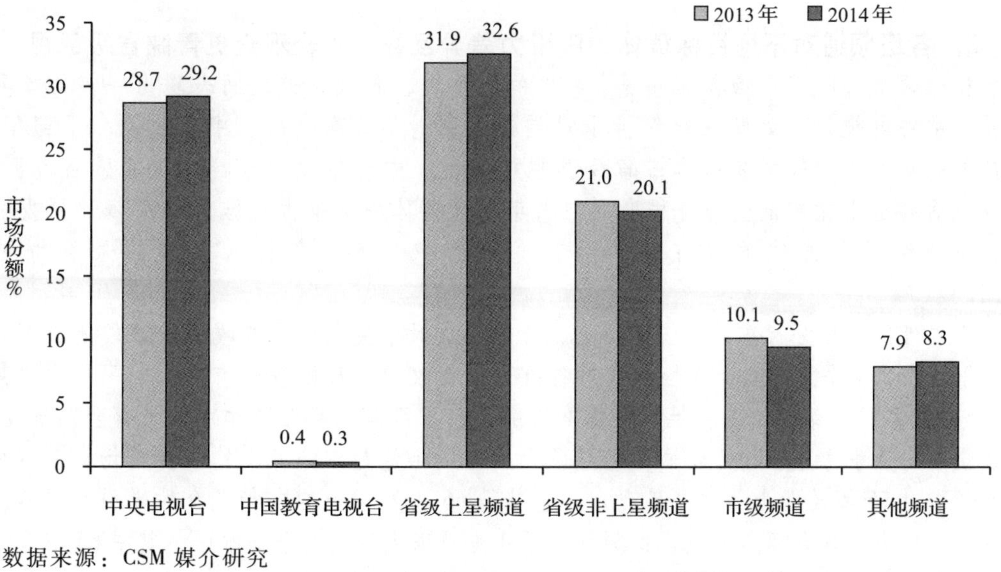

数据来源：CSM媒介研究

图1.4.1　2013年和2014年全国电视收视市场上各类频道的市场份额（%）对比

2. 省级卫视晚间竞争优势显著，地面频道傍晚时段竞争力较强

从2014年全国市场各级频道全天不同时段的市场份额走势来看，各级频道继续保持各自传统优势时段的竞争力。中央电视台和省级卫视的竞争力此消彼长，中央电视台在早间时段、午间时段、晚间19:00新闻联播时段及夜晚24:00以后竞争优势突出；省级卫视除了在凌晨时段、上午10:00左右和下午时段竞争力较强外，在19:30后的电视剧时段也具有明显优势，省级卫视在后黄金时段的节目创新编排，也使得其市场份额不断攀升，在后晚间时段形成独有优势，且领先优势较大。省级地面频道的市场份额在傍晚18:00出现明显增长，在18:30~19:00时段成为竞争力最强的频道组。市级频道全天竞争力表现一般，晚间18:00~21:00时段市场份额相对较高（图1.4.2）。

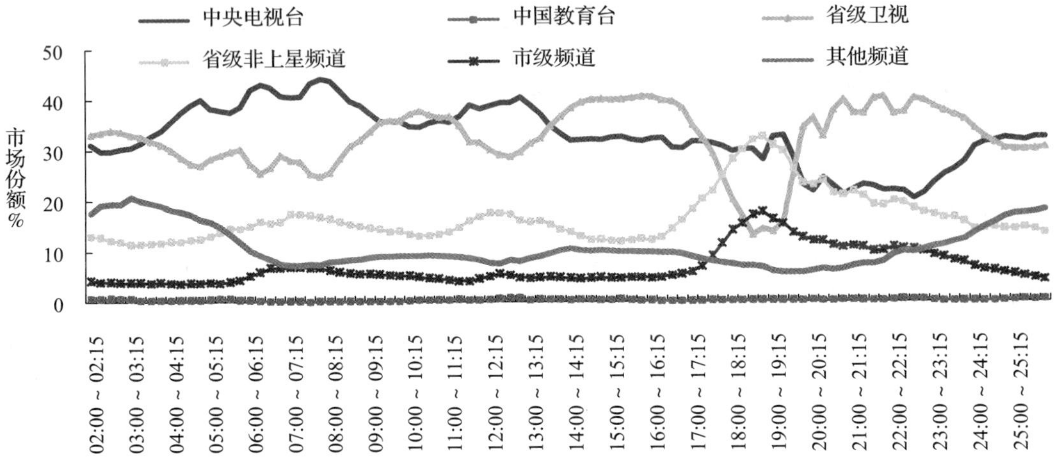

数据来源：CSM媒介研究

图1.4.2 2014年全国电视收视市场各类频道市场份额（%）全天走势

3. 各级频道对不同目标群体的吸引力差异互补，年轻观众更青睐省级卫视

在全国电视收视市场各细分观众群体的竞争中，各级频道之间表现出一定的差异和互补。中央电视台一如既往地保持了对男性、中老年、高学历、中高收入、干部/管理人员等高端群体的较强吸引力；省级卫视在女性、中青年和学生群体中的感召力更强；省级地面频道则在中低受教育程度、中老年观众群体中竞争力更强；市级频道更吸引女性、中青年观众群体的关注；中国教育台对中青年、高收入人群的号召力更强（表1.4.1）。

在以性别为细分标准的收视市场上，男性观众对中央电视台的收视份额较所有观众平均水平高出2.1个百分点，女性观众对省级卫视的收视份额则较所有观众的平均水平高出2.1个百分点；市级频道对女性观众更具吸引力，省级非上星频道和中国教育台频道在男、女观众中的竞争力分布较为均衡，差异不大。在以年龄为细分标准的收视市场上，中央电视台频道对55岁及以上的中老年观众，尤其是65岁及以上的老年观众的吸引力更强，该类观众对中央电视台频道的收视份额远高于4岁及以上观众的平均水平，其中65岁及以上观众的收视份额较平均水平高出7.6个百分点；省级卫视在4~44岁观众群体中的收视份

额较所有观众平均水平为高，其中在4～14岁和15～24岁观众中影响力更强；省级非上星频道对45～64岁的中老年收视群体较有影响力；市级频道则更受25～34岁和45岁及以上观众群的青睐；中国教育台在15～24岁和35～44岁中青年观众中的收视份额高于所有观众平均水平。在以学历为细分标准的收视市场上，大学及以上的高学历收视群体对中央台的收视份额高于4岁及以上观众的平均水平；初中以下受教育程度的观众则对省级卫视的收视份额相对更高；省级非上星频道在小学及初高中学历观众收视份额高于所有观众平均水平；市级频道更吸引小学学历观众。在以职业为细分标准的收视市场上，干部/管理人员、个体/私营企业人员和以离退休人员为主体的无业观众依然对中央电视台频道的收视份额较高；而学生群体对省级卫视则表现出更高的收视份额，较4岁及以上所有观众对省级卫视的收视份额高出9.3个百分点；初级公务员/雇员、工人和无业观众对省级非上星频道收视份额更高；干部/管理人员、个体/私营企业人员、初级公务员/雇员和工人对市级频道的市场份额相对更高；个体/私营企业人员、初级公务员/雇员、学生群体和无业人员对中国教育台的收视份额高于4岁以上所有观众平均水平。在以收入为细分标准的收视市场上，个人月收入在601～5000元收入的观众对中央电视台收视份额明显高于所有观众平均水平，特别是在中高收入观众中的份额更高；而个人月收入在0～600元之间的低收入观众则对省级卫视的收视份额明显高于所有观众的平均水平；个人月收入在601～3500元之间的观众对省级非上星频道表现出较高的收视份额；个人月收入在1201元及以上收入观众的市场份额略高于所有观众的平均水平；中国教育台在个人月收入在5001元及以上的高收入观众中的市场份额相对高于所有观众中的平均水平。

表1.4.1　2014年全国市场各类频道在不同目标观众中的市场份额（%）

目标观众	中央电视台	中国教育台	省级卫视	省级非上星频道	市级频道	其他频道
4岁及以上所有人	29.2	0.3	32.6	20.1	9.5	8.3
男	31.3	0.4	30.4	20.0	9.2	8.7
女	27.0	0.3	34.7	20.2	9.8	8.0
4～14岁	28.4	0.3	41.3	15.7	6.4	7.9
15～24岁	23.8	0.4	38.6	18.2	9.4	9.6
25～34岁	25.6	0.3	34.6	19.0	9.9	10.6
35～44岁	29.0	0.4	34.2	18.2	9.3	8.9
45～54岁	27.9	0.4	31.3	22.1	10.1	8.2
55～64岁	30.9	0.3	28.8	23.3	9.6	7.1
65岁及以上	36.8	0.3	26.6	20.5	9.8	6.0
未受过正规教育	30.1	0.3	34.9	18.0	9.5	7.2
小学	28.3	0.3	32.7	20.8	10.6	7.3
初中	29.0	0.3	32.9	20.7	9.5	7.6
高中	29.1	0.3	32.0	20.6	9.3	8.7
大学及以上	30.1	0.3	32.0	18.4	8.7	10.5
干部/管理人员	30.5	0.3	30.3	18.3	10.4	10.2
个体/私营企业人员	29.7	0.4	32.8	18.6	10.2	8.3
初级公务员/雇员	26.7	0.4	31.6	20.9	9.9	10.5
工人	27.2	0.3	32.6	20.7	10.8	8.4

续表

目标观众	中央电视台	中国教育台	省级卫视	省级非上星频道	市级频道	其他频道
学生	26.2	0.4	41.9	16.0	7.0	8.5
无业	31.7	0.3	30.7	20.7	9.3	7.3
其他	28.1	0.4	34.9	23.0	7.4	6.2
0~600 元	27.3	0.3	37.3	18.2	8.8	8.1
601~1200 元	29.5	0.3	32.4	22.1	8.9	6.8
1201~1700 元	30.4	0.3	31.8	21.2	9.5	6.8
1701~2600 元	30.1	0.3	30.8	21.1	9.8	7.9
2601~3500 元	29.5	0.3	30.6	20.8	9.5	9.3
3501~5000 元	29.9	0.3	29.7	19.9	10.1	10.1
5001 元及以上	28.5	0.4	30.1	18.1	11.0	11.9

数据来源：CSM 媒介研究

4. 中央电视台频道竞争优势明显，强势频道竞争力稳中有升

2014 年全国电视收视市场市场份额排名前 15 位的频道中，中央电视台仍有 8 个频道进入，省级卫视中也有 7 个频道挤进排名前 15 位。在市场份额排名前 3 位的频道中，中央电视台综合频道和中央电视台新闻频道市场份额较 2013 年均有所提升，均有 0.2 个百分点的增长；湖南卫视市场份额则较 2013 年略有下滑。排名前 10 位的其他频道中，中央台六套、山东卫视、中央台五套、北京卫视和上海东方卫视市场份额较 2013 年也略有提升；中央台四套和浙江卫视市场份额与前一年基本持平；中央台三套、江苏卫视、中央台少儿频道、中央台八套和安徽卫视市场份额则较 2013 年有所下降。总体来看，2014 年单个频道的竞争力表现为强势频道继续稳固其在市场中的领先地位，竞争力进一步提升（表 1.4.2）。

表 1.4.2　2014 年全国电视收视市场市场份额排名前十五位的频道

排名	频道	2014 年市场份额（%）	2013 年市场份额（%）
1	中央电视台综合频道	5.8	5.6
2	湖南卫视	3.9	4.1
3	中央电视台新闻频道	3.1	2.9
4	中央台三套	2.8	3.2
5	中央台六套	2.7	2.2
6	江苏卫视	2.5	2.7
6	中央台四套	2.5	2.5
8	山东卫视	2.2	1.7
8	中央电视台少儿频道	2.2	2.6
8	中央台五套	2.2	1.7
11	浙江卫视	2.1	2.1
11	中央台八套	2.1	2.2
13	北京卫视	1.7	1.5
13	安徽卫视	1.7	1.9
15	上海东方卫视	1.5	1.4

数据来源：CSM 媒介研究

（二）湖南省电视收视市场的频道竞争格局

1. 湖南省级频道优势显著，中央电视台和外省卫视竞争力减弱

2014年，在湖南电视收视市场，湖南省级频道以绝对优势占据整体市场一半以上的份额，市场份额达55.8%，较2013年增长了1.5个百分点，继续保持当地市场霸主的地位。其余频道的市场份额则在2014年出现了小幅下滑，其中，中央电视台在湖南市场中也具有一定竞争地位，占据了24.3%的市场份额，较2013年下降了0.2个百分点；外省卫视频道份额在不足10%的情况下继续萎缩，只获得8.4%的份额；以各市级频道为主体的其他频道组共获得了11.3%的市场份额。中国教育电视台在湖南市场仅获得0.2%的市场份额，对整体市场影响力较小（图1.4.3）。

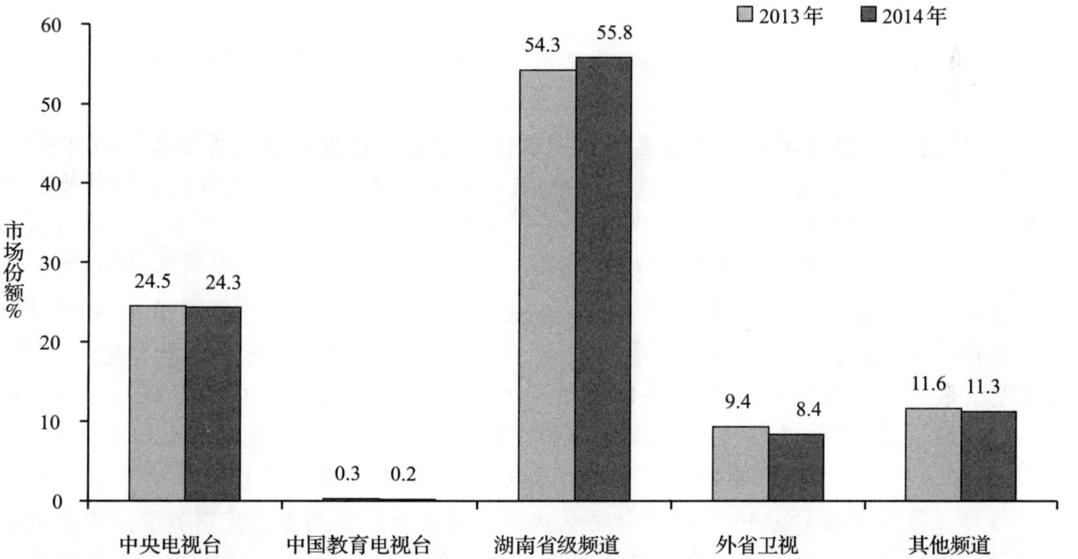

数据来源：CSM媒介研究

图1.4.3　2013年和2014年湖南省电视收视市场上各类频道的市场份额（%）对比

2. 湖南省级频道全天绝大多数时段竞争力强劲，中央电视台竞争优势集中在早间时段

从湖南市场全天不同时段各级频道的竞争情况来看，湖南省级频道竞争力在全天绝大部分时段均处于市场领先地位，竞争优势最强的时段集中在晚间至深夜的18:00～24:00时段，湖南省级频道市场份额从傍晚时段开始一路攀升，在18:00～23:30时段的多数时间，市场份额保持在60%以上，即使夜间时段市场份额也稳定在40%以上。中央电视台则在早间7:00～8:00时段竞争力较强；外省卫视市场份额虽然难以与湖南省台和中央电视台正面抗衡，但相对于其自身来说，在上午、下午和深夜时段的竞争力相对较强，在早间、午间、傍晚和晚间黄金时段的市场份额则形成低谷（图1.4.4）。

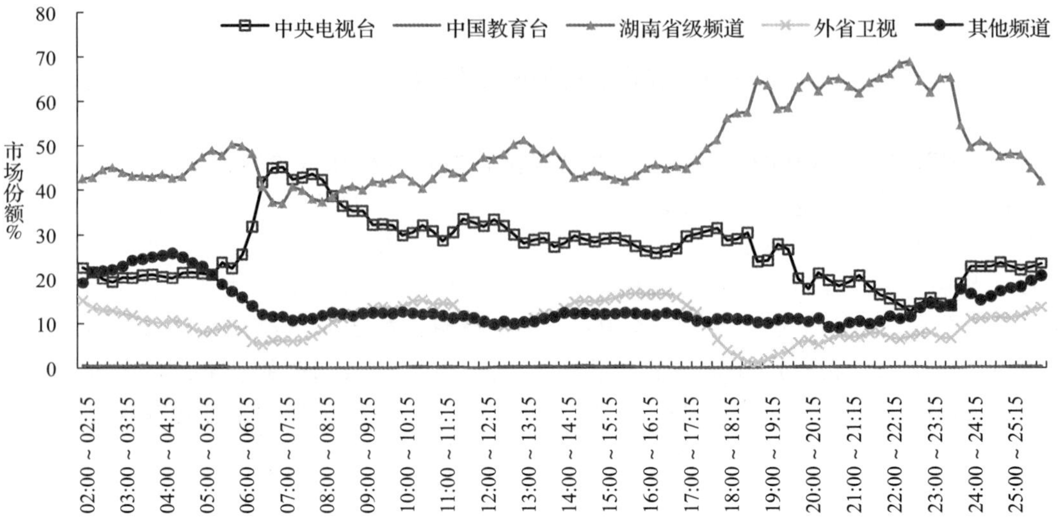

数据来源：CSM 媒介研究

图 1.4.4　2014 年湖南省电视收视市场各类频道市场份额（%）全天走势

3. 中央电视台更吸引男性及高端收视群体，湖南台和外省卫视更受年轻群体青睐

2014 年，在湖南省市场各级频道对细分目标观众的竞争中，中央电视台在男性、中老年、高学历、中高收入等高端群体中的竞争优势更为明显；湖南台和外省卫视则颇受女性、中青年、学生群体的青睐（表 1.4.3）。

在以性别为细分标准的收视市场上，中央电视台在男性观众中的收视份额明显更高；湖南省级频道和外省卫视则在女性观众中获得了更多的关注；中国教育电视台男、女性观众收视相对较均衡。在以年龄为细分标准的收视市场上，中央电视台在 4～14 岁、25～34 岁和 55 岁及以上年龄段观众中的影响力相对较强；湖南省级频道在 4～24 岁和 45～54 岁年龄段观众中的收视份额明显高于其在 4 岁及以上所有观众中的平均水平；而外省卫视则在 15～44 岁的中青年观众中拥有较强的影响力；中国教育台对不同年龄段观众的吸引力差异不大。在以学历为细分标准的收视市场上，大学及以上受教育程度的收视群体对中央电视台的收视份额明显更高；未受过正规教育和初中学历的收视群体对湖南省级频道的收视份额相对较高；外省卫视收视份额较高的群体是高中教育程度的观众。在以职业为细分标准的收视市场上，中央电视台在干部/管理人员、初级公务员/雇员和以离退休人员为主体的无业群体中收视份额明显更高；湖南省级频道在个体/私营企业人员、工人和学生群体中的收视份额显著高于平均水平；外省卫视则在个体/私营企业人员、初级公务员/雇员和学生中的收视影响力更强；中国教育台更受干部/管理人员和个体/私营企业人员职业群体的青睐。在以收入为细分标准的收视市场上，中央电视台对个人月收入 1701～2600 元和 3501 元及以上的中高收入观众吸引力较强；湖南省级频道在个人月收入 0～300 元的低收入人群和 2601 元以上的中高收入群体中具有一定优势；而外省卫视则在个人月收入 300～2600 元的中等收入人群和 3501 元以上的中高收入群体中影响力更大；中国教育台则更受个人月收入 2601～3500 元的中等收入人群的关注。

表 1.4.3　2014 年湖南省各类频道在不同目标观众群体中的市场份额（%）

目标观众	中央电视台	中国教育台	湖南省级频道	外省卫视	其他频道
4 岁及以上所有人	24.3	0.2	55.8	8.4	11.3
男	25.9	0.2	54.3	8.1	11.5
女	22.8	0.2	57.3	8.7	11.0
4～14 岁	26.0	0.1	58.6	7.6	7.7
15～24 岁	20.4	0.2	61.3	9.0	9.1
25～34 岁	26.5	0.2	52.7	9.0	11.6
35～44 岁	22.9	0.2	54.7	10.6	11.6
45～54 岁	23.0	0.2	56.2	8.3	12.3
55～64 岁	24.8	0.2	55.6	6.4	13.0
65 岁及以上	26.9	0.2	52.2	7.9	12.8
未受过正规教育	26.4	0.1	59.3	6.3	7.9
小学	25.0	0.2	55.5	7.7	11.6
初中	22.0	0.2	58.0	8.8	11.0
高中	25.3	0.2	51.9	10.0	12.6
大学及以上	31.3	0.2	47.8	7.6	13.1
干部/管理人员	33.1	0.4	46.4	7.9	12.2
个体/私营企业人员	25.0	0.3	56.0	9.1	9.6
初级公务员/雇员	28.9	0.2	49.4	8.8	12.7
工人	21.8	0.2	56.7	8.4	12.9
学生	24.4	0.2	57.7	9.4	8.3
无业	26.3	0.1	54.7	8.1	10.8
其他	22.0	0.2	57.4	8.0	12.4
0～300 元	24.7	0.1	57.8	7.8	9.6
301～900 元	23.1	0.2	55.8	8.8	12.1
901～1700 元	23.9	0.2	54.0	9.3	12.6
1701～2600 元	24.5	0.2	54.8	8.6	11.9
2601～3500 元	23.6	0.6	57.3	6.7	11.8
3501 元及以上	28.2	0.2	45.2	9.8	16.6

数据来源：CSM 媒介研究

4. 中央电视台和湖南省台频道瓜分市场份额前 15 位，湖南省台频道竞争实力更强

2014 年，湖南省电视收视市场市场份额排名前 15 位的频道被中央电视台和湖南省台瓜分，中央电视台占据 8 个席位，湖南省台则有 7 个频道入围。虽然湖南省台入围频道数略少于中央电视台，但从单个频道的竞争力来看，湖南省台频道具有绝对的竞争优势，市场份额排名前 6 位的频道全部来自湖南省台频道。具体来看，湖南电视台经济频

道和湖南电视台电视剧频道的竞争优势最为突出，两个频道的市场份额合计超过25%，占据整体市场1/4以上的份额，遥遥领先于排名第三位及以后的频道。排名第三的湖南卫视频道的市场份额则有明显下降，由2013年的11.1%下降至2014年的9.5%，与排名前两位的频道具有一定差距。湖南电视台金鹰卡通频道2014年的市场份额较2013年有明显增长，湖南电视台都市频道和湖南电视台潇湘电影频道的市场份额则略有下降。中央电视台少儿频道、中央电视台综合频道、中央台三套、中央电视台新闻频道和中央台六套分列第七至十一位，市场份额均在2%以上（表1.4.4）。

表1.4.4 2014年湖南省收视市场市场份额排名前十五位的频道

排名	频道	2014年市场份额（%）	2013年市场份额（%）
1	湖南电视台经济频道	13.7	10.7
2	湖南电视台电视剧频道	12.2	12.4
3	湖南卫视	9.5	11.1
4	湖南电视台金鹰卡通频道	6.3	4.2
5	湖南电视台都市频道	5.7	6.8
6	湖南电视台潇湘电影频道	5.0	5.2
7	中央电视台少儿频道	4.9	4.9
8	中央电视台综合频道	3.6	2.9
9	中央台三套	2.6	3.1
10	中央电视台新闻频道	2.3	2.3
11	中央台六套	2.1	1.7
12	湖南电视台娱乐频道	1.9	2.0
13	中央台四套	1.5	1.7
14	中央台八套	1.3	1.3
15	中央电视台音乐频道	1.1	1.3

数据来源：CSM媒介研究

（三）北京市电视收视市场的频道竞争格局

1. 北京电视台继续领先收视市场，外省卫视竞争力略有提升

2014年，北京电视收视市场的整体竞争格局与2013年相比基本保持稳定，北京电视台的市场份额继续处于当地收视市场领先地位，2014年39.0%的市场份额与2013年持平。中央电视台的市场份额则较2013年下滑了0.8个百分点，由2013年的26.0%下降至2014年的25.2%。中国教育电视台的市场份额也略有萎缩，下降了0.1个百分点。外省卫视近年来在北京市场的市场份额持续稳步增长，2014年较2013年增长了0.7个百分点，市场份额达到23.0%（图1.4.5）。

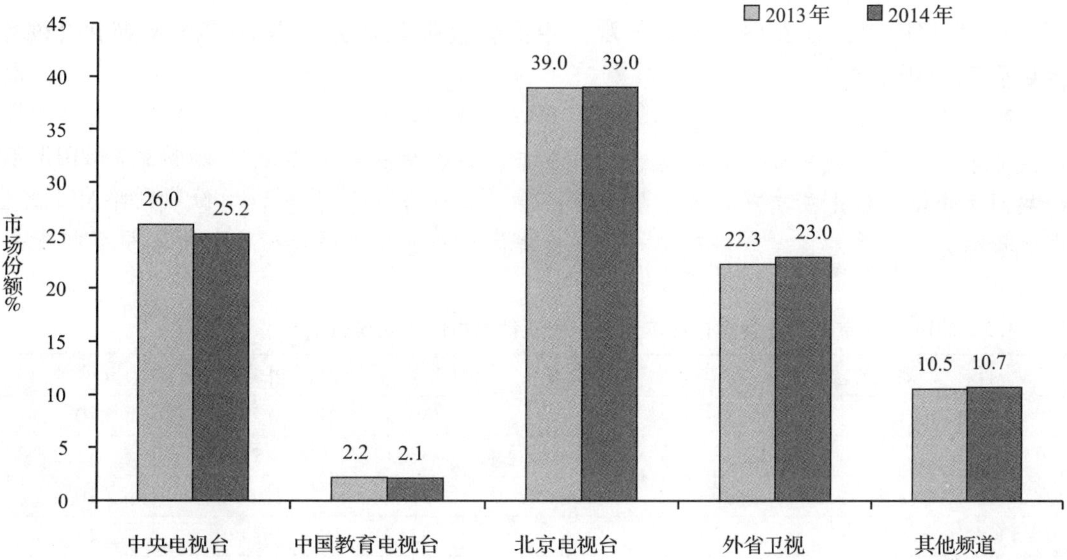

数据来源：CSM 媒介研究

图 1.4.5　2013 年和 2014 年北京电视收视市场上各类频道的市场份额（%）对比

2. 北京电视台全天多时段竞争力领先，中央电视台及外省卫视早晚时段获得突破

具体到各级频道在全天不同时段的竞争格局，2014 年北京电视台在早间 7:00～10:30 时段、午间 11:00～14:30 时段和傍晚至晚间 17:00～22:30 时段收视竞争优势明显，形成三大收视高峰，晚间 19:00 左右市场份额达到峰值。在北京电视台的强势竞争之下，中央电视台和外省卫视只能在个别时段寻求突破，中央电视台在清晨 5:00～7:00 时段市场份额领先，外省卫视则在下午 14:30～16:30 时段和夜间 22:30～24:00 时段成为竞争力最强的频道组。纵观整体市场各级频道的竞争，呈现此消彼长之势（图 1.4.6）。

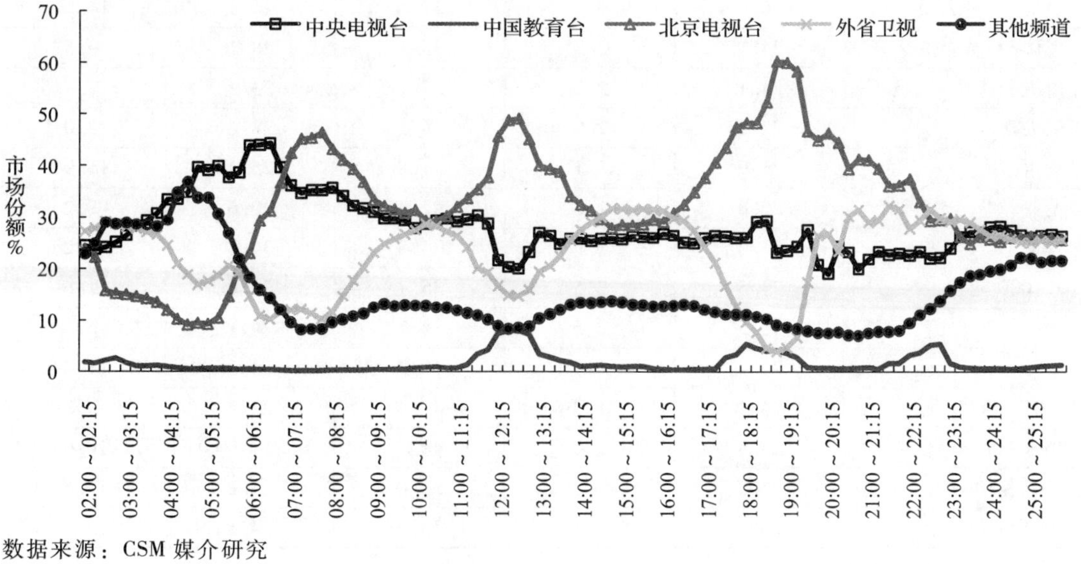

数据来源：CSM 媒介研究

图 1.4.6　2014 年北京电视收视市场各类频道市场份额（%）全天走势

3. 北京电视台在女性、离退休观众中具有较强竞争力，中央电视台和中国教育台更受高端观众青睐

2014年，北京市场各级频道在各细分观众中的竞争中，北京电视台在各个收视群体中的竞争力均保持领先地位，在女性、中老年、中等学历、中等收入水平观众中的市场份额高于4岁及以上所有观众的平均水平；中央电视台继续保持在男性、高端收视群体中的影响力，外省卫视市场份额相对较高的群体是女性和年轻观众（表1.4.5）。

表1.4.5　2014年北京市场各类频道在不同目标观众群体中的市场份额（%）

目标观众	中央电视台	中国教育台	北京电视台	外省卫视	其他频道
4岁及以上所有人	25.2	2.1	39.0	23.0	10.7
男	26.7	2.3	38.3	21.5	11.2
女	23.6	1.8	39.7	24.5	10.4
4~14岁	28.5	1.6	35.3	21.0	13.7
15~24岁	20.1	4.9	34.7	27.5	12.8
25~34岁	22.1	1.7	35.1	26.4	14.6
35~44岁	26.3	2.2	32.1	25.1	14.2
45~54岁	23.3	2.6	39.8	24.5	9.8
55~64岁	25.5	1.5	44.5	20.1	8.4
65岁及以上	33.0	1.3	44.0	16.0	5.6
未受过正规教育	28.0	1.2	45.9	17.3	7.7
小学	28.1	2.1	38.5	24.4	6.9
初中	26.3	2.5	38.3	24.1	8.8
高中	24.3	2.4	41.3	22.4	9.6
大学及以上	24.6	1.5	36.7	23.0	14.1
干部/管理人员	26.9	0.9	37.8	20.1	14.3
个体/私营企业人员	24.5	2.7	35.1	28.1	9.5
初级公务员/雇员	24.1	2.2	37.7	23.1	12.9
工人	22.2	2.9	34.3	28.6	12.0
学生	21.9	5.1	31.8	25.4	15.9
无业	26.8	1.6	42.7	20.6	8.2
其他	23.0	0.9	34.5	34.5	7.2
0~600元	23.5	2.5	35.7	26.6	11.6
601~1200元	30.5	2.5	36.7	24.1	6.2
1201~1700元	23.4	1.9	39.3	24.1	11.4
1701~2600元	24.1	1.9	42.4	22.4	9.3
2601~3500元	26.8	2.0	40.7	19.9	10.6
3501~5000元	26.5	1.8	36.0	23.2	12.5
5001元及以上	24.8	2.3	35.9	24.3	12.7

数据来源：CSM媒介研究

在以性别为细分标准的收视市场上，男性观众对中央电视台和中国教育台的收视份额高于所有观众的平均水平；而女性观众则对北京电视台和外省卫视更加青睐，其收视份额较4岁及以上观众的平均水平更高。在以年龄为细分标准的收视市场上，中央电视台对4~14岁的年轻观众、35~44岁的中年观众及55岁以上的老年观众继续发挥强大影响力，尤其是65岁及以上的老年收视群体，他们对中央电视台的收视份额达到33.0%，较4岁及以上所有观众平均水平的25.2%高出7.8个百分点；北京电视台频道对45岁以上观众保持了较强的吸引力，该类观众对该频道的收视份额远高于4岁及以上观众的平均水平，其中55~64岁观众对北京电视台的收视份额更是达到了44.5%，高出平均水平5.5个百分点；外省卫视对15~54岁年龄段观众的吸引力明显更高，其中15~24岁青年观众对外省卫视的收视份额达到27.5%，远高于4岁及以上所有观众23.0%的平均水平；中国教育台更吸引15~24岁的年轻观众和35~54岁的中年观众。在以学历为细分标准的收视市场上，中央电视台对初中及以下学历的观众吸引力较强；北京电视台更吸引高中学历的观众；外省卫视对小学及初中学历的观众的吸引力较大。在以职业为细分标准的收视市场上，中央电视台对干部/管理人员和以离退休人员为主的无业群体的吸引力更强；北京电视台对无业观众更具吸引力；外省卫视对个体/私营企业人员、工人、学生和其他类型观众群体有较强吸引力；中国教育台更吸引个体/私营企业人员、初级公务员/雇员、工人和学生。在以收入为细分标准的收视市场上，中央电视台对个人月收入在601~1200元之间的低收入群体和2601~5000元的中高收入人群更具号召力；北京电视台对个人月收入1701~3500元的中等收入群体吸引力更强；外省卫视频道对于个人月收入1700元及以下的低收入收视人群和3501元及以上的中高收入人群凝聚力相对较强；中国教育台频道相对而言更吸引个人月收入1200元及以下和5001元及以上的收视群体。

4. 北京卫视稳居市场竞争首位，外省卫视中浙江、湖南、江苏三频道入围

2014年，北京电视收视市场市场份额排名前15位的频道中，北京卫视、北京电视台影视频道、北京电视台科教频道和北京电视台生活频道垄断了排名的前4位，4个频道的市场份额合计超过25%；其中，北京卫视以12.0%的市场份额稳居榜首，较2013年提升了0.5个百分点；北京电视台科教频道的市场份额也有0.6个百分点的提升，达到4.6%；北京电视台影视频道和北京电视台生活频道的市场份额较2013年均有不同程度的下降。中央电视台综合频道和中央电视台新闻频道排名第五、第六位，市场份额较2013年均有小幅增长。中央台五套在2014年凭借转播多项重大赛事提高了整体竞争力，挤进排名前10位，市场份额由2013年的2.0%增长至2014年的2.6%。在外省卫视中，浙江卫视的市场份额有所增长，以2.4%的份额排名第十一位，竞争力超过湖南卫视和江苏卫视（表1.4.6）。

表 1.4.6 2014 年北京收视市场市场份额排名前十五位的频道

排名	频道	2014 年市场份额（%）	2013 年市场份额（%）
1	北京卫视	12.0	11.5
2	北京电视台影视频道	5.7	6.9
3	北京电视台科教频道	4.6	4.0
4	北京电视台生活频道	3.7	3.8
5	中央电视台综合频道	3.4	3.2
6	中央电视台新闻频道	3.3	3.1
7	北京电视台文艺频道	3.0	2.6
8	中央台四套	2.8	3.1
9	中央台五套	2.6	2.0
10	北京电视台体育频道	2.5	2.5
11	中央台六套	2.4	2.3
11	浙江卫视	2.4	2.2
13	中央台三套	2.3	3.2
14	湖南卫视	2.2	2.5
15	江苏卫视	2.1	2.3

数据来源：CSM 媒介研究

（四）上海市电视收视市场的频道竞争格局

1. 上海本地频道竞争优势继续提升，外省卫视竞争力明显下滑

2014 年，上海电视收视市场的频道竞争格局基本保持稳定，但各级频道之间的竞争力此消彼长。2014 年，上海本地频道继续领跑当地市场，占据当地市场一半以上的市场份额，达 56.3%，较 2013 年有 0.4 个百分点的增长。中央电视台的市场份额较 2013 年也有小幅提升，由 2013 年的 15.7% 提升到 2014 年的 16.1%。外省卫视 2014 年的竞争力呈现下降态势，市场份额由 2013 年的 17.6% 降低至 2014 年的 15.2%，减少了 2.4 个百分点。中国教育台在上海市场的份额持续稳定在 0.1%（图 1.4.7）。

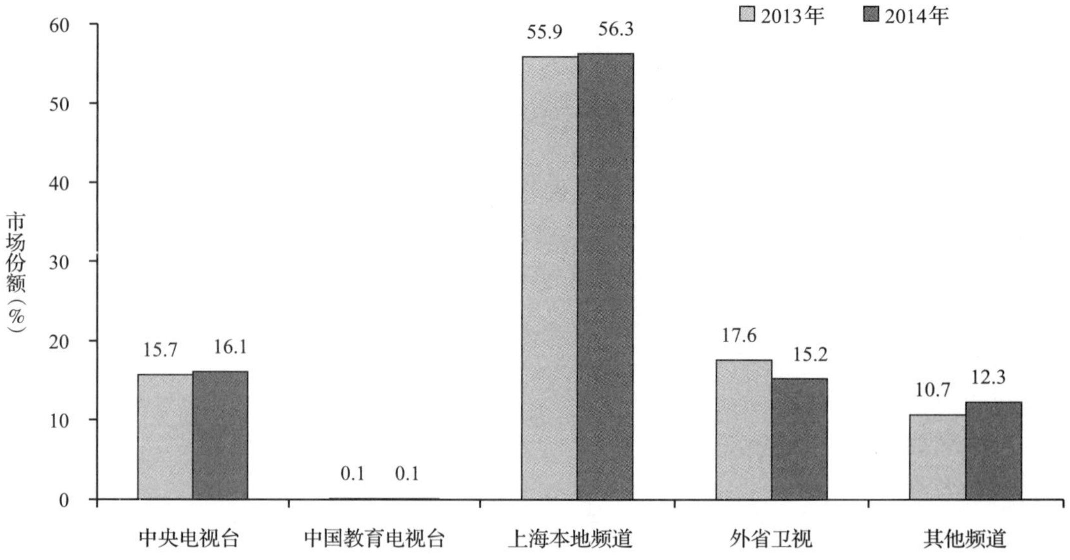

数据来源：CSM 媒介研究

图 1.4.7 2013 年和 2014 年上海电视收视市场上各类频道的市场份额（%）对比

2. 上海本地频道领跑全天时段收视，外省卫视和中央电视台竞争呈胶着态势

2014 年，在上海市场各级频道全天时段的收视竞争中，上海本地频道以绝对优势领先，除凌晨 3:00～3:30 时段市场份额略低外，其余时段均处于市场份额的第一位，尤其是早间 6:00～9:00 时段和晚间 18:00～21:00 时段，竞争优势更加明显。外省卫视和中央电视台在全天时段处于胶着的竞争态势，外省卫视在凌晨、下午 14:00～17:30 时段和夜晚 22:00～24:00 时段市场份额超过其他频道组，中央电视台则在早间和午间时段收视效果更好（图 1.4.8）。

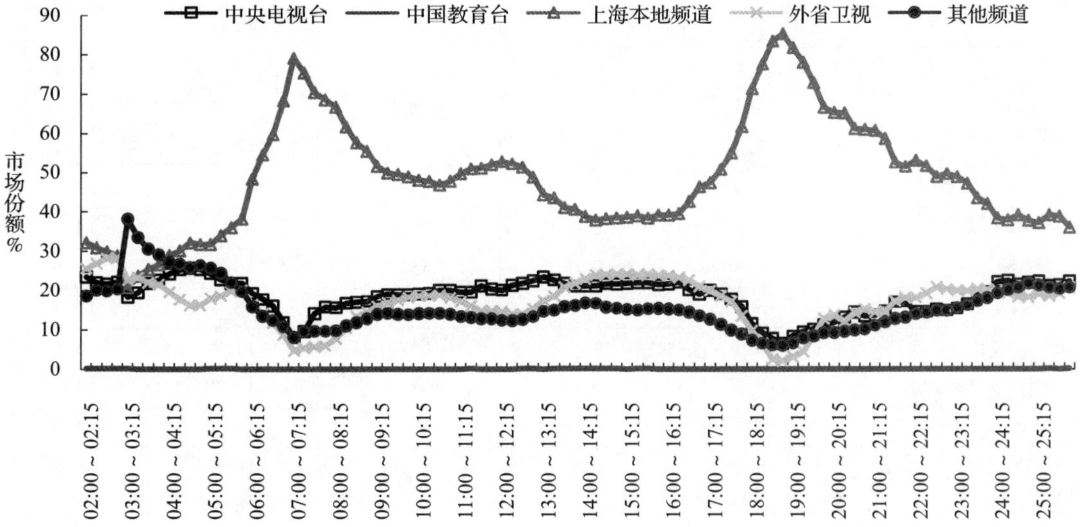

数据来源：CSM 媒介研究

图 1.4.8　2014 年上海电视收视市场各类频道市场份额（%）全天走势

3. 上海本地频道更吸引中老年、退休人员，中央电视台观众群集中在高端群体

2014 年，上海市场各级频道对细分观众群体的竞争延续以往的态势，中央电视台仍保持对男性、中老年和中高收入群体的影响力，上海本地频道则更吸引女性、中老年、中等收入群体，外省卫视更受女性、青少年、中青年观众的青睐，呈现出差异化的竞争格局（表 1.4.7）。

在以性别为细分标准的收视市场上，中央电视台更吸引男性观众；外省卫视和上海本地频道则对女性观众更具吸引力。在以年龄为细分标准的收视市场上，中央电视台对 35～44 岁和 55 岁及以上的中老年观众吸引力更强；上海本地频道对 55 岁以上的中老年观众吸引力更强；特别是在 65 岁以上观众群中，市场份额超过了 61%；外省卫视频道对 4～54 岁的青少年、中青年观众更具吸引力。在以学历为细分标准的收视市场上，中央电视台更吸引初中学历观众；上海本地频道对小学及以下学历和高中学历观众更具吸引力；外省卫视对初中以下学历观众吸引力更强。在以职业为细分标准的收视市场上，中央电视台对个体/私营企业人员的和以离退休人员为主的无业群体的吸引力明显超过

平均水平；上海本地频道对干部/管理人员和以离退休人员为主体的无业观众吸引力较强；外省卫视对个体/私营企业人员、工人和学生群体观众有较强吸引力。在以收入为细分标准的收视市场上，中央电视台对个人月收入2601～5000元的中高收入群体号召力更强；上海本地频道对个人月收入在601～2600元之间的中低收入水平观众吸引力较强；外省卫视在个人月收入1200元及以下的低收入观众中收视份额更高。

表 1.4.7　2014 年上海市场各类频道在不同目标观众群体中的市场份额（%）

目标观众	中央电视台	中国教育台	上海本地频道	外省卫视	其他频道
4 岁及以上所有人	16.1	0.1	56.3	15.2	12.3
男	18.3	0.1	54.4	14.5	12.7
女	13.8	0.1	58.2	15.9	12.0
4～14 岁	13.7	0.1	46.0	25.8	14.4
15～24 岁	11.4	0.1	54.0	18.8	15.7
25～34 岁	13.9	0.0	55.0	15.6	15.5
35～44 岁	17.1	0.1	50.8	17.7	14.3
45～54 岁	14.8	0.0	55.3	16.4	13.5
55～64 岁	16.8	0.1	58.5	13.2	11.4
65 岁及以上	20.3	0.1	61.7	11.4	6.5
未受过正规教育	15.9	0.0	61.8	13.2	9.1
小学	14.7	0.1	61.7	19.2	4.3
初中	18.3	0.1	55.0	16.8	9.8
高中	15.0	0.0	57.5	14.8	12.7
大学及以上	16.1	0.1	53.9	13.3	16.6
干部/管理人员	13.6	0.1	57.9	12.6	15.8
个体/私营企业人员	19.4	0.0	44.1	17.1	19.4
初级公务员/雇员	15.2	0.1	54.6	15.5	14.6
工人	14.2	0.1	57.2	16.1	12.4
学生	13.9	0.1	51.4	23.1	11.5
无业	17.1	0.1	59.5	13.9	9.4
其他	*	*	*	*	*
0～600 元	14.7	0.1	51.5	22.7	11.0
601～1200 元	17.0	0.2	57.2	18.2	7.4
1201～1700 元	14.5	0.1	65.0	14.0	6.4
1701～2600 元	15.2	0.1	59.2	15.1	10.4
2601～3500 元	17.1	0.0	55.7	13.1	14.1
3501～5000 元	17.7	0.0	54.8	13.9	13.6
5001 元及以上	16.0	0.0	51.6	15.2	17.2

注：* 表示样本量太小，无法进行统计推断。

数据来源：CSM 媒介研究

4. 上海本地频道在市场份额排名前10位中独占8席，浙江、湖南卫视入围前15位

2014年，在上海收视市场单个频道的收视竞争中，上海本地频道竞争优势明显，在市场份额排名前10位的频道中独占8席，并垄断了前7位，7个频道市场份额合计近50%。进入排名前10位的上海本土频道中，只有上海东方电影频道、上海电视台五星体育频道、上海电视台星尚频道和上海电视台第一财经频道2014年的竞争力有所提升。中央台频道中，中央台四套在上海的竞争力最强，以2.9%的份额排名第八位，较2013年仅有0.1个百分点的增长。外省卫视中，只有浙江卫视和湖南卫视入围排名前15位，但这两个频道的市场份额较2013年有所下降或持平（表1.4.8）。

表1.4.8　2014年上海收视市场市场份额排名前十五位的频道

排名	频道	2014年市场份额（%）	2013年市场份额（%）
1	上海电视台新闻综合频道	13.1	13.3
2	上海电视台娱乐频道	10.3	10.3
3	上海东方卫视	8.0	8.0
4	上海电视台电视剧频道	6.2	6.7
5	上海东方电影频道	4.6	4.1
6	上海电视台五星体育频道	3.1	2.7
7	上海电视台星尚频道	3.0	2.7
8	中央台四套	2.9	2.8
9	中央电视台新闻频道	2.2	2.2
10	上海电视台第一财经频道	1.9	1.6
11	上海电视台纪实频道	1.7	1.5
11	中央台三套	1.7	1.7
13	中央台六套	1.6	1.5
13	浙江卫视	1.6	2.2
13	湖南卫视	1.6	1.6

数据来源：CSM媒介研究

（五）广州市电视收视市场的频道竞争格局

1. 广东台仍领跑本土收视市场，外省卫视市场份额略有上升

与其他重点城市电视收视市场相比，广州电视收视市场的频道竞争情况一直比较复杂。2014年4月23日，广东电视台和南方电视台宣布合并，组建了广东广播电视台，频道及节目资源有效整合，使广东广播电视台在当地市场的领先优势更加显著，2014年

市场份额较2013年有小幅提升，达到36.0%。广州台则连续几年竞争力下滑，2014年市场份额较上年也有0.1个百分点的小幅下降。境外频道2014年在广州市场的竞争力继续下降，早已没了当年的辉煌。而外省卫视近些年在广州市场的竞争力却逐年提升，外省卫视频道不断创新的节目形式和持续提高的节目质量给广州本土频道带来不小冲击。中央电视台在广州市场的份额也由2013年的15.1%下降至2014年的14.8%。中国教育电视台仍保持0.1%的市场份额（图1.4.9）。

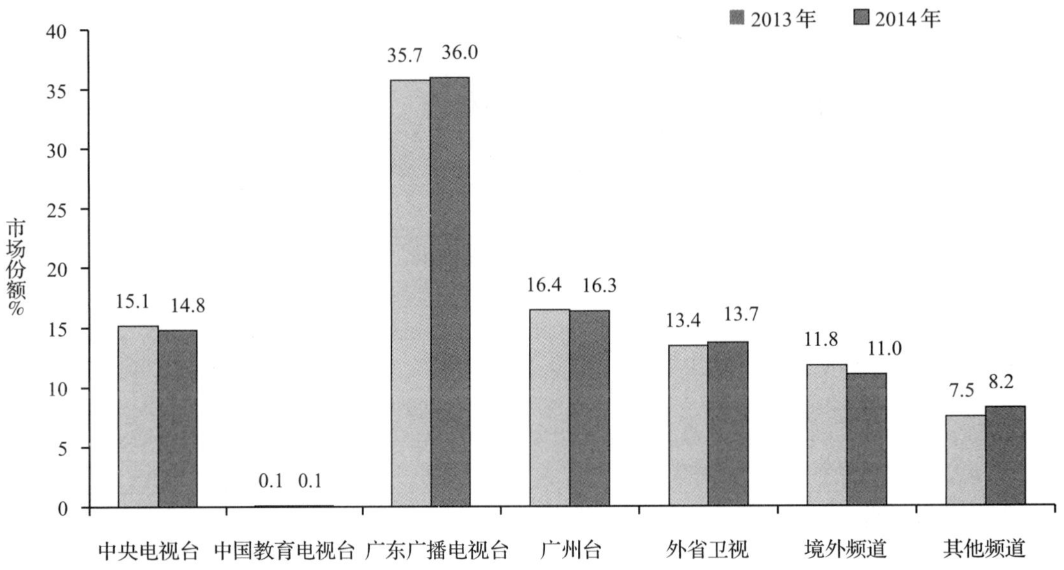

数据来源：CSM媒介研究

图1.4.9　2013年和2014年广州电视收视市场上各类频道的市场份额（%）对比

2. 各级频道竞争呈胶着态势，广州台和境外频道在早晚时段各有所长

2014年广州电视收视市场各级频道在全天不同时段的竞争呈胶着态势。广东广播电视台全天竞争力较强，早间6:00~7:00时段和晚间22:00~23:00时段是全天市场份额的低谷。广州电视台虽然全天时段平均竞争力难以与广东广播电视台相抗衡，但在早间时段却获得突破，在6:00~8:00时段份额超越广东台，晚间22:00~23:00时段也有一定竞争力；境外频道则在晚间拥有较强竞争力；中央电视台和外省卫视在广州市场全天竞争中没有明显优势，中央电视台在上午时段份额相对较高，外省卫视在下午和晚间时段竞争力相对更强（图1.4.10）。

3. 中央电视台和外省卫视更吸引高收入群体，广东台和广州台对中老年人更具吸引力

广州市场各级频道对细分观众群体的竞争格局相对更加复杂，各级频道依托自身的频道定位及节目特色，影响和吸引着各自的核心观众，在满足观众多样化收视需求的同

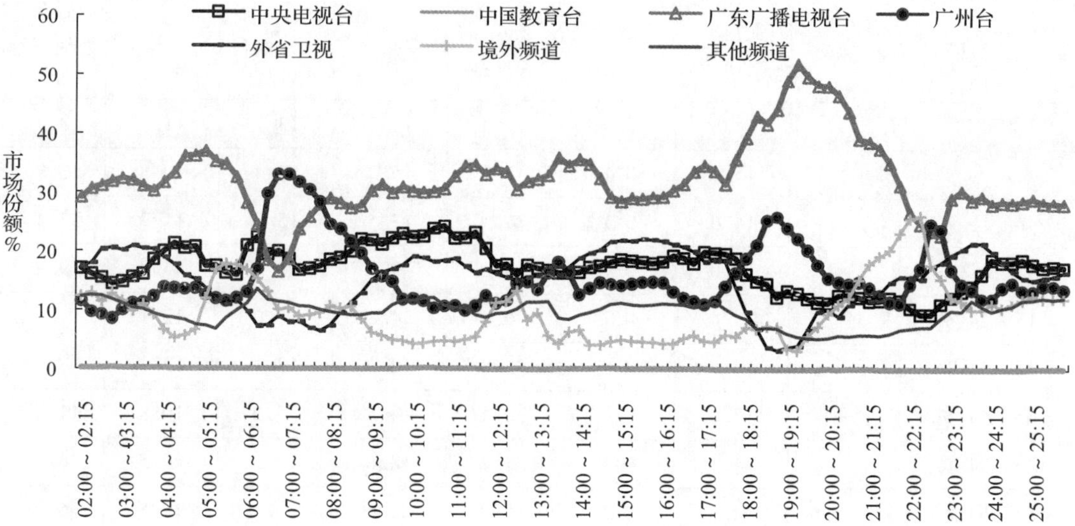

数据来源：CSM 媒介研究

图 1.4.10　2014 年广州电视收视市场各类频道市场份额（%）全天走势

时，也成就了独具特色的收视市场。

在以性别为细分标准的收视市场上，中央电视台和广东广播电视台对男性观众保持了较强的吸引力；广州台、外省卫视和境外频道都更受女性观众的青睐。在以年龄为细分标准的收视市场上，中央电视台对 35～44 岁的中青年观众和 65 岁及以上老年观众吸引力更强，这几类观众对中央电视台的收视份额远高于所有观众的平均水平；广东台则对 4～34 岁的年轻观众和 45～54 岁的中年观众较具影响力；外省卫视对 4～24 岁的青少年和 35～54 岁的中年观众吸引力更强；广州本地台更吸引 45 岁及以上年龄层观众；境外频道同时在 15～34 岁和 55 岁及以上观众中拥有更强的影响力。在以学历为细分标准的收视市场上，中央电视台、广州台、外省卫视和境外频道明显更受高中及以上高学历观众的喜爱；广东台则对初中以下学历观众更具吸引力。在以职业为细分标准的收视市场上，中央电视台对干部/管理人员、个体/私营企业人员和以离退休人员为主的无业群体最具吸引力；广东台对工人和其他职业类别观众影响力更强；广州本地台较受工人和无业观众的青睐；外省卫视对干部/管理人员、个体/私营企业人员和学生群体具有较强吸引力；境外频道更吸引干部/管理人员和初级公务员/雇员。在以收入为细分标准的收视市场上，中央电视台和外省卫视在个人月收入 3501 元及以上的中高收入群体中影响力更强；广东台在个人月收入 2600 元及以下的中低收入群体中份额更高；广州本地台较受个人收入 601～3500 元的中低收入水平观众的喜爱；境外频道同时在个人月收入 1701～3500 元的中等收入群体和 5001 元及以上高收入群体中保持着较强的收视影响力（表1.4.9）。

表 1.4.9　2014 年广州市场各类频道在不同目标观众群体中的市场份额（%）

目标观众	中央电视台	中国教育台	广东广播电视台	广州台	外省卫视	境外频道	其他频道
4 岁及以上所有人	14.8	0.1	36.0	16.3	13.7	11.0	8.2
男	15.6	0.1	37.0	15.2	12.4	10.8	8.9
女	14.0	0.1	34.9	17.5	15.0	11.2	7.4
4～14 岁	15.0	0.1	40.6	9.4	20.1	5.0	9.8
15～24 岁	9.4	0.1	36.4	14.2	16.0	12.1	11.8
25～34 岁	14.3	0.0	38.8	12.9	13.1	12.8	8.0
35～44 岁	17.6	0.1	30.4	14.5	15.0	10.8	11.6
45～54 岁	14.1	0.1	37.2	18.6	14.3	9.5	6.1
55～64 岁	14.8	0.1	35.9	20.6	9.5	12.8	6.2
65 岁及以上	16.8	0.0	32.5	23.3	10.4	11.7	5.3
未受过正规教育	16.7	0.1	41.3	8.2	17.1	7.7	8.9
小学	12.5	0.0	42.8	17.4	12.1	8.3	6.9
初中	13.6	0.1	38.1	17.7	12.8	9.4	8.4
高中	15.1	0.1	34.6	15.8	14.5	11.8	8.3
大学及以上	17.7	0.1	27.9	16.0	14.3	15.1	8.8
干部/管理人员	21.2	0.1	23.4	14.9	20.1	11.3	9.0
个体/私营企业人员	16.2	0.1	33.5	13.4	15.9	10.0	11.0
初级公务员/雇员	13.4	0.1	35.8	15.1	13.2	15.7	6.7
工人	14.1	0.1	39.3	17.7	10.7	10.0	8.1
学生	11.2	0.0	35.4	12.7	22.2	7.7	10.6
无业	15.6	0.1	35.5	18.3	12.3	10.9	7.4
其他	10.0	0.0	57.8	16.2	6.7	4.3	5.1
0～600 元	14.0	0.1	38.4	13.3	16.7	8.5	9.1
601～1200 元	12.5	0.0	47.0	19.5	8.7	7.0	5.3
1201～1700 元	13.6	0.1	40.9	18.3	11.7	8.6	6.9
1701～2600 元	12.8	0.0	36.7	18.5	10.8	13.6	7.5
2601～3500 元	13.8	0.1	34.6	19.2	12.4	11.8	8.1
3501～5000 元	21.1	0.1	26.2	13.7	17.6	11.3	10.0
5001 元及以上	22.1	0.1	26.4	11.0	17.5	14.1	8.8

数据来源：CSM 媒介研究

4. 广东本土频道竞争优势明显，中央电视台和外省卫视各有一个频道入围

2014年广州电视收视市场的单个频道竞争中，广东广播电视台占据主导地位，在市场份额排名前15位的频道中占据了7个席位，广州台占据了3个席位，境外频道也占据了3个席位，剩余的两个席位由中央电视台综合频道和湖南卫视占据。广东广播电视台珠江频道继续蝉联频道排行榜首位，但市场份额继续缩减，较2013年减少了1.2个百分点，为9.1%。广州市广播电视台综合频道仍排在第二位，但市场份额较2013年也略有下降，为5.5%。广东广播电视台影视频道首次挤进排名前三甲，市场份额由2013年的4.3%增长至2014年的5.4%。中央电视台综合频道自2011年重新跻身排名前15位后，市场份额一直稳步提升，2014年市场份额较上年增长0.4个百分点，以2.0%的市场份额位居第八位。湖南卫视的市场份额则较上年略有下滑（表1.4.10）。

表1.4.10　2014年广州收视市场市场份额排名前十五位的频道

排名	频道	2014年市场份额（%）	2013年市场份额（%）
1	广东广播电视台珠江频道	9.1	10.3
2	广州市广播电视台综合频道	5.5	6.1
3	广东广播电视台影视频道	5.4	4.3
4	广东广播电视台南方卫视	5.0	4.9
5	广州市广播电视台新闻频道	4.5	4.1
6	广州市广播电视台影视频道	4.3	4.2
7	广东广播电视台公共频道	3.7	3.5
8	中央电视台综合频道	3.0	2.6
8	湖南卫视	3.0	3.3
10	省网翡翠台（中文）	2.6	2.3
11	翡翠台（中文）（广州其他有线网转播）	2.3	2.9
11	市网翡翠台（中文）	2.3	3.0
13	广东广播电视台经济科教频道	2.2	2.3
13	广东广播电视台体育频道	2.2	1.9
15	广东广播电视台新闻频道	2.1	2.1

数据来源：CSM媒介研究

五、节目竞争格局

2014年全国电视节目收视市场竞争格局稳中有变，电视剧、新闻/时事和综艺节目依然是收视份额排名前3位的节目类型，但三者的收视份额均出现了小幅下降；生活服务节目发展态势良好，成为收视份额增幅最大的节目类型。在全国市场中，中央电视台在多个节目类型市场中的领先地位依旧稳固，而省级卫视则在综艺、青少、电视剧等细分市场中表现突出。就重点地方市场的节目竞争而言，青少节目闯入湖南省收视份额前三甲，生活服务节目在北京地区表现突出；上海和广州市场则相对稳定，市场竞争格局未有太大变化。

(一) 全国电视收视市场节目竞争格局

1. 节目竞争格局大体稳定，生活服务节目增长明显

2014年中国电视节目收视市场中，各类型节目收视份额稳中有变。电视剧、新闻/时事和综艺节目仍以较大优势领跑各类型节目收视，稳居收视第一梯队，三类节目收视份额分别为31.1%、14.2%和11.4%，合计达56.7%。相较于2013年，新闻/时事节目收视份额下降了0.6个百分点；而电视剧和综艺节目的收视份额分别下降了0.4和0.1个百分点；三者合计下降1.1个百分点。处于第二梯队的生活服务和专题节目共获得了14.7%的收视份额，相较于2013年，生活服务节目收视份额增长了0.8个百分点，增幅较大，专题节目也有0.1%个百分点的增长。由青少、电影和体育节目构成的第三梯队共占据了12.5%的收视份额，相较于2013年，三类节目均取得了一定程度的增长。其中，受2014年大型体育赛事的带动，体育节目收视份额增长了0.6个百分点，增长明显；电影和青少节目也分别有0.3和0.1个百分点的上升。此外，法制、财经、音乐、戏剧、教学和外语节目的收视份额仍较低且变化微弱，2014年收视份额均未超过2.0%，总和仅为4.0%（图1.5.1）。

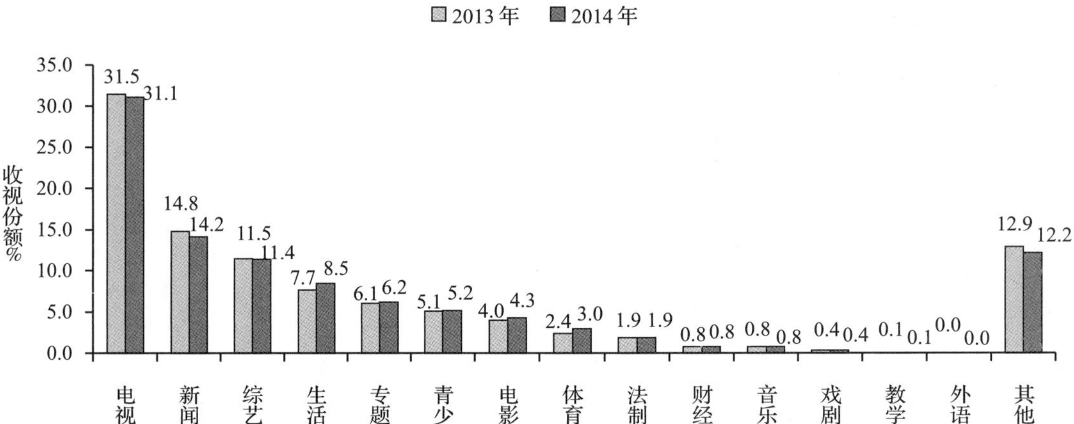

数据来源：CSM媒介研究

图1.5.1　2013～2014年全国市场各类节目的收视份额（%）

2. 中央电视台在多数节目市场中保持领先地位，省级频道竞争表现可圈可点

在2014年全国各类型节目收视市场竞争中，中央电视台在教学、音乐和体育节目中的领先优势十分突出，收视份额均在70%以上。其中，在全国教学节目市场中，中央电视台收视份额高达83.7%；在音乐和体育节目中，则分别占据了83.4%和72.9%的收视份额。与此同时，中央电视台在戏剧、法制、电影、财经节目市场中的竞争力亦十分强劲，收视份额均在50%～60%之间。此外，中央电视台在综艺、专题、新闻/时事、

外语和青少节目市场中也具有较强实力，收视份额均高于30%，在专题、新闻/时事和外语节目中也占据榜首位置。相比之下，在生活服务和电视剧市场中，中央电视台的竞争实力偏弱，收视份额不足20%（图1.5.2）。

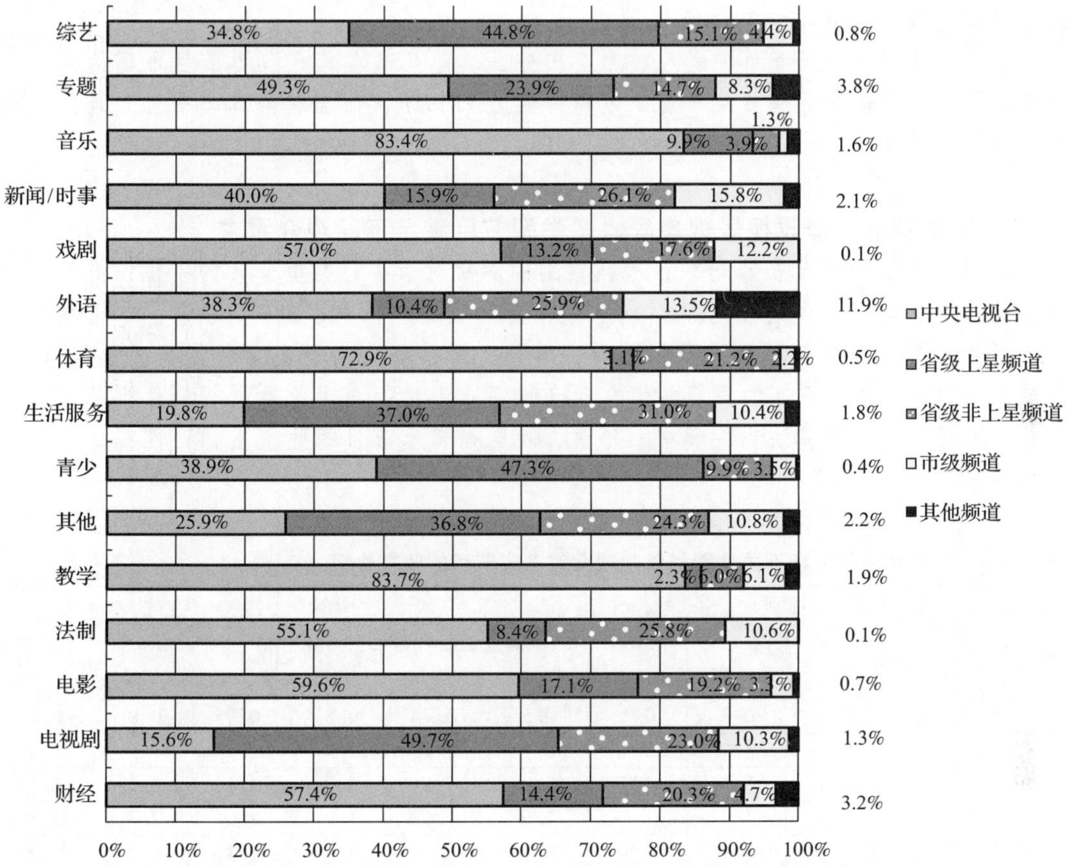

数据来源：CSM媒介研究

图1.5.2　2014年各类频道在全国不同节目市场中的收视份额（%）

2014年，省级卫视在电视剧、综艺、青少和生活服务节目市场竞争中处于依然保持着领先地位。其中，省级卫视在电视剧、青少和综艺节目市场的竞争优势突出，收视份额均超过了40%，在电视剧市场中更是高达49.7%；在生活服务节目市场的竞争力也十分强劲，收视份额为37.0%；在新闻/时事、戏剧、外语、电影和财经节目市场的收视份额处于10%～20%之间，表现稳定；而在音乐、体育、教学和法制节目市场的竞争实力较弱，收视份额不足10%。

2014年，省级非上星频道在生活服务节目市场的竞争力较为突出，收视份额达31.0%，仅落后于省级上星频道6个百分点；在新闻/时事、外语、体育、法制、电视剧和财经节目市场中，省级非上星频道亦有一定的竞争力，收视份额在20%～30%之间；在综艺、专题、戏剧和电影节目市场中，其收视份额在10%～20%之间；相比之下，在音乐、青少和教学节目市场的竞争力较弱，收视份额未能超过10%。

2014年，市级频道整体表现平平，未能在各类节目中占据领先优势。其中，在新闻/时事节目市场的收视份额为15.8%；在戏剧、外语、生活服务、法制和电视剧节目市场的收视份额均超过了10%；而在综艺、专题、音乐、体育、青少、教学、电影和财经节目市场的收视份额均在10%以下。

除在外语节目市场竞争中表现较为突出外，其他频道在其余各类节目市场的竞争力均较弱。其他频道在外语节目市场的收视份额为11.9%，而在其余各类节目市场的收视份额均未超过4%。

3. 不同特征人群收视呈现差异，各类型节目满足不同观众需求

2014年全国节目收视市场中，不同性别的观众对于不同类型节目的收视偏好有所差异。男性观众与女性观众在电视剧、电影、生活服务、体育、新闻/时事、专题和综艺类节目的收视上存在着较为明显的差异，其中，男性观众对于电影、体育、新闻/时事和专题节目表现出了更高的收视热情，而女性观众则更倾向于收看电视剧、生活服务和综艺类节目。在财经、法制、教学、外语、戏剧和音乐节目的收视上，两性观众的差异并不明显（表1.5.1）。

表1.5.1　2014年全国市场不同性别和年龄观众对各类节目的收视比重（%）

节目类型	性别		年龄						
	男	女	4～14岁	15～24岁	25～34岁	35～44岁	45～54岁	55～64岁	65岁及以上
财经	0.8	0.7	0.3	0.5	0.7	0.8	0.9	0.9	0.8
电视剧	29.2	33.0	26.4	32.4	30.1	31.4	32.3	31.7	31.3
电影	4.9	3.6	4.7	5.0	5.5	6.0	4.1	3.0	2.3
法制	1.8	1.9	1.1	1.6	1.6	1.9	2.0	2.3	2.3
教学	0.1	0.1	0.1	0.1	0.1	0.1	0.1	0.1	0.2
青少	5.1	5.3	26.2	3.8	6.6	4.1	1.9	3.1	2.0
生活服务	8.1	8.9	6.6	8.3	8.3	8.0	8.7	9.0	9.3
体育	4.1	2.0	1.2	3.1	3.9	2.9	3.3	2.9	3.0
外语	0.0	0.0	0.0	0.0	0.0	0.0	0.0	0.0	0.0
戏剧	0.3	0.4	0.1	0.2	0.2	0.2	0.2	0.4	1.1
新闻/时事	15.4	12.9	7.1	11.6	11.8	13.2	15.1	16.6	18.7
音乐	0.8	0.8	0.6	1.1	0.9	1.0	0.9	0.6	0.6
专题	6.7	5.7	4.1	5.9	5.7	6.5	6.9	6.5	6.4
综艺	10.8	12.0	9.1	13.8	11.8	11.7	11.8	11.1	10.3
其他	11.9	12.5	12.6	12.6	12.9	12.3	11.9	11.8	11.9

数据来源：CSM媒介研究

就不同年龄段观众对各类型节目的收视情况来看，4～14岁观众对于青少节目的收视热情依旧高涨，以26.2%的收视比重远远领先于其他年龄段；15～24岁观众对电视剧和综艺节目的关注度最为突出，收视比重分别为32.4%和13.8%，为各年龄段之首；25～34岁

观众收看电影、体育和综艺类节目的份额较为突出，均高于平均水平；35～44岁观众对于财经、电视剧、电影、法制、音乐、专题和综艺节目的收视比重在平均值之上；45～54岁观众中，财经、电视剧、生活服务、新闻/时事和专题类节目的收视比重处于较高水平，其中收看专题类节目的比重达6.9%，居各年龄段之首；55～64岁观众收看财经、电视剧、法制、生活服务、新闻/时事和专题节目的比重均高于平均水平；65岁及以上观众在生活服务和新闻/时事两类节目上分配的时间比例领先于其他年龄段，对于电视剧、体育、戏剧和专题类节目的关注度也高于平均水平。综合而言，年轻观众更倾向于收看电影、青少、音乐和综艺节目；中老年观众则在财经、法制、生活服务、新闻/时事和专题节目上表现出了更强烈的收视热情。电视剧获得了各个年龄层观众的钟爱，而不同年龄观众对于教学、外语类节目倾注的时间比重均处于较低水平。值得注意的是，观众对于法制、戏剧和新闻/时事节目的收视比重随着年龄的增长而上升（表1.5.1）。

从受教育程度来看，2014年不同观众群体对不同类型节目的收视比重有所差异。具体而言，未受过正规教育的观众对戏剧类节目更为偏爱；小学学历观众的电视剧收视比重高达34.1%，领先于其他群体；初中教育程度观众花费在电影和法制节目上的时间比重处于领先地位；高中教育程度的观众则在财经、生活服务、体育、新闻/时事、专题和综艺节目上表现出了较强的收视兴趣；大学及以上学历观众在多个节目类别的收视比重中均占据领先位置，包括财经、电影、生活服务、体育、新闻/时事、专题和综艺节目。整体来看，随着学历水平的上升，观众分配给财经、生活服务、体育、新闻/时事和专题节目的时间比重也随之加大；而对青少和戏剧节目的收视比重则随之缩小（表1.5.2）。

表1.5.2　2014年全国市场不同受教育程度和个人月收入观众对各类节目的收视比重（%）

节目类型	受教育程度					个人月收入（元）						
	未受过正规教育	小学	初中	高中	大学及以上	600元及以下	601～1200元	1201～1700元	1701～2600元	2601～3500元	3501～5000元	5001元及以上
财经	0.3	0.4	0.6	1.0	1.1	0.4	0.5	0.7	0.9	1.1	1.0	1.2
电视剧	28.3	34.1	33.1	29.9	27.6	31.7	35.1	32.7	31.1	29.6	28.4	27.5
电影	3.5	4.1	4.4	4.2	4.4	4.4	4.1	3.8	4.0	4.5	4.9	5.0
法制	1.5	1.9	2.0	1.9	1.7	1.7	2.1	2.1	2.0	1.8	1.8	1.7
教学	0.1	0.1	0.1	0.1	0.1	0.1	0.1	0.1	0.1	0.1	0.1	0.1
青少	21.3	8.6	3.9	3.2	3.2	11.3	3.5	3.2	2.9	3.1	2.9	3.3
生活服务	7.6	7.8	8.4	8.8	9.0	7.8	8.2	8.7	8.9	8.8	8.7	8.7
体育	1.3	1.6	2.6	3.6	4.8	1.9	2.2	2.7	3.2	4.0	4.6	5.1
外语	0.0	0.0	0.0	0.0	0.0	0.0	0.0	0.0	0.0	0.0	0.0	0.0
戏剧	0.7	0.6	0.4	0.3	0.2	0.4	0.4	0.4	0.4	0.3	0.3	0.2
新闻/时事	9.5	12.8	14.0	15.2	15.2	11.0	14.1	15.1	15.5	15.4	15.7	15.4
音乐	0.5	0.6	0.8	0.9	0.8	0.8	0.7	0.8	0.8	0.9	0.8	0.9
专题	3.9	5.1	6.2	6.8	6.9	5.2	5.9	6.1	6.5	6.9	6.9	7.4
综艺	8.2	9.7	11.3	12.2	12.8	10.8	10.7	11.5	11.7	11.7	11.9	11.7
其他	13.3	12.6	12.2	12.0	12.1	12.7	12.2	12.3	12.1	11.9	11.8	11.8

数据来源：CSM媒介研究

2014年全国节目收视市场中，不同收入状况的观众群体对于各类节目的收视比重也呈现出一定的特点。其中，600元及以下收入者对于电视剧、青少和戏剧节目的收视比重均高于平均水平；个人月收入601～1200元的观众在电视剧、法制、戏剧三类节目上的收视比重在各群体中处于领先地位；个人月收入1201～1700元的观众对法制节目的关注度领先于其他人群；个人月收入1701～2600元的观众在生活服务和戏剧类节目中的收视比重处于最高水平；个人月收入2601～3500元的观众在财经、电影、生活服务、体育、新闻/时事、音乐、专题和综艺节目中的收视比重较平均水平为高；个人月收入3501～5000元的观众在新闻/时事和综艺节目的收视上占据榜首，其收视比重分别达到15.7%和11.9%；个人月收入5001元及以上的观众收看财经、电影、体育、音乐、专题节目的比重居各类人群之首。不同收入水平的观众在教学、外语、戏剧和音乐节目上投入的时间比重差异并不明显；随着个人月收入水平的提高，对财经、体育和专题节目的收视比重呈递增趋势，对戏剧节目的收视比重则呈递减趋势（表1.5.2）。

2014年全国电视节目市场中，不同职业观众对各类型节目的收视情况各有不同。干部/管理人员对财经、体育、新闻/时事、专题和综艺节目均表现出较强的收视兴趣，其中对财经、体育和专题节目的收视比重更是领先于其他人群；个体/私营企业人员在财经、电视剧、电影、法制、新闻/时事、音乐和专题节目上的收视比重均高于平均水平；初级公务员/雇员对综艺节目的收视偏好最为突出，收视比重达12.6%，处于各职业人群的最高水平；工人群体收看电视剧的比重高达32.7%，为除其他人群之外各类职业人群之首，其对电影、新闻/时事、音乐和综艺节目的关注也高于平均水平；学生观众投入电影、青少、音乐和综艺节目的时间比重尤为突出，均领先于其他人群；无业观众对于生活服务和新闻/时事节目的收视比重分别为9.0%和15.5%，居各类人群之首。此外，不同职业背景的观众在教学、外语、音乐节目上的收视比重差异微弱（表1.5.3）。

表1.5.3　2014年全国市场不同职业观众对各类节目的收视比重（%）

节目类型	职业						
	干部/管理人员	个体/私营企业人员	初级公务员/雇员	工人	学生	无业	其他
财经	1.3	0.8	1.0	0.6	0.4	0.8	0.4
电视剧	27.1	31.4	28.9	32.7	29.5	31.0	38.3
电影	4.9	5.2	4.9	5.2	5.3	3.0	4.2
法制	1.6	2.0	1.7	1.7	1.3	2.1	2.1
教学	0.1	0.1	0.1	0.1	0.1	0.1	0.1
青少	3.0	3.8	3.2	3.6	13.6	5.7	4.4
生活服务	8.6	8.1	8.9	8.0	7.2	9.0	8.1
体育	5.3	3.0	4.4	3.1	2.3	2.7	1.2
外语	0.0	0.0	0.0	0.0	0.0	0.0	0.0
戏剧	0.2	0.3	0.2	0.2	0.2	0.6	0.5

续表

节目类型	职业						
	干部/管理人员	个体/私营企业人员	初级公务员/雇员	工人	学生	无业	其他
新闻/时事	15.4	14.3	14.5	13.6	9.2	15.5	12.3
音乐	0.8	0.9	0.9	0.9	0.9	0.7	0.7
专题	7.2	6.6	6.7	6.2	5.3	6.1	5.0
综艺	12.5	11.2	12.6	11.8	12.6	10.7	9.6
其他	11.9	12.4	12.2	12.2	12.2	12.1	13.1

数据来源：CSM 媒介研究

（二）湖南省电视收视市场节目竞争格局

1. 湖南省节目收视市场稳中有变，青少节目闯入收视前三甲

2014 年，湖南省电视收视市场各类节目的竞争中，电视剧和新闻/时事节目仍领跑收视市场，其中电视剧以 37.0% 的收视份额高居榜首，新闻/时事节目的收视份额达 11.0%，位居次席。相较于 2013 年，青少节目取代综艺节目闯入湖南省各类型节目收视排名的前三甲，收视份额增长了 2.1 个百分点，达到 10.3%；电视剧、新闻/时事和综艺节目的收视份额则出现了不同程度的下降。由生活服务、专题和电影节目组成的收视第二梯队，收视份额在 5% ~8% 之间，三类节目的收视份额均较上一年有所增长；其中，专题节目增长最为明显，由 5.0% 增至 6.0%，电影和生活服务节目分别小幅上扬了 0.1 个百分点。而包括体育、法制、音乐、财经、戏剧、教学、外语节目在内的第三梯队收视份额均在 1.5% 以下，竞争实力较弱；其中，除体育节目的收视份额出现了 0.1 个百分点的上升外，其余各类节目的收视份额均未能获得增长，下降幅度在 0.1 ~0.3 个百分点之间（图 1.5.3）。

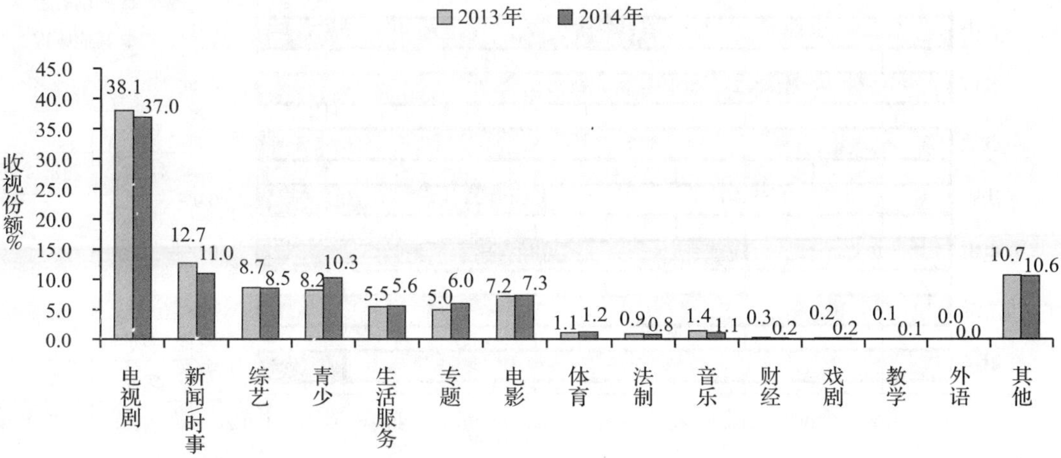

数据来源：CSM 媒介研究

图 1.5.3 2013 ~2014 年湖南省市场各类节目的收视份额（%）

2. 多类节目收视市场中央电视台占优，湖南省台实力不容小觑

纵观2014年湖南省节目收视市场各类频道的收视份额，中央电视台在诸多类别的节目中均优势突出。在音乐、体育、教学、外语和财经类节目的收视竞争中，中央电视台的份额均在80%以上，市场的主体地位不容撼动。与此同时，湖南电视观众在收看戏剧和法制节目时也将50%以上的时间分配给了中央电视台；在综艺、专题、新闻/时事、青少节目的市场竞争中，中央电视台也收获了30%～45%的收视份额，仅次于湖南省台，位居第二。相比之下，在生活服务、电影和电视剧的收视中，中央电视台稍显逊色，收视份额徘徊在10%～30%之间（图1.5.4）。

依靠扎实的节目制作实力和地域贴近性，湖南省台得以在2014年本地市场的收视竞争中与中央电视台分庭抗礼。在新闻/时事、生活服务、电影和电视剧节目市场中，湖南省台获得了超过60%的收视份额，并力压中央电视台而领跑细分市场；在电视剧的收视竞争中，湖南省台更是获得了74.8%的收视份额，远高于其他频道。与此同时，在综艺、专题和青少节目市场中，湖南省台也凭借40%以上的收视份额在各类频道中拔得头

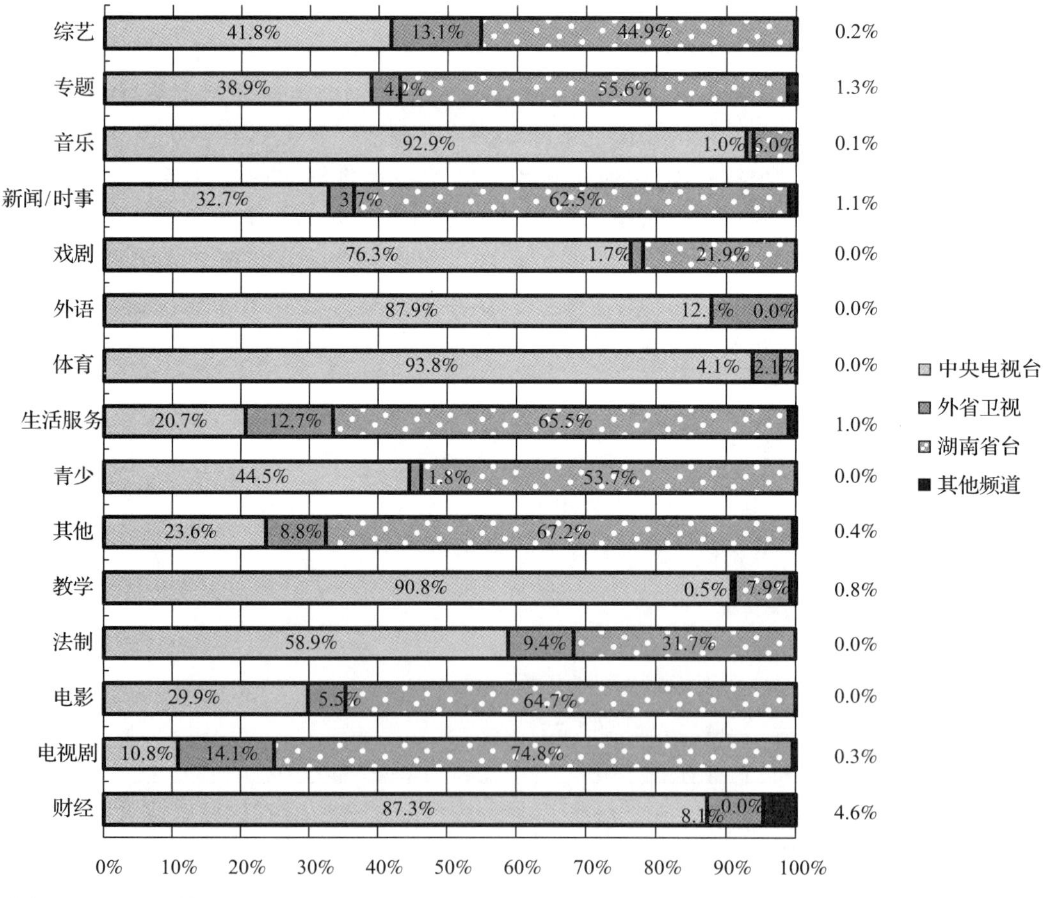

数据来源：CSM媒介研究

图1.5.4　2014年湖南省市场各类频道在不同类别节目中的收视份额（%）

筹。此外，湖南观众对湖南省台戏剧和法制节目的收视份额也在20%～30%之间；而在音乐、体育、教学和财经类节目市场中，湖南省台的竞争力较弱，收视份额不足10%（图1.5.4）。

较之中央电视台和湖南省台，2014年外省卫视在湖南省各类型节目的收视竞争中处于弱势，未能在任何细分市场竞争中占得优势地位。外省卫视在综艺、外语、生活服务和电视剧节目的竞争中表现相对较好，收视份额均在10%以上。其中，电视剧以14.1%的收视份额力压中央电视台，位列第二；在外语类节目中的收视份额也达到了12.1%，仅次于中央电视台。然而，在法制、电影和财经类节目中，外省卫视的收视份额处于5%～10%之间，竞争力较弱；湖南观众在专题、音乐、新闻/时事、戏剧、体育、青少节目上分配给外省卫视的收视时间比例均不足5%（图1.5.4）。

2014年，其他频道在湖南省市场各类节目的收视竞争中实力微弱，除在财经节目中取得了4.6%的收视份额外，在其余各类型节目中的收视份额均在1.5%以下（图1.5.4）。

3. 不同观众群体偏好各不相同，细分节目市场展现收视差异

根据2014年湖南省市场不同特征观众对各类型节目的收视情况，男性与女性观众的兴趣偏好有所不同。具体而言，男性观众在财经、电影、教学、体育、新闻/时事、专题类节目上倾注的时间比重更高；女性观众则更为关注电视剧、青少、生活服务、音乐以及综艺节目。二者在电视剧上的收视比重差异最大，女性观众较男性高出了3.2个百分点；而在财经、法制、教学、外语、戏剧节目方面的收视比重差距则相对较小，不超过0.1个百分点（表1.5.4）。

表1.5.4　2014年湖南省市场不同性别和年龄观众对各类节目的收视比重（%）

节目类型	性别		年龄						
	男	女	4～14岁	15～24岁	25～34岁	35～44岁	45～54岁	55～64岁	65岁及以上
财经	0.3	0.2	0.1	0.2	0.3	0.3	0.3	0.3	0.3
电视剧	35.4	38.6	32.1	34.0	32.0	38.4	40.1	39.9	39.8
电影	8.1	6.5	7.8	11.9	8.8	9.4	5.9	4.5	4.5
法制	0.8	0.8	0.3	0.8	1.0	0.9	0.8	0.8	0.7
教学	0.1	0.0	0.0	0.0	0.1	0.0	0.1	0.1	0.1
青少	9.8	10.7	24.2	7.4	12.9	7.6	5.4	8.2	5.6
生活服务	5.5	5.7	5.5	5.8	5.6	5.3	5.6	5.8	6.0
体育	1.6	0.9	0.7	1.2	1.5	2.0	1.1	1.3	0.8
外语	0.0	0.0	0.0	0.0	0.0	0.0	0.0	0.0	0.0
戏剧	0.2	0.2	0.2	0.1	0.1	0.1	0.1	0.2	0.8
新闻/时事	12.2	9.9	6.0	9.9	10.2	10.0	13.6	13.5	13.4
音乐	1.0	1.2	1.0	1.1	1.3	1.2	1.3	0.9	0.8
专题	6.4	5.6	4.4	6.8	6.4	6.0	6.7	6.5	5.4
综艺	8.3	8.7	7.1	10.0	9.0	8.8	8.3	7.1	10.8
其他	10.3	10.9	10.5	10.9	11.0	10.0	10.6	10.9	11.0

数据来源：CSM媒介研究

就不同年龄段来看，湖南省4～14岁观众将24.2%的收视时间集中于青少节目上，远高于其他年龄段观众；15～24岁的观众较其他观众更为青睐电影和专题节目；25～34岁观众在法制、音乐节目上花费的时间比重略高于其他年龄段观众；35～44岁观众更加关注体育节目；45～54岁观众将40.1%的时间投入了电视剧的收看，位列各年龄段观众的第一位，对新闻/时事的收视比重也领先于其他年龄段观众，达13.6%；55～64岁观众在财经、电视剧、生活服务、体育、新闻/时事和专题节目上花费的时间比重均高于平均水平；65岁及以上观众对综艺节目的关注时间在各年龄段中最长，其收视比重达10.8%。综合来看，2014年湖南省年轻观众较为偏爱电影、青少、音乐节目，而中老年人群则更青睐财经、电视剧、生活服务和新闻/时事节目（表1.5.4）。

受教育程度对于观众收视偏好的影响也颇为显著。2014年湖南省不同受教育程度的观众中，未受过正规教育的观众对青少节目的收视比重最高，达到24.5%；小学教育程度观众的电视剧、电影、戏剧和综艺节目收视比重均在平均水平之上；初中教育程度的观众将38.6%的时间用于收看电视剧，为各类人群之首；高中学历观众花费在电影、法制节目上的时间比重最大；而大学及以上教育程度的观众投入教学、生活服务、体育、新闻/时事、音乐、专题和综艺节目的时间比重均高于其他群体。总体而言，受教育程度较高的观众更倾向于将收视时间花费在财经、法制、体育、新闻/时事、音乐、专题和综艺节目上；而受教育程度较低的观众则更青睐收看电视剧和青少节目；不同教育背景的观众在教学、外语、戏剧节目中的收视情况差异微弱（表1.5.5）。

表1.5.5　2014年湖南省市场不同受教育程度和个人月收入观众对各类节目的收视比重（%）

节目类型	受教育程度					个人月收入（元）					
	未受过正规教育	小学	初中	高中	大学及以上	300元及以下	301～900元	901～1700元	1701～2600元	2601～3500元	3501元及以上
财经	0.1	0.2	0.2	0.4	0.5	0.2	0.2	0.2	0.3	0.4	0.7
电视剧	34.1	38.0	38.6	35.3	30.3	34.7	43.3	38.2	36.3	35.6	33.1
电影	5.8	7.5	7.3	8.3	5.1	7.8	5.5	6.4	8.3	7.8	9.0
法制	0.4	0.6	0.9	1.0	0.9	0.7	1.0	0.8	0.8	0.8	1.0
教学	0.0	0.0	0.0	0.1	0.3	0.0	0.0	0.1	0.1	0.1	0.1
青少	24.5	10.5	8.8	6.9	4.6	14.8	7.2	7.7	7.8	5.3	4.5
生活服务	5.8	5.5	5.6	5.6	5.9	5.7	5.5	5.8	5.5	5.8	4.9
体育	0.6	1.0	1.1	1.7	3.7	0.8	0.7	1.6	1.8	1.9	3.2
外语	0.0	0.0	0.0	0.0	0.0	0.0	0.0	0.0	0.0	0.0	0.0
戏剧	0.2	0.3	0.2	0.1	0.2	0.2	0.2	0.2	0.1	0.2	0.2
新闻/时事	7.0	10.5	10.9	12.3	18.7	9.1	11.1	11.8	13.2	15.5	13.8
音乐	0.8	1.0	1.2	1.1	1.4	1.2	1.0	1.2	0.9	0.7	1.0
专题	4.0	5.6	6.2	7.1	7.8	5.4	5.5	6.7	6.2	7.7	8.8
综艺	5.2	8.8	8.4	9.6	9.8	8.6	8.3	8.2	8.5	7.6	10.6
其他	11.5	10.5	10.6	10.4	10.9	10.8	10.4	11.0	10.3	10.8	9.2

数据来源：CSM媒介研究

2014年，湖南省个人月收入水平为300元及以下的观众在青少节目上花费的时间比重明显高于其他收入人群；301~900元个人月收入者在电视剧和法制节目上花费了较大比例的时间，其中对电视剧的收视比重达43.3%；个人月收入为901~1700元的观众投入到生活服务和音乐节目中的时间比重较高；1701~2600元个人月收入者则在电影、体育和新闻/时事节目的收视上高于平均水平；个人月收入2601~3500元的观众将更大的时间比重花费在了生活服务和新闻/时事节目上；3501元以上个人月收入观众则在电影、法制、体育、专题和综艺节目的收视比重上领先于其他收入人群。整体而言，随着个人收入水平的提高，观众对于财经、体育、新闻/时事和专题节目的收视倾向呈递增态势（表1.5.5）。

在2014年湖南省不同职业背景的电视观众中，干部/管理人员倾向于收看法制、教学、生活服务、体育、音乐、专题和综艺节目，其中对体育节目的收视比重为6.8%，明显高于其他人群；个体/私营企业人员在电影、青少、新闻/时事、音乐和专题节目的收视中，均表现出较高的倾向；初级公务员/雇员将14.6%的时间用于收看新闻/时事节目，为各职业人群之首；工人群体用于收看电视剧的时间比重最大，达36.6%；学生观众对电影、青少、音乐和综艺节目的收视比重领先于其他群体；无业者则表现出了对青少和生活服务类节目的较高兴趣。不同职业背景的电视观众对财经、教学、外语、戏剧节目的收视偏好并未表现出十分明显的差异（表1.5.6）。

表1.5.6 2014年湖南省市场不同职业观众对各类节目的收视比重（%）

节目类型	职业						
	干部/管理人员	个体/私营企业人员	初级公务员/雇员	工人	学生	无业	其他
财经	0.3	0.3	0.4	0.3	0.1	0.3	0.2
电视剧	33.8	34.2	35.8	36.6	33.2	33.5	43.4
电影	6.9	8.3	6.0	9.2	10.4	6.9	5.8
法制	1.0	0.8	0.7	0.7	0.3	0.8	0.9
教学	0.3	0.1	0.2	0.1	0.0	0.1	0.0
青少	4.9	10.0	6.0	7.4	17.0	14.2	6.6
生活服务	5.8	5.5	5.8	5.5	5.3	5.7	5.7
体育	6.8	1.3	2.9	1.5	0.9	1.3	0.7
外语	0.0	0.0	0.0	0.0	0.0	0.0	0.0
戏剧	0.1	0.1	0.2	0.1	0.2	0.2	0.3
新闻/时事	11.0	12.0	14.6	11.5	6.4	11.0	11.2
音乐	1.4	1.3	1.4	1.0	1.4	1.1	1.0
专题	7.5	7.0	6.3	6.6	5.5	5.8	5.6
综艺	9.5	8.4	9.3	8.8	9.8	8.3	8.0
其他	10.7	10.8	10.5	10.7	9.6	11.0	10.6

数据来源：CSM媒介研究

（三）北京市电视收视市场节目竞争格局

1. 北京市场节目竞争格局大体稳定，生活服务节目收视份额升至第三

2014 年北京电视节目收视市场中，电视剧依然以较大优势领跑各类节目的收视，29.0% 的收视份额较 2013 年小幅增长了 0.1 个百分点；新闻/时事节目收视份额为 12.2%，位列第二，较 2013 年下降了 0.6 个百分点；生活服务节目的收视份额为 11.5%，并凭借 1.0 个百分点的增长超过综艺节目，成为收视份额排名第三的节目类型；综艺节目收视份额下降了 0.2 个百分点，排名跌到第四位。收视份额维持在 2% ~10% 的节目类别中，专题和电影节目同比有所下降；青少节目保持稳定；体育和法制节目则有不同幅度上升。财经、音乐、戏剧、教学和外语节目的收视份额未能超过 2%，竞争实力微弱（图 1.5.5）。

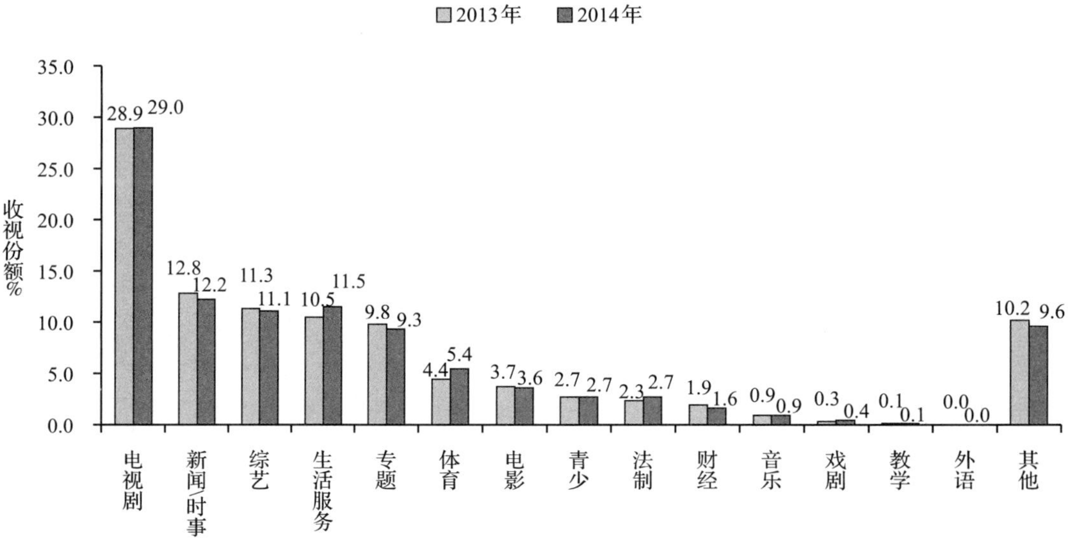

数据来源：CSM 媒介研究

图 1.5.5　2013 ~2014 年北京市场各类节目的收视份额（%）

2. 中央电视台与北京电视台各有竞争优势的节目领域，外省卫视在综艺节目和电视剧竞争中表现突出

2014 年，中央电视台在北京多个节目细分市场的竞争中占据压倒性优势。在音乐、戏剧、外语、教学和电影节目中，中央电视台的收视份额均在 60% 以上，领先优势十分突出；同时，在综艺、专题、新闻/时事、体育、青少和财经节目的收视竞争中，中央电视台也取得了不俗的成绩，收视份额均在 30% ~55% 之间。其中，在新闻/时事和体育节目的市场竞争中，中央电视台更是拔得头筹；在综艺、专题、青少和财经节目方面，均位列第二。相比之下，中央电视台在生活服务、法制和电视剧方面的竞争力较弱，收视份额在 30% 以下（图 1.5.6）。同比 2013 年，中央电视台在教学、体育和电影

节目中的收视份额取得了明显增长，增幅分别为14.7、6.7和3.5个百分点；而在外语、综艺、青少和法制节目中的收视份额有一定程度的缩减，分别下降了9.4、5.7、5.5和5.2个百分点。

北京电视台频道在2014年的表现亦可圈可点，在多个类型节目的收视竞争中取得了上佳成绩。具体来看，在生活服务、法制和财经节目中，北京观众分配了50%以上的时间收看北京电视台频道。其中，北京电视台在生活服务类节目中的收视份额高达68.1%，竞争优势明显；在专题、新闻/时事、体育、青少和电视剧节目中，北京电视台的收视份额也均在40%以上，实力较为突出；综艺、音乐、戏剧和电影节目是北京电视台收视竞争实力相对薄弱的节目类型，收视份额均未能超过30%（图1.5.6）。较之2013年，北京电视台频道在财经、法制、青少和综艺节目中均取得了2个百分点以上的增长，尤以综艺节目7.6个百分点的增幅最为明显；但在教学、生活服务、体育和专题节目中的下跌也十分显著，其中在教学节目中的收视份额下降了10个百分点。

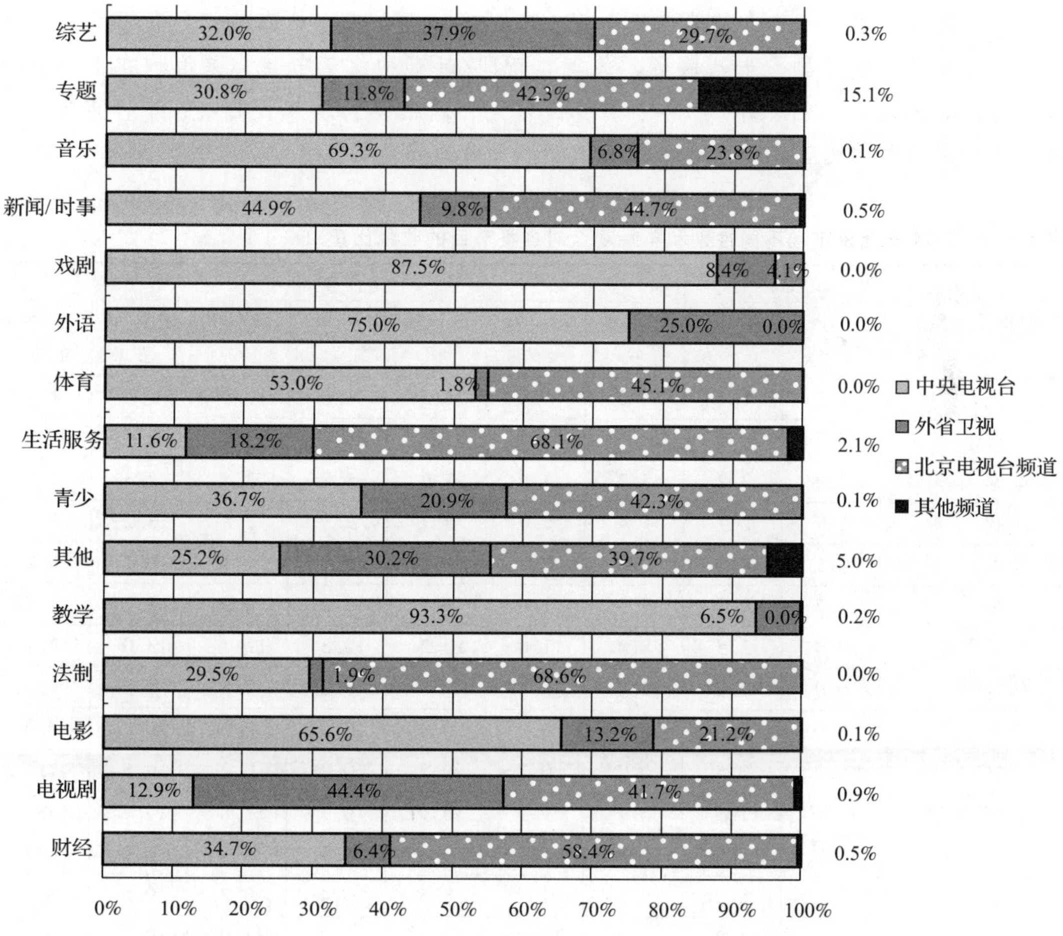

数据来源：CSM媒介研究

图1.5.6　2014年北京市场各类频道在不同节目类别中的收视份额（%）

在中央电视台和北京电视台频道的强大竞争压力下，2014年北京市场外省卫视的竞争表现平稳，虽在多个细分市场中只能处于配角地位，但仍有亮点。综艺和电视剧是外省卫视竞争实力最为突出的节目类型，收视份额分别为37.9%和44.4%，位居各类频道的榜首；在外语和青少节目中，外省卫视也表现出了一定的实力，收视份额在20%以上，其中外语节目较2013年取得了9.4个百分点的增长；在专题、生活服务和电影节目的收视竞争中，外省卫视的收视份额保持在10%～20%之间；其余各节目类型的收视份额在1%～10%间徘徊（图1.5.6）。

2014年，其他频道在北京市场各类节目的收视竞争中实力较弱，除在专题节目中获得了15.1%的收视份额外，在其余节目类型中的收视份额均未能超过5%（图1.5.6）。

3. 特征人群青睐不同节目，收视时间分配存在差异

2014年，北京市场中不同性别的观众在各类型节目收视时间分配比重上有所差异：男性观众更倾向于收看财经、电影、体育、新闻/时事和专题节目；女性观众则在电视剧、生活服务和综艺节目上花费了更大比重的时间。男女观众之间收视比重差异较大的节目类型集中于电视剧、生活服务、体育、新闻/时事和综艺节目，差值均在1个百分点以上；相比之下，在法制、教学、青少、外语、戏剧和音乐节目的收视中，男性、女性观众分配的时间比重均较低，且差异微弱（表1.5.7）。

表1.5.7　2014年北京市场不同性别和年龄观众对各类节目的收视比重（%）

节目类型	性别		年龄						
	男	女	4～14岁	15～24岁	25～34岁	35～44岁	45～54岁	55～64岁	65岁及以上
财经	1.8	1.4	1.0	1.4	1.5	1.6	1.8	1.7	1.4
电视剧	27.6	30.4	19.7	29.4	28.5	28.4	30.0	28.0	31.8
电影	3.9	3.2	5.7	3.9	4.6	5.8	3.4	2.3	1.8
法制	2.6	2.7	1.4	2.0	2.1	2.3	2.8	3.2	3.1
教学	0.1	0.1	0.0	0.2	0.1	0.1	0.1	0.1	0.2
青少	2.7	2.7	26.9	1.6	3.5	3.2	0.9	1.7	1.2
生活服务	10.6	12.5	8.4	11.0	10.2	10.3	12.1	13.0	12.1
体育	6.9	3.8	2.0	5.5	7.0	4.2	5.5	5.5	4.3
外语	0.0	0.0	0.0	0.0	0.0	0.0	0.0	0.0	0.0
戏剧	0.2	0.5	0.2	0.2	0.2	0.2	0.2	0.5	1.1
新闻/时事	13.1	11.3	6.1	9.2	10.9	10.3	11.8	14.9	14.7
音乐	0.9	0.9	0.8	1.5	0.6	1.7	0.9	0.7	0.7
专题	9.8	8.9	5.5	11.2	8.3	9.4	10.2	9.5	8.9
综艺	10.4	11.8	10.3	13.3	12.1	12.3	11.0	10.1	9.4
其他	9.5	9.8	11.8	9.8	10.4	10.1	9.3	8.9	9.3

数据来源：CSM媒介研究

从年龄上看，2014年北京地区4～14岁的观众对青少节目青睐有加，收视比重达26.9%，远超其他年龄段的观众；15～24岁观众分别将11.2%和13.3%的收视时间用于收看专题和综艺节目，位列各年龄段第一，对于电视剧和电影节目的收视比重也高于平均水平；25～34岁年龄段观众对于体育节目的兴趣最为浓厚；35～44岁观众则将更多的时间比重投入到电影、音乐节目的收视中；45～54岁观众在财经、电视剧、法制、生活服务、体育、新闻/时事和专题节目中的收视比重均高于平均水平；55～64岁观众收看法制、生活服务和新闻/时事的时间比重分别为3.2%、13.0%和14.9%，均处于各年龄段观众的榜首；65岁及以上观众群体则为电视剧贡献了最大的收视比重，以31.8%的比重领先于其他年龄段人群，并在法制、生活服务、戏剧和新闻/时事节目上也表现出了较高的热情（表1.5.7）。

从不同教育程度的观众来看，未受过正规教育的观众对青少节目的偏好十分突出，收视比重达18.5%，而在其他类型节目的收视上则普遍低于平均水平；小学学历观众花费在电视剧和戏剧节目上的收视比重均高于其他群体；初中学历观众虽未在任何类型节目中取得第一，但其对电视剧、法制、生活服务、体育、新闻/时事、音乐、专题、综艺多个类型的收视比重均在平均值之上；高中学历观众对生活服务、新闻/时事、音乐和专题节目的收视比重排名于各受教育程度观众之首；大学及以上学历人群分配给电影、体育和综艺节目的收视比重高于其他群体。综合来看，北京地区不同教育程度的观众中，受教育程度越高，其对于财经、电影、生活服务、体育、新闻/时事、音乐、专题和综艺节目的收视热情也越高（表1.5.8）。

表1.5.8　2014年北京市场不同教育程度和收入观众对各类节目的收视比重（%）

节目类型	受教育程度					个人月收入（元）						
	未受过正规教育	小学	初中	高中	大学及以上	600元及以下	601～1200元	1201～1700元	1701～2600元	2601～3500元	3501～5000元	5001元及以上
财经	0.9	1.2	1.3	1.7	1.9	1.2	1.0	1.1	1.6	1.7	1.8	2.0
电视剧	26.3	32.8	30.2	29.2	27.7	29.6	31.7	31.3	30.1	27.8	27.3	27.7
电影	3.5	3.4	3.3	3.3	4.1	4.4	3.0	2.8	3.4	3.4	3.8	3.7
法制	3.1	2.5	2.9	2.9	2.2	2.1	3.2	3.3	3.2	2.5	2.5	2.2
教学	0.0	0.1	0.1	0.1	0.1	0.1	0.1	0.1	0.1	0.1	0.1	0.1
青少	18.5	6.0	1.9	1.5	2.5	7.9	2.9	1.2	1.6	2.1	1.6	2.1
生活服务	9.5	9.7	11.4	12.3	11.3	10.6	10.1	12.8	12.2	11.4	11.6	10.9
体育	3.4	3.8	5.2	5.0	6.3	3.5	4.3	4.7	4.8	6.6	6.2	6.5
外语	0.0	0.0	0.0	0.0	0.0	0.0	0.0	0.0	0.0	0.0	0.0	0.0
戏剧	0.5	1.0	0.3	0.4	0.3	0.3	0.2	0.4	0.7	0.2	0.2	0.2
新闻/时事	8.7	11.2	12.5	12.9	11.7	8.6	15.7	13.1	12.3	12.8	13.2	12.3
音乐	0.5	0.8	0.9	1.0	0.9	1.1	0.6	0.7	0.9	1.0	0.9	0.7
专题	6.3	7.6	9.6	9.9	9.0	8.5	8.7	9.3	9.2	10.0	9.4	9.7
综艺	7.4	10.5	11.0	10.5	12.2	12.1	9.2	9.7	10.7	10.8	11.7	11.9
其他	11.5	9.2	9.3	9.4	9.9	10.1	9.2	9.5	9.3	9.5	9.7	10.0

数据来源：CSM媒介研究

从不同收入水平来看，北京地区个人月收入600元及以下观众收看电影、青少、音乐、综艺节目的时间比重要高于其他收入水平的观众；个人月收入601～1200元的观众对于电视剧、新闻/时事类节目更感兴趣；个人月收入1201～1700元的群体花费在法制、生活服务节目上的时间比重高于其他收入人群；个人月收入1701～2600元的观众对于财经、电视剧、法制、生活服务、戏剧和音乐节目倾注了较高的时间比重；个人月收入2601～3500元的观众对体育、专题节目显示出了更强的收视偏好；个人月收入3501～5000元的人群在财经、电影、生活服务、体育、新闻/时事、音乐、专题和综艺节目中的收视比重均高于平均水平；个人月收入5001元及以上高收入观众用于收看财经、电影、体育、专题和综艺节目的时间比重在平均值之上（表1.5.8）。

2014年，北京不同职业的观众群体中，干部/管理人员对体育节目的收视比重最高，为7.2%，在财经、电影、新闻/时事和综艺节目上所投入的时间比重也相对较高；个体/私营企业人员则在生活服务、体育、新闻/时事、音乐和专题节目的收视比重上略高于平均水平；初级公务员/雇员群体对财经、电影、生活服务、体育、新闻/时事和音乐节目表现出了较高的收视偏好；工人群体花费在电视剧上的时间比重最为突出，达30.9%；学生人群则在青少、音乐、专题和综艺节目中倾注了最高的时间比重；无业者更为关注的节目类型包括法制、生活服务、戏剧和新闻/时事（表1.5.9）。

表1.5.9　2014年北京市场不同职业群体对各类节目的收视比重（%）

节目类型	职业						
	干部/管理人员	个体/私营企业人员	初级公务员/雇员	工人	学生	无业	其他
财经	1.6	1.4	1.7	2.0	1.3	1.5	0.8
电视剧	27.2	29.4	26.9	30.9	27.5	30.1	41.5
电影	4.6	3.9	4.4	4.3	4.6	2.5	5.9
法制	2.2	2.3	2.3	2.9	1.4	3.2	1.6
教学	0.1	0.1	0.1	0.1	0.2	0.1	0.5
青少	1.6	2.3	2.2	1.8	5.5	3.1	2.3
生活服务	10.5	11.4	11.4	10.2	10.4	12.3	10.8
体育	7.2	5.2	6.7	5.2	4.5	4.5	1.4
外语	0.0	0.0	0.0	0.0	0.0	0.0	0.0
戏剧	0.3	0.1	0.2	0.1	0.3	0.6	0.6
新闻/时事	12.1	11.1	12.5	10.8	7.8	13.1	7.6
音乐	0.9	1.0	1.0	1.0	1.7	0.7	0.3
专题	9.2	9.9	9.2	10.2	11.0	9.1	6.1
综艺	13.3	11.7	11.5	11.1	13.7	10.1	10.4
其他	9.3	10.2	10.0	9.5	10.1	9.3	10.2

数据来源：CSM媒介研究

（四）上海市电视收视市场节目竞争格局

1. 新闻/时事节目收视份额升至亚军，生活服务节目收视份额增幅最大

2014年上海电视节目收视市场中，收视份额最大的三类节目依然是电视剧（27.0%）、综艺节目（13.8%）和新闻/时事节目（14.1%）。但与2013年不同的是，新闻/时事节目收视份额以0.3个百分点的微弱优势反超综艺节目，位居亚军。电视剧和综艺节目的收视份额比2013年分别有1.5个和1.3个百分点的下滑。与此同时，生活服务、专题、电影和体育节目全面发力，收视份额在2014年均取得了增长，其中生活服务节目收视份额变化最为明显，比2013年有1.7个百分点的上升，体育类节目表现亦较为突出，收视份额增长了0.8个百分点。除此之外，财经、青少、音乐节目也出现了小幅上升，而法制和戏剧的收视份额则有轻微的减少（图1.5.7）。

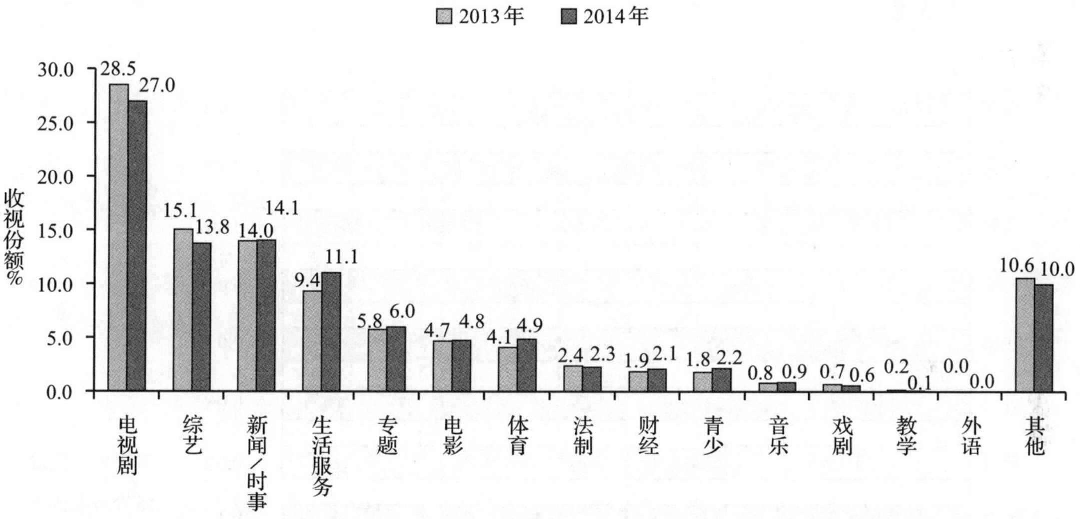

数据来源：CSM媒介研究

图1.5.7　2013～2014年上海市场各类节目的收视份额（%）

2. 本地频道主导上海多数细分节目市场竞争，中央电视台与外省卫视保持部分节目市场优势

2014年上海节目市场收视竞争中，不同频道的表现各有不同。整体而言，上海本地频道占据主导地位，在多数细分节目市场的比拼中优势突出。尤其是在戏剧、外语、生活服务、法制和财经节目中，上海本地频道的收视份额均在70%以上，稳居榜首；在综艺、新闻/时事、体育、青少、电影和电视剧收视市场中，上海台也获得了超过50%的收视时间，占据半壁江山；在专题节目的收视份额为45.7%，虽未能超过50%，但仍力压中央电视台，位居第一；相比之下，只有音乐和教学类节目是上海台竞争实力相对弱势的节目类型，收视份额未能超过30%（图1.5.8）。

相比2013年，中央电视台在2014年上海市场中的收视表现较为稳定，未有明显的

波动。其中，音乐和教学节目市场的领先优势仍由中央电视台保持，收视份额高达70%以上。与此同时，在专题、新闻/时事、体育、法制和电影节目中，上海地区的观众均将20%以上的时间分配给了中央电视台，中央电视台仅次于上海本地频道；在综艺、戏剧、外语、生活服务、青少、电视剧和财经节目的收视竞争中，中央电视台无法抗衡上海本地频道的压倒性优势，收视份额均低于20%（图1.5.8）。

在本地频道和中央电视台的双重压力之下，2014年外省卫视在上海市场多个节目类型中的收视份额出现缩减现象。相比2013年，外省卫视在财经、电视剧、电影、教学节目中的收视份额下降明显，幅度在3～8个百分点；而青少节目是外省卫视收视份额唯一出现明显增长的节目类型，凭借5.7个百分点的上升，收视份额达到31.8%，仅次于上海本地频道。此外，综艺、专题、生活服务和电视剧也是外省卫视竞争表现相对较好的节目类型，依靠15%～30%的收视份额在细分市场中占据一席之地；而在音乐、新闻/时事、戏剧、外语、体育、电影和财经节目的表现则不尽如人意，收视份额均不足10%（图1.5.8）。

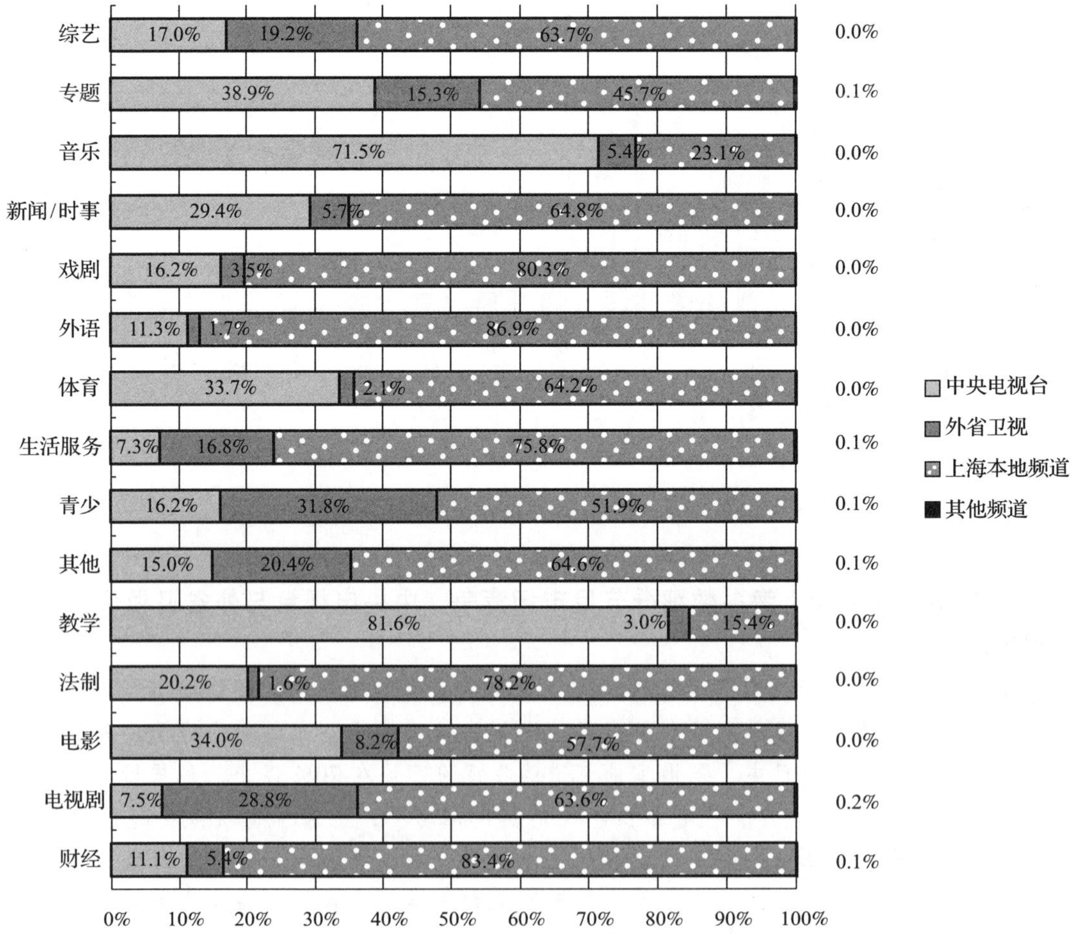

数据来源：CSM媒介研究

图1.5.8 2014年上海市场各类频道在不同类型节目中的收视份额（%）

其他频道在上海各类型节目市场的竞争力极其微弱，收视份额最高约为0.2%（图1.5.8）。

3. 细分观众群体节目选择各异，类型节目各有忠实观众

2014年，上海不同性别观众收看各类型节目的偏好有所差异。男性观众对财经、电影、体育、新闻/时事和专题节目所倾注的时间比重明显高于女性；女性观众则更青睐电视剧、法制、青少、生活服务和综艺类节目。男性、女性观众在教学、外语、戏剧和音乐的收视中并未表现出明显的差异，收视比重均较低（表1.5.10）。

收视偏好的差异也体现在不同年龄观众中。4~14岁的观众对青少节目的收视比重达15.6%，遥遥领先于其他群体；而15~24岁的观众则更愿意将时间用于收看生活服务和综艺节目；25~34岁的观众对体育节目更感兴趣，收视比重达8.8%；35~44岁的观众在电影节目上花费的时间比重高于其他群体；45~54岁的观众在财经、电视剧、法制、体育、新闻/时事、音乐和专题节目上花费的时间比重相对较高；55~64岁的观众在法制类节目的收视比重上拔得头筹；65岁及以上的观众对电视剧、戏剧、新闻/时事的收视比重分别为30.0%、1.4%和17.1%，均高于其他年龄段观众。综合来看，上海地区观众对于新闻/时事节目的关注度随着年龄的增长而逐渐上升，而收看青少节目的时间比重则随之递减（表1.5.10）。

表1.5.10　2014年上海市场不同性别和年龄观众对各类节目的收视比重（%）

节目类型	性别		年龄						
	男	女	4~14岁	15~24岁	25~34岁	35~44岁	45~54岁	55~64岁	65岁及以上
财经	2.4	1.8	0.4	1.6	1.2	1.2	3.1	2.1	2.4
电视剧	25.4	28.6	26.2	26.3	23.0	25.9	27.1	27.5	30.0
电影	5.9	3.7	6.8	5.5	6.3	8.8	4.8	3.7	2.3
法制	2.1	2.6	1.4	1.7	2.2	2.1	2.3	2.8	2.3
教学	0.2	0.1	0.0	0.0	0.1	0.1	0.1	0.1	0.2
青少	2.0	2.4	15.6	2.4	3.5	2.3	1.2	1.6	1.1
生活服务	10.1	12.1	9.2	12.0	11.3	10.0	10.6	11.5	11.7
体育	6.8	3.1	2.7	6.4	8.8	5.2	5.4	4.0	2.7
外语	0.0	0.0	0.0	0.0	0.0	0.0	0.0	0.0	0.0
戏剧	0.5	0.6	1.0	0.2	0.2	0.4	0.3	0.5	1.4
新闻/时事	15.4	12.8	7.2	9.9	11.7	12.6	14.2	15.5	17.1
音乐	0.8	0.9	0.6	0.8	0.7	0.9	1.1	0.8	0.8
专题	6.7	5.3	4.4	5.7	5.4	6.2	6.1	6.7	5.9
综艺	12.2	15.6	14.3	16.8	14.8	14.2	13.8	13.5	12.4
其他	9.6	10.4	10.2	10.8	10.8	10.0	9.9	9.7	9.7

数据来源：CSM媒介研究

从教育程度来看，2014 年上海地区未受过正规教育的观众对电视剧和青少节目投入的时间比重较其他群体更多；小学学历的观众收看财经、生活服务和戏剧类节目的兴趣更加浓厚；初中学历的观众更倾向于收看法制和专题节目；教育程度为高中的观众则对综艺类节目最为青睐，收视比重为 14.4%；学历在大学及以上的观众收看电影、体育和新闻/时事节目的比重分别为 5.4%、7.0%和 15.1%，均位列各学历观众群体之首。总体而言，观众的受教育程度越高，对体育和新闻/时事节目所倾注的时间比重也越高（表 1.5.11）。

不同收入水平的观众群体也表现出了节目类型收视选择上的差异性。具体而言，个人月收入 600 元及以下的观众较为关注电影、青少和综艺类节目，收视比重分别为 6.6%、8.1%和 15.8%；个人月收入 601 ~ 1200 元的观众将 36.2%的时间用于收看电视剧，高于其他收入水平的观众；个人月收入 1201 ~ 1700 元的观众收看电视剧、生活服务、戏剧、新闻/时事和综艺节目的时间比重均在平均水平之上；个人月收入 1701 ~ 2600 元的人群对法制和生活服务类节目的收看热情较其他人群更高；个人月收入 2601 ~ 3500 元的观众在多个节目类型上的收视比重均较高，尤其是财经、新闻/时事节目；个人月收入 3501 ~ 5000 元的观众对体育节目的收视比重最高；5001 元及以上个人月收入者对新闻/时事和专题节目的收视比重最高，分别为 15.5%和 7.4%。总体而言，随着收入水平的上升，上海观众对新闻/时事节目的收视比重也上升（表 1.5.11）。

表 1.5.11　2014 年上海市场不同受教育程度和个人月收入观众对各类节目的收视比重（%）

节目类型	受教育程度					个人月收入（元）						
	未受过正规教育	小学	初中	高中	大学及以上	600 元及以下	601 ~ 1200 元	1201 ~ 1700 元	1701 ~ 2600 元	2601 ~ 3500 元	3501 ~ 5000 元	5001 元及以上
财经	0.3	3.2	1.2	2.4	2.4	0.8	1.4	1.5	2.4	2.7	2.1	1.8
电视剧	35.8	29.9	30.4	26.6	22.3	26.3	36.2	28.5	28.5	27.5	23.6	22.9
电影	2.8	4.5	4.8	4.5	5.4	6.6	4.1	5.0	4.3	4.2	5.0	5.6
法制	1.5	2.2	2.6	2.3	2.3	1.6	1.9	1.9	2.6	2.4	2.6	2.5
教学	0.0	0.2	0.1	0.1	0.2	0.1	0.1	0.1	0.1	0.1	0.1	0.2
青少	9.3	4.6	2.1	1.7	1.8	8.1	0.8	1.4	1.4	1.5	1.6	2.3
生活服务	10.6	12.2	10.6	11.1	11.3	10.8	10.3	11.1	11.6	10.9	10.9	10.8
体育	2.0	2.1	4.0	4.9	7.0	4.7	3.7	4.3	3.7	4.9	7.4	6.0
外语	0.0	0.0	0.0	0.0	0.0	0.0	0.0	0.0	0.0	0.0	0.0	0.0
戏剧	1.0	1.4	0.8	0.4	0.2	0.8	0.7	0.8	0.7	0.5	0.3	0.2
新闻/时事	11.1	11.8	13.7	14.3	15.1	8.2	14.0	14.0	14.1	15.1	15.4	15.5
音乐	0.4	0.5	0.9	0.9	0.9	0.8	0.4	1.0	0.9	0.9	0.8	0.7
专题	3.2	3.8	6.5	6.1	6.4	5.2	5.8	4.7	5.6	6.4	6.6	7.4
综艺	11.2	13.7	13.0	14.4	14.1	15.8	11.2	15.8	14.2	13.2	13.4	13.2
其他	10.7	10.0	9.5	10.0	10.5	10.2	9.4	9.8	9.9	9.7	10.2	10.8

数据来源：CSM 媒介研究

2014年，上海市场不同职业的电视观众中，干部/管理人员对财经和体育类节目的收视比重最高；个体/私营企业人员在法制、新闻/时事和专题节目中倾注了更高的时间比重；初级公务员/雇员在生活服务、体育、新闻/时事和综艺节目中表现出较为明显的兴趣倾向；工人群体倾注于电视剧节目的时间比重为29.8%，为各类职业群体中的最高者；学生观众对电影、青少和综艺节目的兴趣最为浓厚；无业者则偏爱收看生活服务和戏剧节目（表1.5.12）。

表1.5.12　2014年上海市场不同职业观众对各类节目的收视比重（%）

节目类型	职业						
	干部/管理人员	个体/私营企业人员	初级公务员/雇员	工人	学生	无业	其他
财经	4.5	1.9	1.9	1.1	1.2	2.3	*
电视剧	24.7	26.4	23.9	29.8	26.6	29.3	*
电影	5.7	6.6	5.8	5.9	7.0	3.3	*
法制	2.6	2.7	2.4	1.9	1.5	2.4	*
教学	0.2	0.1	0.1	0.1	0.1	0.1	*
青少	2.3	1.6	1.6	2.1	7.2	2.1	*
生活服务	10.3	9.5	11.3	10.4	10.1	11.5	*
体育	7.2	4.6	6.5	4.8	5.6	3.4	*
外语	0.0	0.0	0.0	0.0	0.0	0.0	*
戏剧	0.2	0.3	0.2	0.4	0.6	0.9	*
新闻/时事	13.4	15.6	14.2	11.5	8.3	14.9	*
音乐	0.8	0.7	1.0	0.8	0.7	0.8	*
专题	6.2	7.1	6.2	6.9	5.0	5.9	*
综艺	11.8	12.5	14.7	14.1	15.8	13.3	*
其他	10.0	10.4	10.3	10.1	10.1	9.8	*

* 表示由于样本量太小，无法进行统计推断。
数据来源：CSM媒介研究

（五）广州市电视收视市场节目竞争格局

1. 节目市场竞争格局基本稳定，各类节目收视份额波动幅度不同

2014年，广州电视节目市场的竞争格局保持稳定，电视剧、新闻/时事和综艺节目依然是观众倾注收视时间最多的三个类型。相比2013年，电视剧和综艺节目的收视份额出现了不同幅度的下降，分别下滑了1.6个和0.2个百分点；新闻/时事节目的收视份额则有小幅上涨，提升了0.2个百分点。此外，生活服务、专题、青少和体育节目均取得了收视份额的增长，尤以专题类节目0.7个百分点的上升为最高，并在2014年与生活服务并列成为收视份额排名第四位。相比之下，电影节目表现有所欠缺，收视份额下降了0.5个百分点。收视份额在1%以及以下的节目中，法制、音乐、财经、戏剧、教学和外语均未出现太大改观，竞争力依旧较弱（图1.5.9）。

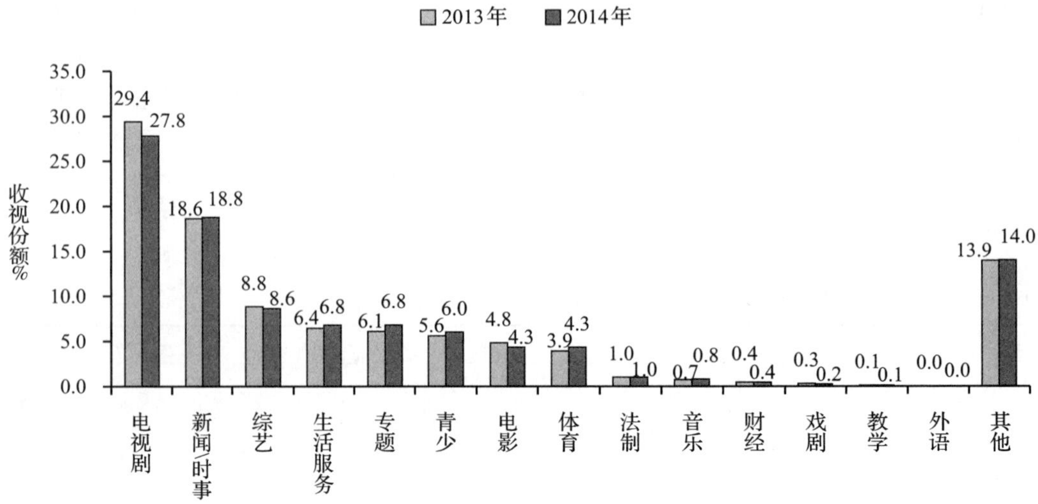

数据来源：CSM 媒介研究

图 1.5.9　2013～2014 年广州市场各类节目的收视份额（%）

2. 中央电视台在多个节目类型中收视份额增长，不同频道竞争表现各有千秋

2014 年，广州收视市场各频道的竞争中，中央电视台在多个节目类型中的收视份额保持增长。相较 2013 年，在教学节目中，中央电视台凭借 0.3 个百分点的增长继续稳固领先优势，2014 年收视份额高达 73.2%；除此之外，在戏剧、生活服务、青少、法制、电影和电视剧节目市场中，中央电视台的收视份额也分别取得了不同程度的提升，竞争实力进一步稳固。尽管在音乐、财经和专题节目中，中央电视台的收视份额有所下降，但依旧保持领先地位，收视份额分别为 70.1%、45.4% 和 31.5%。相比之下，在综艺、新闻/时事、外语、体育节目的收视竞争中，中央电视台略显乏力，未能取得收视份额上的领先（图 1.5.10）。

相比 2013 年，外省卫视在广州收视市场中的竞争表现有所好转，但仍处于劣势地位。在综艺节目中，外省卫视的收视份额上升至 40.8%，在继续占据榜首的同时领先优势进一步稳固；而在青少节目中，外省卫视凭借 6.8 个百分点的增长，在广州市场的收视份额位列亚军；在生活服务节目中的收视份额稳步增长 2.6 个百分点，排名上升至第二位。然而，在专题、音乐、戏剧、体育、法制、电影和财经节目中，外省卫视的收视份额均低于 10%，竞争实力较弱；在电视剧市场中，外省卫视虽然保持了亚军位置，但收视份额下降至 17.8%；在外省卫视的弱势节目类型新闻/时事、外语和教学节目中，其收视份额继续下降。

2014 年，南方传媒集团仍是本地收视市场竞争中的主导力量，在多个细分节目市场中占据领先优势。具体来看，在新闻/时事、戏剧、体育、生活服务、青少、电影和电视剧节目中，南方传媒集团大都以 40% 以上的收视份额领先于其他频道；在法制类节目中，其收视份额达 32.7%，仅次于广州市台；而在综艺、专题、外语和财经节目中，广州观众投入南方传媒集团电视频道的时间比重也在 10% 以上，颇具竞争力；相比之下，音乐节目是南方传媒集团为数不多的竞争力较弱的节目类型，收视份额仅有 2.2%

（图 1.5.10）。相比 2013 年，南方传媒集团在各细分节目市场的收视份额变化有所差异，综艺、音乐、体育、电视剧和财经节目是其取得增长的 5 个节目类型；而在专题、新闻/时事、戏剧、外语、生活服务、青少、法制、电影节目中，南方传媒集团的收视份额出现了不同幅度的下降，尤以戏剧和青少节目的下滑程度最为明显，分别为 16.9 个和 6.7 个百分点。

作为广州地区的另外一支本土力量，2014 年广州市台的竞争地位变化不大，在各细分节目市场中的收视份额呈现出一定的波动。法制和新闻/时事节目是广州市台竞争表现最为出色的节目类型，分别以 34.0% 和 34.4% 的收视份额位列第一和第二，竞争力较强；此外，广州市台在综艺、专题、体育、生活服务和电视剧方面的收视份额也在 10% 以上，在竞争激烈的市场中拥有一席之地，但在音乐、戏剧、外语、青少、教学、电影和财经节目中的实力相对薄弱，市场份额均未超过 5%（图 1.5.10）。与 2013 年相比，广州市台在新闻/时事节目中出现了较为明显的增长，收视份额上升了 3.1 个百分点；在财经节目方面的降幅较大，下降了 9 个百分点。

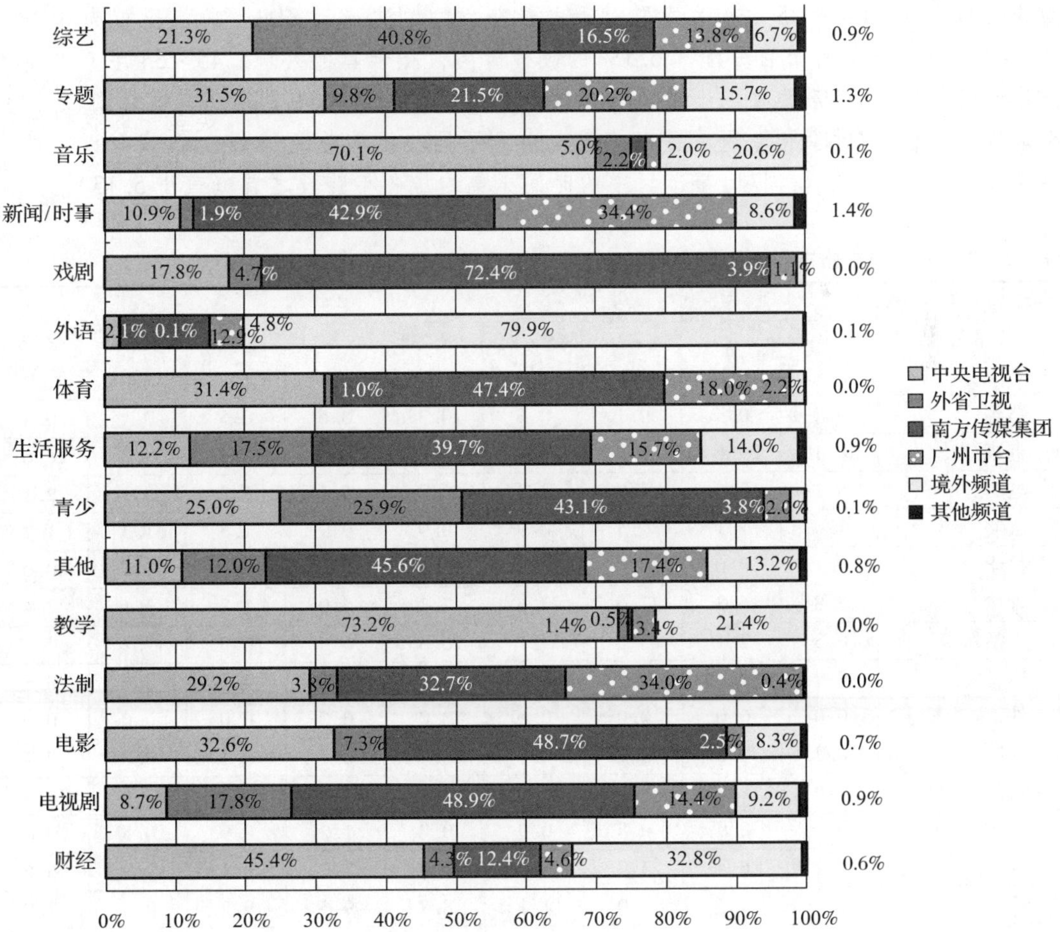

数据来源：CSM 媒介研究

图 1.5.10　2014 年广州市场各类频道在不同节目类别中的收视份额（%）

凭借独特的节目形态和节目内容，境外频道成为广州电视节目市场中不可小觑的竞争力量。2014年，境外频道在外语节目中的压倒性优势进一步稳固，收视份额同比上涨25个百分点，跃升至79.9%；在财经节目中也有19.2个百分点的增长，与中央电视台的收视份额差距进一步缩小，稳居该类型节目的亚军；在专题、音乐、生活服务和教学节目中的收视份额亦有不同程度的上升，且收视份额在10%以上；但在综艺、新闻/时事、戏剧、体育、青少、电影、电视剧的收视份额依然不足10%，竞争实力偏弱（图1.5.10）。

3. 观众特征影响节目收视，特征人群收视倾向有所不同

2014年，广州市场不同观众群体对各节目类型的收视各有偏好。就性别而言，男性观众更为关注电影、体育、新闻/时事和专题节目；女性观众对于电视剧、青少、生活服务和综艺节目的兴趣更为浓厚。二者在电视剧上的偏好差异最为明显，收视比重相差3.5个百分点；在财经、法制、教学、外语、戏剧和音乐节目上的差异则较为微弱（表1.5.13）。

就不同年龄段而言，广州地区4~14岁观众收看青少节目的时间比重大幅领先于其他人群，高达27.6%；15~24岁观众用于收看电视剧和综艺节目的时间比重最高，分别为30.1%和11.1%；25~34岁人群对于电影节目的关注更为突出，收视比重为6.2%；35~44岁观众给体育节目分配了6.1%的收视时间，高于其他人群；45~54岁观众更为关注专题节目，8.1%的收视比重使其领先于其他人群；55~64岁观众在电视剧、法制、生活服务、新闻/时事和专题节目中均表现出了不同程度的收视偏好；65岁及以上的人群倾注于生活服务、新闻/时事节目中的时间比重均居各年龄段之首（表1.5.13）。

表1.5.13　2014年广州市场不同性别和年龄观众对各类节目的收视比重（%）

节目类型	性别		年龄						
	男	女	4~14岁	15~24岁	25~34岁	35~44岁	45~54岁	55~64岁	65岁及以上
财经	0.4	0.4	0.1	0.3	0.3	0.6	0.5	0.4	0.4
电视剧	26.1	29.6	25.3	30.1	27.8	24.8	28.9	29.3	28.6
电影	5.1	3.5	4.8	4.3	6.2	5.4	3.3	3.1	2.1
法制	1.0	1.1	0.4	0.9	0.9	0.9	1.3	1.3	1.2
教学	0.1	0.0	0.0	0.0	0.0	0.1	0.1	0.1	0.0
青少	5.8	6.3	27.6	3.6	7.1	5.0	1.8	3.1	2.4
生活服务	6.5	7.1	5.6	7.1	6.8	6.5	6.9	7.1	7.8
体育	5.9	2.6	1.7	4.1	5.0	6.1	4.3	3.6	3.3
外语	0.0	0.0	0.0	0.0	0.0	0.0	0.0	0.0	0.0
戏剧	0.2	0.2	0.1	0.1	0.1	0.1	0.1	0.2	0.4
新闻/时事	19.6	18.0	9.4	16.8	15.7	18.9	20.7	22.6	24.9
音乐	0.8	0.9	0.8	0.9	0.8	1.2	0.9	0.5	0.6
专题	7.2	6.4	3.7	6.0	5.9	7.2	8.1	7.9	6.6
综艺	7.8	9.5	7.0	11.1	8.8	9.5	9.2	7.3	7.0
其他	13.6	14.4	13.4	14.6	14.7	13.5	13.9	13.5	14.6

数据来源：CSM媒介研究

在教育程度上，2014 年广州地区未受过正规教育的观众对青少节目的收视比重远高于其他人群；小学教育程度观众对于电视剧、法制、戏剧和新闻/时事节目均表现出偏爱，尤其对电视剧的收视比重达 31.1%，在各类教育程度观众中保持领先；初中学历人群倾注于电视剧、电影、法制、生活服务、新闻/时事、音乐和专题节目的收视比重均高于广州平均水平；高中学历观众对于新闻/时事节目的偏爱最为明显，收视比重达 20.5%；大学及以上学历者用于收看生活服务、体育、音乐、专题和综艺节目的时间比重分别居各类人群之首；不同教育背景观众对于财经、法制、教学、外语、戏剧、音乐节目的收视比重差异不大（表 1.5.14）。

2014 年，广州市场中不同月收入水平的观众在节目的选择上也有所不同。具体而言，个人月收入 600 元及以下的观众对于青少节目最为关注，收视比重远超其他群体；个人月收入 601 ~ 1200 元的观众对于电视剧的收视热情更为高涨，收视比重达 35.1%；个人月收入 1201 ~ 1700 元的观众对法制节目的收视比重最高；个人月收入 1701 ~ 2600 元的观众对电视剧和新闻/时事类节目的收视比重均高于平均水平；个人月收入 2601 ~ 3500 元的观众倾注于新闻/时事节目的时间比重高于其他群体，达 22.6%；个人月收入 3501 ~ 5000 元的观众花费在电影、和综艺节目收视上的时间比重最高；而个人月收入 5001 元及以上的观众则对财经、生活服务、体育和专题节目表现出了更强烈的收视倾向（表 1.5.14）。

表 1.5.14　2014 年广州市场不同受教育程度和个人月收入观众对各类节目的收视比重（%）

节目类型	受教育程度					个人月收入（元）						
	未受过正规教育	小学	初中	高中	大学及以上	600 元及以下	601 ~ 1200 元	1201 ~ 1700 元	1701 ~ 2600 元	2601 ~ 3500 元	3501 ~ 5000 元	5001 元及以上
财经	0.1	0.2	0.3	0.4	0.7	0.2	0.3	0.2	0.4	0.5	0.5	0.8
电视剧	23.8	31.1	30.9	26.2	23.9	29.8	35.1	28.4	29.5	25.1	24.9	20.4
电影	3.6	4.0	4.6	4.4	4.0	4.3	4.5	3.7	4.0	4.1	5.9	4.7
法制	0.4	1.0	1.2	1.0	0.9	0.9	1.1	1.3	0.9	1.1	1.2	1.0
教学	0.0	0.0	0.0	0.1	0.1	0.0	0.1	0.0	0.0	0.1	0.1	0.1
青少	31.2	9.9	4.9	3.8	3.3	13.6	3.0	3.7	2.9	3.9	2.8	4.7
生活服务	6.0	6.0	7.0	6.9	7.4	6.6	7.0	6.9	6.7	6.9	7.0	7.4
体育	1.7	2.7	3.2	5.1	6.4	2.3	2.4	3.7	4.6	4.9	6.4	8.1
外语	0.0	0.0	0.0	0.0	0.0	0.0	0.0	0.0	0.0	0.0	0.0	0.0
戏剧	0.0	0.3	0.1	0.1	0.1	0.1	0.3	0.3	0.1	0.1	0.1	0.1
新闻/时事	9.5	17.1	18.6	20.5	19.3	13.7	19.6	20.6	20.7	22.6	18.0	18.5
音乐	0.4	0.7	0.9	0.8	1.0	0.8	0.7	0.9	0.9	0.6	1.2	0.8
专题	2.9	6.1	6.7	7.4	7.4	5.6	6.3	7.2	7.0	6.7	7.2	9.8
综艺	5.5	7.2	7.3	9.4	11.1	8.0	5.9	9.1	8.1	8.8	11.4	10.1
其他	14.7	13.8	14.1	13.8	14.3	14.1	13.9	13.9	14.1	14.4	13.4	13.4

数据来源：CSM 媒介研究

就不同职业背景而言，2014年广州市场中干部/管理人员对综艺节目的收视比重为10.8%，高于其他职业人群；个体/私营企业人员花费在财经、体育、专题节目中的时间比重均处领先地位；初级公务员/雇员群体在电影、生活服务、体育、新闻/时事和综艺节目中体现出了较高的关注度；较之其他人群，工人群体对于电视剧、电影、法制和新闻/时事倾注的时间比重更高；学生群体对青少节目的关注遥遥领先；无业者则对法制和生活服务节目最为青睐（表1.5.15）。

表1.5.15 2014年广州市场不同职业观众对各类节目的收视比重（%）

节目类型	职业						
	干部/管理人员	个体/私营企业人员	初级公务员/雇员	工人	学生	无业	其他
财经	0.6	0.8	0.4	0.3	0.1	0.3	0.1
电视剧	23.8	25.0	26.5	29.1	28.5	28.3	40.4
电影	3.8	5.3	4.7	5.4	4.7	3.1	5.0
法制	1.2	1.0	0.8	1.2	0.6	1.2	0.7
教学	0.1	0.1	0.0	0.1	0.0	0.1	0.0
青少	3.7	4.0	2.6	4.1	15.6	7.3	8.8
生活服务	6.8	6.8	6.6	6.5	6.0	7.4	5.7
体育	7.0	7.3	6.5	3.1	2.7	3.0	3.5
外语	0.1	0.0	0.0	0.0	0.0	0.0	0.0
戏剧	0.1	0.1	0.1	0.1	0.1	0.2	0.2
新闻/时事	19.5	17.5	19.5	20.4	12.8	19.9	11.4
音乐	0.9	0.9	0.9	0.7	1.0	0.8	0.8
专题	8.0	9.0	6.5	6.9	4.6	6.6	4.2
综艺	10.8	8.9	10.4	8.3	9.5	7.6	5.9
其他	13.7	13.2	14.4	13.8	13.8	14.4	13.4

数据来源：CSM媒介研究

六、电视广告投放与竞争格局

根据央视市场研究（CTR）发布的广告监测数据①，2014年中国广告投放额同比2013年增长2.2%，其中传统媒体广告投放额同比下降1.7%。2014年电视广告投放额为6024亿元人民币，比2013年下降了0.5%；报纸和杂志广告投放额同比呈现较大负增长，分别为-18.3%和-10.2%；广播是四大传统媒体中唯一呈现正增长的媒体，其广告投放额比2013年增长了10.6%。

① 2014年广告投放额以CTR 2014年监测范围为基准进行统计，2014年广告投放增长情况以CTR 2013年监测范围为基准进行比较；广告投放额以媒体公开报价为统计标准，不含折扣；广告监测时间为17:00~24:00。

（一）中国电视广告投放基本情况

1. 2014年中国电视广告投放额同比2013年下降0.5%

2014年中国电视广告投放额为6024亿元人民币，同比2013年下降了0.5%。从分月电视广告投放额来看，2014年前3季度表现不错，绝大多数月份好于2013年同期，第四季度出现下滑，各月广告投放额明显低于2013年同期（图1.6.1）。

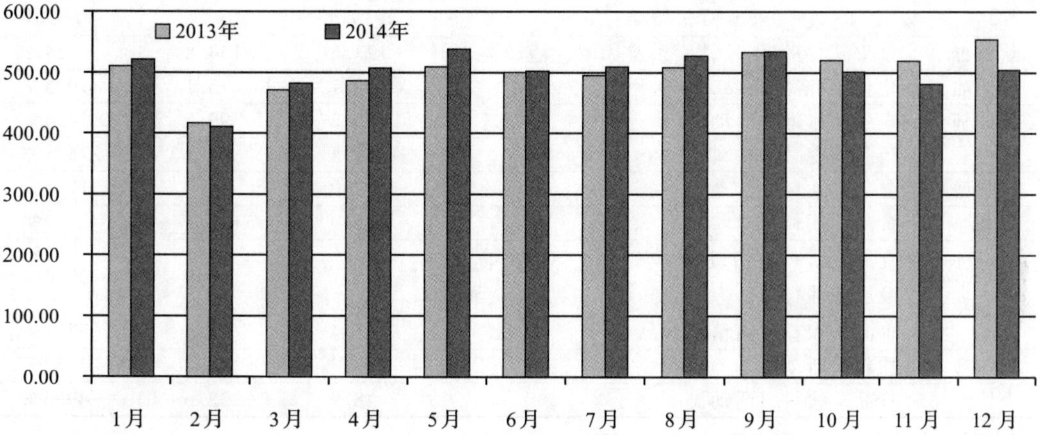

数据来源：央视市场研究媒介智讯（CTR MI）

图1.6.1　2013年、2014年各月电视广告投放额（人民币：亿元）

2. 电视广告投放额排名前3位的行业仍然是化妆品/浴室用品、饮料和食品

2014年，中国电视广告投放额排名前3位的行业仍然是化妆品/浴室用品、饮料和食品，这3个行业均属于快速消费品行业。作为最大的支柱性行业，化妆品/浴室用品的广告投放额2014年出现了7.9%的负增长；饮料和食品的增速明显放缓，只有2.4%和1.0%；2014年广告投放额TOP10行业中增长最快的是药品，为15.3%（表1.6.1）。

表1.6.1　2014年中国电视广告投放额排名前十位的品类（人民币：亿元）

品类	2014年	2013年	增长率
化妆品/浴室用品	1035.5	1121.8	-7.9%
饮料	947.3	923.5	2.4%
食品	761.2	752.8	1.0%
药品	559.1	483.8	15.3%
商业及服务性行业	514.8	518.8	-1.8%
娱乐及休闲	370.9	362.7	2.0%
酒精类饮品	345.5	434.4	-20.8%
交通	272.6	254.9	6.9%
清洁用品	196.0	191.2	2.3%
邮电通讯	169.3	151.7	10.6%

数据来源：央视市场研究媒介智讯（CTR MI）

3. 电视广告投放额排名前10位的品牌中“日化”减少、“食品饮料”增多

2014年电视广告投放额前10位的品牌中“日化类”品牌只有两个，它们是欧莱雅和玉兰油，排名第一的欧莱雅在第四季度广告投放额骤减，将全年增长定格在-8.4%，排名第二位的玉兰油同比增长了19.5%。食品、饮料等行业进入TOP10排名的品牌数量有所增加，有康师傅、伊利、娃哈哈、旺旺、加多宝和惠氏（表1.6.2）。

表1.6.2　2014年中国电视广告投放额排名前十位的品牌（人民币：亿元）

品牌	所属品类	2014年	2013年	增长率
欧莱雅	化妆品/浴室用品，娱乐及休闲，活动类	123.6	134.8	-8.4%
玉兰油	化妆品/浴室用品，个人用品	89.7	75.1	19.5%
肯德基	娱乐及休闲，活动类	85.2	99.5	-14.4%
江中	药品，食品，饮料	82.5	47.1	75.1%
康师傅	食品，饮料，活动类	77.0	65.3	17.7%
伊利	食品，饮料	56.9	72.1	-21.0%
娃哈哈	食品，饮料，活动类，娱乐及休闲，商业及服务性行业	55.7	78.9	-29.4%
旺旺	食品，饮料，酒精类饮品	55.4	31.3	77.1%
加多宝	饮料，活动类	53.3	67.2	-20.7%
惠氏	食品，饮料，活动类	48.9	32.6	49.6%

数据来源：央视市场研究媒介智讯（CTR MI）

4. 中央级频道、省会城市台广告投放额下滑，省级频道广告投放额上升

从各级电视频道广告投放时长及广告投放额的变化来看，2014年中央级频道广告时长同比下降了15.8%，广告投放额同比下降了11.3%；省级卫视广告时长同比下降了14.4%，投放额同比上升了2.0%；省级地面频道广告时长同比下降了6.7%，广告投放额同比上升了3.8%；省会城市台广告时长同比下降了12.6%，广告投放额同比下降了10.4%（图1.6.2）。在各级频道中，中央级频道广告投放下滑的幅度最大。

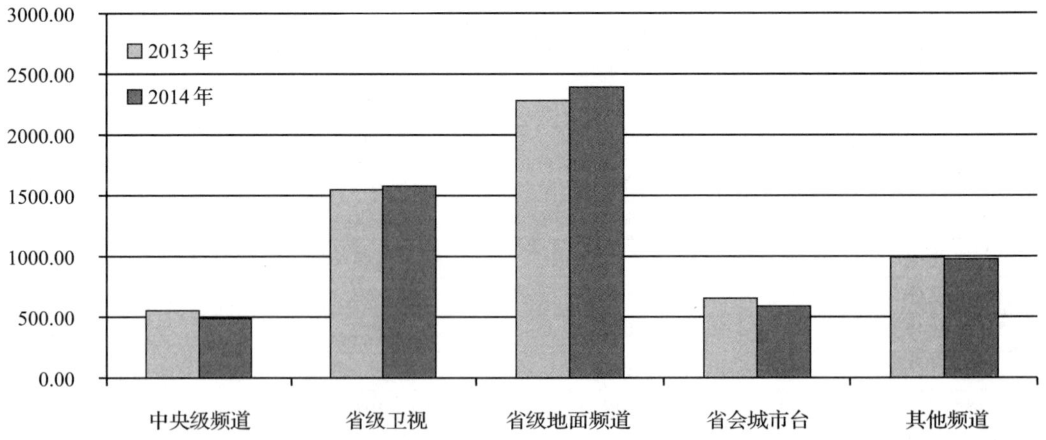

数据来源：央视市场研究媒介智讯（CTR MI）

图1.6.2　2013年、2014年全国各类频道的广告投放额（人民币：亿元）

2014年中央电视台广告投放额排名TOP5的行业中，交通行业上升到首位，投放额比2013年增长了16.9%，也是TOP5中唯一一个保持正增长的行业。TOP5中其他4个行业投放额全部为负增长，其中酒精类饮品行业下降幅度最大，为-42.8%（表1.6.3）。

表1.6.3　2014年中央电视台广告投放额排名前五位的品类（人民币：亿元）

品类	2014年	2013年	增长率
交通	68.8	58.8	16.9%
饮料	63.4	66.6	-4.8%
酒精类饮品	61.4	107.3	-42.8%
食品	54.7	58.7	-6.9%
娱乐及休闲	44.8	52.8	-15.2%

数据来源：央视市场研究媒介智讯（CTR MI）

2014年中央电视台广告投放额TOP5的品牌中，优彼品牌表现不俗，上升为首位。曾在2013年进入TOP5的4个白酒品牌全部出局，取而代之的是家用电器、交通行业和食品饮料行业的品牌，即格力、美的、长安福特和伊利（表1.6.4）。

表1.6.4　2014年中央电视台广告投放额排名前五位的品牌（人民币：亿元）

品牌	所属品类	2014年	2013年	增长率
优彼	活动类，娱乐及休闲	11.3	7.5	49.1%
格力	家用电器，房地产/建筑工程行业，工业用品	9.6	6.7	42.7%
美的	家用电器，家居用品	8.3	7.4	11.1%
长安福特	交通	7.4	3.7	98.0%
伊利	饮料，食品	6.8	7.9	-13.8%

数据来源：央视市场研究媒介智讯（CTR MI）

2014年省级卫视广告投放中，饮料、食品、药品、化妆品/浴室用品四大行业仍然是最重要的支柱行业，此格局多年保持不变。饮料行业以347.5亿元排名第一，远远超过其他行业（表1.6.5）。

表1.6.5　2014年省级卫视广告投放额排名前五位的品类（人民币：亿元）

品类	2014年	2013年	增长率
饮料	347.5	338.1	2.8%
食品	256.3	240.5	6.6%
药品	243.3	255.5	-4.8%
化妆品/浴室用品	221.4	196.1	12.9%
交通	78.4	67.3	16.6%

数据来源：央视市场研究媒介智讯（CTR MI）

2014年省级卫视广告投放额排名TOP5的品牌中，江中高居榜首，投放额为80亿元，同比增长70.5%；而2013年排名第一的加多宝则有较大幅度的萎缩，下跌了14%。从增长率上看，江中和旺旺表现出色，增长率分别为70.5%和73.0%（表1.6.6)。

表1.6.6　2014年省级卫视广告投放额排名前五位的品牌（人民币：亿元）

品牌	所属品类	2014年	2013年	增长率
江中	药品，食品，饮料	80.0	46.9	70.5%
达利园	饮料	45.8	34.6	32.4%
加多宝	饮料，活动类	38.2	44.4	-14.0%
修正	药品，食品	34.4	36.2	-4.8%
旺旺	饮料，食品	33.7	19.5	73.0%

数据来源：央视市场研究媒介智讯（CTR MI)

（二）中国电视广告市场竞争格局

1. 频道间竞争：中央级频道份额下降，省级频道份额上升

在2014年各类电视频道广告投放的竞争中，中央级频道的份额比2013年减少了1.1个百分点；省级卫视频道和省级地面频道的份额上升明显，分别比2013年上升了0.5和1.9个百分点；省会城市台的份额下降明显，下降了1个百分点（表1.6.7)。

表1.6.7　2013年、2014年各类电视频道广告投放额所占份额及变化

频道类别	2013年	2014年	份额变化（百分点）
中央级频道	9.2%	8.1%	-1.1%
省级卫视	25.7%	26.2%	0.5%
省级地面频道	37.8%	39.7%	1.9%
省会城市台	10.8%	9.8%	-1.0%
其他频道	16.5%	16.2%	-0.3%

数据来源：央视市场研究媒介智讯（CTR MI)

2014年省级卫视广告投放额TOP10的频道中，江苏卫视继续保持领先地位，而收视表现突出的湖南卫视未进入TOP10排名（表1.6.8)。近年来，湖南卫视等几个较为强势的省级卫视拿出黄金资源进行广告招标，本文数据仅基于频道硬广告刊例价计算，不体现实际招标结果及软广告投放，这是湖南卫视等频道未进入2014年TOP10排名的主要原因。

表 1.6.8 2013 年、2014 年广告投放额排名前十位的省级卫视频道（人民币：亿元）

排名	2013 年		2014 年	
	频道	投放额	频道	投放额
1	江苏卫视	115.7	江苏卫视	106.6
2	河南 1 套（卫视）	88.2	河南 1 套（卫视）	105.2
3	山东卫视	83.7	湖北卫视	87.6
4	云南 1 套（卫视频道）	81.6	东方卫视	85.7
5	东方卫视	79.7	山东卫视	85.2
6	天津卫视	77.0	天津卫视	81.8
7	福建东南电视台（卫视）	75.3	浙江卫视	81.0
8	安徽卫视	73.6	黑龙江电视台卫星频道	79.4
9	黑龙江电视台卫星频道	73.5	贵州卫视	78.7
10	四川卫视	67.9	安徽卫视	65.3

数据来源：央视市场研究媒介智讯（CTR MI）

在省会城市台广告投放额 TOP10 中，2014 年排名前三甲的是广州电视台、合肥电视台和昆明电视台。在 TOP10 中，按刊例价计算，2014 年广告投放额上升明显的是广州电视台和南京电视台；武汉、西安和哈尔滨电视台的广告投放额比 2013 年有较大幅度的下跌（表 1.6.9）。

表 1.6.9 2013 年、2014 年广告投放额排名前十位的省会城市电视台（人民币：亿元）

排名	2013 年		2014 年	
	电视台	投放额	电视台	投放额
1	广州电视台	85.5	广州电视台	89.5
2	武汉电视台	68.4	合肥电视台	47.6
3	昆明电视台	50.8	昆明电视台	46.9
4	西安电视台	49.9	武汉电视台	43.1
5	合肥电视台	45.9	南京电视台	42.5
6	郑州电视台	39.5	西安电视台	37.4
7	哈尔滨电视台	39.0	郑州电视台	33.4
8	南京电视台	35.7	长沙电视台	32.2
9	长沙电视台	30.1	太原电视台	24.3
10	太原电视台	23.9	哈尔滨电视台	20.3

数据来源：央视市场研究媒介智讯（CTR MI）

2. 行业投放竞争:"药品"行业对电视广告增长贡献最大

2014年中国电视广告投放额比2013年略有减少，21个行业中有一半行业出现负增长，各行业对电视广告增长贡献率①与往年相比发生了一些变化。药品行业贡献率上升到第一位，饮料和家用电器分别排名第二位和第三位（图1.6.3）。增长贡献率呈现负值的行业中，表现最突出的是酒精类饮品和化妆品/浴室用品行业。

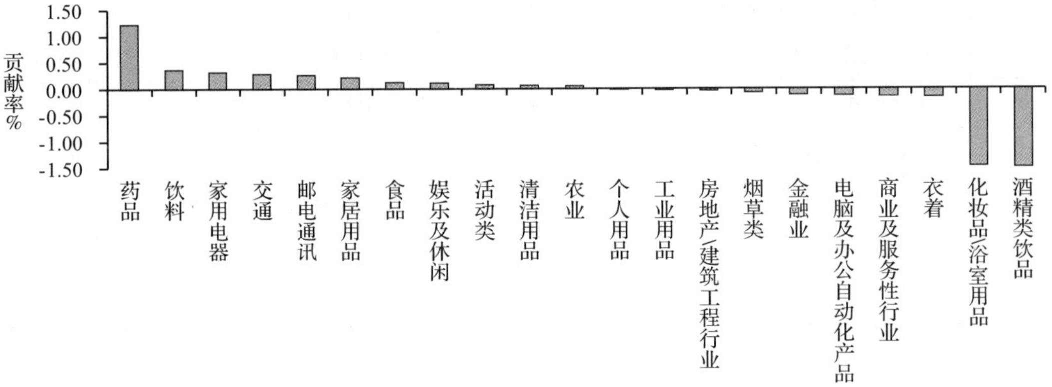

数据来源：央视市场研究媒介智讯（CTR MI）

图1.6.3　2014年不同行业对中国电视广告投放额增长的贡献率（%）

① 某行业对电视广告增长贡献率 =某行业电视广告增长额 / 电视广告总增长额 X 电视广告总增长率。

第二部分
Part Two

专 题 Analysis Report

2014 年中国电视收视市场大事件扫描

又到一年盘点时。观察 2014 年收视表现较好的电视节目，《新闻联播》《星光大道》《快乐大本营》《非诚勿扰》等常态节目依旧是观众喜欢收看的电视节目，同时越来越多的特色季播节目收视表现也位居前列，其中不仅包括《中国好声音》《爸爸去哪儿》等已经播出一季以上的热门节目，也有《奔跑吧兄弟》等开播就火热的新节目。除了综艺节目热点频出，优质电视剧资源依旧稀缺，新闻节目也全年热点不断。这其中又有哪些剧目和新闻事件成为观众关注的焦点呢？本文就以“月历”的形式对 2014 年中国电视收视市场的大事件进行扫描与梳理，回顾令人难忘的 2014 年。

1 月

1 月 3 日：中央台三套《中国好歌曲》开播

《中国好歌曲》是中央电视台联手灿星制作推出的原创音乐真人秀节目，节目邀请刘欢、周华健、杨坤、蔡健雅 4 位导师盲听盲选原创歌曲作品，让音乐创作人成为主角，为华语乐坛输送新生代创作力量，重塑音乐生命与原创精神。节目采用季播模式，从 1 月 3 日起每周五 19:30 播出，连续播出 3 个月，11 期节目首播平均收视率 1.81%，同时段市场份额 4.70%，单期节目最高收视率 2.36%（图 1）。

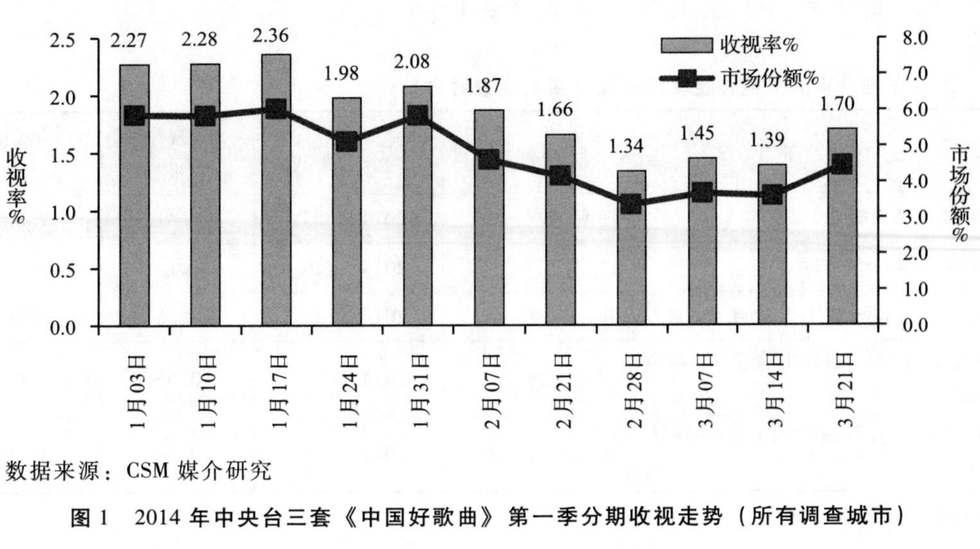

数据来源：CSM 媒介研究

图 1　2014 年中央台三套《中国好歌曲》第一季分期收视走势（所有调查城市）

1月3日：江苏卫视《最强大脑》首播

《最强大脑》是江苏卫视推出的国内首档大型科学类真人秀电视节目，源自德国节目 *Super Brain*。节目集结国内最优秀的脑力高手，让拥有最强脑力的天才们闪耀荧屏。节目第一季于1月3日每周五晚22:00首播，13期节目平均收视率1.61%，市场份额7.80%，单期节目最高收视率2.44%（图2）。

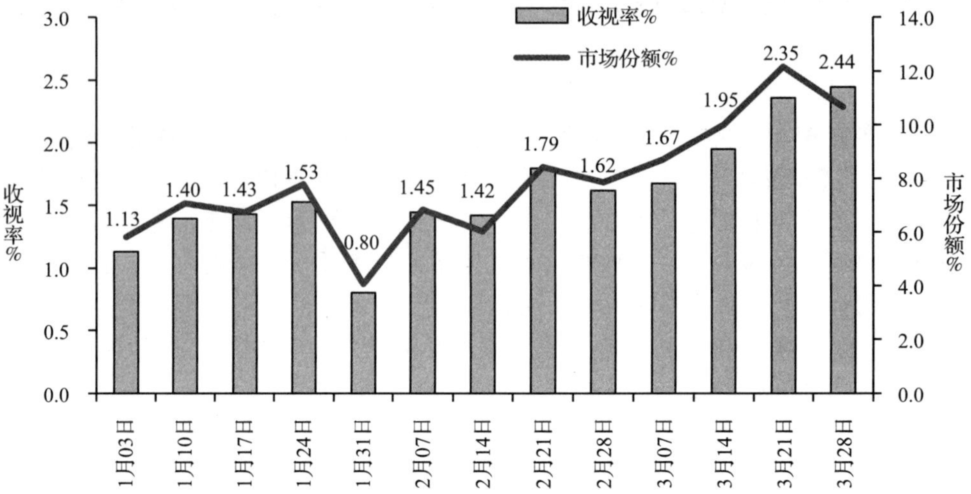

数据来源：CSM媒介研究

图2　2014年江苏卫视《最强大脑》第一季分期收视走势（所有调查城市）

1月23日：湖南卫视小年夜春晚表现突出

江苏卫视停办马年春晚，湖南卫视、东方卫视等省级电视台频道也从俭办春晚。其中湖南卫视小年夜播出的春晚收视率为2.41%，在2014年省级卫视春晚的收视表现中相对突出，辽宁卫视在年前播出的春晚收视率也突破2.00%，正月期间收视表现较高的是北京卫视的春晚，收视率达到1.35 %（表1）。

表1　2014年部分省级卫视春晚收视表现（所有调查城市）

节目名称	播出频道	播出日期	收视率（%）	市场份额（%）
2014春节联欢晚会	湖南卫视	2014/1/23	2.41	7.80
2014辽宁卫视春节联欢晚会	辽宁卫视	2014/1/29	2.14	7.50
2014北京电视台春节联欢晚会	北京卫视	2014/1/31	1.35	4.20
全球华人年夜饭湖北卫视2014春节大联欢	湖北卫视	2014/1/29	0.65	2.00
春暖东方花开中国2013群星新春大联欢	上海东方卫视	2014/1/31	0.54	1.70

数据来源：CSM媒介研究

1月25日：澳大利亚网球公开赛女单决赛开战

2014年澳大利亚网球公开赛（简称“澳网”）1月25日展开女单决赛争夺，中国金花李娜迎战齐布尔科娃，最终李娜在第三次杀进澳网女单决赛后摘得冠军，同时这也是李娜职业生涯中继2011年法网之后的第二个大满贯冠军。继2013年澳网之后，该场比赛仍是2014年观众收看的焦点之一，收视率达到1.78%，同时段市场份额也达到11.80%，在2014年体育赛事中位居前茅。由于播出时段的变化，收视率相比2013年有所下滑，但同时段市场份额差异不大（表2）。

表2　2013年、2014年澳网女单决赛收视表现（所有调查城市）

节目名称	播出日期	播出时段	收视率（%）	市场份额（%）
2014年澳大利亚网球公开赛女单决赛	2014/1/25	16:31～18:19	1.78	11.8
2013年澳大利亚网球公开赛女单决赛	2013/1/26	16:31～19:24	2.52	12.2

数据来源：CSM媒介研究

1月30日：中央电视台2014甲午年春节联欢晚会多屏播出

2014年央视春晚在“开门办春晚”的理念下，由冯小刚通过竞聘选拔的方式担任晚会总导演。虽然观众吐槽不断，但马年春晚的收视表现依旧“坚挺”，收视频道分散和渠道分化的状况也依旧存在。除夕当天，全国有200多家电视台对春晚进行了同步播出，共有超过7亿观众收看了2014央视春节联欢晚会，春晚观众的平均收看时长为149分钟。全国测量仪调查网综合计算出的并机直播收视率为30.94%，除夕当天的时移收视率为0.04%，当日总收视率为30.98%，网络直播不完全统计的收视率为2.17%，多屏累计总收视率为33.15%。上述数据说明了央视春晚在绝大多数中国家庭除夕夜的重要意义，也证明了电视仍是央视春晚收视的主平台。

2月

2月2日：电视剧《父母爱情》开播

45集家庭情感电视剧《父母爱情》讲述了海军军官江德福和资本家小姐安杰相识、相知、相爱、相守50年的爱情生活故事。该剧由导演孔笙执导，郭涛、梅婷等人主演，于2月2日在中央电视台综合频道黄金剧场播出。该剧平均收视率2.80%、市场份额7.30%，为所有调查城市组合中2014年完整播出剧目单部剧收视冠军。

2月9日：中央电视台综合频道《出彩中国人》首播

《出彩中国人》是中央电视台携手灿星制作打造的大型励志真人秀节目。节目在全国范围内寻找各行各业的劳动能手和行业标兵担任出彩候选人，在节目中，他们逐一展示才艺和故事，观众投票评选出当周“出彩明星”。最终，10位单周出彩明星争夺当季

“出彩之星”的称号。节目第一季于2月9日开始每周五19:30首播，11期节目平均收视率2.23%、同时段市场份额6.00%，单期节目最高收视率为2.67%（图3）。该节目在中央电视台2014年新推综艺节目中表现相对突出。

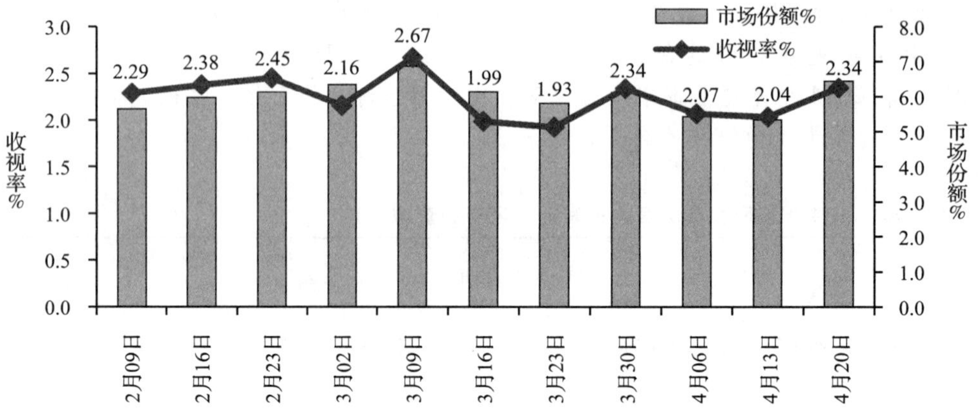

数据来源：CSM 媒介研究

图3　2014年中央电视台综合频道《出彩中国人》第一季分期收视走势（所有调查城市）

2月14日：元宵节晚会为节日划上句点

元宵节多年来都是春节期间晚会收视较高的一天，2014年收视表现较好的元宵晚会是中央电视台和湖南卫视的晚会。中央电视台元宵晚会在中央电视台综合频道和中央台三套合计的总收视率达到8.55%，同时段市场份额超过21.50%。湖南卫视的《元宵喜乐会》也有2.68%的收视表现（表3）。

表3　2014年中央电视台及湖南卫视元宵节晚会收视概况（所有调查城市）

晚会名称	日期	播出频道	收视率（%）	市场份额（%）
中央电视台2014甲午年元宵晚会	2月14日	中央电视台综合频道	6.48	15.70
	2月14日	中央台三套	2.07	5.80
元宵喜乐会	2月14日	湖南电视台卫星频道	2.68	8.30

数据来源：CSM 媒介研究

2月16日：电视剧《大丈夫》四家联播

48集当代都市家庭话题喜剧《大丈夫》讲述了顾晓珺与欧阳剑历经坎坷的一段老少恋的故事。该剧由姚晓峰导演，李小冉、王志文、俞飞鸿、韩童生、江珊等主演，于2月16日登陆安徽卫视、北京卫视、东方卫视、浙江卫视黄金档首播。四家联播总收视率4.25%，同时段市场份额11.00%，在2014年四家联播剧目中表现突出（表4）。

表 4　2014 年《大丈夫》首播（2 月 16 日 ~3 月 5 日）四家联播频道收视概况（所有调查城市）

节目名称	播出频道	平均收视率（%）	平均市场份额（%）
大丈夫	北京卫视	1.27	3.3
大丈夫	浙江卫视	1.19	3.1
大丈夫	上海东方卫视	0.93	2.4
大丈夫	安徽卫视	0.86	2.2

数据来源：CSM 媒介研究

3 月

3 月 8 日：马航 MH370 失联引发关注

2014 年新闻大事频发，马航 MH370 失联绝对是牵动人心的大事件。中央电视台多个频道也进行了连续跟踪报道。马航失联期间恰逢全国“两会”，新闻的叠加效应带动中央电视台新闻频道全天市场份额连创新高。3 月 8 日当天，中央电视台新闻频道全天的市场份额为 4.35%，高出该频道全年平均水平 40%；3 月 15 日市场份额达到峰值 6.26%，为全年均值的一倍。

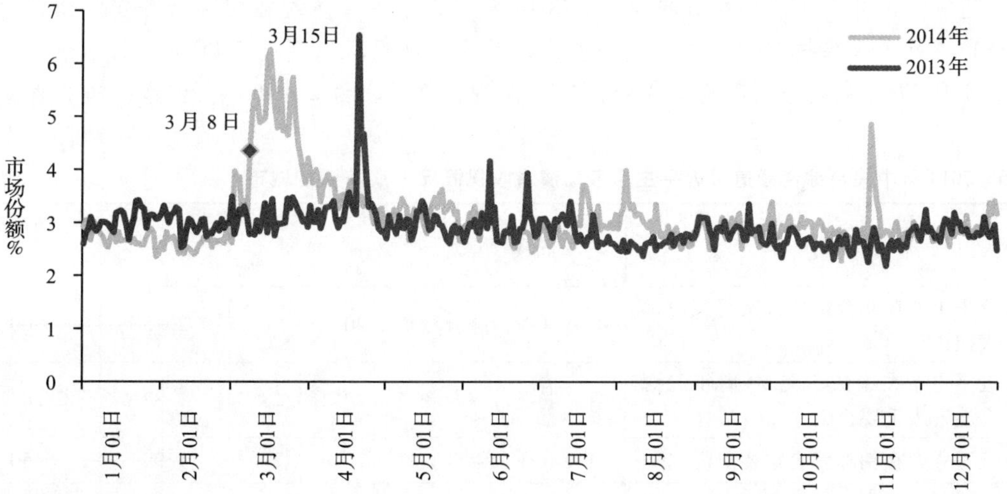

数据来源：CSM 媒介研究

图 4　2013 年、2014 年中央电视台新闻频道分天市场份额走势（全天时段，所有调查城市）

3 月 13 日：全国“两会”闭幕

每年 3 月的全国“两会”备受关注，从中央电视台到地方电视台都会投入大量人力进行相关新闻的报道。3 月 5 日“两会”开幕后，除了常规的新闻报道外，3 月 13 日闭幕后李克强总理的记者见面会也是全国观众的关注焦点。晚间时段重播时，中央电视台综合频道与中央电视台新闻频道的收视率分别为 2.12% 和 1.14%，市场份额分别为 5.50% 和 3.00%。虽然相比 2013 年换届时总理见面会并机播出 5.54% 的总收视率有所下滑，但仍在 2014 年的新闻节目收视中居于前列。

3月15日:中央电视台“3·15”晚会收视增长

自1991年中央电视台推出“3·15”晚会以来,每年的3月15日,“3·15”晚会都会为保护消费者权益发出强烈呼声。2014年恰逢由全国人大修订的新版《消费者权益保护法》正式实施,中央电视台推出主题为“让消费更有尊严”的“3·15”晚会,收视率为3.32%、市场份额8.8%,晚会收视连续三年呈逐渐增长趋势(表5)。

表5 2012~2014年中央台“3·15”晚会收视概况(所有调查城市)

节目名称	播出频道	收视率(%)	市场份额(%)
2014年3·15晚会 让消费更有尊严	中央电视台综合频道	3.32	8.80
2013年3·15晚会 让消费更有力量	中央电视台综合频道	3.02	7.90
2012年3·15晚会 共筑诚信有你有我	中央电视台综合频道	2.85	7.50

3月27日:习近平主席在联合国教科文组织总部发表演讲

随着中国外交布局的全方位推进,2014年习近平主席多次在国际场合发表演讲。中央台也进行了跟踪报道,综合频道播出的多场演讲收视率也突破2.00%,其中最高的一场是3月27日在联合国教科文组织总部的演讲,收视率为2.15%(表6)。

表6 2014年中央台综合频道习近平主席多场演讲收视概况(所有调查城市)

节目名称	播出频道	日期	收视率(%)	市场份额(%)
习近平主席在联合国教科文组织总部发表演讲	中央电视台综合频道	2014/3/27	2.15	6.00
习近平主席在中法建交50周年纪念大会上发表重要讲话	中央电视台综合频道	2014/3/28	1.87	5.00
习近平主席在柏林发表重要演讲	中央电视台综合频道	2014/3/29	1.99	5.50
习近平主席在欧洲学院发表重要演讲	中央电视台综合频道	2014/4/1	2.06	5.70
习近平在韩国首尔大学发表演讲	中央电视台综合频道	2014/7/4	1.74	5.20
习近平在巴西国会发表重要演讲	中央电视台综合频道	2014/7/17	1.69	5.20
守望相助,共创中蒙关系发展新时代——习近平在蒙古国家大呼拉尔的演讲	中央电视台综合频道	2014/8/22	2.00	5.80
习近平主席在印度新德里发表重要演讲	中央电视台综合频道	2014/9/19	1.64	4.60
习近平在澳大利亚联邦议会发表演讲	中央电视台综合频道	2014/11/17	1.58	4.20

数据来源:CSM媒介研究

4 月

4 月 4 日:《我是歌手》歌王之战开战

顶级歌手巅峰对决节目《我是歌手》已经进行到第二季。第二季赛制与第一季大致相同，比赛进程包括普通赛、突围赛、半决赛和决赛，歌手韩磊最终夺得歌王。节目平均收视率为 2.67%、同时段市场份额 7.50%，其中 4 月 4 日歌王之战当天首播的收视率为 4.05%、同时段市场份额 13.00%。收视表现相比第一季平均增幅超过 30%（图 5)。

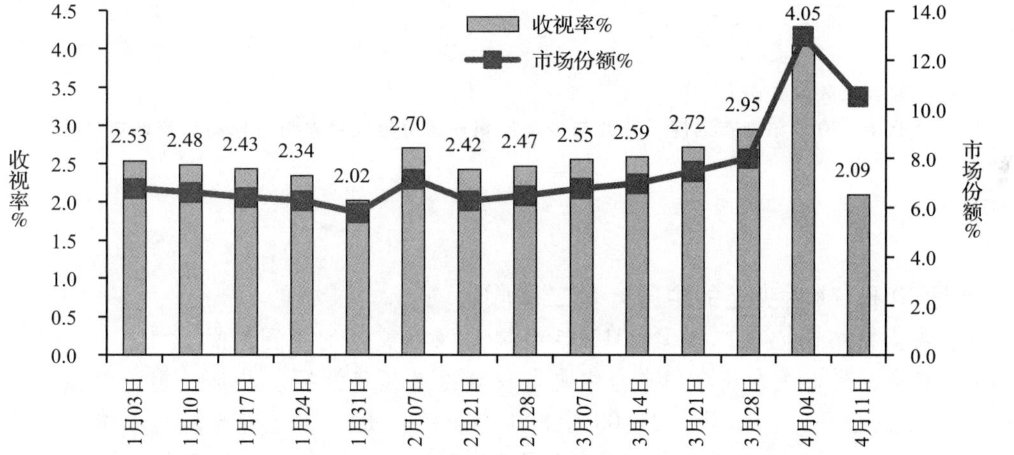

数据来源：CSM 媒介研究

图 5　2014 年湖南卫视《我是歌手》第二季分期收视走势（所有调查城市）

4 月 15 日:“一剧两星”政策出台

2014 年 4 月 15 日，国家新闻出版广播电影电视总局召开 2014 年全国电视剧播出工作会议。会上宣布，自 2015 年 1 月 1 日开始，总局将对卫视综合频道黄金时段的电视剧播出方式进行调整。具体内容包括：同一部电视剧，每晚黄金时段联播的综合频道不得超过两家；同一部电视剧，在卫视综合频道每晚黄金时段播出不得超过二集。总局此次调整电视剧播出方式的主要目的在于进一步均衡卫视综合频道的节目构成，强化综合定位，优化频道资源，丰富电视剧荧幕。

4 月 25 日：湖南卫视《花儿与少年》开播

《花儿与少年》是湖南卫视推出的明星姐弟自助远行真人秀节目。节目由 7 位年代偶像组成“欧洲自助远行团”，卸下明星光环，开启一段为期 15 天的异域背包奇妙之旅。节目第一季于 4 月 25 日起每周五晚 22:00 首播，8 期节目平均收视率 1.64%、同时段市场份额 9.10%。节目的收视表现也见证了中国人物质生活水平提高后想要走出去看看的旅游需求，2014 年多家省卫视也推出了该类型节目（图 6)。

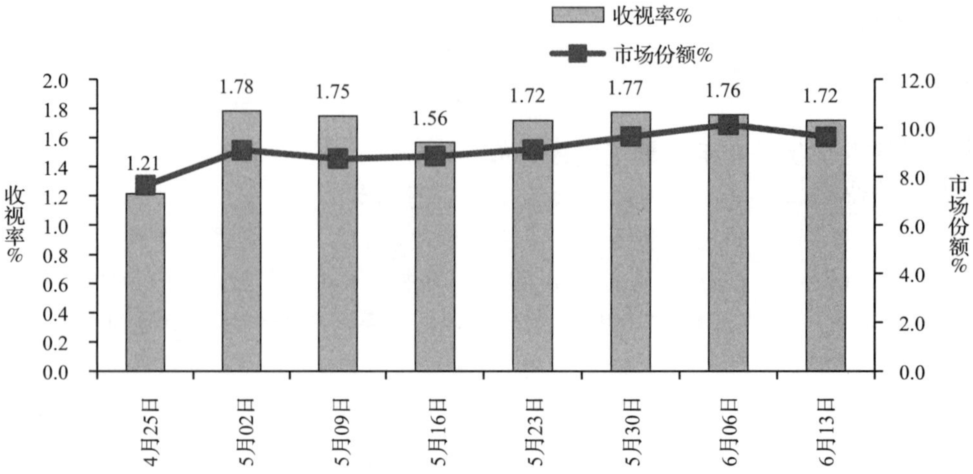

数据来源：CSM 媒介研究

图 6　2014 年湖南卫视《花儿与少年》第一季分期收视走势（所有调查城市）

5 月

5 月 30 日：《舌尖上的中国》第二季收官

《舌尖上的中国》第二季是 2012 年纪录片《舌尖上的中国》的续集，于 2014 年 4 月 18 日起在中央电视台综合频道与中央电视台纪录频道开播。与第一季连续播出不同，第二季采用周播形式，每周五 21:00 播出 1 集，主题分别为《脚步》《心传》《时节》《家常》《相逢》《秘境》和《三餐》。5 月 30 日最后一集收官。该纪录片在中央电视台综合频道首播时平均收视率 2.40%、平均市场份额为 6.70%，相比 2012 年第一季播出时收视大幅增长。

表 7　《舌尖上的中国》收视概况（所有调查城市）

节目名称	播出频道	播出日期	播出时段	平均收视率（%）	平均市场份额（%）
舌尖上的中国（第二季）	中央电视台综合频道	2014/4/18 ~ 5/30	21:00 ~ 22:00	2.40	6.70
舌尖上的中国（第一季）	中央电视台综合频道	2012/5/14 ~ 5/22	22:30 ~ 23:30	0.52	3.20

6 月

6 月 12 日：2014 年巴西世界杯开战

2014 年巴西世界杯于 2014 年 6 月 12 日至 7 月 14 日在南美洲国家巴西举行。北京时间 2014 年 7 月 14 日决赛场上，德国国家男子足球队加时 1:0 战胜阿根廷夺得冠军。由于时差关系，本届世界杯比赛基本都在晚间 11:00 之后播出，64 场比赛中收视率最高的一场是决赛德国对战阿根廷，首播收视率为 3.40%，市场份额达 57.80%。

表8　2014年巴西世界杯主要场次比赛收视表现（所有调查城市）

节目名称	播出频道	收视率（%）	市场份额（%）
2014年巴西世界杯决赛（德国VS阿根廷）	中央台五套	3.4	57.80
2014年巴西世界杯1/4决赛（德国VS法国）	中央台五套	2.8	35.50
2014年巴西世界杯1/4决赛（阿根廷VS比利时）	中央台五套	2.7	34.80
2014年巴西世界杯半决赛（荷兰VS阿根廷）	中央台五套	2.6	55.40
2014年巴西世界杯D组赛（英格兰VS意大利）	中央台五套	2.6	42.30
2014年巴西世界杯1/8决赛（巴西VS智利）	中央台五套	2.5	37.60
2014年巴西世界杯小组赛C组（科特迪瓦VS日本）	中央台五套	2.5	22.20
2014年世界杯小组赛G组（德国VS葡萄牙）	中央台五套	2.2	35.60
2014年巴西世界杯1/8决赛（荷兰VS墨西哥）	中央台五套	2.2	35.50
2014年巴西世界杯半决赛（巴西VS德国）	中央台五套	2.1	60.80
2014年世界杯小组赛D组（乌拉圭VS意大利）	中央台五套	2.1	38.40
2014年巴西世界杯1/8决赛（瑞士VS阿根廷）	中央台五套	2.1	37.70
2014年巴西世界杯决赛（德国VS阿根廷）	中央台五套	2.1	36.10

数据来源：CSM媒介研究

6月20日：《爸爸去哪儿》第二季登场

2013年最火的亲子户外真人秀节目《爸爸去哪儿》2014年推出第二季。节目于6月20日起每周五晚22:00在湖南卫视播出，湖南金鹰卡通频道推出重播。第二季相比第一季增加了4期节目，包括前往我国台湾和新西兰。本季参与嘉宾包括演员吴镇宇父子、演员黄磊父女、演员陆毅父女、歌手曹格和一对儿女以及运动员杨威父子。在收视表现上，与第一季的持续走高不同，《爸爸去哪儿》第二季收视较为平稳，主要在3.00%～3.50%的区间内，16期平均收视率3.20%、市场份额15.60%。在单期收视上，最高3.70%的收视率远不如第一季的4.60%（图7）。

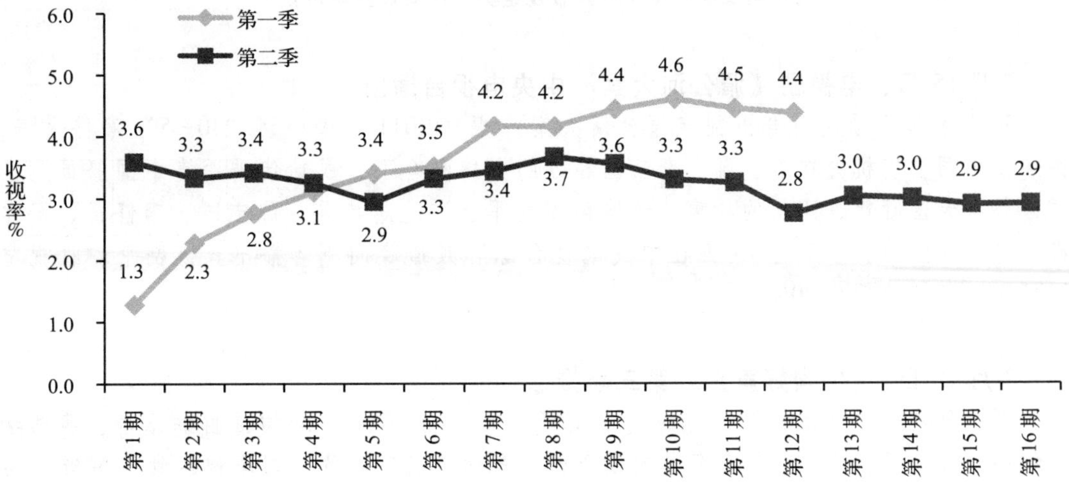

数据来源：CSM媒介研究

图7　湖南卫视《爸爸去哪儿》第一季VS第二季收视对比（所有调查城市）

7 月

7 月 13 日：第二届中国汉字听写大会开播

2013 年，弘扬传统文化的节目《中国汉字听写大会》形成热潮后，中央电视台不仅在 2014 年继续举办了第二届中国汉字听写大会，还在此基础上扩展了《中国谜语大会》《中国成语大会》。其中元宵节前播出的《中国谜语大会》平均收视率和市场份额分别为 1.90% 和 4.70%；《中国成语大会》为 1.51% 和 4.20%；《中国汉字听写大会》为 1.52% 和 4.20%（图 8）。

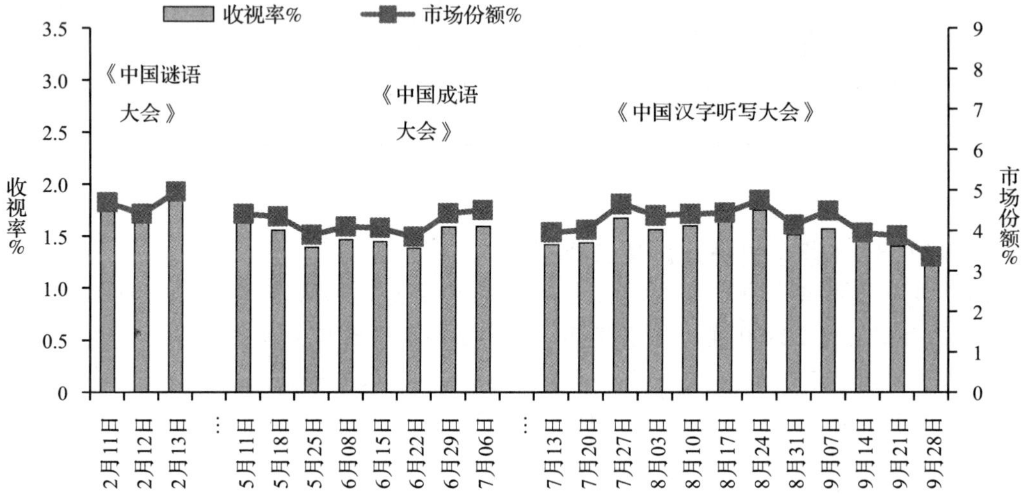

数据来源：CSM 媒介研究

图 8　2014 年中央电视台《中国谜语大会》《中国成语大会》及《中国汉字听写大会》收视走势（所有调查城市）

7 月 15 日：电视剧《湄公河大案》中央电视台播出

34 集警匪刑侦题材电视剧《湄公河大案》根据 2011 年湄公河“10·5”案件改编，讲述了中国公安机关在老、缅、泰三国警方的支持配合下，成功侦破杀害中国船员一案并破获重大国际贩毒团伙的故事。该剧由安战军、游达志执导，陈宝国、李修贤、李立群、尤勇等主演，于 7 月 15 日在中央电视台综合频道晚间剧场播出。该剧平均收视率 2.45%、市场份额 6.90%。

7 月 18 日：《中国好声音》第三季推出

浙江卫视联合灿星制作打造的《中国好声音》在 2014 年继续推出第三季。前两季连创高收视率后，本季收视率整体有所下滑。虽然首场节目的收视率就达到 3.50%，但第三期之后的收视率就基本低于第二季水平，只有总决赛一场 4.73% 的收视率高于前两季 4.30% 的水平（图 9）。

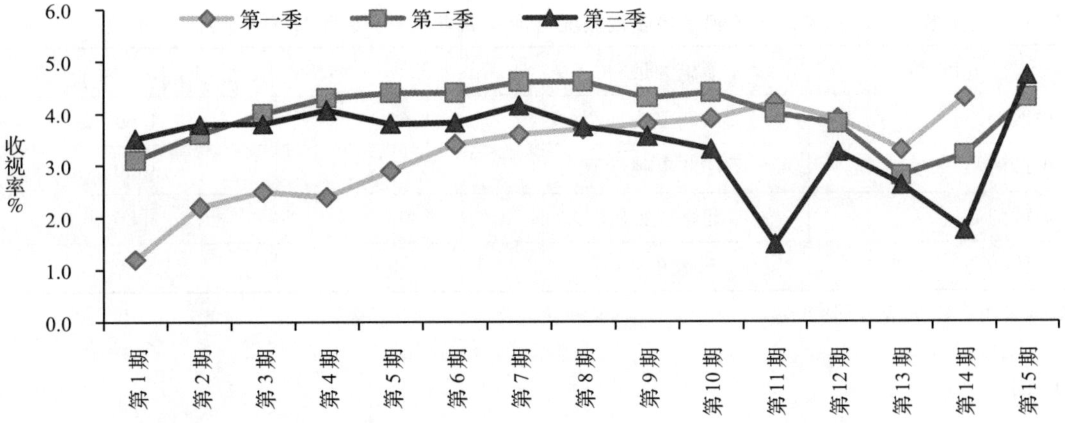

数据来源：CSM 媒介研究

图 9　浙江卫视《中国好声音》三季分期收视走势（所有调查城市）

8 月

8 月 16 日：2014 第二届夏季青年奥林匹克运动会开幕

第二届夏季青年奥林匹克运动会（简称“南京青奥会”）于 2014 年 8 月 16 日至 2014 年 8 月 28 日于南京举行，这是我国继 2008 年北京奥运会后第二次举办的奥运会，也是首次在我国举办的青年奥林匹克运动会。中央台综合频道、中央台五套、中央电视台新闻频道以及江苏卫视直播了开闭幕式晚会，总体收视率表现较高。其中开幕式 4 频道的总收视率超过 6.50%，闭幕式也接近 3.50%（表 9）。

表 9　2014 年南京青奥会开、闭幕式收视概况（所有调查城市）

节目名称	播出频道	收视率%	市场份额%
2014 第二届夏季青年奥林匹克运动会开幕式	中央电视台综合频道	2.80	7.6
	江苏卫视	1.37	3.7
	中央电视台新闻频道	1.24	3.4
	中央台五套	1.11	4.7
2014 第二届夏季青年奥林匹克运动会闭幕式	中央电视台综合频道	2.03	5.4
	江苏卫视	0.77	2.0
	中央台五套	0.68	2.9

数据来源：CSM 媒介研究

8 月 21 日：电视剧《勇敢的心》四家联播

76 集近代传奇电视剧《勇敢的心》讲述了抗日战争时期两个不同家庭和教育背景出身的年轻人在面对国难和爱情时不同抉择的故事。该剧由郭靖宇和柏杉执导，杨志刚、于毅、张少华和杜若溪等主演，于 8 月 21 日登陆山东卫视、北京卫视、天津卫视和江苏卫视黄金档首播。四家联播时总收视率达 5.00%、市场份额为 14.00%，在 2014 年四家联播剧目中表现突出（表 10）。

表10 《勇敢的心》四家联播卫视首播收视概况(所有调查城市,8月21日~9月17日)

节目名称	播出频道	平均收视率(%)	平均市场份额(%)
勇敢的心	山东卫视	1.62	4.60
勇敢的心	江苏卫视	1.37	3.80
勇敢的心	北京卫视	1.02	2.80
勇敢的心	天津卫视	0.99	2.80

数据来源:CSM媒介研究

9月

9月1日:《开学第一课》开启新学年

《开学第一课》自2008年以来已播出多年,是教育部与中央电视台合作为孩子们开启新学年提供积极而有针对性引导的大型公益节目。2014年的《开学第一课》以“父母教会我”为主题。中央电视台综合频道9月1日晚间20:00首播获得了3.11%的收视率,同时段市场份额达到8.30%。自2013年由上午时段播出调整至晚间播出后,收视表现突出,2014年的收视率相比2013年增长幅度近30%(表11)。

表11 2013年、2014年中央电视台综合频道《开学第一课》首播收视概况(所有调查城市)

节目名称	播出日期	收视率(%)	市场份额(%)
开学第一课	2014/9/1	3.11	8.30
开学第一课	2013/9/1	2.40	6.30

数据来源:CSM媒介研究

9月8日:中秋晚会成收视热点

中秋晚会也是传统节日重要的收视热点,中央电视台和湖南卫视2014年推出的中秋晚会收视表现较好。其中中央电视台中秋晚会在综合频道和四套并机播出的总收视率超过4.50%。湖南卫视和中央台三套的中秋晚会也分别有1.80%和1.25%的收视水平(表12)。

表12 2014年中秋节晚会各频道收视表现(所有调查城市)

晚会名称	播出频道	收视率(%)	市场份额(%)
苏州月中华情——2014年中央电视台中秋晚会	中央电视台综合频道	3.12	8.50
	中央台四套	1.46	4.00
中秋之夜今夜最相思	湖南卫视	1.80	6.90
万家邀明月	中央台三套	1.25	4.50

数据来源:CSM媒介研究

9月19日：第17届亚洲运动会开幕

第17届亚洲运动会（简称“亚运会”）于9月19日至10月4日在韩国仁川举行。观众对亚运会的关注程度相比在中国广州举办的上届赛事大幅减低，人均收看中央台五套亚运会节目的时间大约只在每日6分钟左右。其中收视表现较好的比赛主要集中在游泳项目，如游泳项目中男子1500米自由泳决赛、4×100米混合接力决赛等多项赛事获得了观众较多的关注，平均收视率超过2.70%（表13）。

表13　2014年第17届亚运会部分比赛收视表现（所有调查城市）

节目名称	播出频道	收视率（%）	市场份额（%）
2014年仁川亚运会男子1500米自由泳决赛	中央台五套	2.80	11.20
2014年仁川亚运会女子200米个人混合泳决赛	中央台五套	2.70	9.00
2014年仁川亚运会男子400米自由泳决赛	中央台五套	2.70	8.50
2014年仁川亚运会男子4x100米混合接力决赛	中央台五套	2.70	7.90

数据来源：CSM媒介研究

10月

10月10日：第十届中国金鹰电视艺术节开幕

第十届中国金鹰电视艺术节于10月10日至10月12日在湖南长沙举办，由金鹰电视艺术节开幕式、“我爱主持人”主题晚会、“移动互联网时代的电视”主题晚会、金鹰电视艺术节闭幕式和金鹰电视艺术节金鹰奖颁奖典礼五部分组成，湖南卫视播出的三天晚会收视率都突破了2.00%（表14）。

表14　2014年湖南卫视金鹰节晚会收视表现（所有调查城市）

节目名称	播出频道	日期	收视率（%）	市场份额（%）
第十届中国金鹰电视艺术节开幕式文艺晚会	湖南卫视	2014/10/10	2.10	6.40
第十届中国金鹰电视艺术节2014互联盛典	湖南卫视	2014/10/11	2.10	6.10
第十届中国金鹰电视艺术节、第二十七届中国电视金鹰奖颁奖晚会	湖南卫视	2014/10/12	2.30	7.60

数据来源：CSM媒介研究

10月10日：《奔跑吧兄弟》登陆浙江卫视

《奔跑吧兄弟》是浙江卫视引进韩国SBS电视台综艺节目*Running Man*推出的大型户外竞技真人秀节目，由浙江卫视和韩国版*Running Man*制作团队SBS联合制作。节目第一季于10月10日登陆浙江卫视，每周五在21:10黄金档播出。《奔跑吧兄弟》第一季7名固定成员是邓超、王祖蓝、王宝强、李晨、陈赫、郑恺及Angelababy（杨颖），一般每期会有不同的嘉宾加盟。15期节目平均收视率2.40%，同时段市场份额8.30%。节目首期收视为1.10%，之后连续走高，最后两期收视都达到3.60%以上，显示出良好的成长性（图10）。

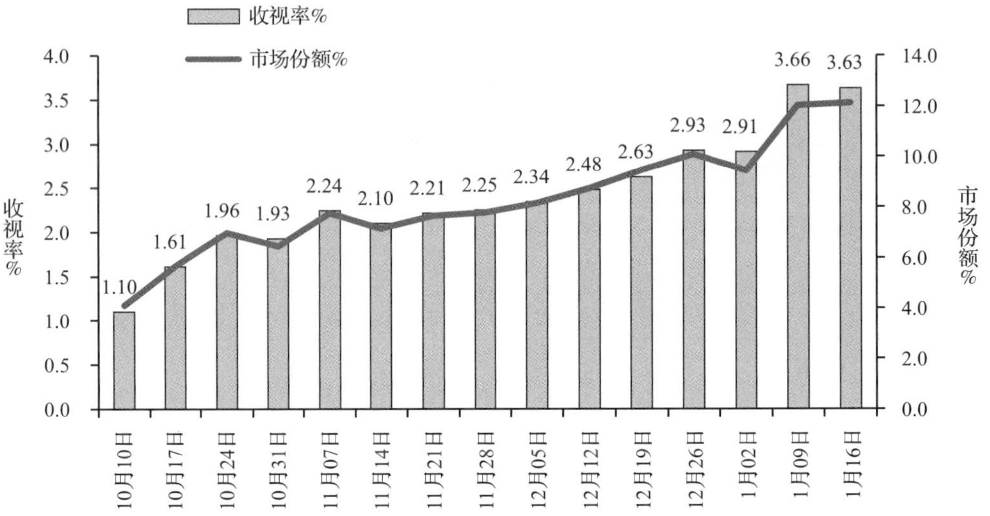

数据来源：CSM媒介研究

注：由于个别城市收视调查调整，该数据采用2014～2015年打通的135城市组合计算。

图10　2014年浙江卫视《奔跑吧兄弟》第一季分期收视走势（所有调查城市）

10月20日：《因为爱情有奇迹》独播

105集都市爱情、青春励志、家庭情感电视剧《因为爱情有奇迹》改编自韩国电视剧《百年遗产》，讲述了女主人公遭受一段不幸福婚姻后经历多番苦难，最终找到自己幸福的故事。该剧由高先明、启峻执导，赵韩樱子、路晨、彭冠英、林佑威等人主演，于10月20日在湖南卫视金鹰独播剧场播出。该剧平均收视率2.32%、市场份额6.50%。

10月27日：电视剧《红高粱》四家联播

60集近代传奇电视剧《红高粱》改编自中国首位诺贝尔文学奖得主莫言的《红高粱家族》，讲述了20世纪30年代初，九儿和余占鳌在充满生命力的山东高密大地上，用生命谱写的一段关于爱与恨、征服与被征服、充满生命力的故事。该剧由郑晓龙执导，周迅、朱亚文、黄轩、宋佳伦、秦海璐、于荣光、徐光宇、解惠清、曹征领衔主演，该剧于10月27日登陆北京卫视、山东卫视、浙江卫视、东方卫视黄金档首播。四家联播时总收视率达4.95%，市场份额为13.60%，在2014年四家联播剧目中表现突出（表15）。

表 15　《红高粱》四家卫视首播收视概况（所有调查城市，10 月 27 日 ~11 月 17 日）

节目名称	播出频道	平均收视率（%）	平均市场份额（%）
红高粱	山东卫视	1.72	4.80
红高粱	北京卫视	1.32	3.60
红高粱	浙江卫视	1.07	2.90
红高粱	上海东方卫视	0.84	2.30

数据来源：CSM 媒介研究

11 月

11 月 10 日：亚太经合组织（APEC）会议引发关注

在中国外交走出去、请进来的互动过程中，一方面中国举办了多场重要的国际会议（包括 11 月 10 日在北京举办的亚太经合组织 APEC 会议，5 月 21 日在上海举办的亚洲相互协作与信任措施会议第四次峰会等）；另一方面，国家领导人也相继出访拉美、欧洲多国。中央电视台在此过程中播出了多期专题、新闻、综艺等特别节目。其中《聚焦 APEC》在中央电视台新闻频道和综合频道并机播出时的总收视也超过 2.50%。亚信会议开幕前夕的欢迎晚会收视表现也超过 2.00%。而中央电视台播出的中拉、中欧以及太平洋之行的多档专题特别节目在综合频道与新闻频道的总收视率也超过 2.50%（表 16）。

表 16　中央电视台 2014 年部分重要事件节目收视概况（所有调查城市）

节目名称	播出频道	日期	收视率	市场份额
聚焦 APEC	中央电视台新闻频道	11 月 10 日	1.39	5.00
	中央电视台综合频道	11 月 10 日	1.23	4.40
直通 APEC CHINA2014 特别报道	中央台四套	11 月 10 日	0.75	2.60
2014 中国上海团结和谐的亚洲携手向明天	中央电视台综合频道	5 月 20 日	2.09	5.90
中央电视台特别节目：新的中拉时间开始了	中央电视台综合频道	8 月 12 日	2.19	6.10
	中央电视台新闻频道	8 月 12 日	0.81	2.20
中央电视台特别节目：一桥飞架中欧	中央电视台综合频道	4 月 21 日	1.99	5.30
	中央电视台新闻频道	4 月 21 日	0.91	2.50
中央电视台特别节目：从雁栖湖到太平洋——习近平主席大洋洲之行综述	中央电视台综合频道	12 月 15 日	1.62	4.30
	中央电视台新闻频道	12 月 15 日	1.00	2.60

数据来源：CSM 媒介研究

12 月

12 月 21 日：电视剧《武媚娘传奇》首播

96 集古装历史剧《武媚娘传奇》讲述了武则天从 14 岁入宫到身着皇袍、头戴帝冕、最终登位的人生历程以及权力斗争的故事。该剧由高翊浚执导，范冰冰、张丰毅、李治廷、张钧甯、张庭、周海媚、李李仁、李解等人主演，于 12 月 21 日登陆湖南卫视金鹰剧场首播。2015 年 1 月 14 日浙江卫视中国蓝剧场也播出了该剧。该剧在湖南卫视首播后掀起收视热潮，平均收视率高达 3.23%、市场份额 8.90%，大结局时以 4.40% 的收视率创下电视剧收视高峰（图 11）。

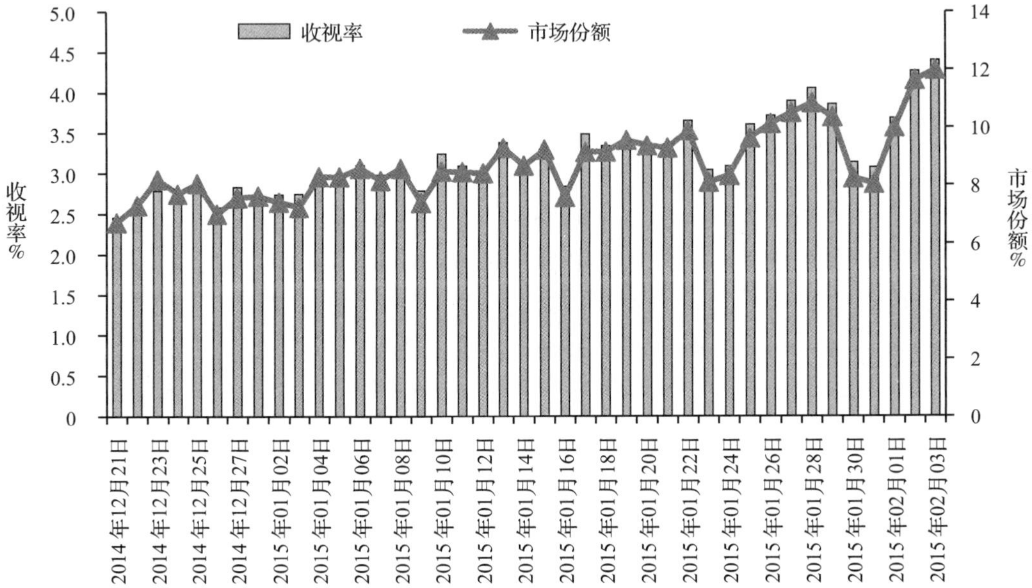

数据来源：CSM 媒介研究

注：由于个别城市收视调查调整，该数据采用 2014～2015 年打通的 135 城市组合计算。

图 11　湖南卫视《武媚娘传奇》分天收视走势（所有调查城市）

12 月 31 日：跨年晚会开战

2014 年各上星频道在举办跨年晚会时仍然落实节俭办晚会的指导思想，安排了跨年晚会的频道主要有中央电视台、湖南卫视、上海东方卫视和浙江卫视。其中湖南卫视跨年晚会收视表现较好，收视率为 3.90%（表 17）。浙江卫视以“奔跑吧兄弟”为主题，中央电视台则主要以三套播出为主，综合频道只在 22:00 之后播出。

表 17　2014 年部分跨年晚会收视表现（所有调查城市）

节目名称	播出频道	收视率%	市场份额%
快乐中国 20142015 跨年演唱会	湖南电视台卫星频道	3.90	13.10
奔跑吧 2015 跨年晚会	浙江卫视	1.63	4.60
启航 2015	中央台三套	1.52	5.10
梦圆东方——我们的梦梦圆时刻	上海东方卫视	0.88	2.20

结语

2014年的中国电视收视市场，多档热门真人秀节目获得了收视与广告的双丰收，吸引了更多的上星频道跟进，也带动了对制播分离和媒体融合的热烈讨论。无论我们如何判断未来的发展方向，我们都必须看到，电视台在电视节目创新方面热度不减，特色季播节目成为频道标配，一波波新颖的电视节目陆续登上荧屏，进入观众视野。户外真人秀花样翻新抢夺观众眼球，喜剧类节目大量涌现传递欢乐能量，明星旅游节目成为新亮点。2015年“一剧两星、一天两集”政策开始执行后将发生哪些变化，真人秀节目在2014年井喷之后能否再续辉煌，值得我们继续关注。

（作者：吴凡）

2014 年全国新闻节目收视分析

在所有电视新闻节目中，对灾难性事件的报道一贯最吸引眼球，2014 年结束之后，我们很遗憾地发现至今仍然下落不明的马航 MH370 飞机成为了当年最大新闻事件的主角。回顾 2014 年的电视新闻节目，除了 MH370 停留在媒体关注中心的时间相当长以外，北京举行的 APEC 峰会也是媒体重点关注的对象。与此同时，跨媒体融合成为大势所趋，新媒体对电视新闻传播的影响也在进一步加深。幸而，我们的另一个发现令人欣慰：在各种大众媒体、小众媒体甚至自媒体都在制作、播出新闻节目的2014 年，电视新闻节目的收视表现一如既往地稳定。

为了深入研究 2014 年全国电视新闻节目的收视状况，本文根据 CSM 媒介研究 2014 年在全国 143 个样本城市的收视调查数据，对全国新闻节目的收视情况进行分析，解读观众的新闻收视行为特征，并在多年数据比较的基础上，探究人们收视习惯的变化。

一、新闻节目整体收播状况

1. 观众收看电视新闻节目的时间略有减少

依据 CSM 媒介研究对观众的收视调查数据，前几年我国观众平均每人每天收看电视的时长基本在 170 分钟上下波动，但 2014 年这一数字仅为 161 分钟，与往年相比有较大落差。电视观众 2014 年人均每天收看新闻节目的时长为 22 分钟，受总收视时长缩水的影响不大，略低于 2013 年，与 2012 年持平（2013 年为 23 分钟，2012 年为 22 分钟）。

从新闻节目的收播情况来看，2014 年新闻节目的整体播出比重和收视比重较上一年均有所降低，但资源使用效率为历年最高值，即新闻节目的播出时间虽然相对减少，但观众对新闻节目的关注仍然保持在较高水平，新闻节目用较少的时间赢得了观众相对较多的注意力。在所有的电视节目类型中，观众观看新闻节目的时间仅次于电视剧，可见新闻节目在各类电视节目中仍然占有相当重要的地位（表 1）。

表 1　2011～2014 年新闻节目的收播比重及资源使用效率（历年所有调查城市）

年份	播出比重（%）	收视比重（%）	资源使用效率（%）
2011 年	10.0	13.1	31.5
2012 年	10.7	14.0	30.8
2013 年	11.3	14.8	30.7
2014 年	10.3	14.2	37.4

数据来源：CSM 媒介研究

各地观众的生活习惯差别很大，不同城市观众能够收看的电视频道也不尽相同，导致各地电视市场带有鲜明的地域特点，但整体看来在晚间时段（17:00～24:00）新闻节目的播出总量基本稳定。2014年，各城市新闻节目播出时长占电视节目播出总时长的比例均在13%～15%之间。相对而言，新闻节目的收视比重在不同城市间的差别比较明显。广州和长沙仍然是新闻节目收视比重最高的城市，观众在晚间有20%以上的收视时间收看的都是新闻节目。在本次统计的35个城市（包括直辖市、省会、计划单列市）中，有18个城市新闻节目的收视比重在15%以上，可见新闻节目在观众的晚间收视中占有相当重要的地位（图1）。但是，与前一年的数据相比，2014年有23个城市晚间新闻节目的收视比重有所下降。

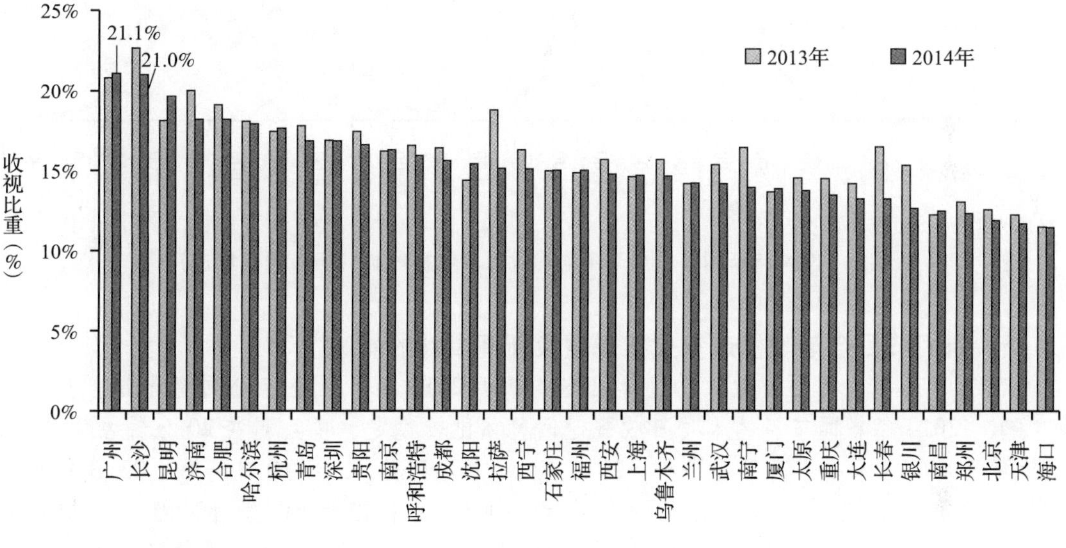

数据来源：CSM媒介研究

图1　2013～2014年部分城市晚间17:00～24:00新闻节目收视比重（%）

2. 新闻节目收视主要集中在18:00～20:00时段，全天有两个明显收视高峰

新闻节目在全天不同时段的收视量变化与其他节目类型整体保持一致，但在细节上不尽相同。新闻节目的收视主要集中在晚间18:00～20:00，在这段时间开始的新闻节目累计每天收视时长为9分钟，接近全天新闻节目收视时长的一半。从全天收视曲线中能够发现两个明显的收视高峰（12:00和19:00）及两个收视较为突出的时段（清晨6:00～8:00和晚间21:00～22:00）（图2）。这条收视总量曲线与多数电视观众的作息时间表基本吻合，也清晰地反映出许多电视播出机构早间、午间、傍晚本地新闻和新闻联播、晚间4个主要新闻节目带的编排方式。这一趋势表现出与2013年的高度一致性。

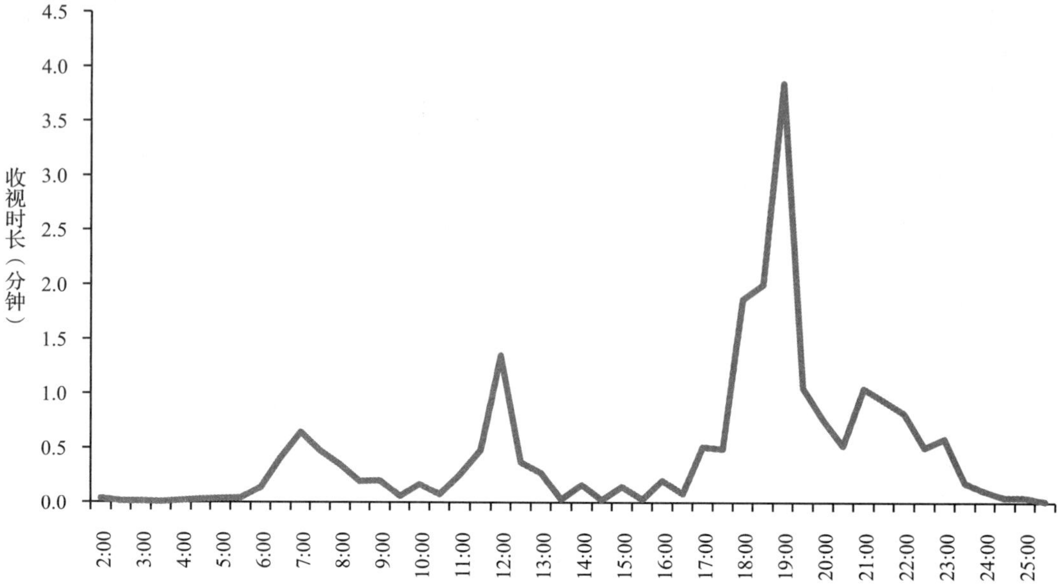

数据来源：CSM 媒介研究

图 2　2014 年新闻节目全天不同时段人均收视时长（所有调查城市）

3. 新闻节目全年收视走势主要受重大新闻事件的影响

2014 年新闻节目的人均日收视时间整体低于 2013 年，但全年分周变化趋势与上一年类似。2014 年新闻节目的人均日收视时间整体比较稳定，多数周在 20 分钟左右波动，上半年平均收视水平略高于下半年。2014 年第 11～12 周（3 月 10 日～3 月 23 日）新闻节目收视出现了全年最高峰，每周的人均日收视时长接近 30 分钟，超过平均水平（21.7 分钟）1/3 以上；下半年第 46 周（11 月 10 日～11 月 16 日）人均日收视时长也相对较高，达到 23.4 分钟；在第 5 周（1 月 27 日～2 月 2 日）和第 40 周（9 月 29 日～10 月 5 日）人均日收视时间相对较短，不足 20 分钟（图 3）。

对新闻节目的播出和收视影响最大的是重大新闻事件。2014 年，对国内媒体来说最重大的新闻事件莫过于 3 月 8 日马航 MH370 客机失联，事件本身的严重性（涉及 154 名同胞的生命）和神秘性（音讯全无也没有发现事故痕迹或失事客机残骸）都吸引着国人对此事分外关注。国内主要媒体对此事件进行了连续的集中报道，第 11 周新闻节目人均收视时长达到 29.4 分钟，第 12 周仍然高达 28 分钟以上。第 46 周收视的增加主要是因为 APEC 会议在北京召开，国内观众普遍比较关注，各电视媒体也相应增加了新闻报道的播出量。

春节和国庆假期新闻节目收视水平相对较低，主要是因为节假日期间新闻节目一般只保持常规播出量，而观众关注度较高的综艺和青少节目则会增加播出，新闻节目的竞争力在假期受到一定影响。

与前几年最受关注的地震等自然灾害事故不同，电视新闻媒体在 MH370 客机失联事件的报道中并没有明显的传播优势，网络媒体比电视更加迅速地对这一事件进行了报

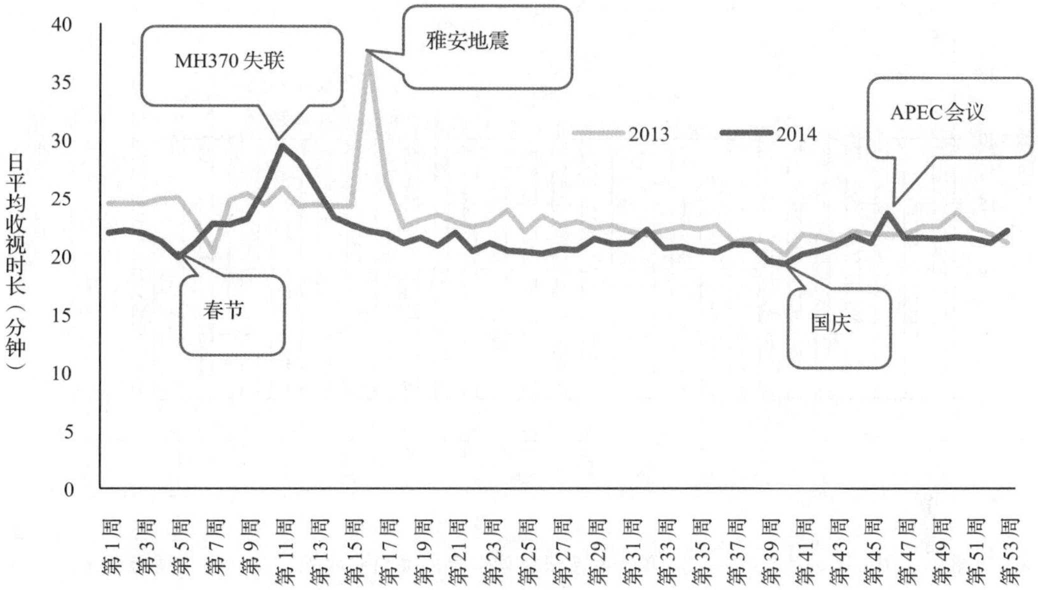

数据来源：CSM 媒介研究

图 3　2013～2014 年新闻节目人均日收视时间分周走势（所有调查城市）

道。但是，电视媒体对信息源的筛选标准更加严格，未经证实或者“非官方”的消息不得出现在电视媒体上。得益于电视的超高普及率以及国人对官方消息来源的一贯信任，在客机失联事件发生后，各电视媒体的相关新闻报道均受到了重点关注。此外，此次客机失联事件可现场采录的消息不多，国内的报道主要集中在北京丽都饭店的失联者家属和马航的新闻发布会，因此新闻报道的数量没有像前几年自然灾害报道那样大量增加。在失联事件发生的 3 月 8 日，CSM 媒介研究所有调查城市的电视新闻节目播出时间为 1382 小时，与全年平均值（1380 小时）基本持平，在事件发生后的 4 周内，新闻节目的播出量比平时仅略有增加，播出机构大多按照常规的节目编排计划运转，这 28 天平均每天的新闻节目播出时长为 1407 小时。但收视数据表现出的观众关注却是另一种趋势：3 月 8 日当天，观众人均收看新闻节目的时间为 28 分钟，约为平时正常水平的 1.3 倍；第二天增加至 31 分钟，比平均水平高 50% 左右；并且，在有重要消息发布的 13 日、15 日、20 日等日期，观众的日均新闻收视时间都在 30 分钟以上。随着马航一次次召开新闻发布会推翻前一次的推论，观众的收视数据跌宕起伏地变化着，直到 20 天后的 3 月 28 日，才开始逐渐减少至 25 分钟以下（图 4）。

纵观马航事件之后几天的电视新闻节目，我们发现，尽管相关新闻节目的播出量变化不大，但观众对事件的关注度决定了观众收看节目的时间，有新的新闻点的时候观众收视时间自然会增加，而随着时间的推移，尽管新闻节目的播出量仍然维持在相对较高水平，但观众的注意力会被其他媒体或事件转移，新闻节目的收视逐渐回归至常态水平。

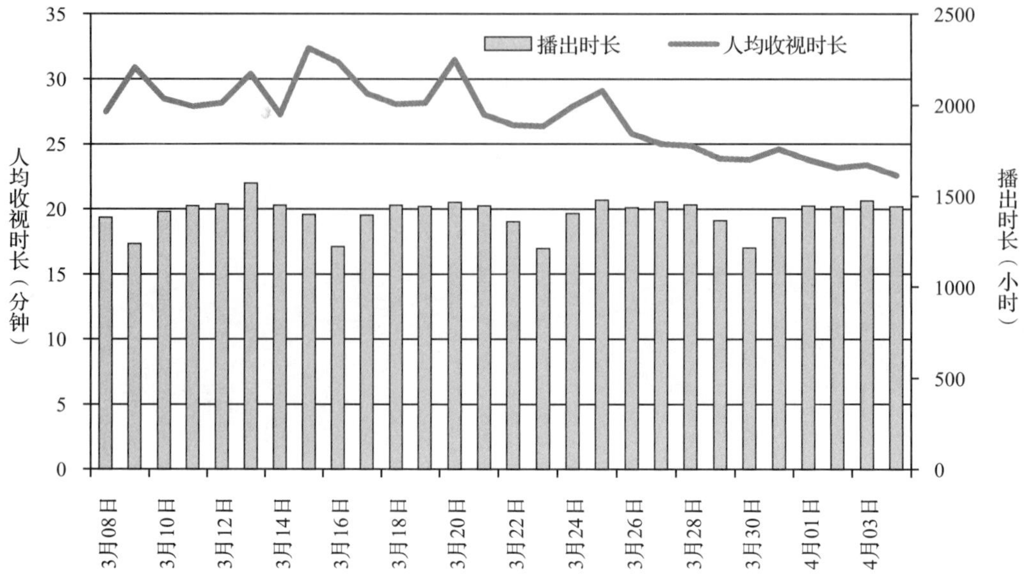

数据来源：CSM 媒介研究

图 4　2014 年 3 月 8 日～2014 年 4 月 4 日新闻节目的播出和收视情况（所有调查城市）

4. 每周前 3 天新闻节目收视时间相对较长

将2014 年一周内不同周天电视新闻节目的播出量和收视量进行对比，会发现一个比较有趣的现象：电视台每天播出的新闻节目数量并不均衡，在工作日安排的播出时间高于周末，各频道工作日每天平均播出新闻节目共计 1400 小时以上，周六约为 1300 小时，周日只有 1200 小时；而人们只在每周开始的前 3 天（周一至周三）对新闻节目关注度较高，周四、周五和周日收看新闻节目的时间相对较短，周六则是一周里收看新闻节目时间最短的一天（图 5）。周末两天里，新闻节目的播出和收视情况形成了明显反差，周六相对较长的播出时间只获得了较短的收视时间，周日则恰好相反。在可选择余地很大的电视收视市场里，观众可以完全依照自己的想法选择收看的节目类型及频道。

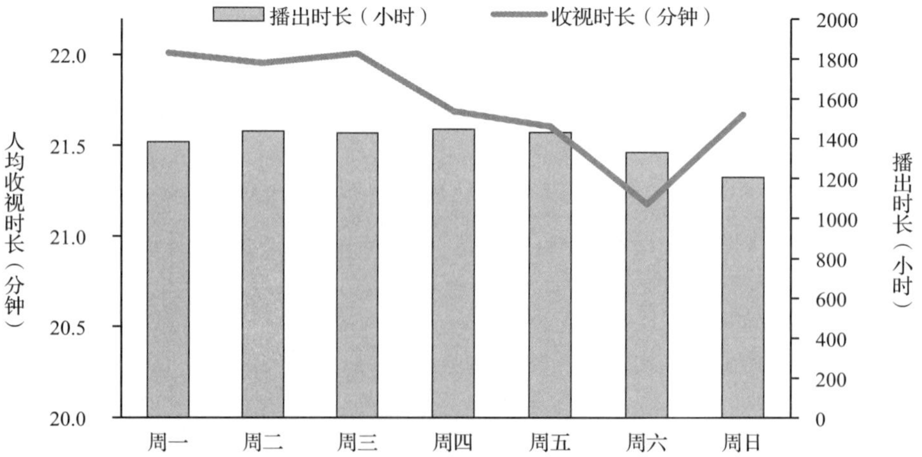

数据来源：CSM 媒介研究

图 5　2014 年新闻节目不同周天的播出、收视时长

5. 综合新闻仍占据新闻节目的收播主体，其他新闻/时事类节目收视比重进一步提升

2014 年，综合新闻仍然是播出比重最高的新闻类节目，全年播出量占所有新闻节目的 46.4%，但与之前几年相比已有较大幅度下降；其他新闻时事类节目播出量有较大比例增加，播出比重达到 45.8%，几乎与综合新闻的播出量持平；新闻评述类节目的播出比重则降至 8% 以下。2014 年，观众收视时间在这几类新闻节目中的分配情况基本与上一年相同，只发生了一些微小变化。综合新闻仍然占据新闻节目的大部分收视时间，并且比重略高于上一年，但是已经由 2011 年的 62% 降至 56.7%，其他新闻时事节目的收视时间比重也较 2013 进一步增加，达到近几年最高值（24.7%）。新闻评述节目获得的收视比重略有减少，由 2013 年的 19.2% 降至 18.5%（图 6、图 7）。

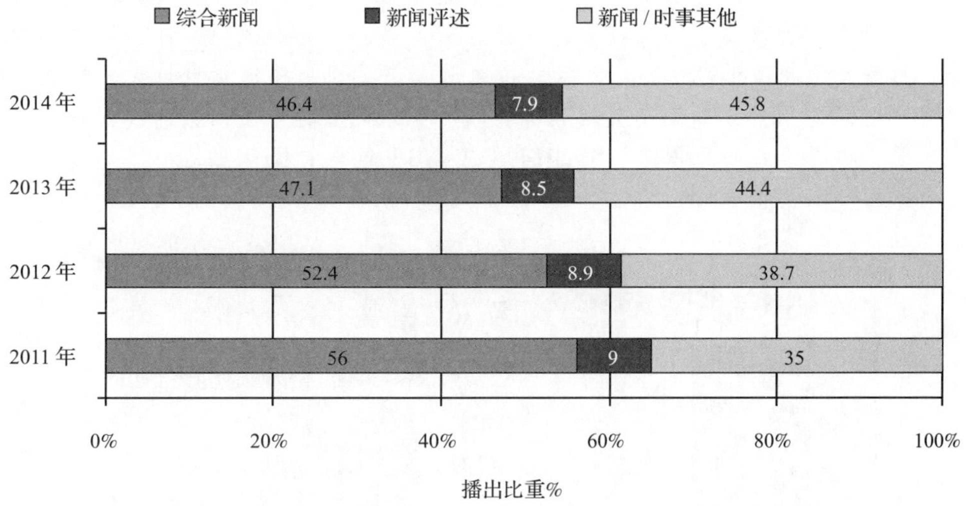

数据来源：CSM 媒介研究

图 6 2011～2014 年各类型新闻节目的播出比重（所有调查城市）

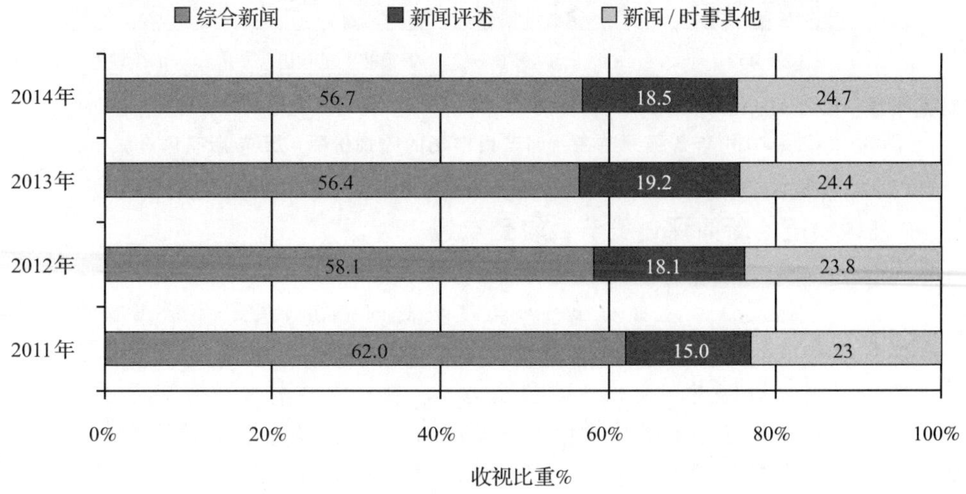

数据来源：CSM 媒介研究

图 7 2011～2014 年各类型新闻节目的收视比重（所有调查城市）

观众收视时间分配比例的变化在一定程度上反映了各类新闻节目播出时间比例的变化，同时也反映出观众对新闻节目的需求结构也在不断变化中。整体来看，近几年人们收看综合新闻的时间比例少了，收看新闻评述和其他新闻时事节目的时间比例多了。

二、新闻节目市场竞争格局

1. 中央级频道收视份额居首，省级非上星频道和市级频道播出量占优

2014年全国电视新闻节目收视市场中，中央级频道仍然占据着最重要的位置，以4%的播出量获得了新闻节目收视的最大份额（40%）；省级上星频道播出量（6%）略高于中央级频道，加之各地省一级重要新闻均在此平台播出，因而收视份额也相对较高（16%）；省级非上星频道和市级频道的传播范围类似，面对的观众群体在地域上相对比较集中，尽管单个频道覆盖面不广，但胜在频道众多，因此播出量也最大，接近所有新闻节目播出时间的80%。这两类频道累计共获得了新闻节目4成以上的收视份额。从年度变化来看，中央级频道的收视份额2014年较2013年略有提升，其余几个频道组收视份额都有小幅下降（图8）。

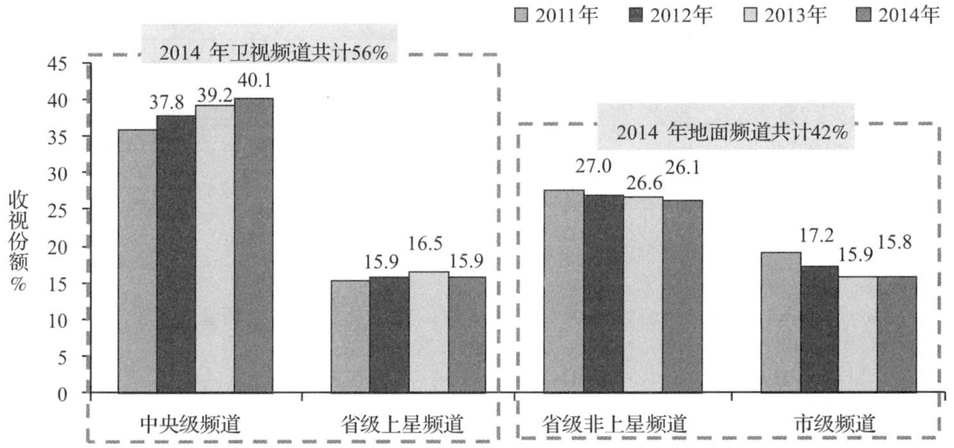

数据来源：CSM媒介研究

图8　2011～2014年各级频道在新闻节目市场的收视份额（历年所有调查城市）

2. 中央级频道的新闻评述类节目较受欢迎

有研究表明，观众对各级电视频道本身具有一定的“成见”。例如中央电视台多被认为具有专业性、权威性，是负责任、可信度较高的播出平台；省级卫视则比较年轻化，具有现代感和吸引力，更倾向于推陈出新；地面频道（省级非上星频道和市级频道）给人的印象则较为传统、亲民，更接近生活。观众在这样的心理暗示下，收看电视新闻节目的时候就会带有明显的选择性（图9）。在综合新闻节目的收视中，中央级频道占42%，与所有新闻节目的收视份额相近，对于事实的客观报道，并不会因为平台和立场的变化而有所改变，因此观众在不同平台获得的新闻事件信息应该不会有太大区别。新闻评述类节目通常会加入一些主观判断，中央级频道的专业性和权威性在这种情况下

无疑会成为一大优势，观众对中央级频道播出的新闻评述类节目格外重视，近57%的收视时间都给了中央级频道。被列在“其他”一栏下的新闻时事节目中，各地方频道的民生新闻占了很大比例，此类节目的取材贴近当地群众生活，自然是省市两级地面频道的主要收视市场。

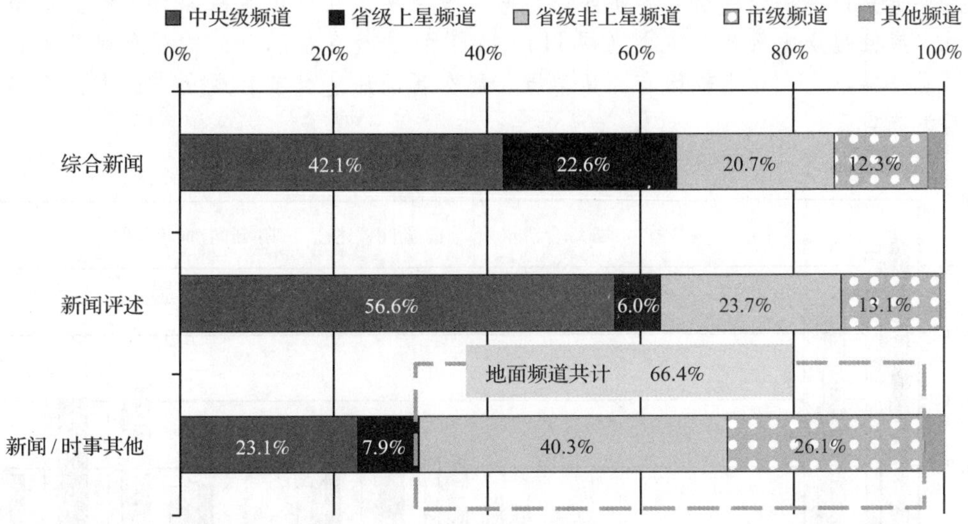

数据来源：CSM 媒介研究

图 9　2014 年各级频道在不同新闻节目类型中的收视份额（所有调查城市）

三、新闻节目收视市场观众特征

2014 年全国电视观众中女性观众略多于男性，新闻节目的观众中男性多于女性，并且近年收看新闻节目的男、女观众数量之间的差距有逐渐加大的趋势。超过 6 成的新闻

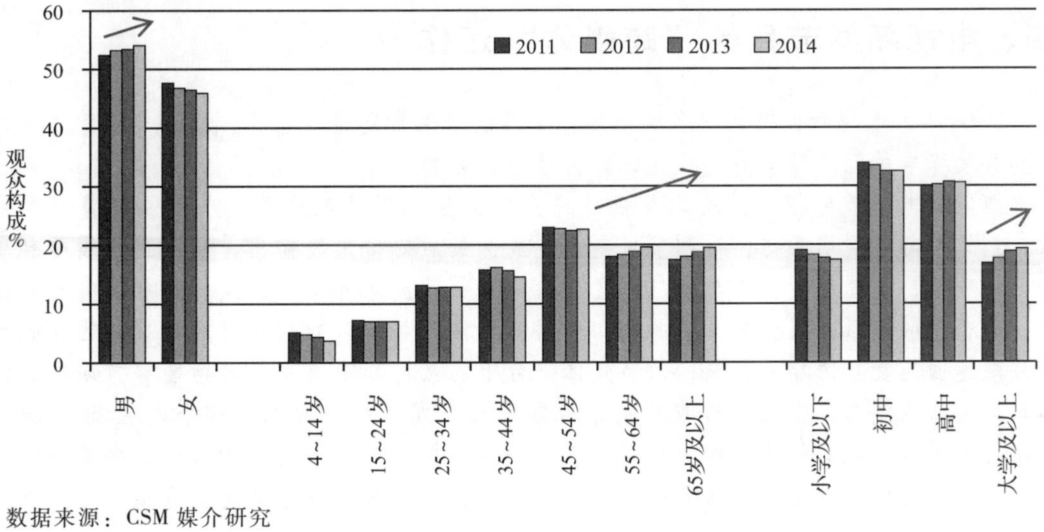

数据来源：CSM 媒介研究

图 10　2011～2014 年新闻节目观众构成（所有调查城市）

节目观众年龄在45岁以上，这一比例在近两年还在持续增加。此外，新闻节目也更受高学历观众的青睐，新闻节目的观众中近1/5受教育程度为“大学及以上”，这一比例在近几年也在逐年增加（图10）。

具体到各类新闻节目，其在观众中的受关注程度又有所不同。男性观众对新闻节目的偏爱更主要体现在综合新闻和新闻评述两类节目中，在以民生新闻为主的其他新闻时事节目中男性观众比例相对较小（图11）。年龄和受教育程度不同的观众对几类新闻的收视习惯差异不大，相比较而言，高学历人群在新闻评述类节目观众中所占比例略高于其他两类节目。

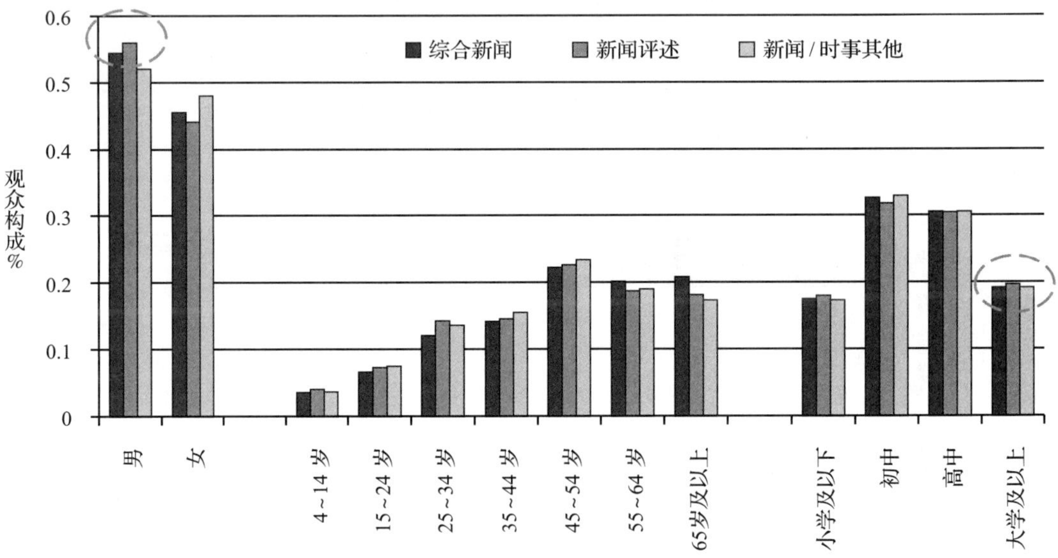

数据来源：CSM媒介研究

图11　2014年各类型新闻节目的观众构成（所有调查城市）

四、电视新闻节目的“跨媒体”运作

2014年，电视新闻节目对各种新媒体工具的应用愈发得心应手，真正实现了借助网络和移动终端的互动性提高电视媒体的传播力和影响力。

与其他电视节目相比，新闻节目更注重时效性。但是电视新闻节目从获得新闻线索，到记者赶往现场采访，再到节目制作完成，最后安排上线播出，这个过程需要耗费的时间较长，在速度上很难与消息一经确认几秒钟就能对外发布的新媒体相提并论。此外，电视新闻节目是媒体向受众的单向传播，无法在第一时间获得受众反馈，因此也就无法快速回应受众的相关需求；而新媒体平台上的微博和微信等工具则能够打破电视媒体单向传播的状态，受众在接收到消息后即可直接发布相关或无关的个人观点。同时，网络传播用碎片化的传播方式将新闻点进行放大，扩大了电视新闻的线性传播能力。新的传播工具与电视媒体的传播方式形成了互补，符合电视媒体拓展传播渠道、打造更大传播平台的目标。

电视媒体对各种新兴媒体方式的尝试早在几年前就开始了，最初只是纯粹利用互联网的互动性作为电视新闻节目的补充。2014 年，电视新闻媒体充分利用了微博、微信、新闻客户端等各种新媒体工具，将它们各自的功能进行交互融合，发挥每一种工具的特长，最终打造出了跨时空、跨平台的新型新闻媒体。

以中央电视台的官方微博“央视新闻”为例，新兴媒体主要在以下几方面对电视新闻节目进行了扩展和延伸：第一，在完全共享的信息平台下，得益于“新媒体首发制度”，“央视新闻”可以在得到资源的第一时间发布新闻消息，充分利用了互联网传播速度比电视媒体快的优势。第二，“央视新闻”在各类新媒体平台上总受众数量超过 1.1 亿，这些微博粉丝、微信好友或客户端用户与电视观众并不完全重合，无形中增加了电视的观众覆盖面。第三，“央视新闻”微信用户阅读的高峰时段在中午（13:00 ~ 14:00），而电视新闻的收视高峰是在晚间（19:00），微信与电视新闻节目的“错峰运行”，让中央电视台新闻节目对白天无法接触到电视媒体的上班一族实现了全天覆盖。第四，“央视新闻”的微博被粉丝转发，单条最高转发量高达 58 万次，尽管相对电视收视而言 58 万受众不是一个大数目，但转发微博是受众的主动行为，比电视观众的被动收看行为又前进了一步。

与电视新闻节目相关的跨媒体联动给观众带来了互动体验，无论是观众投票参与评选还是就某件事情发表自己的观点，都让观众能够更好地融入节目内容中去，互动带来的深度参与感可以大大增加观众的黏性。

结语

2014 年被称为媒体融合的元年，因为在这一年从国家层面启动了媒体融合的政策与产业战略布局。传统媒体和新兴媒体之间的关系由简单的形式上的“跨媒体”演进成了你中有我、我中有你的一个大媒体。在真正达到“水乳交融”的境界之前，电视媒体仍然能够感受到新兴媒体对传统媒体市场的分流与挑战。

在 2014 年全国电视市场整体收视时间减少的情况下，电视新闻节目的收视仍然保持基本稳定，市场竞争格局也和往年基本一致，中央级频道和省级非上星频道主导新闻收视，重大事件影响收视走势。综合新闻占新闻节目收视的主体，新闻评述节目收视比重略有下降。男性、年长、受教育程度较高的观众在电视新闻节目观众中所占的比例仍然保持上升趋势。未来一年，电视新闻节目的重点也许应该放在新兴媒体上，借助更多的媒体渠道，获得更多的稳定受众，电视新闻媒体未来将逐步演化成为传播新闻的“全媒体”大平台。

（作者：曹珩）

2014 年全国电视剧播出与收视市场回顾

自电视剧产业化以来，不管节目市场如何变幻，电视剧的地位和价值一直固若金汤，“欣欣此生意，自而成佳节”。2014 年电视剧市场又迎来了政策的风雷激荡，“一剧两星、一剧两集”的规定尽管2015 年才开始实施，然而自 2014 年下半年起，电视剧播出市场已经能感受到新政的些许影响。2014 年电视剧制作、播出与收视总量还是居高不下吗？重点卫视的收视份额、竞争格局起了哪些新波澜？地面频道近年来陷入“沉默的螺旋”，题材高度集中化，竞争力是否依旧欲振乏力？主要题材有没有变化？明星剧目花落谁家？优秀的主创团队是谁？本文依托 CSM 媒介研究电视剧播出与收视数据对此进行浅析。

一、电视剧制作总量与制作力量分布

1. 2014 年共审批发行电视剧 429 部、15983 集

在我国电视剧市场中，通过审批发行的生产量往往伴随着政策和市场的双重博弈，十多年来一直维持在每年 400 ~ 500 部、12000 ~ 18000 集之间。当政策之手收紧时，总量就会应声而落（例如 2009 年产量为 12910 集）；当市场之手用力过猛时，总量就会出现虚火旺盛、产量激增的局面（例如 2012 年产量逼近 18000 集）。

经过政策这只“看得见的手”和市场这只“看不见的手”的双重调节，2014 年电视剧市场继续挤出多余泡沫，总部数持续回落，但总集数仍然维持在高位。2014 年全国共计生产完成并获得国产电视剧发行许可证的剧目共计 429 部、15983 集。其中，现实题材剧目共计 243 部、8335 集，分别占总量的 56.64%、52.15%；历史题材剧目共计 178 部、7383 集，分别占总量的 41.49%、46.19%；重大题材剧目共计 8 部、265 集，分别占总部（集）数的 1.86%、1.66%。可见，政府依旧秉持了鼓励现实题材剧、限制古装剧的思路（图 1）。

热钱投资电视剧的风潮过后，投资者的投资意愿趋于理性、谨慎，更加注重每一部剧的精耕细作和投资回报，导致总部数上理性回归、总集数上不降反升。一个明显的趋势是电视剧“越拍越长”——2004 年通过审批发行的电视剧平均每部篇幅为 24.3 集，2008 年拉长到平均每部 28.9 集，2009 年突破平均每部 32 集，2012 年达到平均每部 35

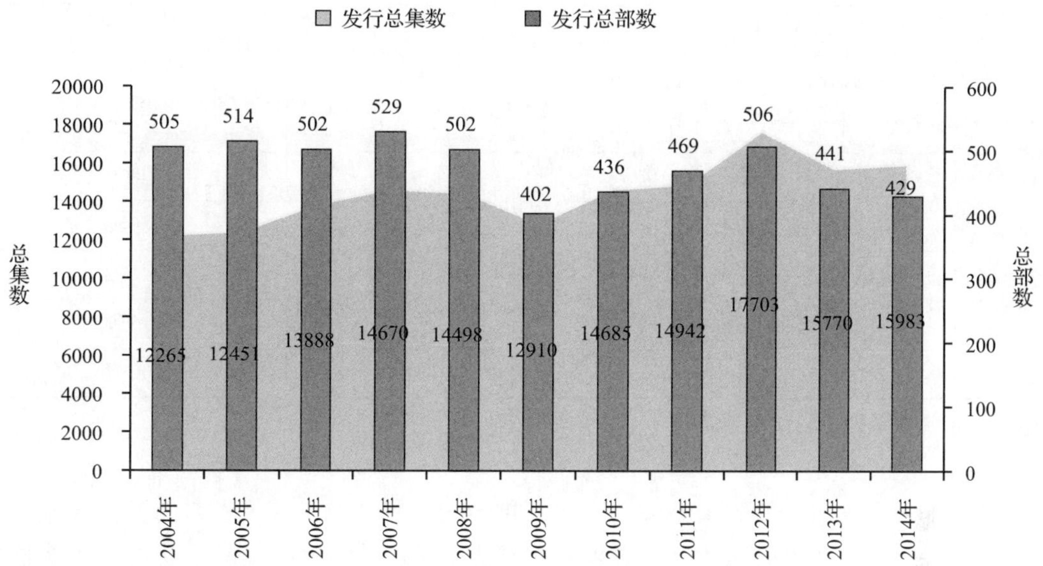

数据来源：国家新闻出版广电总局

图 1　2004～2014 年通过审批发行的电视剧数量

集，2014 年更是激增至平均每部 37.3 集，较之 2013 年增长了 1.5 集（表 1）。这从一个侧面反映了制作方力图规避政策风险、寻求单部利润最大化的市场行为。

表 1　2004～2014 年通过审批发行的电视剧平均集数

年份	2004年	2005年	2006年	2007年	2008年	2009年	2010年	2011年	2012年	2013年	2014年
平均每部集数	24.3	24.2	27.7	27.7	28.9	32.1	33.7	31.9	35.0	35.8	37.3
环比增长集数	-	-0.1	3.5	0.0	1.2	3.2	1.6	-1.8	3.1	0.8	1.5

数据来源：国家新闻出版广电总局

2. 制作机构羸弱分散，“1 部剧”公司占近八成

我国电视剧市场尽管整体产量达到了世界第一，然而“内核”一盘散沙的局面非常严重——我国电视剧生产商普遍规模弱小，制作能力不足，年产量不稳定，缺乏良性发展的后劲，“草台班子”的属性依旧，近 8 成的公司一年有 1 部剧获批发行（本文称之为“1 部剧”公司）的状况并没有得到改善。2014 年约有 300 家制作机构的电视剧获批发行，其中“1 部剧”制作公司比重上升到 76.7%，年产 2 部剧的公司持续减少到 12%，年产 3 部剧的制作公司比例增加到 7%，年产 4～5 部剧的制作公司比例共占 4%，年产 6 部及以上的公司寥寥无几（表 2）。

表 2　2013 年、2014 年通过电视剧审批发行的制作机构分布比例（%）

制作机构	2013 年	2014 年
有 1 部剧通过审批的制作机构所占比例	75.4 %	76.7 %
有 2 部剧通过审批的制作机构所占比例	13.0 %	12.0 %
有 3 部剧通过审批的制作机构所占比例	5.8 %	7.0 %
有 4 部剧通过审批的制作机构所占比例	2.7 %	1.0 %
有 5 部剧通过审批的制作机构所占比例	1.4 %	3.0 %
有 6 部及以上剧通过审批的制作机构所占比例	1.7%	0.3 %
总计	100%	100%

数据来源：国家新闻出版广电总局

从产业集中度（本文以 CR8 表示，即获批发行量最大的前 8 家公司获得发行许可证的集数占总集数的比例）来看，我国电视剧产业呈现出“高度分散”的状态，缺乏强有力的航空母舰式的大型制作公司，属于典型的“分散竞争型（CR8 < 20%）”①。本文统计了 2009 年以来每年获得审批发行许可证的总集数前 8 名的制作机构所占比重，发现其 CR8 的比重一直很低，2009 年至 2013 年呈现下降的态势，2013 年仅为 4%，2014 年尽管有大幅度的提升，但是仍然仅占 11.2%（表 3）。

表 3　2009 年以来我国电视剧制作机构的产业集中度 CR8（%）

年　　份	前 8 家制作集数	年度制作总集数	CR8（%）
2009 年	1003	12910	7.8
2010 年	1199	14685	8.2
2011 年	574	14942	3.8
2012 年	1263	17703	7.1
2013 年	623	15770	4
2014 年	1794	15983	11.2

数据来源：国家新闻出版广电总局

可以说，众多小作坊式的制作公司构成了目前我国电视剧的生产主力，我国电视剧市场经过 30 多年的高速发展，却依然停留在小作坊生产的低层次阶段，不可谓不是一个令人深思的问题。

① 根据美国经济学家贝恩和日本通产省对产业集中度的划分标准，将产业市场结构粗分为寡占型（CR8 ≥ 40%）和竞争型（CR8 < 40%）两类。其中，寡占型又细分为极高寡占型（CR8 ≥ 70%）和低集中寡占型（40% ≤ CR8 < 70%）；竞争型又细分为低集中竞争型（20% ≤ CR8 < 40%）和分散竞争型（CR8 < 20%）。

二、电视剧市场的播出与收视总量

1. 2014 年首播新剧约 350 部，35% 在卫视频道播出

电视剧制作出来之后，电视台是最重要的播出与成本回收渠道。近年来，我国每年电视剧生产量都不低于400 部，有时超过500 部。然而，由于电视频道及购片资金有限，再加上新媒体分流等其他原因，并不是所有的剧都能进入播出市场。CSM TVPRIS 系统统计发现，近三年来80 城市全天时段每年播出的新剧数量呈现不断减少的趋势，2012 年播出新剧391 部，2013 年播出新剧368 部，2014 年进一步减少到351 部（图2）。可见，电视台每年的电视剧播出容量已经饱和，生产环节单纯依靠数量已无法突破渠道壁垒。

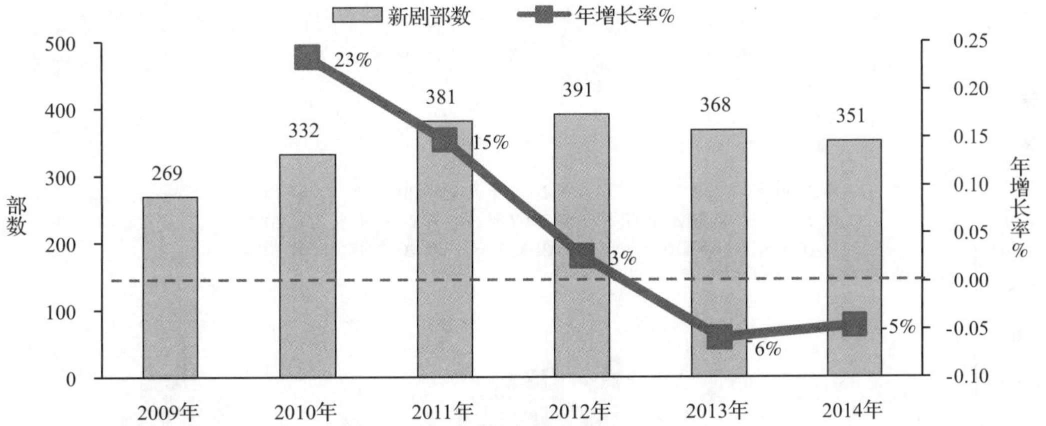

数据来源：CSM 媒介研究

图 2　2009 年以来每年首播新剧数量（全天，80 城市）

在所有播出渠道中，省级地面频道是新剧首播时的主打平台，2014 年吸引了45% 的新剧；其次是卫视频道，共占35.1%（中央台占10.3%，省级卫视占14.8%）；省会台和地级台则共占19.4%。与2013 年相比，2014 年更多的新剧在省级卫视和地级台播出，分别增长了约3 个百分点，中央台则减少了2 个百分点，省地面频道减少约5 个百分点（表4）。

表 4　首播新剧在不同频道组的分布比例（全天，80 城市）

频道组	2013 年（%）	2014（%）
中央台	12.5	10.3
省级卫视	21.7	24.8
省级地面	49.9	45.0
省会台	7.0	8.3
地级台	8.6	11.1
其他	0.3	0.6

数据来源：CSM 媒介研究

2. 电视剧收播份额齐跌，但仍为电视市场支柱

生产不能无限扩大，播出平台对电视剧的需求实际上也早已出现了天花板；电视剧市场存量巨大，“增量”已非常困难。2000年至2014年15年的数据显示，电视剧播出与收视总量均已达到饱和状态，且播出与收视之间已经形成相对稳定的结构，在CSM媒介研究历年所有调查城市中，电视剧占节目播出总量的1/3左右，占收视总量的1/3多，在电视市场上的份额已经达到临界点。

2014年，电视剧播出比重占25.0%，收视比重占31.1%，较之2013年双双下降，节目资源使用效率却有较大的提升（图3）。电视剧在电视节目市场中仍然发挥着“定海神针”的作用，仍然是电视台最为稳定而重要的价值高地，仍是观众需求量最为旺盛的娱乐内容。然而，无论是制作方还是播出方，都已经明白在当下激烈的市场竞争中，单靠数量上突破已经不现实，最为关键的还是提升电视剧的品质，在质上进行探索，以奉献出更多的精品剧目。其实，各频道早已意识到优质剧目的作用并不遗余力地展开了争夺。

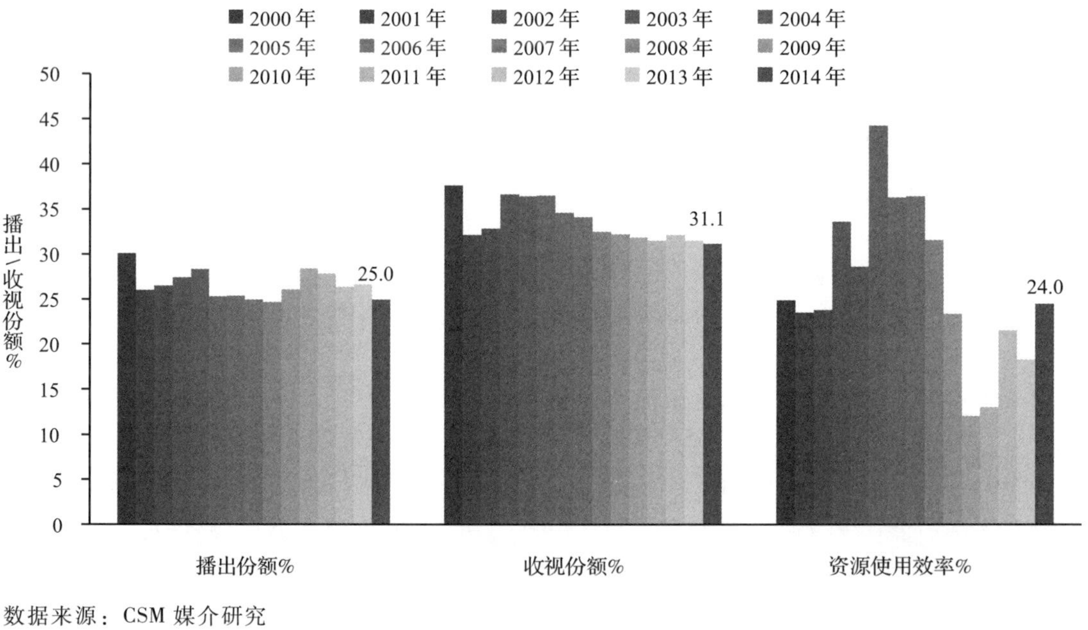

数据来源：CSM媒介研究

图3　2000年以来电视剧的播出与收视份额（历年所有调查城市）

三、不同题材电视剧的播出与收视

1. 热播与热视题材高度集中

2014年晚间黄金时段，我国电视荧屏上的热播与热视题材电视剧呈现出较为统一的特征，主要集中于近代传奇、反特/谍战、军事斗争和都市生活领域，播出比重分别占

16.0%、15.9%、13.5%和12.6%，在收视TOP20中的比重分别占13.0%、20.1%、19.4%和11.9%。这4类题材的电视剧共占电视剧播出量的58%、收视量的64%（图4）。本文认为，目前我国电视剧的制播市场经过多年的供需调整与摸索，显然已经进入一种良性循环的状态，这是我国电视剧市场总量保持稳定的重要原因之一。然而，题材高度集中化又容易带来另一个问题——跟风创作，扎堆播出，这不利于节目的创新和小类题材的发展。

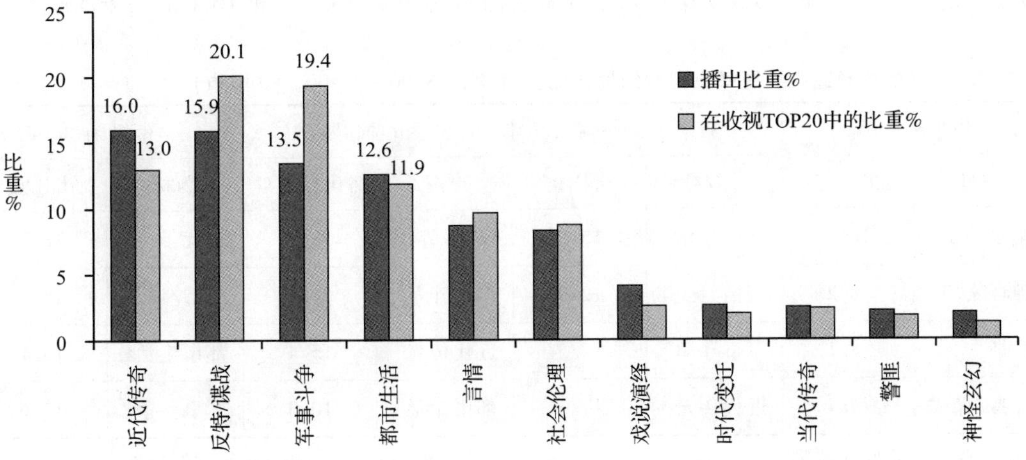

数据来源：CSM媒介研究

图4 2014年各类题材电视剧的播出比重及在收视TOP20中的比重%①
（18:00～24:00，80城市）

近代传奇剧和反特/谍战剧是2014年电视台播出的最主要题材，反特/谍战剧和军事斗争剧在2014年的“TOP20好剧俱乐部”中表现异常突出，反映了情节性较强、戏剧冲突激烈、人物快意恩仇、气质干净利落、情绪酣畅淋漓的“麻辣烫式”电视剧更契合当今观众的收视心理。从这个角度讲，电视剧颇有点回归“听爷爷讲那过去的战斗故事”的简单出发点，已成为当代观众在生活中暂时忘却生活压力、躲进荧屏成一统的减压神器了。

2. 卫视和地面频道题材选择呈现差异化

尽管不同播出平台对主要题材的选择有雷同之处，然而由于平台定位、实力、偏好不同，卫视频道和地面频道还是存在一定的差异。

2014年晚间黄金时段，中央台首选风格偏宏大、厚重的军事斗争为主力题材（播出比重占10.1%），其次是神怪玄幻和言情题材，播出比重均超过了8%。从中我们可以看到中央台的一个变化，虽然中央台频道仍需承担政治宣传、舆论阵地的重任，对电视

① 播出比重是指各类题材的电视剧播出时长所占比重，在收视TOP20中的比重是指进入80城市各地电视剧收视率前20名的剧目所属题材部数所占比重。

剧的题材、内容选择颇为慎重，然而其对风格更为柔软、贴近年轻乃至低幼龄观众的题材也并未放弃，反映出了中央台关照成年观众市场、进军年轻观众市场的策略。

省级卫视频道在题材的选择上显得更为接地气、“软硬兼顾”，都市生活题材的播出量最大（占15.9%），言情剧其次（占12.9%），军事斗争和近代传奇题材的播出量较为接近。

与卫视频道相比，地面频道的题材集中化程度更高，更青睐比较硬朗的题材。反特/谍战和军事斗争题材分别占省地面频道的18.2%和17.2%，都市生活剧仅占10.3%；而近代传奇和反特/谍战剧则分别占市级频道的18.1%和16.6%（表5）。

表5　2014年各级频道主要题材电视剧的播出比重（%，18:00～24:00，80城市）

中央台频道		省级卫视频道		省级地面频道		市级频道	
题材	播出比重%	题材	播出比重%	题材	播出比重%	题材	播出比重%
军事斗争	10.1	都市生活	15.9	反特/谍战	18.2	近代传奇	18.1
神怪玄幻	8.2	言情	12.9	军事斗争	17.2	反特/谍战	16.6
言情	8.1	军事斗争	12.5	近代传奇	15.4	都市生活	13.1
反特/谍战	7.4	近代传奇	12.4	都市生活	10.3	军事斗争	12.6

数据来源：CSM媒介研究

四、电视剧市场热点剧目

1. 热点剧目不分题材大小

“年年岁岁花相似，岁岁年年剧不同。”2014年各类题材都出现了自己的“剧王”，本文以进入80城市收视率TOP20频次多寡来排序，发现明星剧目不分题材大小，小类题材也有自己的“牛剧”（表6）。

例如，进入TOP20频次超过10次的剧中，《父母爱情》属于时代变迁题材剧，《湄公河大案》是警匪题材剧，《历史转折中的邓小平》是重大革命题材剧，《武媚娘传奇》是历史故事题材，《马向阳下乡记》是农村剧，《宫锁连城》是戏说演绎剧，《神犬奇兵》是军旅生活剧，《封神英雄榜》是神怪玄幻剧，而《原乡》则是特殊类题材剧。

此外，小类题材中，还有当代传奇剧《天堂不相信眼泪》、悬疑剧《使徒行者》、武侠剧《少林寺传奇藏经阁》、奋斗励志剧《她的一生之梅花香》、商战剧《名门暗战》、人物传记剧《高山青》、公案剧《少年神探狄仁杰》、青春剧《苦咖啡》、民间传奇剧《薛丁山和樊梨花》等。

大类题材中，进入TOP20频次较高的有反特/谍战剧《利箭纵横》、军事斗争剧《绝地枪王》、言情剧《因为爱情有奇缘》、都市生活剧《大丈夫》以及社会伦理剧《豆腐西施杨七巧》等。

表 6　2014 年各题材进入各地 TOP20 频次最多的电视剧（18:00～24:00，80 城市）

题材	电视剧名称	进入前 20 名的城市数	总频道数
时代变迁	父母爱情	26	18
反特/谍战	利箭纵横	21	46
警匪	湄公河大案	19	2
重大革命	历史转折中的邓小平	18	5
军事斗争	绝地枪王	18	28
近代传奇	飞哥大英雄	18	41
言情	因为爱情有奇缘	16	1
历史故事	武媚娘传奇	13	1
其他	原乡	12	1
农村	马向阳下乡记	12	8
都市生活	大丈夫	12	13
戏说演绎	宫锁连城	11	1
军旅生活	神犬奇兵	11	7
神怪玄幻	封神英雄榜	10	18
社会伦理	豆腐西施杨七巧	9	15
当代传奇	天堂不相信眼泪	5	23
悬疑	使徒行者	4	14
武侠	少林寺传奇藏经阁	4	4
奋斗励志	她的一生之梅花香	3	9
商战	名门暗战	2	14
人物传记	高山青	2	8
公案	少年神探狄仁杰	2	13
青春	苦咖啡	1	2
民间传奇	薛丁山和樊梨花	1	7

数据来源：CSM 媒介研究

2.《父母爱情》《绝地枪王》领衔卫视、地面频道电视剧收视

卫视频道 2014 年在全国 80 城市晚间首播档时段收视率不低于 1.5%（包括当年未播完的）的剧目题材较为分散，竞争异常激烈。其中，中央台一套占 10 部、山东卫视占 2 部、湖南卫视占 6 部。中央台一套的《父母爱情》《湄公河大案》《历史转折中的邓小平》，湖南卫视的《武媚娘传奇》《因为爱情有奇缘》2014 年的平均收视率均超过了 2%，其中《父母爱情》以 2.61% 的平均收视率成为卫视单频道的“年度冠军”（表 7）。

由孔笙导演、郭涛和梅婷主演的《父母爱情》是一部小桥流水人家式的精品佳作，

没有惊天动地的丰功伟绩，也没有曲折百转的紧张情节，用一种类似于白描的艺术手法将父辈爱情娓娓道来，又折射出时代变迁的沧桑流变，自含一份别样动人的生活底蕴和人生感悟，感动了无数的观众。

这也给制作市场注入了一股清新凉甜之风，狗血剧固然一时喧嚣、博人眼球，但源于生活又高于生活的精品剧却能真正走入观众的内心。

表7　2014年卫视频道中收视率超过1.5%的电视剧（19:00~22:00，80城市）

电视剧名称	频道	题材	收视率%
父母爱情	中央台一套	时代变迁	2.61
湄公河大案	中央台一套	警匪	2.29
历史转折中的邓小平	中央台一套	重大革命	2.04
毛泽东	中央台一套	重大革命	1.80
我在北京挺好的	中央台一套	时代变迁	1.80
铁血红安	中央台一套	军事斗争	1.74
开国元勋朱德	中央台一套	重大革命	1.65
马向阳下乡记	中央台一套	农村	1.63
大河儿女	中央台一套	近代传奇	1.54
原乡	中央台一套	其他	1.52
红高粱	山东卫视	近代传奇	1.63
勇敢的心	山东卫视	军事斗争	1.50
武媚娘传奇	湖南卫视	历史故事	2.53
因为爱情有奇缘	湖南卫视	言情	2.24
宫锁连城	湖南卫视	戏说演绎	1.89
神犬奇兵	湖南卫视	军旅生活	1.62
因为爱情有奇迹	湖南卫视	言情	1.59
幸福爱人	湖南卫视	言情	1.50

数据来源：CSM媒介研究

地面频道播出的电视剧中，获得全国各地市场普遍认可的剧目则以军事斗争、反特/谍战、近代传奇为主，呈现出题材高度集中、风格硬朗的鲜明特质。进入各地收视TOP20频次较高的军事斗争剧有《绝地枪王》《大漠枪神》《狼烟遍地》《兄弟们上》《铁血独立营》等；近代传奇剧有《飞哥大英雄》《花红花火》《泪洒女人花》等；反特/谍战剧有《利箭纵横》《尖刀出鞘》《猎天狼》《铁血尖刀》《姥爷的抗战》等。其中，《绝地枪王》和《利箭纵横》分别在21、20个城市进入收视前20名（表8）。

《绝地枪王》由于毅、周扬、张鲁一主演，讲述了一名神枪手成长为抗战英雄的故事。该剧加了大量动作戏，采用高空航拍技术，尽管智商和品位有待商榷，也没有明星大腕坐镇，但情节紧张、感情虐心、花哨好看，满足了当下观众追求刺激感、愉悦感的收视心理。

表8　2014年地面频道中进入当地收视TOP20的电视剧（18:00~24:00，80城市）

电视剧名称	制作机构	题材	进入当地收视前20名的城市数	播出总城市数	总频道数
绝地枪王	上海智尊影视文化传播有限公司	军事斗争	21	46	23
利箭纵横	浙江永乐影视制作有限公司	反特/谍战	20	50	41
大漠枪神	武汉青雨影视文化有限公司	军事斗争	17	51	22
狼烟遍地	浙江横店影视制作有限公司	军事斗争	17	47	38
飞哥大英雄	大连五洲影视有限公司	近代传奇	17	41	35
兄弟们上	上海影球影视文化有限公司	军事斗争	15	65	30
尖刀出鞘	二炮政治部电视艺术中心	反特/谍战	15	44	44
花红花火	广东强视影业传媒有限公司	近代传奇	15	30	14
猎天狼	龙盟影视传媒（上海）有限责任公司	反特/谍战	14	42	34
铁血独立营	南京广播电视台	军事斗争	14	35	36
刺刀英雄	四川星空影视文化传媒有限公司	军事斗争	13	40	22
泪洒女人花	天视卫星传媒股份有限公司	近代传奇	13	39	28
铁血尖刀	北京金天地影视文化有限公司	反特/谍战	13	37	17
姥爷的抗战	上海颁德影视有限公司	反特/谍战	12	47	16

数据来源：CSM媒介研究

本文认为，卫视频道和地面频道热视剧目的差异有一定的内在原因。卫视频道在购剧资金上更为充沛，选剧范围也更宽泛，“看题材更看剧”；地面频道在购剧竞争中整体处于下风，好剧流失，只能转而选择播出商业气味浓厚但又有一定收视保障的“强情节剧”。市场证明，观众也的确爱看军事斗争、反特/谍战和近代传奇等强情节题材。这样的局面是各方博弈的结果。

3. 独家首播剧占卫视首播剧的55%

2014年4月15日，国家新闻出版广电总局召开2014年全国电视剧播出工作会议，宣布自2015年1月1日开始，同一部电视剧每晚黄金时段联播的卫视综合频道不得超过两家。这条规定预示着未来独家首播剧将名正言顺地成为主流。实际上，早在几年前，实力较强的卫视平台为了进一步提升竞争实力，就已经开始加大优质电视剧资源的垄断力度。独家首播剧尽管价格不菲，然而其优势也显而易见，无论是资源的稀缺独占性，还是营销编排的灵活性，都非联播剧可比。2014年卫视晚间黄金档首播剧以独家首播剧为主，约138部，占总数的55%。中央台一套的《父母爱情》《湄公河大案》《历史转折中的邓小平》，湖南卫视的《武媚娘传奇》《因为爱情有奇缘》等独家首播剧收视较好。

联合首播剧能够分摊成本，对内形成收视共振，对外形成收视封锁，但同时又有内容同质化、浪费平台资源、播出进度协调难之困。2014 年，联合首播剧约 111 部，包括两家首播 32 部（占 13%）、三家首播 32 部（占 13%）、四家首播 47 部（占 19%）。其中，《红高粱》（浙江、北京、上海、山东四卫视首播）、《勇敢的心》（江苏、北京、天津、山东四卫视首播）、《大丈夫》（安徽、浙江、北京、上海四卫视首播）表现突出。

两种模式中，独家首播剧播出量大，在优质电视剧中绝对数量也居多。2014 年，卫视晚间首播档收视率破 1% 的首播剧约有 67 部次，独家首播剧占 58%；5 部独播剧收视率超过 2%，约占 8%。联合首播剧中，以四家上星剧目获得高收视的几率更大，约 22 部次（占 33%）；三家和两家联播剧目出彩的概率不高，各仅 3 部次。

表 9　2014 年卫视晚间首播档首播剧播出模式及收视率大于等于 1% 的部次比例（19:00 ~ 22:00，80 城市）

首播模式	部数	在首播剧中所占比例	收视率≥1% 的首播剧部次	收视率≥1% 的剧占首播剧比例	收视率≥1% 的剧占各模式比例
独家首播	138	55.0%	39	58.0%	28.0%
两家首播	32	13.0%	3	4.5%	9.0%
三家首播	32	13.0%	3	4.5%	9.0%
四家首播	47	19.0%	22	33.0%	47.0%

数据来源：CSM 媒介研究

从另一个角度算笔账。独家首播剧中有 28% 收视率破 1%，四家上星剧目中，有 47% 收视率破 1%，两家和三家上星剧目中仅有 9% 收视率破 1%（表 9）。可见，四家上星剧目有其存在的“数据价值”，起码在收视效果上还是不错的。这实际上体现了多家电视台共同购片时的集体智慧、群体决策，是播出平台规避风险、巧布资源的一种效果。

不管是哪种播出模式，电视台对优质电视剧资源的需求缺口都越来越大，精品电视剧的增量空间极其可观。

五、全国电视剧市场竞争态势

1. 卫视频道收视份额上升，地面频道持续萎缩

自电视剧产业化以来，全国市场的电视剧份额之争就从未停息过。中央级频道 2012 年之前曾经遭受省级卫视的强力挤压，收视份额呈现逐年下降的颓势，竞争实力波动剧烈。然而从 2012 年开始，中央级频道的收视份额又逐年回升，2014 年更是达到了 16.1%。省级卫视的整体收视份额一直呈现出连年稳定攀升的强悍态势，2012 年突破 48%，2014 年达到 49.8%，逼近 50%。

面对卫视频道强劲的竞争势头，地面频道显示出日渐式微的颓势，领地被逐步蚕食。2010 年省级地面频道收视份额为 27.8%，2014 年收视份额已跌至 23%。市级频道收视份额也连年下滑，从 2010 年的 13.3% 下降到 2014 年的 10.3%，5 年时间损失了 3 个百分点（表 10）。

表 10　2009～2014 年各级频道在电视剧市场的收视份额（%）对比（全天，历年所有调查城市）

频道级别	2009 年	2010 年	2011 年	2012 年	2013 年	2014 年
中央级频道	20.0	16.2	14.4	15.0	15.8	16.1
省级上星频道	38.4	40.9	44.9	48.0	48.4	49.8
省级非上星频道	26.8	27.8	27.2	24.7	24.1	23.0
市级频道	12.5	13.3	12.0	11.0	10.7	10.3
其他频道	2.2	1.9	1.5	1.3	1.0	0.9

数据来源：CSM 媒介研究

2. 不足 1/4 的卫视频道电视剧收视率破 1%

每部剧对卫视频道而言都至关重要，然而部部精彩却不易。历年来，全国电视剧市场的强者阵容似乎已经固定，城头难变大王旗，唯有个别卫视狠下决心、勇于砸剧，方能打破铁桶、脱颖而出。可见，“有好剧、天下先”，唯有在优质电视剧资源中站稳脚跟，方能在整个电视剧市场中占有一席之地。

本文试图用收视率能否破 1% 来粗浅地衡量各卫视在优质电视剧资源中的实力强弱（破 1% 即“达标”）。2014 年，全国层面晚间黄金强档收视率破 1% 的剧目分布在 10 个卫视频道中。其中，湖南卫视占 15 席，中央电视台综合频道（一套）占 13 席，山东卫视后来者居上，占 10 席，江苏卫视占 8 席，中央台八套、浙江卫视各占 6 席，北京卫视占 5 席，上海东方卫视占 2 席，天津和安徽卫视各占 1 席。卫视间的达标率差异很大，中央台部部剧收视率均破 1%，湖南卫视 75% 的剧、江苏卫视 4 成的剧能达标，山东、浙江、北京 3 家卫视两成多的剧达标，中央台八套 14% 的剧达标，而上海、天津、安徽 3 家卫视的达标率不足 10%。其他超过 3/4 的卫视频道则无 1 部电视剧收视率破 1%（表 11）。如此残酷的现实更彰显出优秀电视剧对于目前我国电视剧市场的弥足珍贵、极度稀缺。

表 11　2014 年有一部剧收视率破 1% 的卫视频道播出电视剧的“达标率”（19:00～22:00 时段，80 城市）

卫视频道	收视率破 1% 的部数	播出总部数	达标率
中央电视台综合频道	13	13	100%
湖南卫视	15	20	75%
江苏卫视	8	20	40%
山东卫视	10	37	27%
浙江卫视	6	26	23%
北京卫视	5	24	21%
中央台八套	6	43	14%
上海东方卫视	2	26	8%
天津卫视	1	24	4%
安徽卫视	1	38	3%

注：达标率为收视率破 1% 的剧占频道内播出总部数的比例。

数据来源：CSM 媒介研究

六、主创团队在收视市场的表现

1. 编剧赵锐勇是最受瞩目的“钻石编剧”

创作团队对于一部剧的成功具有至关重要的作用，也是影响其收视率的关键因素之一。本文试图用数据来量化创作人员的努力获得市场认可的情况，特地挑选了有作品进入80城市当地18:00~24:00时段收视率前20名的电视剧创作者，包括编剧、导演、演员和制作公司，以其作品入选频次的多寡来划分其收视效果的高低，从中遴选出表现突出的主创人员。

2014年进入80城市晚间黄金时段电视剧收视率TOP20频次最多的编剧是赵锐勇，他入选的电视剧高达11部之多，包括《隋唐英雄》系列剧、《红日》《冷枪手》《东北剿匪记》《孤胆英雄》等，可谓当仁不让的钻石编剧！其次是张佳、余沥卿、彭三源、张健、赵舒亚、杨厚志、李潇、高满堂、孙璇、赵浚凯、马广源、李青、陈朱煌、简远信、东函、梁志明、张静、运新华、聂欣、谈韦、王莹菲、周萌等。

2. 导演谭俏、林建中、陈伟祥相关作品收视较好

2014年在收视市场表现较好的导演有谭俏、林建中、陈伟祥、安建、柯翰辰、李翰韬、刘惠宁、高先明、崔亮、于立清、国建勇、张汉杰、邵警辉、王响伟、黄文利、俞钟、陈健、苏舟、陈朱煌、陶秋普、侯明杰、杨健武、刘流、孔笙、刘新、赖水清、欧阳升等。

其中，谭俏导演的《战地狮吼》《雅典娜女神之青春烈火》《东江英雄刘黑仔》《紫钗奇缘》《终极任务》等在多个地区进入收视前20名；而林建中导演的《我要当八路》《英雄联盟》《战旗飘飘》系列以及《敢死队的女人之薛敏二》也表现不错；陈伟祥导演的《喋血孤岛》《铁血突击队》《我的抗战》《我的抗战之铁血轻奇兵》等也在多个城市热播。

3. 演员张嘉译、刘涛、贾青颇具观众缘

有观众缘的演员也是电视剧收视飘红的大筹码，2014年最具观众缘的演员是张嘉译、刘涛和贾青，各有9部剧进入各地观众法眼，堪称年度“劳模”。其中，“魅力大叔”张嘉译主演的有《四十九日祭》《爷们儿》《花红花火》《一仆二主》等；迎来事业新春的女演员刘涛主演的有《知足常乐》《花红花火》《幸福从天而降》《老有所依》等；新生代女演员贾青参演的电视剧有《无贼》《镖门》《天龙八部》《战地狮吼》等。

其他因参演作品而获得2014年观众喜爱的演员还有于震、朱泳腾、刘小锋、颜丹晨、王丽云、王力可、潘虹、佟丽娅、涂松岩、杜源、曹炳琨、李乃文、王雅捷、杨烁、巍子、刘威、刘佩琦、宋佳、罗晋、刘恺威、刘莉莉、刘晓庆、王丽坤、蒋林静、何政军、何赛飞、陈宝国、黄曼、冯恩鹤、蒋欣、冯远征、郝平等。

4. 四家影视公司获得市场更多认可

2014年，有四家制作公司的电视剧获得了较好的收视成绩，包括长城影视股份有限公司（代表作《隋唐英雄第四部》）、上海新文化传媒集团股份有限公司（代表作《一代枭雄》）、浙江华策影视股份有限公司（代表作《卫子夫》）、海润影视制作有限公司（代表作《穿越火线》）。

此外，入选频次较多的制作公司还有广东南方电视台、四川星空影视文化传媒有限公司、凤凰传奇影业有限公司、天视卫星传媒股份有限公司、江苏海润影视制作有限公司、浙江绿城文化传媒有限公司、湖南广播电视台、河北电影电视剧制作中心、山东电影电视剧制作中心、欢瑞世纪影视传媒股份有限公司、福建世纪长龙影视文化发展有限公司、浙江永乐影视制作有限公司、深圳音像公司、内蒙古电视台电视剧制作中心等。

结语

综上所述，2014年的电视剧市场充满了二元悖论，有稳定亦有隐忧，有保守亦有创新，有传承亦有突破，有窠臼亦有新路，有竞争亦有合作。我国政府对于电视剧的管理逐步加强，生产市场和播出市场更加规范化，电视剧的地位得到官方支持。尽管面对着新媒体播出渠道的分流，电视剧中流砥柱的地位仍然未变，仍占1/4的播出总量、1/3的收视贡献，但播出与收视比重齐齐下跌也表明，电视剧对电视节目市场的作用已达极限，市场需求已然饱和。

电视剧亟待在质量上下功夫，然而制作力量高度分散，年产1部剧的公司占据近8成，小作坊式的生产模式仍是主流，影响了优质电视剧的供给。竞争的加剧和政策的调整，使得电视台对优质剧目资源无限渴望，优质资源稀缺导致频道哄抢，而频道为了规避风险更加追逐同质化的剧目，这也是热播与热视题材高度吻合的一个原因。

特别是地面频道电视剧市场，近年来流行清一色的硬剧，囊中羞涩，不敢创新，反而不如全国电视剧市场亮点分散、百花齐放。保守主义加上抢不到好剧，使得地面频道电视剧收视份额连年萎缩，卫视频道敢于拼抢，势力反而逐步扩张。正如本文在2014上半年电视剧市场回顾中曾指出的那样："如果不解决急功近利、心浮气躁的创作心态，不解决保守主义的购剧策略，就无法让真正的好作品直抵观众内心，下半年的市场也依旧会重复曾经的故事。"

什么是真正的优质电视剧？流水线上生产出的商业气息过浓的剧目固然也能博得一个不差钱的收视率，但《父母爱情》等品质剧的成功无疑传递出一个信号：源于生活又高于生活的精品剧方能真正走入观众内心。

马蹄声去，四家和三家上星联播剧即将退出历史舞台；"三羊"开泰，2015年围绕优质电视剧资源，各频道势必战略战术齐出，谁胜谁负？谁主沉浮？尚留江湖遐想。

（作者：李红玲）

2014 年全国综艺节目收视分析

2014 年可谓是中国电视综艺节目的大年，从年初起，电视台便一直源源不断地在向业界输送优质的综艺节目。无论是强势节目的再度回归，如《我是歌手》第二季、《中国好声音》第三季、《爸爸去哪儿》第二季等，还是新节目的闪亮登场，如《花儿与少年》《花样爷爷》《笑傲江湖》等，2014 年的综艺节目似乎有些让观众应接不暇。在 2014 年第四季度综艺擂台战中，《奔跑吧兄弟》《急速前进》《明星到我家》等真人秀节目让明星从棚内走向棚外，在特定环境下，每个人的个性、情绪的爆发都会随着节目的播出形成看点、引发热议。在媒介选择多样化的今天，各节目制作团队可谓煞费苦心，那么观众到底买不买账呢？本文根据 CSM 媒介研究 2014 年所有调查城市的收视调查数据，对综艺节目的收视情况进行回顾分析。

一、综艺节目整体收视状况

1. 2014 年综艺节目人均收视总分钟数较 2013 年下降 3.1%

2014 年所有调查城市观众全年人均综艺节目收视量为 6386 分钟，较 2013 年有 3.1% 的下降（图 1）。从综艺节目分月收视分钟数走势来看，综艺节目的收视季节性明

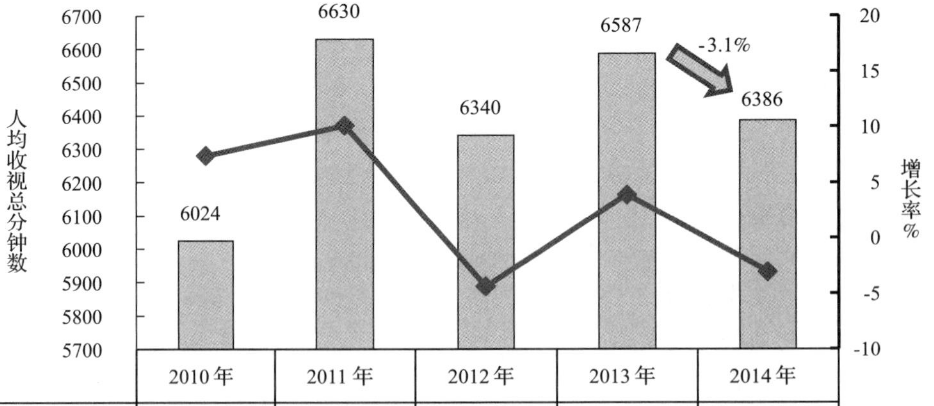

	2010 年	2011 年	2012 年	2013 年	2014 年
人均收视总分钟数	6024	6630	6340	6587	6386
增长率%	7.4	10.1	-4.4	3.9	-3.1

数据来源：CSM 媒介研究

图 1　2010～2014 年综艺节目全年人均收视总时长及增幅（历年所有调查城市）

显地表现为春节期间收视量大幅提升，不同年份间由于春节所在月份不同而形成明显的差异。受“限娱令”和“限歌令”的影响，2014 年大部分月份综艺节目的收视时长都比 2013 年有不同程度的缩短，虽然 2014 年歌唱类选秀节目的播出不再像前两年那么密集，但日趋多样化的真人秀节目也还是吸引到了不少观众的眼球，所以 4 月、9 月和 10 月的收视时长同比还有所上升（图 2）。

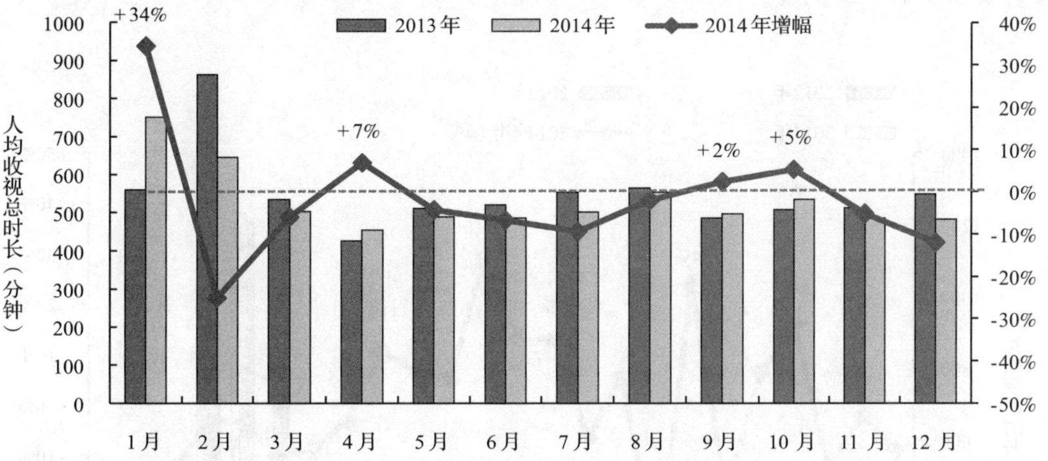

数据来源：CSM 媒介研究

图 2　2013～2014 年综艺节目分月收视量比较（历年所有调查城市）

2. 综艺节目市场周末竞争激烈，周四收视量同比明显增加

从不同周天收视量来看，2014 年周三和周五基本上与 2013 年持平，其他周天有不同程度的下降，只有周四的收视量较 2013 年有比较明显的上升。由于周末综艺节目市场的竞争愈发激烈，一些卫视选择将自己比较有竞争力的节目放在了周四晚间播出，如浙江卫视的《爸爸回来了》《爸爸回答吧》以及湖北卫视的《我为喜剧狂》等（图 3）。

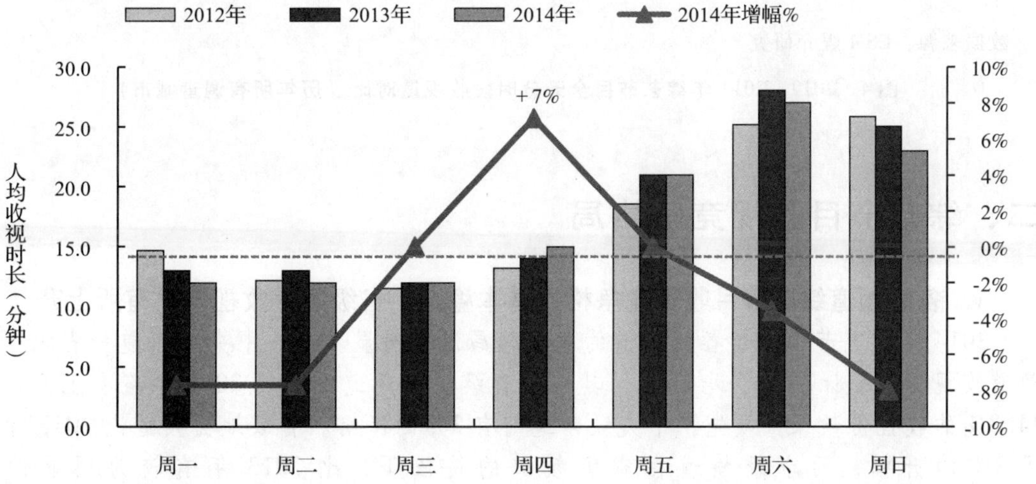

数据来源：CSM 媒介研究

图 3　2012～2014 年综艺节目分周天人均收视时长比较（历年所有调查城市）

3. 综艺节目白天时段收视有所上升

与2013年相比，2014年白天时段综艺节目的收视有一些提升，尤其是上午8:00～9:00和下午14:00～15:00。自2012年颁布“限娱令”后，观众收看综艺节目的时段整体后移，2014年晚间黄金时段21:00～23:00较2013年有小幅下降，但基本仍保持了较高的收视水平（图4）。

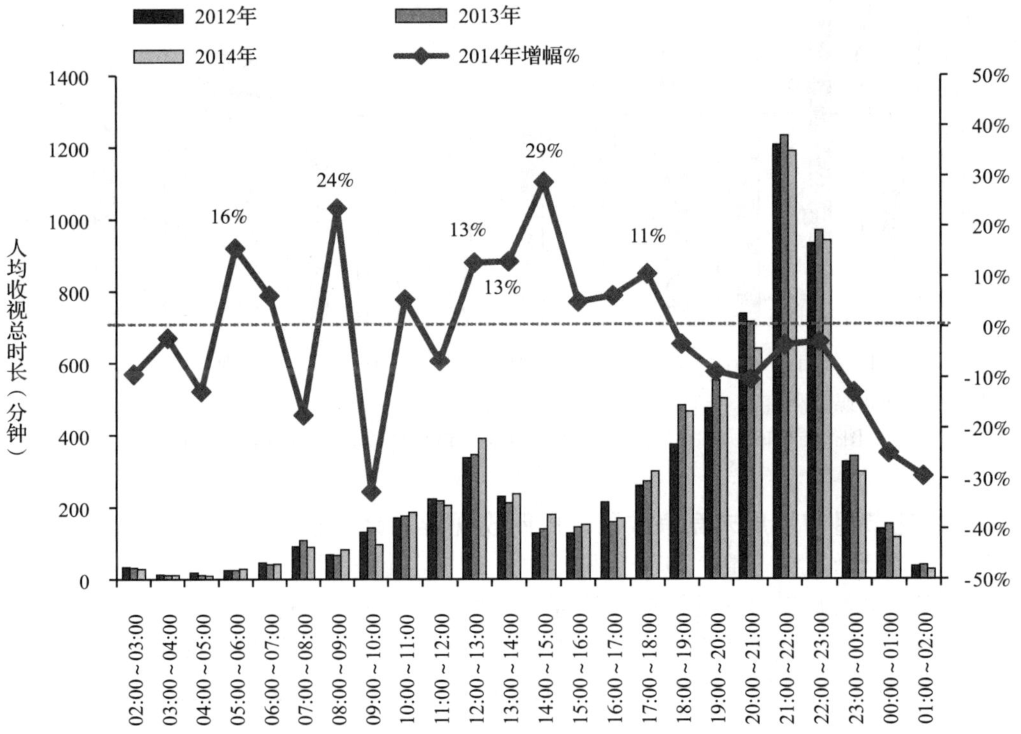

数据来源：CSM媒介研究

图4　2012～2014年综艺节目全天分时段收视量对比（历年所有调查城市）

二、综艺节目收视竞争格局

1. 各级频道综艺节目收视竞争格局基本稳定，省级频道收视份额有所上升

2014年综艺节目市场各级频道的竞争格局没有明显变化。中央级频道和省级上星频道收视份额合计占到了近80%，其中，省级上星频道份额较2013年略有上升，以44.8%的收视份额保持领先，中央级频道则有3%的降幅。省级地面频道比2013年有了8%的升幅，而市级频道在省级频道的挤压下，比2013年有较为明显的下滑(图5)。

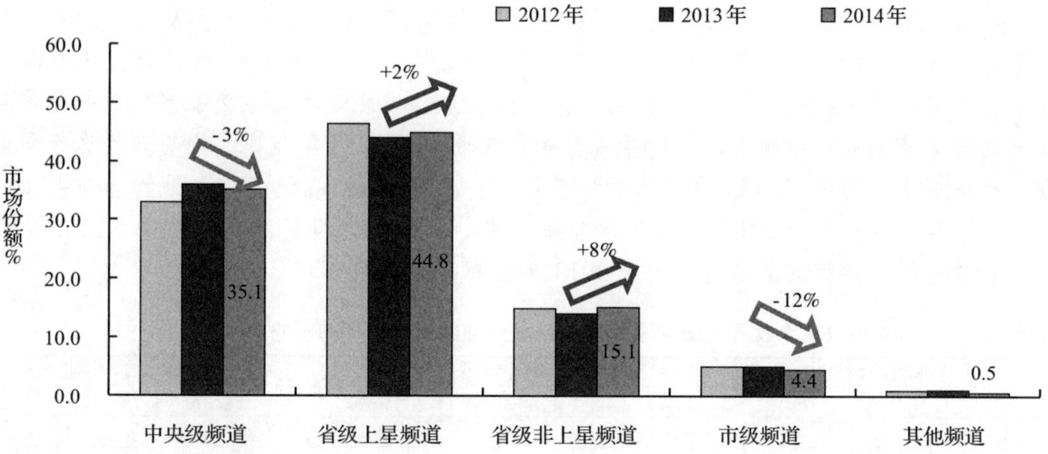

数据来源：CSM 媒介研究

图 5　2012～2014 年各级频道在综艺节目市场的收视份额（历年所有调查城市）

2. 各级频道综艺节目收播比重基本稳定，省级非上星频道资源使用效率上升明显

受到“限歌令”的影响，2014 年各级频道综艺节目的播出比重较 2013 年有所减少，其中下降最明显的是市级频道，下降幅度为 13%。但从资源使用效率上看，各级频道综艺节目的资源使用效率都比 2013 年有所提高，提高最明显的是省级地面频道，增长幅度颇高；省级上星频道延续了一直以来的高投资回报率，2014 年的资源使用效率上比 2013 年提高了 15%；市县级频道的资源使用效率虽然仍然是各级频道中最低的，但 2014 年较 2013 年还是有非常明显的提升（图 6）。

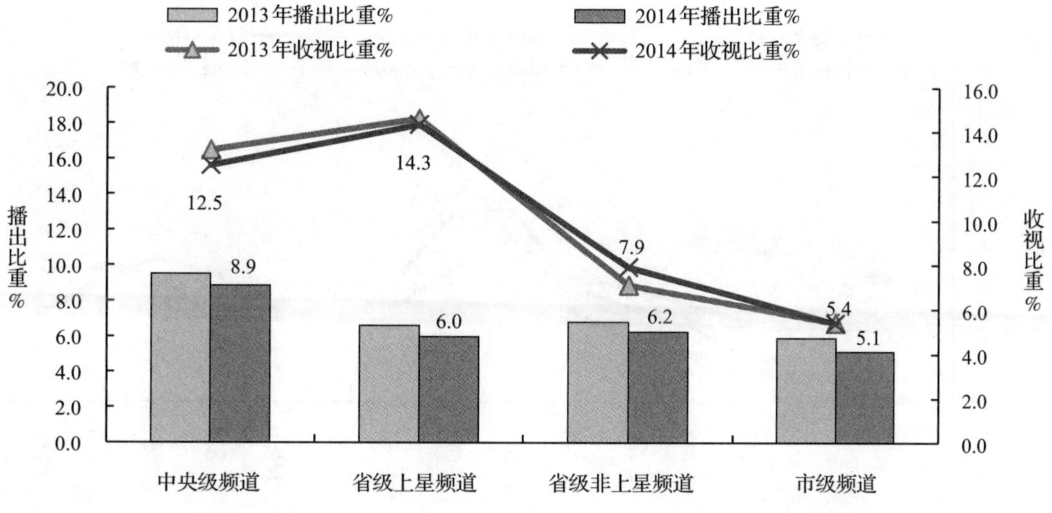

数据来源：CSM 媒介研究

图 6　2013～2014 年各级频道综艺节目收播比重（历年所有调查城市）

3. 强势频道综艺节目形成差异化的受众定位，区隔竞争

从各年龄段观众综艺节目总收视量来观察，年龄55~64岁和65岁及以上的中老年人是综艺节目的重度消费者（表1）。对比2013年，除了4~14岁和65岁及以上观众的收视量分别有7.3%和1.1%的提升以外，其他各年龄段观众收看综艺节目的时长均有不同幅度的下降。从各级频道的人均收视分钟数来看，与2013年相比，中央台在各个年龄段均有所下降，其中45~54岁下降的幅度最大，为9.1%；省级卫视与地面频道基本保持稳定，各个年龄段比2013年均有升有降，其中增长比较明显的是4~14的青少年群体，收看省级卫视综艺节目的时长比2013年提高了14.2%。

表1　2014年各年龄段观众收看各级频道综艺节目总分钟数（所有调查城市）

目标观众	所有频道	中央级频道	省级卫视	地面频道	其他频道
4岁及以上所有人	6386	2241	2862	1248	35
4~14岁	4167	1107	2407	639	14
15~24岁	4255	1066	2467	694	28
25~34岁	4584	1288	2414	841	41
35~44岁	5802	1892	2847	1034	29
45~54岁	8661	3010	3743	1860	48
55~64岁	9799	4094	3493	2174	38
65岁及以上	10055	5098	2808	2114	35

数据来源：CSM媒介研究

由于频道观众定位及节目资源配置方面的差异，综艺节目收视量排名前6位的频道在观众特征上也呈现出一定的差异，主要可以分为3类，中央电视台综合频道和中央台三套在55岁及以上的中老年观众中有较强的竞争力，江苏卫视和浙江卫视在45~64岁的中老年观众中集中度较高，湖南卫视则更吸引25岁以下的年轻观众。在受教育程度上，各频道的差异不大，相比较而言，江苏卫视、浙江卫视以及上海东方卫视比较受高中及以上学历观众的青睐（图7）。

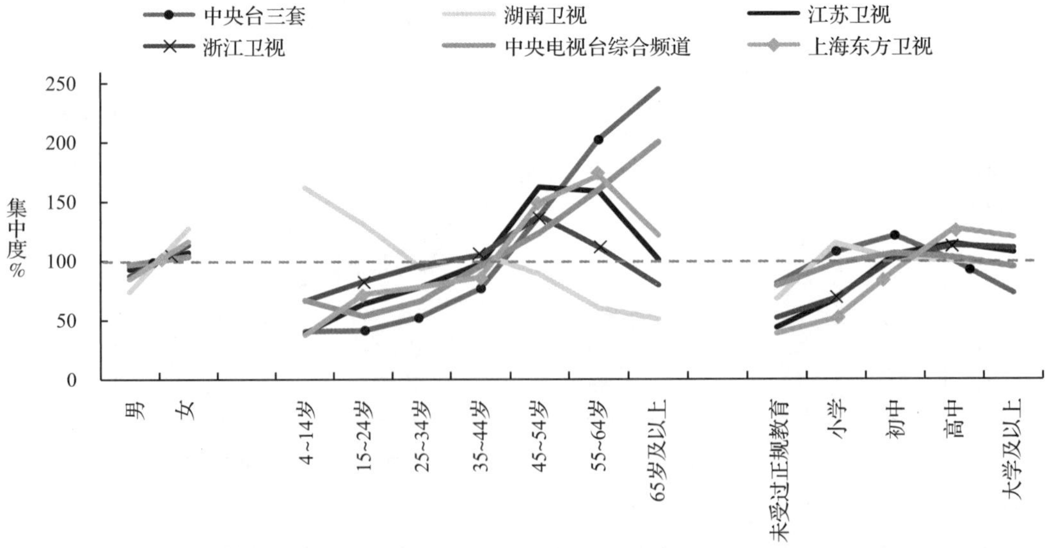

数据来源：CSM媒介研究

图7　2014综艺节目人均收视量排名前6位频道的观众集中度（所有调查城市）

三、2014 年各级频道综艺节目的创新

（一）中央电视台：首次尝试“现象级”节目

2014 年第一季度，中央电视台就与灿星制作团队合作推出了两档高收视率的综艺节目——《中国好歌曲》和《中国正在听》。这是中央电视台综艺频道第一次重点节目大规模外包制作，也是向“现象级”节目迈进的首次尝试。

1.《中国好歌曲》

《中国好歌曲》是中央台与灿星制作团队联手推出的原创音乐真人秀节目，由《中国好声音》的原班人马打造。节目自主研发新节目模式，首次聚焦原创作品，让音乐创作人成为主角，为华语乐坛输送新生代创作力量，重塑音乐生命与原创精神①。节目开播前，中央电视台综艺频道与中央电视台新闻频道积极沟通，安排《新闻直播间》对《中国好歌曲》的新闻发布会进行及时报道；节目首期播出后，新闻频道《共同关注》对节目引发的轰动效应及时进行回访报道，令年轻歌手霍尊和其原创歌曲《卷珠帘》的热度再次升温；节目播出后期，《艺术人生》栏目组邀请刘欢、周华健等四大导师对话朱军，录制了《艺术人生〈中国好歌曲〉专场》特别节目。

这档节目一经推出，不仅受到了各类媒体以及观众的良好评价，同时，也成功地在同时期热播的各大卫视综艺类选秀节目的围追堵截中赢得了一席之地。下面我们来看一下《中国好歌曲》播出后的收视情况（图 8）。

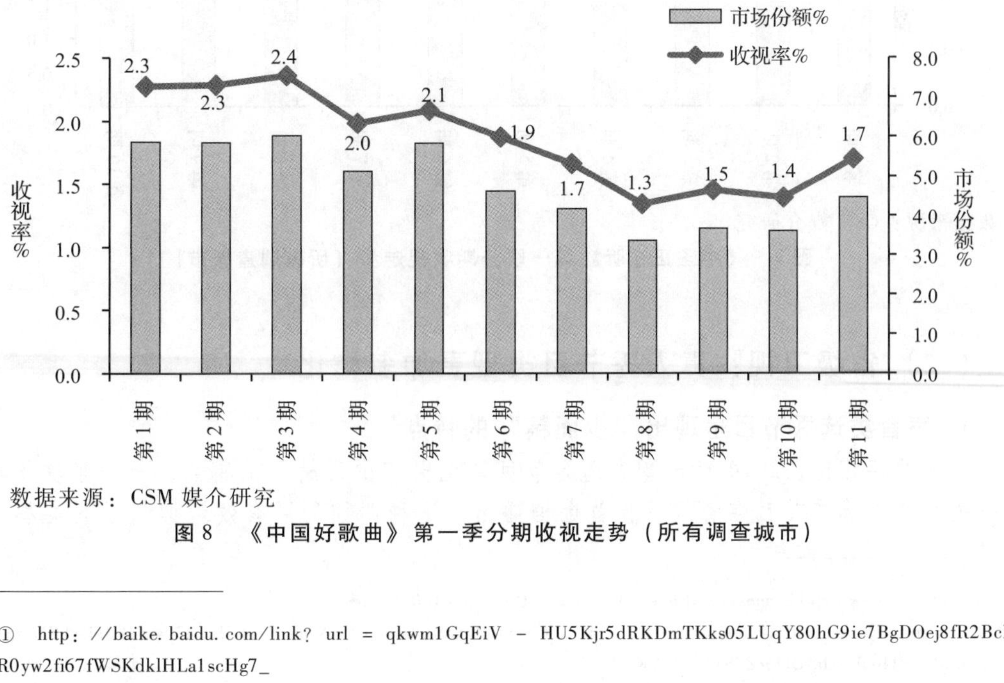

数据来源：CSM 媒介研究

图 8　《中国好歌曲》第一季分期收视走势（所有调查城市）

---

① http://baike.baidu.com/link?url=qkwm1GqEiV-HU5Kjr5dRKDmTKks05LUqY80hG9ie7BgDOej8fR2BcIk3Cag9R0yw2fi67fWSKdklHLa1scHg7_

应该说,《中国好歌曲》是综艺频道一次成功的尝试。但是,与综艺频道这个平台的当量和级别相比,节目还有非常大的创新和成长空间。一档现象级节目的出现,是由多档综艺新节目被不断试验、不断检验才脱颖而出的。可以预见,在未来一段时间,打造现象级节目,同时围绕节目进行全频道的主题化编排制作以及全媒体的联动宣传,是中国电视综艺节目的发展趋势,也是综艺频道正在努力前行的方向①。

2.《中国正在听》

《中国正在听》由光线传媒有限公司制作,是一档全媒体互动音乐真人秀节目。该档节目原版为以色列版的 *Rising Star*,因为在以色列、美国、法国、英国、德国等多个国家爆红,进而风靡全球,2014 年被光线传媒以千万版权费引进中国,并定名为《中国正在听》。

《中国正在听》开创了电视与新媒体相结合的直播节目模式,并进行了本土化变革,具有极强的互动性和挑战性。节目独创了"听审制度",由观众听审和庾澄庆等 4 位明星听审共同组成史上人数最多、规模最大的听审团,观众只需在电视机前,通过智能手机打开"微信摇一摇",进入"歌曲",在节目播出时摇动手机即可成为"观众听审"参与节目互动,支持所喜欢的音乐挑战者②。《中国正在听》第一季分期收视走势如图 9。

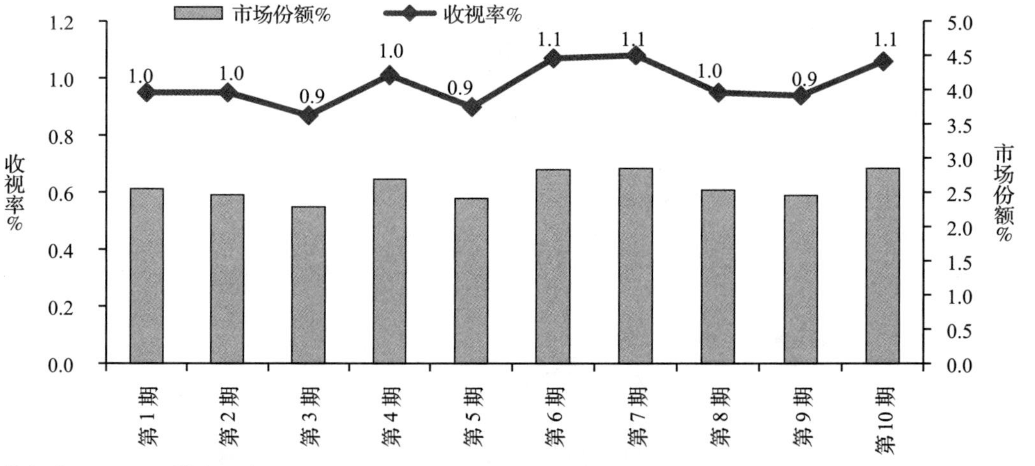

数据来源:CSM 媒介研究

图 9 《中国正在听》第一季分期收视走势(所有调查城市)

(二)省级卫视:真人秀节目类型更加多样化

1. 声音类选秀节目呈现出"少而精"的特点

与前两年相比,2014 年声音类选秀节目呈现出"少而精"的特点,每个季度平均只有一档声音类选秀节目在省级卫视黄金档播出,这种调控无疑有效地抑制了同类型节目

---

① http://www.cnki.com.cn/Article/CJFDTotal-DSYI201410015.htm

② http://baike.baidu.com/link? url = C2YpuZLIG9Dd6dmSL3WNcahpR1qS7S0u430srZ7K3eLw1EMczS_X8okpTeQdhXRt4oqLpKbAC7IqcZZhX_SXWK

“扎堆”的现象。下面我们就2014年省级卫视播出的4档声音类选秀节目的收视概况做一个简要分析（表2）。

表2　2014年四档声音类选秀节目的播出及收视概况（所有调查城市）

播出频道	节目名称	开播日期	播出时间	平均收视率%	市场份额%
湖南卫视	我是歌手第二季	2014年1月3日	每周五晚20:10	2.71	7.40
北京卫视	最美和声第二季	2014年4月19日	每周六晚21:08	0.62	2.12
浙江卫视	中国好声音第三季	2014年7月18日	每周五晚21:10	3.53	11.70
上海东方卫视	中国梦之声第二季	2014年9月21日	每周日晚21:15	0.90	3.18

数据来源：CSM媒介研究

2014年4月4日，《我是歌手》第二季落幕，总决赛直播当晚也成就了节目的收视高峰，收视率为4.1%，市场份额为12.9%，为节目画上了一个完满的句号。就节目本身而言，《我是歌手》第二季的摄像机数量、乐队阵容、音响系统、剪辑密度为行业树立了新标准，极大地提升了观众的视听感受。邓紫棋是最大的惊喜，从小众圈里的实力唱将一跃而成为歌坛“小天后”；韩磊则“老树开新花”，脱掉了晚会歌手的标签，成为新一代“萌叔”。

作为2014年第二季度唯一的黄金档音乐选秀类节目，北京卫视《最美和声》第二季在4月19日晚闪亮登场，《最美和声》第二季璀璨升级、亮点频现，不仅导师团由国内歌坛顶级巨星联袂打造，更有著名音乐人韩红首次跨界担任总导演，用精深的音乐功力、幽默的场内外互动引爆全场激情。

从收视情况上看，第二季《最美和声》虽然前几期的收视率不是很高，但是从第五期开始逐渐追平第一季，决赛当晚全国城市组的市场份额占到了晚间同时段的3.6%，北京地区13期的平均收视率为3.6%，市场份额为11.1%，最后一期决赛收视率达到4.5%，市场份额达到17.2%。

2014年7月18日晚，《中国好声音》终于掀开了第三季的神秘面纱。第一期节目延续了上一季只展示过关学员的方式，只有9名学员有展示机会，但制作方对他们的表现很是满意，表示“今年学员的水准要超过第二季的水平”，并放话说第一集主要是让导师和观众们适应一下，还没有把听小样时实力最强的选手放上来①。从收视率来看，第一期也以3.5%的收视成绩成为当天晚间时段节目的收视冠军，虽然中间几期出现了下滑趋势，10月1日的决赛冲刺夜更是跌到了谷底，不过最终总决赛还是以收视率4.7%和市场份额15%的优异成绩完美收官。

第二季《中国梦之声》于2014年9月21日正式首播，经过13周的激烈比拼，第二

① http：//www.shiqiw.com/home/2014720/2014720211914.htm

季《中国梦之声》全国总决选于12月14日在东方卫视和乐视TV超级电视完美落幕。作为《中国梦之声》第二季的网络独家播放平台，乐视早在2014年9月就拿下了《中国梦之声》《奔跑吧兄弟》以及《两天一夜》这3档重量级的综艺节目。而与以往任何一次台网联动合作模式不同，在与《中国梦之声》的合作中，乐视不仅拥有整档节目的独播权，还根据每期节目内容制作了网络独家花絮及幕后故事，全方位挖掘节目内容的价值。

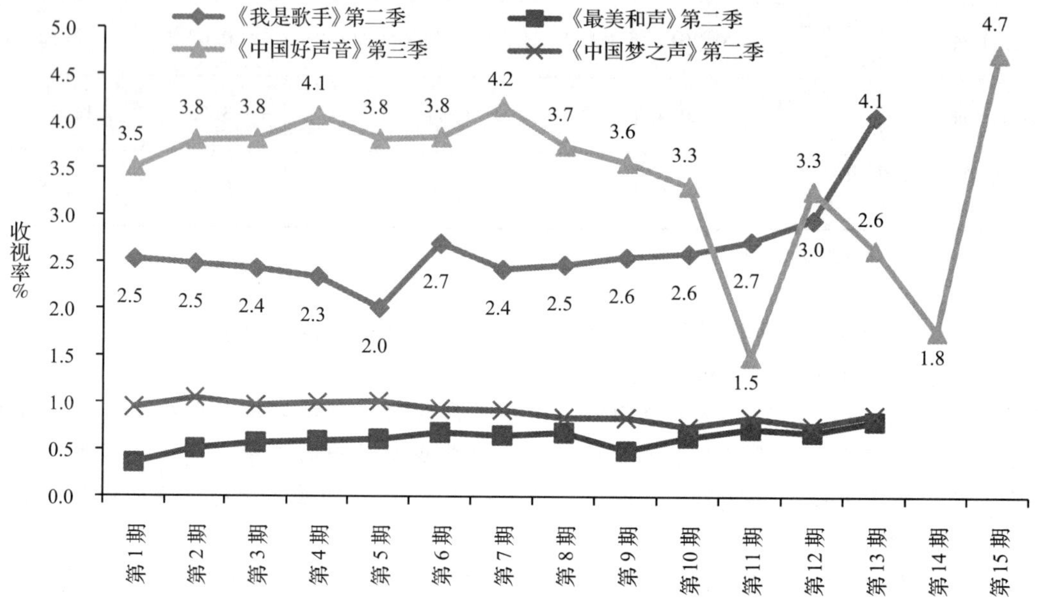

数据来源：CSM媒介研究

图10　2014年四档音乐类真人秀每期收视走势（所有调查城市）

2. 喜剧类真人秀节目大量涌现，传递正能量

2013年推出的加强版限娱令，已经令歌唱选秀类节目锐减，从2013年下半年开始，上星频道就不约而同地把目光聚焦在喜剧幽默这个领域，安徽卫视的《超级笑星》、湖北卫视的《我为喜剧狂》、浙江卫视的《中国喜剧星》、江西卫视的《谁能逗乐喜剧明星》、东方卫视的《笑傲江湖》等多档节目相继登陆各大卫视（表3）。

表3　2014年五档喜剧类真人秀节目的播出及收视概况（所有调查城市）

节目名称	播出频道	开播日期	播出时间	平均收视率%	市场份额%
超级笑星	安徽卫视	2013年12月5日	每周四晚21:30	0.52	2.09
我为喜剧狂	湖北卫视	2014年2月13日	每周四晚21:20	0.70	2.68
中国喜剧星	浙江卫视	2014年1月10日	每周五晚21:10	1.15	3.56
谁能逗乐喜剧明星	江西卫视	2014年2月17日	每周一晚22:00	0.58	2.77
笑傲江湖	东方卫视	2014年3月16日	每周日晚21:00	1.13	3.78

数据来源：CSM媒介研究

下面我们来对比一下上述几档喜剧类真人秀节目的观众集中度情况。从性别上来看，除了《我为喜剧狂》以外，其他几档都更受女性观众的喜爱；从年龄上看，《我为喜剧狂》和《中国喜剧星》这两档节目获得了25～34岁年轻观众的喜爱，在吸引年轻观众群体方面，导师的选择起到了一定的作用。《我为喜剧狂》请到了湖南卫视的当家花旦谢娜来担当导师，而《中国喜剧星》则请到了青年相声演员曹云金，这两位导师很受80后观众的喜爱，对于提升年轻观众的收视偏好有着积极的作用；从教育程度上看，喜剧类真人秀比较受中高等学历观众的偏爱（图11）。

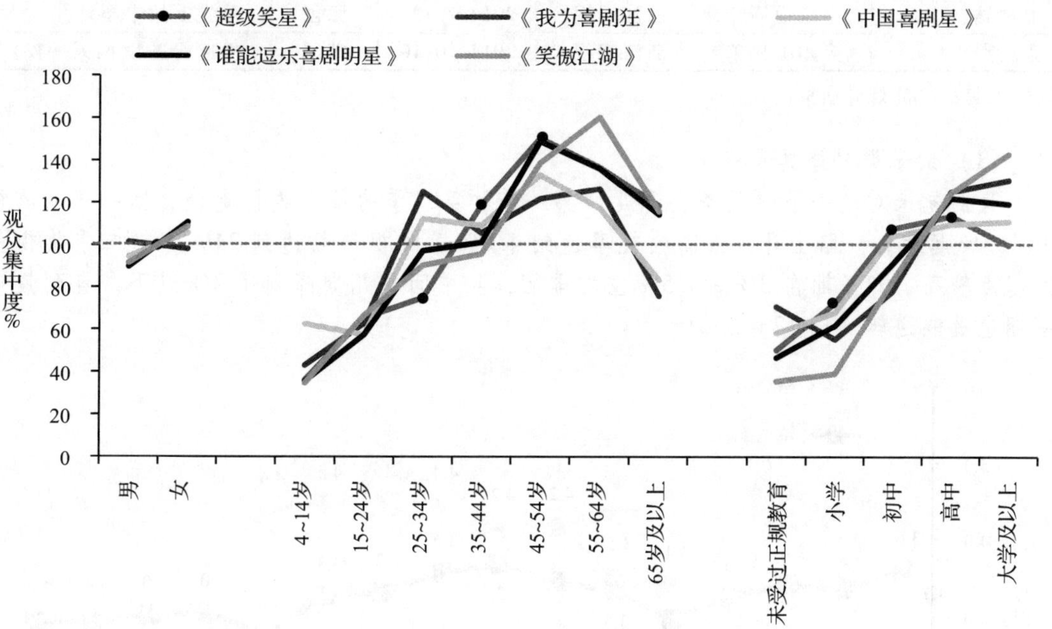

数据来源：CSM媒介研究

图11 2014年五档喜剧类真人秀节目的观众集中度（所有调查城市）

3. 户外真人秀节目扎堆

我国户外真人秀节目的发展可用“命运多舛”来形容。2000年6月，广东电视台推出了野外生存真人秀节目《生存大挑战》，随后相继出现《峡谷生存营》《走入香格里拉》等野外生存真人秀节目，一时间，中国电视荧屏被户外真人秀节目所占据，但这类真人秀节目并没有盛行多久就被如火如荼的选秀节目挤出了电视收视市场。

自2013年《爸爸去哪儿》第一季播出后，“户外真人秀”再次回到人们的视野中，此后，《人生第一次》《两天一夜》《爸爸回来了》《花儿与少年》《花样爷爷》《奔跑吧兄弟》等大批户外真人秀节目抢占黄金时段，户外真人秀节目迎来了它的黄金时代。将2014年荧屏上所播出的几档比较受关注的户外真人秀进行划分，大致的分类如表4。下面就几个主要类别的户外真人秀节目的收视情况进行简要分析。

表 4　2014 年户外真人秀节目分类列表

节目类型	代表节目	播出频道	播出日期	版权国	类似节目
亲子类	《爸爸去哪儿》第二季	湖南卫视	2014.6.20	韩国	《爸爸回来了》《人生第一次》
明星自助旅行类	《花儿与少年》	湖南卫视	2014.4.10	韩国	《背着青春去旅行花样爷爷》
家庭生活体验类	《明星到我家》	江苏卫视	2014.10.10	原创	《囍从天降》
军旅类	《星兵报道》	北京卫视	2013.12.28	韩国	《超级女兵》
美食类	《十二道峰味》	浙江卫视	2014.7.12	原创	《舌尖上的中国》
竞技类	《奔跑吧兄弟》	浙江卫视	2014.10.10	韩国	《极速前进》《两天一夜》

数据来源：CSM 媒介研究

(1) 亲子类户外真人秀

我们先来对比一下《爸爸去哪儿》第一季和第二季的每期收视走势。第一季从收视率 1.3% 起步，一路上升，最高收视率达到 4.6%，收视份额达到 24%。第二季收视虽然起点较高，却多期在 3% ~3.5% 左右徘徊，且中间有几期降到了 3% 以下，直到最后一期也没能逆转（图 12）。

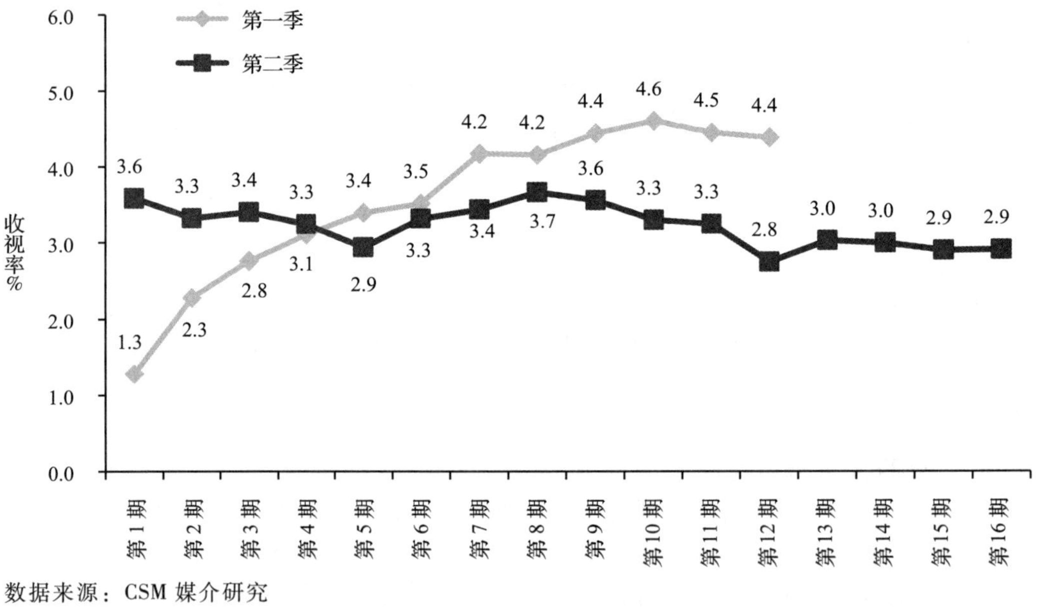

数据来源：CSM 媒介研究

图 12　《爸爸去哪儿》第一季 VS 第二季每期收视对比（所有调查城市）

(2) 明星自助旅行类真人秀

作为“花样三部曲”第一部的湖南卫视《花儿与少年》于 4 月 25 日开播。节目由 7 位年代偶像组成“欧洲自助旅行团”，郑佩佩、张凯丽、许晴、刘涛和刘菲儿在“导游”张翰、“会计”华晨宇的带领下开启一段历时 10 天的穷游，他们没有经纪人陪伴，不准带助理，每天只有120欧元的生活费，却要在人生地不熟，甚至连语言都不通的国家完成节目组安排的各项任务。

第一季共8期节目，平均收视率为1.74%，同时段市场占有率为9.1%。节目收视走势基本稳定在1.6%～1.8%之间，其中收视最高点出现在第六期和第七期。在第六期中，李菲儿遭遇双肩包被偷丢失护照等贵重物品的悲惨境遇，三姐许晴也因独自走在巴塞罗那的街头没钱没电话也没有酒店地址而面临无家可归的境地，措手不及之际的痛哭成为节目的最大看点。而在第七期，由风趣、直爽的傻二姐凯丽当值班导游，在花少团“闹钱慌”的情况下，大家都很好奇这位平时嘻嘻哈哈的二姐在当值这天会出什么样令人咂舌的状况（图13）。

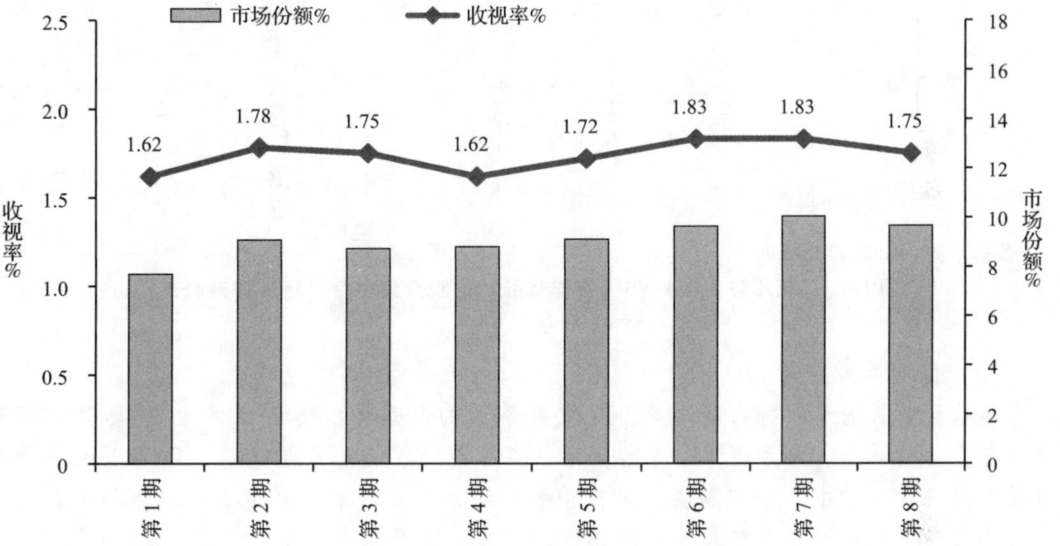

数据来源：CSM媒介研究

图13　《花儿与少年》第一季每期收视走势（所有调查城市）

同为明星户外旅行真人秀节目，《背着青春去旅行花样爷爷》（简称《花样爷爷》）作为韩国版《花样爷爷》的“姊妹篇”，套用韩国版的节目模式，邀请了4位年爷爷辈的明星，和《花儿与少年》类似，他们也在陌生的地方开启一段段别有意味及趣味的旅行。4位爷爷分别是68岁的台湾演员秦汉、80岁的香港演员曾江、78岁高龄的国家一级演员雷恪生和79岁高龄的“影坛常青树”牛犇，平均年龄76岁，他们都是来自海峡两岸的优秀演员，出演过很多令人难忘的角色。而这次，他们只演他们自己，给观众展现最真实的一面。由于爷爷们的年龄大了，旅游起来有些困难，节目组还邀请了刘烨作为爷爷们的“挑夫”，负责他们的各种行程安排，照顾他们的起居生活等。

对比《花儿与少年》和《背着青春去旅行花样爷爷》，两档节目虽然都是明星旅行类户外真人秀，但是观众的差异化还是比较明显的，尤其是年龄层面，《花儿与少年》最核心的观众是15～24岁的年轻观众，这与湖南卫视本身的定位是相符的；而《背着青春去旅行花样爷爷》吸引的则是55岁及以上的中老年观众群体，这部分人群刚好也跟爷爷们的年纪相符，爷爷们的出行和感悟也折射了他们这一代人对年轻时未完成梦想的渴望（图14）。

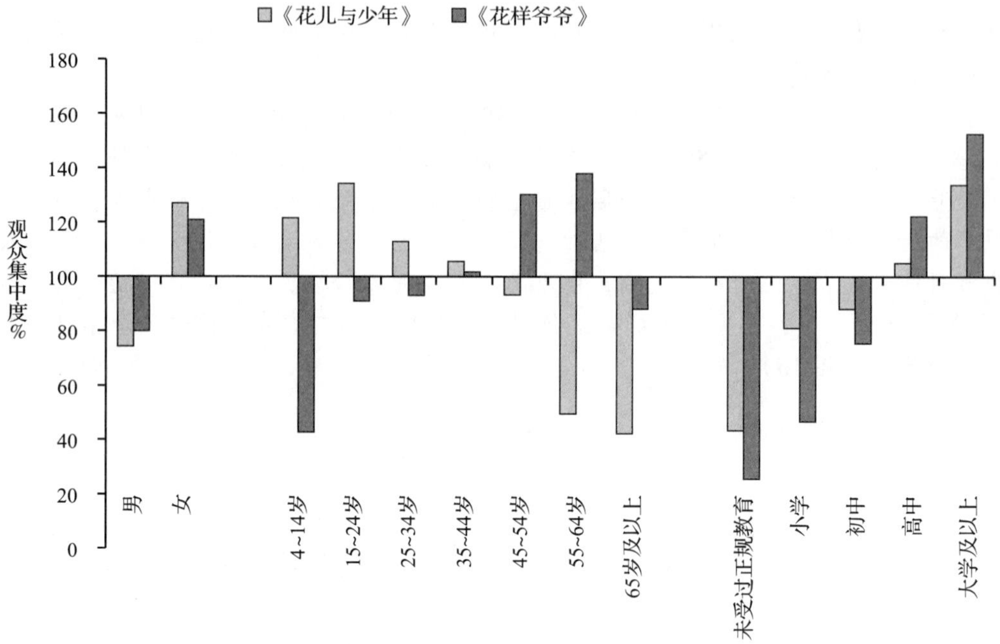

数据来源：CSM 媒介研究

图 14 《花儿与少年》VS《花样爷爷》的观众集中度（所有调查城市）

(3) 体验类真人秀

体验类节目的最大特点便是身份（或关系）的假想性。所谓“体验”，即是对某种身份与生活的体验。婚后生活、军营生活、高中生活、上班族生活等，明星以另一种身份投入另一种生活中，以“真实”的反应和行动来构建叙事、制造看点。体验类真人秀为何能够吸引观众？其中有其要义和秘诀，主要有以下几个方面：

首先是反差。明星在陌生的身份、关系环境中所表现出来的行为、心理乃至形象的反差，是这类节目的看点所在。明星形象和生活的“另一面”对观众特别是粉丝来说极具吸引力，同时这种反差也为冲突和戏剧性奠定了基础。因而在选角方面，有没有反差、如何反差，就成了重要的考量因素。

其次是窥探。一是对明星私下生活的窥探，另一是对某种身份下现实生活的窥探。明星在特殊情境下的反应与行动也是其生活习惯、人物性格的写照。“窥探”是明星秀的最主要的看点之一，此类节目也不例外。如《明星到我家》中黄圣依、张柏芝、秋瓷炫、李金铭这 4 位女明星以“媳妇”的身份“嫁入”农家，与婆婆们同在一个屋檐下，她们如何完成种田、喂猪、洗衣和做饭等农村媳妇的日常工作，如何处理婆媳、妯娌之间的关系，是引发观众好奇心的重要一点。再如北京卫视的《星兵报道》，明星们要进入军营，真枪实弹地进行装备、特战、反恐等高强度真实演练，体验军队高强度的训练和简朴的生活。明星阵容搭配部队“王”级尖兵做教官，再加上充满神秘感的武器装备、残酷的训练和严明的作风，无不吸引着观众的眼球。

“假想”是此类节目的特点所在，也是其制作的核心点。假想什么、如何假想，即身份和情境的设计非常重要，一旦操作不佳就会陷入“假人秀”的泥淖，表演成分过重，就容易在收视上大打折扣[①]。

（4）美食类户外真人秀

在有20多档新开播综艺节目“火力全开”的2014暑期档，电影级综艺大片《12道锋味》成为除《中国好声音》和《爸爸去哪儿》两档“王牌对王牌”争霸战外的“第三级势力”，成为收视黑马。

作为一档美食类户外真人秀节目，《12道锋味》以谢霆锋和亲友为第一视角，探寻世界美食。在12期节目中，谢霆锋邀请了圈内好友房祖名、范冰冰、陈奕迅、赵薇、张家辉、蔡卓妍、桂纶镁、容祖儿、周笔畅、林丹、Angelababy、文章、海青等多位艺人和朋友与他共同完成“环球美食之旅”。

《十二道锋味》是一档集真人秀、广告片、微电影为一体的美食节目。节目拍摄期间去了6个国家，比如到法国南部找顶级的松子露，去澳大利亚抓帝王蟹，到印尼寻访真正顶尖的麝香猫咖啡等，节目拍摄动用了电影制作班底，历时3个月，每集制作费不下100万元。[②]

（5）竞技类户外真人秀

进入2014年第四季度，周末晚间综艺市场便成了竞技类户外真人秀的天下。从浙江卫视的《奔跑吧兄弟》到深圳卫视的《极速前进》，再到东方卫视的《两天一夜》第二季，第四季度明星真人秀的主题是“虐星”。有观众戏称，明星越来越不好当了，只有俊脸蛋没有好体格的人都不敢混娱乐圈了。

2014年5月30日，韩国SBS电视台正式宣布*Running Man*推出中国版，选定中国浙江卫视为中国版《奔跑吧兄弟》（即“跑男”）的协商对象，计划共同开发制作。与其他节目单纯卖版权的模式不同，《奔跑吧兄弟》由两国团队联合研发和制作，分享收益[③]。

收视数据表明，“跑男”的首期收视为1.1%，根据以往的经验，每次出现一个“现象级”的真人秀节目，都会呈现出首期收视率不高而之后一路飙升的情况，如第一季的《中国好声音》和《爸爸去哪儿》。“跑男”也不例外，之后的每期收视基本都在稳步上升，12月26日那期的收视率冲破3%，达到已播出的12期节目的最高峰（图15）。

《奔跑吧兄弟》刚刚播出第四期时，前3期节目的网络点击量已经超过了7亿次，而第一季《中国好声音》前4期的点击量才6亿次。在人气上，《奔跑吧兄弟》更是以超过20亿的微博阅读量独领风骚，每周5亿次的阅读量还在不断增长中。照着这个势头发展下去，《奔跑吧兄弟》或许将成为下一个户外综艺里的“好声音”。

而深圳卫视的《极速前进》则是2014年第四季度与“跑男”争夺周五晚间黄金时段的强劲对手之一。《极速前进》源于美国经典真人秀电视节目*The Amazing Race*，美国CBS公司从2001年开始按季制作播出，至今已播出24季。因其激烈的竞速对抗、真实的人物表现以及世界各地的风土人情等特点，*The Amazing Race*在全球拥有许多忠实观众。深圳卫视《极速前进》延续了原版最吸引人的“全球旅行竞赛”核心，在5个不同的国家设计竞赛挑战。参与节目的嘉宾是来自演艺圈、体育界等各界的知名人士：“好

---

① http：//news. mtime. com/2014/10/19/1532878 – 2. html

② http：//news. ifeng. com/a/20140731/41381709_ 0. shtml

③ http：//domestic. kankanews. com/c/2014 ~05 ~30/0044657232. shtml

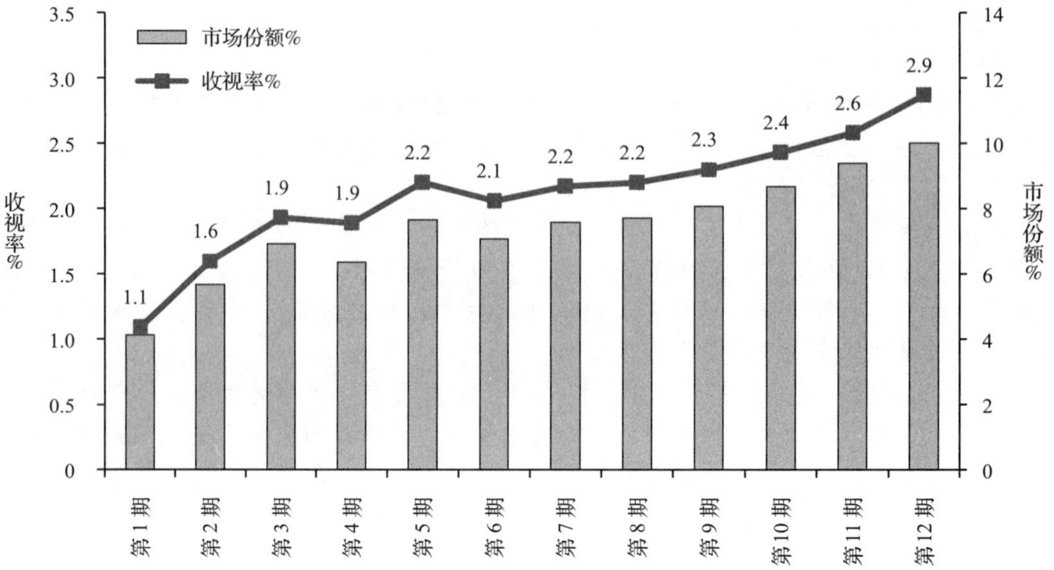

数据来源：CSM媒介研究

图15 《奔跑吧兄弟》分期收视走势（所有调查城市，数据截至12月26日）

父女”张铁林及张月亮、“好兄妹”钟汉良及Jackie、“好兄弟”陈小春及郑伊健、“好同学”白举纲及关晓彤、“好哥们”刘畅及金大川、“好闺蜜”刘云及应采儿、“好夫妻”李小鹏及李安琪以及“好搭档”辰亦儒及周韦彤①。

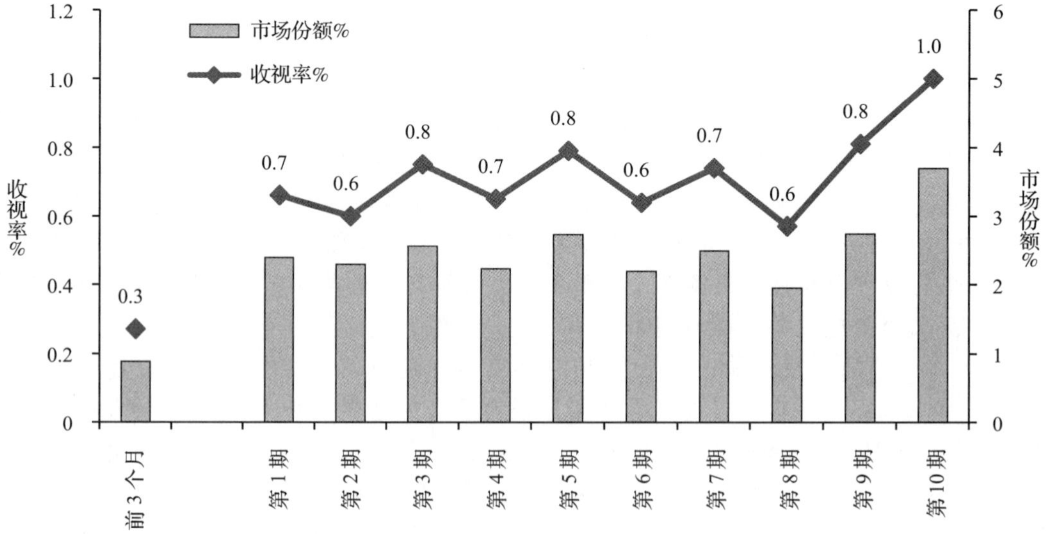

数据来源：CSM媒介研究

图16 《极速前进》分期收视走势（所有调查城市）

① http://baike.baidu.com/link? url = FplptFJlDvGfNv0hMwj_ Gp0 GaNfsjLvKYmsOHTPHXdRUcmdz0 rwDGolSK-dAKw_ 8 SJcq9 KSVXXEdG_ PnhBhPtWSOnQB_ RA4tSIAsUgORtpyq

《极速前进》第一季总共10期，平均收视率为0.7%、同时段市场份额为2.5%，对比节目开播前3个月（7~9月）周五晚间21:00~23:00时段，深圳卫视的收视率从0.3%提高到了0.7%，提高幅度为167%，同时段市场份额的提高幅度为186%（图16）。

（三）地面频道：多角度创新突破，应对挑战

随着卫视娱乐、选秀节目的火爆，省级地面频道和城市台受到了多重挤压，收视率和市场份额呈现出低迷态势。如何才能让这些地面频道的综艺节目吸引本地观众，提升电视荧屏的亮点，确实是个值得思考的问题。

1. 在创新中体现特色

节目内容创新并不一定要创造新的内容，当可开掘的新资源越来越少的时候，不妨思考一下如何利用现有的资源，通过融合各种元素，创造出1+1>2的效果。《翡翠之约》是宿迁版的《非诚勿扰》，栏目的产生一方面借鉴了《非诚勿扰》的创意模式，另一方面就是与当地房地产项目“海天翡翠城”的合作，这样就有了节目形式和题材的吸引力，还有了节目生产的经济基础。在节目中融入了才艺展示、知识问答等众多内容，使节目的表现方式多样化。

2. 提高观众参与度

对受众来讲，一个综艺节目一方面要具有可看性，另一方面要具有参与性。城市台在做草根选秀节目时，可以组织一般的艺术选秀，也可以组织有特色的传统艺术选秀，如方言脱口秀等弘扬地方传统文化的选秀项目。2013年11月落幕的《南通好声音》，历时6个多月，大赛报名人数达到2000多人。比赛走进农村、工厂、学校、社区、商场等地，南通台二套不但对赛事进行了全面报道，还采编了选手故事进行展播。另外，他们也通过网络发布了《南通好声音》的视频和图片，还通过掌上南通系统进行手机点播。

四、2014年综艺节目发展新特点

1. 资本投入成为各大卫视的重要策略

从《中国好声音》开始，中国的电视综艺节目就开始朝着宏大场景、精美制作的综艺梦想一路前行。《奔跑吧兄弟》成本已超1亿元，《一年级》据节目组透露将有超过100台固定摄像机安装在学校教室、寝室和学生家中，后期制作成本也非常之大。而北京卫视的《造梦者》据业内估算成本应该在2亿元左右。在节目制作成本越来越高的同时，也让卫视阵营拉开了一条泾渭分明的界限。要想节目有影响力，首先便要具备资本上的实力，舍得投入重金；而只有投入重金，才能在广告招商中获得更多广告主的首肯和青睐，也才能够最大限度地收回成本。

这让不同的卫视阵营陷入了不同的循环圈，拿得出大钱投资节目的一线卫视通过大制作获得了更多的广告赞助，实现了更多的盈利；资本捉襟见肘的二三线卫视在资金匮乏的情况下，无法在资本投入上与一线卫视抗衡，在广告招商中自然也就没有说服力。

长此以往，一线卫视与二三线卫视之间的鸿沟将越来越深。所以，在综艺节目“大跃进”式发展的今天，没有钱是万万不能的，资本投入已经成为各大卫视的重要策略。

在近两年，我们也可以看到二三线卫视在资本投入上所做的一些努力，如湖北卫视2014年重金打造的《如果爱》就在一定程度上引发了收视热度。可以预见的是，未来至少在近一两年的时间里，综艺大战会演变为资本大战，投得多的未必能赢，但一定不会输。①

2. 合作研发成为新的版权合作模式

近年来，部分本土节目模式公司的业务也开始向制作延伸，而在国家新闻出版广电总局对节目模式引进进行规制调整后，直接的版权引进受到了限制。在市场对节目模式的需求不断增长和总局对引进模式严格管控的双重压力下，合作研发便成为一种颇受市场青睐的合作方式。初期的合作研发在一段时间内还会延续以某一国外成熟节目模式为底版，引进方和原制作者协同进行本土化创新的方式。对我国真人秀节目制作者来说，这种合作方式的好处颇多——不受限令制约，有成熟模式的经验指导，还能在短时间内速成“原创节目”。对我国的真人秀节目模式制作者和研发者来说，合作研发的过程或许是提高原创能力、学习模式制作方式的必经之路②。

3. 自制综艺节目激荡互联网

前两年，视频网站对电视剧网络版权的争夺已经到了白热化的程度，版权购买的费用甚至呈几何级地增长，大剧单集随随便便就过百万，轻松超过了一线卫视台的购剧成本。

2014年可谓是网络视频自制的“井喷”之年。网络自制内容不再是“低品质”和“粗制滥造”的代名词，大制作、大导演、大明星在网络自制中屡现踪迹。同时，一些自制内容开始形成独有的IP（版权）品牌，不是依靠明星托戏，而是以戏托明星。据艺恩咨询研究统计，2014年网络自制剧突破50部，达到1200集的体量，自制节目亦突破了100档大关。与以往视频网站自制节目基本上局限于脱口秀、对话等低成本样式，或者打暴力色情擦边球的低俗化做法不同，如今财大气粗的视频网站开始在自制内容上跨入“高大上”的行列。

《你正常吗》由上海唯众与目前国内最大的提供专业策略性研究咨询服务的集团公司之一零点调查联合制作，该节目以革命性的形态、颠覆性的玩法以及近千万名网友的网络调查数据为基础，以黑马之姿在竞争激烈的互联网出品的综艺节目中胜出。中国传媒大学教授苗棣评价：“《你正常吗》已经超越了一些低成本语言类网络节目，从各方面投入相当大，甚至不比电视节目差。”《隐秘而伟大》是一档整蛊明星真人秀，目前电视台还没有涉猎，但比较适合网络的节目形态。该节目的制作团队是在韩国风靡了十多年的王牌节目《隐藏的摄像机》的原班人马，节目中明星们不知道摄像机就埋伏在身边，

---

① 许璐：《资本护航电视综艺“大跃进”时代》，《广告大观（综合版）》2014年第11期。

② 张海潮、郑维东：《大视频时代：中国视频媒体生态考察报告（2014～2015）》，中国民主法制出版社2014年版。

互相“欺瞒”，制造了各种各样令人忍俊不禁的“笑果”。2014年，腾讯视频推出了《Hi歌》，爱奇艺则推出了《奇葩说》，这些节目都由于独特的视角和远高于以往网络自制节目的品质，而引起不小的关注。

对视频网站今后的发展，各家负责人都认为自制仍是王道。优酷总裁魏明表示，“今后重点还是大自制，比如接下来会与荷兰公司联手打造*Big Brother*中国版，这是全球真人秀节目的鼻祖，也是首次将它引进中国”。2015年，“一剧两星”的新政、广告和资本的蜂拥而入使视频网站获得了发展良机，而美剧版权问题以及电视媒体收紧版权、实施网络“独播”的措施，也在刺激视频网站加快自制内容的开拓①。

结语

2014年，我们欣喜地看到中国电视综艺节目市场全面开花，原创也好，版权购买也好，至少可以看到电视综艺节目无论是从节目设置、后期制作还是视觉呈现等方面都迈入了一个新的台阶，在未来的两三年中，电视综艺节目将会继续以不可阻挡的趋势向前进。

（作者：赵晖）

① http://media.sohu.com/20141226/n407297684.shtml

2014年全国体育节目收视分析

2014年我国体育竞技综合实力和竞技水平稳中有升，我国运动健儿在冬奥会、世锦赛、世界杯总决赛等多项赛事中共获得了98个世界冠军，刷新了10项世界纪录，其中9个奥运大项一共收获了40个世界冠军。传统的优势项目像乒乓球、跳水、射击和举重等也继续保持优势。

重温2014年，丰富多彩的赛事伴我们度过了一整年，这一年各项重大赛事你方唱罢我登场似地为体育迷们提供了许多扣人心弦的时刻。本文根据CSM媒介研究2014年及之前相关年份所有调查城市的收视调查数据，对2014年全年体育节目收视状况进行分析与回顾，解读观众对体育节目的收视特征。

一、2014年国内外体坛亮点

2014年，全民运动的理念更为深入人心，一共有51项马拉松比赛在各地开跑，参与人数接近百万；这一年，职业联赛持续火爆，观众人数再创新高，每周有13万人在中职篮球馆宣泄对篮球的热情，有15万人在中超赛场享受足球的乐趣。

2014年张虹夺取索契冬奥会女子1000米速滑金牌，这是中国代表团在冬奥会历史上获得的第一枚速滑金牌，张虹也实现了首次参赛就创造历史的夺金；2014年南京成功举办第二届世界青年奥林匹克运动会，这是继2008年北京奥运会后，在中国举办的又一项具有国际影响的奥林匹克盛事；2014年仁川亚运会，中国军团以151枚金牌的佳绩连续第九次称霸亚洲；2014年意大利女排世锦赛，中国队在郎平的带领下时隔16年获得亚军，创造历史最佳；2014年广西南宁体操世锦赛，中国男团实现逆转勇夺六连冠；2014年中国职业联赛，竞争更为激烈，这一年广州恒大艰难夺得联赛冠军，实现了中超历史上的四连冠，北京男篮更是三年内第二次夺得CBA总冠军；2014年，李娜终于圆梦澳网，在个人排名达到世界第二后选择正式退役，李娜一次次改写了中国乃至亚洲的网球历史；2014年，陈盆滨成为亚洲首位征服七大洲极限马拉松的运动员；2014年，北京和张家口正式入围2022年冬奥会申办候选城市。

2014年，索契冬奥会见证了俄罗斯人的幽默和自信，作为历史上规模最大的冬奥会，俄罗斯人成功地向世人展示了他们的热情和实力，并以13金领跑奖牌榜；2014年，里约世界杯东道主巴西爆冷出局，德国日耳曼战车第四次登顶，加冕为四星德国，并成为第一支在南美洲获得冠军的欧洲球队，克洛泽也以16粒进球超越罗纳尔多成为世界杯的射手王；2014年仁川亚运会“瘦身”卓有成效，在减少了六个大项37个小项后财政预算大幅削减；2014年美国男篮在男篮世界杯决赛中大胜，这是继男篮世锦赛改名为男篮世界杯后的首届比赛，美国队虽以二线阵容参赛，但依旧一直被追赶却很难被超越；2014年体操世锦赛，日本选手内村航平成就史无前例的全能五连冠，使体操全能水平上升到了新的高度；2014年C罗和梅西继续上演“梅罗斗”，C罗带领皇马赢得西班牙国王杯、欧冠、欧洲超级杯以及世俱杯四项桂冠，而梅西则带领阿根廷队时隔24年重返世界杯决赛，并以75球的新纪录成为欧冠最佳射手。

二、体育节目整体播出及收视情况

作为又一个体育大年，2014年的体育收视市场相比于2013年有了明显好转。市场火爆的冬奥会、世界杯、亚运会等重要赛事接踵而至，在南京举办的第二届青奥会也得到了各方关注，这些大型赛事对体育节目的收视市场起到了显著的拉升作用。

1. 体育节目人均收视时间较2013年增长明显，但相比其他体育大年仍有差距

2014年我国电视观众全年体育节目人均收视时长为1702分钟，相比缺少体育大赛支撑的2013年增长了296分钟，涨幅为21.1%。2014年体育节目收视时长虽然高于最近两个体育小年（2011年、2013年），但是与同为体育大年的2012年相比依然略有减少，相比赛事构成更为相近的2010年降幅则更为明显（图1）。

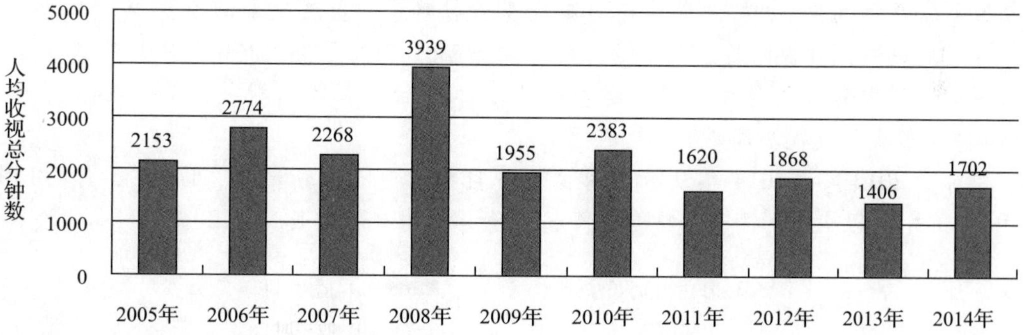

数据来源：CSM媒介研究

图1 2005～2014年体育节目人均收视总分钟数（历年所有调查城市）

受客观条件限制和生活习惯的影响，不同目标观众收看电视的时间存在较大差异，而体育电视节目的专业性特点则使得其观众的差异性表现得更为明显。2014年不同目标观众收看体育节目的特点与其他年份基本一致。男性观众的收视时长高于女性观众，两者相差接近一倍；高学历和高收入观众收看体育节目的时长明显高于学历较低和收入较低的人群（表1）。

表1　2014 年各类目标观众体育节目人均收视总时长（所有调查城市）

目标观众		人均收视总分钟数	目标观众		人均收视总分钟数
性别	男	2219	年龄	4～14 岁	544
	女	1159		15～24 岁	953
职业类型	干部/管理人员	2427		25～34 岁	1515
	个体/私营企业人员	1514		35～44 岁	1444
	初级公务员/雇员	1995		45～54 岁	2405
	工人	1514		55～64 岁	2583
	学生	839		65 岁及以上	2919
	无业	2227	个人平均月收入（元）	0～600 元	932
	其他	735		601～1200 元	1488
受教育程度	未受过正规教育	724		1201～1700 元	1791
	小学	1034		1701～2600 元	1981
	初中	1605		2601～3500 元	2109
	高中	1970		3501～5000 元	2349
	大学及以上	2118		5001 元及以上	2355

数据来源：CSM 媒介研究

2. 全年各月体育节目播出量、收视量受大型赛事影响明显

2014 年大型体育赛事较多，因此各月体育电视市场随着大赛的进行也有较大幅度的波动。收视量和播出量的峰值均出现在 6 月份，巴西世界杯在这个月赛程紧密，战得如火如荼，一些非体育频道也播出了世界杯相关的集锦和栏目，其中包括部分卫视频道。受此影响，6 月的体育节目播出量超过 9680 小时，人均收视总时长达到 275 分钟，相当于 3 场足球赛的时长。7 月，世界杯的淘汰赛仍旧继续，虽然比赛场次变少，但是每场比赛更引人关注，收视时长达到 176 分钟，依旧高于其他月份。2 月和 9 月的体育电视市场分别受到索契冬奥会和仁川亚运会两大赛事的带动，收视时长达到了 144 分钟和 157 分钟，形成了收视小高峰。

相对于 2013 年，2014 年 9～12 月体育节目播出时长有所减少，1 月、5 月、8 月、11 月、12 月体育节目收视时长略有下降，其他月份均有所增长（图 2）。

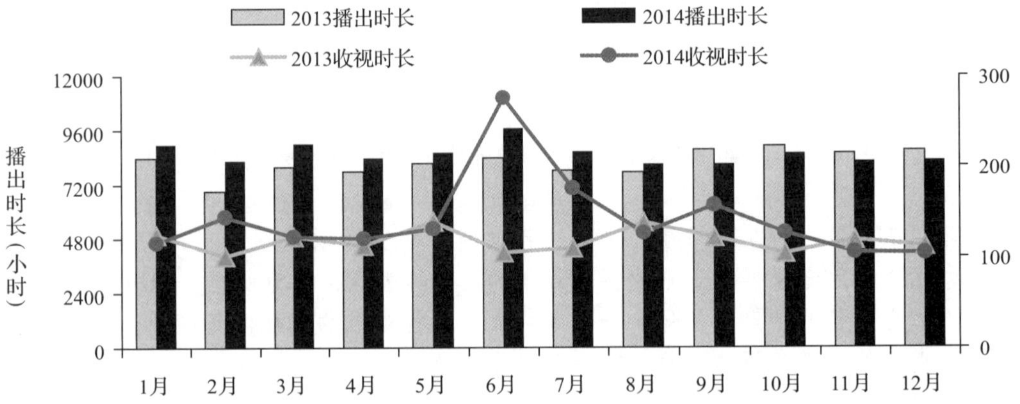

数据来源：CSM 媒介研究

图 2　2013～2014 年各月体育节目播出及收视时长（历年所有调查城市）

3. **体育节目收视比重较2013年提升幅度较大**

2014年体育节目的整体播出时长在所有电视节目中仅占2.2%，和2013年持平，但体育节目的收视时长占到了3%，相比2013年（2.4%）提升幅度较大（图3），资源使用效率也更具优势，但是与其他体育大年相比仍然有所下降。

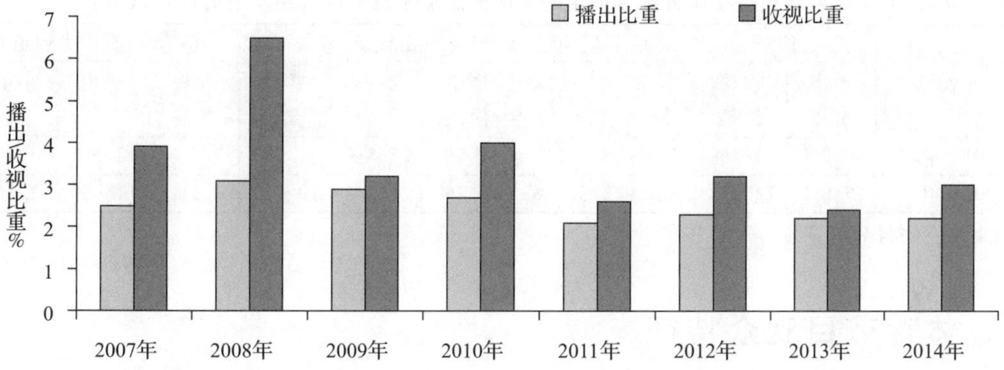

数据来源：CSM媒介研究

图3 2007～2014年体育节目的播出比重（%）与收视比重（%）（历年所有调查城市）

三、体育节目收视市场竞争概况

2014年，体育电视市场上各级频道的竞争格局相比往年变化不大。在播出份额方面，中央级频道虽然体育资源丰富，但受到频道数量的限制，节目播出量只占到整体市场的15.8%，而省级地面频道和市级频道的播出量则占到近7成。在收视份额方面，中央级频道的优势显而易见，受益于频道覆盖范围的优势、极其丰富的体育赛事资源和强大的节目制作能力，中央级频道播出的体育节目赢得了整体体育收视市场的72.9%，相比其播出份额优势巨大，保持着体育电视收视市场的主导地位。省级地面频道收视份额为21.3%，仍然是体育电视收视市场的重要组成部分；省级卫视频道、市级频道、其他频道所占收视份额均相对较小。

得益于专业体育频道CCTV5+体育赛事频道的加盟，以及大赛期间多个频道同时转播赛事，2014年中央级频道的体育节目播出量较2013年大幅增加，播出份额上升了5.1个百分点，增幅约47.6%，相对于其他级别的频道，中央级频道的播出份额增长最为突出；同时，丰富的大赛资源也使得中央级频道2014年的收视份额再次攀升。相比2013年，中央级频道在体育电视市场的收视份额提升了4.5个百分点。近两年，多个省级上星频道加入到体育节目的转播行列中，虽然所占份额在整体市场中依然较小，但却逐年在增加。2014年省级上星频道的体育节目播出份额和收视份额依旧延续了之前的上升势头，较2013年分别上升了1.3和0.9个百分点（表2）。

由于掌握的优质国际赛事资源相对有限，仅有少数几个地方级频道拥有世界杯的直播权，并且相关栏目的制作能力也有限，因此各地面频道播出的体育类节目在体育“大年”中竞争力明显减弱。省级地面频道的播出份额和收视份额较2013年均下滑了5.2个百分点，市级频道则分别下滑2.5和0.3个百分点（表2）。其他频道的播出份额与收视份额也较上一年度有所减少。

由此不难看出，在“内容为王”的体育电视市场上，优质赛事资源对提升频道的竞争力具有至关重要作用的。

表2 2013~2014年各级频道在体育节目市场的播出份额及收视份额（历年所有调查城市）

年份	中央级频道		省级上星频道		省级地面频道		市级频道		其他频道	
	播出份额	收视份额	播出份额	收视份额	播出份额	收视份额	播出份额	收视份额	播出份额	收视份额
2013年	10.7%	68.4%	2.8%	2.2%	54.4%	26.5%	21.5%	2.5%	13.5%	0.7%
2014年	15.8%	72.9%	4.1%	3.1%	49.2%	21.3%	19.0%	2.2%	11.9%	0.5%

数据来源：CSM媒介研究

四、体育节目观众特征

2014年，中国体育节目仍然延续着以往的观众特征，整体趋势与2013年基本一致。男性观众对体育赛事的感兴趣程度高于女性观众，年龄在25~54岁之间的观众构成了体育类节目的主要收看群体，具有初中及以上学历水平的观众所占比例较大。总体来说，随着观众群体学历和收入的提高，他们对体育赛事的感兴趣程度也逐渐提升。

相对于2013年，2014年对于体育节目市场而言是一个绝对的“大年”。虽然要面对新媒体来势汹汹的冲击，但是世界杯足球赛、亚运会等大型国际赛事的直播还是为电视这一平台在这一年吸引了大量的观众。从体育节目整体观众的构成来看，与2013年相比，2014年年轻观众的比例有所上升，与此同时，65岁及以上的老年观众比例有小幅

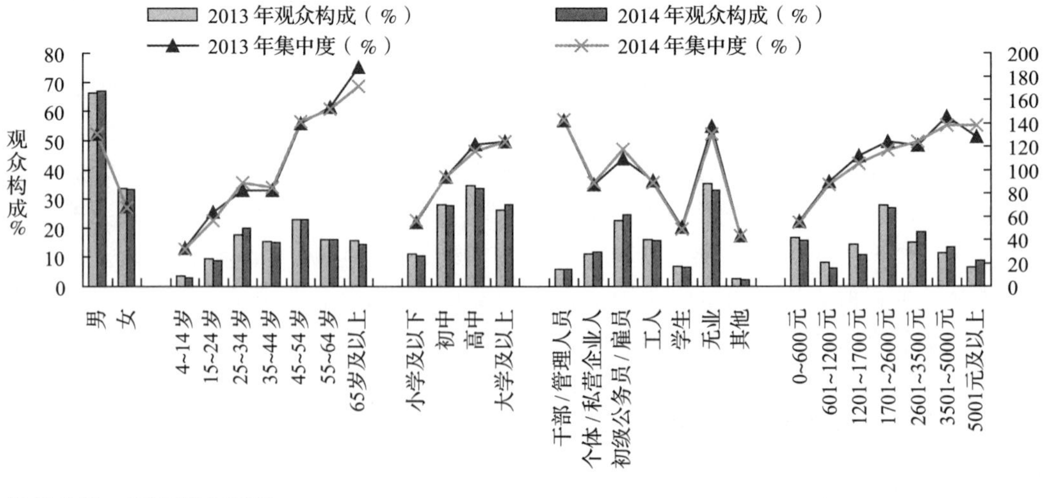

数据来源：CSM媒介研究

图4 2013~2014年体育节目的观众构成和集中度（历年所有调查城市）

下降。大学及以上学历和初级公务员/雇员职业群体的观众比例较2013年也有所增加。从观众的收入上看，低收入观众所占比例持续降低，中、高收入观众所占的比例则有了不同程度的提高（图4）。与其他节目的观众特征相比较，体育节目的男性、中年、高学历、干部/管理人员、初级公务员/雇员、中高收入观众所占比例相对更高，收视倾向更强，这些特征也体现了体育节目受众的男性化和精英化（图5）。

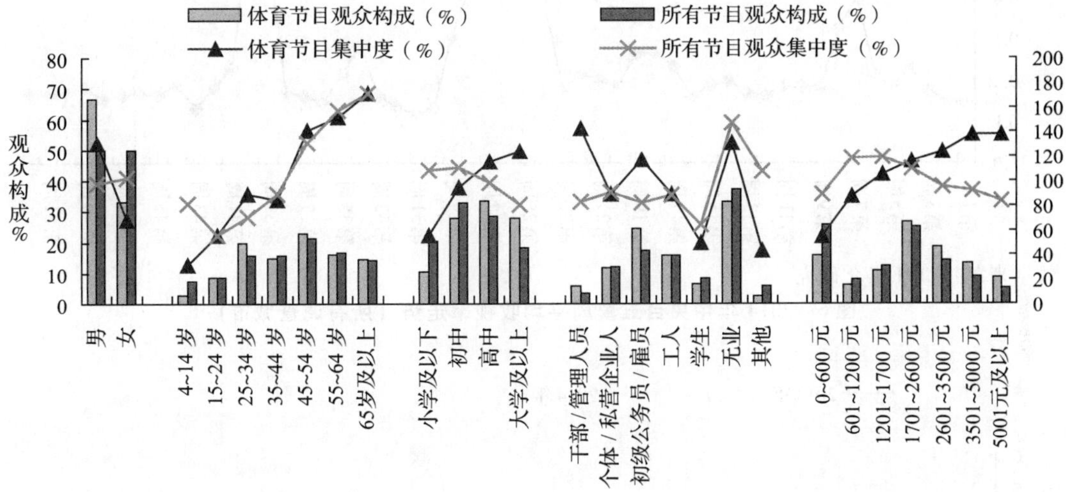

数据来源：CSM媒介研究

图5　2014年体育节目的观众构成及集中度与所有节目的比较（所有调查城市）

五、中央级频道体育节目收视概况

1. 中央台五套的整体收视概况

2014年是体育节目市场的大年，大型赛事的举办功不可没。在巴西世界杯和仁川亚运会两大重量级赛事期间，作为主转播频道的中央台五套平均收视率远高于全年其他时期（图6）。具体来说，年初进行的索契冬奥会为中央台五套带来了2014年第一个收视高峰，第7周的平均收视率达到了0.4%。6月12日至7月13日在巴西进行的世界杯足球赛掀起了本年度最大的收视高潮，在第25周至27周这3周内，中央台五套的平均收视率居高不下，并在第25周达到了峰值0.81%。9月19日开始的仁川亚运会在下半年形成了另一个收视波峰，收视率在第40周达到了0.57%。除重大赛事外，中央台五套各周的平均收视率走势较为平稳，通常安排常规赛事的转播和体育栏目的播出，满足了广大体育爱好者收看国内外各项赛事的需求。

2014年中央台五套的全年市场份额变化趋势基本与收视率的变化趋势保持一致，即大型赛事期间出现明显高峰，平日表现基本稳定。在6月巴西世界杯期间，周平均市场份额达到最高值7.16%。这一数字也体现了观众对这四年一度的全世界足球盛事的高涨热情。在非大型赛事举行的时期，中央台五套的收视份额也能够稳定在2%左右，同样是电视市场中一股不容忽视的力量（图7）。

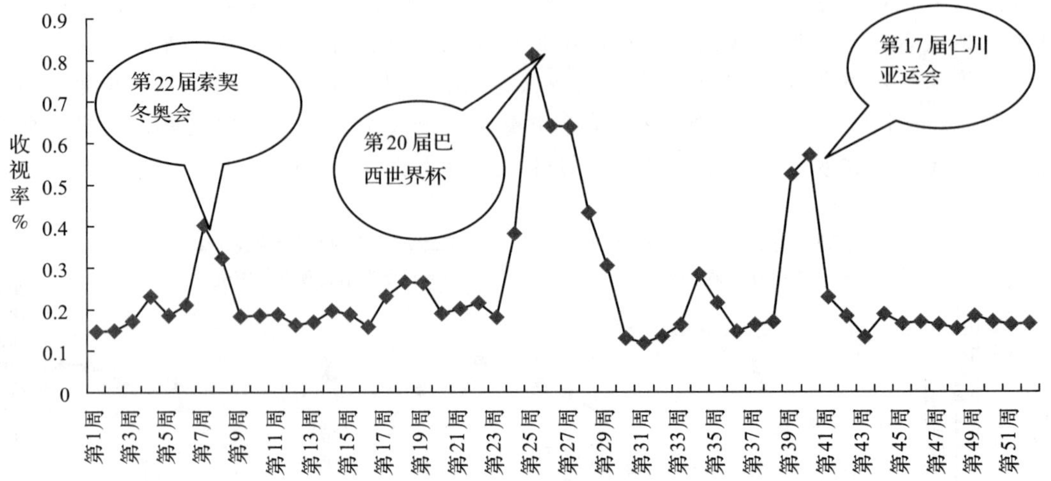

数据来源：CSM 媒介研究

图 6　2014 年中央台五套周平均收视率走势（所有调查城市）

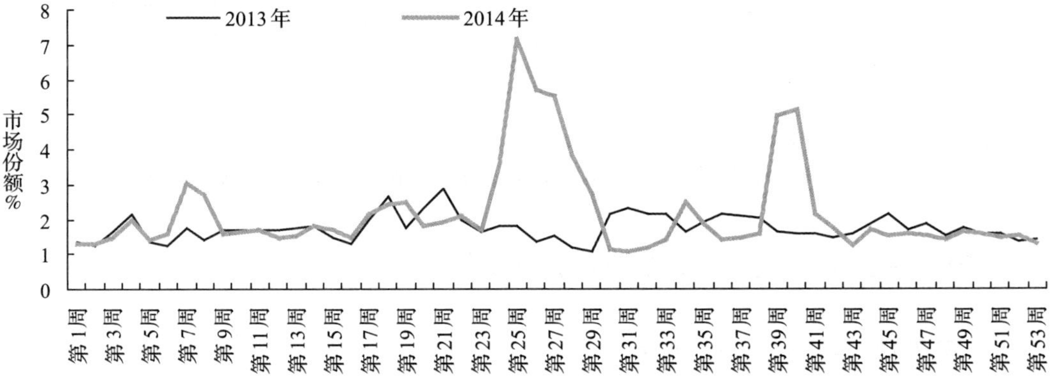

数据来源：CSM 媒介研究

图 7　2013 ~2014 年中央台五套周平均市场份额走势（历年所有调查城市）

2014 年与 2013 年全年中央台五套市场份额走势的对比可以很清晰地体现出大型赛事对中央台五套市场份额的拉动。在非大型赛事举行的时期，2013 年和 2014 两年的市场份额并没有体现出明显的差距，但在大型赛事，尤其是 6 月进行的巴西世界杯和 9 月进行的仁川亚运会期间，中央台五套的市场份额远高于2013 年同期，大型赛事的播出对电视市场份额的影响可见一斑。

再来分析一下2014 年全天时段的收视率走势，中央台五套的收视变化和往年规律类似，全天有 3 个收视高峰，分别出现在正午 12:00、傍晚 18:00 和晚间 20:00 ~22:00 左右（图 8）。而在这几个时间节点上，2013 年和 2014 年全年的平均收视率并没有明显的变化。巴西世界杯赛事的直播时段大多在北京时间的深夜，但是依然有许多忠实的球迷选择在这个时间段观看这一世界最高水平的足球赛事，这也在一定程度上拉动了2014 年中央台五套夜间时段的收视水平。

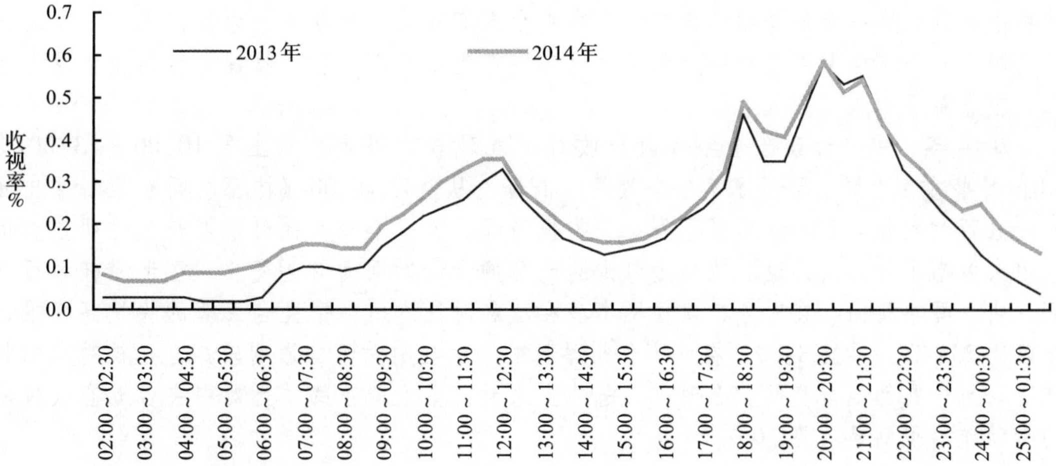

数据来源：CSM 媒介研究

图 8　2013 ~2014 年中央台五套全天收视走势（历年所有调查城市）

受世界杯比赛时差的影响，2014 年中央台五套凌晨及午夜时段的竞争优势明显提升，尤其是在赛事集中播出的 4:00 ~4:30 这一时间段，平均市场份额甚至超过了 12%。但除此之外，在一天的其他时间段内，中央台五套的平均收视份额与 2013 年差别较小（图 9）。

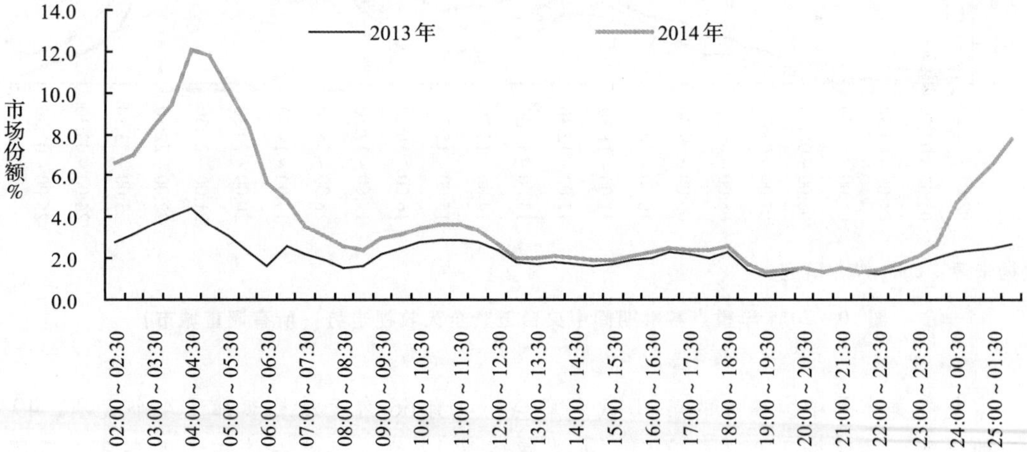

数据来源：CSM 媒介研究

图 9　2013 ~2014 年中央台五套全天市场份额走势（历年所有调查城市）

2. 重点赛事收视表现

2014 年世界体坛的三大赛事——亚运会、冬奥会、世界杯都为大家留下了什么印象？或许你已忘记中国代表团的金牌数和那些破纪录的成绩，但一定记住了一些人、一些瞬间——“小鲜肉”宁泽涛横空出世、速滑美女张虹跃升为冬奥女神，火遍网络，成了中国体育在这一年最亮丽的代言人。中央台五套作为主播频道，为我们记录下了这些难忘瞬间。下文将着重分析一下中央台五套在重大赛事期间全天收视走势的变化及上述三大重点赛事的收视表现。

2014年，中央台五套全年各时段收视率表现较为稳定，从上午10:00~13:00受NBA赛事的播出影响形成了第一个收视小高峰，从傍晚18:00《体育新闻》栏目播出开始一直延续到晚间22:00形成了另一个收视高峰，收视率较其他时段增长较为明显。但在重大赛事举行期间，这种收视走势则随比赛的开始时间而有所变化，在世界杯举行期间，由于赛事转播存在时差，直播赛事多在凌晨时段进行，中央台五套的收视高峰推迟至晚间23:30到早上8:00；在韩国仁川举行的亚运会则受时差影响较小，电视观众的收视高峰集中在傍晚与晚间黄金时段。总体上来看，重大赛事的举行对中央台五套收视率的带动作用很明显（图10）。

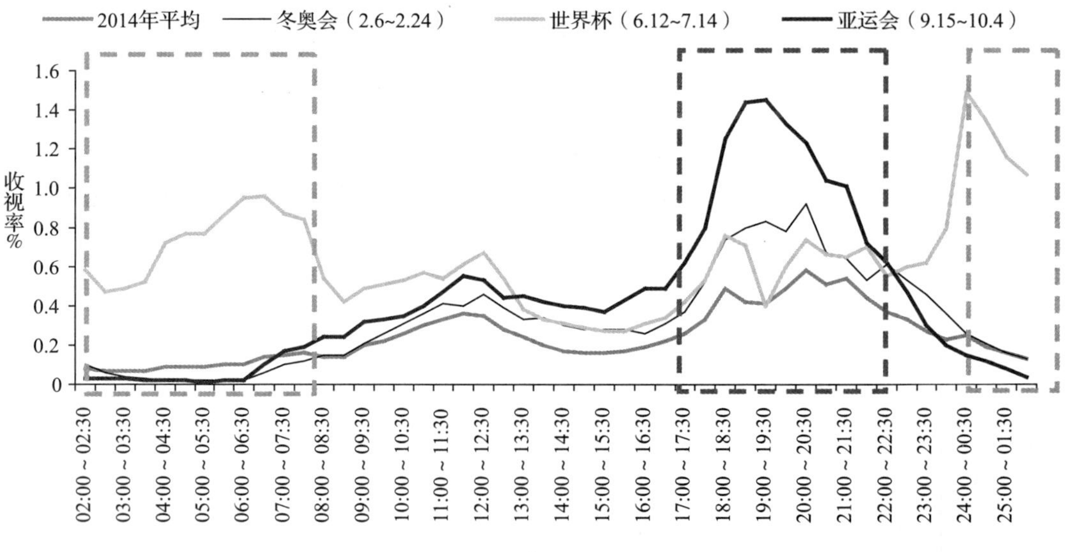

数据来源：CSM媒介研究

图10　2014年重点赛事期间中央台五套全天收视走势（所有调查城市）

索契冬奥会是中国参加的第10次冬奥会，共有66名运动员参加了4个大项、49个小项的比赛，共获得3金4银2铜，列奖牌榜第12位，仍然保持在冬奥会第二集团之中，稳固了自己在冬奥会竞争格局中的地位。张虹获得速滑女子1000米金牌，实现了中国在该项目上金牌“零的突破”，圆了中国几代冰雪人的梦想，张虹的身份也发生了转变——从运动员转为“全民女神”。短道速滑比赛直播占据了较好的播出时段，加之中国代表团在该项目中具有一定的竞争力，于是成为观众关注的焦点。收视表现最佳的赛事为2月15日播出的短道速滑男子1000米决赛，收视率为2.6%，市场份额达到6.3%（表3）。

表 3 中央台五套播出的"2014 年索契冬奥会"收视率较高的赛事（所有调查城市）

比赛名称	播出日期	开始时间	收视率%	市场份额%
2014 年索契冬奥会短道速滑男子 1000 米决赛	2014/2/15	20:23:13	2.6	6.3
2014 年索契冬奥会短道速滑女子 1500 米决赛	2014/2/15	20:05:34	2.3	5.6
2014 年索契冬奥会短道速滑女子 500 米决赛	2014/2/13	20:04:09	2.0	4.9
2014 年索契冬奥会短道速滑女子 1500 米半决赛	2014/2/15	19:12:21	1.8	5.2
2014 年索契冬奥会短道速滑女子 3000 米接力决赛	2014/2/18	18:53:09	1.7	5.2
2014 年索契冬奥会短道速滑女子 3000 米接力半决赛	2014/2/16	20:23:54	1.6	3.7
2014 年索契冬奥会短道速滑男子 5000 米接力半决赛	2014/2/16	20:27:24	1.6	3.7
2014 年索契冬奥会短道速滑男子 1000 米 1/4 决赛	2014/2/15	18:43:18	1.5	5.2
2014 年索契冬奥会短道速滑男子 1000 米半决赛	2014/2/15	19:41:45	1.5	4.0
2014 年索契冬奥会短道速滑女子 1500 米决赛	2014/2/16	20:17:32	1.5	3.5

注：该排名不包括颁奖仪式及集锦。

数据来源：CSM 媒介研究

当地时间 6 月 12 日 15:15，巴西世界杯开幕式在圣保罗体育场盛装上演。在 25 分钟的开幕式中，圣保罗体育场被装扮成了狂欢的海洋，巴西截瘫青年身着机器衣为世界杯开球的场景更成为欢乐大背景中的温情一幕。巨星珍妮佛·洛佩兹、嘻哈天王皮普·保罗和巴西歌星克劳迪娅·莱蒂共同演唱了世界杯会歌《我们是一家人》，正式宣告世界杯的到来。虽然没有中国队的参与，又存在时差的影响，中国球迷对该项高水平赛事还是表现出了极高的热情，特别是《强强对话》获得了不俗的收视表现。7 月 14 日播出的《巅峰之战（德国 VS 阿根廷）》收视率为 3.4%，市场份额高达 57.8%（表 4）。

表 4 中央台五套播出的"2014 年巴西世界杯"收视率较高的赛事（所有调查城市）

比赛名称	播出日期	开始时间	收视率%	市场份额%
2014 年巴西世界杯决赛（德国 VS 阿根廷）	2014/7/14	2:48:56	3.4	57.8
2014 年巴西世界杯 1/8 决赛（德国 VS 法国）	2014/7/4	23:48:55	2.8	35.5
2014 年巴西世界杯 1/4 决赛（阿根廷 VS 比利时）	2014/7/5	23:48:55	2.7	34.8
2014 年巴西世界杯半决赛（荷兰 VS 阿根廷）	2014/7/10	3:48:56	2.6	55.4
2014 年世界杯小组赛 D 组（英格兰 VS 意大利）	2014/6/15	5:47:34	2.6	42.3
2014 年巴西世界杯 1/8 决赛（巴西 VS 智利）	2014/6/28	23:48:30	2.5	37.6
2014 年巴西世界杯小组赛 C 组（科特迪瓦 VS 日本）	2014/6/15	8:48:59	2.5	22.2
2014 年世界杯小组赛 G 组（德国 VS 葡萄牙）	2014/6/16	23:48:51	2.2	35.6
2014 年巴西世界杯 1/8 决赛（荷兰 VS 墨西哥）	2014/6/29	23:48:56	2.2	35.5
2014 年巴西世界杯半决赛（巴西 VS 德国）	2014/7/9	3:48:56	2.1	60.8

注：该排名不包括颁奖仪式及集锦。

数据来源：CSM 媒介研究

2014年仁川亚运会于9月15日~10月4日举行，来自亚洲各国、各地区的优秀运动员在36个项目中全力拼争，展示了亚洲体坛新的风采。作为亚洲体坛的龙头老大，中国军团以151枚金牌的优异成绩连续第九次坐上亚运会金牌榜头把交椅，传统劲旅韩国、日本分别以79枚金牌、47枚金牌分居金牌榜第二、第三名。本届亚运会上新人辈出，成为赛场的主角。21岁的小将宁泽涛在仁川的碧波泳池中崭露头角，不仅凭借良好的竞技水平斩获4枚亚运会金牌，有着阳光外貌和中国军人优异作风的他也迅速成为中国年轻人的新偶像。此外，在亚运泳池中夺得女子50米自由泳金牌的16岁小将陈欣怡、射击场上与队友合作为代表团射落亚运首金的张梦圆、斩获仁川亚运会两金的中国男子气步枪“天才”小将杨浩然等众多新人，无疑将是中国竞技体育备战里约奥运会的新亮点。游泳和田径两个大项也垄断了收视排名的前10位，9月23日播出的男子400米自由泳决赛取得了整个亚运赛事的最高收视率2.7%，市场份额为8.5%；9月26日播出的男子4×100米混合接力决赛以7.9%的市场份额紧随其后（表5）。

表5　中央台五套播出的“2014年仁川亚运会”收视率较高的赛事（所有调查城市）

比赛名称	播出日期	开始时间	收视率%	市场份额%
2014年仁川亚运会男子400米自由泳决赛	2014/9/23	19:15:07	2.7	8.5
2014年仁川亚运会男子4×100米混合接力决赛	2014/9/26	19:31:41	2.7	7.9
2014年仁川亚运会女子100米蝶泳决赛	2014/9/23	19:00:38	2.3	7.8
2014年仁川亚运会男子200米蛙泳决赛	2014/9/23	18:43:58	2.2	8.8
2014年仁川亚运会男子4×100米自由泳接力决赛	2014/9/24	19:31:42	2.2	6.8
2014年仁川亚运会女子4×200米自由泳接力决赛	2014/9/23	19:35:38	2.2	6.4
2014年仁川亚运会女子400米个人混合泳决赛	2014/9/23	18:20:38	2.1	10.2
2014年仁川亚运会男子跳远决赛	2014/9/30	18:45:39	2.1	8.7
2014年仁川亚运会男子跳远决赛	2014/9/30	18:50:16	2.1	8.6
2014年仁川亚运会女子撑竿跳决赛	2014/9/30	18:49:38	2.1	8.5

注：该排名不包括颁奖仪式及集锦。

数据来源：CSM媒介研究

3. 主要运动项目播出与收视情况

在2014年重大赛事的影响下，中央台五套的各运动项目播出及收视格局与2013年相比发生了一些变化。在中央台五套播出的所有体育赛事节目中，足球取代篮球成了播出时间最长的体育项目。由于2014年巴西世界杯这一全球体育盛世的举办，足球比赛的播出比重在2013年的基础上提升了4.28个百分点，收视比重与2013年相比增长了6.2个百分点，收视时长占到了所有比赛节目的近1/5。

篮球类赛事在2014年并没有特别突出的表现，播出的篮球类赛事也与往年相差不大，播出比重较2013年下降0.62个百分点，收视比重下降近4.51个百分点。篮球赛事的收视比重2013年排在所有体育项目的首位，2014年则被足球项目所取代。

四年一次的冬奥会只有短暂的十几天，对全年中央台五套的播出比重贡献并不大，冰上/水上运动播出比重较2013年仅增长了0.32个百分点，但对收视还是起到了一定的提升作用，其收视比重较2013年上升了1.85个百分点。

无论是播出比重还是收视比重，台球类赛事在2014年中央台五套都占有较重的地位，丁俊晖的影响功不可没。在最新的世界排名中，丁俊晖成为亚洲第一位获得世界第一的球手，也再度掀起了一股台球热潮。台球类赛事的播出比重仅次于足球和篮球，排在第三位，收视比重排在第四位。

2014年收视比重下降较为明显的为乒乓球和网球，中国国家队在乒乓球项目中一直占有较大的优势，但比赛的精彩程度略显不足，虽然2014年中央台五套该项目的收视比重仍高于播出比重，但观众的关注程度较2013年却有所下滑，收视比重只占到所有赛事的2.64%。李娜在年初的时候再次夺得了大满贯的冠军，又一次点燃了中国观众对网球的热情，收视曾出现了一个短暂的小高峰，但随着李娜慢慢淡出直到在中网正式宣布退役，网球项目的收视也受到了较大影响，收视比重低于播出比重近一半（表6）。

表6　2014年中央台五套各主要运动项目的播出比重（%）及收视比重（%）

运动项目	播出比重%	收视比重%
足球	16.76	19.43
篮球	9.66	12.40
冰上/水上运动	6.49	7.18
台球	7.93	5.91
排球	4.44	4.28
乒乓球	2.32	2.64
网球	3.75	2.03
羽毛球	1.88	1.92

数据来源：CSM媒介研究

结语

2014年世界体育赛场精彩不断，中国体育厚积薄发。张虹夺得速滑女子1000米金牌，是几代速滑人拼搏努力的结果；宁泽涛横空出世，吹响了中国泳军重新崛起的号角；“超级丹”在仁川夺得他个人的第18个世界大赛冠军；李金哲打破了尘封17年的男子跳远全国纪录；李娜在澳大利亚再一次夺得大满贯冠军，完美谢幕。由于体育的观赏性和影响力是吸引观众观看的驱动力，2014年的中国体育吸引到了观众更多的注意力。回暖的体育市场，也让我们对2015年有更多期待！

（作者：于松涛）

2014 年晚间新节目观察

电视节目创新是建立在完善的市场机制和强大的制作能力之上的一项活动。近年来，随着我国电视市场需求的升温和节目制作技术水平的提升，各级电视媒体的节目创新热度越来越高。但与前些年的大干快上相比，电视媒体的节目创新步伐趋稳，节目引进及创新朝着更为理性的方向发展。本文基于2014 年电视节目市场，对中央级频道、省级卫视和 71 个城市[①]的地面频道在晚间 18:00 ~24:00 时段新节目[②]的播出与收视状况进行梳理与分析，以期对2014 年全年新节目的发展变化状况作一总结。

一、2014 年晚间时段新节目播出概况

1. 电视节目创新步伐趋稳，常态新节目占新节目总量的 27%

2014 年晚间 18:00 ~24:00，在 71 城市电视市场中，各级电视频道共播出新节目近 4000 档。其中，进入频道日常播出序列的常态新节目 1000 余档，占新节目总量的 27%；以形式多样的评选/颁奖/典礼、节庆/假期特别节目、电视比赛/活动等为主体的非常态新节目则占到新节目总量的 73% （图 1）。结合近几年 CSM 媒介研究持续追踪的 35 城市市场节目创新情况，常态新节目在新节目中所占比例多年来保持在 1/4 左右的水平。

2. 新节目推出相对集中于年初、年中和年尾

从 2014 年电视节目创新在时间序列上的分布来看，集结了开年、元旦、春节等重要时点的年初，世界杯热力绽放和预热暑期的年中，为来年广告招商积蓄关注点的年尾，成为各级媒体节目创新的热点时期；相应地，1 月、6 月、10 月和 12 月成为年度节目创新最为集中的 4 个月份。而在上述几个时期中，1 月又因为兼具开年和春节两大节点，因而彰显频道影响力和新一年创新风向的常态新节目以及春节期间必不可少的晚会、庆典、颁奖等非常态新节目都集中在这个月份登场，两类新节目创新数量比重高居各月榜首（图 2）。

---

① 71 城市包括 4 个直辖市、5 个计划单列市、26 个省会城市（不包括拉萨）和 36 个地级城市。

② 本文对新节目的界定为：各上星频道、省/市级地面频道 18:00 ~24:00 播出，同名称节目在 2012 年 1 月 1 日至 2013 年 12 月 31 日期间未出现过，节目长度超过 20 分钟（含 20 分钟）的节目。以下节目类型不属于新节目范围：广告、频道包装、节目预告、导视节目、电视剧、电影、外语、各类体育赛事等。

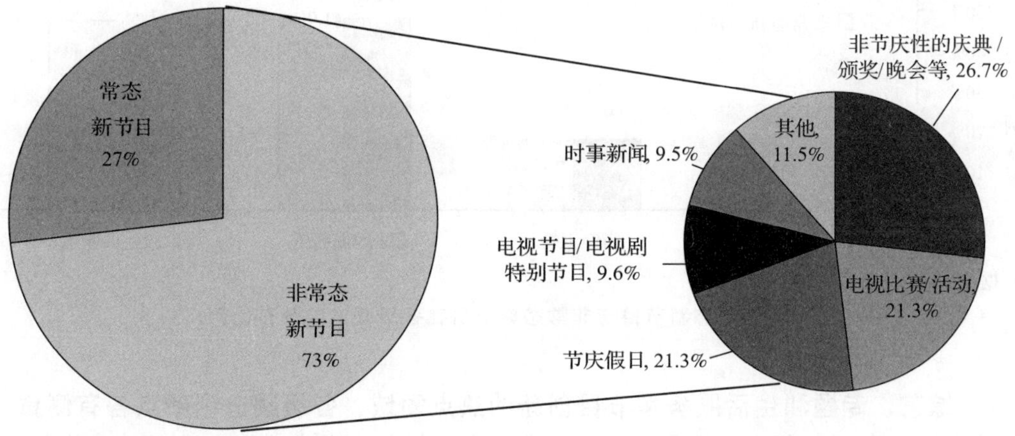

数据来源：CSM 媒介研究

图 1　2014 年常态新节目与非常态新节目的数量分布

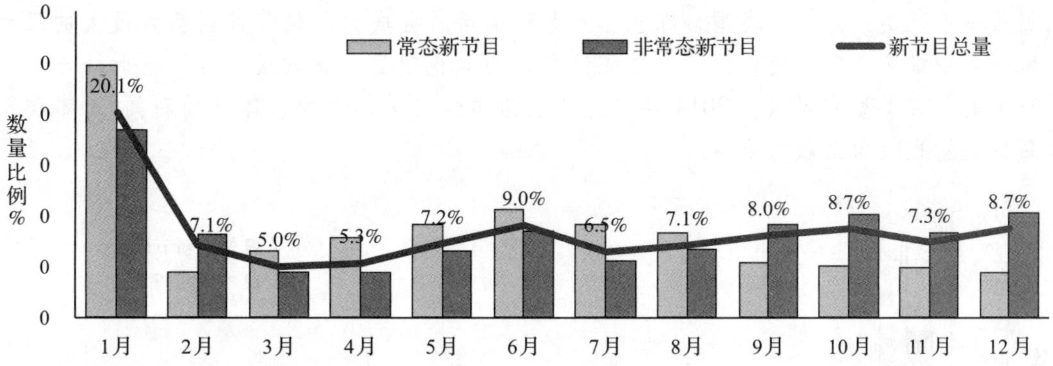

数据来源：CSM 媒介研究

图 2　2014 年各月新节目播出数量占比（%）

3. 省级频道在节目创新数量上占据主体，城市台非常态新节目创新量大

2014 年，各级频道的节目创新结构基本延续以往的态势，包括省级卫视和省级地面频道在内的省级频道新节目推出数量最多，其常态新节目数量占所有频道总量的近 7 成，非常态新节目数量占比近 5 成；从省级卫视两类新节目的创新量对比来看，省级卫视常态新节目创新更为活跃，其创新量占比远高于非常态新节目。城市台频道的电视节目创新也比较活跃，其常态新节目和非常态新节目分别占所有频道同类新节目总量的 31.5% 和 47.7%；中央级频道因为频道数量限制，在节目创新数量上未表现出明显优势（图 3）。

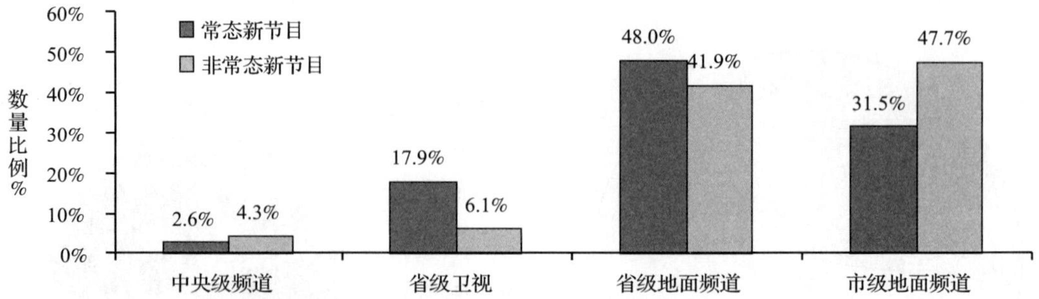

数据来源：CSM 媒介研究

图 3　2014 年常态新节目与非常态新节目在各级频道的分布比例（%）

4. 综艺、专题和生活服务是节目创新的热点领域，各级频道创新点各有侧重

电视节目创新的领域选择是电视节目类型化创新与受众类型化体验互动的产物，类型化的生产方式是电视节目生产实现标准化、规模化的必然选择，而节目的类型化传播则促成了受众收视行为的分类聚合与类型化构成，使之形成了不同的收视期待①。长期以来，我国电视观众的收视行为中，节庆假日期间的团聚与狂欢以及日常生活中的娱乐和生活经验分享都是重要的内容。与受众的收视期待相吻合，近年来，我国电视节目创新更集中于几类热点节目类型，综艺、专题和生活服务成为电视节目创新量最大的三大领域，其中综艺类节目更以绝对的领先优势成为电视节目创新的最热点。同时，与政策规范下的节目类型发展以及 2014 年体育及政治事件相关，青少、体育和新闻/时事类新节目的创新也较为活跃（图 4）。

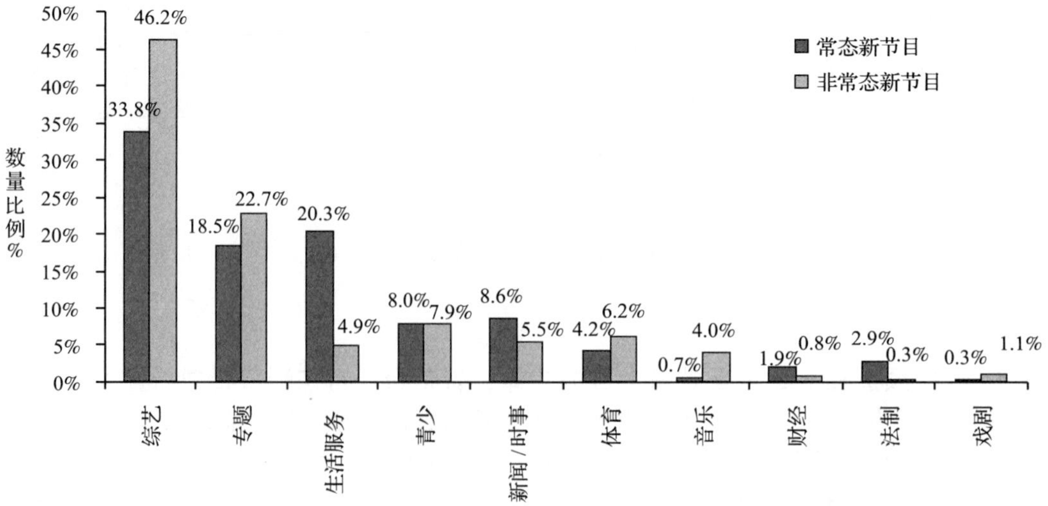

数据来源：CSM 媒介研究

图 4　2014 年新节目类型分布比例（%）

---

① 杨乘虎：《电视节目创新的路径与模式——中国电视节目创新问题研究之三》，《现代传播》2012 年第 6 期。

从代表国家电视媒体形象的中央级频道到贴近百姓日常生活的城市台频道，各级电视媒体基于不同的定位、形象、品牌和资源等考量，其电视节目创新的类型分布比例也有所不同（表1）。综艺节目在从中央到地方各级媒体的电视节目创新中均占据重要的位置，其中省级卫视对其尤其倚重，常态与非常态新节目中综艺节目占比均超过5成。除综艺节目之外，不同级别频道的节目创新类别则各有侧重：中央级频道中，专题及体育类常态新节目创新量占比更高，分别占到常态新节目创新总量的22.2%及14.8%；省市两级地面频道中，生活服务类常态新节目的创新比重超过2成（表1）。

表1　2014年各级频道常态新节目、非常态新节目的类型比例分布（%）

节目类型	所有频道		中央级频道		省级卫视		省级地面频道		市级频道	
	常态新节目	非常态新节目	常态新节目	非常态新节目	常态新节目	非常态新节目	常态新节目	非常态新节目	常态新节目	非常态新节目
综艺	33.8%	46.2%	44.4%	47.1%	56.2%	69.2%	28.0%	42.3%	28.9%	46.7%
专题	18.5%	22.7%	22.2%	16.5%	15.1%	12.2%	19.4%	23.8%	18.8%	23.7%
生活服务	20.3%	4.9%	0.0%	0.8%	11.4%	0.6%	23.6%	6.8%	22.2%	4.1%
青少	8.0%	7.9%	7.4%	3.3%	8.6%	7.6%	7.3%	6.6%	8.9%	9.4%
新闻/时事	8.6%	5.5%	0.0%	10.7%	2.7%	3.5%	8.7%	5.4%	12.6%	5.4%
体育	4.2%	6.2%	14.8%	10.7%	1.6%	2.9%	5.6%	8.5%	2.5%	4.2%
音乐	0.7%	4.0%	3.7%	7.4%	1.1%	3.5%	0.4%	3.2%	0.6%	4.4%
财经	1.9%	0.8%	7.4%	0.0%	1.6%	0.0%	1.8%	1.3%	1.8%	0.6%
法制	2.9%	0.3%	0.0%	0.0%	1.1%	0.0%	3.8%	0.1%	2.8%	0.5%
戏剧	0.3%	1.1%	0.0%	3.3%	0.5%	0.6%	0.4%	1.4%	0.0%	0.8%
教学	0.8%	0.4%	0.0%	0.0%	0.0%	0.0%	1.0%	0.7%	0.9%	0.1%

注：省级地面频道包括直辖市地面频道。

数据来源：CSM媒介研究

5. 常态新节目进一步向后黄金时段集中，逾一半节目时长在30分钟左右

近年来，各级电视频道推出的常态新节目有向后黄金时段不断集中的趋势。2013年所有频道中开始时间在21:00~23:00之间的常态新节目数量占总体的45.9%，2014年这一数值上升至47.8%（表2）。

中央级频道和省级卫视常态新节目向后黄金时段集中的趋势表现得更为明显，21:00~23:00开播的常态新节目比例分别达到51.8%和83.8%，晚间后黄金时段成为上星频道以栏目为依托创新集中发力的时段。省、市地面频道在常态新节目播出的时间安排上较上星频道有所提前，在20:00~22:00时段开播的常态新节目比例均超过4成；此外，18:00~19:00开播的民生新闻时段常态新节目也较多，占比在15%左右。

表2　2014年各级频道常态新节目播出时段分布（数量比例%）

开始时间	中央级频道	省级卫视	省级地面频道	市级地面频道	所有频道
18:00（含）~19:00	7.4%	3.8%	14.7%	15.7%	12.9%
19:00（含）~20:00	18.5%	1.6%	14.1%	13.8%	11.9%
20:00（含）~21:00	18.5%	5.4%	20.8%	22.5%	18.5%
21:00（含）~22:00	25.9%	29.2%	24.8%	22.8%	25.0%
22:00（含）~23:00	25.9%	54.6%	16.1%	14.8%	22.8%
23:00（含）~24:00（含）	3.7%	5.4%	9.5%	10.5%	8.9%
总计	100.0%	100.0%	100.0%	100.0%	100.0%

数据来源：CSM媒介研究

常态新节目的时长与该节目的资源承载力、频道内容的总体编排及相关电视市场的竞争策略有关。从2014年常态新节目的播出时长来看，逾一半常态新节目的时长在30分钟左右（20~40分钟），其中33.2%的常态新节目时长在20~30分钟之间，18%时长在30~40分钟之间，时长超过90分钟的常态新节目比例不足10%（图5）。

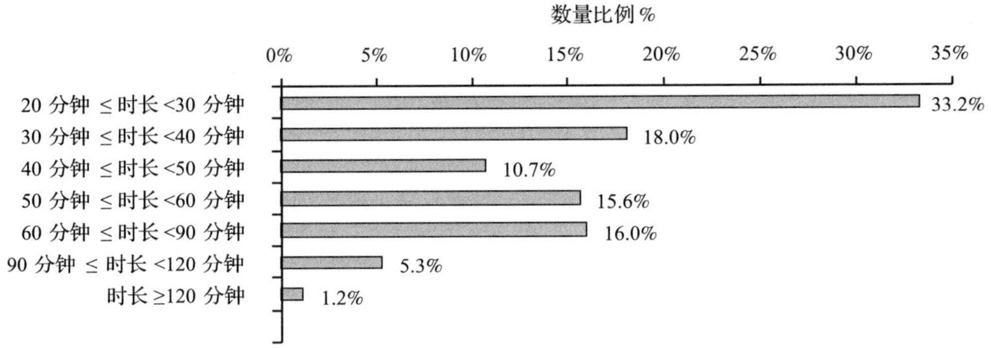

数据来源：CSM媒介研究

图5　2014年常态新节目时长分布比例（%）

二、2014年上星频道常态新节目收视概况

1. 上星频道新节目收视冲高能力有限，平均收视率达到0.5%及以上的节目仅占17%

近年来，电视节目创新中尤其是竞争日益白热化的上星频道的节目创新中，高投入、大制作、高产出渐成一种风潮，创新节目普遍呈现出大片化的趋势。但在这种风潮的另一面，在绝大多数不占据资源优势的电视媒体的源源不断的节目创新中，多数节目在最初投入市场时都要经历一个逐渐被接受的过程，收视能在短期内冲高的毕竟是少数，大多数节目在投放市场初期收视表现平平，有待市场的洗礼和检验。2014年，上星频道常态新节目中，71城市平均收视水平达到0.5%及以上的节目仅占17%，达到1%

及以上的节目仅占2%，也就是说83%的节目平均收视率在0.5%以下，其中近一半的节目收视率在0.1%以下（图6）。

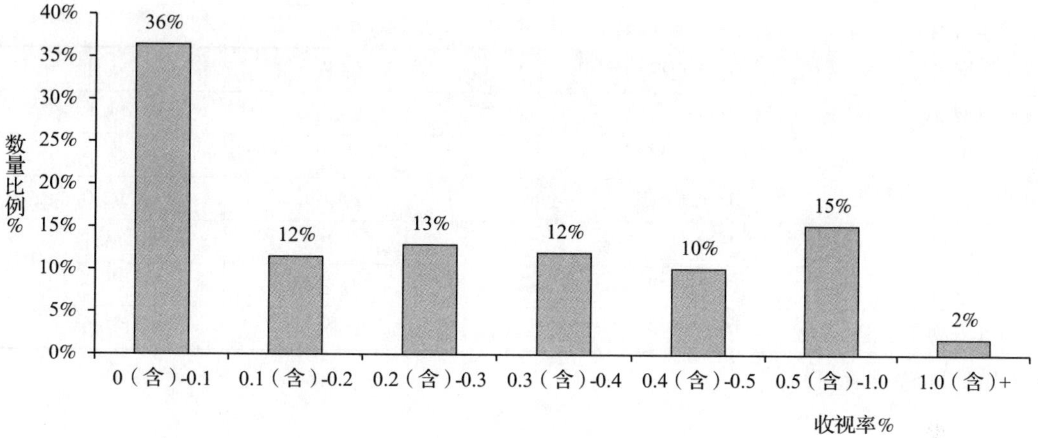

数据来源：CSM 媒介研究

图6　2014 年上星频道常态新节目平均收视率分布（71 城市，18:00～24:00）

2. 季播真人秀拉动收视，题材呈现多样化趋势

近年来，电视节目创新中真人秀的热度始终不减，而随着广电主管部门对歌舞类真人秀的限制，2014 年主题多样的真人秀风生水起，在上星播出平台上掀起了不小的波澜。2014 年晚间 18:00～24:00 时段，71 城市平均收视较高的上星频道常态新节目以多种类型的真人秀为主。与往年歌舞类真人系扎堆的情况有所不同，收视率高的真人秀在题材上呈现出多样化的趋势，益智类、励志类、喜剧类、时尚类、户外类、校园成长类、戏曲类、亲子类、体验类真人秀均有涉及，题材不断细分（表3）。

表3　2014 年平均收视率较高的上星频道常态新节目（71 城市，开始时间 18:00～24:00）

节目名称	播出频道	节目类别	真人秀类别
中国谜语大会	中央电视台综合频道	专题	益智
出彩中国人	中央电视台综合频道	综艺	励志
笑傲江湖	上海东方卫视	综艺	喜剧
女神的新衣	上海东方卫视	综艺	时尚
极速前进	深圳卫视	综艺	户外
我们都爱笑	湖南卫视	综艺	喜剧
一年级	湖南卫视	专题	校园成长
中国喜剧星	浙江卫视	综艺	喜剧
背着青春去旅行花样爷爷	上海东方卫视	综艺	户外
最强大脑	江苏卫视	综艺	益智
中国好歌曲	中央台三套	综艺	音乐

续表

节目名称	播出频道	节目类别	真人秀类别
奔跑吧兄弟	浙江卫视	综艺	户外
看透世界杯	中央台五套	体育	——
国色天香	天津卫视	综艺	戏曲
来吧灰姑娘	中央台六套	综艺	励志
爸爸回答吧	浙江卫视	综艺	亲子
喜从天降	天津卫视	综艺	体验
2 天 1 夜	上海东方卫视	综艺	户外
花儿与少年	湖南卫视	综艺	户外
中国正在听	中央台三套	综艺	音乐

数据来源：CSM 媒介研究

从单频道平均收视率超过0.5%的常态新节目数量分布来看，浙江卫视、上海东方卫视、中央电视台综合频道表现最为突出，播出的高收视新节目数量占比达到10%以上（表4）。其中浙江卫视播出的《奔跑吧兄弟》《12道锋味》《人生第一次》《中国喜剧星》《中国好舞蹈》《爸爸回答吧》《星星的秘密》等节目平均收视率均在0.5%以上。

表4　2014年平均收视率达0.5%及以上的上星频道常态新节目频道分布（71城市，开始时间18:00~24:00）

频道名称	数量占比
浙江卫视	19%
上海东方卫视	14%
中央电视台综合频道	11%
湖南卫视	8%
中央台三套	8%
中央台五套	8%
北京卫视	5%
江西电视台卫星频道	5%
天津卫视	5%
安徽卫视	3%
湖北卫视	3%
江苏卫视	3%
深圳卫视	3%
四川卫视	3%
中央台六套	3%

数据来源：CSM 媒介研究

三、2014年节目创新总体特点

1. 真人秀创新类型更趋多样化，户外、喜剧及益智类平均创新水平高

真人秀是电视节目创新尤其是电视综艺节目创新中的主要类型，2014年，上星频道在71城市晚间18:00～24:00时段平均收视最高①的50档常态新节目中，有46档为真人秀（下文简称“高收视真人秀”）。与往年音乐类真人秀占据主导地位的情况有所不同，2014年高收视真人秀的类型更趋多样化，户外类、喜剧类、益智类高居榜首，亲子类、励志类、音乐类、舞蹈类相对集中，脱口秀、体验类、宠物类、交友类、美食类、密室逃脱等类型的真人秀虽然在高收视真人秀中占比不高，但也现身荧屏，丰富着电视节目的创新领域和视听体验（图7）。

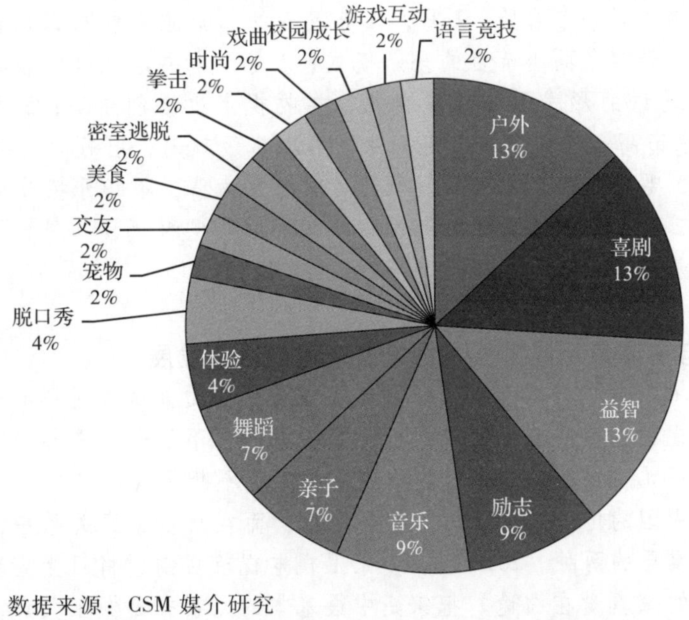

数据来源：CSM媒介研究

图7　2014年上星频道高收视真人秀②节目类型分布

2013年底，《爸爸去哪儿》的热播使户外真人秀重新走进观众的视野，2014年随着萌娃大战的热度继续，户外真人秀也迎来了发展的黄金时代。4月湖南卫视的《花儿与少年》以明星姐弟自助远行的模式引发热议，6月上海东方卫视的《背着青春去旅行花样爷爷》中平均年龄超过70岁的爷爷们的“花样”旅途也备受关注。9月《明星家族的2天1夜》以“家族”的概念组团出行，使户外真人秀进一步升温。进入第四季度，户外真人秀全面开启新局面，浙江卫视的《奔跑吧兄弟》、深圳卫视的《极速前进》和

---

① 本排名计算的是晚间时段的平均收视，不区分首、重播。

② 71城市晚间平均收视TOP50中的46档真人秀。

上海东方卫视的《2天1夜》将此类节目的热度推向新高。

2013年底“加强版限娱令”的出台为喜剧节目的发展提供了良好的创新环境和空间。进入2014年，大批喜剧类新节目涌现，尤其是第一季度，喜剧类节目扎堆热播，浙江卫视的《中国喜剧星》、湖南卫视的《我们都爱笑》、江西卫视的《谁能逗乐喜剧明星》、湖北卫视的《我为喜剧狂》、上海东方卫视的《笑傲江湖》，或以喜剧表演真人秀的方式、或以逗笑喜剧明星的表演、或以情景喜剧工厂秀、或以娱乐脱口秀的形式，围绕喜剧元素展开，在荧屏上掀起了欢乐的热潮。进入第二季度后，喜剧类真人秀虽然在数量上不具优势，但在创新理念及内容把控等方面明显更加成熟。6月，中央电视台综合频道推出《喜乐街》，“以多位明星共同即兴飙戏”为主要亮点，在收视上也取得了不俗的成绩。

作为电视真人秀中一个较为成熟的类型，益智类节目在2014年电视节目创新中也具有不小的影响力，这些节目或在比拼的内容上有所创新，或是引进全新的节目模式，较传统的益智真人秀上了一个台阶。1月，江苏卫视的《最强大脑》以国内首档大型科学类真人秀为标签，开启了同类节目的全新模式；2月，中央电视台综合频道的《中国谜语大会》通过猜谜语的形式弘扬传统文化，在收视上也屡创新高；5月，湖北卫视的《天才想得到》邀请高智商嘉宾在规定条件下解决超级难题，引领大众关注科学；6月，中央台五套的《5要赢》在世界杯期间展开足球智力竞猜，不断开拓节目新领域；7月、8月暑假期间，江西卫视的《挑战文化名人》和四川卫视的《我知道》进一步将益智真人秀的热潮推向新高。

2. 节目参与主体多元混搭，人物关系挖掘向纵深发展

2014年，电视市场的竞争形势更加严峻，强势频道之间的较量不断升级。在这样的背景下，各大卫视都在尝试节目创新的新的突破方向，不仅题材更趋多样，其参与主体配置也继续延续多元多样的趋势，对人物关系的挖掘不断深入。

家庭关系在中国的传统文化中居于重要地位，而在众多家庭关系中，夫妻关系和亲子关系是相对最重要的两种。2014年，多家卫视电视节目创新将目光重新聚焦在家庭关系上。东南卫视的《真爱在囧途》把家庭中最基本的元素夫妻搬上荧屏，全面记录并展示3对明星夫妻旅行中的各种故事；旅游卫视的《鲁豫的礼物》打破固有的演播室访谈的形式，为明星嘉宾提供了一次专属于夫妻两人的旅行，逐步呈现嘉宾的情感故事，体现爱情和婚姻的正能量。围绕亲子关系展开的创新更是成为一种风潮，浙江卫视的《爸爸回答吧》《爸爸回来了》，贵州卫视和青海卫视的《爸爸回答吧》，广东卫视的《爸爸在海外》几档节目主打父爱标签；深圳卫视的《辣妈学院》、辽宁卫视的《妈妈的味道》、北京卫视的《妈妈听我说》、青海卫视的《妈咪救兵》则从妈妈的角度进行多维度开发；辽宁卫视的《宝宝抱抱》、浙江卫视的《宝贝大猜想》、东南卫视的《宝贝大赢家》、天津卫视的《宝贝你好》、广东嘉佳卡通卫视的《宝贝天团》、深圳卫视的《来吧孩子美赞生命》直接将孩子作为节目创新主体，呈现不一样的创新视角。

除最主要的两种家庭关系之外，部分卫视还尝试了错位混搭，姐弟搭档、爷孙搭档都出现在真人秀中。这种错位混搭或超出普通人预期的节目主体配置不仅强化了参与者

之间的戏剧化对比，更强化了节目的叙事感染力，紧紧抓住了受众的眼球。湖南卫视的《花儿与少年》由5位“花儿”与2位“少年”构成“西游旅行团”，7位来自演艺圈不同世代的明星组成了一个人员性格各异、乐趣繁多的花样姐弟团，展开自助远行。上海东方卫视和韩国CJ联合制作的《背着青春去旅行花样爷爷》则号称是有史以来第一档让高龄演员参与的旅行类真人秀，节目中的爷爷们平均年龄超过76岁，挑夫刘烨带着4位爷爷游历法国、瑞士两个国家十多个城市。正是由于真人秀将节目的参与主体建构成了观众所关注的对象，而“混搭”后的节目使参与主体的人物形象更加鲜明，因而观众在收看节目中的情感代入会更加强烈，使节目的受众形成了明显的差异化特征。

此外，还有节目进一步深入挖掘人物的关系，情侣、朋友、同学等组合搭档上场，有的节目开始打造“家族”或“家庭”的组合，甚至将人物关系具体化到“同年同月出生”，人物关系的内涵更趋丰富。四川卫视的《明星家族的2天1夜》以“明星家族”的概念组团出行，青海卫视的《假期这样玩》呈现的是情侣、家庭、朋友、同学等人物关系的旅行体验，旅游卫视的《同年同月的选择》则让两个同年同月出生的年轻人展开一段难忘的旅行。

2014年8月，省级卫视频道更有3档节目在参与主体上大胆突破了既往以个人为主的限制，将镜头对准了各色各样的团队。江苏卫视的《最强天团》定位为国内首档“偶像团综”节目，嘉宾囊括了韩国超人气偶像团体Super Junior、少女时代、东方神起等。广东嘉佳卡通的《宝贝天团》意在挖掘少年团队的才艺技能，定位为全国首个少年团体真人综艺秀。辽宁卫视的《梦想音乐节》则第一次将镜头对准了乐队和演唱组合这个空白地带，10个单元10支胜出团队获得进入辽宁卫视跨年演唱会的资格。

3. 青少节目细分市场条件渐趋成熟，节目创新视阈更加丰富

青少频道及青少节目的发展源自对电视受众细分市场的需要。基于青少年及儿童不同年龄段差异较大、生理及心理发展具有阶段性的特征，更需要在青少节目制播及创新中进一步细分市场。2014年青少节目的创新发展迎来新的机遇，青少节目创新中细分市场的条件渐趋成熟，各档节目力图将青少受众群体进一步区分为不同的区间，低幼、幼儿、儿童、青少年等成为不同节目的核心受众，节目创新领域更加丰富。

上文论及的众多明星亲子真人秀，出镜的是学龄前后的萌娃；金鹰卡通卫视的《一起向前冲》以“奇幻探险”为主题，以“丛林历险”为概念，从勇气、智慧、敏捷、探险精神和亲子合作等多个方面对小探险家和家长进行全方位考验；青海卫视的《第一次任务》(《老爸老妈看我的》第二季)也是通过记录、展现3~5岁儿童在第一次完成爸妈交付的任务时的种种表现来瞄准萌童的童趣。

少年强则中国强，关注青少年成长的呼声使青少节目的创新视阈从家庭生活转向了学校教育。湖南卫视的《一年级》通过一群一年级新生既搞笑又颇富人生哲理的校园生活故事，探讨一年级启蒙教育的课题。中国教育台一套的《拼吧小伙伴》立足小学生汉字文化，32所小学的小学生们用自己的方式传扬中国文化、展现汉字魅力。中央电视台少儿频道的《最野假期》中，6名性格各异的小学生前往7个珍稀野生动物自然保护区，节目将壮美的风光和孩子们的真诚、勇敢巧妙地加以融合。2014年8月3日起登陆江苏

优漫和北京卡酷两大少儿频道的《终极大脑》主要针对4~14岁的儿童，以爆笑的效果展示科学实验，引领他们去领略知识的力量。浙江卫视的《中华好故事》面向全国的重点初高中学子，集故事、趣味、益智、公益于一身，提供广泛的参与空间和知识竞争机制。

在此基础上，部分青少节目创新开始由少儿年龄群向青年等年龄群延展，甚至在整体设计、主持人等方面体现出“非少儿节目化”的特征，以打造全家收视的理念。中央台综合频道的《少年中国强》是其中较为典型的一档节目，播出时段在22:00后的次黄金时段，节目虽然以“00后”展示才智和梦想为主要形式，但更重要的是以探讨式的态度给处在转型期和成长期的中国的“80后”父母以启示，节目播出后，35~44岁年龄段的观众收视水平明显高于节目开播前同周天同时段的水平。

4. 模式引进变身联合制作，“轻题材”模式更为盛行

近年来，随着电视市场竞争的不断加剧，创新节目的时效性成为投放市场后能否迅速获得影响力的关键，电视台自产自销的模式逐渐改变，转而购买海外模式节目；而随着“加强版限娱令”对上星频道引进海外模式节目的限制，各大卫视与海外版权方的合作方式开始全面升级，由以往单纯的版权引进变为联合制作，此举除了是学习外方制作理念外，也是为规避“限娱令”而打出的擦边球。

以2014年上星频道高收视真人秀为例，在近50档真人秀中，有明确版权引进方的节目逾10档，较往年相比数量大幅下降。从版权引进国来看，韩式节目更为流行，《奔跑吧兄弟》《喜从天降》《2天1夜》《不朽之名曲》4档均引进自韩国，引进自欧美及亚洲其他国家（如日本）的相对分散（表5）。

表5　2014年上星频道高收视真人秀版权引进情况

节目名称	播出频道	真人秀类别	版权国	原版节目名称
极速前进	深圳卫视	户外	美国	*The Amazing Race*
最强大脑	江苏卫视	益智	德国	*Super Brain*
奔跑吧兄弟	浙江卫视	户外	韩国	*Running Man*
喜从天降	天津卫视	体验	韩国	伟大的婆家
2天1夜	上海东方卫视	户外	韩国	2天1夜
中国正在听	中央台三套	音乐	以色列	*Rising Star*
谁能逗乐喜剧明星	江西电视台卫星频道	喜剧	欧洲	*Crack! Them Up*
幸福账单	中央台三套	游戏互动	荷兰	*Give Me Your Bill*
不朽之名曲	上海东方卫视	音乐	韩国	不朽的名曲
喜乐街	中央电视台综合频道	喜剧	德国	席勒街
与星共舞	上海东方卫视	舞蹈	美国	*Dancing With the Stars*
疯狂de麦咭	湖南电视台金鹰卡通频道	亲子	日本	宝探しアドベンチャー 謎解きバトルTORE!

与版权引进的低调运作相比，2014年各种联合制作如火如荼，上述上星频道高收视真人秀中有近20档节目采用了不同方式的联合制作模式推出，除了与韩国、英国等国外节目制作方合作外，各大卫视与国内专业节目制作机构的合作也全面展开，如中央电视台、浙江卫视等与灿星制作、光线传媒、天娱传媒等的合作，上海东方卫视、北京卫视与蓝色火焰的合作等等（表6）。

在版权引进与联合制作模式上，2014年上星频道高收视综艺节目的创新和本土化改造上也呈现出与以往不同的特征，渗透西方意识形态、具有浓厚博彩意味、个人主义色彩等的表现手法减少，展现明星父子友爱、互动，通过艺人游览自然风景尽显环保、礼仪、历史、风俗等各种风貌等的“轻题材”更为盛行，这不仅符合我国的传统文化和观念，也更契合中国观众的心理和接受习惯，在收视上更能赢得观众。

表6　2014年上星频道高收视真人秀联合制作情况

节目名称	播出频道	真人秀类别	联合制作方
女神的新衣	上海东方卫视	时尚	东方卫视与蓝色火焰
中国喜剧星	浙江卫视	喜剧	浙江卫视及北京中视寰影文化传媒中心
背着青春去旅行 花样爷爷	上海东方卫视	户外	东方卫视与韩国CJE&M
中国好歌曲	中央台三套	音乐	中央电视台与灿星制作
来吧灰姑娘	中央台六套	励志	中央电视台与灿星制作
12道锋味	浙江卫视	美食	浙江卫视与英皇娱乐、蓝天下影视传媒公司
我是演说家	北京卫视	语言竞技	北京卫视和能量传播
我知道	四川卫视	益智	四川卫视与南方周末
少年中国强	中央电视台综合频道	励志	中央电视台与光线传媒
中国好舞蹈	浙江卫视	舞蹈	浙江卫视与灿星制作
勇敢的心	北京卫视	拳击	北京卫视与蓝色火焰、中喜传媒
人生第一次	浙江卫视	亲子	浙江卫视与北京元纯传媒
我为喜剧狂	湖北卫视	喜剧	湖北卫视、长江传媒与能量传媒
挑战文化名人	江西电视台卫星频道	益智	江西卫视与英国ITV
烈火雄心	山东卫视	体验	山东卫视、湖南省消防总队、中广天择传媒
舞动全城	云南广播电视台卫视频道	舞蹈	云南卫视与世熙传媒
嗨2014	中央电视台综合频道	脱口秀	中央电视台与天娱传媒
今天不烦恼	湖北卫视	脱口秀	湖北卫视与韩国CJE&M
我爱好声音	浙江卫视	音乐	浙江卫视与梦响强音及灿星制作

联合制作之外，联合播出模式也开始在2014年上星及地面频道中试水。地面频道中，《Bling Bling 校花纪》是省级地面频道联合体“九合组织”第一次以集团军形式鏖战全国市场而推出的节目，播出平台涵盖湖南经视、江苏综艺、浙江教科、天津文艺、湖北综合、河北经视、黑龙江都市、江西五套、重庆时尚、河南都市、山东综艺。从2014年第二季度这档节目在地面频道中的播出情况来看，节目在江西和江苏省台播出后收视效果更好。

上星频道中，2014年5月，青海卫视和贵州卫视更是史无前例地尝试了综艺节目联播，联合推出原创亲子益智挑战节目《爸爸请回答》，“节目双拼”的创新商业模式在投入、产出和影响力等方面对于参与的卫视均有好处，不失为卫视扩大生存空间的又一种新尝试。

5. 地面频道节目创新更趋务实，娱乐手法与服务宗旨巧妙结合

与卫视频道比拼资源、人力、财力等有所不同，地面频道在节目编排及创新中更加关注与本土市场的贴近性以及针对本地观众的服务性，走的是一条务实发展的道路。2014年，地面频道的节目创新更加集中体现了这一特点，多档收视较高的地面新节目均将视角聚集在节目的服务性、实用性上，并在表现手法上大胆创新，将娱乐手法与服务宗旨巧妙结合，以赢得受众的青睐。

以贴近性取胜一直是地面频道节目制作与创新的法宝，2014年地面频道收视较高的服务类新节目多将目光聚焦在百姓的衣食住行上。浙江电视台经济生活频道的《经视养生会》、江西电视台财经频道的《医生来了》都聚焦于百姓健康；温州市广播电视总台都市生活频道的《梳妆台》、宁波电视台二套的《爱时尚》、武汉电视台影视频道的《江城女人花》关注百姓的美容与服饰风尚；杭州电视台西湖明珠频道的《装修新视界》、青海电视台经济生活频道的《1时间房产》为观众带来房产与装修方面的资讯；杭州电视台西湖明珠频道的《杭州帮》通过与智能部门合作切实解决百姓的实际困难。

与上星频道大片化的综艺节目制作有所不同，地面频道综艺新节目从贴近性入手，主打民生综艺娱乐，将服务与娱乐巧妙地融合。山东电视齐鲁频道的《节俭中国人》由国内顶尖真人秀制作团队主创，民间节俭达人挑战节约技能；湖南电视台经济频道的《加油小肥肥》通过真实记录肥胖儿童在儿童减肥夏令营为期10天的经历，捕捉孩子们在减肥过程中获得的成长历练；苏州台经济社会频道的《好运看得到》将综艺娱乐和“疯狂购物”巧妙地结合；上海电视台娱乐频道的《欢乐评审团》用综艺手法普及法律知识；江西教育台的《招考就业直通职场》则以竞赛的形式呈现学校、毕业生、用人单位三方的真实需求。

不仅如此，在上星频道科学实验求证类新节目较好的发展势头的带动下，地面频道节目创新中也借鉴了实验求证这一元素，以更为贴近、有效的方式为观众破解生活中的各类传言，集实用性和娱乐性于一身。山东广播电视台公共频道的《眼见为实》通过科学实验纠正大家在生活中遇到的各种常识性错误，湖北综合的《幸福实验室》通过实验对生活中的现象和社会上流传的谣言进行真伪验明，这些节目播出后都获得了较好的收视反馈。

结语

2014年正式实施的“加强版限娱令”，旨在促进国内电视媒体优化节目结构、丰富节目类型、坚持自主创新。经过一年的市场检验，各级电视媒体的节目创新的确正朝着“自主、自立、自有”的方向迈进。原来被奉为收视法宝的版权引进比例大幅度降低，各种方式的联合制作模式受到推崇。不仅如此，创新节目类型也更趋多元化，改变了往年歌唱类节目一统荧屏的局面。2015年，旨在进一步均衡卫视综合频道节目构成、强化综合定位、优化频道资源的“一剧两星”正式实施，在黄金时段电视剧播出受到规范和限制的情况下，卫视自办栏目能否迎来放量发展，有待我们进一步观察。

（作者：周欣欣）

远方很远，步履不停
——户外真人秀节目初探

近年来，真人秀节目在各台遍地开花，除了涵盖音乐、舞蹈、文化、竞技、跳水、成长、求职、相亲、演讲等诸多传统领域外，更是蔓延到了军营体验、喜剧表演评论、科学实验求证和人与宠物互动等新领域。可以说，只有想不到，没有做不到。在媒介选择多样化的今天，各节目制作团队也在不断推陈出新，为刺激电视受众的感官体验度而动足脑筋。真人秀节目由此从棚内走向棚外，又诞生了一类展现明星嘉宾户外集体生活状态的“自助旅行”、“生存体验”或“极限挑战”类节目。该类节目要求嘉宾在特定环境下完成任务。在此环境下，每个人的个人特质都会被激发出来，在摄影机前展现无遗甚至被无限放大。有趣的是，这些明星嘉宾的个性、情绪的爆发也会随着节目的播出而形成谈资或看点，引发热议。本文将重点讨论几档户外真人秀节目，结合 CSM 媒介研究的收视调查数据①，初探其收视表现及制胜宝典。

一、户外真人秀节目的播出概况

自 2013 年国庆《爸爸去哪儿》首播即红后，“户外真人秀”便走进了观众的视野，迎来了它的黄金时代，一夜之间，似乎全国人民都在追看这五个爸爸带领五个萌娃“人在囧途”的故事，节目不仅收视长红，在微博等社交媒体上也常年占据话题榜首位。毫无悬念的是，“亲子秀”节目过后，除了“爸爸很忙”、“萌娃很忙”外，2014 年的电视荧屏更是“姐姐在忙”、“弟弟在忙”、“爷爷在忙”、“所有人都在忙”。相信这股热潮还将继续蔓延发展，据说江西卫视就预计在 2015 年推出明星孝道真人秀《带着父母去旅行》。与户外游戏竞技类真人秀不同，本文所列的户外真人秀节目将焦点从人与自然、人与人之间的“对抗”转向恶劣现实环境条件下人与自然、人与人之间如何在矛盾冲突中和谐相处。在此，将 2014 年荧屏上播出过的几档户外真人秀进行简单划分（表 1），大致可分为以下几个类型：（1）自助旅行类，如《花儿与少年》《背着青春去旅行花样爷爷》《鲁豫的礼物》《真爱在囧途》；（2）生存体验类，如《爸爸去哪儿》《花样年华》《人生第一次》《2 天 1 夜》；（3）极限挑战类，如《秘境》，该节目属探险类户外真人秀，获得了 0.37% 的平均收视率，其中 15 ~ 34 的年轻观众占收看人群的 4 成，尤其是在 15 ~ 24 岁青少年观众中，观众集中度超过 120%。

---

① 如无特殊说明，本文收视数据均基于 CSM 媒介研究的 71 城市组合。

表 1 2014 年户外真人秀节目分类列表

代表节目	播出频道	节目类型	首播时间	首播日期	版权国
《爸爸去哪儿（第二季）》	湖南卫视	生存体验类	周五	2014 年 6 月	韩国
《花儿与少年》	湖南卫视	自助旅行类	周五	2014 年 4 月	原创
《背着青春去旅行花样爷爷》	东方卫视	自助旅行类	周日	2014 年 6 月	韩国
《花样年华》	江苏卫视	生存体验类	周五	2014 年 5 月	原创
《人生第一次（第二季）》	浙江卫视	生存体验类	周六	2014 年 1 月	原创
《鲁豫的礼物》	旅游卫视	自助旅行类	周六	2014 年 6 月	原创
《真爱在囧途》	东南卫视	自助旅行类	周四	2014 年 7 月	合作（韩国）
《2 天 1 夜》	四川卫视	生存体验类	周日	2013 年 10 月	韩国
《秘境》	天津卫视	极限挑战类	周一/周二	2014 年 5 月	原创

观察上述节目可以发现以下特点：首先，“季播为主”。该类型节目均采用季播的主流制播方式，既缓解节目受众的收视疲劳，同时又可以给制作团队留一定的创作空间，可谓两全其美。另外，除了《爸爸去哪儿》首季成功便乘胜追击外，《花样年华》和《人生第一次》都是在原有第一季节目的基础上对形式和内容做了调整后再出发，以更适应观众日益多变的收视口味。其次，“暑期大战”。节目的播出时间控制在 60 ~ 100 分钟左右，且相对集中在后半周进行播出，又以周末为重要播出阵地。从播出日期来看，近 1/3 的节目选择在 6 月播出，以争夺暑期收视市场，从“夫妻”到“亲子”，从“萌娃”、“爸爸”到“爷爷”，形态多样，丰富多彩。最后，“泡菜君成香饽饽”。表 1 所列节目中有超过 1/3 的节目为韩国综艺模式引进或合作制片，这也很容易理解，同属东亚隔海相望的韩国与我们在文化背景、家庭观念、团队意识等方面都有很多的共同点。这无形中也方便了节目在形式上的嫁接以及内容上的移植甚至核心思想上的复制。这类节目的观众接受程度也较高，不得不说，户外真人秀节目已然成为 2014 年最主要的综艺节目类型，湖南、东方、江苏、浙江等主流卫视纷纷试水。

二、部分户外真人秀节目的收视表现

1. 自助旅行类

继《爸爸去哪儿》之后，湖南卫视在 2014 年 4 月推出了明星姐弟自助远行真人秀——《花儿与少年》，安排张翰、华晨宇带领 5 位貌美如花的姐姐在没有经纪人、经济条件又有限且还被没收智能手机的艰苦环境下，开启一段为期 15 天的异国他乡背包之旅。开播之前，节目组便在网络上造势，让网友们推选心中的“花样姐弟”候选人。在嘉宾的选择方面也是用心十足，7 位不同年代的嘉宾各有人爱，而 7 位嘉宾如何协调旅程、处理关系，从陌生到熟悉继而产生信任是节目的核心看点。第一季的平均收视率为 1.77%，同时段市场占有率排名第一（4 月 25 日 ~6 月 13 日，每周五 22:00 ~ 24:00）（图 1）；收视率从第一期的 1.65% 到收官时的 1.83%，基本呈集集攀升之势。其中，收视高点出现在第六期“许晴自责不合群街头痛苦”（摘自芒果 TV 标题），这一期中，李菲儿遭遇双肩包被偷、丢失护照等贵重物品的悲惨境遇,“娇柔三姐”许晴独自走在巴塞罗那的街头没有钱、没有电话和酒店地址而面临无家可归、措手不及之际的痛哭成为最大看点。显然,突发事件最容易引人关注,其未知和神秘,无疑会激起观众的好奇心和关注度。

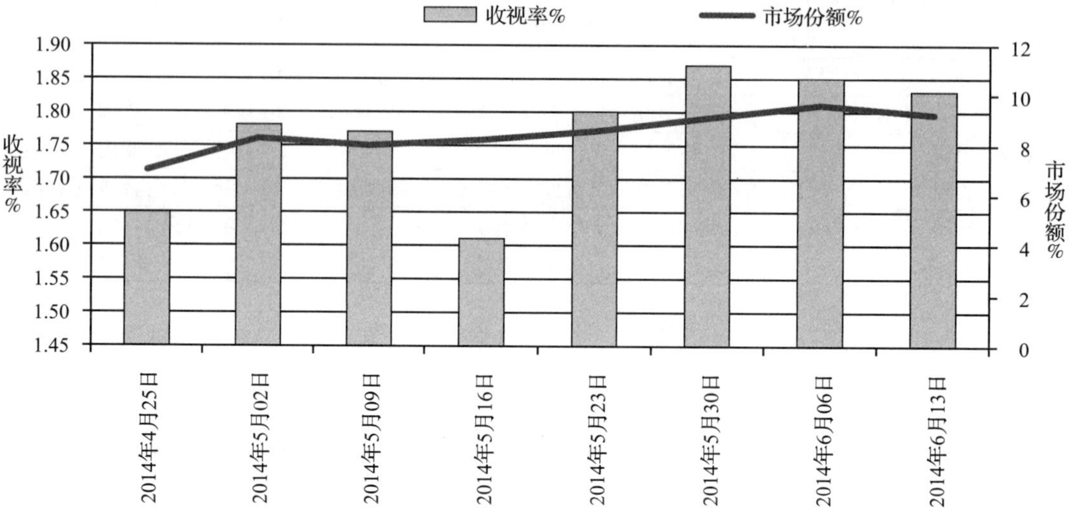

数据来源:CSM 媒介研究

图 1　湖南卫视《花儿与少年》周五首播收视走势(71 城市)

同为明星户外旅行真人秀,《背着青春去旅行花样爷爷》则定位于代际沟通。节目邀请火华社社长刘烨为挑夫,带领分别来自北京、上海、香港和台湾的 4 位明星爷爷进行自助远行。他们平均年龄 77 岁,虽早已过了当红的年纪,但不同地域文化的碰撞也令整档节目看点十足。的确,还未出行我们就发现爷爷中到此一游派(牛犇和雷恪生)与深入享受派(曾江和秦汉)就对旅行的意义产生了分歧。果不其然,在旅行过程中,4 位爷爷因个性碰撞不断摩擦出火花,即便有争执也还在不断交流,矛盾冲突中我们看到曾老大和刘烨的“情深父子”之情,牛犇与秦汉的“情投意合”之情。与其他节目相比,明星爷爷们的人生经历就摆在那儿,他们阅尽尘世繁华之后对生活的态度、对人生的感悟、对世界的看法都毫无顾虑地释放在镜头前,相对来说,这也要求观众有较深的人生阅历。该节目平均收视率为 0.85%,高点过 1%,整体平稳。中年观众和高学历观众对节目因有共鸣而青睐有加,45~64 岁观众的平均收视率轻松过 1%,大学及以上学历观众的平均收视率为 1.19%。从观众构成来看,该节目的主要观众群仍集中在女性群体,15~64 岁的中青年群体比例占到 9 成,其中尤以 55~64 岁观众的偏好度最高,观众集中度高达 141%(图 2)。这或可以理解为这一代人年轻时的盼头就是努力工作、成家立业、子女顺利成长,退休后生活一下子失去了平衡,有一部分人选择了勇敢地跨出国门看世界以完成年轻时的梦想。而对另一部分在勇气和经济上还未做好准备的中老年人,花样爷爷的出行和感悟也映射了他们对这个世界的看法以及希望子女对其精神予以关爱的渴望。此外,高学历观众对于该节目的观众集中度也同样高达 140%。

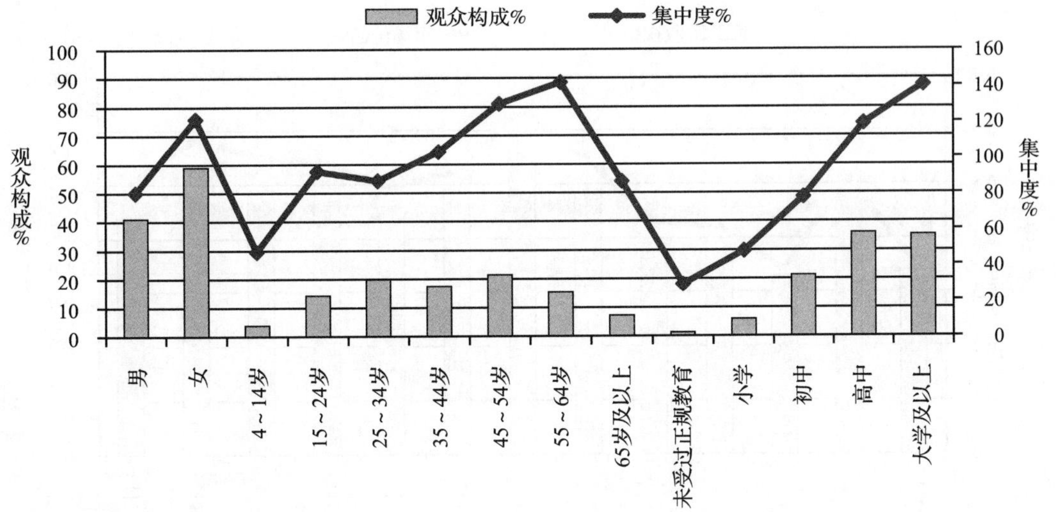

数据来源：CSM 媒介研究

图 2　东方卫视《背着青春去旅行花样爷爷》周日首播观众构成与集中度（71 城市）

除了“花样姐弟”和“花样爷爷”穷游欧洲外，另外还有两档节目还把目光瞄准了夫妻档，东南卫视的《真爱在囧途》便是其中一档。节目邀请 3 对年轻的明星夫妻（每次旅行所邀请的嘉宾为韩流明星或其最亲密的同行者）在有限的经费下度过在韩国的 3 天两夜。节目的设定以自助旅行为主要元素，又融入了生存体验和运动竞技环节。在陌生的国度，走过的每一步本身都要比平时更艰难。而在节目组的“各种为难”之下，3 对年轻的明星夫妻从穷游、暴走首尔（陶晶莹夫妇累趴，后刘璇夫妇顶替），到济州岛打工还债、江原道体验当地生活、泰安结伴旅行，再到正东津徒步看日出。艰难条件下任务重重的旅途之中，他们各自卸下明星光环，分分秒秒，点点滴滴，或是与节目摄制组产生冲突，或是临界点下情绪失控，或是安静地体会彼此的心声，或是为对方制造浪漫惊喜等，这些责任与分担、温馨与甜蜜、搞笑与整蛊，所呈现出的吵吵闹闹和相濡以沫都能与电视机前的观众产生共鸣，引发看点。节目自播出后收视表现稳中有升，71 城市平均收视率为 0.45%，峰值为 0.61%（图 3）。市场占有率较 2014 年前两个季度均有所提升，较 2013 年同期上升近 0.5 个百分点（7 月 3 日 ~9 月 25 日，每周四 21:20 ~ 22:30）。不仅如此，节目在频道自办栏目中的收视影响力也是数一数二的。

相比较前 3 类节目的“自导自演”和“苦中作乐”，《鲁豫的礼物》作为另一档明星夫妻旅行真人秀节目，则呈现出一种“轻松甜蜜”的气氛。节目以鲁豫串联起每一组明星夫妻的专属旅行，通过设置穷游元素、极限任务和体验生活 3 个环节，伴随任务和冒险最终完成“蜜月之旅”。节目共 13 期，每 4 期邀请 3 对明星夫妻完成任务以获得礼品卡，嘉宾阵容强大，从婚龄 1 年的郝蕾到婚龄 21 年的朱军，从演艺明星田亮、叶一茜，陆毅、鲍蕾到央视主播朱军、谭梅，朗永淳、吴萍，最终为 9 对夫妻打造了私密浪漫的蜜月婚礼，节目也成为 2014 以来旅游卫视自办栏目的收视冠军。

综上所述，以“自助旅行”为主要形式但又风格迥异的 4 档户外真人秀节目各有所专也各有所长，且均获得了不错的收视表现和特定的收视人群。钱钟书在《围城》一书

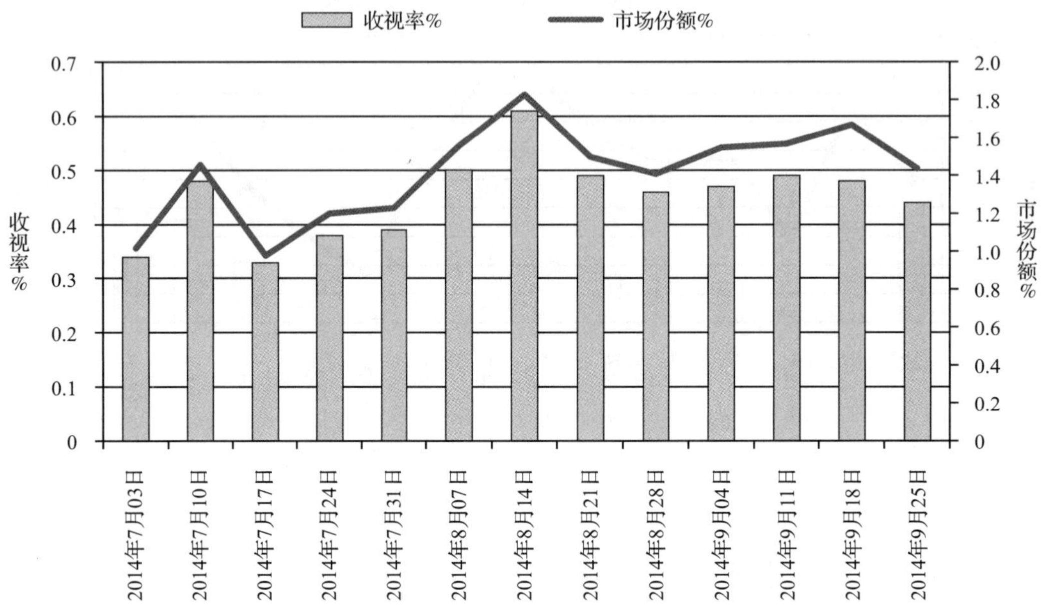

数据来源：CSM 媒介研究

图 3　东南卫视《真爱在囧途》周四首播节目收视走势（71 城市）

中说过："旅行是最劳顿、最麻烦、才叫人本相毕现的时候。经过长期苦旅而彼此不讨厌的人，才可以结交做朋友。……而双方还没有彼此看破、彼此厌恶、还没有吵嘴翻脸，还要维持原来的婚约，这种夫妇保证不会离婚。"对观众而言，从韩国到欧洲，从夫妻到朋友，美景故事两不厌。

2. 生存体验类

与"自助旅行类"节目相比，"生存体验类"户外真人秀节目没有一点"游景点、喝咖啡、逛小店"气息。顾名思义，这类节目以体验当地人生活为主要内容形式，更强调生存体验。被行业誉为现象级的亲子互动节目《爸爸去哪儿》便是其中最为典型的代表。或许连节目组和广告主都没想到，这档星光熠熠又自带萌点的国民综艺节目在2013年越播越红，首期平均收视率就达到1.35%，随后收视表现势如破竹，完全依靠节目内容的口碑自然聚合传播，集集攀升，到第10期时平均收视率已超过5个收视百分点，在同时段中夺得了整个收视市场近1/5的份额（图4）。翘首以盼之下，2014年6月观众盼来了第二季，节目在嘉宾设定、形式内容上均有一定的变化，除5位星爸+6个萌娃的固定模式之外，黄健翔、姚明、黄渤和佟大为助阵节目，甚至还邀请了"石头父子"、"张小马父子"和逐渐独立的"黑米哥哥"回归节目，卖情怀，增看点。除此以外，节目还走出乡村和古镇、沙漠和草原，增加了宝岛台湾和新西兰的海外拍摄，从第一季的12期增加至16期。新一季中，爸爸和孩子们的任务不仅仅局限于竞技选房、出任务找食材、完成做饭，还增加了许多强体力高难度的生存智慧考验环节。第一期在爸爸们集体吐槽"坑爹"，看爸爸们"被折磨"的同时，也创造了收视高点，平均收视率高达

3.85%（图5）。随着节目的播出，“零差评”不再，但各种是非纷争还是不能阻止节目的持续走红。即使是在北、上、广、深收视竞争激烈的一线城市，节目播出时段的市场占有率仍超过十分之一，特别是在广、深两地，市场份额超过2成。现实生活压力下，父性教育的缺失已成为整个社会必须面对的现实，而《爸爸去哪儿》的积极意义在于，它不仅唤醒了忙于工作的爸爸们对子女的关心，在电脑、平板、手机共生的“多屏时代”，在家庭成员情感交流越来越少的当下，是这档节目又让一家人重新聚拢到电视机前。

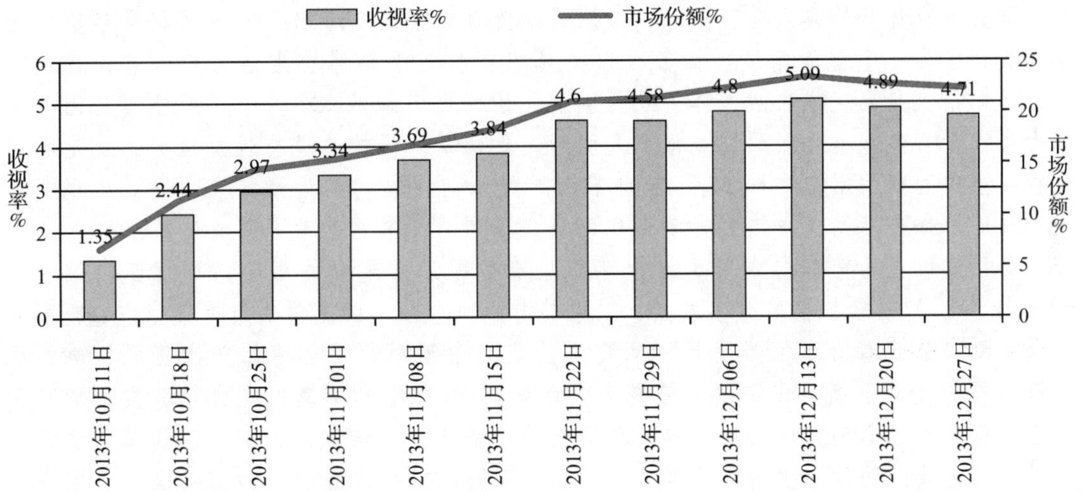

数据来源：CSM 媒介研究

图4 湖南卫视《爸爸去哪儿（第一季）》周五首播收视走势（71城市）

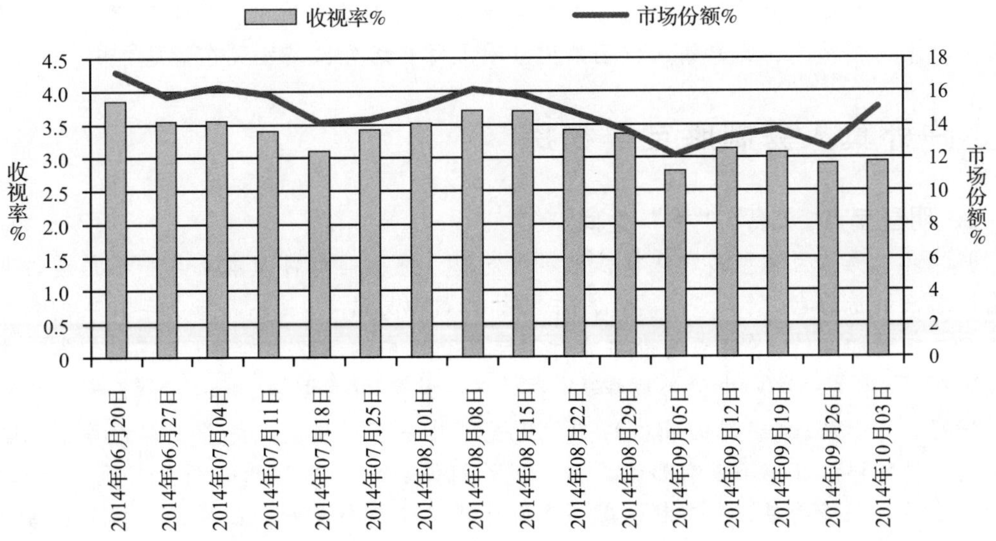

数据来源：CSM 媒介研究

图5 湖南卫视《爸爸去哪儿（第二季）》周五首播收视走势（71城市）

与《爸爸去哪儿》以“不谙家事的星爸”为主要设定不同，浙江卫视的《人生第一次》第二季改版后再出发，定位于明星家庭总动员。嘉宾设定上选择了4组不同相处模式的明星家庭：父母工作繁忙无暇顾及小孩的家庭、单亲母女家庭、有儿有女的幸福家庭等。节目形式上也摆脱了第一季的外景+演播室模式，以户外旅行的方式全程外景拍摄，其间更注重明星父母对孩子的教育、沟通和关爱。每个孩子的成长都是一段不可复制的记忆，通过设置“魔幻小屋”让父母倾听孩子的心声，拉近父母与子女之间的距离，用镜头记录下每个孩子的人生第一次。其中，懂事的阳洋对爸爸小沈阳的爱令所有嘉宾为之动容。节目播出期间，平均收视率为0.85%，收视峰值过1%。

同为生存体验的真人秀，除了以浓浓的亲情为看点外，江苏卫视的《花样年华》给观众提供了另一个观看角度。该节目以年轻的女明星下乡体验生活为切入点，在此期间，她们不仅是要完成农活，体验乡村生活，还要更多地融入其中。“野外不会因为你是女生，大自然就格外照顾你。每个人面对人生都是一样的，没有性别区分，女生和男生在人生中面对的困难一样多。”节目不仅展现她们在农村的生活状态，更要展现一份人生历练。播出期间，平均收视率为0.51%，女性观众较男性观众更青睐该节目。

如果说以上两档偏向成长类的生存体验节目赚足了观众的眼泪，那么四川卫视的《2天1夜》则以轻松搞笑为出发点，以爆笑游戏为己任，以走遍四川美景为宗旨吸引了观众观看。节目邀请6位男明星（固定主持班底中还邀请了台湾综艺大王吴宗宪、原HOT主唱安七炫及新生代偶像朱梓骁、张睿等），让他们和嘉宾们在身无分文的情况下一起旅行，为了顺利完成旅行，他们必须通过“福不福”游戏的方式来获得零花钱或满足其生存需要。两天一夜的时间里，不同类型不同语言的“爷们”和“偶像”为完成任务而焦灼，为吃饭床位而苦恼，为合理用钱而纠结，为游戏竞技而“无下限”，而观众要看的正是这种真实感、冲突感和娱乐感。播出期间，平均收视率为0.68%。

无论是引进还是原创，是赚眼泪还是博笑声，细细想来，几档节目的核心价值观正是整个社会所缺失、所关注、所信仰的；内容表现上再怎么追求戏剧冲突感，最终还是要以人为本，接地气，靠真情，它们的大红看似意料之外，其实又在情理之中。

三、户外真人秀制胜宝典初探

1. 明星卖点，“真”“秀”之间

户外真人秀节目类型多种多样，但不难发现，每一档节目的本质几乎都是通过明星吸引眼球来制造看点。《爸爸去哪儿》中的林志颖和吴镇宇；《花儿与少年》中的张翰和华晨宇、许晴和刘涛；《背着青春去旅行花样爷爷》中的秦汉和刘烨；《花样年华》中的曾轶可；《人生第一次》中的钟丽缇；《真爱在囧途》中的刘璇、陈赫；《2天1夜》中的吴宗宪、安七炫；《鲁豫的礼物》中的田亮、叶一茜、陆毅、鲍蕾、郝蕾等都是最初吸引观众的筹码。其中不仅有影帝影后、奥运冠军，还有当红选秀明星甚至不老偶像。从少女明星到爷爷明星，一个都没落下。而这还仅仅是个开始，如果说一档节目最初抓人眼球的不外乎是“人养眼”，那么比帅哥美女更吸引人的恐怕就只有孩子了，而比普通孩子更易获得关注的或许唯有星二代了。谁能抗拒“黑米哥哥”一声娇嗲嗲的“不

要”，谁又能抗拒“囧萌姐姐”的“拜托拜托”，而她在百度百科上的主要成就赫然写着“受到广大网友的好评”这九个大字。

如果说明星是节目的敲门砖，那么他们的个人生活、家庭生活就是让观众欲罢不能的大餐。生活中私底下的明星是什么样子？明星们光鲜亮丽，又会赚钱，百忙之中的他们是不是称职的伴侣或父母？户外真人秀以“自助旅行”、“生存体验”、“极限挑战”的形式，展示了明星在非熟悉场合下与自己、与爱人、与家人、与朋友、与陌生人之间的相处之道，他们在荧屏上的各种“生存法则”也极具卖点。以《花儿与少年》为例，7位不同年代的嘉宾生长背景不同，个性差异极大，他们本身就足以热炒成一盘菜，吸引不同年龄层、不同收视口味的观众。果然，节目开播之后就把小伙伴们惊呆了，谁也没想到看似接地气的“国民妈妈”凯丽老师的生活自理能力竟然如此“低能”，三姐刘涛好似机器猫口袋般的万能包一时之间也在网络上激起千层浪，“霸道总裁”从“专制少爷”转变成“万能少爷”的血泪史，都足以上演成一场耐看的好戏。

节目组如何掌控好“真”与“秀”之间的微妙关系，也是节目的一个看点。真人秀虽说也是一种秀，但至少要看起来真实生动，观众才能买账。比如在《看点花样爷爷》中，镜头自然而然地全程捕捉了牛犇和秦汉生闷气遇尴尬的小细节，从牛爷爷慢慢走着靠近对方，悄悄挽起对方的胳膊到更为亲密的搭肩，以及最后，秦汉在牛犇面前拍照时摆出了平常不太摆的姿势，成为即使想法不同也依然能一起愉快旅行的伙伴，从冷战到热络的细节全都呈现在观众的面前。又比如《爸爸去哪儿》第一期中，孩子们初到陌生艰苦环境时的不适应完全被释放在了镜头前，张亮面对天天的逃跑一时之间的手足无措，郭涛对儿子石头时时不断的严厉苛刻，田亮面对风一样的女儿大哭时的无可奈何，甚至王岳伦的各种束手无策，这些都令观众倍感真实、会心一笑。美国著名新闻工作者李普曼曾在《自由与新闻》提出过现代人“与客观信息的隔绝”问题，大众传播形成的信息环境（拟态环境），不仅制约着人的认知和行为，而且通过制约人的认识和行为来对客观的现实环境产生影响。较早指出“信息环境的环境化”趋势的日本传播学者藤竹晓认为，大众传播虽然提示的是“拟态环境”，与现实环境之间有很大的距离，但由于人们是根据媒介提供的信息来认识环境和采取环境适应行动的，这些行动作用于现实环境，便使得现实环境越来越带有“拟态环境”的特点，以至于人们已经很难在两者之间做出明确的区分①。明星或许是最善于表演的人群，无论怎样的表现，他们暴露在镜头面前的生活和言行，或多或少都存在一些“作秀”的成分，而观众更乐于看到的或许是镜头前放得开、情感真、充满家常感、生活味和略带意外惊喜的“抠脚夜谈”的满满真情。

2. 邂逅穷游，增加看点

曾几何时，穷游概念大行其道。但是于明星们而言，富游才是常态，当“穷游”邂逅“明星”，意料外、强反差、戏剧化就自然而然地呈现出来了。《花儿与少年》《背着青春去旅行花样爷爷》《真爱在囧途》等多档节目都无一例外地添加了穷游元素。在普通

---

① 郭庆光：《传播学教程》，中国人民大学出版社 2012 年版。

人的惯有思维中，明星赚得多花得更多，向来花钱大手大脚惯了的他们，能否跨越“穷游”这道坎。在陌生的国度，没有钱、没有手机对常人而言本就是一个缺乏安全感的问题，对明星而言，恶劣的居住条件、拮据的经济压力更是雪上加霜，也更容易带出负面情绪，引发矛盾冲突，置人于崩溃边缘。于是乎，无语、痛哭、扔物、拒拍纷纷上演，状况不断，让人看得过瘾，而强颜欢笑的背后擦出的温馨火花就愈发显得弥足珍贵了。

3. 以情动人，内容为王

成功的户外真人秀不仅仅是游戏、旅行，而是有主题、有情节、更有情怀的故事营销。相比较旅行体验和生存挑战，观众更在意的是“老友”、“姐弟”、“夫妻”、“亲子”等人际关系的相处，随着节目的播出，朋友之间知道了理解和体谅，夫妻之间更懂得宽容和包容，忙于工作的父母愿意花更多的时间参与和陪伴子女的成长过程。夫妻之间的携手共进、亲子之间的温情互动、长孙辈之间的关爱体贴，每一档真人秀节目都在讲述和传递一个个温情的故事，并由此体现出亚洲主流文化所关注的友情、爱情和亲情。好的节目能让观众能找到自己的影子，简而言之，是看星爸、看萌娃、看互动、看父爱、看母爱、看共鸣。

以情动人之外，内容依旧是王。《爸爸去哪儿》虽然是引进的韩国综艺节目版权，但经过本土化的包装和制作，避免了许多生搬硬套，更贴近国人的日常生活，将饮食、民俗、文化等诸多元素纳入其中。不仅如此，在内容设置环节上，节目始终“以人为本”，各种眼花缭乱的游戏环节是为了更突出人物性格，亲子环节是为了增进情谊，让情感在特定环境中不断升温，它的意外走红可以说完全是依靠节目内容的口碑而自然地聚合和传播的。

4. 后续产业，欣欣向荣

成功的户外真人秀在有了一定的影响力之后，也带动了一系列后续产业欣欣向荣地发展，如做手游、拍电影、做旅行，触角延长，更娱乐化。如《爸爸去哪儿》在第一季播出之际便推出了电视 + 手游 + 大电影的联动模式。而对其他节目来说，则更多的是利用明星效应带动当地旅游产业的发展，很多旅游套餐的线路完全复制了节目的行程，如“重走爸爸路”。《爸爸去哪儿》中星爸和萌娃去过的武隆、建德、靖州和都江堰都成了2014 年暑期旅游的热门景点，尤其是亲子游的首选目的地。此外，《2 天 1 夜》《真爱在囧途》中介绍的四川和韩国的旅行景点、美食体验、地域文化和人文之美也随着节目的播出而依次被带出，《鲁豫的礼物》中为明星夫妻打造的专属蜜月旅行线路等也被推出。值得一提的是，很多节目在后续产业的开发上也都成了反哺节目的重要互动方式。

5. 话题制胜，字幕卖萌

社交化传播是当前国内外电视媒体发展的新趋势，也是电视行业与社交媒体共同关注的热点。电视节目收视率与微博讨论热度呈现出正相关的密切关系，于是很多节目在播出过程中不断制造微博实时话题讨论，引发互动热议和转发，吸引观众、网友对节目的持续关注。其中，“爸爸去哪儿”便收获了 209.1 亿的阅读量、3267.3 万的讨论量，另外，“萌娃带娃”“不舍说再见”“萌娃演技大比拼”等话题也都获得了超高的人气。从微博电视指数来看，2014年10月3号的收官之作（节目播出前6小时起连续24小时数据）阅读人数超过4700万，遥遥领先于其他节目。除了“爸爸去哪儿”的超高人气外，“再见花样爷爷”也获得了2900多万的阅读量，2014年8月31日的收官之作获得了近800万的阅读量、提及人数2.4万。

一档生动的户外真人秀节目除了优秀的剪辑功底和强大的话题营销外，不得不提适时卖萌的字幕后援支持。本文所指的“字幕”，是指普通对话外后期人员为抓住节目笑点所批注的理解和强调性字幕。很多户外真人秀节目在没有主持人引导的情况下，常会冒出许多补刀般的字幕和可爱夸张的表情，这些都起到了画龙点睛的作用，也更利于调动节目氛围。这种效果在几档有影响力的节目中表现得尤为明显，如在《爸爸去哪儿》《花儿与少年》《背着青春去旅行花样爷爷》《真爱在囧途》中用得越来越多，有些确实很形象、很搞笑、很煽情，不仅凸显了明星嘉宾的内心，还融入了情境，渲染了气氛，令观众会心一笑。

6. 目标观众，定位准确

通过观察，我们发现，高学历观众对户外真人秀节目的偏爱程度高于对其他类型的综艺节目，而且节目的高收视群体和冠名广告商的目标消费群也相当契合，广告价值不菲。数据表明，《花儿与少年》的观众群中女性占到6成，且相对集中在13~34岁的年

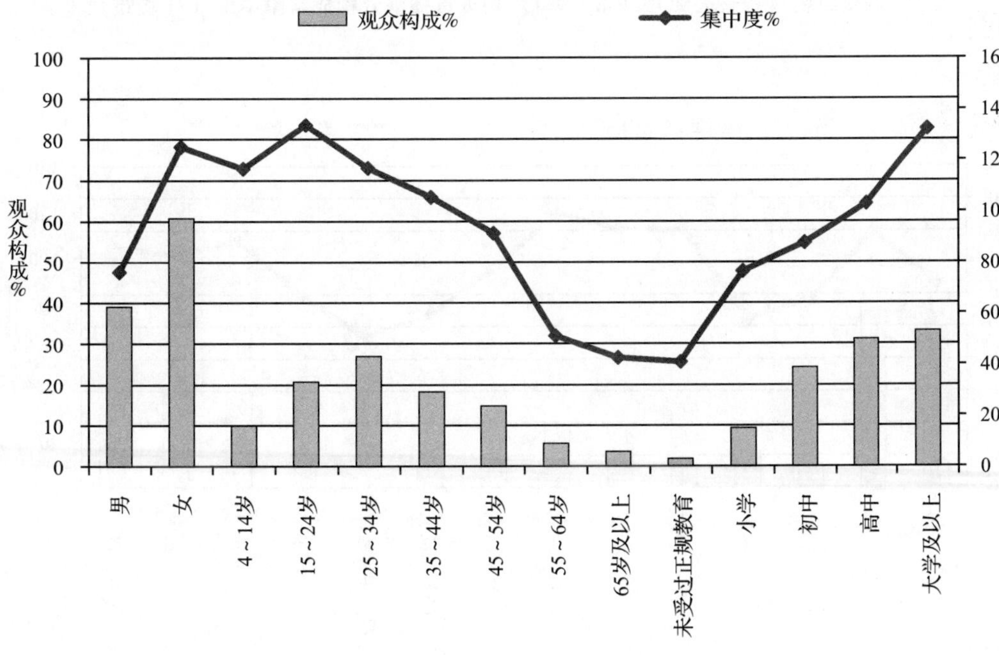

数据来源：CSM媒介研究

图6　湖南卫视《花儿与少年》周五首播观众构成与集中度（71城市）

轻群体中（图6），而这类年轻爱美的群体恰好是其节目冠名商碧生源（减肥茶）的目标消费人群。无独有偶，《爸爸去哪儿》和《人生第一次》的冠名广告商分别是适合儿童的乳饮品和适合婴童的奶粉辅食产品品牌，这两档节目的核心收视观众群体正是25～34岁的女性群体（图7、图8），而她们正是决定家中宝宝饮食的主要决策人。

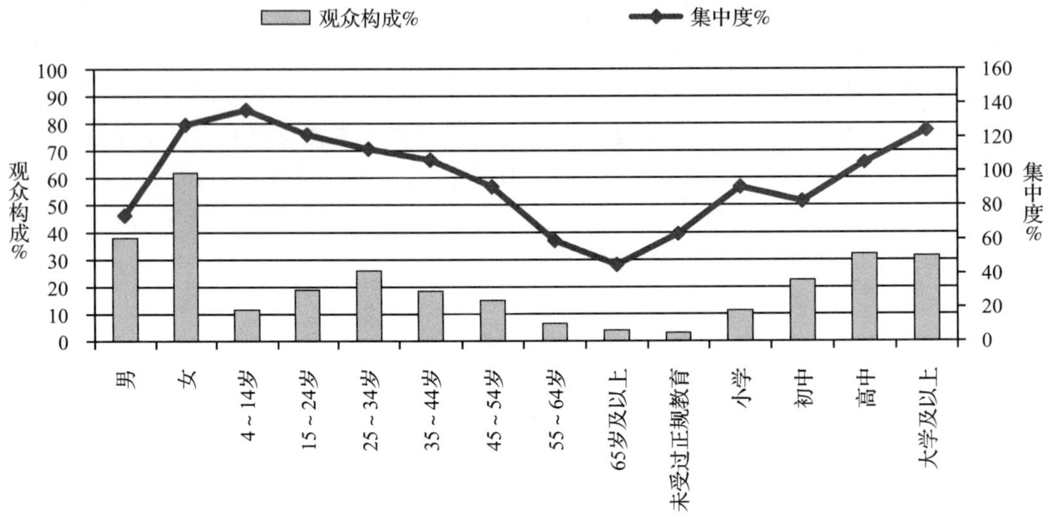

数据来源：CSM媒介研究

图7　湖南卫视《爸爸去哪儿（第二季）》周五首播观众构成与集中度（71城市）

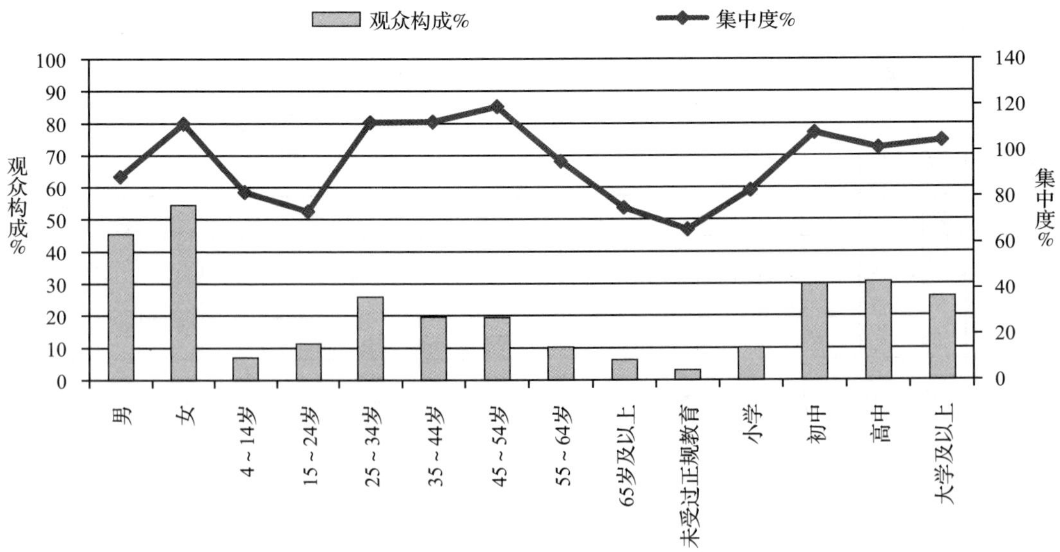

数据来源：CSM媒介研究

图8　浙江卫视《人生第一次》周六首播观众构成与集中度（71城市）

结语

虽然说户外真人秀终究是一场秀，但它的最大魅力在于充满了变数。囧途之下困境之上，我们看到了很多明星与平日里不同的一面。除最初的新鲜感外，编剧们又将某些东西放大，相遇、反转、逆袭，慢慢铺陈，最终达到和谐，唤起观众心中最柔软的那一部分。从节目的收视效果来看，户外真人秀有其特定的影响力和号召力，相对于其他综艺节目而言，年轻观众和高学历观众占比更高。但是，不可否认的是，目前很多节目还是以模式引进为主，虽然节目在形式上可以嫁接，内容上可以转移，甚至在核心思想上也可以复制，但我们在学习国外成功经验的同时不能生搬硬套，因为观众之所以买账，还是因为他们能在节目中找到自己的生活影子和情感共鸣。无论是远行还是节目，远方很远，步履不停，精彩可期。

（作者：包凌君）

中国人的“巴西世界杯盛宴”

北京时间2014年6月13日，第二十届世界杯足球赛在巴西里约热内卢点燃战火。揭幕战中，东道主巴西队在先失一球的情况下实现逆转，以3:1的比分为本届世界杯揭开了序幕。悬念丛生、冷门迭爆的巴西世界杯在让球迷们大呼过瘾的同时，也成为研究体育受众行为的绝好机会。在世界杯期间，CSM媒介研究围绕巴西世界杯这一重大体育事件进行了多项调查研究。世界杯在中国的收视表现究竟如何？人们的观赛行为是否发生了变化？新媒体在本届世界杯中扮演了怎样的角色？本文从上述问题出发，聚焦于2014年巴西世界杯。

一、中国受众对世界杯的热情主要源自赛事本身

世界杯在中国的受欢迎程度有目共睹。在中国足球总是难以触及世界杯决赛圈的情况下，中国体育市场上百试不爽的“爱国情怀”就很难为世界杯的高热添砖加瓦了，但是这项赛事却依然在中国持续火爆，并且其受欢迎程度并不因为中国队的缺席而逊色于任何一项国际赛事。究竟是什么原因激发了国人对世界杯的热情呢？2014年春季CSM媒介研究在28个城市[①]进行的中国体育与体育赞助市场调研在巴西世界杯开赛前结束。调研结果显示，人们关注世界杯的最主要原因是世界杯激烈精彩的比赛过程，其次是有喜欢的明星球队（图1）。

世界杯的巨大魅力以及人们对足球运动的喜爱使得世界杯的观赛热情并不会因为一些明星球队被淘汰而降低。世界杯期间的种种迹象显示，各球队在中国球迷中所能赢得的忠诚度都比较有限，大量在新浪微博上挂着小国旗表示支持的粉丝在球队被淘汰后纷纷倒戈，成为其他球队的“拥趸”。在冷门迭爆的这一届世界杯中，卫冕冠军西班牙队在小组赛两场比赛后即遭淘汰，与他们几乎一起出局的还有同样大受欢迎的欧洲劲旅英格兰队、葡萄牙队和意大利队。然而，无论是世界杯的收视情况还是在微博上关于世界杯的讨论量都并未受强队折戟的影响，而是随着比赛的深入而日渐走高（图2），这也在一定程度上印证了世界杯吸引人眼球的不只是某些明星球队和大牌球员，人们真正看重的还是高水平足球赛本身的魅力以及世界杯这一品牌。

① 28个城市包括北京、上海、广州、成都、重庆、杭州、南京、深圳、沈阳、天津、武汉、哈尔滨、青岛、西安、福州、长春、南昌、长沙、合肥、郑州、济南、大连、太原、昆明、石家庄、无锡、宁波、南宁。

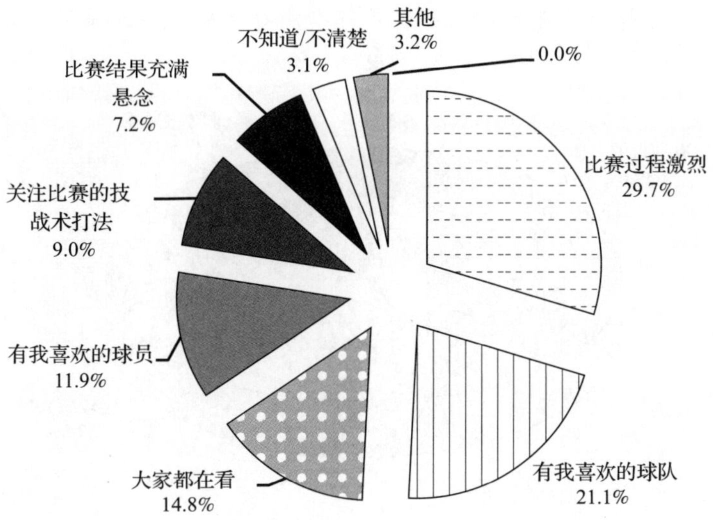

数据来源：CSM 媒介研究

图 1　关注“2014 年巴西世界杯”比赛的最主要原因（28 城市）

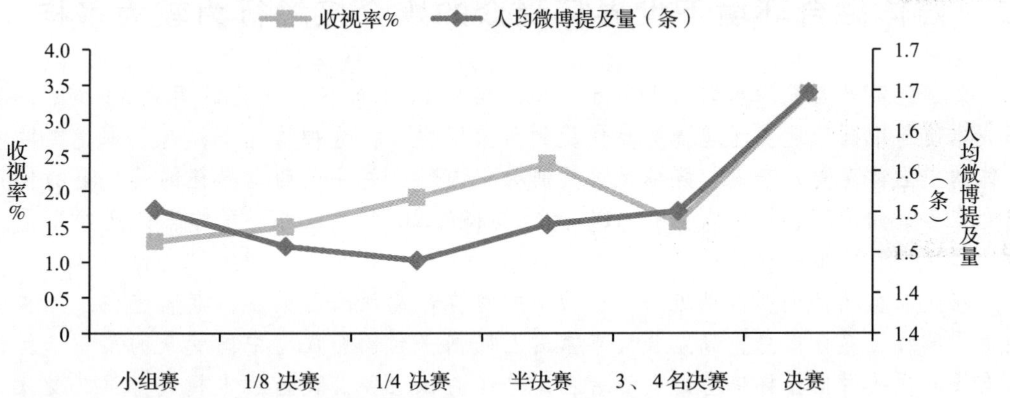

数据来源：CSM 媒介研究 & 新浪微博

图 2　世界杯各阶段比赛中央台五套直播收视率及新浪微博提及量（所有调查城市）

世界杯在中国已超越了足球赛事本身而成为全民关注的体育事件。2014 年春季，中国体育与体育赞助市场调研结果显示，全国 28 个主要城市对体育感兴趣的人中，对足球运动感兴趣的人占到 6 成以上，而对世界杯感兴趣的人甚至比对足球运动感兴趣的人更多。

正如许多商家的共识，世界杯大赛在中国之所以影响巨大，不仅要归功于赛事本身的可看性及球迷对足球运动的热忱，同时也要归功于一批跟风的非球迷群体。CSM 媒介研究体育与体育赞助市场调研数据显示，相当一部分受访者关注世界杯的原因是“大家都在看”，而且这类非球迷人群在世界杯的受众中所占比例并不小。世界杯期间，CSM 媒介研究针对观看过巴西世界杯的观众进行了较为深入的网上调研，超过 40% 的受访者坦言对世界杯的兴趣其实并不浓厚，但他们仍然收看过与世界杯相关的节目（图3）。某种程度上可以说，正是非球迷的加入把世界杯彻底打造成了一场全民狂欢。

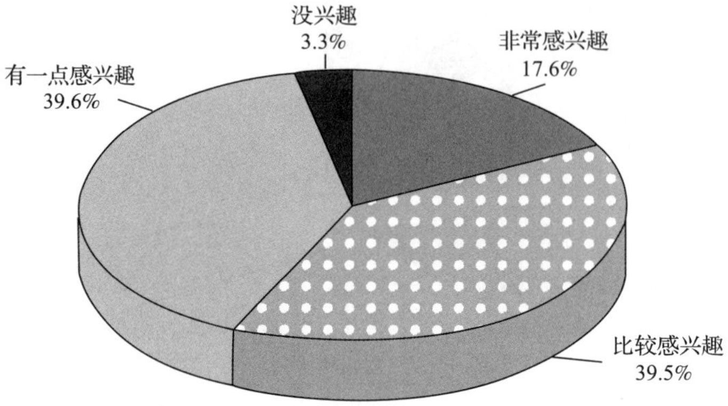

数据来源：CSM 媒介研究

图 3　观看过世界杯的受众对世界杯的兴趣程度

二、媒体融合环境下世界杯受众的媒介接触行为较为多样

北京距离巴西里约热内卢 1.2 万公里，相隔 11 个时区，飞行时间约 30 小时，各种高成本使得中国球迷现场观赛的步伐受到重重阻碍。在这种情况下，对于本就重度依赖媒体的中国体育受众来说，媒体无疑又成为中国球迷关注巴西世界杯的最重要的信息来源。在各视频网站、社交媒体和 APP 大行其道的 2014 年，传统媒体自然已经不是人们关注体育大赛的唯一选择。

在获取世界杯比赛信息方面，84.7%的受访者表示巴西世界杯期间曾通过各种网络渠道了解过世界杯信息，日益强大丰富的互联网平台已经成为中国受众的第一选择；通过有线电视接触世界杯信息的受访者占到总体的 68.5%，使有线电视成为第二受欢迎的渠道；通过传统平面媒体报纸和杂志获取巴西世界杯信息的受访者则不足两成。由于本次调查使用的是网络调查方法，使用网络本就是受访者的日常习惯，因此对网络途径的选择有一定的倾向性，但是人们对体育信息的接触习惯仍然得到了比较客观的展现（图4）。作为网络渠道的一部分，微信和微博两大新兴社交媒体也成为在巴西世界杯期间较受欢迎的信息获取方式，使用这两大平台的受访者比例均略高于平面媒体的使用者，特别是在女性受访者中，“微平台”的使用程度明显更高。

在观看世界杯赛事时，电视的领先地位依然无法撼动。由于激烈的赛事是人们关注世界杯的最主要驱动因素，而人们的观赛体验又在很大程度上受屏幕大小和信号质量的影响，因此大屏幕在体育类节目的收视上占据着得天独厚的优势。再加上在网络端仅有 CNTV 一家持有世界杯赛事的直播权，多种因素的作用使得人们获取赛事信息时更多地使用网络，而观看赛事时则更偏向于使用电视。尽管本次调研的受访者是平时习惯上网的人群，但他们在选择观赛平台时更多地偏向电视而非其他平台，电视成为人们观看世

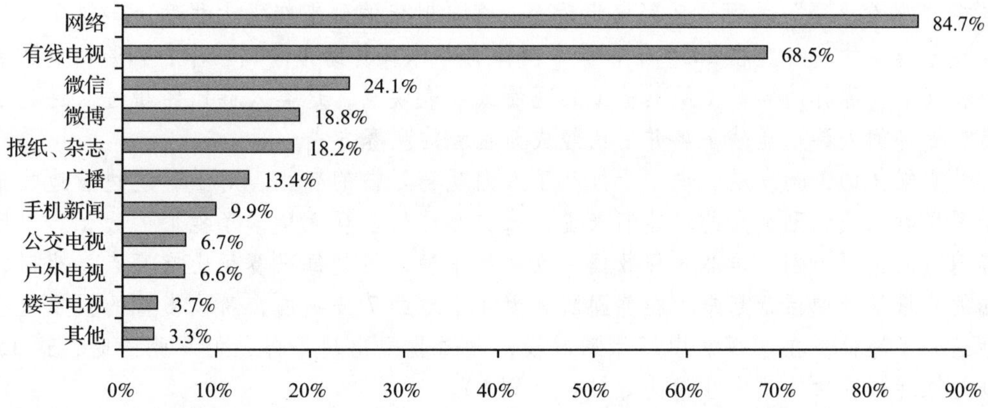

数据来源：CSM 媒介研究

图 4　巴西世界杯受众信息获取方式的选择比例（%，多选）

界杯比赛的第一选择；明确表示使用互联网观看过世界杯影像的受访者仅占46%，使用过移动互联网端观看的比例则不足26%。

除了注重观赛效果，体育节目的特殊性还体现在体育话题的社交性和分享性上。约上一群朋友一起看球已经成为不少球迷世界杯期间的观赛习惯，在充满悬念的焦点场次和别人一起为精彩的进球喝彩，为错失的得分遗憾，球迷的观赛行为都在为世界杯赛事的魅力加分。可供多人同时观赛的大屏幕设备也因此而更受欢迎。中国与巴西十多个小时的时差不仅让球迷们观看直播赛事重重受阻，也为本届世界杯赛事的社交功能设置了不少障碍，但即使如此依然有近两成的受访者表示自己曾在朋友家看球，13.3%的受访者在酒吧看球（图5）。

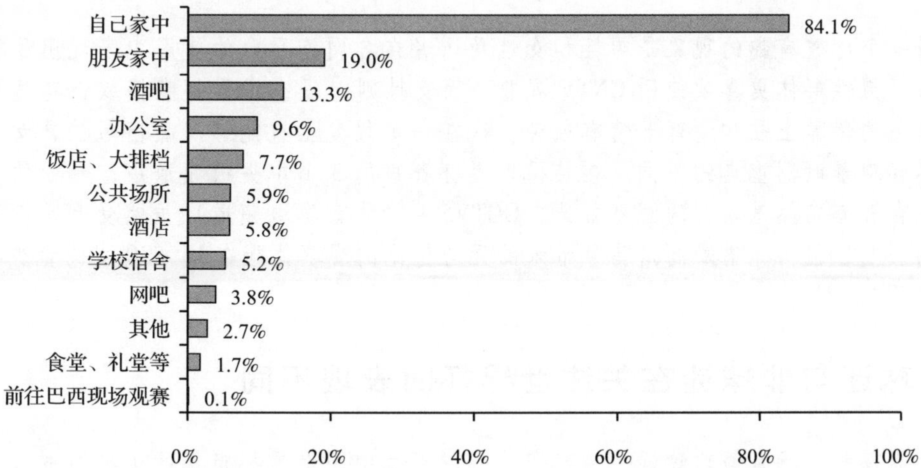

数据来源：CSM 媒介研究

图 5　受访者中巴西世界杯观赛地点的选择分布（%，多选）

虽然选择电视观赛的人数仍然多于选择其他观赛途径的观众，但是人们曾经单一依靠电视“观看比赛”的习惯已经发生改变，多屏时代的到来在很大程度上丰富了人们观看和参与赛事的途径。在2014年春季中国体育与体育赞助市场调研中，49%的受访者表示会在观看世界杯的同时使用其他工具观看或发表观点，这类人群已经超过只通过电视收看世界杯的人群。显然多屏并用已经成为主流的观赛方式。

社交媒体的蓬勃发展更进一步推动了人们观赛习惯的变化。对于喜欢边看边吐槽又苦于深夜看球找不到听众的球迷们来说，社交媒体的出现无疑帮了他们的大忙。以巴西对阵德国的比赛为例，虽然收视数据一直保持平稳，但是每当赛场上有亮点发生时，微博端的吐槽活动便活跃起来。在德国队狂灌4个球的7分钟内，新浪微博的提及量也惊人地达到了峰值。在电视端中场休息时段，频道收视出现下降，但与此同时，这15分钟却为球迷们提供了集中吐槽的好机会（图6）。

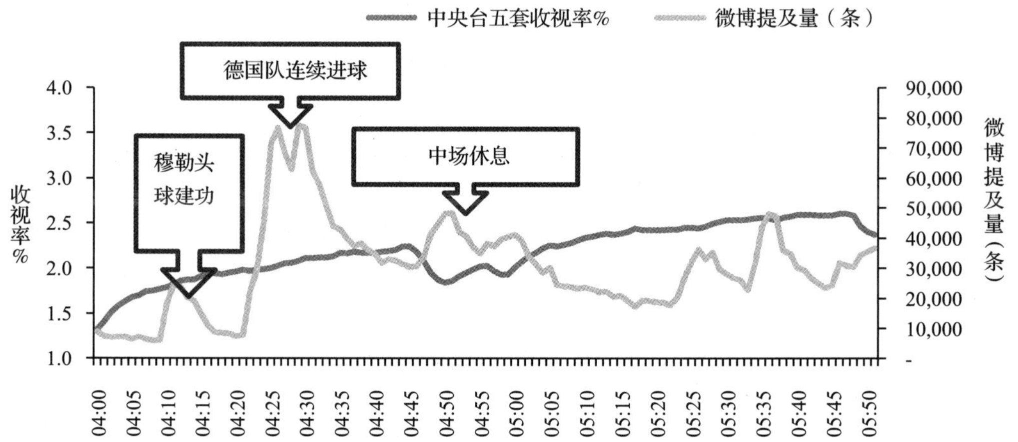

数据来源：CSM媒介研究 & 新浪微博

图6　巴西VS德国收视表现与微博评论情况（所有调查城市）

另一个比较有趣的现象是男性和女性受访者在各网络平台的使用中表现出了不同的侧重点：男性群体更喜欢使用CNTV观赛，而女性则对没有世界杯直播权但花边新闻和集锦颇多的优酷土豆和爱奇艺情有独钟，这在一定程度上也能够反映出男性、女性球迷在世界杯观赛时侧重点的不同。在转播世界杯赛事的3个中央级频道中，专业的体育频道中央台五套仍然是人们的观赛首选，CCTV5+（体育赛事频道）虽然受制于频道覆盖因素的影响，但仍凭借着高清信号带来的无与伦比的观赛体验在15~30岁的青少年群体中赚得不少人气。

三、球迷与非球迷在关注世界杯时表现不同

世界杯是一场真假球迷混杂的盛会，非球迷是中国世界杯市场的重要组成部分，也是商家们特别看重这一赛事的原因之一。事实上，球迷和非球迷在世界杯的媒介接触、节目选择等诸多方面都有着非常明显的差异。

在媒介接触方面，球迷群体对电视的使用率高于非球迷。虽然网络已成为人们获取赛事信息的主流选择，但是对世界杯感兴趣程度较高的人群选择通过电视获取赛事信息的比例明显更高，电视平台在世界杯观赛的优势地位在球迷群体中凸显（图7）。从观看地点来看，对世界杯感兴趣程度越高的受访者对观赛地点的选择越多样化，接近30%的球迷曾经在朋友家观看本届世界杯赛事。

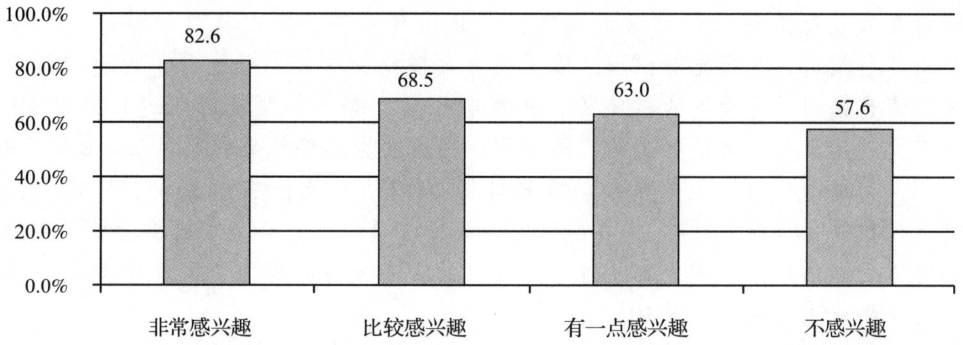

数据来源：CSM媒介研究

图7　不同兴趣程度人群使用电视获取巴西世界杯信息的比例（%）

球迷和非球迷不仅在关注世界杯的途径方面有所差异，在选择世界杯节目时两类群体也有着不同的表现。根据2014年春季中国体育与体育赞助市场调研结果，对足球感兴趣的人群更多地集中在男性、25～34岁、高收入以及高学历的"80后"人群。通过分析中央台五套世界杯期间各类节目的观众构成可以发现，赛事转播的收视群体明显更偏向于真球迷，而在频道制作的一些世界杯栏目和新闻的观众构成中则隐约能看到凑热闹球迷的影子（图8）。

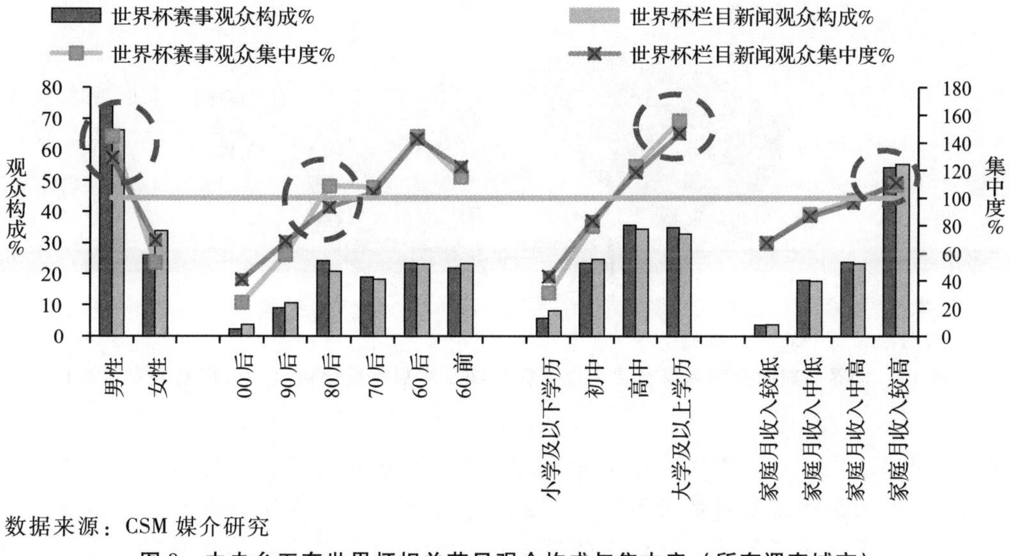

数据来源：CSM媒介研究

图8　中央台五套世界杯相关节目观众构成与集中度（所有调查城市）

四、世界杯转播收视表现抢眼

作为2014年夏天体育电视市场上的杀手锏，巴西世界杯的收视表现非常抢眼。2014年6月13日至7月14日，在全国范围内共有8个频道直播过世界杯赛事，其中包括3个中央级频道——中央电视台综合频道、中央台五套和CCTV5+（体育赛事频道），以及在当地发展较好的专业体育频道，包括北京体育频道、上海体育频道、天津体育频道、广东体育频道、广州竞赛频道。除了拥有直播权的这8个频道外，大连、深圳等地的体育频道也播出了多场赛事的集锦，新疆电视台十套（体育健康频道）还对40余场世界杯重点场次进行了延播和重播，所有频道播出的世界杯赛事和集锦累计超过2400小时。其中，持续1小时以上的赛事转播累计约为2225小时。在所有调查城市中，超过49%的电视推及人口接触过这2400小时的世界杯节目。世界杯节目的播出量只占到同期全部体育节目的两成多，而人均收视总时长（约194分钟）却占到了全部体育类节目收视时长的一半以上（图9、图10）。

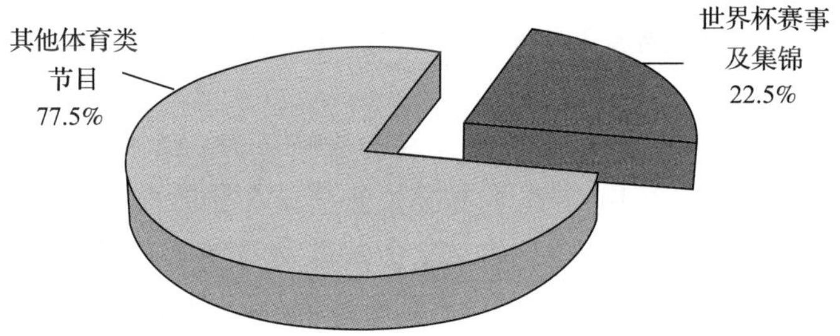

数据来源：CSM媒介研究

图9　世界杯期间全部体育节目中世界杯赛事及集锦播出比重（%，所有调查城市）

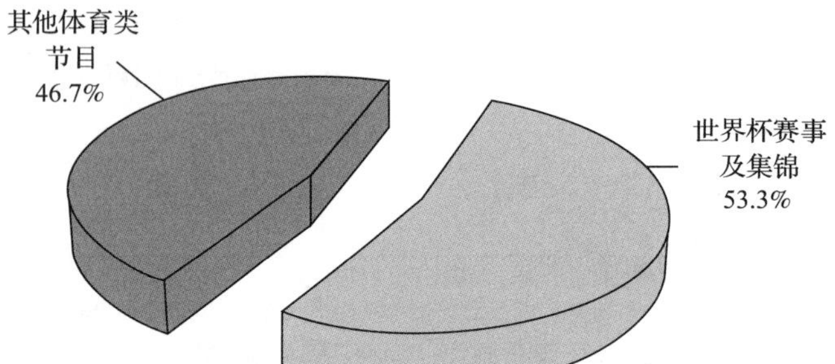

数据来源：CSM媒介研究

图10　世界杯期间全部体育节目中世界杯赛事及集锦收视比重（%，所有调查城市）

体育节目在电视市场中所占比例并不大，无论是在播出或收视的体量上都属于小众节目，但一旦遇到受人瞩目的大型赛事，体育节目的收视表现便会借着大赛的东风迅猛提升，本届世界杯也不例外。从各周收播走势来看，2014年上半年体育类节目的播出比重基本维持在1.8%～2.8%之间，收视比重除索契冬奥会期间超过3.8%以外，平时基本维持在1.7%～3.3%之间。巴西世界杯开始之后，体育节目的收视比重迅速上升，在赛程密集的6月15～21日，当周体育节目播出比重仅排在各类节目的第八位，但收视比重则超过了9%，达到非大赛时期体育节目平均收视水平的3～4倍（图11）。

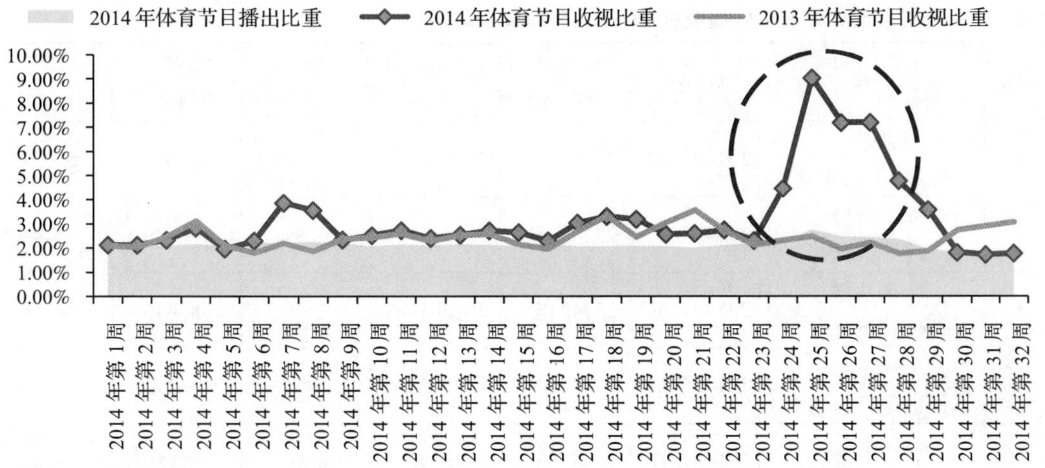

数据来源：CSM媒介研究

图11　2014年体育节目收视与播出比重分周走势（所有调查城市）

在全国35个重点城市中，巴西世界杯节目人均收视量最大的为贵阳市。在只能看到中央级频道世界杯转播的情况下，贵阳的世界杯人均收视总时长达到6小时以上，位居第一；紧随其后的是世界杯节目资源最为丰富的广州，人均收视总时长近5.5个小时。地方频道中有直播权的广州、北京、上海、天津等地世界杯的收视量均位列前茅，同样收视量很高的还有武汉、昆明、西安、沈阳和成都等地（表1）。

表1　各城市巴西世界杯人均收视量TOP10

排名	城市	播出时长（小时:分钟:秒）	收视时长（小时:分钟:秒）
1	贵阳	655:43:28	6:10:28
2	广州	1398:53:36	5:27:25
3	武汉	655:43:28	5:17:15
4	昆明	655:43:28	5:10:57
5	西安	655:43:28	5:08:25
6	天津	905:11:55	5:07:32
7	沈阳	662:44:48	5:01:23
8	上海	925:02:50	4:57:54
9	北京	928:42:52	4:53:47
10	成都	655:43:28	4:49:58

数据来源：CSM媒介研究

在中央台五套直播的各场赛事中，收视最高的一场为周一凌晨3:00~5:30进行的德国和阿根廷之间的决战，这场比赛赢得了3.38%的收视率。而东道主巴西对阵德国这场让人大跌眼镜的比赛则获得了最高的市场份额，当时有60.81%的观众通过中央台五套关注了这场比赛（表2、表3）。

表2　中央台五套世界杯赛事转播收视 TOP5（所有调查城市）

排名	赛事	日期	开始时间	结束时间	收视率%	收视率（000）	市场份额%
1	决赛（德国 VS 阿根廷）	2014/7/14	2:48:56	5:36:09	3.38	10.639	57.81
2	1/8决赛（德国 VS 法国）	2014/7/4	23:48:55	25:58:47	2.84	8.929	35.48
3	1/8决赛（阿根廷 VS 比利时）	2014/7/5	23:48:55	25:56:48	2.68	8.443	34.79
4	小组赛（英格兰 VS 意大利）	2014/6/15	5:47:34	7:55:34	2.61	8.214	42.33
5	半决赛（荷兰 VS 阿根廷）	2014/7/10	3:48:56	6:48:45	2.60	8.180	55.43

数据来源：CSM媒介研究

表3　中央台五套世界杯赛事转播市场份额 TOP5（所有调查城市）

排名	赛事	日期	开始时间	结束时间	收视率%	收视率（000）	市场份额%
1	半决赛（巴西 VS 德国）	2014/7/9	3:48:56	5:51:45	2.07	6516	60.81
2	决赛（德国 VS 阿根廷）	2014/7/14	2:48:56	5:36:09	3.38	10639	57.81
3	半决赛（荷兰 VS 阿根廷）	2014/7/10	3:48:56	6:48:45	2.60	8180	55.43
4	小组赛揭幕战（巴西 VS 克罗地亚）	2014/6/13	3:47:25	5:56:26	1.45	4546	54.11
5	3、4名决赛（巴西 VS 荷兰）	2014/7/13	3:48:56	5:55:46	1.57	4939	54.08

数据来源：CSM媒介研究

五、媒体融合引发体育电视节目新探索

如果说4年前的南非世界杯是第一届属于网络的世界杯，那在本届巴西世界杯上，社交媒体和移动互联网的出现则更加丰富了全世界球迷在观赛和讨论赛况过程中的选择。面对新媒体来势汹汹的冲击，各大电视台既没有选择将新媒体摆在一个与自身对立

的位置上，也没有仗着有世界杯直播权的优势停滞不前，而是以非常积极的态度在节目的制播中融入了更多新媒体的元素。

世界杯期间，中央台五套与新浪微博合作发布了话题“#微5世界杯#”，这种台网联动的尝试取得了十分积极的效果，吸引了网友大量的转发和评论。根据CSM媒介研究和新浪微博联合发布的数据，CCTV5官微在世界杯期间发布的话题共获得了112.4亿的阅读量，粉丝增长超过了260万。这是电视台在占有优质资源的前提下，利用社交媒体渠道上的优势为自己赢得更多关注的一个典型案例。

台网联动为电视台带来的不仅仅是官微上大量的新增关注，还有各主持人和前方评论员粉丝量的迅速增长。在提升其自身知名度的同时，名嘴们的人气对整个电视台来说也大有助益。“乌贼女神”刘语熙的横空出世和中央电视台通过“投票让刘语熙穿球衣”活动对观众和网民的引导在一定意义上标志着电视台已经真正打开大门，开始迎接新传播模式下的台网融合。根据CSM媒介研究和新浪微博联合发布的数据，在通过微博关注世界杯的人群中，“90后”占了大多数（图12）。台网联动对于电视台来说就像一把解开年轻观众流失之困的钥匙，在一定意义上有助于吸引更多年轻的观众回到电视机前。

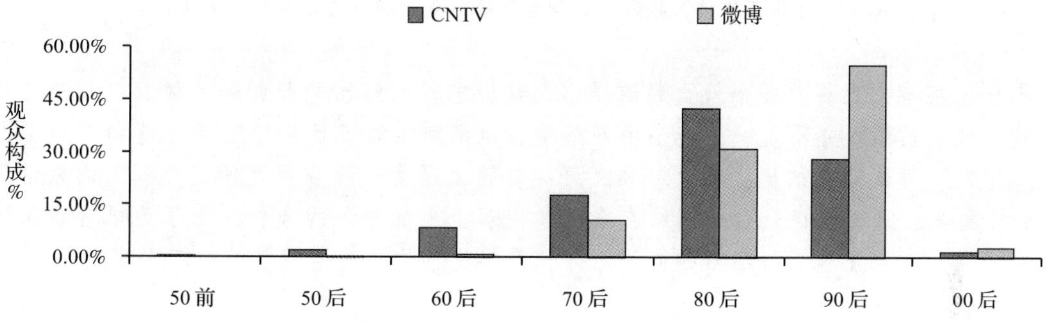

数据来源：CSM媒介研究 & 新浪微博

图12　CNTV与微博受众年龄构成（%）

上海五星体育频道将微信这一时下最热门的即时通讯工具融入自己的答题类节目《夜问世界杯》之中，主持人在不到1小时的直播节目中会提出9道关于世界杯的轻松有趣的题目，观众完全通过微信答题闯关，参加节目赢得奖品。节目不再采用传统的自上而下的传播模式，而是真正把节目和观众紧密地联系起来，而这种联系的建立正是得益于新媒体的快速发展为节目和观众搭建的互动平台。一方面，节目能以这种方式成功地吸引观众留下来收看，更重要的是，因为使用了社交媒体，节目成功地吸引了年轻人的注意。相比于世界杯开赛前该频道同时段的数据以及世界杯期间频道的整体观众构成，《夜问世界杯》明显更得到“80后”人群以及高学历人群的偏爱（图13）。

众所周知，电视台一直以来是以一个内容提供方的角色而存在的，特别是在一些国际大赛的报道当中，而网络和社交媒体则更多地扮演着一个传播渠道的角色。在本届世界杯的专题节目中，我们发现网络的世界杯内容传播者角色已经悄然发生了变化，开始真正向“网反哺台”这一深层次的发展阶段靠拢。湖北卫视和新浪网联合推出的《黄焖

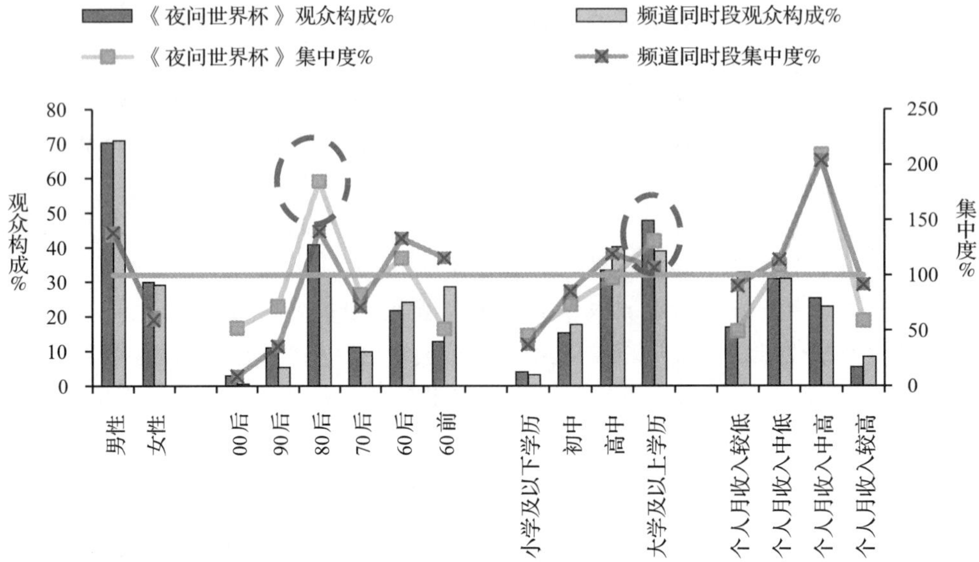

数据来源：CSM 媒介研究

图 13　上海五星体育频道《夜问世界杯》观众构成与集中度（上海）

世界杯》在湖北卫视及多个地面频道播出，这标志着网络已经开始进入体育电视节目制作的领域。虽然这并不是一个完全由网络平台担纲制作的节目，但明星主持和“服务观众 + 网民”模式带来的庞大受众群和良好的口碑无疑为这种台网之间更加深入的联动开了一个好头。而这种电视台和网络在渠道和内容上更加深入的合作，除了为电视台带来更加多元化的渠道和更为丰富的内容之外，最终造福的还是电视机前的广大观众。

结语

在德国对阵阿根廷的总决赛中，随着格策在加时赛 113 分钟的精彩入球，吊足了全世界球迷胃口的谜题终于得以揭晓。CSM 媒介研究网络调研参与者中有两成猜中大力神杯的归属，本届世界杯由此落下帷幕，四年一度的体育媒体“大阅兵”也告一段落。媒体和科技的发展日新月异，受众行为的变化也在悄然继续。四年后的世界杯又将呈现出怎样的惊喜和变革？在举国上下关注足球的这些年，早早开始备战 2018 年的中国足球究竟能否让中国人的爱国情怀作用于下届世界杯？变革不息，调研不止，让我们继续期待中国足球和体育媒体在下一个“考查期”交出的答卷。

（作者：梁怡婷）

医院那些事儿

——我国当代医疗剧播出与收视分析

哈姆雷特的经典台词“To be, or not to be—that is the question.”（生存还是毁灭，这是一个问题），简直就是医疗类电视剧的一个绝妙注脚。麦克卢汉在《理解媒介》之“电视——羞怯的巨人”章节中指出：“用闭路电视教手术像是自己在主刀，这是电视形象的触觉性质最生动的例证之一。”

医疗剧因其丰富生动的可视性、参与感而成为世界电视剧劲旅中的常见题材类型，被誉为“电视剧皇冠上的明珠”，涌现了不少著名作品，如：美剧《豪斯医生》《急诊室的故事》《实习医生格蕾》，日剧《救命病栋24小时》《白色巨塔》，韩剧*Good Doctor*《医学团队》，港剧《妙手仁心》《On Call 36小时》《仁心解码》，等等。2014年，国内荧屏上也出现了一股国产医疗剧的热流，《产科男医生》《爱的妇产科》《产科医生》《青年医生》等不断引发社会热议。然而，业内对于医疗剧的播出与收视的研究尚是个空白。

本文以CSM媒介研究80城市组数据为主，试图对我国当代国产医疗剧的播出与收视概况、特点、收视成长性、观众收视偏好、竞争价值等进行浅析。

一、我国医疗剧的制播发展脉络

何为“医疗剧”？本文尝试给其下定义：“医疗剧”大体是指以医院、医馆为主要故事背景，以医生、护理人员、医院管理层、患者等为主角，以医疗手段、手术、理念、制度、各类病症、医患关系、医生的工作与生活状态、医护人员的情感关系等为内容素材或故事主线的电视剧。

从中可见，医疗剧本身就蕴含着诸多看点：残酷而真实的医疗场面、命悬一线的紧张刺激、人与人之间直抵灵魂的纠缠、生死之间的较量与拷问、道德与良知的博弈……这些元素的设计与运用成为医疗剧的生存之道。

医疗元素在我国国产剧中的运用约在20年前就出现了，在时间上其实并不落后于海外剧。换言之，当医疗剧在全球范围内方兴未艾的时期，我国的医疗剧并未缺席。CSM媒介研究的电视剧查询与收视分析系统（TVPRIS）里能查到的我国医疗剧制作年代，最早可以追溯到1995年，广州电视台与新世纪影视娱乐公司推出的《陈医生诊所》成为许多人儿时的收视回忆。1997年《红十字方队》和《黄家医圈》拍摄完成，2001年国产医疗剧迎来一个小的制作高潮，内容上有所拓展，既有郑晓龙导演，李幼斌、江珊主演的《永不放弃》,又有李小璐主演护士的《都是天使惹的祸》,还有王茜华主演、反映支边医生的《帕米尔医生》。随后,我国当代医疗剧进入一段沉寂期,虽然2002年有《为民医院》,2004年有《女法医》《最后诊断》,2005年有《心理医生非常档案》《急诊室风波》,但几乎都没有太大的影响力。2008年,闫妮、殷桃主演的《卫生队的故事》引入喜剧表演方式,伊能静主演、臧里和臧希编剧的《宠物医院》也没有真正带来医疗剧的春天。

2010年中央台八套播出《医者仁心》,号称"国内第一部全景式反映医生职业生活的医疗剧"集合了金马影帝谢君豪、老戏骨潘虹和尤勇等,获得了业界内外的高度认可,成为我国当代医疗剧史上第一部真正意义上里程碑式的精品之作。2012年,六六编剧的《心术》未播先红,该剧集合了吴秀波、张嘉译、海清等一线演员。同年,中央台一套播出王志文主演的《感动生命》。2014年,国产医疗剧出现小井喷,围绕妇产科播出了《爱的妇产科》《产科男医生》《产科医生》。号称"有医疗元素的偶像剧"的《青年医生》也在全国热播,而将镜头从医生转向对准护士的《天使的微笑》亦通过了审批发行。

值得关注的是,古装剧成为我国医疗剧中的一朵奇葩,并且在当代医疗剧陷入困境时大放异彩。例如,2003年初李保田、沈傲君主演的《神医喜来乐》在中央台八套首播,一时之间红透大江南北,而此剧也成为我国医疗剧中首部系列剧(2013年续集《神医喜来乐传奇》播出)。同年任泉、李小冉主演的《皇朝太医》推出,2004年蒋勤勤主演的《神医华佗》制作完成,2008年吴子牛导演完成《大国医》的拍摄。此外,还有2010年的《神医大道公》(郑少秋、郭冬临主演)、2012年的《怪医文三块》(冯远征、孙茜饰演)、2014年的《神医安道全》(余少群主演),以及以神怪玄幻面目示人的《神医大道公前传》等。

二、我国当代医疗剧的播出特点

我国当代医疗剧起步虽早,却仍处于模仿的阶段,大量借鉴了美剧、港剧乃至日韩两国医疗剧的构思、元素、线路,同时也获得了一定的进步,形成了独特的风格。近几年,我国播出的当代医疗剧有如下几个特点(表1):

第一,在思想性上,以弘扬正能量为主,宣扬救死扶伤、匡扶正义的主旋律。相比于《豪斯医生》,我国医疗剧中的医生性格相对模糊些,较为平易近人,突出无私奉献,追求医德理想,更富有人情味。结尾也通常以国人喜欢的"大团圆"做结,充满喜气和光明。

第二,在内容模式上,推崇美国医疗剧的"双P模式"(Professional + Personal,专业+人性)。一方面,在场景、手术等细节处竭力体现出真实性,例如剧组拍摄《产科医生》期间,不仅每章剧本都有专业医生过检,演员提前到大医院"实习",还聘请了职业医护人员全程跟组,指导台词、着装、材料器械、握刀动作,力图追求专业化和职业化。然而,我国大部分当代医疗剧的专业性仍有待提高,仍存在医疗知识上的漏洞。另一方面,在人物塑造过程中侧重描写人心人性,突出医护人员的感情生活、医德理想、人情世故等，甚至跑偏，出现了“披着白大褂的言情偶像剧”。例如《产科男医生》不在专业性上用心，而是让主角谈情说爱，《青年医生》中的一票靓男美女情感纠葛贯穿始终，《感动生命》更是以医生的人生经历与心路历程为主线，突出爱情、师生情、父子情、医患情。

表1　近年来我国播出的主要当代医疗剧一览

剧名	科室	内容	题材	编剧	导演	主演	集数	制作公司	制作年份
柳叶刀	心脏外科	医德医道	社会伦理	林黎胜	张建栋、白涛	王学兵、李光、张歆艺	20	北京小马奔腾影视文化发展有限公司等	2008
医者仁心	心脏外科	医疗困境	社会伦理	徐萌	傅东育	尤勇、谢君豪、潘虹	33	中国电视剧制作中心	2010
心术	神经外科	医患关系	社会伦理	六六	杨阳	吴秀波、张嘉译、海清	36	上海电影（集团）有限公司	2012
感动生命	心胸外科	医生情感	社会伦理	陈燕民、回子捷	陈燕民	王志文、霍建华、刘思言	30	中国国际电视总公司	2012
到爱的距离	外科	职业理想	社会伦理	朱朱	简川訸	李晨、张馨予	36	山东电影电视剧制作中心	2013
产科男医生	妇产科	职业困境	社会伦理	张治远	周德华	贾乃亮、李小璐	40	世纪长龙影视股份有限公司	2014
爱的妇产科	妇产科	医生情感	言情	马德林	蒋家骏	何晟铭、孙坚、朱丹	18	湖南经视文化传播有限公司	2014
产科医生	产科	工作状态	社会伦理	张作民、张作人	李小平	王耀庆、佟丽娅	42	东阳市花儿影视文化有限公司	2014
青年医生	急诊科	职业梦想	社会伦理	徐萌	赵宝刚、王迎	任重、张俪、张铎、王阳	50	北京鑫宝源影视投资有限公司	2014

数据来源：CSM媒介研究

第三，在主创人员上，对编剧的要求极高，要求其对医院的格局、管理、术语都十分了解。因为与其他题材的编剧相比，医疗剧的编剧如果没有一定的专业素养，就无法创作出扎实、真实、细致而严谨的剧本来。例如，《产科医生》的编剧张作民曾在医院当过两年护工，集中研究过产科最常见的几十种并发症，创作时与医院无关的事一律不写，主要矛盾和戏剧冲突均来自医疗事件。《医者仁心》的编剧徐萌五年磨一剧，深入医院直面患者、体验生活，严谨的创作态度让她再度成为《青年医生》的编剧。

第四，在题材类型上，以社会伦理为主，以全民关注的医疗热点为主线，探讨制度缺陷，揭露医药黑幕，关注医患矛盾，刻画医生们在道德底线上的挣扎与冲突、面临的医疗困境等。

第五，在演员阵容上，一方面大牌演员多有参与，王志文、尤勇、潘虹、李成儒、张嘉译、吴秀波、海清都出演过，另一方面则让偶像演员担纲，靓男美女成为“标配”。《青年医生》甚至让任重、张俪、张铎、王阳等青春演员担任主角，让知名度更高的孙红雷、霍思燕、马苏、杜淳担任配角。

第六，在篇幅长度上，我国的医疗剧有越播越长的趋势。前几年多以30多集的“短剧”为主，2014年则出现了四五十集的剧目。然而，我国医疗剧仍是以单部剧为主，系列剧几乎空白，与始播于1963年热播50年的美剧《综合医院》相比，仍属嫩芽一枚。

三、我国当代医疗剧的播出平台

我国当代医疗剧不仅在卫视频道热播，也被不少地面频道引入。本文选取了主要的当代医疗剧，统计其从2010年至2014年11月15日在黄金强档的播出频道数（表2），发现《心术》的播出面最广，共计在28个频道播出；其次是《医者仁心》，在19个频道播出；《感动生命》《到爱的距离》和《产科医生》也均在10个及以上频道播出。

表2　我国主要当代医疗剧的播出与收视概况

（2010～2014.11.15，19:30～21:30时段，80城市）

电视剧名称	所有播出频道数	卫视首播频道	卫视首播日期	卫视首播加总收视率%
心术	28	浙江、安徽、天津、上海	2012/5/3	3.69
医者仁心	19	中央台八套	2010/12/10	0.98
感动生命	18	中央台一套	2012/2/20	1.75
到爱的距离	12	上海	2013/10/14	0.59
产科医生	10	山东、北京	2014/7/24	2.06
产科男医生	6	江苏、深圳、上海	2014/5/7	2.79
爱的妇产科	1	湖南（22:00档）	2014/2/2	0.46

数据来源：CSM媒介研究

高品质的医疗剧是中央电视台争抢的对象。2010年12月10日，剧本扎实、阵容豪华、制作精良的《医者仁心》在中央台八套开播，引起业内外轰动，虽然在80城市组的收视率没能破1%，然而口碑犹存。2012年2月20日，中央台一套推出《感动生命》，尽管该剧剧情稍嫌狗血，医疗细节真实性有所欠缺，但也获得了1.75%的收视率。

省级卫视也看到了医疗剧的潜力，多家一线、二线省级卫视试水。2012年5月3日，六六编剧的《心术》在浙江、安徽、天津、上海四家卫视首播，该剧采用了当红明星阵容，加总收视率接近3.7%，然而其主题提升生硬，剧情隔靴搔痒，加之有偶像剧之嫌，结果引发了业界较大的争议。该剧之后，卫视对医疗剧的态度变得谨慎起来，2013年仅一部《到爱的距离》在上海卫视的黄金强档播出。

进入2014年，医疗剧忽然成为荧屏热点之一。2月2日湖南卫视后晚间时段播出

《爱的妇产科》。5月7日江苏、上海、深圳3家卫视播出李小璐和贾乃亮夫妻主演的《产科男医生》，该剧获得了2.79%的加总收视率，但同时也因偶像剧气质浓厚而引起非议。7月24日《产科医生》在山东和北京卫视播出，以其高度的专业性和严谨性获得2.16%的加总收视率，被誉为我国当代医疗剧自《医者仁心》之后的又一标杆之作，让市场看到了医疗剧的前景。11月18日，赵宝刚导演的《青年医生》在浙江、安徽、北京、天津开播，上星平台组合可谓强大，从其在测量仪地区的表现看，成长性良好，具有较强的观众号召力。

四、我国当代医疗剧的收视走势

剧目的收视表现受多种因素的影响，进而呈现出各种收视走势。当代医疗剧的成长潜力如何，看其收视走势能比较直观地观察到当代医疗剧对观众吸引力的波动变化，考核平台的影响力和编排效果。通常，电视剧有这么几种收视趋势：收视逐步上升、收视保持平稳、收视剧烈波动、收视逐步下降。如果电视剧收视逐集（日）攀升，表明该剧收视后劲足，对观众的吸引力越来越强，具有良好的成长性；如果每集（日）收视率差不多，波动较小，收视走势趋于一条直线，说明该剧开播就吸引了特定的目标观众，每天稳定收看，但较少有新观众进入；如果收视剧烈震荡，说明该剧缺乏始终如一的核心竞争力，有的情节能吸引观众入流，有的情节则表现平庸促使观众大量流失，观众无法每天保持相应的忠实度；如果电视剧收视下滑，则表明该剧要么是雷声大雨点小，剧目实际水平与宣传不符，观众失望而转台，要么是电视剧和同期竞争对手相比吸引力较弱，感兴趣的观众越来越少。

本文统计了在卫视播放的6部医疗剧，发现不同剧目由于质量、平台、档期、编排、演员、宣传等不同，收视走势有所差异。整体收视率走势呈现节节攀升的有3部，走势平稳的有1部，收视波动相对剧烈的有2部，收视整体下滑的则没有（图1）。

《医者仁心》《心术》《产科医生》在所有播出频道中都表现出良好的成长性，特别是《医者仁心》，在中央台八套呈现出的低开高走的趋势非常明显，第一天它在80城市的收视率仅为0.53%，到了第三天就冲至1.13%的高位，表现出较强的吸引力，随后平稳发展，到最后三天日平均收视率均破1%。《心术》和《产科医生》在多家卫视则表现出快速拉升的姿态，最后一集基本上都达到了该剧的最高收视峰值。尤其是《产科医生》，呈现出完美的成长曲线，在山东卫视“高开高走”，几乎每日收视率都超过1%，最后一天收视率达到1.61%，而其在北京卫视则是“低开高走”，收视率从第一天的0.54%飙升到最后一天的1.16%，足足增长了1倍有余。

《到爱的距离》在上海卫视表现得中规中矩，收视走势平稳。《感动生命》和《产科男医生》则收视波动较大。《感动生命》在中央台一套开播伊始表现还是不错的，第一天就获得了1.83%的收视率，然而随后一周就逐步下滑，中腰部分又有所起色，甚至日收视率一度逼近2%，到后面三分之一的部分收视又开始下滑，最后一天仅以1.62%收官。《产科男医生》走势相对复杂，在江苏卫视徐徐上升，倒数第二天日平均收视率逼近1.5%，但在上海东方卫视和深圳卫视则波动较为剧烈。

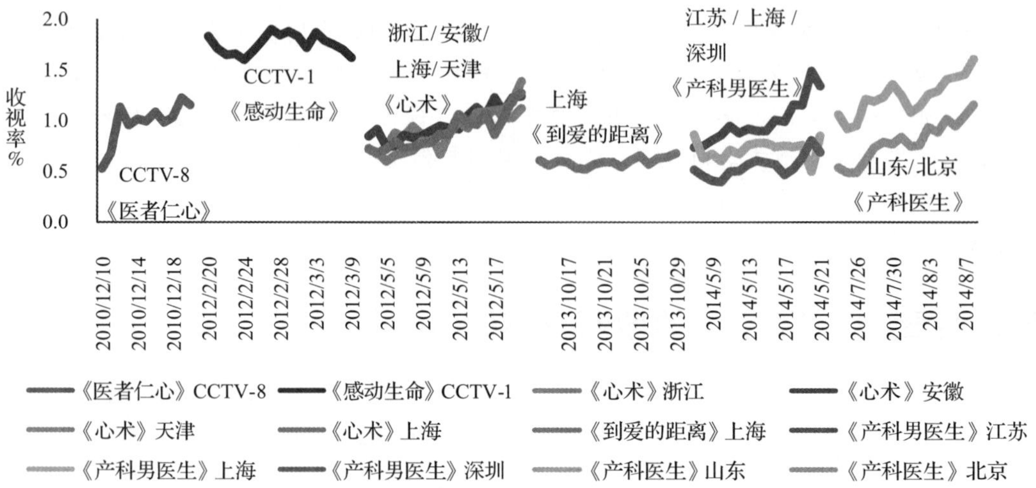

数据来源：CSM 媒介研究

图 1　近年来我国主要当代医疗剧在各卫视频道首播时的收视走势
（2010～2014. 11. 15，19:30～21:30 时段，80 城市）

五、我国当代医疗剧的观众偏好

当代医疗剧受到哪些观众的欢迎？男性爱看还是女性爱看？年轻人爱看还是老年人爱看？低学历者爱看还是高学历者爱看？什么职业的人爱看？本文以观众集中度来衡量当代医疗剧的观众偏好度。

从性别上看，我国当代医疗剧普遍受到了女性观众的青睐，而男性观众的集中度则普遍低于平均水平。《爱的妇产科》《到爱的距离》和《产科男医生》这 3 部剧的女性集中度较高。

从年龄上看，观众偏好差异极大。中年观众相对于低龄和老年观众集中度更高些。《爱的妇产科》最受年轻观众欢迎，该剧在湖南卫视播出时，受到 4～14 岁青少年喜爱，本文认为这和湖南卫视一贯的频道定位有较大关系。《产科男医生》和《爱的妇产科》最受 35～44 岁中年观众喜爱。45～54 岁观众对这 6 部剧都表现出了收视喜好。《感动生命》《产科医生》在中老年观众中的集中度极其突出，而观众越年轻，对两剧的喜好度也越低。中高龄观众对《爱的妇产科》的收视行为比较消极，年龄越大集中度越低。

从学历上看，低学历观众普遍对当代医疗剧收视意愿低。初中学历者更喜欢看《产科医生》《爱的妇产科》，高中学历者更喜欢看《到爱的距离》和《心术》，大学及以上的高学历者更愿意看《到爱的距离》和《心术》。

从职业上看，《心术》受到了干部/管理人员、白领的喜爱；而《爱的妇产科》则更受工人、学生欢迎；《产科男医生》在白领、工人中的集中度较高；白领较为喜爱李晨主演的《到爱的距离》（图 2）。

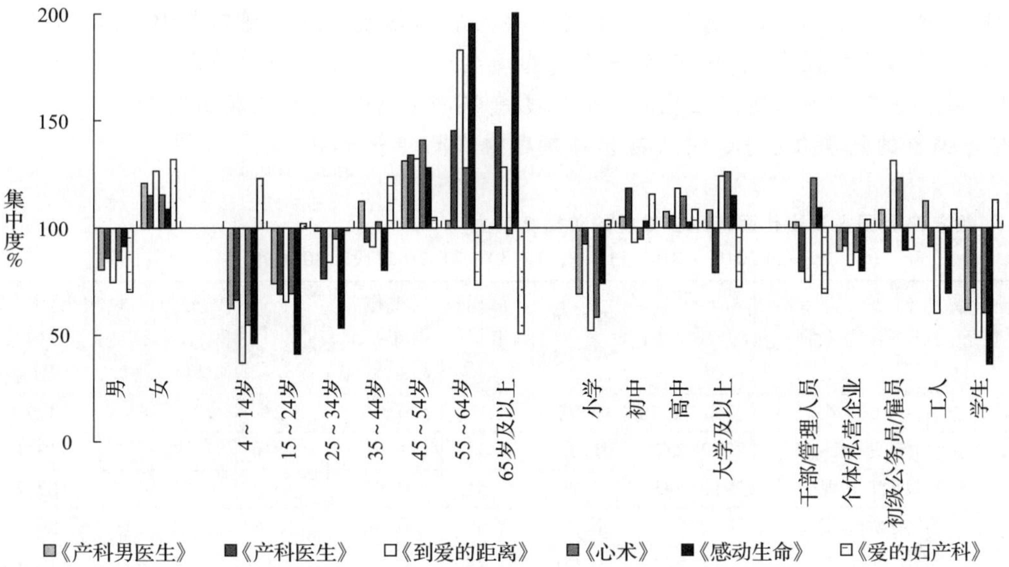

数据来源：CSM 媒介研究

图 2　近年来我国主要当代医疗剧的卫视首播观众集中度

(2010～2014.11.15，19:30～21:30 时段，71 城市)

从各阶层观众对当代医疗剧的集中度分布来看，本文认为影响观众对电视剧偏好的因素除了演员阵容、剧情外，也与平台和剧目的定位契合度有关——频道的固定观众群会对落在频道上的每一部剧都“雨露均沾”，频道要想维持忠实观众，就要确保播出的每一部剧都符合频道的定位，以加强、加固、放大频道的品牌力，否则就可能是一种伤害。

六、我国当代医疗剧的竞争价值

在谍战剧、穿越剧、翻拍剧、宫斗剧、军斗剧、育儿剧等风潮之后，医疗剧会成为我国电视剧市场新的价值高地和收视增长点吗？本文从不同维度来考量上述 6 部当代国产医疗剧的竞争价值。

首先，从平均收视率来看，6 部当代医疗剧首播共计 12 部次，其中有 3 部次（占 1/4）的收视率达到或超过 1%（中央台一套《感动生命》、山东卫视《产科医生》和江苏卫视《产科男医生》）；有 5 部次平均收视率达到或超过 0.9%，加起来约占总量的 2/3。最低平均收视率也接近 0.6%（上海东方卫视《到爱的距离》）。从这个角度看，虽然没有哪一部医疗剧的单频道收视率突破 2%，都难以跻身顶尖剧的行列，但也获得了不错的收视效果。

其次，再看医疗剧在各卫视频道内部的竞争力。在频道内所有晚间首播档剧中排名能进入前 3 名的有 3 部次（天津卫视和上海东方卫视《心术》、山东卫视《产科医生》），这也是医疗剧在卫视内部获得的最好名次；排名能进入频道内前 5 名的有 2 部次

(安徽卫视《心术》、深圳卫视《产科男医生》);排名能进入频道内前10名的有3部次(北京卫视《产科医生》、中央台一套《感动生命》、江苏卫视《产科男医生》)。约占2/3部次的医疗剧能够进入卫视频道内年度前10名,剩余部次在频道内差不多处于中等或中等偏上的竞争力水平,并没有出现垫底的情况(表3)。

表3　近年来我国主要当代医疗剧在卫视的首播竞争力

(2010~2014.11.15,19:30~21:30时段,80城市)

剧名	首播卫视	开播日期	首播收视率%	首播市场份额%	卫视电视剧年平均收视率%	收视溢出率	频道内年度排名/频道内年度剧总数	年度排名/年度80城市组剧总数
医者仁心	中央台八套	2010/12/10	0.98	2.5	0.96	2%	13/36	42/935
感动生命	中央台一套	2012/2/20	1.75	4.41	1.62	8%	7/20	13/878
心术	浙江卫视	2012/5/3	0.92	2.51	0.97	-5%	13/24	107/878
	安徽卫视	2012/5/3	0.97	2.65	0.84	15%	4/23	96/878
	天津卫视	2012/5/3	0.90	2.45	0.68	32%	3/26	113/878
	上海东方卫视	2012/5/3	0.90	2.43	0.75	20%	3/20	117/878
到爱的距离	上海东方卫视	2013/10/14	0.59	1.63	0.59	0%	11/27	168/916
产科男医生	江苏卫视	2014/5/7	1.00	2.87	1.04	-4%	8/18	58/835
	上海东方卫视	2014/5/7	0.73	2.11	0.73	0%	12/22	120/835
	深圳卫视	2014/5/7	0.56	1.62	0.45	24%	5/21	181/835
产科医生	山东卫视	2014/7/24	1.25	3.64	0.95	32%	3/25	32/835
	北京卫视	2014/7/24	0.81	2.34	0.77	5%	6/21	98/835

数据来源:CSM媒介研究

注:收视溢出率% =(医疗剧首播收视率-频道电视剧年平均收视率)÷频道电视剧年平均收视率。

再次,与所在频道的电视剧年平均收视率相比,当代医疗剧在播出频道的“收视溢出率”基本为正值,2/3的部次或多或少给所在频道带来了收视收益。天津卫视(《心术》)、山东卫视(《产科医生》)获益较大,均高出这两个频道电视剧年平均值的32%。《产科男医生》在深圳卫视“收视溢出率”达到24%。《心术》在上海东方卫视、安徽卫视的“收视溢出率”分别达到20%和15%。一个有趣的现象是:同一部剧在不同频道播出后,收视拉动幅度不尽相同,有的收视溢出多,有的则出现收视“倒流”。例如《产科医生》在北京卫视的收视溢出显然不及在山东卫视的大。《心术》对安徽、天津、上海这3家二线卫视的收视有拉动,但对处于一线阵营的浙江卫视却似乎是一种伤害。同样,收视倒溢的现象也发生在播出《产科男医生》的江苏卫视。同样是医疗剧,在同一个频道播出,有时是促进,有时效果却大打折扣,例如上海东方卫视播出《心术》有赚头,播出《到爱的距离》和《产科男医生》则“不赔不赚”。

最后,从全国80城市的年度综合排名来看,医疗剧呈现出较大的差异。年度排名最好的是中央台一套的《感动生命》,(在2012年中央台一套和八套、省卫视所播出的878部次剧中)平均收视率排第3名,显然中央台给了该剧更高的起点和成长空间。山东卫视播出的《产科医生》(在2014年1月1日至11月15日卫视播出的835部次剧中）排 32 名。排名进入年度前 100 位的还有中央台八套的《医者仁心》（第 42 名）、江苏卫视《产科男医生》（第 58 名）、安徽卫视《心术》（第 96 名）、北京卫视《产科医生》（第 98 名）。其余 1/2 部次的年度排名则在 100 名之外了。

可见，当代医疗剧对于大部分频道具有一定的收视“正能量”，然而和其他竞争力强的好剧相比，尚有一定距离。

结语

当代医疗剧能够引起我国市场重视的原因是多方面的，其强大的戏剧冲突性、人性和专业性构成了收视的诱惑力，一线卫视的加入为其流行起到了推波助澜的关键作用，著名编剧（如六六）、明星（如李小璐和贾乃亮夫妻）等话题主创人员提升了社会的关注度，而标杆作品的不时涌现、不错的收视效果也坚定了制播市场的信心，从而促使当代医疗剧最终形成了一股潮流，成为 2014 年度的一大热点。

然而，不可忽视的是，目前我国的当代医疗剧还处于学习与模仿阶段，不少剧显得既不专业也不人性，未来还有很大的空间可以提升。收视表现相对更好的当代医疗剧，例如《医者仁心》《产科医生》，无一不是剧本扎实、制作严谨，编剧在专业性上下足了功夫，收视溢出率也相对较高，对所有播出频道都是一种正向收视拉动。而有的医疗剧存在诸多硬伤，顶着噱头“高嫁”之后，反而拉低了频道的平均收视率，给频道造成了伤害。

随着我国快速进入老年社会，带有“医疗”元素的电视剧势必也会成为社会关注的焦点。对于医生而言，一念天堂，一念地狱；对于医疗剧的创作者而言，也同样是一念天堂，一念地狱。我国的当代医疗剧如果能挖掘出新的创作思路，打磨好制作水平，建立起“品牌”意识，纵深拓展题材内涵，天堂即显矣。

（作者：李红玲）

电视剧收视影响因素初探
——重点基于电视剧题材的视角

电视剧多年以来一直是电视节目市场中媒体播出量最大、观众收视量最大的节目类型。在CSM媒介研究2014年所有调查城市中，电视剧占电视台节目播出总时长的23.6%，占观众收视总时长的31.1%。随着多种收视终端的发展和普及，受众对于电视剧的热衷延伸至多个领域，呈现出多屏收视特征。CNNIC 2015年1月发布的最新一期《中国互联网络发展状况统计报告》显示，无论是在台式机/笔记本电脑还是在手机和PAD等移动端设备上，电视剧与电影都是用户最喜爱收看的视频内容，且比例明显领先于其他视频内容。

在电视剧广受观众青睐的同时，电视剧收视效果的起伏变化也备受电视剧制播机构的关注，电视剧的收视表现对于很多电视频道举足轻重，因而电视剧收视的影响因素分析成为电视剧研究领域的重点之一。

一、影响电视剧收视的一般因素

电视剧在某一市场播出后的收视表现受众多因素的影响，既包括电视剧自身的因素，也包括播出环境的因素。电视剧自身因素包括电视剧故事情节、题材和风格、制作水平和编导演情况等，播出环境既包括电视剧播出的市场、频道、时间，也包括电视剧的播出宣传和编排等。

电视剧的收视体现了观众的选择偏好和需求，是电视台选择播出剧目的重要参考；同时，电视台的电视剧播出安排也影响着观众的收视选择。观众是在电视台播出的剧目中进行选择，在不同电视频道之间进行选择，例如在某些市场、某段时期内集中播出某类题材的电视剧形成观众的收视热点，不同频道播出题材各异的电视剧满足不同观众群体的需求。播出与收视，供求双方相互影响、相互作用，使得电视剧收视结果既受到观众对电视剧本身题材内容选择偏好的影响，也受到播出环境的影响。例如近几年反特/谍战、军事斗争和近代传奇类电视剧的播出量稳步增加，同时在观众收视量中这3类题材也占前三甲位置，良好的收视表现推动着电视台更多地播出，而播出量增加尤其是各地主要电视频道的大量播出又反过来使得这3类电视剧有更多的机会主导观众的收视选择。

因为电视剧收视是观众节目选择的结果，所以同时间不同频道播出的电视剧以及其他类型节目都影响着观众的选择结果，这就是收视分析中必须关注的竞争因素的影响。试想，假如一个城市诸多频道同时段都在播出电视剧，而另一个城市同时段不同频道安排电视剧、民生新闻和生活服务等不同节目播出，给予观众的收看选择不同，频道间同类节目的竞争状态不同，这势必会影响观众对电视剧的选择收看结果。更为常见的情况是，同城市2~3个频道同时段播出电视剧，在观众选择中收视率此消彼长、相互影响。

电视剧面向所有电视观众播出，既面对观众大众化的普遍喜好，也面对不同群体个性化的需求，不同题材内容、风格类型的电视剧在不同观众群体中往往取得不同的收视效果，电视剧的观众特征也是影响整体收视的因素之一。

二、本文研究的目的和重点

包括竞争状态在内的播出环境是影响节目收视的普遍外在因素，节目自身特点则是影响收视的特有内在因素。本文对电视剧收视影响因素的分析着重于电视剧本身的因素，对于不易计量或尚未建立分类标准的变量，例如电视剧制作投入、导演和演员等，虽然它们也是影响电视剧收视的重要因素，但考虑到在准确量化信息的可得性方面存在较大局限性，这些变量暂未纳入本文研究的模型。

本文研究深入探讨的重点是电视剧题材对于电视剧收视表现的影响，我们采用多层次线性回归模型，基于CSM媒介研究的收视数据，定量研究电视剧题材对收视率的影响。

三、研究采用的数据和变量

1. 数据范围

本文分析所采用的数据为CSM媒介研究2014年全年各直辖市和省会城市（拉萨除外）在晚间19:30~21:30期间播出的、平均收视排名前100位的电视剧，共3000部次。

为分析最受关注的晚间收视高峰时段影响电视剧收视的因素，此次研究集中于晚间19:30~21:30期间播出的电视剧。为反映全国各地的综合情况并使用相同收视调查方法以保证数据的可比性，本研究选择了除拉萨以外的所有直辖市和省会城市共30个，这些城市全部采用收视测量仪进行收视调查。为了避免因为收视率数值过低而产生较大的相对误差进而影响分析结果，且保证研究剧目能反映各地电视剧收视的主体特征，此次被分析的节目限定于每个城市收视率最高的前100部电视剧。

2. 研究变量

为重点研究电视剧题材对收视率的影响，我们选择在各城市黄金时段播出的电视剧的平均收视率作为我们研究的因变量。CSM媒介研究的TVPRIS电视剧查询与收视分析系统已经对电视剧题材、故事发生的时代背景、剧本来源进行了分类，可以参与定量研究，而电视剧编剧、导演和演员则尚未建立分类标准，未纳入定量分析范围。因此在自变量的选取上，除了电视剧题材外，我们选用了电视剧播出频道内电视剧总数、电视剧的篇幅（集数）、剧本来源、制作年份、时代背景等电视剧本身的因素，以及电视剧播出城市的黄金时段收视率、城市电视剧播出总数等播出环境因素作为我们分析的解释变量。

各变量的相关描述性统计量见表1和表2。其中，电视剧题材作为此次研究的重点，30个城市3000部次剧目中军事斗争、反特/谍战、近代传奇比例最高，分别占总部次的20%、17%和14%，其后是都市生活、言情和社会伦理，各占10%～9%，前6类题材累计比例达到79%，是TOP100电视剧中的主体。

表1　模型中使用的部分解释变量以及相关描述性统计量

变量	均值	标准差
电视剧层次		
频道内电视剧总数（部数）	29.13	10.122
电视剧篇幅（集数）	39.14	10.806
城市层次		
黄金时段收视率	37.19	6.2711
电视剧总数（集数）	1174.20	70.710
样本量	N = 3000	

数据来源：CSM媒介研究

表2　模型中使用的虚拟变量及其分布

<table>
<tr><th>变量类别</th><th>变量</th><th>分布比例</th><th>变量类别</th><th>变量</th><th>分布比例</th></tr>
<tr><td rowspan="3">剧本来源</td><td>原创（包括先有电视剧后有小说）</td><td>75%</td><td rowspan="13">题材</td><td>近代传奇</td><td>14%</td></tr>
<tr><td>流行小说、报告文学、真实事件改编</td><td>19%</td><td>都市生活</td><td>10%</td></tr>
<tr><td>其他来源</td><td>6%</td><td>言情</td><td>9%</td></tr>
<tr><td rowspan="4">制作年份</td><td>2011年及以前</td><td>12%</td><td>社会伦理</td><td>9%</td></tr>
<tr><td>2012年</td><td>10%</td><td>变迁</td><td>4%</td></tr>
<tr><td>2013年</td><td>42%</td><td>戏说演义</td><td>3%</td></tr>
<tr><td>2014年</td><td>36%</td><td>农村</td><td>3%</td></tr>
<tr><td rowspan="4">时代背景</td><td>古代</td><td>5%</td><td>警匪</td><td>2%</td></tr>
<tr><td>近现代</td><td>51%</td><td>重大革命</td><td>2%</td></tr>
<tr><td>改革开放至今</td><td>37%</td><td>神怪玄幻</td><td>1%</td></tr>
<tr><td>跨不同时代</td><td>7%</td><td>军旅生活</td><td>1%</td></tr>
<tr><td rowspan="2">题材</td><td>军事斗争</td><td>20%</td><td>当代传奇</td><td>1%</td></tr>
<tr><td>反特/谍战</td><td>17%</td><td>其他题材</td><td>4%</td></tr>
</table>

数据来源：CSM媒介研究

四、研究采用的模型

1. 模型选取

我们的解释变量包括城市和电视剧两个层次。首先，我们考虑一个简单的单因素随机效应方差分析模型：

$$Y_{ij}=\mu+\alpha_j+\gamma_{ij}，其中，\alpha_j \sim N(0, \tau_{00})，\gamma_{ij} \sim N(0, \sigma_{00})$$

该模型包括一个固定效应（μ）和两个方差项：由于城市之间的差异所引起的电视剧收视率的方差（τ_{00}）和电视剧本身差异所引起的收视率的方差（σ_{00}）。模型拟合的结果，$\tau_{00}=0.49840$，$\sigma_{00}=1.58705$。因此，我们可以估计电视剧收视率的总方差中，由于电视剧所在城市之间差异所导致的比重 ρ：

$$\hat{\rho}\frac{\hat{\tau}_{00}}{\hat{\tau}_{00}+\hat{\sigma}_{00}}=0.239$$

也就是说，23.9%的电视剧收视率方差是由于电视剧所播城市之间的差异所造成的。因此，包括电视剧本身因素和电视剧播出城市因素的简单 OLS 回归模型不适合我们的数据，我们考虑采用多层线性回归模型（Multi-level Regression Model）（Raudenbush, et. al., 2001）来分析电视剧题材对收视率的影响。

2. 模型构建

假设各城市黄金时段的电视剧收视率 Y_{ij} 服从正态分布，考虑如下模型：

$Y_{ij}=\beta_{0j}+\beta_{1j}$（频道内电视剧总数$_{ij}$）$+\beta_{2j}$（电视剧集数$_{ij}$）$+\beta_{3j}$（剧本来源－原创$_{ij}$）$+\beta_{4j}$（剧本来源－改编$_{ij}$）$+\beta_{5j}$（剧目制作年份－2012年$_{ij}$）$+\beta_{6j}$（剧目制作年份－2013年$_{ij}$）$+\beta_{7j}$（剧目制作年份－2014年$_{ij}$）$+\beta_{8j}$（剧目时代背景－近现代$_{ij}$）$+\beta_{9j}$（剧目时代背景－改革开放至今$_{ij}$）$+\beta_{10j}$（剧目时代背景－跨不同时代$_{ij}$）$+\beta_{11j}$（剧目题材－反特/谍战$_{ij}$）$+\beta_{12j}$（剧目题材－军事斗争$_{ij}$）$+\beta_{13j}$（剧目题材－都市生活$_{ij}$）$+\beta_{14j}$（剧目题材－言情$_{ij}$）$+\beta_{15j}$（剧目题材－社会伦理$_{ij}$）$+\beta_{16j}$（剧目题材－时代变迁$_{ij}$）$+\beta_{17j}$（剧目题材－戏说演义$_{ij}$）$+\beta_{18j}$（剧目题材－农村$_{ij}$）$+\beta_{19j}$（剧目题材－警匪$_{ij}$）$+\beta_{20j}$（剧目题材－重大革命$_{ij}$）$+\beta_{21j}$（剧目题材－神怪玄幻$_{ij}$）$+\beta_{22j}$（剧目题材－军旅生活$_{ij}$）$+\beta_{23j}$（剧目题材－当代传奇$_{ij}$）$+\beta_{24j}$（剧目题材－其他题材$_{ij}$）$+\gamma_{ij}$

$\beta_{0j}=\gamma_{00}+\gamma_{01}$（城市电视剧总数$_j$）$+\gamma_{02}$（城市黄金时段收视率$_j$）$+\upsilon_{0j}$

$\beta_{1j}=\gamma_{10}$	$\beta_{2j}=\gamma_{20}$	$\beta_{3j}=\gamma_{30}$	$\beta_{4j}=\gamma_{40}$	$\beta_{5j}=\gamma_{50}$	$\beta_{6j}=\gamma_{60}$	$\beta_{7j}=\gamma_{70}$	$\beta_{8j}=\gamma_{80}$
$\beta_{9j}=\gamma_{90}$	$\beta_{10j}=\gamma_{100}$	$\beta_{11j}=\gamma_{110}$	$\beta_{12j}=\gamma_{120}$	$\beta_{13j}=\gamma_{130}$	$\beta_{14j}=\gamma_{140}$	$\beta_{15j}=\gamma_{150}$	$\beta_{16j}=\gamma_{160}$
$\beta_{17j}=\gamma_{170}$	$\beta_{18j}=\gamma_{180}$	$\beta_{19j}=\gamma_{190}$	$\beta_{20j}=\gamma_{200}$	$\beta_{21j}=\gamma_{210}$	$\beta_{22j}=\gamma_{220}$	$\beta_{23j}=\gamma_{230}$	$\beta_{24j}=\gamma_{240}$

其中，$\gamma_{ij} \sim N(0, \sigma^2)$，$\upsilon_{0j} \sim N(0, \tau_{00})$

五、模型估计结果与分析

多层次线性回归模型估计结果显示，电视剧的题材对收视率有重要影响，此外，电视剧的篇幅（集数）、电视剧的制作年份以及播出环境因素如电视剧播出频道内剧总数、电视剧播出城市的黄金时段收视率等对于电视剧的收视率也有着显著的影响（表3）。

表3 多层次线性回归模型估计结果

解释变量	系数	(S. E.)	p值
电视剧层次（第一层次）			
频道内剧总数（部数）	-0.0158 * *	(0.0059)	0.008
篇幅（集数）	0.0093 *	(0.0041)	0.024
剧本来源（参照组：其他来源）			
原创（包括先有电视剧后有小说）	-0.0122	(0.1561)	0.938
根据流行小说、报告文学、真实事件改编	-0.0653	(0.1487)	0.660
制作年份（参照组：2011年及以前）			
2012年	0.2401 *	(0.1012)	0.018
2013年	0.3012 * *	(0.1080)	0.006
2014年	0.4029 * *	(0.1216)	0.001
时代背景（参照组：古代）			
近现代	0.0466	(0.2520)	0.854
改革开放至今	0.0200	(0.1851)	0.914
跨不同时代	0.0510	(0.2637)	0.847
题材（参照组：近代传奇）			
反特/谍战	0.1947 *	(0.0859)	0.023
军事斗争	0.1022	(0.0850)	0.230
都市生活	0.0179	(0.2123)	0.933
言情	-0.2834	(0.1723)	0.100
社会伦理	-0.0877	(0.1789)	0.624
时代变迁	0.3807 *	(0.1795)	0.034
戏说演义	-0.2106	(0.2325)	0.365
农村	0.1945	(0.1906)	0.308
警匪	0.0954	(0.1624)	0.557
重大革命	0.0403	(0.2752)	0.884
神怪玄幻	-0.6072 *	(0.2554)	0.018
军旅生活	-0.4508 *	(0.1975)	0.022
当代传奇	-0.3585	(0.2289)	0.117
其他题材	-0.0904	(0.1859)	0.626
城市层次（第二层次）			
黄金时段收视率	0.1064 * *	(0.0224)	0.000
电视剧总数（集数）	0.0021	(0.0016)	0.212
常数项	-3.5658	(2.1692)	0.111
随机效应	*df* = 27	χ^2 = 874.3 * * *	
样本量	N = 3000		

注：* p<0.05，　　* * p<0.01，　　* * * p<0.001

括号里为标准误差（S. E.）。

数据来源：CSM媒介研究

1. 电视剧播出环境的影响

电视剧播出所在城市黄金时段的收视率对电视剧的收视率有显著的正向影响，控制其他解释变量，所在城市的黄金时段收视率每增加1点，同样的电视剧收视率将增加0.1064点。所在城市电视剧播出的数量（总集数）多少对于电视剧的收视率却没有显著影响。

在模型研究的同时，通过数据汇总可以发现，各城市收视最高的100部电视剧之间的收视差异大小（方差）、分布的频道数量多少也有较大差异（表4）。借此观察分析，描述影响观众收视选择和电视剧收视率的外部因素——电视剧竞争环境和频道竞争环境在各地的表现，可作为解读电视剧收视影响因素的重要注脚。某些城市的电视剧收视差异较小，高收视电视剧分散于多个频道，观众的收视选择和频道的竞争态势都比较分散，例如成都、武汉、太原、长春、郑州、乌鲁木齐、福州。另一些城市的电视剧收视差异相对较大，高收视电视剧主要集中于少数频道，一方面主要频道播出吸引力大的电视剧吸引观众，另一方面观众对于某些主要频道有相对稳定的收视习惯，两方面相互影响促进，例如济南、上海、南昌、南京和哈尔滨。在相对普遍的现象中，各城市也有各自的特点，例如北京和上海同为直辖市，前100部电视剧平均收视率相近，但是在北京，剧目间收视差异很大而频道分散，在上海，剧目间收视差异较小而频道非常集中。同为电视剧收视差异最小的城市，长沙与其他城市的频道分布分散度不同，前100部剧目高度集中于5个频道。

表4　30城市TOP100电视剧平均收视率、收视率方差及所在频道数

城市	电视剧收视率均值	电视剧收视率方差	频道数	城市	电视剧收视率均值	电视剧收视率方差	频道数
北京	3.27	4.14	13	南宁	3.43	3.53	9
成都	2.49	0.18	12	上海	3.00	1.05	4
福州	1.92	0.34	15	沈阳	2.63	1.70	21
广州	2.49	0.41	8	石家庄	2.52	0.63	13
贵阳	4.56	7.19	10	太原	2.00	0.58	17
哈尔滨	3.47	1.32	8	天津	3.67	4.73	10
海口	3.19	1.46	11	乌鲁木齐	1.40	0.53	17
杭州	4.54	0.72	6	武汉	2.68	0.35	15
合肥	2.41	1.61	15	西安	2.19	0.70	17
呼和浩特	2.26	1.13	18	西宁	3.07	1.86	13
济南	5.33	4.65	7	银川	2.65	1.74	15
昆明	3.96	1.68	9	长春	2.42	0.35	15
兰州	2.43	1.34	17	长沙	3.75	0.39	5
南昌	3.97	1.34	6	郑州	2.15	0.75	18
南京	4.96	1.64	6	重庆	3.47	1.67	17

数据来源：CSM媒介研究

2. 电视剧自身因素的影响

从电视剧本身的因素来看，电视剧的篇幅（集数）对电视剧的收视表现也有显著的正向影响。平均而言，电视剧篇幅每增加1集，其收视率便增加0.0093点。分析的剧目平均集数39集。

从制作年份来看，越是新制作的电视剧，其收视率越高。以2011年及以前制作的电视剧作为参照，2012年制作的电视剧收视率比2011年及以前制作的平均高0.2401点，2013年制作的比2011年及以前制作的平均高0.3012点，2014年制作的比2011年及以前制作的平均高0.4029点，差异显著。新剧对于收视的贡献在实际播出中得到了较好的印证，电视播出并进入收视前100位的电视剧多是近年的新剧，各城市排名前100位的电视剧中2014年和2013年制作的“新剧”占总数的88%。当然，除了电视剧制作年份的影响之外，电视剧是否首播以及多轮次播出等因素也都会对其收视产生影响。

电视剧的时代背景对电视剧收视率的影响不显著。电视剧的时代背景，按照古代、近现代、改革开放至今、跨时代来分类，时代背景为近现代和改革开放至今的电视剧在各城市收视排名前100部中占88%。在控制其他因素的情况下，不同时代背景的电视剧，其收视率表现并没有呈现出显著差别。

电视剧的题材对收视率具有重要影响。在控制其他因素的情况下，时代变迁题材收视表现最好，该题材的电视剧占4%，属于少而精的题材类型；反特/谍战题材收视表现次之，该题材的电视剧占17%，剧目数量较大又获得较高收视，这类题材在电视台播出量和观众收看量上都取得了丰收。军旅生活题材和神怪玄幻题材收视表现相对较差。我们以近代传奇题材为参照，平均而言，时代变迁题材的收视率比近代传奇题材高0.3807点，反特/谍战题材比近代传奇题材高0.1947点，而军旅生活题材比近代传奇题材低0.4508点，神怪玄幻题材比近代传奇题材低0.6072点，并且差异显著。其他题材与近代传奇题材在收视率上的差异并不显著。

收视率差异不但体现在不同题材之间，也体现在同一题材内部。相同频道播出的相同题材剧目的收视率方差显示（表5），在剧目部次较多的主要电视剧题材中，重大革命题材剧目之间的收视差异最小，其次为警匪题材；相同题材剧目间收视差异最大的是农村题材和戏说演绎题材。

表5　主要电视剧题材同频道同题材的收视率方差

题材（剧目部次>50）	都市生活	社会伦理	言情	农村	警匪	时代变迁	军事斗争	反特/谍战	重大革命	近代传奇	戏说演绎
同频道、同题材节目收视率的方差	0.39	0.4	0.76	1.21	0.09	0.60	0.31	0.42	0.07	0.41	0.99

数据来源：CSM媒介研究

结语

本文基于CSM媒介研究30个城市电视剧收视率调查数据，采用多层次线性回归模型对电视剧题材及其他因素对电视剧收视率的影响进行了研究。研究发现，电视剧题材对收视率有重要影响，同时电视剧本身的其他因素，如电视剧篇幅（集数）、电视剧制作年份以及播出环境因素如电视剧播出城市的黄金时段收视率、播出频道内剧目总数等也显著地影响着电视剧的收视率。

本次研究结果限于所涵盖的电视剧播出环境和自身因素中的部分因素，探讨的是这些因素对于电视剧收视影响的一般规律。在实践中，围绕电视剧制播的诸多因素都可能对电视剧收视效果产生单独的或交叉的影响，一方面，一些未纳入本次模型分析的因素，如电视剧频道竞争、电视剧制作和编导演信息、电视剧营销宣传等也会发挥影响作用；另一方面，在分析具体剧目收视表现时，既要参考收视影响的一般规律，也要深入分析不同剧目和特定播出环境的个体差异。随着相关信息和分类的完善以及定量研究范围的扩大，我们对电视剧收视影响因素的探索研究还将继续进行。

（作者：陈晓洲　王建平）

省级卫视日间收视及节目编排特点

晚间时段一直都是各级频道的兵家必争之地，在卫视竞争越来越白热化的今天，晚间时段固然需要投入大量的资源和成本，但作为全天容量最大的日间时段也日益成为各级频道实力角逐的全新战场，而日间的节目编排也需要一些巧思才能事半功倍。本文主要利用 CSM 媒介研究 2011～2014 年 5 月 31 日期间所有调查城市的收视调查数据，通过对省级卫视观众日间①收视及频道节目编播的分析，归纳省级卫视日间的节目编排特点并对其节目编排策略进行探讨。

一、省级卫视日间时段收视概况

1. 日间时段观众规模缩减，但忠实观众收视黏性提升

自 2011 年以来，省级卫视日间 8:00～17:00 时段的平均到达率略有下降，而人均收视分钟数（观众）则是逐年小幅上升（图 1）。由此可见，日间时段收看电视的观众在

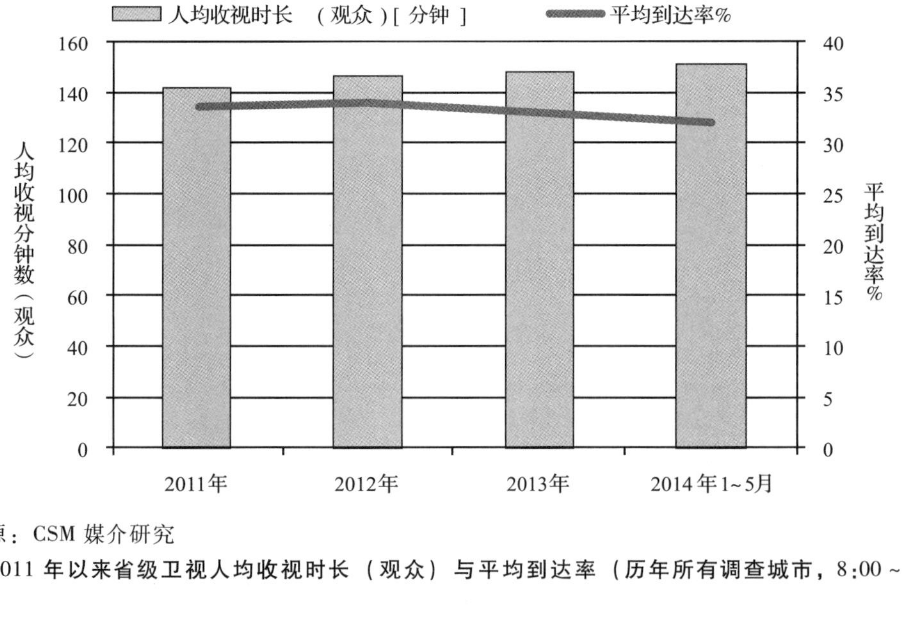

数据来源：CSM 媒介研究

图 1　2011 年以来省级卫视人均收视时长（观众）与平均到达率（历年所有调查城市，8:00～17:00）

① 本文日间时段定义为 8:00～17:00 时段。

逐渐减少，但电视观众的收看时间则呈现上升态势，虽然观众的规模在缩减，但观众的收视黏性在增长。观众对于电视的黏性之所以越来越高，与电视节目内容本身和节目间的编排有一定的关系。

2. 电视剧支撑日间时段收视，工作日播出量高于周末

日间时段的电视荧屏竞争激烈。从节目内容来看，省级卫视以电视剧为主，占据了逾4成的播出比重，而较高的播出比重更带来了超过半数的收视比重，可见电视剧仍然是省级卫视白天时段的主要支撑。电视剧工作日的播出比重高于周末，且工作日的收视比重远高于播出比重，综艺和青少节目则是周末的播出比重高于工作日的播出比重，综艺节目的收视比重也明显高于播出比重（表1）。省级卫视之所以在工作日较多播出电视剧，是为了迎合中老年观众的口味，而在周末加大综艺和青少类节目的投入则意在吸引更多的年轻观众。

表1　2014年1～5月省级卫视各主要节目类别收播比重（所有调查城市，8:00～17:00）

节目类别	全周		周一至周五		周六和周日	
	播出比重%	收视比重%	播出比重%	收视比重%	播出比重%	收视比重%
电视剧	43.9	50.8	45.3	55.0	40.4	42.9
生活服务	16.4	8.5	16.4	8.4	16.5	8.8
青少	11.4	10.0	10.8	8.0	13.1	13.8
综艺	4.5	9.7	3.6	7.0	6.9	14.8
专题	3.7	2.8	4.0	3.6	3.1	1.4
新闻/时事	3.1	2.4	3.3	2.7	2.8	1.8

数据来源：CMS媒介研究

3. 中老年观众占据主体，周末青少年集中度升高

从观众特征来看，45～54岁观众构成了日间时段的收视主体，55岁及以上观众则是日间时段的重度受众（表2）。面对中国社会老龄化程度越来越严重、年轻电视观众流失的现状，省级卫视在工作日的节目编排上可以适当地增加一些面向中老年观众的节目或剧目。周末各年龄段人群的构成情况相对比较平均，4～14岁儿童的集中度显著上升，在周末增加部分适合低年龄群体的节目，寓教于乐，从而带动全体人群的收视，也是值得省级卫视思考的编排手段。

整体而言，日间时段主要还是由电视剧唱主角，综艺和青少节目辅佐，观众群体主要为中老年观众，工作日更甚，周末低龄群体集中度显著增加。

表2　2014年1～5月省级卫视日间时段的观众构成与集中度（所有调查城市，8:00～17:00）

目标观众	全周		周一至周五		周六和周日	
	观众构成%	集中度%	观众构成%	集中度%	观众构成%	集中度%
男	45.2	88.2	44.6	86.9	46.4	90.6
女	54.8	112.4	55.4	113.8	53.6	109.9
4～14岁	10.7	115.4	8.4	90.7	14.9	161.5
15～24岁	9.9	63.6	9.3	59.6	11.1	70.8
25～34岁	15.8	70.6	15.7	70.2	15.9	71.2
35～44岁	14.3	80.9	14.3	81.0	14.3	80.8
45～54岁	19.8	122.8	20.4	126.7	18.6	115.6
55～64岁	16.1	151.2	17.3	162.6	13.8	130.1
65岁及以上	13.5	161.3	14.6	174.8	11.4	136.1

数据来源：CMS媒介研究

二、省级卫视日间时段节目编排特点

（一）电视剧

从电视剧这一节目类别来看，无论是工作日还是周末，女性观众对于电视剧的喜爱程度都明显高于男性观众，45岁及以上观众是绝对的重度观众（表3）。当然这也与中老年人生活相对单一有关，对于追求速食主义的年轻观众而言，电视剧太过冗长，一集集间的广告也比较多，因此他们会倾向于通过视频网站等其他途径来看电视剧。从播出题材上也不难发现，日间电视剧市场中，反特/谍战、军事斗争和都市生活这三大题材最受各大卫视喜爱，这些题材的播出比重相对较大（表4）。

表3　2014年1～5月省级卫视日间时段电视剧的观众构成及集中度（所有调查城市，8:00～17:00）

目标观众	全周		周一至周五		周六和周日	
	观众构成%	集中度%	观众构成%	集中度%	观众构成%	集中度%
男	44.7	87.1	44.2	86.2	45.8	89.4
女	55.3	113.5	55.8	114.5	54.2	111.2
4～14岁	6.2	66.8	5.1	54.9	8.8	95.2
15～24岁	9.7	62.1	9.2	59.1	10.8	69.1
25～34岁	15.1	67.5	15.2	67.9	14.9	66.7
35～44岁	14.5	81.9	14.5	81.7	14.6	82.3
45～54岁	21.7	135.0	21.8	135.7	21.5	133.4
55～64岁	17.5	165.0	18.3	172.0	15.8	148.4
65岁及以上	15.3	182.8	15.9	190.7	13.7	163.9

数据来源：CMS媒介研究

表4　2014 年 1～5 月省级卫视日间电视剧各类题材的播出比重（80 城市，8:00～17:00）

题材	播出比重（%）
反特/谍战	12.79
军事斗争	11.59
都市生活	10.16
言情	9.72
戏说演绎	8.95
近代传奇	8.84
社会伦理	6.48
农村	4.44
神怪玄幻	3.85
警匪	2.76

数据来源：CMS 媒介研究

同样是电视剧的播出，不同的频道也会根据时段进行不同的编排，几个省级卫视频道的编排特点具体如下：

湖南卫视主打独播剧。湖南卫视在白天时段以播出之前已播出过的青春偶像剧为主，利用独播资源吸引观众驻足。在工作日和周末会有不同的剧目播出，若逢假期则会播出经典剧目，如《还珠格格》等。

上海东方卫视常态化重播。上海东方卫视在上午重播前一天晚上的黄金档电视剧，在午间新闻节目之后播出之前已播出过的广受好评的二轮剧甚至多轮剧。带状化的播出规律让观众能更好地养成收视习惯。

江苏卫视特有的三轮播出。江苏卫视除了上午重播前一天晚上的电视剧外，若当时晚间档播出的电视剧收视率较高且口碑上广受好评，则会在晚间剧集还未完全播完的情况下增加傍晚档的播出。此时就会在某一段日期里出现同一个频道同一个剧目不同时间播出的三轮播出现象，希望能够凭借一部好的电视剧吸引更多的观众驻留在这一频道中。

安徽卫视主推韩剧资源。安徽卫视在白天时段会重播深夜档的各种韩剧，在剧目本身内容上与其他卫视形成错峰。

在电视剧播出形式上，几乎所有的卫视都采用剧场的形式，这种多集连播的形式能更好地培养观众的收视惯性，让观众能连贯地看上四五集，以增加观众对于该频道的黏性。

（二）综艺节目

除了电视剧之外，综艺节目也是省级卫视频道日间时段播出的节目类型之一。各主要卫视频道根据工作日及周末观众的不同而煞费苦心地对综艺节目做了差异化的编排。

湖南卫视周一至周五的日间时段除了电视剧之外，在午后的 13:00～15:00 左右会有综艺节目的重播。周末从中午 12:00 起开始播出不同的综艺节目，先重播前一天晚上的综艺节目，如经久不衰的《天天向上》及《快乐大本营》，随后播出当季的热播综艺节目，例如《爸爸去哪儿》《我是歌手》《我们都爱笑》。

浙江卫视在工作日整个日间时段均播出电视剧，周末下午14:00左右开始重播综艺节目，例如《中国梦想秀》《中国好舞蹈》和《爸爸回来了》，节假日滚动播出《中国好声音》。

江苏卫视在周末的午间重播该频道的王牌节目《非诚勿扰》，重播时段的收视率亦表现不俗。

安徽卫视另辟蹊径，在日间时段推出了首播的综艺节目《男生女生向前冲》，这档自2010年推出的真人闯关类季播节目自推出之日起就广受好评，午间11:45开始的时段也有所创新，让观众在众多电视剧中可以有个轻松休闲的节目调剂一下。该节目至今已推出第六季，可见其受欢迎的程度。与此同时，安徽卫视也推出了儿童版本的《加油好BABY》等节目，使得午间的这一时间段成为安徽卫视在各省级卫视激战中独树一帜的亮点。

除了工作日日间时段收视主力的中老年人，周末日间时段的综艺节目同样受到了4~24岁年龄层人群的喜爱，当然这也与近几年来各大省级卫视花重金打造了多档高质量的综艺节目有关，这些综艺节目除了晚间首播收视率很高之外，在同样有收视需求的白天时段进行重播，既能使资源得到再利用，又能通过重播接触到更多的观众，进而将这部分观众吸引到首播时段，增加自身节目的影响力和传播范围。

（三）青少节目

根据国家广电主管部门的规定，省级卫视每天8:00~21:00之间平均至少要播出30分钟的国产动画或少儿节目，这使得青少类节目在卫视日间的节目编排中也占据了一定的比重。省级卫视中，除上海炫动卡通频道、优漫卡通卫视、湖南金鹰卡通频道、北京卡酷少儿频道及广东广播电视台嘉佳卡通频道这5个专业少儿频道之外，江苏卫视、辽宁卫视、贵州卫视等都是在周末上午播出各类动画片，以吸引低龄观众。青少类节目主要还是受到4~14岁儿童的欢迎，尤其是周末，集中度甚至达到了惊人的465.8%（表5）。其中两大特色节目介绍如下。

表5　2014年1~5月省级卫视日间青少类节目的观众构成及集中度（所有调查城市，8:00~17:00）

目标观众	全周		周一至周五		周六和周日	
	观众构成%	集中度%	观众构成%	集中度%	观众构成%	集中度%
男	49.4	96.5	48.2	93.9	50.9	99.2
女	50.6	103.7	51.8	106.4	49.1	100.8
4~14岁	39.4	427.0	36.1	391.1	43.0	465.8
15~24岁	6.5	41.4	6.2	39.5	6.8	43.4
25~34岁	17.7	79.0	18.7	83.8	16.5	73.9
35~44岁	11.6	65.6	11.3	63.7	12.0	67.6
45~54岁	8.2	50.8	9.0	55.7	7.3	45.6
55~64岁	10.5	99.1	12.0	113.4	8.9	83.7
65岁及以上	6.1	73.3	6.7	80.1	5.5	65.9

数据来源：CMS媒介研究

上海东方卫视在周末午间播出《潮童天下》，该节目针对4～6岁的小朋友量身定制不同的趣味环节，使孩子们发挥想象、畅所欲言，用镜头记录小朋友们最天真烂漫、活泼可爱的一面。节目以综艺访谈为主要形式，在录制现场突出"无台本、不强加、不干涉"的特点，依靠主持人与小朋友的现场即兴互动产生欢乐爆笑的节目效果，真实展现孩子们的童真童趣，受到了潮爸潮妈及小朋友们的喜爱。

湖南卫视推出了《麦咭麦咭红之疯狂de麦咭》这一明星亲子益智历险闯关节目，形式上引进了日本综艺节目*TORE!*，这一团体对抗制的密室解密类节目在国内还是比较少见的，以益智游戏、密室闯关、亲子互动为特色，请来《爸爸去哪儿》《百变大咖秀》《中国新声代》《飞行家族》等节目的人气嘉宾参加节目，利用湖南电视台旗下湖南金鹰卡通的少儿节目主持人资源，虽然周末傍晚档在湖南卫视播出的是重播档，但依托湖南卫视和嘉宾本身的影响力，在该时段也获得了很好的收视效果。

（四）其他类型节目

除了上述几类主打节目类型外，生活服务类节目在日间市场也占有一定的播出比重，如湖北卫视的《生活帮》、东南卫视的《食来运转》等。它们迎合了白天时段中老年观众更注重健康和生活质量的需求，这一类节目通常安排在午间时段播出。

此外，江苏卫视、广东卫视和重庆卫视等利用自身原有的电影资源，另辟蹊径地在白天时段播出电影。与电视剧动辄二三十集的剧情相比，对于不方便追剧的观众而言，一部两小时左右的电影既能消遣时间又不会占用太长的闲暇时间，可谓绝配。

江西卫视的《金牌调解》、湖北卫视的《大王小王》、北京卫视的《军情解码》和湖南卫视的《变形计》等一系列专题类节目也为日间省级卫视的节目增加了不一样的内容。尤其是湖南卫视的《变形计》，这档生活类角色互换节目结合当下社会热点，寻找热点中的当事人，安排他们互换人生体验，参与节目的双方就在一段日期之中互换角色，体验对方的生活。这一换位思考的形式让观众不仅能有所看，更能有所思。

由上可见，省级卫视在日间节目编排上呈现出以电视剧为主导，周末增加综艺及青少节目，并以生活服务、专题类等类别辅佐的格局。

三、省级卫视日间节目编排策略思考

尽管不像晚间时段的竞争那样激烈，白天时段仍然是省级卫视不可放弃的重要时段，对于湖南卫视、浙江卫视、江苏卫视、上海东方卫视、安徽卫视、北京卫视等较为强势的省级卫视而言，白天8:00～17:00时段对其全天的收视贡献为23.8%～34.8%（图2），对于竞争胶着的第一集团频道而言，白天观众也就尤其重要了。对于广东嘉佳卡通、北京卡酷、湖南金鹰卡通和上海炫动卡通这一类更具针对性的省级卫视，白天8:00～17:00时段对全天的收视贡献更是达到了40%左右，这类频道更注重全天整体的节目编排，而非仅仅重点关注晚间档。对于一些相对弱势的频道而言，晚间时段的竞争力可能没有那么强，将重心转移至白天时段未尝不是一种方法，如果能利用节目编排技巧在白天时段吸引观众并将观众留在本频道，也不失为提升自身收视率的一条重要途

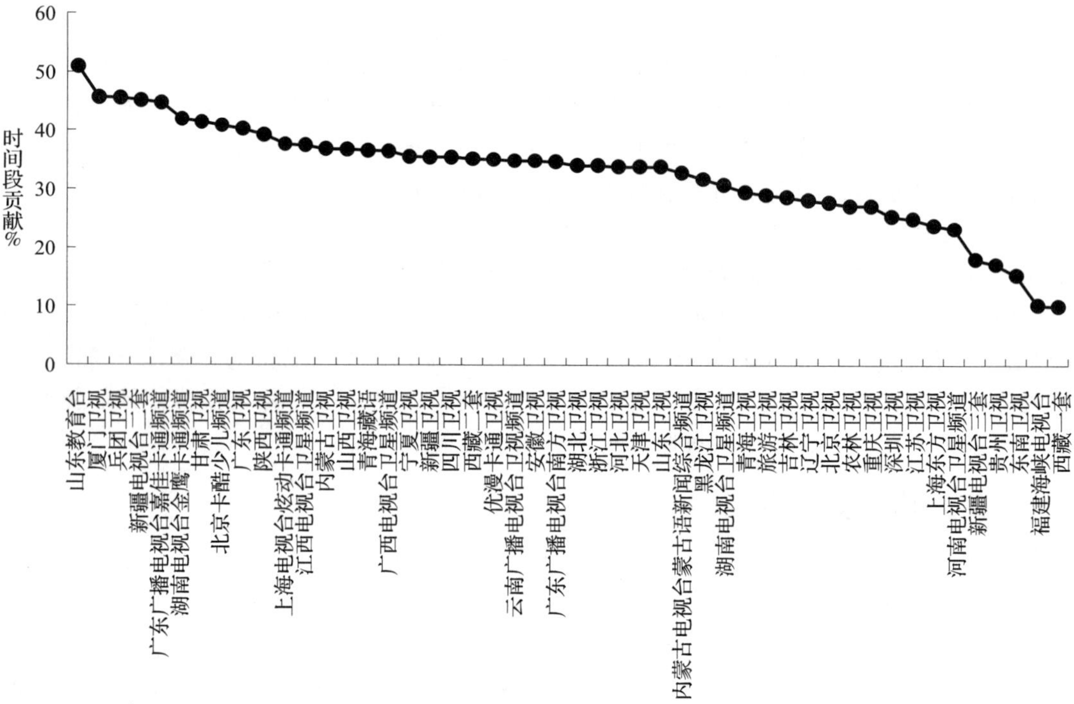

数据来源：CSM 媒介研究

图 2　2014 年 1～5 月省级卫视白天时间段贡献（所有调查城市，8:00～17:00）

径。由此可见，日间时段的重要性不言而喻。

从节目编排的角度来看，日间时段播出在全天播出时长中占据较大比重，因此利用适宜的编排策略，可以对白天的电视荧屏进行优化，使其更加丰富多彩。日间时段的编排策略主要有如下几种：

一是“水平策略”，即每天同一时段播出同质的节目，依托常态化播出的连贯性和同一性来吸引观众的持续性关注，长此以往便可以培养出频道的重度观众，例如各大卫视日间主推的剧场。

二是“棋盘策略”，它与“水平策略”相反，指在同一频道同一时段播出不同性质的节目，以保持频道的新鲜感，不至于让观众因长时间收看同一类节目而产生审美疲劳，例如湖南卫视下午重播的综艺节目。

三是“垂直策略”，又称“板块策略”，指将一些内容相似或相近的节目编排在相邻的时间段内连续播出。这一编排策略的优点是使观众在收看完一个节目之后不急于更换频道，以期维持住频道的整体收视率。

四是“无缝隙编排策略”，指减少节目间的广告插播，或者利用角标和滚动条信息让观众知道广告后播出的节目内容，使观众专注于自己的节目、栏目或者频道。

五是“周边效应编排策略”，指利用自己的强势品牌节目、栏目带动在此节目播前或播后的其他节目、栏目，提升其他节目、栏目的收视率，从而获得电视节目编排的最大收益。

六是“正向策略”，指在同一时间段内与其他媒体的竞争中主动出击，安排与其相同或相似的节目，以形成竞争之势，争取受众分流，收获一定量的目标受众。这种策略的运用要慎重，做得好，将有利于自己品牌的形成或扩大；但同时也有相当大的市场风险，很容易使自己的节目陷入同质化的泥淖而不能自拔。

七是“反向策略”，即避开竞争对手，在同一时段安排与其他强势媒体不同的节目内容，以争取剩余观众群，这一点对于相对弱势的频道十分重要。

不同的频道可以根据自身情况选择不同的编排策略，或者采用多种策略相结合的方式，让白天的电视节目也同样精彩纷呈。合理的节目编排可以实现栏目之间的顺畅过渡，有效控制观众流，避免观众中途流失，对于优化电视内容的传播效果、实现电视媒体的营销目标具有举足轻重的作用。省级卫视媒体因为传播面广，更应该认真分析观众的心态和收视需求，抓住特点，发挥优势，为日间电视节目进行独特的策划与编排，从而争取更多的收视人群，以获得理想的收视效益和市场份额。

在节目资源上，要有效地利用资源，整合再开发，同时强化品牌栏目，延续关注焦点。通过长时间的节目制作，不少电视台积累了大量珍贵的节目素材，如果把那些束之高阁的资料素材进行再次挖掘，无疑可以把它们变为媒体的再生资源，为节目的再生产提供可高效利用的视频资源。如果将那些将库存的、首播时收视效果较好的节目进行主题化汇集重播，既可以对节目资源进行有效的利用，进行效益再开发，也可以大大节省制作费用，提高电视台的收益；同时，由于重播的是已在观众中有影响的优秀节目，又可以再次提升品牌效应，保证节目的收视率。

结语

日间时段作为全天中占比较大的一个时段，虽然不能像晚间时段那样汇聚较高的收视，但在晚间收视竞争日益白热化的当下，日间时段对于省级卫视而言也是非常重要的一块阵地。目前，省级卫视的日间时段节目编排中，电视剧为主、周末加大综艺节目播出比重的模式仍为主流。省级卫视日间时段的节目虽以重播为主，但合理得当地编排节目不仅可以吸引观众，更能提升品牌形象。

（作者：张洁）

新传播空间中地面频道的发展困境及突围路径

全媒体时空下的今时今日，竞争白热化，电视机的存在对于热衷平板电脑和智能手机的年轻一代而言似乎已变得可有可无。乍看之下，“不看电视族”似乎正在向新媒体逐渐迁移。《中国舆情指数报告（2013)》指出，在人们非常信任或比较信任的媒体中，电视以81.1%的信任度比例排名第一。虽然电脑、平板和手机等终端的普及使人们获取信息变得更加便捷，然而在信任度方面，只有50.4%的民众选择比较信任或非常信任网络媒体，这一比例远远低于人们对电视媒体的信任度①。在信息碎片化、多元化的当下，快阅读和浅阅读的确能满足受众获取高效信息的需求，然而不容忽视的是，在受众阅读速度加快、海量信息如爆炸般扑面而来的同时，信息的真实性依旧受到高度重视，于是权威性和信任度就成为电视媒体的利剑。另一方面，除了新媒体新终端的勃兴分流外，央视与卫视的发力抢夺对于徘徊在瓶颈边缘的地面频道而言更是重大的挑战。不言而喻，地面频道早已被逼入守陈退缩和创新突破的境地。本文将依托CSM媒介研究收视调查数据，从竞争格局、受众特征、节目表现等方面，聚焦新传播空间中地面频道的发展困境及突围路径。

一、新传播空间中地面频道的发展困境

1. 人均收视总量继续下滑

收视数据表明，近三年来地面频道的人均收视总量呈持续下滑态势（图1、图2)。2014年，地面频道全天人均收视总量为47分钟，较上一年减少5分钟，较2012年减少8分钟。与2013年相比，2014年省级地面频道全天人均收视总量下滑了3分钟，市级频道下滑了2分钟。晚间18:00~24:00，地面频道人均收视量为34分钟，较上一年减少了3分钟，较2012年的减少了5分钟。

① 张艳玲：《报告称网络成受众常接触媒体，信任度却低于传统媒体》，http：//politics. caijing. com. cn/2014-03-17/114014648. html。

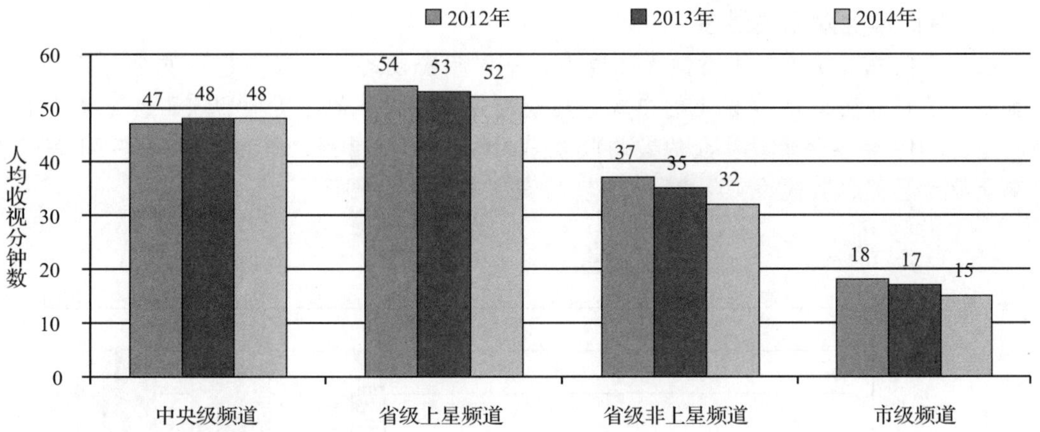

数据来源：CSM 媒介研究

图 1　近三年各级频道全天人均收视总量（历年所有调查城市）

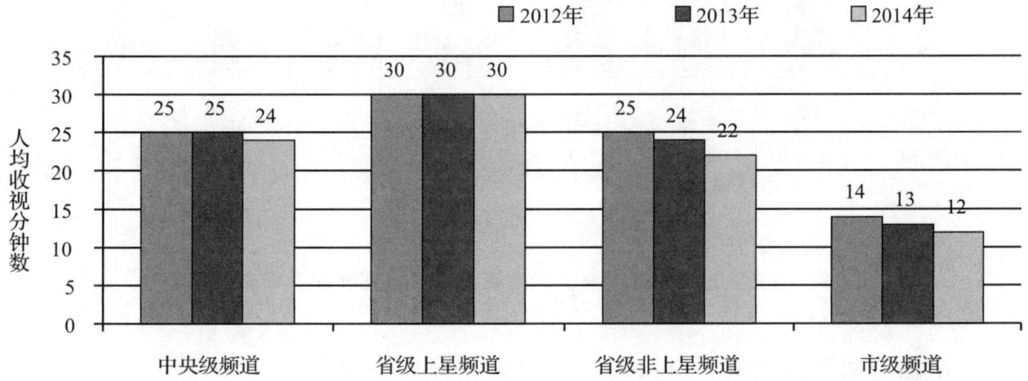

数据来源：CSM 媒介研究

图 2　近三年各级频道 18:00～24:00 时段人均收视量（历年所有调查城市）

2. 收视人群的收视时长下降，观众规模持续缩小

如果对人均收视总量进一步分解，即着眼于实际收看电视人群的人均收视时长和观众规模，2014 年收视人群对地面频道的人均收视时长较往年下降，观众规模（平均到达率）继续萎缩。因此，地面频道人均收视总量的下滑是由收视人群收看时长减少和观众流失两个方面所导致的（表 1）。

表 1　近三年地面频道人均收视量及平均到达率变化（历年所有调查城市）

时间段	频道组	人均收视分钟数（观众）			平均到达率%		
		2012 年	2013 年	2014 年	2012 年	2013 年	2014 年
全天	省级非上星频道	93	94	92	39.1	37.1	35.4
	市级频道	70	70	68	25.8	23.9	22.3
18:00～24:00	省级非上星频道	77	77	76	32.6	30.8	29.3
	市级频道	65	65	64	21.2	19.6	18.1

数据来源：CSM 媒介研究

3. 中青年观众流失最多

在观众收视总量不断下滑的大环境下，不同年龄段的受众市场也正发生着不同程度的量变。数据表明，45岁以上的中老年观众仍是电视媒体的主力收视人群。然而与前两年相比，2014年各年龄段观众的人均收视总时长均有所滑落，其中尤以35~44岁年龄段观众最为显著，其次为15~24年龄段的青少年群体（图3）。

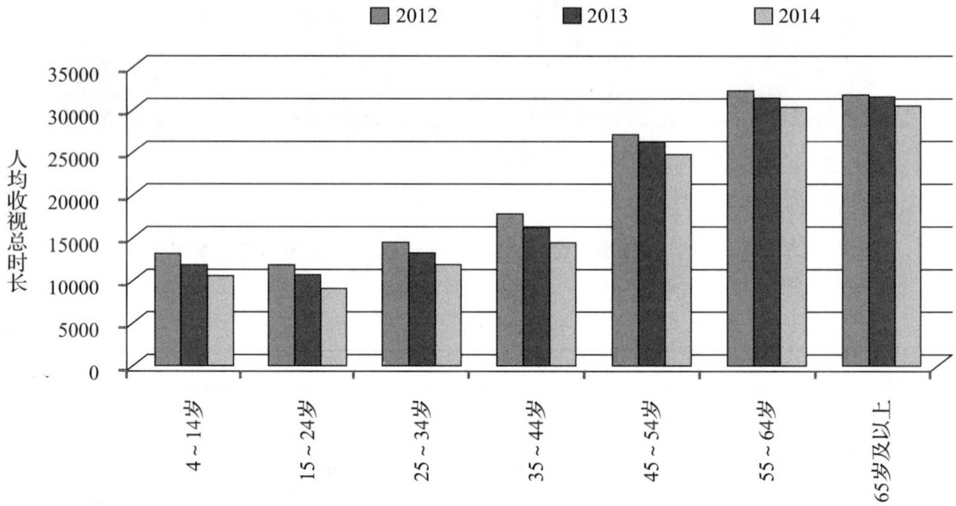

数据来源：CSM媒介研究

图3 近三年地面频道全年人均收视总时长（历年所有调查城市）

4. 市场空间不断走弱，18:30~19:00时段竞争力较强

在观众电视收视总量不断下滑的同时，对有限且不断减少的观众注意力的争夺便成为各级频道的重要目标之一。在这场硝烟弥漫的电视大战中，中央级频道和省级卫视凭借资源多、覆盖广等先天优势步步为营，相比之下，地面频道的生存空间用“夹缝中求

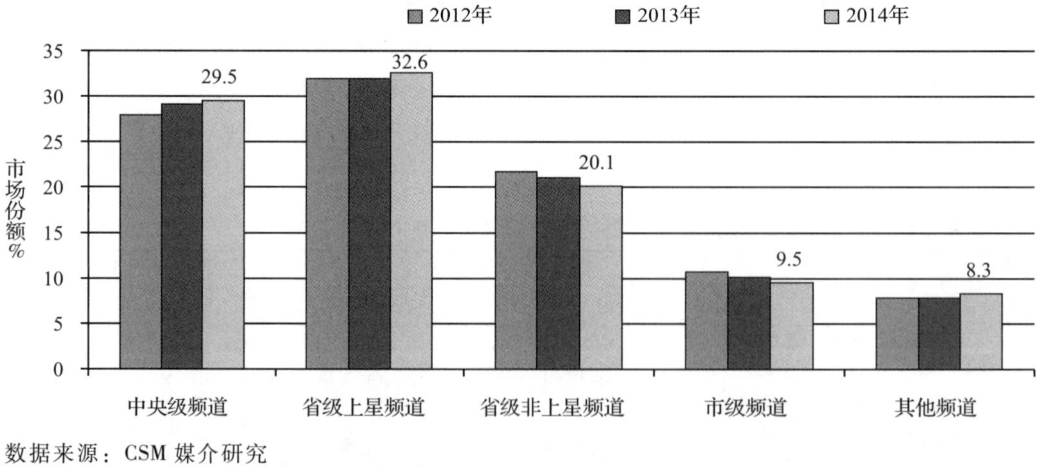

数据来源：CSM媒介研究

图4 近三年各级频道组全天市场份额（历年所有调查城市）

生存”来形容丝毫不为过。2014 年，地面频道全天市场份额近 3 成，但较上一年仍下滑了 1.5 个百分点。另外，从晚间 18:00～24:00 的收视情况来看，地面频道的市场份额为 35.5%，虽然较前两年略有下滑，但总体高于中央级频道和卫视频道组，本土化、接地气的频道定位仍具有强大的影响力（图 4、图 5）。

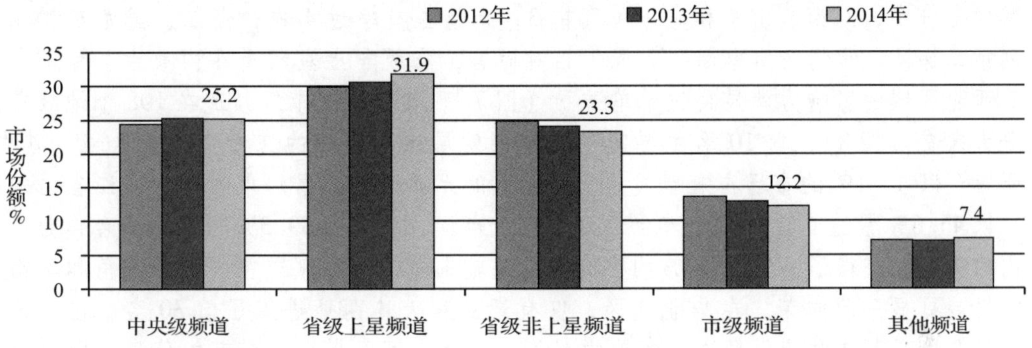

数据来源：CSM 媒介研究

图 5　近三年各级频道组 18:00～24:00 时段市场份额（历年所有调查城市）

从市场份额的全天走势来看，省级非上星频道和市级频道的市场份额曲线自傍晚 17:00 开始扶摇直上，全天的市场份额最高点出现在晚间 18:30～19:00。在这一时段，地面频道市场份额合计近 50%，表现出了较强的竞争优势，其中省级非上星频道的竞争力更是首屈一指（图 6）。

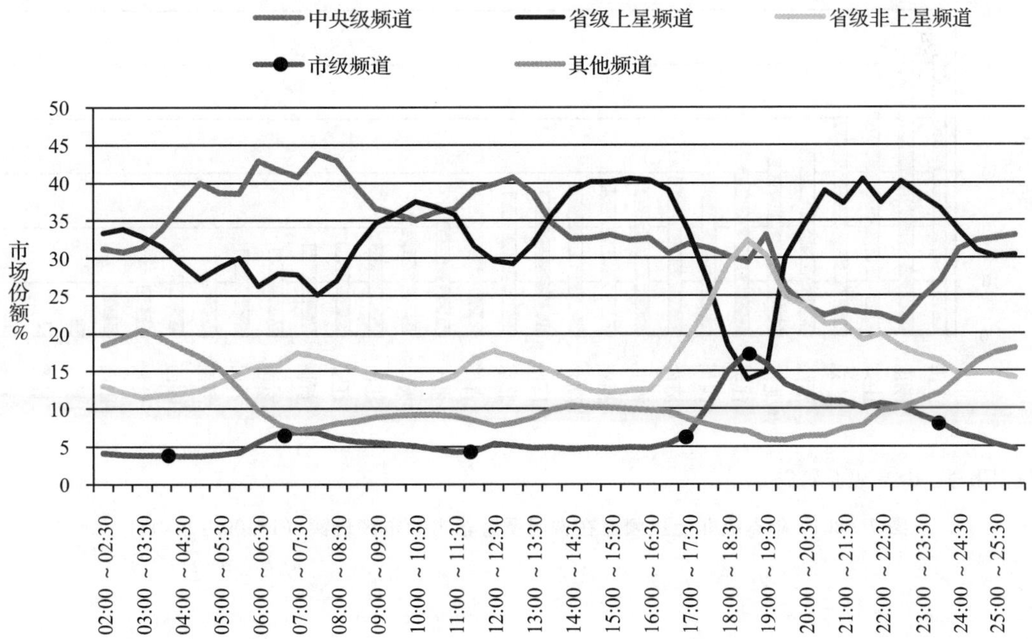

数据来源：CSM 媒介研究

图 6　2014 年各级频道全天市场份额走势

5. 区域发展良莠不齐

地面频道在各区域的发展水平也可用“良莠不齐”来形容。以竞争激烈的晚间收视市场来看，首先，从省级非上星频道在各地的市场占有率来看，在上海的影响力可谓是威镇寰宇，占据了当地收视市场的半壁江山，占有率高达51.5%，高于其他直辖市；而在其他省份中，湖南、山东和广东位列前3，市场占有率过4成；浙江、黑龙江和江苏位列第二梯队，市场占有率超过3成。相对而言，省级非上星频道在内蒙古、甘肃和宁夏等西北区域的影响力就显得过于单薄了（图7）。其次，从市级频道在108个地级市的竞争力来看（图8），前10名主要集中在经济发展水平较高的江浙及广东区域，其中，苏州市台以47.1%的市场占有率成为当之无愧的无冕之王，温州市台作为浙江省内的翘楚，以45.6%紧随其后，扬州市台位列第三，市场占有率为39.3%。深圳市台作为广东省内的头牌，夺得了当地近40%的占有率。比较来看，市级频道在华东长三角和华南地区的发展更显欣欣向荣。在华北地区，仅有青岛和大连两地进入了前30名。在大致了解省级非上星频道和市级频道在各地的竞争力之后，可以得出一个基本信息，即相比较而言，地面频道在经济发展水平较高和地域文化特色鲜明的区域竞争力更强。最后，在所有调查区域的省会城市中，长沙、济南和杭州三市地面频道的市场占有率近6成，其中长沙地区更是高达64.6%；而在济南地区，市级频道的竞争力较省级非上星频道更为强劲；杭州、广州以超5成的市场占有率紧随其后；南京、南宁和武汉位居第三集团，地面频道占有率超过4成（图9）。

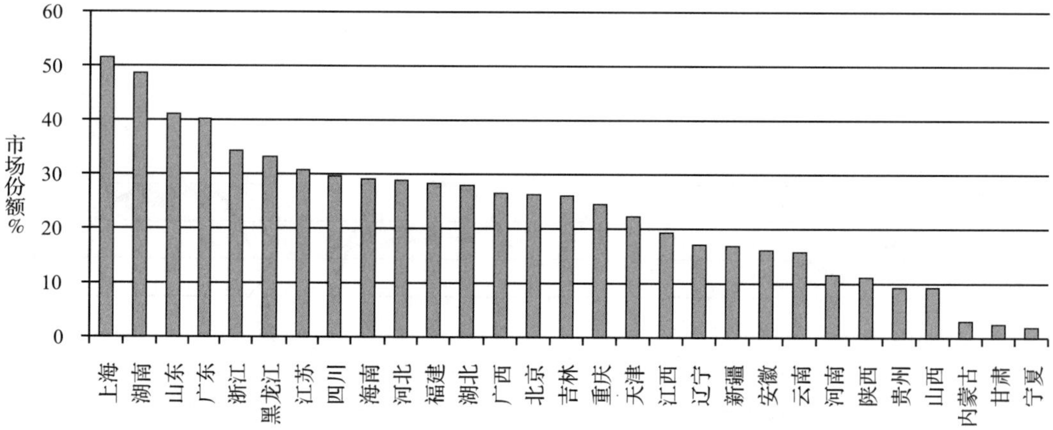

数据来源：CSM媒介研究

图7 2014年省级非上星频道在省网及直辖市的市场份额（18:00~24:00）

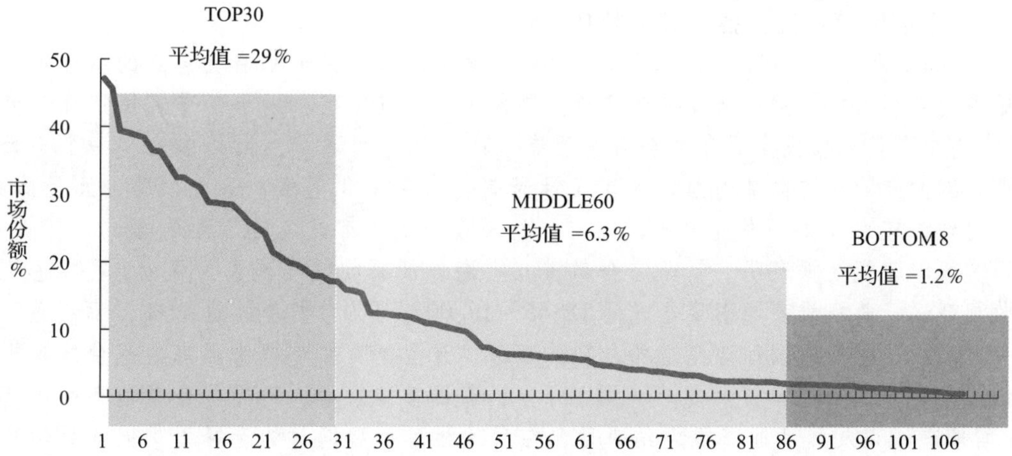

数据来源：CSM 媒介研究

图 8　2014 年 108 个地级市市台的市场份额分布（18:00～24:00）

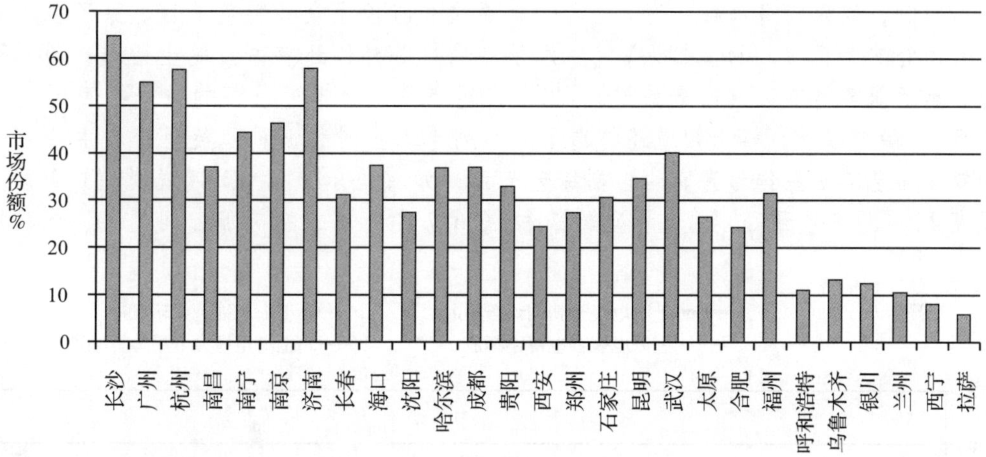

数据来源：CSM 媒介研究

图 9　2014 年地面频道在部分省会城市的市场份额（18:00～24:00）

二、新传播空间中地面频道的突围路径

综上所述，尽管地面频道在晚间 18:30～19:00 时段仍具有较强的竞争优势，但地面频道近三年来的整体竞争力渐走渐弱，收视人群的人均收视时长下降以及观众规模的缩小是原因。如何维持或提高收视观众的收视时长，如何让流失的年轻观众或轻度观众回心转意，重新手握遥控器，是地面频道所面临和亟待解决的主要问题。无论如何，即使拓展市场空间再苦再难，地面频道也必须坚强。就在这样一条漫漫而又艰辛的爬坡路上，还是有一部分地面频道找到了自己的突围路径。

1. 精准频道定位，强化频道特色

以SMG为例，上海电视台旗下共有14个频道，每个频道都有其自身的精准定位和所服务的目标人群。例如新闻综合频道主要聚焦新闻与民生；娱乐频道定位“就是要开心”，将综艺娱乐和民生服务结合得游刃有余；电视剧频道是上海地区唯一一个全天播放电视剧的专业频道；星尚则负责驾驭时尚美食以及文化生活。除此以外，五星体育、第一财经、艺术人文、哈哈少儿、纪实、外语等频道也都在各自专业的领域各显所长、各司其职。收视数据表明，新闻综合频道在上海地区的收视表现最为强劲，全天呈现3个收视高峰，收视最高峰出现在晚间18:45~19:00，平均收视率接近11%。而在差不多同一时间段，除了新闻综合频道外，娱乐频道和五星体育频道也为上海电视台的收视版图做出了有力的支撑和较大贡献（图10）。从节目编排来看，新闻综合频道在品牌节目《新闻报道》以及《新闻透视》结束后，在后续栏目类型题材的选择上更偏向男性观众的收视口味和观感体验，编排了一系列较为硬朗正气的节目，如《东方110》《案件聚焦》《庭审纪实》等法制类节目，以及以军事斗争或反特/谍战为主力题材的电视剧，播出后吸引了大量45~64岁的男性主力收视人群。在新闻综合频道吸引本地男性观众收视关注的同时，娱乐频道也顺势而为，结合海派文化推出了众多特色节目。除了多年来经久不衰的经典节目《相约星期六》《新娱乐在线》等外，还有关注民生话题、调解百姓纠纷的生活服务类节目《新老娘舅》，以及讲述市民身边情感故事的沪语栏目剧《阿庆讲故事》。除此以外，娱乐频道还打造了一系列由本土滑稽演员及笑星跨界主持且不断邀约戏曲曲艺界明星作为嘉宾的喜剧综艺节目，如《快乐三兄弟》《悦悦一口舒》《欢乐星期2》《乐来越开心》《笑林盛典》和《36.7度》等，在笑侃趣闻趣事、普及健康

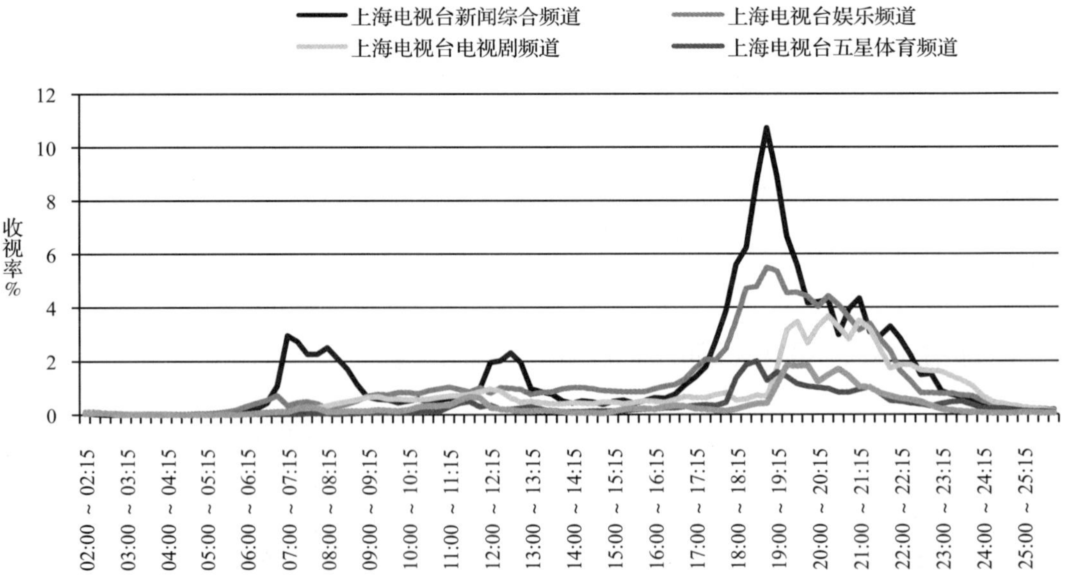

数据来源：CSM媒介研究

图10 2013年SMG主要频道全天收视走势

常识、分享养生知识、传递快乐能量之际，实现节目收视率和频道影响力的双丰收。45～64岁的女性群体是该频道的主力收视人群，其中，55岁及以上的观众对于该频道晚间的集中度接近200%，其依赖程度可见一斑。SMG将准点时政与曲艺民生相辅相成，在时段竞争同质化的趋势中不断摸索差异化的价值空间，以此形成错位竞争，将本地观众的视线从中央电视台及外省卫视的精彩纷呈中争取回来。

2. 立足民生优势的资源整合——下接民生，上起问政

目前，许多地面频道都面临电视剧买不起而综艺节目又做不起的窘境，因而地面频道可凭借立足本土优势、凸显地域特色的能力在内容价值方面依托民生新闻与生活服务类节目与中央电视台、省级卫视形成差异化的竞争优势。作为地面频道在本土收视市场竞争中最主要的收视利器，民生新闻也在不断改版创新、推陈出新，如引入方言谈天或热线帮助实现节目的再造可视性。除上文提到过的上海电视台新闻综合频道外，梅州电视台时政综合频道凭借其王牌节目《民生820》强有力的贡献成为晚间时段的频道翘楚。根据CSM媒介研究的收视调查数据，《民生820》在晚间20:00档首播时段，收视率近30%，市场占有率超过6成，遥遥领先于其他频道。另外，杭州也是品牌民生新闻节目的聚集区，杭州电视台生活频道的《我和你说》、杭州电视台西湖明珠频道的《阿六头说新闻》、浙江电视台教育科技的《小强热线》、浙江电视台钱江都市的《范大姐帮忙》、浙江电视台民生休闲频道的《1818黄金眼》等，多彩多姿的优秀节目在这片人杰地灵的土地上熠熠生辉。除此以外，温州经济科教频道的《百晓讲新闻》、无锡都市资讯频道的《阿福聊斋》、济南新闻综合频道的《今晚20分》、山东齐鲁频道的《拉呱》和《小溪办事》、湖南都市频道的《都市1时间》、湖南经济频道的《钟山说事》等，都是当地的佼佼者，活跃在寻常百姓家。

然而纵观从小民生到大民生的发展之路，在各新媒体和自媒体的围追堵截之下，传统媒体在这个信息公开化的时代似乎已失去了做“新闻”的条件优势，于是转而攻向深度评述和解析，在提升内容的丰富性和权威性方面继续发力。在这样的大背景下，诞生了一部分问政类节目，它们融合多媒体手段，借力多传播渠道，接受来自四面八方的民众呼声。早前南京台就推出了领导述职评议直播节目《向人民汇报》，近年来，多地领导走下“神坛”，倾听民声，解决民怨，“政风”、“圆桌会”、“电视问政”系列渐渐诞生。例如苏州电视台新闻综合频道的《对话苏州》、武汉电视台新闻综合频道的《电视问政》都紧抓当下热点，获得关注焦点，取得了不错的收视表现。下面以《对话苏州》为例做一个简单分析。

近年来，苏州地区的经济发展全面开花、有目共睹。开放型经济和民族工业的蓬勃发展使得当地的外来人口与日俱增，新闻的焦点将原先的“苏州人、苏州事、苏州情”转变为“生活在苏州的人关心和应该关心的人、事和想法”。苏州新闻综合频道总监王晓雄曾在2013年CSM媒介研究江浙沪客户会上与我们分享过《对话苏州》的成功经验。首先，该节目为政府和老百姓之间搭起了一座沟通交流的桥梁，通过这个平台，政府领导得以倾听民声作为执政的参考。其次，节目作为社会监督和管理的创新，成为建设性咨询的平台。正是这样一个官民面对面开放交流、平等对话的平台，给老百姓对政

府的不满、质疑提供了一个发泄的渠道，为政策的改善提供了一个疏导的渠道，凝聚过后形成推动社会发展的正能量。《对话苏州》不仅是官民对话的平台，也是解决问题的平台。整档节目在现场主持人的把控之下一直都处在有问有答、有商有量、有观察有分析、平和舒缓中又略带辛辣幽默的气氛节奏中，让嘉宾被问得“哑口不言”并不是节目的意义，而是要力争在市委市政府的支持下，推动官民之间更好的互动交流，最终解决苏州市民的实际问题。据悉，该节目解决了近8成的问题，随后又把没有解决的问题逐一解决，做到直面问题、保持锐度。事实证明，正是这样一档“问政于民、问计于民、问需于民”的节目在苏州受到了市民的广泛认可和关注。2013年全年，该节目的平均收视率接近5个收视百分点，市场份额将近20%，重度收视观众对其集中度高达300%（图11）。这样一档既有高高在上的政策导向，又有自由奔放新闻精神的节目很值得借鉴。因此，民生新闻作为地面频道赖以生存和突破求新的一方面，如何更贴近民生，如何延伸节目的线下服务功能，值得深入探讨和不断摸索。

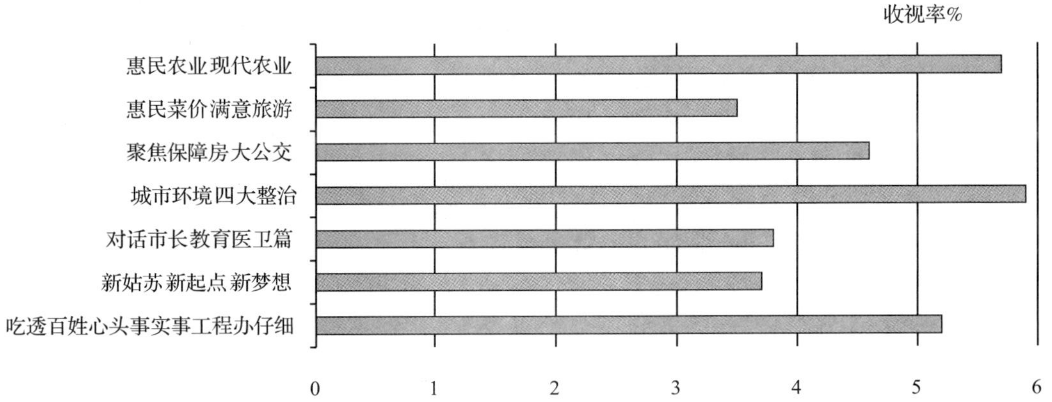

数据来源：CSM媒介研究

图11　2013年苏州新闻综合频道《对话苏州》收视表现

3. 跨地区融合的横向发展——抱团互利，资源共享

面对有限的优质资源，很少有地面频道具有可与中央台或省级卫视中的强者相抗衡的竞争力，各地面频道动足脑筋，八仙过海，各显神通，出路之一就是跨地区融合地横向发展、抱团互利、资源共享、同进退、共命运。早在2005年，在拿不到电视剧首播权的背景下，就由南京台牵头连同省内的地级市台，共同成立了江苏城市联合电视传媒有限公司。该公司成立之后，集中资金购买电视剧，使主动获得优质竞争资源成为可能，作为全省城市台的电视剧场主供应商，为地级市台获得电视剧资源争取了主动权。江苏城市联合电视传媒有限公司突破了地域的局限，通过内容资源的共享和互补形成了类似“小卫视”的传播网，然后将其辐射到各自的频道资源之上。此后，各种联盟如雨后春笋般出现，除了交换片源、共制节目、共享新闻、购剧播剧和线下活动联合一体外，在广告营销上也可以通过联盟共同售卖，从而在一定程度上缓和了地面频道因资源相对匮乏而只能干着急的窘境。现将主要联盟罗列如下，因本文见闻疏浅，难免有所疏漏，仅供参考。

G20制播俱乐部。由浙江影视集团牵头，江苏幸福蓝海、贵州经纬星、四川星空等国企影视公司携手20家地面频道组建的“G20制播俱乐部”，旨在打造一个全新的交流制播信息、议定项目和投资销售的平台。值得一提的是，该联盟可以充分发挥同属广电系统、熟悉频道运作的优势，为20家成员频道量身定制专门针对地面频道的高收视率电视剧作品。G20制播俱乐部还将专门搭建沟通平台，及时获得国内各大影视制作公司的新剧信息、剧本信息，帮助各个频道及时决策，协调市场发行事宜，参与好剧的制作投资。据了解，由浙江影视集团、江苏幸福蓝海等影视公司参与制作的定制电视剧避免了只能在各大卫视优先播出的状态，G20制播俱乐部中的20家地面频道也将享有优先采购权①。2013年，浙江影视集团制作了《名门劫书楼魅影》《我的燃情岁月》《古今大战秦俑情》等，江苏幸福蓝海制作了《婚战》《完美婚礼》《皮五传奇》等热门电视剧。当然，就算通过跨地区融合的方式抢到了剧集，在选剧的时候仍需首要考虑频道定位，做精做细而非“面面俱到”。

2011年9月，浙江电视台教育科技频道、安徽经视、山东齐鲁、江苏城市、湖南经济等9家省级地面频道主动出击，成立了9省地面媒体联盟“九合组织”（据悉目前已增至12家），力求在与中央电视台和卫视的竞争中有所创新、有所突破。九合组织的成立为国内地面媒体资源的快速链接提供了一个理想平台，实现了跨区域的地面组合、点面结合、网状覆盖，以自身价值为广告主提供了全新的地面联动模式，实现了广告营销的新价值。九合组织也是当之无愧的“强强联手”，组织成员在当地省网或省会城市中都有非常大的影响力，其中很多频道在当地的市场占有率也是数一数二的。如浙江教科、山东齐鲁、河北经济、湖北综合都是当地全省的领军频道，另外，山东齐鲁和云南都市频道也是省会城市频道中的翘楚。不仅如此，湖南经济频道、山东齐鲁频道与河北经济频道的全天单频道市场份额均超过10%（表2）。据了解，2014年由区域联盟打造的《Bling Bling校花纪》项目已开启，一场美丽的真人秀也正在8个省市同步上演。

除此以外，2009年，为了实现各电视台的优势互补，实现大市场传播，四川、重庆、云南、贵州、广西5家省级电视台成立了“西南五省联盟”。2010年，为了“谋生存，求发展”，由深圳广电集团发起，全国25家城市电视台成立了“城市新媒体联合体”，并筹办开办城市电视网络电视台，力求将各地的强势新闻资源联合起来“一并点击”，通过新媒体迅速扩大传统电视媒体的舆论影响力。如今，城市网络电视台已整合、凝聚各城市台的实力，形成了跨地域、跨媒体的立体化传播，成为国内较有影响力的互联网视频服务平台。2013年，四平电视台与万兴文化传媒公司建立了新型合作运营模式，即四平电视台除1小时新闻节目外，其余节目由万兴文化传媒公司负责制作播出（四平电视台负责节目内容审核把关）。该合作模式运行以来，显示出了良好的发展前景与市场活力。② 可见，地面频道联合发力、抱团对外的形式改变了以往“单打独斗、各自为政、闭关锁台”的竞争格局，让很多城市电视台看到了希望，不过很多联盟的实际

① 搜狐娱乐：《地面频道“制播联盟”成立 定制剧不再只属卫视》，http：//www. chinamedia360. com/newspage/20140327/F985F97B3110B4F4. html。

② 媒介360：《回顾2013：城市台进入大联盟时代》，http：//www. sarft. net/a/152144. aspx。

表 2　2013 年九合组织成员收视表现（全天）

九合组织成员在本省全省的收视表现			九合组织成员在本省省会城市的收视表现		
频道名称	市场份额	排名	频道名称	市场份额	排名
浙江教科	6.5%	1	浙江教科	6.9%	2
江苏城市	5.5%	3	江苏城市	8.7%	2
安徽经视	4.8%	5	安徽经视	6.0%	3
江西公共	0.8%	24	江西公共	4.0%	5
湖南经济	10.7%	3	湖南经济	8.8%	3
山东齐鲁	16.9%	1	山东齐鲁	10.5%	1
天津新闻	3.4%	6	—	—	—
云南都市	6.4%	3	云南都市	9.4%	1
河北经济	12.7%	1	河北经济	4.6%	3
湖北综合	7.7%	1	湖北综合	5.5%	3
河南都市	6.9%	5	河南都市	4.6%	3
黑龙江都市	7.8%	4	黑龙江都市	6.6%	2

数据来源：CSM 媒介研究

效果并未达到理想状态。因此，如何避免流于形式，真正整合以实现共赢，是需要我们认真思考并努力解决的问题。

4. 跨产业融合的纵向衍生——合纵连横，共谋发展

群雄逐鹿之际，浙江卫视将尽人皆知的《中国好声音》衍生出了巡回演唱会，湖南卫视则将火爆荧屏的《爸爸去哪儿》衍生出了大电影，在马年春节之际紧跟时节火热上映。综艺节目的衍生品现象屡见不鲜，以增加卖点实现影响力和利益最大化的双丰收，由此电视行业也迈出了产业链的步伐。其实，地面频道除了跨地区融合的横向发展外，也早已尝试跨产业融合的纵向衍生。例如 SMG 的东方购物频道以及深圳广电打造的“一站式”购物服务平台宜和购物，便顺应市场需求开展多元化发展，借力电视频道的传播拓展购物网站等商务平台，以巩固核心消费市场，成为地面频道多元化产业经营的重要一级。另外，在荆州地区，湖北陇上频道无论在全天还是晚间 18:00～24:00，其收视排名都位列三甲之内。湖北陇上频道对于湖北省内的农民来说是再熟悉不过的了，根据 CSM 媒介研究的收视调查数据，2013 年，其在湖北省内平均每天覆盖的人数达 5172 千人［单位选择：平均到达率（000）］。湖北陇上频道作为湖北省内对农传播与服务的综合频道，一直坚持“频道＋渠道”的并行发展模式，线上通过内容播出打造品牌产业链，线下通过农资销售打造农业产业链①。

除此以外，还有通过快乐游戏嫁接购物频道实现实惠购物的节目。由河北经济生活频道推出的《我为购物狂》就是这样一档互动综艺节目。节目以价格游戏和互动游戏为主体，以各种生活用品为奖品，以河北经济生活频道的优势结合购物频道的商品资源提

---

① 媒介 360：《回顾 2013：城市台进入大联盟时代》，http://www.sarft.net/a/152144.aspx。

高收视，销售商品。该节目通过“娱乐+互动+购物”的方式产生聚变效应，播出后获得了热烈反响，2013年在河北省的收视率突破6个收视百分点，且节节走高，多期的平均收视率甚至超过10%，市场份额近20%（图12）。该节目在九合组织成员湖北综合频道播出时也有不错的收视表现，成功地实现了内容影响力和产业链发展的双线并行。

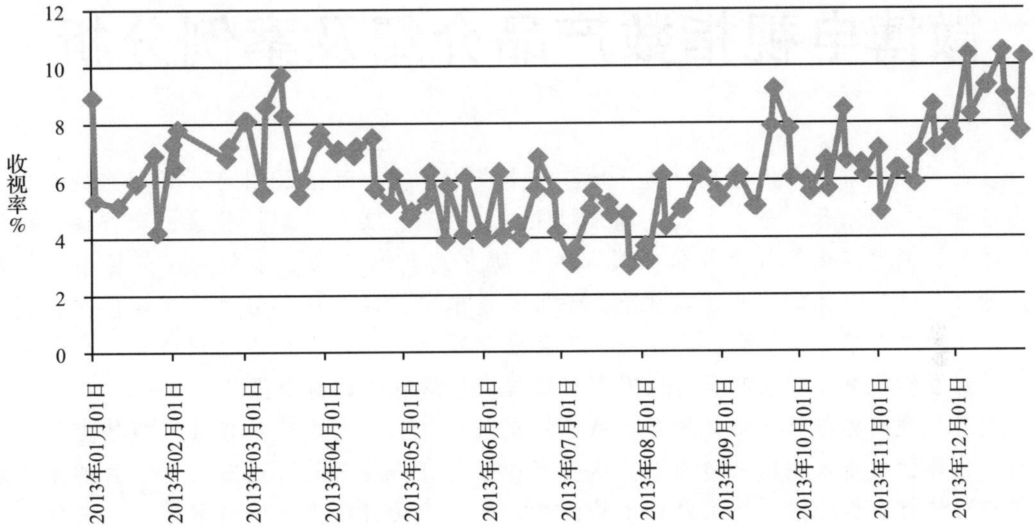

数据来源：CSM媒介研究

图12　2013年河北经济生活频道《我为购物狂》在河北省的收视表现

三、结语

穹顶之下，地面频道在收视总量不断下滑的大环境中，面临着收视观众时长减少、轻度观众不断流失、市场空间不断萎缩的窘境，但仍有部分地面频道“不服老、不认输”，它们依旧积极迎战，从“内容为王”出发，在节目的设置上不断创新或贴近民心，或精准频道定位、强化频道特色，或采取合纵连横等措施。可以说，那些还活跃着的地面频道都是在不断探索、了解自身特点和受众需求的变化后，做到了因地制宜、因人而异，才在市场中占有了一席之地。的确，地面频道面临着极大的生存压力并不得不承受未来发展的不确定性，但是在收视激烈的晚间市场，我们看到其仍具有一定的影响力和竞争力，特别是在晚间18:30~19:00，其地位更是其他频道组无可撼动的。虽然发展的每一小步都无比艰辛，虽然在策略的选择方面还有诸多的局限性，但仍有观众在为地面频道的坚守和探索而鼓掌助威。本文视野虽小，但也期望为地面频道的转型与创新带来些许新的启示和思考，以使地面频道在不断变化的挑战和机遇中焕发生机，在困境之中找到各自发展的动力，走出自己的突围之路。

（作者：包凌君）

微博电视指数产品介绍及案例分析

近两年，越来越多的电视媒体开始与社交媒体合作，而在2014年，两平台的合作不止在数量上有所上升，合作方式也越来越深入，扫码、实时话题、投票、微访谈、抢红包、抢座、微博签到等社交媒体所提供的互动方式也越来越多地在电视节目中开始应用。通过与社交媒体的结合，电视节目不再只是单向传播，观众通过社交媒体平台获得了一个深入参与节目的机会，即使不在节目录制现场，观众也可通过网络与电视节目互动，通过互动机制，观众甚至可以对节目进程产生影响，从而增强其参与感。

随着电视媒体与社交媒体的合作越来越深入，行业对电视节目在社交媒体上的表现进行量化评估的需求也越来越强烈。尽管市场上已有一些工具可以对电视节目的微博讨论量进行统计，但受限于技术及成本等因素，这些工具目前尚无法获取节目相关的全量数据进行计算。而微博电视指数产品则是通过和微博的直接合作获取全量的电视节目相关微博数据，并对其进行清理、计算，为行业提供连续、统一的电视节目社交媒体传播影响力评价数据。

自2014年初CSM媒介研究与微博建立正式合作关系以来，经过一系列的研发、测试以及专家论证，微博电视指数的第一个产品——微博电视指数榜单已经于2014年7月正式上线，而基于同一组源数据所开发的数据分析平台正在内部测试中。微博电视指数榜单可以帮助用户了解电视节目在微博平台上的讨论概况，而分析平台在榜单产品数据指标的基础上，将提供更加灵活且细化的分析维度，可用于对节目进行深入分析。所有节目相关微博数据的采集、清理、计算方法都经过业内专家的论证，数据生产流程透明化；同时，在行业同仁及专家学者的帮助下，我们建立了一套标准化的电视节目微博数据指标体系。

一、什么是微博电视指数榜单

微博电视指数榜单[①]是针对中央电视台及省级卫视频道的综艺节目及晚间黄金档电视剧而建立的榜单，分别对节目相关微博的阅读人数、阅读次数、提及人数以及提及次数进行统计，并以阅读人数为标准进行排名。

① 微博电视指数榜单网址：http：//huati. weibo. com/tv/zhishu。

1. **榜单数据时间统计规则**

榜单分为综艺节目日榜、综艺节目周榜、电视剧日榜和电视剧周榜，分别从不同的时间维度对节目相关微博数据进行统计。

综艺节目日榜：以节目播出日为统计周期的榜单，计算从节目播出前6小时起连续24小时的数据，每天2点更新前天播出节目的日榜数据。如，周五晚18:00整播出的节目，其统计时间从周五中午12:00起，至周六中午12:00结束（图1），数据结果于周日在网页版榜单中更新并呈现。

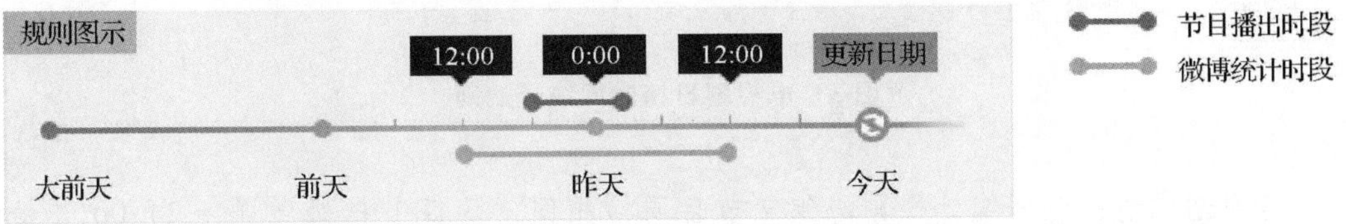

图1　综艺节目日榜时间统计规则

在产品设计前期的调查中发现，用户在微博上对综艺节目的讨论，其后续讨论量远高于前期预热；同时，由于多数综艺节目的播出时间为晚间22:00，因此用户对节目的后续讨论多数会延续至节目播出后一天的早晨。参考了用户对多数节目的讨论习惯和业内专家的专业意见后，我们最终确定了节目日榜的数据统计周期。持续24小时的统计周期不仅可以涵盖大部分关于当期节目的预热讨论、节目播出当下的热点议论以及节目内容所带来的大部分后续热议，同时也可以在每期节目播出后及时通过榜单将数据结果呈现出来。

综艺节目周榜：从每个自然周一24:00开始对节目数据进行统计，截至当个自然周周日24:00为一个完整周数据。每周一对上一自然周的完整周数据进行更新，周中，每个自然天对当周周一至前一自然天24:00累积的数据进行更新（图2）。

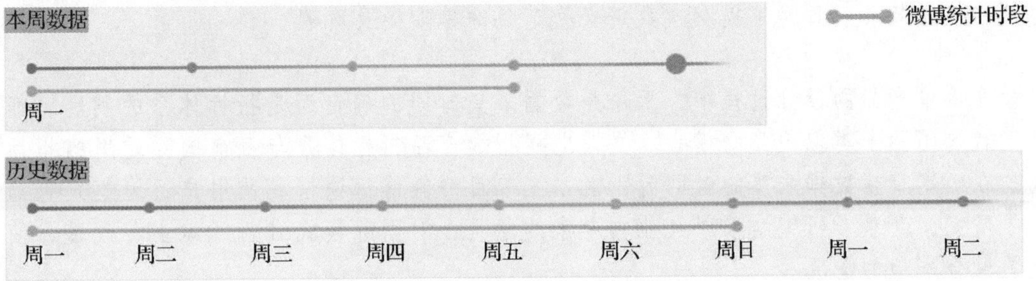

图2　综艺节目周榜时间统计规则

周榜数据的提供可以帮助用户了解节目在当周所累积的微博数据，看到节目长期积累的数据。由于多数综艺节目为周播，因此每天的数据更新可以帮助用户了解节目在播出前、中、后各时期的微博讨论量。

电视剧日榜：每天下午18:00开始对当天晚间播出的电视剧进行统计，数据采集持续至第二天下午18:00（图3）。由于各频道晚间黄金档电视剧播出时间差别较小，且大部分电视剧为日播，因此对电视剧的数据采集时间不再进行细分，通过统一的规则对所有上榜电视剧微博数据进行统计。

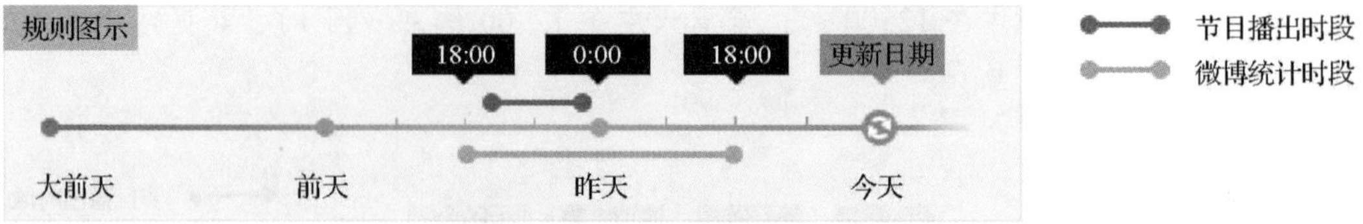

图3　电视剧日榜时间统计规则

电视剧周榜：时间统计规则与综艺节目周榜相同，从每个自然周周一24:00开始对节目数据进行统计，截至当个自然周周日24:00为一个完整周数据。每周一对上一自然周的完整周数据进行更新，周中，每个自然天对当周周一至前一自然天24:00累积的数据进行更新。

2. 榜单指标

榜单上对每个节目微博数据的呈现均使用了4个指标：

阅读人数：数据计算时期内浏览过所有包含节目关键词的微博的不重复用户数量，微博内容须和节目相关。日榜中阅读人数定义为节目的单期阅读人数。

阅读次数：数据计算时期内所有包含节目关键词的微博被浏览的次数，微博内容须和节目相关。日榜中阅读次数定义为节目的单期阅读次数。

提及人数：数据计算时期内微博内容中包含节目关键词的微博条数，微博内容须和节目相关。日榜中提及人数定义为节目的单期提及人数。

提及次数：数据计算时期内发表包含节目关键词的微博的不重复用户数量，微博内容须和节目相关。日榜中提及次数定义为节目的单期提及次数。

在榜单产品的设计过程中，无论是数据采集时间的确定还是指标体系的制定，都参考了目前国际上类似产品的模式。微博电视指数产品指标体系与目前国际通用的指标一致。在确定日榜数据采集的时间时，对本土节目的微博讨论情况及用户行为模式也都进行了研究，还参考研究结果以及业内专家的意见，对国际模式进行了本土化改造，使产品更贴合本地的情况。

二、数据生产流程

微博数据的采集及生产涉及关键词的确定、数据采集及清理、关键词优化、指标计算、软件平台开发等多个环节，参与方包括电视台、微博以及CSM媒介研究（整体流程见图4)。其中,电视台主要参与节目的关键词确定;微博主要负责数据的采集、清理、关键词优化以及部分指标计算等;CSM负责对数据生产过程进行监控,并对数据结果进行校验。此外,CSM还将负责相关软件平台的开发,为客户提供深度分析数据以及发布分析报告(详见图5)。

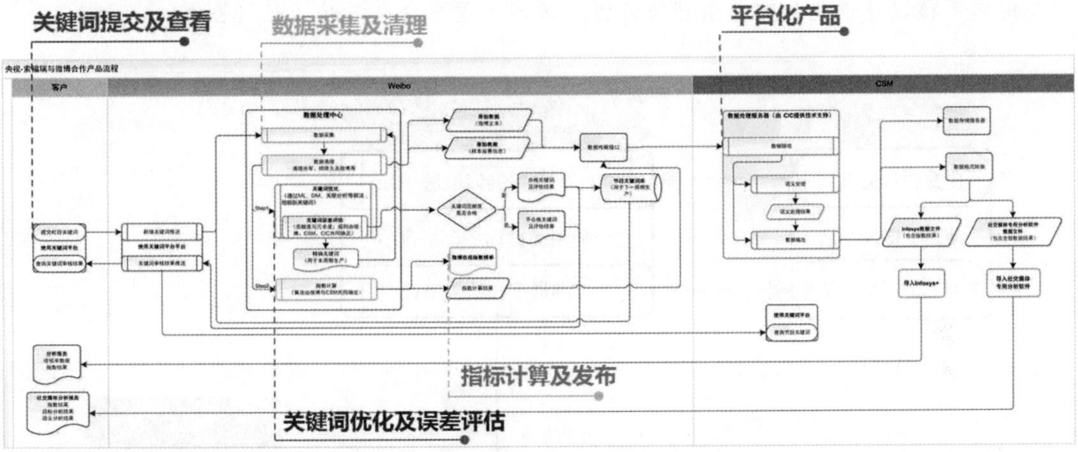

图4 微博电视指数产品整体生产流程

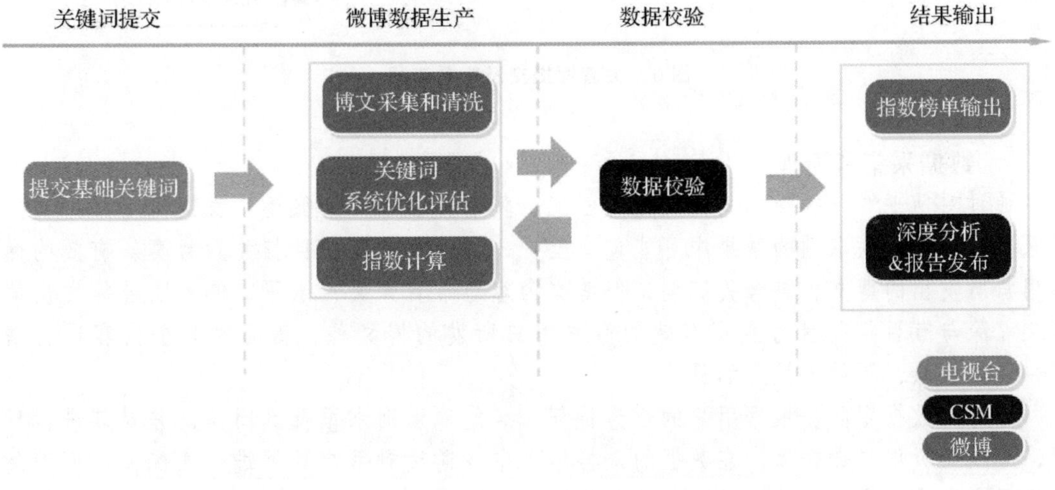

数据来源:CSM媒介研究

图5 微博电视指数产品生产流程概述

1. 关键词提交及查看

微博数据是文本数据,需要通过关键词的匹配来采集,因此关键词的完整和准确度会直接影响节目相关博文采集的完整度。关键词必须与节目本身相关,例如节目名称、节目昵称、导演、导师、嘉宾、选手、艺人、节目热点、节目话题等。由于数据的采集是实时进行的,因此需要提前将关键词录入系统。而电视台或内容制作公司作为节目的生产方，可以在节目播出前就了解到节目内容，因此，由客户来进行节目关键词的提交是最能保证时效性和准确性的方式。

客户通过CSM开发的关键词管理平台提交关键词后，CSM会有专人负责关键词的审核，以确保关键词符合要求；通过审核的关键词将会进入微博的后台，开始数据采集等工作。同时，客户提交关键词后，微博的后台会通过算法对关键词进行优化，每个节目对应的关键词审核以及优化后的结果都将通过关键词管理平台反馈给客户（图6）。

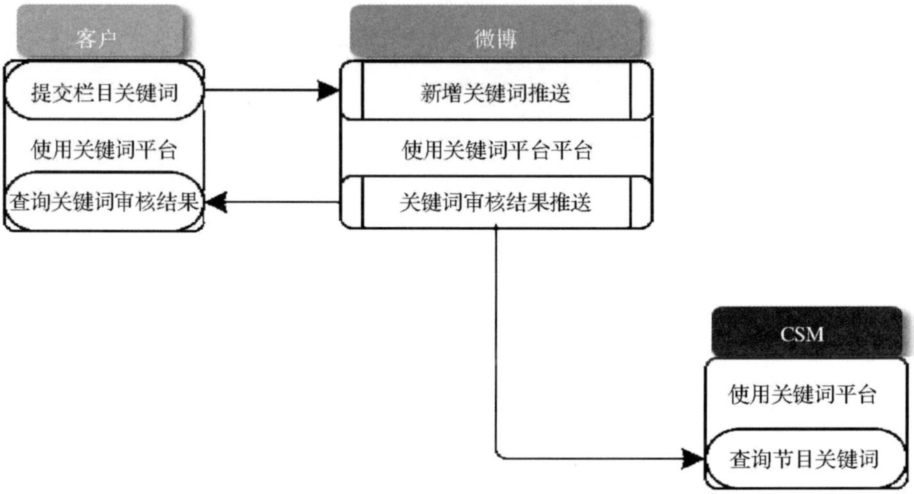

图6　关键词提交及查看流程

2. 数据采集和清理

通过对前期客户提交的关键词进行匹配，获取符合条件的微博，我们得到第一次数据采集的结果。获取到的结果中可能包含至少3类数据：与节目相关且为真实有效的微博用户所发出的博文；包含关键词，但博文内容与节目无关；水军、僵尸账号等发出的博文。除与节目相关且为真实有效的微博用户所发的博文外，需要对其余内容进行清理，将其删除，不纳入最后的计算。

微博大数据团队会根据用户的行为特征，智能地识别水军及其团体，并对其进行标记，形成垃圾用户数据库，在数据的采样结果中，通过对用户数据进行匹配，从而消除垃圾用户发布内容对数据结果进行的干扰。

“非诚勿扰”作为热门综艺节目《非诚勿扰》的节目名称，是该节目非常重要的关键词之一。但这4个字并非该节目专属，包含“非诚勿扰”的博文可能讨论同名电影或者同名小说，也可能描述生活中的事件等，这些博文的内容和节目内容并无任何关联。这种情况在所有节目的微博数据中都是广泛存在的。为避免无关内容对数据结果的干扰，在数据处理过程中，需要有一个算法对博文内容进行处理，判断内容是否和节目内容相关，删除无关博文后，保留与节目内容相关的博文作为有效数据（完整流程见图7）。

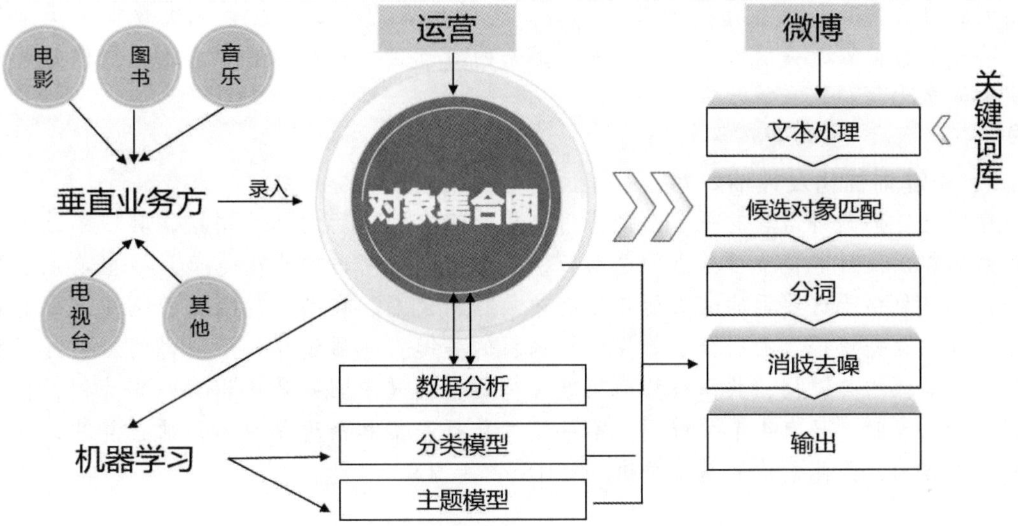

图 7　数据采集和清理流程

删除与节目内容无关的博文的过程被称为消歧，消歧的过程是通过机器完成的。为了让机器能对博文内容进行判断，需要预先建立一个基础知识图谱。以《非诚勿扰》为例，除综艺节目《非诚勿扰》外，还有同名的电视剧、电影、图书等。因此，针对与其相关的每个对象领域，都要建立相关的基础知识图谱，如演员、导演、主持人、嘉宾、播出频道等。根据基础知识图谱，机器会通过不同的模型及算法学习更多领域的相关知识，丰富知识图谱内容（图 8）。

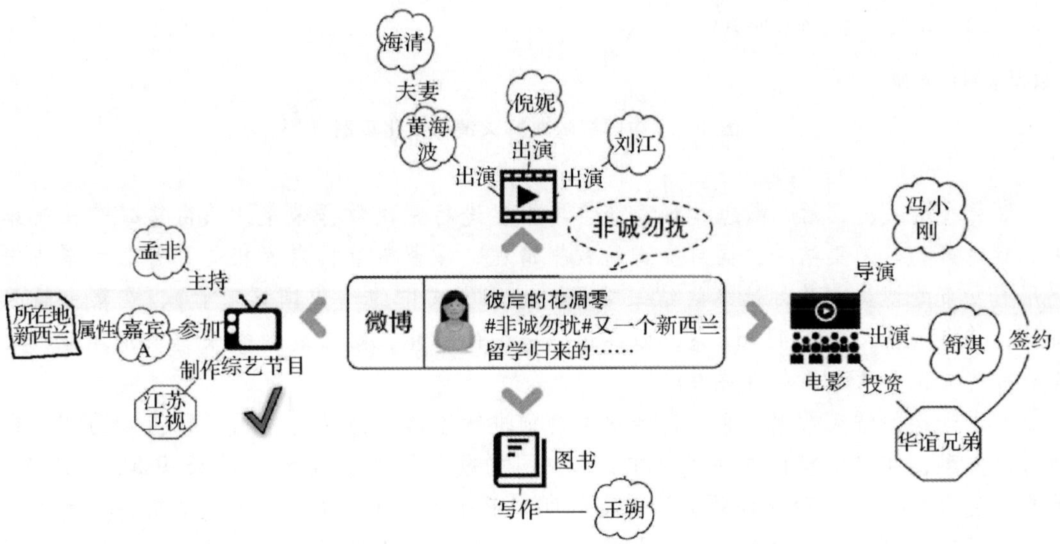

图 8　知识图谱范例

通过完整的知识图谱，机器可以通过模型及算法，对每段博文中的相关内容进行分析，判断博文内容是否和指定的节目相关。通过机器的判断，在第一次数据采集结果中，将与节目内容无关的博文删除，保留下来的与节目内容相关且为非水军或僵尸用户发出的博文为第一轮有效数据。

3. 关键词优化及评估

微博是盛产网络语言的平台，微博用户随时都在创造新的网络用语，其中不乏为艺人起的昵称以及对电视节目热点的总结归纳。网络流行用语的产生是节目播出前无法预估的，为避免由于这些词的缺失而导致有效数据的遗漏，在第一轮有效数据中，要通过机器学习、数据挖掘、关联分析等算法挖掘新的关键词。通过算法所获得的新关键词和之前通过审核的关键词，共同被称为精准关键词。以《中国好歌曲》第一季为例，在第一轮数据采集时，只有4个关键词。第一轮的数据采集和清理结束后，通过算法，挖掘了新的关键词，因此最终的精准关键词有18个（图9）。

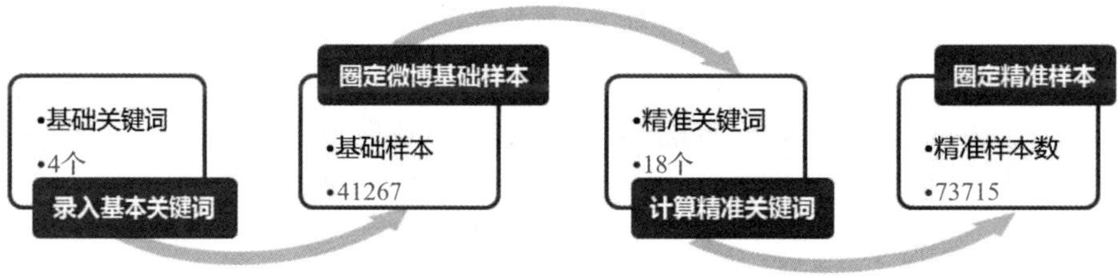

基础关键词（4个）：
周华健/蔡健雅/杨坤/中国好歌曲

新关键词（18个）（以下关键词根据自动学习系统排列组合）：
铃凯/中国好歌曲/好歌曲/王思远/项亚蕻/谢帝/莫西子诗/卷珠帘/霍尊/明天不上班/要死就一定要死在你手里/马上又/青峰/蔡健雅/费玉清/杨坤/郑钧/一个人

数据来源：微博

图9 《中国好歌曲》关键词优化算例

获得精准关键词后，数据处理系统会再重复进行一次数据采集，获得第二轮采集结果。针对第二轮采集结果，同样会进行数据清理，保留与节目内容相关且为非水军或僵尸用户发布的博文，获得最终的结果数据。对于上文中的《中国好歌曲》，在第一轮采集时，其有效博文仅有41267条，而经过关键词的优化，第二轮数据采集及清理后，最终有效博文达到73715条（图9）。

对于最终的结果数据，系统还会对关键词进行评估。仍以《中国好歌曲》为例，通过计算发现，在其所有精准关键词中，“中国好歌曲”的贡献度达到43.9%，“霍尊”的贡献度为15.5%，而部分关键词的贡献度则低于1%（图10）。评估结果将作为下一次关键词优化及确定的参考标准，贡献度高的关键词将得以保留，贡献度低且冗余度高的关键词则会酌情予以删除（图11）。

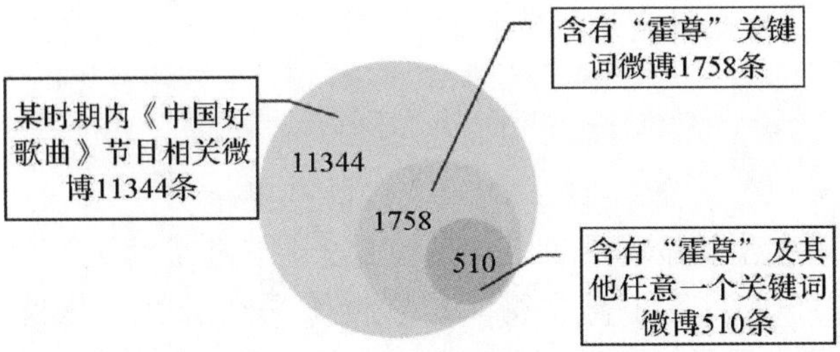

关键词	贡献度	冗余度
中国好歌曲	43.9%	69%
霍尊	15.5%	29%
卷珠帘	12.5%	31%
莫西子诗	8.6%	36%
铃凯	3.9%	57%
谢帝	2.8%	38%
……	……	……

数据来源：微博

图 10 《中国好歌曲》关键词评估算例

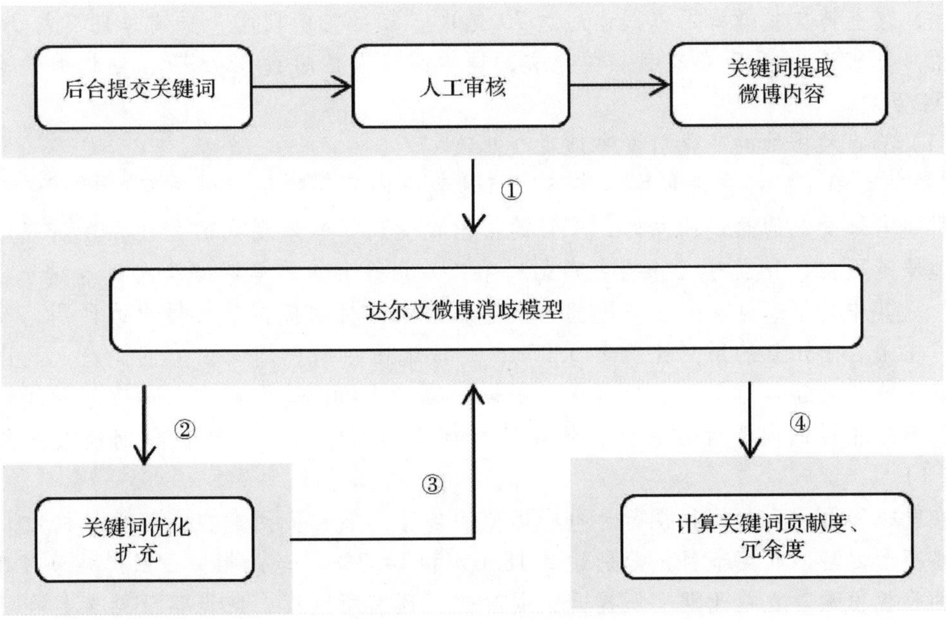

图 11 关键词优化流程

4. 数据结果呈现

通过两轮数据采集及清理所获得的结果数据将作为原始数据用于不同需求的数据计算，最终以结果数据的方式呈现给用户。目前较常用的呈现方式包括微博电视指数榜单、微博数据分析平台、相关分析报告等。

微博电视指数榜单通过4个固定指标展示节目在特定时间段内的微博讨论情况，以方便用户了解各节目在微博平台上的整体表现情况；微博数据分析平台提供灵活的数据查询方式，用户可以设定特定的时期、时间段、目标受众等，获得细化分析的结果；分析报告则提供特定节目的深入洞察，从更多的角度对数据进行挖掘，以帮助客户更全面地了解节目在微博平台上的表现。

不同的结果呈现方式从不同方向为用户提供服务，帮助用户更好地了解节目的微博受众情况，从而更好地利用平台特性以及受众特点进行节目的推广。

三、案例节目分析①

2014年，不少真人秀在电视和微博平台上都取得了很好的成绩。《爸爸去哪儿》和《中国好声音》依旧延续之前的热度，不止获得了高收视，也在微博平台引发了热议。而《奔跑吧兄弟》《中国正在听》《少年中国强》《十二道锋味》等新节目也以其精良的制作收获了双平台的赞誉。

1.《爸爸去哪儿》

2014年7月1日至10月3日，微博平台上共有超过1772万条关于《爸爸去哪儿》的讨论，这些博文被微博用户阅读超过70亿次。节目在榜期间，平均每期有约36.6万微博用户发布近54.3万条节目相关博文，期均阅读人数超过3343万，期均阅读次数超过3554万次。

(1) 节目拍摄地的变化引发当地观众热议

《爸爸去哪儿》播出进程中，爸爸和萌娃到全国不同地区录制节目，栏目组每到一处均引起当地受众的热议；同时，节目的播出也受到了当地观众的关注。在研究时期和调查地域范围内，我们对《爸爸去哪儿》第二站到第七站的单期提及人数地域分布进行了分析。其中，第二站在浙江省建德市大慈岩镇新叶村拍摄，节目播出的两周，节目提及用户中来自浙江省的用户比例为5.9%，是该地区在调查期间内单期提及人数比例的最高峰，此热潮还延续到了其后两周。同样，第三站拍摄地湖南省，第四站拍摄地四川省及第五站拍摄地内蒙古自治区，均在节目播出当周创造了该地区单期提及人数的高峰(表1)。

在电视平台，用户的收视行为也有类似的趋势，节目头两期在浙江地区的收视市场份额略高于之后的几期节目，分别达到18.6%和14.3%。与此相似，四川站节目在四川地区的收视份额较之前几期有所提升，同时热度还有所延续，使得第五站节目在四川地区的收视份额也较高。此外，内蒙古站节目在内蒙古地区的收视份额创下了节目在该地区播出的最高份额，达到20.4%。

① 除特殊说明外，该部分所用数据的时期均为2014年7月1日至2014年11月30日。电视数据来源：CSM媒介研究25个省网+4个直辖市；微博数据来源为CSM媒介研究与微博：微博电视指数。

表 1　《爸爸去哪儿》分期微博提及人数比例

地区	微博单期提及人数比例（%）				
	第二站	第三站	第四站	第五站	第六站
	07/04～07/11	07/18～07/25	08/01～08/08	08/15～08/22	08/29～09/05
浙江	5.9%	5.9%	5.7%	5.6%	5.7%
湖南	3.3%	3.3%	3.1%	3.1%	3.1%
四川	4.0%	4.1%	4.1%	3.7%	3.7%
内蒙古	1.2%	1.0%	1.1%	1.3%	1.1%
甘肃	0.7%	1.0%	0.9%	1.1%	0.9%

数据来源：CSM 媒介研究与微博：微博电视指数

表 2　《爸爸去哪儿》分期电视市场收视份额

地区	电视市场收视份额（%）									
	第二站		第三站		第四站		第五站		第六站	
	07/04	07/11	07/18	07/25	08/01	08/08	08/15	08/22	08/29	09/05
浙江	18.6%	14.3%	10.9%	15.0%	12.5%	16.1%	16.7%	15.6%	15.0%	11.0%
湖南	13.6%	12.7%	12.3%	15.6%	11.6%	17.0%	16.5%	14.1%	10.8%	14.6%
四川	14.4%	12.6%	11.9%	12.4%	13.4%	14.8%	18.0%	13.1%	9.5%	9.4%
内蒙古	19.3%	15.9%	12.7%	15.5%	17.0%	15.9%	20.4%	16.7%	14.3%	13.6%
甘肃	12.0%	11.4%	9.9%	10.4%	9.8%	15.3%	10.4%	14.2%	10.2%	8.7%

数据来源：CSM 媒介研究 25 个省网 +4 个直辖市

（2）节目开始、结束期以及微访谈等活动影响数据趋势

在对节目分天提及次数与阅读次数进行分析时发现，节目整体提及与阅读之间的相关性较弱（相关系数 0.59）。对数据分析后发现，节目的开始和结束期（各约 5 天）以及有微博活动的时期（如 7 月 18 日的微访谈等）对整体数据影响较大。排除这部分特殊时期后可看到，节目的提及与阅读之间存在较强的线性相关（相关系数 0.91）（图12）。

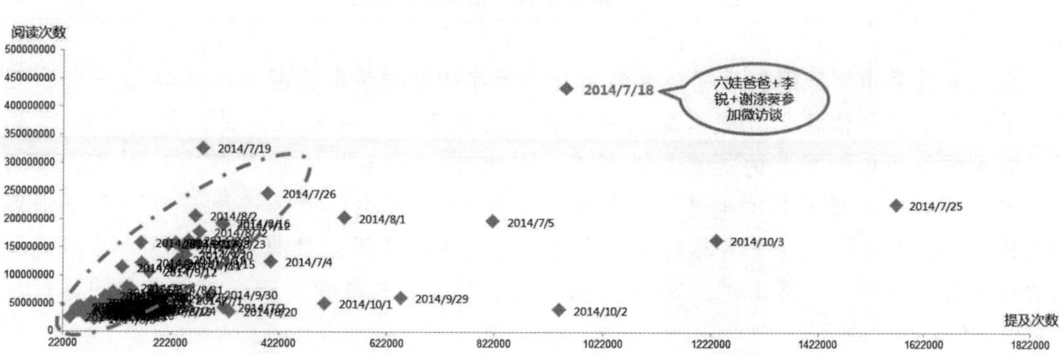

数据来源：CSM 媒介研究与微博：微博电视指数

图 12　《爸爸去哪儿》分天提及次数与阅读次数分析

由此可见，节目的分天提及量与阅读量之间的相关性受节目播出时间影响较小，但与节目整体播出进程中的热点有关。《爸爸去哪儿》第一季中已初步尝试明星微访谈的互动方式，7月18日，“爸爸天团”全体动员，外加主持人李锐和节目总导演谢涤葵，开启电视与微博实时互动的“爸气之夜”。访谈时间横跨当晚19:00～23:00，为观众提供了深入了解星爸萌娃生活趣闻的机会。从分天数据看，7月18日的阅读次数为节目播出期内单日最高值，超过4.3亿次；同时，7月18日和7月19日的人均阅读次数分别为18.16次和17.08次，为节目播出期内的单日最高值。边看边聊在拉近受众与星爸萌娃之间距离的同时，也加深了用户的参与度，不仅扩大了传播的广度，也加强了传播的效果。

2.《中国好声音》

从《中国好声音》第一期播出至结束（7月18日～10月7日），节目在微博平台的累积提及次数约552.8万，在此期间，所有节目相关博文的累积阅读次数达到18.9亿。节目中除了4位评委在微博上引起热议外，还汇集了一批颇具话题性的选手。整体提及博文中，选手名字被提及频次总和最高，达到467.8万次，约为导师提及频次总和的1.3倍，为嘉宾名字出现频次总和的49.2倍（图13）。

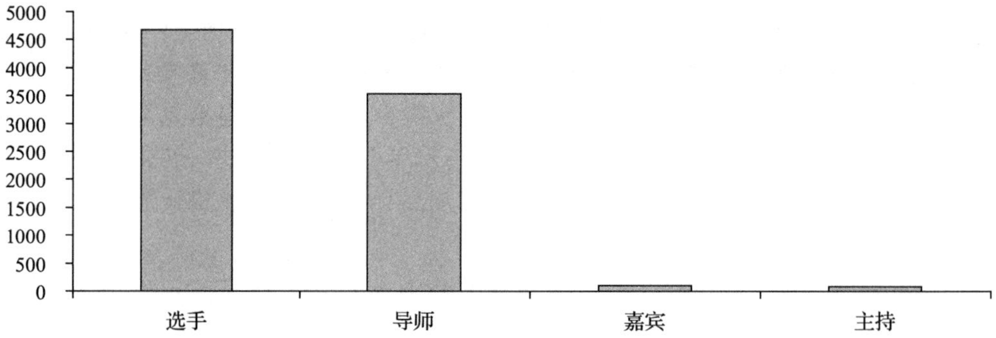

数据来源：CSM媒介研究与微博：微博电视指数

图13 《中国好声音》提及频次汇总

在所有选手中，冠军选手张碧晨的提及频次在所有选手中最高，达到48.3万次；亚军选手帕尔哈提和话题学员陈永馨的提及频次分列第二、第三位，提及频次均超过30万。在4位导师中，那英的提及频次最高，其名字“那英”的提及频次达到85.5万，其昵称“那姐”的提及频次也进入前5位，达到14.0万次；加上“小二班”等与那英相关的名称，所有那英相关名称的总提及次数达到109.2万。梦想导师汪峰的名字提及频次在所有导师中位列第二，为81.7万次；加上其他相关名称，汪峰相关名称的总提及次数为98.8万（表3）。

表 3　《中国好声音》选手及导师名称提及频次 TOP5

	名称	提及频次
选手名称 TOP5	张碧晨	482913
	帕尔哈提	330888
	陈永馨	320882
	陈冰	265534
	余枫	238037
导师名称 TOP5	那英	855455
	汪峰	816571
	杨坤	750506
	齐秦	633702
	那姐	139974

数据来源：CSM 媒介研究与微博：微博电视指数

综合所有关键词来看，4 位导师的名字提及频次明显高于单个选手，4 位导师名称的提及频次均高于60 万，而提及频次最高的张碧晨，其提及频次也不到50 万。由此可见，在微博平台上，任何一位导师都具有极强的话题性和凝聚力；而选手们则胜在整体数量上，尽管整体的提及频次较高，但单一选手的热议性及凝聚力都略显单薄，其人气及话题的累积都较 4 位导师略显逊色，仍有待于时间的沉淀。

数据来源：CSM 媒介研究与微博：微博电视指数

图 14　《中国好声音》词云

3.《少年中国强》

《少年中国强》是中央电视台2014年8月推出的一档少儿励志节目。节目播出期间，平均每期有超过10万微博用户在微博平台上讨论节目，期均提及次数接近28万；节目相关微博期均阅读次数超过8500万，期均阅读人数达到890万。

通过对多档节目连续数据的观察发现，在微博平台上，人气艺人总是能汇聚大量的话题和讨论，人气艺人的任何动向都会成为微博用户的讨论焦点。《少年中国强》的分期数据也很好地证明了这个观点。TFBOYS作为节目的推广大使，在节目播出第一期作为表演嘉宾，在节目中演唱了主题曲。他们的出现，为节目带来了大量的讨论。节目分期数据显示，TFBOYS表演的第一期节目提及次数和人数均最高，其热度还延续至节目第二期（图15）。

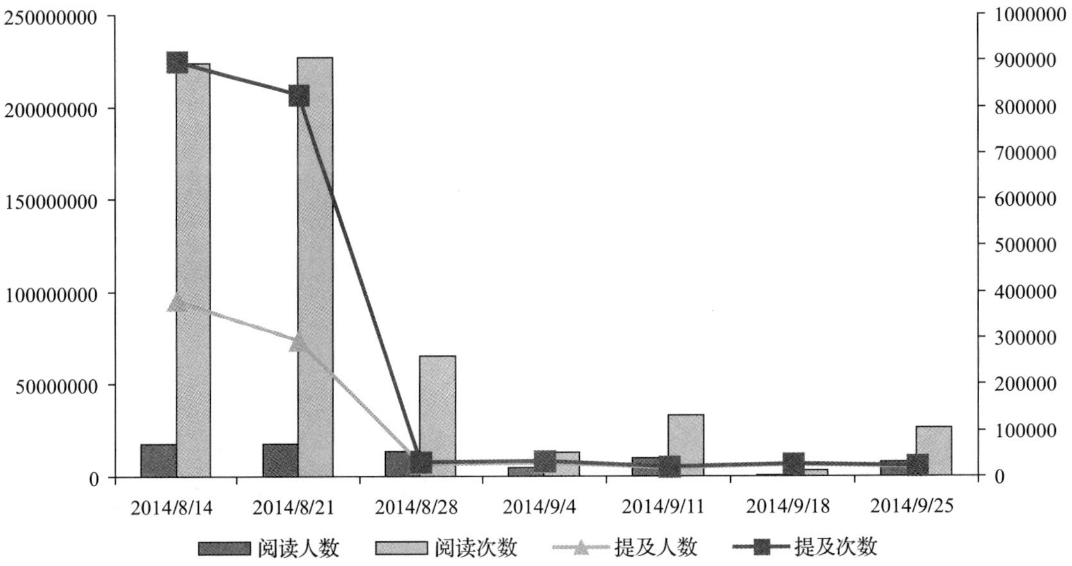

数据来源：CSM媒介研究与微博：微博电视指数

图15 《少年中国强》分期阅读人数/次数和提及人数/次数

除对节目整体的讨论外，在节目官方微博的宣传中也可以看见偶像的力量。在节目播出期间，其官方微博所发博文中，只要与TFBOYS相关，其转发量、评论数及点赞数都明显高于其他博文。对其中一条博文[①]的传播路径分析发现，一级转发比例达到53%，二级转发比例为23%，三级转发比例为14%。除官方微博所带来的一级转发外，“TF家族后援会”等艺人相关账号也为该条博文带来了大量的转发。此外，对转发人群的研究发现，女性用户的比例达到了92%（图16）。

① 博文地址：http：//weibo.com/5186683361/Biizr0inU？from = page_ 1002065186683361_ profile&wvr = 6&mod = weibotime&type = comment#_ rnd1425226098817。

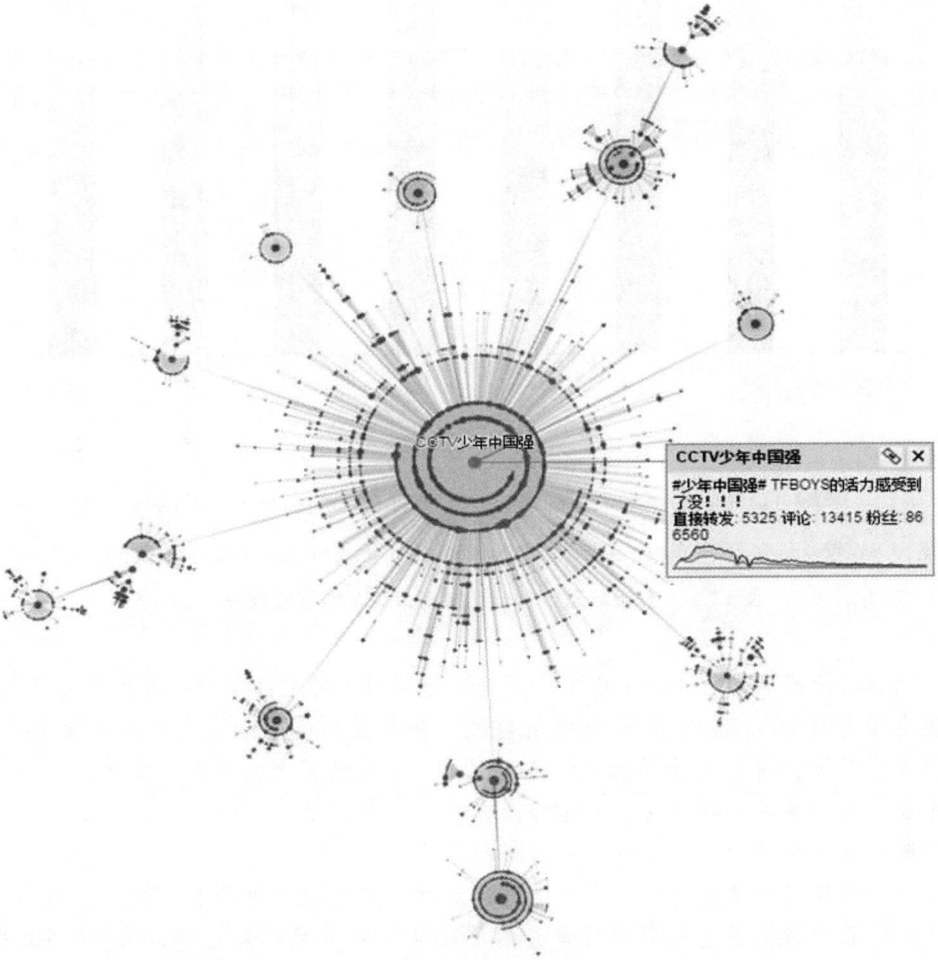

数据来源：CSM 媒介研究与微博：微博电视指数

图 16　《少年中国强》官方微博传播路径

4.《奔跑吧兄弟》

《奔跑吧兄弟》于 2014 年 10 月 10 日在浙江卫视正式开播，节目播出以来，其电视平台收视持续上升，受到广泛关注。在微博平台，栏目也与微博展开合作，通过话题、投票、微访谈等多种方式与观众展开互动。截至 11 月 30 日，主话题#奔跑吧兄弟#累积讨论量近 200 万、阅读量 66.8 亿。节目播出期间，官方子话题数量超过 10 个，发起了近 10 个投票活动。此外，还多次邀请节目中的明星参加微访谈。

从节目分期数据来看，节目的电视收视稳步上升，而微博口碑数据则随讨论热点的变化而波动。对用户讨论内容的分析发现，观众对于节目的正负面评价大多伴随着节目播出的热点事件变化而变化。

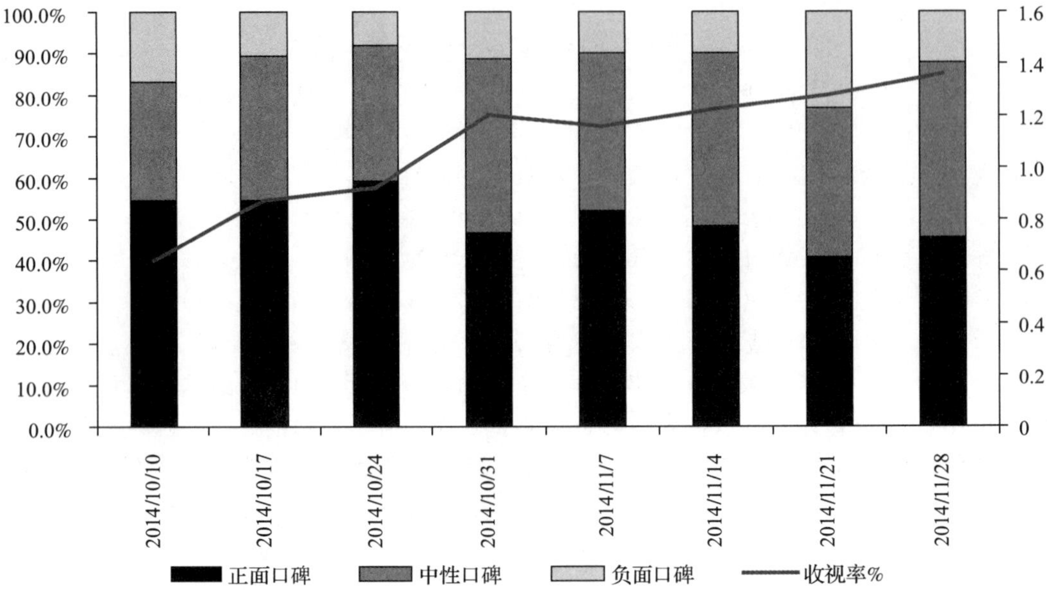

数据来源：CSM 媒介研究 25 个省网 +4 个直辖市；CSM 媒介研究与微博：微博电视指数

图 17　《奔跑吧兄弟》分期微博口碑及电视收视率

韩国版 *Running Man* 已开播 4 年多，可以说是“SBS 赌上自尊心的新艺能节目”，在中国也拥有强大的粉丝基础。在节目播出前期，其负面口碑多来自用户对韩版 *Running Man* 的拥趸所导致的对中国版“跑男”节目编排及环节设置上的质疑，发博文也主要集中于对节目版权抄袭的质疑以及节目环节设置缺乏新意等批评。当然，在用户质疑节目本身的同时，并不缺少国内明星粉丝对偶像的力挺。

随着节目的播出，精良的制作及本土化的创新为其收视增色不少，同时，用户在微博平台上对节目的讨论点也从对节目本身的质疑转为对节目热点话题的关注。10 月 24 日播出的“人再囧途之韩囧 - 上”中笑点不断，郑恺与李晨有关起床“气”的纠葛引发了观众对 #P 王郑恺# 以及 #心疼李晨# 两个话题的疯狂讨论。同时，节目独家冠名商巧妙利用节目中林更新与欧弟的“呼噜对决”，通过官方微博平台推广自己的产品；另一端，节目赞助商也利用网购平台售卖节目官方授权商品，并派发节目任务卡，O2O 的互动方式赢得了微博用户的广泛支持。节目热点在促进社交平台上受众正面情绪传播的同时，也为广告主的产品营销带来了利好的效果。

负面口碑方面，11 月 21 日播出的“穿越世纪的爱恋”中，Angelababy 由于档期冲突缺席录制而导致观众怨声连连。同一天，恰逢节目重庆站的录制阶段，围观粉丝过于热情，使得节目录制临时取消，节目组的一些处理方式引发了网友争议。11 月 28 日播出的“敦煌大劫案”，撕名牌环节的“背叛者联盟”设置引发部分观众的不满，节目中，特别嘉宾于震、关喆等人的“狡诈伎俩”遭到观众炮轰。这些由节目设置所产生的观众争议，引发了节目负面口碑传播的蝴蝶效应。因此，通过分析社交媒体平台的讨论声量，合理权衡观众口味，便成为节目制作方规避危机、促进内容良性传播的新方式。

结语

随着社交媒体的普及，用户的第二屏观赏（Second Screening）行为也越来越普遍。顺应用户的行为习惯变化，电视台开始越来越多地和社交平台合作，双方相辅相成，只为获得更好的传播效果。对电视台而言，如何更好地使用社交媒体平台进行节目营销，是其亟须解决的问题。此外，随着节目综合评估的推行，标准化的统一分析数据也是电视台所需要的。

微博电视指数产品对电视节目在微博平台上的讨论情况进行了汇总统一。CSM 媒介研究与微博合作，参照国际标准以及本土需求，参考行业专家的意见，对电视节目的微博数据进行了标准化的处理，为行业提供分析数据。丰富的数据维度可以帮助电视台更好地对节目进行综合评估；而细化的数据分析则可以作为电视台新媒体运营者的参考，为其决策提供数据支持，帮助其更好地了解受众及平台的特性，从而优化营销策略，获得最优的推广效果。

（作者：黄婧玫）

三个重点电视节目的多屏收视特点
——基于 CSM 媒介研究多屏收视测量数据的分析

当今，我们处在一个“多屏”的时代。电视屏早已拥有超过12亿的观众规模，加之电视节目的传输技术升级、电视终端的智能化升级，电视屏汇集了直播、点播、回看等互动功能，这便极大地摆脱了时间因素的制约，观众选择电视内容的自由度变得越来越大。此外，互联网的飞速发展，使网络视频成为观众在电视之外收看影视内容的另一个重要渠道，截至2014年年底，网络视频的观众规模已达4.3亿，其中71.9%的用户使用手机收看网络视频①。电视、互联网视频、移动互联网视频等多屏拥有庞大的用户基础，自然成了媒体从业者、媒体广告代理商和广告主青睐的对象。

近年来，CSM 媒介研究在原有的电视媒体研究基础之上，积极应对内容传播渠道的变化，将研究范围延伸至电视端时移收视、网络直播、网络点播等领域，与央视网(CNTV)等互联网视频平台开展深度合作，结合网络平台提供的数据，将传统收视与新媒体收视进行整合，为业界提供多屏收视测量数据②。

本文通过对2014年巴西世界杯赛事节目、2014年北京APEC峰会节目、2015年中央电视台春节联欢晚会(简称“2015年央视春晚”)三个重点节目多屏收视的数据解读，分析热点节目的多屏收视特点。

一、2014年巴西世界杯赛事节目的多屏收视特点③

第20届世界杯足球赛重返足球王国巴西，比赛于北京时间2014年6月13日至7月14日展开。巴西世界杯上，32支队伍为全世界球迷带了一场精彩的足球盛宴，进球总

---

① CNINC:《2014年第35次中国互联网络发展状况统计报告》。

② 多屏收视率 = 电视收视率 × 全国电视人口占4岁及以上所有人口的百分比 + 网络收视率。截至2013年年底：电视收视的推及人口为4岁及以上电视人口(1275028千人)，网络收视的推及人口为4岁及以上所有人口(1292767千人)，全国电视人口占4岁及以上所有人口的百分比为98.63%；截至2014年年底：电视收视的推及人口为4岁及以上电视人口(1278026千人)，网络收视的推及人口为4岁及以上所有人口(1299487千人)，全国电视人口占4岁及以上所有人口的百分比为98.35%。

③ 2014年巴西世界杯赛事多屏收视数据包括了电视端首播数据、电视端当天或当天加次日重播数据、电视端当天或当天加次日时移数据和央视网首播数据、央视网当天或当天加次日点播数据。由于电视数据记录的时间范围为2:00~26:00，如果赛事进行的时间早于2:00，即取当天加次日的数据，如果赛事进行的时间晚于或等于2:00，即取当天的数据。

数达到了171球，追平了1998年法国世界杯的进球总数，并列成为历史上进球最多、最为精彩的一届世界杯。世界杯是全球性体育盛事，受到各类媒体的重点关注。中央电视台（CCTV）和央视网（CNTV）拥有世界杯中国大陆地区的电视与新媒体独家转播权，为观众提供了多终端、多渠道的收看平台。

针对巴西世界杯的精彩赛事，CSM媒介研究在传统电视直播收视分析的基础上，增加了电视端时移收视研究，并结合央视网提供的PC端、移动端等终端收视数据进行综合研究，联合发布了“世界杯多屏收视数据”，利用更加全面客观的世界杯赛事收视分析数据，为体育赛事多屏传播的价值评估提供参考。

1. 巴西世界杯赛事首播，电视端与网络端均吸引了相当规模的观众

巴西世界杯期间，CSM媒介研究联合央视网对64场世界杯比赛展开了收视调查，对赛事首播进行多屏收视研究，分析各屏的收视特点。从数据结果上看，在64场世界杯赛事首播中，电视端与网络端均吸引了相当规模的观众。平均每场赛事的电视首播观众到达率为21565千人，平均每场赛事的网络首播用户到达率为3763千人，世界杯赛事首播的电视端观众规模明显高于网络端。平均每场赛事的电视首播收视率为0.68%，平均每场赛事的网络首播收视率①为0.11%。从收视时长看，平均每场赛事的电视首播与网络首播的人均收视时长分别达到了49.2分钟与48.3分钟（表1）。

表1　2014年64场世界杯赛事在电视端和网络端首播的收视概况

指标	终端	数据结果
平均收视率（%）	电视端	0.68%
	网络端	0.11%
平均到达率（千人）	电视端	21565
	网络端	3763
人均收视分钟数（观众）	电视端	49.2
	网络端	48.3

数据来源：CSM媒介研究与央视网

从巴西世界杯各场赛事的首播数据来看，电视端的首播收视与网络端的首播收视变化趋势基本一致。在电视端，决赛德国VS阿根廷成为本届世界杯电视端首播收视率最高的一场比赛，收视率达到了2.07%；在网络端，小组赛阿根廷队VS伊朗队成为网络端首播收视率最高的一次比赛，收视率为0.40%。值得注意的是，64场多屏收视数据中，小组赛澳大利亚队VS西班牙队是世界杯64场比赛中唯一一场网络首播收视率高于电视首播收视率的比赛（图1）。

① 网络首播收视率=用户在央视网收看节目的总时长÷（4岁以上所有人口×节目总时长）×100%。

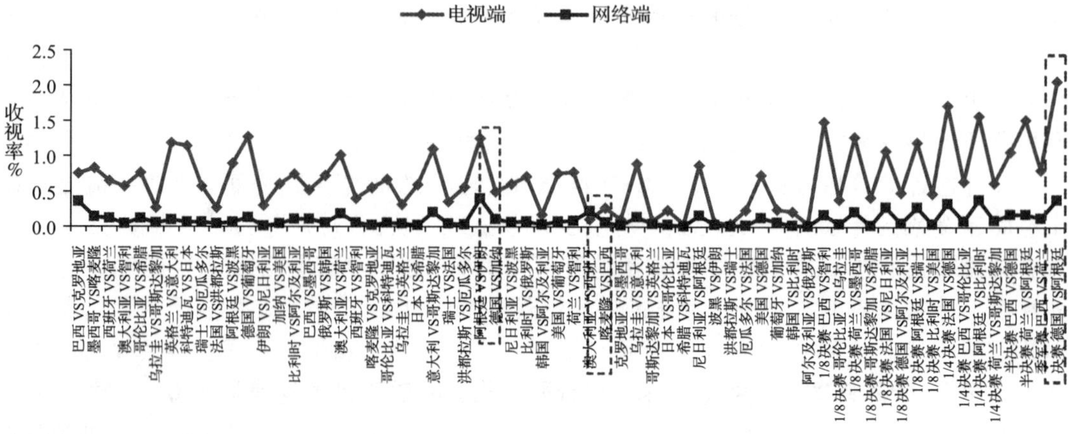

数据来源：CSM 媒介研究与央视网

图 1　2014 年不同世界杯赛事在电视端和网络端的首播收视表现

2. 世界杯热点赛事中，决赛多屏收视率居首

世界杯多屏收视数据包括了用户的电视端首播、电视端重播、电视端时移、网络端首播、网络端点播等行为数据。针对本届世界杯，我们选取了 15 场小组赛以及决赛阶段所有 16 场赛事作为热点赛事，进行世界杯赛事多屏收视的分析。从世界杯热点赛事的多屏收视率排名结果来看，决赛阶段的收视高于小组赛阶段的收视。多屏收视率排名前 15 位的热点赛事中，包括前 4 名在内的共计 10 场热点赛事均来自决赛阶段。具体到单场赛事，决赛德国 VS 阿根廷的多屏收视率最高，达到了 3.38%，高于其他热点赛事；排在第二位和第三位的是 1/4 决赛法国队 VS 德国队和阿根廷队 VS 比利时队的比赛，分别达到 2.37% 和 2.23%；小组赛阿根廷 VS 伊朗的多屏收视率为 2.10%，位列热点赛事中小组赛之首（表 2）。

表 2　2014 年巴西世界杯多屏收视率排名前十五的热点赛事

赛事	比赛日期	开赛时间	多屏收视率（%）
决赛（德国 VS 阿根廷）	2014/7/12	3:00	3.38
1/4 决赛（法国 VS 德国）	2014/7/5	0:00	2.37
1/4 决赛（阿根廷 VS 比利时）	2014/7/6	0:00	2.23
半决赛（荷兰 VS 阿根廷）	2014/7/10	4:00	2.12
小组赛（阿根廷 VS 伊朗）	2014/6/22	0:00	2.10
1/8 决赛（巴西 VS 智利）	2014/6/29	0:00	2.02
半决赛（巴西 VS 德国）	2014/7/9	4:00	2.02
小组赛（巴西 VS 克罗地亚）	2014/6/13	4:00	1.89
小组赛（德国 VS 葡萄牙）	2014/6/17	0:00	1.85
小组赛（英格兰 VS 意大利）	2014/6/15	6:00	1.77
1/8 决赛（荷兰 VS 墨西哥）	2014/6/30	0:00	1.76
1/8 决赛（阿根廷 VS 瑞士）	2014/7/2	0:00	1.74
1/8 决赛（法国 VS 尼日利亚）	2014/7/1	0:00	1.61
季军赛（巴西 VS 荷兰）	2014/7/11	4:00	1.60
小组赛（澳大利亚 VS 荷兰）	2014/6/19	0:00	1.49

数据来源：CSM 媒介研究与央视网

3. 世界杯多屏收视中，电视端占据主导地位

在31场热点赛事的多屏收视数据中，电视端收视率的占比[①]在67%~91%之间浮动，网络收视率的占比在9%~33%之间变化，电视仍然是观众观看世界杯比赛的主要途径。同时，15场小组热点赛的电视收视率占比的平均值为近80%，网络端收视率占比的平均值为20.1%；16场决赛阶段比赛的电视收视率占比的平均值为84.8%，网络端收视率占比的平均值15.2%。随着比赛重要性与观赏性的升级，观众更倾向于选择电视媒体进行收看（图2）。

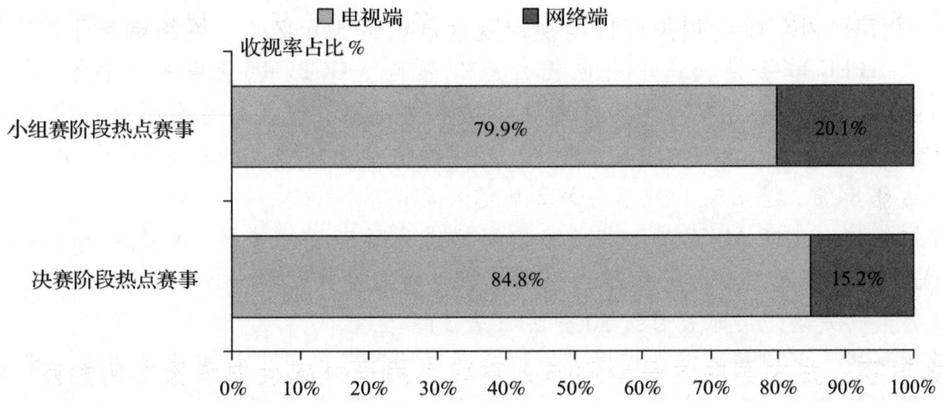

数据来源：CSM媒介研究与央视网

图2　电视端与网络端的世界杯赛事收视率占世界杯多屏收视率的比重（均值）

巴西世界杯64场比赛的一连串数据足以证明这是一届精彩的世界杯。64场比赛、171个进球，从东道主马塞洛的第一个乌龙球到德国英雄格策踢进的制胜球，每一场比赛和每一个进球都被观众津津乐道。“世界杯多屏收视数据”是CSM媒介研究首次对重大体育赛事多屏传播进行的一次深入研究，电视媒体在世界杯赛事的多屏传播中占据了主导地位，而网络媒体则因其非线性播出方式以及终端的便利性，丰富了观众收看世界杯的渠道。

二、2014年北京APEC峰会相关节目多屏收视特点[②]

在经济全球化、媒介信息化的背景下，网络媒体已成为国际新闻事件传播的重要载体，网络视频也逐渐成为电视新闻节目传播的又一重要渠道。2014年亚太经济合作组织（APEC）峰会于11月10~11日在北京举行。时隔13年，APEC峰会的举办地回到中国，社会各界的目光也再次聚焦于这次国际政治经济的“盛典”。APEC峰会的议程、议

① 电视端收视占比=电视端收视率×全国电视人口占4岁及以上所有人口的百分比/多屏收视率×100%。

② 2014年北京APEC峰会多屏收视数据包括了电视端首播数据、电视端当天加次日重播数据、电视端当天加次日时移数据和央视网首播数据、央视网当天加次日点播数据。

题，领导人着装等会议相关内容受到高度的关注，同时，“北京APEC假期”“APEC蓝”等话题更是一时间成为网络热词，大众对APEC的关注程度由此可见一斑，这同时也显示了媒体，特别是网络媒体，对于APEC传播的深远作用。

2014年11月9～12日，中央电视台（CCTV）多个频道对APEC峰会进行了系列报道，与此同时，央视网（CNTV）作为独家网络平台，对APEC的报道进行了网络首播与网络点播。CSM媒介研究将电视端收视数据与央视网提供的网络收视数据相结合，对2014年北京APEC峰会的电视端节目总收视①与网络端节目总收视②进行了综合研究。这也是CSM媒介研究首次以国际性新闻事件作为分析对象进行的多屏收视传播研究。

1. 北京APEC峰会相关节目电视端观众规模达3.6亿人，网络端超千万人

北京APEC峰会期间，中央电视台综合频道（CCTV-1）、中央电视台新闻频道（CCTV-13）以及中央电视台国际频道（CCTV-4）对APEC进行的特别报道及专题节目共计17个。数据显示，电视端收视③累计观众规模高达3.6亿人；其中11月10日电视端收视率达0.84%，当日观众规模约为2.6亿人。

在网络端，北京APEC峰会相关报道同样得到了广泛的传播。4日内网络端累计观众规模达1362万人，人均观看28.9分钟。网络收视高峰同样出现在10日，观众规模达到632万人，人均观看时长超过30分钟（表3）。

总体来说，电视端的观众规模大大超过网络端。可以说电视媒体对国际新闻的报道拥有更强大的基础，观众也更倾向于通过电视媒体获取资讯信息。

表3　北京APEC峰会节目报道电视端收视及网络端收视总体情况

日期	电视端收视		网络端收视	
	收视率（%）	到达率（千人）	人均观看时长（分钟）	到达率（千人）
2014/11/9	0.26	91734	22.8	2340
2014/11/10	0.84	257943	32.9	6320
2014/11/11	0.30	148317	29.7	3950
2014/11/12	0.07	2952	12.4	1140

数据来源：CSM媒介研究与央视网

2. 北京APEC峰会相关节目电视端与网络端首播收视整体趋势大致相同

从北京APEC峰会相关节目首播的收视表现可见，各节目在播出期间的电视端与网络端数据整体走势大体趋同（图3）。在报道初期，事件在电视及网络平台均获得一定的关注，2014年11月9日早7:59播出的《聚焦APEC》节目作为APEC峰会的首次专题报道，电视端首播收视率达到了0.38%，节目视频的网络首播收视率也达到了0.02%。

① “电视端节目总收视”包括节目首播收视、节目重播收视、节目当天次日时移收视。

② “网络端节目总收视”包括节目网络首播收视及节目当天次日网络点播收视。

③ “每日数据”为当日含“APEC”或“亚太”字样的所有节目的平均收视数值；测量地区为全国测量仪调查网，推及人口为全国4岁及以上电视人口。

之后的工商领导人峰会以及相关的报道在收视上表现出一段平稳期。随着北京 APEC 峰会进入高潮，节目收视率在两个平台上均大幅提高。在重点节目播出后，APEC 话题已引发观众的持续关注，从而使得收视在下降的过程中依旧保持较高的水平并呈现出小幅度的波动。

电视端与网络端的首播收视率最高点均出现在 11 月 10 日 17:02 及 19:46 播出的《聚焦 APEC》节目。节目主要内容为“与会各国领导人于水立方会场陆续亮相”与“北京 APEC 文艺演出与烟火表演”①。电视端首播收视率与网络端首播收视率分别达到 2.45%和 0.06%。相对于会议本身，富有综艺元素及仪式感的节目吸引了更加广泛的观众群体（图 3）。

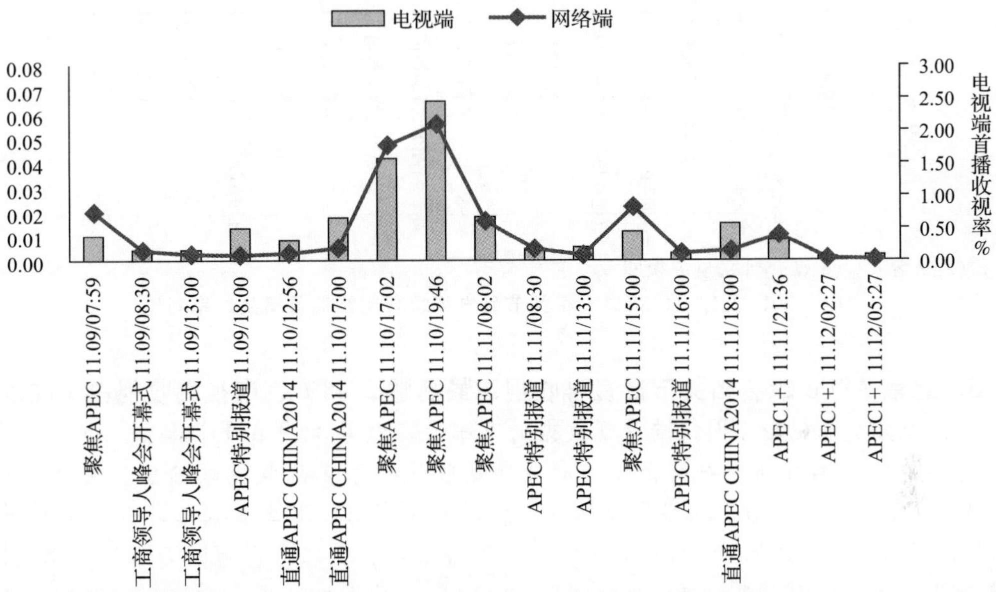

数据来源：CSM 媒介研究与央视网

图 3　2014 年北京 APEC 峰会相关节目电视端与网络端首播收视对比

从节目首播的观众规模上分析，2014 年 11 月 10 日 19:46 播出的“北京 APEC 文艺演出与烟火表演节目”的电视观众规模近 1.4 亿，接近所有节目观众规模总和的 20%（图 4）。巨大的观众规模也再次验证了节目在收视上的成功。

北京 APEC 峰会相关节目的网络首播观众规模总量为 908 万人，虽然与电视端相比差距较大，但总体趋势较为稳定。以两个平台观众规模 10～11 日的峰值对比为例，10 日的高峰出现在《聚焦 APEC》（19:46），而 11 日的高峰出现在《聚焦 APEC》（15:00）；在电视端，10 日的峰值高出 11 日的峰值 241%，而在网络端仅高出 143%（图 4）。

① 央视网视频名称分别为：《APEC 经济体领导人等陆续抵达水立方》及《习近平主席夫妇同 APEC 领导人夫妇集体合影、观看文艺演出与焰火表演》。

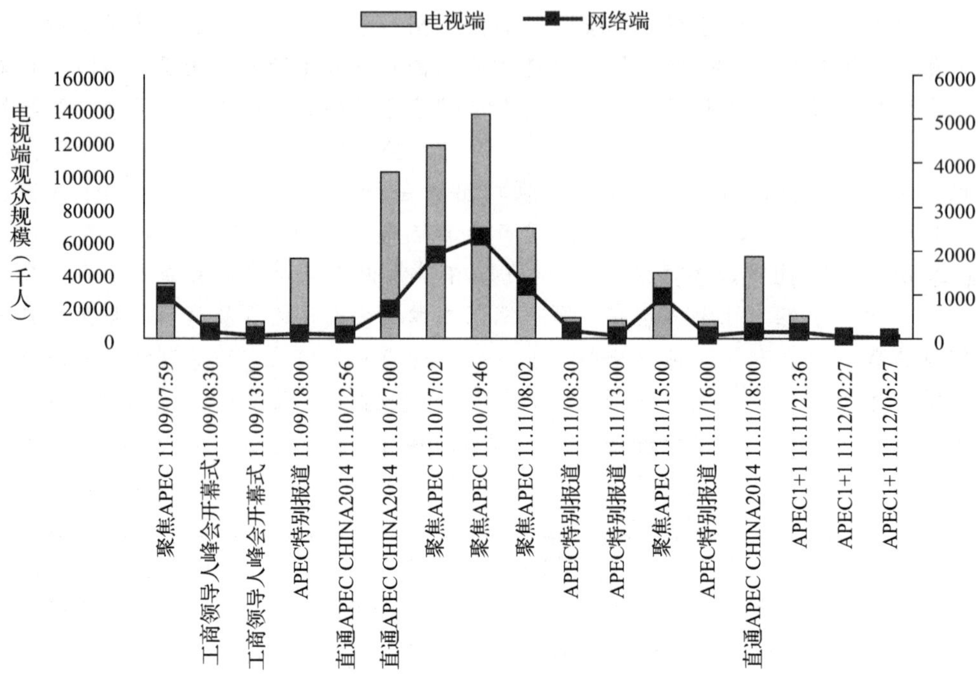

数据来源：CSM媒介研究与央视网

图4　2014北京APEC峰会相关节目电视端与网络端首播到达率对比

3. 北京APEC峰会相关节目多屏收视率最高达2.48%，电视端收视占9成以上

在比较分析电视端与网络端收视数据的基础上，针对本次APEC峰会报道与专题的17个节目，CSM媒介研究结合两个平台收视数据进行了多屏收视率分析。在众多节目中，APEC重点节目的播出在多屏收视方面表现尤为突出。五大重点节目分别播放于11月9～11月11日《聚焦APEC》节目系列专题报道中，内容分别为“习近平出席APEC工商领导人峰会开幕式并发表主旨演讲”、“APEC领导人抵达水立方合影、欢迎宴会”、“APEC领导人观看文艺演出与焰火表演”、“APEC领导人非正式会议”以及“习近平主席出席新闻发布会”。各节目多屏收视率均在0.41%以上，最高达2.48%（表4）。

表4　北京APEC报道《聚焦APEC》热点节目多屏收视率

节目内容	播出日期	播出时间	多屏收视率（%）
习近平出席APEC工商领导人峰会开幕式并发表主旨演讲	2014/11/09	07:59	0.41
APEC领导人抵达水立方合影、欢迎宴会	2014/11/10	17:02	1.60
APEC领导人观看文艺演出与焰火表演	2014/11/10	19:46	2.48
APEC领导人非正式会议	2014/11/11	08:02	0.69
习近平主席出席新闻发布会	2014/11/11	15:00	0.47

数据来源：CSM媒介研究与央视网

在多屏首播收视率[①]方面，将各节目收视比例进行分析，不难看出各节目的多屏收视数据构成较为相似：电视端收视均占主要份额，这其中，《聚焦 APEC》（11 月 9 日 07:59）网络首播收视占到 5%，成为所有节目中网络首播收视占比最高的节目。而网络端收视占比较高的几个节目，播出时间大体在电视的非黄金时段。网络收视作为对非黄金时段播出的电视新闻节目收视的补充，还具有相当大的潜力（图 5）。

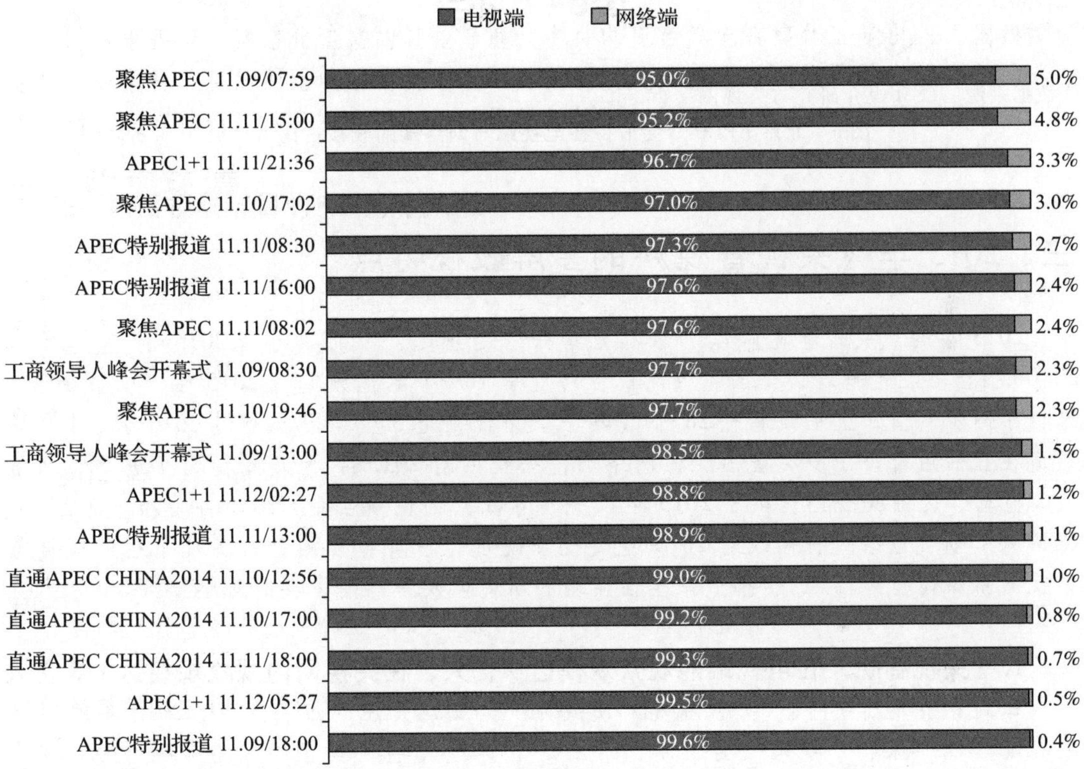

数据来源：CSM 媒介研究与央视网

图 5　北京 APEC 峰会各节目电视端与网络端首播收视占比（%）

综合 11 月 9～12 日全部节目的多屏收视情况，在多屏首播收视率方面，电视首播占 97.9% 的绝对优势，网络首播占 2.1%。在综合了电视时移及网络点播数据的多屏收视率维度分析中，网络端总收视占比提升至 4.4%（图 6），可以说明网络视频非线性的播出特点更加方便观众随时收看。

在 2014 年北京 APEC 峰会系列报道的节目传播中，电视媒体仍保持着强势地位。对比观众规模、收视率以及多屏收视率占比等数据，电视端均远高于网络端。观众对新闻类节目的质量及时效的较高要求，使得电视媒体在此类节目收视上的优势尤为突出。此外，在节目整体收视变化趋势上，电视端与网络端基本趋同，可以说明在任何平台，新闻事件本身的热度及话题性始终是决定收视的关键要素。

---

① 多屏首播收视率包括电视端首播收视率及网络端首播收视率，计算使用 4 岁及以上所有人作为总推及人口。

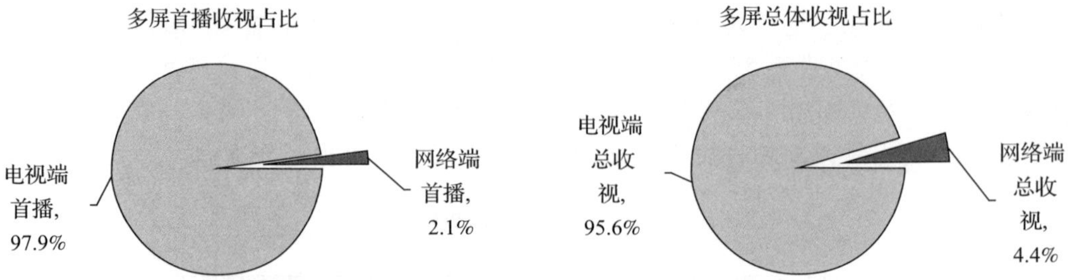

数据来源：CSM 媒介研究与央视网

图 6　北京 APEC 峰会节目在电视端与网络端的收视占比（%）

三、2015 年《央视春晚》的多屏收视特点①

2015 年的《央视春晚》以“家和万事兴”为主题，于北京时间 2015 年 2 月 18 日 20:00 播出。在电视端，全国各级电视台总计有 189 个电视频道对 2015 年《央视春晚》进行了同步转播，上星频道有 28 个（其中，央视频道 3 个、卫视频道 25 个），并且各频道在直播后进行了多次重播。在网络端，央视网对 2015 年《央视春晚》进行了网络同步直播，之后央视网提供了 2015 年《央视春晚》的视频点播。2015 年春节假期期间，CSM 媒介研究联合央视网，对 2015 年央视春晚进行多屏收视测量，实现了在电视端与央视网新媒体多终端②的传播效果全面监测和研究以及跨终端多屏的对比分析。

1.《央视春晚》在电视端的观众规模达 9 亿人，在央视网的观众规模达 1.8 亿人

每到春节假期期间，《央视春晚》便成为广大受众关注的热点节目。2015 年的《央视春晚》以“家和万事兴”为主题，沿用“吉祥过大年”“团圆话家常”“家和万事兴”和“中华全家福”这 4 个“节目群”的结构方式与全世界的中华儿女共同分享国兴盛世、家有喜事，同每一个观众一起讲中国故事、展中国精神、共度中国年。

从 CSM 媒介研究联合央视网进行的多屏收视测量结果上看，2015 年除夕夜，无论是从电视端还是从央视网看，2015 年《央视春晚》都吸引了大批用户收看。在电视端，收看春晚直播的观众规模达到了 6.9 亿人，人均观看 2015 年《央视春晚》的时长为 155.55 分钟；在央视网，观众规模达到了 5785 万人，人均观看时长为 51.7 分钟。2 月 18 日至 2 月 24 日期间（2015 年春节假期），总计有 9 亿人在电视端收看过 2015 年的《央视春晚》，有 1.8 亿人在央视网上收看 2015 年的《央视春晚》，电视端优势明显（图7）。

---

① 2015 年《央视春晚》多屏收视数据包括了电视端首播数据、电视端 7 天内重播数据、电视端 7 天内（含节目播出当日）时移数据和央视网首播数据、央视网 7 天内（含节目播出当日）点播数据。

② 与 2014 年巴西世界杯和 2014 年北京 APEC 峰会节目不同，2015 年《央视春晚》不属于央视网独播节目，由央视网与其他网站联合拥有。因为 CSM 只拥有央视网的数据，无法获得其他网站的准确数据，所以在该部分文章中明确为“央视网新媒体多终端”或“央视网”，不再称“网络端”。

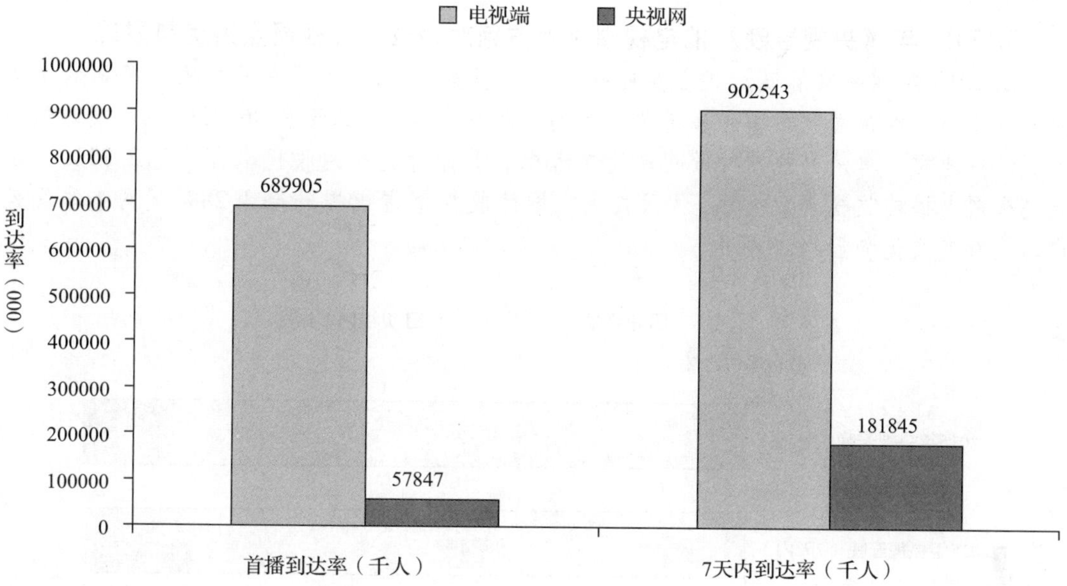

数据来源：CSM 媒介研究与央视网

图 7　2015 年《央视春晚》在电视端与央视网的首播观众规模及 7 天内观众规模

2. 春节假期期间，2015 年《央视春晚》的多屏收视率为 46.03%

2015 年《央视春晚》在 2 月 18 日晚上进行首播，其在电视端与央视网的首播多屏收视率达到 28.68%，其中电视端首播收视率为 28.37%，央视网首播收视率为 0.78%。除了在 2015 年 2 月 18 日首播之外，在电视端还有多个频道对其进行多次重播；央视网为 2015 年《央视春晚》提供了专题页面，为用户提供春晚精彩内容的点播。从 CSM 媒介研究与央视网联合进行的多屏收视测量数据来看，2015 年 2 月 18 日至 24 日（除夕至初六）期间，包括电视端首播、重播收视、电视端时移收视及央视网直播、点播收视在内的 2015 年《央视春晚》多屏收视率为 46.03%；其中，2015 年《央视春晚》在电视端的总收视率为 45.27%，在央视网的总收视率为 1.51%（图 8）。

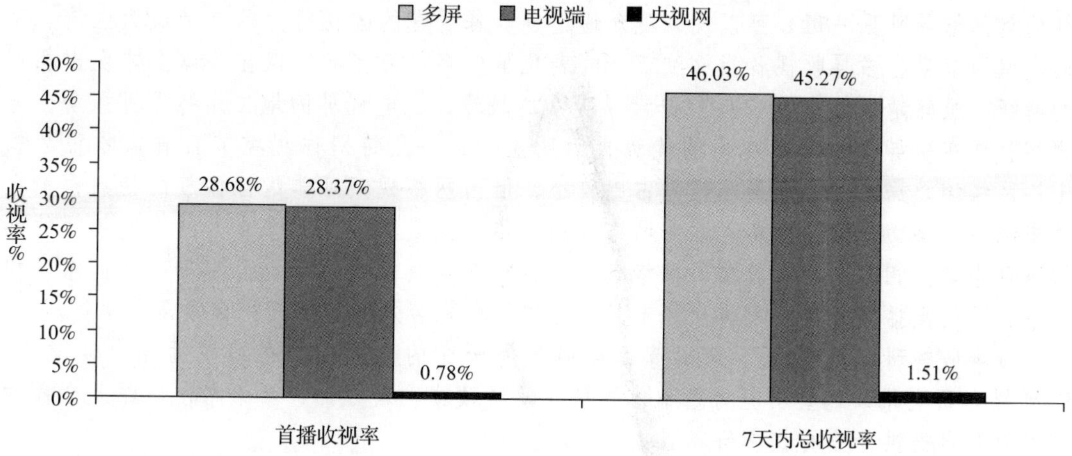

数据来源：CSM 媒介研究与央视网

图 8　2015 年《央视春晚》不同终端收视率（%）

3. 2015 年《央视春晚》的电视端收视占绝对地位，央视网点播优势显现

从 2015 年《央视春晚》的多屏收视率数据观察，2015 年《央视春晚》首播和 7 天内的首重播，电视端收视率占多屏收视率的比重分别为 97.29% 和 96.72%，电视端依旧占据绝对地位。单从央视网的收视率比重考虑，首播时央视网收视率占比为 2.71%，加上央视网点播的收视率数据后，7 天内央视网的收视率占比提升至 3.28%，网络非线性化的收看方式优势显现（图 9）。

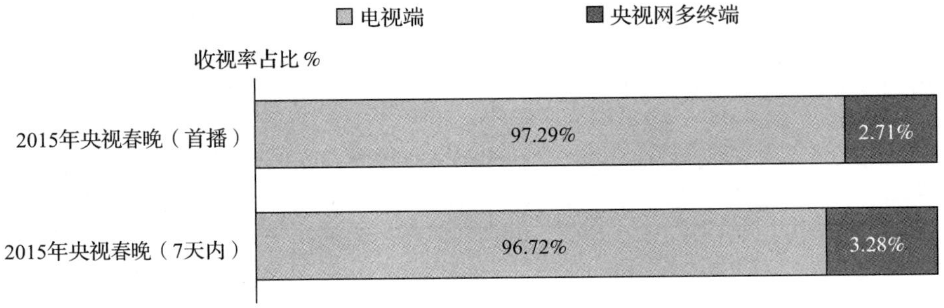

数据来源：CSM 媒介研究与央视网

图 9　2015 年《央视春晚》电视端与央视网多终端收视率占比（%）

从 2015 年《央视春晚》的多屏收视特点上看，电视媒体仍占据主要地位，在观众规模、收视率上都远高于央视网新媒体。春晚“年夜饭”式的节目内容及除夕夜这一合家团聚的播出时间极适合全家观看，这使得大屏幕的电视对春晚拥有了“天时地利人和”的传播优势。与此同时，央视网为 2015 年《央视春晚》提供了新媒体传播渠道，形成了有益的补充，即使是身在户外甚至海外，全球华人均可随时随地共享这一道新春盛宴。

结语

通过观察、分析不同类型节目的多屏收视特点，2014～2015 年热点电视节目多屏收视的整体格局可见一斑。可以说，观众通过多屏幕观赏的收视行为已渐渐成为主流。不同类型的节目在多屏收视各指标细节上的表现虽然存在着差异，但在整体上体现出相似的特征：虽然越来越多的“屏”分散了观众的眼球，但电视屏的地位始终不可撼动，电视端收视在多屏收视中体现出的优势极为明显，这一点特别体现在节目首播收视数据上；网络端数据虽然在多屏收视中占比较小，但因网络视频可非线性播放的特点，加之越来越多的移动互联网设备可以为网络视频的传播提供更广泛的平台，网络端收视的潜力不可小觑。相对于网络首播，网络点播收视对多屏收视的贡献更为突出。如何深度挖掘节目网络点播的价值，值得众多节目制作方、电视台及网络视频平台等多方探讨。

多屏收视研究已是当下电视节目传播效果研究的大方向。在多变的媒介环境中，CSM 媒介研究将以这些研究为基础，积极探索新领域、新方法、新策略，以深度全面的观察为业界提供专业的收视研究服务。

（作者：江亚彪　马靖雯）

正确认识和应用互动机顶盒收视数据

目前在收视调查领域应用的大数据主要是数字有线、IPTV等运营商提供的部分或全部互动机顶盒回路数据，由双向传输网络中的互动机顶盒记录和回传机顶盒行为数据，反映用户通过机顶盒收看直播频道、使用互动功能的行为。

机顶盒回路数据具有大数据的某些优势，为提高现行收视率调查的精度提供了有益的机会，但也有不可忽视的局限性，目前市场上发布的机顶盒回路数据距离科学、符合行业规范和用户需求的收视数据还相去甚远。

现行的收视率抽样调查基于经典统计抽样理论和国际、国内的成熟运作经验，依照国际通行方法和国内行业规范实施，提供符合行业标准和市场应用需求的收视数据，为客户所长期广泛使用，具有很强的应用价值。将机顶盒回路数据与收视率抽样调查的样本数据结合，由第三方收视调查公司主导，网络运营商配合，多方合作建立大样本个人收视调查体系，是符合国际惯例、行业标准和市场应用需求的通行解决方案。

一、机顶盒回路数据的优点和局限性

大数据有数据量大、数据精细等优点，但是大数据并不等于正确的数据。数据量大并不意味着“全面”，目前的机顶盒回路数据只是局部数据而不是全部电视家庭收视情况的普查数据，反映的收视行为不完整，覆盖的电视家庭和区域不完全，存在着自身难以纠正的系统性偏差。数据精细并不意味着完全“真实”，目前的机顶盒回路数据中存在着收视行为的失真和盲点，不能完全真实地反映观众收视行为。

（一）机顶盒回路数据的优点

机顶盒回路数据具有以下三个优点：

1. 数据量大

从数据覆盖的家庭户数量来看，在互动机顶盒普及率较高的城市，机顶盒回路数据可以反映几十万甚至上百万的互动机顶盒收视行为，这为提高收视数据的精度提供了有益的机会。

2. 数据精细度高

从数据记录的收视行为来看，机顶盒回路数据可以精确、细致地记录互动机顶盒发生的所有行为，包括观众收看电视台直播节目、点播和回看以及信息查询等所有通过机顶盒发生的行为。

3. 数据时效性高

从数据的提供周期来看，机顶盒回路数据可以实时记录互动机顶盒的收视行为，配以相应的数据传输和数据处理功能，能够及时获得通过互动机顶盒发生的电视节目收视数据。

（二）机顶盒回路数据的局限性

机顶盒回路数据具有以下几个方面的局限：

1. 电视机关机而机顶盒开机，导致机顶盒收视数据失真

机顶盒回路数据记录的是机顶盒的行为，并不直接记录电视机的情况。当电视机开机连接机顶盒播放电视节目或进行互动时，机顶盒数据记录的既是机顶盒的行为也是电视机的行为。但是，当电视机状态与机顶盒状态脱离，例如用户在电视机上收看DVD、连接Pad收看视频内容或者关闭电视机但没有关闭机顶盒，此时机顶盒传输的频道和节目并没有通过电视机播出，观众没有收看，而机顶盒数据依然会记录该频道和节目的信息，此时机顶盒数据反映的收视就不是电视机的收视行为，当然也就不是观众的收视行为。

即便运营商采取某些技术措施予以弥补，例如强制机顶盒每日关机一次，也仅仅能修正每天的开机行为记录，提供正确的每日累计开机率，却无法避免在机顶盒开机而电视机关闭状态下的收视数据失真。

2. 机顶盒数据只能来自互动机顶盒，必然遗漏没有连接互动机顶盒的电视机，不能完整地反映收视行为，以局部数据代表总体导致数据结果偏差

只有双向网络中的互动机顶盒才能回传数据，反映收视行为，而单向网络和普通数字电视机顶盒则没有数据回传功能。因此，普通数字机顶盒用户和模拟信号用户的收视在机顶盒回路数据中完全缺失。

在全国各地拥有双向数字网络的城市中，像北京这样免费向用户提供一台互动机顶盒的城市为数极少，绝大多数城市的互动机顶盒需要用户付费购买（每台几百元至上千元不等），普及率较低且城市间参差不齐。有的城市还存在多家网络运营商，每家运营商都只覆盖部分区域。覆盖区域和人口结构不均衡，与当地电视人口分布差异较大的互动机顶盒用户分布，将会产生程度不同的收视数据偏差。如果勉强提供覆盖率低、覆盖不均匀、对电视人口总体不具代表性的机顶盒数据，即便达到几万、几十万甚至更多数量，也不是完整反映当地收视情况的可靠数据。

另外，即便是互动机顶盒用户，如果家中有多台电视机而只有一台互动机顶盒，那么没有连接互动机顶盒的电视机的收视也将在机顶盒回路数据中遗漏，该家庭户的收视也不能得到完整的反映。即便是几百万机顶盒的回路数据，反映的也只是几百万台互动

机顶盒的收视行为，而不是几百万户互动数字家庭的完整收视数据，更不是本地区内所有电视家庭人口的收视数据。机顶盒回路数据非但远未达到普查水平，而且普及率低和覆盖不均衡还将导致数据结果的偏差。

以北京为例，CSM媒介研究年度基础研究调查数据显示，2014年北京8个城区中有两台及以上电视机的家庭占所有电视家庭户的29.5%，而有两台及以上机顶盒的家庭户仅为5.8%。由此可见，绝大多数多台电视机家庭只有一台机顶盒，机顶盒回路数据对于多台电视机家庭的收视遗漏较为严重。

3. 机顶盒回路数据只能记录机顶盒行为，无法反映观众个人的收视行为，不能提供个人收视率，不符合收视率行业标准和用户使用需求

机顶盒只能回传机顶盒收视行为数据，记录通过机顶盒连接的电视机播出的频道和节目信息，无法识别此时家中有几人在看、哪几个人在看，不能提供基于观众收视行为的个人收视率数据。机顶盒回路数据甚至不能识别家中有没有人在看电视，例如客厅的机顶盒和电视机在播出电视内容，而全部家庭成员都在餐厅晚餐，并没有收看电视，此时机顶盒的数据就不是观众收视行为的真实记录。

无论是国际、国内的收视率标准，还是客户日常的实际使用，通行的都是个人收视数据，而不是户收视数据，更不是机顶盒收视数据。电视台等播出机构、广告代理公司和广告企业等广告商、相关研究机构等，都使用个人收视率进行观众收视行为分析，进行节目分析和评估，进行广告效果评估和结算。

4. 电视频道和节目直播数据不完整的机顶盒回路数据将导致电视节目收视的重大缺失

网络运营商在获取回路数据时，通常更注重获得与之利益相关的互动业务数据，所有互动机顶盒通常都会回传点播和回看等互动业务使用情况的数据，并非所有的互动机顶盒都会回传电视台频道和节目直播的收视数据。因此，电视频道和节目的收视数据真是来自全部机顶盒，还是只来自其中的部分机顶盒，需要严格求证。

如上所述，机顶盒收视不是完整的家庭户收视，更不是观众个人收视率。现行的收视率抽样调查通过科学的统计抽样方法，保证样本分布符合当地的电视人口比例和电视家庭人口结构，以合理的样本量保证在一定调查投入范围内的数据精度，以精确的个人收视测量仪自动记录调查户中所有电视机的播出信息和每个家庭成员的个人收视行为，最终以样本收视推及调查区域内全部电视家庭人口收视。而且，收视率抽样调查还可以提供每个观众的年龄、性别、教育程度等信息，这样既能反映整体人群的收视，也能体现不同人群的收视特点。

以图像数据点和分辨率的关系为比喻，数据点越多分辨率越高，图像越清晰。那么全量数据普查相当于清晰全面的完整描述，大样本数据相当于某些区域清晰、某些区域缺失的局部描述，抽样调查数据相当于细节模糊、但轮廓全面的综合描述。

二、机顶盒回路数据在收视调查中的应用

——与抽样调查数据相结合，建立大样本个人收视调查体系

将机顶盒回路数据与收视率抽样调查的样本收视数据相结合，建立大样本个人收视调查体系，是符合国际惯例、行业标准和市场应用需求的国际通行做法。

机顶盒回路数据是收视领域的重要大数据来源，只有在充分考虑机顶盒大数据对提高收视调查精度的有益作用以及目前尚存的诸多欠缺，深刻理解收视率对于行业和广大用户重要意义的基础上，搭建多方合作框架，由第三方收视调查公司主导、网络运营商配合，才能建立起被行业广泛认可的大样本个人收视率调查体系。

收视率数据为全行业的电视台、节目制作公司、广告商等广泛使用，是节目分析和评估的重要指标，是广告交易的通用货币，收视率调查由第三方调查公司独立执行或主导执行是保证数据公信力的必需和先决条件。

数字有线或IPTV等网络运营商既是节目信息的传输平台和回路数据的提供者，也是互动业务和广告的经营者，通过售卖回看、点播以及其他互动业务中的广告获取收入，是依据收视率数据进行广告交易的利益相关方，与经营直播节目广告的电视台和广告公司等其他利益相关方有直接的竞争和利益冲突，不具备第三方数据提供者的属性，不适于实施收视率调查、发布收视率数据。同时，各地省、市数字有线网络单独运营，一些地区还有IPTV等其他运营商，各自独立，区域分割，不利于建立统一的数据标准和操作规范。而且，如上文所述，现有机顶盒数据存在的诸多不足之处亟须改进完善。

专业的第三方收视调查公司拥有丰富的收视调查经验，在全国范围内按照统一的调查方法和规则实施收视率调查，了解客户对于收视率的各种应用需求，通过科学合理的数据处理方法，将机顶盒回路数据和个人收视率抽样调查数据相结合，计算大样本个人收视率和各项收视指标，并向行业和客户提供收视调查数据和服务。网络运营商按照第三方调查公司的要求，发挥自身的技术和数据优势，保质保量地提供建立大样本个人收视率体系所需的机顶盒回路数据，并且要接受第三方调查公司的检验。

例如，CSM媒介研究在多个地区与有线数字电视运营商、IPTV运营商等机顶盒大数据提供者进行不同程度的合作，探索建立大样本个人收视调查体系的多方合作模式，测试和研究机顶盒回路数据和收视率抽样调查数据结合的方法和数据结果，力争尽早与行业分享高质量的大样本个人收视数据。此项工作在香港已经取得了重大成果，在香港，2014年12月初CSM媒介研究已经与电讯盈科（PCCW）合作推出了香港首批大样本个人收视率数据。在合作中，由CSM提出大样本个人收视率所需的回路数据要求，PCCW积极配合提供其网络中NOW TV用户的机顶盒回路数据以及其他所需的配套信息，CSM结合收视率抽样调查数据，采用国际先进的CAPPING算法校正机顶盒开机而电视机关机带来的收视失真数据，采用PIV算法将机顶盒数据反映的家庭户收视与收视率抽样调查反映的个人收视相结合，有效地解决了机顶盒回路数据与收视率抽样调查数据结合过程中的多项关键问题，计算出大样本个人收视率，最终提供给NOW TV并向行业发布。

结语

无论是对现行的收视率抽样调查数据，还是对未来的大样本个人收视率数据，都必须在正确理解收视率的含义及意义的基础上，才能科学合理、理性恰当地发挥收视率数据的作用。即使是回路大样本数据，具体到节目收视上仍然有高有低，使用者的不当使用依然不会因此而杜绝。

大到关系国计民生的GDP，小到影响一部普通电影效益的票房等度量指标，在不同层面、不同领域众多使用者科学理解和正确使用的同时，也都不同程度地存在着理解偏颇的情况，存在着一味片面追求高数值而采取不正当方法的行为。由此可见，数据指标作为分析、评估和考量的一种工具，在调查方法不断改进而发挥其作用的同时，这些指标和数据在实践中能否被正确解读、正当使用，使用者的态度和行为至关重要。

（作者：陈晓洲）

收视率调查体系的融合与发展

融媒时代跨媒体传播的迅猛发展，深刻地改变着媒介市场格局，也影响着人们的生活习惯，越来越多的人通过电脑、手机、iPad等终端设备随时随地地跨屏收看视频，电视时移收视、网络终端收视已经成为观众在电视直播外收看各类节目的新选择。在这种市场环境下，传统的收视率调查方法亟须因时而变，无论是电视台、广告公司还是广告主，都迫切需要一个能够进行跨屏幕、多维度评估的有效收视调查体系，以便更清楚地了解受众，把握市场的发展趋势。

一、从电视产业到视频产业

电视依旧主导大众传播，不管是在中国还是在欧洲、美国，电视依然是受众使用得最多的传播媒介。CSM媒介研究2013年基础研究数据显示，我国电视渗透趋近饱和，12.8亿的电视观众规模相比10年前增长量超过1亿；每百户家庭拥有的电视机数量达到138台，近1/3的家庭拥有1台以上的电视机。CSM媒介研究收视调查数据显示，我国人均每日电视收视量也多年处于不到3个小时的水平；其中也存在结构性的变化，每日观众到达率有所下降，同时忠实观众的收视量有所增加，这也是全球性的变化趋势。

在广告市场，电视广告面临挑战。由于电视向视频拓展，广告部门注意到了跨屏投放的重要性。因此在电视广告投放之外形成新的分配渠道，我们一般称之为数字视频。根据研究公司ZO Forecast对中国情况的预估，目前广告总花费中，电视广告仍占据39%的比例，数字视频广告的份额将近1/4。再看美国的情况，美国观众每天看电视的时间比中国观众高出许多，从2010年到2014年始终稳定在大约4个半小时；同期每个成年观众使用数字媒体时间明显增加，从2010年的平均6分钟增长到2014年的55分钟，这个时间从哪儿挤出来是值得思考的问题。受众可能是将部分原来睡觉、听广播或者读书的时间用于观看手机视频。数字媒体的增长并没有明显地分流观众的电视收视时间，更多地挤压的是读报纸、听广播的时间，平面媒体的广告市场份额不断衰减。

在新的媒体形式影响下，主要传播媒介面临融合的问题。融合就涉及以谁为主的问题，涉及内容做强还是终端做大的问题，这些问题也是市场利益竞争的问题。广电主管部门就曾经提出互联网不能随便发布内容、不能直播电视。

美国2014年互联网广告份额预估在17.6%，而中国的互联网广告份额已经达到24%。这也可以形成一个判断：一方面，美国比中国多一个半小时多的收视量压缩了互联网广告的份额；另一方面，中国互联网媒体的广告价值可能存在被高估的泡沫成分。我们尚没有一个能够和电视相比较的、用于测量互联网的方法，这也正是CSM媒介研究想做的跨屏调查体系，我们想用监测数据更好地帮助企业进行广告跨屏投放，实现广告预算在电视与其他屏媒之间的正确分配。

电视和视频媒体的受众之间还存在着一些分隔关系，虽然两者有部分重叠，但这一部分并不占主体。电视依然主导着观众收视时间的分配，电视播出也引导着跨平台传播。

如何从视频媒体传播中获得电视该有的回报，涉及两个方面：一是版权保护机制，二是收入分账机制。这两方面的问题目前困扰着电视台和互联网之间的合作关系。湖南台将所有的视频节目独家授权给芒果TV就是一个变化，希望借助传统电视的优势做强芒果TV。这样的做法在欧美国家也并不少见。

二、从混合到融合

从电视产业延伸到视频产业，涉及价值之争、利益之争等方方面面的问题，其中也包括调查体系的发展问题。数据调查如何测量不同平台、不同终端、不同渠道的受众是一个重要问题。从TAM到VAM的升级将更准确全面地反映一档节目的总体价值，总体价值的评估将更有助于完成广告预算的分配及版权收益的分配。

现在国际范围内存在着许多不同的解决方案，电视机、iPad、手机的测量有各自不同的解决方案，比如说用RPD（回路数据）解决机顶盒、互动电视的测量，用虚拟测量仪解决电脑的测量，用加码、cookies解决智能移动终端的测量。在不同的数据测量分别完成之后，通过采用适当的统计模型，最后形成融合的调查数据。这个融合过程涉及以下3个层面的融合：

向终端融合：在电视机主宰视频传播的时代，收视率只基于家户的电视机来统计，简单而清晰。现在，电视机屏、电脑屏、iPad屏、手机屏都可以成为视频传播的终端界面。终端的多元化需要多屏收视联合监测，综合统计跨屏收视率、多终端收视率。跨终端的测量不只是技术方面的问题，还涉及口径、受众的基数及结构等问题，这也是向终端融合要解决的问题。目前，全世界范围内比较认可、实行得较好的解决方案依然是各做各的，最后融合在一起。

向渠道融合：由终端屏的前端盒子出发考察多终端收视率必然是跨平台的收视率调查。

向渠道融合在国内面临三网之间利益对立的问题，三网之间还没有形成公共的平台。不同的终端接入不同的渠道，不同的渠道提供的内容不尽相同，每一种盒子都是一套视频服务解决方案，是一种平台与应用的系统叠加。这种状况是在渠道融合中需要解决的很重要的问题。

向内容融合：传统的收视率调查只关注电视台制作和播出的节目，扩展了的收视率调查需要从视频节目的来源思考收视率调查。Video测量的转向涵盖多来源内容的传播状况，包括视频网站、社会独立制片机构、用户自制视频内容等。在向内容融合的过程中需要对内容进行识别，一种方法是对内容加码，另外一种则用声音识别的方法对内容进行记录。

上述三方面所涉及的跨屏、跨终端问题，渠道传输的复杂性问题，内容识别和版权保护问题，都是融合过程中面临的挑战，都需要一个创造性的解决方案来处理不同终端、平台、内容的衔接，以连接起完整的价值链。

融合的向度取决于价值的流向。到底谁产生价值？在产业链中没有上游就无所谓下游，所以内容生产仍然是价值高地。如果内容生产是充分竞争的，渠道就有可能成为价值高地，因为渠道和平台对内容的选择和整合决定了内容的出路。如果内容生产是充分竞争的，而且渠道又是多元的、可选择的，终端也可以成为价值高地，因为终端可以决定接入的渠道，并以入口之优势打通整个电视产业。在新的电视价值链中，终端的强势和渠道的平台化对内容生产形成了强有力的制约。虽然内容仍然为王，但是不能离开渠道和终端的拱卫。不同环节的变化，决定了受众调查体系向各个方面融合的难度，这是值得业界思考的问题。

三、收视率调查体系的扩展

包括收视率在内的数据调查体系最终不仅能还原整个观众的全媒介使用行为，同时也能描绘他们的消费行为。我们作为消费者，不仅在使用不同的媒体，同时也在进行购物等消费行为。这些行为共同形成了生活的信息流、资金流，还有商品的物流。这些流动涉及个人如何看电视、如何使用社交媒体、如何买东西、如何使用线下媒体。这些不同来源的数据放在一起会实现融合的“金矿”，这种“金矿”能告诉企业使用什么样的广告位、用什么样的媒体到达最重要的消费者，企业所花的钱能够最终回流到企业的产品。

美国的消费数据比较齐全，美国跨平台整合的研究就包含了消费数据。调查公司从不同机构获得消费数据，同时获得各运营商的数据，基于不同的家庭地址、结构变量进行匹配，匹配之后就能了解广告应该怎么配置，在什么载体上送达什么人。所谓的数据变化也好，消费者选择也好，都取决于受众的媒介主权和消费者的消费主权。

CSM媒介研究也正在朝着这个方面努力，联合了央视市场研究（CTR）在做相关研究，包括最近推出的新浪微博电视指数以及双方共同推出的消费融合研究。新浪微博电视指数是基于社交电视而推出的指数产品体系，该指数与收视数据的结合为电视媒体全面深入地分析节目的社交化传播效果提供定量的数据支持；消费融合研究则将收视率和消费者数据融合，为消费者画像、广告评估提供多维分析工具，有助于全方位透视媒介消费行为、商品消费行为以及营销策略之间的相互影响及关联。一个立体大数据行为的再现，完全可以让收视调查具有更广阔的视野。

结语

关于收视率调查体系的融合发展可以总结为3个方面：首先是突进式变局。电视目前还是最强的一个媒体，电视人还不到妄自菲薄的时候，但是广告变局传导出的压力非常大。这个压力是因为我们为新媒体的广告价值留了足够大的空间，但却没有数据调查体系能够证明这个空间是不是给大了。所以 CSM 媒介研究将帮助电视台，通过数据调查解决其困扰。第二是渐进式完美。到目前为止还没有完美的一揽子跨屏测量解决方案。CSM 媒介研究正在通过解决不同终端、不同屏幕的测量并最终把它们融合在统一的解决方案中，寻找对电视及其他传播途径更有利的方法。这也正是从混合到融合的渐进式发展路径。第三是进程中的策略思考。从消费变化的角度反观营销和广告，再调整媒介策略。这需要重新思考收视研究数据的作用。

CSM 媒介研究相信，随着市场需求的变化，电视收视调查需要在传统收视率的基础上描绘出一个全媒介图景，逐渐向终端融合，向渠道融合，向内容融合，实现跨屏幕多终端的数据融合是必由之路。

（作者：郑维东）

视频节目跨平台传播的价值评估

视频媒体的多样性及内容为王的竞争驱动，为视频节目的跨平台播出提供了多样选择与流通动力。视频节目内容制作和运营上的多样化创新，在实际操作与实践探索中不断突破视频载体间的界限。但各视频平台的价值评估体系发展与完善程度有别、各自为政，缺少横向可比性，这在一定程度上影响了视频节目跨平台传播的深化与视频产业化的进程。面对视频节目跨媒体、跨平台传播的现状与未来发展，如何进行全面、统一、有效的价值评估，已成为目前传播环境中亟须解决的问题。

一、跨平台视频节目的内容传播与运营现状

借力多元化渠道与终端，最大化内容资源效益，以内容为先导实践融合发展，视频节目的跨平台传播已成为当前视频产业的显著特点。据统计，2013 年，电视、网络、手机、户外视频媒体的复合用户规模高达 20.7 亿，电视节目年产量 339.8 万小时，在自制原创上发力的网络媒体有望在 2015 年实现 3000 集左右自制剧规模[①]。此外，电视广告维持庞大的规模，网络视频广告高速增长，这些都勾画出大视频时代广阔的市场空间与价值增长的诸多可能。电视媒体在长期发展历程中的资源积累使之在跨平台传播中占据了相对主动的位置，而来自视频新媒体的种种实践探索也为跨平台的内容流动与运营提供和涵育了突破的启思。

（一）跨平台视频节目的内容格局

电视媒体开展节目多平台播出的需求以及新媒体对视频节目的需求，共同促成了电视节目与社会化制作节目在跨媒体平台间的流动与播出。由于视频新媒体的节目自制能力还处于发展期，节目资源保有量小，电视媒体、电视剧及节目制作机构制作的视频内容成为跨平台传播的主导性内容，它们为视频新媒体贡献了可观的流量，成为其视频流量的重要支撑。

跨平台节目类型多样，其中，以电视剧与电视综艺节目占主体，电视新闻类节目占比也较突出。而来源于互联网视频的跨平台节目数量少，类型主要为自制脱口秀形式的

① 张海潮、郑维东：《大视频时代：中国视频媒体生态考察报告（2014～2015）》，中国民主法制出版社 2014 年版。

娱乐节目、自制纪录片和人物访谈节目，且主要在地面电视频道播出，如搜狐出品的《大鹏嘚吧嘚》。台网共同制作也为视频节目进入跨平台传播开辟了新的空间，河南卫视与爱奇艺推出的《汉字英雄》，天津卫视与新浪联合制作的《百万粉丝》，都是大视频时代背景下台网联动的深度合作节目。

（二）跨平台视频节目的内容交易

视频节目的跨平台传播以资源互换、版权销售为主要交易方式。前者以节目内容换取播出平台或一定价值的广告时间，推广营销资源，后者集中出现在强势电视媒体与网络视频的交易行为中。

平台的强势与否成为掌控话语权的关键。例如：优质的高收视率电视节目资源稀缺，在跨平台交易市场供不应求，溢价竞争激烈，对于这部分节目，电视媒体在定价、购销方式和付费形式上具有绝对主导权，从而形成了卖方市场，视频网站缺少议价的余地与能力，一次性版权销售成为通行方式；对于竞争力较弱的电视频道及节目，电视媒体缺少版权议价能力，与视频网站的内容交易多体现为以网站为主导的资源互换，从而形成了买方市场，同时由于缺少相应的网络收看数据支持，且网站自有的后台流量数据难以保证其公平与公正性等问题，因而置换资源的价值对等性缺少判定支持。这在客观上导致了电视媒体竞争力在新媒体平台的进一步分化，也易使内容市场的交易陷入失序状态。

（三）跨平台视频节目的运营

广告是跨平台视频节目的主导盈利模式。虽然视频新媒体具有更灵活的互动性，但目前，新媒体平台的广告运营更多地移植了电视广告的操作模式与播出形式，如冠名广告、贴片广告、插播广告等。跨平台视频节目在运营上的探索创新主要体现为对多屏联投与分账机制的尝试。

1. 探索广告多屏联投

目前跨平台节目运营还停留在各播出平台单独招商的状态，但视频内容的统一性促使视频行业开始积极探索联合营销模式，尝试广告多屏联投。优质内容需要优质平台传播，放大广告传播与营销效果。针对影响力大的跨平台节目，广告主开展了广告多屏联投的尝试，通过与多个平台合作，以台网联动的方式整合平台的影响力，不仅赢得了热门节目广告资源，还获得了互补性的观众，实现了垄断式曝光。移动端视频价值货币化的主要形式仍是通过广告，移动端视频广告通常与PC端一起打包销售给客户，成为多屏联投的媒介组成部分。由于电视广告体量大、用户资源丰富，在探索跨平台节目的广告联合营销上，电视媒体在广告联合营销中议价优势突出，视频网站对获得电视广告客户的网络投放表现出主动性。视频网站或针对跨平台电视节目向电视节目的广告代理商提供一定价值的网络广告或营销资源，由后者将网络广告资源整合进跨平台节目的广告盘子，进行整体打包售卖；或在获得电视节目网络播出版权后，再从电视冠名商等广告主处争取其在网络平台的相关广告预算。虽然网络视频广告的增长空间更大，但目前电视媒体在跨平台节目中的广告价值占比、议价能力远超过网络平台，在广告售卖上优势明显，盈利空间更大，在跨平台节目的广告收益中占据主体。由于缺少统一的价值评估工具等多种原因，在视频节目的跨平台联合广告招商上，积极的尝试背后仍然存在具体执行的各种困难，合作运营模式仍在摸索、建立之中。

2. 网络先行的分账机制

分账机制是跨平台节目运营中讨论得较多的问题，目前在以电视节目为主体的跨平台节目传播中，网台之间的传播运营鲜有其被采纳应用的范例。

视频网站对部分内容采用了分账的营销机制，分账机制多用于网络付费节目（如电影）、PGC 和 UGC 内容的运营。在这一模式下，内容方提供内容，新媒体提供播出平台，视频网站基于视频内容的用户订费、广告收益或点击量的价值评估，与内容提供方分账。搜狐视频按付费内容的实际收入与内容版权方分账，优酷按 UGC、PGC 实际广告收入分账。腾讯视频的 UGC 平台基于对流量的评估，与 UGC 内容所有者分账，视频作者（CP）可按照“可分配利润 × 约定的分成比例”获得一定的收益，其中，可分配利润按照该 CP 上传内容的点击量计费。目前这种模式还在探索与发展阶段，用户原创视频通过产生大流量来获利的成功案例并不多见。

之所以跨平台节目分账机制的采纳率低，原因是多方面的。其中一个重要的原因在于，当前模式下，价值评估的主体数据来源为网络后台数据，而发展跨平台节目运营的分账机制不仅需要平等的市场竞争环境，还需要公正透明的第三方数据作为分账机制的运行和监管依据。

二、不同视频平台的价值评估现状

视频节目的跨平台流动并未打破不同平台价值评估各自为政的格局。电视媒体的价值评估经过长期发展，体系构建完善，其价值评估超越了单一的市场价值评估维度，同时兼顾内容的思想性、艺术性等多元价值，而其他视频媒体还停留或着重于单一的市场价值评估。从这个角度看，二者的价值评估体系分别处于起步与发展完善的两个不同阶段，而在市场价值评估上，其他视频媒体借鉴甚至照搬了电视媒体的评估思路与方法。

1. 电视节目的市场价值评估

收视率被称为电视交易市场的通行货币，是电视节目市场价值评估的重要工具。目前，全球共有 77 个国家和地区开展了电视收视率调查并向行业提供相应的数据产品，在北美和欧洲等经济发达地区，收视率调查的普及率相对较高。收视率调查有着国际通行的行业准则，我国收视率调查的国家标准也于 2014 年正式颁布实施。

收视率调查系统要求必须有科学的抽样调查方法以及严格、系统的质量控制体系，以确保调查数据的有效性和可信度。不同市场的收视率调查遵循相同的执行规范、相同的数据处理原则、相同的指标体系，因此不同市场之间的收视率调查数据具有可比性。

收视率在电视媒体和广告公司的广告交易中扮演着“通用货币”的角色，是电视媒体进行节目传播效果评估的重要指标。

收视率作为观众规模与观众收看时长的综合指标，反映了电视媒体在电视市场获得的时间资源占比，因此而成为电视媒体进行价值评估的重要工具。在此基础上，收视率指标体系中的收视点成本（CPRP）、千人成本（CPM）则是评估电视广告价值的重要指标。

随着电视节目网络化传播的日趋普遍，中央电视台等电视媒体逐步引入了网络测评指标，将电视节目的网络收看情况纳入评估范围。此外，在电视媒体社交化发展的背景下，对社交媒体讨论的分析也逐渐进入媒体价值评估的范畴。

2. 网络视频节目的市场价值评估

网络视频节目的市场价值评估目前还没有一个规范的行业通行标准，但电视节目市场价值的评估思路、基于用户行为的收视数据仍是其核心指标。一些大型的视频网站已形成一套流程化的价值评估体系，流程包括内容部门预估流量、定价或销售部门测算千人点击成本（CPM）、观众及行业人士打分、相关部门负责人打分等。如对于采购的电视节目，需对该节目在电视和网络平台的表现进行综合考量与判断。电视台的平台影响力、该类型节目的网络播放量、CPM的历史表现和未来预估、该类型节目的广告售卖力、相关推广运营的成本、版权成本都会影响到节目的价值评估，其中视频节目播放量和广告售卖力的权重最大。简言之，来自强势电视媒体、电视收视表现好、网络流量预期高、广告售卖力强的节目价值更高。

视频节目播放量（VV）、用户规模（UV）是评估网络视频节目市场价值的重要考量指标，在视频网站的广告营销中，千人点击成本则是行业内应用广泛的评估指标。移动终端视频媒体的价值评估亦平移了PC端的模式，视频播放次数是衡量视频节目商业价值的基本依据，并在此基础上开展基于CPM的广告售卖模式，但移动端视频广告的有效性尚无衡量标准。

视频网站监测数据的采集方法种类较多，主要分为播放平台内部监测和第三方监测。众多网络视频研究机构的产生以及业内对第三方视频监测服务需求的增加不断激励着监测方法的演进，网络视频监测技术也变得非常多样化。然而，由于视频监测涉及片源方、播放平台、受众以及监测方技术水平等多方制约，各种监测技术在显示出各自优势的同时，一些本身难以克服的技术局限性也导致可监测到的指标不尽相同。同时，由于各网站的数据采集与处理标准不同，缺少透明度，导致播出平台间的数据可比性大打折扣。此外，网络视频受众的特征也是价值评估的重要组成部分，更是网络视频调查的难点。现阶段，对网络受众的监测主要通过统计抽样的方法来实现。

获取真实准确的网络视频数据，已成为众多网络视频公司、独立第三方数据调查机构努力的方向。如何获取和整合完整的数据、保证数据的准确性和客观性，既是网络视频数据监测面临的最大挑战，也是其行业内部亟待解决的一个关键问题。

三、视频节目跨平台传播价值评估体系的构建

在内容跨平台流动的情况下，各平台价值评估多体系并存，统一性缺位，难以推动形成公平合理的利益分配机制，进而影响了视频行业的产业化发展进程。节目跨平台传播与新的利益机制的生成与发展，需要平等、公正、透明的市场环境，目前这种市场环境还有待进一步发展和完善。版权型或资源置换型节目交易方式、广告多屏联投、运营分账机制的运行，都需要对市场整体的价值格局、节目在不同平台的市场价值提供统一的量化评估。但目前电视与网络视频等媒体的价值评估现状各自为政，缺乏独立第三方的统一数据，新机制的生成、运行与维持缺少有效的支持与推动力。

在大视频的发展背景下，虽然不同视频平台的节目内容、收看规模及受众特征各有不同，但对于视频节目的价值评估，总体上依循类似的商业逻辑，考虑的维度涉及多个方面，如不同视频行业间（如电视、网络视频）的市场分配格局，同一视频行业内不同媒体（如各电视台）的总体竞争力及增长预期，内容制作、购买和运营成本，对视频内容收看情况及广告收益的预估，此外还包括视频平台及内容的品牌影响力等。这些为跨平台视频节目建立统一的传播价值评估体系提供了基础。

1. 目标及原则

视频节目跨平台传播价值评估体系的建立，旨在推动在新的媒体传播环境下视频节目的跨平台流动，促进视频内容的生产与创新，推动视频行业形成以内容为核心的多元盈利模式，促进视频行业形成良好的市场生态，推动构建平等、公正、透明的视频节目跨平台交易的市场环境，引导视频节目跨平台传播交易市场的规范化发展，为视频媒体、节目制作方规范内容管理、鼓励品牌内容跨媒体传播提供客观公正的评估管理工具，为节目交易、广告营销过程中的价值评估提供全面的支持与参考。

视频节目跨平台传播价值评估体系的构建需遵循以下6个原则：第一，综合性原则，即评估体系涵括视频播出各平台共性的和个性化的传播与评估要素；第二，统一性原则，即评估体系指标要素的设立与组成具有统一的逻辑；第三，客观性原则，即评估视角要客观，要能够真实客观反映视频节目跨平台传播的市场格局与实际状况；第四，科学性原则，即评估体系采用的调查方法、流程及指标体系设计具有理论与实践基础；第五，前瞻性原则，即评估体系在具有相对稳定框架与要素构成的前提下，针对跨平台传播的发展变化预留开放式进口；第六，规范性原则，即数据来源、评估方法与指标应用规范。

2. 框架与方法

视频节目跨平台传播价值评估体系以视频节目评估为核心，针对电视内容是跨平台节目主体，且电视节目评估体系相对成熟的现状，框架设计要参考电视节目评估体系，以保证以电视节目为主体的跨平台节目价值评估的延续性与稳定性。

在评估方法上，要充分考虑不同视频平台的用户规模、实际市场地位及价值、传播

效果，形成相应的评估权重。在调查方法上，采用抽样调查与大数据调查、定量调查与定性调查、专家调查与社交讨论语义挖掘相结合的方法。

3. 指标体系设计与数据来源

指标体系设计既要涵盖体现不同媒体平台传播共性的评估指标，也要纳入体现不同平台收看差异性的个性化指标。前者如收视率，后者如社交化传播中的讨论量及情感倾向等。视频节目的跨平台传播价值评估涉及多种媒体平台，因此需要充分考虑各平台调查数据采集与应用的特点与优势。在数据来源上，一方面采用独立第三方的行业调查数据，一方面科学、综合地应用大数据，如电视回路数据、视频新媒体及社交媒体后台数据等，通过数据来源的丰富性、互补性，为跨平台价值评估提供数据基础。

4. 问题与挑战

多方合作度会影响评估体系构建的进程与完整性。跨平台评估需要多方的共同参与，它既是视频行业内部打破平台间壁垒的过程，也是竞争条件下重塑平衡、达成共识、建立新秩序的过程。如对跨平台视频节目的评估需要视频节目所有者或运营者的支持，这样才能建立跨平台节目的基础信息库，以支持全面、整体、系统评估的实施。

技术支撑的统一规范化版权管理处于零起点状态。跨平台评估对节目版权管理与保护的规范化、日常化提出了要求。目前对数字化平台上的节目监测均采用后端植码方式，如可在节目播出前端，即节目制作或播出时即统一植入代码或数字水印，则既可开展有效的版权保护，也可为跨平台的调查提供技术支持，但目前这种方式在国内视频行业中基本还处于零起点状态。

数据采集与认证需要机制设计与保障。评估数据生产者的第三方性将影响到评估基础数据的客观公正性。目前突出的问题反映在大数据采集上，因视频网站、社交网站及其他新媒体平台的后台数据涉及商业机密或信息安全问题，第三方机构在原始数据获取上有相当的难度。经由大数据所有者获得数据后，如何开展认证工作，也需要一定的机制设计与保障。

行业通用指标仍需统一的标准化重建。在评估基础指标生成的规范性上，目前各视频平台虽然有一些通用的指标名称，如观众规模、CPM，但在指标生成标准上还缺乏统一标准，即使是在视频网站通用的独立访问者（UV）、播放次数（VV），其数据采集、处理和生产的技术标准和算法也不完全相同。这将影响到不同平台间的横向对比、指标的对应性分析及综合性指标的建立，如视频节目收视率。

视频节目跨平台传播价值评估需要公正、透明的测量数据与评估体系，以支持传播效果的评估。跨平台传播价值评估体系的构建与实施需要多方的共同参与，这既是视频行业内部打破平台间壁垒的过程，也是在新老媒体竞合发展环境下，重新平衡、达成共识、建立新秩序的过程。

（作者：张天莉　郑维东）

新格局，常竞争，融生态
——聚焦中国电视竞争“新常态”

电视和互联网在时空的交互更迭中相继出现，多元媒体的并存使中国电视竞争进入了“新常态”。习近平总书记对经济“新常态”的阐释，有三点颇具深意：第一点，经济增长有所放缓，进入到中高速的增长阶段，但是进入了健康的竞争状态；第二点，产业结构优化，从粗放型转向集约式的增长，更加注重结构优化和质量提高；第三点，在经济“新常态”下，经济增长动力多元化，创新成为经济增长最主要的驱动力。

将习近平总书记对经济“新常态”的阐释与电视发展关联起来思考，不难发现电视竞争也进入了“新常态”。一是电视发展速度有所减缓，特别是广告的增长；二是结构逐渐优化，节目类型多元，观众更加关注季播节目、特色节目，并在电视、互联网之间进行收视选择；三是电视的增长很大程度上来自创新，如模式创新、营销策略创新等。电视竞争的“新常态”在于格局新、竞争常态化、媒介环境呈现融合生态。

一、大视频时代的传播洞察

《大视频时代——中国视频媒体生态考察报告》一书的出版，在微博上引起了一些争鸣，这恰恰反映了电视和其他媒体竞争的现状，既想互相借力，又互相提防。视频媒体的生态变化、竞争的“新常态”不仅仅表现为电视的升级，基于对业界生态的洞察，我们可以用5个词来概括视频媒体的现状。第一个是“大”，表现为视频媒体容量的扩张和全时空的存在。具体来说，就是从电视屏幕到多屏，从单一媒体到全视频媒体，从一个终端到多个终端。第二个是“融合”，“大”的状态下，简单的物理学现象发生了“化学反应”，由复合转向融合，如面向融合制作跨平台视频节目、引进新技术和方案等。第三个是“生态”，业界发生“化学反应”的同时，形成了新的产业链条，这需要电视和网络重新梳理关系，在上下游关系之间重新确立自己的位置。第四个是“创新”，生态的发展与完善主要依靠创新。这不仅是来自电视业的创新，更是来自互联网业界的创新，来自从技术到资本的创新。最后一个关键词是“价值”，在新的产业基础上创新的目的是为了放大视频价值，价值的实现需要可以转化的体系、可经营性资源，特别是电视资源的再处理，在融合的平台提升资源价值，实现新的盈利。

在新的视频媒体发展环境下，中国电视竞争由此进入了“新常态”。电视“新常态”中的变数源自视频行业4个方面的进程。一是政策动态调整。2014年广电总局出台了很多政策，既有面向传统广电的政策，也有面对互联网视频媒体、面向跨界、跨平台多视频终端的政策。第二个是内部竞争升级，不仅表现为电视内部的竞争升级，也包括网络、跨平台交叉的竞争升级。第三个是融合压力凸显。特别是2014年8月习近平总书记讲话之后，主流媒体的融合步伐加快。第四个是视频媒体如何面对业态重建的问题。

跨平台、多终端的媒体使用方式已成为受众媒体使用层面的“新常态”，传统意义上的电视观众同时可以成为网络、移动端等多种视频媒体的受众。《大视频时代——中国视频媒体生态考察报告》一书中的相关数据表明，2013年，视频媒体复合用户总规模达到20.72亿，使用电视媒体的观众规模高达12.87亿；有75.7%网络用户使用三屏及以上视频终端观看视频，多屏用户已成为网络视频用户的主体。[①]

组合受众的概念背后不单是跨平台、多终端的媒体使用方式，它从一个侧面反映了媒体自身结构的调整。以年轻、高学历的人群为例，这个群体的受众从网络视频媒体切入的较多。当某个视频节目在网络媒体上受到热捧，继而由电视台制作播出，在电视屏上持续“发酵”时，将会吸引这部分受众回归电视屏，在收看节目的同时，在微博、微信上分享观感与讨论，从而引发社交平台的传播。支撑受众媒体使用行为在多元媒体间流转的正是大视频时代进程中媒体结构的变迁。

视频媒体的收视竞争虽然仍集中于“晚间客厅的竞争”，但已逐渐超越了这个传统的时空战场，出现了全天候的收视竞争。从工作日、节假日的情况来看，原来电视的收视在工作日和节假日的差别不大，有时节假日还会出现低于平时收视的情况。但是移动视频、网络视频在日常生活中的普及重新改写了传统的收视时间分配，收视在节假日出现了新的增长。数据显示，2013年，工作日网络视频的收视时间是1.8小时，节假日是2.6小时；移动视频分别是1个小时和2个小时；电视略有增长，工作日收视时间是2.8小时，节假日是3.1小时。[②] 这种无处不视频的多屏使用状态已成为每个人媒介接触行为的主流。在移动的空间里面，移动视频吸引了受众更多的注意力；在晚间，大屏幕的电视仍占据家庭收视的主流；同时调查显示，晚间边看电视边用手机发微博讨论、分享的用户比率也越来越高。

二、从产业到生态的变与不变

在大视频时代，传播媒体间的关系正发生着从“物理变化”到“化学变化”的生态变迁，这其中既有政策的支持，也有业界的努力。在这一过程中，从传媒产业到传媒生态，在发生变化的同时，也延续着一些不变的成分，这些共同构成了大视频时代的“新常态”，给包括电视在内的各类视频媒体带来了机遇和更多的挑战。

从视频内容上看，新闻、电视剧、综艺这三大类型仍是受众在不同平台与终端上收看的主要内容。电视媒体、网络媒体与移动媒体之间的合作与融合也以共同的内容需求

---

① 张海潮、郑维东：《大视频时代：中国视频媒体生态考察报告（2014－2015）》，中国民主法制出版社2014年版，第3～4页。

② 张海潮、郑维东：《大视频时代：中国视频媒体生态考察报告（2014－2015）》，中国民主法制出版社2014年版，第8～9页。

为基础而日渐深入。

近几年，在广电总局的要求下，新闻向纵深化发展，新的制作手段和即时传播方法提高了新闻节目的可视性，推动了新闻节目的收视增长。在移动收视成为“新常态”的环境中，新闻和服务资讯节目成为移动视频媒体重要的内容组成，吸引了受众在公交电视、地铁电视和手机视频端的移动收看。“高概念”真人秀节目引领综艺节目市场，在全国有五六十档大型真人秀季播节目播出，整体收视表现较好。综艺娱乐类真人秀节目典型地反映了近年来制播分离的实践发展，社会化节目制作机构参与的大型综艺娱乐节目制作成为常态，民营节目制作公司在此过程中也得到了长足的发展。综艺娱乐节目不仅是电视媒体内容竞争的法宝，也是网络视频用户的重要需求。目前，在网络视频与移动视频播放量较高的节目类型中，综艺娱乐与电影、电视剧共同占据前三甲。新视频媒体在节目播出上体现出更多的创造性与个性，在视频网站和移动视频中，完整的电视节目被切分成精美的主题片段，更方便受众的个性化收看。此外，电视与新媒体间的网台互动也呈现出新的融合态势，双方联合制作、播出的大型综艺娱乐节目也日渐增多。

电视剧作为电视内容竞争的“三驾马车”之一，在电视台的竞争策略中举足轻重。从国内的电视市场竞争情况看，如果不借力于电视剧而意图成为长期平台，则频道发展之路必将困难重重。在“一剧两星”政策的影响下，2015 年电视台的竞争策略有所调整，电视剧两家首播成为基本趋势，独播和两家首播的电视剧播出模式引导着整个电视剧制播市场的调整，曾经盛行一时的“3 +4”、“3 +2”的播出方式不复存在。除了政策的影响之外，网络视频对电视剧市场的影响也非常大。电视上的热播剧在网络上同样受到追捧，有些电视热播剧的网络点击率甚至突破 10 亿，网络视频对电视剧市场产生了明显的放大效应。电视剧作为网台高度依赖的视频内容之一，为电视台和网络之间的合作提供了可观的空间，而 2014 年的电视市场调控会促使网台双方更加积极地寻求合作。

另外，电影与电视也在互相成为各自的内容来源之一，如基于电影故事拍摄电视剧，基于电视综艺节目拍摄电影等。与此同时，电影市场也在加速与新媒体的融合。最近有一个时兴词叫“弹幕”，是社交媒体和电影院共同推出的，观众边看电影边写评论，评论直接显示在电影院的屏幕上。种种新的融合方式将深化电影与其他媒体平台的联系，带动电影市场的活跃度和创新性，同时影响大视频行业内部其他视频平台的发展，深化相互间的联系。

从产业发展的格局来看，由于视频业重新布局，电视台需要更多地考虑多元经营以及产业发展的问题。近几年，电视广告增速放缓，在线视频、户外视频广告增长迅速。从体量上看，2013 年，电视广告以 1200 亿元的收入仍然位居龙头老大的位置，户外视频、在线视频的广告规模较小，但其成长前景不容小觑。从互联网行业来看，2013 年，互联网广告收入已达到 1100 亿元。[①] 欧美国家的广告市场数据表明，互联网平台上的数字媒体广告已经超过了电视广告。美国互动广告局的数据称，虽然 2014 年美国的互联网广告收入超过了电视广告，但是网络视频广告的收入规模仍不及电视广告。面对新媒体

---

① 曹军波：《2014 中国网络广告发展趋势》，崔保国主编：《中国传媒产业发展报告（2014）》，社会科学文献出版社 2014 年版，第 166 页。

广告的快速增长，电视台需要将发展思路扩展到多元经营和产业发展等开源问题上。在跨平台、多终端的视频传播时代，电视媒体传统的单一制播链条、广告依赖型盈利模式已经受到挑战。一线省级广电集团依靠其实力更早地开启了产业发展的探索之路，如旗下运营电视购物频道，央视购物、湖南快乐购等都具有一定的影响力；同时在新媒体融合发展上进行积极尝试，央视网、上海的百视通、湖南芒果TV等都是较好的新媒体代表。这些增值服务或产业性经营逐渐成为一线广电集团重要的收入来源，有的甚至已经超过了其广告收入。此外，电视台和网络媒体基于内容交易的版权售卖、广告分账等运营方式也出现了不少成功案例。

从产业到生态的变与不变中，大视频时代的5个关键词对于电视而言又具有了更深的意义。“大”不仅指内容要“大”、生产体量要“大”，而且还要以“大”为契机实现发展，这说明了“内容为王”的重要性。“生态”发展需要更加关注技术和版权，这两部分是电视跨界传播时明显薄弱的环节，对于电视进入大视频生态圈，对于整个视频产业、视频生态的发展都是非常重要的环节。“融合”则要借助多元化流程和模式节目驱动、激活跨屏传播的新链条。“创新”不仅包括经营变革，还包括新框架下的金融模式、内容制作模式及产业的创新。“价值”提示视频产业扩容必须更加关注国际市场和产业发展趋势，关注如何建立价值评估体系以变现新增价值。

三、“新常态”中的电视发展

在竞争“新常态”中，视频内容生产仍没有完全竞争，政策和产业环境中存在的水龙头开关效应，使内容仍然是价值高地，是竞争和发展中的制高点。在传播过程中，用户在多平台上的内容选择是一个根本的变量，它所触动的一系列变革，促使媒介在融合过程中产生新的运作流程，如模式节目在实践运作中所形成的驱动力。在生态层面，技术的快速更新推动着版权运营形成新的格局。在创新方面，技术创新与节目制播创新同步开展。此外，在价值方面，电视剧也在积极寻求海外市场拓展。影视剧、娱乐节目和新闻节目仍然主导着受众的收视，受众的内容需求未变；变的是传播环境、技术平台以及用户习惯。内容在当前的媒体融合与环境变化中起着关键性作用。

电视要守住价值高地。从长远发展来看，在新的电视价值链中，终端的强势和渠道的平台化对内容生产形成强有力的制约。在内容生产处于竞争状态的情况下，如果在渠道方面有非常强的竞争力，那么渠道就有可能成为价值高地；如果渠道是多元化的，则终端也可以成为价值高地。在视频产业链中的不同业务单位，有的强调内容，有的强调终端，更多的则是强调终端在客户层面的重新布局。三网融合还在进程中，渠道融合还没有完全形成，但内容融合已经出现并依然是价值高地。

内容的跨平台传播使收视行为变得更为多元化，除了传统的线性实时收看，还有多视频平台上的点播、回看等，个性化的收视使节目在多个空间、时间里呈现，电视直播与网络播出的时间差形成时间利润窗口，电视节目跨平台传播形成新的收入来源，而评估和变现这部分价值需要测量全视频媒体收视率。

广告也发生了很多变化。技术驱动更多的媒体形态、媒介渠道和用户终端涌现，广告能够触达消费者的机会大幅度增加。广告更容易被位置和机会所标识,因为这和消费者被不同媒体形态、媒介渠道以及各式终端所区隔的时空及卷入度密切相关。其中有些区隔时空中内容还很重要,比如电视植入广告,广告变成节目的一部分,并已形成较好的内容生产新模式;有些区隔时空中已经没有内容,区隔时空只是渠道,广告反而成了内容,可以称为是纯粹的广告媒体;更多的区隔则体现为内容与广告的相对独立,虽然内容与广告同在,但在消费人群那里,内容与广告已经不怎么能够直接联通了。成为内容或者远离内容,相对于广告成为内容的趋势,未来广告与内容同在却又远离内容的趋势更可能成为广告营销变化的主导。广告在新数字媒体中迎来的机会和发展空间,与传统电视广告的增长不完全相同。这对于电视传播所立足的传统广告经营模式而言,或将是一个莫大的挑战。

新的政策调整对内容编排影响深远,如内容在直播、点播和碎片化播出方式中的资源配置,这实际上来自跨平台生产格局的挑战。在此意义上,内容编排就是生产力。特别是"一剧两星"制度实施之后,电视频道在电视剧编排策略方面的调整影响到视频网站参与电视剧市场竞争的对策,频道和视频网站迎来了新的机遇,上星频道、地面频道和视频网站都在积极布局,以期把优质的电视剧纳入旗下。一方面,视频网站和主要卫视频道联合,形成2+1的电视剧跨平台编播新模式,有助于进一步提升视频网站的电视剧收视竞争力;另一方面,视频网站也可以看准地面频道对电视剧数量的高度需求,通过合纵连横,转战电视剧制作与发行市场,成为盘活地面频道电视剧市场的一根杠杆。此外,原创和模式化娱乐节目在努力寻求创新,提高节目水平和质量,在电视剧市场的短期调整之后,2015年的季播节目市场将会迎来新的高峰。

所有的变化,都可以用一个新的词来概括,就是"互联网思维"。"互联网思维"的核心还是用户思维,相比传统的"以用户为中心"的提法,只不过进行了互联网技术的再包装。由于多种多样的原因,电视的"互联网思维"还相对滞后。相对于整个电视业界而言,电视节目向互联网思维进发的速度更为迅速。节目的模式化和社会化制播恰恰体现了互联网思维中极致、迭代和社会化思维的一些要求。但是电视节目还不能超脱作为艺术和精神产品的某些形而上的束缚,在简约思维方面仍然做得不够,在关照基于流量和大数据的市场反馈方面还缺少有效的思路与方法。平台和跨界则是更高的要求,在电视节目制播分离的大趋势中,平台思维和跨界思维已隐约可见。用互联网思维,重新反观电视,做好经营,互联网思维在电视发展中的贯彻与实践将更有力地提升电视媒体的价值本身。

目前,电视产业发展已进入新的常态,这个新常态最关键的词就是大视频时代。大视频时代有两个核心单位:电视和互联网视频。在这两个单位呈现出新的融合竞争态势之下,电视的发展既要借助与新媒体平台的合作,也需要"换车道"、转型。只要用互联网思维做好电视,电视的发展就会有新的春天,就会进入电视收视与电视市场的"新常态"。

(作者:郑维东)

第三部分

Part Three

收视数据 Rating Data

主要收视指标解释与电视节目收视排名规则

一、主要收视指标解释

1. 频道覆盖（入户）率：指一个地区能够接收到该频道的户数占该地区电视家庭总户数的百分比，它是从接收情况来反映某个频道覆盖状况的指标。

2. 人均收视时间：指在一个地区某个时间段内所有电视观众平均每人收看某一频道（或节目）的时间，一般以分钟来计算。

3. 收视率：本年鉴中的收视率是个人收视率，指一个地区的某个时间段中收看某一频道（或节目）的人数占电视观众总人数的百分比。

4. 市场占有率（或市场份额）：本年鉴中的市场占有率是个人市场占有率，指一个地区某个时间段中收看某一频道（或节目）的人数占该时段中收看电视总人数的百分比。

5. 观众构成：指一个地区某个时段收看某一频道（或节目）的观众中各类观众所占的百分比。

6. 各类节目的播出份额：指各类节目的播出时间长度占所有节目类型播出时间长度的百分比。

7. 各类节目的收视份额：指各类节目的收视时间长度占所有节目类型收视时间长度的百分比。

二、电视节目收视排名规则

1. 节目收视排名主要按收视率由高到低排序，若收视率相同，再按市场份额排序，高者排前；如果两项指标都相同，则节目排序号相同。

2. 全国样本城市电视节目收视排名（包括节目其他指标计算）的时间范围为全天，重点市场电视节目收视排名（包括节目其他指标计算）的时间范围为17:00～24:00。

3. 电视节目（栏目）以该节目（栏目）的平均收视率排名，首、重播分开，取最高档参加排名。

4. 对于常态的一次性播出并有多台同时转播的节目，只取收视率最高的一档参加排名，如春晚、元宵晚会、“两会”总理记者会等。

5. 除极个别情况外，收视排名不考虑节目名称前的“冠名”。

6. 电视剧出现多轮播出的情况，按收视率最高的一轮参加电视剧类和所有节目的排名，并标注播出日期；跨年度播出的电视剧，只统计在2014年度内播出集数的平均收视率并参加电视剧类和所有节目的排名，节目名称后标注集数。

7. 体育节目的收视排名规则为：同一体育项目赛事中只选取该项赛事收视率最高的一档参加体育类节目的排名和所有节目的总排名，其他体育节目按平均收视率参加排名。

8. 选秀类节目（比赛部分）选取收视率最高的一期参加收视排名并标注日期；有些选秀类节目涉及两季播出，分别计算各季每期平均收视率，选取最高的一期代表该季参加排名并标出播出日期；常态类综艺节目，计算节目平均收视率并参加排名。

9. 2014年中央电视台春节联欢晚会的收视率是春节联欢晚会播出期间（2014年1月30日20:00~31日00:26）的平均收视率。

一、基本收视条件

表 3.1.1 2014 年全国收视调查网视听设备拥有情况

	电视机台数		电视机种类					其他视听设备	
	1台	2台及以上	彩色电视机	普通电视机	背投电视机	液晶电视机	等离子电视机	影碟机	个人电脑
	%	%	%	%	%	%	%	%	%
全国	68.8	31.2	99.9	69.9	0.7	43.0	0.3	36.2	48.5
城域	72.1	27.9	99.9	58.4	0.7	51.4	0.5	32.4	62.5
乡域	66.4	33.6	99.9	78.0	0.6	37.2	0.1	38.8	38.7

表 3.1.2 2014 年各省级收视调查网视听设备拥有情况

	电视机台数		电视机种类					其他视听设备	
省份	1台	2台及以上	彩色电视机	普通电视机	背投电视机	液晶电视机	等离子电视机	影碟机	个人电脑
	%	%	%	%	%	%	%	%	%
安徽省	57.7	42.3	100.0	76.9	0.2	42.1	0.0	23.7	37.7
福建省	58.4	41.6	100.0	74.9	0.9	44.5	0.0	29.2	59.7
甘肃省	75.7	24.3	99.9	82.3	0.4	26.8	0.3	46.5	25.0
广东省	79.9	20.1	99.9	58.9	1.5	46.4	0.7	43.2	54.3
广西壮族自治区	85.0	15.0	100.0	65.5	0.1	40.4	0.1	34.1	29.2
贵州省	85.8	14.2	100.0	73.5	0.2	34.2	0.0	57.6	19.6
海南省	82.5	17.5	99.9	68.0	0.9	38.3	0.1	53.7	35.0
河北省	68.7	31.3	99.8	77.5	0.1	34.2	0.1	29.6	58.5
黑龙江省	88.7	11.3	100.0	63.9	0.7	39.6	0.1	20.2	41.1
河南省	59.7	40.3	99.8	83.7	0.1	35.4	0.0	33.6	49.5
湖北省	62.8	37.2	100.0	70.2	0.3	49.7	0.1	38.0	49.8
湖南省	71.2	28.8	100.0	68.4	1.1	44.3	0.3	43.0	35.0
内蒙古自治区	89.3	10.7	100.0	68.3	0.6	34.4	0.0	25.5	43.9
江苏省	41.9	58.1	100.0	75.1	0.9	49.8	0.4	34.8	67.4
江西省	54.6	45.4	99.9	74.0	0.5	45.0	0.5	35.9	53.2
吉林省	82.1	17.9	99.9	66.9	0.5	40.3	0.4	25.5	50.8
辽宁省	78.5	21.5	100.0	65.4	0.4	42.8	0.3	32.9	47.3
宁夏回族自治区	87.7	12.3	100.0	69.0	0.9	36.0	0.3	30.8	32.5
陕西省	74.5	25.5	100.0	73.8	0.1	37.1	0.1	38.7	46.3
山东省	80.1	19.9	99.4	72.7	0.2	36.3	0.2	37.6	49.7
山西省	71.8	28.2	100.0	71.3	0.9	34.4	0.9	23.7	61.6
四川省	65.4	34.6	100.0	73.9	0.4	42.7	0.1	49.9	31.8
新疆维吾尔自治区	89.3	10.7	99.1	67.6	3.9	31.9	0.9	45.6	69.1
云南省	82.7	17.3	100.0	73.7	0.9	36.4	0.0	75.4	25.6
浙江省	42.5	57.5	100.0	71.6	0.4	51.8	0.3	25.5	61.2

表 3.1.3　2014 年各城市收视调查网视听设备拥有情况

城市	电视机台数		电视机种类					其他视听设备	
	1台	2台及以上	彩色电视机	普通电视机	背投电视机	液晶电视机	等离子电视机	影碟机	个人电脑
	%	%	%	%	%	%	%	%	%
安庆	61.5	38.5	99.5	88.4	1.6	22.2	0.2	53.1	50.2
鞍山	77.1	22.9	99.8	41.9	0.4	61.6	0.4	16.0	67.6
蚌埠	59.0	41.0	99.9	91.3	0.2	18.2	0.1	32.0	51.0
包头	93.6	6.4	100.0	54.0	1.4	47.4	0.0	54.6	67.0
宝鸡	89.8	10.2	100.0	56.6	0.2	48.3	0.2	50.4	74.9
保定	74.6	25.4	100.0	82.8	0.5	22.3	1.1	51.4	66.9
北海	76.7	23.3	100.0	57.9	1.2	48.9	1.4	50.6	70.0
北京	71.0	29.0	100.0	29.4	1.4	76.0	1.5	23.2	84.0
滨州	73.3	26.7	99.3	87.7	0.5	19.0	0.6	62.4	45.6
常德	60.6	39.4	100.0	71.9	0.2	52.1	0.0	35.8	53.7
常熟	33.5	66.5	100.0	67.6	0.9	62.2	0.6	31.8	74.2
常州	37.7	62.3	100.0	67.7	0.9	58.0	0.5	31.1	73.7
潮州	62.6	37.4	100.0	60.8	1.8	48.0	0.3	63.2	70.9
成都	67.4	32.6	100.0	56.8	0.3	55.5	0.7	23.9	71.1
承德	82.5	17.6	100.0	56.8	0.2	50.4	0.9	17.3	69.0
滁州	56.1	43.9	100.0	59.9	0.5	56.7	0.0	14.0	70.6
达州	68.5	31.5	98.8	85.0	3.7	19.2	1.5	57.7	45.8
大理	84.6	15.4	100.0	88.8	1.0	15.4	0.4	83.9	32.2
大连	86.9	13.1	100.0	47.0	0.4	56.4	0.3	38.8	74.8
大同	91.9	8.1	100.0	81.2	0.9	18.1	1.6	40.7	56.8
丹东	79.2	20.9	100.0	48.5	8.8	49.8	0.2	22.1	65.5
德阳	68.0	32.0	99.4	81.3	2.0	22.5	3.0	75.0	41.1
德州	87.0	13.1	100.0	52.1	0.8	51.9	0.8	25.6	71.0
东莞	84.4	15.6	100.0	75.2	0.0	30.1	0.2	17.2	51.8
佛山	79.8	20.2	100.0	68.3	0.5	38.1	1.7	25.3	65.8
福州	46.8	53.2	99.9	56.8	0.9	61.9	0.4	19.1	81.4
抚顺	89.3	10.7	99.8	57.7	0.6	45.8	0.2	27.3	59.9
阜阳	58.2	41.8	99.3	90.6	0.8	21.1	0.0	62.1	25.5
赣州	58.9	41.1	100.0	57.9	0.4	59.2	0.4	14.6	70.6
广元	71.7	28.3	100.0	53.5	1.1	58.4	0.7	57.7	66.0
广州	84.5	15.5	99.9	55.8	0.6	47.8	0.6	24.8	69.2
贵阳	87.1	12.9	100.0	47.8	1.8	55.0	0.2	47.2	58.9
桂林	79.9	20.1	100.0	49.2	7.6	53.0	0.4	32.1	73.3
哈尔滨	85.6	14.4	100.0	52.0	0.4	52.3	0.2	33.4	64.8
海口	83.4	16.6	100.0	52.9	0.3	54.6	0.3	49.2	62.4
邯郸	77.2	22.8	100.0	87.5	0.2	18.8	0.0	38.9	67.6
杭州	38.7	61.3	100.0	56.5	0.9	66.4	0.5	33.3	76.8
合肥	74.0	26.0	100.0	63.4	0.4	44.8	0.4	24.1	69.2
河源	53.9	46.1	100.0	62.5	2.1	54.8	0.3	56.5	77.4
衡阳	82.2	17.8	100.0	54.9	1.7	47.9	0.0	14.0	60.3

续表

城市	电视机台数		电视机种类					其他视听设备	
	1台	2台及以上	彩色电视机	普通电视机	背投电视机	液晶电视机	等离子电视机	影碟机	个人电脑
	%	%	%	%	%	%	%	%	%
呼和浩特	94.7	5.3	99.7	53.0	0.7	47.3	0.4	40.6	66.7
湖州	30.2	69.9	100.0	57.5	1.3	65.3	0.7	26.4	80.9
淮安	51.2	48.9	100.0	70.3	0.1	51.4	0.0	37.9	76.6
惠州	84.3	15.7	100.0	35.4	3.1	64.6	0.0	33.4	72.3
吉林	85.4	14.6	100.0	55.6	0.2	50.4	0.6	22.2	55.9
济南	75.3	24.8	100.0	58.3	1.3	49.6	0.8	41.8	70.8
济宁	83.2	16.8	100.0	61.6	3.1	41.1	0.2	36.2	67.7
嘉兴	36.8	63.2	100.0	71.9	0.0	52.0	0.3	36.7	80.7
江门	72.8	27.2	100.0	61.6	0.8	46.4	0.2	30.4	71.7
江阴	46.5	53.5	100.0	68.8	2.3	51.6	0.6	27.5	70.4
揭阳	79.9	20.1	100.0	65.4	1.9	37.5	0.1	65.7	54.9
金华	52.0	48.0	98.9	91.3	0.5	17.8	0.2	41.5	45.8
锦州	81.0	19.0	100.0	57.5	0.2	48.8	0.0	23.8	58.4
荆门	65.8	34.2	100.0	70.0	0.4	43.2	0.0	51.6	58.9
荆州	56.0	44.0	100.0	70.7	0.5	50.1	0.3	41.8	71.8
九江	49.2	50.8	100.0	85.1	1.5	30.6	0.6	54.4	63.7
昆明	86.2	13.8	100.0	57.9	1.3	48.5	0.4	67.9	62.6
拉萨	68.6	31.4	100.0	72.5	5.7	42.4	0.0	68.3	22.4
莱芜	73.3	26.7	99.6	93.3	0.6	10.1	0.2	53.9	34.2
兰州	91.7	8.3	100.0	57.0	1.0	45.0	0.6	57.0	67.4
乐山	65.3	34.7	99.8	86.1	2.1	22.4	1.6	62.6	34.8
丽水	39.0	61.0	100.0	62.6	0.6	61.3	0.3	39.1	69.6
连云港	52.2	47.8	100.0	70.1	0.2	49.3	0.0	37.9	72.2
临沂	87.8	12.2	99.8	64.3	0.2	40.3	0.0	28.2	54.6
柳州	90.2	9.9	100.0	49.0	0.2	52.2	0.6	62.7	71.5
泸州	72.8	27.2	99.7	90.3	0.4	16.4	0.4	55.7	21.1
洛阳	77.8	22.2	100.0	87.4	0.8	16.4	0.3	51.2	66.5
茂名	71.6	28.4	100.0	62.5	1.6	40.8	0.0	41.1	59.6
眉山	62.5	37.5	100.0	71.3	2.6	44.9	0.2	45.6	35.1
绵阳	67.3	32.7	100.0	48.7	1.6	65.1	1.6	62.7	61.0
牡丹江	87.3	12.7	100.0	59.6	3.6	44.2	0.0	24.8	61.7
南昌	53.5	46.5	100.0	56.7	1.2	57.1	0.3	12.4	73.4
南充	75.3	24.7	99.8	73.2	0.2	33.0	0.0	36.2	47.0
南京	44.4	55.6	100.0	59.4	1.3	59.0	0.3	16.5	81.3
南宁	85.4	14.6	100.0	53.9	0.4	51.7	0.3	42.4	63.3
南通	39.3	60.7	100.0	61.3	0.6	62.0	0.4	40.0	79.5

续表

城市	电视机台数		电视机种类					其他视听设备	
	1台	2台及以上	彩色电视机	普通电视机	背投电视机	液晶电视机	等离子电视机	影碟机	个人电脑
	%	%	%	%	%	%	%	%	%
南阳	65.7	34.3	100.0	80.2	0.2	35.7	0.0	48.3	52.6
宁波	38.0	62.0	100.0	65.3	1.1	58.7	0.0	7.6	69.5
攀枝花	79.0	21.0	99.9	81.9	2.3	21.0	0.6	50.9	55.4
平顶山	78.8	21.2	100.0	59.2	0.0	50.4	0.0	41.3	77.2
秦皇岛	86.1	13.9	100.0	47.3	0.6	56.2	1.1	23.2	74.8
青岛	88.8	11.2	100.0	47.5	0.3	57.2	0.0	15.9	69.3
清远	82.4	17.6	100.0	54.9	0.2	50.5	0.2	34.1	58.8
衢州	47.4	52.6	99.9	65.0	0.3	50.7	0.7	26.3	72.5
泉州	50.3	49.7	100.0	76.7	7.1	38.1	0.6	65.2	78.2
三亚	83.3	16.7	99.8	46.3	0.9	58.2	0.0	44.0	46.0
厦门	72.4	27.6	100.0	47.3	0.7	64.6	0.3	31.6	76.7
汕头	76.2	23.8	100.0	56.9	1.8	47.6	0.1	57.0	51.3
汕尾	60.7	39.3	100.0	88.9	1.1	20.2	0.3	85.1	41.0
上海	42.7	57.3	100.0	53.4	0.5	64.6	0.6	30.0	71.1
韶关	76.6	23.4	99.8	51.6	2.1	52.6	0.4	30.6	64.3
绍兴	35.6	64.4	100.0	90.6	1.2	26.5	0.2	32.7	65.0
深圳	94.3	5.7	100.0	40.4	0.7	59.3	0.5	11.0	81.1
沈阳	79.6	20.4	99.9	56.5	0.9	49.9	0.4	34.1	58.8
石家庄	82.0	18.0	100.0	49.5	0.9	56.1	0.4	17.0	83.3
苏州	47.1	52.9	100.0	59.2	0.3	62.2	0.1	38.8	76.4
遂宁	65.6	34.4	99.8	90.8	2.2	14.3	2.0	56.8	29.3
台州	38.2	61.8	100.0	70.8	1.6	55.1	0.6	19.2	69.1
太原	83.6	16.4	100.0	51.5	0.8	54.4	0.3	33.3	83.5
泰安	82.4	17.7	100.0	50.6	0.7	55.2	0.0	40.4	74.9
泰州	33.2	66.8	100.0	83.6	0.6	43.9	0.2	21.6	66.3
唐山	84.0	16.0	100.0	40.7	0.5	66.0	0.5	24.3	80.4
天津	72.8	27.2	100.0	52.1	1.0	56.3	0.4	42.4	76.0
铜陵	75.6	24.4	99.8	55.2	7.7	45.7	0.3	5.4	58.8
威海	69.2	30.8	100.0	84.7	1.4	22.0	0.6	38.1	63.4
潍坊	94.2	5.9	100.0	54.2	0.0	47.6	0.0	26.7	70.1
温州	33.2	66.8	100.0	15.9	4.7	85.5	1.4	27.8	89.9
乌鲁木齐	97.6	2.4	99.9	54.5	0.8	45.9	0.0	45.6	69.1
无锡	32.6	67.4	99.8	64.6	1.6	59.7	0.5	28.8	71.0
芜湖	42.2	57.8	99.7	89.1	0.2	29.7	0.2	54.8	63.8
武汉	65.4	34.7	99.8	60.7	0.3	52.0	0.3	37.4	69.0
西安	79.0	21.0	100.0	61.2	0.3	45.9	0.7	40.3	77.3
西宁	91.6	8.4	100.0	52.3	0.8	50.3	0.2	59.6	68.1
湘潭	72.7	27.3	100.0	47.1	0.4	57.9	0.2	31.5	67.5
襄阳	71.9	28.1	99.6	89.1	0.4	19.3	0.2	64.4	52.2
徐州	72.6	27.4	100.0	65.6	0.2	43.2	0.2	31.7	74.9

续表

城市	电视机台数		电视机种类					其他视听设备	
	1台	2台及以上	彩色电视机	普通电视机	背投电视机	液晶电视机	等离子电视机	影碟机	个人电脑
	%	%	%	%	%	%	%	%	%
烟台	81.1	18.9	100.0	50.3	0.6	55.7	0.7	25.4	69.5
盐城	38.0	62.0	100.0	83.9	0.6	48.8	0.0	68.0	64.8
扬州	32.3	67.7	100.0	68.7	0.6	57.7	0.1	29.6	74.5
阳江	66.3	33.7	100.0	92.9	0.6	12.5	0.2	70.1	44.5
宜宾	63.8	36.2	100.0	58.7	0.2	55.7	0.8	41.1	45.6
宜昌	78.9	21.1	100.0	53.0	7.2	47.6	1.0	18.3	70.4
宜春	66.4	33.6	99.1	95.1	0.0	10.6	0.1	61.1	20.4
银川	94.8	5.2	100.0	46.2	2.1	53.3	0.5	48.0	64.0
营口	74.2	25.9	100.0	61.1	0.4	45.2	0.5	29.0	56.1
永济	53.0	47.0	99.9	77.3	0.2	45.1	0.0	38.0	77.5
玉林	75.2	24.8	99.8	71.8	0.0	37.9	0.0	43.3	42.1
岳阳	76.6	23.4	99.5	45.8	3.6	61.0	0.0	24.0	59.2
湛江	78.0	22.0	100.0	56.9	0.2	52.8	0.2	56.8	52.4
漳州	74.1	25.9	100.0	89.2	4.0	14.6	0.5	68.4	56.7
长春	81.2	18.8	100.0	39.3	1.1	65.2	0.3	36.3	79.9
长沙	81.2	18.8	100.0	52.3	0.9	54.9	0.1	45.0	69.2
肇庆	74.6	25.4	100.0	50.4	1.1	53.7	0.3	32.4	75.7
镇江	35.2	64.8	100.0	58.6	1.0	64.2	0.6	45.7	85.1
郑州	71.1	28.9	100.0	54.6	1.0	56.8	0.1	41.9	82.3
中山	63.9	36.1	100.0	54.6	0.4	57.5	0.0	36.2	68.9
重庆	67.6	32.4	100.0	66.6	0.4	47.2	1.0	28.1	42.7
舟山	34.8	65.2	100.0	66.8	0.0	60.9	0.2	5.2	62.8
珠海	84.7	15.3	100.0	36.0	0.2	66.5	1.1	33.0	81.9
株洲	79.9	20.1	100.0	46.1	2.8	56.2	0.0	30.9	61.2
资阳	70.1	29.9	100.0	78.4	0.0	33.6	0.0	51.2	18.0
淄博	83.5	16.5	100.0	82.4	2.8	17.6	1.3	61.0	57.3
遵义	84.5	15.5	100.0	56.2	1.5	50.9	0.3	51.3	59.4

表 3.1.4　2014 年全国收视调查网电视信号接收方式

	省、市有线用户比例	可收看卫星电视用户比例	可收看卫星电视非有线用户比例	其他
	%	%	%	%
全国	56.4	85.9	29.5	14.1
城域	72.3	88.6	16.3	11.4
乡域	45.3	84.0	38.7	16.0

表 3.1.5　2014 年各省级收视调查网电视信号接收方式

省份	省、市有线用户比例	可收看卫星电视用户比例	可收看卫星电视非有线用户比例	其他
	%	%	%	%
安徽省	91.5	91.5	91.5	8.5
福建省	71.8	95.6	23.8	4.4
甘肃省	25.9	98.6	72.7	1.4
广东省	78.4	95.5	17.1	4.5
广西壮族自治区	43.8	97.1	53.3	2.9
贵州省	25.8	96.4	70.6	3.6
海南省	52.4	93.7	41.3	6.3
河北省	41.1	94.2	53.1	5.8
黑龙江省	82.9	97.4	14.5	2.6
河南省	26.9	93.9	67.0	6.1
湖北省	59.7	97.5	37.8	2.5
湖南省	55.0	97.9	42.9	2.1
内蒙古自治区	41.6	95.8	54.2	4.2
江苏省	88.8	96.1	7.3	3.9
江西省	69.1	97.2	28.1	2.8
吉林省	79.0	95.5	16.5	4.5
辽宁省	80.7	96.5	15.8	3.5
宁夏回族自治区	40.7	97.6	56.9	2.4
陕西省	49.9	96.0	46.1	4.0
山东省	60.8	97.2	36.4	2.8
山西省	56.1	98.5	42.4	1.5
四川省	56.5	98.1	41.6	1.9
新疆维吾尔自治区	70.5	96.7	26.2	3.3
云南省	67.7	97.8	30.1	2.2
浙江省	89.5	98.4	8.9	1.6

表 3.1.6　2014 年各城市收视调查网电视信号接收方式

城市	省、市有线用户比例	可收看卫星电视用户比例	可收看卫星电视非有线用户比例	其他
	%	%	%	%
安庆	44.6	98.5	53.9	1.5
鞍山	96.1	97.9	1.8	2.1
蚌埠	68.2	96.1	27.9	3.9
包头	67.9	88.5	20.6	11.5
宝鸡	79.6	92.5	12.9	7.5
保定	67.1	94.1	27.0	5.9
北海	60.2	91.1	30.9	8.9
北京	99.8	100.0	0.2	0.1
滨州	76.5	94.2	17.7	5.8

续表

城市	省、市有线用户比例	可收看卫星电视用户比例	可收看卫星电视非有线用户比例	其他
	%	%	%	%
常德	75.9	90.5	14.6	9.5
常熟	95.5	99.5	4.1	0.5
常州	95.8	98.6	2.8	1.4
潮州	95.5	98.8	3.3	1.2
成都	93.5	96.1	2.7	3.9
承德	84.8	97.2	12.4	2.8
滁州	54.7	94.7	40.0	5.3
达州	81.1	98.3	17.2	1.7
大理	86.0	95.9	9.8	4.1
大连	97.3	100.0	20.7	0.0
大同	48.3	92.6	44.3	7.4
丹东	85.8	99.6	13.8	0.4
德阳	45.3	85.6	40.3	14.4
德州	88.2	94.1	5.9	5.9
东莞	66.4	96.5	30.1	3.5
佛山	86.8	96.3	9.5	3.7
福州	95.3	98.9	3.7	1.1
抚顺	85.1	95.9	10.9	4.1
阜阳	40.7	80.3	39.5	19.7
赣州	66.5	98.9	32.4	1.1
广元	85.6	99.1	13.5	0.9
广州	95.4	97.2	1.8	2.8
贵阳	82.5	95.1	12.6	4.9
桂林	94.6	99.2	4.7	0.8
哈尔滨	81.8	91.4	9.6	8.6
海口	86.9	96.0	9.1	4.0
邯郸	70.9	94.9	24.0	5.1
杭州	97.3	99.7	2.4	0.3
合肥	68.0	95.4	27.4	4.6
河源	97.9	99.9	2.0	0.1
衡阳	86.5	93.5	7.1	6.5
呼和浩特	60.7	87.7	27.0	12.3
湖州	95.0	99.0	4.0	1.0
淮安	86.6	96.7	10.1	3.3
惠州	91.9	97.6	5.7	2.4
吉林	81.7	94.8	13.1	5.3
济南	86.4	93.9	7.6	6.1
济宁	80.5	92.3	11.8	7.7
嘉兴	97.4	98.8	1.4	1.2

续表

城市	省、市有线用户比例	可收看卫星电视用户比例	可收看卫星电视非有线用户比例	其他
	%	%	%	%
江门	96.8	100.0	3.2	0.0
江阴	93.5	99.3	5.8	0.7
揭阳	62.0	91.4	29.4	8.6
金华	99.3	99.7	0.4	0.3
锦州	93.7	98.0	4.3	2.0
荆门	54.0	94.9	40.8	5.2
荆州	76.1	92.2	16.0	7.9
九江	93.2	99.2	6.0	0.8
昆明	96.7	100.0	3.3	0.0
拉萨	72.1	99.6	27.5	0.4
莱芜	38.6	86.9	48.3	13.1
兰州	84.2	98.0	13.8	2.0
乐山	76.8	96.8	19.9	3.2
丽水	89.5	99.2	9.6	0.8
连云港	76.4	94.2	17.8	5.8
临沂	43.6	89.5	45.9	10.5
柳州	74.5	93.7	19.2	6.3
泸州	39.6	91.6	51.9	8.4
洛阳	73.0	93.6	20.6	6.4
茂名	92.0	97.1	5.1	2.9
眉山	49.6	97.3	47.6	2.7
绵阳	86.9	99.5	12.7	0.5
牡丹江	89.4	96.6	7.2	3.5
南昌	87.1	95.3	8.3	4.7
南充	78.2	96.5	18.4	3.5
南京	98.4	100.0	1.6	0.0
南宁	72.6	93.0	20.4	7.0
南通	96.4	99.2	2.7	0.9
南阳	52.3	90.7	38.4	9.3
宁波	96.3	97.8	1.5	2.2
攀枝花	92.0	94.3	2.3	5.7
平顶山	75.5	97.1	21.6	2.9
秦皇岛	86.8	95.8	9.0	4.2
青岛	93.4	97.1	3.7	2.9
清远	85.8	95.6	9.8	4.4
衢州	89.0	98.1	9.1	1.9
泉州	89.3	94.9	5.6	5.1
三亚	49.0	96.4	47.4	3.6
厦门	94.2	97.3	3.1	2.7
汕头	81.5	97.3	15.8	2.7

续表

城市	省、市有线用户比例	可收看卫星电视用户比例	可收看卫星电视非有线用户比例	其他
	%	%	%	%
汕尾	97.5	99.6	2.1	0.4
上海	97.9	98.6	0.7	1.5
韶关	93.4	98.1	4.7	1.9
绍兴	99.2	100.0	0.8	0.0
深圳	84.9	96.0	11.1	4.0
沈阳	84.6	94.8	10.2	5.2
石家庄	82.5	89.0	6.5	11.0
苏州	94.9	97.4	2.5	2.7
遂宁	70.8	97.8	27.0	2.2
台州	88.2	99.4	11.2	0.6
太原	91.2	97.8	6.6	2.2
泰安	69.4	79.0	9.6	21.0
泰州	94.5	98.3	3.8	1.7
唐山	90.1	97.5	7.4	2.5
天津	91.0	99.4	8.4	0.6
铜陵	44.2	97.9	53.7	2.1
威海	92.6	93.2	0.7	6.8
潍坊	75.5	86.3	10.8	13.7
温州	97.1	99.7	2.5	0.3
乌鲁木齐	90.5	96.9	6.4	3.1
无锡	92.5	96.2	3.7	3.8
芜湖	66.2	96.0	29.8	4.0
武汉	78.7	95.7	17.0	4.3
西安	70.5	98.7	28.2	1.3
西宁	89.7	94.8	5.2	5.2
湘潭	93.5	95.1	1.6	4.9
襄阳	73.0	96.8	23.7	3.2
徐州	82.5	92.9	10.4	7.1
烟台	90.1	93.7	3.6	6.3
盐城	83.3	94.1	10.9	5.9
扬州	94.8	98.0	3.3	2.0
阳江	84.5	90.2	5.8	9.8
宜宾	60.8	95.4	34.6	4.6
宜昌	69.5	96.2	26.7	3.8
宜春	62.1	98.0	36.0	2.0
银川	79.8	97.3	17.5	2.7
营口	88.9	96.6	7.7	3.4
永济	45.4	100.0	54.6	0.0
玉林	34.6	86.0	51.4	14.0
岳阳	80.4	97.8	17.4	2.2
湛江	78.2	98.1	19.9	1.9

续表

城市	省、市有线用户比例	可收看卫星电视用户比例	可收看卫星电视非有线用户比例	其他
	%	%	%	%
漳州	84.4	99.2	14.8	0.8
长春	90.3	95.3	5.0	4.7
长沙	92.0	94.4	2.4	5.6
肇庆	99.0	100.0	1.0	0.0
镇江	94.4	97.6	3.3	2.4
郑州	78.2	94.2	16.0	5.8
中山	92.5	99.3	6.8	0.7
重庆	75.8	98.8	22.9	1.2
舟山	96.9	99.7	2.8	0.3
珠海	95.0	99.0	4.1	1.0
株洲	92.3	94.9	2.6	5.1
资阳	82.6	97.8	15.2	2.2
淄博	80.1	95.7	15.6	4.3
遵义	72.5	97.8	25.3	2.2

表 3.1.7 2014 年全国收视调查网卫视频道入户覆盖率排名前 20 位

排名	全国		城域		乡域	
	频道	覆盖率(%)	频道	覆盖率(%)	频道	覆盖率(%)
1	中央电视台综合频道	97.2	中央电视台综合频道	98.0	中央电视台综合频道	96.6
2	中央台七套	93.0	中央台七套	93.0	中央台七套	93.0
3	中央台二套	92.2	中央台二套	92.2	中央台二套	92.2
4	中央电视台少儿频道	90.5	中央电视台少儿频道	91.3	中央电视台少儿频道	89.9
5	中央电视台新闻频道	90.2	中央电视台新闻频道	90.9	中央电视台新闻频道	89.7
6	湖南卫视	89.5	中央台十套	90.2	中央台十二套	89.7
7	中央台十套	89.5	湖南卫视	89.5	湖南卫视	89.5
8	中央台十二套	88.8	浙江卫视	88.3	中央台十套	89.0
9	浙江卫视	86.9	北京卫视	87.8	浙江卫视	85.8
10	北京卫视	85.9	安徽卫视	87.7	北京卫视	84.5
11	贵州卫视	85.8	中央台十二套	87.6	贵州卫视	84.5
12	安徽卫视	85.8	贵州卫视	87.6	安徽卫视	84.4
13	四川卫视	84.2	四川卫视	87.0	四川卫视	82.3
14	中国教育台一套	83.3	中国教育台一套	85.7	中国教育台一套	81.6
15	江西电视台卫星频道(一套)	82.1	天津卫视	85.4	江西电视台卫星频道(一套)	80.9
16	河南电视台卫星频道(一套)	81.9	山东卫视	84.3	河南电视台卫星频道(一套)	80.3
17	湖北卫视	81.9	河南电视台卫星频道(一套)	84.3	湖北卫视	80.3
18	天津卫视	81.6	江苏卫视	84.2	重庆卫视	80.1
19	重庆卫视	80.9	湖北卫视	84.2	天津卫视	79.0
20	山东卫视	80.1	江西电视台卫星频道(一套)	83.9	山东卫视	77.1

表 3.1.8　2014 年全国收视调查网电视频道接收情况

	平均每户可接收的频道个数
全国	65
城域	73
乡域	59

表 3.1.9　2014 年各省级收视调查网电视频道接收情况

省份	平均每户可接收到的频道个数
安徽省	45
福建省	68
甘肃省	59
广东省	65
广西壮族自治区	48
贵州省	55
海南省	56
河北省	62
黑龙江省	74
河南省	55
湖北省	70
湖南省	53
内蒙古自治区	57
江苏省	74
江西省	61
吉林省	61
辽宁省	68
宁夏回族自治区	60
陕西省	63
山东省	64
山西省	57
四川省	70
新疆维吾尔自治区	57
云南省	73
浙江省	77

表 3.1.10　2014 年各城市收视调查网电视频道接收情况

城市	平均每户可接收到的频道个数
安庆	62
鞍山	94
蚌埠	58
包头	79
宝鸡	78
保定	64
北海	56
北京	140
滨州	90
常德	58
常熟	79
常州	73
潮州	66
成都	85
承德	93
滁州	64
达州	57
大理	92
大连	69
大同	62
丹东	85
德阳	52
德州	82
东莞	54
佛山	71
福州	93
抚顺	83
阜阳	38
赣州	66
广元	94
广州	71
贵阳	70
桂林	67
哈尔滨	69
海口	71
邯郸	72
杭州	87
合肥	80
河源	61

续表

城市	平均每户可接收到的频道个数
衡阳	68
呼和浩特	72
湖州	67
淮安	71
惠州	73
吉林	64
济南	82
济宁	75
嘉兴	71
江门	66
江阴	95
揭阳	58
金华	85
锦州	102
荆门	76
荆州	69
九江	78
昆明	66
拉萨	55
莱芜	42
兰州	87
乐山	48
丽水	79
连云港	74
临沂	68
柳州	65
泸州	47
洛阳	56
茂名	57
眉山	62
绵阳	89
牡丹江	79
南昌	69
南充	58
南京	65
南宁	62
南通	66
南阳	48
宁波	70

续表

城市	平均每户可接收到的频道个数
攀枝花	86
平顶山	86
秦皇岛	89
青岛	73
清远	63
衢州	74
泉州	74
三亚	62
厦门	68
汕头	60
汕尾	59
上海	81
韶关	69
绍兴	76
深圳	68
沈阳	67
石家庄	99
苏州	82
遂宁	69
台州	84
太原	76
泰安	82
泰州	82
唐山	89
天津	65
铜陵	48
威海	60
潍坊	72
温州	104
乌鲁木齐	83
无锡	75
芜湖	64
武汉	76
西安	71
西宁	71
湘潭	68
襄阳	63
徐州	55
烟台	81

续表

城市	平均每户可接收到的频道个数
盐城	51
扬州	73
阳江	54
宜宾	84
宜昌	69
宜春	57
银川	80
营口	85
永济	71
玉林	49
岳阳	72
湛江	64
漳州	71
长春	74
长沙	73
肇庆	68
镇江	71
郑州	87
中山	69
重庆	56
舟山	66
珠海	74
株洲	70
资阳	77
淄博	65
遵义	83

二、全国收视数据

表 3.2.1　2010～2014 年全国样本城市及各城市收视调查网人均收视时间（分钟）

城市	2010 年	2011 年	2012 年	2013 年	2014 年
全国	171	166	169	165	161
安庆	155	157	145	128	127
鞍山	*	*	*	163	170
安阳	152	152	147	*	*
保定	*	*	170	166	154
宝鸡	171	161	165	165	160
包头	170	158	159	176	162
北海	151	138	128	134	107
北京（M）	208	201	198	194	190
蚌埠	175	158	150	150	147
滨州	*	143	166	175	153
长春（M）	185	177	179	167	156
常德（M）	136	140	161	145	154
长沙（M）	182	176	190	185	189
常熟	122	122	121	*	*
常熟（M）	*	*	*	*	115
常州（M）	133	134	133	134	121
潮州（M）	151	155	159	176	165
承德	*	179	159	148	141
成都（M）	191	181	192	195	202
重庆（M）	164	161	172	167	167
滁州	116	131	124	126	105
大理	157	145	137	147	135
大连	183	*	*	*	*
大连（M）	*	180	184	185	179
丹东	194	194	183	183	158
大同	157	156	157	160	169
达州	157	174	182	158	172
德阳	161	147	133	137	145
德州（M）	155	150	153	145	149
东莞（M）	140	139	141	137	130
佛山（M）	146	140	141	145	139
抚顺（M）	206	196	203	212	219
阜阳	143	139	131	124	137
福州（M）	158	144	159	148	134
赣州	130	139	130	*	*
赣州（M）	*	*	*	130	130
广元（M）	158	156	172	164	166
广州（M）	172	160	159	151	141
桂林	152	142	149	138	131

续表

城市	2010 年	2011 年	2012 年	2013 年	2014 年
贵阳	213	*	*	*	*
贵阳（M）	*	215	240	248	236
海口（M）	130	132	135	135	134
邯郸	178	188	170	184	174
杭州（M）	233	215	205	210	186
哈尔滨（M）	197	196	204	193	187
合肥（M）	156	152	162	155	151
衡阳（M）	164	163	160	154	164
河源	169	146	129	124	128
菏泽	114	106	116	113	*
呼和浩特（M）	171	161	175	166	156
淮安	137	148	138	130	105
惠州（M）	141	153	148	136	138
湖州（M）	141	145	143	145	135
江门（M）	155	149	155	149	138
江阴（M）	117	112	110	116	121
焦作	150	*	*	*	*
嘉兴	129	123	114	103	108
揭阳	168	155	161	154	116
吉林市	177	152	153	148	138
济南（M）	199	189	202	205	209
荆门（M）	155	157	139	137	129
荆州（M）	152	132	139	137	132
金华	148	157	148	142	144
济宁	148	141	136	*	*
济宁（M）	*	*	*	160	164
晋城	201	171	166	165	*
锦州（M）	197	185	181	175	175
九江	156	148	138	124	127
开封	129	*	*	*	*
昆明（M）	181	183	179	166	168
昆山	134	124	137	121	*
莱芜	*	145	162	155	142
兰州	177	*	*	*	*
兰州（M）	*	173	167	174	167
拉萨	182	155	165	155	150
乐山	159	153	155	155	150
连云港	149	134	146	142	131
临汾	168	175	170	159	*
临沂	140	150	158	152	158
丽水	151	123	132	139	124
柳州	163	155	136	*	*
柳州（M）	*	*	*	169	163
洛阳（新）	132	140	120	121	114

续表

城市	2010 年	2011 年	2012 年	2013 年	2014 年
泸州	163	156	152	146	146
茂名（M）	128	132	129	126	121
眉山	130	127	140	138	143
梅州	109	102	110	106	98
绵阳	180	166	155	148	160
牡丹江	188	201	180	169	158
南昌（M）	185	198	199	186	169
南充	184	168	156	118	146
南京（M）	224	216	213	193	187
南宁	171	*	*	*	*
南宁（M）	*	158	158	156	150
南通	138	136	127	121	*
南通（M）	*	*	*	*	123
南阳	142	135	133	125	133
宁波（M）	143	133	129	124	127
攀枝花	178	178	177	149	143
平顶山	173	173	155	155	146
青岛（M）	193	188	197	197	187
清远	168	156	150	162	145
秦皇岛	162	150	159	157	151
泉州（新）	130	118	109	94	90
衢州	135	141	164	160	128
三亚（M）	132	129	125	126	123
上海（M）	190	179	179	174	163
上海浦东	*	*	141	124	129
汕头（M）	196	175	175	169	160
汕尾	171	176	153	142	134
韶关（M）	179	181	187	177	167
绍兴	139	124	123	128	120
沈阳（M）	201	195	208	204	214
深圳（M）	140	129	134	134	129
深圳蛇口	164	158	136	116	105
石家庄（M）	167	161	175	170	155
十堰（M）	161	173	*	*	*
遂宁	156	159	154	161	171
宿迁	128	119	*	*	*
苏州（M）	146	143	140	130	124
泰安	*	178	172	159	146
太原（M）	181	176	180	181	178
泰州	137	140	132	134	125
台州	144	137	142	139	127
唐山	182	173	*	*	*
唐山（M）	*	*	178	162	157
天津（城）（M）	212	225	238	231	223

续表

城市	2010 年	2011 年	2012 年	2013 年	2014 年
铜陵	*	*	108	105	111
乌鲁木齐	167	152	*	*	*
乌鲁木齐（M）	*	*	174	164	161
潍坊	152	*	*	*	*
潍坊（M）	*	173	173	172	168
威海	135	132	135	130	115
渭南	158	142	139	146	*
温州（M）	160	161	169	157	139
武汉（M）	184	179	191	196	201
芜湖	154	137	131	121	130
无锡（M）	135	135	134	129	133
梧州	172	152	151	171	*
厦门	139	142	120	*	*
厦门（M）	*	*	*	128	120
西安（M）	186	178	175	171	167
襄阳（襄樊）	163	170	167	162	157
湘潭（M）	161	159	160	145	147
西宁	197	175	*	*	*
西宁（M）	*	*	182	169	165
徐州	138	135	141	150	*
徐州（M）	*	*	*	*	164
盐城（M）	142	144	151	144	134
阳江	143	134	135	134	137
扬州	155	155	*	*	*
扬州（M）	*	*	126	140	134
烟台	157	157	156	*	*
烟台（M）	*	*	*	172	168
宜宾	138	139	121	133	138
宜昌	170	*	*	*	*
宜昌（M）	*	158	153	147	150
宜春	154	155	165	157	132
银川	210	177	190	182	*
银川（M）	*	*	*	*	171
营口	171	158	152	131	134
宜兴	113	113	*	*	*
益阳	167	165	*	*	*
永济	166	171	164	148	148
岳阳	168	163	154	138	128
玉林	175	152	163	165	142
云浮	172	178	181	176	*
张家港	130	114	112	114	*
漳州	180	144	137	136	123
湛江（M）	153	143	143	141	128
肇庆（M）	163	163	161	150	151

续表

城市	2010年	2011年	2012年	2013年	2014年
郑州（M）	163	163	153	144	141
镇江（M）	179	181	186	183	178
中山（M）	136	141	141	132	128
舟山	119	122	127	117	115
珠海（M）	145	145	143	146	135
株洲（M）	134	136	148	134	150
淄博	160	151	152	146	124
自贡（城区）	144	149	147	126	*
资阳	*	145	137	138	137
遵义	150	143	141	163	155

注：

（1）全国：2010年包括149个样本城市，2011年包括150个样本城市，2012年包括154个样本城市，2013年包括150个样本城市，2014年包括143个样本城市。

（2）标有（M）的城市为采用测量仪调查城市。

（3）*表示没有数据。

（4）南宁自2010年10月1日停止日记卡方式调查，本表中南宁2010年人均收视分钟数为2010年1~9月日记卡数据计算结果。

（5）呼和浩特自2011年4月1日采用测量仪方式调查，本表中呼和浩特（M）2011年人均收视分钟数为2011年4~12月数据计算结果。

（6）潍坊自2011年7月1日采用测量仪方式调查，本表中潍坊（M）2011年人均收视分钟数为2011年7~12月数据计算结果。

（7）滨州自2011年7月1日开始日记卡方式调查，本表中滨州2011年人均收视分钟数为2011年7~12月数据计算结果。

（8）莱芜自2011年7月1日开始日记卡方式调查，本表中莱芜2011年人均收视分钟数为2011年7~12月数据计算结果。

（9）扬州自2011年11月1日停止日记卡方式调查，本表中扬州2011年人均收视分钟数为2011年1~10月日记卡数据计算结果。

（10）铜陵自2012年3月1日开始日记卡方式调查，本表中铜陵2012年人均收视分钟数为2012年3~12月日记卡数据计算结果。

（11）上海浦东自2012年12月1日开始日记卡方式调查，本表中上海浦东2012年人均收视分钟数为2012年12月日记卡数据计算结果。

（12）赣州、济宁自2013年7月1日采用测量仪方式调查，本表中赣州（M）、济宁（M）2013年人均收视分钟数为2013年7~12月数据计算结果。

（13）梅州自2014年10月1日停止日记卡方式调查，本表中梅州2014年人均收视分钟数为2014年1~9月日记卡数据计算结果。

（14）深圳蛇口自2014年2月1日停止收视率调查（日记卡方式），本表中深圳蛇口2014年人均收视分钟数为2014年1月日记卡数据计算结果。

表 3.2.2　2010～2014 年各省级收视调查网人均收视时间（分钟）

省份	目标观众	2010 年	2011 年	2012 年	2013 年	2014 年
安徽	4 岁及以上所有人	134	138	132	125	118
	城市	137	141	126	125	117
	农村	133	137	135	126	119
福建（M）	4 岁及以上所有人	168	173	184	175	164
	城市	139	133	142	138	123
	农村	181	190	202	192	185
甘肃	4 岁及以上所有人	136	132	131	127	113
	城市	157	147	145	145	138
	农村	128	126	125	120	100
广东（M）	4 岁及以上所有人	150	150	152	149	142
	城市	148	156	150	143	133
	农村	152	144	154	157	154
广西	4 岁及以上所有人	137	130	124	126	118
	城市	160	149	137	132	121
	农村	130	123	118	124	116
贵州	4 岁及以上所有人	154	153	143	130	127
	城市	189	177	163	159	163
	农村	149	149	140	126	114
海南（M）	4 岁及以上所有人	126	133	130	129	126
	城市	131	133	132	132	131
	农村	125	132	130	128	124
河北（M）	4 岁及以上所有人	167	165	173	177	170
	城市	167	171	181	171	159
	农村	167	164	171	178	173
黑龙江	4 岁及以上所有人	183	175	172	159	154
	城市	205	192	185	175	160
	农村	172	166	165	150	149
河南	4 岁及以上所有人	142	135	134	133	129
	城市	163	164	163	157	136
	农村	137	129	128	128	127
湖北（M）	4 岁及以上所有人	150	159	173	170	176
	城市	156	162	164	167	169
	农村	146	157	180	171	182
湖南（M）	4 岁及以上所有人	147	150	176	168	173
	城市	152	153	169	165	172
	农村	146	149	178	169	174
内蒙古	4 岁及以上所有人	170	161	164	164	142
	城市	151	147	141	148	143
	农村	180	169	176	173	142
江苏（M）	4 岁及以上所有人	161	160	162	160	157
	城市	166	168	174	163	151
	农村	158	155	155	157	162
江西	4 岁及以上所有人	152	145	146	145	122
	城市	155	150	145	133	120
	农村	152	143	146	149	123

续表

省份	目标观众	2010年	2011年	2012年	2013年	2014年
吉林	4岁及以上所有人	168	157	158	149	145
	城市	187	165	166	152	149
	农村	155	151	153	148	142
辽宁(M)	4岁及以上所有人	207	195	206	195	200
	城市	201	191	195	194	201
	农村	211	198	213	195	199
宁夏	4岁及以上所有人	162	157	159	157	150
	城市	170	162	168	171	162
	农村	156	153	150	143	139
山东(M)	4岁及以上所有人	177	178	178	180	185
	城市	178	175	174	172	174
	农村	176	179	180	184	191
山西	4岁及以上所有人	161	170	165	153	156
	城市	168	174	171	165	159
	农村	159	168	162	148	155
陕西	4岁及以上所有人	164	158	162	160	149
	城市	173	168	167	163	152
	农村	159	154	159	158	147
四川(M)	4岁及以上所有人	144	148	151	150	158
	城市	159	163	172	173	175
	农村	139	142	142	140	150
新疆	4岁及以上所有人	160	167	156	128	110
	城市	161	165	164	138	127
	农村	160	169	150	122	97
云南	4岁及以上所有人	157	145	138	130	124
	城市	167	163	156	150	139
	农村	155	141	134	125	119
浙江(M)	4岁及以上所有人	179	152	156	156	156
	城市	192	169	169	172	161
	农村	170	142	148	147	152

注:河北省网在2011年11月1日由日记卡省网改为测量仪省网,此表中河北2011年数据为1~10月日记卡数据。

表3.2.3 2010~2014年全国样本城市各目标观众人均收视时间(分钟)

目标观众		2010年	2011年	2012年	2013年	2014年
4岁及以上所有人		171	166	169	165	161
性别	男	167	162	164	161	157
	女	176	171	173	170	165
年龄	4~14岁	143	140	138	134	132
	15~24岁	111	102	100	95	90
	25~34岁	133	125	124	119	113
	35~44岁	158	152	156	150	144
	45~54岁	216	212	217	214	211
	55~64岁	250	247	255	254	253
	65岁及以上	257	259	269	274	275

续表

目标观众		2010 年	2011 年	2012 年	2013 年	2014 年
教育程度	未受过正规教育	158	154	159	157	160
	小学	178	175	178	177	181
	初中	186	181	184	181	178
	高中	172	167	169	166	159
	大学及以上	141	136	138	136	130
职业类别	干部/管理人员	153	143	150	142	134
	个体/私营企业人员	156	151	155	150	146
	初级公务员/雇员	144	138	141	137	133
	工人	153	151	154	149	142
	学生	127	123	117	110	104
	无业	237	234	237	237	237
	其他	163	158	169	168	173
个人月收入	0～600 元	160	155	154	148	144
	601～1200 元	188	185	189	187	191
	1201～1700 元	187	182	190	192	192
	1701～2600 元	169	166	175	179	177
	2601～3500 元	162	156	161	157	154
	3501～5000 元	149	153	157	154	149
	5001 元及以上	152	146	142	134	135

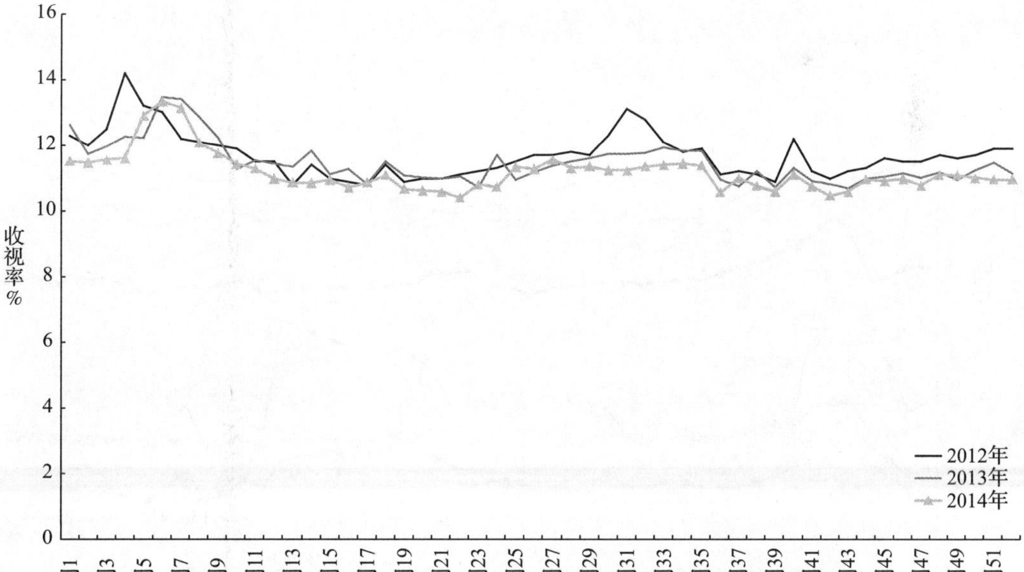

图 3.2.1　2012～2014 年全国样本城市观众全年收视率走势

图 3.2.2 2014 年全国样本城市不同性别观众全年收视率走势

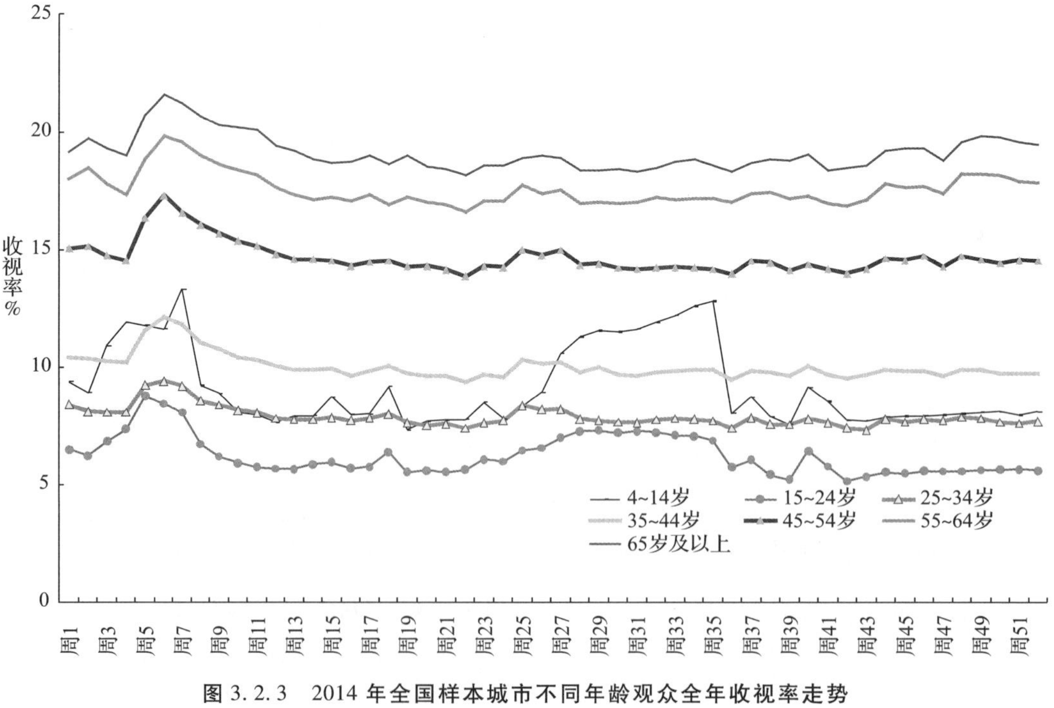

图 3.2.3 2014 年全国样本城市不同年龄观众全年收视率走势

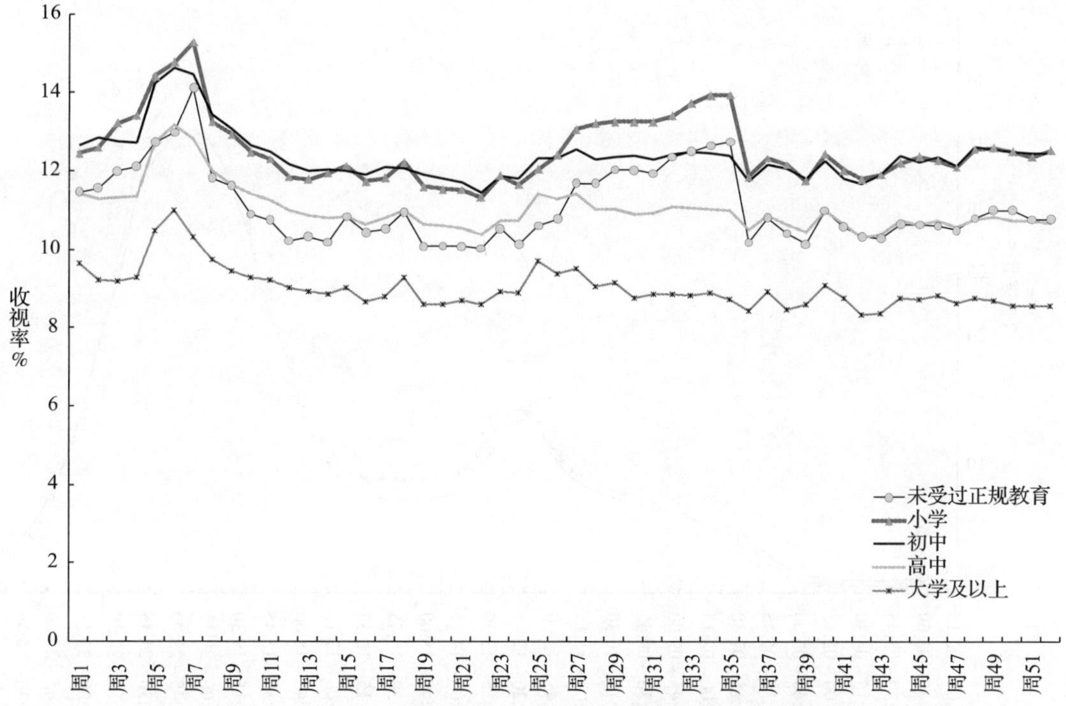

图 3.2.4　2014 年全国样本城市不同文化程度观众全年收视率走势

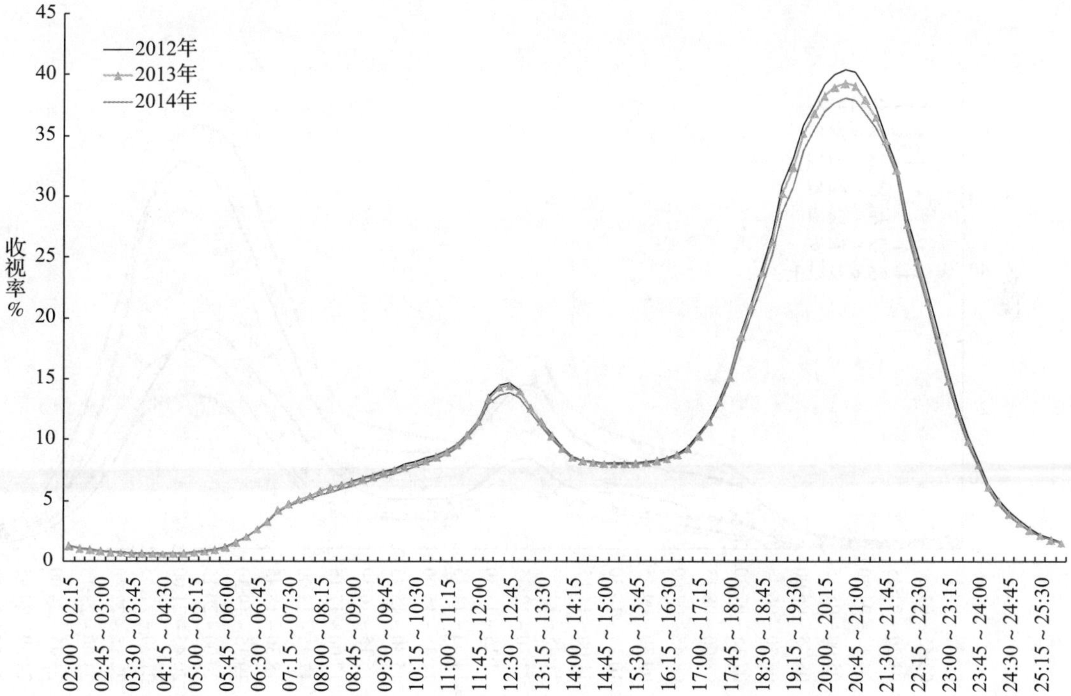

图 3.2.5　2012～2014 年全国样本城市观众全天收视率走势

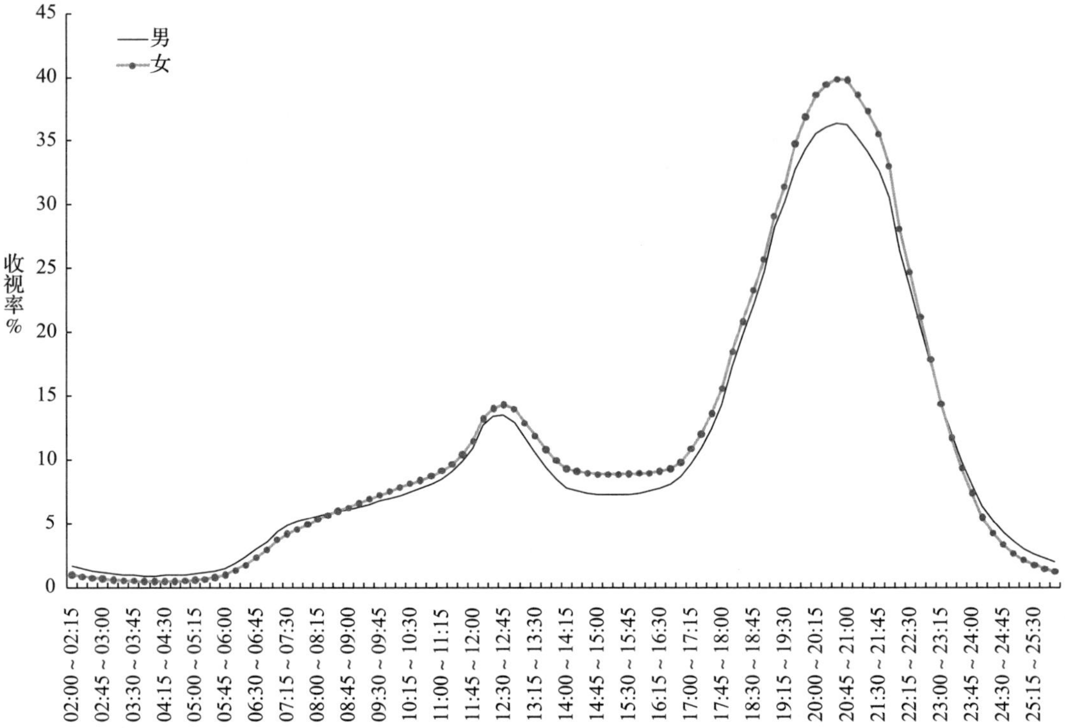

图 3.2.6　2014 年全国样本城市不同性别观众全天收视率走势

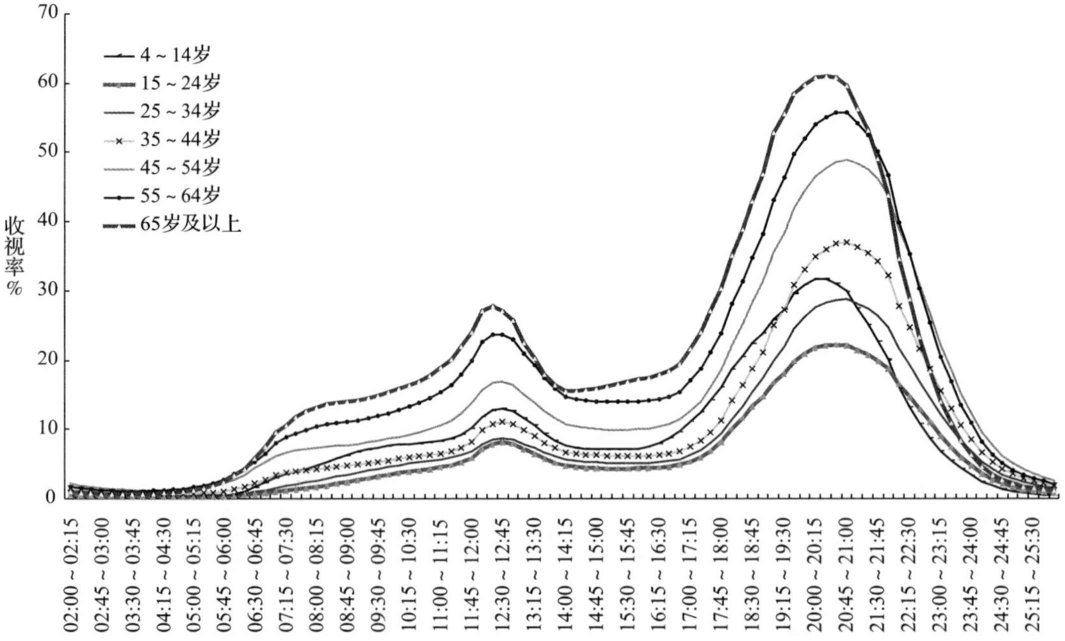

图 3.2.7　2014 年全国样本城市不同年龄观众全天收视率走势

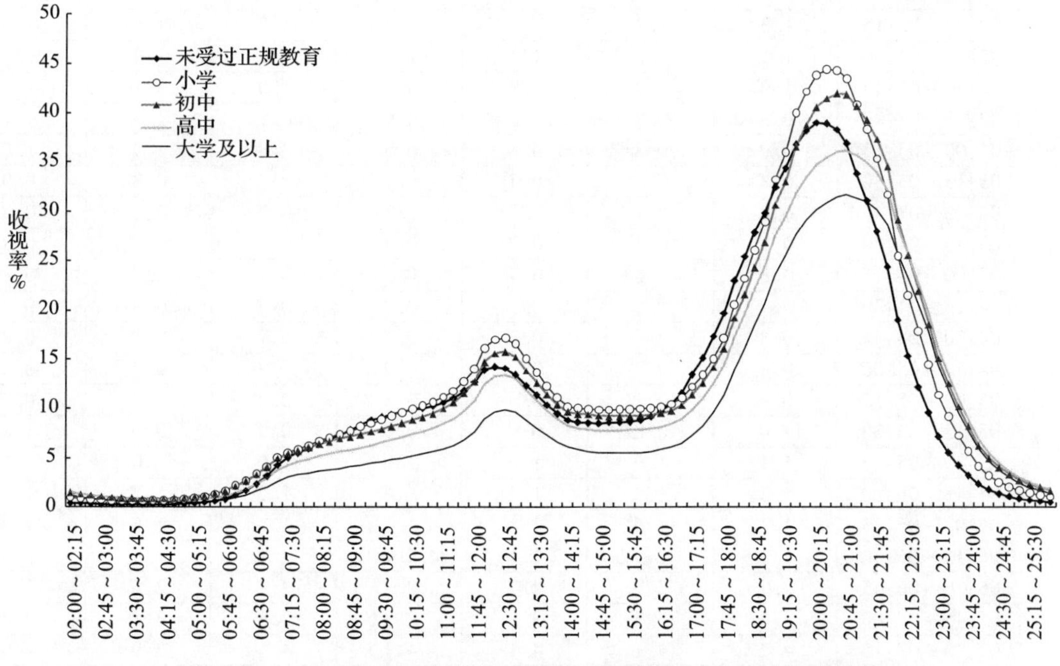

图 3.2.8　2014 年全国样本城市不同文化程度观众全天收视率走势

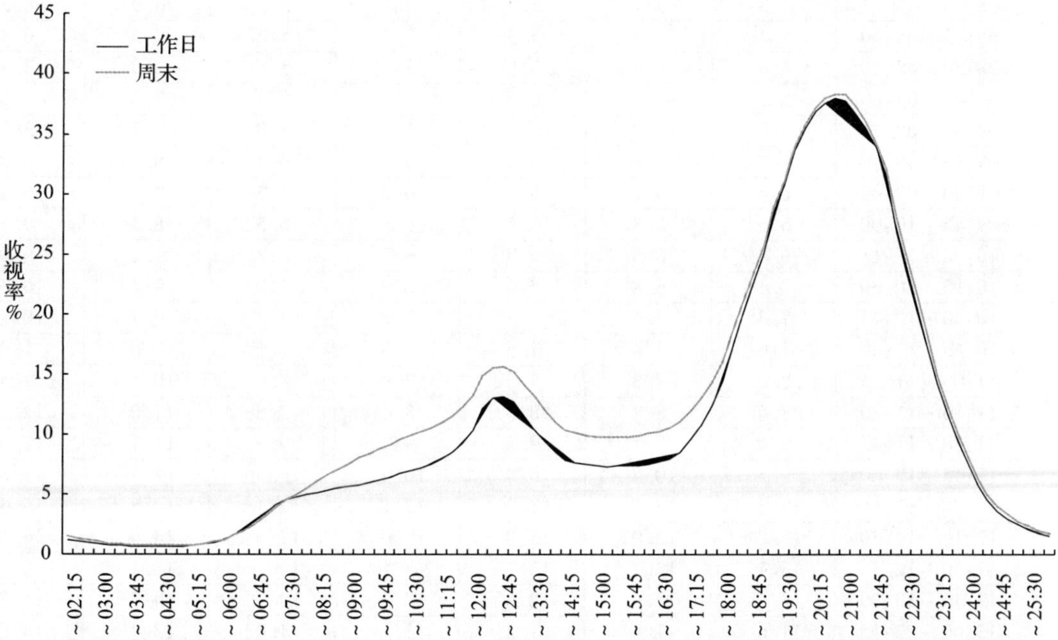

图 3.2.9　2014 年全国样本城市观众工作日与周末全天收视率走势

表 3.2.4　2014 年全国样本城市观众周一至周日各时段收视率（%）

时间段	周一	周二	周三	周四	周五	周六	周日
02:00~02:15	1.3	1.2	1.2	1.2	1.3	1.5	1.6
02:15~02:30	1.1	1.1	1.1	1.1	1.1	1.3	1.4
02:30~02:45	1.0	0.9	1.0	0.9	1.0	1.1	1.2
02:45~03:00	0.9	0.9	0.8	0.9	0.9	1.0	1.1
03:00~03:15	0.9	0.8	0.8	0.8	0.8	0.9	1.0
03:15~03:30	0.8	0.7	0.7	0.7	0.7	0.8	0.9
03:30~03:45	0.8	0.7	0.7	0.7	0.7	0.8	0.8
03:45~04:00	0.8	0.7	0.7	0.7	0.7	0.7	0.8
04:00~04:15	0.8	0.6	0.7	0.7	0.7	0.7	0.8
04:15~04:30	0.7	0.6	0.7	0.7	0.7	0.7	0.8
04:30~04:45	0.8	0.7	0.7	0.7	0.7	0.7	0.8
04:45~05:00	0.8	0.7	0.7	0.7	0.7	0.7	0.8
05:00~05:15	0.9	0.7	0.8	0.8	0.8	0.8	0.9
05:15~05:30	1.0	0.8	0.9	0.9	0.9	0.9	1.0
05:30~05:45	1.1	1.0	1.0	1.0	1.0	1.0	1.1
05:45~06:00	1.3	1.2	1.2	1.3	1.2	1.2	1.3
06:00~06:15	1.7	1.6	1.6	1.7	1.6	1.6	1.7
06:15~06:30	2.1	2.1	2.1	2.1	2.1	1.9	2.0
06:30~06:45	2.7	2.7	2.7	2.7	2.7	2.5	2.6
06:45~07:00	3.4	3.3	3.3	3.3	3.3	3.1	3.2
07:00~07:15	4.2	4.1	4.1	4.1	4.1	3.9	4.0
07:15~07:30	4.6	4.5	4.5	4.5	4.5	4.5	4.6
07:30~07:45	4.9	4.8	4.8	4.7	4.8	5.0	5.1
07:45~08:00	5.1	4.9	5.0	4.9	5.0	5.5	5.7
08:00~08:15	5.3	5.1	5.2	5.1	5.2	6.0	6.3
08:15~08:30	5.4	5.3	5.3	5.3	5.4	6.5	6.8
08:30~08:45	5.6	5.4	5.5	5.5	5.5	6.9	7.3
08:45~09:00	5.7	5.6	5.6	5.6	5.7	7.3	7.8
09:00~09:15	5.9	5.7	5.8	5.8	5.9	7.7	8.3
09:15~09:30	6.2	5.9	6.0	6.0	6.1	8.1	8.8
09:30~09:45	6.4	6.1	6.3	6.2	6.3	8.4	9.2
09:45~10:00	6.6	6.3	6.5	6.4	6.5	8.7	9.6
10:00~10:15	6.8	6.6	6.8	6.7	6.8	9.1	10.0
10:15~10:30	7.1	6.8	7.0	6.9	7.0	9.4	10.3
10:30~10:45	7.3	7.1	7.3	7.2	7.3	9.7	10.7
10:45~11:00	7.6	7.4	7.6	7.5	7.6	10.0	11.0
11:00~11:15	8.0	7.8	8.0	7.9	8.0	10.5	11.5
11:15~11:30	8.6	8.3	8.5	8.4	8.5	11.0	12.1
11:30~11:45	9.4	9.1	9.3	9.2	9.3	11.7	12.8
11:45~12:00	10.5	10.2	10.4	10.4	10.4	12.7	13.8
12:00~12:15	12.3	12.0	12.2	12.1	12.1	14.3	15.5
12:15~12:30	13.2	12.9	13.0	13.0	12.9	14.9	16.1
12:30~12:45	13.4	13.1	13.2	13.1	13.1	15.1	16.2
12:45~13:00	12.9	12.6	12.8	12.7	12.7	14.7	15.7
13:00~13:15	11.6	11.4	11.5	11.4	11.4	13.7	14.6
13:15~13:30	10.5	10.2	10.4	10.3	10.4	12.8	13.6
13:30~13:45	9.4	9.2	9.3	9.3	9.4	11.5	12.3
13:45~14:00	8.6	8.4	8.4	8.5	8.5	10.6	11.4

续表

时间段	周一	周二	周三	周四	周五	周六	周日
14:00~14:15	7.9	7.7	7.8	7.8	7.9	10.0	10.6
14:15~14:30	7.7	7.5	7.6	7.6	7.6	9.8	10.4
14:30~14:45	7.5	7.3	7.5	7.5	7.5	9.6	10.2
14:45~15:00	7.5	7.2	7.4	7.4	7.4	9.5	10.1
15:00~15:15	7.5	7.2	7.4	7.4	7.4	9.5	10.1
15:15~15:30	7.5	7.2	7.4	7.4	7.4	9.5	10.1
15:30~15:45	7.5	7.2	7.4	7.4	7.4	9.5	10.1
15:45~16:00	7.5	7.3	7.4	7.4	7.5	9.7	10.2
16:00~16:15	7.6	7.4	7.5	7.5	7.6	9.8	10.4
16:15~16:30	7.8	7.5	7.7	7.7	7.8	10.0	10.6
16:30~16:45	8.0	7.8	7.9	7.9	8.1	10.3	10.9
16:45~17:00	8.6	8.3	8.5	8.5	8.7	10.8	11.4
17:00~17:15	9.6	9.4	9.5	9.5	9.7	11.7	12.3
17:15~17:30	10.8	10.6	10.8	10.7	11.0	12.7	13.3
17:30~17:45	12.4	12.3	12.4	12.4	12.6	14.0	14.7
17:45~18:00	14.5	14.3	14.5	14.4	14.6	15.8	16.4
18:00~18:15	17.6	17.5	17.6	17.4	17.6	18.5	19.1
18:15~18:30	20.0	20.0	20.0	19.8	20.0	20.7	21.3
18:30~18:45	22.6	22.6	22.6	22.4	22.5	23.0	23.7
18:45~19:00	25.2	25.1	25.1	24.8	24.9	25.3	26.0
19:00~19:15	28.7	28.6	28.6	28.3	28.3	28.6	29.4
19:15~19:30	30.9	30.9	30.8	30.5	30.5	30.6	31.5
19:30~19:45	33.9	33.8	33.7	33.4	33.5	33.5	34.4
19:45~20:00	35.7	35.6	35.4	35.2	35.3	35.3	36.2
20:00~20:15	37.1	37.0	36.8	36.7	36.9	36.9	37.6
20:15~20:30	37.8	37.7	37.4	37.4	37.7	37.7	38.3
20:30~20:45	38.1	38.0	37.7	37.8	38.2	38.2	38.5
20:45~21:00	37.9	37.8	37.5	37.6	38.2	38.2	38.4
21:00~21:15	36.6	36.6	36.4	36.5	37.4	37.4	37.2
21:15~21:30	35.3	35.4	35.2	35.3	36.5	36.3	35.8
21:30~21:45	33.6	33.7	33.5	33.7	35.2	34.8	33.9
21:45~22:00	31.2	31.2	31.1	31.2	33.1	32.7	31.5
22:00~22:15	26.2	26.3	26.2	26.5	29.0	28.8	27.2
22:15~22:30	22.9	22.8	22.9	23.5	26.1	25.9	24.1
22:30~22:45	19.5	19.4	19.6	20.4	23.1	22.8	20.8
22:45~23:00	16.5	16.3	16.6	17.4	20.0	19.5	17.4
23:00~23:15	13.5	13.3	13.4	14.2	16.7	15.9	14.0
23:15~23:30	11.0	10.9	11.1	11.7	13.8	13.3	11.5
23:30~23:45	8.8	8.7	9.0	9.5	11.3	10.9	9.2
23:45~24:00	7.1	6.9	7.2	7.7	9.1	8.9	7.4
24:00~24:15	5.4	5.3	5.5	5.9	6.9	6.9	5.7
24:15~24:30	4.2	4.2	4.3	4.6	5.4	5.5	4.5
24:30~24:45	3.4	3.4	3.5	3.7	4.3	4.5	3.7
24:45~25:00	2.8	2.8	2.8	3.0	3.5	3.7	3.0
25:00~25:15	2.4	2.3	2.3	2.5	3.0	3.1	2.5
25:15~25:30	2.0	1.9	2.0	2.1	2.5	2.6	2.1
25:30~25:45	1.7	1.7	1.7	1.8	2.1	2.3	1.8
25:45~26:00	1.4	1.4	1.4	1.5	1.8	1.9	1.5

表 3.2.5　2014 年全国样本城市所有频道及各类频道观众构成（%）

目标观众		所有频道	中央台频道	中国教育台频道	省级卫视频道	其他频道
4 岁及以上所有人		100.0	100.0	100.0	100.0	100.0
性别	男	50.0	53.7	52.5	46.6	52.2
	女	50.0	46.3	47.5	53.4	47.8
年龄	4～14 岁	7.5	7.3	6.3	9.5	7.2
	15～24 岁	8.7	7.1	10.9	10.3	9.9
	25～34 岁	15.7	13.8	14.7	16.7	20.1
	35～44 岁	15.7	15.7	17.6	16.5	16.8
	45～54 岁	21.3	20.4	23.7	20.5	21.1
	55～64 岁	16.7	17.6	14.6	14.7	14.5
	65 岁及以上	14.4	18.2	12.3	11.8	10.3
教育程度	未受过正规教育	4.9	5.1	4.3	5.3	4.3
	小学	15.7	15.3	14.3	15.8	13.5
	初中	32.7	32.5	34.2	33.1	29.6
	高中	28.5	28.4	29.4	28.0	29.6
	大学及以上	18.2	18.7	17.7	17.9	23.0
职业类别	干部/管理人员	3.5	3.6	2.6	3.2	4.3
	个体/私营企业人员	12.0	12.2	12.7	12.0	12.2
	初级公务员/雇员	17.3	15.8	19.3	16.8	21.6
	工人	15.7	14.6	15.8	15.7	15.8
	学生	8.4	7.5	10.9	10.8	8.6
	无业	37.3	40.5	32.1	35.1	33.1
	其他	5.9	5.7	6.5	6.4	4.4
个人月收入	0～600 元	25.7	24.0	25.8	29.4	25.0
	601～1200 元	8.2	8.3	8.3	8.2	6.6
	1201～1700 元	12.3	12.8	11.5	12.0	10.2
	1701～2600 元	25.2	26.1	24.2	23.9	23.8
	2601～3500 元	14.3	14.4	14.9	13.4	15.9
	3501～5000 元	8.9	9.1	8.6	8.1	10.8
	5001 元及以上	5.4	5.2	6.7	5.0	7.6

表 3.2.6　2010～2014 年全国样本城市电视收视市场各类频道的市场占有率（%）

频道类别	年份				
	2010 年	2011 年	2012 年	2013 年	2014 年
中央台频道	27.2	25.9	27.4	28.7	29.2
中国教育台频道	0.4	0.5	0.5	0.4	0.3
省级卫视频道	28.2	30.9	31.9	31.9	32.6
其他频道	44.2	42.7	40.2	39.0	37.9

表 3.2.7 2012～2014 年各类频道在全国样本城市各目标观众中的市场占有率（%）

频道类别		中央台频道			省级卫视频道			中国教育台频道		
年份		2012 年	2013 年	2014 年	2012 年	2013 年	2014 年	2012 年	2013 年	2014 年
4 岁及以上所有人		27.4	28.7	29.2	31.9	31.9	32.6	0.5	0.4	0.3
性别	男	29.7	30.9	31.3	29.8	29.8	30.4	0.5	0.4	0.4
	女	25.2	26.5	27.0	33.9	34.0	34.7	0.5	0.4	0.3
年龄	4～14 岁	27.4	29.3	28.4	38.0	38.4	41.3	0.4	0.4	0.3
	15～24 岁	20.8	22.4	23.8	36.7	36.9	38.6	0.5	0.5	0.4
	25～34 岁	24.6	24.9	25.6	32.8	34.3	34.6	0.6	0.5	0.3
	35～44 岁	26.3	27.7	29.0	33.8	34.0	34.2	0.5	0.5	0.4
	45～54 岁	26.4	27.4	27.9	31.2	31.1	31.3	0.5	0.4	0.4
	55～64 岁	29.8	31.0	30.9	28.6	28.0	28.8	0.4	0.3	0.3
	65 岁及以上	35.5	36.8	36.8	26.2	25.7	26.6	0.4	0.3	0.3
教育程度	未受过正规教育	29.0	30.6	30.1	31.9	32.7	34.9	0.4	0.4	0.3
	小学	26.3	28.1	28.3	32.6	32.2	32.7	0.5	0.4	0.3
	初中	26.4	28.0	29.0	32.8	32.7	32.9	0.5	0.4	0.3
	高中	27.6	28.7	29.1	31.5	31.4	32.0	0.5	0.4	0.3
	大学及以上	29.8	29.8	30.1	30.2	31.0	32.0	0.5	0.4	0.3
职业类别	干部/管理人员	29.1	30.5	30.5	30.1	30.4	30.3	0.6	0.3	0.3
	个体/私营企业人员	27.3	28.6	29.7	32.5	32.4	32.8	0.5	0.5	0.4
	初级公务员/雇员	26.1	26.3	26.7	30.7	31.2	31.6	0.6	0.5	0.4
	工人	24.8	26.2	27.2	31.7	31.9	32.6	0.4	0.4	0.3
	学生	24.3	26.1	26.2	39.3	39.7	41.9	0.5	0.5	0.4
	无业	30.4	31.6	31.7	30.0	29.8	30.7	0.4	0.4	0.3
	其他	25.3	26.4	28.1	35.2	35.9	34.9	0.6	0.5	0.4
个人月收入	0～600 元	25.5	27.0	27.3	35.6	36.0	37.3	0.5	0.5	0.3
	601～1200 元	27.0	28.6	29.5	32.1	31.9	32.4	0.5	0.5	0.3
	1201～1700 元	28.7	30.2	30.4	30.7	31.1	31.8	0.4	0.4	0.3
	1701～2600 元	28.4	29.5	30.1	30.0	29.7	30.8	0.5	0.4	0.3
	2601～3500 元	28.7	28.9	29.5	29.7	30.3	30.6	0.5	0.4	0.3
	3501～5000 元	28.3	29.3	29.9	28.7	30.4	29.7	0.5	0.3	0.3
	5001 元及以上	28.0	27.8	28.5	29.0	29.3	30.1	0.7	0.5	0.4

表 3.2.8 2012～2014 年全国样本城市市场各类频道在各时段的市场占有率（%）

频道	中央台频道			省级卫视频道			中国教育台频道		
年份	2012 年	2013 年	2014 年	2012 年	2013 年	2014 年	2012 年	2013 年	2014 年
02:00～03:00	29.3	28.4	30.3	36.0	36.0	33.5	0.6	0.5	0.7
03:00～04:00	31.2	29.0	32.1	34.8	36.1	32.2	0.4	0.4	0.5
04:00～05:00	34.7	32.2	38.1	33.2	35.2	28.2	0.3	0.3	0.4
05:00～06:00	34.9	35.0	38.2	35.7	34.8	29.4	0.4	0.4	0.5
06:00～07:00	38.6	37.1	41.9	30.7	32.5	27.3	0.2	0.2	0.2

续表

频道	中央台频道			省级卫视频道			中国教育台频道		
年份	2012年	2013年	2014年	2012年	2013年	2014年	2012年	2013年	2014年
07:00~08:00	40.9	40.4	42.3	26.5	27.8	26.3	0.2	0.1	0.1
08:00~09:00	37.7	39.1	41.0	32.7	31.2	29.3	0.2	0.2	0.1
09:00~10:00	33.9	34.7	36.1	36.6	36.0	35.2	0.3	0.2	0.2
10:00~11:00	33.2	34.5	35.2	37.7	36.6	37.1	0.6	0.4	0.4
11:00~12:00	34.6	37.2	37.5	34.4	32.8	33.5	0.6	0.6	0.4
12:00~13:00	38.3	41.1	39.6	28.7	27.9	29.4	0.6	0.6	0.6
13:00~14:00	32.6	36.1	36.3	34.5	32.6	33.6	0.5	0.5	0.5
14:00~15:00	28.3	30.1	32.1	40.9	39.4	39.5	0.6	0.6	0.5
15:00~16:00	28.4	30.3	32.3	41.6	40.2	40.3	0.5	0.5	0.4
16:00~17:00	29.0	30.6	31.4	40.5	39.4	39.6	0.3	0.3	0.2
17:00~18:00	28.6	28.7	31.3	32.9	31.7	29.8	0.4	0.2	0.2
18:00~19:00	25.1	26.9	29.5	17.0	16.7	15.9	0.3	0.3	0.3
19:00~20:00	28.3	29.5	29.1	19.8	21.6	23.0	0.4	0.4	0.3
20:00~21:00	22.4	23.4	22.6	33.9	34.5	36.7	0.7	0.6	0.4
21:00~22:00	22.7	23.3	22.6	35.1	36.3	38.8	0.6	0.5	0.3
22:00~23:00	20.9	21.3	21.6	37.7	38.0	38.5	0.6	0.5	0.5
23:00~24:00	23.3	24.2	25.3	38.7	38.4	37.6	0.3	0.2	0.2
24:00~25:00	27.7	29.2	31.4	37.1	35.8	32.5	0.3	0.3	0.2
25:00~26:00	28.1	28.4	32.3	35.1	34.6	30.2	0.5	0.4	0.5

表 3.2.9　2014 年各月全国样本城市市场各类频道的市场占有率（%）

月份	中央台频道	中国教育台频道	省级卫视频道	其他频道
1月	30.2	0.3	32.0	37.5
2月	29.1	0.3	33.9	36.7
3月	29.2	0.3	32.1	38.4
4月	28.6	0.3	32.3	38.8
5月	29.8	0.3	31.9	38.0
6月	31.7	0.3	30.9	37.1
7月	30.0	0.4	32.8	36.8
8月	28.3	0.4	34.6	36.7
9月	28.1	0.3	33.5	38.1
10月	28.6	0.3	32.0	39.1
11月	28.1	0.3	32.9	38.7
12月	28.3	0.3	31.7	39.7

表 3.2.10　2014 年全国样本城市市场份额排名前二十位频道

名次	频道名称	市场份额(%)
1	中央电视台综合频道	5.8
2	湖南卫视	3.9
3	中央电视台新闻频道	3.1
4	中央台三套	2.8
5	中央台六套	2.7
6	江苏卫视	2.5
6	中央台四套	2.5
8	山东卫视	2.2
8	中央电视台少儿频道	2.2
8	中央台五套	2.2
11	浙江卫视	2.1
11	中央台八套	2.1
13	北京卫视	1.7
13	安徽卫视	1.7
15	上海东方卫视	1.5
16	天津卫视	1.4
17	四川卫视	1.2
18	湖南电视台金鹰卡通频道	1.1
18	江西电视台卫星频道(一套)	1.1
18	深圳卫视(新闻综合频道)	1.1

表 3.2.11　2012～2014 年全国样本城市市场各类节目的播出份额（%）与收视份额（%）

节目类别	2012 年		2013 年		2014 年	
	播出份额	收视份额	播出份额	收视份额	播出份额	收视份额
新闻/时事	10.7	14.0	11.3	14.8	10.9	14.2
综艺	6.5	10.8	6.4	11.5	6.1	11.4
电视剧	26.4	32.1	26.6	31.5	25.0	31.1
体育	2.3	3.2	2.2	2.4	2.2	3.0
专题	9.3	6.8	9.0	6.1	9.0	6.2
教学	0.4	0.1	0.3	0.1	0.3	0.1
外语	0.1	0.0	0.1	0.0	0.1	0.0
青少	3.8	4.7	3.7	5.1	3.6	5.2
音乐	1.0	0.7	1.0	0.8	1.0	0.8
电影	3.6	4.2	3.8	4.0	3.4	4.3
戏剧	0.6	0.5	0.6	0.4	0.5	0.4
财经	1.5	0.9	1.4	0.8	1.2	0.8
生活服务	13.7	7.5	14.7	7.7	18.4	8.5
法制	1.5	1.8	1.5	1.9	1.5	1.9
其他	18.6	12.7	17.5	12.9	16.8	12.2

表 3.2.12　2012～2014 年中央电视台各类节目的播出份额（%）与收视份额（%）

节目类别	2012 年		2013 年		2014 年	
	播出份额	收视份额	播出份额	收视份额	播出份额	收视份额
新闻/时事	12.2	17.8	12.6	18.7	12.2	17.9
综艺	8.6	11.8	9.5	13.3	9.8	12.6
电视剧	11.5	15.5	12.9	15.4	12.1	15.4
体育	6.7	7.8	7.8	5.4	11.6	7.0
专题	21.4	10.0	19.6	9.9	18.1	9.7
教学	0.8	0.3	0.7	0.3	0.6	0.2
外语	0.0	0.0	0.0	0.0	0.0	0.0
青少	4.1	6.7	4.0	7.1	3.9	6.4
音乐	4.7	1.8	4.6	2.1	4.5	2.1
电影	5.2	7.6	5.3	6.8	5.4	8.0
戏剧	3.2	0.8	1.9	0.7	1.6	0.7
财经	3.7	1.8	2.9	1.5	2.8	1.4
生活服务	4.6	4.7	4.8	5.0	5.1	5.3
法制	3.0	2.8	3.1	3.4	3.1	3.3
其他	10.1	10.6	10.2	10.5	9.1	10.0

表 3.2.13　2012～2014 年省级卫视各类节目的播出份额（%）与收视份额（%）

节目类别	2012 年		2013 年		2014 年	
	播出份额	收视份额	播出份额	收视份额	播出份额	收视份额
新闻/时事	9.8	6.4	9.6	7.0	8.7	6.3
综艺	6.9	14.4	6.6	14.7	6.1	14.3
电视剧	38.3	44.5	38.4	43.9	32.0	43.4
体育	0.5	0.1	0.8	0.2	1.1	0.3
专题	7.0	4.9	5.5	3.5	11.8	4.2
教学	0.3	0.0	0.2	0.0	0.1	0.0
外语	0.0	0.0	0.0	0.0	0.0	0.0
青少	7.6	5.3	7.7	5.7	8.9	6.9
音乐	0.4	0.4	0.4	0.2	0.4	0.2
电影	2.6	2.3	2.9	2.4	2.0	2.1
戏剧	0.5	0.2	0.4	0.1	0.4	0.1
财经	1.4	0.5	1.5	0.5	1.2	0.3
生活服务	8.4	7.5	9.2	7.5	15.9	8.8
法制	0.3	0.5	0.5	0.5	0.5	0.4
其他	16.0	13.0	16.3	13.8	10.8	12.6

表 3.2.14　2014 年全国样本城市各类节目在各目标观众市场的收视份额（%）

节目类别		新闻/时事	综艺	电视剧	体育	专题	教学	外语	青少	音乐	电影	戏剧	财经	生活服务	法制	其他
4 岁及以上所有人		14.2	11.4	31.1	3.0	6.2	0.1	0.0	5.2	0.8	4.3	0.4	0.8	8.5	1.9	12.2
性别	男	15.4	10.8	29.2	4.1	6.7	0.1	0.0	5.1	0.8	4.9	0.3	0.8	8.1	1.8	11.9
	女	12.9	12.0	33.0	2.0	5.7	0.1	0.0	5.3	0.8	3.6	0.4	0.7	8.9	1.9	12.5
年龄	4～14 岁	7.1	9.1	26.4	1.2	4.1	0.1	0.0	26.2	0.6	4.7	0.1	0.3	6.6	1.1	12.6
	15～24 岁	11.6	13.8	32.4	3.1	5.9	0.1	0.0	3.8	1.1	5.0	0.2	0.5	8.3	1.6	12.6
	25～34 岁	11.8	11.8	30.1	3.9	5.7	0.1	0.0	6.6	0.9	5.5	0.2	0.7	8.3	1.6	12.9
	35～44 岁	13.2	11.7	31.4	2.9	6.5	0.1	0.0	4.1	1.0	6.0	0.2	0.8	8.0	1.9	12.3
	45～54 岁	15.1	11.8	32.3	3.3	6.9	0.1	0.0	1.9	0.9	4.1	0.2	0.9	8.7	2.0	11.9
	55～64 岁	16.6	11.1	31.7	2.9	6.5	0.1	0.0	3.1	0.6	3.0	0.4	0.9	9.0	2.3	11.8
	65 岁及以上	18.7	10.3	31.3	3.0	6.4	0.2	0.0	2.0	0.6	2.3	1.1	0.8	9.3	2.3	11.9
教育程度	未受过正规教育	9.5	8.2	28.3	1.3	3.9	0.1	0.0	21.3	0.5	3.5	0.7	0.3	7.6	1.5	13.3
	小学	12.8	9.7	34.1	1.6	5.1	0.1	0.0	8.6	0.6	4.1	0.6	0.4	7.8	1.9	12.6
	初中	14.0	11.3	33.1	2.6	6.2	0.1	0.0	3.9	0.8	4.4	0.4	0.6	8.4	2.0	12.2
	高中	15.2	12.2	29.9	3.6	6.8	0.1	0.0	3.2	0.9	4.2	0.3	1.0	8.8	1.9	12.0
	大学及以上	15.2	12.8	27.6	4.8	6.9	0.1	0.0	3.2	0.8	4.4	0.2	1.1	9.0	1.7	12.1
职业类别	干部/管理人员	15.4	12.5	27.1	5.3	7.2	0.1	0.0	3.0	0.8	4.9	0.2	1.3	8.6	1.6	11.9
	个体/私营企业人员	14.3	11.2	31.4	3.0	6.6	0.1	0.0	3.8	0.9	5.2	0.3	0.8	8.1	2.0	12.4
	初级公务员/雇员	14.5	12.6	28.9	4.4	6.7	0.1	0.0	3.2	0.9	4.9	0.2	1.0	8.9	1.7	12.2
	工人	13.6	11.8	32.7	3.1	6.2	0.1	0.0	3.6	0.9	5.2	0.2	0.6	8.0	1.7	12.2
	学生	9.2	12.6	29.5	2.3	5.3	0.1	0.0	13.6	0.9	5.3	0.2	0.4	7.2	1.3	12.2
	无业	15.5	10.7	31.0	2.7	6.1	0.1	0.0	5.7	0.7	3.0	0.6	0.8	9.0	2.1	12.1
	其他	12.3	9.6	38.3	1.2	5.0	0.1	0.0	4.4	0.7	4.2	0.5	0.4	8.1	2.1	13.1
个人月收入	0～600 元	11.0	10.8	31.7	1.9	5.2	0.1	0.0	11.3	0.8	4.4	0.4	0.4	7.8	1.7	12.7
	601～1200 元	14.1	10.7	35.1	2.2	5.9	0.1	0.0	3.5	0.7	4.1	0.4	0.5	8.2	2.1	12.2
	1201～1700 元	15.1	11.5	32.7	2.7	6.1	0.1	0.0	3.2	0.8	3.8	0.4	0.7	8.7	2.1	12.3
	1701～2600 元	15.5	11.7	31.1	3.2	6.5	0.1	0.0	2.9	0.8	4.0	0.4	0.9	8.9	2.0	12.1
	2601～3500 元	15.4	11.7	29.6	4.0	6.9	0.1	0.0	3.1	0.9	4.5	0.3	1.1	8.8	1.8	11.9
	3501～5000 元	15.7	11.9	28.4	4.6	6.9	0.1	0.0	2.9	0.8	4.9	0.3	1.0	8.7	1.8	11.8
	5001 元及以上	15.4	11.7	27.5	5.1	7.4	0.1	0.0	3.3	0.9	5.0	0.2	1.2	8.7	1.7	11.8

表 3.2.15　2014 年全国样本城市市场所有节目收视率排名前三十位

名次	节目名称	节目类别	播出频道	平均收视率(%)	平均占有率(%)
1	中央电视台 2014 甲午年春节联欢晚会	综艺	中央电视台综合频道	11.9	28.5
2	中央电视台 2014 甲午年元宵晚会	综艺	中央电视台综合频道	6.5	15.7
3	中国好声音(10 月 7 日)	综艺	浙江卫视	4.7	15.0
4	我是歌手歌王之战(4 月 4 日)	综艺	湖南卫视	4.1	13.0
5	快乐中国 2014 ~ 2015 跨年演唱会	音乐	湖南卫视	3.8	14.1
6	天气预报	生活服务	中央电视台综合频道	3.5	10.3
7	我爱世界杯:2014 年巴西世界杯决赛(德国 VS 阿根廷)	体育	中央台五套	3.4	57.8
8	星光大道(1 月 31 日)	综艺	中央电视台综合频道	3.4	10.3
9	315 让消费更有尊严——CCTV2014 年 3·15 晚会	综艺	中央电视台综合频道	3.3	8.8
10	爸爸去哪儿第二季	综艺	湖南卫视	3.2	15.6
11	新闻联播	新闻/时事	中央电视台综合频道	3.2	10.7
12	苏州月中华情——2014 年中央电视台中秋晚会	综艺	中央电视台综合频道	3.1	8.5
13	开学第一课	综艺	中央电视台综合频道	3.1	8.3
14	我爱世界杯:2014 年巴西世界杯 1/4 决赛(德国 VS 法国)	体育	中央台五套	2.8	35.5
15	2014 年仁川亚运会男子 1500 米自由泳决赛	体育	中央台五套	2.8	11.2
16	2014 第二届夏季青年奥林匹克运动会开幕式	体育	中央电视台综合频道	2.8	7.6
17	父母爱情	电视剧	中央电视台综合频道	2.8	7.3
18	我爱世界杯:2014 年巴西世界杯 1/4 决赛(阿根廷 VS 比利时)	体育	中央台五套	2.7	34.8
19	元宵喜乐会	综艺	湖南卫视	2.7	8.3
20	快乐大本营	综艺	湖南卫视	2.7	7.7
21	武媚娘传奇(1 ~ 17 集)	电视剧	湖南卫视	2.7	7.6
22	因为爱情有奇缘	电视剧	湖南卫视	2.7	7.4
23	出彩中国人(3 月 9 日)	综艺	中央电视台综合频道	2.7	6.9
24	我爱世界杯:2014 年巴西世界杯半决赛(荷兰 VS 阿根廷)	体育	中央台五套	2.6	55.4
25	我爱世界杯:2014 年巴西世界杯 D 组赛(英格兰 VS 意大利)	体育	中央台五套	2.6	42.3
26	2014 年索契冬奥会短道速滑男子 1000 米决赛	体育	中央台五套	2.6	6.3
27	我爱世界杯:2014 年巴西世界杯 1/8 决赛(巴西 VS 智利)	体育	中央台五套	2.5	37.6
28	我爱世界杯:2014 年巴西世界杯小组赛 C 组(科特迪瓦 VS 日本)	体育	中央台五套	2.5	22.2
29	非诚勿扰	综艺	江苏卫视	2.5	8.5
30	湄公河大案	电视剧	中央电视台综合频道	2.5	6.9

表 3.2.16　2014 年全国样本城市市场电视剧收视率排名前二十位

名次	节目名称	播出频道	平均收视率（%）	平均占有率（%）
1	父母爱情	中央电视台综合频道	2.8	7.3
2	武媚娘传奇(1~17 集)	湖南卫视	2.7	7.6
3	因为爱情有奇缘	湖南卫视	2.7	7.4
4	湄公河大案	中央电视台综合频道	2.5	6.9
5	宫锁连城	湖南卫视	2.2	6.1
6	历史转折中的邓小平	中央电视台综合频道	2.2	5.9
7	我在北京挺好的	中央电视台综合频道	2.0	5.7
8	因为爱情有奇迹	湖南卫视	1.9	5.5
9	铁血红安	中央电视台综合频道	1.9	5.2
10	毛泽东(9~49 集)	中央电视台综合频道	1.9	5.1
11	神犬奇兵	湖南卫视	1.8	5.4
12	幸福爱人	湖南卫视	1.8	5.3
13	开国元勋朱德	中央电视台综合频道	1.8	5.1
13	马向阳下乡记	中央电视台综合频道	1.8	5.1
15	红高粱	山东卫视	1.7	4.8
16	大河儿女	中央电视台综合频道	1.7	4.6
17	深圳合租记	湖南卫视	1.6	4.8
18	新济公活佛	湖南卫视	1.6	4.6
18	一见不钟情	湖南卫视	1.6	4.6
20	原乡	中央电视台综合频道	1.6	4.4

表 3.2.17　2014 年全国样本城市市场新闻类节目收视率排名前二十位

名次	节目名称	播出频道	平均收视率（%）	平均占有率（%）
1	新闻联播	中央电视台综合频道	3.2	10.7
2	习近平主席在联合国教科文组织总部发表演讲	中央电视台综合频道	2.2	6.0
3	焦点访谈	中央电视台综合频道	2.1	5.9
4	习近平主席在欧洲学院发表重要演讲	中央电视台综合频道	2.1	5.7
5	李克强总理会见中外记者并回答提问	中央电视台综合频道	2.1	5.5
6	守望相助,共创中蒙关系发展新时代——习近平在蒙古国家大呼拉尔演讲	中央电视台综合频道	2.0	5.8
7	习近平主席在柏林发表重要演讲	中央电视台综合频道	2.0	5.5
8	2014 一年又一年	中央电视台综合频道	1.9	9.3
9	习近平主席在中法建交 50 周年纪念大会上发表重要讲话	中央电视台综合频道	1.9	5.0
10	习近平在韩国首尔大学发表演讲	中央电视台综合频道	1.7	5.2
10	习近平在巴西国会发表重要演讲	中央电视台综合频道	1.7	5.2
12	习近平主席在印度新德里发表重要演讲	中央电视台综合频道	1.6	4.6
13	习近平在澳大利亚联邦议会发表演讲	中央电视台综合频道	1.6	4.2
14	马航客机失联特别报道	中央电视台综合频道	1.5	12.7
15	聚焦 APEC	中央电视台新闻频道	1.4	5.0
16	新闻 30 分	中央电视台综合频道	1.3	10.0
17	今日关注	中央台四套	1.3	3.8
18	关注马航失联客机特别报道(3 月 17 日)	中央台四套	1.1	3.5
19	中国新闻	中央台四套	1.0	2.9
20	铁证用事实拆穿谎言——纪念全民族抗战爆发 77 周年	中央电视台综合频道	0.9	2.6

表 3.2.18　2014 年全国样本城市市场专题类节目收视率排名前二十位

名次	节目名称	播出频道	平均收视率(%)	平均占有率(%)
1	舌尖上的中国第二季	中央电视台综合频道	2.4	6.7
2	中央电视台特别节目:新的中拉时间开始了	中央电视台综合频道	2.2	6.1
3	感动中国 2013 年度人物颁奖盛典	中央电视台综合频道	2.1	5.3
4	中央电视台特别节目:一桥飞架中欧	中央电视台综合频道	2.0	5.3
5	中国谜语大会(2 月 13 日)	中央电视台综合频道	2.0	5.0
6	一场别开生面的座谈会——习近平总书记主持召开文艺工作座谈会侧记	中央电视台综合频道	1.9	5.3
7	中国汉字听写大会 2014(8 月 24 日)	中央电视台综合频道	1.8	4.8
8	中国成语大会 2014(5 月 11 日)	中央电视台综合频道	1.6	4.4
9	中央电视台特别节目:从雁栖湖到太平洋——习近平主席大洋洲之行综述	中央电视台综合频道	1.6	4.3
10	中央电视台特别节目:一带一路千年的时空穿越	中央电视台综合频道	1.5	4.1
11	寻找最美乡村医生大型公益活动	中央电视台综合频道	1.5	3.9
12	寻找最美乡村教师 2014 大型公益活动	中央电视台综合频道	1.4	3.9
13	2014 寻找最美村官颁奖典礼	中央电视台综合频道	1.3	3.6
13	百年潮中国梦	中央电视台综合频道	1.3	3.6
15	作风建设永远在路上——落实八项规定精神正风肃纪纪实	中央电视台综合频道	1.3	3.3
16	好记者讲好故事——2014 年中国记者节特别节目	中央电视台综合频道	1.2	3.1
16	第五届我最喜爱的人民警察评选颁奖典礼	中央电视台综合频道	1.2	3.1
18	寻宝	中央电视台综合频道	1.1	4.9
19	一场别开生面的座谈会——习近平总书记主持召开文艺工作座谈会侧记	中央电视台新闻频道	1.0	2.7
20	中央电视台特别节目:从雁栖湖到太平洋——习近平主席大洋洲之行综述	中央电视台新闻频道	1.0	2.6

表 3.2.19　2014 年全国样本城市市场电影类节目收视率排名前二十位

名次	节目名称	播出频道	平均收视率(%)	平均占有率(%)
1	警察故事 2013(1 月 31 日)	中央台六套	1.9	5.6
2	风暴(2 月 3 日)	中央台六套	1.6	6.0
3	澳门风云(6 月 2 日)	中央台六套	1.6	4.4
4	特殊身份(2 月 8 日)	中央台六套	1.6	3.9
5	金刚王死亡救赎(2 月 5 日)	中央台六套	1.5	4.7
5	无人区(2 月 10 日)	中央台六套	1.5	4.7
7	举起手来(12 月 9 日)	中央台六套	1.5	4.4
8	西游记之大闹天宫(7 月 11 日)	中央台六套	1.5	4.1
9	举起手来之二追击阿多丸(6 月 21 日)	中央台六套	1.5	4.0
10	十二生肖 (2 月 7 日)	中央台六套	1.5	3.8
11	让子弹飞 (1 月 27 日)	中央台六套	1.4	4.9

续表

名次	节目名称	播出频道	平均收视率（%）	平均占有率（%）
12	警察故事2013(3月7日)	中央台六套	1.4	4.8
13	英雄豪杰之苏乞儿(6月29日)	中央台六套	1.4	3.9
14	铁血娇娃(2月5日)	中央台六套	1.4	3.8
14	大海啸之鲨口逃生(7月5日)	中央台六套	1.4	3.8
14	倚天屠龙记之魔教教主(6月20日)	中央台六套	1.4	3.8
14	冷枪(6月19日)	中央台六套	1.4	3.8
14	烈火金刚(6月28日)	中央台六套	1.4	3.8
19	冰封重生之门(7月12日)	中央台六套	1.4	3.7
20	四大名捕二(2月6日)	中央台六套	1.4	3.5

注：多次播出电影取收视率最高值参与排名，括号中为播出日期。

表 3.2.20　2014 年全国样本城市市场综艺节目收视率排名前二十位

名次	节目名称	播出频道	平均收视率（%）	平均占有率（%）
1	中央电视台2014甲午年春节联欢晚会	中央电视台综合频道	11.9	28.5
2	中央电视台2014甲午年元宵晚会	中央电视台综合频道	6.5	15.7
3	中国好声音(10月7日)	浙江卫视	4.7	15.0
4	我是歌手歌王之战(4月4日)	湖南卫视	4.1	13.0
5	星光大道(1月31日)	中央电视台综合频道	3.4	10.3
6	315让消费更有尊严——CCTV2014年3·15晚会	中央电视台综合频道	3.3	8.8
7	爸爸去哪儿第二季	湖南卫视	3.2	15.6
8	苏州月中华情——2014年中央电视台中秋晚会	中央电视台综合频道	3.1	8.5
9	开学第一课	中央电视台综合频道	3.1	8.3
10	元宵喜乐会	湖南卫视	2.7	8.3
11	快乐大本营	湖南卫视	2.7	7.7
12	出彩中国人(3月9日)	中央电视台综合频道	2.7	6.9
13	非诚勿扰	江苏卫视	2.5	8.5
14	2014春节联欢晚会	湖南卫视	2.4	7.8
15	中国好歌曲(1月17日)	中央台三套	2.4	6.0
16	第十届中国金鹰电视艺术节、第二十七届中国电视金鹰奖颁奖晚会	湖南卫视	2.3	7.6
17	2014辽宁卫视春节联欢晚会	辽宁卫视	2.1	7.5
18	奔跑吧兄弟	浙江卫视	2.1	7.4
19	第十届中国金鹰电视艺术节2014互联盛典	湖南卫视	2.1	6.1
20	梦想星搭档总冠军之夜为爱而歌为公益而唱(1月3日)	中央电视台综合频道	2.1	5.6

表 3.2.21　2014 年全国样本城市市场体育节目收视率排名前二十位
（世界杯、亚运会、亚残运会比赛除外）

名次	节目名称	播出频道	平均收视率（%）	平均占有率（%）
1	2014 第二届夏季青年奥林匹克运动会开幕式	中央电视台综合频道	2.8	7.6
2	2014 年索契冬奥会短道速滑男子 1000 米决赛	中央台五套	2.6	6.3
3	2014 第二届夏季青年奥林匹克运动会闭幕式	中央电视台综合频道	2.0	5.4
4	2014 年澳大利亚网球公开赛女单决赛	中央台五套	1.8	11.8
5	2014 年世界乒乓球团体锦标赛女团决赛	中央台五套	1.5	5.0
6	2014 年南美超级德比杯（阿根廷 VS 巴西）	中央台五套	1.4	3.8
7	2013/2014 赛季中国男子篮球职业联赛总决赛第六场（新疆广汇汽车 VS 北京金隅）	中央台五套	1.3	3.4
8	2015 年亚洲杯预选赛 C 组（中国队 VS 伊拉克队）	中央台五套	1.2	7.2
9	2014 年斯诺克中国公开赛颁奖仪式	中央台五套	1.2	6.0
10	2014 年斯诺克中国公开赛决赛第二阶段	中央台五套	1.2	3.5
11	2014 年亚冠联赛 1/4 决赛次回合（西悉尼巡游者 VS 广州恒大）	中央台五套	1.2	3.3
12	2013/2014 赛季 NBA 季后赛第六场（火箭 VS 开拓者）	中央台五套	1.1	7.8
13	2014 年索契冬奥会自由式滑雪女子空中技巧资格赛	中央台五套	1.1	3.7
14	2014 年世界体操锦标赛女团决赛	中央台五套	1.1	3.1
15	2014 年南京青奥会女子 48 公斤级举重决赛	中央台五套	1.1	3.0
16	2014 年 CBA 全明星赛扣篮大赛	中央台五套	1.0	2.4
17	2014 年尤伯杯世界羽毛球女子团体锦标赛决赛第一场	中央台五套	0.9	3.3
18	2014 年中国之队国际足球热身赛（中国 VS 洪都拉斯）	中央台五套	0.9	2.6
19	2014 年国际田联世界田径挑战赛北京站男子 110 米栏	中央台五套	0.9	2.5
19	2014 年南京青奥会体操女子个人全能决赛	中央台五套	0.9	2.5

表 3.2.22　2014 年全国样本城市市场世界杯比赛收视率排名前二十位

名次	节目名称	播出频道	平均收视率（%）	平均占有率（%）
1	我爱世界杯:2014 年巴西世界杯决赛（德国 VS 阿根廷）	中央台五套	3.4	57.8
2	我爱世界杯:2014 年巴西世界杯 1/4 决赛（德国 VS 法国）	中央台五套	2.8	35.5
3	我爱世界杯:2014 年巴西世界杯 1/4 决赛（阿根廷 VS 比利时）	中央台五套	2.7	34.8
4	我爱世界杯:2014 年巴西世界杯半决赛（荷兰 VS 阿根廷）	中央台五套	2.6	55.4
5	我爱世界杯:2014 年巴西世界杯 D 组赛（英格兰 VS 意大利）	中央台五套	2.6	42.3
6	我爱世界杯:2014 年巴西世界杯 1/8 决赛（巴西 VS 智利）	中央台五套	2.5	37.6
7	我爱世界杯:2014 年巴西世界杯小组赛 C 组（科特迪瓦 VS 日本）	中央台五套	2.5	22.2
8	我爱世界杯:2014 年世界杯小组赛 G 组（德国 VS 葡萄牙）	中央台五套	2.2	35.6
9	我爱世界杯:2014 年巴西世界杯 1/8 决赛（荷兰 VS 墨西哥）	中央台五套	2.2	35.5
10	我爱世界杯:2014 年巴西世界杯半决赛（巴西 VS 德国）	中央台五套	2.1	60.8
11	我爱世界杯:2014 年世界杯小组赛 D 组（乌拉圭 VS 意大利）	中央台五套	2.1	38.4
12	我爱世界杯:2014 年巴西世界杯 1/8 决赛（瑞士 VS 阿根廷）	中央台五套	2.1	37.7
13	我爱世界杯:2014 年世界杯小组赛 F 组（阿根廷 VS 伊朗）	中央台五套	2.1	30.3
14	我爱世界杯:2014 年世界杯小组赛 F 组（尼日利亚 VS 阿根廷）	中央台五套	2.0	37.2
15	我爱世界杯:2014 年世界杯小组赛 B 组（荷兰 VS 智利）	中央台五套	2.0	35.1
16	我爱世界杯:2014 年世界杯小组赛 D 组（意大利 VS 哥斯达黎加）	中央台五套	2.0	28.8
17	我爱世界杯:2014 年世界杯小组赛 F 组（阿根廷 VS 波黑）	中央台五套	1.9	35.5
18	我爱世界杯:2014 年巴西世界杯 1/8 决赛（法国 VS 尼日利亚）	中央台五套	1.9	32.4
19	我爱世界杯:2014 年世界杯小组赛 G 组（美国 VS 德国）	中央台五套	1.8	32.0
20	我爱世界杯:2014 年巴西世界杯 B 组赛（澳大利亚 VS 荷兰）	中央台五套	1.7	31.5

表 3.2.23 2014 年全国样本城市市场亚运会、亚残运会比赛收视率排名前二十位

名次	节目名称	播出频道	平均收视率(%)	平均占有率(%)
1	2014 年仁川亚运会男子 1500 米自由泳决赛	中央台五套	2.8	11.2
2	2014 年仁川亚运会男子 3000 米障碍决赛	中央台五套	2.2	6.7
3	2014 年仁川亚运会举重女子 75 公斤以上级决赛	中央台五套	1.8	4.7
4	2014 年仁川亚运会羽毛球男团决赛	中央台五套	1.7	5.5
5	2014 年仁川亚运会体操男子吊环决赛	中央台五套	1.7	4.7
6	2014 年仁川亚运会女子沙滩排球决赛(中国 VS 泰国)	中央台五套	1.7	4.5
7	2014 年仁川亚运会女排决赛(中国队 VS 韩国队)	中央台五套	1.6	6.0
8	2014 年仁川亚运会开幕式	中央台五套	1.4	4.6
9	2014 年仁川亚运会乒乓球女子双打决赛	中央台五套	1.3	6.6
10	2014 年仁川亚运会闭幕式	中央台五套	1.3	4.7
11	2014 年仁川亚运会跳水女子 3 米板决赛	中央台五套	1.2	4.0
12	2014 年仁川亚运会男足 1/8 决赛(泰国队 VS 中国队)	中央台五套	1.1	3.0
13	2014 年仁川亚运会跆拳道男子 68 公斤级决赛	中央台五套	1.0	7.1
14	2014 年仁川亚运会男篮复赛(日本 VS 中国)	中央台五套	1.0	2.9
15	2014 年仁川亚运会击剑女子花剑半决赛	中央台五套	1.0	2.7
16	2014 年仁川亚运会男子蹦床决赛	中央台五套	0.9	7.4
17	2014 年仁川亚运会场地自行车男子团体追逐赛决赛	中央台五套	0.8	6.5
18	2014 年仁川亚运会射击男子 50 米步枪三姿决赛	中央台五套	0.8	5.2
19	全景亚运会	中央台五套	0.7	2.9
20	2014 年仁川亚运会柔道女子 52 公斤级决赛	中央台五套	0.7	1.9

三、安徽收视数据

表 3.3.1 2010～2014 年安徽市场各类频道的市场占有率（%）

频道类别	年份				
	2010 年	2011 年	2012 年	2013 年	2014 年
中央台频道	29.3	27.3	31.0	34.5	35.6
中国教育台频道	0.5	0.8	0.9	0.8	0.5
安徽省级频道	36.0	39.5	33.4	28.0	27.3
其他省级卫视频道	22.5	24.0	29.0	31.2	31.9
其他频道	11.7	8.4	5.7	5.6	4.7

表 3.3.2 2014 年安徽市场各类频道在不同目标观众中的市场占有率（%）

目标观众		中央台频道	中国教育台频道	安徽省级频道	其他省级卫视频道	其他频道
4 岁及以上所有人		35.6	0.5	27.3	31.9	4.7
城乡	城市	41.9	0.3	29.5	23.6	4.7
	农村	32.7	0.6	26.3	35.8	4.7
性别	男	39.5	0.5	26.4	28.8	4.9
	女	31.8	0.6	28.2	35.0	4.4
年龄	4～14 岁	44.4	0.7	13.1	39.5	2.3
	15～24 岁	26.5	0.6	25.0	43.9	4.0
	25～34 岁	32.9	0.5	22.0	39.2	5.5
	35～44 岁	34.3	0.8	23.8	37.7	3.4
	45～54 岁	33.4	0.7	33.3	28.0	4.6
	55～64 岁	35.5	0.2	34.8	23.8	5.7
	65 岁及以上	41.2	0.2	33.4	18.3	6.9
教育程度	未受过正规教育	37.6	0.4	29.4	26.6	6.0
	小学	35.5	0.5	27.9	31.7	4.4
	初中	32.4	0.6	26.9	36.0	4.1
	高中	38.8	0.5	26.4	29.6	4.7
	大学及以上	41.9	0.3	26.0	25.6	6.3
职业类别	干部/管理人员	45.8	0.6	26.3	21.4	5.9
	个体/私营企业人员	31.0	0.4	27.2	36.4	5.0
	初级公务员/雇员	38.6	0.5	28.5	26.0	6.3
	工人	33.0	0.5	28.5	34.9	3.0
	学生	40.1	0.8	15.3	41.1	2.8
	无业	39.2	0.4	29.2	27.4	3.9
	其他	32.2	0.6	30.0	30.9	6.3
个人月收入	0～300 元	35.8	0.6	24.0	35.7	3.9
	301～900 元	33.8	0.6	29.8	29.0	6.8
	901～1700 元	32.8	0.5	31.6	30.3	4.8
	1701～2600 元	36.9	0.3	26.2	32.2	4.4
	2601～3500 元	39.6	0.5	28.6	27.3	4.0
	3501 元及以上	37.3	0.4	25.3	31.3	5.8

表 3.3.3　2014 年安徽市场各类频道在不同时段的市场占有率（%）

时间段	中央台频道	中国教育台频道	安徽省级频道	其他省级卫视频道	其他频道
02:00～03:00	49.3	0.3	11.7	35.3	3.4
03:00～04:00	55.8	0.2	12.2	28.9	2.9
04:00～05:00	58.8	0.1	7.0	27.7	6.4
05:00～06:00	53.3	0.0	16.9	26.7	3.1
06:00～07:00	46.6	0.3	30.2	20.3	2.6
07:00～08:00	48.6	0.1	34.8	14.5	2.0
08:00～09:00	51.6	0.2	18.9	24.8	4.5
09:00～10:00	46.5	0.4	17.6	30.2	5.3
10:00～11:00	43.0	0.5	18.8	31.5	6.2
11:00～12:00	43.3	0.5	29.1	22.4	4.7
12:00～13:00	52.6	0.4	26.5	17.5	3.0
13:00～14:00	45.8	0.7	22.4	26.2	4.9
14:00～15:00	38.2	0.7	15.6	37.8	7.7
15:00～16:00	38.3	0.5	14.2	38.3	8.7
16:00～17:00	39.4	0.4	14.6	36.3	9.3
17:00～18:00	42.8	0.3	24.7	26.8	5.4
18:00～19:00	38.0	0.2	45.7	12.8	3.3
19:00～20:00	40.8	0.4	31.2	24.0	3.6
20:00～21:00	24.9	0.9	27.5	42.5	4.2
21:00～22:00	25.2	0.6	24.4	44.7	5.1
22:00～23:00	28.1	0.3	20.9	42.9	7.8
23:00～24:00	35.5	0.1	15.2	40.8	8.4
24:00～25:00	46.0	0.2	14.4	28.9	10.5
25:00～26:00	53.1	0.4	9.8	28.5	8.2

表 3.3.4　2014 年安徽市场收视份额排名前十位的频道

名次	频道名称	收视份额(%)
1	安徽卫视	13.2
2	中央电视台综合频道	10.3
3	湖南卫视	7.9
4	中央电视台少儿频道	5.9
5	安徽经视	4.9
6	安徽公共	3.8
7	中央电视台新闻频道	3.1
7	安徽影视	3.1
9	江苏卫视	2.9
10	中央台十二套	2.8

表 3.3.5　2014 年安徽市场主要频道的观众构成（%）

目标观众		所有频道	主要频道				
			安徽卫视	中央电视台综合频道	湖南卫视	中央电视台少儿频道	安徽经视
4 岁及以上所有人		100.0	100.0	100.0	100.0	100.0	100.0
城乡	城市	32.0	35.5	44.0	17.0	25.1	36.8
	乡村	68.0	64.5	56.0	83.0	74.9	63.2
性别	男	49.8	47.6	54.0	36.4	53.8	43.5
	女	50.2	52.4	46.0	63.6	46.2	56.5
年龄	4～14 岁	11.1	5.5	7.1	17.9	54.7	3.5
	15～24 岁	10.1	7.9	7.2	22.7	4.4	8.9
	25～34 岁	11.5	10.7	9.4	16.2	12.5	7.9
	35～44 岁	19.9	19.9	16.8	25.6	9.2	14.5
	45～54 岁	16.4	17.0	16.0	8.6	7.6	19.7
	55～64 岁	15.2	19.2	18.5	6.1	8.2	20.4
	65 岁及以上	15.9	19.8	25.0	3.0	3.5	25.0
教育程度	未受过正规教育	10.4	9.4	10.9	6.0	19.3	18.1
	小学	27.8	28.4	23.0	27.5	47.5	27.3
	初中	37.3	37.8	35.6	44.4	21.7	36.1
	高中	15.3	15.9	18.2	14.3	6.6	10.1
	大学及以上	9.1	8.5	12.3	7.7	5.0	8.4
职业类别	干部/管理人员	1.8	1.7	2.5	1.1	0.9	2.5
	个体/私营企业人员	13.4	13.7	10.4	17.6	7.0	9.8
	初级公务员/雇员	8.0	8.3	9.6	6.6	3.3	7.0
	工人	12.8	14.1	12.8	14.1	4.7	10.5
	学生	11.8	6.7	8.6	23.6	41.4	4.2
	无业	25.3	26.6	31.5	15.3	25.2	32.1
	其他	26.9	29.0	24.6	21.7	17.5	34.0
个人月收入	0～300 元	31.4	27.7	25.1	42.1	68.0	30.3
	301～900 元	14.3	15.4	13.5	11.2	8.9	17.9
	901～1700 元	20.1	23.0	20.3	16.7	9.7	23.3
	1701～2600 元	17.3	16.8	22.3	14.6	6.6	15.0
	2601～3500 元	10.4	11.5	11.4	9.5	4.3	8.4
	3501 元及以上	6.5	5.6	7.3	5.8	2.5	5.1

表 3.3.6　2012～2014 年安徽市场各类节目的播出份额（%）和收视份额（%）

节目类型	2012 年		2013 年		2014 年	
	播出份额	收视份额	播出份额	收视份额	播出份额	收视份额
财经	2.2	0.5	1.9	0.4	1.7	0.3
电视剧	21.0	33.4	21.6	32.7	21.0	33.6
电影	3.9	2.0	4.2	2.1	3.7	2.2
法制	0.9	1.1	1.0	1.4	1.4	1.6
教学	0.3	0.0	0.3	0.0	0.3	0.0
青少	7.0	5.0	6.3	6.1	6.7	5.6
生活服务	8.7	7.5	9.1	7.6	9.8	8.3
体育	1.5	1.2	1.8	0.8	2.6	0.9
外语	0.0	0.0	0.0	0.0	0.0	0.0
戏剧	1.0	0.4	0.8	0.3	0.7	0.3
新闻/时事	15.6	17.9	15.6	17.3	15.2	16.9
音乐	2.6	0.5	2.4	0.5	2.4	0.4
专题	11.8	4.8	10.9	4.0	11.9	4.2
综艺	9.2	9.2	9.4	9.4	9.0	9.4
其他	14.4	16.5	14.8	17.4	13.8	16.6

表 3.3.7　2014 年安徽市场所有节目收视率排名前三十位

名次	节目名称	节目类型	播出频道	平均收视率（%）	平均占有率（%）
1	中央电视台 2014 甲午年春节联欢晚会	综艺	中央电视台综合频道	18.6	56.2
2	新闻联播	新闻	中央电视台综合频道	8.2	25.3
3	利箭纵横	电视剧	安徽卫视	6.2	16.3
4	大丈夫	电视剧	安徽卫视	6.1	15.4
5	功夫	电影	安徽卫视	6.1	13.7
6	望海的女人	电视剧	安徽卫视	6.0	15.4
7	天气预报	生活服务	中央电视台综合频道	6.0	14.9
8	卫子夫	电视剧	安徽卫视	5.9	15.8
9	我的儿子是奇葩	电视剧	安徽卫视	5.8	15.4
10	爱情公寓四	电视剧	安徽卫视	5.8	13.8
11	十月围城	电视剧	安徽卫视	5.7	15.2
12	因为爱情有奇缘	电视剧	湖南卫视	5.5	15.9
13	雪豹坚强岁月	电视剧	安徽卫视	5.5	15.3
14	不见不散	电影	安徽卫视	5.4	13.6
15	我爱男闺蜜	电视剧	安徽卫视	5.4	13.4
16	青年医生	电视剧	安徽卫视	5.3	14.9
17	生活启示录	电视剧	安徽卫视	5.3	14.2
18	超级笑星大拜年	综艺	安徽卫视	5.3	12.0
19	虎口拔牙	电视剧	安徽卫视	5.2	14.2
20	幸福美丽绽放	电视剧	安徽卫视	5.2	13.9
21	生活启示录首映大典	综艺	安徽卫视	5.2	12.6
22	中央电视台 2014 甲午年元宵晚会	综艺	中央电视台综合频道	5.1	12.7
23	爱情公寓 4 首映大典	综艺	安徽卫视	5.0	13.4
24	生活启示录徽字文化精品的时代远征	综艺	安徽卫视	5.0	13.2
25	万马奔腾幸福年——2014 安徽卫视春节联欢会	综艺	安徽卫视	4.9	15.8
26	心动 2013：安徽年度新闻人物颁奖典礼	综艺	安徽卫视	4.9	13.5
27	虎刺红	电视剧	安徽卫视	4.9	13.2
28	一场别开生面的座谈会——习近平总书记主持召开文艺工作座谈会侧记	专题	中央电视台综合频道	4.9	12.8
29	中央军委慰问驻京部队老干部迎新春文艺演出	综艺	中央电视台综合频道	4.8	11.9
30	习近平主席在柏林发表重要演讲	新闻	中央电视台综合频道	4.8	10.4

表 3.3.8　2014 年安徽市场电视剧收视率排名前十位

名次	节目名称	播出频道	平均收视率（%）	平均占有率（%）
1	利箭纵横	安徽卫视	6.2	16.3
2	大丈夫	安徽卫视	6.1	15.4
3	望海的女人	安徽卫视	6.0	15.4
4	卫子夫	安徽卫视	5.9	15.8
5	我的儿子是奇葩	安徽卫视	5.8	15.4
6	爱情公寓四	安徽卫视	5.8	13.8
7	十月围城	安徽卫视	5.7	15.2
8	因为爱情有奇缘	湖南卫视	5.5	15.9
9	雪豹坚强岁月	安徽卫视	5.5	15.3
10	我爱男闺蜜	安徽卫视	5.4	13.4

表 3.3.9　2014 年安徽市场新闻节目收视率排名前十位

名次	节目名称	播出频道	平均收视率（%）	平均占有率（%）
1	新闻联播	中央电视台综合频道	8.2	25.3
2	习近平主席在柏林发表重要演讲	中央电视台综合频道	4.8	10.4
3	习近平主席在中法建交 50 周年纪念大会上发表重要讲话	中央电视台综合频道	4.7	10.0
4	焦点访谈	中央电视台综合频道	4.6	11.1
5	习近平主席在联合国教科文组织总部发表演讲	中央电视台综合频道	4.6	10.1
6	习近平主席在欧洲学院发表重要演讲	中央电视台综合频道	4.6	9.6
7	守望相助，共创中蒙关系发展新时代——习近平在蒙古国家大呼拉尔演讲	中央电视台综合频道	4.5	11.3
8	习近平主席在印度新德里发表重要演讲	中央电视台综合频道	4.2	10.2
9	转播中央台新闻联播	安徽卫视	4.1	12.6
10	安徽新闻联播	安徽卫视	3.9	19.7

表 3.3.10　2014 年安徽市场专题节目收视率排名前十位

名次	节目名称	播出频道	平均收视率（%）	平均占有率（%）
1	一场别开生面的座谈会——习近平总书记主持召开文艺工作座谈会侧记	中央电视台综合频道	4.9	12.8
2	中央电视台特别节目：新的中拉时间开始了	中央电视台综合频道	4.4	10.6
3	中央电视台特别节目：一桥飞架中欧	中央电视台综合频道	4.2	9.1
4	中央电视台特别节目：从雁栖湖到太平洋——习近平主席大洋洲之行综述	中央电视台综合频道	3.8	8.6
5	中国成语大会 2014（5 月 18 日）	中央电视台综合频道	3.8	8.0
6	中国汉字听写大会 2014（7 月 27 日）	中央电视台综合频道	3.3	8.5
7	爱传万家说出你的故事	安徽卫视	3.2	10.8
8	寻找最美乡村医生大型公益活动	中央电视台综合频道	3.2	8.2
9	中央电视台特别节目：一带一路千年的时空穿越	中央电视台综合频道	3.0	7.1
10	中国谜语大会（2 月 13 日）	中央电视台综合频道	2.7	7.0

表 3.3.11　2014 年安徽市场综艺节目收视率排名前十位

名次	节目名称	播出频道	平均收视率(%)	平均占有率(%)
1	中央电视台 2014 甲午年春节联欢晚会	中央电视台综合频道	18.6	56.2
2	超级笑星大拜年	安徽卫视	5.3	12.0
3	生活启示录首映大典	安徽卫视	5.2	12.6
4	中央电视台 2014 甲午年元宵晚会	中央电视台综合频道	5.1	12.7
5	爱情公寓 4 首映大典	安徽卫视	5.0	13.4
6	生活启示录徽字文化精品的时代远征	安徽卫视	5.0	13.2
7	万马奔腾幸福年——2014 安徽卫视春节联欢会	安徽卫视	4.9	15.8
8	心动 2013:安徽年度新闻人物颁奖典礼	安徽卫视	4.9	13.5
9	中央军委慰问驻京部队老干部迎新春文艺演出	中央电视台综合频道	4.8	11.9
10	快乐大本营	湖南卫视	4.7	14.3

表 3.3.12　2014 年安徽市场体育节目收视率排名前十位

名次	节目名称	播出频道	平均收视率(%)	平均占有率(%)
1	2014 第二届夏季青年奥林匹克运动会开幕式	中央电视台综合频道	3.8	10.5
2	2014 第二届夏季青年奥林匹克运动会闭幕式	中央电视台综合频道	3.2	7.9
3	谁是球王总决赛	中央电视台综合频道	1.4	3.8
4	2014 年仁川亚运会举重女子 75 公斤以上级决赛	中央台五套	1.1	2.6
5	2014 年仁川亚运会男子 5000 米决赛	中央台五套	1.1	2.5
6	我爱世界杯:2014 年巴西世界杯小组赛 F 组(阿根廷 VS 伊朗)	中央台五套	0.9	11.4
7	2014 年仁川亚运会男足 1/8 决赛	中央台五套	0.9	2.4
8	2014 年青奥会女子七人制橄榄球小组赛	中央台五套	0.8	2.3
9	2014 年仁川亚运会体操男子自由操决赛	中央台五套	0.8	2.0
10	2014 年南京青奥会体操男子鞍马决赛	中央台五套	0.8	1.8

四、福建收视数据

表 3.4.1　2010～2014 年福建市场各类频道的市场占有率（%）

频道类别	年份				
	2010 年	2011 年	2012 年	2013 年	2014 年
中央台频道	25.1	23.3	26.9	27.8	30.3
中国教育台频道	0.3	0.4	0.4	0.3	0.3
福建省级频道	35.8	35.2	34.3	33.6	30.0
其他省级卫视频道	23.1	29.7	27.8	27.3	27.6
其他频道	15.8	11.4	10.6	11.0	11.8

表 3.4.2　2014 年福建市场各类频道在不同目标观众中的市场占有率（%）

目标观众		中央台频道	中国教育台频道	福建省级频道	其他省级卫视频道	其他频道
4 岁及以上所有人		30.3	0.3	30.0	27.6	11.8
城乡	城市	36.2	0.3	10.5	32.6	20.4
	农村	28.3	0.3	36.6	25.8	9.0
性别	男	33.0	0.3	28.1	26.8	11.8
	女	27.6	0.3	32.0	28.3	11.8
年龄	4～14 岁	24.7	0.3	31.8	34.4	8.8
	15～24 岁	30.0	0.3	27.3	31.7	10.7
	25～34 岁	30.0	0.3	29.3	29.1	11.3
	35～44 岁	28.0	0.3	35.3	26.1	10.3
	45～54 岁	29.8	0.3	28.9	27.9	13.1
	55～64 岁	37.6	0.4	26.1	22.9	13.0
	65 岁及以上	33.7	0.4	28.8	20.8	16.3
教育程度	未受过正规教育	26.1	0.3	36.0	25.4	12.2
	小学	28.5	0.4	32.3	26.5	12.3
	初中	29.2	0.3	31.7	28.6	10.2
	高中	36.1	0.4	21.5	29.7	12.3
	大学及以上	43.7	0.2	12.9	26.6	16.6
职业类别	干部/管理人员	49.8	0.2	9.6	29.5	10.9
	个体/私营企业人员	35.8	0.4	25.2	26.3	12.3
	初级公务员/雇员	37.3	0.3	18.1	30.4	13.9
	工人	31.4	0.5	27.7	28.4	12.0
	学生	25.3	0.3	28.8	37.5	8.1
	无业	33.5	0.3	24.8	27.8	13.6
	其他	22.3	0.3	44.9	22.2	10.3
个人月收入	0～300 元	27.1	0.3	30.8	31.1	10.7
	301～900 元	26.3	0.3	41.7	21.6	10.1
	901～1700 元	27.5	0.3	38.5	23.0	10.7
	1701～2600 元	34.3	0.4	24.3	26.9	14.1
	2601～3500 元	38.3	0.3	20.5	27.9	13.0
	3501 元及以上	39.9	0.5	12.6	31.7	15.3

表 3.4.3　2014 年福建市场各类频道不同时段的市场占有率（%）

时间段	中央台频道	中国教育台频道	福建省级频道	其他省级卫视频道	其他频道
02:00~03:00	28.9	1.7	13.9	37.0	18.5
03:00~04:00	29.4	1.1	14.6	35.2	19.7
04:00~05:00	29.9	0.7	16.1	34.6	18.7
05:00~06:00	32.3	0.3	15.6	36.3	15.5
06:00~07:00	49.5	0.2	10.5	27.6	12.2
07:00~08:00	52.2	0.1	9.4	25.5	12.8
08:00~09:00	46.3	0.1	8.1	33.0	12.5
09:00~10:00	38.3	0.1	8.5	40.2	12.9
10:00~11:00	38.2	0.4	8.2	41.4	11.8
11:00~12:00	43.1	0.4	6.3	39.5	10.7
12:00~13:00	47.0	0.7	4.9	35.0	12.4
13:00~14:00	44.5	0.9	5.6	38.2	10.8
14:00~15:00	36.8	1.0	7.3	42.7	12.2
15:00~16:00	35.8	0.7	7.2	43.1	13.2
16:00~17:00	36.0	0.2	7.4	44.5	11.9
17:00~18:00	37.4	0.1	21.1	30.4	11.0
18:00~19:00	26.2	0.1	54.0	8.0	11.7
19:00~20:00	26.4	0.1	50.6	12.6	10.3
20:00~21:00	20.0	0.4	45.9	23.1	10.6
21:00~22:00	21.5	0.3	39.0	27.6	11.6
22:00~23:00	27.3	0.4	24.1	34.2	14.0
23:00~24:00	32.0	0.2	16.4	38.6	12.8
24:00~25:00	34.9	0.2	14.8	35.3	14.8
25:00~26:00	33.9	1.2	12.9	35.0	17.0

表 3.4.4　2014 年福建市场收视份额排名前十位的频道

名次	频道名称	收视份额(%)
1	东南卫视	8.4
2	福建省广播影视集团综合频道	7.5
3	中央电视台综合频道	5.4
4	福建省广播影视集团电视剧频道	5.0
5	湖南卫视	4.4
6	中央台六套	4.1
7	福建省广播影视集团新闻频道	4.0
8	中央电视台少儿频道	3.6
9	中央台八套	3.5
10	湖南电视台金鹰卡通频道	3.2

表 3.4.5　2014 年福建市场各主要频道的观众构成（%）

目标观众		所有频道	主要频道				
			东南卫视	福建省广播影视集团综合频道	中央电视台综合频道	福建省广播影视集团电视剧频道	湖南卫视
4 岁及以上所有人		100.0	100.0	100.0	100.0	100.0	100.0
城乡	城市	25.3	4.9	5.0	29.0	13.9	27.1
	农村	74.7	95.1	95.0	71.0	86.1	72.9
性别	男	50.5	49.6	48.1	52.4	36.2	36.9
	女	49.5	50.4	51.9	47.6	63.8	63.1
年龄	4~14 岁	14.1	13.4	15.5	9.8	12.4	21.9
	15~24 岁	9.1	9.4	6.0	9.0	10.5	19.8
	25~34 岁	13.9	15.1	10.4	14.4	14.4	15.1
	35~44 岁	18.9	22.5	25.5	12.0	13.6	19.6
	45~54 岁	19.6	20.5	17.3	19.3	24.5	13.7
	55~64 岁	14.3	13.0	13.0	19.3	14.5	5.5
	65 岁及以上	10.2	6.0	12.4	16.3	10.1	4.4
教育程度	未受过正规教育	14.4	20.4	16.9	13.7	13.8	10.9
	小学	30.1	31.0	31.7	24.7	39.1	27.2
	初中	34.9	34.5	41.2	31.0	32.4	43.7
	高中	15.8	11.9	8.2	21.6	13.1	12.8
	大学及以上	4.9	2.2	2.0	9.0	1.7	5.4
职业类别	干部/管理人员	1.7	0.7	0.3	2.5	0.6	2.6
	个体/私营企业人员	11.0	11.5	6.5	10.2	4.5	9.6
	初级公务员/雇员	7.5	2.9	2.7	9.7	5.5	7.7
	工人	14.0	9.5	13.3	12.7	18.1	10.6
	学生	10.5	7.8	10.0	7.2	8.4	23.9
	无业	30.0	23.4	23.3	40.8	27.7	29.9
	其他	25.3	44.2	44.0	16.9	35.0	15.8
个人月收入	0~300 元	36.2	37.3	40.0	35.2	30.7	53.3
	301~900 元	10.6	14.7	17.4	8.9	13.7	5.9
	901~1700 元	18.7	27.3	19.7	17.1	25.6	12.1
	1701~2600 元	18.5	13.5	12.9	19.1	20.7	12.6
	2601~3500 元	9.1	4.4	8.1	11.5	7.3	7.4
	3501 元及以上	6.9	2.9	1.8	8.2	2.0	8.7

表 3.4.6　2012~2014 年福建市场各类节目的播出份额（%）和收视份额（%）

节目类别	2012 年		2013 年		2014 年	
	播出份额	收视份额	播出份额	收视份额	播出份额	收视份额
财经	2.4	0.9	2.2	0.7	2.0	0.5
电视剧	21.3	36.2	21.5	33.0	19.7	32.7
电影	3.7	3.5	4.2	3.7	4.0	4.5
法制	0.7	0.7	0.8	0.8	0.8	0.6
教学	0.4	0.1	0.3	0.0	0.3	0.0
青少	7.3	6.3	6.8	8.3	7.2	7.1
生活服务	8.8	6.9	10.1	7.5	11.3	8.6
体育	2.1	1.9	2.3	1.0	3.3	1.1
外语	0.0	0.0	0.0	0.0	0.0	0.0
戏剧	1.0	0.2	0.8	0.2	0.7	0.2
新闻/时事	15.2	16.3	14.7	15.4	14.3	14.4
音乐	2.6	0.5	2.4	0.5	2.4	0.6
专题	11.6	4.9	10.9	6.5	12.1	7.6
综艺	8.7	8.6	8.6	9.0	8.8	8.8
其他	14.1	13.1	14.5	13.4	13.1	13.3

表 3.4.7　2014 年福建市场所有节目收视率排名前三十位

名次	节目名称	节目类型	播出频道	平均收视率（%）	平均占有率（%）
1	一年又一年	专题	东南卫视	7.6	15.4
2	戏点鸳鸯	电视剧	东南卫视	7.5	17.1
3	错点鸳鸯	电视剧	东南卫视	7.4	17.1
4	新闺蜜时代	电视剧	东南卫视	6.6	15.1
5	大南迁	电视剧	东南卫视	6.5	16.9
6	望海的女人	电视剧	东南卫视	6.5	15.2
7	隋唐英雄第四部	电视剧	东南卫视	6.4	16.1
8	秀秀的男人	电视剧	东南卫视	6.3	15.3
9	代号九耳犬	电视剧	福建省广播影视集团综合频道	6.2	14.7
10	铁血尖刀	电视剧	福建省广播影视集团综合频道	6.2	14.0
11	天气预报	生活服务	东南卫视	6.2	12.6
12	产科男医生	电视剧	东南卫视	6.1	15.9
13	武林猛虎	电视剧	东南卫视	6.1	14.5
14	旅游气象	生活服务	福建省广播影视集团综合频道	5.9	15.0
15	娘心计	电视剧	东南卫视	5.9	13.9
16	完美新娘	电视剧	东南卫视	5.9	13.7
17	中央电视台 2014 甲午年春节联欢晚会	综艺	中央电视台综合频道	5.8	12.2
18	非缘勿扰	电视剧	福建省广播影视集团综合频道	5.7	14.5
19	喜事成双	电视剧	福建省广播影视集团综合频道	5.7	13.6
20	老妈的三国时代	电视剧	东南卫视	5.6	15.1
21	首付	电视剧	东南卫视	5.6	14.7
22	虎寨传奇	电视剧	福建省广播影视集团综合频道	5.6	13.3
23	东南气象快讯	生活服务	东南卫视	5.5	17.2
24	有你才幸福	电视剧	福建省广播影视集团综合频道	5.5	14.3
25	出关	电视剧	福建省广播影视集团综合频道	5.5	13.2
26	潜伏	电视剧	福建省广播影视集团综合频道	5.4	14.0
27	食来孕转	电视剧	东南卫视	5.3	13.9
28	婚战	电视剧	福建省广播影视集团综合频道	5.3	12.4
29	海峡两岸	专题	福建省广播影视集团综合频道	5.2	15.0
30	爱情面前谁怕谁	电视剧	东南卫视	5.2	11.8

表 3.4.8　2014 年福建市场电视剧收视率排名前十位

名次	节目名称	播出频道	平均收视率（%）	平均占有率（%）
1	戏点鸳鸯	东南卫视	7.5	17.1
2	错点鸳鸯	东南卫视	7.4	17.1
3	新闺蜜时代	东南卫视	6.6	15.1
4	大南迁	东南卫视	6.5	16.9
5	望海的女人	东南卫视	6.5	15.2
6	隋唐英雄第四部	东南卫视	6.4	16.1
7	秀秀的男人	东南卫视	6.3	15.3
8	代号九耳犬	福建省广播影视集团综合频道	6.2	14.7
9	铁血尖刀	福建省广播影视集团综合频道	6.2	14.0
10	产科男医生	东南卫视	6.1	15.9

表 3.4.9 2014 年福建市场新闻节目收视率排名前十位

名次	节目名称	播出频道	平均收视率（%）	平均占有率（%）
1	福建省十二届人大二次会议、福建省政协十一届二次会议特别报道	福建省广播影视集团综合频道	5.1	11.3
2	福建新闻联播	福建省广播影视集团综合频道	4.9	12.7
3	转播中央台新闻联播	东南卫视	4.8	14.0
4	福建卫视新闻	东南卫视	4.5	15.6
5	海峡夜航	东南卫视	3.2	8.9
6	环球报道	福建省广播影视集团新闻频道	3.0	8.6
7	现场	福建省广播影视集团新闻频道	2.7	9.2
8	315 国际消费者权益日春天的力量	福建省广播影视集团新闻频道	2.6	9.2
9	新闻 21:00	福建省广播影视集团新闻频道	2.4	5.8
10	看东岸	福建省广播影视集团新闻频道	2.2	5.5

表 3.4.10 2014 年福建市场专题节目收视率排名前十位

名次	节目名称	播出频道	平均收视率（%）	平均占有率（%）
1	一年又一年	东南卫视	7.6	15.4
2	海峡两岸	福建省广播影视集团综合频道	5.2	15.0
3	第 1 帮帮团	福建省广播影视集团综合频道	5.0	15.7
4	大山深处领路人陈其伟	福建省广播影视集团综合频道	5.0	13.0
5	海峡两岸(7 月 16 日)	东南卫视	4.0	12.2
6	八闽榜样一代宗师潘懋元	福建省广播影视集团综合频道	3.8	9.8
7	国魂——社会主义核心价值观	东南卫视	2.5	7.7
8	福满人间	福建省广播影视集团新闻频道	2.4	6.0
9	中国谜语大会(2 月 12 日)	中央电视台综合频道	2.4	5.7
10	致青春	东南卫视	2.2	10.9

表 3.4.11 2014 年福建市场综艺节目收视率排名前十位

名次	节目名称	播出频道	平均收视率（%）	平均占有率（%）
1	中央电视台 2014 甲午年春节联欢晚会	中央电视台综合频道	5.8	12.2
2	F1 幸运星	福建省广播影视集团综合频道	4.4	10.3
3	辣妈不一样	福建省广播影视集团综合频道	4.1	10.3
4	急速斗阵行	福建省广播影视集团综合频道	3.6	9.2
5	我是歌手歌王之战	湖南卫视	3.5	10.0
6	唱吧唱吧	福建省广播影视集团综合频道	3.5	9.2
7	超人 13 猜	东南卫视	3.4	10.6
8	宝贝大赢家	东南卫视	3.4	9.3
9	好好学习吧	东南卫视	3.4	9.2
10	开学第一课	中央电视台综合频道	3.4	8.5

表 3.4.12　2014 年福建市场体育节目收视率排名前十位

名次	节目名称	播出频道	平均收视率(%)	平均占有率(%)
1	2014 第二届夏季青年奥林匹克运动会开幕式	中央电视台综合频道	2.5	6.3
2	2014 年仁川亚运会女子 4×400 米接力决赛	中央台五套	1.8	4.6
2	2014 第二届夏季青年奥林匹克运动会闭幕式	中央电视台综合频道	1.8	4.6
2	2014 年仁川亚运会跳水男子 10 米台决赛	中央台五套	1.8	4.6
5	直播周末:2014 年斯诺克中国公开赛颁奖仪式	中央台五套	1.6	9.1
6	2014 年仁川亚运会女子 800 米自由泳决赛	中央台五套	1.4	4.9
7	2014 年仁川亚运会羽毛球男团决赛	中央台五套	1.3	3.8
8	2014 年仁川亚运会女子沙滩排球决赛	中央台五套	1.3	3.6
9	2014 年世界体操锦标赛男团决赛颁奖仪式	中央台五套	1.2	3.8
10	2014 年仁川亚运会体操男子吊环决赛	中央台五套	1.1	3.1

五、甘肃收视数据

表 3.5.1　2010～2014 年甘肃市场各类频道的市场占有率（%）

频道类别	年份				
	2010 年	2011 年	2012 年	2013 年	2014 年
中央台频道	41.1	37.0	41.1	47.9	49.2
中国教育台频道	0.4	1.7	1.7	1.6	1.0
甘肃省级频道	7.4	5.1	5.6	3.9	4.0
其他省级卫视频道	44.3	50.4	45.0	41.6	40.1
其他频道	6.7	5.8	6.6	5.0	5.7

表 3.5.2　2014 年甘肃市场各类频道在不同目标观众中的市场占有率（%）

目标观众		中央台频道	中国教育台频道	甘肃省级频道	其他省级卫视频道	其他频道
4 岁及以上所有人		49.2	1.0	4.0	40.1	5.7
城乡	城市	54.0	0.8	4.5	34.7	5.9
	农村	45.6	1.1	3.7	44.1	5.5
性别	男	51.1	0.9	4.3	38.0	5.8
	女	47.3	1.0	3.8	42.2	5.6
年龄	4～14 岁	56.6	1.1	2.8	35.5	4.0
	15～24 岁	41.6	0.9	3.0	49.0	5.4
	25～34 岁	47.8	1.0	2.6	41.3	7.3
	35～44 岁	43.4	1.2	4.0	45.1	6.3
	45～54 岁	47.2	0.9	4.1	41.4	6.4
	55～64 岁	54.8	0.6	6.5	32.7	5.4
	65 岁及以上	60.0	0.8	5.3	29.5	4.4
教育程度	未受过正规教育	53.9	1.1	3.6	38.0	3.5
	小学	46.7	1.3	3.8	44.0	4.3
	初中	46.3	1.0	4.2	42.1	6.4
	高中	53.0	0.6	3.9	36.2	6.4
	大学及以上	57.5	0.4	5.1	29.1	7.9
职业类别	干部/管理人员	63.0	0.4	2.8	26.0	7.8
	个体/私营企业人员	50.6	0.7	3.5	38.6	6.6
	初级公务员/雇员	57.8	0.3	5.9	29.9	6.2
	工人	50.7	0.5	3.9	37.5	7.4
	学生	50.6	0.9	2.6	40.9	5.0
	无业	58.4	0.7	5.3	30.0	5.7
	其他	41.3	1.4	4.0	48.0	5.3
个人月收入	0～300 元	50.0	1.1	3.2	41.6	4.0
	301～900 元	45.1	1.3	3.2	47.0	3.4
	901～1700 元	47.7	0.8	4.6	39.8	7.1
	1701～2600 元	49.7	0.8	4.5	37.0	8.1
	2601～3500 元	54.0	0.8	6.2	33.0	5.9
	3501 元及以上	51.5	0.8	3.9	38.1	5.7

表 3.5.3　2014 年甘肃市场各类频道在不同时段的市场占有率（%）

时间段	中央台频道	中国教育台频道	甘肃省级频道	其他省级卫视频道	其他频道
02:00~03:00	61.4	0.0	3.3	29.1	6.2
03:00~04:00	59.9	0.0	1.7	29.9	8.5
04:00~05:00	60.3	0.0	0.8	33.2	5.7
05:00~06:00	78.8	0.2	1.3	18.2	1.5
06:00~07:00	75.7	0.2	3.6	18.7	1.8
07:00~08:00	72.3	0.4	1.6	23.7	2.1
08:00~09:00	62.1	0.5	1.4	32.6	3.4
09:00~10:00	56.6	0.6	2.2	35.8	4.8
10:00~11:00	54.5	0.7	2.3	36.6	5.9
11:00~12:00	59.1	0.7	1.9	32.0	6.3
12:00~13:00	71.1	0.4	2.7	21.8	4.1
13:00~14:00	63.7	0.8	2.3	28.4	4.7
14:00~15:00	49.5	1.7	1.5	41.5	5.9
15:00~16:00	45.8	1.3	2.2	43.8	6.9
16:00~17:00	48.7	0.6	3.0	40.0	7.7
17:00~18:00	63.0	0.3	2.4	28.5	5.8
18:00~19:00	70.2	0.3	8.2	15.7	5.6
19:00~20:00	61.8	0.8	3.9	29.7	3.9
20:00~21:00	36.0	1.5	4.5	52.5	5.5
21:00~22:00	34.2	1.3	4.7	53.4	6.4
22:00~23:00	35.8	0.7	5.8	47.3	10.4
23:00~24:00	42.3	0.4	3.4	41.4	12.5
24:00~25:00	50.5	0.3	1.8	36.0	11.4
25:00~26:00	62.1	0.5	0.9	30.1	6.4

表 3.5.4　2014 年甘肃市场收视份额排名前十位的频道

名次	频道名称	收视份额(%)
1	中央电视台综合频道	18.9
2	中央电视台少儿频道	6.9
3	湖南卫视	4.4
4	中央台八套	4.0
5	中央台六套	3.5
6	山东卫视	3.4
7	中央台十二套	3.2
7	中央电视台新闻频道	3.2
9	中央台三套	2.5
10	四川卫视	2.4

表 3.5.5　2014 年甘肃市场各主要频道的观众构成（%）

目标观众		所有频道	主要频道				
			中央电视台综合频道	中央电视台少儿频道	湖南电视台卫星频道	中央台八套	中央台六套
4 岁及以上所有人		100.0	100.0	100.0	100.0	100.0	100.0
城乡	城市	42.8	49.2	33.4	39.6	44.4	41.9
	乡村	57.2	50.8	66.6	60.4	55.6	58.1
性别	男	49.4	49.8	55.5	37.3	42.4	54.8
	女	50.6	50.2	44.5	62.7	57.6	45.2
年龄	4～14 岁	11.8	7.4	53.0	14.0	7.7	10.3
	15～24 岁	14.9	11.1	10.5	30.1	13.1	17.6
	25～34 岁	11.5	12.1	9.9	11.3	11.6	15.0
	35～44 岁	20.2	17.3	9.4	23.1	22.4	26.3
	45～54 岁	17.3	17.7	5.6	12.4	21.5	13.8
	55～64 岁	12.9	17.1	8.6	5.7	11.0	10.6
	65 岁及以上	11.4	17.2	3.1	3.4	12.7	6.5
教育程度	未受过正规教育	8.6	8.3	23.6	5.3	7.2	7.4
	小学	25.3	20.8	43.5	25.8	23.8	23.8
	初中	38.3	35.9	23.8	40.8	39.0	41.7
	高中	21.7	26.1	7.8	22.4	23.2	20.3
	大学及以上	6.2	8.9	1.2	5.6	6.8	6.8
职业类别	干部/管理人员	1.1	1.7	0.1	0.7	0.8	1.0
	个体/私营企业人员	13.2	14.5	6.5	13.8	12.5	16.1
	初级公务员/雇员	4.5	6.8	1.0	3.7	6.2	4.4
	工人	4.7	5.8	1.0	3.2	5.2	4.6
	学生	16.0	11.3	42.1	25.9	12.1	18.3
	无业	21.8	27.3	22.5	14.2	23.1	12.5
	其他	38.7	32.5	26.8	38.4	40.1	43.2
个人月收入	0～300 元	32.5	27.8	69.5	41.8	27.5	31.1
	301～900 元	13.0	12.7	7.8	11.2	15.1	14.8
	901～1700 元	22.3	24.6	8.2	21.4	24.3	24.4
	1701～2600 元	19.9	21.2	10.4	14.5	18.9	15.9
	2601～3500 元	7.5	8.3	3.0	6.4	10.1	8.5
	3501 元及以上	4.8	5.3	1.1	4.6	4.0	5.2

表 3.5.6　2012～2014 年甘肃市场各类节目的播出份额（%）和收视份额（%）

节目类别	2012 年		2013 年		2014 年	
	播出份额	收视份额	播出份额	收视份额	播出份额	收视份额
财经	2.3	0.5	2.0	0.4	1.9	0.4
电视剧	21.2	38.9	21.9	35.8	20.8	36.3
电影	3.9	2.6	4.3	3.4	3.9	3.2
法制	0.7	1.2	0.9	1.4	0.9	1.2
教学	0.4	0.0	0.3	0.0	0.3	0.0
青少	8.0	4.9	7.1	5.6	7.5	5.1
生活服务	9.7	8.6	10.0	7.8	9.9	8.4
体育	1.6	1.2	1.9	0.6	2.9	1.0
外语	0.0	0.0	0.0	0.0	0.0	0.0
戏剧	1.2	0.4	0.8	0.3	0.8	0.5
新闻/时事	14.7	12.3	14.6	13.6	14.4	13.6
音乐	2.8	0.7	2.5	0.6	2.6	0.6
专题	10.6	4.7	10.7	4.0	12.5	4.5
综艺	9.4	7.8	9.2	9.7	9.1	9.1
其他	13.6	16.4	13.9	16.8	12.7	16.1

表 3.5.7　2014 年甘肃市场所有节目收视率排名前三十位

名次	节目名称	节目类别	播出频道	平均收视率(%)	平均占有率(%)
1	中央电视台 2014 甲午年春节联欢晚会	综艺	中央电视台综合频道	28.4	67.3
2	新闻联播	新闻/时事	中央电视台综合频道	14.4	49.7
3	天气预报	生活服务	中央电视台综合频道	12.6	33.5
4	焦点访谈	新闻/时事	中央电视台综合频道	9.7	24.5
5	习近平主席在柏林发表重要演讲	新闻/时事	中央电视台综合频道	9.1	20.9
6	习近平在澳大利亚联邦议会发表演讲	新闻/时事	中央电视台综合频道	8.9	20.0
7	习近平主席在欧洲学院发表重要演讲	新闻/时事	中央电视台综合频道	8.9	19.6
8	2014 第二届夏季青年奥林匹克运动会开幕式	体育	中央电视台综合频道	8.6	24.9
9	星光大道(8 月 2 日)	综艺	中央电视台综合频道	8.4	22.2
10	一场别开生面的座谈会——习近平总书记主持召开文艺工作座谈会侧记	专题	中央电视台综合频道	8.1	23.2
11	中央电视台特别节目:一桥飞架中欧	专题	中央电视台综合频道	8.0	17.9
12	守望相助,共创中蒙关系发展新时代——习近平在蒙古国家大呼拉尔的演讲	新闻/时事	中央电视台综合频道	7.9	23.7
13	习近平主席在中法建交 50 周年纪念大会上发表重要讲话	新闻/时事	中央电视台综合频道	7.9	18.0
14	习近平主席在联合国教科文组织总部发表演讲	新闻/时事	中央电视台综合频道	7.7	19.0
15	2014 中国上海团结和谐的亚洲携手向明天	综艺	中央电视台综合频道	7.3	17.9
16	中央电视台特别节目:从雁栖湖到太平洋——习近平主席大洋洲之行综述	专题	中央电视台综合频道	7.3	16.1
17	中国汉字听写大会 2014(8 月 10 日)	专题	中央电视台综合频道	7.1	17.6
18	中国成语大会 2014 (5 月 18 日)	专题	中央电视台综合频道	7.1	16.4
19	中央电视台特别节目:一带一路千年的时空穿越	专题	中央电视台综合频道	7.0	17.4
20	习近平在韩国首尔大学发表演讲	新闻/时事	中央电视台综合频道	6.8	21.9
21	李克强总理会见中外记者并回答提问	新闻/时事	中央电视台综合频道	6.6	15.2
22	父母爱情	电视剧	中央电视台综合频道	6.6	14.6
23	习近平在巴西国会发表重要演讲	新闻/时事	中央电视台综合频道	6.5	20.5
24	习近平主席在印度新德里发表重要演讲	新闻/时事	中央电视台综合频道	6.3	17.1
25	开学第一课	综艺	中央电视台综合频道	6.2	15.4
26	五月的鲜花，我们的中国梦——2014 年全国大学生主题文艺活动专题节目	综艺	中央电视台综合频道	6.2	14.5
27	湄公河大案	电视剧	中央电视台综合频道	6.1	16.6
28	在五彩缤纷的节日里 2014 年六一晚会	青少	中央电视台综合频道	6.1	15.4
29	2014 春节戏曲晚会龙马盛世贺新春	戏剧	中央电视台综合频道	6.0	16.0
30	苏州月中华情——2014 年中央电视台中秋晚会	综艺	中央电视台综合频道	6.0	15.3

表 3.5.8　2014 年甘肃市场电视剧收视率排名前十位

名次	节目名称	播出频道	平均收视率（%）	平均占有率（%）
1	父母爱情	中央电视台综合频道	6.6	14.6
2	湄公河大案	中央电视台综合频道	6.1	16.6
3	我在北京挺好的	中央电视台综合频道	5.9	15.9
4	毛泽东	中央电视台综合频道	5.9	13.0
5	大河儿女	中央电视台综合频道	5.6	14.1
6	历史转折中的邓小平	中央电视台综合频道	5.5	14.9
7	马向阳下乡记	中央电视台综合频道	5.4	15.1
8	开国元勋朱德	中央电视台综合频道	4.9	13.5
9	铁血红安	中央电视台综合频道	4.9	12.9
10	十送红军	中央电视台综合频道	4.8	14.0

表 3.5.9　2014 年甘肃市场新闻节目收视率排名前十位

名次	节目名称	播出频道	平均收视率（%）	平均占有率（%）
1	新闻联播	中央电视台综合频道	14.4	49.7
2	焦点访谈	中央电视台综合频道	9.7	24.5
3	习近平主席在柏林发表重要演讲	中央电视台综合频道	9.1	20.9
4	习近平在澳大利亚联邦议会发表演讲	中央电视台综合频道	8.9	20.0
5	习近平主席在欧洲学院发表重要演讲	中央电视台综合频道	8.9	19.6
6	守望相助，共创中蒙关系发展新时代——习近平在蒙古国家大呼拉尔的演讲	中央电视台综合频道	7.9	23.7
7	习近平主席在中法建交 50 周年纪念大会上发表重要讲话	中央电视台综合频道	7.9	18.0
8	习近平主席在联合国教科文组织总部发表演讲	中央电视台综合频道	7.7	19.0
9	习近平在韩国首尔大学发表演讲	中央电视台综合频道	6.8	21.9
10	李克强总理会见中外记者并回答提问	中央电视台综合频道	6.6	15.2

表 3.5.10　2014 年甘肃市场专题节目收视率排名前十位

名次	节目名称	播出频道	平均收视率（%）	平均占有率（%）
1	中央电视台特别节目：新的中拉时间开始了	中央电视台综合频道	8.5	22.8
2	一场别开生面的座谈会——习近平总书记主持召开文艺工作座谈会侧记	中央电视台综合频道	8.1	23.2
3	中央电视台特别节目：一桥飞架中欧	中央电视台综合频道	8.0	17.9
4	中央电视台特别节目：从雁栖湖到太平洋——习近平主席大洋洲之行综述	中央电视台综合频道	7.3	16.1
5	中国汉字听写大会 2014（8 月 10 日）	中央电视台综合频道	7.1	17.6
6	中国成语大会 2014（5 月 18 日）	中央电视台综合频道	7.1	16.4
7	中央电视台特别节目：一带一路千年的时空穿越	中央电视台综合频道	7.0	17.4
8	寻找最美乡村医生大型公益活动	中央电视台综合频道	5.8	13.9
9	好记者讲好故事——2014 年中国记者节特别节目	中央电视台综合频道	5.6	15.1
10	2013 中国好书	中央电视台综合频道	5.1	13.6

表 3.5.11　2014 年甘肃市场综艺节目收视率排名前十位

名次	节目名称	播出频道	平均收视率（%）	平均占有率（%）
1	中央电视台 2014 甲午年春节联欢晚会	中央电视台综合频道	28.4	67.3
2	星光大道(8 月 2 日)	中央电视台综合频道	8.4	22.2
3	2014 中国上海团结和谐的亚洲携手向明天	中央电视台综合频道	7.3	17.9
4	开学第一课	中央电视台综合频道	6.2	15.4
5	五月的鲜花，我们的中国梦——2014 年全国大学生主题文艺活动专题节目	中央电视台综合频道	6.2	14.5
6	苏州月中华情——2014 年中央电视台中秋晚会	中央电视台综合频道	6.0	15.3
7	梦想星搭档为了孩子爱心集结	中央电视台综合频道	5.7	12.8
8	中国梦劳动美——中央电视台心连心艺术团慰问演出	中央电视台综合频道	5.4	13.3
9	中央军委慰问驻京部队老干部迎新春文艺演出	中央电视台综合频道	5.3	12.4
10	庆祝澳门回归祖国十五周年文艺晚会	中央电视台综合频道	5.0	11.3

表 3.5.12　2014 年甘肃市场体育节目收视率排名前十位

名次	节目名称	播出频道	平均收视率（%）	平均占有率（%）
1	2014 第二届夏季青年奥林匹克运动会开幕式	中央电视台综合频道	8.6	24.9
2	2014 第二届夏季青年奥林匹克运动会闭幕式	中央电视台综合频道	5.2	14.2
3	谁是球王总决赛	中央电视台综合频道	4.8	11.4
4	2014 年仁川亚运会女子 200 米决赛	中央台五套	1.1	3.6
5	2014 年仁川亚运会跳水男子 1 米板决赛	中央台五套	1.1	3.2
6	我爱世界杯：2014 年巴西世界杯小组赛 C 组(科特迪瓦 VS 日本)	中央台五套	1.0	13.6
7	2014 年仁川亚运会闭幕式	中央台五套	1.0	4.7
8	2014 年仁川亚运会女子三级跳远决赛	中央台五套	1.0	3.2
9	2014 年仁川亚运会女子沙滩排球决赛(中国 VS 泰国)	中央台五套	0.9	2.0
10	2014 年仁川亚运会女子 100 米自由泳颁奖仪式	中央台五套	0.8	6.4

六、广东收视数据

表 3.6.1 2010～2014 年广东市场各类频道的市场占有率（%）

频道类别	年份				
	2010 年	2011 年	2012 年	2013 年	2014 年
中央台频道	17.3	16.1	18.7	19.8	20.9
中国教育台频道	0.3	0.4	0.4	0.3	0.2
广东省级频道	46.6	45.0	43.0	40.2	38.7
其他省级卫视频道	12.9	15.5	16.5	17.5	17.1
境外频道	7.9	7.7	6.1	5.4	4.9
其他频道	15.0	15.3	15.3	16.8	18.2

表 3.6.2 2014 年广东市场各类频道在不同目标观众中的市场占有率（%）

目标观众		中央台频道	中国教育台频道	广东省级频道	其他省级卫视频道	境外频道	其他频道
4 岁及以上所有人		20.9	0.2	38.7	17.1	4.9	18.2
城乡	城市	21.6	0.1	28.0	19.6	6.9	23.8
	农村	20.0	0.3	51.3	14.1	2.5	11.8
性别	男	22.7	0.2	39.3	15.1	4.9	17.8
	女	19.0	0.2	38.0	19.1	4.9	18.8
年龄	4～14 岁	20.8	0.2	46.1	16.5	2.0	14.4
	15～24 岁	18.2	0.2	34.6	23.3	4.5	19.2
	25～34 岁	21.2	0.1	34.4	18.7	7.0	18.6
	35～44 岁	23.3	0.2	33.0	17.4	5.4	20.7
	45～54 岁	21.5	0.2	37.0	17.3	4.8	19.2
	55～64 岁	19.8	0.2	43.7	12.3	5.6	18.4
	65 岁及以上	19.8	0.2	45.1	12.4	4.9	17.6
教育程度	未受过正规教育	19.3	0.2	50.7	12.1	2.4	15.3
	小学	18.7	0.2	47.3	15.0	3.2	15.6
	初中	21.4	0.2	39.0	17.4	4.6	17.4
	高中	21.4	0.2	30.1	19.0	6.6	22.7
	大学及以上	24.5	0.1	23.1	21.4	8.7	22.2
职业类别	干部/管理人员	28.2	0.1	21.8	16.5	9.5	23.9
	个体/私营企业人员	23.6	0.3	35.7	17.7	4.6	18.1
	初级公务员/雇员	21.3	0.1	27.9	19.6	8.3	22.8
	工人	20.8	0.2	34.9	18.2	5.7	20.2
	学生	19.5	0.2	39.5	21.4	2.7	16.7
	无业	20.7	0.2	40.7	15.0	4.9	18.5
	其他	18.4	0.2	53.7	12.3	3.0	12.4
个人月收入	0～300 元	19.9	0.2	44.2	17.4	2.9	15.4
	301～900 元	18.6	0.3	47.7	14.6	4.0	14.8
	901～1700 元	19.7	0.2	39.5	16.5	4.8	19.3
	1701～2600 元	21.8	0.2	35.2	17.1	7.2	18.5
	2601～3500 元	22.9	0.2	28.0	16.4	7.3	25.2
	3501 元及以上	25.8	0.1	20.9	19.6	8.2	25.4

表 3.6.3　2014 年广东市场各类频道在不同时段的市场占有率（%）

时间段	中央台频道	中国教育台频道	广东省级频道	其他省级卫视频道	境外频道	其他频道
02:00～03:00	25.6	0.8	28.7	21.0	4.7	19.2
03:00～04:00	23.2	0.5	33.0	18.2	4.0	21.1
04:00～05:00	24.5	0.3	33.3	16.5	3.2	22.2
05:00～06:00	22.5	0.3	33.3	16.7	5.9	21.3
06:00～07:00	28.4	0.1	33.0	14.7	7.3	16.5
07:00～08:00	29.3	0.1	38.0	10.0	6.5	16.1
08:00～09:00	30.4	0.1	36.0	13.6	4.5	15.4
09:00～10:00	30.1	0.1	31.6	20.1	2.7	15.4
10:00～11:00	29.5	0.3	29.7	22.5	2.9	15.1
11:00～12:00	29.3	0.2	31.3	21.3	3.8	14.1
12:00～13:00	25.2	0.2	29.0	21.8	5.7	18.1
13:00～14:00	24.4	0.3	33.6	21.3	3.7	16.7
14:00～15:00	24.1	0.6	32.4	23.5	3.7	15.7
15:00～16:00	25.1	0.4	30.1	24.9	3.4	16.1
16:00～17:00	24.4	0.1	32.9	24.5	3.4	14.7
17:00～18:00	27.0	0.1	34.5	18.8	3.4	16.2
18:00～19:00	22.7	0.0	43.4	5.2	4.7	24.0
19:00～20:00	16.3	0.1	53.0	7.5	2.6	20.5
20:00～21:00	15.4	0.2	49.1	14.9	4.8	15.6
21:00～22:00	16.5	0.2	39.7	19.1	7.5	17.0
22:00～23:00	16.0	0.2	30.5	22.2	8.5	22.6
23:00～24:00	19.9	0.1	26.5	26.2	4.6	22.7
24:00～25:00	26.9	0.1	24.8	22.7	5.0	20.5
25:00～26:00	27.3	0.5	26.1	20.3	5.5	20.3

表 3.6.4　2014 年广东市场收视份额排名前十位的频道

名次	频道名称	收视份额(%)
1	广东广播电视台珠江频道	11.5
2	广东广播电视台影视频道	5.6
3	湖南卫视	5.1
4	广东广播电视台经济科教频道	4.2
5	中央电视台综合频道	3.4
6	翡翠台(中文)(有线网转播)	2.9
7	广东广播电视台南方卫视	2.8
8	广东广播电视台嘉佳卡通频道	2.7
9	广东广播电视台少儿频道	2.6
10	中央电视台少儿频道	2.4

表 3.6.5　2014 年广东市场各主要频道的观众构成（%）

目标观众		所有频道	主要频道				
			广东广播电视台珠江频道	广东广播电视台影视频道	湖南卫视	广东广播电视台经济科教频道	中央电视台综合频道
4 岁及以上所有人		100.0	100.0	100.0	100.0	100.0	100.0
城乡	城市	54.1	30.3	35.9	57.7	33.2	60.0
	农村	45.9	69.7	64.1	42.3	66.8	40.0
性别	男	50.5	47.1	53.8	36.8	56.0	46.9
	女	49.5	52.9	46.2	63.2	44.0	53.1
年龄	4~14 岁	16.2	15.6	12.0	20.5	12.0	18.7
	15~24 岁	11.9	10.3	9.1	20.8	15.2	7.2
	25~34 岁	16.6	14.0	17.0	18.4	10.7	18.4
	35~44 岁	14.6	12.6	10.0	12.8	12.6	15.2
	45~54 岁	20.0	21.9	20.9	15.7	25.7	16.2
	55~64 岁	11.6	13.8	17.8	6.1	11.9	13.4
	65 岁及以上	9.1	11.8	13.2	5.7	11.9	10.9
教育程度	未受过正规教育	8.4	11.0	9.8	5.7	6.4	9.8
	小学	25.4	31.8	28.9	27.4	31.3	22.0
	初中	35.4	38.1	39.4	36.2	40.2	34.4
	高中	21.1	15.0	16.8	20.3	18.0	21.3
	大学及以上	9.7	4.1	5.1	10.4	4.1	12.5
职业类别	干部/管理人员	2.3	1.0	0.6	1.9	0.7	2.9
	个体/私营企业人员	13.0	12.0	13.3	12.5	16.0	11.4
	初级公务员/雇员	10.8	7.0	8.4	11.8	6.9	9.4
	工人	16.7	15.4	14.9	16.5	12.5	14.3
	学生	15.7	13.4	8.4	27.6	15.3	12.9
	无业	29.1	27.8	32.6	20.9	29.8	36.2
	其他	12.4	23.4	21.8	8.8	18.8	12.9
个人月收入	0~300 元	40.8	44.5	43.0	48.7	45.7	40.3
	301~900 元	7.3	10.8	10.4	6.1	12.1	6.3
	901~1700 元	17.6	19.4	22.5	17.3	17.8	15.7
	1701~2600 元	17.1	15.5	16.6	14.6	13.9	16.9
	2601~3500 元	8.3	5.4	5.1	6.7	6.8	10.4
	3501 元及以上	8.9	4.4	2.4	6.6	3.7	10.4

表 3.6.6　2012~2014 年广东市场各类节目的播出份额（%）和收视份额（%）

节目类型	2012 年		2013 年		2014 年	
	播出份额	收视份额	播出份额	收视份额	播出份额	收视份额
财经	2.1	0.4	1.9	0.4	1.7	0.3
电视剧	20.9	36.8	21.6	37.3	20.5	37.3
电影	4.0	4.3	4.4	4.1	4.0	4.1
法制	0.8	0.5	0.8	0.5	0.9	0.5
教学	0.3	0.0	0.2	0.0	0.2	0.0
青少	7.1	6.3	6.6	6.3	7.2	6.8
生活服务	9.1	6.2	9.6	6.4	10.1	6.3
体育	2.4	3.3	2.8	2.7	3.6	3.1
外语	0.0	0.0	0.0	0.0	0.0	0.0
戏剧	0.9	0.5	0.7	0.3	0.7	0.2
新闻/时事	15.0	13.2	15.1	13.1	14.7	12.8
音乐	2.4	0.7	2.2	0.8	2.3	0.9
专题	11.6	5.3	10.5	4.5	11.6	4.7
综艺	8.5	8.7	8.7	9.8	8.8	9.6
其他	14.7	13.7	14.9	13.8	13.7	13.4

表 3.6.7　2014 年广东市场所有节目收视率排名前三十位

名次	节目名称	节目类型	播出频道	平均收视率(%)	平均占有率(%)
1	后妈的春天	电视剧	广东广播电视台珠江频道	9.3	26.6
2	八仙前传	电视剧	广东广播电视台珠江频道	8.3	24.9
3	勇敢的心(1~27 集)	电视剧	广东广播电视台珠江频道	8.3	23.6
4	烟雨斜阳(19~20 集)	电视剧	广东广播电视台珠江频道	8.0	23.3
5	天使的欲望	电视剧	广东广播电视台珠江频道	7.7	21.6
6	涛女郎	电视剧	广东广播电视台珠江频道	7.6	22.8
7	像火花像蝴蝶	电视剧	广东广播电视台珠江频道	7.6	21.8
8	璀璨人生	电视剧	广东广播电视台珠江频道	7.2	21.5
9	秀秀的男人	电视剧	广东广播电视台珠江频道	6.8	19.4
10	金玉满堂	电视剧	广东广播电视台珠江频道	6.7	20.7
11	封神英雄榜	电视剧	广东广播电视台珠江频道	6.3	19.8
12	完美新娘	电视剧	广东广播电视台珠江频道	6.0	17.2
13	菩提树下	电视剧	广东广播电视台珠江频道	5.8	18.9
14	紫钗奇缘	电视剧	广东广播电视台珠江频道	5.7	16.4
15	外来媳妇本地郎	电视剧	广东广播电视台珠江频道	5.5	17.4
16	天气预报	生活服务	广东广播电视台珠江频道	5.4	20.7
17	妇道	电视剧	广东广播电视台珠江频道	5.4	17.6
18	爱你不放手	电视剧	广东广播电视台珠江频道	5.3	16.5
19	中央电视台 2014 甲午年春节联欢晚会	综艺	中央台三套	5.3	15.7
20	智取华山传奇	电视剧	广东广播电视台经济科教频道	4.5	13.2
21	中国好声音(10 月 7 日)	综艺	浙江卫视	4.4	15.3
22	大漠枪神	电视剧	广东广播电视台经济科教频道	4.4	13.7
23	少年神探狄仁杰	电视剧	广东广播电视台珠江频道	4.4	13.6
24	2014 金马贺岁万家欢	综艺	广东广播电视台珠江频道	4.4	12.7
25	因为爱情有奇缘	电视剧	湖南卫视	4.3	13.2
26	热血奇侠燕子李三	电视剧	广东广播电视台经济科教频道	4.3	12.8
27	密使二之江都谍影(1~18 集)	电视剧	广东广播电视台珠江频道	4.2	13.5
28	我是歌手歌王之战(4 月 4 日)	综艺	湖南卫视	4.1	14.0
29	战狼	电视剧	广东广播电视台影视频道	4.0	13.1
30	铁血尖刀	电视剧	广东广播电视台经济科教频道	4.0	11.5

表 3.6.8　2014 年广东市场电视剧收视率排名前十位

名次	节目名称	播出频道	平均收视率（%）	平均占有率（%）
1	后妈的春天	广东广播电视台珠江频道	9.3	26.6
2	八仙前传	广东广播电视台珠江频道	8.3	24.9
3	勇敢的心(1～27 集)	广东广播电视台珠江频道	8.3	23.6
4	烟雨斜阳(19～20 集)	广东广播电视台珠江频道	8.0	23.3
5	天使的欲望	广东广播电视台珠江频道	7.7	21.6
6	涛女郎	广东广播电视台珠江频道	7.6	22.8
7	像火花像蝴蝶	广东广播电视台珠江频道	7.6	21.8
8	璀璨人生	广东广播电视台珠江频道	7.2	21.5
9	秀秀的男人	广东广播电视台珠江频道	6.8	19.4
10	金玉满堂	广东广播电视台珠江频道	6.7	20.7

表 3.6.9　2014 年广东市场新闻节目收视率排名前十位

名次	节目名称	播出频道	平均收视率（%）	平均占有率（%）
1	今日关注	广东广播电视台珠江频道	3.9	12.9
2	珠江新闻眼	广东广播电视台珠江频道	2.7	14.9
3	第 1 直播三月烟花耀横琴珠海横琴长隆烟花 SHOW	广东广播电视台经济科教频道	2.6	8.0
4	DV 现场	广东广播电视台公共频道	1.6	5.0
5	今日 1 线	广东广播电视台经济科教频道	1.3	4.9
6	第 1 直播 2014 逛花街马上行大运	广东广播电视台经济科教频道	1.2	3.9
7	习近平主席在联合国教科文组织总部发表演讲	中央电视台综合频道	1.0	3.0
7	习近平主席在柏林发表重要演讲	中央电视台综合频道	1.0	3.0
9	习近平主席在欧洲学院发表重要演讲	中央电视台综合频道	1.0	2.9
10	2014 一年又一年	中央电视台综合频道	0.9	4.5

表 3.6.10　2014 年广东市场专题节目收视率排名前十位

名次	节目名称	播出频道	平均收视率（%）	平均占有率（%）
1	嶺南屋语小故事版	广东广播电视台珠江频道	2.9	8.5
2	一年级	湖南卫视	1.4	8.4
3	舌尖上的中国第二季	中央电视台综合频道	1.4	4.2
4	文化珠江	广东广播电视台珠江频道	1.3	5.7
5	变形计	湖南卫视	1.0	7.5
6	中央电视台特别节目：从雁栖湖到太平洋——习近平主席大洋洲之行综述	中央电视台综合频道	0.9	2.6
7	中国谜语大会(2 月 13 日)	中央电视台综合频道	0.9	2.5
8	第十三届汉语桥世界大学生中文比赛(8 月 5 日)	湖南卫视	0.8	4.7
9	寻宝	中央电视台综合频道	0.8	4.3
10	中国汉字听写大会 2014(9 月 7 日)	中央电视台综合频道	0.8	2.6

表 3.6.11　2014 年广东市场综艺节目收视率排名前十位

名次	节目名称	播出频道	平均收视率(%)	平均占有率(%)
1	中央电视台 2014 甲午年春节联欢晚会	中央台三套	5.3	15.7
2	中国好声音(10 月 7 日)	浙江卫视	4.4	15.3
3	2014 金马贺岁万家欢	广东广播电视台珠江频道	4.4	12.7
4	我是歌手歌王之战(4 月 4 日)	湖南卫视	4.1	14.0
5	中秋节中秋月两广情	广东广播电视台珠江频道	3.6	15.5
6	爸爸去哪儿第二季	湖南卫视	3.4	17.7
7	海洋梦横琴夜横琴海洋王国——2014～2015 跨年狂欢派对	广东广播电视台珠江频道	3.4	13.2
8	爱你一世——2014 广东电视台元宵晚会	广东广播电视台珠江频道	3.1	15.4
9	快乐大本营	湖南卫视	2.9	9.2
10	元宵喜乐会	湖南卫视	2.5	9.6

表 3.6.12　2014 年广东市场体育节目收视率排名前十位

名次	节目名称	播出频道	平均收视率(%)	平均占有率(%)
1	2013/2014 赛季 CBA 半决赛第 4 场(北京金隅 VS 广东东莞银行)	广东广播电视台体育频道	3.2	9.5
2	2014/2015 赛季中国男子篮球职业联赛第 22 轮(山东 VS 广东)	广东广播电视台体育频道	2.8	8
3	2014 年仁川亚运会男子 100 米决赛	中央台五套	2.2	6.5
4	2014 年仁川亚运会男子 4×100 米混合接力决赛	中央台五套	2.1	6.3
5	2014 年巴西世界杯 1/4 决赛(德国 VS 法国)	广东广播电视台体育频道	2.0	28.3
6	2014 年亚足联冠军联赛 1/4 决赛次回合(西悉尼流浪者 VS 广州恒大)	广东广播电视台体育频道	2.0	5.5
7	2014 年仁川亚运会男子 4×100 米自由泳接力颁奖仪式	中央台五套	1.7	4.9
8	2014 年仁川亚运会羽毛球男团决赛	中央台五套	1.3	4.5
9	黄金赛场:2014 年世界女排大奖赛中国澳门站(中国队 VS 韩国队)	中央台五套	1.3	4.3
10	2014 年南京青奥会女子平衡木决赛	中央台五套	1.3	4.2

七、广西收视数据

表 3.7.1 2010～2014 年广西电视收视市场各类频道的市场占有率（%）

频道类别	年份				
	2010 年	2011 年	2012 年	2013 年	2014 年
中央台频道	27.4	28.2	30.6	33.6	32.5
中国教育台频道	0.6	1.0	1.3	1.3	0.6
广西壮族自治区级频道	30.2	26.4	26.3	24.9	27.1
其他省级卫视频道	27.2	32.6	31.2	32.3	32.0
其他频道	14.6	11.8	10.6	7.9	7.8

表 3.7.2 2014 年广西市场各类频道在不同目标观众中的市场占有率（%）

目标观众		中央台频道	中国教育台频道	广西壮族自治区级频道	其他省级卫视频道	其他频道
4 岁及以上所有人		32.5	0.6	27.1	32.0	7.8
城乡	城市	39.1	0.5	22.3	27.3	10.8
	农村	29.4	0.7	29.4	34.2	6.3
性别	男	35.4	0.6	28.6	28.1	7.3
	女	29.7	0.6	25.7	35.9	8.1
年龄	4～14 岁	39.2	0.5	18.3	36.3	5.7
	15～24 岁	25.5	0.7	27.7	37.1	9.0
	25～34 岁	31.7	0.8	21.4	37.9	8.2
	35～44 岁	28.6	0.8	28.8	34.3	7.5
	45～54 岁	29.6	0.6	33.2	27.6	9.0
	55～64 岁	32.9	0.3	33.7	25.6	7.5
	65 岁及以上	38.2	0.6	29.5	23.4	8.3
教育程度	未受过正规教育	43.2	0.5	21.3	28.7	6.3
	小学	31.4	0.6	28.1	33.1	6.8
	初中	28.7	0.6	29.2	33.7	7.8
	高中	37.0	0.6	25.0	27.3	10.1
	大学及以上	42.3	0.7	19.6	29.5	7.9
职业类别	干部/管理人员	47.5	0.2	14.4	32.9	5.0
	个体/私营企业人员	31.8	1.0	29.0	28.3	9.9
	初级公务员/雇员	40.0	0.4	26.6	24.8	8.2
	工人	29.1	1.0	29.6	28.8	11.5
	学生	35.5	0.5	19.9	37.9	6.2
	无业	43.5	0.3	21.5	25.3	9.4
	其他	26.5	0.6	31.5	34.8	6.6
个人月收入	0～300 元	32.5	0.5	24.6	35.1	7.3
	301～900 元	28.0	0.8	32.7	32.6	5.9
	901～1700 元	30.3	0.8	30.1	31.2	7.6
	1701～2600 元	38.1	0.6	23.6	26.9	10.8
	2601～3500 元	43.3	0.3	22.5	25.3	8.6
	3501 元及以上	36.9	0.1	26.5	28.5	8.0

表 3.7.3　2014 年广西市场各类频道在不同时段的市场占有率（%）

时间段	中央台频道	中国教育台频道	广西壮族自治区级频道	其他省级卫视频道	其他频道
02:00～03:00	67.2	0.8	10.7	15.0	6.3
03:00～04:00	65.5	0.7	12.1	16.5	5.2
04:00～05:00	66.9	0.2	10.2	20.5	2.2
05:00～06:00	51.9	0.1	19.4	26.7	1.9
06:00～07:00	57.6	0.1	14.4	21.4	6.5
07:00～08:00	63.4	0.2	10.9	21.7	3.8
08:00～09:00	53.2	0.4	11.1	30.7	4.6
09:00～10:00	48.3	0.4	11.6	34.4	5.3
10:00～11:00	46.6	0.5	11.6	34.9	6.4
11:00～12:00	46.7	0.4	12.9	33.0	7.0
12:00～13:00	55.3	0.3	11.5	27.4	5.5
13:00～14:00	47.0	0.5	14.7	32.4	5.4
14:00～15:00	40.4	1.0	13.0	40.3	5.3
15:00～16:00	39.8	0.8	11.5	41.9	6.0
16:00～17:00	43.2	0.4	11.0	38.8	6.6
17:00～18:00	54.0	0.2	14.2	25.1	6.5
18:00～19:00	43.3	0.2	33.2	13.6	9.7
19:00～20:00	32.3	0.5	35.6	23.1	8.5
20:00～21:00	20.2	1.0	34.2	37.1	7.5
21:00～22:00	20.5	0.9	31.5	39.0	8.1
22:00～23:00	25.2	0.6	22.9	42.2	9.1
23:00～24:00	28.1	0.3	20.3	42.6	8.7
24:00～25:00	43.5	0.4	19.7	25.0	11.4
25:00～26:00	52.3	0.7	17.4	16.6	13.0

表 3.7.4　2014 年广西市场收视份额排名前十位的频道

名次	频道名称	收视份额(%)
1	广西电视台综艺频道	13.0
2	湖南卫视	8.9
3	中央电视台少儿频道	8.3
4	中央电视台综合频道	7.7
5	广西电视台卫星频道	5.0
6	广西电视台都市频道	3.3
7	广西电视台科教频道	3.0
8	中央电视台新闻频道	2.6
9	安徽卫视	2.1
10	中央台五套	1.8

表 3.7.5 2014 年广西市场各主要频道的观众构成（%）

目标观众		所有频道	主要频道				
			广西电视台综艺频道	湖南卫视	中央电视台少儿频道	中央电视台综合频道	广西电视台卫星频道
4 岁及以上所有人		100.0	100.0	100.0	100.0	100.0	100.0
城乡	城市	31.8	22.7	27.3	23.4	54.6	17.4
	农村	68.2	77.3	72.7	76.6	45.4	82.6
性别	男	49.7	54.4	36.0	48.5	53.2	56.9
	女	50.3	45.6	64.0	51.5	46.8	43.1
年龄	4～14 岁	19.3	11.8	25.1	62.4	11.2	13.5
	15～24 岁	10.9	10.8	18.3	4.1	9.1	11.7
	25～34 岁	12.2	8.6	16.2	10.3	10.2	7.3
	35～44 岁	17.9	18.1	20.8	8.6	15.8	13.9
	45～54 岁	14.9	21.2	9.4	4.3	16.6	17.1
	55～64 岁	13.0	17.0	5.3	4.2	18.4	20.6
	65 岁及以上	11.8	12.5	4.9	6.1	18.8	15.9
教育程度	未受过正规教育	7.7	6.3	5.8	24.8	7.3	8.1
	小学	32.0	34.2	33.0	46.7	23.2	34.9
	初中	41.7	45.5	44.8	21.8	37.4	43.0
	高中	13.0	10.5	10.6	5.4	21.9	11.3
	大学及以上	5.6	3.4	5.9	1.3	10.3	2.7
职业类别	干部/管理人员	1.1	0.3	0.7	0.2	2.2	0.5
	个体/私营企业人员	11.3	10.5	9.4	4.6	12.1	8.5
	初级公务员/雇员	5.4	4.6	4.4	1.3	11.3	4.4
	工人	5.7	6.9	5.9	3.0	4.6	6.3
	学生	15.6	10.1	23.5	40.0	10.3	10.9
	无业	17.2	12.4	10.4	28.0	28.9	13.0
	其他	43.8	55.2	45.8	22.9	30.7	56.4
个人月收入	0～300 元	38.9	36.8	51.0	74.5	26.8	39.3
	301～900 元	17.9	21.6	15.9	11.3	15.2	27.1
	901～1700 元	22.9	26.3	18.9	8.3	23.7	19.7
	1701～2600 元	14.8	11.0	9.6	4.8	25.6	10.7
	2601～3500 元	3.3	1.9	3.2	0.6	6.1	1.9
	3501 元及以上	2.1	2.3	1.4	0.5	2.5	1.3

表 3.7.6 2012～2014 年广西电视收视市场各类节目的播出份额（%）和收视份额（%）

节目类别	2012 年		2013 年		2014 年	
	播出份额	收视份额	播出份额	收视份额	播出份额	收视份额
财经	2.3	0.4	2.0	0.3	1.8	0.3
电视剧	20.7	35.8	22.3	37.6	21.6	37.8
电影	4.8	3.9	4.9	3.1	4.8	3.5
法制	1.1	2.4	1.1	2.0	1.3	2.8
教学	0.3	0.1	0.3	0.0	0.3	0.0
青少	7.1	6.1	6.6	8.8	7.0	7.3
生活服务	8.4	8.2	8.9	7.5	9.7	8.5
体育	1.6	1.9	1.9	1.0	2.8	1.2
外语	0.0	0.0	0.0	0.0	0.0	0.0
戏剧	1.1	0.1	0.8	0.1	0.7	0.1
新闻/时事	15.0	9.7	15.1	10.1	14.6	9.9
音乐	2.7	0.7	2.5	0.7	2.5	0.8
专题	11.9	5.9	10.7	3.8	11.6	4.0
综艺	9.3	8.5	8.8	7.8	8.7	7.4
其他	13.9	16.5	14.1	17.2	12.5	16.4

表 3.7.7　2014 年广西市场所有节目收视率排名前三十位

名次	节目名称	节目类别	播出频道	平均收视率(%)	平均占有率(%)
1	中央电视台 2014 甲午年春节联欢晚会	综艺	中央电视台综合频道	10.9	38.3
2	终极任务	电视剧	广西电视台综艺频道	8.3	20.1
3	因为爱情有奇缘	电视剧	湖南卫视	8.2	22.0
4	双谍	电视剧	广西电视台综艺频道	7.9	20.1
5	神偷侠盗	电视剧	广西电视台综艺频道	7.9	19.6
6	战旗飘飘二	电视剧	广西电视台综艺频道	7.8	21.0
7	飞哥大英雄	电视剧	广西电视台综艺频道	7.8	20.4
8	神枪王	电视剧	广西电视台综艺频道	7.7	21.3
9	我的抗战之铁血轻奇兵	电视剧	广西电视台综艺频道	7.7	21.2
10	屠狼刀	电视剧	广西电视台综艺频道	7.7	21.0
11	兄弟们上	电视剧	广西电视台综艺频道	7.7	19.2
12	我的特一营(第 1 ~6 集)	电视剧	广西电视台综艺频道	7.5	20.1
13	剑刃小鬼子	电视剧	广西电视台综艺频道	7.4	19.5
14	猎杀	电视剧	广西电视台综艺频道	7.3	19.5
15	铁血兄弟连	电视剧	广西电视台综艺频道	7.3	19.4
16	特战神兵	电视剧	广西电视台综艺频道	7.2	18.8
17	抗倭侠侣	电视剧	广西电视台综艺频道	7.2	18.6
18	杀破狼	电视剧	广西电视台综艺频道	7.2	17.5
19	战旗飘飘	电视剧	广西电视台综艺频道	7.1	18.8
20	火线姐妹	电视剧	广西电视台综艺频道	7.0	19.4
21	利箭纵横	电视剧	广西电视台综艺频道	7.0	17.8
22	东北剿匪记	电视剧	广西电视台综艺频道	7.0	17.5
23	穿越火线	电视剧	广西电视台综艺频道	6.8	17.2
24	勇士之城	电视剧	广西电视台综艺频道	6.6	17.7
25	军刺	电视剧	广西电视台综艺频道	6.6	17.6
26	冷枪手	电视剧	广西电视台综艺频道	6.6	17.4
27	剿匪突击队	电视剧	广西电视台综艺频道	6.6	16.8
28	神箭	电视剧	广西电视台综艺频道	6.6	16.5
29	姥爷的抗战	电视剧	广西电视台综艺频道	6.5	17.7
30	因为爱情有奇迹	电视剧	湖南卫视	6.3	17.5

表 3.7.8　2014 年广西市场电视剧收视率排名前十位

名次	节目名称	播出频道	平均收视率(%)	平均占有率(%)
1	终极任务	广西电视台综艺频道	8.3	20.1
2	因为爱情有奇缘	湖南卫视	8.2	22.0
3	双谍	广西电视台综艺频道	7.9	20.1
4	神偷侠盗	广西电视台综艺频道	7.9	19.6
5	战旗飘飘二	广西电视台综艺频道	7.8	21.0
6	飞哥大英雄	广西电视台综艺频道	7.8	20.4
7	神枪王	广西电视台综艺频道	7.7	21.3
8	我的抗战之铁血轻奇兵	广西电视台综艺频道	7.7	21.2
9	屠狼刀	广西电视台综艺频道	7.7	21.0
10	兄弟们上	广西电视台综艺频道	7.7	19.2

表 3.7.9　2014 年广西市场新闻节目收视率排名前十位

名次	节目名称	播出频道	平均收视率（%）	平均占有率（%）
1	新闻联播	中央电视台综合频道	5.1	16.4
2	金旺角精彩之夜大地飞歌 2014 直播特别报道	广西电视台综艺频道	4.7	16.2
3	焦点访谈	中央电视台综合频道	3.3	8.0
4	习近平在韩国首尔大学发表演讲	中央电视台综合频道	3.1	8.1
5	习近平在澳大利亚联邦议会发表演讲	中央电视台综合频道	2.9	6.5
5	习近平主席在柏林发表重要演讲	中央电视台综合频道	2.9	6.5
7	习近平主席在欧洲学院发表重要演讲	中央电视台综合频道	2.7	5.8
8	习近平主席在联合国教科文组织总部发表演讲	中央电视台综合频道	2.6	5.7
9	守望相助，共创中蒙关系发展新时代——习近平在蒙古国家大呼拉尔的演讲	中央电视台综合频道	2.5	6.5
10	李克强总理会见中外记者并回答提问	中央电视台综合频道	2.5	5.3

表 3.7.10　2014 年广西市场专题类节目收视率排名前十位

名次	节目名称	播出频道	平均收视率（%）	平均占有率（%）
1	动真格有辣味——百色市委常委班子专题民主生活纪实	广西电视台卫星频道	3.1	7.7
2	一场别开生面的座谈会——习近平总书记主持召开文艺工作座谈会侧记	中央电视台综合频道	2.6	6.9
3	中央电视台特别节目：新的中拉时间开始了	中央电视台综合频道	2.6	6.1
4	中央电视台特别节目：从雁栖湖到太平洋——习近平主席大洋洲之行综述	中央电视台综合频道	2.5	5.7
5	中央电视台特别节目：一桥飞架中欧	中央电视台综合频道	2.5	5.2
6	感动中国 2013 年度人物颁奖盛典	中央电视台综合频道	2.2	5.7
7	中国汉字听写大会 2014(9 月 7 日)	中央电视台综合频道	2.2	5.4
8	中国成语大会 2014(6 月 29 日)	中央电视台综合频道	2.0	4.9
9	中国谜语大会(2 月 13 日)	中央电视台综合频道	1.9	4.8
10	中央电视台特别节目：一带一路千年的时空穿越	中央电视台综合频道	1.9	4.0

表 3.7.11　2014 年广西市场综艺节目收视率排名前十位

名次	节目名称	播出频道	平均收视率(%)	平均占有率(%)
1	中央电视台 2014 甲午年春节联欢晚会	中央电视台综合频道	10.9	38.3
2	第十届中国金鹰电视艺术节、第二十七届中国电视金鹰奖星光大道	湖南卫视	4.7	11.9
3	快乐大本营	湖南卫视	4.4	12.9
4	完璺归湘合体庆典	湖南卫视	4.3	11.5
5	我是歌手(1 月 3 日)	湖南卫视	4.2	11.1
6	第十届中国金鹰电视艺术节 2014 互联盛典	湖南卫视	4.1	16.1
7	华南城之夜 2015 星耀广西跨年综艺盛典	广西电视台综艺频道	4.0	18.8
8	天天向上	湖南卫视	4.0	13.4
9	2014 马上有乐	广西电视台卫星频道	4.0	9.4
10	第十届中国金鹰电视艺术节、第二十七届中国电视金鹰奖颁奖晚会	湖南卫视	3.9	13.3

表 3.7.12　2014 年广西市场体育节目收视率排名前十位

名次	节目名称	播出频道	平均收视率(%)	平均占有率(%)
1	2014 第二届夏季青年奥林匹克运动会开幕式	中央电视台综合频道	2.8	7.1
2	2014 第二届夏季青年奥林匹克运动会闭幕式	中央电视台综合频道	2.4	5.8
3	我爱世界杯:2014 年巴西世界杯 1/8 决赛(荷兰 VS 墨西哥)	中央台五套	1.6	64.4
4	2014 年仁川亚运会体操男子自由操决赛	中央台五套	1.5	3.6
5	2014 年仁川亚运会男子标枪决赛	中央台五套	1.5	3.4
6	2014 年仁川亚运会乒乓球男团决赛	中央台五套	1.4	3.7
7	2014 年仁川亚运会羽毛球男团决赛	中央台五套	1.3	4.2
8	2014 年仁川亚运会男篮复赛(日本 VS 中国)	中央台五套	1.3	4.1
9	2014 年仁川亚运会举重男子 69 公斤级挺举	中央台五套	1.3	3.6
10	2014 年南京青奥会体操男子鞍马决赛	中央台五套	1.3	3.1

八、贵州收视数据

表 3.8.1　2010～2014 年贵州市场各类频道的市场占有率（%）

频道类别	年份				
	2010 年	2011 年	2012 年	2013 年	2014 年
中央台频道	28.5	27.7	30.1	31.2	35.0
中国教育台频道	0.8	1.1	1.2	0.8	0.6
贵州省级频道	22.2	20.5	20.1	19.7	15.8
其他省级卫视频道	41.5	45.2	43.5	43.6	43.4
其他频道	7.0	5.5	5.1	4.7	5.2

表 3.8.2　2014 年贵州市场各类频道在不同目标观众中的市场占有率（%）

目标观众		中央台频道	中国教育台频道	贵州省级频道	其他省级卫视频道	其他频道
4 岁及以上所有人		35.0	0.6	15.8	43.4	5.2
城乡	城市	36.3	0.4	18.0	37.9	7.5
	农村	34.3	0.8	14.6	46.3	4.0
性别	男	37.5	0.7	15.9	40.6	5.3
	女	32.5	0.6	15.7	46.1	5.1
年龄	4～14 岁	33.0	0.8	9.9	52.5	3.8
	15～24 岁	29.2	0.7	15.4	50.9	3.8
	25～34 岁	38.3	0.4	13.9	41.9	5.4
	35～44 岁	32.9	0.7	15.0	47.2	4.2
	45～54 岁	34.4	0.6	20.6	39.0	5.4
	55～64 岁	38.8	0.3	21.8	30.5	8.6
	65 岁及以上	40.9	0.7	16.9	35.3	6.1
教育程度	未受过正规教育	35.5	0.8	17.0	41.4	5.2
	小学	33.3	0.9	13.4	47.9	4.5
	初中	33.6	0.5	16.7	43.4	5.8
	高中	38.3	0.3	17.6	38.5	5.2
	大学及以上	49.3	0.2	18.4	27.4	4.7
职业类别	干部/管理人员	41.2	0.0	20.1	33.9	4.8
	个体/私营企业人员	35.6	0.3	20.2	37.6	6.2
	初级公务员/雇员	43.4	0.3	17.8	31.6	6.9
	工人	39.6	0.7	16.1	37.7	5.9
	学生	30.5	0.8	10.4	54.9	3.4
	无业	39.5	0.5	17.5	35.2	7.2
	其他	31.3	0.8	16.1	47.9	3.9
个人月收入	0～300 元	31.8	0.8	12.7	50.4	4.3
	301～900 元	32.8	0.6	20.0	40.8	5.9
	901～1700 元	36.3	0.4	16.8	41.6	5.0
	1701～2600 元	37.8	0.6	19.2	36.0	6.4
	2601～3500 元	44.3	0.2	16.6	31.7	7.2
	3501 元及以上	43.8	0.6	15.6	34.8	5.2

表 3.8.3　2013 年贵州市场各类频道在不同时段的市场占有率（%）

时间段	中央台频道	中国教育台频道	贵州省级频道	其他省级卫视频道	其他频道
02:00~03:00	43.1	0.2	18.3	29.2	9.2
03:00~04:00	42.0	0.2	23.7	25.5	8.5
04:00~05:00	48.1	0.2	16.5	26.9	8.3
05:00~06:00	43.9	0.0	13.8	35.6	6.7
06:00~07:00	53.9	0.1	11.4	29.8	4.7
07:00~08:00	58.6	0.3	6.8	30.5	3.8
08:00~09:00	46.7	0.6	6.7	40.9	5.0
09:00~10:00	42.8	0.5	7.0	44.5	5.3
10:00~11:00	42.9	0.5	7.2	44.2	5.2
11:00~12:00	44.9	0.5	6.5	42.9	5.1
12:00~13:00	49.4	0.5	5.3	40.1	4.7
13:00~14:00	46.0	0.7	4.5	44.5	4.3
14:00~15:00	37.9	0.7	4.0	51.7	5.6
15:00~16:00	36.7	0.6	4.1	53.0	5.6
16:00~17:00	39.8	0.4	5.6	48.7	5.6
17:00~18:00	47.6	0.3	11.0	36.2	5.0
18:00~19:00	38.5	0.3	36.1	17.9	7.2
19:00~20:00	36.9	0.6	24.0	34.3	4.2
20:00~21:00	24.8	0.9	18.0	51.7	4.6
21:00~22:00	25.4	0.8	15.9	53.2	4.7
22:00~23:00	31.6	0.4	12.3	48.3	7.4
23:00~24:00	35.3	0.2	9.1	46.4	8.9
24:00~25:00	46.7	0.1	7.1	36.0	10.1
25:00~26:00	51.3	0.0	8.2	31.6	8.9

表 3.8.4　2014 年贵州市场收视份额排名前十位的频道

名次	频道名称	收视份额(%)
1	湖南卫视	12.1
2	贵州卫视	8.5
3	中央电视台综合频道	7.4
4	中央电视台少儿频道	5.4
5	中央台八套	4.6
6	中央台六套	4.1
7	贵州广播电视台公共频道	3.6
8	四川卫视	2.8
8	安徽卫视	2.8
8	中央台十二套	2.8

表 3.8.5 2014 年贵州市场各主要频道的观众构成（%）

目标观众		所有频道	主要频道				
			湖南卫视	贵州卫视	中央电视台综合频道	中央电视台少儿频道	中央台八套
4 岁及以上所有人		100.0	100.0	100.0	100.0	100.0	100.0
城乡	城市	35.1	24.5	23.7	41.9	19.5	36.3
	乡村	64.9	75.5	76.3	58.1	80.5	63.7
性别	男	49.7	39.6	51.8	54.2	52.6	45.4
	女	50.3	60.4	48.2	45.8	47.4	54.6
年龄	4~14 岁	19.2	28.4	13.8	10.4	53.9	12.3
	15~24 岁	12.9	19.8	14.5	10.4	7.5	9.6
	25~34 岁	12.1	11.8	10.5	9.7	13.1	13.2
	35~44 岁	17.5	19.7	15.3	17.1	9.6	20.6
	45~54 岁	13.4	8.4	15.0	15.0	5.9	17.4
	55~64 岁	12.9	5.2	17.7	17.3	5.3	15.0
	65 岁及以上	11.9	6.7	13.2	20.2	4.8	11.9
教育程度	未受过正规教育	8.9	6.7	10.8	8.3	17.5	9.4
	小学	34.3	41.6	33.7	28.9	53.8	30.6
	初中	38.2	39.0	40.9	37.2	23.7	39.1
	高中	14.3	10.6	12.0	17.9	3.9	16.1
	大学及以上	4.3	2.2	2.6	7.6	1.0	4.8
职业类别	干部/管理人员	1.4	1.0	1.4	2.9	0.2	2.0
	个体/私营企业人员	11.0	9.0	9.8	13.1	6.2	10.7
	初级公务员/雇员	7.0	4.5	4.7	10.4	2.2	8.6
	工人	4.2	2.8	2.6	4.1	3.1	4.6
	学生	22.7	39.1	17.9	12.5	43.7	16.3
	无业	25.3	12.8	21.8	32.3	24.7	29.1
	其他	28.3	30.7	41.7	24.6	20.0	28.6
个人月收入	0~300 元	41.9	56.2	39.8	31.6	69.5	34.9
	301~900 元	15.4	14.3	22.9	13.7	11.1	11.3
	901~1700 元	18.4	13.7	17.7	21.1	8.8	24.6
	1701~2600 元	13.1	9.8	11.4	18.2	4.1	16.7
	2601~3500 元	6.7	3.0	4.9	9.5	2.9	8.0
	3501 元及以上	4.5	2.9	3.2	5.9	3.6	4.5

表 3.8.6 2012~2014 年贵州市场各类节目的播出份额（%）和收视份额（%）

节目类型	2012 年		2013 年		2014 年	
	播出份额	收视份额	播出份额	收视份额	播出份额	收视份额
财经	2.2	0.5	1.7	0.5	1.5	0.4
电视剧	20.3	35.5	28.5	35.5	24.3	34.2
电影	4.1	2.3	4.6	3.1	4.0	4.0
法制	1.1	1.3	1.3	1.9	1.4	2.1
教学	0.4	0.1	0.4	0.1	0.3	0.1
青少	7.1	4.5	5.6	7.2	6.4	7.1
生活服务	9.0	9.1	8.8	8.2	13.9	9.1
体育	1.6	1.3	2.2	1.1	3.3	1.5
外语	0.0	0.0	0.0	0.0	0.0	0.0
戏剧	1.1	0.2	0.7	0.2	0.6	0.2
新闻/时事	14.9	15.6	10.5	12.2	9.9	11.7
音乐	2.7	0.7	2.5	0.8	2.6	1.0
专题	12.4	5.2	9.3	4.1	11.8	4.5
综艺	9.0	7.1	6.9	8.1	7.0	8.6
其他	14.2	16.8	16.9	17.1	13.1	15.6

表 3.8.7　2014 年贵州市场所有节目收视率排名前三十位

名次	节目名称	节目类型	播出频道	平均收视率（%）	平均占有率（%）
1	因为爱情有奇缘	电视剧	湖南卫视	10.6	26.0
2	中央电视台 2014 甲午年春节联欢晚会	综艺	中央电视台综合频道	9.4	42.1
3	新济公活佛	电视剧	湖南卫视	9.3	22.7
4	封神英雄榜	电视剧	贵州卫视	9.2	25.3
5	深圳合租记	电视剧	湖南卫视	8.8	22.9
6	一见不钟情	电视剧	湖南卫视	8.5	21.4
7	因为爱情有奇迹	电视剧	湖南卫视	8.0	20.5
8	神犬奇兵	电视剧	湖南卫视	7.8	20.1
9	飘帅	电视剧	贵州卫视	7.5	20.1
10	金鹰倒计时	综艺	湖南卫视	7.5	18.7
11	完璺归湘合体庆典	综艺	湖南卫视	7.3	17.1
12	武媚娘传奇	电视剧	湖南卫视	7.0	17.4
13	把爱带回家	电视剧	湖南卫视	6.9	18.0
14	幸福爱人	电视剧	湖南卫视	6.9	17.6
15	新闻联播	新闻/时事	中央电视台综合频道	6.4	22.5
16	我是歌手半决赛	综艺	湖南卫视	6.2	20.3
17	一次辣得出汗的专题民主生活会	新闻/时事	贵州卫视	6.1	12.4
18	快乐大本营	综艺	湖南卫视	6.0	18.0
19	相爱十年	电视剧	湖南卫视	5.8	15.1
20	喋血孤岛	电视剧	贵州卫视	5.7	16.9
21	加油爱人	电视剧	湖南卫视	5.7	15.1
22	宫锁连城	电视剧	湖南卫视	5.6	16.9
23	四十九日祭	电视剧	湖南卫视	5.6	14.6
24	如果我爱你	电视剧	湖南卫视	5.5	14.2
25	天天向上	综艺	湖南卫视	5.4	18.3
26	妻子的秘密	电视剧	湖南卫视	5.4	16.8
27	我的特一营	电视剧	湖南卫视	5.4	13.8
28	天气预报	生活服务	中央电视台综合频道	5.2	13.4
29	快乐中国 2014 ~ 2015 跨年演唱会	音乐	湖南卫视	5.1	24.7
30	利箭纵横	电视剧	贵州卫视	5.1	13.8

表 3.8.8　2014 年贵州市场电视剧收视率排名前十位

名次	节目名称	播出频道	平均收视率（%）	平均占有率（%）
1	因为爱情有奇缘	湖南卫视	10.6	26.0
2	新济公活佛	湖南卫视	9.3	22.7
3	封神英雄榜	贵州卫视	9.2	25.3
4	深圳合租记	湖南卫视	8.8	22.9
5	一见不钟情	湖南卫视	8.5	21.4
6	因为爱情有奇迹	湖南卫视	8.0	20.5
7	神犬奇兵	湖南卫视	7.8	20.1
8	飘帅	贵州卫视	7.5	20.1
9	武媚娘传奇	湖南卫视	7.0	17.4
10	把爱带回家	湖南卫视	6.9	18.0

表 3.8.9　2014 年贵州市场新闻节目收视率排名前十位

名次	节目名称	播出频道	平均收视率（%）	平均占有率（%）
1	新闻联播	中央电视台综合频道	6.4	22.5
2	一次辣得出汗的专题民主生活会	贵州卫视	6.1	12.4
3	焦点访谈(6 月 8 日)	贵州卫视	5.0	11.0
4	守望相助,共创中蒙关系发展新时代——习近平在蒙古国家大呼拉尔的演讲	中央电视台综合频道	4.9	11.4
5	焦点访谈	中央电视台综合频道	4.0	9.7
6	转播中央台新闻联播	贵州卫视	3.7	13.0
7	习近平主席在印度新德里发表重要演讲	中央电视台综合频道	3.7	8.5
8	习近平在澳大利亚联邦议会发表演讲	中央电视台综合频道	3.7	7.2
9	贵州新闻联播	贵州卫视	3.4	18.5
10	习近平在巴西国会发表重要演讲	中央电视台综合频道	3.0	8.0

表 3.8.10　2014 年贵州市场专题节目收视率排名前十位

名次	节目名称	播出频道	平均收视率（%）	平均占有率（%）
1	国魂——社会主义核心价值观	贵州卫视	4.2	9.8
2	一场别开生面的座谈会——习近平总书记主持召开文艺工作座谈会侧记	中央电视台综合频道	4.0	9.3
3	中央电视台特别节目:从雁栖湖到太平洋——习近平主席大洋洲之行综述	中央电视台综合频道	3.7	7.9
4	中国汉字听写大会 2014（8 月 3 日）	中央电视台综合频道	3.4	8.3
5	中央电视台特别节目:新的中拉时间开始了	中央电视台综合频道	3.3	7.4
6	前进云端新贵州	贵州卫视	3.2	9.1
7	爱在身边——2014 贵阳市春运公益活动	贵州广播电视台公共频道	2.9	13.8
8	中央电视台特别节目:一桥飞架中欧	中央电视台综合频道	2.8	7.1
9	中国成语大会 2014（6 月 2 日）	中央电视台综合频道	2.5	6.4
10	好记者讲好故事——2014 年中国记者节特别节目	中央电视台综合频道	2.4	6.4

表 3.8.11　2014 年贵州市场综艺节目收视率排名前十位

名次	节目名称	播出频道	平均收视率(%)	平均占有率(%)
1	中央电视台 2014 甲午年春节联欢晚会	中央电视台综合频道	9.4	42.1
2	第十届中国金鹰电视艺术节、第二十七届中国电视金鹰奖星光大道	湖南卫视	8.7	19.0
3	金鹰倒计时	湖南卫视	7.5	18.7
4	完霾归湘合体庆典	湖南卫视	7.3	17.1
5	我是歌手半决赛	湖南卫视	6.2	20.3
6	快乐大本营	湖南卫视	6.0	18.0
7	天天向上	湖南卫视	5.4	18.3
8	第十届中国金鹰电视艺术节 2014 互联盛典	湖南卫视	4.3	18.1
9	第十届中国金鹰电视艺术节、第二十七届中国电视金鹰奖颁奖晚会	湖南卫视	4.2	20.3
10	苏州月中华情——2014 年中央电视台中秋晚会	中央电视台综合频道	4.0	9.8

表 3.8.12　2014 年贵州市场体育类节目收视率排名前十位

名次	节目名称	播出频道	平均收视率(%)	平均占有率(%)
1	2014 第二届夏季青年奥林匹克运动会开幕式	中央电视台综合频道	2.5	6.8
2	2014 第二届夏季青年奥林匹克运动会闭幕式	中央电视台综合频道	2.5	5.7
3	我爱世界杯:2014 年巴西世界杯 1/4 决赛(阿根廷 VS 比利时)	中央台五套	1.7	57.0
4	2014 年南京青奥会体操男子鞍马决赛	中央台五套	1.6	3.8
5	2014 年南京青奥会女子 100 米决赛	中央台五套	1.4	4.3
6	谁是球王总决赛	中央电视台综合频道	1.2	3.6
7	2014 年仁川亚运会举重女子 75 公斤以上级决赛	中央台五套	1.2	3.0
7	2014 年仁川亚运会乒乓球男团决赛	中央台五套	1.2	3.0
9	2014 年南京青奥会跆拳道男子 48 公斤以下级决赛	中央台五套	1.2	2.6
10	2014 年仁川亚运会体操女子高低杠决赛	中央台五套	1.1	2.9

九、海南收视数据

表 3.9.1 2010～2014 年海南市场各类频道的市场占有率（%）

频道类别	年份				
	2010 年	2011 年	2012 年	2013 年	2014 年
中央台频道	31.5	30.8	33.2	33.0	33.0
中国教育台频道	0.5	0.9	0.7	0.7	0.7
海南省级频道	34.8	32.1	30.0	26.3	22.2
其他省级卫视频道	14.1	19.1	20.7	24.2	26.9
其他频道	19.1	17.2	15.4	15.8	17.2

表 3.9.2 2014 年海南市场各类频道在不同目标观众中的市场占有率（%）

目标观众		中央台频道	中国教育台频道	海南省级频道	其他省级卫视频道	其他频道
4 岁及以上所有人		33.0	0.7	22.2	26.9	17.2
城乡	城市	33.8	0.7	17.9	30.9	16.7
	农村	32.6	0.7	24.4	24.8	17.5
性别	男	35.3	0.7	22.2	24.2	17.6
	女	30.5	0.6	22.2	30.0	16.7
年龄	4～14 岁	33.8	0.6	19.6	30.3	15.7
	15～24 岁	24.7	0.7	23.2	32.7	18.7
	25～34 岁	30.7	0.7	21.7	30.8	16.1
	35～44 岁	34.4	0.7	18.2	29.8	16.9
	45～54 岁	32.0	0.9	25.7	23.6	17.8
	55～64 岁	37.7	0.6	24.9	20.2	16.6
	65 岁及以上	37.8	0.5	23.7	17.5	20.5
教育程度	未受过正规教育	34.1	0.5	24.5	23.8	17.1
	小学	31.2	0.7	22.8	28.0	17.3
	初中	29.9	0.7	23.6	27.7	18.1
	高中	40.8	0.6	17.4	25.8	15.4
	大学及以上	51.4	0.3	12.6	22.8	12.9
职业类别	干部/管理人员	43.3	0.1	13.3	29.8	13.5
	个体/私营企业人员	33.7	0.9	19.8	27.3	18.3
	初级公务员/雇员	41.8	0.6	17.3	25.4	14.9
	工人	30.3	1.5	20.9	31.0	16.3
	学生	31.8	0.9	17.4	35.5	14.4
	无业	37.2	0.4	19.7	26.4	16.3
	其他	28.4	0.6	28.1	23.4	19.5
个人月收入	0～300 元	31.4	0.7	22.1	29.5	16.3
	301～900 元	25.6	0.6	36.9	17.6	19.3
	901～1700 元	33.3	0.8	18.4	28.8	18.7
	1701～2600 元	35.6	0.7	16.0	31.1	16.6
	2601～3500 元	47.5	1.0	15.0	22.7	13.8
	3501 元及以上	47.4	0.2	11.9	26.6	13.9

表 3.9.3 2014 年海南市场各类频道在不同时段的市场占有率（%）

时间段	中央台频道	中国教育台频道	海南省级频道	其他省级卫视频道	其他频道
02:00~03:00	33.7	1.8	5.3	37.5	21.7
03:00~04:00	34.2	1.5	5.0	34.4	24.9
04:00~05:00	39.8	1.1	6.0	28.3	24.8
05:00~06:00	41.3	1.0	7.8	24.3	25.6
06:00~07:00	53.2	0.3	9.0	16.8	20.7
07:00~08:00	54.1	0.2	9.9	16.2	19.6
08:00~09:00	43.5	0.2	13.7	25.0	17.6
09:00~10:00	36.9	0.2	15.2	29.9	17.8
10:00~11:00	37.5	0.6	13.4	31.4	17.1
11:00~12:00	41.0	0.7	11.0	31.0	16.3
12:00~13:00	43.0	1.0	11.5	28.9	15.6
13:00~14:00	39.0	1.2	12.3	30.5	17.0
14:00~15:00	36.3	1.0	11.9	32.3	18.5
15:00~16:00	37.6	0.9	11.6	31.4	18.5
16:00~17:00	37.4	0.3	10.0	34.5	17.8
17:00~18:00	43.3	0.3	12.7	27.6	16.1
18:00~19:00	38.2	0.2	35.2	10.7	15.7
19:00~20:00	32.0	0.6	33.9	17.1	16.4
20:00~21:00	24.1	1.0	31.3	25.7	17.9
21:00~22:00	24.6	0.7	28.1	28.9	17.7
22:00~23:00	27.4	0.6	26.1	30.5	15.4
23:00~24:00	32.2	0.4	17.7	33.5	16.2
24:00~25:00	35.0	0.4	12.8	31.2	20.6
25:00~26:00	35.7	1.3	6.5	32.9	23.6

表 3.9.4 2014 年海南市场收视份额排名前十位的频道

名次	频道名称	收视份额(%)
1	海南广播电视总台综合频道	13.6
2	中央电视台综合频道	7.1
3	湖南卫视	6.8
4	中央电视台少儿频道	4.3
5	中央台八套	4.2
6	中央台三套	3.1
7	中央台六套	2.9
8	海南广播电视总台公共频道	2.8
8	山东卫视	2.8
10	中央电视台新闻频道	2.7

表 3.9.5 2014 年海南市场主要频道的观众构成（%）

目标观众		所有频道	主要频道				
			中央台八套	海南广播电视总台综合频道	中央电视台综合频道	湖南卫视	中央电视台少儿频道
4 岁及以上所有人		100.0	100.0	100.0	100.0	100.0	100.0
城乡	城市	34.1	22.1	34.0	29.9	29.7	31.1
	农村	65.9	77.9	66.0	70.1	70.3	68.9
性别	男	52.6	51.6	50.7	37.7	55.0	42.3
	女	47.4	48.4	49.3	62.3	45.0	57.7
年龄	4～14 岁	18.2	15.0	24.1	22.3	51.4	8.9
	15～24 岁	10.6	10.8	8.2	17.1	6.0	6.4
	25～34 岁	15.6	12.7	14.5	18.6	16.7	13.8
	35～44 岁	16.2	13.3	14.3	18.8	8.2	18.2
	45～54 岁	17.4	23.0	17.2	10.4	7.0	16.2
	55～64 岁	12.5	15.7	15.0	6.1	6.3	17.9
	65 岁及以上	9.4	9.6	6.7	6.7	4.3	18.7
教育程度	未受过正规教育	9.6	11.5	15.1	6.7	22.9	5.0
	小学	23.3	23.3	21.6	28.9	37.5	29.8
	初中	49.5	53.6	42.4	53.1	32.7	43.3
	高中	13.1	9.5	12.8	9.0	5.1	15.7
	大学及以上	4.5	2.1	8.0	2.3	1.8	6.1
职业类别	干部/管理人员	0.5	0.2	0.5	0.4	0.2	0.7
	个体/私营企业人员	8.1	5.9	5.5	8.0	4.1	8.5
	初级公务员/雇员	8.2	5.3	12.1	4.8	2.9	9.4
	工人	7.6	5.7	5.0	9.5	6.7	7.1
	学生	13.4	7.7	12.6	22.2	32.3	8.0
	无业	27.3	22.3	30.1	23.5	33.5	37.7
	其他	34.9	52.7	34.2	31.6	20.2	28.7
个人月收入	0～300 元	37.3	35.1	40.4	43.7	67.1	32.0
	301～900 元	16.9	37.4	20.1	9.6	7.1	11.2
	901～1700 元	23.3	16.7	20.0	26.4	12.2	28.5
	1701～2600 元	12.0	6.0	8.0	13.3	9.8	15.1
	2601～3500 元	6.3	3.5	6.6	3.8	2.4	9.6
	3501 元及以上	4.1	1.4	4.9	3.3	1.4	3.6

表 3.9.6 2012～2014 年海南市场各类节目的播出份额（%）和收视份额（%）

节目类别	2012 年		2013 年		2014 年	
	播出份额	收视份额	播出份额	收视份额	播出份额	收视份额
财经	2.3	0.5	2.0	0.5	1.8	0.5
电视剧	21.1	45.5	21.2	42.6	20.6	39.6
电影	4.3	3.6	5.5	5.4	4.7	6.0
法制	0.8	0.6	0.9	0.5	1.0	0.5
教学	0.3	0.0	0.3	0.0	0.2	0.0
青少	7.4	5.6	6.8	7.2	7.3	7.5
生活服务	8.6	6.1	9.2	5.8	10.0	5.9
体育	1.6	2.5	2.4	1.7	3.1	2.1
外语	0.0	0.0	0.0	0.0	0.0	0.0
戏剧	1.2	0.2	0.9	0.2	0.7	0.1
新闻/时事	15.3	9.1	15.1	9.4	14.9	10.3
音乐	2.8	0.5	2.6	0.4	2.6	0.5
专题	11.6	5.6	10.6	5.3	12.0	5.8
综艺	9.1	8.8	8.8	9.8	8.8	11.1
其他	13.7	11.4	13.8	11.1	12.3	10.1

表 3.9.7 2014 年海南市场所有节目收视率排名前三十位

名次	节目名称	节目类型	播出频道	平均收视率(%)	平均占有率(%)
1	烈火玫瑰	电视剧	海南广播电视总台综合频道	11.4	35.9
2	因为爱情有奇缘	电视剧	湖南卫视	11.2	33.3
3	狮子营	电视剧	海南广播电视总台综合频道	10.9	35.6
4	冷枪手	电视剧	海南广播电视总台综合频道	10.3	33.5
5	金粉佳人	电视剧	海南广播电视总台综合频道	9.1	30.0
6	烈火战士	电视剧	海南广播电视总台综合频道	8.8	27.0
7	孤胆英雄	电视剧	海南广播电视总台综合频道	8.6	28.3
8	剿匪敢死队	电视剧	海南广播电视总台综合频道	8.0	27.2
9	枪王	电视剧	海南广播电视总台综合频道	7.6	28.9
10	我要当八路军	电视剧	海南广播电视总台综合频道	7.4	27.8
11	因为爱情有奇迹	电视剧	湖南卫视	7.4	23.8
12	利箭出击	电视剧	海南广播电视总台综合频道	7.1	24.2
13	抗日尖兵	电视剧	海南广播电视总台综合频道	7.0	21.6
14	我的抗战	电视剧	海南广播电视总台综合频道	6.9	25.1
15	叶问	电视剧	海南广播电视总台综合频道	6.7	25.2
16	十二金钱镖	电视剧	海南广播电视总台综合频道	6.7	22.1
17	风影	电视剧	海南广播电视总台综合频道	6.6	24.0
18	玫瑰行动	电视剧	海南广播电视总台综合频道	6.6	23.1
19	勇士	电视剧	海南广播电视总台综合频道	6.6	20.2
20	绝地枪王	电视剧	海南广播电视总台综合频道	6.3	20.0
21	偷心天使	电视剧	海南广播电视总台综合频道	6.2	21.2
22	战火西北狼	电视剧	海南广播电视总台综合频道	6.1	20.1
23	追击	电视剧	海南广播电视总台综合频道	6.0	23.7
24	红颜利剑	电视剧	海南广播电视总台综合频道	5.9	17.9
25	一个鬼子都不留	电视剧	海南广播电视总台综合频道	5.8	23.0
26	刺蝶	电视剧	海南广播电视总台综合频道	5.8	20.9
27	神秘特工	电视剧	海南广播电视总台综合频道	5.7	21.2
28	爱的口香糖	电视剧	海南广播电视总台综合频道	5.7	20.1
29	枪王之生死较量	电视剧	海南广播电视总台综合频道	5.6	25.8
30	第三届海南广电观众节真情你我闭幕式暨最美海南人主题颁奖晚会	综艺	海南广播电视总台综合频道	5.6	19.3

表 3.9.8 2014 年海南市场电视剧收视率排名前十位

名次	节目名称	播出频道	平均收视率（%）	平均占有率（%）
1	烈火玫瑰	海南广播电视总台综合频道	11.4	35.9
2	因为爱情有奇缘	湖南卫视	11.2	33.3
3	狮子营	海南广播电视总台综合频道	10.9	35.6
4	冷枪手	海南广播电视总台综合频道	10.3	33.5
5	金粉佳人	海南广播电视总台综合频道	9.1	30.0
6	烈火战士	海南广播电视总台综合频道	8.8	27.0
7	孤胆英雄	海南广播电视总台综合频道	8.6	28.3
8	剿匪敢死队	海南广播电视总台综合频道	8.0	27.2
9	枪王	海南广播电视总台综合频道	7.6	28.9
10	我要当八路军	海南广播电视总台综合频道	7.4	27.8

表 3.9.9 2014 年海南市场新闻节目收视率排名前十位

名次	节目名称	播出频道	平均收视率（%）	平均占有率（%）
1	全景看冬交——2014 海南冬交会直播特别节目	海南广播电视总台综合频道	4.4	15.6
2	第 1 民声	海南广播电视总台综合频道	2.5	12.5
3	直播海南	海南广播电视总台综合频道	2.4	21.7
4	习近平主席在联合国教科文组织总部发表演讲	中央电视台综合频道	1.8	6.4
5	直播大事件:海南广播电视总台全媒体特别报道直击海鸥	海南广播电视总台新闻频道	1.7	14.6
6	新闻联播	中央电视台综合频道	1.6	8.3
7	李克强总理会见中外记者并回答提问	中央电视台综合频道	1.6	4.7
8	习近平主席在欧洲学院发表重要演讲	中央电视台综合频道	1.5	5.2
9	习近平在韩国首尔大学发表演讲	中央电视台综合频道	1.4	6.4
10	习近平在巴西国会发表重要演讲	中央电视台综合频道	1.4	5.4

表 3.9.10 2014 年海南市场专题节目收视率排名前十位

名次	节目名称	播出频道	平均收视率（%）	平均占有率（%）
1	海之南	海南广播电视总台综合频道	3.5	14.4
2	绿色农业进行时	海南广播电视总台综合频道	2.7	14.4
3	中国汉字听写大会 2014(9 月 7 日)	中央电视台综合频道	2.1	6.5
4	寻情记	海南广播电视总台公共频道	1.8	8.9
5	中国成语大会(6 月 15 日)	中央电视台综合频道	1.8	6.0
6	中国谜语大会(2 月 13 日)	中央电视台综合频道	1.6	4.7
7	寻找最美乡村教师 2014 大型公益活动	中央电视台综合频道	1.4	4.7
8	感动中国 2013 年度人物颁奖盛典	中央电视台综合频道	1.4	4.1
9	一年级	湖南卫视	1.2	8.3
10	中央电视台特别节目:一桥飞架中欧	中央电视台综合频道	1.2	4.5

表 3.9.11　2014 年海南市场综艺节目收视率排名前十位

名次	节目名称	播出频道	平均收视率(%)	平均占有率(%)
1	第三届海南广电观众节真情你我闭幕式暨最美海南人主题颁奖晚会	海南广播电视总台综合频道	5.6	19.3
2	中央电视台 2014 甲午年春节联欢晚会	中央电视台综合频道	4.5	16.7
3	女兵情报站	海南广播电视总台综合频道	4.3	12.7
4	女兵报到	海南广播电视总台综合频道	3.7	12.7
5	声动海南吧	海南广播电视总台综合频道	3.7	12.2
6	影响海南 2015 海南广电电视媒体推介晚会	海南广播电视总台综合频道	3.6	10.6
7	我们风雨同行——海南省 718 超强台风赈灾义演晚会	海南广播电视总台综合频道	3.5	17.5
8	全城热 GO	海南广播电视总台综合频道	3.4	10.0
9	声动海南	海南广播电视总台综合频道	3.3	13.5
10	中央电视台 2014 甲午年春节联欢晚会	海南广播电视总台综合频道	3.2	11.9

表 3.9.12　2014 年海南市场体育节目收视率排名前十位

名次	节目名称	播出频道	平均收视率(%)	平均占有率(%)
1	2014 年仁川亚运会女排决赛	中央台五套	3.6	16.7
2	实况录像:2014 年世界女排锦标赛半决赛	中央台五套	3.4	18.7
3	2014 第二届夏季青年奥林匹克运动会开幕式	中央电视台综合频道	2.6	10.0
4	2014 年仁川亚运会男子 4×400 米接力决赛	中央台五套	2.6	8.4
5	2014 年仁川亚运会体操男子单杠决赛	中央台五套	2.3	8.0
6	2014 年仁川亚运会男子 4×100 米混合泳接力颁奖仪式	中央台五套	2.3	7.1
7	2014 年仁川亚运会男子 400 米自由泳决赛	中央台五套	2.2	10.0
8	黄金赛场:2014 年女子排球亚洲杯决赛	中央台五套	2.1	6.7
9	2014 年南京青奥会体操男子吊环决赛	中央台五套	2.0	9.3
10	现场直播:2014 年世界乒乓球团体锦标赛女团决赛	中央台五套	2.0	8.2

十、河北收视数据

表 3.10.1 2010～2014 年河北市场各类频道的市场占有率（%）

频道类别	年份				
	2010 年	2011 年	2012 年	2013 年	2014 年
中央台频道	31.3	30.1	27.2	29.3	31.8
中国教育台频道	0.6	0.7	0.5	0.5	0.3
河北省级频道	20.2	18.7	30.2	29.9	29.8
其他省级卫视频道	37.7	43.7	28.9	29.0	29.3
其他频道	10.3	6.8	13.2	11.3	8.8

表 3.10.2 2014 年河北市场各类频道在不同目标观众中的市场占有率（%）

目标观众		中央台频道	中国教育台频道	河北省级频道	其他省级卫视频道	其他频道
4 岁及以上所有人		31.8	0.3	29.8	29.3	8.8
城乡	城市	39.1	0.2	18.0	33.8	8.9
	农村	30.1	0.4	32.4	28.2	8.9
性别	男	32.5	0.3	29.8	28.3	9.1
	女	31.0	0.3	29.8	30.2	8.7
年龄	4～14 岁	29.9	0.4	24.7	37.5	7.5
	15～24 岁	24.5	0.3	34.7	32.2	8.3
	25～34 岁	33.1	0.2	28.6	28.8	9.3
	35～44 岁	29.4	0.4	28.7	31.6	9.9
	45～54 岁	32.0	0.4	29.7	28.4	9.5
	55～64 岁	39.5	0.2	29.1	23.7	7.5
	65 岁及以上	30.4	0.3	35.2	24.1	10.0
教育程度	未受过正规教育	32.2	0.2	32.6	25.4	9.6
	小学	27.6	0.4	33.5	29.6	8.9
	初中	29.1	0.4	30.0	31.0	9.5
	高中	33.4	0.2	28.7	28.9	8.8
	大学及以上	47.7	0.2	19.9	25.9	6.3
职业类别	干部/管理人员	46.6	0.5	17.7	28.9	6.3
	个体/私营企业人员	29.6	0.2	32.1	27.1	11.0
	初级公务员/雇员	39.4	0.1	26.5	26.4	7.6
	工人	34.2	0.4	24.5	33.3	7.6
	学生	27.6	0.5	22.8	41.2	7.9
	无业	35.2	0.2	27.7	28.5	8.4
	其他	27.0	0.5	35.6	27.6	9.3
个人月收入	0～300 元	26.2	0.4	37.0	28.7	7.7
	301～900 元	27.4	0.4	36.5	25.6	10.1
	901～1700 元	34.2	0.4	28.4	29.3	7.7
	1701～2600 元	37.4	0.2	27.6	25.8	9.0
	2601～3500 元	34.0	0.2	29.0	27.2	9.6
	3501 元及以上	31.4	0.2	27.0	29.2	12.2

表 3.10.3　2014 年河北市场各类频道在不同时段的市场占有率（%）

时间段	中央台频道	中国教育台频道	河北省级频道	其他省级卫视频道	其他频道
02:00～03:00	25.0	0.4	12.7	37.3	24.6
03:00～04:00	24.9	0.3	10.3	41.9	22.6
04:00～05:00	30.3	0.3	11.9	39.0	18.5
05:00～06:00	30.8	0.5	18.7	36.3	13.7
06:00～07:00	40.3	0.2	23.7	27.5	8.3
07:00～08:00	46.5	0.1	22.0	23.1	8.3
08:00～09:00	42.7	0.1	18.4	29.7	9.1
09:00～10:00	32.8	0.1	23.2	35.0	8.9
10:00～11:00	31.1	0.4	22.6	37.4	8.5
11:00～12:00	33.2	0.3	25.8	32.9	7.8
12:00～13:00	28.6	0.3	43.2	20.8	7.1
13:00～14:00	32.5	0.6	28.2	30.1	8.6
14:00～15:00	33.0	0.7	15.8	40.0	10.5
15:00～16:00	32.3	0.5	16.4	40.8	10.0
16:00～17:00	29.9	0.2	18.0	42.5	9.4
17:00～18:00	34.8	0.1	22.1	34.6	8.4
18:00～19:00	40.5	0.1	36.5	13.2	9.7
19:00～20:00	36.4	0.3	37.2	17.6	8.5
20:00～21:00	25.5	0.6	35.9	30.5	7.5
21:00～22:00	25.5	0.4	34.4	31.9	7.8
22:00～23:00	26.2	0.2	28.4	34.4	10.8
23:00～24:00	28.0	0.1	22.9	37.2	11.8
24:00～25:00	31.4	0.1	20.8	32.4	15.3
25:00～26:00	28.0	0.3	18.5	29.5	23.7

表 3.10.4　2014 年河北市场收视份额排名前十位的频道

名次	频道名称	收视份额(%)
1	河北电视台二套(经济生活频道)	13.6
2	河北电视台农民频道(七套)	8.2
3	中央电视台综合频道	7.1
4	中央电视台少儿频道	4.5
5	河北卫视	4.2
5	湖南卫视	3.4
7	中央台三套	2.7
8	中央电视台新闻频道	2.2
8	中央台四套	2.2
8	中央台八套	2.2

表 3.10.5　2014 年河北市场各主要频道的观众构成（%）

目标观众		所有频道	主要频道				
			河北电视台二套（经济生活频道）	河北电视台农民频道（七套）	中央电视台综合频道	中央电视台少儿频道	河北卫视
4 岁及以上所有人		100.0	100.0	100.0	100.0	100.0	100.0
城乡	城市	18.3	6.0	10.3	20.5	10.2	15.3
	农村	81.7	94.0	89.7	79.5	89.8	84.7
性别	男	48.2	47.8	45.2	47.1	47.8	49.5
	女	51.8	52.2	54.8	52.9	52.2	50.5
年龄	4～14 岁	12.7	10.3	11.6	10.6	37.6	5.5
	15～24 岁	11.2	14.9	11.9	9.2	5.8	8.0
	25～34 岁	13.3	13.4	13.6	13.1	16.3	7.5
	35～44 岁	15.5	15.6	15.2	11.5	9.1	12.0
	45～54 岁	19.3	19.3	19.4	15.8	11.8	17.3
	55～64 岁	17.2	14.4	19.2	26.5	17.7	22.3
	65 岁及以上	10.9	12.1	9.1	13.3	1.6	27.5
教育程度	未受过正规教育	7.8	8.6	11.6	7.8	22.9	4.3
	小学	26.1	29.1	26.0	26.3	30.9	39.4
	初中	35.9	34.8	37.4	28.4	25.8	38.5
	高中	20.0	19.8	19.9	17.5	17.3	13.1
	大学及以上	10.2	7.7	5.1	20.1	3.1	4.6
职业类别	干部/管理人员	1.8	0.7	0.4	1.5	0.6	1.4
	个体/私营企业人员	15.3	14.2	21.4	11.2	7.2	11.2
	初级公务员/雇员	12.9	13.2	10.2	18.3	5.2	7.6
	工人	5.8	4.4	4.2	5.4	3.5	3.9
	学生	9.8	7.1	6.2	8.4	19.8	5.1
	无业	23.6	19.9	27.3	25.4	33.0	17.8
	其他	30.8	40.5	30.2	29.8	30.6	53.0
个人月收入	0～300 元	34.6	30.0	35.6	30.7	61.7	46.5
	301～900 元	14.7	22.4	15.1	15.1	13.6	14.2
	901～1700 元	23.2	21.2	25.0	24.6	11.4	19.7
	1701～2600 元	16.9	15.8	15.6	20.8	7.7	12.7
	2601～3500 元	6.8	7.1	5.7	5.6	3.6	4.7
	3501 元及以上	3.8	3.5	3.0	3.2	2.0	2.2

表 3.10.6　2012～2014 年河北市场各类节目的播出份额（%）和收视份额（%）

节目类别	2012 年		2013 年		2014 年	
	播出份额	收视份额	播出份额	收视份额	播出份额	收视份额
财经	2.2	0.7	1.7	0.6	1.6	0.5
电视剧	21.1	38.5	30.0	38.5	28.0	37.0
电影	5.3	5.2	5.5	4.3	3.9	3.7
法制	0.8	1.2	1.1	2.3	1.3	2.4
教学	0.3	0.0	0.4	0.1	0.3	0.1
青少	7.6	5.9	5.8	8.4	7.1	8.5
生活服务	8.1	6.9	8.3	5.9	13.4	6.6
体育	1.8	1.5	2.2	1.0	3.6	1.4
外语	0.0	0.0	0.0	0.0	0.0	0.0
戏剧	1.1	0.8	0.7	0.7	0.6	0.4
新闻/时事	14.6	9.9	10.1	8.9	9.7	9.2
音乐	2.7	0.7	2.5	0.8	1.4	0.9
专题	11.6	5.7	8.6	6.2	11.9	7.0
综艺	9.2	11.2	7.4	11.6	7.1	12.1
其他	13.7	11.8	15.7	10.8	10.1	10.2

表 3.10.7　2014 年河北市场所有节目收视率排名前三十位

名次	节目名称	节目类型	播出频道	平均收视率(%)	平均占有率(%)
1	中央电视台2014甲午年元宵晚会	综艺	中央电视台综合频道	10.3	24.2
2	猎狼	电视剧	河北电视台二套(经济生活频道)	9.9	26.4
3	铁血尖刀	电视剧	河北电视台二套(经济生活频道)	9.1	23.9
4	战狼风暴	电视剧	河北电视台二套(经济生活频道)	8.5	22.5
5	大漠枪神	电视剧	河北电视台二套(经济生活频道)	8.4	22.0
6	双谍姐妹花	电视剧	河北电视台二套(经济生活频道)	8.3	24.4
7	喋血战队	电视剧	河北电视台二套(经济生活频道)	8.3	23.6
8	中央电视台2014甲午年春节联欢晚会	综艺	中央电视台综合频道	8.3	18.0
9	兄弟们上	电视剧	河北电视台二套(经济生活频道)	8.0	23.3
10	东北剿匪记	电视剧	河北电视台二套(经济生活频道)	7.9	19.3
11	我和我的传奇奶奶	电视剧	河北电视台二套(经济生活频道)	7.8	22.2
12	逐寇尖刀	电视剧	河北电视台二套(经济生活频道)	7.4	18.8
13	冀中英豪传	电视剧	河北电视台二套(经济生活频道)	7.1	24.6
14	一个强盗都不留	电视剧	河北电视台二套(经济生活频道)	6.7	23.2
15	孤胆英雄	电视剧	河北电视台二套(经济生活频道)	6.7	19.3
16	我为购物狂	综艺	河北电视台二套(经济生活频道)	6.6	19.4
17	杀寇决	电视剧	河北电视台二套(经济生活频道)	6.5	17.2
18	敌后英雄	电视剧	河北电视台二套(经济生活频道)	6.4	21.1
19	刺刀英雄	电视剧	河北电视台二套(经济生活频道)	6.4	18.0
20	刺蝶	电视剧	河北电视台二套(经济生活频道)	6.4	17.9
21	战地尖刀	电视剧	河北电视台二套(经济生活频道)	6.4	15.7
22	代号叫麻雀	电视剧	河北电视台二套(经济生活频道)	6.3	22.2
23	我的抗战之铁血轻奇兵	电视剧	河北电视台二套(经济生活频道)	6.3	17.5
24	天狼星行动	电视剧	河北电视台二套(经济生活频道)	6.2	21.7
25	石门情报战	电视剧	河北电视台二套(经济生活频道)	6.1	16.7
26	抗日特攻队	电视剧	河北电视台二套(经济生活频道)	5.9	20.1
27	大兵小将	综艺	河北电视台二套(经济生活频道)	5.8	17.9
28	出生入死	电视剧	河北电视台二套(经济生活频道)	5.8	17.7
29	喋血兄弟	电视剧	河北电视台二套(经济生活频道)	5.7	19.0
30	娱乐合家欢	综艺	河北电视台二套(经济生活频道)	5.7	14.3

表 3.10.8　2014 年河北市场电视剧收视率排名前十位

名次	节目名称	播出频道	平均收视率(%)	平均占有率(%)
1	猎狼	河北电视台二套(经济生活频道)	9.9	26.4
2	铁血尖刀	河北电视台二套(经济生活频道)	9.1	23.9
3	战狼风暴	河北电视台二套(经济生活频道)	8.5	22.5
4	大漠枪神	河北电视台二套(经济生活频道)	8.4	22.0
5	双谍姐妹花	河北电视台二套(经济生活频道)	8.3	24.4
6	喋血战队	河北电视台二套(经济生活频道)	8.3	23.6
7	兄弟们上	河北电视台二套(经济生活频道)	8.0	23.3
8	东北剿匪记	河北电视台二套(经济生活频道)	7.9	19.3
9	我和我的传奇奶奶	河北电视台二套(经济生活频道)	7.8	22.2
10	逐寇尖刀	河北电视台二套(经济生活频道)	7.4	18.8

表 3.10.9 2014 年河北市场新闻节目收视率排名前十位

名次	节目名称	播出频道	平均收视率（%）	平均占有率（%）
1	今日资讯	河北电视台二套(经济生活频道)	4.2	19.7
2	习近平主席在联合国教科文组织总部发表演讲	中央电视台综合频道	4.2	10.9
3	习近平主席在欧洲学院发表重要演讲	中央电视台综合频道	3.2	8.9
4	习近平主席在中法建交 50 周年纪念大会上发表重要讲话	中央电视台综合频道	3.0	7.5
5	守望相助,共创中蒙关系发展新时代——习近平在蒙古国家大呼拉尔的演讲	中央电视台综合频道	2.9	7.8
6	聚焦 APEC	中央电视台综合频道	2.7	7.2
7	习近平主席在柏林发表重要演讲	中央电视台综合频道	2.7	6.9
8	新闻联播	中央电视台综合频道	2.5	8.4
9	焦点访谈	中央电视台综合频道	2.4	6.9
10	习近平在韩国首尔大学发表演讲	中央电视台综合频道	2.3	7.9

表 3.10.10 2014 年河北市场专题节目收视率排名前十位

名次	节目名称	播出频道	平均收视率（%）	平均占有率（%）
1	中央电视台特别节目:一桥飞架中欧	中央电视台综合频道	3.2	9.4
2	寻找最美乡村教师 2014 大型公益活动	中央电视台综合频道	3.0	8.2
3	中央电视台特别节目:新的中拉时间开始了	中央电视台综合频道	2.9	9.6
4	好奇害死猫	河北电视台二套(经济生活频道)	2.7	8.7
5	中央电视台特别节目:一带一路千年的时空穿越	中央电视台综合频道	2.6	6.4
6	中国谜语大会(2 月 12 日)	中央电视台综合频道	2.6	6.1
7	中国汉字听写大会 2014 (8 月 10 日)	中央电视台综合频道	2.4	6.7
8	中国成语大会 2014 (6 月 2 日)	中央电视台综合频道	2.3	6.7
9	中央电视台特别节目:从雁栖湖到太平洋——习近平主席大洋洲之行综述	中央电视台综合频道	2.3	5.8
10	百年潮中国梦	中央电视台综合频道	2.0	6.5

表 3.10.11　2014 年河北市场综艺节目收视率排名前十位

名次	节目名称	播出频道	平均收视率（%）	平均占有率（%）
1	中央电视台 2014 甲午年元宵晚会	中央电视台综合频道	10.3	24.2
2	中央电视台 2014 甲午年春节联欢晚会	中央电视台综合频道	8.3	18.0
3	我为购物狂	河北电视台二套(经济生活频道)	6.6	19.4
4	大兵小将	河北电视台二套(经济生活频道)	5.8	17.9
5	娱乐合家欢	河北电视台二套(经济生活频道)	5.7	14.3
6	开学第一课	中央电视台综合频道	5.6	14.9
7	男过女人关	河北电视台农民频道(七套)	4.4	11.6
8	老爸向前冲	河北电视台农民频道(七套)	3.9	11.4
9	苏州月中华情——2014 年中央电视台中秋晚会	中央电视台综合频道	3.5	9.0
10	中国梦劳动美——中央电视台心连心艺术团慰问演出	中央电视台综合频道	3.4	8.1

表 3.10.12　2014 年河北市场体育节目收视率排名前十位

名次	节目名称	播出频道	平均收视率（%）	平均占有率（%）
1	2014 第二届夏季青年奥林匹克运动会开幕式	中央电视台综合频道	3.6	9.9
2	2014 年仁川亚运会跆拳道女子 67 公斤级决赛	中央台二套	3.2	7.4
3	2014 年仁川亚运会男子 4 × 100 米混合泳接力决赛精彩回放	中央台五套	2.2	6.2
4	2014 第二届夏季青年奥林匹克运动会闭幕式	中央电视台综合频道	2.2	5.7
5	2014 年仁川亚运会跳水女子 10 米台决赛	中央台二套	2.0	4.9
6	2014 年仁川亚运会女排预赛	中央电视台综合频道	1.7	14.9
7	2014 年仁川亚运会男子跳高决赛	中央台五套	1.7	4.8
8	2014 年仁川亚运会举重女子 75 公斤以上级决赛	中央台五套	1.6	4.3
9	谁是球王总决赛	中央电视台综合频道	1.6	4.2
10	2014 年南京青奥会女子平衡木决赛	中央台五套	1.5	4.8

十一、河南收视数据

表 3.11.1 2010～2014 年河南市场各类频道的市场占有率（%）

频道类别	年份				
	2010 年	2011 年	2012 年	2013 年	2014 年
中央台频道	30.3	28.8	33.5	38.8	42.3
中国教育台频道	0.3	0.5	0.5	0.5	0.7
河南省级频道	36.2	36.1	29.0	22.9	17.6
其他省级卫视频道	24.4	27.6	31.9	33.7	36.0
其他频道	8.8	7.0	5.1	4.1	3.4

表 3.11.2 2014 年河南市场各类频道在不同目标观众中的市场占有率（%）

目标观众		中央台频道	中国教育台频道	河南省级频道	其他省级卫视频道	其他频道
4 岁及以上所有人		42.3	0.7	17.6	36.0	3.4
城乡	城市	49.5	0.7	16.0	29.1	4.7
	农村	40.0	0.7	18.1	38.1	3.1
性别	男	44.9	0.7	18.1	32.6	3.7
	女	39.8	0.7	17.2	39.1	3.2
年龄	4～14 岁	48.6	0.8	8.8	39.3	2.5
	15～24 岁	34.6	0.6	15.0	47.4	2.4
	25～34 岁	41.0	0.8	14.6	41.3	2.3
	35～44 岁	41.0	0.7	16.0	38.5	3.8
	45～54 岁	39.5	0.9	20.2	36.4	3.0
	55～64 岁	45.2	0.7	25.4	25.6	3.1
	65 岁及以上	47.4	0.6	24.6	20.1	7.3
教育程度	未受过正规教育	48.0	0.6	17.8	28.8	4.8
	小学	42.9	0.8	17.4	34.8	4.1
	初中	39.2	0.8	18.4	38.5	3.1
	高中	45.0	0.6	16.5	34.6	3.3
	大学及以上	53.0	0.4	14.6	28.8	3.2
职业类别	干部/管理人员	45.2	0.2	9.7	43.4	1.5
	个体/私营企业人员	37.8	0.8	16.9	38.3	6.2
	初级公务员/雇员	54.0	0.4	15.1	28.5	2.0
	工人	40.5	0.7	16.8	39.0	3.0
	学生	44.6	0.9	9.5	42.8	2.2
	无业	49.5	0.6	17.3	28.0	4.6
	其他	37.2	0.8	21.1	37.8	3.1
个人月收入	0～300 元	42.3	0.7	15.9	37.8	3.3
	301～900 元	35.6	1.1	22.1	38.5	2.7
	901～1700 元	42.2	0.7	18.4	35.5	3.2
	1701～2600 元	45.5	0.5	17.5	32.2	4.3
	2601～3500 元	47.5	0.4	17.5	29.8	4.8
	3501 元及以上	60.7	2.0	9.4	24.9	3.0

表 3.11.3　2014 年河南市场各类频道在不同时段的市场占有率（%）

时间段	中央台频道	中国教育台频道	河南省级频道	其他省级卫视频道	其他频道
02:00～03:00	50.9	1.2	5.9	38.2	3.8
03:00～04:00	48.1	0.8	6.5	40.1	4.5
04:00～05:00	50.6	0.5	15.0	30.6	3.3
05:00～06:00	49.3	0.6	16.3	26.9	6.9
06:00～07:00	55.8	0.5	12.1	27.3	4.3
07:00～08:00	62.2	0.3	10.5	24.3	2.7
08:00～09:00	49.9	0.4	15.4	30.1	4.2
09:00～10:00	46.9	0.5	10.0	37.5	5.1
10:00～11:00	46.5	0.6	8.8	39.1	5.0
11:00～12:00	51.4	0.4	9.3	34.6	4.3
12:00～13:00	63.0	0.2	11.0	23.1	2.7
13:00～14:00	58.6	0.5	9.4	28.2	3.3
14:00～15:00	41.0	1.1	10.2	43.3	4.4
15:00～16:00	38.7	0.6	8.8	47.4	4.5
16:00～17:00	43.4	0.3	8.2	43.5	4.6
17:00～18:00	55.6	0.3	11.2	28.8	4.1
18:00～19:00	56.7	0.3	24.1	15.8	3.1
19:00～20:00	49.9	0.7	20.7	26.0	2.7
20:00～21:00	28.6	1.2	21.7	45.4	3.1
21:00～22:00	26.4	1.0	20.5	48.8	3.3
22:00～23:00	28.2	0.8	19.1	47.4	4.5
23:00～24:00	31.6	0.5	16.4	48.2	3.3
24:00～25:00	48.6	0.6	13.9	33.8	3.1
25:00～26:00	58.4	0.5	12.1	26.1	2.9

表 3.11.4　2014 年河南市场收视份额排名前十位的频道

名次	频道名称	收视份额(%)
1	中央电视台综合频道	13.1
2	中央电视台少儿频道	7.3
3	河南电视台卫星频道(一套)	7.1
4	湖南卫视	7.0
5	河南电视台都市频道(二套)	5.4
6	中央台十二套	3.2
6	中央台八套	3.2
8	中央电视台新闻频道	2.7
8	中央台三套	2.7
8	中央台六套	2.7

表 3.11.5　2014 年河南市场各主要频道的观众构成（%）

目标观众		所有频道	主要频道				
			中央电视台综合频道	中央电视台少儿频道	河南电视台卫星频道(一套)	湖南卫视	河南电视台都市频道(二套)
4 岁及以上所有人		100.0	100.0	100.0	100.0	100.0	100.0
城乡	城市	23.9	38.5	16.1	17.5	16.0	16.4
	农村	76.1	61.5	83.9	82.5	84.0	83.6
性别	男	48.2	50.8	50.3	50.2	36.4	47.6
	女	51.8	49.2	49.7	49.8	63.6	52.4
年龄	4~14 岁	14.1	8.5	57.1	7.3	16.7	7.7
	15~24 岁	14.6	9.2	9.0	11.5	29.2	16.1
	25~34 岁	12.5	11.8	13.7	9.8	15.8	12.4
	35~44 岁	17.9	18.2	10.2	14.4	20.1	19.9
	45~54 岁	15.1	15.7	4.2	13.4	12.7	21.2
	55~64 岁	13.8	17.9	4.0	20.9	3.3	13.3
	65 岁及以上	12.0	18.7	1.8	22.7	2.2	9.4
教育程度	未受过正规教育	6.1	5.6	18.5	7.1	3.4	3.9
	小学	18.8	14.8	39.0	21.0	15.9	17.4
	初中	51.3	45.1	33.7	54.3	56.9	54.8
	高中	17.5	22.3	7.8	13.5	18.3	16.6
	大学及以上	6.3	12.2	1.0	4.1	5.5	7.3
职业类别	干部/管理人员	1.0	1.6	0.2	0.4	1.3	0.4
	个体/私营企业人员	7.4	7.8	2.9	5.7	8.6	7.2
	初级公务员/雇员	7.9	14.8	2.3	5.0	7.1	8.5
	工人	6.2	6.2	2.1	4.6	6.5	5.4
	学生	13.9	7.8	42.3	6.6	22.3	10.1
	无业	19.6	27.1	21.8	17.0	10.5	12.1
	其他	44.0	34.7	28.4	60.7	43.7	56.3
个人月收入	0~300 元	40.8	34.8	74.2	40.3	46.8	33.4
	301~900 元	14.7	11.1	8.0	20.8	14.3	15.8
	901~1700 元	20.2	22.3	10.4	17.7	18.5	27.3
	1701~2600 元	18.1	21.9	5.9	15.5	15.6	19.6
	2601~3500 元	4.9	7.3	1.2	5.1	3.9	3.3
	3501 元及以上	1.3	2.6	0.3	0.6	0.9	0.6

表 3.11.6　2012~2014 年河南市场各类节目的播出份额（%）和收视份额（%）

节目类别	2012 年		2013 年		2014 年	
	播出份额	收视份额	播出份额	收视份额	播出份额	收视份额
财经	2.3	0.4	2.0	0.3	1.6	0.6
电视剧	20.6	35.7	20.3	34.9	21.0	34.4
电影	4.7	3.2	5.1	2.9	4.4	4.1
法制	1.0	1.1	1.1	1.4	1.2	1.3
教学	0.3	0.0	0.3	0.1	0.2	0.0
青少	6.8	5.2	6.2	6.3	6.4	4.7
生活服务	8.7	7.9	10.4	8.0	10.8	8.1
体育	1.6	1.0	1.9	0.6	2.8	1.9
外语	0.0	0.0	0.0	0.0	0.0	0.0
戏剧	1.1	1.3	0.8	1.3	0.7	0.6
新闻/时事	15.3	14.8	15.0	13.4	14.1	12.4
音乐	2.6	0.5	2.4	0.4	2.3	0.6
专题	11.7	4.2	11.1	3.8	11.9	6.5
综艺	9.3	8.4	9.0	9.1	9.5	12.0
其他	14.0	16.3	14.4	17.5	13.1	12.8

表 3.11.7 2014 年河南市场所有节目收视率排名前三十位

名次	节目名称	节目类型	播出频道	平均收视率(%)	平均占有率(%)
1	中央电视台2014甲午年春节联欢晚会	综艺	中央电视台综合频道	30.4	73.5
2	新闻联播	新闻/时事	中央电视台综合频道	10.0	31.1
3	天气预报	生活服务	中央电视台综合频道	9.1	21.7
4	梨园春	戏剧	河南电视台卫星频道(一套)	8.3	17.1
5	纪录一个永远的焦裕禄——永远的焦裕禄主创人员访谈录	专题	河南电视台卫星频道(一套)	7.5	17.9
6	一场别开生面的座谈会——习近平总书记主持召开文艺工作座谈会侧记	专题	中央电视台综合频道	7.1	17.3
7	焦点访谈	新闻/时事	中央电视台综合频道	7.1	16.0
8	二叔(17～44集)	电视剧	河南电视台卫星频道(一套)	7.0	18.1
9	中央电视台2014甲午年元宵晚会	综艺	中央电视台综合频道	6.8	15.2
10	老农民	电视剧	河南电视台卫星频道(一套)	6.6	16.9
11	习近平主席在欧洲学院发表重要演讲	新闻/时事	中央电视台综合频道	6.6	14.7
12	习近平在澳大利亚联邦议会发表演讲	新闻/时事	中央电视台综合频道	6.5	13.6
13	满仓进城	电视剧	河南电视台卫星频道(一套)	6.4	16.7
14	习近平在巴西国会发表重要演讲	新闻/时事	中央电视台综合频道	6.2	16.1
15	习近平主席在柏林发表重要演讲	新闻/时事	中央电视台综合频道	6.2	12.6
16	习近平主席在联合国教科文组织总部发表演讲	新闻/时事	中央电视台综合频道	5.8	12.5
17	中央电视台特别节目:新的中拉时间开始了	专题	中央电视台综合频道	5.7	13.7
17	完璺归湘合体庆典	综艺	湖南卫视	5.7	13.7
19	中央电视台特别节目:一桥飞架中欧	专题	中央电视台综合频道	5.7	11.8
20	守望相助,共创中蒙关系发展新时代——习近平在蒙古国家大呼拉尔的演讲	新闻/时事	中央电视台综合频道	5.6	14.1
21	因为爱情有奇缘	电视剧	湖南卫视	5.2	13.3
22	习近平主席在印度新德里发表重要演讲	新闻/时事	中央电视台综合频道	5.2	11.7
23	2014中国上海团结和谐的亚洲携手向明天	综艺	中央电视台综合频道	5.0	11.3
24	快乐大本营	综艺	湖南卫视	4.9	13.4
25	恋恋不忘	电视剧	河南电视台卫星频道(一套)	4.9	12.8

续表

名次	节目名称	节目类型	播出频道	平均收视率（%）	平均占有率（%）
26	2014春节戏曲晚会龙马盛世贺新春	戏剧	中央电视台综合频道	4.9	12.1
27	习近平在韩国首尔大学发表演讲	新闻/时事	中央电视台综合频道	4.8	12.0
28	星光大道(7月26日)	综艺	中央电视台综合频道	4.8	11.4
29	中央军委慰问驻京部队老干部迎新春文艺演出	综艺	中央电视台综合频道	4.8	10.6
30	美丽中国、光荣梦想——庆祝中华人民共和国成立65周年音乐会	音乐	中央电视台综合频道	4.7	10.9

表3.11.8　2014年河南市场电视剧收视率排名前十位

名次	节目名称	播出频道	平均收视率（%）	平均占有率（%）
1	二叔(17~44集)	河南电视台卫星频道(一套)	7.0	18.1
2	老农民	河南电视台卫星频道(一套)	6.6	16.9
3	满仓进城	河南电视台卫星频道(一套)	6.4	16.7
4	因为爱情有奇缘	湖南卫视	5.2	13.3
5	恋恋不忘	河南电视台卫星频道(一套)	4.9	12.8
6	小麦进城	河南电视台卫星频道(一套)	4.6	11.8
7	宫锁连城	湖南卫视	4.6	11.3
8	因为爱情有奇迹	湖南卫视	4.4	11.6
9	妇道	河南电视台卫星频道(一套)	4.3	11.2
10	豆腐西施杨七巧	河南电视台卫星频道(一套)	4.2	10.7

表3.11.9　2014年河南市场新闻节目收视率排名前十位

名次	节目名称	播出频道	平均收视率（%）	平均占有率（%）
1	新闻联播	中央电视台综合频道	10.0	31.1
2	焦点访谈	中央电视台综合频道	7.1	16.0
3	习近平主席在欧洲学院发表重要演讲	中央电视台综合频道	6.6	14.7
4	习近平在澳大利亚联邦议会发表演讲	中央电视台综合频道	6.5	13.6
5	习近平在巴西国会发表重要演讲	中央电视台综合频道	6.2	16.1
6	习近平主席在柏林发表重要演讲	中央电视台综合频道	6.2	12.6
7	习近平主席在联合国教科文组织总部发表演讲	中央电视台综合频道	5.8	12.5
8	守望相助，共创中蒙关系发展新时代——习近平在蒙古国家大呼拉尔的演讲	中央电视台综合频道	5.6	14.1
9	习近平主席在印度新德里发表重要演讲	中央电视台综合频道	5.2	11.7
10	习近平在韩国首尔大学发表演讲	中央电视台综合频道	4.8	12.0

表 3.11.10　2014 年河南市场专题节目收视率排名前十位

名次	节目名称	播出频道	平均收视率(%)	平均占有率(%)
1	纪录一个永远的焦裕禄——永远的焦裕禄主创人员访谈录	河南电视台卫星频道(一套)	7.5	17.9
2	一场别开生面的座谈会——习近平总书记主持召开文艺工作座谈会侧记	中央电视台综合频道	7.1	17.3
3	中央电视台特别节目:新的中拉时间开始了	中央电视台综合频道	5.7	13.7
4	中央电视台特别节目:一桥飞架中欧	中央电视台综合频道	5.7	11.8
5	中央电视台特别节目:一带一路千年的时空穿越	中央电视台综合频道	4.6	9.5
6	老故事	河南电视台卫星频道(一套)	4.3	7.6
7	中央电视台特别节目:从雁栖湖到太平洋——习近平主席大洋洲之行综述	中央电视台综合频道	4.0	8.6
8	寻找最美乡村医生大型公益活动	中央电视台综合频道	3.9	9.5
9	2014 寻找最美村官颁奖典礼	中央电视台综合频道	3.5	8.4
10	2013 中国好书	中央电视台综合频道	3.5	8.3

表 3.11.11　2014 年河南市场综艺节目收视率排名前十位

名次	节目名称	播出频道	平均收视率(%)	平均占有率(%)
1	中央电视台 2014 甲午年春节联欢晚会	中央电视台综合频道	30.4	73.5
2	中央电视台 2014 甲午年元宵晚会	中央电视台综合频道	6.8	15.2
3	完壘归湘合体庆典	湖南卫视	5.7	13.7
4	2014 中国上海团结和谐的亚洲携手向明天	中央电视台综合频道	5.0	11.3
5	快乐大本营	湖南卫视	4.9	13.4
6	星光大道(7 月 26 日)	中央电视台综合频道	4.8	11.4
7	中央军委慰问驻京部队老干部迎新春文艺演出	中央电视台综合频道	4.8	10.6
8	315 让消费更有尊严 CCTV2014 年 315 晚会	中央电视台综合频道	4.2	10.0
9	我是歌手半决赛(3 月 28 日)	湖南卫视	4.1	11.9
10	第十届中国金鹰电视艺术节、第二十七届中国电视金鹰奖星光大道	湖南卫视	3.6	7.9

表 3.11.12　2014 年河南市场体育节目收视率排名前十位

名次	节目名称	播出频道	平均收视率（%）	平均占有率（%）
1	2014 第二届夏季青年奥林匹克运动会开幕式	中央电视台综合频道	4.2	10.0
2	2014 第二届夏季青年奥林匹克运动会闭幕式	中央电视台综合频道	3.3	7.8
3	谁是球王总决赛	中央电视台综合频道	3.0	7.3
4	2014 年仁川亚运会乒乓球男团决赛	中央台五套	1.3	3.2
5	2014 年仁川亚运会男子 4×400 米接力决赛	中央台五套	1.2	2.6
6	2014 年仁川亚运会女子沙滩排球决赛（中国 VS 泰国）	中央台五套	1.2	2.4
7	2014 年索契冬奥会短道速滑男子 1000 米决赛	中央台五套	1.2	2.3
8	2014 年仁川亚运会羽毛球男子单打半决赛	中央台五套	1.1	2.6
9	2014 年仁川亚运会击剑女子花剑半决赛	中央台五套	1.0	1.9
10	中国网球公开赛男单颁奖仪式	中央台五套	0.9	2.0

十二、黑龙江收视数据

表 3.12.1　2010～2014 年黑龙江市场各类频道的市场占有率（%）

频道类别	年份				
	2010 年	2011 年	2012 年	2013 年	2014 年
中央台频道	31.2	29.2	29.1	29.9	32.3
中国教育台频道	0.3	0.4	0.3	0.4	0.3
黑龙江省级频道	41.7	42.4	41.2	38.5	37.3
其他省级卫视频道	18.8	20.6	22.1	25.4	24.2
其他频道	8.0	7.4	7.3	5.8	5.9

表 3.12.2　2014 年黑龙江市场各类频道在不同目标观众中的市场占有率（%）

目标观众		中央台频道	中国教育台频道	黑龙江省级频道	其他省级卫视频道	其他频道
4 岁及以上所有人		32.3	0.3	37.3	24.2	5.9
城乡	城市	34.7	0.3	32.3	24.0	8.7
	乡村	30.7	0.2	40.9	24.3	3.9
性别	男	34.0	0.2	37.8	22.1	5.9
	女	30.9	0.3	36.9	25.9	6.0
年龄	4～14 岁	41.7	0.2	18.3	35.3	4.5
	15～24 岁	32.9	0.4	31.9	30.3	4.5
	25～34 岁	31.4	0.3	34.4	28.1	5.8
	35～44 岁	30.4	0.2	37.7	25.7	6.0
	45～54 岁	29.2	0.3	40.6	24.6	5.3
	55～64 岁	32.3	0.2	41.4	19.2	6.9
	65 岁及以上	37.3	0.1	40.2	14.9	7.5
教育程度	未受过正规教育	39.4	0.3	33.6	20.8	5.9
	小学	32.4	0.2	37.6	24.1	5.7
	初中	29.8	0.2	38.8	25.3	5.9
	高中	34.0	0.4	36.9	22.1	6.6
	大学及以上	39.9	0.2	29.9	24.9	5.1
职业类别	干部/管理人员	30.8	0.3	40.5	21.6	6.8
	个体/私营企业人员	28.9	0.3	42.0	22.9	5.9
	初级公务员/雇员	35.9	0.2	32.5	25.5	5.9
	工人	31.0	0.3	35.9	25.6	7.2
	学生	38.6	0.3	21.6	34.7	4.8
	无业	34.6	0.2	35.3	23.0	6.9
	其他	28.1	0.2	45.6	22.1	4.0
个人月收入	0～300 元	34.3	0.3	28.8	31.2	5.4
	301～900 元	30.2	0.3	45.1	21.0	3.4
	901～1700 元	29.0	0.2	43.3	21.5	6.0
	1701～2600 元	32.3	0.2	37.4	22.4	7.7
	2601～3500 元	36.1	0.2	36.0	21.6	6.1
	3501 元及以上	37.5	0.3	32.0	24.0	6.2

表 3.12.3 2014 年黑龙江市场各类频道在不同时段的市场占有率（%）

时间段	中央台频道	中国教育台频道	黑龙江省级频道	其他省级卫视频道	其他频道
02:00～03:00	41.6	0.1	14.8	38.8	4.7
03:00～04:00	54.2	0.7	13.6	28.4	3.1
04:00～05:00	50.2	1.0	21.2	24.1	3.5
05:00～06:00	37.5	0.7	31.2	26.4	4.2
06:00～07:00	30.6	0.1	38.1	20.5	10.7
07:00～08:00	39.2	0.1	29.3	20.8	10.6
08:00～09:00	41.2	0.2	23.6	27.9	7.1
09:00～10:00	38.6	0.3	22.1	32.9	6.1
10:00～11:00	39.5	0.4	20.5	33.5	6.1
11:00～12:00	43.0	0.5	16.6	32.8	7.1
12:00～13:00	49.0	0.3	13.3	30.5	6.9
13:00～14:00	40.1	0.4	15.8	35.8	7.9
14:00～15:00	33.1	0.5	21.5	40.0	4.9
15:00～16:00	32.5	0.5	22.0	39.6	5.4
16:00～17:00	35.5	0.2	22.0	33.1	9.2
17:00～18:00	39.3	0.2	30.9	20.7	8.9
18:00～19:00	32.4	0.1	52.4	8.6	6.5
19:00～20:00	32.1	0.2	50.7	13.3	3.7
20:00～21:00	22.4	0.4	47.4	25.8	4.0
21:00～22:00	21.3	0.3	44.3	29.9	4.2
22:00～23:00	22.4	0.2	37.9	34.0	5.5
23:00～24:00	34.5	0.1	18.4	39.9	7.1
24:00～25:00	61.7	0.0	9.0	22.9	6.4
25:00～26:00	63.8	0.2	8.6	21.3	6.1

表 3.12.4 2014 年黑龙江市场收视份额排名前十位的频道

名次	频道名称	收视份额(%)
1	黑龙江卫视	11.2
2	中央电视台综合频道	8.5
3	黑龙江电视台都市频道	8.1
4	黑龙江电视台影视频道	7.8
5	黑龙江电视台文艺频道	3.7
6	中央台三套	3.4
7	黑龙江电视台新闻频道	3.3
8	中央电视台少儿频道	3.2
8	中央电视台新闻频道	3.2
10	湖南卫视	3.1

表 3.12.5　2013 年黑龙江市场各主要频道的观众构成（%）

目标观众		所有频道	主要频道				
			黑龙江卫视	中央电视台综合频道	黑龙江电视台都市频道	黑龙江电视台影视频道	黑龙江电视台文艺频道
4 岁及以上所有人		100.0	100.0	100.0	100.0	100.0	100.0
城乡	城市	42.2	27.3	47.3	41.0	43.7	31.7
	农村	57.8	72.7	52.7	59.0	56.3	68.3
性别	男	47.0	45.2	45.9	48.3	49.6	48.0
	女	53.0	54.8	54.1	51.7	50.4	52.0
年龄	4～14 岁	6.0	4.0	4.4	2.6	2.4	3.5
	15～24 岁	8.9	8.7	12.1	7.0	7.3	8.6
	25～34 岁	11.1	11.3	10.9	8.5	9.9	15.3
	35～44 岁	19.3	21.1	17.5	16.9	17.1	24.6
	45～54 岁	24.3	21.3	20.4	32.8	26.2	24.4
	55～64 岁	17.1	16.8	18.7	18.5	21.7	16.9
	65 岁及以上	13.3	16.8	16.0	13.7	15.4	6.7
教育程度	未受过正规教育	3.8	4.3	4.5	2.4	3.8	1.9
	小学	18.9	22.5	18.3	17.8	15.5	19.9
	初中	47.6	49.7	41.3	46.5	46.2	59.3
	高中	22.3	19.1	26.3	25.9	27.3	15.4
	大学及以上	7.4	4.4	9.6	7.4	7.2	3.5
职业类别	干部/管理人员	1.3	1.5	1.1	1.0	2.3	0.9
	个体/私营企业	13.7	17.6	13.6	14.3	14.6	15.8
	初级公务员/雇员	6.8	4.1	8.2	8.8	6.0	5.8
	工人	12.2	9.1	10.9	13.0	13.2	10.0
	学生	7.6	5.7	9.4	3.8	3.9	4.7
	无业	37.3	36.6	40.4	34.9	37.3	24.9
	其他	21.1	25.4	16.4	24.2	22.7	37.9
个人月收入	0～300 元	24.4	21.6	26.7	16.8	15.0	22.2
	301～900 元	10.0	14.0	10.3	10.4	10.5	16.6
	901～1700 元	27.9	32.1	26.2	33.3	33.7	28.4
	1701～2600 元	21.3	18.9	19.6	25.2	20.8	19.6
	2601～3500 元	11.1	9.5	10.9	10.5	14.7	7.5
	3501 元及以上	5.3	3.9	6.3	3.8	5.3	5.7

表 3.12.6　2012～2014 年黑龙江市场各类节目的播出份额（%）和收视份额（%）

节目类别	2012 年		2013 年		2014 年	
	播出份额	收视份额	播出份额	收视份额	播出份额	收视份额
财经	2.3	0.3	2.0	0.2	1.9	0.2
电视剧	20.5	34.9	21.2	32.9	20.1	32.2
电影	3.9	1.1	4.4	1.2	4.0	1.6
法制	1.1	1.9	1.1	1.3	1.0	1.1
教学	0.3	0.0	0.3	0.0	0.3	0.0
青少	7.1	3.4	6.5	3.7	7.1	3.9
生活服务	8.8	8.6	9.1	8.9	9.8	9.1
体育	1.6	1.6	1.9	0.8	2.9	1.2
外语	0.0	0.0	0.0	0.0	0.0	0.0
戏剧	1.1	0.1	0.8	0.2	0.7	0.2
新闻/时事	15.2	18.2	15.3	18.1	15.1	18.9
音乐	2.6	0.5	2.5	0.4	2.5	0.4
专题	12.0	3.7	11.0	3.3	12.2	3.1
综艺	9.8	8.6	9.8	12.4	10.0	11.9
其他	13.7	17.1	14.1	16.6	12.4	16.2

表 3.12.7 2014 年黑龙江市场所有节目收视率排名前三十位

名次	节目名称	节目类型	播出频道	平均收视率（%）	平均占有率（%）
1	中央电视台 2014 甲午年春节联欢晚会	综艺	中央电视台综合频道	45.2	84.8
2	男人四十要出嫁	电视剧	黑龙江卫视	11.3	30.3
3	乡村爱情圆舞曲	电视剧	黑龙江卫视	10.8	26.0
4	粘豆包	电视剧	黑龙江卫视	10.6	28.9
5	老兵	电视剧	黑龙江卫视	10.6	27.7
6	大村官	电视剧	黑龙江卫视	8.7	25.0
7	新闻联播	新闻/时事	中央电视台综合频道	7.5	19.2
8	中央电视台 2014 甲午年元宵晚会	综艺	中央电视台综合频道	7.0	21.5
9	星光大道(1 月 31 日)	综艺	中央电视台综合频道	6.0	24.1
10	天气预报	生活服务	黑龙江卫视	5.9	18.6
11	新闻联播	新闻/时事	黑龙江卫视	5.7	18.4
12	烽火佳人	电视剧	黑龙江卫视	5.7	16.8
13	双谍姐妹花	电视剧	黑龙江电视台影视频道	5.4	16.6
14	密使二之江都谍影	电视剧	黑龙江卫视	5.1	16.0
15	樱桃红之袖珍妈妈	电视剧	黑龙江电视台都市频道	5.1	14.4
16	老北风	电视剧	黑龙江电视台影视频道	5.1	13.4
17	转播中央台新闻联播	新闻/时事	黑龙江卫视	5.1	13.2
18	天气预报	生活服务	中央电视台综合频道	5.1	11.7
19	勇士之城	电视剧	黑龙江卫视	5.0	14.8
20	平民大英雄	电视剧	黑龙江电视台影视频道	5.0	13.0
21	秘密图纸	电视剧	黑龙江电视台影视频道	4.7	13.3
22	新闻夜航	新闻/时事	黑龙江电视台都市频道	4.6	14.4
23	暗警	电视剧	黑龙江电视台影视频道	4.6	13.1
24	飞哥大英雄	电视剧	黑龙江电视台影视频道	4.6	12.9
25	利箭纵横	电视剧	黑龙江卫视	4.6	12.6
26	老农民	电视剧	黑龙江卫视	4.5	12.7
27	铁血武工队传奇	电视剧	黑龙江卫视	4.4	14.1
28	宝贝儿回家	电视剧	黑龙江电视台都市频道	4.4	12.8
29	缉毒精英	电视剧	黑龙江电视台影视频道	4.4	11.9
30	杀倭令	电视剧	黑龙江电视台影视频道	4.4	11.7

表 3. 12. 8　2014 年黑龙江市场电视剧收视率排名前十位

名次	节目名称	播出频道	平均收视率(%)	平均占有率(%)
1	男人四十要出嫁	黑龙江卫视	11. 3	30. 3
2	乡村爱情圆舞曲	黑龙江卫视	10. 8	26. 0
3	粘豆包	黑龙江卫视	10. 6	28. 9
4	老兵	黑龙江卫视	10. 6	27. 7
5	大村官	黑龙江卫视	8. 7	25. 0
6	烽火佳人	黑龙江卫视	5. 7	16. 8
7	双谍姐妹花	黑龙江电视台影视频道	5. 4	16. 6
8	密使二之江都谍影	黑龙江卫视	5. 1	16. 0
9	樱桃红之袖珍妈妈	黑龙江电视台都市频道	5. 1	14. 4
10	老北风	黑龙江电视台影视频道	5. 1	13. 4

表 3. 12. 9　2014 年黑龙江市场新闻节目收视率排名前十位

名次	节目名称	播出频道	平均收视率(%)	平均占有率(%)
1	新闻联播	中央电视台综合频道	7. 5	19. 2
2	新闻联播	黑龙江卫视	5. 7	18. 4
3	转播中央台新闻联播	黑龙江卫视	5. 1	13. 2
4	新闻夜航	黑龙江电视台都市频道	4. 6	14. 4
5	焦点访谈	中央电视台综合频道	4. 2	9. 5
6	2014 一年又一年	中央电视台综合频道	3. 5	16. 2
7	天下夜航	黑龙江电视台都市频道	3. 4	19. 7
8	中国龙新闻周刊	黑龙江卫视	2. 7	11. 1
9	新华视点	黑龙江卫视	2. 6	11. 1
10	新闻在线	黑龙江电视台新闻频道	1. 7	4. 2

表 3. 12. 10　2014 年黑龙江市场专题节目收视率排名前十位

名次	节目名称	播出频道	平均收视率(%)	平均占有率(%)
1	中国汉字听写大会 2014(7 月 27 日)	中央电视台综合频道	2. 7	8. 1
2	中国谜语大会(2 月 11 日)	中央电视台综合频道	2. 7	6. 6
3	中国成语大会 2014(5 月 18 日)	中央电视台综合频道	2. 6	6. 8
4	百年潮中国梦	黑龙江卫视	2. 1	9. 5
5	说和	黑龙江电视台公共频道	1. 6	3. 8
6	开讲啦开讲大时代	中央电视台综合频道	1. 5	6. 0
7	2014 感动龙江年度人物群体颁奖典礼	黑龙江卫视	1. 4	10. 7
8	舌尖上的中国第二季	中央电视台综合频道	1. 2	4. 7
9	王成谈家事马年春节特别讲述	黑龙江电视台公共频道	1. 2	2. 7
10	好兄弟世界杯	黑龙江卫视	1. 0	10. 3

表 3.12.11　2014 年黑龙江市场综艺节目收视率排名前十位

名次	节目名称	播出频道	平均收视率（%）	平均占有率（%）
1	中央电视台 2014 甲午年春节联欢晚会	中央电视台综合频道	45.2	84.8
2	中央电视台 2014 甲午年元宵晚会	中央电视台综合频道	7.0	21.5
3	星光大道(1 月 31 日)	中央电视台综合频道	6.0	24.1
4	乡亲乡爱	黑龙江电视台文艺频道	2.7	6.9
5	大城小爱	黑龙江电视台文艺频道	2.7	6.7
6	梦想星搭档为了孩子爱心集结	中央电视台综合频道	2.6	7.4
7	2013 感动龙江十大人物颁奖仪式	黑龙江卫视	2.5	10.3
8	我是歌手突围赛	湖南卫视	2.4	7.6
9	2014 辽宁卫视春节联欢晚会	辽宁卫视	2.3	8.7
10	社区总动员	黑龙江电视台文艺频道	2.2	5.6

表 3.12.12　2014 年黑龙江市场体育节目收视率排名前十位

名次	节目名称	播出频道	平均收视率（%）	平均占有率（%）
1	2014 年仁川亚运会女子撑竿跳决赛	中央台五套	2.7	10.1
2	2014 年仁川亚运会乒乓球女子双打决赛	中央台五套	1.7	7.1
3	2014 年仁川亚运会体操女子高低杠决赛	中央台五套	1.6	5.1
4	直播周末:2014 年 NBA 全明星赛技巧挑战赛	中央台五套	1.5	7.3
5	CCTV5 亚运演播室	中央台五套	1.5	4.3
6	2014 年仁川亚运会羽毛球男团决赛	中央台五套	1.4	6.4
7	2014 年索契冬奥会短道速滑女子 1500 米决赛	中央台五套	1.4	3.2
8	我爱世界杯:2014 年巴西世界杯决赛（德国 VS 阿根廷）	中央台五套	1.2	58.8
9	直播周末:2014 年澳大利亚网球公开赛女单决赛	中央台五套	1.1	6.0
10	现场直播:2014 年世界女排大奖赛总决赛	中央台五套	0.9	2.6

十三、湖北收视数据

表 3.13.1　2010～2014 年湖北市场各类频道的市场占有率（%）

频道类别	年份				
	2010 年	2011 年	2012 年	2013 年	2014 年
中央台频道	29.6	30.3	30.8	29.7	29.4
中国教育台频道	0.4	0.7	0.6	0.4	0.3
湖北省级频道	23.2	22.7	25.5	29.2	30.5
其他省级卫视频道	24.8	26.8	25.7	24.9	24.8
其他频道	22.0	19.6	17.4	15.8	15.0

表 3.13.2　2014 年湖北市场各类频道在不同目标观众中的市场占有率（%）

目标观众		中央台频道	中国教育台频道	湖北省级频道	其他省级卫视频道	其他频道
4 岁及以上所有人		29.4	0.3	30.5	24.8	15.0
城乡	城市	28.0	0.2	26.4	27.0	18.4
	农村	30.3	0.5	33.5	23.2	12.5
性别	男	31.4	0.4	30.2	22.6	15.4
	女	27.3	0.3	30.8	27.0	14.6
年龄	4～14 岁	29.9	0.3	21.6	34.0	14.2
	15～24 岁	26.5	0.3	22.9	34.7	15.6
	25～34 岁	25.2	0.3	32.6	26.4	15.5
	35～44 岁	30.1	0.5	29.0	24.9	15.5
	45～54 岁	28.5	0.3	32.0	24.0	15.2
	55～64 岁	27.7	0.2	39.8	17.6	14.7
	65 岁及以上	37.2	0.4	26.9	21.4	14.1
教育程度	未受过正规教育	30.1	0.3	34.8	23.4	11.4
	小学	28.5	0.5	33.1	23.5	14.4
	初中	27.7	0.4	33.6	23.0	15.3
	高中	30.9	0.3	25.4	28.5	14.9
	大学及以上	33.9	0.1	19.1	28.4	18.5
职业类别	干部/管理人员	36.5	0.1	14.1	26.5	22.8
	个体/私营企业人员	30.8	0.3	27.6	27.1	14.2
	初级公务员/雇员	34.6	0.1	18.8	29.2	17.3
	工人	28.7	0.4	30.7	24.9	15.3
	学生	28.3	0.3	19.8	35.2	16.4
	无业	31.6	0.3	28.9	25.1	14.1
	其他	24.7	0.5	41.2	18.9	14.7
个人月收入	0～300 元	26.1	0.5	42.1	16.6	14.7
	301～900 元	26.2	0.5	40.1	19.9	13.3
	901～1700 元	29.8	0.3	30.2	24.0	15.7
	1701～2600 元	34.1	0.2	24.6	25.6	15.5
	2601～3500 元	34.9	0.2	22.4	27.2	15.3
	3501 元及以上	33.2	0.1	21.1	28.8	16.8

表 3.13.3 2014 年湖北市场各类频道在不同时段的市场占有率（%）

时间段	中央台频道	中国教育台频道	湖北省级频道	其他省级卫视频道	其他频道
02:00～03:00	24.5	0.5	17.8	28.3	28.9
03:00～04:00	23.0	0.4	18.9	29.7	28.0
04:00～05:00	23.7	0.3	20.0	30.9	25.1
05:00～06:00	26.9	0.3	20.4	31.0	21.4
06:00～07:00	46.2	0.1	15.7	21.5	16.5
07:00～08:00	48.0	0.1	18.0	17.1	16.8
08:00～09:00	41.7	0.1	19.2	24.8	14.2
09:00～10:00	33.4	0.1	24.9	29.0	12.6
10:00～11:00	31.7	0.3	25.5	30.5	12.0
11:00～12:00	33.2	0.3	26.4	28.6	11.5
12:00～13:00	36.2	0.4	28.1	23.7	11.6
13:00～14:00	35.8	0.6	24.0	27.2	12.4
14:00～15:00	29.9	0.5	25.7	30.8	13.1
15:00～16:00	29.8	0.4	24.2	32.7	12.9
16:00～17:00	30.5	0.2	20.3	35.5	13.5
17:00～18:00	30.3	0.1	29.7	25.3	14.6
18:00～19:00	30.2	0.1	42.0	9.5	18.2
19:00～20:00	31.8	0.3	36.8	15.4	15.7
20:00～21:00	24.8	0.7	35.7	25.6	13.2
21:00～22:00	23.9	0.4	33.2	28.2	14.3
22:00～23:00	20.8	0.2	32.9	28.2	17.9
23:00～24:00	27.0	0.1	18.7	33.1	21.1
24:00～25:00	30.8	0.1	19.4	27.0	22.7
25:00～26:00	28.6	0.4	18.3	25.2	27.5

表 3.13.4 2014 年湖北市场收视份额排名前十位的频道

名次	频道名称	收视份额(%)
1	湖北综合	7.6
2	湖北经视	6.9
3	湖北卫视	6.6
4	湖北影视	4.8
5	中央电视台综合频道	4.7
6	湖南卫视	4.2
7	中央台六套	3.6
8	中央电视台少儿频道	3.3
8	中央电视台新闻频道	3.3
8	中央台八套	3.3

表 3.13.5　2014 年湖北市场各主要频道的观众构成（%）

目标观众		所有频道	主要频道				
			湖北综合	湖北经视	湖北卫视	湖北影视	中央电视台综合频道
4 岁及以上所有人		100.0	100.0	100.0	100.0	100.0	100.0
城乡	城市	42.1	42.9	34.7	37.8	28.5	43.4
	农村	57.9	57.1	65.3	62.2	71.5	56.6
性别	男	49.5	42.8	49.7	47.8	59.6	45.8
	女	50.5	57.2	50.3	52.2	40.4	54.2
年龄	4~14 岁	10.0	8.8	7.9	6.0	5.1	10.5
	15~24 岁	7.8	5.2	6.7	5.0	6.1	4.6
	25~34 岁	14.5	21.2	10.1	15.9	13.0	13.1
	35~44 岁	16.2	13.5	19.5	15.0	12.7	14.9
	45~54 岁	19.7	17.0	21.0	17.5	25.6	17.9
	55~64 岁	17.7	22.9	25.2	24.8	22.4	20.6
	65 岁及以上	14.1	11.5	9.6	15.9	15.1	18.4
教育程度	未受过正规教育	8.5	10.0	11.4	13.6	6.1	10.5
	小学	24.6	26.1	27.5	24.0	26.8	25.7
	初中	36.7	45.1	37.0	40.7	38.0	31.7
	高中	21.2	14.6	18.8	14.4	21.6	20.4
	大学及以上	8.9	4.2	5.3	7.4	7.5	11.8
职业类别	干部/管理人员	1.1	0.4	0.6	0.6	0.4	1.3
	个体/私营企业人员	10.2	5.6	11.9	8.1	11.5	7.3
	初级公务员/雇员	6.7	3.3	3.6	5.1	4.7	7.5
	工人	16.8	13.3	16.7	13.2	24.2	11.8
	学生	7.5	4.7	5.8	4.5	4.3	6.7
	无业	33.4	31.7	35.4	29.7	28.7	37.2
	其他	24.3	41.0	26.0	38.8	26.2	28.2
个人月收入	0~300 元	32.6	35.6	40.6	38.7	25.4	32.1
	301~900 元	16.3	31.3	11.9	21.9	21.9	18.7
	901~1700 元	20.2	17.8	19.2	19.3	20.9	20.7
	1701~2600 元	18.6	9.1	20.2	12.7	18.2	15.7
	2601~3500 元	7.1	3.9	4.0	4.5	8.4	7.7
	3501 元及以上	5.2	2.3	4.1	2.9	5.2	5.1

表 3.13.6　2012~2014 年湖北市场各类节目的播出份额（%）和收视份额（%）

节目类别	2012 年		2013 年		2014 年	
	播出份额	收视份额	播出份额	收视份额	播出份额	收视份额
财经	2.2	0.7	1.7	0.6	1.6	0.6
电视剧	21.4	38.7	28.7	37.6	26.4	37.1
电影	3.9	4.3	4.6	4.5	3.0	4.7
法制	0.8	0.9	1.1	1.3	1.3	1.2
教学	0.3	0.1	0.4	0.1	0.3	0.1
青少	6.9	5.8	5.4	7.1	6.6	6.5
生活服务	8.9	7.0	9.8	6.9	14.9	8.0
体育	2.2	2.1	2.2	1.6	3.5	2.0
外语	0.0	0.0	0.0	0.0	0.0	0.0
戏剧	1.1	0.3	0.6	0.3	0.6	0.2
新闻/时事	15.1	12.3	10.7	11.9	10.2	11.8
音乐	2.6	0.8	2.4	0.7	1.4	0.5
专题	11.7	5.4	9.0	5.3	11.9	5.1
综艺	8.9	9.9	7.5	10.1	7.8	10.4
其他	14.0	11.7	16.0	12.1	10.5	11.8

表 3.13.7　2014 年湖北市场所有节目收视率排名前三十位

名次	节目名称	节目类别	播出频道	平均收视率（%）	平均占有率（%）
1	中央电视台 2014 甲午年春节联欢晚会	综艺	中央台三套	6.9	13.6
2	天气预报	生活服务	中央电视台综合频道	5.4	14.6
3	中央电视台 2014 甲午年元宵晚会	综艺	中央电视台综合频道	5.1	11.6
4	封神英雄榜	电视剧	湖北卫视	4.8	11.8
5	飘帅	电视剧	湖北卫视	4.7	11.3
6	问作风问环境促发展——2014 媒体问政特别节目	新闻/时事	湖北综合	4.7	10.4
7	因为爱情有奇缘	电视剧	湖南卫视	4.6	11.5
8	满仓进城	电视剧	湖北经视	4.4	12.1
9	2014 一年又一年	新闻/时事	湖北卫视	4.4	9.8
10	绝地枪王	电视剧	湖北卫视	4.3	10.7
11	无贼（第 25～48 集）	电视剧	湖北卫视	4.2	10.8
12	剿匪英雄	电视剧	湖北卫视	4.2	10.6
13	九九女儿红	电视剧	湖北综合	4.1	11.3
14	战火连天	电视剧	湖北经视	4.1	10.7
15	天气预报	生活服务	湖北卫视	4.0	13.5
16	我是传奇经视直播十周年盛典湖北广电听众观众节闭幕式	综艺	湖北经视	4.0	12.8
17	桃花朵朵开	生活服务	湖北经视	4.0	11.9
18	调解现场	生活服务	湖北综合	4.0	11.2
18	刀客家族的女人	电视剧	湖北卫视	4.0	11.2
20	幸福在哪里	电视剧	湖北卫视	4.0	10.2
21	铁血独立营	电视剧	湖北经视	3.9	11.2
22	杀寇决	电视剧	湖北影视	3.9	11.1
23	青春烈火	电视剧	湖北卫视	3.9	10.6
24	少林寺传奇藏经阁	电视剧	湖北综合	3.9	10.4
25	傻儿传奇	电视剧	湖北卫视	3.9	9.7
26	汉阳造	电视剧	湖北卫视	3.8	11.1
27	良心	电视剧	湖北经视	3.8	10.9
28	虎刺红	电视剧	湖北经视	3.8	10.5
29	情定三生	电视剧	湖北卫视	3.8	9.0
30	开学第一课	综艺	中央电视台综合频道	3.8	8.6

表 3.13.8 2014 年湖北市场电视剧收视率排名前十位

名次	节目名称	播出频道	平均收视率(%)	平均占有率(%)
1	封神英雄榜	湖北卫视	4.8	11.8
2	飘帅	湖北卫视	4.7	11.3
3	因为爱情有奇缘	湖北卫视	4.6	11.5
4	满仓进城	湖北经视	4.4	12.1
5	绝地枪王	湖北卫视	4.3	10.7
6	无贼(第 25 ~48 集)	湖北卫视	4.2	10.8
7	剿匪英雄	湖北卫视	4.2	10.6
8	九九女儿红	湖北综合	4.1	11.3
9	战火连天	湖北经视	4.1	10.7
10	刀客家族的女人	湖北卫视	4.0	11.2

表 3.13.9 2014 年湖北市场新闻节目收视率排名前十位

名次	节目名称	播出频道	平均收视率(%)	平均占有率(%)
1	问作风问环境促发展——2014 媒体问政特别节目	湖北综合	4.7	10.4
2	2014 一年又一年	湖北卫视	4.4	9.8
3	新闻 360	湖北综合	3.2	13.1
4	转播中央台新闻联播	湖北卫视	2.8	8.4
5	经视直播	湖北经视	2.5	9.4
6	新闻联播	中央电视台综合频道	2.2	6.7
7	习近平主席在柏林发表重要演讲	中央电视台综合频道	2.2	5.7
8	习近平主席在联合国教科文组织总部发表演讲	中央电视台综合频道	2.2	5.5
9	聚焦 APEC	中央电视台新闻频道	2.1	5.5
10	习近平主席在印度新德里发表重要演讲	中央电视台综合频道	2.0	4.8

表 3.13.10 2014 年湖北市场专题节目收视率排名前十位

名次	节目名称	播出频道	平均收视率(%)	平均占有率(%)
1	创业湖北——2014 湖北省大学生创业大赛	湖北综合	3.3	8.1
2	舌尖上的中国第二季	中央电视台综合频道	2.1	5.4
3	中央电视台特别节目:从雁栖湖到太平洋——习近平主席大洋洲之行综述	中央电视台新闻频道	1.9	4.6
4	中央电视台特别节目:一桥飞架中欧	中央电视台综合频道	1.8	4.2
4	中国汉字听写大会 2014(8 月 31 日)	中央电视台综合频道	1.8	4.2
6	122 全国交通安全日特别节目	湖北经视	1.7	7.8
7	中央电视台特别节目:新的中拉时间开始了	中央电视台综合频道	1.7	3.8
8	调解面对面	湖北卫视	1.6	7.6
9	感动中国 2013 年度人物颁奖盛典	中央电视台综合频道	1.6	3.8
10	中央电视台特别节目:一带一路千年的时空穿越	中央电视台综合频道	1.6	3.7

表 3.13.11 2014 年湖北市场综艺节目收视率排名前十位

名次	节目名称	播出频道	平均收视率（%）	平均占有率（%）
1	中央电视台 2014 甲午年春节联欢晚会	中央台三套	6.9	13.6
2	中央电视台 2014 甲午年元宵晚会	中央电视台综合频道	5.1	11.6
3	我是传奇经视直播十周年盛典湖北广电听众观众节闭幕式	湖北经视	4.0	12.8
4	开学第一课	中央电视台综合频道	3.8	8.6
5	全球华人年夜饭——湖北卫视 2014 春节大联欢	湖北卫视	3.0	8.5
6	中国好声音(10 月 7 日)	浙江卫视	2.8	8.8
7	苏州月中华情——2014 年中央电视台中秋晚会	中央电视台综合频道	2.8	6.9
8	如果爱	湖北卫视	2.7	7.1
9	爸爸去哪儿第二季	湖南卫视	2.6	13.2
10	乡音大荟	湖北综合	2.6	9.4

表 3.13.12 2014 年湖北市场体育节目收视率排名前十位

名次	节目名称	播出频道	平均收视率（%）	平均占有率（%）
1	2014 年仁川亚运会男子 4×400 米接力决赛	中央台五套	3.0	7.5
2	2014 第二届夏季青年奥林匹克运动会开幕式	中央电视台综合频道	3.0	7.3
3	我爱世界杯:2014 年巴西世界杯小组赛 C 组(科特迪瓦 VS 日本)	中央台五套	2.3	16.9
4	2014 年仁川亚运会女排决赛（中国队 VS 韩国队）	中央台五套	2.1	6.3
5	2014 年仁川亚运会体操男子吊环决赛	中央台五套	2.0	5.2
6	2014 年索契冬奥会短道速滑女子 3000 米接力半决赛	中央台五套	1.9	4.3
7	2014 年仁川亚运会男子 100 米仰泳决赛	中央台五套	1.5	7.0
8	2014 第二届夏季青年奥林匹克运动会闭幕式	中央电视台综合频道	1.5	3.8
8	2014 年仁川亚运会举重男子 62 公斤级挺举	中央台五套	1.5	3.8
10	2014 年仁川亚运会羽毛球男团决赛	中央台五套	1.5	4.5

十四、湖南收视数据

表 3.14.1　2010～2014 年湖南市场各类频道的市场占有率（%）

频道类别	年份				
	2010 年	2011 年	2012 年	2013 年	2014 年
中央台频道	20.6	22.0	23.9	24.5	24.3
中国教育台频道	0.2	0.2	0.3	0.3	0.2
湖南省级频道	51.0	49.0	51.0	54.3	55.8
其他省级卫视频道	13.0	15.2	13.7	9.4	8.4
其他频道	15.2	13.6	11.0	11.6	11.3

表 3.14.2　2014 年湖南市场各类频道在不同目标观众中的市场占有率（%）

目标观众		中央台频道	中国教育台频道	湖南省级频道	其他省级卫视频道	其他频道
4 岁及以上所有人		24.3	0.2	55.8	8.4	11.3
城乡	城市	23.4	0.2	52.2	8.9	15.3
	农村	24.6	0.2	57.0	8.2	10.0
性别	男	25.9	0.2	54.3	8.1	11.5
	女	22.8	0.2	57.3	8.7	11.0
年龄	4～14 岁	26.0	0.1	58.6	7.6	7.7
	15～24 岁	20.4	0.2	61.3	9.0	9.1
	25～34 岁	26.5	0.2	52.7	9.0	11.6
	35～44 岁	22.9	0.2	54.7	10.6	11.6
	45～54 岁	23.0	0.2	56.2	8.3	12.3
	55～64 岁	24.8	0.2	55.6	6.4	13.0
	65 岁及以上	26.9	0.2	52.2	7.9	12.8
教育程度	未受过正规教育	26.4	0.1	59.3	6.3	7.9
	小学	25.0	0.2	55.5	7.7	11.6
	初中	22.0	0.2	58.0	8.8	11.0
	高中	25.3	0.2	51.9	10.0	12.6
	大学及以上	31.3	0.2	47.8	7.6	13.1
职业类别	干部/管理人员	33.1	0.4	46.4	7.9	12.2
	个体/私营企业人员	25.0	0.3	56.0	9.1	9.6
	初级公务员/雇员	28.9	0.2	49.4	8.8	12.7
	工人	21.8	0.2	56.7	8.4	12.9
	学生	24.4	0.2	57.7	9.4	8.3
	无业	26.3	0.1	54.7	8.1	10.8
	其他	22.0	0.2	57.4	8.0	12.4
个人月收入	0～300 元	24.7	0.1	57.8	7.8	9.6
	301～900 元	23.1	0.2	55.8	8.8	12.1
	901～1700 元	23.9	0.2	54.0	9.3	12.6
	1701～2600 元	24.5	0.2	54.8	8.6	11.9
	2601～3500 元	23.6	0.6	57.3	6.7	11.8
	3501 元及以上	28.2	0.2	45.2	9.8	16.6

表 3.14.3　2014 年湖南市场各类频道在不同时段的市场占有率（%）

时间段	中央台频道	中国教育台频道	湖南省级频道	其他省级卫视频道	其他频道
02:00～03:00	21.1	0.5	43.7	13.7	21.0
03:00～04:00	20.7	0.5	43.4	11.3	24.1
04:00～05:00	21.0	0.4	43.7	10.0	24.9
05:00～06:00	22.3	0.4	48.8	8.8	19.7
06:00～07:00	37.8	0.1	42.9	6.2	13.0
07:00～08:00	43.4	0.1	39.0	6.5	11.0
08:00～09:00	37.9	0.1	39.5	10.7	11.8
09:00～10:00	33.0	0.1	41.6	13.2	12.1
10:00～11:00	30.8	0.2	42.2	14.6	12.2
11:00～12:00	31.5	0.2	44.2	12.7	11.4
12:00～13:00	31.8	0.2	48.2	9.7	10.1
13:00～14:00	28.4	0.3	49.2	11.4	10.7
14:00～15:00	28.8	0.4	44.1	14.5	12.2
15:00～16:00	28.6	0.4	42.7	16.1	12.2
16:00～17:00	26.3	0.1	45.2	16.4	12.0
17:00～18:00	30.6	0.1	48.4	10.2	10.7
18:00～19:00	27.8	0.1	59.4	2.1	10.6
19:00～20:00	24.5	0.2	60.9	3.7	10.7
20:00～21:00	19.3	0.3	64.5	6.2	9.7
21:00～22:00	18.7	0.2	63.6	7.3	10.2
22:00～23:00	14.2	0.1	67.1	6.9	11.7
23:00～24:00	15.5	0.1	62.5	7.4	14.5
24:00～25:00	22.9	0.2	49.7	11.1	16.1
25:00～26:00	22.6	0.3	46.1	12.1	18.9

表 3.14.4　2014 年湖南市场收视份额排名前十位的频道

名次	频道名称	收视份额（%）
1	湖南电视台经济频道	13.7
2	湖南电视台电视剧频道	12.2
3	湖南卫视	9.5
4	湖南电视台金鹰卡通频道	6.3
5	湖南电视台都市频道	5.7
6	湖南电视台潇湘电影频道	5.0
7	中央电视台少儿频道	4.9
8	中央电视台综合频道	3.6
9	中央台三套	2.6
10	中央电视台新闻频道	2.3

表 3.14.5　2014 年湖南市场各主要频道的观众构成（%）

目标观众		所有频道	主要频道				
			湖南电视台经济频道	湖南电视台电视剧频道	湖南卫视	湖南电视台金鹰卡通频道	湖南电视台都市频道
4 岁及以上所有人		100.0	100.0	100.0	100.0	100.0	100.0
城乡	城市	23.2	23.7	19.5	20.8	14.8	28.7
	农村	76.8	76.3	80.5	79.2	85.2	71.3
性别	男	48.9	53.6	42.5	40.9	47.1	49.4
	女	51.1	46.4	57.5	59.1	52.9	50.6
年龄	4～14 岁	15.3	10.9	12.5	19.3	37.9	9.3
	15～24 岁	7.9	6.1	7.0	11.8	7.0	9.0
	25～34 岁	12.1	9.8	8.4	12.2	14.8	12.8
	35～44 岁	17.2	14.7	17.0	18.1	13.3	18.6
	45～54 岁	21.7	25.4	27.3	16.8	11.5	26.2
	55～64 岁	16.2	21.0	17.0	14.2	11.1	15.4
	65 岁及以上	9.6	12.1	10.7	7.6	4.5	8.6
教育程度	未受过正规教育	9.4	7.9	11.3	7.5	23.1	6.5
	小学	28.2	30.4	28.3	27.3	26.6	23.4
	初中	40.2	41.0	41.9	44.6	35.6	45.8
	高中	17.2	16.6	14.5	16.1	12.5	17.3
	大学及以上	5.0	4.1	3.9	4.4	2.1	7.1
职业类别	干部/管理人员	0.8	0.9	0.6	0.6	0.4	0.7
	个体/私营企业人员	14.3	12.1	14.2	13.0	14.6	20.4
	初级公务员/雇员	5.7	4.1	5.8	5.4	4.0	5.5
	工人	10.3	9.4	10.9	9.6	7.3	12.8
	学生	9.0	6.2	5.7	15.5	15.6	4.9
	无业	29.1	22.5	27.0	29.9	41.5	29.6
	其他	30.8	44.8	35.7	25.9	16.5	26.1
个人月收入	0～300 元	40.9	35.9	38.1	49.8	61.5	34.4
	301～900 元	15.5	19.9	16.8	15.7	8.5	13.3
	901～1700 元	20.1	18.9	23.7	18.2	14.3	21.6
	1701～2600 元	14.8	17.9	13.1	10.0	11.4	17.4
	2601～3500 元	5.1	4.8	5.5	3.9	2.8	8.9
	3501 元及以上	3.6	2.6	2.9	2.3	1.5	4.5

表 3.14.6　2012～2014 年湖南市场各类节目的播出份额（%）和收视份额（%）

节目类型	2012 年		2013 年		2014 年	
	播出份额	收视份额	播出份额	收视份额	播出份额	收视份额
财经	2.2	0.3	1.9	0.3	1.7	0.2
电视剧	21.5	39.1	22.3	40.2	21.4	40.5
电影	4.8	7.8	5.1	6.8	4.6	6.6
法制	0.7	0.7	0.8	0.4	0.9	0.3
教学	0.4	0.1	0.3	0.0	0.3	0.0
青少	6.8	5.4	6.2	7.1	6.8	8.8
生活服务	8.0	5.5	8.5	5.8	9.4	5.8
体育	1.5	1.4	1.8	0.7	2.8	1.0
外语	0.0	0.0	0.0	0.0	0.0	0.0
戏剧	1.0	0.3	0.8	0.2	0.7	0.2
新闻/时事	15.9	15.1	15.6	13.7	15.1	12.1
音乐	2.6	0.8	2.4	1.1	2.5	0.9
专题	11.9	5.5	11.1	4.8	12.7	5.5
综艺	8.9	7.4	9.0	8.2	8.7	7.5
其他	13.9	10.7	14.2	10.7	12.6	10.5

表 3.14.7　2014 年湖南市场所有节目收视率排名前三十位

名次	节目名称	节目类型	播出频道	平均收视率（%）	平均占有率（%）
1	飞哥传奇	电视剧	湖南电视台经济频道	14.0	33.7
2	抗日霸王花	电视剧	湖南电视台经济频道	12.7	32.4
3	巅峰对决	电视剧	湖南电视台经济频道	11.8	33.2
4	长沙保卫战第二部	电视剧	湖南电视台经济频道	11.6	27.2
5	抗日霸王花第二部	电视剧	湖南电视台经济频道	11.5	29.7
6	刺刀英雄	电视剧	湖南电视台经济频道	11.4	31.8
7	特战兵王	电视剧	湖南电视台经济频道	11.4	31.0
8	豪侠高飞	电视剧	湖南电视台经济频道	11.4	26.6
9	极限交锋	电视剧	湖南电视台经济频道	11.3	31.4
10	烽火利刃	电视剧	湖南电视台经济频道	11.3	29.4
11	抗日大武生	电视剧	湖南电视台经济频道	10.9	26.8
12	枪神燕双鹰	电视剧	湖南电视台经济频道	10.8	27.2
13	黑仔传奇	电视剧	湖南电视台经济频道	10.3	29.1
14	绝地枪王	电视剧	湖南电视台经济频道	10.2	29.2
15	风云神枪	电视剧	湖南电视台经济频道	10.1	27.6
16	烽火英雄传	电视剧	湖南电视台经济频道	10.1	27.4
17	神箭侠侣	电视剧	湖南电视台经济频道	10.0	27.9
18	抗日第一枪	电视剧	湖南电视台经济频道	10.0	23.5
19	使命保卫蔡锷	电视剧	湖南电视台经济频道	9.9	27.7
20	绝色匪王	电视剧	湖南电视台经济频道	9.8	28.3
21	尖刀出鞘	电视剧	湖南电视台经济频道	9.8	25.8
22	我的抗战之铁血轻奇兵	电视剧	湖南电视台经济频道	9.7	26.5
23	神刀鬼影	电视剧	湖南电视台经济频道	9.6	27.9
24	铁血龙之队	电视剧	湖南电视台经济频道	9.6	27.0
25	绝杀毒狼	电视剧	湖南电视台经济频道	9.5	26.5
26	虎胆尖锋	电视剧	湖南电视台经济频道	9.4	25.9
27	老枪传奇	电视剧	湖南电视台经济频道	9.2	27.9
28	神枪侠侣	电视剧	湖南电视台经济频道	9.0	24.4
29	猎狼特战队第二部	电视剧	湖南电视台经济频道	8.7	25.8
30	猎狼特战队三	电视剧	湖南电视台经济频道	8.7	25.0

表 3.14.8 2014 年湖南市场电视剧收视率排名前十位

名次	节目名称	播出频道	平均收视率(%)	平均占有率(%)
1	飞哥传奇	湖南电视台经济频道	14.0	33.7
2	抗日霸王花	湖南电视台经济频道	12.7	32.4
3	巅峰对决	湖南电视台卫星频道	11.8	33.2
4	长沙保卫战第二部	湖南电视台经济频道	11.6	27.2
5	抗日霸王花第二部	湖南电视台经济频道	11.5	29.7
6	刺刀英雄	湖南电视台经济频道	11.4	31.8
7	特战兵王	湖南电视台经济频道	11.4	31.0
8	豪侠高飞	湖南电视台经济频道	11.4	26.6
9	极限交锋	湖南电视台经济频道	11.3	31.4
10	烽火利刃	湖南电视台经济频道	11.3	29.4

表 3.14.9 2014 年湖南市场新闻节目收视率排名前十位

名次	节目名称	播出频道	平均收视率(%)	平均占有率(%)
1	转播中央台新闻联播	湖南卫视	3.4	11.2
2	湖南新闻联播	湖南卫视	2.9	11.6
3	完璺归湘	湖南电视台经济频道	2.8	10.6
4	都市 1 时间	湖南电视台都市频道	2.1	8.1
5	习近平在澳大利亚联邦议会发表演讲	中央电视台新闻频道	2.0	4.8
6	经视焦点	湖南电视台经济频道	1.9	7.3
7	防汛抗灾最前线	湖南电视台经济频道	1.6	8.2
8	都市晚间	湖南电视台都市频道	1.6	5.0
9	习近平主席在柏林发表重要演讲	中央电视台综合频道	1.6	4.6
10	聚焦 APEC	中央电视台新闻频道	1.5	4.5

表 3.14.10 2014 年湖南市场专题节目收视率排名前十位

名次	节目名称	播出频道	平均收视率(%)	平均占有率(%)
1	经视问政	湖南电视台经济频道	6.0	17.3
2	心得乐	湖南电视台电视剧频道	5.1	12.3
3	寻情记	湖南电视台都市频道	3.4	8.3
4	一年级	湖南卫视	2.7	13.6
5	信访调解进行时	湖南电视台都市频道	2.2	6.0
6	经视观察	湖南电视台经济频道	2.1	10.3
7	党的群众路线教育实践活动专题电视问政	湖南电视台经济频道	1.9	12.2
8	中央电视台特别节目:一带一路千年的时空穿越	中央电视台综合频道	1.8	4.6
9	变形计	湖南卫视	1.7	8.0
10	第五届我最喜爱的人民警察评选颁奖典礼	中央电视台综合频道	1.5	3.8

表 3.14.11 2014 年湖南市场综艺节目收视率排名前十位

名次	节目名称	播出频道	平均收视率(%)	平均占有率(%)
1	元宵喜乐会	湖南卫视	7.9	19.9
2	我是歌手歌王之战	湖南卫视	6.5	18.1
3	中央电视台 2014 甲午年春节联欢晚会	湖南电视台经济频道	6.2	12.4
4	第十届中国金鹰电视艺术节开幕式文艺晚会	湖南卫视	6.1	19.6
5	第十届中国金鹰电视艺术节、第二十七届中国电视金鹰奖颁奖晚会	湖南卫视	6.0	17.9
6	第十届中国金鹰电视艺术节 2014 互联盛典	湖南卫视	5.4	16.2
7	湖南省庆祝中华人民共和国成立 65 周年大型群众文艺汇演	湖南电视台经济频道	5.2	13.8
8	2014 春节联欢晚会	湖南卫视	4.8	13.2
9	2014 新年喜乐会	湖南电视台经济频道	4.5	13.7
10	第十届中国金鹰电视艺术节、第二十七届中国电视金鹰奖星光大道	湖南卫视	4.5	10.7

表 3.14.12 2014 年湖南市场体育节目收视率排名前十位

名次	节目名称	播出频道	平均收视率(%)	平均占有率(%)
1	2014 年索契冬奥会单板滑雪男子障碍技巧决赛	中央台五套	2.1	7.8
2	年轻的朋友来相会南京青奥会开幕式特别报道	中央台五套	1.9	6.6
3	2014 年仁川亚运会男子 400 米栏决赛	中央台五套	1.9	5.0
4	我爱世界杯:2014 年巴西世界杯决赛(德国 VS 阿根廷)	中央台五套	1.7	13.7
5	2014 年索契冬奥会花样滑冰团体冰舞短舞蹈	中央台五套	1.7	12.2
6	2014 年仁川亚运会体操男子吊环决赛	中央台五套	1.7	4.3
7	2014 第二届夏季青奥会开幕式	中央电视台新闻频道	1.7	4.2
8	2014 第二届夏季青年奥林匹克运动会闭幕式	中央电视台综合频道	1.5	4.2
9	2014 年仁川亚运会羽毛球男单决赛	中央台五套	1.5	4.0
10	2014 年仁川亚运会跳水男子 1 米板决赛	中央台五套	1.4	3.7

十五、吉林收视数据

表 3.15.1　2010～2014 年吉林市场各类频道的市场占有率（%）

频道类别	年份				
	2010 年	2011 年	2012 年	2013 年	2014 年
中央台频道	32.8	32.0	35.1	37.6	36.7
中国教育台频道	0.2	0.5	0.6	0.4	0.2
吉林省级频道	30.1	27.7	25.3	23.8	27.1
其他省级卫视频道	23.3	27.9	30.9	32.0	31.0
其他频道	13.6	11.9	8.1	6.2	5.0

表 3.15.2　2014 年吉林市场各类频道在不同目标观众中的市场占有率（%）

目标观众		中央台频道	中国教育台频道	吉林省级频道	其他省级卫视频道	其他频道
4 岁及以上所有人		36.7	0.2	27.1	31.0	5.0
城乡	城市	39.2	0.1	23.0	33.9	3.8
	农村	34.8	0.3	30.1	28.8	6.0
性别	男	39.2	0.2	26.4	29.2	5.0
	女	34.4	0.2	27.8	32.6	5.0
年龄	4～14 岁	56.1	0.2	16.8	23.9	3.0
	15～24 岁	31.4	0.3	20.1	44.3	3.9
	25～34 岁	34.0	0.3	21.7	39.7	4.3
	35～44 岁	34.8	0.1	27.7	33.3	4.1
	45～54 岁	34.6	0.3	28.3	31.4	5.4
	55～64 岁	40.0	0.2	30.8	23.0	6.0
	65 岁及以上	34.4	0.1	36.9	21.4	7.2
教育程度	未受过正规教育	45.6	0.2	29.7	18.6	5.9
	小学	35.3	0.2	32.5	25.6	6.4
	初中	33.4	0.2	28.1	33.6	4.7
	高中	39.4	0.2	22.7	33.5	4.2
	大学及以上	46.6	0.1	17.5	31.4	4.4
职业类别	干部/管理人员	62.2	0.1	10.6	24.2	2.9
	个体/私营企业人员	34.9	0.2	25.6	34.1	5.2
	初级公务员/雇员	42.0	0.3	20.0	35.6	2.1
	工人	39.3	0.2	22.8	32.7	5.0
	学生	48.2	0.3	17.5	30.6	3.4
	无业	38.5	0.1	29.4	27.0	5.0
	其他	30.5	0.3	31.5	31.6	6.1
个人月收入	0～300 元	42.0	0.2	22.2	31.0	4.6
	301～900 元	31.7	0.3	31.8	28.6	7.6
	901～1700 元	33.4	0.2	30.8	31.2	4.4
	1701～2600 元	35.9	0.1	26.5	32.2	5.3
	2601～3500 元	43.3	0.3	21.6	30.8	4.0
	3501 元及以上	45.9	0.1	20.2	28.1	5.7

表 3.15.3 2014 年吉林市场各类频道在不同时段的市场占有率（%）

时间段	中央台频道	中国教育台频道	吉林省级频道	其他省级卫视频道	其他频道
02:00~03:00	50.6	0.6	11.3	32.4	5.1
03:00~04:00	39.9	0.1	28.6	24.7	6.7
04:00~05:00	49.5	0.1	20.4	25.1	4.9
05:00~06:00	43.0	0.1	18.4	33.5	5.0
06:00~07:00	46.4	0.1	22.4	27.0	4.1
07:00~08:00	52.3	0.1	15.6	23.7	8.3
08:00~09:00	51.9	0.2	14.4	28.4	5.1
09:00~10:00	45.0	0.3	14.0	35.6	5.1
10:00~11:00	44.2	0.3	12.4	38.1	5.0
11:00~12:00	43.1	0.2	12.9	38.4	5.4
12:00~13:00	43.1	0.1	13.2	39.2	4.4
13:00~14:00	49.4	0.4	9.8	37.1	3.3
14:00~15:00	41.0	0.5	10.2	43.4	4.9
15:00~16:00	38.5	0.5	12.4	43.6	5.0
16:00~17:00	28.2	0.2	42.4	25.6	3.6
17:00~18:00	28.4	0.1	47.6	16.4	7.5
18:00~19:00	34.0	0.1	48.3	9.9	7.7
19:00~20:00	45.0	0.2	29.6	21.2	4.0
20:00~21:00	25.9	0.3	26.3	43.7	3.8
21:00~22:00	22.8	0.3	22.0	51.4	3.5
22:00~23:00	26.5	0.2	11.4	58.1	3.8
23:00~24:00	31.8	0.2	12.5	51.9	3.6
24:00~25:00	48.4	0.1	19.9	27.6	4.0
25:00~26:00	54.1	0.5	26.0	14.2	5.2

表 3.15.4 2014 年吉林市场收视份额排名前十位的频道

名次	频道名称	收视份额(%)
1	中央电视台综合频道	10.6
2	吉林电视台乡村频道(五套)	9.2
3	吉林电视台生活频道(三套)	5.3
3	中央电视台少儿频道	5.3
5	吉林卫视	4.0
6	湖南卫视	3.8
7	中央台三套	3.7
8	辽宁卫视	3.5
8	吉林电视台都市频道(二套)	3.5
10	中央台八套	2.7

表 3.15.5 2014 年吉林市场各主要频道的观众构成(%)

目标观众		所有频道	主要频道				
			中央电视台综合频道	吉林电视台乡村频道(五套)	吉林电视台生活频道(三套)	中央电视台少儿频道	吉林卫视
4 岁及以上所有人		100.0	100.0	100.0	100.0	100.0	100.0
城乡	城市	41.9	44.7	22.4	31.4	30.2	39.0
	农村	58.1	55.3	77.6	68.6	69.8	61.0
性别	男	47.6	50.3	42.9	45.8	49.7	49.1
	女	52.4	49.7	57.1	54.2	50.3	50.9
年龄	4~14 岁	7.2	5.0	4.4	5.3	51.7	2.8
	15~24 岁	10.6	9.3	6.9	9.4	9.4	7.3
	25~34 岁	13.1	10.8	7.3	10.9	17.4	9.9
	35~44 岁	19.2	19.7	19.1	19.4	9.1	15.8
	45~54 岁	20.1	19.2	19.4	21.1	5.0	23.8
	55~64 岁	17.2	21.6	21.3	16.3	5.2	24.9
	65 岁及以上	12.7	14.3	21.5	17.6	2.2	15.5
教育程度	未受过正规教育	4.2	4.0	6.9	2.9	17.4	4.9
	小学	22.6	19.8	36.4	26.3	41.6	24.1
	初中	43.3	38.6	41.3	48.4	29.5	43.3
	高中	22.8	27.7	13.4	17.6	9.1	23.4
	大学及以上	7.1	10.0	2.0	4.8	2.4	4.3
职业类别	干部/管理人员	1.1	1.8	0.1	0.2	0.6	0.4
	个体/私营企业人员	14.3	18.1	13.7	11.7	7.8	17.7
	初级公务员/雇员	7.2	9.1	3.8	4.9	3.1	4.2
	工人	8.5	9.3	2.7	6.3	3.8	6.1
	学生	8.1	6.9	4.3	6.0	37.9	4.3
	无业	27.3	29.5	29.4	30.0	23.5	29.6
	其他	33.5	25.4	45.9	41.0	23.3	37.7
个人月收入	0~300 元	18.5	14.8	16.9	14.9	58.6	13.7
	301~900 元	12.2	11.5	19.0	12.3	8.8	12.6
	901~1700 元	34.2	35.6	39.9	38.7	16.1	41.5
	1701~2600 元	22.5	22.3	18.5	23.0	10.6	22.5
	2601~3500 元	8.5	10.3	4.4	7.7	4.6	5.7
	3501 元及以上	4.1	5.4	1.3	3.4	1.3	4.1

表 3.15.6 2012~2014 年吉林市场各类节目的播出份额(%)和收视份额(%)

节目类型	2012 年		2013 年		2014 年	
	播出份额	收视份额	播出份额	收视份额	播出份额	收视份额
财经	2.1	0.5	1.8	0.4	1.7	0.3
电视剧	21.2	31.2	21.2	30.7	20.7	32.0
电影	4.5	3.4	5.3	2.8	4.5	3.2
法制	1.1	1.2	0.9	1.3	1.0	1.2
教学	0.3	0.1	0.3	0.0	0.3	0.0
青少	6.6	4.1	6.1	4.7	6.6	4.4
生活服务	8.7	8.3	8.8	7.8	9.9	7.9
体育	1.6	1.8	1.9	1.2	2.9	1.4
外语	0.0	0.0	0.0	0.0	0.0	0.0
戏剧	1.1	2.4	0.8	1.1	0.7	0.3
新闻/时事	14.4	14.8	15.3	16.0	14.7	13.2
音乐	2.5	0.6	2.3	0.5	2.5	0.5
专题	12.3	5.4	11.1	4.5	12.2	4.2
综艺	9.3	8.9	9.6	11.9	9.3	14.3
其他	14.2	17.3	14.6	17.1	13.1	17.0

表 3.15.7 2014 年吉林市场所有节目收视率排名前三十位

名次	节目名称	节目类型	播出频道	平均收视率（%）	平均占有率（%）
1	中央电视台 2014 甲午年春节联欢晚会	综艺	中央电视台综合频道	41.5	80.5
2	新闻联播	新闻/时事	中央电视台综合频道	12.7	31.8
3	天气预报	生活服务	中央电视台综合频道	9.0	20.3
4	二人转总动员精彩乐无边	综艺	吉林电视台乡村频道（五套）	8.2	24.9
5	315 让消费更有尊严——CCTV2014 年 3·15 晚会	综艺	中央电视台综合频道	6.9	18.6
6	焦点访谈	新闻/时事	中央电视台综合频道	6.4	14.6
7	中央电视台 2014 甲午年元宵晚会	综艺	中央电视台综合频道	6.2	20.4
8	一场别开生面的座谈会——习近平总书记主持召开文艺工作座谈会侧记	专题	中央电视台综合频道	6.2	16.0
9	今日看点	生活服务	吉林电视台乡村频道（五套）	6.1	16.6
10	习近平主席在柏林发表重要演讲	新闻/时事	中央电视台综合频道	6.1	12.9
11	豆腐西施杨七巧	电视剧	吉林电视台乡村频道（五套）	5.9	15.1
12	错儿	电视剧	吉林电视台乡村频道（五套）	5.8	15.1
13	粘豆包	电视剧	吉林电视台乡村频道（五套）	5.6	15.5
14	中国汉字听写大会 2014（7 月 20 日）	专题	中央电视台综合频道	5.6	13.3
15	澳门回归十五周年特别节目	新闻/时事	中央电视台综合频道	5.5	13.7
16	中央电视台特别节目：从雁栖湖到太平洋——习近平主席大洋洲之行综述	专题	中央电视台综合频道	5.3	12.3
17	刺青	电视剧	吉林电视台乡村频道（五套）	5.2	13.2
18	全城热恋	综艺	吉林电视台生活频道（三套）	5.1	28.3
19	好礼天天送	综艺	吉林电视台乡村频道（五套）	5.1	11.7
20	李克强总理会见中外记者并回答提问	新闻/时事	中央电视台综合频道	5.1	10.8
21	娘心	电视剧	吉林电视台乡村频道（五套）	5.0	14.1
22	大村官	电视剧	吉林电视台乡村频道（五套）	5.0	13.4
23	习近平在澳大利亚联邦议会发表演讲	新闻/时事	中央电视台综合频道	5.0	11.0

续表

名次	节目名称	节目类型	播出频道	平均收视率(%)	平均占有率(%)
24	习近平主席在联合国教科文组织总部发表演讲	新闻/时事	中央电视台综合频道	5.0	10.5
25	习近平主席在欧洲学院发表重要演讲	新闻/时事	中央电视台综合频道	5.0	10.4
26	习近平主席在中法建交50周年纪念大会上发表重要讲话	新闻/时事	中央电视台综合频道	5.0	10.1
27	星光大道(1月31日)	综艺	中央电视台综合频道	4.9	18.0
28	凤游龙门	电视剧	吉林电视台乡村频道(五套)	4.9	13.0
29	男人四十要出嫁	电视剧	黑龙江卫视	4.8	13.1
30	乡村爱情圆舞曲	电视剧	辽宁卫视	4.8	12.0
30	2014中国上海团结和谐的亚洲携手向明天	综艺	中央电视台综合频道	4.8	12.0

表3.15.8　2014年吉林市场电视剧收视率排名前十位

名次	节目名称	播出频道	平均收视率(%)	平均占有率(%)
1	豆腐西施杨七巧	吉林电视台乡村频道(五套)	5.9	15.1
2	错儿	吉林电视台乡村频道(五套)	5.8	15.1
3	粘豆包	吉林电视台乡村频道(五套)	5.6	15.5
4	刺青	吉林电视台乡村频道(五套)	5.2	13.2
5	娘心	吉林电视台乡村频道(五套)	5.0	14.1
6	大村官	吉林电视台乡村频道(五套)	5.0	13.4
7	凤游龙门	吉林电视台乡村频道(五套)	4.9	13.0
8	男人四十要出嫁	黑龙江卫视	4.8	13.1
9	乡村爱情圆舞曲	辽宁卫视	4.8	12.0
10	庭院女人	吉林电视台乡村频道(五套)	4.5	13.1

表3.15.9　2014年吉林市场新闻节目收视率排名前十位

名次	节目名称	播出频道	平均收视率(%)	平均占有率(%)
1	新闻联播	中央电视台综合频道	12.7	31.8
2	焦点访谈	中央电视台综合频道	6.4	14.6
3	习近平主席在柏林发表重要演讲	中央电视台综合频道	6.1	12.9
4	澳门回归十五周年特别节目	中央电视台综合频道	5.5	13.7
5	李克强总理会见中外记者并回答提问	中央电视台综合频道	5.1	10.8
6	习近平在澳大利亚联邦议会发表演讲	中央电视台综合频道	5.0	11.0
7	习近平主席在联合国教科文组织总部发表演讲	中央电视台综合频道	5.0	10.5
8	习近平主席在欧洲学院发表重要演讲	中央电视台综合频道	5.0	10.4
9	习近平主席在中法建交50周年纪念大会上发表重要讲话	中央电视台综合频道	5.0	10.1
10	习近平在巴西国会发表重要演讲	中央电视台综合频道	4.6	11.6

表 3.15.10 2014 年吉林市场专题节目收视率排名前十位

名次	节目名称	播出频道	平均收视率（%）	平均占有率（%）
1	一场别开生面的座谈会——习近平总书记主持召开文艺工作座谈会侧记	中央电视台综合频道	6.2	16.0
2	中国汉字听写大会 2014(7 月 20 日）	中央电视台综合频道	5.6	13.3
3	中央电视台特别节目:从雁栖湖到太平洋——习近平主席大洋洲之行综述	中央电视台综合频道	5.3	12.3
4	中央电视台特别节目:一桥飞架中欧	中央电视台综合频道	4.7	10.4
5	中国成语大会 2014(6 月 2 日）	中央电视台综合频道	4.5	10.5
6	中央电视台特别节目:新的中拉时间开始了	中央电视台综合频道	4.2	10.4
7	中国谜语大会(2 月 11 日）	中央电视台综合频道	4.0	8.1
8	乡村四季 12316	吉林电视台乡村频道(五套）	3.9	15.7
9	作风建设永远在路上——落实八项规定精神正风肃纪纪实	中央电视台综合频道	2.7	7.2
10	寻找最美乡村医生大型公益活动	中央电视台综合频道	2.5	6.8

表 3.15.11 2014 年吉林市场综艺节目收视率排名前十位

名次	节目名称	播出频道	平均收视率（%）	平均占有率（%）
1	中央电视台 2014 甲午年春节联欢晚会	中央电视台综合频道	41.5	80.5
2	二人转总动员精彩乐无边	吉林电视台乡村频道(五套）	8.2	24.9
3	315 让消费更有尊严——CCTV2014 年 3·15 晚会	中央电视台综合频道	6.9	18.6
4	中央电视台 2014 甲午年元宵晚会	中央电视台综合频道	6.2	20.4
5	全城热恋	吉林电视台生活频道(三套）	5.1	28.3
6	好礼天天送	吉林电视台乡村频道(五套）	5.1	11.7
7	星光大道(1 月 31 日）	中央电视台综合频道	4.9	18.0
8	2014 中国上海团结和谐的亚洲携手向明天	中央电视台综合频道	4.8	12.0
9	中央军委慰问驻京部队老干部迎新春文艺演出	中央电视台综合频道	4.2	10.9
10	好剧天天有幸运连连中	吉林电视台乡村频道(五套）	4.2	8.6

表 3.15.12　2014 年吉林市场体育节目收视率排名前十位

名次	节目名称	播出频道	平均收视率(%)	平均占有率(%)
1	2014 第二届夏季青年奥林匹克运动会开幕式	中央电视台综合频道	3.0	10.3
2	2014 年仁川亚运会男子 4×100 米混合接力决赛	中央台五套	2.8	6.7
3	2014 年仁川亚运会击剑女子个人重剑决赛	中央台五套	2.5	5.7
4	谁是球王总决赛	中央电视台综合频道	2.0	6.2
5	我爱世界杯:2014 年巴西世界杯决赛(德国 VS 阿根廷)	中央台五套	1.9	69.1
6	2014 年仁川亚运会女排决赛(中国 VS 韩国)	中央台五套	1.9	5.8
7	2014 年仁川亚运会女子沙滩排球决赛(中国 VS 泰国)	中央台五套	1.8	5.0
8	2014 第二届夏季青年奥林匹克运动会闭幕式	中央电视台综合频道	1.7	5.4
9	2014 年仁川亚运会男子 4×100 米自由泳接力颁奖仪式	中央台五套	1.7	4.4
10	2014 年仁川亚运会羽毛球男单决赛	中央台五套	1.6	5.8

十六、江苏收视数据

表 3.16.1 2010～2014 年江苏市场各类频道的市场占有率（%）

频道类别	年份				
	2010 年	2011 年	2012 年	2013 年	2014 年
中央台频道	26.2	24.2	26.7	27.6	28.9
中国教育台频道	0.5	0.5	0.4	0.4	0.3
江苏省级频道	35.3	39.0	38.9	35.6	37.4
其他省级卫视频道	16.3	15.8	16.4	17.1	16.3
其他频道	21.7	20.5	17.6	19.3	17.1

表 3.16.2 2014 年江苏市场各类频道在不同目标观众中的市场占有率（%）

目标观众		中央台频道	中国教育台频道	江苏省级频道	其他省级卫视频道	其他频道
4 岁及以上所有人		28.9	0.3	37.4	16.3	17.1
城乡	城市	29.5	0.4	26.5	17.4	26.2
	农村	28.5	0.2	45.0	15.5	10.8
性别	男	32.1	0.3	35.3	14.6	17.7
	女	25.8	0.3	39.5	17.9	16.5
年龄	4～14 岁	26.9	0.2	38.5	24.1	10.3
	15～24 岁	21.1	0.3	40.1	20.1	18.4
	25～34 岁	26.2	0.3	37.2	18.7	17.6
	35～44 岁	29.0	0.3	34.1	17.7	18.9
	45～54 岁	27.8	0.3	40.1	14.0	17.8
	55～64 岁	31.0	0.3	38.7	14.3	15.7
	65 岁及以上	38.0	0.3	33.7	9.4	18.6
教育程度	未受过正规教育	24.7	0.2	41.6	19.2	14.3
	小学	31.5	0.3	39.3	15.3	13.6
	初中	27.4	0.3	39.7	16.1	16.5
	高中	31.3	0.3	31.5	16.4	20.5
	大学及以上	28.4	0.3	32.0	15.7	23.6
职业类别	干部/管理人员	31.3	0.3	27.1	15.0	26.3
	个体/私营企业人员	31.1	0.3	37.3	14.0	17.3
	初级公务员/雇员	27.1	0.3	35.9	15.9	20.8
	工人	27.4	0.3	38.3	15.8	18.2
	学生	25.8	0.3	35.2	24.1	14.6
	无业	31.2	0.3	31.9	18.0	18.6
	其他	28.9	0.3	46.2	13.8	10.8
个人月收入	0～300 元	26.0	0.2	40.0	20.8	13.0
	301～900 元	27.8	0.3	45.9	12.2	13.8
	901～1700 元	29.6	0.3	40.0	14.2	15.9
	1701～2600 元	28.7	0.3	34.5	15.9	20.6
	2601～3500 元	32.7	0.3	30.8	15.2	21.0
	3501 元及以上	32.3	0.3	30.8	15.2	21.4

表 3.16.3　2014 年江苏市场各类频道在不同时段的市场占有率（%）

时间段	中央台频道	中国教育台频道	江苏省级频道	其他省级卫视频道	其他频道
02:00~03:00	33.4	0.6	16.6	26.9	22.5
03:00~04:00	33.5	0.4	16.9	26.8	22.4
04:00~05:00	40.8	0.3	17.8	22.5	18.6
05:00~06:00	36.8	0.5	24.6	21.5	16.6
06:00~07:00	45.2	0.2	26.9	15.2	12.5
07:00~08:00	46.6	0.1	26.0	16.2	11.1
08:00~09:00	41.3	0.1	23.2	22.6	12.8
09:00~10:00	36.3	0.1	22.1	27.5	14.0
10:00~11:00	38.3	0.6	20.5	27.7	12.9
11:00~12:00	41.6	0.5	21.4	25.1	11.4
12:00~13:00	42.4	0.5	21.1	24.9	11.1
13:00~14:00	39.1	0.6	21.3	26.9	12.1
14:00~15:00	34.1	0.7	21.8	29.7	13.7
15:00~16:00	33.3	0.5	22.2	30.2	13.8
16:00~17:00	31.8	0.2	23.5	30.8	13.7
17:00~18:00	34.3	0.1	30.5	20.6	14.5
18:00~19:00	26.4	0.1	47.6	6.1	19.8
19:00~20:00	24.7	0.2	48.7	7.0	19.4
20:00~21:00	21.0	0.4	47.5	12.1	19.0
21:00~22:00	23.8	0.3	43.4	14.7	17.8
22:00~23:00	25.3	0.2	41.7	15.6	17.2
23:00~24:00	31.9	0.1	28.9	20.4	18.7
24:00~25:00	36.0	0.2	21.3	21.6	20.9
25:00~26:00	36.0	0.4	16.9	22.8	23.9

表 3.16.4　2014 年江苏市场收视份额排名前十位的频道

名次	频道名称	收视份额(%)
1	江苏卫视	10.5
2	江苏电视台综艺频道	8.4
3	江苏电视台影视频道	6.1
4	江苏电视台城市频道	5.9
5	中央台六套	3.5
5	中央电视台综合频道	3.5
7	中央台三套	3.3
8	中央台八套	3.2
9	优漫卡通卫视	2.8
9	中央电视台少儿频道	2.8

表 3.16.5　2014 年江苏市场各主要频道的观众构成（%）

目标观众		所有频道	主要频道				
			江苏卫视	江苏电视台综艺频道	江苏电视台影视频道	江苏电视台城市频道	中央台六套
4 岁及以上所有人		100.0	100.0	100.0	100.0	100.0	100.0
城乡	城市	41.0	31.6	20.1	21.2	38.7	39.5
	农村	59.0	68.4	79.9	78.8	61.3	60.5
性别	男	50.0	46.6	46.5	45.6	47.4	59.6
	女	50.0	53.4	53.5	54.4	52.6	40.4
年龄	4～14 岁	9.7	7.9	6.3	8.6	7.4	7.8
	15～24 岁	9.5	10.4	11.6	8.5	8.0	10.5
	25～34 岁	13.8	13.0	13.2	13.0	14.0	19.1
	35～44 岁	17.4	17.3	17.6	14.8	15.0	27.2
	45～54 岁	21.0	24.7	24.1	22.4	23.1	17.9
	55～64 岁	15.2	13.6	14.7	21.0	19.5	9.4
	65 岁及以上	13.4	13.1	12.5	11.7	13.0	8.1
教育程度	未受过正规教育	9.7	9.2	9.5	11.5	6.9	5.5
	小学	21.9	20.7	22.1	29.6	24.7	20.1
	初中	38.9	42.5	45.7	40.0	39.4	39.9
	高中	19.8	18.0	14.3	13.5	19.6	23.8
	大学及以上	9.7	9.6	8.4	5.4	9.4	10.7
职业类别	干部/管理人员	2.4	2.7	1.4	1.0	2.1	2.5
	个体/私营企业人员	12.4	14.6	11.4	15.4	11.1	15.8
	初级公务员/雇员	12.7	11.6	14.8	11.7	12.2	14.4
	工人	23.4	24.4	25.7	20.8	24.5	29.9
	学生	6.9	6.9	4.4	5.0	5.1	7.9
	无业	23.0	18.4	15.9	17.0	21.6	14.2
	其他	19.2	21.4	26.4	29.1	23.4	15.3
个人月收入	0～300 元	26.9	27.1	27.2	26.1	21.7	21.0
	301～900 元	11.9	15.1	15.8	16.7	13.6	8.8
	901～1700 元	19.1	16.9	21.7	28.6	22.5	19.1
	1701～2600 元	18.6	17.0	17.4	14.8	20.2	16.9
	2601～3500 元	11.3	11.4	9.1	6.6	9.9	18.1
	3501 元及以上	12.2	12.5	8.8	7.2	12.1	16.1

表 3.16.6　2012～2014 年江苏市场各类节目的播出份额（%）和收视份额（%）

节目类别	2012 年		2013 年		2014 年	
	播出份额	收视份额	播出份额	收视份额	播出份额	收视份额
财经	2.3	0.6	2.0	0.5	1.9	0.5
电视剧	21.3	39.0	21.4	37.3	21.0	37.6
电影	3.7	2.8	4.2	3.3	3.8	4.0
法制	0.8	1.1	1.1	1.4	1.1	1.8
教学	0.3	0.1	0.3	0.0	0.3	0.1
青少	7.0	4.8	6.4	5.8	7.0	5.9
生活服务	8.9	6.4	9.0	5.2	9.8	5.6
体育	1.7	1.6	2.2	1.6	3.1	1.6
外语	0.0	0.0	0.0	0.0	0.0	0.0
戏剧	1.1	0.4	0.8	0.4	0.7	0.4
新闻/时事	15.1	11.7	15.2	11.2	14.6	10.6
音乐	2.6	0.8	2.5	0.8	2.5	0.7
专题	11.6	4.7	11.0	4.3	12.0	4.3
综艺	9.1	14.2	9.4	15.4	9.3	14.5
其他	14.5	11.8	14.5	12.8	12.9	12.4

表 3.16.7　2014 年江苏市场所有节目收视率排名前三十位

名次	节目名称	节目类型	播出频道	平均收视率（%）	平均占有率（%）
1	最强大脑(3月28日)	综艺	江苏卫视	9.8	37.3
2	勇敢的心	电视剧	江苏卫视	9.2	20.9
3	我爷爷和我奶奶的故事	电视剧	江苏电视台综艺频道	8.5	21.7
4	首届江苏方言听写大赛(8月3日)	专题	江苏电视台综艺频道	7.8	18.2
5	大漠枪神	电视剧	江苏电视台综艺频道	7.6	19.6
6	绞刑架下的春天	电视剧	江苏电视台综艺频道	7.4	17.4
7	乡村爱情圆舞曲	电视剧	江苏卫视	7.2	16.1
8	武间道	电视剧	江苏电视台综艺频道	7.0	19.4
9	杉杉来了	电视剧	江苏卫视	7.0	16.9
10	中央电视台2014甲午年春节联欢晚会	综艺	中央台三套	7.0	14.5
11	喋血孤岛	电视剧	江苏电视台综艺频道	6.8	15.4
12	那年来了鬼子兵	电视剧	江苏电视台综艺频道	6.7	15.7
13	出关	电视剧	江苏电视台综艺频道	6.6	16.3
14	觉醒者	电视剧	江苏电视台综艺频道	6.6	15.1
15	离婚律师	电视剧	江苏卫视	6.6	14.8
16	战火连天	电视剧	江苏电视台综艺频道	6.5	18.6
17	涛女郎	电视剧	江苏卫视	6.4	16.7
18	2014第二届夏季青年奥林匹克运动会开幕式	体育	江苏卫视	6.4	13.3
19	产科男医生	电视剧	江苏卫视	6.2	16.3
20	匹夫英雄	电视剧	江苏电视台综艺频道	6.2	15.3
21	满山打鬼子	电视剧	江苏电视台综艺频道	6.1	15.5
22	2014第二届夏季青年奥林匹克运动会闭幕式	体育	江苏卫视	6.0	12.4
23	非诚勿扰	综艺	江苏卫视	5.9	18.4
24	孤胆英雄	电视剧	江苏电视台综艺频道	5.9	17.4
25	少年神探狄仁杰	电视剧	江苏电视台综艺频道	5.9	15.1
26	老兵	电视剧	江苏卫视	5.9	13.9
27	紫钗奇缘	电视剧	江苏电视台综艺频道	5.9	13.2
28	中央电视台2014甲午年元宵晚会	综艺	中央电视台综合频道	5.9	13.0
29	第二次人生	电视剧	江苏卫视	5.8	14.9
30	劫中劫之劫水	电视剧	江苏电视台综艺频道	5.8	14.4

表 3.16.8　2014 年江苏市场电视剧收视率排名前十位

名次	节目名称	播出频道	平均收视率（%）	平均占有率（%）
1	勇敢的心	江苏卫视	9.2	20.9
2	我爷爷和我奶奶的故事	江苏电视台综艺频道	8.5	21.7
3	大漠枪神	江苏电视台综艺频道	7.6	19.6
4	绞刑架下的春天	江苏电视台综艺频道	7.4	17.4
5	乡村爱情圆舞曲	江苏卫视	7.2	16.1
6	武间道	江苏电视台综艺频道	7.0	19.4
7	杉杉来了	江苏卫视	7.0	16.9
8	喋血孤岛	江苏电视台综艺频道	6.8	15.4
9	那年来了鬼子兵	江苏电视台综艺频道	6.7	15.7
10	出关	江苏电视台综艺频道	6.6	16.3

表 3.16.9　2014 年江苏市场新闻节目收视率排名前十位

名次	节目名称	播出频道	平均收视率（%）	平均占有率（%）
1	零距离 2014	江苏电视台城市频道	2.5	8.2
2	转播中央台新闻联播	江苏卫视	2.4	7.3
3	江苏新时空	江苏卫视	2.1	8.6
4	有一说一	江苏电视台公共频道	1.9	4.4
5	新闻联播	中央电视台综合频道	1.5	4.6
6	今日关注	中央台四套	1.5	4.2
7	守望相助，共创中蒙关系发展新时代——习近平在蒙古国家大呼拉尔的演讲	中央电视台综合频道	1.5	3.3
8	新闻眼	江苏卫视	1.4	8.4
9	习近平主席在中法建交 50 周年纪念大会上发表重要讲话	中央电视台综合频道	1.4	3.5
10	中国新闻	中央台四套	1.4	3.4

表 3.16.10　2014 年江苏市场专题节目收视率排名前十位

名次	节目名称	播出频道	平均收视率（%）	平均占有率（%）
1	首届江苏方言听写大赛(8 月 3 日)	江苏电视台综艺频道	7.8	18.2
2	章草流变	江苏电视台综艺频道	2.4	8.8
3	感动中国 2013 年度人物颁奖盛典	中央电视台综合频道	2.0	4.5
4	青奥会火炬手选拔	江苏电视台综艺频道	1.8	8.7
5	超级女兵	江苏卫视	1.7	8.2
6	电影过年映像冯小刚	江苏电视台影视频道	1.6	4.2
7	1937 南京记忆	江苏卫视	1.5	6.4
8	1937 南京真相	江苏电视台公共频道	1.5	4.4
9	军情急报	江苏电视台公共频道	1.5	3.5
10	指点江山毛泽东诗词故事	江苏卫视	1.4	6.9

表 3.16.11　2014 年江苏市场综艺节目收视率排名前十位

名次	节目名称	播出频道	平均收视率(%)	平均占有率(%)
1	最强大脑(3 月 28 日)	江苏卫视	9.8	37.3
2	中央电视台 2014 甲午年春节联欢晚会	中央台三套	7.0	14.5
3	非诚勿扰	江苏卫视	5.9	18.4
4	中央电视台 2014 甲午年元宵晚会	中央电视台综合频道	5.9	13.0
5	综艺兄弟连	江苏电视台综艺频道	5.0	15.2
6	离婚律师之斗智情缘	江苏卫视	4.8	12.0
7	一转成双	江苏电视台综艺频道	4.6	12.3
8	最强天团	江苏卫视	4.0	15.6
9	苏州月中华情——2014 年中央电视台中秋晚会	江苏电视台综艺频道	3.7	8.3
10	心花怒放青春盛典暨震撼一条龙十周年纪念晚会	江苏电视台综艺频道	3.4	9.1

表 3.16.12　2014 年江苏市场体育节目收视率排名前十位

名次	节目名称	播出频道	平均收视率(%)	平均占有率(%)
1	2014 第二届夏季青年奥林匹克运动会开幕式	江苏卫视	6.4	13.3
2	2014 第二届夏季青年奥林匹克运动会闭幕式	江苏卫视	6.0	12.4
3	我爱世界杯:2014 年巴西世界杯决赛(德国 VS 阿根廷)	中央台五套	2.3	58.2
4	2014 年仁川亚运会男子 4×100 米混合接力决赛	中央台五套	2.1	5.4
5	2014 年仁川亚运会男子 200 米预赛	中央台五套	2.0	7.0
6	2014 年南京青奥会体操女子跳马决赛	中央台五套	1.9	4.1
7	2014 年南京青奥会女子 48 公斤级举重决赛	中央台五套	1.8	3.7
8	青奥赛场:2014 年南京青奥会混合 4×100 米自由泳接力决赛	江苏电视台体育休闲频道	1.7	3.4
9	2014 年仁川亚运会体操男子吊环决赛	中央台五套	1.6	3.8
10	2014 年索契冬奥会短道速滑女子 500 米决赛	中央台五套	1.6	3.2

十七、江西收视数据

表 3.17.1 2010～2014 年江西市场各类频道的市场占有率（%）

频道类别	年份				
	2010 年	2011 年	2012 年	2013 年	2014 年
中央台频道	30.3	30.9	35.2	35.6	39.7
中国教育台频道	0.5	0.7	0.8	0.8	0.4
江西省级频道	37.4	35.8	35.2	31.0	22.8
其他省级卫视频道	27.9	28.3	24.9	29.0	32.6
其他频道	4.0	4.3	3.8	3.6	4.5

表 3.17.2 2014 年江西市场各类频道在不同目标观众中的市场占有率（%）

目标观众		中央台频道	中国教育台频道	江西省级频道	其他省级卫视频道	其他频道
4 岁及以上所有人		39.7	0.4	22.8	32.6	4.5
城乡	城市	39.9	0.3	25.2	27.4	7.2
	农村	39.7	0.5	22.2	34.0	3.6
性别	男	43.7	0.4	22.0	29.3	4.6
	女	35.9	0.4	23.6	35.9	4.2
年龄组	4～14 岁	49.9	0.3	11.6	34.5	3.7
	15～24 岁	32.7	0.4	16.7	46.2	4.0
	25～34 岁	37.1	0.3	20.1	37.2	5.3
	35～44 岁	35.8	0.7	23.1	36.3	4.1
	45～54 岁	35.3	0.5	28.7	31.1	4.4
	55～64 岁	41.5	0.4	29.3	24.7	4.1
	65 岁及以上	44.8	0.4	30.8	18.9	5.1
教育程度	未受过正规教育	54.2	0.2	12.0	30.0	3.6
	小学	39.2	0.6	23.6	33.0	3.6
	初中	35.6	0.4	24.1	35.6	4.3
	高中	43.2	0.4	22.8	28.9	4.7
	大学及以上	43.3	0.3	22.4	25.7	8.3
职业类别	干部/管理人员	55.8	0.1	12.3	22.0	9.8
	个体/私营企业人员	39.2	0.5	23.9	31.6	4.8
	初级公务员/雇员	38.2	0.4	24.0	32.4	5.0
	工人	36.0	0.7	22.0	37.7	3.6
	学生	45.4	0.5	12.3	38.2	3.6
	无业	43.0	0.3	25.2	26.9	4.6
	其他	35.5	0.5	26.5	33.5	4.0
个人月收入	0～300 元	41.6	0.5	18.1	36.2	3.6
	301～900 元	37.0	0.5	28.7	29.7	4.1
	901～1700 元	36.9	0.5	26.0	32.4	4.2
	1701～2600 元	40.8	0.3	24.7	28.8	5.4
	2601～3500 元	37.8	0.6	26.2	30.4	5.0
	3501 元及以上	40.9	0.5	22.0	31.9	4.7

表 3.17.3　2014 年江西市场各类频道在不同时段的市场占有率（%）

时间段	中央台频道	中国教育台频道	江西省级频道	其他省级卫视频道	其他频道
02:00～03:00	62.4	0.0	5.9	27.7	4.0
03:00～04:00	58.3	0.0	6.6	31.1	4.0
04:00～05:00	42.7	0.1	31.6	22.7	2.9
05:00～06:00	45.5	0.4	27.9	20.7	5.5
06:00～07:00	55.2	0.3	17.4	21.7	5.4
07:00～08:00	61.2	0.3	12.4	22.8	3.3
08:00～09:00	50.2	0.3	13.6	32.5	3.4
09:00～10:00	47.0	0.3	10.1	38.5	4.1
10:00～11:00	46.2	0.6	10.6	37.8	4.8
11:00～12:00	49.3	0.4	12.0	33.7	4.6
12:00～13:00	59.5	0.1	13.6	24.0	2.8
13:00～14:00	49.2	0.2	14.1	31.5	5.0
14:00～15:00	42.9	0.4	10.9	40.3	5.5
15:00～16:00	41.1	0.3	11.9	40.9	5.8
16:00～17:00	45.9	0.1	10.6	38.1	5.3
17:00～18:00	57.9	0.2	11.7	26.0	4.2
18:00～19:00	51.4	0.1	32.0	12.6	3.9
19:00～20:00	45.7	0.4	23.7	25.8	4.4
20:00～21:00	27.2	0.7	28.1	39.7	4.3
21:00～22:00	24.5	0.7	29.1	41.7	4.0
22:00～23:00	26.1	0.4	31.2	36.9	5.4
23:00～24:00	32.4	0.3	22.7	37.5	7.1
24:00～25:00	40.5	0.2	22.6	29.4	7.3
25:00～26:00	52.4	0.2	18.5	22.0	6.9

表 3.17.4　2014 年江西市场收视份额排名前十位的频道

名次	频道名称	收视份额(%)
1	江西电视台都市频道(二套)	9.4
2	中央电视台综合频道	8.5
3	湖南卫视	8.4
4	中央电视台少儿频道	7.7
5	江西电视台卫星频道(一套)	7.2
6	中央台八套	4.3
7	中央台六套	4.0
8	江西电视台影视频道(四套)	3.0
9	中央台三套	2.9
10	安徽卫视	2.8

表 3.17.5 2014 年江西市场各主要频道的观众构成（%）

目标观众		所有频道	主要频道				
			江西电视台都市频道（二套）	中央电视台综合频道	湖南卫视	中央电视台少儿频道	江西电视台卫星频道（一套）
4 岁及以上所有人		100.0	100.0	100.0	100.0	100.0	100.0
城乡	城市	20.8	35.7	25.0	15.9	12.5	13.7
	农村	79.2	64.3	75.0	84.1	87.5	86.3
性别	男	48.9	43.3	53.8	34.7	54.4	49.4
	女	51.1	56.7	46.2	65.3	45.6	50.6
年龄	4～14 岁	16.4	7.2	12.9	15.6	66.5	7.1
	15～24 岁	10.7	9.0	7.1	24.9	5.7	6.7
	25～34 岁	13.3	10.8	10.8	20.6	8.7	9.8
	35～44 岁	17.6	20.0	13.3	20.6	7.4	13.6
	45～54 岁	16.6	22.7	14.7	11.5	5.5	17.3
	55～64 岁	12.7	18.2	19.5	4.4	4.3	16.0
	65 岁及以上	12.8	12.1	21.7	2.4	1.9	29.5
教育程度	未受过正规教育	6.3	2.7	5.4	3.2	27.7	3.9
	小学	32.8	29.1	28.2	27.9	45.0	38.9
	初中	37.6	41.2	34.3	49.6	19.4	38.1
	高中	17.1	19.4	23.6	14.4	6.3	15.1
	大学及以上	6.2	7.6	8.5	4.9	1.6	3.9
职业类别	干部/管理人员	1.6	1.2	2.8	0.9	0.6	0.5
	个体/私营企业人员	9.5	12.7	10.1	11.1	3.9	7.5
	初级公务员/雇员	7.6	9.8	7.1	7.8	3.1	6.4
	工人	12.0	12.0	10.5	16.2	4.5	9.5
	学生	15.1	7.8	11.5	21.7	45.4	6.5
	无业	24.5	32.3	29.9	15.5	32.8	24.7
	其他	29.6	24.3	28.1	26.8	9.7	44.9
个人月收入	0～300 元	37.8	26.3	32.6	45.4	80.4	31.7
	301～900 元	11.6	10.7	14.2	9.2	4.0	20.0
	901～1700 元	18.2	23.8	17.7	14.8	4.8	17.5
	1701～2600 元	20.4	24.9	23.2	17.7	6.8	20.6
	2601～3500 元	6.6	9.3	7.4	6.6	1.9	6.1
	3501 元及以上	5.5	5.0	4.9	6.4	2.1	4.1

表 3.17.6 2012～2014 年江西市场各类节目的播出份额（%）和收视份额（%）

节目类型	2012 年		2013 年		2014 年	
	播出份额	收视份额	播出份额	收视份额	播出份额	收视份额
财经	2.2	0.4	1.9	0.3	1.7	0.4
电视剧	21.8	36.9	22.2	35.7	21.7	36.4
电影	4.2	2.4	5.2	2.8	4.7	4.0
法制	1.0	1.8	1.1	1.8	1.1	2.6
教学	0.4	0.0	0.4	0.0	0.3	0.0
青少	7.4	5.9	6.9	7.1	7.2	7.1
生活服务	8.8	7.7	9.4	7.5	10.1	7.7
体育	1.5	1.0	1.8	0.5	2.7	0.8
外语	0.0	0.0	0.0	0.0	0.0	0.0
戏剧	1.0	0.3	0.8	0.3	0.7	0.4
新闻/时事	14.7	13.1	14.7	13.1	14.3	12.1
音乐	2.5	0.5	2.4	0.4	2.5	0.5
专题	11.6	6.9	10.3	5.3	11.6	4.6
综艺	8.6	8.3	8.6	8.7	8.6	7.9
其他	14.2	14.8	14.4	16.5	12.8	15.5

表 3.17.7　2014 年江西市场所有节目收视率排名前三十位

名次	节目名称	节目类型	播出频道	平均收视率(%)	平均占有率(%)
1	中央电视台 2014 甲午年春节联欢晚会	综艺	中央电视台综合频道	19.0	56.2
2	因为爱情有奇缘	电视剧	湖南卫视	7.3	19.6
3	新闻联播	新闻/时事	中央电视台综合频道	6.7	22.9
4	九丹	电视剧	江西电视台都市频道(二套)	5.9	15.5
5	娘心	电视剧	江西电视台都市频道(二套)	5.8	16.6
6	幸福爱人	电视剧	湖南卫视	5.7	15.4
7	因为爱情有奇迹	电视剧	湖南卫视	5.6	15.3
8	无贼(25~48 集)	电视剧	江西电视台卫星频道(一套)	5.6	12.6
9	疯娘	电视剧	江西电视台都市频道(二套)	5.5	15.7
10	武媚娘传奇(1~17 集)	电视剧	湖南卫视	5.4	15.1
11	袖珍妈妈	电视剧	江西电视台都市频道(二套)	5.4	14.4
12	晚间 800	法制	江西电视台都市频道(二套)	5.4	11.7
13	新闺蜜时代	电视剧	江西电视台卫星频道(一套)	5.3	12.0
14	宫锁连城	电视剧	湖南卫视	5.2	13.9
15	双面枪爷(1~21 集)	电视剧	江西电视台都市频道(二套)	5.1	15.0
16	影子特战队	电视剧	江西电视台都市频道(二套)	5.0	14.6
17	妇道	电视剧	江西电视台都市频道(二套)	5.0	13.6
18	浴火姐妹花	电视剧	江西电视台都市频道(二套)	5.0	12.9
19	闺蜜情敌	电视剧	江西电视台都市频道(二套)	4.9	13.7
20	复仇天使	电视剧	江西电视台都市频道(二套)	4.9	13.6
21	男媒婆	电视剧	江西电视台卫星频道(一套)	4.9	11.1
22	风狼传奇	电视剧	江西电视台都市频道(二套)	4.8	13.2
22	妻子的秘密	电视剧	湖南卫视	4.8	13.2
22	贞娘	电视剧	江西电视台都市频道(二套)	4.8	13.2
25	一见不钟情	电视剧	湖南卫视	4.8	12.8
26	天气预报	生活服务	中央电视台综合频道	4.8	12.5
27	母子连心	电视剧	江西电视台卫星频道(一套)	4.7	10.6
28	错放你的手	电视剧	江西电视台卫星频道(一套)	4.7	10.4
29	加油爱人	电视剧	湖南卫视	4.6	12.8
30	深圳合租记	电视剧	湖南卫视	4.6	12.7

表 3.17.8　2014 年江西市场电视剧收视率排名前十位

名次	节目名称	播出频道	平均收视率（%）	平均占有率（%）
1	因为爱情有奇缘	湖南卫视	7.3	19.6
2	九丹	江西电视台都市频道（二套）	5.9	15.5
3	娘心	江西电视台都市频道（二套）	5.8	16.6
4	幸福爱人	湖南卫视	5.7	15.4
5	因为爱情有奇迹	湖南卫视	5.6	15.3
6	无贼（25～48 集）	江西电视台卫星频道（一套）	5.6	12.6
7	疯娘	江西电视台都市频道（二套）	5.5	15.7
8	武媚娘传奇（1～17 集）	湖南卫视	5.4	15.1
9	袖珍妈妈	江西电视台都市频道（二套）	5.4	14.4
10	新闺蜜时代	江西电视台卫星频道（一套）	5.3	12.0

表 3.17.9　2014 年江西市场新闻节目收视率排名前十位

名次	节目名称	播出频道	平均收视率（%）	平均占有率（%）
1	新闻联播	中央电视台综合频道	6.7	22.9
2	江西新闻联播	江西电视台卫星频道（一套）	3.7	19.8
3	焦点访谈	中央电视台综合频道	3.7	9.0
4	习近平主席在欧洲学院发表重要演讲	中央电视台综合频道	3.3	7.7
5	习近平主席在联合国教科文组织总部发表演讲	中央电视台综合频道	3.1	7.5
6	习近平主席在柏林发表重要演讲	中央电视台综合频道	3.1	7.0
7	习近平在澳大利亚联邦议会发表演讲	中央电视台综合频道	3.1	6.7
8	习近平主席在印度新德里发表重要演讲	中央电视台综合频道	2.8	6.4
9	守望相助，共创中蒙关系发展新时代——习近平在蒙古国家大呼拉尔的演讲	中央电视台综合频道	2.7	6.8
10	李克强总理会见中外记者并回答提问	中央电视台综合频道	2.7	6.1

表 3.17.10　2014 年江西市场专题节目收视率排名前十位

名次	节目名称	播出频道	平均收视率（%）	平均占有率（%）
1	都市情缘	江西电视台都市频道（二套）	3.9	9.5
2	中央电视台特别节目：从雁栖湖到太平洋——习近平主席大洋洲之行综述	中央电视台综合频道	3.0	6.6
3	一场别开生面的座谈会——习近平总书记主持召开文艺工作座谈会侧记	中央电视台综合频道	2.9	7.7
4	中国汉字听写大会 2014（7 月 20 日）	中央电视台综合频道	2.7	6.7
5	中央电视台特别节目：一桥飞架中欧	中央电视台综合频道	2.7	6.1
6	中央电视台特别节目：一带一路千年的时空穿越	中央电视台综合频道	2.6	5.7
7	感动中国 2013 年度人物颁奖盛典	中央电视台综合频道	2.4	5.8
8	中国成语大会 2014（5 月 11 日）	中央电视台综合频道	2.2	5.5
9	中央电视台特别节目：新的中拉时间开始了	中央电视台综合频道	2.2	5.3
10	中国谜语大会（2 月 13 日）	中央电视台综合频道	2.1	5.0

表 3.17.11　2014 年江西市场综艺节目收视率排名前十位

名次	节目名称	播出频道	平均收视率(%)	平均占有率(%)
1	中央电视台2014甲午年春节联欢晚会	中央电视台综合频道	19.0	56.2
2	我是歌手半决赛	湖南卫视	4.4	13.6
3	快乐大本营	湖南卫视	4.2	12.5
4	中央电视台2014甲午年元宵晚会	中央电视台综合频道	4.2	9.7
5	完璺归湘合体庆典	湖南卫视	3.9	8.9
6	第十届中国金鹰电视艺术节、第二十七届中国电视金鹰奖星光大道	湖南卫视	3.7	8.5
7	星光大道(1月31日)	中央电视台综合频道	3.4	14.0
8	天天向上	湖南卫视	3.4	12.1
9	第十届中国金鹰电视艺术节、第二十七届中国电视金鹰奖颁奖晚会	湖南卫视	3.3	11.7
10	苏州月中华情——2014年中央电视台中秋晚会	中央电视台综合频道	3.1	8.0

表 3.17.12　2014 年江西市场体育节目收视率排名前十位

名次	节目名称	播出频道	平均收视率(%)	平均占有率(%)
1	2014第二届夏季青年奥林匹克运动会开幕式	中央电视台综合频道	2.9	7.4
2	2014第二届夏季青年奥林匹克运动会闭幕式	中央电视台综合频道	2.4	5.9
3	2014年南京青奥会跆拳道男子48公斤以下级决赛	中央台五套	1.8	3.9
4	2014年仁川亚运会击剑女子花剑决赛	中央台五套	1.7	3.5
5	2014年仁川亚运会体操男子自由操决赛	中央台五套	1.4	3.3
6	2014年仁川亚运会女子沙滩排球决赛(中国VS泰国)	中央台五套	1.4	3.1
7	2014年青奥会女子七人制橄榄球小组赛	中央台五套	1.2	3.1
8	2014年仁川亚运会男子4×100米自由泳接力颁奖仪式	中央台五套	1.2	2.9
9	2014年南京青奥会女子48公斤级举重决赛	中央台五套	1.2	2.7
10	2014年仁川亚运会男子十项全能400米	中央台五套	1.2	2.6

十八、辽宁收视数据

表 3.18.1 2010～2014 年辽宁市场各类频道的市场占有率（%）

频道类别	年份				
	2010 年	2011 年	2012 年	2013 年	2014 年
中央台频道	32.4	29.3	31.0	33.5	33.9
中国教育台频道	0.5	0.6	0.6	0.6	0.4
辽宁省级频道	29.4	28.9	26.0	23.3	24.1
其他省级卫视频道	27.6	31.3	32.3	31.8	28.6
其他频道	10.2	10.0	10.1	10.8	13.0

表 3.18.2 2014 年辽宁市场各类频道在不同目标观众中的市场占有率（%）

目标观众		中央台频道	中国教育台频道	辽宁省级频道	其他省级卫视频道	其他频道
4 岁及以上所有人		33.9	0.4	24.1	28.6	13.0
城乡	城市	33.4	0.3	22.4	30.5	13.4
	农村	34.5	0.6	25.8	26.7	12.4
性别	男	35.8	0.4	23.6	26.6	13.6
	女	32.2	0.5	24.6	30.5	12.2
年龄	4～14 岁	37.4	0.5	14.4	36.2	11.5
	15～24 岁	30.0	0.5	18.8	38.6	12.1
	25～34 岁	35.6	0.4	16.1	31.8	16.1
	35～44 岁	32.8	0.5	20.8	32.7	13.2
	45～54 岁	31.9	0.5	25.6	30.5	11.5
	55～64 岁	35.0	0.4	27.6	22.2	14.8
	65 岁及以上	35.7	0.4	32.6	20.1	11.2
教育程度	未受过正规教育	37.2	0.4	24.9	23.7	13.8
	小学	35.2	0.5	26.2	25.3	12.8
	初中	33.4	0.4	24.9	28.9	12.4
	高中	32.1	0.3	20.8	32.8	14.0
	大学及以上	35.3	0.4	19.0	31.7	13.6
职业类别	干部/管理人员人员	37.7	0.2	15.4	33.9	12.8
	个体/私营企业人员	32.3	0.5	22.7	28.8	15.7
	初级公务员/雇员	32.1	0.3	20.6	32.1	14.9
	工人	33.1	0.4	22.2	31.5	12.8
	学生	32.4	0.4	14.2	41.7	11.3
	无业	35.5	0.4	25.9	25.7	12.5
	其他	34.0	0.5	28.4	24.6	12.5
个人月收入	0～300 元	33.4	0.5	22.4	31.0	12.7
	301～900 元	36.6	0.5	26.9	24.1	11.9
	901～1700 元	32.5	0.4	25.5	29.3	12.3
	1701～2600 元	33.9	0.4	24.6	27.8	13.3
	2601～3500 元	37.0	0.3	23.6	26.9	12.2
	3501 元及以上	33.8	0.3	18.5	28.7	18.7

表 3.18.3　2014 年辽宁市场各类频道不同时段的市场占有率（%）

时间段	中央台频道	中国教育台频道	辽宁省级频道	其他省级卫视频道	其他频道
02:00～03:00	35.7	1.2	11.4	28.9	22.8
03:00～04:00	36.7	0.5	13.1	25.8	23.9
04:00～05:00	45.2	0.4	13.0	23.4	18.0
05:00～06:00	33.3	0.8	24.9	25.0	16.0
06:00～07:00	30.8	0.2	39.5	16.0	13.5
07:00～08:00	34.2	0.1	39.5	12.4	13.8
08:00～09:00	39.0	0.2	25.7	21.8	13.3
09:00～10:00	35.7	0.2	20.2	31.2	12.7
10:00～11:00	35.9	0.6	15.0	36.4	12.1
11:00～12:00	38.2	0.5	14.1	35.5	11.7
12:00～13:00	34.8	0.5	20.4	31.6	12.7
13:00～14:00	38.5	0.8	9.8	37.8	13.1
14:00～15:00	36.0	0.8	10.3	40.1	12.8
15:00～16:00	36.4	0.7	10.2	40.2	12.5
16:00～17:00	35.8	0.2	13.6	38.3	12.1
17:00～18:00	32.5	0.1	31.8	23.6	12.0
18:00～19:00	38.3	0.1	37.8	9.8	14.0
19:00～20:00	36.5	0.4	32.8	16.9	13.4
20:00～21:00	29.8	0.8	26.8	31.2	11.4
21:00～22:00	27.9	0.5	24.2	36.3	11.1
22:00～23:00	28.5	0.4	15.9	41.8	13.4
23:00～24:00	29.8	0.2	13.5	41.8	14.7
24:00～25:00	35.9	0.2	10.4	35.1	18.4
25:00～26:00	39.2	0.6	9.6	30.1	20.5

表 3.18.4　2014 年辽宁市场收视份额排名前十位的频道

名次	频道名称	收视份额(%)
1	辽宁卫视	9.5
2	辽宁广播电视台都市频道	7.6
3	中央台三套	4.8
4	中央台六套	4.3
5	中央电视台综合频道	3.9
6	中央电视台少儿频道	3.4
6	湖南卫视	3.4
8	中央台八套	3.2
9	中央电视台新闻频道	3.1
10	中央台四套	2.5

表 3.18.5 2014 年辽宁市场各主要频道的观众构成（%）

目标观众		所有频道	主要频道				
			辽宁卫视	辽宁广播电视台都市频道	中央台三套	中央台六套	中央电视台综合频道
4 岁及以上所有人		100.0	100.0	100.0	100.0	100.0	100.0
城乡	城市	50.0	36.6	51.1	45.7	38.6	56.2
	农村	50.0	63.4	48.9	54.3	61.4	43.8
性别	男	49.0	48.0	45.7	47.0	57.7	43.0
	女	51.0	52.0	54.3	53.0	42.3	57.0
年龄组	4～14 岁	7.6	5.2	3.7	4.0	6.7	8.7
	15～24 岁	6.3	4.9	4.6	5.4	6.9	5.7
	25～34 岁	10.4	6.2	6.8	8.7	15.0	11.3
	35～44 岁	15.4	11.1	14.6	10.1	26.2	14.6
	45～54 岁	24.6	20.7	29.6	27.8	23.4	17.1
	55～64 岁	19.0	20.4	22.2	23.3	13.7	21.6
	65 岁及以上	16.6	31.4	18.6	20.7	8.2	20.9
教育程度	未受过正规教育	5.0	9.6	1.7	3.1	2.4	7.6
	小学	24.5	28.1	27.1	28.4	24.9	23.7
	初中	46.6	44.9	50.2	49.3	47.0	41.6
	高中	16.9	12.5	15.5	13.5	19.7	18.6
	大学及以上	6.9	4.9	5.5	5.6	6.0	8.5
职业类别	干部/管理人员	0.8	0.4	0.8	0.4	1.0	0.7
	个体/私营企业人员	8.4	7.0	8.5	7.7	7.2	8.6
	初级公务员/雇员	6.5	5.4	5.4	4.8	7.5	7.0
	工人	22.3	15.9	22.7	20.9	28.4	17.3
	学生	6.9	3.7	4.2	4.3	7.7	5.6
	无业	32.3	36.3	34.8	34.1	20.4	41.1
	其他	22.7	31.3	23.6	27.8	27.7	19.7
个人月收入	0～300 元	27.2	33.2	21.0	24.3	23.5	30.8
	301～900 元	11.3	13.4	12.3	13.6	12.3	12.7
	901～1700 元	27.5	24.0	33.6	26.9	29.6	25.1
	1701～2600 元	20.8	18.9	21.1	21.9	20.5	18.1
	2601～3500 元	8.3	7.6	8.3	9.6	8.7	9.2
	3501 元及以上	4.8	2.9	3.6	3.7	5.4	4.1

表 3.18.6 2012～2014 年辽宁市场各类节目的播出份额（%）和收视份额（%）

节目类别	2012 年		2013 年		2014 年	
	播出份额	收视份额	播出份额	收视份额	播出份额	收视份额
财经	2.2	0.7	2.0	0.5	1.8	0.4
电视剧	20.3	32.6	21.3	29.9	20.3	30.8
电影	4.3	5.2	4.7	4.6	4.4	5.1
法制	0.9	1.6	1.2	1.5	1.2	1.2
教学	0.3	0.1	0.3	0.0	0.3	0.0
青少	7.1	5.2	6.6	6.8	7.1	5.1
生活服务	10.0	8.0	10.3	8.0	11.3	8.0
体育	2.5	3.4	2.8	2.8	3.6	3.0
外语	0.0	0.0	0.0	0.0	0.0	0.0
戏剧	1.0	0.2	0.8	0.2	0.7	0.2
新闻/时事	14.2	12.7	14.1	12.9	14.1	14.3
音乐	2.6	0.9	2.4	0.8	2.5	0.9
专题	12.2	6.8	11.2	6.6	11.9	5.8
综艺	9.2	12.2	8.8	13.8	8.9	13.8
其他	13.2	10.7	13.6	11.7	12.1	11.2

表 3.18.7　2014 年辽宁市场所有节目收视率排名前三十位

名次	节目名称	节目类别	播出频道	平均收视率（%）	平均占有率（%）
1	2014 辽宁卫视春节联欢晚会	综艺	辽宁卫视	23.8	54.2
2	乡村爱情圆舞曲	电视剧	辽宁卫视	12.0	27.6
3	老兵	电视剧	辽宁卫视	10.6	25.8
4	中央电视台 2014 甲午年春节联欢晚会	综艺	辽宁卫视	10.0	18.1
5	男人四十要出嫁	电视剧	辽宁卫视	9.2	24.1
6	2014 年仁川亚运会男子 1500 米自由泳决赛	体育	中央台五套	7.3	20.6
7	粘豆包	电视剧	辽宁卫视	6.9	19.1
8	2014 年仁川亚运会男子 3000 米障碍决赛	体育	中央台五套	6.5	15.1
9	黄金背后	电视剧	辽宁卫视	6.1	16.5
10	中央电视台 2014 甲午年元宵晚会	综艺	中央电视台综合频道	6.1	13.2
11	满仓进城	电视剧	辽宁卫视	5.8	14.2
12	男媒婆	电视剧	辽宁卫视	5.7	13.4
13	星光大道(11 月 16 日)	综艺	中央台三套	5.7	13.3
14	新北方	新闻/时事	辽宁广播电视台都市频道	5.6	18.9
15	喜到福到好运到	综艺	中央台三套	5.6	14.0
16	豆腐西施杨七巧	电视剧	辽宁卫视	5.5	15.9
17	春晚新笑林	综艺	辽宁卫视	5.5	11.6
18	黎明前的抉择	电视剧	辽宁卫视	5.3	15.0
19	女人进城	电视剧	辽宁卫视	5.3	12.6
20	马上迎喜又一年 2014 百姓春晚倒计时	综艺	辽宁广播电视台都市频道	5.1	14.5
21	勇士之城	电视剧	辽宁卫视	4.9	14.9
22	神枪之倒刺	电视剧	辽宁卫视	4.8	14.3
23	中国好歌曲(1 月 6 日)	综艺	中央台三套	4.8	11.9
24	2014 年仁川亚运会女排决赛(中国 VS 韩国)	体育	中央台五套	4.6	11.9
25	都市红绿灯	生活服务	辽宁广播电视台都市频道	4.5	14.5
26	花火花红	电视剧	辽宁卫视	4.5	11.7
27	2014 辽宁卫视百姓欢乐大春晚	综艺	辽宁卫视	4.3	12.0
28	好命先生	电影	中央台六套	4.3	10.6
29	新闻正前方	新闻/时事	辽宁广播电视台都市频道	4.2	19.7
30	巴马 127 山泉水健康开讲啦	生活服务	辽宁卫视	4.2	11.7

表 3.18.8　2014 年辽宁市场电视剧收视率排名前十位

名次	节目名称	播出频道	平均收视率（%）	平均占有率（%）
1	乡村爱情圆舞曲	辽宁卫视	12.0	27.6
2	老兵	辽宁卫视	10.6	25.8
3	男人四十要出嫁	辽宁卫视	9.2	24.1
4	粘豆包	辽宁卫视	6.9	19.1
5	黄金背后	辽宁卫视	6.1	16.5
6	满仓进城	辽宁卫视	5.8	14.2
7	男媒婆	辽宁卫视	5.7	13.4
8	豆腐西施杨七巧	辽宁卫视	5.5	15.9
9	黎明前的抉择	辽宁卫视	5.3	15.0
10	女人进城	辽宁卫视	5.3	12.6

表 3.18.9　2014 年辽宁市场新闻节目收视率排名前十位

名次	节目名称	播出频道	平均收视率（%）	平均占有率（%）
1	新北方	辽宁广播电视台都市频道	5.6	18.9
2	新闻正前方	辽宁广播电视台都市频道	4.2	19.7
3	转播中央台新闻联播	辽宁卫视	3.3	9.7
4	两会新观察	辽宁卫视	3.0	8.4
5	辽宁新闻	辽宁卫视	2.7	8.9
6	新北方汇天下	辽宁广播电视台都市频道	2.6	9.4
7	2014 一年又一年	中央电视台综合频道	2.3	6.4
8	关注马航失联客机特别报道	中央台四套	2.2	7.4
9	新闻直播间	中央电视台新闻频道	2.1	8.8
10	评辨天下	辽宁卫视	1.7	6.2

表 3.18.10　2014 年辽宁市场专题节目收视率排名前十位

名次	节目名称	播出频道	平均收视率（%）	平均占有率（%）
1	甲午战争在辽宁	辽宁广播电视台都市频道	2.6	8.0
2	天辽地宁——辽宁省名诞生 85 周年沿革记	辽宁广播电视台都市频道	2.1	6.2
3	老梁观世界	辽宁卫视	2.0	7.5
4	中国好人	辽宁卫视	1.7	6.5
5	中国汉字听写大会 2014(7 月 27 日)	中央电视台综合频道	1.7	4.7
6	中国谜语大会(2 月 11 日)	中央电视台综合频道	1.7	3.9
7	档案	辽宁广播电视台都市频道	1.6	5.5
8	中国成语大会 2014(6 月 15 日)	中央电视台综合频道	1.6	4.9
9	舌尖上的中国第二季	中央电视台综合频道	1.5	4.6
10	讲武堂传奇——东北讲武堂辉煌三十年	辽宁广播电视台都市频道	1.3	3.6

表 3.18.11　2014 年辽宁市场综艺节目收视率排名前十位

名次	节目名称	播出频道	平均收视率(%)	平均占有率(%)
1	2014 辽宁卫视春节联欢晚会	辽宁卫视	23.8	54.2
2	中央电视台 2014 甲午年春节联欢晚会	辽宁卫视	10.0	18.1
3	星光大道(11 月 16 日)	中央台三套	5.7	13.3
4	喜到福到好运到	中央台三套	5.6	14.0
5	春晚新笑林	辽宁卫视	5.5	11.6
6	马上迎喜又一年 2014 百姓春晚倒计时	辽宁广播电视台都市频道	5.1	14.5
7	中国好歌曲(1 月 6 日)	中央台三套	4.8	11.9
8	中央电视台 2014 甲午年元宵晚会	中央电视台综合频道	4.6	11.9
9	2014 辽宁卫视百姓欢乐大春晚	辽宁卫视	4.3	12.0
10	中国好声音(8 月 22 日)	浙江卫视	4.1	16.7

表 3.18.12　2014 年辽宁市场体育节目收视率排名前十位

名次	节目名称	播出频道	平均收视率(%)	平均占有率(%)
1	2014 年仁川亚运会男子 1500 米自由泳决赛	中央台五套	7.3	20.6
2	2014 年仁川亚运会男子 3000 米障碍决赛	中央台五套	6.5	15.1
3	2014 年仁川亚运会女排决赛(中国 VS 韩国)	中央台五套	4.6	11.9
4	2014 年索契冬奥会短道速滑男子 1000 米决赛	中央台五套	4.2	8.9
5	我爱世界杯:2014 年巴西世界杯半决赛(荷兰 VS 阿根廷)	中央台五套	3.8	44.7
6	直播周末:2014 年澳大利亚网球公开赛女单决赛	中央台五套	3.3	10.8
7	2014 年仁川亚运会举重男子 56 公斤级 A 组挺举	中央台五套	3.1	7.4
8	2014 年仁川亚运会跆拳道男子 68 公斤级决赛	中央台五套	3.0	9.6
9	2014 年仁川亚运会女子沙滩排球决赛(中国 VS 泰国)	中央台五套	2.9	7.5
10	直播周末:2014/2015 赛季中国男子篮球职业联赛常规赛第 16 轮(吉林九台农商银行 VS 辽宁药都本溪)	中央台五套	2.8	7.2

十九、内蒙古收视数据

表 3.19.1　2010～2014 年内蒙古市场各类频道的市场占有率（%）

频道类别	年份				
	2010 年	2011 年	2012 年	2013 年	2014 年
中央台频道	43.5	41.2	40.3	42.1	46.0
中国教育台频道	0.4	0.9	1.0	0.8	0.4
内蒙古自治区级频道	6.1	4.8	4.3	4.1	4.9
其他省级卫视频道	43.1	47.3	50.7	50.0	46.3
其他频道	6.9	5.8	3.7	3.0	2.4

表 3.19.2　2014 年内蒙古市场各类频道在不同目标观众中的市场占有率（%）

目标观众		中央台频道	中国教育台频道	内蒙古自治区级频道	其他省级卫视频道	其他频道
4 岁及以上所有人		46.0	0.4	4.9	46.3	2.4
城乡	城市	49.7	0.3	6.3	39.8	3.9
	农村	43.8	0.5	4.0	50.2	1.5
性别	男	48.3	0.4	5.0	43.6	2.7
	女	43.9	0.4	4.8	48.8	2.1
年龄	4～14 岁	48.8	0.5	1.7	47.3	1.7
	15～24 岁	39.4	0.7	2.5	55.4	2.0
	25～34 岁	41.1	0.5	2.4	53.9	2.1
	35～44 岁	46.1	0.5	3.5	47.8	2.1
	45～54 岁	46.6	0.3	6.7	44.0	2.4
	55～64 岁	49.3	0.4	6.7	41.2	2.4
	65 岁及以上	48.9	0.2	7.9	39.2	3.8
教育程度	未受过正规教育	47.2	0.3	4.0	46.3	2.2
	小学	45.6	0.6	4.0	48.0	1.8
	初中	43.7	0.5	4.9	48.4	2.5
	高中	46.8	0.1	5.9	44.6	2.6
	大学及以上	53.9	0.2	5.1	37.6	3.2
职业类别	干部/管理人员	60.6	0.1	5.6	31.1	2.6
	个体/私营企业	44.0	0.4	4.3	49.3	2.0
	初级公务员/雇员	52.1	0.2	4.3	40.4	3.0
	工人	46.5	0.3	7.7	42.5	3.0
	学生	43.7	0.8	2.2	51.3	2.0
	无业	49.1	0.2	5.1	42.4	3.2
	其他	38.9	0.7	5.7	53.6	1.1
个人月收入	0～300 元	42.5	0.6	4.0	51.1	1.8
	301～900 元	39.1	0.4	4.9	53.7	1.9
	901～1700 元	47.5	0.4	5.9	44.3	1.9
	1701～2600 元	49.0	0.3	5.2	42.2	3.3
	2601～3500 元	49.1	0.2	6.4	40.8	3.5
	3501 元及以上	51.8	0.2	4.6	40.5	2.9

表 3.19.3 2014 年内蒙古市场各类频道在不同时段的市场占有率(%)

时间段	中央台频道	中国教育台频道	内蒙古自治区级频道	其他省级卫视频道	其他频道
02:00~03:00	56.8	2.2	1.0	33.8	6.2
03:00~04:00	70.5	0.8	1.5	25.5	1.7
04:00~05:00	74.4	0.2	2.0	22.4	1.0
05:00~06:00	60.8	0.6	2.0	35.2	1.4
06:00~07:00	61.1	0.1	1.8	35.7	1.3
07:00~08:00	68.6	0.1	2.2	27.7	1.4
08:00~09:00	61.5	0.1	2.3	33.7	2.4
09:00~10:00	49.5	0.2	2.6	44.8	2.9
10:00~11:00	47.8	0.3	2.6	46.7	2.6
11:00~12:00	51.6	0.2	2.2	44.1	1.9
12:00~13:00	62.3	0.3	1.2	35.0	1.2
13:00~14:00	61.7	0.7	0.9	35.2	1.5
14:00~15:00	45.7	1.0	1.7	49.7	1.9
15:00~16:00	42.3	0.7	2.1	52.9	2.0
16:00~17:00	42.7	0.3	2.0	52.4	2.6
17:00~18:00	50.6	0.1	3.1	43.3	2.9
18:00~19:00	57.2	0.1	20.8	17.1	4.8
19:00~20:00	55.8	0.4	7.8	33.7	2.3
20:00~21:00	33.2	0.7	3.5	61.0	1.6
21:00~22:00	32.4	0.5	3.2	62.2	1.7
22:00~23:00	34.3	0.3	3.3	58.0	4.1
23:00~24:00	35.5	0.3	3.7	52.9	7.6
24:00~25:00	46.8	0.5	2.4	37.6	12.7
25:00~26:00	59.1	2.6	0.8	26.3	11.2

表 3.19.4 2014 年内蒙古市场收视份额排名前十位的频道

名次	频道名称	收视份额(%)
1	中央电视台综合频道	15.5
2	湖南卫视	5.2
3	辽宁卫视	4.5
3	中央台八套	4.5
5	中央台三套	3.8
6	中央台十二套	3.7
7	江苏卫视	3.5
7	中央台六套	3.5
9	中央电视台少儿频道	3.4
10	中央电视台新闻频道	3.2

表 3.19.5 2014 年内蒙古市场各主要频道的观众构成（%）

目标观众		所有频道	主要频道				
			中央电视台综合频道	湖南卫视	辽宁卫视	中央台八套	中央台三套
4 岁及以上所有人		100.0	100.0	100.0	100.0	100.0	100.0
城乡	城市	37.8	45.9	32.3	24.6	40.5	45.1
	农村	62.2	54.1	67.7	75.4	59.5	54.9
性别	男	48.8	49.7	37.5	47.8	43.5	45.9
	女	51.2	50.3	62.5	52.2	56.5	54.1
年龄	4~14 岁	8.2	6.1	14.5	4.8	6.2	3.8
	15~24 岁	9.5	7.2	24.1	9.1	6.6	8.0
	25~34 岁	12.9	10.1	19.6	12.4	7.8	9.9
	35~44 岁	19.1	19.4	23.6	19.3	24.3	17.1
	45~54 岁	20.6	21.0	11.7	21.1	24.2	27.2
	55~64 岁	15.8	18.9	3.9	16.7	19.1	18.4
	65 岁及以上	13.9	17.3	2.6	16.6	11.8	15.6
教育程度	未受过正规教育	5.7	4.9	4.7	4.5	6.2	3.0
	小学	22.8	21.9	24.0	25.9	18.3	19.4
	初中	39.3	35.8	44.5	42.8	42.1	39.4
	高中	22.6	23.2	18.2	22.3	23.3	27.7
	大学及以上	9.6	14.2	8.6	4.5	10.1	10.5
职业类别	干部/管理人员	2.4	3.6	0.8	0.9	5.1	2.7
	个体/私营企业	19.8	18.9	19.9	20.7	17.9	18.9
	初级公务员/雇员	7.7	9.0	9.0	4.6	9.8	10.5
	工人	6.8	5.9	6.5	7.0	7.9	9.4
	学生	9.3	7.4	22.7	5.4	5.1	5.0
	无业	35.6	40.1	28.7	29.3	41.1	41.4
	其他	18.4	15.1	12.4	32.1	13.1	12.1
个人月收入	0~300 元	37.8	33.8	55.0	37.7	32.3	25.8
	301~900 元	6.5	3.8	3.9	11.7	7.2	5.2
	901~1700 元	13.0	12.7	8.7	15.3	13.8	16.9
	1701~2600 元	19.9	23.9	13.4	17.3	22.5	25.2
	2601~3500 元	11.9	13.3	9.3	9.4	12.7	15.2
	3501 元及以上	10.9	12.5	9.7	8.6	11.5	11.7

表 3.19.6 2012 年~2014 年内蒙古市场各类节目的播出份额（%）和收视份额（%）

节目类别	2012 年		2013 年		2014 年	
	播出份额	收视份额	播出份额	收视份额	播出份额	收视份额
财经	2.4	0.5	2.2	0.4	1.8	0.3
电视剧	20.3	36.8	21.1	35.5	20.9	36.7
电影	3.7	1.9	4.2	2.3	3.9	2.9
法制	0.7	1.7	0.8	1.8	0.9	1.7
教学	0.4	0.0	0.3	0.0	0.4	0.1
青少	7.8	3.7	7.2	4.3	7.7	3.9
生活服务	8.4	8.2	8.9	7.8	9.5	8.2
体育	1.6	1.5	2.0	0.9	2.9	1.1
外语	0.0	0.0	0.0	0.0	0.1	0.0
戏剧	1.1	0.6	0.8	0.4	0.8	0.4
新闻/时事	15.3	12.5	15.3	12.7	14.7	13.1
音乐	2.7	0.7	2.6	0.7	2.6	0.4
专题	12.5	5.4	11.3	4.2	12.3	4.1
综艺	8.8	10.3	8.9	12.3	9.0	11.3
其他	14.3	16.2	14.4	16.7	12.5	15.8

表 3.19.7　2014 年内蒙古市场所有节目收视排名前三十位

名次	节目名称	节目类别	播出频道	平均收视率(%)	平均占有率(%)
1	中央电视台 2014 甲午年春节联欢晚会	综艺	中央电视台综合频道	35.3	75.2
2	新闻联播	新闻/时事	中央电视台综合频道	13.3	41.1
3	天气预报	生活服务	中央电视台综合频道	10.3	24.9
4	星光大道(1 月 31 日)	综艺	中央电视台综合频道	9.4	30.8
5	中央电视台 2014 甲午年元宵晚会	综艺	中央电视台综合频道	9.0	24.7
6	焦点访谈	新闻/时事	中央电视台综合频道	7.8	18.2
7	中国成语大会 2014(5 月 25 日)	专题	中央电视台综合频道	7.5	15.9
8	父母爱情	电视剧	中央电视台综合频道	7.4	15.9
9	湄公河大案	电视剧	中央电视台综合频道	6.6	16.0
10	我在北京挺好的	电视剧	中央电视台综合频道	6.4	16.2
11	中国汉字听写大会 2014(7 月 27 日)	专题	中央电视台综合频道	6.1	15.2
12	大河儿女	电视剧	中央电视台综合频道	5.6	13.5
13	乡村爱情圆舞曲	电视剧	辽宁卫视	5.3	11.2
14	男人四十要出嫁	电视剧	辽宁卫视	5.2	12.0
15	因为爱情有奇缘	电视剧	湖南卫视	5.1	12.3
16	历史转折中的邓小平	电视剧	中央电视台综合频道	5.1	12.2
17	铁血红安	电视剧	中央电视台综合频道	5.1	11.8
18	马向阳下乡记	电视剧	中央电视台综合频道	5.0	12.1
19	2014 一年又一年	新闻/时事	中央电视台综合频道	4.7	25.2
20	老兵	电视剧	辽宁卫视	4.6	10.3
21	原乡	电视剧	中央电视台综合频道	4.5	10.8
22	清网行动	电视剧	中央电视台综合频道	4.5	10.5
23	粘豆包	电视剧	辽宁卫视	4.4	10.5
24	毛泽东	电视剧	中央电视台综合频道	4.4	9.5
25	锋刃	电视剧	中央电视台综合频道	4.3	9.3
25	中国谜语大会(2 月 13 日)	专题	中央电视台综合频道	4.3	9.3
27	武媚娘传奇	电视剧	湖南卫视	4.2	9.5
28	开国元勋朱德	电视剧	中央电视台综合频道	4.0	9.6
29	非诚勿扰	综艺	江苏卫视	3.8	15.0
30	快乐大本营	综艺	湖南卫视	3.7	9.8

表 3.19.8 2014 年内蒙古市场电视剧收视率排名前十位

名次	节目名称	播出频道	平均收视率（%）	平均占有率（%）
1	父母爱情	中央电视台综合频道	7.4	15.9
2	湄公河大案	中央电视台综合频道	6.6	16.0
3	我在北京挺好的	中央电视台综合频道	6.4	16.2
4	大河儿女	中央电视台综合频道	5.6	13.5
5	乡村爱情圆舞曲	辽宁卫视	5.3	11.2
6	男人四十要出嫁	辽宁卫视	5.2	12.0
7	因为爱情有奇缘	湖南卫视	5.1	12.3
8	历史转折中的邓小平	中央电视台综合频道	5.1	12.2
9	铁血红安	中央电视台综合频道	5.1	11.8
10	马向阳下乡记	中央电视台综合频道	5.0	12.1

表 3.19.9 2014 年内蒙古市场新闻节目收视率排名前十位

名次	节目名称	播出频道	平均收视率（%）	平均占有率（%）
1	新闻联播	中央电视台综合频道	13.3	41.1
2	焦点访谈	中央电视台综合频道	7.8	18.2
3	2014 一年又一年	中央电视台综合频道	4.7	25.2
4	内蒙古新闻联播	内蒙古卫视	3.1	15.4
5	新闻天天看	内蒙古电视台新闻综合频道	1.7	6.1
6	转播中央台新闻联播	内蒙古卫视	1.5	4.6
7	晚间新闻	中央电视台综合频道	1.1	6.9
8	新闻联播	中央电视台新闻频道	1.1	3.1
9	特别关注	中央电视台新闻频道	1.0	6.3
10	焦点访谈	中央电视台新闻频道	1.0	2.3

表 3.19.10 2014 年内蒙古市场专题节目收视率排名前十位

名次	节目名称	播出频道	平均收视率（%）	平均占有率（%）
1	中国成语大会 2014(5 月 25 日)	中央电视台综合频道	7.5	15.9
2	中国汉字听写大会 2014(7 月 27 日)	中央电视台综合频道	6.1	15.2
3	中国谜语大会(2 月 13 日)	中央电视台综合频道	4.3	9.3
4	开讲啦开讲大时代	中央电视台综合频道	3.2	8.8
5	百年潮中国梦	中央电视台综合频道	2.8	11.5
6	1937 南京记忆(12 月 13 日)	江苏卫视	1.9	6.8
7	时代楷模	内蒙古卫视	1.8	9.6
8	老梁观世界	辽宁卫视	1.8	5.3
9	壮士出川——川军抗日揭秘	四川卫视	1.4	3.7
10	道德观察八一建军节特别节目非常使命	中央台十二套	1.3	3.9

表 3.19.11　2014 年内蒙古市场综艺节目收视率排名前十位

名次	节目名称	播出频道	平均收视率(%)	平均占有率(%)
1	中央电视台 2014 甲午年春节联欢晚会	中央电视台综合频道	35.3	75.2
2	星光大道(1 月 31 日)	中央电视台综合频道	9.4	30.8
3	中央电视台 2014 甲午年元宵晚会	中央电视台综合频道	9.0	24.7
4	非诚勿扰	江苏卫视	3.8	15.0
5	快乐大本营	湖南卫视	3.7	9.8
6	梦想星搭档	中央电视台综合频道	3.7	8.9
7	我是歌手突围赛(3 月 21 日)	湖南电视台卫星频道	3.6	9.5
8	出彩中国人	中央电视台综合频道	3.3	10.2
9	2014 春节联欢晚会	湖南卫视	3.2	9.9
10	2014 辽宁卫视春节联欢晚会	辽宁卫视	3.1	9.6

表 3.19.12　2014 年内蒙古市场体育节目收视率排名前十位

名次	节目名称	播出频道	平均收视率(%)	平均占有率(%)
1	2014 年仁川亚运会女子撑竿跳决赛	中央台五套	1.9	12.7
2	2014 年仁川亚运会体操女子高低杠决赛	中央台五套	1.6	5.1
3	2014 年仁川亚运会乒乓球女子双打决赛	中央台五套	1.4	9.8
4	CCTV1 亚运演播室	中央电视台综合频道	1.3	18.0
5	我爱世界杯:2014 年巴西世界杯 1/4 决赛(德国 VS 法国)	中央台五套	1.2	70.9
6	直播周末:2014/2015 赛季 NBA 常规赛	中央台五套	1.2	11.7
7	2014 年仁川亚运会羽毛球男团决赛	中央台五套	1.1	3.1
8	2014 年索契冬奥会短道速滑女子 1500 米决赛	中央台五套	1.0	2.1
9	黄金赛场:2013/2014 赛季中国男子篮球职业联赛总决赛第四场	中央台五套	0.9	2.2
10	直播周末:2014 年澳大利亚网球公开赛女单决赛	中央台五套	0.8	6.5

二十、宁夏收视数据

表 3.20.1　2010～2014 年宁夏市场各类频道的市场占有率（%）

频道类别	年份				
	2010 年	2011 年	2012 年	2013 年	2014 年
中央台频道	48.2	44.0	47.5	50.7	52.6
中国教育台频道	0.6	1.2	1.3	1.3	0.6
宁夏回族自治区级频道	6.5	5.2	3.4	2.5	2.7
其他省级卫视频道	37.3	44.2	42.9	42.5	40.7
其他频道	7.4	5.4	4.8	3.1	3.3

表 3.20.2　2014 年宁夏市场各类频道在不同目标观众中的市场占有率（%）

目标观众		中央台频道	中国教育台频道	宁夏回族自治区级频道	其他省级卫视频道	其他频道
4 岁及以上所有人		52.6	0.6	2.7	40.7	3.3
城乡	城市	51.9	0.4	3.4	39.9	4.3
	农村	53.5	0.9	1.9	41.6	2.2
性别	男	54.8	0.6	2.9	38.4	3.3
	女	50.6	0.6	2.6	42.9	3.3
年龄	4～14 岁	55.8	0.5	1.7	39.7	2.2
	15～24 岁	42.4	0.7	1.9	52.1	3.0
	25～34 岁	51.3	0.6	2.6	42.1	3.5
	35～44 岁	49.9	0.6	2.6	42.8	4.2
	45～54 岁	54.9	0.8	2.8	37.7	3.7
	55～64 岁	58.4	0.6	3.3	35.1	2.6
	65 岁及以上	59.5	0.5	5.0	31.1	4.0
教育程度	未受过正规教育	59.2	0.5	1.8	36.4	2.1
	小学	52.0	0.9	2.2	43.0	1.8
	初中	49.5	0.6	2.5	44.0	3.3
	高中	53.9	0.5	3.6	37.2	4.7
	大学及以上	58.3	0.2	4.0	31.6	5.9
职业类别	干部/管理人员	58.4	0.0	4.7	29.8	7.1
	个体/私营企业人员	47.7	0.7	3.1	44.1	4.4
	初级公务员/雇员	57.6	0.4	3.5	34.0	4.6
	工人	51.4	0.5	2.3	41.4	4.5
	学生	50.2	0.6	1.9	44.6	2.7
	无业	56.1	0.3	3.9	35.6	4.1
	其他	51.3	1.1	1.6	44.9	1.1
个人月收入	0～300 元	52.0	0.7	2.1	42.5	2.7
	301～900 元	50.4	0.8	1.9	45.6	1.3
	901～1700 元	50.0	0.8	2.6	44.1	2.5
	1701～2600 元	55.2	0.4	3.6	36.3	4.5
	2601～3500 元	56.0	0.5	3.6	35.3	4.7
	3501 元及以上	51.0	0.6	2.7	41.8	3.9

表 3.20.3 2014 年宁夏市场各类频道在不同时段的市场占有率（%）

时间段	中央台频道	中国教育台频道	宁夏回族自治区级频道	其他省级卫视频道	其他频道
02:00～03:00	53.4	0.5	2.3	40.5	3.2
03:00～04:00	57.5	0.7	0.6	36.3	5.0
04:00～05:00	57.0	0.4	0.8	38.5	3.3
05:00～06:00	66.7	0.2	1.0	30.5	1.6
06:00～07:00	83.7	0.2	0.7	14.3	1.2
07:00～08:00	80.9	0.2	1.2	15.7	1.9
08:00～09:00	63.3	0.2	2.7	30.6	3.1
09:00～10:00	57.1	0.3	2.6	37.1	3.0
10:00～11:00	55.9	0.4	2.6	37.8	3.4
11:00～12:00	57.7	0.3	2.3	35.3	4.3
12:00～13:00	67.7	0.3	1.4	27.6	3.0
13:00～14:00	57.2	0.4	1.3	37.5	3.5
14:00～15:00	45.8	0.5	2.1	48.2	3.4
15:00～16:00	44.6	0.4	2.6	49.0	3.3
16:00～17:00	49.3	0.3	2.5	44.7	3.2
17:00～18:00	66.1	0.2	2.2	28.9	2.6
18:00～19:00	76.8	0.2	5.3	13.3	4.4
19:00～20:00	68.5	0.5	2.1	26.9	1.9
20:00～21:00	38.8	1.1	2.4	55.0	2.6
21:00～22:00	36.8	1.0	2.5	56.5	3.3
22:00～23:00	38.1	0.5	5.2	48.6	7.6
23:00～24:00	39.0	0.2	7.0	45.7	8.1
24:00～25:00	51.4	0.1	4.5	36.2	7.7
25:00～26:00	59.8	0.1	4.5	27.6	8.0

表 3.20.4 2014 年宁夏市场收视份额排名前十位的频道

名次	频道名称	收视份额(%)
1	中央电视台综合频道	17.5
2	湖南卫视	7.0
3	中央电视台少儿频道	6.9
4	中央台八套	6.4
5	中央台六套	5.1
6	中央台十二套	3.5
7	中央台三套	3.1
8	山东卫视	3.0
9	中央电视台新闻频道	2.7
10	江苏卫视	2.3

表 3.20.5　2014 年宁夏市场各主要频道的观众构成（%）

目标观众		所有频道	主要频道				
			中央电视台综合频道	湖南卫视	中央电视台少儿频道	中央台八套	中央台六套
4 岁及以上所有人		100.0	100.0	100.0	100.0	100.0	100.0
城乡	城市	53.8	52.2	64.7	45.6	49.6	49.9
	农村	46.2	47.8	35.3	54.4	50.4	50.1
性别	男	48.7	51.1	38.0	48.7	43.7	53.9
	女	51.3	48.9	62.0	51.3	56.3	46.1
年龄	4 ~ 14 岁	13.9	9.2	16.8	51.3	10.5	13.0
	15 ~ 24 岁	14.3	11.3	27.8	7.7	11.6	17.6
	25 ~ 34 岁	15.5	13.4	15.6	17.4	14.3	20.4
	35 ~ 44 岁	19.1	17.9	22.5	8.3	23.0	23.5
	45 ~ 54 岁	14.5	17.7	9.2	4.6	16.5	12.8
	55 ~ 64 岁	13.2	16.8	3.5	5.9	14.3	7.5
	65 岁及以上	9.5	13.8	4.6	4.8	9.7	5.2
教育程度	未受过正规教育	9.1	9.2	6.5	24.3	7.5	7.6
	小学	24.5	21.3	22.5	40.2	24.4	21.5
	初中	39.1	35.6	46.6	24.2	42.2	46.3
	高中	17.6	21.1	16.4	7.0	17.3	15.0
	大学及以上	9.7	12.8	8.0	4.2	8.7	9.7
职业类别	干部/管理人员	1.3	1.9	0.9	0.3	1.0	1.2
	个体/私营企业人员	10.3	10.4	13.0	4.6	7.6	11.1
	初级公务员/雇员	8.7	10.5	6.7	3.2	10.1	10.4
	工人	14.3	13.9	17.3	8.3	15.2	16.0
	学生	16.3	12.1	27.7	36.9	13.3	16.7
	无业	26.2	28.7	17.2	32.1	24.7	16.7
	其他	23.0	22.6	17.2	14.7	28.1	28.0
个人月收入	0 ~ 300 元	36.6	32.1	46.5	68.8	32.5	35.0
	301 ~ 900 元	6.8	6.6	4.7	4.9	8.1	7.5
	901 ~ 1700 元	14.3	13.5	14.1	7.4	16.3	13.0
	1701 ~ 2600 元	20.5	23.9	15.0	8.8	20.5	19.7
	2601 ~ 3500 元	13.2	15.9	9.6	5.6	14.4	13.1
	3501 元及以上	8.7	8.0	10.1	4.5	8.1	11.6

表 3.20.6　2012 ~ 2014 年宁夏市场各类节目的播出份额（%）和收视份额（%）

节目类别	2012 年		2013 年		2014 年	
	播出份额	收视份额	播出份额	收视份额	播出份额	收视份额
财经	2.5	0.6	2.2	0.4	1.8	0.3
电视剧	20.7	36.0	21.4	35.0	20.9	35.6
电影	4.1	3.6	4.4	3.7	4.8	4.6
法制	0.9	1.1	0.9	1.4	1.1	1.4
教学	0.4	0.0	0.3	0.0	0.3	0.0
青少	7.5	5.1	6.7	6.0	7.5	5.6
生活服务	8.5	8.6	8.8	7.7	9.4	8.3
体育	1.7	1.6	2.0	0.9	2.9	1.0
外语	0.0	0.0	0.0	0.0	0.0	0.0
戏剧	1.2	0.4	0.8	0.3	0.8	0.4
新闻/时事	15.4	12.3	15.1	12.2	14.4	11.7
音乐	2.9	0.7	2.6	0.7	2.6	0.7
专题片	11.1	5.0	11.1	4.4	11.9	4.4
综艺	9.1	8.9	9.1	10.5	8.7	10.0
其他	14.2	16.2	14.5	16.8	12.8	16.0

表 3.20.7　2014 年宁夏市场所有节目收视率排名前三十位

名次	节目名称	节目类别	播出频道	平均收视率（%）	平均占有率（%）
1	中央电视台 2014 甲午年春节联欢晚会	综艺	中央电视台综合频道	38.9	83.7
2	新闻联播	新闻/时事	中央电视台综合频道	18.5	52.8
3	天气预报	生活服务	中央电视台综合频道	14.7	34.5
4	一场别开生面的座谈会——习近平总书记主持召开文艺工作座谈会侧记	专题	中央电视台综合频道	11.4	26.4
5	焦点访谈	新闻/时事	中央电视台综合频道	10.5	23.4
6	习近平主席在柏林发表重要演讲	新闻/时事	中央电视台综合频道	9.7	19.8
7	习近平主席在联合国教科文组织总部发表演讲	新闻/时事	中央电视台综合频道	9.3	19.8
8	星光大道(1 月 31 日)	综艺	中央电视台综合频道	9.1	27.1
9	中央电视台特别节目:新的中拉时间开始了	专题	中央电视台综合频道	9.1	20.1
10	父母爱情	电视剧	中央电视台综合频道	9.1	18.5
11	中央电视台 2014 甲午年元宵晚会	综艺	中央电视台综合频道	9.0	17.3
12	习近平在澳大利亚联邦议会发表演讲	新闻/时事	中央电视台综合频道	8.8	17.9
13	中央电视台特别节目:从雁栖湖到太平洋——习近平主席大洋洲之行综述	专题	中央电视台综合频道	8.8	17.6
14	守望相助,共创中蒙关系发展新时代——习近平在蒙古国家大呼拉尔的演讲	新闻/时事	中央电视台综合频道	8.5	21.5
15	中央电视台特别节目:一桥飞架中欧	专题	中央电视台综合频道	8.4	17.1
16	习近平主席在中法建交 50 周年纪念大会上发表重要讲话	新闻/时事	中央电视台综合频道	8.3	17.1
17	2014 中国上海团结和谐的亚洲携手向明天	综艺	中央电视台综合频道	8.1	18.2
18	习近平主席在欧洲学院发表重要演讲	新闻/时事	中央电视台综合频道	7.9	16.5
19	2014 第二届夏季青年奥林匹克运动会开幕式	体育	中央电视台综合频道	7.5	16.6
20	李克强总理会见中外记者并回答提问	新闻/时事	中央电视台综合频道	7.2	14.6
21	习近平在巴西国会发表重要演讲	新闻/时事	中央电视台综合频道	7.1	18.0
22	澳门回归十五周年特别节目	新闻/时事	中央电视台综合频道	7.1	15.2

续表

名次	节目名称	节目类别	播出频道	平均收视率（%）	平均占有率（%）
23	星推荐(10月14日)	综艺	中央电视台综合频道	7.1	14.7
24	中国汉字听写大会2014(7月27日)	专题	中央电视台综合频道	7.0	14.7
25	习近平在韩国首尔大学发表演讲	新闻/时事	中央电视台综合频道	6.9	18.4
26	315让消费更有尊严——CCTV2014年3·15晚会	综艺	中央电视台综合频道	6.6	14.0
27	习近平主席在印度新德里发表重要演讲	新闻/时事	中央电视台综合频道	6.5	15.7
28	湄公河大案	电视剧	中央电视台综合频道	6.5	14.4
29	众里寻你——2014寻找最美孝心少年颁奖典礼	青少	中央电视台综合频道	6.4	15.1
30	因为爱情有奇缘	电视剧	湖南卫视	6.4	14.2

表3.20.8　2014年宁夏市场电视剧收视率排名前十位

名次	节目名称	播出频道	平均收视率（%）	平均占有率（%）
1	父母爱情	中央电视台综合频道	9.1	18.5
2	湄公河大案	中央电视台综合频道	6.5	14.4
3	因为爱情有奇缘	湖南卫视	6.4	14.2
4	我在北京挺好的	中央电视台综合频道	6.2	14.2
5	清网行动	中央电视台综合频道	5.9	13.5
6	铁血红安	中央电视台综合频道	5.9	13.1
7	历史转折中的邓小平	中央电视台综合频道	5.8	13.1
8	深圳合租记	湖南卫视	5.4	12.7
9	开国元勋朱德	中央电视台综合频道	5.4	12.3
10	一见不钟情	湖南卫视	5.2	12.0

表3.20.9　2014年宁夏市场新闻节目收视率排名前十位

名次	节目名称	播出频道	平均收视率（%）	平均占有率（%）
1	新闻联播	中央电视台综合频道	18.5	52.8
2	焦点访谈	中央电视台综合频道	10.5	23.4
3	习近平主席在柏林发表重要演讲	中央电视台综合频道	9.7	19.8
4	习近平主席在联合国教科文组织总部发表演讲	中央电视台综合频道	9.3	19.8
5	习近平在澳大利亚联邦议会发表演讲	中央电视台综合频道	8.8	17.9
6	守望相助,共创中蒙关系发展新时代——习近平在蒙古国家大呼拉尔的演讲	中央电视台综合频道	8.5	21.5
7	习近平主席在中法建交50周年纪念大会上发表重要讲话	中央电视台综合频道	8.3	17.1
8	习近平主席在欧洲学院发表重要演讲	中央电视台综合频道	7.9	16.5
9	李克强总理会见中外记者并回答提问	中央电视台综合频道	7.2	14.6
10	习近平在巴西国会发表重要演讲	中央电视台综合频道	7.1	18.0

表 3.20.10　2014 年宁夏市场专题节目收视率排名前十位

名次	节目名称	播出频道	平均收视率(%)	平均占有率(%)
1	一场别开生面的座谈会——习近平总书记主持召开文艺工作座谈会侧记	中央电视台综合频道	11.4	26.4
2	中央电视台特别节目:新的中拉时间开始了	中央电视台综合频道	9.1	20.1
3	中央电视台特别节目:从雁栖湖到太平洋——习近平主席大洋洲之行综述	中央电视台综合频道	8.8	17.6
4	中央电视台特别节目:一桥飞架中欧	中央电视台综合频道	8.4	17.1
5	中国汉字听写大会 2014(7 月 27 日)	中央电视台综合频道	7.0	14.7
6	中国成语大会 2014(5 月 8 日)	中央电视台综合频道	6.4	13.0
7	寻找最美乡村医生大型公益活动	中央电视台综合频道	5.9	12.4
8	中央电视台特别节目:一带一路千年的时空穿越	中央电视台综合频道	5.7	11.6
9	作风建设永远在路上——落实八项规定精神正风肃纪纪实	中央电视台综合频道	5.0	10.3
10	好记者讲好故事——2014 年中国记者节特别节目	中央电视台综合频道	4.7	10.8

表 3.20.11　2014 年宁夏市场综艺节目收视率排名前十位

名次	节目名称	播出频道	平均收视率(%)	平均占有率(%)
1	中央电视台 2014 甲午年春节联欢晚会	中央电视台综合频道	38.9	83.7
2	星光大道(1 月 31 日)	中央电视台综合频道	9.1	27.1
3	中央电视台 2014 甲午年元宵晚会	中央电视台综合频道	9.0	17.3
4	2014 中国上海团结和谐的亚洲携手向明天	中央电视台综合频道	8.1	18.2
5	星推荐(10 月 14 日)	中央电视台综合频道	7.1	14.7
6	315 让消费更有尊严——CCTV2014 年 3·15 晚会	中央电视台综合频道	6.6	14.0
7	中央军委慰问驻京部队老干部迎新春文艺演出	中央电视台综合频道	6.2	12.7
8	苏州月中华情——2014 年中央电视台中秋晚会	中央电视台综合频道	5.9	13.1
9	开学第一课	中央电视台综合频道	5.4	12.0
10	五月的鲜花我们的中国梦——2014 年全国大学生主题文艺	中央电视台综合频道	5.1	10.6

表 3.20.12 2014 年宁夏市场体育节目收视率排名前十位

名次	节目名称	播出频道	平均收视率(%)	平均占有率(%)
1	2014 第二届夏季青年奥林匹克运动会开幕式	中央电视台综合频道	7.5	16.6
2	2014 第二届夏季青年奥林匹克运动会闭幕式	中央电视台综合频道	5.8	12.4
3	谁是球王总决赛	中央电视台综合频道	3.7	7.9
4	2014 年仁川亚运会女子沙滩排球决赛(中国 VS 泰国)	中央台五套	1.7	3.5
5	2014 年仁川亚运会男子 400 米半决赛	中央台五套	1.6	3.4
6	2014 年仁川亚运会体操男子自由操决赛	中央台五套	1.5	3.2
7	2014 年索契冬奥会短道速滑女子 3000 米接力半决赛	中央台五套	1.5	2.8
8	2014 年仁川亚运会举重女子 75 公斤以上级决赛	中央台五套	1.4	3.1
9	2014 年仁川亚运会男子 4×100 米自由泳接力颁奖仪式	中央台五套	1.3	3.0
10	2014 年仁川亚运会羽毛球男子单打半决赛	中央台五套	1.3	2.7

二十一、山东收视数据

表 3.21.1　2010～2014 年山东市场各类频道的市场占有率（%）

频道类别	年份				
	2010 年	2011 年	2012 年	2013 年	2014 年
中央台频道	26.2	26.4	28.1	27.5	25.0
中国教育台频道	0.2	0.3	0.3	0.1	0.1
山东省级频道	43.1	43.0	44.0	43.0	45.8
其他省级卫视频道	16.4	16.6	17.6	17.8	18.4
其他频道	14.1	13.7	10.0	11.7	10.7

表 3.21.2　2014 年山东市场各类频道在不同目标观众中的市场占有率（%）

目标观众		中央台频道	中国教育台频道	山东省级频道	其他省级卫视频道	其他频道
4 岁及以上所有人		25.0	0.1	45.8	18.4	10.7
城乡	城市	29.4	0.1	31.2	22.0	17.3
	农村	23.0	0.0	52.2	16.8	8.0
性别	男	27.1	0.1	44.7	17.3	10.8
	女	23.0	0.1	46.8	19.4	10.7
年龄	4～14 岁	28.1	0.0	40.7	24.1	7.1
	15～24 岁	20.5	0.1	42.8	23.5	13.1
	25～34 岁	24.1	0.1	40.3	25.6	9.9
	35～44 岁	26.0	0.0	44.2	20.4	9.4
	45～54 岁	23.9	0.0	48.0	17.0	11.1
	55～64 岁	26.5	0.1	49.3	13.9	10.2
	65 岁及以上	24.4	0.1	50.8	9.5	15.2
教育程度	未受过正规教育	28.8	0.0	45.1	17.2	8.9
	小学	24.4	0.1	50.6	14.9	9.9
	初中	23.3	0.0	47.3	18.9	10.5
	高中	26.7	0.0	39.1	22.3	11.9
	大学及以上	31.1	0.1	25.2	22.3	21.3
职业类别	干部/管理人员	30.4	0.1	20.0	28.6	20.9
	个体/私营企业人员	28.6	0.1	36.0	21.0	14.4
	初级公务员/雇员	24.7	0.1	39.8	21.1	14.3
	工人	25.3	0.1	46.2	18.6	9.8
	学生	25.5	0.0	39.1	26.5	8.9
	无业	29.1	0.1	39.3	19.0	12.5
	其他	21.5	0.1	54.6	14.9	9.0
个人月收入	0～300 元	25.2	0.1	46.7	18.8	9.2
	301～900 元	20.9	0.0	51.1	18.4	9.5
	901～1700 元	24.5	0.0	47.7	18.3	9.5
	1701～2600 元	28.4	0.1	40.7	17.0	13.9
	2601～3500 元	27.3	0.0	40.1	18.8	13.8
	3501 元及以上	25.8	0.1	37.6	20.2	16.3

表 3.21.3 2014 年山东市场各类频道在不同时段的市场占有率（%）

时间段	中央台频道	中国教育台频道	山东省级频道	其他省级卫视频道	其他频道
02:00～03:00	29.9	0.1	18.0	35.6	16.4
03:00～04:00	28.9	0.1	19.3	36.1	15.6
04:00～05:00	36.2	0.1	20.8	32.2	10.8
05:00～06:00	36.3	0.1	15.8	38.9	8.9
06:00～07:00	44.2	0.1	24.0	21.5	10.2
07:00～08:00	43.6	0.0	29.7	16.6	10.0
08:00～09:00	37.0	0.0	33.9	19.9	9.1
09:00～10:00	30.8	0.0	32.7	26.1	10.3
10:00～11:00	31.7	0.1	27.3	30.2	10.7
11:00～12:00	33.8	0.1	32.1	25.2	8.8
12:00～13:00	31.1	0.0	38.2	22.4	8.3
13:00～14:00	30.8	0.1	33.7	26.0	9.4
14:00～15:00	27.2	0.1	30.9	31.7	10.1
15:00～16:00	27.7	0.1	28.9	32.7	10.7
16:00～17:00	27.6	0.0	27.5	33.5	11.3
17:00～18:00	22.2	0.0	49.0	17.9	10.9
18:00～19:00	22.6	0.0	59.7	6.1	11.6
19:00～20:00	21.2	0.1	59.5	7.9	11.3
20:00～21:00	16.7	0.1	58.3	14.4	10.6
21:00～22:00	18.4	0.1	54.8	16.4	10.4
22:00～23:00	23.6	0.1	36.7	24.4	15.3
23:00～24:00	28.9	0.0	24.4	29.3	17.5
24:00～25:00	32.4	0.0	23.7	28.7	15.2
25:00～26:00	35.1	0.1	16.2	31.6	17.0

表 3.21.4 2014 年山东市场收视份额排名前十位的频道

名次	频道名称	收视份额（%）
1	山东电视齐鲁频道 2	17.3
2	山东卫视	14.7
3	中央电视台综合频道	5.3
4	山东电视公共频道	3.8
5	中央电视台少儿频道	3.4
6	山东电视综艺频道	3.2
7	湖南卫视	2.9
8	中央台六套	2.7
8	山东电视生活频道	2.7
10	中央台三套	2.6

表 3.21.5　2014 年山东市场各主要频道的观众构成 (%)

目标观众		所有频道	主要频道				
			山东电视齐鲁频道	山东卫视	中央电视台综合频道	山东电视公共频道	中央电视台少儿频道
4 岁及以上所有人		100.0	100.0	100.0	100.0	100.0	100.0
城乡	城市	30.7	14.2	27.2	32.2	4.7	26.8
	农村	69.3	85.8	72.8	67.9	95.3	73.2
性别	男	48.0	46.0	46.6	49.1	49.9	47.6
	女	52.0	54.0	53.4	50.9	50.1	52.4
年龄	4~14 岁	10.8	7.1	10.5	11.7	9.7	36.2
	15~24 岁	7.3	8.5	5.2	4.5	8.0	3.1
	25~34 岁	14.3	11.3	11.7	12.0	12.1	19.4
	35~44 岁	16.4	14.2	16.6	14.0	13.1	10.4
	45~54 岁	19.7	22.9	17.5	18.3	19.0	8.6
	55~64 岁	16.5	17.1	21.2	22.0	16.9	14.6
	65 岁及以上	15.0	18.9	17.3	17.5	21.2	7.8
教育程度	未受过正规教育	11.8	9.5	12.1	15.5	17.1	29.1
	小学	23.4	26.0	29.9	27.1	17.8	19.7
	初中	46.9	50.2	45.0	40.6	48.4	38.7
	高中	14.1	12.3	11.5	12.9	13.7	10.2
	大学及以上	3.9	2.0	1.5	3.8	3.0	2.3
职业类别	干部/管理人员	1.1	0.3	0.5	1.1	0.1	0.8
	个体/私营企业人员	7.2	5.3	5.1	6.8	3.5	5.4
	初级公务员/雇员	7.6	7.4	5.8	6.1	2.8	3.1
	工人	18.4	18.5	16.3	17.2	22.9	11.0
	学生	7.5	4.6	8.0	7.4	5.0	13.8
	无业	21.3	15.4	20.9	23.3	18.3	33.4
	其他	37.0	48.3	43.5	38.0	47.5	32.3
个人月收入	0~300 元	34.3	29.9	42.1	42.4	38.1	54.8
	301~900 元	19.4	22.1	23.2	18.3	20.1	17.2
	901~1700 元	17.2	22.3	12.3	14.4	14.3	13.2
	1701~2600 元	17.4	16.3	13.0	15.3	16.3	8.7
	2601~3500 元	5.7	4.7	5.1	4.5	6.2	3.4
	3501 元及以上	6.0	4.7	4.3	5.1	4.9	2.7

表 3.21.6　2012~2014 年山东市场各类节目的播出份额 (%) 和收视份额 (%)

节目类别	2012 年		2013 年		2014 年	
	播出份额	收视份额	播出份额	收视份额	播出份额	收视份额
财经	2.2	0.4	1.7	0.3	1.5	0.3
电视剧	20.1	34.3	27.8	34.0	24.1	32.8
电影	3.8	2.9	4.3	3.2	3.8	3.5
法制	0.9	0.9	1.0	2.3	1.0	2.2
教学	0.3	0.0	0.4	0.1	0.3	0.1
青少	7.3	5.5	5.8	7.1	6.5	7.2
生活服务	9.5	9.4	9.5	8.0	14.6	9.6
体育	2.3	1.4	2.5	1.0	3.5	1.1
外语	0.0	0.0	0.0	0.0	0.0	0.0
戏剧	1.0	0.5	0.6	0.4	0.6	0.3
新闻/时事	15.0	14.4	10.7	14.0	10.1	13.1
音乐	2.6	0.6	2.4	0.6	2.4	0.5
专题	11.7	6.2	8.8	4.4	11.5	4.3
综艺	9.3	10.4	7.7	11.4	7.1	11.9
其他	14.0	12.9	16.7	13.2	13.1	13.1

表 3.21.7 2014 年山东市场所有节目收视率排名前三十位

名次	节目名称	节目类别	播出频道	平均收视率（%）	平均占有率（%）
1	勇敢的心	山东卫视	电视剧	13.3	30.5
2	满仓进城	山东卫视	电视剧	12.6	27.8
3	上海滩生死较量	山东电视齐鲁频道	电视剧	11.7	31.6
4	我要当八路	山东电视齐鲁频道	电视剧	11.7	28.3
5	铁血独立营	山东电视齐鲁频道	电视剧	11.6	29.9
6	利箭纵横	山东电视齐鲁频道	电视剧	11.6	28.2
7	战火连天	山东电视齐鲁频道	电视剧	11.2	27.7
8	花红花火	山东电视齐鲁频道	电视剧	11.2	26.3
9	翠兰的爱情	山东电视齐鲁频道	电视剧	11.1	27.1
10	天狼星行动	山东电视齐鲁频道	电视剧	11.0	27.9
11	东江英雄刘黑仔	山东电视齐鲁频道	电视剧	11.0	23.7
12	大漠枪神	山东电视齐鲁频道	电视剧	10.9	27.9
13	产科医生	山东卫视	电视剧	10.8	27.1
14	勇士之城	山东电视齐鲁频道	电视剧	10.7	28.5
15	终极对决	山东电视齐鲁频道	电视剧	10.6	26.4
16	红高粱	山东卫视	电视剧	10.5	25.2
17	剿匪英雄	山东电视齐鲁频道	电视剧	10.5	24.8
18	姥爷的抗战	山东电视齐鲁频道	电视剧	10.3	28.1
19	节俭心力量节俭中国人冠军决选暨颁奖典礼	山东电视齐鲁频道	专题	10.3	25.4
20	刺刀英雄	山东电视齐鲁频道	电视剧	10.2	25.7
21	绝地枪王	山东电视齐鲁频道	电视剧	10.1	26.3
22	节俭中国人	山东电视齐鲁频道	综艺	10.1	21.1
23	冒牌英雄	山东电视齐鲁频道	电视剧	9.8	27.1
24	猎魔	山东电视齐鲁频道	电视剧	9.6	26.5
25	我是大明星颁奖盛典	山东电视综艺频道	综艺	9.6	23.9
26	油菜花香	山东电视齐鲁频道	电视剧	9.6	22.3
27	好运连连到	山东电视齐鲁频道	综艺	9.6	21.6
28	封神英雄榜	山东卫视	电视剧	9.5	21.7
29	兄弟们上	山东电视齐鲁频道	电视剧	9.3	24.1
30	喋血女人花	山东电视齐鲁频道	电视剧	9.3	23.7

表 3.21.8　2014 年山东市场电视剧收视率排名前十位

名次	节目名称	播出频道	平均收视率(%)	平均占有率(%)
1	勇敢的心	山东卫视	13.3	30.5
2	满仓进城	山东卫视	12.6	27.8
3	上海滩生死较量	山东电视齐鲁频道	11.7	31.6
4	我要当八路	山东电视齐鲁频道	11.7	28.3
5	铁血独立营	山东电视齐鲁频道	11.6	29.9
6	利箭纵横	山东电视齐鲁频道	11.6	28.2
7	战火连天	山东电视齐鲁频道	11.2	27.7
8	花红花火	山东电视齐鲁频道	11.2	26.3
9	翠兰的爱情	山东电视齐鲁频道	11.1	27.1
10	天狼星行动	山东电视齐鲁频道	11.0	27.9

表 3.21.9　2014 年山东市场新闻节目收视率排名前十位

名次	节目名称	播出频道	平均收视率(%)	平均占有率(%)
1	每日新闻	山东电视齐鲁频道	9.1	26.2
2	拉呱	山东电视齐鲁频道	3.9	22.5
3	转播中央台新闻联播	山东卫视	3.8	9.6
4	民生直通车	山东电视公共频道	3.0	9.4
5	2014 一年又一年	中央电视台综合频道	3.0	8.7
6	生活帮	山东电视生活频道	2.3	6.7
7	秀才来了	山东电视公共频道	2.3	5.2
8	说闻解字	山东电视生活频道	2.3	5.1
9	山东新闻联播	山东卫视	2.2	6.8
10	耳目一新	山东电视公共频道	2.1	4.7

表 3.21.10　2014 年山东市场专题节目收视率排名前十位

名次	节目名称	播出频道	平均收视率(%)	平均占有率(%)
1	节俭心力量节俭中国人冠军决选暨颁奖典礼	山东电视齐鲁频道	10.3	25.4
2	公益梦想榜样力量 2013 年度齐鲁公益盛典	山东电视齐鲁频道	7.8	17.7
3	山东好人 2013 十大年度人物颁奖典礼	山东电视齐鲁频道	6.0	14.2
4	深化改革开放激发市场活力专访山东省副省长夏耕	山东电视公共频道	3.4	7.6
5	深化改革开放激发市场活力专访山东省副省长赵润田	山东电视公共频道	3.2	6.5
6	真相力量	山东电视公共频道	3.1	8.0
7	问安齐鲁	山东电视公共频道	3.1	7.8
8	深化改革开放激发市场活力专访山东省委常委常务副省长孙伟	山东电视公共频道	3.1	6.1
9	时代楷模朱彦夫	山东卫视	3.0	6.9
10	走实最后一公里泰安市花园社区采访手记	山东电视公共频道	2.9	6.6

表 3.21.11 2014 年山东市场综艺节目收视率排名前十位

名次	节目名称	播出频道	平均收视率（%）	平均占有率（%）
1	节俭中国人	山东电视齐鲁频道	10.1	21.1
2	我是大明星颁奖盛典	山东电视综艺频道	9.6	23.9
3	好运连连到	山东电视齐鲁频道	9.6	21.6
4	中央电视台 2014 甲午年春节联欢晚会	山东卫视	9.1	17.7
5	中央电视台 2014 甲午年元宵晚会	中央电视台综合频道	7.3	15.2
6	野鸭子第二部前情	山东电视齐鲁频道	6.9	15.1
7	2014@梦想第八届全球华人网络春节联欢晚会	山东卫视	6.5	18.6
8	封神英雄榜抢先看	山东卫视	6.1	12.1
9	最炫国剧风	山东卫视	5.9	21.7
10	大壮带您看大剧	山东电视齐鲁频道	5.5	14.5

表 3.21.12 2014 年山东市场体育节目收视率排名前十位

名次	节目名称	播出频道	平均收视率（%）	平均占有率（%）
1	第三届亚洲大学生沙滩排球锦标赛开幕式	山东电视公共频道	3.2	6.7
2	2014 年仁川亚运会女子 800 米预赛	中央台五套	1.8	4.2
3	2014 年索契冬奥会短道速滑男子 1000 米决赛	中央台五套	1.7	3.4
4	直播周末：2014 年澳大利亚网球公开赛女单决赛	中央台五套	1.6	7.3
5	2014 第二届夏季青年奥林匹克运动会开幕式	中央电视台综合频道	1.6	3.9
6	2014 年仁川亚运会男子 1500 米自由泳决赛	中央台五套	1.5	3.8
7	足球之夜：2014 年中国足球协会超级联赛第 7 轮（北京国安 VS 山东鲁能）	中央台五套	1.4	3.3
8	2014 年仁川亚运会举重女子 75 公斤以上级决赛	中央台五套	1.4	3.1
9	我爱世界杯：2014 年巴西世界杯决赛（德国 VS 阿根廷）	中央台五套	1.3	55.9
10	谁是球王总决赛	中央电视台综合频道	1.2	3.2

二十二、陕西收视数据

表 3.22.1　2010～2014 年陕西市场各类频道的市场占有率（%）

频道类别	年份				
	2010 年	2011 年	2012 年	2013 年	2014 年
中央台频道	31.0	28.0	33.4	37.1	39.8
中国教育台频道	0.4	0.8	1.4	1.1	0.7
陕西省级频道	18.0	17.0	13.0	12.6	13.3
其他省级卫视频道	44.2	47.8	47.5	45.4	43.6
其他频道	6.4	6.4	4.7	3.8	2.6

表 3.22.2　2014 年陕西市场各类频道在各目标观众中的市场占有率（%）

目标观众		中央台频道	中国教育台频道	陕西省级频道	其他省级卫视频道	其他频道
4 岁及以上所有人		39.8	0.7	13.3	43.6	2.6
城乡	城市	42.8	0.4	18.5	33.9	4.4
	农村	38.0	0.9	10.2	49.5	1.4
性别	男	41.3	0.6	13.9	41.3	2.9
	女	38.4	0.7	12.8	45.9	2.2
年龄	4～14 岁	41.2	0.5	4.4	51.7	2.2
	15～24 岁	36.8	0.7	9.6	51.4	1.5
	25～34 岁	39.2	0.6	12.4	44.7	3.1
	35～44 岁	38.1	0.8	10.3	48.7	2.1
	45～54 岁	38.5	0.7	15.3	43.4	2.1
	55～64 岁	44.9	0.7	18.3	34.0	2.1
	65 岁及以上	41.5	0.7	22.4	29.8	5.6
教育程度	未受过正规教育	43.7	0.7	8.8	43.5	3.3
	小学	39.6	0.7	12.1	45.6	2.0
	初中	36.9	0.8	13.1	47.0	2.2
	高中	42.1	0.4	15.3	38.8	3.4
	大学及以上	49.7	0.6	15.9	29.7	4.1
职业类别	干部/管理人员	46.8	1.1	14.0	31.3	6.8
	个体/私营企业人员	39.9	0.7	9.8	46.6	3.0
	初级公务员/雇员	49.1	0.3	18.2	29.3	3.1
	工人	39.6	0.6	14.4	43.1	2.3
	学生	40.7	0.5	5.8	50.8	2.2
	无业	41.7	0.5	14.2	39.7	3.9
	其他	36.5	1.0	14.8	46.4	1.3
个人月收入	0～300 元	39.3	0.8	11.1	46.9	1.9
	301～900 元	36.3	0.8	13.6	48.1	1.2
	901～1700 元	36.8	0.6	16.3	43.7	2.6
	1701～2600 元	43.8	0.4	16.4	34.9	4.5
	2601～3500 元	42.2	0.5	13.1	41.1	3.1
	3501 元及以上	45.3	1.1	11.8	38.6	3.2

表 3.22.3　2014 年陕西市场各类频道在不同时段的市场占有率（%）

时间段	中央台频道	中国教育台频道	陕西省级频道	其他省级卫视频道	其他频道
02:00~03:00	68.5	0.0	2.2	25.5	3.8
03:00~04:00	65.7	0.0	5.0	26.3	3.0
04:00~05:00	59.9	0.2	10.3	26.2	3.4
05:00~06:00	49.5	0.2	9.9	32.8	7.6
06:00~07:00	58.8	0.5	8.6	25.8	6.3
07:00~08:00	61.1	0.3	10.2	24.6	3.8
08:00~09:00	50.5	0.4	10.1	35.8	3.2
09:00~10:00	45.1	0.4	9.1	41.5	3.9
10:00~11:00	43.7	0.5	10.7	41.6	3.5
11:00~12:00	45.5	0.5	11.9	39.0	3.1
12:00~13:00	57.1	0.4	11.0	29.0	2.5
13:00~14:00	49.3	0.6	10.1	36.0	4.0
14:00~15:00	36.8	0.8	6.4	52.9	3.1
15:00~16:00	34.2	0.6	7.5	54.1	3.6
16:00~17:00	36.6	0.4	9.6	49.2	4.2
17:00~18:00	50.6	0.2	11.7	33.0	4.5
18:00~19:00	55.9	0.2	25.6	14.4	3.9
19:00~20:00	52.4	0.7	13.2	32.0	1.7
20:00~21:00	28.8	1.1	11.3	57.5	1.3
21:00~22:00	26.3	0.9	14.7	56.8	1.3
22:00~23:00	27.7	0.6	19.4	48.7	3.6
23:00~24:00	31.5	0.4	16.8	45.4	5.9
24:00~25:00	47.1	0.3	12.8	32.3	7.5
25:00~26:00	65.5	0.2	7.5	23.5	3.3

表 3.22.4　2014 年陕西市场收视份额排名前十位的频道

名次	频道名称	收视份额(%)
1	中央电视台综合频道	13.1
2	湖南卫视	6.9
3	中央电视台少儿频道	5.1
4	中央台八套	3.8
5	陕西广播电视台都市青春频道(二套)	3.7
6	中央台十二套	3.6
7	陕西卫视	3.3
8	山东卫视	3.2
9	陕西广播电视台新闻资讯频道(一套)	2.9
10	安徽卫视	2.8

表 3.22.5　2014 年陕西市场各主要频道的观众构成（%）

目标观众		所有频道	主要频道				
			中央电视台综合频道	湖南卫视	中央电视台少儿频道	中央台八套	陕西广播电视台都市青春频道(二套)
4 岁及以上所有人		100.0	100.0	100.0	100.0	100.0	100.0
城乡	城市	37.7	41.8	32.6	27.9	48.4	74.1
	农村	62.3	58.2	67.4	72.1	51.6	25.9
性别	男	49.3	51.7	36.1	46.2	45.3	49.0
	女	50.7	48.3	63.9	53.8	54.7	51.0
年龄	4 ~ 14 岁	10.1	6.3	15.6	41.7	5.2	2.4
	15 ~ 24 岁	13.9	13.1	25.8	11.8	10.2	9.7
	25 ~ 34 岁	12.5	11.5	16.1	17.0	12.9	14.4
	35 ~ 44 岁	19.3	19.6	23.9	13.5	16.1	15.5
	45 ~ 54 岁	18.4	16.7	12.0	5.8	23.2	24.0
	55 ~ 64 岁	13.9	18.2	3.2	7.1	19.7	17.9
	65 岁及以上	11.9	14.6	3.4	3.1	12.7	16.1
教育程度	未受过正规教育	5.2	4.5	3.8	17.9	3.9	3.2
	小学	21.3	20.5	20.1	34.7	28.3	12.5
	初中	45.6	41.5	49.3	34.3	39.1	38.0
	高中	21.3	23.4	21.1	9.9	21.1	32.2
	大学及以上	6.6	10.1	5.7	3.2	7.6	14.1
职业类别	干部/管理人员	1.2	1.7	0.6	0.2	1.3	1.8
	个体/私营企业人员	6.0	6.3	7.6	3.0	5.7	5.0
	初级公务员/雇员	6.3	8.1	4.2	3.7	8.7	12.4
	工人	9.4	9.2	12.4	4.9	10.5	13.1
	学生	12.6	11.4	24.3	29.3	7.2	4.8
	无业	26.4	26.8	22.1	35.2	34.6	38.6
	其他	38.1	36.5	28.8	23.7	32.0	24.3
个人月收入	0 ~ 300 元	43.6	38.9	54.5	72.3	35.9	26.2
	301 ~ 900 元	11.2	10.9	8.3	5.3	11.3	8.0
	901 ~ 1700 元	15.7	15.7	13.1	7.2	17.9	25.3
	1701 ~ 2600 元	17.7	19.9	12.9	7.6	22.9	27.1
	2601 ~ 3500 元	7.8	9.8	7.2	3.9	8.8	8.6
	3501 元及以上	4.0	4.8	4.0	3.7	3.2	4.8

表 3.22.6　2012 ~ 2014 年陕西市场各类节目的播出份额（%）和收视份额（%）

节目类别	2012 年		2013 年		2014 年	
	播出份额	收视份额	播出份额	收视份额	播出份额	收视份额
财经	2.2	0.5	1.9	0.4	1.7	0.3
电视剧	20.2	36.9	20.8	35.7	20.1	36.6
电影	5.5	2.1	5.7	2.1	5.2	2.1
法制	1.0	1.3	1.0	1.4	1.0	1.4
教学	0.3	0.1	0.3	0.0	0.3	0.0
青少	6.8	4.9	6.2	5.9	6.8	5.2
生活服务	9.2	9.3	10.2	8.6	10.6	9.1
体育	2.0	1.2	2.1	0.7	3.0	0.8
外语	0.0	0.0	0.0	0.0	0.0	0.0
戏剧	1.4	0.9	1.3	1.1	1.2	1.2
新闻/时事	14.8	11.9	14.7	12.7	14.4	12.9
音乐	2.5	0.7	2.3	0.7	2.4	0.6
专题	10.9	5.0	10.0	4.3	11.2	4.3
综艺	8.6	8.5	8.6	9.5	8.7	9.2
其他	14.6	16.7	14.8	17.0	13.4	16.3

表 3.22.7 2014 年陕西市场所有节目收视率排名前三十位

名次	节目名称	节目类别	播出频道	平均收视率（%）	平均占有率（%）
1	中央电视台 2014 甲午年春节联欢晚会	综艺	中央电视台综合频道	34.7	70.1
2	新闻联播	新闻/时事	中央电视台综合频道	13.3	41.8
3	天气预报	生活服务	中央电视台综合频道	10.6	25.6
4	星光大道(3 月 8 日)	综艺	中央电视台综合频道	8.1	15.8
5	焦点访谈	新闻/时事	中央电视台综合频道	7.9	18.2
6	习近平主席在柏林发表重要演讲	新闻/时事	中央电视台综合频道	7.8	16.4
7	中央电视台 2014 甲午年元宵晚会	综艺	中央电视台综合频道	7.7	16.8
8	一场别开生面的座谈会——习近平总书记主持召开文艺工作座谈会侧记	专题	中央电视台综合频道	7.4	17.9
9	习近平在澳大利亚联邦议会发表演讲	新闻/时事	中央电视台综合频道	7.3	14.6
10	父母爱情	电视剧	中央电视台综合频道	6.9	13.7
11	习近平主席在欧洲学院发表重要演讲	新闻/时事	中央电视台综合频道	6.8	14.4
12	习近平主席在联合国教科文组织总部发表演讲	新闻/时事	中央电视台综合频道	6.8	13.5
13	中央电视台特别节目:从雁栖湖到太平洋——习近平主席大洋洲之行综述	专题	中央电视台综合频道	6.4	13.6
14	中央电视台特别节目:新的中拉时间开始了	专题	中央电视台综合频道	6.1	14.9
15	出彩中国人(2 月 23 日)	综艺	中央电视台综合频道	6.1	11.2
16	因为爱情有奇缘	电视剧	湖南卫视	6.0	13.7
17	李克强总理会见中外记者并回答提问	新闻/时事	中央电视台综合频道	5.9	11.4
18	守望相助,共创中蒙关系发展新时代——习近平在蒙古国家大呼拉尔的演讲	新闻/时事	中央电视台综合频道	5.7	15.1
19	澳门回归十五周年特别节目	新闻/时事	中央电视台综合频道	5.6	11.7
20	习近平主席在中法建交 50 周年纪念大会上发表重要讲话	新闻/时事	中央电视台综合频道	5.6	11.4
21	2014 第二届夏季青年奥林匹克运动会开幕式	体育	中央电视台综合频道	5.5	12.7
22	315 让消费更有尊严——CCTV2014 年 3·15 晚会	综艺	中央电视台综合频道	5.4	11.1
22	中央电视台特别节目:一桥飞架中欧	专题	中央电视台综合频道	5.4	11.1
24	中国汉字听写大会 2014(7 月 27 日)	专题	中央电视台综合频道	5.3	12.6

续表

名次	节目名称	节目类别	播出频道	平均收视率(%)	平均占有率(%)
25	宫锁连城	电视剧	湖南卫视	5.2	11.5
26	毛泽东(9~49集)	电视剧	中央电视台综合频道	5.2	10.2
27	习近平在韩国首尔大学发表演讲	新闻/时事	中央电视台综合频道	5.1	15.1
28	习近平主席在印度新德里发表重要演讲	新闻/时事	中央电视台综合频道	5.1	12.9
29	众里寻你——2014寻找最美孝心少年颁奖典礼	青少	中央电视台综合频道	5.0	11.5
30	因为爱情有奇迹	电视剧	湖南卫视	4.9	12.0

表 3.22.8　2014年陕西市场电视剧收视率排名前十位

名次	节目名称	播出频道	平均收视率(%)	平均占有率(%)
1	父母爱情	中央电视台综合频道	6.9	13.7
2	因为爱情有奇缘	湖南卫视	6.0	13.7
3	宫锁连城	湖南卫视	5.2	11.5
4	毛泽东(9~49集)	中央电视台综合频道	5.2	10.2
5	因为爱情有奇迹	湖南卫视	4.9	12.0
6	湄公河大案	中央电视台综合频道	4.7	11.6
7	马向阳下乡记	中央电视台综合频道	4.5	10.7
8	我在北京挺好的	中央电视台综合频道	4.3	9.7
9	神犬奇兵	湖南卫视	4.2	10.6
10	封神英雄榜	贵州卫视	4.1	8.2

表 3.22.9　2014年陕西市场新闻节目收视率排名前十位

名次	节目名称	播出频道	平均收视率(%)	平均占有率(%)
1	新闻联播	中央电视台综合频道	13.3	41.8
2	焦点访谈	中央电视台综合频道	7.9	18.2
3	习近平主席在柏林发表重要演讲	中央电视台综合频道	7.8	16.4
4	习近平在澳大利亚联邦议会发表演讲	中央电视台综合频道	7.3	14.6
5	习近平主席在欧洲学院发表重要演讲	中央电视台综合频道	6.8	14.4
6	习近平主席在联合国教科文组织总部发表演讲	中央电视台综合频道	6.8	13.5
7	李克强总理会见中外记者并回答提问	中央电视台综合频道	5.9	11.4
8	守望相助,共创中蒙关系发展新时代——习近平在蒙古国家大呼拉尔的演讲	中央电视台综合频道	5.7	15.1
9	澳门回归十五周年特别节目	中央电视台综合频道	5.6	11.7
10	习近平主席在中法建交50周年纪念大会上发表重要讲话	中央电视台综合频道	5.6	11.4

表 3.22.10 2014 年陕西市场专题节目收视率排名前十位

名次	节目名称	播出频道	平均收视率（%）	平均占有率（%）
1	一场别开生面的座谈会——习近平总书记主持召开文艺工作座谈会侧记	中央电视台综合频道	7.4	17.9
2	中央电视台特别节目:从雁栖湖到太平洋——习近平主席大洋洲之行综述	中央电视台综合频道	6.4	13.6
3	中央电视台特别节目:新的中拉时间开始了	中央电视台综合频道	6.1	14.9
4	中央电视台特别节目:一桥飞架中欧	中央电视台综合频道	5.4	11.1
5	中国汉字听写大会 2014(7 月 27 日)	中央电视台综合频道	5.3	12.6
6	中央电视台特别节目:一带一路千年的时空穿越	中央电视台综合频道	4.8	10.7
7	中国谜语大会(2 月 13 日)	中央电视台综合频道	4.7	8.5
8	寻找最美乡村医生大型公益活动	中央电视台综合频道	4.6	9.4
9	中国成语大会 2014(7 月 6 日)	中央电视台综合频道	4.1	9.6
10	第五届我最喜爱的人民警察评选颁奖典礼	中央电视台综合频道	3.9	8.4

表 3.22.11 2014 年陕西市场综艺节目收视率排名前十位

名次	节目名称	播出频道	平均收视率（%）	平均占有率（%）
1	中央电视台 2014 甲午年春节联欢晚会	中央电视台综合频道	34.7	70.1
2	星光大道(3 月 8 日)	中央电视台综合频道	8.1	15.8
3	中央电视台 2014 甲午年元宵晚会	中央电视台综合频道	7.7	16.8
4	出彩中国人(2 月 23 日)	中央电视台综合频道	6.1	11.2
5	315 让消费更有尊严——CCTV2014 年 3·15 晚会	中央电视台综合频道	5.4	11.1
6	快乐大本营	湖南卫视	4.9	11.4
7	2014 中国上海团结和谐的亚洲携手向明天	中央电视台综合频道	4.5	9.9
8	中国梦劳动美——中央电视台心连心艺术团慰问演出	中央电视台综合频道	4.5	9.1
9	苏州月中华情——2014 年中央电视台中秋晚会	中央电视台综合频道	4.2	9.9
10	中央军委慰问驻京部队老干部迎新春文艺演出	中央电视台综合频道	4.2	8.3

表 3.22.12　2014 年陕西市场体育节目收视率排名前十位

名次	节目名称	播出频道	平均收视率(%)	平均占有率(%)
1	2014 第二届夏季青年奥林匹克运动会开幕式	中央电视台综合频道	5.5	12.7
2	2014 第二届夏季青年奥林匹克运动会闭幕式	中央电视台综合频道	3.8	8.8
3	谁是球王总决赛	中央电视台综合频道	2.8	5.7
4	我爱世界杯:2014 年世界杯小组赛 D 组(意大利 VS 哥斯达黎加)	中央台五套	1.2	63.9
5	2014 年索契冬奥会短道速滑男子 1000 米决赛	中央台五套	1.2	2.2
6	2014 年仁川亚运会男子 4×100 米混合接力决赛	中央台五套	1.0	2.7
7	2014 年索契冬奥会单板滑雪女子平行大回转半决赛	中央台五套	0.9	3.3
8	2014 年仁川亚运会女子沙滩排球决赛(中国 VS 泰国)	中央台五套	0.8	1.8
9	2014 年仁川亚运会举重男子 69 公斤级挺举	中央台五套	0.7	1.7
9	2014 年仁川亚运会体操男子单杠决赛	中央台五套	0.7	1.7

二十三、山西收视数据

表 3.23.1 2010~2014 年山西市场各类频道的市场占有率（%）

频道类别	年份				
	2010 年	2011 年	2012 年	2013 年	2014 年
中央台频道	34.6	31.6	33.8	36.5	36.3
中国教育台频道	0.4	0.6	0.8	1.0	0.6
山西省级频道	10.5	13.0	13.0	12.7	14.9
其他省级卫视频道	49.0	50.1	48.7	47.1	45.4
其他频道	5.5	4.7	3.7	2.7	2.8

表 3.23.2 2014 年山西市场各类频道在不同目标观众中的市场占有率（%）

目标观众		中央台频道	中国教育台频道	山西省级频道	其他省级卫视频道	其他频道
4 岁及以上所有人		36.3	0.6	14.9	45.4	2.8
城乡	城市	45.7	0.4	15.3	34.3	4.3
	农村	32.1	0.8	14.7	50.4	2.0
性别	男	38.6	0.7	14.9	42.9	2.9
	女	34.2	0.6	14.9	47.6	2.7
年龄	4~14 岁	41.6	0.7	7.3	48.6	1.8
	15~24 岁	26.5	0.5	13.1	57.1	2.8
	25~34 岁	31.4	0.7	9.8	55.8	2.3
	35~44 岁	35.6	0.8	13.8	46.7	3.1
	45~54 岁	36.4	0.7	17.9	42.4	2.6
	55~64 岁	39.2	0.5	19.3	38.6	2.4
	65 岁及以上	44.9	0.4	20.7	29.5	4.5
教育程度	未受过正规教育	39.3	0.6	11.3	46.9	1.9
	小学	34.3	0.7	16.1	46.7	2.2
	初中	33.8	0.7	15.0	47.8	2.7
	高中	39.4	0.5	14.3	42.4	3.4
	大学及以上	46.4	0.6	14.5	34.7	3.8
职业类别	干部/管理人员	46.8	0.7	13.4	35.8	3.3
	个体/私营企业人员	29.8	0.6	20.0	46.6	3.0
	初级公务员/雇员	41.6	0.7	14.9	39.5	3.3
	工人	40.2	0.7	15.1	39.2	4.8
	学生	39.2	0.8	8.9	49.0	2.1
	无业	35.8	0.5	17.3	43.1	3.3
	其他	37.3	0.7	9.8	50.8	1.4
个人月收入	0~300 元	32.6	0.7	14.4	50.0	2.3
	301~900 元	37.9	0.8	10.9	48.8	1.6
	901~1700 元	38.3	0.7	15.1	43.6	2.3
	1701~2600 元	39.8	0.5	17.3	37.9	4.5
	2601~3500 元	38.5	0.6	17.1	40.7	3.1
	3501 元及以上	36.9	0.4	12.0	47.0	3.7

表 3.23.3　2014 年山西市场各类频道在不同时段的市场占有率（%）

时间段	中央台频道	中国教育台频道	山西省级频道	其他省级卫视频道	其他频道
02:00~03:00	33.0	0.2	6.8	59.1	0.9
03:00~04:00	35.8	0.7	7.9	55.2	0.4
04:00~05:00	40.2	1.0	7.8	49.4	1.6
05:00~06:00	48.3	0.4	8.9	36.6	5.8
06:00~07:00	65.2	0.4	5.6	25.6	3.2
07:00~08:00	65.5	0.2	5.3	26.8	2.2
08:00~09:00	47.3	0.3	7.7	42.3	2.4
09:00~10:00	37.6	0.3	13.0	46.4	2.7
10:00~11:00	37.7	0.6	9.3	48.1	4.3
11:00~12:00	40.3	0.6	7.8	47.0	4.3
12:00~13:00	54.0	0.2	11.9	31.7	2.2
13:00~14:00	39.9	0.5	24.9	32.3	2.4
14:00~15:00	34.0	1.0	12.7	48.2	4.1
15:00~16:00	33.8	0.7	6.0	55.1	4.4
16:00~17:00	34.9	0.4	6.0	54.0	4.7
17:00~18:00	46.5	0.2	7.1	42.6	3.6
18:00~19:00	60.2	0.2	18.3	17.9	3.4
19:00~20:00	50.0	0.6	13.8	33.2	2.4
20:00~21:00	23.8	1.1	17.6	55.4	2.1
21:00~22:00	23.0	0.7	17.6	56.5	2.2
22:00~23:00	24.8	0.6	17.6	53.2	3.8
23:00~24:00	29.0	0.3	14.3	50.0	6.4
24:00~25:00	43.3	0.1	9.4	39.6	7.6
25:00~26:00	55.1	0.3	5.1	35.4	4.1

表 3.23.4　2014 年山西市场收视份额排名前十位的频道

名次	频道名称	收视份额(%)
1	中央电视台综合频道	13.1
2	山东卫视	6.8
3	山西卫视	6.4
4	湖南卫视	5.8
5	中央电视台少儿频道	4.6
6	中央台十二套	3.1
6	山西广播电视台科教频道	3.1
8	安徽卫视	2.7
8	山西广播电视台影视频道	2.7
10	江苏卫视	2.6

表 3.23.5 2014 年山西市场各主要频道的观众构成（%）

目标观众		所有频道	主要频道				
			中央电视台综合频道	山东卫视	山西卫视	湖南卫视	中央电视台少儿频道
4 岁及以上所有人		100.0	100.0	100.0	100.0	100.0	100.0
城乡	城市	31.2	44.5	9.6	16.2	31.5	17.6
	农村	68.8	55.5	90.4	83.8	68.5	82.4
性别	男	47.9	49.4	44.3	49.6	37.4	46.9
	女	52.1	50.6	55.7	50.4	62.6	53.1
年龄	4～14 岁	11.2	8.1	6.8	6.4	12.9	58.6
	15～24 岁	14.0	9.1	15.7	12.6	28.4	5.8
	25～34 岁	12.1	10.2	14.9	8.9	20.2	12.1
	35～44 岁	17.9	17.6	18.5	14.4	18.1	9.5
	45～54 岁	18.2	18.2	18.9	18.5	12.0	6.1
	55～64 岁	13.7	17.3	13.9	19.1	5.1	5.4
	65 岁及以上	12.9	19.5	11.3	20.1	3.3	2.5
教育程度	未受过正规教育	5.6	3.6	5.5	6.2	2.5	26.1
	小学	22.5	18.5	27.2	31.3	19.5	37.4
	初中	44.6	42.5	50.4	43.1	47.2	25.1
	高中	18.7	23.5	13.1	14.5	22.1	7.5
	大学及以上	8.6	11.9	3.8	4.9	8.7	3.9
职业类别	干部/管理人员	1.9	2.6	0.5	1.0	2.3	1.5
	个体/私营企业人员	17.3	11.3	20.2	19.7	19.4	8.0
	初级公务员/雇员	6.5	8.4	4.3	5.0	4.9	3.1
	工人	6.5	7.3	2.8	4.8	7.5	3.1
	学生	10.2	8.8	6.0	5.8	17.3	33.2
	无业	35.4	32.6	34.8	40.0	29.9	39.9
	其他	22.2	29.0	31.4	23.7	18.7	11.2
个人月收入	0～300 元	38.3	27.6	42.6	41.1	45.1	75.1
	301～900 元	9.9	12.8	10.8	12.2	8.1	5.9
	901～1700 元	17.9	21.2	16.0	17.7	17.9	6.5
	1701～2600 元	19.3	22.0	15.6	16.1	15.9	6.1
	2601～3500 元	9.8	12.0	9.1	9.1	7.8	4.0
	3501 元及以上	4.8	4.4	5.9	3.8	5.2	2.4

表 3.23.6 2012～2014 年山西市场各类节目的播出份额（%）和收视份额（%）

节目类别	2012 年		2013 年		2014 年	
	播出份额	收视份额	播出份额	收视份额	播出份额	收视份额
财经	2.2	0.3	2.0	0.3	1.7	0.3
电视剧	21.0	36.4	21.8	35.3	20.9	38.7
电影	3.9	1.6	4.4	1.8	4.1	1.6
法制	1.1	2.7	1.1	2.7	1.2	2.2
教学	0.3	0.0	0.3	0.0	0.3	0.0
青少	7.6	4.9	7.2	6.4	7.7	5.0
生活服务	8.4	9.7	9.0	9.0	10.1	9.3
体育	1.7	1.2	2.0	0.6	3.0	0.8
外语	0.0	0.0	0.0	0.0	0.0	0.0
戏剧	1.1	1.0	0.8	0.5	0.8	0.5
新闻/时事	15.7	11.8	15.5	12.3	14.3	11.4
音乐	2.7	0.5	2.5	0.5	2.5	0.5
专题	11.9	4.6	10.5	3.9	11.7	4.0
综艺	8.8	9.0	9.0	9.7	9.3	9.5
其他	13.6	16.3	13.9	17.0	12.4	16.2

表 3.23.7　2014 年山西市场所有节目收视率排名前三十位

名次	节目名称	节目类别	播出频道	平均收视率(%)	平均占有率(%)
1	中央电视台 2014 甲午年春节联欢晚会	综艺	中央电视台综合频道	42.9	79.2
2	新闻联播	新闻/时事	中央电视台综合频道	14.4	45.7
3	天气预报	生活服务	中央电视台综合频道	11.6	25.9
4	中央电视台 2014 甲午年元宵晚会	综艺	中央电视台综合频道	9.6	17.1
5	焦点访谈	新闻/时事	中央电视台综合频道	8.4	17.8
6	满仓进城	电视剧	山东卫视	8.2	16.1
7	一场别开生面的座谈会——习近平总书记主持召开文艺工作座谈会侧记	专题	中央电视台综合频道	7.6	15.9
8	老农民	电视剧	山东卫视	7.2	14.7
9	澳门回归十五周年特别节目	新闻/时事	中央电视台综合频道	7.2	14.0
10	习近平主席在欧洲学院发表重要演讲	新闻/时事	中央电视台综合频道	7.2	13.6
11	习近平主席在联合国教科文组织总部发表演讲	新闻/时事	中央电视台综合频道	7.1	14.3
12	勇敢的心	电视剧	山东卫视	6.8	14.1
13	习近平在澳大利亚联邦议会发表演讲	新闻/时事	中央电视台综合频道	6.7	12.5
14	产科医生	电视剧	山东卫视	6.5	14.8
15	习近平主席在中法建交 50 周年纪念大会上发表重要讲话	新闻/时事	中央电视台综合频道	6.4	12.2
16	父母爱情	电视剧	中央电视台综合频道	6.3	11.7
17	李克强总理会见中外记者并回答提问	新闻/时事	中央电视台综合频道	6.3	11.3
18	豆腐西施杨七巧	电视剧	山东卫视	6.2	14.2
19	守望相助,共创中蒙关系发展新时代——习近平在蒙古国家大呼拉尔的演讲	新闻/时事	中央电视台综合频道	6.2	13.5
20	因为爱情有奇缘	电视剧	湖南卫视	6.2	12.5
21	习近平主席在柏林发表重要演讲	新闻/时事	中央电视台综合频道	6.2	12.2
22	苏州月中华情——2014 年中央电视台中秋晚会	综艺	中央电视台综合频道	6.2	11.8
23	中央电视台特别节目:一桥飞架中欧	专题	中央电视台综合频道	6.2	11.6
24	中央电视台特别节目:从雁栖湖到太平洋——习近平主席大洋洲之行综述	专题	中央电视台综合频道	6.1	11.0

续表

名次	节目名称	节目类别	播出频道	平均收视率（%）	平均占有率（%）
25	飞哥大英雄	电视剧	山西卫视	6.0	12.2
26	习近平在韩国首尔大学发表演讲	新闻/时事	中央电视台综合频道	5.9	15.3
27	中央电视台特别节目:新的中拉时间开始了	专题	中央电视台综合频道	5.9	12.6
28	开学第一课	综艺	中央电视台综合频道	5.9	11.2
29	习近平主席在印度新德里发表重要演讲	新闻/时事	中央电视台综合频道	5.8	11.6
30	我在北京挺好的	电视剧	中央电视台综合频道	5.7	11.4

表 3.23.8 2014 年山西市场电视剧收视率排名前十位

名次	节目名称	播出频道	平均收视率（%）	平均占有率（%）
1	满仓进城	山东卫视	8.2	16.1
2	老农民	山东卫视	7.2	14.7
3	勇敢的心	山东卫视	6.8	14.1
4	产科医生	山东卫视	6.5	14.8
5	父母爱情	中央电视台综合频道	6.3	11.7
6	豆腐西施杨七巧	山东卫视	6.2	14.2
7	因为爱情有奇缘	湖南卫视	6.2	12.5
8	飞哥大英雄	山西卫视	6.0	12.2
9	我在北京挺好的	中央电视台综合频道	5.7	11.4
10	我要当八路	山西卫视	5.7	11.0

表 3.23.9 2014 年山西市场新闻节目收视率排名前十位

名次	节目名称	播出频道	平均收视率（%）	平均占有率（%）
1	新闻联播	中央电视台综合频道	14.4	45.7
2	焦点访谈	中央电视台综合频道	8.4	17.8
3	澳门回归十五周年特别节目	中央电视台综合频道	7.2	14.0
4	习近平主席在欧洲学院发表重要演讲	中央电视台综合频道	7.2	13.6
5	习近平主席在联合国教科文组织总部发表演讲	中央电视台综合频道	7.1	14.3
6	习近平在澳大利亚联邦议会发表演讲	中央电视台综合频道	6.7	12.5
7	习近平主席在中法建交 50 周年纪念大会上发表重要讲话	中央电视台综合频道	6.4	12.2
8	李克强总理会见中外记者并回答提问	中央电视台综合频道	6.3	11.3
9	守望相助,共创中蒙关系发展新时代——习近平在蒙古国家大呼拉尔的演讲	中央电视台综合频道	6.2	13.5
10	习近平主席在柏林发表重要演讲	中央电视台综合频道	6.2	12.2

表 3.23.10 2014 年山西市场专题节目收视率排名前十位

名次	节目名称	播出频道	平均收视率(%)	平均占有率(%)
1	一场别开生面的座谈会——习近平总书记主持召开文艺工作座谈会侧记	中央电视台综合频道	7.6	15.9
2	中央电视台特别节目:一桥飞架中欧	中央电视台综合频道	6.2	11.6
3	中央电视台特别节目:从雁栖湖到太平洋——习近平主席大洋洲之行综述	中央电视台综合频道	6.1	11.0
4	中央电视台特别节目:新的中拉时间开始了	中央电视台综合频道	5.9	12.6
5	百年潮中国梦	中央电视台综合频道	4.7	9.0
6	中国成语大会 2014(6 月 2 日)	中央电视台综合频道	4.6	9.2
7	中央电视台特别节目:一带一路千年的时空穿越	中央电视台综合频道	4.5	8.2
8	寻找最美乡村教师 2014 大型公益活动	中央电视台综合频道	4.1	7.9
9	感动中国 2013 年度人物颁奖盛典	中央电视台综合频道	4.0	7.3
10	寻找最美乡村医生大型公益活动	中央电视台综合频道	3.8	7.2

表 3.23.11 2014 年山西市场综艺节目收视率排名前十位

名次	节目名称	播出频道	平均收视率(%)	平均占有率(%)
1	中央电视台 2014 甲午年春节联欢晚会	中央电视台综合频道	42.9	79.2
2	中央电视台 2014 甲午年元宵晚会	中央电视台综合频道	9.6	17.1
3	苏州月中华情——2014 年中央电视台中秋晚会	中央电视台综合频道	6.2	11.8
4	开学第一课	中央电视台综合频道	5.9	11.2
5	2014 中国上海团结和谐的亚洲携手向明天	中央电视台综合频道	5.7	11.0
6	最炫国剧风特别节目老农民首映典礼	山东卫视	5.2	13.9
7	315 让消费更有尊严——CCTV2014 年 3·15 晚会	中央电视台综合频道	5.2	10.0
8	星光大道	中央电视台综合频道	4.9	9.7
9	大剧抢先看我要当八路特别节目	山西卫视	4.7	8.5
10	独生子精彩抢鲜看	山西卫视	4.3	7.9

表 3.23.12　2014 年山西市场体育节目收视率排名前十位

名次	节目名称	播出频道	平均收视率（%）	平均占有率（%）
1	2014 第二届夏季青年奥林匹克运动会开幕式	中央电视台综合频道	5.3	11.6
2	2014 第二届夏季青年奥林匹克运动会闭幕式	中央电视台综合频道	4.4	8.4
3	谁是球王总决赛	中央电视台综合频道	2.7	5.2
4	我爱世界杯:2014 年巴西世界杯决赛（德国 VS 阿根廷）	中央台五套	1.2	97.4
5	2014 年仁川亚运会乒乓球男团决赛	中央台五套	1.2	2.4
6	2014 年仁川亚运会体操男子自由操决赛	中央台五套	1.2	2.3
7	2014 年仁川亚运会男子 110 米栏决赛	中央台五套	1.1	2.0
8	2014 年仁川亚运会跳水男子 1 米板决赛	中央台五套	1.0	1.8
9	2014 年索契冬奥会短道速滑男子 1000 米决赛	中央台五套	1.0	1.7
10	2014 年仁川亚运会女子 4 × 200 米自由泳接力决赛	中央台五套	0.9	2.1

二十四、四川收视数据

表 3.24.1　2010～2014 年四川市场各类频道的市场占有率（%）

频道类别	年份				
	2010 年	2011 年	2012 年	2013 年	2014 年
中央台频道	32.1	31.7	33.9	34.3	33.4
中国教育台频道	0.5	1.1	0.9	0.5	0.4
四川省级频道	22.4	23.5	23.7	23.6	26.1
其他省级卫视频道	32.0	30.2	27.6	25.4	23.6
其他频道	13.0	13.5	13.9	16.2	16.5

表 3.24.2　2014 年四川市场各类频道在不同目标观众中的市场占有率（%）

目标观众		中央台频道	中国教育台频道	四川省级频道	其他省级卫视频道	其他频道
4 岁及以上所有人		33.4	0.4	26.1	23.6	16.5
城乡	城市	31.9	0.1	27.0	24.5	16.5
	农村	34.2	0.5	25.7	23.2	16.4
性别	男	34.4	0.4	26.0	21.9	17.3
	女	32.4	0.3	26.3	25.4	15.6
年龄	4～14 岁	34.8	0.3	19.6	28.7	16.6
	15～24 岁	30.5	0.5	21.5	31.3	16.2
	25～34 岁	32.5	0.2	20.6	29.0	17.7
	35～44 岁	33.1	0.4	24.4	24.3	17.8
	45～54 岁	33.5	0.4	28.6	21.0	16.5
	55～64 岁	33.9	0.3	33.8	16.1	15.9
	65 岁及以上	34.1	0.3	29.7	21.1	14.8
教育程度	未受过正规教育	39.0	0.5	21.5	22.7	16.3
	小学	30.9	0.4	30.4	21.9	16.4
	初中	33.0	0.4	25.8	24.7	16.1
	高中	37.0	0.2	22.1	24.3	16.4
	大学及以上	33.9	0.1	16.5	29.7	19.8
职业类别	干部/管理人员	29.8	0.1	18.1	28.8	23.2
	个体/私营企业人员	36.3	0.3	24.9	22.1	16.4
	初级公务员/雇员	32.3	0.4	21.6	27.1	18.6
	工人	33.6	0.5	28.4	21.7	15.8
	学生	28.6	0.2	20.3	33.1	17.8
	无业	37.4	0.3	23.9	24.3	14.1
	其他	30.6	0.5	31.0	20.2	17.7
个人月收入	0～300 元	33.7	0.4	25.0	25.2	15.7
	301～900 元	29.9	0.4	31.0	21.0	17.7
	901～1700 元	33.4	0.2	26.8	21.9	17.7
	1701～2600 元	36.9	0.4	24.9	23.7	14.1
	2601～3500 元	31.8	0.4	25.6	22.7	19.5
	3501 元及以上	32.3	0.2	23.9	24.7	18.9

表 3.24.3　2014 年四川市场各类频道在不同时段的市场占有率（%）

时间段	中央台频道	中国教育台频道	四川省级频道	其他省级卫视频道	其他频道
02:00～03:00	28.3	0.4	17.3	26.1	27.9
03:00～04:00	28.3	0.4	16.2	25.2	29.9
04:00～05:00	28.3	0.2	19.0	22.4	30.1
05:00～06:00	30.4	0.2	23.8	19.6	26.0
06:00～07:00	44.1	0.1	23.1	15.0	17.7
07:00～08:00	51.0	0.1	16.6	16.3	16.0
08:00～09:00	46.0	0.1	12.1	25.0	16.8
09:00～10:00	40.4	0.1	13.0	28.7	17.8
10:00～11:00	40.2	0.3	14.1	28.6	16.8
11:00～12:00	43.2	0.4	15.5	26.1	14.8
12:00～13:00	46.2	0.4	15.1	22.6	15.7
13:00～14:00	42.2	0.5	17.5	24.2	15.6
14:00～15:00	36.9	0.6	17.8	28.2	16.5
15:00～16:00	35.7	0.5	17.7	29.6	16.5
16:00～17:00	35.6	0.2	15.6	31.3	17.3
17:00～18:00	41.6	0.1	17.7	25.5	15.1
18:00～19:00	41.0	0.1	28.4	12.0	18.5
19:00～20:00	33.2	0.4	32.8	17.4	16.2
20:00～21:00	26.3	0.6	33.8	24.6	14.7
21:00～22:00	26.2	0.4	33.8	25.2	14.4
22:00～23:00	23.2	0.3	34.5	24.7	17.3
23:00～24:00	25.3	0.1	31.3	25.0	18.3
24:00～25:00	34.1	0.2	18.9	24.7	22.1
25:00～26:00	31.3	0.4	17.5	24.0	26.8

表 3.24.4　2014 年四川市场收视份额排名前十位的频道

名次	频道名称	收视份额(%)
1	四川电视台影视文艺频道(五套)	7.5
2	中央电视台综合频道	6.2
3	湖南卫视	6.1
4	四川卫视	5.2
5	中央电视台少儿频道	4.9
6	四川电视台公共频道	4.8
7	中央台六套	4.1
8	中央台八套	3.6
9	四川经视频道	3.0
10	中央台三套	2.7

表 3.24.5　2014 年四川市场各主要频道的观众构成（%）

目标观众		所有频道	主要频道				
			四川电视台影视文艺频道(五套)	中央电视台综合频道	湖南卫视	四川卫视	中央电视台少儿频道
4 岁及以上所有人		100.0	100.0	100.0	100.0	100.0	100.0
城乡	城市	35.9	37.7	33.8	24.0	33.6	26.2
	农村	64.1	62.3	66.2	76.0	66.4	73.8
性别	男	49.2	51.3	47.9	39.4	52.4	44.8
	女	50.8	48.7	52.1	60.6	47.6	55.2
年龄	4～14 岁	14.5	7.8	15.5	22.4	8.8	44.7
	15～24 岁	8.4	5.2	6.0	16.0	5.4	7.8
	25～34 岁	11.3	7.6	10.4	13.4	8.3	9.1
	35～44 岁	15.3	11.9	13.5	15.8	13.7	10.3
	45～54 岁	21.9	28.9	18.4	18.3	21.0	12.2
	55～64 岁	16.5	25.5	20.3	7.6	25.7	10.4
	65 岁及以上	12.1	13.1	15.9	6.5	17.1	5.5
教育程度	未受过正规教育	10.0	7.0	13.3	8.5	8.8	30.7
	小学	37.9	46.5	34.5	39.4	43.5	38.4
	初中	33.7	32.5	32.8	38.1	33.0	23.6
	高中	13.2	11.9	14.6	10.5	9.9	6.2
	大学及以上	5.2	2.1	4.8	3.5	4.8	1.1
职业类别	干部/管理人员	1.1	0.6	1.0	0.6	0.7	0.2
	个体/私营企业人员	10.0	10.1	8.4	8.5	9.4	4.4
	初级公务员/雇员	8.8	6.0	7.2	8.9	8.1	3.7
	工人	14.0	16.8	12.5	11.8	13.9	9.3
	学生	9.0	3.8	7.1	20.6	4.9	17.1
	无业	27.6	25.4	36.1	23.6	24.5	43.8
	其他	29.5	37.3	27.7	26.0	38.5	21.5
个人月收入	0～300 元	43.9	37.2	46.6	55.1	40.0	71.5
	301～900 元	13.8	18.7	12.8	12.4	18.4	7.1
	901～1700 元	16.3	19.3	15.5	12.2	16.2	7.7
	1701～2600 元	14.6	16.1	15.6	12.3	14.8	7.9
	2601～3500 元	6.7	4.7	5.2	5.1	6.5	3.1
	3501 元及以上	4.7	4.0	4.3	2.9	4.1	2.7

表 3.24.6　2012～2014 年四川市场各类节目的播出份额（%）和收视份额（%）

节目类别	2012 年		2013 年		2014 年	
	播出份额	收视份额	播出份额	收视份额	播出份额	收视份额
财经	1.9	0.7	2.0	0.5	1.8	0.4
电视剧	29.3	41.2	21.9	41.2	21.2	41.8
电影	5.1	7.6	5.2	7.2	4.5	6.1
法制	0.9	1.5	0.9	0.9	0.9	0.9
教学	0.5	0.1	0.3	0.0	0.3	0.0
青少	5.6	7.5	6.4	6.8	6.9	6.4
生活服务	9.2	5.0	9.3	5.9	10.6	7.1
体育	1.7	1.5	1.8	0.8	2.8	1.3
外语	0.0	0.0	0.0	0.0	0.0	0.0
戏剧	0.9	0.3	0.8	0.2	0.7	0.2
新闻/时事	10.6	8.9	15.0	10.1	14.4	10.1
音乐	2.5	0.9	2.4	0.8	2.5	0.7
专题	9.8	4.8	10.2	4.2	11.4	4.4
综艺	7.2	9.5	9.2	9.8	9.2	9.1
其他	14.8	10.5	14.6	11.6	12.8	11.5

表 3.24.7 2014 年四川市场所有节目收视率排名前三十位

名次	节目名称	节目类别	播出频道	平均收视率（%）	平均占有率（%）
1	因为爱情有奇缘	电视剧	湖南卫视	5.3	13.9
2	穷孩子富孩子	电视剧	四川卫视	4.8	13.3
3	猎天狼	电视剧	四川电视台影视文艺频道(五套)	4.7	18.4
4	战火连天	电视剧	四川电视台影视文艺频道(五套)	4.7	18.0
5	举起手来(12 月 9 日)	电影	中央台六套	4.7	13.0
6	我和我的传奇奶奶	电视剧	四川卫视	4.7	11.8
7	绝地枪王	电视剧	四川电视台影视文艺频道(五套)	4.6	19.7
8	快乐中国 20142015 跨年演唱会	音乐	湖南卫视	4.6	15.9
9	大漠枪神	电视剧	四川电视台影视文艺频道(五套)	4.5	17.1
10	毒牙	电视剧	四川电视台影视文艺频道(五套)	4.5	16.8
11	兄弟们上	电视剧	四川电视台影视文艺频道(五套)	4.5	16.0
12	麻姑献寿(1 月 2 日 ~10 日)	电视剧	四川电视台公共频道	4.5	11.6
13	中央电视台 2014 甲午年春节联欢晚会	综艺	中央电视台综合频道	4.5	10.7
14	刀影	电视剧	四川卫视	4.4	12.8
15	刺刀英雄	电视剧	四川电视台影视文艺频道（五套）	4.3	17.5
16	我和我的传奇奶奶奶奶传奇	综艺	四川卫视	4.3	12.4
17	刀影特别节目	综艺	四川卫视	4.3	10.7
18	那年来了鬼子兵	电视剧	四川电视台影视文艺频道（五套）	4.1	14.6
19	东北剿匪记	电视剧	四川电视台影视文艺频道（五套）	4.1	14.3
20	幸福爱人	电视剧	湖南卫视	4.1	12.5
21	刺杀玫瑰	电影	四川卫视	4.1	10.3
22	花红花火	电视剧	四川电视台影视文艺频道（五套）	4.0	16.9
23	宫锁连城	电视剧	湖南卫视	4.0	11.2
24	敌后英雄	电视剧	四川卫视	4.0	10.8
25	一个人战争	电视剧	四川电视台影视文艺频道（五套）	3.9	15.2
26	利箭纵横（41 ~43 集）	电视剧	四川电视台影视文艺频道（五套）	3.9	13.3
27	新济公活佛	电视剧	湖南卫视	3.9	10.8
28	侠探高飞	电视剧	四川电视台影视文艺频道（五套）	3.8	13.5
29	秀秀的男人	电视剧	四川卫视	3.8	10.7
30	历史转折中的邓小平	电视剧	中央电视台综合频道	3.8	10.1

表 3.24.8　2014 年四川市场电视剧收视率排名前十位

名次	节目名称	播出频道	平均收视率(%)	平均占有率(%)
1	因为爱情有奇缘	湖南卫视	5.3	13.9
2	穷孩子富孩子	四川卫视	4.8	13.3
3	猎天狼	四川电视台影视文艺频道(五套)	4.7	18.4
4	战火连天	四川电视台影视文艺频道(五套)	4.7	18.0
5	我和我的传奇奶奶	四川卫视	4.7	11.8
6	绝地枪王	四川电视台影视文艺频道(五套)	4.6	19.7
7	大漠枪神	四川电视台影视文艺频道(五套)	4.5	17.1
8	毒牙	四川电视台影视文艺频道(五套)	4.5	16.8
9	兄弟们上	四川电视台影视文艺频道(五套)	4.5	16.0
10	麻姑献寿(1 月 2 日 ~10 日)	四川电视台公共频道	4.5	11.6

表 3.24.9　2014 年四川市场新闻节目收视率排名前十位

名次	节目名称	播出频道	平均收视率(%)	平均占有率(%)
1	守望相助,共创中蒙关系发展新时代——习近平在蒙古国家大呼拉尔的演讲	中央电视台综合频道	2.1	5.9
2	黄金 30 分	四川电视台新闻资讯频道	2.0	5.8
3	习近平主席在印度新德里发表重要演讲	中央电视台综合频道	1.9	6.0
4	新闻联播	中央电视台综合频道	1.8	7.5
5	转播中央台新闻联播	四川卫视	1.4	5.9
6	联播四川	四川电视台公共频道	1.4	5.3
7	习近平主席在联合国教科文组织总部发表演讲	中央电视台综合频道	1.4	4.9
8	海巡 01 轮发现黑匣子脉冲信号	中央电视台新闻频道	1.3	6.0
9	焦点访谈	中央电视台综合频道	1.3	4.0
10	习近平在韩国首尔大学发表演讲	中央电视台综合频道	1.2	5.8

表 3.24.10　2014 年四川市场专题节目收视率排名前十位

名次	节目名称	播出频道	平均收视率(%)	平均占有率(%)
1	中央电视台特别节目:新的中拉时间开始了	中央电视台综合频道	2.9	10.1
2	中央电视台特别节目:一带一路千年的时空穿越	中央电视台综合频道	2.7	7.1
3	中国汉字听写大会 2014(9 月 7 日)	中央电视台综合频道	2.5	7.0
4	壮士出川川军抗日揭秘	四川卫视	2.4	6.7
5	2014 寻找最美村官颁奖典礼	中央电视台综合频道	2.2	6.3
6	寻找最美乡村教师 2014 大型公益活动	中央电视台综合频道	1.9	5.2
7	中国谜语大会(2 月 11 日)	中央电视台综合频道	1.9	4.5
8	舌尖上的中国第二季	中央电视台综合频道	1.8	4.4
9	好记者讲好故事——2014 年中国记者节特别节目	中央电视台综合频道	1.7	4.2
10	作风建设永远在路上——落实八项规定精神正风肃纪纪实	中央电视台综合频道	1.3	3.2

表 3.24.11　2014 年四川市场综艺节目收视率排名前十位

名次	节目名称	播出频道	平均收视率（%）	平均占有率（%）
1	中央电视台 2014 甲午年春节联欢晚会	中央电视台综合频道	4.5	10.7
2	我和我的传奇奶奶奶奶传奇	四川卫视	4.3	12.4
3	刀影特别节目	四川卫视	4.3	10.7
4	秀秀的男人特别节目	四川卫视	3.6	9.6
5	中央电视台 2014 甲午年元宵晚会	中央电视台综合频道	3.5	8.2
6	开学第一课	中央电视台综合频道	3.4	8.5
7	传奇英雄特别节目	四川卫视	3.2	8.4
8	星光大道(10 月 11 日)	中央电视台综合频道	3.2	8.2
9	我是歌手突围赛(3 月 21 日)	湖南卫视	3.1	8.1
10	冒牌英雄特别节目	四川卫视	3.1	7.6

表 3.24.12　2014 年四川市场体育节目收视率排名前十位

名次	节目名称	播出频道	平均收视率（%）	平均占有率（%）
1	2014 第二届夏季青年奥林匹克运动会闭幕式	中央电视台综合频道	3.1	7.8
2	2014 第二届夏季青年奥林匹克运动会开幕式	中央电视台综合频道	2.2	6.1
3	我爱世界杯:2014 年巴西世界杯决赛(德国 VS 阿根廷)	中央台五套	1.9	55.2
4	中华龙舟大赛浙江温州站大学生女子 500 米直道赛决赛	中央电视台综合频道	1.7	12.3
5	2014 年索契冬奥会短道速滑男子 1000 米决赛	中央台五套	1.5	3.4
6	2014 年仁川亚运会男子十项全能 1500 米	中央台五套	1.3	3.3
7	现场直播:WBO 重量级拳王争霸战	中央台五套	1.2	9.1
8	2014 年索契冬奥会单板滑雪平行大回转男子铜牌赛第二轮	中央台五套	1.2	4.2
9	2014 年仁川亚运会男子 1500 米自由泳决赛精彩回放	中央台五套	1.2	3.1
10	黄金赛场:2014/2015 赛季中国男子篮球职业联赛常规赛第 15 轮(北京首钢 VS 辽宁药都本溪)	中央台五套	1.2	3.0

二十五、新疆收视数据

表 3.25.1　2010～2014 年新疆市场各类频道的市场占有率（%）

频道类别	年份				
	2010 年	2011 年	2012 年	2013 年	2014 年
中央台频道	22.3	21.7	23.3	26.5	29.4
中国教育台频道	0.1	0.3	0.3	0.2	0.2
新疆维吾尔自治区级频道	19.1	22.2	25.7	27.2	27.0
其他省级卫视频道	16.9	18.9	20.1	21.9	21.9
其他频道	41.6	36.9	30.6	24.1	21.5

表 3.25.2　2014 年新疆市场各类频道在不同目标观众中的市场占有率（%）

目标观众		中央台频道	中国教育台频道	新疆维吾尔自治区级频道	其他省级卫视频道	其他频道
4 岁及以上所有人		29.4	0.2	27.0	21.9	21.5
城乡	城市	34.8	0.2	21.7	25.1	18.2
	农村	24.2	0.2	32.1	18.8	24.7
性别	男	31.5	0.2	26.9	19.9	21.5
	女	27.3	0.2	27.1	23.9	21.5
年龄	4～14 岁	24.7	0.2	31.6	17.6	25.9
	15～24 岁	14.7	0.2	32.6	20.0	32.5
	25～34 岁	21.0	0.2	38.7	18.6	21.5
	35～44 岁	32.4	0.3	23.9	23.8	19.6
	45～54 岁	31.3	0.2	25.1	23.4	20.0
	55～64 岁	39.6	0.2	20.0	22.5	17.7
	65 岁及以上	50.3	0.3	11.9	27.8	9.7
教育程度	未受过正规教育	33.3	0.1	27.8	18.8	20.0
	小学	25.7	0.3	30.5	19.9	23.6
	初中	26.2	0.2	28.9	19.8	24.9
	高中	33.6	0.2	22.7	26.0	17.5
	大学及以上	39.2	0.2	20.3	27.2	13.1
职业类别	干部/管理人员	39.1	0.4	16.2	33.0	11.4
	个体/私营企业人员	31.7	0.3	20.6	24.6	22.8
	初级公务员/雇员	40.0	0.1	17.8	27.8	14.2
	工人	33.6	0.2	17.5	28.0	20.7
	学生	21.2	0.2	30.5	21.7	26.3
	无业	36.3	0.2	22.1	23.4	18.0
	其他	21.0	0.2	37.5	15.9	25.4
个人月收入	0～300 元	23.2	0.2	30.1	20.9	25.5
	301～900 元	9.8	0.2	48.3	4.7	37.1
	901～1700 元	29.5	0.3	30.0	23.6	16.6
	1701～2600 元	39.7	0.2	14.8	31.3	13.9
	2601～3500 元	48.2	0.3	10.5	30.3	10.6
	3501 元及以上	45.4	0.3	14.0	27.5	12.8

表 3.25.3 2014 年新疆市场各类频道在不同时段的市场占有率（%）

时间段	中央台频道	中国教育台频道	新疆维吾尔自治区级频道	其他省级卫视频道	其他频道
02:00~03:00	44.5	0.3	9.9	27.3	18.0
03:00~04:00	53.4	0.5	5.9	30.2	10.0
04:00~05:00	56.0	0.6	7.2	27.7	8.5
05:00~06:00	52.9	1.0	10.1	26.0	10.0
06:00~07:00	53.1	0.8	7.7	24.6	13.8
07:00~08:00	54.6	0.2	7.5	30.0	7.6
08:00~09:00	52.8	0.1	21.3	19.3	6.4
09:00~10:00	43.5	0.1	31.8	15.0	9.7
10:00~11:00	26.8	0.2	35.7	12.4	24.9
11:00~12:00	26.4	0.3	34.0	14.0	25.3
12:00~13:00	30.8	0.3	27.6	14.9	26.4
13:00~14:00	35.7	0.3	22.3	18.2	23.4
14:00~15:00	30.3	0.3	25.3	20.5	23.6
15:00~16:00	28.8	0.2	26.8	22.4	21.9
16:00~17:00	27.3	0.1	27.8	20.1	24.6
17:00~18:00	30.6	0.1	26.7	17.5	25.1
18:00~19:00	35.9	0.1	27.6	12.0	24.4
19:00~20:00	42.8	0.3	21.2	18.2	17.6
20:00~21:00	26.2	0.4	25.0	27.8	20.7
21:00~22:00	24.8	0.2	25.2	27.5	22.3
22:00~23:00	23.4	0.2	30.0	24.7	21.7
23:00~24:00	25.7	0.1	29.7	24.0	20.5
24:00~25:00	30.5	0.1	28.7	20.0	20.6
25:00~26:00	39.8	0.2	19.0	22.0	19.1

表 3.25.4 2014 年新疆市场收视份额排名前十位的频道

名次	频道名称	收视份额(%)
1	新疆电视台二套(维语新闻综合频道)	8.4
2	新疆电视台九套(维语经济生活频道)	7.3
3	中央电视台综合频道	6.6
4	新疆电视台五套(维语综艺频道)	6.1
5	中央电视台新闻频道	4.3
6	中央电视台少儿频道	3.8
7	湖南卫视	3.4
8	中央台八套	2.6
9	中央台六套	2.4
10	中央台十二套	2.1

表 3.25.5　2014 年新疆市场各主要频道的观众构成（%）

目标观众		所有频道	主要频道				
			新疆电视台二套(维语新闻综合频道)	新疆电视台九套(维语经济生活频道)	中央电视台综合频道	新疆电视台五套(维语综艺频道)	中央电视台新闻频道
4 岁及以上所有人		100.0	100.0	100.0	100.0	100.0	100.0
城乡	城市	49.4	36.6	43.6	63.3	31.9	63.8
	农村	50.6	63.4	56.4	36.7	68.1	36.2
性别	男	49.3	48.6	47.2	48.9	48.7	58.7
	女	50.7	51.4	52.8	51.1	51.3	41.3
年龄	4~14 岁	11.8	13.8	14.2	5.4	15.3	2.8
	15~24 岁	16.4	22.4	20.2	6.9	21.2	4.3
	25~34 岁	15.9	21.7	25.3	10.2	24.2	11.0
	35~44 岁	19.9	16.2	16.6	17.2	16.6	20.7
	45~54 岁	14.1	13.2	12.0	13.9	12.0	18.0
	55~64 岁	10.4	7.2	7.6	18.3	7.0	18.5
	65 岁及以上	11.4	5.5	4.0	28.1	3.7	24.7
教育程度	未受过正规教育	4.6	4.3	5.4	4.2	5.2	3.6
	小学	25.3	31.8	29.2	22.4	29.6	18.5
	初中	38.1	42.5	39.7	30.8	41.4	32.8
	高中	21.2	13.7	19.3	26.1	17.0	27.4
	大学及以上	10.9	7.8	6.4	16.5	6.8	17.7
职业类别	干部/管理人员	1.5	0.9	0.6	2.2	0.7	2.3
	个体/私营企业人员	8.2	6.1	6.0	8.0	4.5	10.0
	初级公务员/雇员	8.9	4.6	5.2	12.1	5.6	15.1
	工人	5.7	3.2	4.0	5.6	3.7	7.8
	学生	15.1	17.0	17.2	7.1	19.2	4.0
	无业	31.4	24.1	24.2	47.1	20.6	45.6
	其他	29.2	44.1	43.0	17.9	45.8	15.2
个人月收入	0~300 元	31.2	33.1	35.1	21.1	34.3	13.0
	301~900 元	17.4	37.9	31.8	4.5	35.0	4.3
	901~1700 元	15.0	13.4	18.4	14.0	17.1	17.9
	1701~2600 元	18.3	9.3	8.3	27.1	6.7	30.2
	2601~3500 元	12.4	4.3	4.0	22.8	4.6	26.9
	3501 元及以上	5.7	2.0	2.4	10.5	2.3	7.8

表 3.25.6　2012~2014 年新疆市场各类节目的播出份额（%）和收视份额（%）

节目类别	2012 年		2013 年		2014 年	
	播出份额	收视份额	播出份额	收视份额	播出份额	收视份额
财经	2.2	0.5	1.7	0.6	1.5	0.6
电视剧	21.2	31.6	27.9	28.9	24.3	28.9
电影	4.8	4.0	5.5	5.4	4.9	5.1
法制	0.8	1.2	1.0	2.0	1.0	2.2
教学	0.3	0.1	0.4	0.1	0.3	0.2
青少	7.1	6.0	5.6	7.5	6.3	6.7
生活服务	8.5	7.7	8.4	6.9	12.6	7.7
体育	2.5	2.5	3.1	2.4	4.0	3.0
外语	0.0	0.0	0.0	0.0	0.0	0.0
戏剧	1.1	0.4	0.7	0.3	0.6	0.4
新闻/时事	14.3	11.5	10.2	12.4	9.7	12.8
音乐	2.7	0.9	2.5	0.8	2.5	0.9
专题	11.7	7.3	8.7	5.7	11.3	6.5
综艺	8.7	11.4	7.0	11.4	6.9	10.8
其他	14.1	15.1	17.2	15.5	14.0	14.2

表 3.25.7 2014 年新疆市场所有节目收视率排名前三十位

名次	节目名称	节目类别	播出频道	平均收视率（%）	平均占有率（%）
1	中央电视台 2014 甲午年春节联欢晚会	综艺	中央电视台综合频道	11.6	40.6
2	星光大道(1 月 31 日)	综艺	中央电视台综合频道	4.1	15.3
2	中央电视台 2014 甲午年元宵晚会	综艺	中央电视台综合频道	4.1	15.3
4	新闻联播	新闻/时事	中央电视台综合频道	3.8	28.1
5	习近平主席在柏林发表重要演讲	新闻/时事	中央电视台综合频道	3.1	16.2
6	中央电视台特别节目:从雁栖湖到太平洋——习近平主席大洋洲之行综述	专题	中央电视台综合频道	3.1	12.2
7	天气预报	生活服务	中央电视台综合频道	3.0	18.5
8	寻找最美乡村医生大型公益活动	专题	中央电视台综合频道	3.0	9.6
9	出彩中国人(3 月 2 日)	综艺	中央电视台综合频道	3.0	8.6
10	习近平主席在中法建交 50 周年纪念大会上发表重要讲话	新闻/时事	中央电视台综合频道	2.9	13.5
11	习近平主席在联合国教科文组织总部发表演讲	新闻/时事	中央电视台综合频道	2.9	13.2
12	父母爱情	电视剧	中央电视台综合频道	2.9	9.3
13	李克强总理会见中外记者并回答提问	新闻/时事	中央电视台综合频道	2.7	12.0
14	习近平在澳大利亚联邦议会发表演讲	新闻/时事	中央电视台综合频道	2.6	10.9
15	原乡	电视剧	中央电视台综合频道	2.6	8.9
16	焦点访谈	新闻/时事	中央电视台综合频道	2.5	13.9
17	作风建设永远在路上——落实八项规定精神正风肃纪纪实	专题	中央电视台综合频道	2.5	8.4
18	315 让消费更有尊严——CCTV2014 年 3·15 晚会	综艺	中央电视台综合频道	2.5	8.3
19	2014 中国上海团结和谐的亚洲携手向明天	综艺	中央电视台综合频道	2.3	10.2
20	众里寻你——2014 寻找最美孝心少年颁奖典礼	青少	中央电视台综合频道	2.3	9.9
21	铁血红安	电视剧	中央电视台综合频道	2.3	8.0
22	我是歌手半决赛	综艺	湖南卫视	2.3	7.5
23	习近平主席在印度新德里发表重要演讲	新闻/时事	中央电视台综合频道	2.1	13.6
24	习近平主席在欧洲学院发表重要演讲	新闻/时事	中央电视台综合频道	2.1	11.0
25	我在北京挺好的	电视剧	中央电视台综合频道	2.1	9.2

续表

名次	节目名称	节目类别	播出频道	平均收视率(%)	平均占有率(%)
26	在五彩缤纷的节日里——2014年六一晚会	青少	中央电视台综合频道	2.1	7.9
27	清网行动	电视剧	中央电视台综合频道	2.1	7.1
28	中央电视台特别节目:一桥飞架中欧	专题	中央电视台综合频道	2.0	9.7
29	马向阳下乡记	电视剧	中央电视台综合频道	2.0	8.4
30	开国元勋朱德	电视剧	中央电视台综合频道	2.0	7.7

表3.25.8　2014年新疆市场电视剧收视率排名前十位

名次	节目名称	播出频道	平均收视率(%)	平均占有率(%)
1	父母爱情	中央电视台综合频道	2.9	9.3
2	原乡	中央电视台综合频道	2.6	8.9
3	铁血红安	中央电视台综合频道	2.3	8.0
4	我在北京挺好的	中央电视台综合频道	2.1	9.2
5	清网行动	中央电视台综合频道	2.1	7.1
6	马向阳下乡记	中央电视台综合频道	2.0	8.4
7	开国元勋朱德	中央电视台综合频道	2.0	7.7
8	锋刃(1~8集)	中央电视台综合频道	2.0	6.2
9	大河儿女	中央电视台综合频道	1.9	7.3
10	因为爱情有奇缘	湖南卫视	1.7	6.6

表3.25.9　2014年新疆市场新闻节目收视率排名前十位

名次	节目名称	播出频道	平均收视率(%)	平均占有率(%)
1	新闻联播	中央电视台综合频道	3.8	28.1
2	习近平主席在柏林发表重要演讲	中央电视台综合频道	3.1	16.2
3	习近平主席在中法建交50周年纪念大会上发表重要讲话	中央电视台综合频道	2.9	13.5
4	习近平主席在联合国教科文组织总部发表演讲	中央电视台综合频道	2.9	13.2
5	李克强总理会见中外记者并回答提问	中央电视台综合频道	2.7	12.0
6	习近平在澳大利亚联邦议会发表演讲	中央电视台综合频道	2.6	10.9
7	焦点访谈	中央电视台综合频道	2.5	13.9
8	习近平主席在印度新德里发表重要演讲	中央电视台综合频道	2.1	13.6
9	习近平主席在欧洲学院发表重要演讲	中央电视台综合频道	2.1	11.0
10	习近平在韩国首尔大学发表演讲	中央电视台综合频道	1.9	11.4

表 3.25.10　2014 年新疆市场专题节目收视率排名前十位

名次	节目名称	播出频道	平均收视率（%）	平均占有率（%）
1	中央电视台特别节目:从雁栖湖到太平洋——习近平主席大洋洲之行综述	中央电视台综合频道	3.1	12.2
2	寻找最美乡村医生大型公益活动	中央电视台综合频道	3.0	9.6
3	作风建设永远在路上——落实八项规定精神正风肃纪纪实	中央电视台综合频道	2.5	8.4
4	中央电视台特别节目:一桥飞架中欧	中央电视台综合频道	2.0	9.7
5	一场别开生面的座谈会——习近平总书记主持召开文艺工作座谈会侧记	中央电视台综合频道	1.9	13.4
6	舌尖上的中国第二季	中央电视台综合频道	1.9	7.4
7	中央电视台特别节目:新的中拉时间开始了	中央电视台综合频道	1.8	11.3
8	中国谜语大会(2 月 11 日)	中央电视台综合频道	1.8	6.0
9	2013 中国好书	中央电视台综合频道	1.7	6.7
10	感动中国 2013 年度人物颁奖盛典	中央电视台综合频道	1.7	5.4

表 3.25.11　2014 年新疆市场综艺节目收视率排名前十位

名次	节目名称	播出频道	平均收视率（%）	平均占有率（%）
1	中央电视台 2014 甲午年春节联欢晚会	中央电视台综合频道	11.6	40.6
2	星光大道(1 月 31 日)	中央电视台综合频道	4.1	15.3
2	中央电视台 2014 甲午年元宵晚会	中央电视台综合频道	4.1	15.3
4	出彩中国人(3 月 2 日)	中央电视台综合频道	3.0	8.6
5	315 让消费更有尊严——CCTV2014 年 3·15 晚会	中央电视台综合频道	2.5	8.3
6	2014 中国上海团结和谐的亚洲携手向明天	中央电视台综合频道	2.3	10.2
7	我是歌手半决赛	湖南卫视	2.3	7.5
8	苏州月中华情——2014 年中央电视台中秋晚会	中央电视台综合频道	1.9	9.2
9	开学第一课	中央电视台综合频道	1.9	8.6
10	庆祝澳门回归祖国十五周年文艺晚会	中央电视台综合频道	1.8	6.5

表 3.25.12　2014 年新疆市场体育节目收视率排名前十位

名次	节目名称	播出频道	平均收视率(%)	平均占有率(%)
1	我爱世界杯:2014 年巴西世界杯 1/4 决赛(阿根廷 VS 比利时)	中央台五套	1.8	29.2
2	2014 第二届夏季青年奥林匹克运动会开幕式	中央电视台综合频道	1.6	8.5
3	谁是球王总决赛	中央电视台综合频道	1.5	5.1
4	2014 第二届夏季青年奥林匹克运动会闭幕式	中央电视台综合频道	1.3	6.9
5	直播周末:2014 年 CBA 全明星赛扣篮大赛	中央台五套	1.2	3.3
6	黄金赛场:2013/2014 赛季中国男子篮球职业联赛总决赛第四场(北京金隅 VS 新疆广汇)	中央台五套	1.1	4.0
7	直播周末:2014 年 CBA 全明星赛(北区明星队 VS 南区明星队)	中央台五套	1.1	3.0
8	2014 年索契冬奥会单板滑雪男子 U 型池资格赛	中央台五套	0.9	2.8
9	2014 年仁川亚运会举重男子 69 公斤级挺举	中央台五套	0.8	2.9
10	2014 年索契冬奥会短道速滑男子 5000 米接力半决赛	中央台五套	0.8	2.1

二十六、云南收视数据

表 3.26.1　2010～2014 年云南市场各类频道的市场占有率（%）

频道类别	年份				
	2010 年	2011 年	2012 年	2013 年	2014 年
中央台频道	31.5	29.8	34.2	34.1	35.4
中国教育台频道	0.5	1.5	1.7	1.0	0.5
云南省级频道	24.9	19.7	17.7	17.7	17.8
其他省级卫视频道	33.6	39.6	38.2	39.9	39.2
其他频道	9.6	9.4	8.2	7.3	7.1

表 3.26.2　2014 年云南市场各类频道在各目标观众中的市场占有率（%）

目标观众		中央台频道	中国教育台频道	云南省级频道	其他省级卫星频道	其他频道
4 岁及以上所有人		35.4	0.5	17.8	39.2	7.1
城乡	城市	36.2	0.3	19.7	30.6	13.2
	农村	35.0	0.6	17.1	42.6	4.7
性别	男	36.6	0.5	18.2	37.5	7.2
	女	34.1	0.4	17.5	41.0	7.0
年龄	4～14 岁	37.2	0.5	13.7	43.5	5.2
	15～24 岁	31.1	0.6	14.9	46.5	6.9
	25～34 岁	34.2	0.5	15.5	42.2	7.5
	35～44 岁	33.1	0.6	16.6	42.0	7.7
	45～54 岁	33.1	0.5	22.5	36.3	7.7
	55～64 岁	40.9	0.3	23.0	27.4	8.4
	65 岁及以上	41.2	0.4	21.4	30.6	6.4
教育程度	未受过正规教育	41.2	0.4	14.1	38.5	5.8
	小学	34.2	0.6	16.9	42.0	6.3
	初中	32.2	0.5	18.3	41.9	7.2
	高中	40.2	0.4	19.7	31.5	8.2
	大学及以上	46.8	0.2	18.2	24.3	10.5
职业类别	干部/管理人员	46.1	0.2	19.5	24.5	9.7
	个体/私营企业人员	37.0	0.5	16.8	33.8	11.9
	初级公务员/雇员	35.8	0.4	22.9	32.1	8.8
	工人	35.0	0.2	20.1	36.4	8.2
	学生	33.9	0.4	14.6	44.9	6.1
	无业	41.7	0.3	19.9	31.2	6.9
	其他	30.5	0.8	16.8	47.2	4.7
个人月收入	0～300 元	34.5	0.5	15.8	43.5	5.7
	301～900 元	33.4	0.7	17.1	43.4	5.4
	901～1700 元	33.4	0.6	18.2	40.3	7.5
	1701～2600 元	37.9	0.2	21.6	31.7	8.6
	2601～3500 元	41.5	0.4	17.1	32.4	8.6
	3501 元及以上	39.5	0.2	17.0	29.9	13.4

表 3.26.3 2014 年云南市场各类频道在不同时段的市场占有率（%）

时间段	中央台频道	中国教育台频道	云南省级频道	其他省级卫星频道	其他频道
02:00~03:00	49.5	0.0	5.5	37.4	7.7
03:00~04:00	56.8	0.0	4.8	28.5	9.9
04:00~05:00	71.5	0.7	2.2	21.1	4.5
05:00~06:00	72.0	1.0	2.9	18.5	5.7
06:00~07:00	73.9	1.8	4.8	16.8	2.6
07:00~08:00	68.1	0.4	6.2	20.4	4.9
08:00~09:00	51.0	0.4	11.4	33.3	3.9
09:00~10:00	45.1	0.5	10.7	39.0	4.8
10:00~11:00	46.8	0.5	11.5	36.0	5.3
11:00~12:00	51.0	0.4	10.9	31.7	6.0
12:00~13:00	60.9	0.3	7.8	26.6	4.5
13:00~14:00	57.9	0.3	6.3	31.2	4.3
14:00~15:00	43.1	0.4	10.0	40.4	6.1
15:00~16:00	39.6	0.4	11.2	42.1	6.7
16:00~17:00	42.3	0.2	13.0	37.7	6.8
17:00~18:00	49.0	0.2	16.2	25.3	9.4
18:00~19:00	47.0	0.3	23.0	16.0	13.6
19:00~20:00	42.2	0.6	16.9	33.6	6.7
20:00~21:00	26.6	0.6	19.8	46.9	6.1
21:00~22:00	25.7	0.5	22.4	44.9	6.5
22:00~23:00	27.6	0.4	19.4	42.6	9.9
23:00~24:00	27.6	0.3	17.5	43.7	10.9
24:00~25:00	38.4	0.1	10.9	36.7	13.9
25:00~26:00	50.2	0.0	6.2	28.5	15.0

表 3.26.4 2014 年云南市场收视份额排名前十位的频道

名次	频道名称	收视份额(%)
1	湖南卫视	12.1
2	云南广播电视台都市频道(二套)	7.4
3	中央电视台综合频道	7.3
4	中央台八套	5.3
5	中央台六套	4.9
6	中央电视台少儿频道	4.2
7	云南广播电视台卫视频道(一套)	3.8
8	安徽卫视	3.2
9	中央台十二套	3.0
10	四川卫视	2.8

表 3.26.5　2014 年云南市场各主要频道的观众构成（%）

目标观众		所有频道	主要频道				
			湖南卫视	云南广播电视台都市频道(二套)	中央电视台综合频道	中央台八套	中央台六套
4 岁及以上所有人		100.0	100.0	100.0	100.0	100.0	100.0
城乡	城市	28.6	23.3	33.6	30.6	31.6	31.0
	农村	71.4	76.7	66.4	69.4	68.4	69.0
性别	男	50.7	43.7	51.8	50.7	45.4	55.2
	女	49.3	56.3	48.2	49.3	54.6	44.8
年龄	4~14 岁	15.3	18.0	7.4	10.7	8.9	11.9
	15~24 岁	13.3	19.8	8.6	9.8	11.4	18.2
	25~34 岁	14.9	16.2	11.8	16.1	13.3	14.9
	35~44 岁	20.2	24.1	18.5	18.7	20.2	26.0
	45~54 岁	14.1	10.3	18.1	13.0	17.3	11.7
	55~64 岁	11.3	5.4	19.4	15.6	14.8	9.9
	65 岁及以上	10.8	6.1	16.3	16.1	14.1	7.2
教育程度	未受过正规教育	7.0	4.9	4.8	7.3	7.2	5.6
	小学	29.1	30.4	22.6	20.6	29.1	31.8
	初中	42.8	49.4	45.0	37.4	43.4	43.5
	高中	16.9	13.2	21.7	26.5	16.5	16.4
	大学及以上	4.1	2.0	5.9	8.1	3.9	2.7
职业类别	干部/管理人员	0.9	0.4	1.7	2.1	0.9	0.9
	个体/私营企业人员	14.9	13.0	14.8	18.6	14.4	17.8
	初级公务员/雇员	5.9	4.7	9.3	7.4	6.1	3.7
	工人	9.9	9.9	11.9	9.7	10.2	11.7
	学生	16.0	22.7	8.3	10.0	11.2	16.0
	无业	22.1	12.3	32.5	31.7	25.0	14.5
	其他	30.4	37.0	21.5	20.5	32.1	35.4
个人月收入	0~300 元	33.4	38.3	22.8	26.6	30.5	30.0
	301~900 元	12.8	12.6	11.1	9.4	12.3	15.7
	901~1700 元	23.9	25.4	25.2	23.9	25.5	22.5
	1701~2600 元	19.4	15.5	29.1	24.3	21.3	19.3
	2601~3500 元	7.4	5.7	8.8	11.2	8.1	9.4
	3501 元及以上	3.1	2.5	3.0	4.5	2.4	3.1

表 3.26.6　2012~2014 年云南市场各类节目的播出份额（%）和收视份额（%）

节目类别	2012 年		2013 年		2014 年	
	播出份额	收视份额	播出份额	收视份额	播出份额	收视份额
财经	2.2	0.5	1.7	0.5	1.5	0.3
电视剧	20.5	39.1	27.9	38.4	24.0	36.8
电影	3.9	2.9	4.4	3.5	3.9	4.5
法制	0.8	1.4	1.1	1.6	1.0	1.8
教学	0.3	0.1	0.4	0.1	0.2	0.1
青少	7.7	3.5	6.0	6.2	6.7	6.1
生活服务	8.1	7.3	9.3	7.0	13.8	7.9
体育	1.6	1.2	2.2	1.1	3.3	1.2
外语	0.0	0.0	0.0	0.0	0.0	0.0
戏剧	1.3	0.5	0.8	0.4	0.7	0.3
新闻/时事	15.4	10.8	10.8	9.8	10.3	10.2
音乐	2.7	0.9	2.5	0.8	2.5	0.8
专题	11.8	5.4	8.5	4.2	11.0	4.3
综艺	9.6	9.8	7.3	9.7	7.4	10.2
其他	14.1	16.7	17.0	16.6	13.6	15.6

表 3.26.7　2014 年云南市场所有节目收视率排名前三十位

名次	节目名称	节目类别	播出频道	平均收视率(%)	平均占有率(%)
1	中央电视台 2014 甲午年春节联欢晚会	综艺	中央电视台综合频道	17.4	50.5
2	因为爱情有奇缘	电视剧	湖南卫视	10.5	24.3
3	宫锁连城	电视剧	湖南卫视	8.4	19.3
4	因为爱情有奇迹	电视剧	湖南卫视	8.1	18.9
5	深圳合租记	电视剧	湖南卫视	8.1	18.0
6	神犬奇兵	电视剧	湖南卫视	7.3	16.7
6	一见不钟情	电视剧	湖南卫视	7.3	16.7
8	妻子的秘密	电视剧	湖南卫视	7.2	16.4
9	幸福爱人	电视剧	湖南卫视	7.1	16.6
10	我是歌手半决赛	综艺	湖南卫视	6.9	15.7
11	如果我爱你	电视剧	湖南卫视	6.8	15.8
12	快乐大本营	综艺	湖南卫视	6.7	15.8
13	第十届中国金鹰电视艺术节 2014 互联盛典	综艺	湖南卫视	6.6	16.5
14	新济公活佛	电视剧	湖南卫视	6.6	15.4
15	把爱带回家	电视剧	湖南卫视	6.4	15.1
16	加油爱人	电视剧	湖南卫视	6.0	14.9
17	相爱十年	电视剧	湖南卫视	6.0	14.3
18	隋唐英雄第三部	电视剧	湖南卫视	6.0	13.4
19	第十届中国金鹰电视艺术节开幕式文艺晚会	综艺	湖南卫视	5.9	15.4
20	武媚娘传奇(1~17 集)	电视剧	湖南卫视	5.8	13.9
21	天龙八部(16~42 集)	电视剧	湖南卫视	5.8	13.1
22	天天向上	综艺	湖南卫视	5.3	14.7
23	第十届中国金鹰电视艺术节、第二十七届中国电视金鹰奖星光大道	综艺	湖南卫视	5.3	13.7
24	变形计(12 月 28 日~12 月 30 日)	专题	湖南卫视	5.3	12.1
25	战地狮吼	电视剧	云南广播电视台都市频道(二套)	5.3	12.0
26	新闻联播	新闻/时事	中央电视台综合频道	5.2	23.8
27	第十届中国金鹰电视艺术节、第二十七届中国电视金鹰奖颁奖晚会	综艺	湖南卫视	5.2	15.4
28	完曡归湘合体庆典	综艺	湖南卫视	5.2	13.9
29	四十九日祭	电视剧	湖南卫视	5.2	12.2
30	女子突击队	电视剧	云南广播电视台都市频道(二套)	5.0	11.0

表 3.26.8　2014 年云南市场电视剧收视率排名前十位

名次	节目名称	播出频道	平均收视率（%）	平均占有率（%）
1	因为爱情有奇缘	湖南卫视	10.5	24.3
2	宫锁连城	湖南卫视	8.4	19.3
3	因为爱情有奇迹	湖南卫视	8.1	18.9
4	深圳合租记	湖南卫视	8.1	18.0
5	神犬奇兵	湖南卫视	7.3	16.7
5	一见不钟情	湖南卫视	7.3	16.7
7	妻子的秘密	湖南卫视	7.2	16.4
8	幸福爱人	湖南卫视	7.1	16.6
9	如果我爱你	湖南卫视	6.8	15.8
10	新济公活佛	湖南卫视	6.6	15.4

表 3.26.9　2014 年云南市场新闻节目收视率排名前十位

名次	节目名称	播出频道	平均收视率（%）	平均占有率（%）
1	新闻联播	中央电视台综合频道	5.2	23.8
2	昆明 301 严重暴力恐怖事件特别报道	云南广播电视台都市频道（二套）	3.7	11.5
3	习近平主席在欧洲学院发表重要演讲	中央电视台综合频道	3.5	7.7
4	焦点访谈	中央电视台综合频道	3.3	8.8
5	习近平主席在柏林发表重要演讲	中央电视台综合频道	3.0	7.5
6	守望相助,共创中蒙关系发展新时代——习近平在蒙古国家大呼拉尔的演讲	中央电视台综合频道	2.8	7.9
7	习近平在巴西国会发表重要演讲	中央电视台综合频道	2.7	7.4
8	李克强总理会见中外记者并回答提问	中央电视台综合频道	2.7	6.2
9	习近平主席在联合国教科文组织总部发表演讲	中央电视台综合频道	2.6	6.3
10	习近平在澳大利亚联邦议会发表演讲	中央电视台综合频道	2.6	5.9

表 3.26.10　2014 年云南市场专题节目收视率排名前十位

名次	节目名称	播出频道	平均收视率（%）	平均占有率（%）
1	变形计(12 月 28 日 ~12 月 30 日)	湖南卫视	5.3	12.1
2	中国汉字听写大会 2014(7 月 27 日)	中央电视台综合频道	3.4	6.5
3	中央电视台特别节目:新的中拉时间开始了	中央电视台综合频道	3.3	7.8
4	一场别开生面的座谈会——习近平总书记主持召开文艺工作座谈会侧记	中央电视台综合频道	2.6	7.3
5	中央电视台特别节目:从雁栖湖到太平洋——习近平主席大洋洲之行综述	中央电视台综合频道	2.6	5.8
6	第五届我最喜爱的人民警察评选颁奖典礼	中央电视台综合频道	2.6	5.3
7	中央电视台特别节目:一带一路千年的时空穿越	中央电视台综合频道	2.6	5.1
8	2014 寻找最美村官颁奖典礼	中央电视台综合频道	2.5	5.5
9	中国骄傲全国消防日特别节目	中央台十二套	2.4	4.9
10	作风建设永远在路上——落实八项规定精神正风肃纪纪实	中央电视台综合频道	2.3	4.9

表 3.26.11　2014 年云南市场综艺节目收视率排名前十位

名次	节目名称	播出频道	平均收视率(%)	平均占有率(%)
1	中央电视台 2014 甲午年春节联欢晚会	中央电视台综合频道	17.4	50.5
2	我是歌手半决赛	湖南卫视	6.9	15.7
3	快乐大本营	湖南卫视	6.7	15.8
4	第十届中国金鹰电视艺术节 2014 互联盛典	湖南卫视	6.6	16.5
5	第十届中国金鹰电视艺术节开幕式文艺晚会	湖南卫视	5.9	15.4
6	天天向上	湖南卫视	5.3	14.7
7	第十届中国金鹰电视艺术节、第二十七届中国电视金鹰奖星光大道	湖南卫视	5.3	13.7
8	第十届中国金鹰电视艺术节、第二十七届中国电视金鹰奖颁奖晚会	湖南卫视	5.2	15.1
9	完罍归湘合体庆典	湖南卫视	5.2	13.9
10	中央电视台 2014 甲午年元宵晚会	中央电视台综合频道	4.6	9.6

表 3.26.12　2014 年云南市场体育节目收视率排名前十位

名次	节目名称	播出频道	平均收视率(%)	平均占有率(%)
1	2014 第二届夏季青年奥林匹克运动会闭幕式	中央电视台综合频道	3.2	6.9
2	2014 第二届夏季青年奥林匹克运动会开幕式	中央电视台综合频道	2.6	6.2
3	谁是球王总决赛	中央电视台综合频道	1.3	2.6
4	我爱世界杯:2014 年世界杯小组赛 B 组(荷兰 VS 智利)	中央台五套	1.0	62.9
5	直播周末:2014 年中国男篮系列之中澳男篮对抗赛第四场(中国队 VS 澳大利亚队)	中央台五套	0.8	1.7
6	2014 年仁川亚运会羽毛球男单决赛	中央台五套	0.8	1.6
7	WKU2014 年中国万宁世界自由搏击锦标赛职业拳王冠军之夜	中央台五套	0.7	1.5
8	黄金赛场:2013/2014 赛季中国女子篮球职业联赛季后赛总决赛第一场(山西兴瑞烈焰 VS 北京长城金隅)	中央台五套	0.7	1.3
9	2014 年索契冬奥会高山滑雪女子全能回转	中央台五套	0.6	3.5
10	2014 年仁川亚运会女子 50 自由泳决赛精彩回放	中央台五套	0.6	1.3

二十七、浙江收视数据

表 3.27.1 2010～2014 年浙江市场各类频道的市场占有率（%）

频道类别	年份				
	2010 年	2011 年	2012 年	2013 年	2014 年
中央台频道	24.3	24.3	24.4	25.0	28.5
中国教育台频道	0.4	0.8	0.6	0.5	0.4
浙江省级频道	46.5	37.2	34.8	32.6	30.3
其他省级卫视频道	13.4	18.1	22.6	22.7	22.2
其他频道	15.4	19.6	17.6	19.2	18.6

表 3.27.2 2014 年浙江市场各类频道在不同目标观众中的市场占有率（%）

目标观众		中央台频道	中国教育台频道	浙江省级频道	其他省级卫视频道	其他频道
4 岁及以上所有人		28.5	0.4	30.3	22.2	18.6
城乡	城市	24.3	0.3	29.7	22.5	23.2
	农村	31.3	0.5	30.7	22.0	15.5
性别	男	32.3	0.4	28.8	20.8	17.7
	女	24.5	0.4	31.9	23.8	19.4
年龄	4～14 岁	26.6	0.3	18.9	33.3	20.9
	15～24 岁	21.6	0.2	28.4	29.2	20.6
	25～34 岁	24.3	0.3	30.1	21.6	23.7
	35～44 岁	27.5	0.5	32.7	23.9	15.4
	45～54 岁	27.1	0.4	33.2	22.6	16.7
	55～64 岁	35.2	0.6	32.0	16.8	15.4
	65 岁及以上	34.5	0.5	29.9	13.6	21.5
教育程度	未受过正规教育	30.5	0.6	24.9	19.8	24.2
	小学	31.7	0.6	26.6	23.1	18.0
	初中	27.9	0.4	32.6	22.1	17.0
	高中	28.2	0.3	28.2	23.6	19.7
	大学及以上	21.8	0.2	39.0	20.1	18.9
职业类别	干部/管理人员	27.2	0.2	30.8	17.5	24.3
	个体/私营企业人员	31.1	0.4	30.1	22.1	16.3
	初级公务员/雇员	24.6	0.3	34.2	21.6	19.3
	工人	28.4	0.5	31.4	21.1	18.6
	学生	24.3	0.3	22.5	35.8	17.1
	无业	30.4	0.5	28.6	20.8	19.7
	其他	30.4	0.6	33.4	19.0	16.6
个人月收入	0～300 元	26.7	0.5	26.2	26.7	19.9
	301～900 元	43.3	0.5	28.5	13.1	14.6
	901～1700 元	31.0	0.6	32.8	18.6	17.0
	1701～2600 元	25.8	0.4	32.6	22.8	18.4
	2601～3500 元	27.9	0.3	31.3	22.5	18.0
	3501 元及以上	28.7	0.3	31.3	20.1	19.6

表 3.27.3　2014 年浙江市场各类频道在不同时段的市场占有率（%）

时间段	中央台频道	中国教育台频道	浙江省级频道	其他省级卫视频道	其他频道
02:00~03:00	26.1	1.0	13.8	32.2	26.9
03:00~04:00	25.9	0.6	14.6	32.2	26.7
04:00~05:00	33.3	0.4	15.0	29.5	21.8
05:00~06:00	33.2	0.7	15.8	33.2	17.1
06:00~07:00	40.9	0.3	12.0	31.3	15.5
07:00~08:00	45.3	0.2	12.5	25.7	16.3
08:00~09:00	41.2	0.2	14.1	28.0	16.5
09:00~10:00	35.8	0.2	17.0	29.5	17.5
10:00~11:00	36.1	0.6	16.4	31.0	15.9
11:00~12:00	42.2	0.5	14.1	29.7	13.5
12:00~13:00	39.3	0.5	16.0	29.6	14.6
13:00~14:00	36.1	0.7	14.1	33.9	15.2
14:00~15:00	32.9	0.9	13.1	37.1	16.0
15:00~16:00	33.9	0.7	12.2	37.0	16.2
16:00~17:00	34.8	0.2	14.1	35.2	15.7
17:00~18:00	40.2	0.1	20.3	23.5	15.9
18:00~19:00	28.0	0.1	44.4	8.0	19.5
19:00~20:00	22.6	0.3	49.6	10.1	17.4
20:00~21:00	20.6	0.6	44.1	17.3	17.4
21:00~22:00	22.7	0.5	33.1	22.8	20.9
22:00~23:00	25.9	0.4	24.2	27.7	21.8
23:00~24:00	31.0	0.2	15.3	30.2	23.3
24:00~25:00	34.3	0.2	13.1	25.9	26.5
25:00~26:00	30.9	0.6	13.4	25.8	29.3

表 3.27.4　2014 年浙江市场收视份额排名前十位的频道

名次	频道名称	收视份额(%)
1	浙江电视台教育科技频道	5.5
1	浙江电视台经济生活频道	5.5
3	浙江电视台钱江都市频道	5.4
4	湖南卫视	4.4
5	浙江电视台影视娱乐频道	4.3
5	浙江卫视	4.3
7	中央电视台新闻频道	3.8
8	中央台六套	3.6
9	中央电视台少儿频道	2.9
10	中央台八套	2.8

表 3.27.5　2014 年浙江市场各主要频道的观众构成（%）

目标观众		所有频道	主要频道				
			浙江电视台教育科技频道	浙江电视台经济生活频道	浙江电视台钱江都市频道	湖南卫视	浙江电视台影视娱乐频道
4 岁及以上所有人		100.0	100.0	100.0	100.0	100.0	100.0
城乡	城市	40.5	46.3	42.0	27.3	28.6	31.1
	农村	59.5	53.7	58.0	72.7	71.4	68.9
性别	男	51.3	49.6	52.2	45.7	36.0	50.6
	女	48.7	50.4	47.8	54.3	64.0	49.4
年龄	4~14 岁	9.4	5.0	3.3	5.2	19.6	5.7
	15~24 岁	8.8	6.6	9.9	8.2	22.4	9.8
	25~34 岁	13.7	11.7	10.6	13.9	12.9	15.5
	35~44 岁	17.4	13.3	19.7	22.0	21.9	22.4
	45~54 岁	22.4	25.6	27.7	22.3	15.1	26.2
	55~64 岁	15.9	21.7	16.7	20.9	4.8	10.1
	65 岁及以上	12.4	16.1	12.1	7.5	3.3	10.3
教育程度	未受过正规教育	8.5	7.6	6.8	3.1	5.1	6.9
	小学	26.7	29.2	25.1	19.4	30.4	20.8
	初中	34.8	37.6	37.1	48.0	32.9	32.3
	高中	18.2	17.9	21.2	10.9	22.6	15.4
	大学及以上	11.8	7.7	9.8	18.6	9.0	24.6
职业类别	干部/管理人员	2.0	3.4	1.3	1.5	1.3	1.5
	个体/私营企业人员	16.1	16.7	20.5	11.3	15.2	17.0
	初级公务员/雇员	21.2	15.4	16.4	35.8	21.6	31.2
	工人	13.9	15.9	18.5	11.7	9.9	12.7
	学生	8.0	4.3	5.0	6.7	24.0	5.3
	无业	31.0	34.8	26.3	28.8	22.3	23.4
	其他	7.8	9.5	12.0	4.2	5.7	8.9
个人月收入	0~300 元	27.3	23.0	19.9	25.0	42.8	20.2
	301~900 元	4.8	5.1	5.8	2.4	1.3	6.0
	901~1700 元	15.2	18.7	16.9	19.6	10.2	13.7
	1701~2600 元	20.4	22.0	23.2	23.6	22.9	19.8
	2601~3500 元	14.4	15.0	13.7	13.1	9.2	13.3
	3501 元及以上	17.9	16.3	20.5	16.3	13.6	27.0

表 3.27.6　2012~2014 年浙江市场各类节目的播出份额（%）和收视份额（%）

节目类别	2012 年		2013 年		2014 年	
	播出份额	收视份额	播出份额	收视份额	播出份额	收视份额
财经	2.4	0.8	2.1	0.6	1.8	0.5
电视剧	20.7	35.8	21.3	34.8	20.1	32.4
电影	3.8	3.8	4.5	4.8	4.1	4.5
法制	0.8	0.7	0.8	0.6	1.0	0.7
教学	0.3	0.1	0.2	0.0	0.2	0.0
青少	7.5	5.3	6.9	5.1	7.2	5.6
生活服务	9.7	10.4	10.1	9.1	11.1	11.7
体育	1.6	1.3	1.9	1.0	2.8	1.2
外语	0.0	0.0	0.0	0.0	0.0	0.0
戏剧	1.0	0.3	0.8	0.3	0.8	0.5
新闻/时事	15.4	12.8	15.3	14.2	15.2	13.8
音乐	2.7	0.6	2.5	0.6	2.5	0.9
专题	11.6	5.7	10.7	6.0	12.0	5.9
综艺	8.6	8.9	8.7	9.8	8.6	9.5
其他	13.9	13.5	14.2	13.1	12.6	12.8

表 3.27.7　2014 年浙江市场所有节目收视率排名前三十位

名次	节目名称	节目类型	播出频道	平均收视率（%）	平均占有率（%）
1	中国好声音（8 月 29 日）	综艺	浙江卫视	8.1	24.6
2	利箭纵横	电视剧	浙江电视台教育科技频道	5.6	14.4
3	铁血尖刀	电视剧	浙江电视台教育科技频道	5.5	13.6
4	我要当八路	电视剧	浙江电视台钱江都市频道	5.5	13.1
5	我的特一营	电视剧	浙江电视台经济生活频道	5.2	14.3
6	兄弟们上	电视剧	浙江电视台钱江都市频道	5.1	12.9
7	泪洒女人花	电视剧	浙江电视台教育科技频道	5.1	12.8
8	女汉子	电视剧	浙江电视台经济生活频道	5.0	14.1
9	大漠枪神（3 月 12 日 ~3 月 23 日）	电视剧	浙江电视台教育科技频道	5.0	13.6
10	因为爱情有晴天	电视剧	浙江电视台经济生活频道	4.9	13.4
11	飞哥大英雄（3 月 27 日 ~4 月 15 日）	电视剧	浙江电视台经济生活频道	4.8	14.1
12	血刃	电视剧	浙江电视台教育科技频道	4.7	12.0
13	花红花火	电视剧	浙江电视台教育科技频道	4.6	12.8
14	姥爷的抗战	电视剧	浙江电视台经济生活频道	4.5	12.3
15	光影	电视剧	浙江电视台钱江都市频道	4.5	11.9
16	独生子	电视剧	浙江电视台钱江都市频道	4.5	10.7
17	狼烟遍地	电视剧	浙江电视台教育科技频道	4.4	10.9
18	黎明前的抉择	电视剧	浙江电视台钱江都市频道	4.3	11.1
18	因为爱情有多美	电视剧	浙江电视台经济生活频道	4.3	11.1
20	花灯满城	电视剧	浙江电视台教育科技频道	4.2	10.9
21	移动的枪口	电视剧	浙江电视台钱江都市频道	4.2	10.6
22	绝地枪王	电视剧	浙江电视台钱江都市频道	4.2	10.5
23	战长沙	电视剧	浙江电视台经济生活频道	4.1	11.5
24	冲出迷雾	电视剧	浙江电视台钱江都市频道	4.0	10.7
25	到爱的距离	电视剧	浙江电视台经济生活频道	4.0	10.3
26	娘心	电视剧	浙江电视台影视娱乐频道	4.0	10.1
27	红箭	电视剧	浙江电视台钱江都市频道	4.0	10.0
28	温暖的日子	电视剧	浙江电视台经济生活频道	3.9	11.1
29	一门三司令	电视剧	浙江电视台影视娱乐频道	3.9	10.3
29	良心	电视剧	浙江电视台经济生活频道	3.9	10.3

表 3.27.8　2014 年浙江市场电视剧收视率排名前十位

名次	节目名称	播出频道	平均收视率（%）	平均占有率（%）
1	利箭纵横	浙江电视台教育科技频道	5.6	14.4
2	铁血尖刀	浙江电视台教育科技频道	5.5	13.6
3	我要当八路	浙江电视台钱江都市频道	5.5	13.1
4	我的特一营	浙江电视台经济生活频道	5.2	14.3
5	兄弟们上	浙江电视台钱江都市频道	5.1	12.9
6	泪洒女人花	浙江电视台教育科技频道	5.1	12.8
7	女汉子	浙江电视台经济生活频道	5.0	14.1
8	大漠枪神(3 月 12 日 ~3 月 23 日)	浙江电视台教育科技频道	5.0	13.6
9	因为爱情有晴天	浙江电视台经济生活频道	4.9	13.4
10	飞哥大英雄(3 月 27 日 ~4 月 15 日)	浙江电视台经济生活频道	4.8	14.1

表 3.27.9　2014 年浙江市场新闻节目收视率排名前十位

名次	节目名称	播出频道	平均收视率（%）	平均占有率（%）
1	经视新闻	浙江电视台经济生活频道	2.7	6.6
2	新闻 007	浙江电视台钱江都市频道	2.3	7.5
3	小强热线	浙江电视台教育科技频道	1.9	5.3
4	范大姐帮忙	浙江电视台钱江都市频道	1.8	7.6
5	消费能见度	浙江电视台经济生活频道	1.8	5.1
6	聚焦 APEC	中央电视台新闻频道	1.6	5.3
7	今日关注	中央台四套	1.6	4.9
8	小智情报站	浙江电视台少儿频道	1.6	4.8
9	直通 APEC CHINA2014 特别报道	中央台四套	1.4	4.5
10	特别节目华尔街阿里来了	浙江卫视	1.3	11.1

表 3.27.10　2014 年浙江市场专题节目收视率排名前十位

名次	节目名称	播出频道	平均收视率（%）	平均占有率（%）
1	千岛湖	浙江电视台钱江都市频道	1.9	5.2
2	反腐前线	浙江电视台教育科技频道	1.8	7.9
3	浙江政协民生论坛	浙江电视台经济生活频道	1.8	6.4
4	2013 年度风云浙商颁奖典礼(1 月 30 日)	浙江电视台经济生活频道	1.5	6.9
5	315 向消费者报告	浙江电视台经济生活频道	1.5	4.4
5	只有改才会变——浙江省 2013 年度文明出行现状发布会	浙江电视台影视娱乐频道	1.5	4.4
7	一年级	湖南卫视	1.4	7.7
8	宝藏	浙江电视台经济生活频道	1.4	7.2
9	中央电视台特别节目:从雁栖湖到太平洋——习近平主席大洋洲之行综述	中央电视台新闻频道	1.4	3.3
10	2014 第三届中国创新创业大赛浙江赛区	浙江电视台经济生活频道	1.3	4.6

表 3.27.11　2014 年浙江市场综艺节目收视率排名前十位

名次	节目名称	播出频道	平均收视率(%)	平均占有率(%)
1	中国好声音(8 月 29 日)	浙江卫视	8.1	24.6
2	中国好舞蹈(6 月 7 日)	浙江卫视	3.6	11.3
3	我是歌手歌王之战	湖南卫视	3.4	10.7
4	最美浙江人 2013 年度浙江骄傲人物评选颁奖典礼	浙江电视台钱江都市频道	3.2	7.8
5	开学第一课	中央电视台综合频道	3.1	7.9
6	第二届浙江青年电影节闭幕式暨麒麟奖颁奖典礼	浙江电视台影视娱乐频道	3.0	7.6
7	奔跑吧兄弟	浙江卫视	2.9	10.8
8	元宵喜乐会	湖南卫视	2.9	9.2
9	爸爸去哪儿第二季	湖南卫视	2.8	14.3
10	中国梦想秀(4 月 11 日~6 月 27 日)	浙江卫视	2.8	9.2

表 3.27.12　2014 年浙江市场体育节目收视率排名前十位

名次	节目名称	播出频道	平均收视率(%)	平均占有率(%)
1	2014 年仁川亚运会男子 1500 米自由泳决赛	中央台五套	3.3	11.6
2	直播周末 2014 年南京青奥会混合 4×100自由泳接力颁奖仪式	中央台五套	2.6	6.8
3	2014 年南京青奥会女子 100 米自由泳半决赛	中央台五套	2.5	7.5
4	2014 第二届夏季青年奥林匹克运动会开幕式	中央台五套	2.4	5.7
5	我爱世界杯:2014 年巴西世界杯决赛(德国 VS 阿根廷)	中央台五套	2.3	58.5
6	2014 年仁川亚运会男子 1500 米决赛	中央台五套	2.3	9.5
7	2014 年南京青奥会体操女子个人全能决赛	中央台五套	2.3	5.2
8	2014 年青奥会女子七人制橄榄球小组赛	中央台五套	2.2	5.3
9	2014 年仁川亚运会体操男子吊环决赛	中央台五套	2.1	5.2
10	2014 年南京青奥会女子 48 公斤级举重决赛	中央台五套	1.9	4.3

二十八、北京收视数据

表 3.28.1 2010~2014 年北京市场各类频道的市场占有率（%）

频道类别	年份				
	2010 年	2011 年	2012 年	2013 年	2014 年
中央台频道	25.6	25.8	26.4	26.0	25.2
中国教育台频道	1.8	2.4	2.5	2.2	2.1
北京台频道	40.4	40.8	38.1	39.0	39.0
其他省级卫视频道	20.1	20.7	22.3	22.3	23.0
其他频道	12.1	10.3	10.7	10.5	10.7

表 3.28.2 2014 年北京市场各类频道在不同目标观众中的市场占有率（%）

目标观众		中央台频道	中国教育台频道	北京台频道	其他省级卫视频道	其他频道
4 岁及以上所有人		25.2	2.1	39.0	23.0	10.7
性别	男	26.7	2.3	38.3	21.5	11.2
	女	23.6	1.8	39.7	24.5	10.4
年龄	4~14 岁	28.5	1.6	35.3	21.0	13.6
	15~24 岁	20.1	4.9	34.7	27.5	12.8
	25~34 岁	22.1	1.7	35.1	26.4	14.7
	35~44 岁	26.3	2.2	32.1	25.1	14.3
	45~54 岁	23.3	2.6	39.8	24.5	9.8
	55~64 岁	25.5	1.5	44.5	20.1	8.4
	65 岁及以上	33.0	1.3	44.0	16.0	5.7
教育程度	未受过正规教育	28.0	1.2	45.9	17.3	7.6
	小学	28.1	2.1	38.5	24.4	6.9
	初中	26.3	2.5	38.3	24.1	8.8
	高中	24.3	2.4	41.3	22.4	9.6
	大学及以上	24.6	1.5	36.7	23.0	14.2
职业类别	干部/管理人员	26.9	0.9	37.8	20.1	14.3
	个体/私营企业人员	24.5	2.7	35.1	28.1	9.6
	初级公务员/雇员	24.1	2.2	37.7	23.1	12.9
	工人	22.2	2.9	34.3	28.6	12.0
	学生	21.9	5.1	31.8	25.4	15.8
	无业	26.8	1.6	42.7	20.6	8.3
	其他	23.0	0.9	34.5	34.5	7.1
个人月收入	0~600 元	23.5	2.5	35.7	26.6	11.7
	601~1200 元	30.5	2.5	36.7	24.1	6.2
	1201~1700 元	23.4	1.9	39.3	24.1	11.3
	1701~2600 元	24.1	1.9	42.4	22.4	9.2
	2601~3500 元	26.8	2.0	40.7	19.9	10.6
	3501~5000 元	26.5	1.8	36.0	23.2	12.5
	5001 元及以上	24.8	2.3	35.9	24.3	12.7

表 3.28.3 2014 年北京市场各类频道在不同时段的市场占有率（%）

时间段	中央台频道	中国教育台频道	北京台频道	其他省级卫视频道	其他频道
02:00~03:00	24.2	2.0	19.8	28.1	25.9
03:00~04:00	28.5	1.3	14.3	27.4	28.5
04:00~05:00	35.3	0.6	10.2	20.2	33.7
05:00~06:00	38.7	0.5	13.9	19.0	27.9
06:00~07:00	42.4	0.3	31.5	11.5	14.3
07:00~08:00	35.2	0.1	45.0	11.2	8.5
08:00~09:00	33.2	0.2	39.9	16.2	10.5
09:00~10:00	29.9	0.4	31.9	25.1	12.7
10:00~11:00	28.8	0.8	30.0	27.8	12.6
11:00~12:00	29.4	2.6	34.9	22.1	11.0
12:00~13:00	21.2	7.6	47.1	15.4	8.7
13:00~14:00	26.0	2.6	38.2	21.7	11.5
14:00~15:00	25.6	1.1	30.3	29.5	13.5
15:00~16:00	25.9	0.9	28.7	31.5	13.0
16:00~17:00	25.6	0.4	31.8	29.3	12.9
17:00~18:00	26.1	1.9	42.6	18.1	11.3
18:00~19:00	26.7	4.4	52.6	6.2	10.1
19:00~20:00	23.9	1.9	52.0	14.3	7.9
20:00~21:00	21.5	0.6	42.7	27.9	7.3
21:00~22:00	22.6	1.1	38.2	30.5	7.6
22:00~23:00	22.4	4.2	32.6	29.4	11.4
23:00~24:00	25.7	1.1	27.0	29.0	17.2
24:00~25:00	27.6	0.5	25.6	26.0	20.3
25:00~26:00	26.2	1.0	26.0	25.2	21.6

表 3.28.4 2014 年北京市场收视份额排名前十位的频道

名次	频道名称	收视份额(%)
1	北京卫视	12.0
2	北京电视台影视频道	5.7
3	北京电视台科教频道	4.6
4	北京电视台生活频道	3.7
5	中央电视台综合频道	3.4
6	中央电视台新闻频道	3.3
7	北京电视台文艺频道	3.0
8	中央台四套	2.8
9	中央台五套	2.6
10	北京电视台体育频道	2.5

表 3.28.5　2014 年北京市场各主要频道的观众构成（%）

目标观众		所有频道	主要频道				
			北京卫视	北京电视台影视频道	北京电视台科教频道	北京电视台生活频道	中央电视台综合频道
4 岁及以上所有人		100.0	100.0	100.0	100.0	100.0	100.0
性别	男	51.0	48.4	52.0	47.7	44.3	48.1
	女	49.0	51.6	48.0	52.3	55.7	51.9
年龄	4～14 岁	2.9	1.6	1.3	1.3	1.7	3.0
	15～24 岁	5.3	4.2	5.3	4.2	5.6	3.3
	25～34 岁	20.0	17.1	15.2	15.2	15.1	19.4
	35～44 岁	13.2	10.4	11.0	9.8	10.4	12.0
	45～54 岁	24.3	22.8	27.6	25.8	27.4	18.6
	55～64 岁	21.4	25.5	21.5	26.4	28.2	23.1
	65 岁及以上	12.9	18.4	18.2	17.3	11.6	20.5
教育程度	未受过正规教育	3.1	2.4	4.1	4.4	1.8	4.2
	小学	4.0	3.9	5.1	3.5	3.1	3.8
	初中	25.3	25.0	26.5	27.0	24.2	26.4
	高中	33.4	35.0	35.8	39.0	36.8	26.5
	大学及以上	34.2	33.7	28.5	26.1	34.0	39.1
职业类别	干部/管理人员	6.6	6.0	6.9	5.8	6.6	8.3
	个体/私营企业人员	7.7	7.3	6.2	5.8	7.2	6.5
	初级公务员/雇员	29.5	27.1	25.5	24.7	28.2	26.1
	工人	8.7	6.8	8.4	9.0	6.5	6.4
	学生	4.8	3.6	3.3	2.6	4.7	3.4
	无业	41.6	47.7	48.2	51.3	46.3	47.9
	其他	1.2	1.5	1.5	0.7	0.6	1.5
个人月收入	0～600 元	14.0	12.0	12.2	11.2	12.3	13.1
	601～1200 元	3.9	3.3	4.8	4.5	3.1	2.9
	1201～1700 元	6.5	6.0	7.4	8.3	7.6	5.3
	1701～2600 元	28.8	32.1	32.9	33.7	32.9	26.4
	2601～3500 元	20.8	22.0	21.1	21.0	19.5	26.0
	3501～5000 元	14.1	13.5	11.7	12.9	14.2	13.5
	5001 元及以上	11.8	11.1	9.8	8.5	10.4	12.9

表 3.28.6　2012～2014 年北京市场各类节目的播出份额（%）和收视份额（%）

节目类别	2012 年		2013 年		2014 年	
	播出份额	收视份额	播出份额	收视份额	播出份额	收视份额
财经	2.7	1.7	2.5	2.0	2.4	1.6
电视剧	20.5	29.3	20.6	27.3	20.1	28.9
电影	3.6	3.1	4.3	3.5	3.9	3.4
法制	1.0	1.1	0.9	0.7	1.1	1.0
教学	0.4	0.2	0.2	0.1	0.2	0.1
青少	6.4	2.3	6.0	2.7	6.5	2.5
生活服务	9.5	11.6	9.8	11.6	10.3	12.2
体育	2.4	5.2	2.8	5.1	3.7	5.6
外语	0.0	0.0	0.0	0.0	0.0	0.0
戏剧	1.0	0.5	0.8	0.3	0.7	0.4
新闻/时事	14.5	11.2	14.4	12.6	14.0	11.9
音乐	2.6	1.1	2.4	1.0	2.5	1.0
专题	12.9	10.4	12.8	9.6	13.4	8.9
综艺	9.1	11.9	9.0	13.0	9.1	12.2
其他	13.5	10.3	13.7	10.6	12.1	10.4

表 3.28.7 2014 年北京市场所有节目收视率排名前三十位

名次	节目名称	节目类型	播出频道	平均收视率(%)	平均占有率(%)
1	2014 北京电视台春节联欢晚会	北京卫视	综艺	13.5	35.3
2	红高粱	北京卫视	电视剧	11.1	29.0
3	大丈夫	北京卫视	电视剧	10.2	25.5
4	天气预报	北京卫视	生活服务	9.7	34.7
5	勇敢的心	北京卫视	电视剧	9.4	26.8
6	老农民	北京卫视	电视剧	8.0	20.5
7	北平无战事	北京卫视	电视剧	7.5	21.0
8	中央电视台 2014 甲午年元宵晚会	中央电视台综合频道	综艺	7.4	17.4
9	中央电视台 2014 甲午年春节联欢晚会	中央电视台综合频道	综艺	7.1	18.5
9	我的儿子是奇葩	北京卫视	电视剧	7.1	18.5
11	中国梦 365 个故事	北京卫视	专题	6.8	29.4
12	青年医生	北京卫视	电视剧	6.8	17.6
13	中国好声音(10 月 7 日)	浙江卫视	综艺	6.7	19.4
14	转播中央台新闻联播	北京卫视	新闻	6.6	22.1
15	姥爷的抗战	北京卫视	电视剧	6.2	16.2
16	315 让消费更有尊严——CCTV 2014 年 3·15 晚会	中央电视台综合频道	综艺	6.2	15.3
17	2014 年中国足球协会超级联赛第 14 轮(北京国安 VS 广州恒大)	北京电视台体育频道	体育	6.1	17.8
18	刀客家族的女人	北京卫视	电视剧	5.9	18.7
19	美丽的契约	北京卫视	电视剧	5.9	14.5
20	2014 年中国足协杯第 5 轮(北京国安 VS 山东鲁能)	北京电视台体育频道	体育	5.8	16.7
21	红色	北京卫视	电视剧	5.8	16.3
22	14/15 赛季 CBA 常规赛第 9 轮(福建泉州银行 VS 北京首钢)	北京电视台体育频道	体育	5.8	15.3
23	北京新闻	北京卫视	新闻	5.7	22.1
24	2013/2014 赛季中国男子篮球职业联赛季后赛总决赛第四场(北京金隅 VS 新疆广汇)	北京电视台体育频道	体育	5.7	15.0
25	产科医生	北京卫视	电视剧	5.4	16.2
26	人是铁饭是钢	北京卫视	电视剧	5.4	14.7
27	男媒婆	北京卫视	电视剧	5.4	14.3
28	2014 年亚冠联赛小组赛(北京国安 VS 首尔 FC)	北京电视台体育频道	体育	5.4	14.0
29	无贼	北京卫视	电视剧	5.3	13.7
30	2014 年索契冬奥会短道速滑男子 1000 米决赛	中央台五套	体育	5.3	12.4

表 3.28.8 2014 年北京市场电视剧收视率排名前十位

名次	节目名称	播出频道	平均收视率（%）	平均占有率（%）
1	红高粱	北京卫视	11.1	29.0
2	大丈夫	北京卫视	10.2	25.5
3	勇敢的心	北京卫视	9.4	26.8
4	老农民	北京卫视	8.0	20.5
5	北平无战事	北京卫视	7.5	21.0
6	我的儿子是奇葩	北京卫视	7.1	18.5
7	青年医生	北京卫视	6.8	17.6
8	姥爷的抗战	北京卫视	6.2	16.2
9	刀客家族的女人	北京卫视	5.9	18.7
10	美丽的契约	北京卫视	5.9	14.5

表 3.28.9 2014 年北京市场新闻节目收视率排名前十位

名次	节目名称	播出频道	平均收视率（%）	平均占有率（%）
1	转播中央台新闻联播	北京卫视	6.6	22.1
2	北京新闻	北京卫视	5.7	22.1
3	聚焦 APEC	中央电视台新闻频道	3.7	10.9
4	今日关注	中央台四套	2.0	5.5
5	特别报道搜寻 MH370	北京卫视	2.0	5.1
6	关注马航失联客机特别报道	中央台四套	1.8	7.3
7	习近平主席在柏林发表重要演讲	中央电视台综合频道	1.8	5.1
8	习近平主席在欧洲学院发表重要演讲	中央电视台综合频道	1.8	4.8
9	习近平主席在联合国教科文组织总部发表演讲	中央电视台综合频道	1.6	4.3
10	习近平在澳大利亚联邦议会发表演讲	中央电视台综合频道	1.5	4.1

表 3.28.10 2014 年北京市场专题节目收视率排名前十位

名次	节目名称	播出频道	平均收视率（%）	平均占有率（%）
1	中国梦 365 个故事	北京卫视	6.8	29.4
2	全景对话	北京卫视	4.7	12.7
3	舌尖上的中国第二季	中央电视台综合频道	3.5	9.4
4	案藏玄机	北京卫视	3.2	9.6
5	中央电视台特别节目:新的中拉时间开始了	中央电视台综合频道	2.6	7.8
6	中国成语大会 2014(6 月 15 日)	中央电视台综合频道	2.5	7.1
7	中国汉字听写大会 2014(8 月 3 日)	中央电视台综合频道	2.2	6.3
8	舞台寻梦喜悦人生元旦特别节目	北京电视台科教频道	2.2	5.6
9	中国谜语大会(2 月 11 日)	中央电视台综合频道	2.1	4.9
10	为你而歌第十二部	北京卫视	1.9	8.9

表 3.28.11　2014 年北京市场综艺节目收视率排名前十位

名次	节目名称	播出频道	平均收视率(%)	平均占有率(%)
1	2014 北京电视台春节联欢晚会	北京卫视	13.5	35.3
2	中央电视台 2014 甲午年元宵晚会	中央电视台综合频道	7.4	17.4
3	中央电视台 2014 甲午年春节联欢晚会	中央电视台综合频道	7.1	18.5
4	中国好声音(10 月 7 日)	浙江卫视	6.7	19.4
5	315 让消费更有尊严——CCTV2014 年 3·15 晚会	中央电视台综合频道	6.2	15.3
6	中国喜剧星(4 月 4 日)	浙江卫视	4.6	12.0
7	最美和声冠军诞生夜	北京卫视	4.5	17.2
8	我是歌手歌王之战(4 月 4 日)	湖南卫视	3.8	12.0
9	极速前进(12 月 12 日)	深圳卫视(新闻综合频道)	3.8	10.5
10	2014 环球春晚	北京卫视	3.7	9.7

表 3.28.12　2014 年北京市场体育节目收视率排名前十位

名次	节目名称	播出频道	平均收视率(%)	平均占有率(%)
1	2014 年中国足球协会超级联赛第 14 轮(北京国安 VS 广州恒大)	北京电视台体育频道	6.1	17.8
2	2014 年中国足协杯第 5 轮(北京国安 VS 山东鲁能)	北京电视台体育频道	5.8	16.7
3	14/15 赛季 CBA 常规赛第 9 轮(福建泉州银行 VS 北京首钢)	北京电视台体育频道	5.8	15.3
4	2013/2014 赛季中国男子篮球职业联赛季后赛总决赛第四场(北京金隅 VS 新疆广汇)	北京电视台体育频道	5.7	15.0
5	2014 年亚冠联赛小组赛(北京国安 VS 首尔 FC)	北京电视台体育频道	5.4	14.0
6	2014 年索契冬奥会短道速滑男子 1000 米决赛	中央台五套	5.3	12.4
7	2014 年巴西世界杯半决赛(荷兰 VS 阿根廷)	中央台五套	5.2	68.6
8	2014 年仁川亚运会男子 1500 米自由泳决赛	中央台五套	4.4	16.4
9	2014 年世界乒乓球团体锦标赛女团决赛	中央台五套	3.8	13.2
10	2014 年仁川亚运会女子 4×400 米接力决赛	中央台五套	3.5	9.5

二十九、上海收视数据

表 3.29.1 2010~2014 年上海市场各类频道的市场占有率（%）

频道类别	年份				
	2010 年	2011 年	2012 年	2013 年	2014 年
中央台频道	17.8	16.8	16.1	15.7	16.1
中国教育台频道	0.3	0.3	0.2	0.1	0.1
上海市级频道	56.1	57.4	55.2	55.9	56.3
其他省级卫视频道	20.2	18.1	19.2	17.6	15.2
其他频道	5.6	7.4	9.3	10.7	12.3

表 3.29.2 2014 年上海市场各类频道在不同目标观众中的市场占有率（%）

目标观众		中央台频道	中国教育台频道	上海市级频道	其他省级卫视频道	其他频道
4 岁及以上所有人		16.1	0.1	56.3	15.2	12.3
性别	男	18.3	0.1	54.4	14.5	12.7
	女	13.8	0.1	58.2	15.9	12.0
年龄	4~14 岁	13.7	0.1	46.0	25.8	14.4
	15~24 岁	11.4	0.1	54.0	18.8	15.7
	25~34 岁	13.9	0.0	55.0	15.6	15.5
	35~44 岁	17.1	0.1	50.8	17.7	14.3
	45~54 岁	14.8	0.0	55.3	16.4	13.5
	55~64 岁	16.8	0.1	58.5	13.2	11.4
	65 岁及以上	20.3	0.1	61.7	11.4	6.5
教育程度	未受过正规教育	15.9	0.0	61.8	13.2	9.1
	小学	14.7	0.1	61.7	19.2	4.3
	初中	18.3	0.1	55.0	16.8	9.8
	高中	15.0	0.0	57.5	14.8	12.7
	大学及以上	16.1	0.1	53.9	13.3	16.6
职业类别	干部/管理人员	13.6	0.1	57.9	12.6	15.8
	个体/私营企业人员	19.4	0.0	44.1	17.1	19.4
	初级公务员/雇员	15.2	0.1	54.6	15.5	14.6
	工人	14.2	0.1	57.2	16.1	12.4
	学生	13.9	0.1	51.4	23.1	11.5
	无业	17.1	0.1	59.5	13.9	9.4
	其他	*	*	*	*	*
个人月收入	0~600 元	14.7	0.1	51.5	22.7	11.0
	601~1200 元	17.0	0.2	57.2	18.2	7.4
	1201~1700 元	14.5	0.1	65.0	14.0	6.4
	1701~2600 元	15.2	0.1	59.2	15.1	10.4
	2601~3500 元	17.1	0.0	55.7	13.1	14.1
	3501~5000 元	17.7	0.0	54.8	13.9	13.6
	5001 元及以上	16.0	0.0	51.6	15.2	17.2

注：* 表示样本量太小，无法进行统计推算。

表 3.29.3　2014 年上海市场各类频道在不同时段的市场占有率（%）

时间段	中央台频道	中国教育台频道	上海市级频道	其他省级卫视频道	其他频道
02:00~03:00	22.4	0.2	30.6	27.1	19.7
03:00~04:00	20.4	0.1	23.8	22.4	33.3
04:00~05:00	25.2	0.1	30.7	17.4	26.6
05:00~06:00	22.6	0.2	35.3	19.2	22.7
06:00~07:00	15.4	0.1	60.1	11.9	12.5
07:00~08:00	12.1	0.0	73.1	5.5	9.3
08:00~09:00	16.7	0.0	60.4	11.4	11.5
09:00~10:00	18.9	0.0	49.9	17.2	14.0
10:00~11:00	19.7	0.1	47.5	18.5	14.2
11:00~12:00	20.3	0.1	51.0	15.6	13.0
12:00~13:00	21.5	0.1	51.3	14.4	12.7
13:00~14:00	22.4	0.2	42.4	19.6	15.4
14:00~15:00	21.5	0.2	38.3	23.8	16.2
15:00~16:00	21.9	0.1	38.8	24.0	15.2
16:00~17:00	20.8	0.1	42.0	22.6	14.5
17:00~18:00	18.1	0.0	54.4	17.0	10.5
18:00~19:00	8.6	0.0	79.9	4.9	6.6
19:00~20:00	9.9	0.0	74.5	7.4	8.2
20:00~21:00	13.3	0.1	63.1	13.8	9.7
21:00~22:00	15.6	0.1	56.1	16.0	12.2
22:00~23:00	14.9	0.0	51.0	19.5	14.6
23:00~24:00	17.3	0.0	45.9	20.1	16.7
24:00~25:00	22.2	0.0	38.3	19.1	20.4
25:00~26:00	21.9	0.1	37.8	19.3	20.9

表 3.29.4　2014 年上海市场收视份额排名前十位的频道

名次	频道名称	收视份额(%)
1	上海电视台新闻综合频道	13.1
2	上海电视台娱乐频道	10.3
3	上海东方卫视	8.0
4	上海电视台电视剧频道	6.2
5	上海东方电影频道	4.6
6	上海电视台五星体育频道	3.1
7	上海电视台星尚频道	3.0
8	中央台四套	2.9
9	中央电视台新闻频道	2.2
10	上海电视台第一财经频道	1.9

表 3.29.5 2014 年上海市场各主要频道的观众构成（%）

目标观众		所有频道	主要频道				
			上海电视台新闻综合频道	上海电视台娱乐频道	上海东方卫视	上海电视台电视剧频道	上海东方电影频道
4 岁及以上所有人		100.0	100.0	100.0	100.0	100.0	100.0
性别	男	50.7	49.6	42.8	44.9	43.5	59.9
	女	49.3	50.4	57.2	55.1	56.5	40.1
年龄	4～14 岁	3.1	1.8	2.4	2.2	2.4	3.2
	15～24 岁	6.1	4.0	6.0	7.4	5.2	6.1
	25～34 岁	12.9	10.6	13.0	13.0	9.0	11.3
	35～44 岁	11.2	8.9	9.2	10.6	8.7	14.3
	45～54 岁	25.0	25.3	24.2	25.1	23.0	23.3
	55～64 岁	24.8	28.0	25.2	24.2	28.0	26.2
	65 岁及以上	16.9	21.4	20.0	17.5	23.7	15.6
教育程度	未受过正规教育	2.0	2.0	2.4	1.1	5.2	1.4
	小学	6.8	7.3	9.6	4.6	9.0	6.4
	初中	25.7	26.5	23.0	21.9	30.4	32.5
	高中	39.7	40.5	42.2	43.0	36.4	40.0
	大学及以上	25.8	23.7	22.8	29.4	19.0	19.7
职业类别	干部/管理人员	4.2	4.4	3.3	4.2	4.5	3.5
	个体/私营企业人员	5.8	5.0	3.6	4.2	5.1	5.5
	初级公务员/雇员	35.0	32.3	34.6	37.0	24.3	35.2
	工人	5.0	4.5	5.3	5.2	5.8	5.1
	学生	5.4	3.4	5.1	5.2	4.4	5.8
	无业	44.2	50.2	47.8	44.0	55.7	43.4
	其他	*	*	*	*	*	*
个人月收入	0～600 元	9.7	5.8	10.2	8.2	8.1	10.1
	601～1200 元	3.3	3.6	2.8	2.4	7.4	4.2
	1201～1700 元	5.5	5.8	9.1	6.2	6.0	5.9
	1701～2600 元	28.6	31.8	32.1	28.0	32.6	30.4
	2601～3500 元	25.0	25.8	22.2	27.2	25.1	26.4
	3501～5000 元	17.4	17.2	15.0	18.7	13.1	14.0
	5001 元及以上	10.5	10.0	8.6	9.3	7.7	9.0

注：* 表示样本量太小，无法进行统计推算。

表 3.29.6 2012～2014 年上海市场各类节目的播出份额（%）和收视份额（%）

节目类别	2012 年		2013 年		2014 年	
	播出份额	收视份额	播出份额	收视份额	播出份额	收视份额
财经	2.8	1.5	2.6	1.5	2.4	1.7
电视剧	19.6	27.3	20.5	27.3	19.6	26.5
电影	4.7	5.2	5.1	4.9	4.6	4.9
法制	1.0	2.7	1.0	2.5	1.0	2.4
教学	0.3	0.1	0.2	0.0	0.2	0.0
青少	7.0	1.7	6.6	1.4	7.2	1.7
生活服务	10.1	9.9	10.6	10.1	11.3	11.6
体育	2.5	4.6	2.7	4.3	3.6	4.7
外语	0.2	0.0	0.2	0.0	0.2	0.0
戏剧	1.9	0.7	1.5	0.5	1.4	0.4
新闻/时事	13.1	13.9	13.0	14.6	12.8	14.7
音乐	2.6	0.8	2.5	0.8	2.4	0.7
专题	11.7	6.2	10.9	5.3	12.2	5.5
综艺	9.4	15.0	9.1	15.9	9.1	14.6
其他	13.1	10.4	13.5	10.9	12.0	10.6

表 3.29.7　2014 年上海市场所有节目收视率排名前三十位

名次	节目名称	节目类型	播出频道	平均收视率(%)	平均占有率(%)
1	中国达人秀年度达人盛典	综艺	上海东方卫视	12.7	40.4
2	新闻透视	新闻/时事	上海电视台新闻综合频道	10.0	37.2
3	笑傲江湖(6 月 8 日)	综艺	上海东方卫视	9.3	33.6
4	观众中来	新闻/时事	上海电视台新闻综合频道	9.2	34.1
5	妈妈咪呀做女人就这样终极绽放夜	综艺	上海东方卫视	9.1	28.5
6	新闻报道	新闻/时事	上海电视台新闻综合频道	8.9	34.8
7	笑林盛典你最喜欢的东方笑星评选	综艺	上海电视台娱乐频道	8.5	26.7
8	天气预报	生活服务	上海电视台新闻综合频道	8.3	30.3
9	中国梦之声梦想逆袭战	综艺	上海东方卫视	7.8	29.1
10	我和春天有个约会我们一起走过的 10 年(2 月 6 日)	综艺	上海电视台娱乐频道	7.7	21.9
11	中央电视台 2014 甲午年春节联欢晚会	综艺	中央电视台综合频道	6.6	19.5
12	那些年我们追过的综艺	综艺	上海电视台娱乐频道	6.4	24.0
13	案件聚焦	法制	上海电视台新闻综合频道	6.3	22.1
14	东方 110	法制	上海电视台新闻综合频道	6.2	22.1
15	双谍	电视剧	上海电视台新闻综合频道	6.2	18.7
16	巡逻现场实录第 2 季	法制	上海电视台新闻综合频道	6.0	21.7
17	江都谍影	电视剧	上海电视台新闻综合频道	6.0	17.7
18	梦圆东方我们的梦跨年盛典	综艺	上海东方卫视	5.8	20.1
19	决战世界杯:2014 年世界杯决赛(德国 VS 阿根廷)	体育	上海电视台五星体育频道	5.7	50.1
20	2014 年上海旅游节开幕式暨开幕大巡游	综艺	上海电视台娱乐频道	5.6	18.1
21	大丈夫	电视剧	上海东方卫视	5.6	17.2
22	庭审纪实	法制	上海电视台新闻综合频道	5.4	19.0
23	飞哥大英雄	电视剧	上海电视台新闻综合频道	5.4	16.2
24	法制暑期特别节目舌尖上的安全送给吃货的防身指南	法制	上海电视台新闻综合频道	5.3	19.4
25	红高粱	电视剧	上海东方卫视	5.2	16.5
26	新闻坊	新闻/时事	上海电视台新闻综合频道	5.1	24.0
27	新老娘舅老娘舅相亲会	生活服务	上海电视台娱乐频道	5.1	18.4
28	1/7	新闻/时事	上海电视台新闻综合频道	5.1	17.2
29	红箭之生死情报战	电视剧	上海电视台新闻综合频道	5.0	16.5
30	一呼柏应	生活服务	上海电视台娱乐频道	5.0	16.0

表 3.29.8　2014 年上海市场电视剧收视率排名前十位

名次	节目名称	播出频道	平均收视率（%）	平均占有率（%）
1	双课	上海电视台新闻综合频道	6.2	18.7
2	江都谍影	上海电视台新闻综合频道	6.0	17.7
3	大丈夫	上海东方卫视	5.6	17.2
4	飞哥大英雄	上海电视台新闻综合频道	5.4	16.2
5	红高粱	上海东方卫视	5.2	16.5
6	红箭之生死情报战	上海电视台新闻综合频道	5.0	16.5
7	情定妇产科	上海电视台电视剧频道	4.9	15.7
7	一仆二主	上海东方卫视	4.9	15.7
9	情定三生	上海电视台电视剧频道	4.6	15.0
10	铁娘子	上海电视台电视剧频道	4.4	14.9

表 3.29.9　2014 年上海市场新闻节目收视率排名前十位

名次	节目名称	播出频道	平均收视率（%）	平均占有率（%）
1	新闻透视	上海电视台新闻综合频道	10.0	37.2
2	观众中来	上海电视台新闻综合频道	9.2	34.1
3	新闻报道	上海电视台新闻综合频道	8.9	34.8
4	新闻坊	上海电视台新闻综合频道	5.1	24.0
5	1/7	上海电视台新闻综合频道	5.1	17.2
6	媒体大搜索	上海电视台新闻综合频道	3.1	19.4
7	上海市人民政府记者招待会	上海电视台新闻综合频道	3.1	10.1
8	马航事件追踪	上海东方卫视	2.9	15.9
9	新闻夜线	上海电视台新闻综合频道	2.7	9.9
10	我们的新权益 315 新消法实施特别节目	上海电视台新闻综合频道	2.6	7.8

表 3.29.10　2014 年上海市场专题节目收视率排名前十位

名次	节目名称	播出频道	平均收视率（%）	平均占有率（%）
1	携手向明天亚信峰会文艺晚会特别节目	上海东方卫视	4.8	16.5
2	务实创新为人民 2013 年上海人大履职纪实	上海电视台新闻综合频道	3.2	11.0
3	中国梦劳动美——2014 年上海市庆祝五一国际劳动节特别节目	上海电视台新闻综合频道	2.8	11.7
4	试验的价值中国上海自由贸易试验区一周年记	上海电视台新闻综合频道	2.7	10.3
5	花样爷爷秦汉专访	上海东方卫视	2.4	10.2
6	舌尖上的中国第二季	中央电视台综合频道	2.1	6.9
7	急诊室故事	上海东方卫视	2.0	9.9
8	蓝天下的至爱 2014 爱心全天大放送	上海电视台娱乐频道	1.7	7.0
9	赶考路上	上海电视台新闻综合频道	1.7	5.8
10	东方直播室	上海东方卫视	1.6	8.6

表 3.29.11　2014 年上海市场综艺节目收视率排名前十位

名次	节目名称	播出频道	平均收视率(%)	平均占有率(%)
1	中国达人秀年度达人盛典	上海东方卫视	12.7	40.4
2	笑傲江湖(6 月 8 日)	上海东方卫视	9.3	33.6
3	妈妈咪呀做女人就这样终极绽放夜	上海东方卫视	9.1	28.5
4	笑林盛典你最喜欢的东方笑星评选	上海电视台娱乐频道	8.5	26.7
5	中国梦之声梦想逆袭战	上海东方卫视	7.8	29.1
6	我和春天有个约会我们一起走过的 10 年(2 月 6 日)	上海电视台娱乐频道	7.7	21.9
7	中央电视台 2014 甲午年春节联欢晚会	中央电视台综合频道	6.6	19.5
8	那些年我们追过的综艺	上海电视台娱乐频道	6.4	24.0
9	梦圆东方我们的梦跨年盛典	上海东方卫视	5.8	20.1
10	2014 年上海旅游节开幕式暨开幕大巡游	上海电视台娱乐频道	5.6	18.1

表 3.29.12　2014 年上海市场体育节目收视率排名前十位

名次	节目名称	播出频道	平均收视率(%)	平均占有率(%)
1	决战世界杯:2014 年世界杯决赛(德国 VS 阿根廷)	上海电视台五星体育频道	5.7	50.1
2	2014 年澳网女单决赛(LI NA VS DOMINIKA CIBULKOVA)	上海电视台五星体育频道	2.9	13.5
3	2014 年中国平安中国足球协会超级联赛第 9 轮(上海绿地申花 VS 广州富力)	上海电视台五星体育频道	2.9	9.6
4	2014 年仁川亚运会女子 200 米个人混合泳决赛	中央台五套	2.6	9.9
5	2014 年亚冠联赛小组赛第二轮(北京国安 VS 首尔 FC)	上海电视台五星体育频道	2.6	8.5
6	2014 年仁川亚运会男子 100 米决赛	中央台五套	2.6	8.4
7	2014 年仁川亚运会举重女子 75 公斤以上级决赛	中央台五套	2.4	7.9
8	2014 年索契冬奥会短道速滑男子 1000 米决赛	中央台五套	2.2	6.7
9	2013/2014 赛季英格兰足球超级联赛第 36 轮(LIVERPOOL VS CHELSEA)	上海电视台五星体育频道	2.1	7.4
10	2014 年仁川亚运会男子 4 × 100 米自由泳接力颁奖仪式	中央台五套	2.0	6.9

三十、天津收视数据

表 3.30.1　2010～2014 年天津市场各类频道的市场占有率（%）

频道类别	年份				
	2010 年	2011 年	2012 年	2013 年	2014 年
中央台频道	28.5	26.4	27.2	28.5	29.4
中国教育台频道	0.5	0.7	0.5	0.4	0.3
天津市级频道	36.5	39.7	39.0	35.5	32.0
其他省级卫视频道	24.9	25.8	26.3	27.0	29.3
其他频道	9.7	7.4	7.0	8.6	9.0

表 3.30.2　2014 年天津市场各类频道在不同目标观众中的市场占有率（%）

目标观众		中央台频道	中国教育台频道	天津市级频道	其他省级卫视频道	其他频道
4 岁及以上所有人		29.4	0.3	32.0	29.3	9.0
性别	男	31.5	0.3	30.6	28.2	9.4
	女	27.1	0.3	33.4	30.5	8.7
年龄	4～14 岁	23.9	0.3	27.6	39.4	8.8
	15～24 岁	21.6	0.4	33.9	31.8	12.3
	25～34 岁	24.7	0.3	30.5	33.1	11.4
	35～44 岁	28.1	0.4	27.1	33.7	10.7
	45～54 岁	28.2	0.4	34.1	28.1	9.2
	55～64 岁	32.5	0.2	34.3	25.8	7.2
	65 岁及以上	41.5	0.2	32.4	21.5	4.4
教育程度	未受过正规教育	29.5	0.3	40.1	24.1	6.0
	小学	30.1	0.3	29.7	29.9	10.0
	初中	27.1	0.3	32.1	31.8	8.7
	高中	30.1	0.3	31.6	29.1	8.9
	大学及以上	30.9	0.3	31.9	27.0	9.9
职业类别	干部/管理人员	31.8	0.4	27.7	26.1	14.0
	个体/私营企业人员	31.2	0.2	23.6	35.1	9.9
	初级公务员/雇员	27.3	0.3	35.5	27.3	9.6
	工人	26.7	0.3	30.9	31.9	10.2
	学生	23.0	0.4	30.4	35.3	10.9
	无业	31.9	0.3	34.5	26.0	7.3
	其他	31.4	0.5	24.1	35.6	8.4
个人月收入	0～600 元	25.4	0.3	31.6	33.0	9.7
	601～1200 元	32.0	0.3	31.0	27.8	8.9
	1201～1700 元	31.9	0.4	31.3	28.1	8.3
	1701～2600 元	30.6	0.3	33.4	27.2	8.5
	2601～3500 元	28.8	0.3	33.6	26.8	10.5
	3501～5000 元	31.8	0.4	26.6	34.3	6.9
	5001 元及以上	33.2	0.3	28.6	28.7	9.2

表 3.30.3　2014 年天津市场各类频道在不同时段的市场占有率（%）

时间段	中央台频道	中国教育台频道	天津市级频道	其他省级卫视频道	其他频道
02:00~03:00	30.7	1.1	12.7	35.0	20.5
03:00~04:00	28.8	0.6	12.8	32.5	25.3
04:00~05:00	33.5	0.3	12.9	28.5	24.8
05:00~06:00	36.9	0.3	13.6	27.3	21.9
06:00~07:00	48.8	0.3	11.0	25.8	14.1
07:00~08:00	38.0	0.1	32.1	21.5	8.3
08:00~09:00	36.7	0.2	31.9	22.7	8.5
09:00~10:00	30.3	0.1	30.9	29.0	9.7
10:00~11:00	30.0	0.5	27.6	32.4	9.5
11:00~12:00	33.3	0.4	27.7	29.9	8.7
12:00~13:00	36.8	0.3	27.2	27.5	8.2
13:00~14:00	30.6	0.5	29.2	30.5	9.2
14:00~15:00	28.9	0.5	26.6	34.1	9.9
15:00~16:00	30.2	0.4	26.1	33.3	10.0
16:00~17:00	27.6	0.1	31.3	32.4	8.6
17:00~18:00	29.5	0.1	35.5	25.4	9.5
18:00~19:00	32.2	0.1	48.7	10.5	8.5
19:00~20:00	34.5	0.2	40.7	17.3	7.3
20:00~21:00	24.9	0.4	33.8	33.3	7.6
21:00~22:00	24.0	0.3	31.6	35.7	8.4
22:00~23:00	21.9	0.4	30.9	37.4	9.4
23:00~24:00	27.2	0.2	19.8	41.1	11.7
24:00~25:00	32.5	0.3	17.1	36.9	13.2
25:00~26:00	33.3	0.9	15.4	34.6	15.8

表 3.30.4　2014 年天津市场收视份额排名前十位的频道

名次	频道名称	收视份额(%)
1	天津卫视	12.3
2	中央电视台综合频道	5.1
3	天津电视台三套(影视频道)	3.5
4	中央电视台新闻频道	3.3
4	天津电视台四套(都市频道)	3.3
6	天津电视台二套(文艺频道)	3.1
7	天津电视台一套(新闻频道)	3.0
7	中央台三套	3.0
9	中央台五套	2.9
10	浙江卫视	2.8

表 3.30.5　2014 年天津市场各主要频道的观众构成（%）

目标观众		所有频道	主要频道				
			天津卫视	中央电视台综合频道	天津电视台三套(影视频道)	中央电视台新闻频道	天津电视台四套(都市频道)
4 岁及以上所有人		100.0	100.0	100.0	100.0	100.0	100.0
性别	男	51.2	46.2	48.4	51.0	61.3	47.1
	女	48.8	53.8	51.6	49.0	38.7	52.9
年龄	4~14 岁	5.4	5.9	3.3	4.4	2.1	2.3
	15~24 岁	13.4	18.4	11.1	10.6	7.4	9.3
	25~34 岁	13.6	16.2	11.3	9.8	9.2	8.2
	35~44 岁	14.3	11.6	10.2	12.9	17.1	10.2
	45~54 岁	22.1	26.1	19.9	21.8	20.5	20.5
	55~64 岁	15.1	12.2	18.8	17.2	17.7	21.8
	65 岁及以上	16.0	9.7	25.5	23.2	26.0	27.6
教育程度	未受过正规教育	4.8	8.4	4.3	5.5	1.6	2.7
	小学	11.8	12.0	11.8	10.2	15.2	10.8
	初中	30.5	27.8	25.3	35.2	23.2	36.9
	高中	29.2	24.2	29.2	30.7	36.1	29.9
	大学及以上	23.8	27.6	29.3	18.4	23.9	19.7
职业类别	干部/管理人员	3.6	3.1	3.4	2.0	4.9	3.2
	个体/私营企业人员	9.6	6.0	6.7	6.8	14.8	6.7
	初级公务员/雇员	17.0	23.9	15.4	13.1	16.7	13.3
	工人	18.0	16.5	14.6	18.0	15.0	16.4
	学生	8.1	8.6	6.2	8.1	3.7	4.9
	无业	39.9	37.5	50.9	48.6	37.1	54.3
	其他	3.7	4.4	2.8	3.4	7.8	1.1
个人月收入	0~600 元	25.2	30.4	24.7	22.1	16.2	19.0
	601~1200 元	5.7	6.4	5.4	5.2	10.3	4.6
	1201~1700 元	8.6	7.3	9.9	7.0	9.8	7.9
	1701~2600 元	32.0	27.3	36.3	37.3	33.6	41.5
	2601~3500 元	16.9	19.9	13.7	16.9	15.7	17.4
	3501~5000 元	6.8	4.4	6.4	7.2	8.8	5.8
	5001 元及以上	4.8	4.4	3.6	4.3	5.5	3.9

表 3.30.6　2012~2014 年天津市场各类节目的播出份额（%）和收视份额（%）

节目类别	2012 年		2013 年		2014 年	
	播出份额	收视份额	播出份额	收视份额	播出份额	收视份额
财经	2.1	0.8	1.9	0.7	1.7	0.5
电视剧	20.5	31.7	21.2	29.0	20.2	29.2
电影	4.3	3.9	5.2	4.6	4.4	3.9
法制	1.1	1.4	1.0	1.3	1.1	1.3
教学	0.4	0.1	0.2	0.0	0.2	0.1
青少	7.0	3.1	6.6	3.8	7.0	3.4
生活服务	8.8	8.1	9.2	8.0	10.2	8.9
体育	2.6	5.4	2.9	4.8	3.7	4.6
外语	0.0	0.0	0.0	0.0	0.0	0.0
戏剧	1.0	0.6	0.8	0.6	0.7	0.6
新闻/时事	14.0	11.3	14.2	12.3	13.9	11.7
音乐	2.6	0.9	2.4	0.9	2.4	0.8
专题	12.3	8.0	11.2	7.8	12.8	7.5
综艺	9.4	13.4	9.1	14.6	9.2	15.7
其他	13.9	11.4	14.3	11.7	12.5	11.8

表 3.30.7　2014 年天津市场所有节目收视率排名前三十位

名次	节目名称	节目类型	播出频道	平均收视率(%)	平均占有率(%)
1	中央电视台 2014 甲午年春节联欢晚会	中央电视台综合频道	综艺	15.4	28.9
2	中央电视台 2014 甲午年元宵晚会	中央电视台综合频道	综艺	11.8	22.1
3	勇敢的心	天津卫视	电视剧	11.3	25.6
4	离婚律师	天津卫视	电视剧	10.7	25.0
5	国色天香(2 月 8 日)	天津卫视	综艺	9.7	21.1
6	爷们儿	天津卫视	电视剧	9.4	21.3
7	爱情最美丽	天津卫视	电视剧	9.3	22.4
8	乡村爱情圆舞曲	天津卫视	电视剧	9.2	19.4
9	乡村爱情 7 圆舞曲开播特别节目	天津卫视	综艺	8.4	18.9
10	青年医生	天津卫视	电视剧	8.2	18.3
11	一代枭雄	天津卫视	电视剧	8.2	17.7
12	中国相声群英会	天津卫视	综艺	8.0	20.4
13	二炮手	天津卫视	电视剧	7.6	16.5
13	团圆饭	天津卫视	电视剧	7.6	16.5
15	百万粉丝(11 月 28 日)	天津卫视	综艺	7.4	17.7
16	老兵	天津卫视	电视剧	7.3	16.2
17	铁血尖刀	天津卫视	电视剧	7.1	15.8
18	绝地枪王	天津卫视	电视剧	7.0	16.4
19	2013/2014 赛季中国女子排球联赛决赛第一场(天津 VS 浙江)	天津电视台五套(体育频道)	体育	7.0	14.9
20	爱情保卫战	天津卫视	综艺	6.8	20.5
21	非你莫属老板变形记	天津卫视	综艺	6.8	17.0
22	勇敢的心开播特别节目	天津卫视	综艺	6.7	15.4
23	一仆二主	天津卫视	电视剧	6.6	16.2
24	刀客家族的女人	天津卫视	电视剧	6.4	15.8
25	北平无战事	天津卫视	电视剧	6.3	14.9
26	中国足球梦(7 月 5 日)	天津卫视	综艺	6.3	14.8
27	美丽天津团圆年	天津卫视	综艺	6.3	13.5
28	喜从天降	天津卫视	综艺	6.2	14.3
29	父母爱情	天津卫视	电视剧	6.2	13.7
30	天气预报	中央电视台综合频道	生活服务	6.1	15.6

表 3.30.8　2014 年天津市场电视剧收视率排名前十位

名次	节目名称	播出频道	平均收视率（%）	平均占有率（%）
1	勇敢的心	天津卫视	11.3	25.6
2	离婚律师	天津卫视	10.7	25.0
3	爷们儿	天津卫视	9.4	21.3
4	爱情最美丽	天津卫视	9.3	22.4
5	乡村爱情圆舞曲	天津卫视	9.2	19.4
6	青年医生	天津卫视	8.2	18.3
7	一代枭雄	天津卫视	8.2	17.7
8	二炮手	天津卫视	7.6	16.5
8	团圆饭	天津卫视	7.6	16.5
10	老兵	天津卫视	7.3	16.2

表 3.30.9　2014 年天津市场新闻节目收视率排名前十位

名次	节目名称	播出频道	平均收视率（%）	平均占有率（%）
1	都市报道 60 分	天津电视台一套（新闻频道）	4.5	13.8
2	转播中央台新闻联播	天津卫视	3.8	10.7
3	新闻联播	中央电视台综合频道	3.2	9.1
4	习近平主席在印度新德里发表重要演讲	中央电视台综合频道	2.9	6.4
5	2014 一年又一年	中央电视台综合频道	2.7	9.1
6	聚焦 APEC	中央电视台新闻频道	2.7	7.3
7	习近平主席在联合国教科文组织总部发表演讲	中央电视台综合频道	2.7	6.2
8	习近平主席在中法建交 50 周年纪念大会上发表重要讲话	中央电视台综合频道	2.6	5.8
9	焦点访谈	中央电视台综合频道	2.5	6.0
10	习近平主席在欧洲学院发表重要演讲	中央电视台综合频道	2.5	5.9

表 3.30.10　2014 年天津市场专题节目收视率排名前十位

名次	节目名称	播出频道	平均收视率（%）	平均占有率（%）
1	宝贝你好	天津卫视	4.0	13.3
2	百年潮中国梦	天津卫视	3.7	8.3
3	舌尖上的中国第二季	中央电视台综合频道	3.6	8.1
4	一场别开生面的座谈会——习近平总书记主持召开文艺工作座谈会侧记	中央电视台综合频道	3.4	8.3
5	感动中国 2013 年度人物颁奖盛典	中央电视台综合频道	3.2	6.6
6	天生 1 对	天津卫视	3.0	9.6
7	五大道	天津卫视	3.0	9.5
8	中国成语大会 2014（6 月 8 日）	中央电视台综合频道	2.8	6.0
9	中国谜语大会（2 月 11 日）	中央电视台综合频道	2.5	5.2
10	中国汉字听写大会 2014（8 月 31 日）	中央电视台综合频道	2.4	5.1

表 3.30.11　2014 年天津市场综艺节目收视率排名前十位

名次	节目名称	播出频道	平均收视率(%)	平均占有率(%)
1	中央电视台 2014 甲午年春节联欢晚会	中央电视台综合频道	15.4	28.9
2	中央电视台 2014 甲午年元宵晚会	中央电视台综合频道	11.8	22.1
3	国色天香(2 月 8 日)	天津卫视	9.7	21.1
4	乡村爱情 7 圆舞曲开播特别节目	天津卫视	8.4	18.9
5	中国相声群英会	天津卫视	8.0	20.4
6	百万粉丝(11 月 28 日)	天津卫视	7.4	17.7
7	爱情保卫战	天津卫视	6.8	20.5
8	非你莫属老板变形记	天津卫视	6.8	17.0
9	勇敢的心开播特别节目	天津卫视	6.7	15.4
10	美丽天津团圆年	天津卫视	6.3	13.5

表 3.30.12　2014 年天津市场体育节目收视率排名前十位

名次	节目名称	播出频道	平均收视率(%)	平均占有率(%)
1	2013/2014 赛季中国女子排球联赛决赛第一场(天津 VS 浙江)	天津电视台五套(体育频道)	7.0	14.9
2	2014 年巴西世界杯决赛(德国 VS 阿根廷)	中央台五套	5.5	67.0
3	2014 年中国足球协会超级联赛第 11 轮(河南建业 VS 天津康师傅)	天津电视台五套(体育频道)	5.5	11.2
4	2014 年仁川亚运会男子 1500 米自由泳决赛	中央台五套	4.7	13.9
5	2014 年索契冬奥会短道速滑男子 1000 米决赛	中央台五套	4.6	10.2
6	2014 年仁川亚运会举重男子 62 公斤级挺举	中央台五套	4.5	9.6
7	2014 年澳大利亚网球公开赛女单决赛	中央台五套	4.1	15.2
8	13/14 中国女排联赛颁奖仪式	天津电视台五套(体育频道)	4.0	13.0
9	2014 年世界乒乓球团体锦标赛女团决赛	中央台五套	3.8	10.5
10	2014/2015 赛季中国女子排球联赛第五轮(天津 VS 北京)	天津电视台五套(体育频道)	3.5	14.1

三十一、重庆收视数据

表 3.31.1 2010～2014 年重庆市场各类频道的市场占有率（%）

频道类别	年份				
	2010 年	2011 年	2012 年	2013 年	2014 年
中央台频道	27.8	28.2	28.1	28.0	27.1
中国教育台频道	0.2	0.4	0.4	0.3	0.2
重庆市级频道	32.4	26.8	26.3	28.0	26.5
其他省级卫视频道	31.4	36.7	37.6	35.7	36.9
其他频道	8.2	7.9	7.6	8.0	9.3

表 3.31.2 2014 年重庆市场各类频道在不同目标观众中的市场占有率（%）

目标观众		中央台频道	中国教育台频道	重庆市级频道	其他省级卫视频道	其他频道
4 岁及以上所有人		27.1	0.2	26.5	36.9	9.3
性别	男	29.3	0.2	26.6	34.7	9.2
	女	24.7	0.2	26.5	39.4	9.2
年龄	4～14 岁	25.5	0.2	29.3	36.4	8.6
	15～24 岁	23.6	0.3	22.7	44.0	9.4
	25～34 岁	24.1	0.2	20.2	44.7	10.8
	35～44 岁	26.6	0.3	22.8	41.7	8.6
	45～54 岁	24.5	0.2	28.1	36.9	10.3
	55～64 岁	28.2	0.2	30.5	32.3	8.8
	65 岁及以上	33.8	0.2	28.5	29.3	8.2
教育程度	未受过正规教育	26.2	0.3	32.7	32.6	8.2
	小学	28.9	0.2	30.8	31.6	8.5
	初中	26.3	0.2	27.8	35.9	9.8
	高中	27.8	0.2	21.5	42.0	8.5
	大学及以上	24.2	0.2	17.8	46.9	10.9
职业类别	干部/管理人员	27.7	0.2	20.0	42.6	9.5
	个体/私营企业人员	25.0	0.2	26.9	37.3	10.6
	初级公务员/雇员	25.0	0.3	24.0	40.1	10.6
	工人	26.0	0.2	23.4	40.3	10.1
	学生	26.1	0.3	24.2	40.3	9.1
	无业	27.7	0.2	26.3	37.4	8.4
	其他	29.4	0.3	32.8	28.7	8.8
个人月收入	0～600 元	25.9	0.3	28.5	36.2	9.1
	601～1200 元	30.8	0.3	28.6	32.0	8.3
	1201～1700 元	27.6	0.1	27.2	36.3	8.8
	1701～2600 元	27.2	0.1	24.5	38.3	9.9
	2601～3500 元	24.5	0.2	20.4	46.1	8.8
	3501～5000 元	26.4	0.2	20.8	40.0	12.6
	5001 元及以上	23.8	0.4	19.4	46.0	10.4

表 3.31.3　2014 年重庆市场各类频道在不同时段的市场占有率（%）

时间段	中央台频道	中国教育台频道	重庆市级频道	其他省级卫视频道	其他频道
02:00~03:00	33.1	1.1	14.2	35.4	16.2
03:00~04:00	32.7	0.8	14.9	35.8	15.8
04:00~05:00	34.7	0.7	18.8	31.9	13.9
05:00~06:00	37.3	0.5	25.0	26.6	10.6
06:00~07:00	42.8	0.2	31.8	16.6	8.6
07:00~08:00	43.4	0.1	31.2	16.5	8.8
08:00~09:00	37.7	0.1	24.6	28.2	9.4
09:00~10:00	31.3	0.1	21.2	37.3	10.1
10:00~11:00	34.1	0.2	14.8	41.0	9.9
11:00~12:00	37.7	0.2	18.4	34.2	9.5
12:00~13:00	37.8	0.2	22.3	30.3	9.4
13:00~14:00	33.4	0.4	19.8	35.8	10.6
14:00~15:00	28.5	0.5	16.5	43.3	11.2
15:00~16:00	28.8	0.3	14.8	45.4	10.7
16:00~17:00	29.3	0.1	14.5	45.1	11.0
17:00~18:00	33.1	0.1	21.0	35.0	10.8
18:00~19:00	35.0	0.1	41.1	14.2	9.6
19:00~20:00	25.1	0.1	38.8	29.1	6.9
20:00~21:00	18.0	0.2	31.0	43.3	7.5
21:00~22:00	19.1	0.2	29.8	44.0	6.9
22:00~23:00	19.7	0.4	29.6	41.6	8.7
23:00~24:00	27.1	0.1	16.7	43.1	13.0
24:00~25:00	34.4	0.2	13.6	37.3	14.5
25:00~26:00	36.6	0.6	13.5	34.6	14.7

表 3.31.4　2014 年重庆市场收视份额排名前十位的频道

名次	频道名称	收视份额(%)
1	重庆电视台影视频道(一套)	7.3
2	重庆卫视	5.1
3	重庆电视台新闻频道(二套)	4.7
4	湖南卫视	4.4
5	中央电视台综合频道	3.8
6	中央台六套	3.6
6	中央电视台新闻频道	3.6
8	中央台三套	3.2
9	重庆电视台时尚频道(七套)	3.1
10	湖北卫视	3.0

表 3.31.5 2014 年重庆市场各主要频道的观众构成（%）

目标观众		所有频道	主要频道				
			重庆电视台影视频道（一套）	重庆卫视	重庆电视台新闻频道（二套）	湖南卫视	中央电视台综合频道
4 岁及以上所有人		100.0	100.0	100.0	100.0	100.0	100.0
性别	男	51.6	50.2	56.5	53.4	41.8	54.4
	女	48.4	49.8	43.5	46.6	58.2	45.6
年龄	4～14 岁	10.1	6.5	5.6	5.0	19.9	7.7
	15～24 岁	6.5	3.0	3.7	6.5	15.6	4.1
	25～34 岁	12.0	7.2	7.3	11.9	11.8	9.2
	35～44 岁	16.8	10.9	13.9	15.3	19.0	12.1
	45～54 岁	19.7	24.2	19.5	25.5	14.2	19.7
	55～64 岁	17.6	25.9	23.4	18.8	10.1	22.5
	65 岁及以上	17.3	22.3	26.6	17.0	9.4	24.7
教育程度	未受过正规教育	6.1	4.2	5.0	4.9	7.8	5.4
	小学	26.9	34.0	36.2	24.0	27.9	31.2
	初中	35.1	40.5	35.2	37.6	35.8	33.0
	高中	22.0	15.3	15.8	23.6	20.2	21.5
	大学及以上	9.9	6.0	7.8	9.9	8.3	8.9
职业类别	干部/管理人员	2.2	1.7	1.8	1.9	1.7	2.0
	个体/私营企业人员	11.1	8.6	9.1	16.0	12.0	8.9
	初级公务员/雇员	8.3	8.0	7.5	9.0	6.2	8.7
	工人	14.6	11.6	12.3	15.3	13.4	12.1
	学生	9.4	5.8	5.7	5.9	24.3	7.0
	无业	37.3	37.8	32.5	39.4	27.3	42.9
	其他	17.1	26.5	31.1	12.5	15.1	18.4
个人月收入	0～600 元	38.9	36.3	44.5	29.0	54.2	37.8
	601～1200 元	17.6	22.9	19.4	20.2	15.3	15.6
	1201～1700 元	12.4	14.6	9.6	14.6	8.9	14.6
	1701～2600 元	16.9	16.8	15.5	20.7	11.5	19.7
	2601～3500 元	6.8	4.7	5.0	7.5	5.4	6.0
	3501～5000 元	4.0	2.4	3.1	4.8	2.3	4.4
	5001 元及以上	3.4	2.3	2.9	3.2	2.4	1.9

表 3.31.6 2012～2014 年重庆市场各类节目的播出份额（%）和收视份额（%）

节目类别	2012 年		2013 年		2014 年	
	播出份额	收视份额	播出份额	收视份额	播出份额	收视份额
财经	2.0	0.8	2.0	0.5	1.8	0.4
电视剧	29.1	36.5	22.3	36.7	21.4	38.8
电影	4.4	4.4	4.4	3.9	3.7	4.2
法制	1.5	1.5	1.6	0.9	1.4	0.7
教学	0.6	0.2	0.3	0.1	0.3	0.1
青少	6.1	6.1	6.7	5.5	7.1	4.9
生活服务	8.9	6.1	10.1	6.9	11.0	6.8
体育	1.9	2.0	1.8	1.1	2.7	1.3
外语	0.0	0.0	0.0	0.0	0.0	0.0
戏剧	0.9	0.2	0.7	0.1	0.7	0.1
新闻/时事	10.3	12.7	14.4	13.4	14.1	12.4
音乐	2.4	1.0	2.3	0.7	2.4	0.6
专题	10.4	6.5	10.3	5.4	11.6	5.5
综艺	7.0	10.4	8.6	12.1	8.7	11.7
其他	14.5	11.6	14.3	12.6	13.1	12.5

表 3.31.7　2014 年重庆市场所有节目收视率排名前三十位

名次	节目名称	节目类型	播出频道	平均收视率(%)	平均占有率(%)
1	决杀令	电视剧	重庆电视台影视频道(一套)	6.5	18.3
2	东北剿匪记	电视剧	重庆电视台影视频道(一套)	6.3	17.9
3	神枪之倒刺	电视剧	重庆电视台影视频道(一套)	6.2	17.9
4	我姥爷 1945	电视剧	重庆电视台影视频道(一套)	6.1	16.6
5	地下地上之大陆小岛	电视剧	重庆电视台影视频道(一套)	5.9	16.3
6	我的抗战之猎豹突击	电视剧	重庆卫视	5.9	14.3
7	猎魔	电视剧	重庆电视台影视频道(一套)	5.8	16.1
8	一个和九个	电视剧	重庆电视台影视频道(一套)	5.7	15.2
9	刀影	电视剧	重庆卫视	5.6	14.9
10	义者无敌	电视剧	重庆电视台影视频道(一套)	5.5	15.3
11	代号九耳犬	电视剧	重庆电视台影视频道(一套)	5.4	17.9
12	铁血盟	电视剧	重庆电视台影视频道(一套)	5.3	15.8
13	我要当八路	电视剧	重庆卫视	5.3	12.7
14	泪洒女人花	电视剧	重庆电视台影视频道(一套)	5.2	15.1
15	中央电视台 2014 甲午年春节联欢晚会	综艺	中央电视台综合频道	5.2	13.5
16	肖叮叮的剿匪记	电视剧	重庆电视台影视频道(一套)	5.1	13.8
17	我和我的传奇奶奶	电视剧	重庆卫视	5.1	13.5
18	冲破特训营	电视剧	重庆卫视	5.0	12.5
19	玫瑰特遣队	电视剧	重庆电视台影视频道(一套)	4.8	13.8
20	快乐中国 20142015 跨年演唱会	音乐	湖南卫视	4.7	14.9
21	红箭	电视剧	重庆电视台影视频道(一套)	4.7	14.8
22	冒牌英雄	电视剧	重庆卫视	4.7	13.2
23	傻儿传奇	电视剧	重庆卫视	4.7	11.7
24	英雄戟影子战士	电视剧	重庆电视台影视频道(一套)	4.5	12.8
25	传奇英雄	电视剧	重庆卫视	4.5	12.5
26	光影	电视剧	重庆电视台影视频道(一套)	4.5	12.3
27	战火	电视剧	重庆电视台影视频道(一套)	4.4	12.8
28	开学第一课	综艺	中央电视台综合频道	4.4	10.6
29	雪鹰	电视剧	重庆电视台影视频道(一套)	4.3	12.4
30	烽火	电视剧	重庆电视台影视频道(一套)	4.3	12.1

表 3.31.8 2014 年重庆市场电视剧收视率排名前十位

名次	节目名称	播出频道	平均收视率（%）	平均占有率（%）
1	决杀令	重庆电视台影视频道（一套）	6.5	18.3
2	东北剿匪记	重庆电视台影视频道（一套）	6.3	17.9
3	神枪之倒刺	重庆电视台影视频道（一套）	6.2	17.9
4	我姥爷 1945	重庆电视台影视频道（一套）	6.1	16.6
5	地下地上之大陆小岛	重庆电视台影视频道（一套）	5.9	16.3
6	我的抗战之猎豹突击	重庆卫视	5.9	14.3
7	猎魔	重庆电视台影视频道（一套）	5.8	16.1
8	一个和九个	重庆电视台影视频道（一套）	5.7	15.2
9	刀影	重庆卫视	5.6	14.9
10	义者无敌	重庆电视台影视频道（一套）	5.5	15.3

表 3.31.9 2014 年重庆市场新闻节目收视率排名前十位

名次	节目名称	播出频道	平均收视率（%）	平均占有率（%）
1	天天 630	重庆电视台新闻频道（二套）	3.5	13.9
2	守望相助，共创中蒙关系发展新时代——习近平在蒙古国家大呼拉尔的演讲	中央电视台综合频道	1.8	4.7
3	转播中央台新闻联播	重庆卫视	1.7	6.9
4	海巡 01 轮发现黑匣子脉冲信号	中央电视台新闻频道	1.6	6.6
5	重庆新闻联播	重庆卫视	1.4	7.8
6	新闻联播	中央电视台综合频道	1.4	5.8
7	李克强总理会见中外记者并回答提问	中央电视台新闻频道	1.4	3.5
8	刘汉刘维一审被判处死刑特别节目	湖北卫视	1.3	4.0
9	习近平在澳大利亚联邦议会发表演讲	中央电视台综合频道	1.3	3.0
10	2014 一年又一年	湖北卫视	1.2	4.5

表 3.31.10 2014 年重庆市场专题节目收视率排名前十位

名次	节目名称	播出频道	平均收视率（%）	平均占有率（%）
1	中央电视台特别节目：新的中拉时间开始了	中央电视台综合频道	1.6	4.2
2	感动中国 2013 年度人物颁奖盛典	中央电视台综合频道	1.5	3.8
3	调解面对面	湖北卫视	1.4	5.0
4	舌尖上的中国第二季	中央电视台综合频道	1.4	3.5
4	中央电视台特别节目：一带一路千年的时空穿越	中央电视台综合频道	1.4	3.5
6	汤爆隋唐	重庆电视台影视频道（一套）	1.3	7.1
7	国魂社会主义核心价值观	重庆卫视	1.3	4.3
8	寻找最美乡村教师 2014 大型公益活动	中央电视台综合频道	1.3	3.4
9	凡人有事调解进行时	重庆电视台都市频道（四套）	1.3	3.2
9	沧浪万里长	重庆卫视	1.3	3.2

表 3.31.11　2014 年重庆市场综艺节目收视率排名前十位

名次	节目名称	播出频道	平均收视率（%）	平均占有率（%）
1	中央电视台 2014 甲午年春节联欢晚会	中央电视台综合频道	5.2	13.5
2	开学第一课	中央电视台综合频道	4.4	10.6
3	中央电视台 2014 甲午年元宵晚会	中央电视台综合频道	3.7	10.1
4	我是歌手歌王之战（4 月 4 日）	湖南卫视	3.3	9.7
5	爸爸去哪儿第二季	湖南卫视	2.7	12.7
6	2014 重庆市春节联欢晚会	重庆卫视	2.6	9.2
7	和音乐在一起酷狗音乐十年	湖北卫视	2.5	7.6
8	传奇英雄精编版	重庆卫视	2.5	6.1
9	快乐大本营	湖南卫视	2.4	6.4
10	传奇队长铁血武工队传奇特别节目	重庆卫视	2.3	6.0

表 3.31.12　2014 年重庆市场体育节目收视率排名前十位

名次	节目名称	播出频道	平均收视率（%）	平均占有率（%）
1	2014 第二届夏季青年奥林匹克运动会闭幕式	中央电视台综合频道	3.2	7.3
2	我爱世界杯:2014 年巴西世界杯决赛（德国 VS 阿根廷）	中央台五套	2.7	52.4
3	2014 年仁川亚运会女子 200 米个人混合泳决赛	中央台五套	2.2	8.4
4	2014 第二届夏季青年奥林匹克运动会开幕式	中央电视台综合频道	2.2	5.9
5	直播周末 2014 年斯诺克中国公开赛颁奖仪式	中央台五套	1.8	6.5
6	2014 年仁川亚运会女子 800 米决赛	中央台五套	1.7	10.8
7	2014 年索契冬奥会短道速滑女子 3000 米接力决赛	中央台五套	1.7	7.1
8	2014 年仁川亚运会体操男子吊环决赛	中央台五套	1.7	4.0
9	直播周末:2014 年澳大利亚网球公开赛女单决赛	中央台五套	1.4	11.2
10	2014 年仁川亚运会羽毛球男团决赛	中央台五套	1.3	3.5

三十二、长春收视数据

表 3.32.1　2010～2014 年长春市场各类频道的市场占有率（%）

频道类别	年份				
	2010 年	2011 年	2012 年	2013 年	2014 年
中央台频道	28.3	27.7	31.0	34.4	37.0
中国教育台频道	0.5	0.6	0.4	0.2	0.2
吉林省级频道	26.9	27.1	24.7	22.5	23.5
长春市级频道	12.8	10.9	8.1	7.5	5.5
其他省级卫视频道	22.1	26.2	30.7	30.5	29.7
其他频道	9.4	7.5	5.1	4.9	4.1

表 3.32.2　2014 年长春市场各类频道在不同目标观众中的市场占有率（%）

目标观众		中央台频道	中国教育台频道	吉林省级频道	长春市级频道	其他省级卫视频道	其他频道
4 岁及以上所有人		37.0	0.2	23.5	5.5	29.7	4.1
性别	男	41.4	0.2	22.4	5.2	26.3	4.5
	女	32.6	0.2	24.5	5.7	33.1	3.9
年龄	4～14 岁	32.6	0.1	14.9	1.5	43.5	7.4
	15～24 岁	30.1	0.1	19.9	4.2	39.6	6.1
	25～34 岁	36.6	0.3	18.2	3.1	37.5	4.3
	35～44 岁	33.7	0.1	22.6	5.6	32.5	5.5
	45～54 岁	34.4	0.2	25.7	6.3	29.2	4.2
	55～64 岁	41.3	0.1	24.1	6.3	25.2	3.0
	65 岁及以上	42.2	0.2	27.9	6.7	20.2	2.8
教育程度	未受过正规教育	30.1	0.1	26.1	1.6	36.5	5.6
	小学	32.2	0.1	31.4	6.2	25.6	4.5
	初中	36.2	0.2	26.0	5.7	28.1	3.8
	高中	37.1	0.2	21.4	5.3	31.6	4.4
	大学及以上	40.4	0.2	19.6	5.6	30.2	4.0
职业类别	干部/管理人员	33.5	0.1	19.3	7.8	35.3	4.0
	个体/私营企业人员	35.7	0.2	24.4	4.7	31.2	3.8
	初级公务员/雇员	38.8	0.2	18.6	5.1	32.3	5.0
	工人	33.6	0.2	26.2	5.6	30.1	4.3
	学生	31.6	0.1	17.3	3.1	42.3	5.6
	无业	39.6	0.2	24.4	5.9	26.5	3.4
	其他	33.9	0.4	36.9	2.2	10.5	16.1
个人月收入	0～600 元	33.0	0.2	20.9	4.2	36.8	4.9
	601～1200 元	40.2	0.1	29.5	4.7	21.8	3.7
	1201～1700 元	34.1	0.2	30.2	6.3	25.8	3.4
	1701～2600 元	38.7	0.1	22.2	5.4	29.8	3.8
	2601～3500 元	36.9	0.2	21.5	6.9	30.3	4.2
	3501～5000 元	41.8	0.1	23.1	5.9	24.4	4.7
	5001 元及以上	40.9	0.2	21.7	4.1	28.2	4.9

表 3.32.3　2014 年长春市场各类频道在不同时段的市场占有率（%）

时间段	中央台频道	中国教育台频道	吉林省级频道	长春市级频道	其他省级卫视频道	其他频道
02:00～03:00	35.8	0.2	12.7	5.2	36.1	10.0
03:00～04:00	39.8	0.2	12.9	4.4	34.0	8.7
04:00～05:00	50.8	0.2	9.6	2.6	29.8	7.0
05:00～06:00	51.8	0.1	8.8	5.9	27.3	6.1
06:00～07:00	55.3	0.2	15.4	8.8	15.9	4.4
07:00～08:00	54.9	0.1	16.0	9.0	15.7	4.3
08:00～09:00	52.9	0.1	15.6	2.8	24.2	4.4
09:00～10:00	43.1	0.1	15.8	2.8	33.3	4.9
10:00～11:00	42.2	0.3	14.0	2.5	36.3	4.7
11:00～12:00	46.8	0.4	8.5	4.9	35.2	4.2
12:00～13:00	48.8	0.3	10.6	3.8	32.3	4.2
13:00～14:00	46.3	0.4	9.5	3.1	35.9	4.8
14:00～15:00	39.6	0.4	12.5	4.3	38.4	4.8
15:00～16:00	40.1	0.3	12.6	4.5	38.2	4.3
16:00～17:00	36.2	0.1	19.5	4.3	35.6	4.3
17:00～18:00	30.8	0.1	34.7	7.6	23.5	3.3
18:00～19:00	35.5	0.0	40.9	10.4	9.6	3.6
19:00～20:00	37.5	0.1	34.6	6.0	18.2	3.6
20:00～21:00	27.8	0.2	30.5	5.2	32.7	3.6
21:00～22:00	27.4	0.1	25.8	4.6	38.4	3.7
22:00～23:00	29.6	0.2	16.2	4.3	44.9	4.8
23:00～24:00	33.0	0.1	13.9	4.3	42.9	5.8
24:00～25:00	38.9	0.1	13.4	4.9	36.0	6.7
25:00～26:00	39.4	0.1	11.7	5.2	35.3	8.3

表 3.32.4　2014 年长春市场收视份额排名前十位的频道

名次	频道名称	收视份额(%)
1	中央电视台综合频道	6.4
2	吉林电视台都市频道(二套)	4.6
3	吉林电视台乡村频道(五套)	4.5
4	中央电视台新闻频道	4.3
5	中央台五套	4.1
5	吉林电视台生活频道(三套)	4.1
7	中央台三套	3.7
8	吉林卫视	3.6
9	湖南卫视	3.5
10	中央台四套	3.4

表 3.32.5 2014 年长春市场各主要频道的观众构成（%）

目标观众		所有频道	主要频道				
			中央电视台综合频道	吉林电视台都市频道（二套）	吉林电视台乡村频道（五套）	中央电视台新闻频道	中央台五套
4 岁及以上所有人		100.0	100.0	100.0	100.0	100.0	100.0
性别	男	49.7	48.5	40.4	45.8	63.0	66.7
	女	50.3	51.5	59.6	54.2	37.0	33.3
年龄	4～14 岁	5.5	4.4	3.0	4.9	2.3	1.3
	15～24 岁	8.0	5.1	6.6	4.1	6.9	8.0
	25～34 岁	12.0	8.8	7.5	5.6	6.7	13.9
	35～44 岁	14.4	10.2	12.3	7.8	14.0	14.1
	45～54 岁	21.3	22.2	30.2	11.7	22.2	18.2
	55～64 岁	18.4	22.6	20.0	22.3	20.0	14.4
	65 岁及以上	20.4	26.6	20.3	43.7	27.9	30.2
教育程度	未受过正规教育	3.3	2.7	4.0	8.4	1.0	0.4
	小学	10.6	12.7	12.6	27.6	7.7	8.2
	初中	28.5	25.6	34.3	29.1	27.3	21.8
	高中	31.0	33.3	26.7	18.6	36.5	25.3
	大学及以上	26.6	25.7	22.3	16.2	27.5	44.3
职业类别	干部/管理人员	3.9	3.5	2.4	0.7	2.6	4.0
	个体/私营企业人员	7.9	4.4	8.3	5.8	11.0	11.9
	初级公务员/雇员	12.5	12.7	10.0	6.0	12.3	12.9
	工人	22.1	16.6	28.1	14.0	18.4	21.0
	学生	7.2	5.0	4.9	5.5	6.4	4.9
	无业	45.5	55.2	43.9	66.9	49.2	45.1
	其他	0.9	2.6	2.5	1.1	0.1	0.1
个人月收入	0～600 元	23.1	22.6	18.9	27.6	21.5	12.8
	601～1200 元	6.4	9.1	7.7	11.8	9.2	5.1
	1201～1700 元	14.4	12.5	17.6	16.7	13.6	13.2
	1701～2600 元	23.4	21.8	25.1	18.2	23.1	25.8
	2601～3500 元	17.0	16.6	16.9	12.0	15.7	16.3
	3501～5000 元	12.1	14.5	11.6	11.4	13.6	20.2
	5001 元及以上	3.7	2.9	2.2	2.3	3.4	6.7

表 3.32.6 2012～2014 年长春市场各类节目的播出份额（%）和收视份额（%）

节目类型	2012 年		2013 年		2014 年	
	播出份额	收视份额	播出份额	收视份额	播出份额	收视份额
财经	2.1	0.9	1.8	0.6	1.6	0.5
电视剧	20.4	30.6	20.4	29.2	19.9	30.7
电影	4.4	4.8	5.1	5.6	4.4	5.5
法制	1.1	2.1	0.9	0.9	1.0	0.8
教学	0.3	0.1	0.3	0.0	0.3	0.0
青少	6.4	3.3	5.8	3.7	6.5	3.5
生活服务	10.1	6.5	10.3	6.7	11.4	6.7
体育	1.5	3.3	1.8	2.9	2.8	3.6
外语	0.0	0.0	0.0	0.0	0.0	0.0
戏剧	1.0	0.9	0.8	0.6	0.7	0.1
新闻/时事	14.7	15.2	15.4	16.5	14.9	13.3
音乐	2.4	0.8	2.3	0.7	2.4	0.8
专题	12.4	6.7	11.1	6.3	12.0	6.7
综艺	8.9	11.9	9.3	14.0	9.1	15.4
其他	14.2	12.7	14.7	12.4	13.1	12.3

表 3.32.7　2014 年长春市场所有节目收视率排名前三十位

名次	节目名称	节目类型	播出频道	平均收视率(%)	平均占有率(%)
1	中央电视台 2014 甲午年春节联欢晚会	综艺	中央电视台综合频道	11.4	25.5
2	2014 辽宁卫视春节联欢晚会	综艺	辽宁卫视	10.6	30.1
3	2014 年仁川亚运会女子 200 米仰泳决赛	体育	中央台五套	8.3	36.0
4	2014 年索契冬奥会短道速滑男子 1000 米决赛	体育	中央台五套	8.2	21.0
5	中央电视台 2014 甲午年元宵晚会	综艺	中央电视台综合频道	7.6	18.2
6	我爱世界杯:2014 巴西世界杯决赛（德国 VS 阿根廷）	体育	中央台五套	6.8	76.3
7	快乐中国 20142015 跨年演唱会	音乐	湖南卫视	6.8	26.4
8	中国好声音(10 月 7 日)	综艺	浙江卫视	5.9	29.7
9	2014 年仁川亚运会女排决赛（中国 VS 韩国）	体育	中央台五套	4.6	17.4
10	天气预报	生活服务	吉林电视台都市频道（二套）	4.6	15.7
11	我是歌手歌王之战	综艺	湖南卫视	4.4	19.9
12	星光大道（1 月 31 日）	综艺	中央电视台综合频道	4.4	12.4
13	武媚娘传奇	电视剧	湖南卫视	4.3	14.1
14	全城热恋	综艺	吉林电视台生活频道（三套）	4.2	22.4
15	樱桃红之袖珍妈妈	电视剧	吉林电视台都市频道（二套）	4.2	13.6
16	元宵喜乐会	综艺	湖南卫视	4.1	11.8
17	2014 春节联欢晚会	综艺	湖南卫视	3.9	13.0
18	结婚的秘密	电视剧	吉林电视台都市频道（二套）	3.8	11.9
19	315 让消费更有尊严——CCTV2014 年 3·15 晚会	综艺	中央电视台综合频道	3.8	11.7
20	2014 年仁川亚运会开幕式	体育	中央台五套	3.7	14.3
20	直播周末：2014 年澳大利亚网球公开赛女单决赛	体育	中央台五套	3.7	14.3
22	喜到福到好运到	综艺	中央台三套	3.7	12.9
23	天气预报	生活服务	中央电视台综合频道	3.7	12.5
24	岳母的幸福生活	电视剧	吉林电视台都市频道（二套）	3.7	12.2
25	粘豆包	电视剧	吉林电视台乡村频道（五套）	3.7	11.6
26	欢喜冤家	电视剧	吉林电视台都市频道（二套）	3.7	11.5
27	乡村爱情圆舞曲	电视剧	辽宁卫视	3.6	9.7
28	二人转总动员精彩乐无边	综艺	吉林电视台乡村频道（五套）	3.5	13.7
29	苏州月中华情——2014 年中央电视台中秋晚会	综艺	中央电视台综合频道	3.5	11.2
30	CCTV5 亚运演播室	体育	中央台五套	3.3	13.7

表 3.32.8　2014 年长春市场电视剧收视率排名前十位

名次	节目名称	播出频道	平均收视率(%)	平均占有率(%)
1	武媚娘传奇	湖南卫视	4.3	14.1
2	樱桃红之袖珍妈妈	吉林电视台都市频道(二套)	4.2	13.6
3	结婚的秘密	吉林电视台都市频道(二套)	3.8	11.9
4	岳母的幸福生活	吉林电视台都市频道(二套)	3.7	12.2
5	粘豆包	吉林电视台乡村频道(五套)	3.7	11.6
6	欢喜冤家	吉林电视台都市频道(二套)	3.7	11.5
7	乡村爱情圆舞曲	辽宁卫视	3.6	9.7
8	小宝和老财	吉林卫视	3.3	11.2
9	孩奴	吉林电视台都市频道(二套)	3.3	10.6
10	豆腐西施杨七巧	吉林电视台乡村频道(五套)	3.2	10.1

表 3.32.9　2014 年长春市场新闻节目收视率排名前十位

名次	节目名称	播出频道	平均收视率(%)	平均占有率(%)
1	守望都市	吉林电视台都市频道(二套)	3.2	13.3
2	新闻联播	中央电视台综合频道	3.1	11.0
3	习近平在韩国首尔大学发表演讲	中央电视台综合频道	2.5	9.4
4	习近平在巴西国会发表重要演讲	中央电视台综合频道	2.5	9.1
5	澳门回归十五周年特别节目	中央电视台综合频道	2.3	7.3
6	聚焦 APEC	中央电视台新闻频道	2.2	8.3
7	习近平主席在欧洲学院发表重要演讲	中央电视台综合频道	2.2	6.8
8	城市速递	长春电视台综合频道	2.0	9.2
9	习近平主席在联合国教科文组织总部发表演讲	中央电视台综合频道	2.0	6.1
10	李克强总理会见中外记者并回答提问	中央电视台综合频道	2.0	5.6

表 3.32.10　2014 年长春市场专题节目收视率排名前十位

名次	节目名称	播出频道	平均收视率(%)	平均占有率(%)
1	中国汉字听写大会 2014(8 月 17 日)	中央电视台综合频道	3.0	11.0
2	中国谜语大会(2 月 13 日)	中央电视台综合频道	2.9	7.8
3	冬奥者说	中央台五套	2.7	11.9
4	舌尖上的中国第二季	中央电视台综合频道	2.2	7.6
5	中央电视台特别节目:一桥飞架中欧	中央电视台综合频道	2.0	5.8
6	感动中国 2013 年度人物颁奖盛典	中央电视台综合频道	2.0	5.6
7	中国成语大会 2014(7 月 6 日)	中央电视台综合频道	1.9	6.6
8	一场别开生面的座谈会——习近平总书记主持召开文艺工作座谈会侧记	中央电视台综合频道	1.9	6.0
9	寻找最美乡村医生大型公益活动	中央电视台综合频道	1.8	5.6
10	中央电视台特别节目:从雁栖湖到太平洋——习近平主席大洋洲之行综述	中央电视台新闻频道	1.7	4.9

表 3.32.11　2014 年长春市场综艺节目收视率排名前十位

名次	节目名称	播出频道	平均收视率(%)	平均占有率(%)
1	中央电视台 2014 甲午年春节联欢晚会	中央电视台综合频道	11.4	25.5
2	2014 辽宁卫视春节联欢晚会	辽宁卫视	10.6	30.1
3	中央电视台 2014 甲午年元宵晚会	中央电视台综合频道	7.6	18.2
4	中国好声音(10 月 7 日)	浙江卫视	5.9	29.7
5	我是歌手歌王之战	湖南卫视	4.4	19.9
6	星光大道(1 月 31 日)	中央电视台综合频道	4.4	12.4
7	全城热恋	吉林电视台生活频道(三套)	4.2	22.4
8	元宵喜乐会	湖南卫视	4.1	11.8
9	2014 春节联欢晚会	湖南卫视	3.9	13.0
10	315 让消费更有尊严——CCTV2014 年 3·15 晚会	中央电视台综合频道	3.8	11.7

表 3.32.12　2014 年长春市场体育节目收视率排名前十位

名次	节目名称	播出频道	平均收视率(%)	平均占有率(%)
1	2014 年仁川亚运会女子 200 米仰泳决赛	中央台五套	8.3	36.0
2	2014 年索契冬奥会短道速滑男子 1000 米决赛	中央台五套	8.2	21.0
3	我爱世界杯:2014 巴西世界杯决赛(德国 VS 阿根廷)	中央台五套	6.8	76.3
4	2014 年仁川亚运会女排决赛(中国 VS 韩国)	中央台五套	4.6	17.4
5	直播周末:2014 年澳大利亚网球公开赛女单决赛	中央台五套	3.7	14.3
5	2014 年仁川亚运会开幕式	中央台五套	3.7	14.3
7	CCTV5 亚运演播室	中央台五套	3.3	13.7
8	2014 年仁川亚运会女子沙滩排球决赛(中国 VS 泰国)	中央台五套	3.2	10.2
9	2014 年仁川亚运会举重女子 75 公斤以上级决赛	中央台五套	3.1	9.8
10	2014 年仁川亚运会女子 4 × 100 米接力决赛	中央台五套	3.0	10.7

三十三、长沙收视数据

表 3. 33. 1　2010～2014 年长沙市场各类频道的市场占有率（%）

频道类别	年份				
	2010 年	2011 年	2012 年	2013 年	2014 年
中央台频道	17. 1	16. 3	18. 2	17. 3	18. 0
中国教育台频道	0. 4	0. 4	0. 1	0. 1	0. 1
湖南省级频道	44. 7	46. 1	43. 5	44. 6	47. 6
长沙市级频道	20. 7	20. 8	20. 5	21. 2	18. 6
其他省级卫视频道	8. 6	7. 6	9. 2	9. 5	7. 1
其他频道	8. 5	8. 9	8. 5	7. 4	8. 6

表 3. 33. 2　2014 年长沙市场各类频道在不同目标观众中的市场占有率（%）

目标观众		中央台频道	中国教育台频道	湖南省级频道	长沙市级频道	其他省级卫视频道	其他频道
4 岁及以上所有人		18. 0	0. 1	47. 6	18. 6	7. 1	8. 6
性别	男	20. 3	0. 1	46. 0	18. 2	6. 6	8. 8
	女	15. 8	0. 1	49. 2	18. 9	7. 6	8. 4
年龄	4～14 岁	14. 8	0. 1	49. 1	16. 4	10. 5	9. 1
	15～24 岁	16. 8	0. 1	56. 5	9. 9	6. 4	10. 3
	25～34 岁	14. 7	0. 0	45. 7	22. 0	7. 9	9. 7
	35～44 岁	16. 1	0. 1	50. 8	20. 2	5. 0	7. 8
	45～54 岁	20. 4	0. 1	51. 0	14. 5	6. 9	7. 1
	55～64 岁	16. 9	0. 1	42. 3	22. 3	7. 5	10. 9
	65 岁及以上	24. 5	0. 1	41. 8	20. 5	7. 0	6. 1
教育程度	未受过正规教育	17. 7	0. 2	39. 2	23. 8	12. 1	7. 0
	小学	16. 0	0. 1	46. 0	23. 1	6. 0	8. 8
	初中	18. 0	0. 0	49. 6	16. 5	6. 7	9. 2
	高中	17. 6	0. 1	47. 7	18. 6	7. 6	8. 4
	大学及以上	20. 4	0. 1	46. 4	18. 1	7. 0	8. 0
职业类别	干部/管理人员	26. 8	0. 2	43. 6	14. 0	8. 5	6. 9
	个体/私营企业人员	21. 9	0. 1	50. 6	13. 8	5. 7	7. 9
	初级公务员/雇员	17. 1	0. 0	44. 7	20. 7	7. 3	10. 2
	工人	15. 2	0. 0	53. 3	17. 7	5. 9	7. 9
	学生	16. 5	0. 1	53. 7	11. 9	8. 4	9. 4
	无业	18. 4	0. 1	44. 3	20. 6	8. 0	8. 6
	其他	12. 4	0. 1	51. 8	21. 7	3. 7	10. 3
个人月收入	0～600 元	14. 6	0. 1	47. 4	20. 7	7. 5	9. 7
	601～1200 元	22. 0	0. 2	43. 4	21. 6	5. 0	7. 8
	1201～1700 元	17. 6	0. 1	47. 9	19. 7	7. 8	6. 9
	1701～2600 元	16. 0	0. 0	45. 3	22. 7	7. 3	8. 7
	2601～3500 元	20. 4	0. 0	50. 9	13. 2	6. 6	8. 9
	3501 元～5000 元	22. 7	0. 0	52. 0	10. 6	7. 2	7. 5
	5001 元及以上	25. 1	0. 2	46. 4	11. 2	6. 8	10. 3

表 3.33.3 2014 年长沙市场各类频道在不同时段的市场占有率（%）

时间段	中央台频道	中国教育台频道	湖南省级频道	长沙市级频道	其他省级卫视频道	其他频道
02:00~03:00	26.7	0.0	37.2	7.9	11.4	16.8
03:00~04:00	30.2	0.1	34.6	8.5	10.4	16.2
04:00~05:00	33.4	0.1	34.2	7.6	9.1	15.6
05:00~06:00	28.5	0.1	42.2	7.6	7.2	14.4
06:00~07:00	30.4	0.0	44.4	7.2	7.6	10.4
07:00~08:00	33.2	0.0	40.0	7.9	9.1	9.8
08:00~09:00	29.2	0.0	40.8	9.7	10.3	10.0
09:00~10:00	25.8	0.0	41.2	11.8	9.1	12.1
10:00~11:00	24.1	0.1	41.7	11.8	10.9	11.4
11:00~12:00	25.2	0.1	43.9	10.0	10.5	10.3
12:00~13:00	27.0	0.1	48.1	6.2	9.1	9.5
13:00~14:00	25.1	0.1	48.0	7.1	8.3	11.4
14:00~15:00	23.7	0.1	44.2	8.5	10.8	12.7
15:00~16:00	23.6	0.1	43.5	7.8	12.8	12.2
16:00~17:00	21.8	0.0	46.2	7.9	12.8	11.3
17:00~18:00	17.6	0.0	52.1	12.6	8.0	9.7
18:00~19:00	13.5	0.0	52.0	24.4	2.9	7.2
19:00~20:00	15.7	0.1	51.0	23.3	4.1	5.8
20:00~21:00	16.1	0.1	50.0	21.7	6.2	5.9
21:00~22:00	14.7	0.1	48.8	23.2	7.0	6.2
22:00~23:00	11.1	0.0	47.7	26.8	6.5	7.9
23:00~24:00	11.8	0.0	44.0	29.2	5.1	9.9
24:00~25:00	25.8	0.0	41.4	9.7	8.2	14.9
25:00~26:00	26.3	0.1	39.4	7.3	10.3	16.6

表 3.33.4 2014 年长沙市场收视份额排名前十位的频道

名次	频道名称	收视份额(%)
1	湖南电视台都市频道	9.8
2	湖南电视台经济频道	9.5
3	湖南卫视	7.3
4	湖南电视台电视剧频道	6.6
5	长沙电视经贸频道	6.3
5	长沙电视政法频道	6.3
7	湖南电视台娱乐频道	3.4
8	湖南电视台潇湘电影频道	3.2
9	中央电视台综合频道	2.9
10	长沙电视女性频道	2.8

表 3.33.5　2014 年长沙市场各主要频道的观众构成（%）

目标观众		所有频道	主要频道				
			湖南电视台都市频道	湖南电视台经济频道	湖南卫视	湖南电视台电视剧频道	长沙电视经贸频道
4 岁及以上所有人		100.0	100.0	100.0	100.0	100.0	100.0
性别	男	49.3	50.3	55.4	37.4	40.1	45.4
	女	50.7	49.7	44.6	62.6	59.9	54.6
年龄	4～14 岁	6.7	3.7	2.7	10.9	6.2	3.7
	15～24 岁	9.2	8.1	11.9	15.9	9.9	6.6
	25～34 岁	17.3	15.9	12.2	22.6	9.0	9.4
	35～44 岁	15.1	14.5	12.2	15.1	15.5	15.5
	45～54 岁	20.1	24.7	28.9	17.9	22.4	21.7
	55～64 岁	17.7	19.8	21.4	7.1	17.1	23.3
	65 岁及以上	13.9	13.3	10.7	10.4	19.9	19.8
教育程度	未受过正规教育	2.9	1.8	1.1	1.7	2.2	2.4
	小学	13.4	12.4	10.5	13.2	14.8	15.0
	初中	32.9	33.0	39.6	29.1	38.3	37.6
	高中	33.0	36.7	35.0	36.8	31.2	29.0
	大学及以上	17.8	16.1	13.8	19.1	13.5	16.0
职业类别	干部/管理人员	2.9	3.0	2.9	2.1	1.7	0.9
	个体/私营企业人员	12.3	13.4	12.8	12.4	14.8	5.3
	初级公务员/雇员	10.4	10.1	8.3	11.8	5.3	9.7
	工人	18.5	18.8	22.1	20.5	18.6	21.4
	学生	5.8	4.1	3.2	12.4	5.1	3.8
	无业	46.4	48.6	44.1	36.7	49.3	54.6
	其他	3.7	2.0	6.6	4.1	5.2	4.3
个人月收入	0～600 元	28.1	23.8	25.2	34.1	27.9	22.6
	601～1200 元	7.8	9.1	7.5	6.8	6.2	12.5
	1201～1700 元	14.2	17.5	14.0	10.8	14.6	20.2
	1701～2600 元	21.1	19.1	22.9	16.3	21.5	24.2
	2601～3500 元	15.2	15.8	18.4	17.0	15.8	10.1
	3501 元～5000 元	8.7	9.4	7.2	10.9	9.2	4.7
	5001 元及以上	4.8	5.1	4.7	4.0	4.7	5.6

表 3.33.6　2012～2014 年长沙市场各类节目的播出份额（%）和收视份额（%）

节目类型	2012 年		2013 年		2014 年	
	播出份额	收视份额	播出份额	收视份额	播出份额	收视份额
财经	2.0	0.4	1.7	0.3	1.6	0.2
电视剧	21.5	31.1	23.1	33.7	22.5	34.2
电影	4.7	4.4	4.8	3.5	4.3	3.8
法制	0.9	3.1	1.0	2.9	1.1	3.0
教学	0.3	0.1	0.3	0.1	0.3	0.1
青少	6.1	2.7	5.7	2.7	6.3	3.2
生活服务	8.4	6.0	8.3	5.5	9.5	6.4
体育	2.2	1.9	2.5	1.1	3.3	1.3
外语	0.0	0.0	0.0	0.0	0.0	0.0
戏剧	0.9	0.1	0.7	0.1	0.7	0.1
新闻/时事	15.6	21.8	15.4	22.6	14.8	21.0
音乐	2.4	0.5	2.2	0.3	2.3	0.3
专题	12.2	8.0	11.1	7.0	12.2	6.8
综艺	8.9	8.5	9.0	8.6	8.5	7.8
其他	13.9	11.5	14.1	11.5	12.6	12.0

表 3.33.7　2014 年长沙市场所有节目收视率排名前三十位

名次	节目名称	节目类型	播出频道	平均收视率(%)	平均占有率(%)
1	快乐中国 20142015 跨年演唱会	音乐	湖南卫视	9.5	26.8
2	元宵喜乐会	综艺	湖南卫视	8.5	21.6
3	第十届中国金鹰电视艺术节开幕式文艺晚会	综艺	湖南卫视	8.5	20.9
4	我是歌手歌王之战	综艺	湖南卫视	8.2	23.0
5	第十届中国金鹰电视艺术节、第二十七届中国电视金鹰奖颁奖晚会	综艺	湖南卫视	8.0	22.9
6	2014 春节联欢晚会	综艺	湖南卫视	7.4	17.5
7	爸爸去哪儿第二季	综艺	湖南卫视	6.6	20.4
8	中央电视台 2014 甲午年春节联欢晚会	综艺	中央台三套	6.4	16.1
9	飞哥传奇	电视剧	湖南电视台经济频道	6.1	14.2
10	第十届中国金鹰电视艺术节 2014 互联盛典	综艺	湖南卫视	6.0	14.6
11	2014 新年喜乐会	综艺	湖南电视台经济频道	5.5	14.5
12	尖刀出鞘	电视剧	湖南电视台经济频道	5.4	13.2
13	我爱世界杯:2014 年世界杯小组赛 G 组(德国 VS 葡萄牙)	体育	中央台五套	5.2	42.0
14	长沙保卫战	电视剧	湖南电视台经济频道	5.2	14.7
15	绝地枪王	电视剧	湖南电视台经济频道	5.2	13.8
16	长沙保卫战第二部	电视剧	湖南电视台经济频道	5.2	12.6
17	虎胆尖锋	电视剧	湖南电视台经济频道	4.9	12.9
18	枪神燕双鹰	电视剧	湖南电视台经济频道	4.9	12.3
19	勇敢的心	电视剧	湖南电视台经济频道	4.8	12.6
20	第十届中国金鹰电视艺术节、第二十七届中国电视金鹰奖星光大道	综艺	湖南卫视	4.7	11.8
21	神箭侠侣	电视剧	湖南电视台经济频道	4.6	11.7
22	铁血龙之队	电视剧	湖南电视台经济频道	4.5	12.0
23	黑仔传奇	电视剧	湖南电视台经济频道	4.5	11.8
24	神枪侠侣	电视剧	湖南电视台经济频道	4.5	11.6
25	天天向上	综艺	湖南卫视	4.4	11.8
26	杀寇兄弟营	电视剧	湖南电视台经济频道	4.3	11.3
26	特战兵王	电视剧	湖南电视台经济频道	4.3	11.3
28	风云神枪	电视剧	湖南电视台经济频道	4.2	10.8
28	烽火战歌之杀寇决	电视剧	湖南电视台经济频道	4.2	10.8
30	隋唐英雄第四部	电视剧	湖南电视台经济频道	4.2	10.4

表 3.33.8 2014 年长沙市场电视剧收视率排名前十位

名次	节目名称	播出频道	平均收视率（%）	平均占有率（%）
1	飞哥传奇	湖南电视台经济频道	6.1	14.2
2	尖刀出鞘	湖南电视台经济频道	5.4	13.2
3	长沙保卫战	湖南电视台经济频道	5.2	14.7
4	绝地枪王	湖南电视台经济频道	5.2	13.8
5	长沙保卫战第二部	湖南电视台经济频道	5.2	12.6
6	虎胆尖锋	湖南电视台经济频道	4.9	12.9
7	枪神燕双鹰	湖南电视台经济频道	4.9	12.3
8	勇敢的心	湖南电视台经济频道	4.8	12.6
9	神箭侠侣	湖南电视台经济频道	4.6	11.7
10	铁血龙之队	湖南电视台经济频道	4.5	12.0

表 3.33.9 2014 年长沙市场新闻节目收视率排名前十位

名次	节目名称	播出频道	平均收视率（%）	平均占有率（%）
1	都市 1 时间	湖南电视台都市频道	4.1	13.5
2	都市晚间	湖南电视台都市频道	3.3	9.1
3	防汛抗灾最前线	湖南电视台经济频道	3.1	10.0
4	夜线	长沙电视政法频道	3.0	7.7
5	经视焦点	湖南电视台经济频道	2.9	9.6
6	观点致胜	长沙电视政法频道	2.9	9.4
7	政法频道十五周年台庆大直播	长沙电视政法频道	2.9	9.1
8	8 点开讲	长沙电视政法频道	2.9	7.5
9	新闻风云汇	长沙电视政法频道	2.8	13.2
10	习近平在韩国首尔大学发表演讲	中央电视台新闻频道	2.4	5.9

表 3.33.10 2014 年长沙市场专题节目收视率排名前十位

名次	节目名称	播出频道	平均收视率（%）	平均占有率（%）
1	寻情记	湖南电视台都市频道	3.9	9.9
2	信访调解进行时	湖南电视台都市频道	3.8	9.2
3	一年级	湖南卫视	3.7	12.5
4	经视问政	湖南电视台经济频道	3.3	9.4
5	记者再报告	长沙电视政法频道	2.9	7.5
6	中央电视台特别节目：新的中拉时间开始了	中央电视台综合频道	2.7	7.2
7	心得乐	湖南电视台电视剧频道	2.7	6.7
8	中央电视台特别节目：一带一路千年的时空穿越	中央电视台新闻频道	2.5	5.9
9	中央电视台特别节目：一桥飞架中欧	中央电视台新闻频道	1.9	4.8
10	经视观察	湖南电视台经济频道	1.8	6.0

表 3.33.11　2014 年长沙市场综艺节目收视率排名前十位

名次	节目名称	播出频道	平均收视率(%)	平均占有率(%)
1	元宵喜乐会	湖南卫视	8.5	21.6
2	第十届中国金鹰电视艺术节开幕式文艺晚会	湖南卫视	8.5	20.9
3	我是歌手歌王之战	湖南卫视	8.2	23.0
4	第十届中国金鹰电视艺术节、第二十七届中国电视金鹰奖颁奖晚会	湖南卫视	8.0	22.9
5	2014 春节联欢晚会	湖南卫视	7.4	17.5
6	爸爸去哪儿第二季	湖南卫视	6.6	20.4
7	中央电视台 2014 甲午年春节联欢晚会	中央台三套	6.4	16.1
8	第十届中国金鹰电视艺术节 2014 互联盛典	湖南卫视	6.0	14.6
9	2014 新年喜乐会	湖南电视台经济频道	5.5	14.5
10	第十届中国金鹰电视艺术节、第二十七届中国电视金鹰奖星光大道	湖南卫视	4.7	11.8

表 3.33.12　2014 年长沙市场体育节目收视率排名前十位

名次	节目名称	播出频道	平均收视率(%)	平均占有率(%)
1	我爱世界杯:2014 年世界杯小组赛 G 组(德国 VS 葡萄牙)	中央台五套	5.2	42.0
2	2014 第二届夏季青年奥林匹克运动会开幕式	中央电视台综合频道	2.8	7.5
3	2014 年索契冬奥会短道速滑女子 3000 米接力半决赛	中央台五套	2.8	6.7
4	2014 年仁川亚运会女子 800 米自由泳决赛	中央台五套	2.7	9.2
5	2014 年仁川亚运会男子 200 米预赛	中央台五套	2.3	6.8
6	2014 第二届夏季青年奥林匹克运动会闭幕式	中央电视台综合频道	2.0	5.1
7	2014 年索契冬奥会单板滑雪男子 U 型池资格赛	中央台五套	2.0	4.6
8	2014 年仁川亚运会体操男子单杠决赛	中央台五套	1.8	4.8
9	直播周末:2013/2014 赛季中国男子篮球职业联赛总决赛第六场(新疆广汇汽车 VS 北京金隅)	中央台五套	1.8	4.2
10	2014 年仁川亚运会举重女子 75 公斤以上级决赛	中央台五套	1.7	4.2

三十四、成都收视数据

表 3.34.1 2010～2014 年成都市场各类频道的市场占有率（%）

频道类别	年份				
	2010 年	2011 年	2012 年	2013 年	2014 年
中央台频道	26.7	26.6	27.9	27.9	25.3
中国教育台频道	0.3	0.4	0.3	0.2	0.1
四川省级频道	25.9	29.8	25.5	24.0	22.0
成都市级频道	19.1	10.3	10.8	11.1	11.1
其他省级卫视频道	20.5	24.2	26.5	28.0	31.7
其他频道	7.5	8.7	9.0	8.8	9.8

表 3.34.2 2014 年成都市场各类频道在不同目标观众中的市场占有率（%）

目标观众		中央台频道	中国教育台频道	四川省级频道	成都市级频道	其他省级卫视频道	其他频道
4 岁及以上所有人		25.3	0.1	22.0	11.1	31.7	9.8
性别	男	27.1	0.1	21.4	10.8	30.3	10.3
	女	23.5	0.1	22.6	11.4	33.0	9.4
年龄	4～14 岁	25.4	0.2	13.8	7.6	41.1	11.9
	15～24 岁	17.3	0.1	24.2	12.9	36.7	8.8
	25～34 岁	24.1	0.1	16.8	11.4	35.2	12.4
	35～44 岁	22.9	0.2	19.3	10.2	36.4	11.0
	45～54 岁	24.0	0.1	25.9	13.0	25.8	11.2
	55～64 岁	29.2	0.1	23.9	9.8	29.6	7.4
	65 岁及以上	32.7	0.1	25.2	10.7	26.2	5.1
教育程度	未受过正规教育	31.8	0.3	23.0	7.0	25.8	12.1
	小学	22.7	0.1	28.1	9.2	31.7	8.2
	初中	24.2	0.1	25.4	10.3	31.4	8.6
	高中	25.7	0.1	21.2	12.8	30.3	9.9
	大学及以上	26.7	0.1	15.8	11.5	34.5	11.4
职业类别	干部/管理人员	27.3	0.0	14.1	13.2	31.5	13.9
	个体/私营企业人员	25.6	0.1	23.5	9.8	29.3	11.7
	初级公务员/雇员	22.2	0.1	21.2	11.8	34.7	10.0
	工人	21.3	0.1	25.6	12.8	29.7	10.5
	学生	19.2	0.1	18.8	11.7	40.4	9.8
	无业	30.0	0.1	21.4	10.6	29.6	8.3
	其他	19.3	0.2	38.6	6.4	26.9	8.6
个人月收入	0～600 元	23.2	0.1	20.8	10.0	34.9	11.0
	601～1200 元	23.2	0.1	31.0	8.4	29.5	7.8
	1201～1700 元	23.7	0.1	25.7	11.7	29.2	9.6
	1701～2600 元	27.1	0.1	21.3	11.0	31.7	8.8
	2601～3500 元	24.9	0.1	20.5	13.6	31.7	9.2
	3501～5000 元	28.2	0.1	17.6	13.1	29.7	11.3
	5001 元及以上	29.4	0.1	15.9	9.3	32.3	13.0

表 3.34.3　2014 年成都市场各类频道在不同时段的市场占有率（%）

时间段	中央台频道	中国教育台频道	四川省级频道	成都市级频道	其他省级卫视频道	其他频道
02:00~03:00	32.2	0.2	9.9	4.7	30.9	22.1
03:00~04:00	34.2	0.1	8.9	4.9	27.0	24.9
04:00~05:00	39.6	0.0	8.1	4.7	23.1	24.5
05:00~06:00	42.4	0.1	10.1	4.1	22.8	20.5
06:00~07:00	55.4	0.1	13.4	4.4	14.5	12.2
07:00~08:00	49.2	0.0	16.4	9.2	15.4	9.8
08:00~09:00	46.6	0.1	13.7	5.2	23.8	10.6
09:00~10:00	38.4	0.1	13.3	4.1	31.8	12.3
10:00~11:00	35.6	0.1	13.6	3.9	35.0	11.8
11:00~12:00	39.6	0.1	15.2	3.6	30.6	10.9
12:00~13:00	40.9	0.1	18.5	3.9	25.6	11.0
13:00~14:00	35.9	0.1	19.2	3.0	29.8	12.0
14:00~15:00	30.1	0.2	16.9	3.3	36.1	13.4
15:00~16:00	28.6	0.1	16.3	3.5	38.2	13.3
16:00~17:00	30.1	0.0	15.0	3.8	37.6	13.5
17:00~18:00	34.4	0.0	15.0	8.7	31.1	10.8
18:00~19:00	32.2	0.0	24.8	22.3	12.0	8.7
19:00~20:00	22.5	0.0	27.0	17.5	25.4	7.6
20:00~21:00	17.7	0.1	21.8	14.4	38.8	7.2
21:00~22:00	17.1	0.1	24.9	14.3	36.1	7.5
22:00~23:00	15.4	0.2	27.5	12.0	35.6	9.3
23:00~24:00	19.8	0.1	27.3	6.7	33.9	12.2
24:00~25:00	33.2	0.1	14.1	3.7	33.9	15.0
25:00~26:00	35.7	0.1	11.6	2.2	31.4	19.0

表 3.34.4　2014 年成都市场收视份额排名前十位的频道

名次	频道名称	收视份额(%)
1	四川卫视	4.4
2	四川电视台二套(文化旅游频道)	3.9
2	中央电视台综合频道	3.9
4	四川电视台新闻资讯频道	3.6
5	四川电视台影视文艺频道(五套)	3.5
6	中央电视台新闻频道	3.4
7	浙江卫视	3.2
8	湖南卫视	2.8
9	成都电视台经济资讯服务频道(二套)	2.6
10	中央台六套	2.5

表 3.34.5 2014 年成都市场各主要频道的观众构成（%）

目标观众		所有频道	主要频道				
			四川卫视	四川电视台二套（文化旅游频道）	中央电视台综合频道	四川电视台新闻资讯频道	四川电视台影视文艺频道（五套）
4 岁及以上所有人		100.0	100.0	100.0	100.0	100.0	100.0
性别	男	50.1	51.0	47.1	48.8	49.2	49.4
	女	49.9	49.0	52.9	51.2	50.8	50.6
年龄	4～14 岁	5.7	4.0	3.8	5.0	3.4	1.4
	15～24 岁	9.6	10.6	9.0	5.0	12.0	7.6
	25～34 岁	16.7	13.7	14.1	15.6	11.4	9.7
	35～44 岁	16.0	15.2	16.2	12.3	13.8	8.2
	45～54 岁	22.1	23.7	25.6	20.6	29.7	30.4
	55～64 岁	16.4	18.0	15.2	19.3	16.4	26.7
	65 岁及以上	13.5	14.8	16.1	22.2	13.3	16.0
教育程度	未受过正规教育	3.0	3.1	4.3	3.6	2.8	2.4
	小学	12.9	14.7	19.3	10.3	13.9	16.4
	初中	28.5	30.7	31.9	24.8	33.8	38.3
	高中	31.2	31.1	27.4	34.3	31.3	27.1
	大学及以上	24.4	20.4	17.1	27.0	18.2	15.8
职业类别	干部/管理人员	6.3	4.3	3.2	8.0	4.8	3.7
	个体/私营企业人员	9.8	9.0	10.6	5.6	14.2	9.5
	初级公务员/雇员	23.9	24.1	23.4	19.7	22.9	26.4
	工人	10.5	14.8	13.9	8.1	8.6	7.9
	学生	8.1	6.2	6.1	5.0	9.1	4.0
	无业	37.5	36.7	30.6	48.7	37.3	41.5
	其他	3.9	4.9	12.2	4.9	3.1	7.0
个人月收入	0～600 元	22.1	20.9	22.5	19.7	20.7	18.1
	601～1200 元	10.4	11.0	18.9	9.6	13.5	12.2
	1201～1700 元	12.9	14.7	16.4	11.9	14.6	14.9
	1701～2600 元	25.3	25.3	18.1	26.7	27.1	29.7
	2601～3500 元	13.4	13.1	11.9	13.1	13.0	13.6
	3501～5000 元	11.6	10.4	8.4	12.5	7.8	10.7
	5001 元及以上	4.3	4.6	3.8	6.5	3.3	0.8

表 3.34.6 2012～2014 年成都市场各类节目的播出份额（%）和收视份额（%）

节目类别	2012 年		2013 年		2014 年	
	播出份额	收视份额	播出份额	收视份额	播出份额	收视份额
财经	1.9	1.2	2.0	0.7	1.7	0.5
电视剧	28.3	31.7	21.4	28.5	20.7	30.3
电影	4.7	5.1	4.8	4.2	4.2	4.2
法制	0.9	1.2	0.8	0.5	0.9	0.4
教学	0.6	0.1	0.3	0.1	0.3	0.1
青少	5.7	3.1	6.5	2.7	7.0	2.4
生活服务	10.9	8.4	10.5	10.8	11.6	12.3
体育	1.6	2.6	1.7	1.6	2.6	1.8
外语	0.0	0.0	0.0	0.0	0.0	0.0
戏剧	0.9	0.2	0.7	0.1	0.7	0.1
新闻/时事	11.0	14.2	15.6	16.4	15.2	15.6
音乐	2.3	1.0	2.3	0.9	2.3	0.6
专题	9.4	7.6	10.0	6.9	11.2	6.1
综艺	7.0	11.5	9.0	12.9	8.9	12.1
其他	14.8	12.1	14.4	13.7	12.7	13.5

表 3.34.7　2014 年成都市场所有节目收视率排名前三十位

名次	节目名称	节目类别	播出频道	平均收视率(%)	平均占有率(%)
1	中国好声音(10 月 7 日)	综艺	浙江卫视	8.9	19.0
2	中央电视台 2014 甲午年元宵晚会	综艺	中央电视台综合频道	7.3	14.3
3	中央电视台 2014 甲午年春节联欢晚会	综艺	中央电视台综合频道	7.1	15.6
4	我爱世界杯:2014 年巴西世界杯决赛(德国 VS 阿根廷)	体育	中央台五套	6.9	76.1
5	快乐中国 20142015 跨年演唱会	音乐	湖南卫视	5.3	13.6
6	2 天 1 夜(1 月 5 日)	综艺	四川卫视	5.2	10.2
7	我是歌手歌王之战(4 月 4 日)	综艺	湖南卫视	4.7	11.4
8	爸爸去哪儿第二季	综艺	湖南卫视	4.6	12.0
9	壮士出川(1 月 1 日 ~16 日)	电视剧	四川卫视	4.5	9.6
10	二胎	电视剧	四川卫视	4.0	8.4
11	历史转折中的邓小平	电视剧	中央电视台综合频道	3.8	7.4
12	搏杀 1937	电视剧	四川电视台影视文艺频道(五套)	3.4	8.7
13	开学第一课	综艺	中央电视台综合频道	3.4	6.8
14	星光大道(1 月 31 日)	综艺	中央电视台综合频道	3.3	8.4
15	敌后英雄	电视剧	四川卫视	3.3	7.9
16	女神的新衣	综艺	上海东方卫视	3.3	6.8
17	尖刀出鞘	电视剧	四川卫视	3.3	6.7
18	2014 年仁川亚运会女子 10000 米决赛	体育	中央台五套	3.2	11.2
19	今天我相亲周末版美味情缘	生活服务	四川电视台二套(文化旅游频道)	3.2	8.6
20	虎刺红	电视剧	四川卫视	3.2	7.1
21	战火兵魂之俘虏兵	电视剧	四川卫视	3.2	6.9
22	反击	电视剧	四川卫视	3.2	6.6
23	刺杀玫瑰	电影	四川卫视	3.2	6.4
24	绝地枪王	电视剧	四川电视台影视文艺频道(五套)	3.1	8.4
25	幸福在哪里	生活服务	四川电视台二套(文化旅游频道)	3.1	7.5
26	秀秀的男人	电视剧	四川卫视	3.1	6.6
26	情定三生	电视剧	四川卫视	3.1	6.6
28	苏州月中华情——2014 年中央电视台中秋晚会	综艺	中央电视台综合频道	3.1	6.3
29	中国梦之声总决选(12 月 14 日)	综艺	上海东方卫视	3.0	9.2
30	传奇英雄	电视剧	四川卫视	3.0	6.7

表 3.34.8　2014 年成都市场电视剧收视率排名前十位

名次	节目名称	播出频道	平均收视率(%)	平均占有率(%)
1	壮士出川(1 月 1 日 ~16 日)	四川卫视	4.5	9.6
2	二胎	四川卫视	4.0	8.4
3	历史转折中的邓小平	中央电视台综合频道	3.8	7.4
4	搏杀 1937	四川电视台影视文艺频道(五套)	3.4	8.7
5	敌后英雄	四川卫视	3.3	7.9
6	尖刀出鞘	四川卫视	3.3	6.7
7	虎刺红	四川卫视	3.2	7.1
8	战火兵魂之俘虏兵	四川卫视	3.2	6.9
9	反击	四川卫视	3.2	6.6
10	绝地枪王	四川电视台影视文艺频道(五套)	3.1	8.4

表 3.34.9　2014 年成都市场新闻节目收视率排名前十位

名次	节目名称	播出频道	平均收视率（%）	平均占有率（%）
1	2014 一年又一年	中央电视台综合频道	2.6	12.4
2	黄金 30 分	四川电视台新闻资讯频道	2.5	5.5
3	18:00 新闻现场	四川电视台新闻资讯频道	2.4	7.8
4	李克强总理会见中外记者并回答提问	中央电视台综合频道	2.2	4.8
5	深夜快递	成都电视台经济资讯服务频道（二套）	2.2	4.5
6	习近平主席在欧洲学院发表重要演讲	中央电视台综合频道	2.1	4.6
7	习近平主席在柏林发表重要演讲	中央电视台综合频道	2.0	4.7
8	习近平主席在联合国教科文组织总部发表演讲	中央电视台综合频道	1.9	4.3
9	习近平主席在中法建交 50 周年纪念大会上发表重要讲话	中央电视台综合频道	1.9	4.2
10	新闻故事汇	成都电视台经济资讯服务频道（二套）	1.8	5.1

表 3.34.10　2014 年成都市场专题节目收视率排名前十位

名次	节目名称	播出频道	平均收视率（%）	平均占有率（%）
1	让爱作主	四川卫视	2.7	7.6
2	舌尖上的中国第二季	中央电视台综合频道	2.6	5.2
3	风雨同舟——420 芦山强烈地震周年记	四川卫视	2.4	6.0
4	美丽人生	成都电视台经济资讯服务频道（二套）	2.1	5.3
5	劳动最光荣	成都电视台新闻综合频道（一套）	2.1	5.0
6	成都二环路改造工程纪录片新二环同心环	成都电视台新闻综合频道（一套）	2.1	4.7
7	一场别开生面的座谈会——习近平总书记主持召开文艺工作座谈会侧记	中央电视台综合频道	2.1	4.5
7	中央电视台特别节目：新的中拉时间开始了	中央电视台综合频道	2.1	4.5
9	壮士出川——川军抗日揭秘	四川卫视	2.1	4.4
10	雪域深情——四川省第二批干部人才援藏工作纪实	四川卫视	2.1	3.9

表 3.34.11　2014 年成都市场综艺节目收视率排名前十位

名次	节目名称	播出频道	平均收视率(%)	平均占有率(%)
1	中国好声音(10 月 7 日)	浙江卫视	8.9	19.0
2	中央电视台 2014 甲午年元宵晚会	中央电视台综合频道	7.3	14.3
3	中央电视台 2014 甲午年春节联欢晚会	中央电视台综合频道	7.1	15.6
4	2 天 1 夜(1 月 5 日)	四川卫视	5.2	10.2
5	我是歌手歌王之战(4 月 4 日)	湖南卫视	4.7	11.4
6	爸爸去哪儿第二季	湖南卫视	4.6	12.0
7	开学第一课	中央电视台综合频道	3.4	6.8
8	星光大道(1 月 31 日)	中央电视台综合频道	3.3	8.4
9	女神的新衣	上海东方卫视	3.3	6.8
10	苏州月中华情——2014 年中央电视台中秋晚会	中央电视台综合频道	3.1	6.3

表 3.34.12　2014 年成都市场体育节目收视率排名前十位

名次	节目名称	播出频道	平均收视率(%)	平均占有率(%)
1	我爱世界杯:2014 年巴西世界杯决赛(德国 VS 阿根廷)	中央台五套	6.9	76.1
2	2014 年仁川亚运会女子 10000 米决赛	中央台五套	3.2	11.2
3	黄金赛场:2014 年亚冠联赛 1/4 决赛次回合(西悉尼巡游者 VS 广州恒大)	中央台五套	3.0	5.9
4	2014 年仁川亚运会羽毛球男团决赛	中央台五套	2.8	5.8
5	2014 年索契冬奥会短道速滑男子 1000 米决赛	中央台五套	2.7	5.6
6	精英赛场:2015 年亚洲杯预选赛 C 组(中国队 VS 伊拉克队)	中央台五套	2.5	8.4
7	直播周末 2014 年斯诺克中国公开赛颁奖仪式	中央台五套	2.5	6.0
8	直播周末:2014 年澳大利亚网球公开赛女单决赛	中央台五套	2.4	16.1
9	2014 年仁川亚运会女子 100 米蝶泳决赛	中央台五套	2.4	7.1
10	2014 年仁川亚运会女子沙滩排球决赛	中央台五套	2.3	4.7

三十五、大连收视数据

表 3.35.1 2010～2014 年大连市场各类频道的市场占有率（%）

频道类别	年份				
	2010 年	2011 年	2012 年	2013 年	2014 年
中央台频道	34.3	30.0	29.6	32.2	33.6
中国教育台频道	0.2	0.5	0.5	0.3	0.1
辽宁省级频道	15.8	14.2	11.1	9.1	9.6
大连市级频道	32.4	22.2	22.6	21.5	18.9
其他省级卫视频道	15.9	25.1	29.9	31.1	31.6
其他频道	1.4	8.1	6.2	5.8	6.1

表 3.35.2 2014 年大连市场各类频道在各目标观众中的市场占有率（%）

目标观众		中央台频道	中国教育台频道	辽宁省级频道	大连市级频道	其他省级卫视频道	其他频道
4 岁及以上所有人		33.6	0.1	9.6	18.9	31.6	6.1
性别	男	36.2	0.1	9.5	18.8	29.4	6.0
	女	31.2	0.2	9.8	19.1	33.6	6.2
年龄	4～14 岁	39.7	0.2	9.1	17.7	25.8	7.5
	15～24 岁	27.9	0.2	8.3	18.0	38.8	6.9
	25～34 岁	38.4	0.2	7.6	14.0	33.0	6.9
	35～44 岁	30.6	0.2	9.9	14.6	35.1	9.7
	45～54 岁	28.7	0.1	10.8	21.2	33.5	5.7
	55～64 岁	33.9	0.1	10.3	20.7	30.9	4.1
	65 岁及以上	40.3	0.1	9.6	22.3	23.5	4.2
教育程度	未受过正规教育	41.0	0.1	7.3	21.0	24.0	6.6
	小学	34.6	0.1	12.3	21.9	26.1	5.0
	初中	32.0	0.1	10.4	20.1	31.6	5.8
	高中	33.1	0.2	8.9	16.9	34.4	6.5
	大学及以上	37.0	0.1	7.9	16.8	31.0	7.2
职业类别	干部/管理人员	42.4	0.1	5.5	9.7	36.3	6.0
	个体/私营企业人员	32.9	0.1	11.4	16.8	30.5	8.4
	初级公务员/雇员	31.2	0.1	8.5	18.9	34.3	7.0
	工人	31.5	0.1	10.1	18.6	34.1	5.7
	学生	32.1	0.2	8.5	16.5	34.1	8.7
	无业	35.5	0.1	9.8	20.8	28.9	4.9
	其他	32.0	0.0	6.4	15.8	37.7	8.1
个人月收入	0～600 元	33.7	0.2	8.3	17.8	32.6	7.5
	601～1200 元	33.8	0.1	10.1	19.6	30.3	6.1
	1201～1700 元	29.7	0.2	10.7	21.2	32.7	5.4
	1701～2600 元	33.4	0.1	9.7	20.6	31.2	5.1
	2601～3500 元	36.6	0.1	10.6	17.4	29.3	5.9
	3501～5000 元	35.9	0.1	8.8	15.0	32.5	7.7
	5001 元及以上	40.5	0.1	8.7	13.5	30.4	6.9

表 3.35.3　2014 年大连市场各类频道在不同时段的市场占有率（%）

时间段	中央台频道	中国教育台频道	辽宁省级频道	大连市级频道	其他省级卫视频道	其他频道
02:00~03:00	42.2	0.5	7.2	0.1	34.8	15.2
03:00~04:00	41.3	0.2	7.9	0.0	32.7	18.0
04:00~05:00	47.9	0.1	7.1	0.0	28.4	16.6
05:00~06:00	46.5	0.1	10.1	0.3	28.9	14.1
06:00~07:00	39.5	0.1	21.4	10.4	20.3	8.5
07:00~08:00	39.7	0.1	15.0	20.4	17.3	7.6
08:00~09:00	41.7	0.1	10.1	12.8	28.2	7.1
09:00~10:00	38.2	0.1	9.6	8.9	36.4	6.8
10:00~11:00	36.1	0.2	6.7	10.2	40.7	6.0
11:00~12:00	39.5	0.2	8.0	5.9	40.5	5.9
12:00~13:00	38.9	0.2	12.1	4.8	37.5	6.6
13:00~14:00	38.9	0.3	5.4	6.5	42.5	6.4
14:00~15:00	34.5	0.3	6.1	7.4	45.7	6.0
15:00~16:00	35.6	0.3	5.6	8.4	44.6	5.6
16:00~17:00	36.1	0.1	6.9	8.5	42.5	5.8
17:00~18:00	33.5	0.1	11.8	25.6	24.0	5.1
18:00~19:00	39.1	0.0	11.5	36.3	7.4	5.6
19:00~20:00	33.0	0.1	10.4	34.9	16.5	5.1
20:00~21:00	27.3	0.1	10.4	25.7	31.4	5.1
21:00~22:00	27.5	0.2	9.8	17.8	39.0	5.7
22:00~23:00	26.0	0.2	7.7	9.7	49.5	7.0
23:00~24:00	29.7	0.1	8.7	7.4	46.0	8.1
24:00~25:00	37.9	0.1	5.6	5.5	38.4	12.5
25:00~26:00	46.3	0.3	5.3	2.8	33.7	11.5

表 3.35.4　2014 年大连市场收视份额排名前十位的频道

名次	频道名称	收视份额(%)
1	大连台一套(新闻综合频道)	5.8
2	中央电视台综合频道	4.9
3	大连台二套(生活频道)	4.7
4	辽宁卫视	4.1
4	中央台三套	4.1
6	江苏卫视	4.0
7	浙江卫视	3.5
8	中央电视台少儿频道	3.2
8	中央台五套	3.2
10	中央台六套	3.1

表 3.35.5　2014 年大连市场各主要频道的观众构成（%）

目标观众		所有频道	主要频道				
			大连台一套（新闻综合频道）	中央电视台综合频道	大连台二套（生活频道）	辽宁卫视	中央台三套
4 岁及以上所有人		100.0	100.0	100.0	100.0	100.0	100.0
性别	男	48.2	50.6	42.9	40.3	45.4	47.2
	女	51.8	49.4	57.1	59.7	54.6	52.8
年龄	4～14 岁	5.5	5.1	7.7	2.2	6.9	4.0
	15～24 岁	9.4	7.3	6.2	11.6	9.2	5.9
	25～34 岁	12.5	5.9	11.5	10.8	9.5	13.0
	35～44 岁	15.1	9.6	14.4	12.1	16.8	11.3
	45～54 岁	23.5	22.7	16.8	34.6	22.9	23.1
	55～64 岁	16.5	18.3	16.3	14.5	13.9	16.4
	65 岁及以上	17.6	31.0	27.1	14.1	20.9	26.3
教育程度	未受过正规教育	4.5	4.5	4.9	2.4	3.4	4.8
	小学	9.5	12.3	11.9	11.2	13.8	11.6
	初中	42.7	47.0	35.8	47.6	44.5	42.6
	高中	31.4	26.4	34.6	27.5	29.4	29.8
	大学及以上	11.8	9.9	12.9	11.4	8.9	11.1
职业类别	干部/管理人员	1.9	1.1	2.0	0.5	0.5	1.3
	个体/私营企业人员	12.5	10.7	10.3	15.3	13.6	13.6
	初级公务员/雇员	11.2	7.8	9.1	12.9	11.7	8.9
	工人	21.3	17.9	17.4	22.6	20.2	20.2
	学生	8.3	6.1	7.8	6.7	8.6	6.6
	无业	42.3	53.4	51.9	40.4	42.7	45.8
	其他	2.6	2.9	1.6	1.5	2.7	3.6
个人月收入	0～600 元	24.0	20.1	23.6	20.3	22.8	15.9
	601～1200 元	8.2	9.6	10.3	9.4	7.7	9.7
	1201～1700 元	18.5	19.7	15.8	20.9	17.2	18.5
	1701～2600 元	26.2	31.8	28.0	29.6	25.3	31.7
	2601～3500 元	13.2	13.2	12.5	11.1	17.7	15.2
	3501～5000 元	6.8	4.4	6.4	5.4	6.2	7.0
	5001 元及以上	3.2	1.2	3.4	3.4	3.1	2.0

表 3.35.6　2012～2014 年大连市场各类节目的播出份额（%）和收视份额（%）

节目类别	2012 年		2013 年		2014 年	
	播出份额	收视份额	播出份额	收视份额	播出份额	收视份额
财经	2.5	0.9	2.0	0.7	2.0	0.5
电视剧	20.0	32.3	27.4	33.5	20.4	34.0
电影	4.3	3.3	4.4	3.9	4.2	3.7
法制	1.2	3.1	1.3	3.0	1.5	2.8
教学	0.3	0.1	0.4	0.1	0.2	0.0
青少	7.3	2.8	5.7	3.5	7.0	3.6
生活服务	9.7	7.1	10.4	6.5	10.8	7.0
体育	2.6	4.9	2.8	4.0	3.7	3.6
外语	0.0	0.0	0.0	0.0	0.0	0.0
戏剧	0.9	0.2	0.6	0.3	0.7	0.3
新闻/时事	13.9	13.2	9.7	13.1	14.1	13.3
音乐	2.4	0.9	2.3	0.9	2.3	0.7
专题	12.4	6.9	9.1	6.3	12.1	5.4
综艺	9.3	14.3	6.9	13.7	8.8	14.3
其他	13.1	10.2	17.1	10.6	12.2	10.8

表 3.35.7　2014 年大连市场所有节目收视率排名前三十位

名次	节目名称	节目类别	播出频道	平均收视率（%）	平均占有率（%）
1	2014 辽宁卫视春节联欢晚会	综艺	辽宁卫视	18.1	50.7
2	中央电视台 2014 甲午年元宵晚会	综艺	中央电视台综合频道	11.6	23.4
3	2014 年仁川亚运会男子 1500 米自由泳决赛	体育	中央台五套	9.4	30.7
4	中国好声音(8 月 29 日)	综艺	浙江卫视	7.9	31.4
5	中央电视台 2014 甲午年春节联欢晚会	综艺	中央电视台综合频道	7.5	15.5
6	2014 年仁川亚运会女子 400 米栏决赛	体育	中央台五套	7.4	22.1
7	赛事直播：2014 年中国平安中国足球协会超级联赛第 12 轮（江苏国信舜天 VS 大连阿尔滨）	体育	大连台四套（文体频道）	7.1	18.2
8	直播周末：2014 年澳大利亚网球公开赛女单决赛	体育	中央台五套	6.3	21.8
9	2014 年索契冬奥会短道速滑女子 3000 米接力决赛	体育	中央台五套	6.3	15.3
10	我爱世界杯：2014 年巴西世界杯决赛（德国 VS 阿根廷）	体育	中央台五套	6.2	67.5
11	璀璨人生	电视剧	大连台二套（生活频道）	6.0	15.3
12	新闻锋线	新闻/时事	大连台一套（新闻综合频道）	5.7	20.7
13	因为爱情有晴天	电视剧	大连台二套（生活频道）	5.7	14.0
14	黄金赛场：2014 年亚洲冠军联赛小组赛 G 组第 6 轮	体育	中央台五套	5.6	14.8
15	星光大道（1 月 31 日）	综艺	中央电视台综合频道	5.5	17.1
16	2014 一年又一年	新闻/时事	大连台一套（新闻综合频道）	5.3	12.6
17	乡村爱情圆舞曲	电视剧	辽宁卫视	5.2	12.2
18	喜到福到好运到	综艺	中央台三套	4.8	13.6
19	奔跑吧 2015 跨年晚会	综艺	浙江卫视	4.8	12.3
20	新闻互动区	新闻/时事	大连台一套（新闻综合频道）	4.7	19.4
21	倾世皇妃	电视剧	大连台二套（生活频道）	4.5	11.5
22	与狼共舞二	电视剧	大连台一套（新闻综合频道）	4.4	11.4
22	独生子女的婆婆妈妈	电视剧	大连台二套（生活频道）	4.4	11.4
24	男人四十要出嫁	电视剧	辽宁卫视	4.4	10.8
25	爱情面前谁怕谁	电视剧	大连台二套（生活频道）	4.3	11.7
26	咱们结婚吧	电视剧	大连台二套（生活频道）	4.3	10.4
26	足球之夜：2014 年南美超级德比杯（阿根廷 VS 巴西）	体育	中央台五套	4.3	10.4
28	新春的约会两会访谈	专题	大连台一套（新闻综合频道）	4.2	14.1
29	我的极品老妈	电视剧	大连台二套（生活频道）	4.2	11.8
30	2014 年仁川亚运会举重女子 75 公斤以上级决赛	体育	中央台五套	4.2	10.9

表 3.35.8 2014 年大连市场电视剧收视率排名前十位

名次	节目名称	播出频道	平均收视率（%）	平均占有率（%）
1	璀璨人生	大连台二套（生活频道）	6.0	15.3
2	因为爱情有晴天	大连台二套（生活频道）	5.7	14.0
3	乡村爱情圆舞曲	辽宁卫视	5.2	12.2
4	倾世皇妃	大连台二套（生活频道）	4.5	11.5
5	与狼共舞二	大连台一套（新闻综合频道）	4.4	11.4
5	独生子女的婆婆妈妈	大连台二套（生活频道）	4.4	11.4
7	男人四十要出嫁	辽宁卫视	4.4	10.8
8	爱情面前谁怕谁	大连台二套（生活频道）	4.3	11.7
9	咱们结婚吧	大连台二套（生活频道）	4.3	10.4
10	我的极品老妈	大连台二套（生活频道）	4.2	11.8

表 3.35.9 2014 年大连市场新闻节目收视率排名前十位

名次	节目名称	播出频道	平均收视率（%）	平均占有率（%）
1	新闻锋线	大连台一套（新闻综合频道）	5.7	20.7
2	新闻互动区	大连台一套（新闻综合频道）	4.7	19.4
3	大连新闻	大连台一套（新闻综合频道）	3.8	12.6
4	2014 马年新闻会	大连台一套（新闻综合频道）	3.3	11.0
5	转播中央台新闻联播	大连台一套（新闻综合频道）	3.2	9.3
6	2014 一年又一年	中央电视台综合频道	3.1	10.6
7	聚焦 APEC	中央电视台新闻频道	2.7	8.0
8	今晚新闻站	大连台一套（新闻综合频道）	2.3	11.6
9	关注马航失联客机特别报道	中央台四套	1.9	6.7
10	城市深 1 度	大连台二套（生活频道）	1.7	5.1

表 3.35.10 2014 年大连市场专题节目收视率排名前十位

名次	节目名称	播出频道	平均收视率（%）	平均占有率（%）
1	新春的约会两会访谈	大连台一套（新闻综合频道）	4.2	14.1
2	中国谜语大会（2 月 11 日）	中央电视台综合频道	3.0	6.6
3	舌尖上的中国第二季	中央电视台综合频道	2.8	7.6
4	中国汉字听写大会 2014(7 月 13 日)	中央电视台综合频道	2.1	6.2
5	中国成语大会 2014(6 月 15 日)	中央电视台综合频道	2.1	5.8
6	光阴大连	大连台一套（新闻综合频道）	1.9	8.2
7	感动中国 2013 年度人物颁奖盛典	中央电视台综合频道	1.9	4.5
8	一场别开生面的座谈会——习近平总书记主持召开文艺工作座谈会侧记	中央电视台新闻频道	1.8	4.8
9	中央电视台特别节目：一带一路千年的时空穿越	中央电视台新闻频道	1.8	4.2
10	防务新时空	大连台一套（新闻综合频道）	1.7	7.7

表 3.35.11　2014 年大连市场综艺节目收视率排名前十位

名次	节目名称	播出频道	平均收视率(%)	平均占有率(%)
1	2014 辽宁卫视春节联欢晚会	辽宁卫视	18.1	50.7
2	中央电视台 2014 甲午年元宵晚会	中央电视台综合频道	11.6	23.4
3	中国好声音(8 月 29 日)	浙江卫视	7.9	31.4
4	中央电视台 2014 甲午年春节联欢晚会	中央电视台综合频道	7.5	15.5
5	星光大道(1 月 31 日)	中央电视台综合频道	5.5	17.1
6	喜到福到好运到	中央台三套	4.8	13.6
7	奔跑吧 2015 跨年晚会	浙江卫视	4.8	12.3
8	非诚勿扰	江苏卫视	4.5	16.3
9	315 让消费更有尊严——CCTV2014 年 3·15 晚会	中央电视台综合频道	4.0	9.7
10	梦想星搭档总冠军之夜为爱而歌为公益而唱	中央电视台综合频道	3.8	11.8

表 3.35.12　2014 年大连市场体育节目收视率排名前十位

名次	节目名称	播出频道	平均收视率(%)	平均占有率(%)
1	2014 年仁川亚运会男子 1500 米自由泳决赛	中央台五套	9.4	30.7
2	2014 年仁川亚运会女子 400 米栏决赛	中央台五套	7.4	22.1
3	赛事直播:2014 年中国平安中国足球协会超级联赛第 12 轮(江苏国信舜天 VS 大连阿尔滨)	大连台四套(文体频道)	7.1	18.2
4	直播周末:2014 年澳大利亚网球公开赛女单决赛	中央台五套	6.3	21.8
5	2014 年索契冬奥会短道速滑女子 3000 米接力决赛	中央台五套	6.3	15.3
6	我爱世界杯:2014 年巴西世界杯决赛(德国 VS 阿根廷)	中央台五套	6.2	67.5
7	黄金赛场:2014 年亚洲冠军联赛小组赛 G 组第 6 轮	中央台五套	5.6	14.8
8	足球之夜:2014 年南美超级德比杯(阿根廷 VS 巴西)	中央台五套	4.3	10.4
9	2014 年仁川亚运会举重女子 75 公斤以上级决赛	中央台五套	4.2	10.9
10	2014 年仁川亚运会女排决赛	中央台五套	4.1	11.3

三十六、福州收视数据

表 3.36.1 2010～2014 年福州市场各类频道的市场占有率（%）

频道类别	年份				
	2010 年	2011 年	2012 年	2013 年	2014 年
中央台频道	21.4	23.2	25.2	26.6	30.1
中国教育台频道	0.3	0.4	0.2	0.1	0.2
福建省级频道	23.9	19.7	20.1	18.9	14.5
福州市级频道	17.7	14.4	14.3	15.0	14.2
其他省级卫视频道	25.7	31.5	29.9	30.7	31.9
其他频道	11.0	10.8	10.3	8.7	9.1

表 3.36.2 2014 年福州市场各类频道在不同目标观众中的市场占有率（%）

目标观众		中央台频道	中国教育台频道	福建省级频道	福州市级频道	其他省级卫视频道	其他频道
4 岁及以上所有人		30.1	0.2	14.5	14.2	31.9	9.1
性别	男	33.4	0.2	13.0	13.5	29.3	10.6
	女	26.9	0.2	16.0	14.8	34.3	7.8
年龄	4～14 岁	19.7	0.2	9.6	16.0	46.8	7.7
	15～24 岁	21.0	0.2	16.6	14.3	37.3	10.6
	25～34 岁	27.4	0.2	14.7	13.5	35.2	9.0
	35～44 岁	32.4	0.2	13.6	11.7	34.4	7.7
	45～54 岁	33.1	0.2	14.7	13.8	27.4	10.8
	55～64 岁	31.9	0.2	15.7	16.0	29.1	7.1
	65 岁及以上	35.3	0.1	15.2	15.2	22.6	11.6
教育程度	未受过正规教育	20.7	0.1	11.0	18.6	40.7	8.9
	小学	29.1	0.1	15.7	19.7	29.0	6.4
	初中	31.3	0.2	14.3	11.1	34.7	8.4
	高中	28.4	0.2	15.1	13.9	33.0	9.4
	大学及以上	35.2	0.2	14.1	12.5	25.9	12.1
职业类别	干部/管理人员	48.9	0.1	9.8	5.2	25.1	10.9
	个体/私营企业人员	29.9	0.2	14.7	15.4	31.4	8.4
	初级公务员/雇员	29.8	0.2	16.1	13.1	31.8	9.0
	工人	27.9	0.2	13.1	11.3	35.3	12.2
	学生	23.3	0.3	12.7	10.9	44.6	8.2
	无业	30.6	0.1	14.2	16.0	29.7	9.4
	其他	*	*	*	*	*	*
个人月收入	0～600 元	25.6	0.2	12.3	15.5	38.2	8.2
	601～1200 元	29.3	0.1	16.4	18.6	29.3	6.3
	1201～1700 元	32.1	0.2	22.6	11.8	23.4	9.9
	1701～2600 元	31.3	0.2	14.6	14.1	30.8	9.0
	2601～3500 元	28.4	0.3	14.2	14.4	32.2	10.5
	3501～5000 元	33.8	0.2	14.2	11.2	29.6	11.0
	5001 元及以上	44.1	0.1	10.3	9.9	25.6	10.0

*表示样本量不足，无法进行统计推断。

表 3.36.3　2014 年福州市场各类频道在不同时段的市场占有率（%）

时间段	中央台频道	中国教育台频道	福建省级频道	福州市级频道	其他省级卫视频道	其他频道
02:00~03:00	37.8	0.5	8.0	4.6	34.3	14.8
03:00~04:00	39.2	0.3	7.7	4.6	30.0	18.2
04:00~05:00	43.7	0.1	8.0	4.1	25.8	18.3
05:00~06:00	43.6	0.1	9.4	6.1	22.8	18.0
06:00~07:00	53.3	0.1	8.1	5.6	19.7	13.2
07:00~08:00	52.1	0.1	8.9	8.5	19.1	11.3
08:00~09:00	40.4	0.1	8.4	14.3	28.0	8.8
09:00~10:00	35.4	0.1	8.7	9.5	36.9	9.4
10:00~11:00	35.9	0.4	7.5	6.4	39.5	10.3
11:00~12:00	39.7	0.4	7.0	6.3	36.4	10.2
12:00~13:00	44.4	0.3	5.6	6.0	32.4	11.3
13:00~14:00	42.7	0.4	5.3	5.2	35.6	10.8
14:00~15:00	35.7	0.5	6.9	4.5	41.1	11.3
15:00~16:00	35.0	0.4	6.6	5.9	41.7	10.4
16:00~17:00	37.0	0.2	6.3	4.0	42.5	10.0
17:00~18:00	38.4	0.1	8.5	11.0	32.5	9.5
18:00~19:00	29.4	0.0	19.8	30.4	12.0	8.4
19:00~20:00	25.4	0.1	26.0	22.0	18.8	7.7
20:00~21:00	19.8	0.1	21.2	18.1	33.1	7.7
21:00~22:00	21.6	0.2	18.1	17.2	35.9	7.0
22:00~23:00	23.6	0.3	13.8	13.5	40.2	8.6
23:00~24:00	29.7	0.1	9.3	9.1	42.4	9.4
24:00~25:00	37.1	0.2	8.5	3.4	38.3	12.5
25:00~26:00	39.8	0.6	6.6	3.7	34.6	14.7

表 3.36.4　2014 年福州市场收视份额排名前十位的频道

名次	频道名称	收视份额(%)
1	福州电视台都市生活频道	5.2
2	中央电视台综合频道	5.1
3	福州电视台影视频道	3.9
4	湖南卫视	3.7
4	中央电视台新闻频道	3.7
6	中央台六套	3.5
6	福州电视台新闻综合频道	3.5
8	中央台四套	3.4
9	福建省广播影视集团新闻频道	3.1
10	中央台三套	3.0

表 3.36.5 2014 年福州市场各主要频道的观众构成（%）

目标观众		所有频道	主要频道				
			福州电视台都市生活频道	中央电视台综合频道	福州电视台影视频道	湖南卫视	中央电视台新闻频道
4 岁及以上所有人		100.0	100.0	100.0	100.0	100.0	100.0
性别	男	48.4	44.3	47.2	48.5	33.5	61.0
	女	51.6	55.7	52.8	51.5	66.5	39.0
年龄	4～14 岁	7.5	5.8	6.4	10.1	11.5	3.1
	15～24 岁	9.1	8.7	6.9	10.4	22.6	6.6
	25～34 岁	14.4	15.6	18.3	11.1	15.7	11.3
	35～44 岁	18.4	16.2	16.1	16.1	22.0	18.8
	45～54 岁	20.7	21.3	18.9	16.8	18.5	27.1
	55～64 岁	17.9	16.5	19.0	18.6	6.2	20.2
	65 岁及以上	12.0	15.9	14.5	16.9	3.4	13.0
教育程度	未受过正规教育	6.7	6.1	6.2	12.4	4.1	2.8
	小学	15.9	22.6	12.6	24.5	16.1	15.2
	初中	25.4	21.3	20.2	14.9	33.4	27.6
	高中	32.1	27.7	34.1	34.8	33.6	29.7
	大学及以上	19.9	22.3	27.0	13.4	12.8	24.6
职业类别	干部/管理人员	3.2	1.2	5.7	0.7	2.3	6.5
	个体/私营企业人员	19.7	22.0	19.1	18.9	17.0	22.5
	初级公务员/雇员	23.7	26.8	23.5	18.7	23.0	22.6
	工人	6.8	5.8	4.1	5.7	6.7	7.1
	学生	7.6	6.3	4.3	5.4	23.3	5.6
	无业	38.6	37.2	43.2	50.3	27.3	35.7
	其他	*	*	*	*	*	*
个人月收入	0～600 元	26.2	21.4	24.0	36.8	45.8	17.7
	601～1200 元	6.7	9.3	3.7	8.1	6.3	5.1
	1201～1700 元	8.7	6.2	8.6	5.8	5.6	12.5
	1701～2600 元	28.3	25.9	29.6	31.8	19.2	27.6
	2601～3500 元	15.5	26.9	14.3	7.9	13.8	15.9
	3501～5000 元	9.5	4.2	9.4	8.2	6.2	16.1
	5001 元及以上	5.2	6.1	10.3	1.4	3.1	5.1

* 表示样本量不足，无法进行统计推断。

表 3.36.6 2012～2014 年福州市场各类节目的播出份额（%）和收视份额（%）

节目类别	2012 年		2013 年		2014 年	
	播出份额	收视份额	播出份额	收视份额	播出份额	收视份额
财经	2.3	0.8	2.1	0.9	1.9	0.8
电视剧	21.3	31.1	21.4	30.0	19.7	28.3
电影	3.6	2.6	4.0	3.5	3.8	3.8
法制	0.8	0.8	0.9	0.7	0.9	0.7
教学	0.4	0.2	0.3	0.1	0.3	0.1
青少	7.6	4.3	7.1	4.4	7.5	4.6
生活服务	8.9	7.7	10.2	7.9	11.2	8.3
体育	2.0	2.3	2.1	1.5	3.1	1.6
外语	0.0	0.0	0.0	0.0	0.0	0.0
戏剧	1.0	0.1	0.7	0.1	0.7	0.1
新闻/时事	15.1	14.3	14.6	14.9	14.2	15.0
音乐	2.5	0.8	2.3	0.6	2.3	0.7
专题	11.8	10.1	11.0	9.5	12.4	11.1
综艺	8.5	11.5	8.3	11.9	8.5	11.3
其他	14.2	13.4	15.0	14.0	13.5	13.6

表 3.36.7　2014 年福州市场所有节目收视率排名前三十位

名次	节目名称	节目类型	播出频道	平均收视率(%)	平均占有率(%)
1	中央电视台 2014 甲午年春节联欢晚会	综艺	中央电视台综合频道	10.6	24.6
2	中国好声音(10 月 7 日)	综艺	浙江卫视	4.6	16.6
3	中央电视台 2014 甲午年元宵晚会	综艺	中央电视台综合频道	4.4	13.3
4	苏州月中华情——2014 年中央电视台中秋晚会	综艺	中央电视台综合频道	4.4	13.1
5	我是歌手歌王之战	综艺	湖南卫视	3.8	13.3
6	狮子黑	电视剧	福州电视台影视频道	3.8	12.4
7	战狼风暴	电视剧	福州电视台影视频道	3.7	12.1
8	2014 第二届夏季青奥会开幕式	体育	中央电视台新闻频道	3.4	12.7
9	父母爱情	电视剧	中央电视台综合频道	3.4	10.3
10	终结杉计划	电视剧	福州电视台影视频道	3.3	11.1
11	孤胆英雄	电视剧	福州电视台影视频道	3.3	10.8
12	铁血突击队	电视剧	福州电视台影视频道	3.3	9.7
13	315 让消费更有尊严——CCTV2014 年 3·15 晚会	综艺	中央电视台综合频道	3.3	9.5
14	快乐中国 20142015 跨年演唱会	音乐	湖南卫视	3.1	13.3
15	我爱世界杯:2014 年巴西世界杯决赛(德国 VS 阿根廷)	体育	中央台五套	3.0	69.1
16	爸爸去哪儿第二季	综艺	湖南卫视	2.9	14.1
17	万家邀明月	综艺	中央台三套	2.9	11.8
18	攀讲故事会	专题	福州电视台都市生活频道	2.9	11.7
19	心手相连一家亲第六届海峡论坛	专题	福建海峡电视台	2.9	9.0
20	杀无赦	电视剧	福州电视台影视频道	2.9	8.9
21	战火连天	电视剧	福州电视台影视频道	2.8	10.0
22	元宵喜乐会	综艺	湖南卫视	2.8	9.3
23	剿匪英雄	电视剧	福州电视台影视频道	2.8	9.2
24	她的一生	电视剧	福州电视台都市生活频道	2.7	12.9
25	2014 年仁川亚运会男子 400 米自由泳决赛	体育	中央台五套	2.7	11.3
26	斗狼	电视剧	福州电视台影视频道	2.7	8.7
27	麻辣邻里一家亲	电视剧	福州电视台影视频道	2.7	8.6
28	猎天狼	电视剧	福州电视台影视频道	2.7	8.2
29	温柔的诱惑	电视剧	福州电视台影视频道	2.7	7.9
30	天气预报	生活服务	中央电视台综合频道	2.6	9.7

表 3.36.8 2014 年福州市场电视剧收视率排名前十位

名次	节目名称	播出频道	平均收视率（%）	平均占有率（%）
1	狮子黑	福州电视台影视频道	3.8	12.4
2	战狼风暴	福州电视台影视频道	3.7	12.1
3	父母爱情	中央电视台综合频道	3.4	10.3
4	终结杉计划	福州电视台影视频道	3.3	11.1
5	孤胆英雄	福州电视台影视频道	3.3	10.8
6	铁血突击队	福州电视台影视频道	3.3	9.7
7	杀无赦	福州电视台影视频道	2.9	8.9
8	战火连天	福州电视台影视频道	2.8	10.0
9	剿匪英雄	福州电视台影视频道	2.8	9.2
10	她的一生	福州电视台都市生活频道	2.7	12.9

表 3.36.9 2014 年福州市场新闻节目收视率排名前十位

名次	节目名称	播出频道	平均收视率（%）	平均占有率（%）
1	新闻 110	福州电视台新闻综合频道	2.2	12.7
2	新闻联播	中央电视台综合频道	1.9	8.0
3	环球报道	福建省广播影视集团新闻频道	1.9	7.9
4	习近平在韩国首尔大学发表演讲	中央电视台综合频道	1.9	6.7
5	现场	福建省广播影视集团新闻频道	1.8	8.9
6	2014 一年又一年	中央电视台综合频道	1.7	9.6
7	防抗麦德姆特别报道	福建省广播影视集团新闻频道	1.5	8.7
8	福州新闻	福州电视台新闻综合频道	1.4	6.7
9	李克强总理会见中外记者并回答提问	中央电视台新闻频道	1.4	4.1
10	聚焦 APEC	中央电视台新闻频道	1.3	8.2

表 3.36.10 2014 年福州市场专题节目收视率排名前十位

名次	节目名称	播出频道	平均收视率（%）	平均占有率（%）
1	攀讲故事会	福州电视台都市生活频道	2.9	11.7
2	心手相连一家亲第六届海峡论坛	福建海峡电视台	2.9	9.0
3	中国谜语大会(2 月 13 日)	中央电视台综合频道	2.5	7.1
4	多福之州(10 月 28 日)	福州电视台都市生活频道	2.3	7.0
5	闽江映象	福州电视台新闻综合频道	2.0	6.3
6	城市的味道	福州电视台影视频道	1.9	7.6
7	探索	福建省广播影视集团都市时尚频道	1.9	7.3
8	中央电视台特别节目:新的中拉时间开始了	中央电视台新闻频道	1.9	7.1
9	青春面对面	福建海峡电视台	1.9	6.9
10	攀讲故事会	福州电视台都市生活频道	1.9	6.3

表 3.36.11　2014 年福州市场综艺节目收视率排名前十位

名次	节目名称	播出频道	平均收视率(%)	平均占有率(%)
1	中央电视台 2014 甲午年春节联欢晚会	中央电视台综合频道	10.6	24.6
2	中国好声音(10 月 7 日)	浙江卫视	4.6	16.6
3	中央电视台 2014 甲午年元宵晚会	中央电视台综合频道	4.4	13.3
4	苏州月中华情——2014 年中央电视台中秋晚会	中央电视台综合频道	4.4	13.1
5	我是歌手歌王之战	湖南卫视	3.8	13.3
6	315 让消费更有尊严——CCTV2014 年 3·15 晚会	中央电视台综合频道	3.3	9.5
7	爸爸去哪儿第二季	湖南卫视	2.9	14.1
8	万家邀明月	中央台三套	2.9	11.8
9	元宵喜乐会	湖南卫视	2.8	9.3
10	中国好歌曲(1 月 6 日)	中央台三套	2.4	10.3

表 3.36.12　2014 年福州市场体育节目收视率排名前十位

名次	节目名称	播出频道	平均收视率(%)	平均占有率(%)
1	2014 第二届夏季青奥会开幕式	中央电视台新闻频道	3.4	12.7
2	我爱世界杯:2014 年巴西世界杯决赛(德国 VS 阿根廷)	中央台五套	3.0	69.1
3	2014 年仁川亚运会男子 400 米自由泳决赛	中央台五套	2.7	11.3
4	2014 年仁川亚运会女子 800 米预赛	中央台五套	2.2	9.5
5	2014 年索契冬奥会短道速滑女子 3000 米接力决赛	中央台五套	2.2	7.5
6	短道速滑女子 1500 米献花仪式	中央台五套	2.2	6.3
7	直播周末:2014 年澳大利亚网球公开赛女单决赛	中央台五套	2.1	15.3
8	2014 年仁川亚运会羽毛球男团决赛	中央台五套	2.0	8.1
9	WNBA ACTION(9 月 14 日)	福建省广播影视集团体育频道	1.9	9.0
10	2014 第二届夏季青年奥林匹克运动会闭幕式	中央电视台综合频道	1.9	7.4

三十七、广州收视数据

表 3.37.1 2010～2014 年广州市场各类频道的市场占有率（%）

频道类别	年份				
	2010 年	2011 年	2012 年	2013 年	2014 年
中央台频道	9.5	10.3	12.5	15.1	14.8
中国教育台频道	0.1	0.1	0.1	0.1	0.1
广东台频道	21.0	22.2	22.9	20.9	35.7
南方台频道	16.7	14.4	13.3	14.8	35.7
广州台频道	15.2	16.7	16.6	16.4	16.3
其他省级卫视频道	8.8	11.9	12.5	13.4	13.7
境外频道	22.7	18.7	15.7	11.8	11.0
其他频道	6.0	5.7	6.4	7.5	8.2

2014 年 4 月 23 日，原广东台和南方台合并为广东广播电视台，该台 2014 年数据计算范围为 2014 年 4 月 23 日挂牌之日起至 2014 年 12 月 31 日止。

表 3.37.2 2014 年广州市场各类频道在各目标观众中的市场占有率（%）

目标观众		中央台频道	中国教育台频道	广东广播电视台频道	广州台频道	其他省级卫视频道	境外频道	其他频道
4 岁及以上所有人		14.8	0.1	35.7	16.3	13.7	11.0	8.2
性别	男	15.6	0.1	37.2	15.2	12.4	10.8	8.9
	女	14.0	0.1	34.2	17.5	15.0	11.2	7.4
年龄	4～14 岁	15.0	0.1	40.5	9.4	20.1	5.0	9.8
	15～24 岁	9.4	0.1	35.3	14.2	16.0	12.1	11.8
	25～34 岁	14.3	0.0	38.3	12.9	13.1	12.8	8.0
	35～44 岁	17.6	0.1	30.5	14.5	15.0	10.8	11.6
	45～54 岁	14.1	0.1	36.3	18.6	14.3	9.5	6.1
	55～64 岁	14.8	0.1	36.6	20.6	9.5	12.8	6.2
	65 岁及以上	16.8	0.0	32.3	23.3	10.4	11.7	5.3
教育程度	未受过正规教育	16.7	0.1	40.4	8.2	17.1	7.7	8.9
	小学	12.5	0.0	41.9	17.4	12.1	8.3	6.9
	初中	13.6	0.1	38.0	17.7	12.8	9.4	8.4
	高中	15.1	0.1	34.4	15.8	14.5	11.8	8.3
	大学及以上	17.7	0.1	27.6	16.0	14.3	15.1	8.8
职业类别	干部/管理人员	21.2	0.1	23.5	14.9	20.1	11.3	9.0
	个体/私营企业人员	16.2	0.1	34.0	13.4	15.9	10.0	11.0
	初级公务员/雇员	13.4	0.1	35.0	15.1	13.2	15.7	6.7
	工人	14.1	0.1	38.4	17.7	10.7	10.0	8.1
	学生	11.2	0.0	36.0	12.7	22.2	7.7	10.6
	无业	15.6	0.1	35.5	18.3	12.3	10.9	7.4
	其他	10.0	0.0	56.9	16.2	6.7	4.3	5.1
个人月收入	0～600 元	14.0	0.1	38.0	13.3	16.7	8.5	9.1
	601～1200 元	12.5	0.0	48.0	19.5	8.7	7.0	5.3
	1201～1700 元	13.6	0.1	40.0	18.3	11.7	8.6	6.9
	1701～2600 元	12.8	0.0	35.8	18.5	10.8	13.6	7.5
	2601～3500 元	13.8	0.1	34.4	19.2	12.4	11.8	8.1
	3501～5000 元	21.1	0.1	26.4	13.7	17.6	11.3	10.0
	5001 元及以上	22.1	0.1	27.8	11.0	17.5	14.1	8.8

广东广播电视台由原广东台、南方台合并而成，数据范围为该台 2014 年 4 月 23 日挂牌之日起至 2014 年 12 月 31 日止。

表 3.37.3　2014 年广州市场各类频道在不同时段的市场占有率（%）

时间段	中央台频道	中国教育台频道	广东广播电视台频道	广州台频道	其他省级卫视频道	境外频道	其他频道
02:00～03:00	15.9	0.2	32.1	10.0	18.8	12.3	12.3
03:00～04:00	16.1	0.1	33.8	11.1	20.4	10.4	10.4
04:00～05:00	20.6	0.0	37.3	13.7	17.0	6.1	8.4
05:00～06:00	16.7	0.0	36.8	12.0	12.0	16.2	8.3
06:00～07:00	20.5	0.0	19.9	25.2	8.3	13.2	12.0
07:00～08:00	17.4	0.0	23.4	30.7	7.3	9.5	10.6
08:00～09:00	19.9	0.0	27.5	22.4	10.3	10.0	9.4
09:00～10:00	22.1	0.1	29.9	14.8	16.6	5.4	10.5
10:00～11:00	23.3	0.2	29.0	11.2	18.7	4.6	11.7
11:00～12:00	22.0	0.1	32.5	11.2	17.3	6.0	9.7
12:00～13:00	17.3	0.1	31.7	13.2	15.6	11.1	10.2
13:00～14:00	16.7	0.1	33.2	16.1	16.4	6.7	10.3
14:00～15:00	17.4	0.2	31.5	13.9	20.1	5.0	10.1
15:00～16:00	18.3	0.1	26.0	14.6	22.0	4.8	11.1
16:00～17:00	18.6	0.1	28.8	12.9	21.0	5.0	11.0
17:00～18:00	19.5	0.0	32.5	13.7	17.0	5.3	10.4
18:00～19:00	14.3	0.0	41.4	23.4	5.5	7.2	7.3
19:00～20:00	12.4	0.0	50.4	21.0	6.2	5.0	5.6
20:00～21:00	12.2	0.1	44.6	15.0	10.6	12.0	5.7
21:00～22:00	11.8	0.1	36.1	12.4	13.8	20.0	6.2
22:00～23:00	10.1	0.0	25.2	19.6	16.6	21.7	7.5
23:00～24:00	13.7	0.0	29.9	14.6	20.5	11.2	10.6
24:00～25:00	18.5	0.0	28.0	13.4	18.0	11.1	10.7
25:00～26:00	17.6	0.1	28.7	13.8	15.8	12.2	12.1

广东广播电视台由原广东台、南方台合并而成，数据范围为该台 2014 年 4 月 23 日挂牌之日起至 2014 年 12 月 31 日止。

表 3.37.4　2014 年广州市场收视份额排名前十位的频道

排名	频道名称	收视份额(%)
1	广东广播电视台珠江频道	9.1
2	广州市广播电视台综合频道	5.5
3	广东广播电视台影视频道	5.4
4	广东广播电视台南方卫视	5.0
5	广州市广播电视台新闻频道	4.5
6	广州市广播电视台影视频道	4.3
7	广东广播电视台公共频道	3.7
8	中央电视台综合频道	3.0
8	湖南卫视	3.0
10	省网翡翠台(中文)	2.6

表 3.37.5 2014 年广州市场各主要频道的观众构成（%）

目标观众		所有频道	主要频道				
			广东广播电视台珠江频道	广州市广播电视台综合频道	广东广播电视台影视频道	广东广播电视台南方卫视	广州市广播电视台新闻频道
4 岁及以上所有人		100.0	100.0	100.0	100.0	100.0	100.0
性别	男	50.5	52.4	49.2	54.2	47.1	47.6
	女	49.5	47.6	50.8	45.8	52.9	52.4
年龄	4~14 岁	8.5	6.6	3.8	6.7	6.4	4.2
	15~24 岁	8.7	9.3	7.1	8.9	11.7	8.4
	25~34 岁	20.9	23.3	10.7	20.5	23.6	20.6
	35~44 岁	16.8	12.8	15.3	10.5	12.8	15.4
	45~54 岁	19.9	23.0	22.8	24.1	21.5	22.8
	55~64 岁	15.9	16.5	18.0	19.3	15.1	21.2
	65 岁及以上	9.3	8.5	22.3	10.0	8.9	7.4
教育程度	未受过正规教育	3.6	2.0	2.0	3.0	1.4	1.4
	小学	16.6	22.4	20.1	19.4	17.8	10.2
	初中	27.6	32.0	28.5	34.1	30.1	26.1
	高中	34.6	29.5	32.1	34.5	35.3	41.5
	大学及以上	17.6	14.1	17.3	9.0	15.4	20.8
职业类别	干部/管理人员	4.6	2.2	4.6	2.1	4.1	4.6
	个体/私营企业人员	12.9	13.1	8.8	9.8	10.2	10.4
	初级公务员/雇员	16.3	17.6	14.6	13.8	18.7	17.1
	工人	19.7	24.1	18.5	21.1	22.5	21.7
	学生	8.5	7.3	5.9	6.3	7.5	7.0
	无业	35.8	31.5	46.4	39.9	35.3	38.5
	其他	2.2	4.2	1.2	7.0	1.7	0.7
个人月收入	0~600 元	25.8	23.9	17.8	30.4	23.7	20.4
	601~1200 元	5.0	7.0	7.9	9.5	6.0	4.0
	1201~1700 元	9.4	12.0	11.2	11.3	13.9	9.4
	1701~2600 元	24.7	25.7	31.8	24.7	30.7	24.3
	2601~3500 元	19.1	19.7	21.7	19.2	16.1	28.8
	3501~5000 元	8.5	7.9	6.2	3.5	3.3	8.2
	5001 元及以上	7.5	3.8	3.4	1.4	6.3	4.9

表 3.37.6 2012~2014 年广州市场各类节目的播出份额（%）和收视份额（%）

节目类别	2012 年		2013 年		2014 年	
	播出份额	收视份额	播出份额	收视份额	播出份额	收视份额
财经	2.4	0.5	2.0	0.4	1.8	0.3
电视剧	19.5	29.1	20.2	29.3	19.0	28.2
电影	4.0	3.6	4.2	3.3	3.9	3.1
法制	0.9	0.5	0.9	0.6	1.0	0.6
教学	0.2	0.0	0.2	0.1	0.2	0.0
青少	6.7	4.1	6.2	4.5	6.7	5.2
生活服务	9.0	6.4	9.6	6.7	10.7	7.0
体育	3.1	4.7	3.4	3.7	4.2	3.5
外语	0.3	0.0	0.3	0.0	0.3	0.0
戏剧	0.8	0.3	0.6	0.2	0.6	0.1
新闻/时事	15.1	20.0	15.4	20.8	14.8	21.1
音乐	2.2	0.5	2.0	0.6	2.1	0.7
专题	12.5	6.6	11.5	5.9	12.4	6.5
综艺	8.5	8.9	8.6	9.4	8.5	9.0
其他	14.7	14.7	14.9	14.5	13.8	14.7

表 3.37.7　2014 年广州市场所有节目收视率排名前三十位

名次	节目名称	节目类型	播出频道	平均收视率（%）	平均占有率（%）
1	中国好声音(10 月 7 日)	综艺	浙江卫视	5.5	17.6
2	快乐中国 2014～2015 跨年演唱会	音乐	湖南卫视	4.8	17.4
3	爸爸去哪儿第二季	综艺	湖南卫视	4.7	21.5
4	中央电视台 2014 甲午年春节联欢晚会	综艺	中央电视台综合频道	4.7	13.6
5	2014 金马贺岁万家欢	综艺	广东广播电视台珠江频道	4.7	13.5
6	2014 年亚足联冠军联赛 G 组第 6 轮（横滨水手 VS 广州恒大）	体育	广东广播电视台体育频道	4.5	13.7
7	我是歌手歌王之战(4 月 4 日)	综艺	湖南卫视	4.3	15.2
8	2014 年巴西世界杯小组赛 D 组（意大利 VS 哥斯达黎加）	体育	广东广播电视台体育频道	4.1	38.0
9	姥爷的抗战	电视剧	广东广播电视台影视频道	4.0	14.0
10	今日关注	新闻/时事	广东广播电视台珠江频道	3.9	13.1
11	2014 年中国足协超级联赛第 5 轮（广州恒大 VS 大连阿尔滨）	体育	广东广播电视台体育频道	3.8	11.4
12	秀秀的男人	电视剧	广东广播电视台珠江频道	3.7	11.7
13	广视新闻	新闻/时事	广州市广播电视台综合频道	3.6	18.5
14	天气预报	生活服务	广东广播电视台珠江频道	3.5	14.1
15	外来媳妇本地郎	电视剧	广东广播电视台珠江频道	3.5	12.3
16	影子战士	电视剧	广东广播电视台影视频道	3.5	12.2
17	八仙前传	电视剧	广东广播电视台珠江频道	3.5	11.4
18	G4 出动	新闻/时事	广州市广播电视台新闻频道	3.4	11.9
19	2014 年仁川亚运会男子 100 米决赛	体育	广东广播电视台体育频道	3.4	11.2
20	璀璨人生	电视剧	广东广播电视台珠江频道	3.4	10.9
21	麦王争霸（11 月 15 日）	综艺	广东广播电视台珠江频道	3.3	15.7
22	绝地枪王	电视剧	广东广播电视台影视频道	3.3	11.6
23	烽火双雄	电视剧	广东广播电视台影视频道	3.3	11.5
24	特战女汉子	电视剧	广东广播电视台影视频道	3.3	11.2
24	天使的欲望	电视剧	广东广播电视台珠江频道	3.3	10.3
26	金玉满堂	电视剧	广东广播电视台珠江频道	3.2	11.6
27	铁血征途	电视剧	广东广播电视台影视频道	3.2	10.9
28	后妈的春天	电视剧	广东广播电视台珠江频道	3.2	10.3
29	勇敢的心（1～27 集）	电视剧	广东广播电视台珠江频道	3.2	10.1
30	2013/2014 赛季 CBA 半决赛第 4 场（北京金隅 VS 广东东莞银行）	体育	广东广播电视台体育频道	3.1	9.3

表 3.37.8 2014 年广州市场电视剧收视率排名前十位

名次	节目名称	播出频道	平均收视率(%)	平均占有率(%)
1	姥爷的抗战	广东广播电视台影视频道	4.0	14.0
2	秀秀的男人	广东广播电视台珠江频道	3.7	11.7
3	外来媳妇本地郎	广东广播电视台珠江频道	3.5	12.3
4	影子战士	广东广播电视台影视频道	3.5	12.2
5	八仙前传	广东广播电视台珠江频道	3.5	11.4
6	璀璨人生	广东广播电视台珠江频道	3.4	10.9
7	绝地枪王	广东广播电视台影视频道	3.3	11.6
8	烽火双雄	广东广播电视台影视频道	3.3	11.5
9	特战女汉子	广东广播电视台影视频道	3.3	11.2
10	天使的欲望	广东广播电视台珠江频道	3.3	10.3

表 3.37.9 2014 年广州市场新闻节目收视率排名前十位

名次	节目名称	播出频道	平均收视率(%)	平均占有率(%)
1	今日关注	广东广播电视台珠江频道	3.9	13.1
2	广视新闻	广州市广播电视台综合频道	3.6	18.5
3	G4 出动	广州市广播电视台新闻频道	3.4	11.9
4	DV 现场	广东广播电视台公共频道	3.0	10.3
5	珠江新闻眼	广东广播电视台珠江频道	2.8	15.4
6	今日最新闻	广东广播电视台南方卫视	2.4	7.8
7	讲开又讲	广东广播电视台南方卫视	2.0	6.6
8	转播中央台新闻联播	广州市广播电视台综合频道	1.7	6.2
9	军情观察室	凤凰卫视中文台	1.6	6.3
10	第 1 直播三月烟花耀横琴珠海横琴长隆烟花 SHOW	广东广播电视台经济科教频道	1.3	4.5

表 3.37.10 2014 年广州市场专题节目收视率排名前十位

名次	节目名称	播出频道	平均收视率(%)	平均占有率(%)
1	城事特搜	广东广播电视台南方卫视	2.6	9.4
2	真情追踪	广州市广播电视台影视频道	2.2	9.2
3	小凤姐有约	省网翡翠台(中文)	1.6	9.2
4	中国谜语大会(2 月 13 日)	中央电视台综合频道	1.6	4.8
5	嶺南屋语小故事版	广东广播电视台珠江频道	1.5	4.7
6	舌尖上的中国第二季	中央电视台综合频道	1.3	4.3
7	2014 香港小姐传奇诞生(8 月 31 日)	省网翡翠台(中文)	1.2	8.4
8	一年级	湖南卫视	1.1	5.9
9	中央电视台特别节目:从雁栖湖到太平洋——习近平主席大洋洲之行综述	中央电视台综合频道	1.1	3.6
10	万千星辉颁奖典礼 2014 王者驾到	省网翡翠台(中文)	1.0	5.7

表 3.37.11　2014 年广州市场综艺节目收视率排名前十位

名次	节目名称	播出频道	平均收视率(%)	平均占有率(%)
1	中国好声音(10 月 7 日)	浙江卫视	5.5	17.6
2	爸爸去哪儿第二季	湖南卫视	4.7	21.5
3	中央电视台 2014 甲午年春节联欢晚会	中央电视台综合频道	4.7	13.6
4	2014 金马贺岁万家欢	广东广播电视台珠江频道	4.7	13.5
5	我是歌手歌王之战(4 月 4 日)	湖南卫视	4.3	15.2
6	麦王争霸(11 月 15 日)	广东广播电视台珠江频道	3.3	15.7
7	万千星辉贺台庆	省网翡翠台(中文)	3.0	10.5
8	合府统请喜事年 2014 马年广州新春大联欢	广州市广播电视台综合频道	3.0	8.7
9	中央电视台 2014 甲午年元宵晚会	中央电视台综合频道	3.0	8.6
10	缤纷璀璨夜珠海横琴长隆国际海洋度假区焰火汇演	广东广播电视台珠江频道	2.9	9.2

表 3.37.12　2014 年广州市场体育节目收视率排名前十位

名次	节目名称	播出频道	平均收视率(%)	平均占有率(%)
1	2014 年亚足联冠军联赛 G 组第 6 轮(横滨水手 VS 广州恒大)	广东广播电视台体育频道	4.5	13.7
2	2014 年巴西世界杯小组赛 D 组(意大利 VS 哥斯达黎加)	广东广播电视台体育频道	4.1	38.0
3	2014 年中国足协超级联赛第 5 轮(广州恒大 VS 大连阿尔滨)	广东广播电视台体育频道	3.8	11.4
4	2014 年仁川亚运会男子 100 米决赛	广东广播电视台体育频道	3.4	11.2
5	2013/2014 赛季 CBA 半决赛第 4 场(北京金隅 VS 广东东莞银行)	广东广播电视台体育频道	3.1	9.3
6	精英赛场:2015 年亚洲杯预选赛 C 组(中国队 VS 伊拉克队)	中央台五套	2.4	12.2
7	英超比赛日:2014/2015 赛季英格兰足球超级联赛(曼城 VS 曼联)	广州市广播电视台竞赛频道	2.0	8.5
8	英超比赛日:2013/2014 赛季英超联赛第 34 轮(利物浦 VS 曼城)	广东广播电视台体育频道	1.8	5.5
9	2014/2015 赛季中国男子篮球职业联赛第 22 轮(山东 VS 广东)	广东广播电视台体育频道	1.7	5.2
10	中超第 30 轮精选	广东广播电视台体育频道	1.6	8.6

三十八、贵阳收视数据

表 3.38.1 2010～2014 年贵阳市场各类频道的市场占有率（%）

频道类别	年份				
	2010 年	2011 年	2012 年	2013 年	2014 年
中央台频道	36.4	32.6	32.8	33.0	31.4
中国教育台频道	0.1	0.5	0.2	0.1	0.1
贵州省级频道	24.2	22.6	21.3	25.7	24.6
贵阳市级频道	12.7	5.1	6.9	7.4	6.9
其他省级卫视频道	22.5	30.4	31.1	26.5	29.3
其他频道	4.2	8.8	7.7	7.3	7.7

表 3.38.2 2014 年贵阳市场各类频道在不同目标观众中的市场占有率（%）

目标观众		中央台频道	中国教育台频道	贵州省级频道	贵阳市级频道	其他省级卫视频道	其他频道
4 岁及以上所有人		31.4	0.1	24.6	6.9	29.3	7.7
性别	男	33.1	0.1	23.7	7.5	27.6	8.0
	女	29.8	0.1	25.4	6.3	30.8	7.6
年龄	4～14 岁	24.6	0.1	21.8	7.7	39.3	6.4
	15～24 岁	24.1	0.1	28.9	8.0	30.1	8.8
	25～34 岁	28.4	0.1	22.6	4.6	33.5	10.9
	35～44 岁	28.8	0.1	26.1	7.9	30.1	7.0
	45～54 岁	36.5	0.1	27.0	6.0	24.1	6.4
	55～64 岁	34.8	0.2	22.3	7.8	26.4	8.5
	65 岁及以上	38.9	0.1	22.6	6.6	24.9	6.8
教育程度	未受过正规教育	30.0	0.1	21.7	7.8	35.7	4.8
	小学	29.5	0.1	25.0	7.8	33.7	4.0
	初中	31.5	0.1	24.2	7.7	27.6	8.9
	高中	31.5	0.1	24.9	7.4	29.9	6.2
	大学及以上	32.8	0.1	25.1	4.1	26.9	11.0
职业类别	干部/管理人员	35.1	0.2	21.2	9.8	24.2	9.6
	个体/私营企业人员	31.4	0.1	23.5	7.6	30.6	6.7
	初级公务员/雇员	31.4	0.1	27.7	5.1	27.2	8.4
	工人	25.3	0.1	40.2	4.0	23.0	7.5
	学生	23.3	0.1	24.9	7.7	35.7	8.2
	无业	34.7	0.1	21.8	6.9	28.5	8.0
	其他	20.0	0.0	25.2	14.4	37.6	2.7
个人月收入	0～600 元	26.5	0.1	24.4	6.9	35.4	6.6
	601～1200 元	28.0	0.1	27.2	9.7	28.8	6.2
	1201～1700 元	35.6	0.1	25.2	5.0	26.3	7.7
	1701～2600 元	32.3	0.1	24.9	7.7	26.9	8.2
	2601～3500 元	31.0	0.1	24.4	4.6	28.5	11.4
	3501 元～5000 元	40.1	0.2	19.5	7.1	27.4	5.6
	5001 元及以上	52.5	0.2	16.1	6.7	18.7	5.8

表 3.38.3　2014 年贵阳市场各类频道在不同时段的市场占有率（%）

时间段	中央台频道	中国教育台频道	贵州省级频道	贵阳市级频道	其他省级卫视频道	其他频道
02：00～03：00	34.6	0.3	14.3	1.7	34.0	15.1
03：00～04：00	35.9	0.1	14.2	1.4	33.2	15.2
04：00～05：00	39.8	0.1	12.5	1.6	30.5	15.5
05：00～06：00	41.1	0.0	12.7	0.9	29.5	15.8
06：00～07：00	47.8	0.0	16.0	1.7	22.7	11.8
07：00～08：00	56.7	0.0	12.2	2.1	20.8	8.2
08：00～09：00	53.4	0.1	12.6	1.3	25.2	7.5
09：00～10：00	44.9	0.1	12.3	1.6	33.2	7.9
10：00～11：00	42.1	0.2	11.2	2.1	36.5	7.9
11：00～12：00	45.5	0.2	7.4	1.6	37.3	7.9
12：00～13：00	47.8	0.2	7.4	1.9	34.9	7.9
13：00～14：00	43.3	0.3	6.7	1.5	38.6	9.6
14：00～15：00	37.8	0.3	6.5	1.8	43.2	10.5
15：00～16：00	37.4	0.3	6.7	1.5	43.8	10.2
16：00～17：00	37.3	0.1	7.3	2.3	43.3	9.7
17：00～18：00	40.4	0.1	13.4	3.2	34.2	8.7
18：00～19：00	30.0	0.0	45.2	5.3	12.7	6.8
19：00～20：00	21.1	0.1	47.5	15.0	11.2	5.2
20：00～21：00	17.0	0.1	38.0	18.8	21.0	5.1
21：00～22：00	22.8	0.1	34.0	9.5	28.0	5.7
22：00～23：00	27.0	0.1	24.3	4.9	35.7	8.1
23：00～24：00	30.9	0.1	18.8	2.9	37.9	9.4
24：00～25：00	36.3	0.1	13.3	2.5	35.2	12.5
25：00～26：00	36.7	0.3	12.9	2.1	32.1	15.9

表 3.38.4　2014 年贵阳市场收视份额排名前十位的频道

名次	频道名称	收视份额(%)
1	贵州卫视	8.8
2	贵州广播电视台公共频道	7.1
3	中央电视台综合频道	4.6
4	中央台六套	4.0
5	贵州广播电视台影视文艺频道	3.9
6	江苏卫视	3.5
6	中央电视台新闻频道	3.5
6	湖南卫视	3.5
9	中央台八套	3.1
10	贵州广播电视台第五频道	3.0

表 3.38.5　2014 年贵阳市场各主要频道的观众构成（%）

目标观众		所有频道	主要频道				
			贵州卫视	贵州广播电视台公共频道	中央电视台综合频道	中央台六套	贵州广播电视台影视文艺频道
4 岁及以上所有人		100.0	100.0	100.0	100.0	100.0	100.0
性别	男	48.2	43.3	49.9	47.8	52.3	48.4
	女	51.8	56.7	50.1	52.2	47.7	51.6
年龄	4～14 岁	10.2	9.2	8.3	9.1	9.3	6.9
	15～24 岁	9.2	8.5	11.3	5.1	7.6	12.1
	25～34 岁	15.0	14.6	15.1	14.3	19.0	11.5
	35～44 岁	19.8	18.4	20.5	15.2	23.1	21.7
	45～54 岁	18.7	20.7	23.8	19.8	19.7	18.3
	55～64 岁	15.3	15.1	13.3	15.0	14.7	18.4
	65 岁及以上	11.8	13.6	7.8	21.5	6.6	11.2
教育程度	未受过正规教育	5.3	4.7	3.5	6.1	4.9	4.4
	小学	12.2	11.5	9.8	11.5	11.7	10.7
	初中	34.2	29.0	33.9	25.2	37.8	41.5
	高中	27.5	29.5	32.0	30.9	22.2	25.6
	大学及以上	20.8	25.3	20.8	26.3	23.5	17.8
职业类别	干部/管理人员	2.8	1.6	3.0	2.4	2.6	3.2
	个体/私营企业人员	19.4	16.1	20.7	17.1	19.2	20.7
	初级公务员/雇员	23.3	30.7	26.4	22.1	28.5	22.5
	工人	3.6	6.4	3.9	2.2	3.7	4.7
	学生	11.5	10.2	12.1	6.3	10.1	12.6
	无业	37.7	34.4	32.2	49.4	33.0	35.3
	其他	1.7	0.5	1.6	0.4	2.9	1.0
个人月收入	0～600 元	25.3	22.4	25.5	19.6	25.3	26.1
	601～1200 元	8.5	10.2	9.1	7.4	9.3	9.7
	1201～1700 元	13.6	12.7	15.4	14.2	10.9	17.2
	1701～2600 元	34.2	35.9	32.3	37.6	36.5	35.0
	2601～3500 元	12.1	15.1	10.8	13.2	12.3	8.8
	3501～5000 元	4.4	3.0	4.9	4.6	3.8	2.7
	5001 元及以上	1.9	0.6	2.1	3.4	1.9	0.6

表 3.38.6　2012～2014 年贵阳市场各类节目的播出份额（%）和收视份额（%）

节目类型	2012 年		2013 年		2014 年	
	播出份额	收视份额	播出份额	收视份额	播出份额	收视份额
财经	2.2	0.7	1.7	0.8	1.6	0.7
电视剧	20.3	27.5	28.5	29.6	23.7	29.0
电影	4.1	4.0	4.3	4.5	3.8	5.0
法制	1.4	3.2	1.6	3.3	1.6	3.5
教学	0.4	0.1	0.4	0.2	0.3	0.1
青少	6.8	4.3	5.4	4.6	6.1	5.3
生活服务	9.0	8.7	8.8	7.8	13.9	8.4
体育	1.5	2.4	2.1	2.0	3.1	2.7
外语	0.0	0.0	0.0	0.0	0.0	0.0
戏剧	1.0	0.2	0.6	0.2	0.5	0.2
新闻/时事	15.3	16.8	10.8	15.1	9.8	13.8
音乐	2.6	0.9	2.4	0.9	2.4	1.0
专题	12.2	7.6	9.0	7.6	11.7	7.2
综艺	8.9	11.1	6.9	10.7	7.0	11.2
其他	14.4	12.7	17.5	12.8	14.4	11.8

表 3.38.7　2014 年贵阳市场所有节目收视率排名前三十位

名次	节目名称	节目类型	播出频道	平均收视率（%）	平均占有率（%）
1	爱在身边 2014 贵阳市春运公益活动	专题	贵州广播电视台公共频道	12.4	35.5
2	中央电视台 2014 甲午年春节联欢晚会	综艺	中央电视台综合频道	12.0	25.2
3	利箭纵横	电视剧	贵州卫视	11.6	24.5
4	喋血孤岛	电视剧	贵州卫视	11.1	22.9
5	勇士之城	电视剧	贵州卫视	11.0	23.2
6	密使二之江都谍影	电视剧	贵州卫视	10.9	23.9
7	虎刺红	电视剧	贵州卫视	10.5	22.9
8	飘帅	电视剧	贵州卫视	10.4	21.3
9	领袖	电视剧	贵州卫视	10.0	20.8
10	十月围城	电视剧	贵州卫视	9.9	21.1
11	雅典娜女神之青春烈火	电视剧	贵州卫视	9.8	21.4
12	一次辣得出汗的专题民主生活会	新闻/时事	贵州卫视	9.6	19.8
13	战神	电视剧	贵州卫视	9.5	20.7
14	剧说法理	法制	贵州卫视	9.3	19.3
15	百姓关注	新闻/时事	贵州广播电视台公共频道	9.2	24.2
16	封神英雄榜	电视剧	贵州卫视	9.2	20.5
17	中央电视台 2014 甲午年元宵晚会	综艺	中央三套	9.2	19.8
18	焦点访谈(6 月 8 日)	新闻/时事	贵州卫视	9.2	19.5
19	剑侠	电视剧	贵州卫视	8.9	18.4
20	我爱世界杯:2014 年巴西世界杯 1/4 决赛(德国 VS 法国)	体育	中央台五套	8.8	35.6
21	枪火	电视剧	贵州卫视	8.8	19.2
22	生死相依	电视剧	贵州卫视	8.6	19.2
23	大漠枪神	电视剧	贵州卫视	8.2	18.3
24	狙击部队	电视剧	贵州卫视	7.9	16.5
25	天龙八部	电视剧	贵州卫视	7.8	17.3
26	约会专家	电视剧	贵州卫视	7.8	17.1
27	婚姻料理	电视剧	贵州卫视	7.7	16.6
28	幸福在哪里	电视剧	贵州卫视	7.3	16.1
29	315 让消费更有尊严——CCTV2014 年 3·15 晚会	综艺	中央电视台综合频道	7.2	15.1
30	快乐中国 20142015 跨年演唱会	音乐	湖南卫视	7.1	18.1

表 3.38.8　2014 年贵阳市场电视剧收视率排名前十位

名次	节目名称	播出频道	平均收视率（%）	平均占有率（%）
1	利箭纵横	贵州卫视	11.6	24.5
2	喋血孤岛	贵州卫视	11.1	22.9
3	勇士之城	贵州卫视	11.0	23.2
4	密使二之江都谍影	贵州卫视	10.9	23.9
5	虎刺红	贵州卫视	10.5	22.9
6	飘帅	贵州卫视	10.4	21.3
7	领袖	贵州卫视	10.0	20.8
8	十月围城	贵州卫视	9.9	21.1
9	雅典娜女神之青春烈火	贵州卫视	9.8	21.4
10	战神	贵州卫视	9.5	20.7

表 3.38.9　2014 年贵阳市场新闻节目收视率排名前十位

名次	节目名称	播出频道	平均收视率（%）	平均占有率（%）
1	一次辣得出汗的专题民主生活会	贵州卫视	9.6	19.8
2	百姓关注	贵州广播电视台公共频道	9.2	24.2
3	焦点访谈(6 月 8 日)	贵州卫视	9.2	19.5
4	新闻今日谈	贵州广播电视台公共频道	4.8	10.1
5	习近平主席在欧洲学院发表重要演讲	中央电视台综合频道	4.0	8.3
6	2014 一年又一年	中央电视台综合频道	3.7	11.9
7	转播中央台新闻联播	贵州卫视	3.6	9.3
8	中共贵阳市委九届四次全体扩大会议	贵阳广播电视台一套（新闻综合频道）	3.6	7.2
9	直播贵阳	贵阳广播电视台一套（新闻综合频道）	3.1	7.1
10	新闻直播间	中央电视台新闻频道	2.7	6.9

表 3.38.10　2014 年贵阳市场专题节目收视率排名前十位

名次	节目名称	播出频道	平均收视率（%）	平均占有率（%）
1	爱在身边 2014 贵阳市春运公益活动	贵州广播电视台公共频道	12.4	35.5
2	国魂社会主义核心价值观	贵州卫视	6.6	14.0
3	前进云端新贵州	贵州卫视	5.5	12.5
4	中国谜语大会（2 月 13 日）	中央电视台综合频道	5.3	10.4
5	道德之光贵州骄傲贵州省第四届明礼知耻崇德向善道德模范颁奖典礼	贵州卫视	3.6	7.0
6	天天故事汇	贵州广播电视台公共频道	3.2	13.9
7	论道	贵州卫视	3.0	8.8
8	感动中国 2013 年度人物颁奖盛典	中央电视台综合频道	2.9	6.0
9	非常友茗堂	贵州广播电视台公共频道	2.8	5.9
10	真情纪事	贵州广播电视台第五频道	2.6	5.6

表 3.38.11　2014 年贵阳市场综艺节目收视率排名前十位

名次	节目名称	播出频道	平均收视率(%)	平均占有率(%)
1	中央电视台 2014 甲午年春节联欢晚会	中央电视台综合频道	12.0	25.2
2	中央电视台 2014 甲午年元宵晚会	中央台三套	9.2	19.8
3	315 让消费更有尊严——CCTV2014 年 3·15 晚会	中央电视台综合频道	7.2	15.1
4	剧说风云	贵州卫视	6.5	14.3
5	爸爸去哪儿第二季	湖南卫视	5.6	15.2
6	中国好声音	浙江卫视	5.5	12.8
7	苏州月中华情——2014 年中央电视台中秋晚会	中央电视台综合频道	5.4	11.4
8	爸爸请回答	贵州卫视	5.3	15.3
9	最爱是中华	贵州卫视	5.2	15.2
10	我是歌手半决赛	湖南卫视	4.7	9.5

表 3.38.12　2014 年贵阳市场体育节目收视率排名前十位

名次	节目名称	播出频道	平均收视率(%)	平均占有率(%)
1	我爱世界杯:2014 年巴西世界杯 14 决赛(德国 vs 法国)	中央台五套	8.8	41.7
2	2014 年仁川亚运会女子 200 米个人混合泳决赛	中央台五套	4.2	9.7
3	2014 年仁川亚运会田径女子 10000 米决赛	中央台五套	4.1	27.8
4	2014 年仁川亚运会女子七项全能 800 米	中央台五套	3.8	16.9
5	2014 第二届夏季青年奥林匹克运动会开幕式	中央电视台综合频道	3.3	7.0
6	2014 年仁川亚运会体操男子自由操决赛	中央台五套	3.2	27.6
7	直播周末:2014 年澳大利亚网球公开赛女单决赛	中央台五套	3.2	11.9
8	2014 年仁川亚运会射击女子 50 米步枪三姿决赛	中央台五套	3.1	24.7
9	2014 年次最轻量级拳王资格淘汰赛	中央台五套	3.1	13.1
10	2014 第二届夏季青年奥林匹克运动会闭幕式	江苏卫视	2.9	6.2

三十九、哈尔滨收视数据

表 3.39.1 2010～2014 年哈尔滨市场各类频道的市场占有率（%）

频道类别	年份				
	2010 年	2011 年	2012 年	2013 年	2014 年
中央台频道	23.5	21.7	25.0	27.5	28.0
中国教育台频道	0.5	0.7	0.7	0.7	0.5
黑龙江省级频道	31.1	32.9	29.3	27.6	26.4
哈尔滨市级频道	15.9	16.2	13.2	11.4	10.4
其他省级卫视频道	18.0	19.2	23.5	25.3	27.3
其他频道	11.0	9.3	8.3	7.5	7.4

表 3.39.2 2014 年哈尔滨市场各类频道在不同目标观众中的市场占有率（%）

目标观众		中央台频道	中国教育台频道	黑龙江省级频道	哈尔滨市级频道	其他省级卫视频道	其他频道
4 岁及以上所有人		28.0	0.5	26.4	10.4	27.3	7.4
性别	男	30.5	0.4	25.8	10.3	25.4	7.6
	女	25.3	0.5	27.0	10.6	29.2	7.4
年龄	4～14 岁	22.2	0.3	16.5	5.9	43.5	11.6
	15～24 岁	23.1	0.5	21.9	8.9	36.3	9.3
	25～34 岁	26.5	0.6	21.5	10.7	32.5	8.2
	35～44 岁	25.2	0.7	24.2	10.7	29.1	10.1
	45～54 岁	30.1	0.5	26.0	12.5	25.1	5.8
	55～64 岁	27.4	0.3	33.1	10.5	22.9	5.8
	65 岁及以上	33.2	0.4	30.6	9.3	20.0	6.5
受教育程度	未受过正规教育	24.6	0.2	18.6	11.8	30.5	14.3
	小学	23.4	0.4	28.2	9.9	29.4	8.7
	初中	25.8	0.5	33.7	9.4	24.1	6.5
	高中	30.8	0.5	23.3	10.7	27.5	7.2
	大学及以上	29.1	0.5	20.9	11.4	30.3	7.8
职业类别	干部/管理人员	27.5	0.5	21.4	7.1	37.6	5.9
	个体/私营企业人员	27.5	0.6	23.4	11.8	29.6	7.1
	初级公务员/雇员	28.0	0.7	23.8	12.2	27.6	7.7
	工人	28.2	0.5	25.7	10.6	28.0	7.0
	学生	21.4	0.6	19.0	7.4	42.7	8.9
	无业	29.3	0.3	29.7	10.0	23.1	7.6
	其他	27.8	0.7	32.7	11.5	19.9	7.4
个人月收入	0～600 元	22.3	0.5	22.2	8.3	36.7	10.0
	601～1200 元	28.0	0.6	28.5	10.2	25.2	7.5
	1201～1700 元	28.4	0.3	31.2	12.3	21.6	6.2
	1701～2600 元	29.9	0.4	26.9	10.9	25.7	6.2
	2601～3500 元	28.4	0.9	23.5	10.1	26.5	10.6
	3501～5000 元	34.7	0.4	22.3	11.0	26.8	4.8
	5001 元及以上	27.8	0.2	25.8	7.5	33.2	5.5

表 3.39.3　2014 年哈尔滨市场各类频道在不同时段的市场占有率（%）

时间段	中央台频道	中国教育台频道	黑龙江省级频道	哈尔滨市级频道	其他省级卫视频道	其他频道
02:00~03:00	33.1	0.7	15.3	4.8	33.0	13.1
03:00~04:00	36.3	0.3	18.3	5.0	27.6	12.5
04:00~05:00	47.3	0.2	19.2	4.6	18.8	9.9
05:00~06:00	39.5	0.5	24.8	8.1	20.5	6.6
06:00~07:00	30.1	0.3	25.4	22.6	15.2	6.4
07:00~08:00	36.7	0.2	20.4	20.0	15.8	6.9
08:00~09:00	39.1	0.2	18.7	12.2	22.0	7.8
09:00~10:00	34.0	0.2	20.8	8.3	28.3	8.4
10:00~11:00	33.1	0.7	19.2	5.6	33.2	8.2
11:00~12:00	35.7	0.7	15.9	5.1	34.6	8.0
12:00~13:00	38.2	0.5	15.5	3.8	34.6	7.4
13:00~14:00	33.9	0.7	18.7	4.4	34.7	7.6
14:00~15:00	30.0	0.7	22.0	4.8	34.7	7.8
15:00~16:00	30.1	0.6	23.6	4.3	33.9	7.5
16:00~17:00	30.8	0.3	23.2	4.9	33.6	7.2
17:00~18:00	29.9	0.1	28.5	7.5	27.0	7.0
18:00~19:00	29.3	0.1	40.0	14.7	9.3	6.6
19:00~20:00	25.5	0.3	37.7	15.1	14.8	6.6
20:00~21:00	20.6	0.5	30.5	15.3	25.8	7.3
21:00~22:00	20.8	0.6	27.7	12.5	31.1	7.3
22:00~23:00	21.0	1.4	22.5	6.5	40.8	7.8
23:00~24:00	25.6	0.5	16.1	5.4	42.4	10.0
24:00~25:00	31.4	0.3	16.0	6.5	33.7	12.1
25:00~26:00	35.1	0.6	13.2	5.2	31.1	14.8

表 3.39.4　2014 年哈尔滨市场收视份额排名前十位的频道

名次	频道名称	收视份额(%)
1	黑龙江电视台都市频道	6.2
2	黑龙江卫视	5.8
3	黑龙江电视台影视频道	5.7
4	哈尔滨电视台新闻综合频道	4.8
5	中央电视台综合频道	3.9
6	中央电视台新闻频道	3.7
7	哈尔滨电视台影视频道	3.1
7	黑龙江电视台文艺频道	3.1
9	中央台五套	3.0
9	中央台四套	3.0

表 3. 39. 5 2014 年哈尔滨市场各主要频道的观众构成（%）

目标观众		所有频道	主要频道				
			黑龙江电视台都市频道	黑龙江卫视	黑龙江电视台影视频道	哈尔滨电视台新闻综合频道	中央电视台综合频道
4 岁及以上所有人		100.0	100.0	100.0	100.0	100.0	100.0
性别	男	51.3	47.4	51.7	48.5	51.6	49.1
	女	48.7	52.6	48.3	51.5	48.4	50.9
年龄	4~14 岁	5.1	2.4	5.1	2.5	2.9	4.6
	15~24 岁	7.8	7.2	5.7	4.7	6.3	6.9
	25~34 岁	14.9	14.0	12.6	7.2	17.5	12.8
	35~44 岁	14.4	13.4	11.9	8.9	16.6	11.4
	45~54 岁	21.6	21.2	16.6	20.6	26.8	22.8
	55~64 岁	18.6	20.3	25.7	32.8	15.5	23.2
	65 岁及以上	17.6	21.5	22.4	23.3	14.4	18.3
教育程度	未受过正规教育	3.4	2.6	3.5	2.4	1.2	2.9
	小学	7.7	7.5	10.2	6.4	6.3	5.6
	初中	33.3	36.2	41.4	48.6	26.7	31.7
	高中	32.5	33.7	23.9	25.8	35.2	31.7
	大学及以上	23.1	20.0	21.0	16.8	30.6	28.1
职业类别	干部/管理人员	1.6	1.1	1.2	0.6	1.2	1.7
	个体/私营企业人员	9.4	10.5	7.9	5.5	12.9	5.3
	初级公务员/雇员	13.3	13.6	10.8	11.3	17.9	15.2
	工人	26.5	25.0	22.5	21.8	23.4	28.0
	学生	7.7	5.5	7.7	3.4	7.1	7.0
	无业	38.2	42.0	45.3	55.6	33.2	41.6
	其他	3.3	2.3	4.6	1.8	4.3	1.2
个人月收入	0~600 元	18.5	13.7	20.2	12.5	14.4	14.8
	601~1200 元	9.7	7.5	8.9	10.5	7.6	6.8
	1201~1700 元	22.2	28.5	24.0	31.0	26.6	25.4
	1701~2600 元	27.0	28.6	24.8	28.5	28.4	28.8
	2601~3500 元	12.1	10.2	13.8	10.2	13.6	15.5
	3501~5000 元	5.7	6.5	4.1	3.6	7.3	6.3
	5001 元及以上	4.8	5.0	4.2	3.7	2.1	2.4

表 3. 39. 6 2012~2014 年哈尔滨市场各类节目的播出份额（%）和收视份额（%）

节目类别	2012 年		2013 年		2014 年	
	播出份额	收视份额	播出份额	收视份额	播出份额	收视份额
财经	2.2	0.8	1.9	0.5	1.9	0.4
电视剧	20.6	34.1	21.3	32.9	20.3	32.8
电影	3.8	2.1	4.3	2.4	3.8	2.7
法制	1.1	1.5	1.2	1.3	1.1	0.8
教学	0.3	0.0	0.2	0.0	0.2	0.0
青少	6.6	2.1	6.1	2.6	6.6	3.0
生活服务	9.1	7.2	9.4	7.1	10.1	7.4
体育	1.5	2.2	1.8	1.7	2.7	2.3
外语	0.0	0.0	0.0	0.0	0.0	0.0
戏剧	1.0	0.1	0.8	0.2	0.7	0.2
新闻/时事	15.8	16.9	15.8	18.1	15.8	17.9
音乐	2.5	0.8	2.4	0.8	2.4	0.8
专题	11.7	5.7	10.7	5.0	11.9	4.6
综艺	9.8	13.3	9.8	14.6	9.9	14.6
其他	14.0	13.2	14.3	12.8	12.6	12.5

表 3.39.7　2014 年哈尔滨市场所有节目收视率排名前三十位

名次	节目名称	节目类型	播出频道	平均收视率（%）	平均占有率（%）
1	乡村爱情圆舞曲	电视剧	黑龙江卫视	11.2	25.0
2	中央电视台 2014 甲午年春节联欢晚会	综艺	中央电视台综合频道	9.8	21.6
3	中央电视台 2014 甲午年元宵晚会	综艺	中央电视台综合频道	9.2	18.7
4	中国好声音(10 月 7 日)	综艺	浙江卫视	7.9	30.7
5	老兵	电视剧	黑龙江卫视	7.4	17.7
6	2014 辽宁卫视春节联欢晚会	综艺	辽宁卫视	6.8	17.8
7	男人四十要出嫁	电视剧	黑龙江卫视	6.4	16.6
8	粘豆包	电视剧	黑龙江卫视	5.8	14.9
9	快乐中国 20142015 跨年演唱会	音乐	湖南电视台卫星频道	5.7	16.7
10	我爱世界杯:2014 年巴西世界杯决赛(德国 VS 阿根廷)	体育	中央台五套	5.6	72.3
11	2014 年仁川亚运会男子跳高决赛	体育	中央台五套	5.2	16.0
12	婆媳的战国时代	电视剧	哈尔滨电视台新闻综合频道	5.0	12.3
13	新闻夜航	新闻/时事	黑龙江电视台都市频道	4.8	17.7
14	满仓进城	电视剧	黑龙江电视台都市频道	4.8	12.0
15	你是我兄弟	电视剧	哈尔滨电视台新闻综合频道	4.8	11.0
16	平民大英雄	电视剧	黑龙江电视台影视频道	4.6	14.3
17	2014 年索契冬奥会短道速滑女子 1500 米决赛	体育	中央台五套	4.6	10.3
18	大村官	电视剧	黑龙江卫视	4.5	11.9
19	我是歌手歌王之战(4 月 4 日)	综艺	湖南电视台卫星频道	4.3	12.9
20	杀寇决	电视剧	黑龙江电视台影视频道	4.2	13.6
21	飞哥大英雄	电视剧	黑龙江电视台影视频道	4.1	12.1
22	结婚的秘密	电视剧	哈尔滨电视台新闻综合频道	4.0	11.1
23	樱桃红之袖珍妈妈	电视剧	黑龙江电视台都市频道	4.0	10.4
24	暗警	电视剧	黑龙江电视台影视频道	4.0	10.0
25	第三种幸福	电视剧	黑龙江电视台都市频道	4.0	9.9
26	薛丁山和樊梨花	电视剧	哈尔滨电视台新闻综合频道	4.0	9.4
27	错伏	电视剧	黑龙江电视台影视频道	3.8	10.6
28	老北风	电视剧	黑龙江电视台影视频道	3.8	9.7
29	密使二之江都谍影	电视剧	黑龙江卫视	3.7	9.8
30	不是不想嫁	电视剧	哈尔滨电视台新闻综合频道	3.7	9.4

表 3.39.8　2014 年哈尔滨市场电视剧收视率排名前十位

名次	节目名称	播出频道	平均收视率（%）	平均占有率（%）
1	乡村爱情圆舞曲	黑龙江卫视	11.2	25.0
2	老兵	黑龙江卫视	7.4	17.7
3	男人四十要出嫁	黑龙江卫视	6.4	16.6
4	粘豆包	黑龙江卫视	5.8	14.9
5	婆媳的战国时代	哈尔滨电视台新闻综合频道	5.0	12.3
6	满仓进城	黑龙江电视台都市频道	4.8	12.0
7	你是我兄弟	哈尔滨电视台新闻综合频道	4.8	11.0
8	平民大英雄	黑龙江电视台影视频道	4.6	14.3
9	大村官	黑龙江卫视	4.5	11.9
10	杀寇决	黑龙江电视台影视频道	4.2	13.6

表 3.39.9　2014 年哈尔滨市场新闻节目收视率排名前十位

名次	节目名称	播出频道	平均收视率（%）	平均占有率（%）
1	新闻夜航	黑龙江电视台都市频道	4.8	17.7
2	2014 一年又一年	中央电视台综合频道	3.5	11.8
3	转播中央台新闻联播	黑龙江卫视	2.8	8.8
4	天下夜航	黑龙江电视台都市频道	2.7	13.7
5	天天读报会	哈尔滨电视台生活频道	2.2	8.6
6	转播中央台新闻联播	哈尔滨电视台新闻综合频道	1.9	5.9
6	新闻联播	中央电视台综合频道	1.9	5.9
8	今日关注	中央台四套	1.9	5.4
9	新闻联播	黑龙江卫视	1.8	7.1
10	哈尔滨新闻	哈尔滨电视台新闻综合频道	1.6	6.0

表 3.39.10　2014 年哈尔滨市场专题节目收视率排名前十位

名次	节目名称	播出频道	平均收视率（%）	平均占有率（%）
1	中国成语大会 2014(6 月 29 日）	中央电视台综合频道	2.3	6.0
2	中国汉字听写大会 2014(8 月 10 日）	中央电视台综合频道	1.9	4.9
3	艺术龙江	黑龙江卫视	1.7	7.0
4	文明家园	哈尔滨电视台新闻综合频道	1.7	4.9
5	等着我	中央电视台综合频道	1.4	9.9
6	中国谜语大会(2 月 13 日）	中央电视台综合频道	1.3	2.9
7	2014 感动龙江年度人物群体颁奖典礼	黑龙江卫视	1.2	4.3
8	亚运风云会	中央台五套	1.1	10.2
9	说和	黑龙江电视台公共频道	1.1	2.9
10	道德开讲	哈尔滨电视台新闻综合频道	1.0	2.8

表 3.39.11　2014 年哈尔滨市场综艺节目收视率排名前十位

名次	节目名称	播出频道	平均收视率(%)	平均占有率(%)
1	中央电视台 2014 甲午年春节联欢晚会	中央电视台综合频道	9.8	21.6
2	中央电视台 2014 甲午年元宵晚会	中央电视台综合频道	9.2	18.7
3	中国好声音(10 月 7 日)	浙江卫视	7.9	30.7
4	2014 辽宁卫视春节联欢晚会	辽宁卫视	6.8	17.8
5	我是歌手歌王之战(4 月 4 日)	湖南电视台卫星频道	4.3	12.9
6	2014 春节联欢晚会	湖南电视台卫星频道	3.6	10.5
7	第十届中国金鹰电视艺术节、第二十七届中国电视金鹰奖颁奖晚会	湖南电视台卫星频道	3.5	11.4
8	喜到福到好运到(1 月 30 日)	中央台三套	3.4	12.7
9	星光大道(8 月 23 日)	中央电视台综合频道	3.4	8.5
10	快乐大本营	湖南电视台卫星频道	2.8	7.4

表 3.39.12　2014 年哈尔滨市场体育节目收视率排名前十位

名次	节目名称	播出频道	平均收视率(%)	平均占有率(%)
1	我爱世界杯:2014 年巴西世界杯决赛(德国 VS 阿根廷)	中央台五套	5.6	72.3
2	2014 年仁川亚运会男子跳高决赛	中央台五套	5.2	16.0
3	2014 年索契冬奥会短道速滑女子 1500 米决赛	中央台五套	4.6	10.3
4	现场直播:2014 年世界乒乓球团体锦标赛女团决赛	中央台五套	3.6	9.7
5	直播周末:2014 年澳大利亚网球公开赛女单决赛	中央台五套	3.5	17.3
6	2014 年仁川亚运会乒乓球女子双打决赛	中央台五套	3.5	13.1
7	2014 年仁川亚运会体操男子吊环决赛	中央台五套	3.2	8.4
8	CCTV5 亚运演播室	中央台五套	2.7	7.3
9	直播周末:2014 年 NBA 全明星赛技巧挑战赛	中央台五套	2.3	10.9
10	直播周末:14/15 赛季 NBA 常规赛(勇士 VS 火箭)	中央台五套	2.2	15.2

四十、海口收视数据

表 3.40.1 2010～2014 年海口市场各类频道的市场占有率（%）

频道类别	年份				
	2010 年	2011 年	2012 年	2013 年	2014 年
中央台频道	32.2	27.9	33.7	34.9	32.1
中国教育台频道	0.9	1.2	1.0	0.9	0.9
海南省级频道	22.7	23.1	20.1	17.5	19.0
海口市级频道	10.0	7.3	5.9	6.9	8.5
其他省级卫视频道	21.2	28.6	31.9	32.6	31.4
其他频道	13.1	11.9	7.4	7.2	8.1

表 3.40.2 2014 年海口市场各类频道在不同目标观众中的市场占有率（%）

目标观众		中央台频道	中国教育台频道	海南省级频道	海口市级频道	其他省级卫视频道	其他频道
4 岁及以上所有人		32.1	0.9	19.0	8.5	31.4	8.1
性别	男	33.7	1.0	19.3	8.5	29.7	7.8
	女	30.4	0.8	18.6	8.6	33.2	8.4
年龄	4～14 岁	30.2	0.9	16.1	5.7	40.0	7.1
	15～24 岁	25.4	1.2	18.9	8.3	36.8	9.4
	25～34 岁	30.6	0.5	20.4	7.3	33.3	7.9
	35～44 岁	33.3	1.3	17.1	7.8	31.5	9.0
	45～54 岁	30.5	1.5	22.7	10.3	26.0	9.0
	55～64 岁	38.5	0.5	16.9	9.6	28.4	6.1
	65 岁及以上	37.9	0.5	22.4	13.8	16.8	8.6
教育程度	未受过正规教育	31.1	0.5	19.8	6.7	33.7	8.2
	小学	27.6	1.1	21.1	9.6	32.7	7.9
	初中	28.9	1.1	20.2	9.3	31.2	9.3
	高中	37.1	0.8	16.6	8.4	30.2	6.9
	大学及以上	47.8	0.2	12.7	4.5	30.1	4.7
职业类别	干部/管理人员	31.3	0.2	13.0	12.4	40.4	2.7
	个体/私营企业人员	26.0	1.3	22.0	8.8	28.0	13.9
	初级公务员/雇员	39.2	0.3	17.2	5.8	31.6	5.9
	工人	30.7	1.7	21.5	9.0	29.8	7.3
	学生	28.0	1.6	14.9	7.1	41.2	7.2
	无业	35.9	0.4	17.7	7.9	30.1	8.0
	其他	26.2	0.7	22.9	12.9	29.3	8.0
个人月收入	0～600 元	29.8	0.9	18.2	8.4	34.8	7.9
	601～1200 元	26.4	1.1	22.0	13.4	28.7	8.4
	1201～1700 元	31.9	0.9	21.2	8.1	29.2	8.7
	1701～2600 元	34.7	0.8	18.3	7.3	30.3	8.6
	2601～3500 元	38.9	1.4	16.1	6.6	30.1	6.9
	3501～5000 元	41.0	0.2	17.6	8.4	27.0	5.8
	5001 元及以上	47.4	0.2	12.3	2.8	27.4	9.9

表 3.40.3　2014 年海口市场各类频道在不同时段的市场占有率（%）

时间段	中央台频道	中国教育台频道	海南省级频道	海口市级频道	其他省级卫视频道	其他频道
02:00~03:00	31.8	2.0	4.6	0.5	44.0	17.1
03:00~04:00	32.9	1.9	5.0	0.3	41.6	18.3
04:00~05:00	37.6	1.5	6.2	0.2	34.5	20.0
05:00~06:00	38.5	1.5	7.9	0.0	30.9	21.2
06:00~07:00	54.0	0.6	7.1	0.1	24.3	13.9
07:00~08:00	48.9	0.3	11.1	1.8	25.5	12.4
08:00~09:00	45.9	0.3	10.1	2.6	31.8	9.3
09:00~10:00	38.5	0.2	10.4	4.0	37.4	9.5
10:00~11:00	38.1	0.8	10.2	4.0	37.2	9.7
11:00~12:00	42.6	0.8	9.2	3.1	35.7	8.6
12:00~13:00	46.1	1.1	11.3	2.4	31.1	8.0
13:00~14:00	40.3	1.4	13.2	2.5	33.4	9.2
14:00~15:00	36.0	1.2	9.7	3.7	38.5	10.9
15:00~16:00	34.8	1.1	8.8	3.3	39.9	12.1
16:00~17:00	34.5	0.4	7.6	2.8	42.6	12.1
17:00~18:00	38.3	0.5	13.0	5.2	33.6	9.4
18:00~19:00	28.5	0.3	39.8	12.5	13.1	5.8
19:00~20:00	30.1	0.9	32.2	12.2	18.8	5.8
20:00~21:00	24.4	1.3	23.2	15.8	29.3	6.0
21:00~22:00	23.4	0.9	20.5	14.7	34.4	6.1
22:00~23:00	27.2	1.0	20.4	7.4	36.8	7.2
23:00~24:00	32.3	0.7	14.7	4.5	38.7	9.1
24:00~25:00	36.0	0.8	11.1	3.6	35.2	13.3
25:00~26:00	35.2	1.7	5.4	3.2	38.2	16.3

表 3.40.4　2014 年海口市场收视份额排名前十位的频道

名次	频道名称	收视份额(%)
1	海南广播电视总台综合频道	7.6
2	湖南卫视	6.7
3	海口广播电视台新闻综合频道(无线)	5.4
4	中央电视台综合频道	5.3
5	中央电视台少儿频道	4.7
6	中央台八套	3.7
7	海南广播电视总台影视综艺频道	3.5
7	中央台六套	3.5
7	海南广播电视总台公共频道	3.5
10	中央台三套	3.1

表 3.40.5　2014 年海口市场各主要频道的观众构成（%）

目标观众		所有频道	主要频道				
			海南广播电视总台综合频道	湖南卫视	海口广播电视台新闻综合频道（无线）	中央电视台综合频道	中央电视台少儿频道
4 岁及以上所有人		100.0	100.0	100.0	100.0	100.0	100.0
性别	男性	50.7	48.9	38.0	50.9	44.8	50.5
	女性	49.3	51.1	62.0	49.1	55.2	49.5
年龄	4~14 岁	16.5	11.6	22.6	10.0	15.7	43.3
	15~24 岁	11.2	8.6	20.0	9.8	7.4	7.7
	25~34 岁	18.8	18.1	20.6	14.7	19.4	21.1
	35~44 岁	16.2	15.2	18.1	13.4	11.6	9.8
	45~54 岁	15.1	22.1	8.6	18.3	14.4	7.5
	55~64 岁	14.9	14.4	8.4	19.7	23.7	7.8
	65 岁及以上	7.3	10.0	1.8	14.0	7.9	2.8
教育程度	未受正规教育	8.5	9.8	6.5	6.0	11.1	20.8
	小学	21.2	22.0	24.1	24.5	16.6	34.7
	初中	41.5	45.1	45.6	42.9	30.7	31.4
	高中	20.3	16.3	16.8	21.5	26.0	10.0
	大学及以上	8.5	6.8	6.9	5.0	15.5	3.1
职业类别	干部/管理人员	1.3	1.0	1.4	2.3	1.8	0.5
	初级公务员/雇员	9.5	10.6	8.5	9.8	6.1	5.9
	个体/私营企业人员	9.6	8.9	9.3	6.6	13.5	3.8
	工人	19.4	23.1	19.6	18.9	15.4	19.3
	学生	12.4	6.7	21.3	10.3	9.4	25.6
	无业	36.2	34.4	27.9	34.0	45.8	37.6
	其他	11.7	15.3	12.0	18.1	8.0	7.3
个人月收入	0~600 元	38.2	33.9	44.4	38.6	34.5	63.4
	601~1200 元	12.1	15.5	12.6	19.5	10.3	8.3
	1201~1700 元	17.7	21.4	14.2	17.6	17.1	9.6
	1701~2600 元	18.3	17.4	17.6	14.7	20.3	12.7
	2601~3500 元	8.3	7.7	6.3	6.4	11.5	3.7
	3501~5000 元	3.9	3.3	4.5	2.9	5.0	1.4
	5001 元及以上	1.5	0.8	0.5	0.3	1.4	0.9

表 3.40.6　2012~2014 年海口市场各类节目的播出份额（%）和收视份额（%）

节目类别	2012 年		2013 年		2014 年	
	播出份额	收视份额	播出份额	收视份额	播出份额	收视份额
财经	2.2	0.4	1.9	0.4	1.7	0.4
电视剧	21.4	37.7	21.6	34.7	20.9	36.7
电影	4.3	5.1	5.3	7.3	4.5	6.8
法制	0.8	0.8	0.9	0.7	1.0	0.4
教学	0.3	0.0	0.2	0.0	0.2	0.0
青少	7.3	7.4	6.6	8.5	7.3	8.8
生活服务	8.8	5.9	9.2	5.9	9.9	6.1
体育	1.6	3.0	2.3	2.1	3.0	1.8
外语	0.0	0.0	0.0	0.0	0.0	0.0
戏剧	1.1	0.3	0.8	0.2	0.7	0.1
新闻/时事	15.4	11.4	15.5	11.5	15.3	11.5
音乐	2.7	0.7	2.5	0.6	2.5	0.5
专题	11.4	6.2	10.5	5.9	11.9	6.1
综艺	8.8	10.0	8.7	11.0	8.8	10.1
其他	13.9	11.1	13.8	11.2	12.3	10.7

表 3.40.7　2014 年海口市场所有节目收视率排名前三十位

名次	节目名称	节目类型	播出频道	平均收视率(%)	平均占有率(%)
1	中央电视台 2014 甲午年春节联欢晚会	综艺	中央电视台综合频道	9.1	26.4
2	因为爱情有奇缘	电视剧	湖南卫视	7.7	23.1
3	针锋相对	电视剧	海口广播电视台新闻综合频道(无线)	6.3	22.9
4	打鬼子去	电视剧	海口广播电视台新闻综合频道(无线)	6.2	19.0
5	烈火玫瑰	电视剧	海南广播电视总台综合频道	5.8	19.0
6	狮子营	电视剧	海南广播电视总台综合频道	5.8	18.9
7	兄弟们上	电视剧	海口广播电视台新闻综合频道(无线)	5.5	18.7
8	黎明前的抉择	电视剧	海口广播电视台新闻综合频道(无线)	5.5	17.9
9	我爷爷和我奶奶的故事	电视剧	海口广播电视台新闻综合频道(无线)	5.4	17.8
10	战红颜	电视剧	海口广播电视台新闻综合频道(无线)	5.3	17.6
11	百战英雄	电视剧	海口广播电视台新闻综合频道(无线)	5.1	16.0
12	痞子英雄之全面开战	电影	中央台六套	5.1	15.5
13	冷枪手	电视剧	海南广播电视总台综合频道	5.0	16.0
14	因为爱情有奇迹	电视剧	湖南卫视	4.8	14.8
15	我的抗战	电视剧	海南广播电视总台综合频道	4.7	16.6
16	烽火爱情	电视剧	海口广播电视台新闻综合频道(无线)	4.6	16.4
17	鼠胆龙威	电影	海南广播电视总台影视综艺频道	4.6	12.0
18	宫锁连城	电视剧	湖南卫视	4.5	14.6
19	快乐中国 20142015 跨年演唱会	音乐	湖南卫视	4.4	20.0
20	我是歌手歌王之战	综艺	湖南卫视	4.3	16.1
21	新济公活佛	电视剧	湖南卫视	4.3	14.3
22	金粉佳人	电视剧	海南广播电视总台综合频道	4.3	13.6
23	2014 春节联欢晚会	综艺	湖南卫视	4.2	14.0
24	将计就计	电视剧	海口广播电视台新闻综合频道(无线)	4.1	13.9
25	平原烽火	电视剧	海口广播电视台新闻综合频道(无线)	4.1	13.7
26	天气预报	生活服务	海南广播电视总台综合频道	4.0	20.6
27	叶问	电视剧	海南广播电视总台综合频道	4.0	15.0
28	妻子的秘密	电视剧	湖南卫视	4.0	13.7
29	战狼风暴	电视剧	海口广播电视台新闻综合频道(无线)	4.0	13.3
30	抗战第一枪	电视剧	海口广播电视台新闻综合频道(无线)	3.9	14.5

表 3.40.8　2014 年海口市场电视剧收视率排名前十位

名次	节目名称	播出频道	平均收视率（%）	平均占有率（%）
1	因为爱情有奇缘	湖南卫视	7.7	23.1
2	针锋相对	海口广播电视台新闻综合频道(无线)	6.3	22.9
3	打鬼子去	海口广播电视台新闻综合频道(无线)	6.2	19.0
4	烈火玫瑰	海南广播电视总台综合频道	5.8	19.0
5	狮子营	海南广播电视总台综合频道	5.8	18.9
6	兄弟们上	海口广播电视台新闻综合频道(无线)	5.5	18.7
7	黎明前的抉择	海口广播电视台新闻综合频道(无线)	5.5	17.9
8	我爷爷和我奶奶的故事	海口广播电视台新闻综合频道(无线)	5.4	17.8
9	战红颜	海口广播电视台新闻综合频道(无线)	5.3	17.6
10	百战英雄	海口广播电视台新闻综合频道(无线)	5.1	16.0

表 3.40.9　2014 年海口市场新闻节目收视率排名前十位

名次	节目名称	播出频道	平均收视率（%）	平均占有率（%）
1	直播海南	海南广播电视总台综合频道	3.6	26.3
2	习近平主席在欧洲学院发表重要演讲	中央电视台综合频道	2.2	7.2
3	习近平主席在柏林发表重要演讲	中央电视台综合频道	2.1	7.1
4	习近平在韩国首尔大学发表演讲	中央电视台综合频道	1.8	6.8
5	直播大事件海南广播电视总台全媒体特别报道直击海鸥	海南广播电视总台新闻频道	1.6	12.8
6	热带播报	海口广播电视台新闻综合频道(无线)	1.6	11.2
7	新闻集结号	海口广播电视台新闻综合频道(无线)	1.6	6.4
8	真相 30 分	海口广播电视台新闻综合频道(无线)	1.6	5.6
9	李克强总理会见中外记者并回答提问	中央电视台综合频道	1.6	4.9
10	新闻联播	中央电视台综合频道	1.5	7.0

表 3.40.10　2014 年海口市场专题节目收视率排名前十位

名次	节目名称	播出频道	平均收视率（%）	平均占有率（%）
1	寻情记	海南广播电视总台公共频道	2.8	12.3
2	中央电视台特别节目：新的中拉时间开始了	中央电视台综合频道	1.8	6.7
3	一年级	湖南卫视	1.7	9.6
4	2014 海南省创业大赛总决赛	海南广播电视总台公共频道	1.7	5.1
5	绿色农业进行时	海南广播电视总台综合频道	1.6	7.5
6	中国汉字听写大会 2014（9 月 7 日）	中央电视台综合频道	1.6	5.1
7	最后的捕鲸战役	中央台九套纪录频道	1.6	4.3
8	海之南	海南广播电视总台综合频道	1.4	5.2
9	原来如此	海口广播电视台新闻综合频道(无线)	1.4	5.0
10	中央电视台特别节目：一桥飞架中欧	中央电视台综合频道	1.4	4.9

表 3.40.11　2014 年海口市场综艺节目收视率排名前十位

名次	节目名称	播出频道	平均收视率（%）	平均占有率（%）
1	中央电视台 2014 甲午年春节联欢晚会	中央电视台综合频道	9.1	26.4
2	我是歌手歌王之战	湖南卫视	4.3	16.1
3	2014 春节联欢晚会	湖南卫视	4.2	14.0
4	中国好声音(10 月 7 日)	浙江卫视	3.8	13.7
5	元宵喜乐会	湖南卫视	3.5	13.0
6	中国好歌曲(1 月 3 日)	中央台三套	3.3	9.7
7	开学第一课	中央电视台综合频道	2.9	9.1
8	快乐大本营	湖南卫视	2.8	10.2
9	苏州月中华情——2014 年中央电视台中秋晚会	中央电视台综合频道	2.7	8.2
10	爸爸去哪儿第二季	湖南卫视	3.0	17.1

表 3.40.12　2014 年海口市场体育节目收视率排名前十位

名次	节目名称	播出频道	平均收视率（%）	平均占有率（%）
1	我爱世界杯:2014 年巴西世界杯 1/4 决赛(阿根廷 VS 比利时)	中央台五套	3.8	45.0
2	2014 年仁川亚运会女排决赛	中央台五套	2.0	9.7
3	实况录像:2014 年世界女排锦标赛半决赛	中央台五套	1.9	10.0
4	2014 年仁川亚运会男子 4×100 米混合接力决赛	中央台五套	1.9	6.9
5	2014 年仁川亚运会男子 4×400 米接力决赛	中央台五套	1.9	6.5
6	直播周末:2014 年斯诺克中国公开赛决赛第二阶段	中央台五套	1.9	6.1
7	2014 年仁川亚运会男子 200 米预赛	中央台五套	1.8	11.6
8	2014 年仁川亚运会体操男子单杠决赛	中央台五套	1.8	7.0
9	2014 年仁川亚运会举重男子 62 公斤级抓举	中央台五套	1.8	6.2
10	直播周末:2014 年澳大利亚网球公开赛女单决赛	中央台五套	1.7	16.0

四十一、杭州收视数据

表 3.41.1　2010～2014 年杭州市场各类频道的市场占有率（%）

频道类别	年份				
	2010 年	2011 年	2012 年	2013 年	2014 年
中央台频道	14.1	12.2	14.9	13.6	15.5
中国教育台频道	0.1	0.2	0.1	0.1	0.1
浙江省级频道	44.0	40.4	38.7	39.2	37.0
杭州市级频道	24.2	23.9	20.7	19.8	17.6
其他省级卫视频道	13.9	16.5	17.7	19.1	20.9
其他频道	3.7	6.8	7.9	8.2	8.9

表 3.41.2　2014 年杭州市场各类频道在不同目标观众中的市场占有率（%）

目标观众		中央台频道	中国教育台频道	浙江省级频道	杭州市级频道	其他省级卫视频道	其他频道
4 岁及以上所有人		15.5	0.1	37.0	17.6	20.9	8.9
性别	男	17.5	0.1	35.4	17.5	20.5	9.0
	女	13.4	0.1	38.7	17.7	21.4	8.7
年龄	4～14 岁	15.9	0.1	25.0	13.8	36.4	8.8
	15～24 岁	10.7	0.1	33.5	22.5	22.5	10.7
	25～34 岁	13.7	0.1	40.1	17.6	18.9	9.6
	35～44 岁	13.7	0.2	39.4	16.5	21.0	9.2
	45～54 岁	15.3	0.1	38.4	18.0	19.9	8.3
	55～64 岁	19.4	0.1	35.4	17.0	20.0	8.1
	65 岁及以上	20.4	0.2	36.6	17.3	18.9	6.6
教育程度	未受过正规教育	15.0	0.1	36.1	16.9	24.6	7.3
	小学	16.4	0.2	34.5	17.7	23.4	7.8
	初中	17.4	0.1	34.7	15.8	22.5	9.5
	高中	14.1	0.1	38.5	19.7	19.5	8.1
	大学及以上	14.1	0.1	39.9	17.9	18.6	9.4
职业类别	干部/管理人员	12.6	0.1	41.0	20.5	16.9	8.9
	个体/私营企业人员	15.7	0.1	35.2	19.8	19.7	9.5
	初级公务员/雇员	13.5	0.1	40.7	17.0	19.3	9.4
	工人	16.4	0.2	35.8	18.6	21.0	8.0
	学生	12.3	0.1	31.5	13.5	30.0	12.6
	无业	18.2	0.1	35.1	16.9	22.1	7.6
	其他	15.0	0.1	44.9	19.8	15.4	4.8
个人月收入	0～600 元	13.4	0.1	32.9	16.6	27.2	9.8
	601～1200 元	11.2	0.1	44.2	19.0	20.5	5.0
	1201～1700 元	13.7	0.1	37.4	20.9	19.6	8.3
	1701～2600 元	16.3	0.1	36.0	18.1	20.8	8.7
	2601～3500 元	16.0	0.1	38.9	18.6	17.9	8.5
	3501～5000 元	16.5	0.1	37.9	16.4	19.2	9.9
	5001 元及以上	16.8	0.1	37.8	17.1	20.2	8.0

表 3.41.3　2014 年杭州市场各类频道在不同时段的市场占有率（%）

时间段	中央台频道	中国教育台频道	浙江省级频道	杭州市级频道	其他省级卫视频道	其他频道
02:00～03:00	23.1	0.6	18.7	3.5	32.0	22.1
03:00～04:00	24.2	0.4	18.4	3.7	30.4	22.9
04:00～05:00	31.6	0.3	16.5	4.1	27.4	20.1
05:00～06:00	32.5	0.3	19.5	3.3	28.8	15.6
06:00～07:00	40.1	0.3	21.2	3.8	24.0	10.6
07:00～08:00	37.8	0.1	21.7	5.0	27.5	7.9
08:00～09:00	30.8	0.1	20.3	4.2	35.6	9.0
09:00～10:00	26.4	0.1	25.3	3.8	35.3	9.1
10:00～11:00	27.0	0.3	24.3	3.0	36.5	8.9
11:00～12:00	34.0	0.2	20.9	3.6	33.4	7.9
12:00～13:00	32.9	0.2	20.0	5.8	33.1	8.0
13:00～14:00	30.6	0.4	16.9	4.2	37.5	10.4
14:00～15:00	26.1	0.4	16.3	3.6	42.4	11.2
15:00～16:00	26.3	0.3	15.3	4.3	43.2	10.6
16:00～17:00	25.9	0.1	18.9	5.0	40.5	9.6
17:00～18:00	24.0	0.1	29.2	14.3	24.1	8.3
18:00～19:00	12.1	0.0	49.3	24.3	6.2	8.1
19:00～20:00	8.1	0.0	51.4	23.4	9.6	7.5
20:00～21:00	8.2	0.1	46.0	20.8	17.3	7.6
21:00～22:00	9.7	0.1	37.1	25.4	19.6	8.1
22:00～23:00	12.7	0.1	34.4	20.2	23.4	9.2
23:00～24:00	22.6	0.1	27.2	9.0	29.4	11.7
24:00～25:00	26.9	0.2	22.4	6.4	27.9	16.2
25:00～26:00	26.6	0.5	19.5	4.8	25.3	23.3

表 3.41.4　2014 年杭州市场收视份额排名前十位的频道

名次	频道名称	收视份额(%)
1	浙江卫视	7.7
2	浙江电视台教育科技频道	6.4
3	浙江电视台钱江都市频道	6.0
4	杭州电视台西湖明珠频道	5.0
5	浙江电视台民生休闲频道	4.8
6	浙江电视台经济生活频道	4.6
7	浙江电视台影视娱乐频道	4.3
8	杭州电视台生活频道	4.0
9	杭州电视台影视频道	3.9
10	杭州电视台综合频道	3.1

表 3.41.5 2014 年杭州市场各主要频道的观众构成（%）

目标观众		所有频道	主要频道				
			浙江卫视	浙江电视台教育科技频道	浙江电视台钱江都市频道	杭州电视台西湖明珠频道	浙江电视台民生休闲频道
4 岁及以上所有人		100.0	100.0	100.0	100.0	100.0	100.0
性别	男	50.9	48.5	50.7	45.0	47.7	48.2
	女	49.1	51.5	49.3	55.0	52.3	51.8
年龄	4～14 岁	5.5	4.0	3.3	4.3	4.1	1.9
	15～24 岁	9.6	8.1	6.5	13.3	8.2	11.7
	25～34 岁	22.5	24.9	19.1	19.4	22.0	23.4
	35～44 岁	13.8	15.9	17.7	14.9	15.7	6.7
	45～54 岁	22.7	21.3	26.5	24.9	23.0	27.4
	55～64 岁	16.0	15.9	13.5	14.7	16.6	18.0
	65 岁及以上	9.9	9.9	13.4	8.5	10.4	10.9
教育程度	未受过正规教育	4.1	3.1	7.3	3.9	4.8	3.4
	小学	15.8	15.1	19.1	12.8	14.8	18.8
	初中	29.1	30.5	27.2	32.5	29.4	23.7
	高中	22.8	21.4	25.0	19.9	23.0	25.0
	大学及以上	28.2	29.9	21.4	30.9	28.0	29.1
职业类别	干部/管理人员	8.1	8.2	12.4	7.9	10.1	3.6
	个体/私营企业人员	13.2	15.5	12.6	9.8	13.4	14.7
	初级公务员/雇员	25.3	25.7	24.0	36.0	27.9	25.9
	工人	12.5	12.3	13.0	6.5	10.4	13.7
	学生	7.4	7.1	6.0	9.7	4.5	3.4
	无业	30.9	29.1	29.6	28.3	32.4	32.2
	其他	2.6	2.1	2.4	1.8	1.3	6.5
个人月收入	0～600 元	17.2	15.0	15.8	15.1	14.7	12.8
	601～1200 元	4.2	4.3	6.9	2.6	3.4	12.1
	1201～1700 元	5.1	6.7	5.4	6.6	6.5	3.6
	1701～2600 元	24.2	27.6	20.1	23.2	28.3	27.3
	2601～3500 元	19.5	20.0	21.6	20.6	18.8	21.0
	3501～5000 元	16.8	15.3	18.7	15.9	14.0	14.2
	5001 元及以上	12.9	11.1	11.5	16.0	14.3	9.0

表 3.41.6 2012～2014 年杭州市场各类节目的播出份额（%）和收视份额（%）

节目类别	2012 年		2013 年		2014 年	
	播出份额	收视份额	播出份额	收视份额	播出份额	收视份额
财经	2.2	0.9	1.9	0.6	1.7	0.4
电视剧	19.8	26.5	20.5	28.5	19.4	28.4
电影	3.5	1.8	4.3	1.9	3.9	2.1
法制	0.8	0.4	0.8	0.3	1.0	0.9
教学	0.3	0.0	0.2	0.0	0.2	0.0
青少	7.1	3.7	6.6	4.0	7.0	3.5
生活服务	11.4	16.6	11.7	14.2	12.6	16.1
体育	1.5	1.4	1.8	1.1	2.7	1.3
外语	0.0	0.0	0.0	0.0	0.0	0.0
戏剧	1.0	0.6	0.7	0.1	0.7	0.2
新闻/时事	14.8	16.0	15.0	17.4	14.8	17.6
音乐	2.5	0.4	2.3	0.4	2.4	0.5
专题	12.2	6.5	11.1	5.9	12.2	4.9
综艺	9.0	9.6	8.8	9.8	8.7	9.4
其他	13.9	15.6	14.3	15.8	12.7	14.7

表 3.41.7　2014 年杭州市场所有节目收视率排名前三十位

名次	节目名称	节目类型	播出频道	平均收视率（%）	平均占有率（%）
1	中国好声音（8月29日）	综艺	浙江卫视	13.6	29.1
2	中国喜剧星（3月21日）	综艺	浙江卫视	9.0	18.9
3	中国好舞蹈（4月19日）	综艺	浙江卫视	7.9	18.6
4	中国梦想秀（4月11日~6月27日）	综艺	浙江卫视	7.1	17.1
5	奔跑吧2015跨年晚会	综艺	浙江卫视	6.9	19.0
6	铁血尖刀	电视剧	浙江电视台教育科技频道	6.8	13.2
7	人生第一次	综艺	浙江卫视	6.7	15.0
8	利箭纵横	电视剧	浙江电视台教育科技频道	6.7	13.2
9	我不是明星（1月20日）	综艺	浙江卫视	6.5	21.2
10	大漠枪神（3月12日~3月23日）	电视剧	浙江电视台教育科技频道	6.3	12.9
11	奔跑吧兄弟	综艺	浙江卫视	6.2	16.9
12	泪洒女人花	电视剧	浙江电视台教育科技频道	6.2	12.0
13	阿六头说新闻	新闻/时事	杭州电视台西湖明珠频道	6.1	13.3
13	12道锋味	生活服务	浙江卫视	6.1	13.3
15	中央电视台2014甲午年春节联欢晚会	综艺	浙江卫视	6.0	14.0
16	恋恋不忘	电视剧	浙江卫视	6.0	11.6
17	绝地枪王	电视剧	浙江电视台钱江都市频道	5.9	11.9
18	狼烟遍地	电视剧	浙江电视台教育科技频道	5.9	11.7
19	光影	电视剧	浙江电视台钱江都市频道	5.7	11.9
20	中国梦想秀开播特别节目芭莎明星慈善夜	综艺	浙江卫视	5.5	12.1
21	麻雀春天	电视剧	浙江电视台钱江都市频道	5.5	11.3
22	大丈夫	电视剧	浙江卫视	5.5	10.3
23	我要当八路	电视剧	浙江电视台钱江都市频道	5.5	10.1
24	花灯满城	电视剧	浙江电视台教育科技频道	5.4	11.4
25	血刃	电视剧	浙江电视台教育科技频道	5.3	10.7
26	冲出迷雾	电视剧	浙江电视台钱江都市频道	5.3	10.5
27	黎明前的抉择	电视剧	浙江电视台钱江都市频道	5.3	10.4
28	卫子夫	电视剧	浙江卫视	5.3	10.3
29	兄弟们上	电视剧	浙江电视台钱江都市频道	5.3	10.0
30	第三种幸福	电视剧	浙江电视台钱江都市频道	5.3	9.9

表 3.41.8　2014 年杭州市场电视剧收视率排名前十位

名次	节目名称	播出频道	平均收视率（%）	平均占有率（%）
1	铁血尖刀	浙江电视台教育科技频道	6.8	13.2
2	利箭纵横	浙江电视台教育科技频道	6.7	13.2
3	大漠枪神(3 月 12 日 ~3 月 23 日)	浙江电视台教育科技频道	6.3	12.9
4	泪洒女人花	浙江电视台教育科技频道	6.2	12.0
5	恋恋不忘	浙江卫视	6.0	11.6
6	绝地枪王	浙江电视台钱江都市频道	5.9	11.9
7	狼烟遍地	浙江电视台教育科技频道	5.9	11.7
8	光影	浙江电视台钱江都市频道	5.7	11.9
9	麻雀春天	浙江电视台钱江都市频道	5.5	11.3
10	大丈夫	浙江卫视	5.5	10.3

表 3.41.9　2014 年杭州市场新闻节目收视率排名前十位

名次	节目名称	播出频道	平均收视率（%）	平均占有率（%）
1	阿六头说新闻	杭州电视台西湖明珠频道	6.1	13.3
2	我和你说	杭州电视台生活频道	5.2	10.2
3	范大姐帮忙	浙江电视台钱江都市频道	3.9	11.1
4	1818 黄金眼	浙江电视台民生休闲频道	3.3	8.3
5	小车限购特别报道	杭州电视台生活频道	3.2	8.9
6	小强热线	浙江电视台教育科技频道	3.1	6.5
7	欢欢喜喜猜灯谜杭州电视台三十周年特别节目	杭州电视台综合频道	3.0	5.3
8	都市潮我看	浙江电视台钱江都市频道	2.9	10.0
9	明珠新闻	杭州电视台西湖明珠频道	2.9	6.5
10	经视新闻	浙江电视台经济生活频道	2.8	5.2

表 3.41.10　2014 年杭州市场专题节目收视率排名前十位

名次	节目名称	播出频道	平均收视率（%）	平均占有率（%）
1	杭州好人	杭州电视台西湖明珠频道	3.8	7.1
2	中华好故事	浙江卫视	3.5	6.8
3	千岛湖	浙江电视台钱江都市频道	3.4	6.9
4	小河大治 2013 中国梦在路上	浙江卫视	3.2	8.5
5	专家团助力和事佬	杭州电视台西湖明珠频道	3.1	6.3
6	杭州感谢你献给突发灾难下挺身而出的平民英雄们	杭州电视台西湖明珠频道	3.1	5.7
7	杭州帮	杭州电视台西湖明珠频道	2.8	5.9
8	胡立新专访	杭州电视台西湖明珠频道	2.8	5.2
9	互联网之光	浙江卫视	2.7	8.4
10	反腐前线	浙江电视台教育科技频道	2.5	7.7

表 3.41.11　2014 年杭州市场综艺节目收视率排名前十位

名次	节目名称	播出频道	平均收视率（%）	平均占有率（%）
1	中国好声音(8 月 29 日)	浙江卫视	13.6	29.1
2	中国喜剧星(3 月 21 日)	浙江卫视	9.0	18.9
3	中国好舞蹈(4 月 19 日)	浙江卫视	7.9	18.6
4	中国梦想秀(4 月 11 日 ~6 月 27 日)	浙江卫视	7.1	17.1
5	奔跑吧 2015 跨年晚会	浙江卫视	6.9	19.0
6	人生第一次	浙江卫视	6.7	15.0
7	我不是明星(1 月 20 日)	浙江卫视	6.5	21.2
8	奔跑吧兄弟	浙江卫视	6.2	16.9
9	中央电视台 2014 甲午年春节联欢晚会	浙江卫视	6.0	14.0
10	中国梦想秀开播特别节目芭莎明星慈善夜	浙江卫视	5.5	12.1

表 3.41.12　2014 年杭州市场体育节目收视率排名前十位

名次	节目名称	播出频道	平均收视率（%）	平均占有率（%）
1	2014 年仁川亚运会男子 1500 米自由泳决赛	中央台五套	3.8	8.3
2	我爱世界杯:2014 年巴西世界杯 D 组赛(英格兰 VS 意大利)	中央台五套	3.5	63.4
3	2014 年仁川亚运会女子 100 米栏预赛	中央台五套	3.1	14.7
4	2014 年索契冬奥会短道速滑男子 1000 米决赛	中央台五套	2.6	5.1
5	直播周末:2014 年澳大利亚网球公开赛女单决赛	中央台五套	2.2	10.7
6	2014 年仁川亚运会乒乓球男子双打决赛	中央台五套	1.8	13.3
7	直播周末:2013/2014 赛季中国男子篮球职业联赛总决赛第三场(北京金隅 VS 新疆广汇汽车)	中央台五套	1.8	3.4
8	2014 年南京青奥会男子 200 米个人混合泳决赛	中央台五套	1.8	3.1
9	2014 年索契冬奥会单板滑雪女子障碍争先赛	中央台五套	1.7	7.9
10	精英赛场:2015 年亚洲杯预选赛 C 组(中国队 VS 伊拉克队)	中央台五套	1.7	7.0

四十二、合肥收视数据

表 3.42.1 2010～2014 年合肥市场各类频道的市场占有率（%）

频道类别	年份				
	2010 年	2011 年	2012 年	2013 年	2014 年
中央台频道	31.2	27.1	29.1	32.2	33.6
中国教育台频道	0.5	0.7	0.6	0.7	0.5
安徽省级频道	30.2	31.6	25.9	23.3	22.1
合肥市级频道	9.1	9.3	8.6	7.9	5.6
其他省级卫视频道	18.3	19.1	23.8	24.7	25.8
其他频道	10.7	12.2	12.0	11.3	12.4

表 3.42.2 2014 年合肥市场各类频道在不同目标观众中的市场占有率（%）

目标观众		中央台频道	中国教育台频道	安徽省级频道	合肥市级频道	其他省级卫视频道	其他频道
4 岁及以上所有人		33.6	0.5	22.1	5.6	25.8	12.4
性别	男	35.2	0.4	21.5	5.6	24.6	12.8
	女	32.1	0.5	22.9	5.6	27.1	11.9
年龄	4～14 岁	28.6	0.3	13.8	5.7	37.8	13.9
	15～24 岁	29.0	0.7	20.7	4.9	32.8	12.0
	25～34 岁	32.0	0.2	17.4	4.9	27.8	17.8
	35～44 岁	33.2	0.7	21.8	7.2	25.3	11.8
	45～54 岁	31.9	0.5	24.6	5.9	23.7	13.5
	55～64 岁	34.9	0.3	24.8	4.8	25.4	9.7
	65 岁及以上	43.5	0.4	26.7	5.4	15.8	8.2
教育程度	未受过正规教育	28.6	0.2	18.9	4.0	40.0	8.3
	小学	31.7	0.3	26.4	5.4	24.9	11.3
	初中	32.9	0.5	23.5	6.5	23.9	12.7
	高中	32.4	0.7	20.5	5.7	27.3	13.5
	大学及以上	38.1	0.4	20.0	4.7	24.9	12.0
职业类别	干部/管理人员	40.5	0.3	18.6	2.3	20.7	17.7
	个体/私营企业人员	35.0	0.7	19.1	5.4	29.2	10.7
	初级公务员/雇员	33.5	0.4	21.2	6.2	24.4	14.4
	工人	26.7	0.6	26.6	6.6	25.7	13.8
	学生	31.0	0.5	15.6	6.6	32.7	13.6
	无业	37.7	0.4	22.8	4.8	24.0	10.3
	其他	29.7	0.1	48.7	4.0	11.3	6.3
个人月收入	0～600 元	30.4	0.4	18.6	5.5	32.0	13.2
	601～1200 元	34.5	1.0	25.0	5.2	25.9	8.4
	1201～1700 元	32.8	0.3	25.3	4.4	25.6	11.6
	1701～2600 元	33.4	0.7	24.6	5.6	23.6	12.1
	2601～3500 元	35.1	0.4	21.2	7.0	21.2	15.1
	3501～5000 元	38.1	0.2	22.6	4.9	24.3	9.9
	5001 元及以上	40.0	0.2	13.1	7.0	26.7	12.9

表 3.42.3　2014 年合肥市场各类频道在不同时段的市场占有率（%）

时间段	中央台频道	中国教育台频道	安徽省级频道	合肥市级频道	其他省级卫视频道	其他频道
02:00~03:00	34.0	0.6	6.5	0.6	28.4	29.9
03:00~04:00	39.4	0.6	4.4	0.0	27.0	28.6
04:00~05:00	47.6	1.0	3.3	0.0	23.9	24.2
05:00~06:00	48.2	1.7	9.0	0.8	19.6	20.7
06:00~07:00	46.0	1.3	17.8	4.8	16.6	13.5
07:00~08:00	42.9	0.3	30.3	2.1	12.1	12.3
08:00~09:00	45.3	0.3	16.4	4.2	18.8	15.0
09:00~10:00	40.0	0.2	14.1	4.6	26.2	14.9
10:00~11:00	37.0	0.4	15.2	3.8	29.4	14.2
11:00~12:00	38.4	0.4	21.9	1.7	25.3	12.3
12:00~13:00	42.1	0.4	24.6	1.2	19.9	11.8
13:00~14:00	39.0	0.7	18.9	1.5	26.0	13.9
14:00~15:00	33.2	0.8	13.5	3.1	33.9	15.5
15:00~16:00	34.2	0.7	11.8	3.7	34.4	15.2
16:00~17:00	34.1	0.3	12.2	3.7	33.9	15.8
17:00~18:00	32.7	0.1	23.4	2.5	28.4	12.9
18:00~19:00	33.8	0.1	40.3	5.2	10.9	9.7
19:00~20:00	32.5	0.4	32.2	9.1	17.3	8.5
20:00~21:00	27.9	0.6	23.3	9.7	29.2	9.3
21:00~22:00	29.2	0.5	20.8	8.3	30.5	10.7
22:00~23:00	29.0	0.8	18.6	6.3	31.2	14.1
23:00~24:00	34.0	0.4	14.1	3.9	32.0	15.6
24:00~25:00	34.7	0.2	11.7	2.2	30.7	20.5
25:00~26:00	37.0	0.4	7.7	2.6	26.6	25.7

表 3.42.4　2014 年合肥市场收视份额排名前十位的频道

名次	频道名称	收视份额(%)
1	安徽卫视	9.0
2	中央电视台综合频道	6.7
3	安徽经视	5.6
4	中央电视台新闻频道	4.7
5	中央台四套	3.2
6	湖南卫视	3.1
7	中央台三套	2.9
7	中央台六套	2.9
9	安徽公共	2.8
9	中央台五套	2.8

表 3.42.5 2014 年合肥市场各主要频道的观众构成（%）

目标观众		所有频道	主要频道				
			安徽卫视	中央电视台综合频道	安徽经视	中央电视台新闻频道	中央台四套
4 岁及以上所有人		100.0	100.0	100.0	100.0	100.0	100.0
性别	男	50.8	48.3	51.5	48.9	57.4	55.8
	女	49.2	51.7	48.5	51.1	42.6	44.2
年龄	4 ~ 14 岁	7.5	5.7	7.2	3.4	3.4	1.7
	15 ~ 24 岁	12.2	11.6	7.8	12.2	9.4	8.1
	25 ~ 34 岁	14.0	11.0	12.5	11.4	6.9	9.5
	35 ~ 44 岁	17.1	18.7	15.4	15.1	15.5	12.1
	45 ~ 54 岁	20.6	17.8	16.0	23.2	25.4	25.9
	55 ~ 64 岁	14.2	16.2	14.8	15.5	16.4	16.5
	65 岁及以上	14.4	19.0	26.2	19.3	23.0	26.2
教育程度	未受过正规教育	3.7	2.8	4.8	3.6	1.7	0.5
	小学	15.4	15.9	15.7	22.3	12.5	12.3
	初中	30.3	31.5	29.5	34.7	35.4	30.5
	高中	27.4	28.0	23.6	19.6	26.5	29.2
	大学及以上	23.3	21.8	26.4	19.7	23.8	27.5
职业类别	干部/管理人员	2.9	3.2	3.2	2.1	4.9	2.7
	个体/私营企业人员	12.4	10.9	8.9	9.7	12.9	14.2
	初级公务员/雇员	19.5	16.5	17.8	21.1	17.9	18.8
	工人	19.1	19.6	13.0	25.2	15.1	17.4
	学生	11.5	10.0	10.1	5.4	8.7	4.5
	无业	33.4	38.7	43.5	32.0	40.3	42.4
	其他	1.3	1.2	3.6	4.5	0.1	0.0
个人月收入	0 ~ 600 元	22.9	19.7	20.3	16.6	15.1	9.4
	601 ~ 1200 元	8.2	7.0	11.0	12.1	8.4	8.1
	1201 ~ 1700 元	16.9	20.7	17.4	18.7	19.1	20.0
	1701 ~ 2600 元	21.7	26.6	21.2	24.4	20.4	25.4
	2601 ~ 3500 元	17.8	16.0	17.5	18.8	20.1	23.1
	3501 元 ~ 5000 元	8.3	7.5	7.5	8.2	13.2	8.8
	5001 元及以上	4.1	2.6	5.1	1.1	3.7	5.2

表 3.42.6 2012 ~ 2014 年合肥市场各类节目的播出份额（%）和收视份额（%）

节目类型	2012 年		2013 年		2014 年	
	播出份额	收视份额	播出份额	收视份额	播出份额	收视份额
财经	2.2	0.8	2.0	0.6	1.8	0.6
电视剧	20.0	28.4	20.9	26.8	20.7	30.0
电影	3.8	3.0	4.3	3.8	3.8	3.7
法制	0.8	0.6	1.0	1.0	1.4	1.2
教学	0.3	0.1	0.3	0.1	0.3	0.1
青少	6.9	4.3	6.2	4.4	6.7	4.4
生活服务	9.0	6.2	9.3	6.4	10.0	6.9
体育	1.5	2.9	1.8	2.1	2.7	2.6
外语	0.0	0.0	0.0	0.0	0.0	0.0
戏剧	1.0	0.3	0.8	0.2	0.7	0.2
新闻/时事	15.6	18.2	15.4	19.1	14.7	18.2
音乐	2.8	0.8	2.3	0.8	2.4	0.8
专题	12.3	7.8	11.3	7.3	12.1	6.9
综艺	9.5	14.4	9.7	15.1	9.3	12.7
其他	14.2	12.3	14.8	12.4	13.5	11.9

表 3.42.7　2014 年合肥市场所有节目收视率排名前三十位

名次	节目名称	节目类型	播出频道	平均收视率(%)	平均占有率(%)
1	中央电视台 2014 甲午年春节联欢晚会	综艺	中央电视台综合频道	11.0	25.2
2	中央电视台 2014 甲午年元宵晚会	综艺	中央电视台综合频道	9.8	23.5
3	万马奔腾幸福年——2014 安徽卫视春节联欢会	综艺	安徽卫视	6.9	19.8
4	大丈夫	电视剧	安徽卫视	6.5	18.7
5	生活启示录	电视剧	安徽卫视	6.1	19.6
6	我的儿子是奇葩	电视剧	安徽卫视	6.1	18.8
7	超级先生(9 月 26 日)	综艺	安徽卫视	5.8	19.9
8	2014 第二届夏季青年奥林匹克运动会开幕式	体育	中央电视台综合频道	5.4	15.4
9	315 让消费更有尊严——CCTV 2014 年 3·15 晚会	综艺	中央电视台综合频道	5.2	15.2
10	老妈的三国时代	电视剧	安徽卫视	5.1	14.6
11	第 1 时间	新闻	安徽经视	5.0	21.2
12	星光大道(1 月 31 日)	综艺	中央电视台综合频道	5.0	18.1
13	开学第一课	综艺	中央电视台综合频道	5.0	15.1
14	我爱世界杯:2014 年巴西世界杯决赛(德国 VS 阿根廷)	体育	中央台五套	4.8	65.6
15	爷们儿	电视剧	安徽卫视	4.8	14.7
16	湄公河大案	电视剧	中央电视台综合频道	4.8	14.1
17	中国好声音(8 月 30 日)	综艺	浙江卫视	4.7	16.2
18	利箭纵横	电视剧	安徽卫视	4.7	14.7
19	幸福美丽绽放	电视剧	安徽卫视	4.6	15.0
20	梦想星搭档总冠军之夜为爱而歌为公益而唱	综艺	中央电视台综合频道	4.6	13.2
21	虎刺红	电视剧	安徽卫视	4.4	14.3
22	望海的女人	电视剧	安徽卫视	4.3	13.7
23	十月围城	电视剧	安徽卫视	4.3	13.3
24	我爱男闺蜜	电视剧	安徽卫视	4.2	13.1
25	青年医生	电视剧	安徽卫视	4.2	12.9
26	历史转折中的邓小平	电视剧	中央电视台综合频道	4.2	12.4
27	超级笑星全国总决赛	综艺	安徽卫视	4.1	22.5
28	2014 中国上海团结和谐的亚洲携手向明天	综艺	中央电视台综合频道	4.1	12.6
29	2014 年索契冬奥会短道速滑男子1000 米决赛	体育	中央台五套	4.1	11.3
30	卫子夫	电视剧	安徽卫视	4.0	12.1

表 3.42.8 2014 年合肥市场电视剧收视率排名前十位

名次	节目名称	播出频道	平均收视率(%)	平均占有率(%)
1	大丈夫	安徽卫视	6.5	18.7
2	生活启示录	安徽卫视	6.1	19.6
3	我的儿子是奇葩	安徽卫视	6.1	18.8
4	老妈的三国时代	安徽卫视	5.1	14.6
5	爷们儿	安徽卫视	4.8	14.7
6	湄公河大案	中央电视台综合频道	4.8	14.1
7	利箭纵横	安徽卫视	4.7	14.7
8	幸福美丽绽放	安徽卫视	4.6	15.0
9	虎刺红	安徽卫视	4.4	14.3
10	望海的女人	安徽卫视	4.3	13.7

表 3.42.9 2014 年合肥市场新闻节目收视率排名前十位

名次	节目名称	播出频道	平均收视率(%)	平均占有率(%)
1	第 1 时间	安徽经视	5.0	21.2
2	习近平在韩国首尔大学发表演讲	中央电视台综合频道	3.3	9.3
3	帮女郎帮你忙	安徽经视	3.0	21.4
4	铁证用事实拆穿谎言——纪念全民族抗战爆发 77 周年	中央电视台综合频道	2.9	8.1
5	习近平主席在柏林发表重要演讲	中央电视台综合频道	2.5	7.9
6	习近平主席在欧洲学院发表重要演讲	中央电视台综合频道	2.1	7.2
7	李克强总理会见中外记者并回答提问	中央电视台综合频道	2.1	6.5
8	守望相助,共创中蒙关系发展新时代——习近平在蒙古国家大呼拉尔的演讲	中央电视台综合频道	2.0	6.2
9	转播中央台新闻联播	合肥电视台一套(新闻频道)	1.9	7.3
10	习近平在巴西国会发表重要演讲	中央电视台综合频道	1.8	5.8

表 3.42.10 2014 年合肥市场专题节目收视率排名前十位

名次	节目名称	播出频道	平均收视率(%)	平均占有率(%)
1	舌尖上的中国第二季	中央电视台综合频道	3.9	11.9
2	中国汉字听写大会 2014(8 月 24 日)	中央电视台综合频道	3.7	11.4
3	中央电视台特别节目:一桥飞架中欧	中央电视台综合频道	3.3	9.3
4	中国谜语大会(2 月 12 号)	中央电视台综合频道	3.0	7.7
5	中国成语大会 2014(5 月 11 日)	中央电视台综合频道	2.8	8.7
6	中央电视台特别节目:新的中拉时间开始了	中央电视台综合频道	2.7	7.6
7	好记者讲好故事——2014 年中国记者节特别节目	中央电视台综合频道	2.2	6.6
7	第五届我最喜爱的人民警察评选颁奖典礼	中央电视台综合频道	2.2	6.6
9	感动中国 2013 年度人物颁奖盛典	中央电视台综合频道	1.9	5.7
9	作风建设永远在路上——落实八项规定精神正风肃纪纪实	中央电视台综合频道	1.9	5.7

表 3.42.11 2014 年合肥市场综艺节目收视率排名前十位

名次	节目名称	播出频道	平均收视率(%)	平均占有率(%)
1	中央电视台 2014 甲午年春节联欢晚会	中央电视台综合频道	11.0	25.2
2	中央电视台 2014 甲午年元宵晚会	中央电视台综合频道	9.8	23.5
3	万马奔腾幸福年——2014 安徽卫视春节联欢会	安徽卫视	6.9	19.8
4	超级先生(9 月 26 日)	安徽卫视	5.8	19.9
5	315 让消费更有尊严——CCTV2014 年 3·15 晚会	中央电视台综合频道	5.2	15.2
6	星光大道(1 月 31 日)	中央电视台综合频道	5.0	18.1
7	开学第一课	中央电视台综合频道	5.0	15.1
8	中国好声音(8 月 30 日)	浙江卫视	4.7	16.2
9	梦想星搭档总冠军之夜为爱而歌为公益而唱	中央电视台综合频道	4.6	13.2
10	超级笑星全国总决赛	安徽卫视	4.1	22.5

表 3.42.12 2014 年合肥市场体育节目收视率排名前十位

名次	节目名称	播出频道	平均收视率(%)	平均占有率(%)
1	2014 第二届夏季青年奥林匹克运动会开幕式	中央电视台综合频道	5.4	15.4
2	我爱世界杯:2014 年巴西世界杯决赛(德国 VS 阿根廷)	中央台五套	4.8	65.6
3	2014 年索契冬奥会短道速滑男子 1000 米决赛	中央台五套	4.1	11.3
4	2014 年仁川亚运会男子 4 × 100 米自由泳接力决赛	中央台五套	3.9	13.6
5	2014 年仁川亚运会女子标枪决赛	中央台五套	3.7	12.0
6	2014 第二届夏季青年奥林匹克运动会闭幕式	中央电视台综合频道	2.8	7.9
7	2014 年仁川亚运会女排决赛	中央台五套	2.6	10.9
8	2014 年索契冬奥会自由式滑雪女子空中技巧资格赛	中央台五套	2.5	7.8
9	2014 年仁川亚运会举重男子 62 公斤级挺举	中央台五套	2.3	7.8
10	2014 年仁川亚运会体操男子吊环决赛	中央台五套	2.2	6.8

四十三、呼和浩特收视数据

表 3.43.1 2010～2014 年呼和浩特市场各类频道的市场占有率（%）

频道	年份				
	2010 年	2011 年	2012 年	2013 年	2014 年
中央台频道	51.5	42.3	43.5	45.6	45.8
中国教育台频道	0.5	0.5	0.3	0.3	0.2
内蒙古自治区级频道	11.0	8.5	8.1	7.0	7.8
呼和浩特市级频道	3.9	2.7	2.3	1.7	1.5
其他省级卫视频道	29.5	36.6	37.9	37.7	38.0
其他频道	3.6	9.4	7.9	7.7	6.7

表 3.43.2 2014 年呼和浩特市场各类频道在不同目标观众中的市场占有率（%）

目标观众		中央台频道	中国教育台频道	内蒙古自治区级频道	呼和浩特市级频道	其他省级卫视频道	其他频道
4 岁及以上所有人		45.8	0.2	7.8	1.5	38.0	6.7
性别	男	48.0	0.2	7.7	1.5	35.0	7.6
	女	43.7	0.2	7.9	1.4	41.0	5.8
年龄	4～14 岁	39.1	0.2	5.8	0.6	49.0	5.3
	15～24 岁	37.8	0.4	6.4	1.1	45.4	8.9
	25～34 岁	41.5	0.1	6.7	0.8	43.1	7.8
	35～44 岁	49.4	0.2	8.2	1.1	35.3	5.8
	45～54 岁	44.2	0.5	9.3	2.1	36.8	7.1
	55～64 岁	47.5	0.1	8.4	1.5	36.8	5.7
	65 岁及以上	55.9	0.1	8.2	2.5	27.6	5.7
教育程度	未受过正规教育	37.6	0.3	6.0	0.7	48.4	7.0
	小学	45.1	0.2	9.3	0.9	36.9	7.6
	初中	45.8	0.2	7.2	1.3	38.4	7.1
	高中	45.7	0.3	8.8	2.0	37.6	5.6
	大学及以上	48.5	0.2	7.0	1.5	35.9	6.9
职业类别	干部/管理人员	51.4	0.1	9.4	1.3	34.3	3.5
	个体/私营企业人员	43.3	0.1	8.2	1.7	39.4	7.3
	初级公务员/雇员	44.0	0.5	8.1	1.6	39.2	6.6
	工人	45.3	0.2	8.9	1.3	37.1	7.2
	学生	41.1	0.4	5.5	1.0	44.8	7.2
	无业	47.7	0.1	7.4	1.8	37.2	5.8
	其他	47.1	0.5	8.6	0.5	34.3	9.0
个人月收入	0～600 元	40.9	0.3	6.7	0.9	44.4	6.8
	601～1200 元	42.3	0.2	9.7	1.8	39.9	6.1
	1201～1700 元	53.5	0.1	7.6	1.9	31.2	5.7
	1701～2600 元	48.5	0.2	8.0	1.8	34.0	7.5
	2601～3500 元	44.8	0.1	8.2	1.5	38.6	6.8
	3501～5000 元	48.8	0.5	8.6	1.7	35.1	5.3
	5001 元及以上	52.8	0.1	8.2	0.9	28.1	9.9

表 3.43.3　2014 年呼和浩特市场各类频道在不同时段的市场占有率（%）

时间段	中央台频道	中国教育台频道	内蒙古自治区级频道	呼和浩特市级频道	其他省级卫视频道	其他频道
02:00~03:00	36.5	0.1	3.5	0.3	47.4	12.2
03:00~04:00	37.6	0.0	4.0	0.2	44.7	13.5
04:00~05:00	43.1	0.0	3.6	0.2	38.9	14.2
05:00~06:00	52.9	0.0	3.3	0.2	31.1	12.5
06:00~07:00	67.2	0.0	6.3	0.8	17.7	8.0
07:00~08:00	70.8	0.0	4.7	0.5	15.0	9.0
08:00~09:00	57.6	0.1	3.1	0.6	31.2	7.4
09:00~10:00	46.7	0.1	3.2	0.7	43.1	6.2
10:00~11:00	44.2	0.2	2.8	0.5	46.0	6.3
11:00~12:00	49.8	0.2	2.8	0.7	40.2	6.3
12:00~13:00	57.0	0.1	3.6	0.6	32.9	5.8
13:00~14:00	53.4	0.2	2.6	0.6	36.0	7.2
14:00~15:00	44.2	0.3	2.5	0.6	44.7	7.7
15:00~16:00	43.5	0.2	2.3	0.8	46.1	7.1
16:00~17:00	42.7	0.2	1.9	0.8	46.7	7.7
17:00~18:00	47.5	0.1	5.0	0.4	40.1	6.9
18:00~19:00	47.0	0.1	29.4	3.1	14.5	5.9
19:00~20:00	50.6	0.3	19.3	1.8	23.1	4.9
20:00~21:00	42.6	0.4	5.4	1.7	44.4	5.5
21:00~22:00	40.7	0.3	4.2	1.6	47.0	6.2
22:00~23:00	37.7	0.4	5.3	2.8	45.9	7.9
23:00~24:00	35.9	0.1	7.2	2.1	44.5	10.2
24:00~25:00	39.6	0.1	4.1	1.6	41.6	13.0
25:00~26:00	40.3	0.2	4.3	0.5	41.1	13.6

表 3.43.4　2014 年呼和浩特市场收视份额排名前十位的频道

名次	频道名称	收视份额(%)
1	中央电视台综合频道	9.5
2	中央台六套	5.7
3	中央台三套	5.4
4	中央电视台新闻频道	5.0
5	湖南卫视	4.1
6	江苏卫视	3.6
7	内蒙古电视台新闻综合频道	3.5
7	中央台八套	3.5
9	中央台四套	3.4
10	山东卫视	3.2

表 3.43.5　2014 年呼和浩特市场各主要频道的观众构成（%）

目标观众		所有频道	主要频道				
			中央电视台综合频道	中央台六套	中央台三套	中央电视台新闻频道	湖南卫视
4 岁及以上所有人		100.0	100.0	100.0	100.0	100.0	100.0
性别	男	49.1	47.7	54.5	48.3	57.6	32.4
	女	50.9	52.3	45.5	51.7	42.4	67.6
年龄	4～14 岁	7.8	6.1	7.1	4.8	3.4	13.2
	15～24 岁	9.9	7.7	11.2	9.8	5.7	22.9
	25～34 岁	19.0	16.6	26.3	16.7	11.9	23.4
	35～44 岁	15.9	15.3	26.5	18.3	15.8	15.4
	45～54 岁	18.2	18.6	15.0	18.2	20.3	15.8
	55～64 岁	12.6	10.7	8.5	16.7	18.6	5.6
	65 岁及以上	16.6	25.0	5.4	15.5	24.3	3.7
教育程度	未受过正规教育	5.1	5.0	2.8	2.2	2.2	4.1
	小学	11.7	12.6	10.0	11.3	7.1	12.6
	初中	38.0	34.1	42.1	41.5	40.5	35.6
	高中	26.6	26.1	24.4	26.1	31.2	30.2
	大学及以上	18.6	22.2	20.7	18.9	19.0	17.5
职业类别	干部/管理人员	3.1	3.7	2.6	3.4	2.6	6.0
	个体/私营企业人员	9.7	7.3	13.8	9.0	9.4	10.9
	初级公务员/雇员	14.4	16.8	15.6	15.6	10.9	14.1
	工人	14.8	14.5	15.6	16.7	16.7	10.0
	学生	9.6	7.7	12.3	9.1	5.6	23.9
	无业	39.3	41.3	28.1	36.9	48.1	29.4
	其他	9.1	8.7	12.0	9.3	6.7	5.7
个人月收入	0～600 元	31.3	30.8	33.6	26.8	19.2	48.4
	601～1200 元	6.8	5.8	6.2	5.5	8.6	4.6
	1201～1700 元	12.4	14.8	7.3	14.7	16.1	8.7
	1701～2600 元	23.7	22.9	22.4	26.6	32.2	14.6
	2601～3500 元	15.9	15.0	16.2	17.7	13.3	14.2
	3501～5000 元	8.1	8.4	10.3	6.8	9.5	8.7
	5001 元及以上	1.8	2.3	4.0	1.9	1.1	0.8

表 3.43.6　2012～2014 年呼和浩特市场各类节目的播出份额（%）和收视份额（%）

节目类别	2012 年		2013 年		2014 年	
	播出份额	收视份额	播出份额	收视份额	播出份额	收视份额
财经	2.4	1.2	2.2	0.9	1.7	0.7
电视剧	20.7	30.9	21.2	28.0	20.8	29.7
电影	3.9	4.9	4.3	5.6	3.9	5.7
法制	0.8	1.2	0.8	1.2	0.9	1.2
教学	0.4	0.1	0.3	0.0	0.3	0.0
青少	7.5	3.3	7.0	4.3	7.5	4.6
生活服务	8.5	6.8	9.0	6.4	9.7	6.8
体育	1.6	2.9	1.9	2.3	2.8	2.3
外语	0.0	0.0	0.0	0.0	0.0	0.0
戏剧	1.0	0.4	0.8	0.4	0.8	0.4
新闻/时事	15.2	15.4	15.4	16.6	14.8	15.9
音乐	2.6	0.8	2.5	0.6	2.6	0.6
专题	12.5	7.8	11.3	7.0	12.6	6.2
综艺	8.7	13.3	8.8	15.3	9.1	14.6
其他	14.2	11.0	14.5	11.4	12.5	11.3

表 3.43.7　2014 年呼和浩特市场所有节目收视率排名前三十位

名次	节目名称	节目类别	播出频道	平均收视率(%)	平均占有率(%)
1	中央电视台 2014 甲午年春节联欢晚会	综艺	中央电视台综合频道	12.2	28.6
2	中央电视台 2014 甲午年元宵晚会	综艺	中央电视台综合频道	8.5	26.0
3	天气预报	生活服务	中央电视台综合频道	8.3	25.9
4	星光大道(10 月 11 日)	综艺	中央电视台综合频道	7.4	18.1
5	父母爱情	电视剧	中央电视台综合频道	7.1	17.6
6	新闻天天看	新闻/时事	内蒙古电视台新闻综合频道	6.4	24.7
7	我在北京挺好的	电视剧	中央电视台综合频道	6.3	19.0
8	2014 年索契冬奥会短道速滑男子 1000 米决赛	体育	中央台五套	5.7	13.2
9	马向阳下乡记	电视剧	中央电视台综合频道	5.5	15.5
10	湄公河大案	电视剧	中央电视台综合频道	5.2	16.5
11	舌尖上的中国第二季	专题	中央电视台综合频道	4.6	12.7
12	中国谜语大会(2 月 11 日)	专题	中央电视台综合频道	4.6	10.9
13	新闻联播	新闻/时事	中央电视台综合频道	4.4	15.8
14	快乐中国 20142015 跨年演唱会	音乐	湖南电视台卫星频道	4.4	14.8
15	喜到福到好运到	综艺	中央台三套	4.3	15.1
16	我是歌手歌王之战(4 月 4 日)	综艺	湖南电视台卫星频道	4.3	12.9
17	清网行动	电视剧	中央电视台综合频道	4.3	11.4
18	2014 第二届夏季青年奥林匹克运动会开幕式	体育	中央电视台综合频道	4.2	12.5
19	大河儿女	电视剧	中央电视台综合频道	4.1	11.5
20	历史转折中的邓小平	电视剧	中央电视台综合频道	4.0	12.0
21	大漠苍狼	电视剧	中央台八套	4.0	11.5
22	锋刃	电视剧	中央电视台综合频道	4.0	10.3
23	梦想星搭档为了孩子爱心集结	综艺	中央电视台综合频道	4.0	9.5
24	2014 年仁川亚运会女子 4×200 米自由泳接力决赛	体育	中央台五套	3.9	10.8
25	2014 一年又一年	新闻/时事	中央电视台综合频道	3.8	16.3
26	2014 年仁川亚运会男子 100 米决赛	体育	中央台五套	3.7	11.0
27	非诚勿扰	综艺	江苏卫视	3.6	12.4
28	警察故事 2013	电影	中央台六套	3.6	11.5
29	毛泽东	电视剧	中央电视台综合频道	3.6	9.0
30	焦点访谈	新闻/时事	中央电视台综合频道	3.5	10.5

表 3.43.8　2014 年呼和浩特市场电视剧收视率排名前十位

名次	节目名称	播出频道	平均收视率（%）	平均占有率（%）
1	父母爱情	中央电视台综合频道	7.1	17.6
2	我在北京挺好的	中央电视台综合频道	6.3	19.0
3	马向阳下乡记	中央电视台综合频道	5.5	15.5
4	湄公河大案	中央电视台综合频道	5.2	16.5
5	清网行动	中央电视台综合频道	4.3	11.4
6	大河儿女	中央电视台综合频道	4.1	11.5
7	历史转折中的邓小平	中央电视台综合频道	4.0	12.0
8	大漠苍狼	中央台八套	4.0	11.5
9	锋刃	中央电视台综合频道	4.0	10.3
10	毛泽东	中央电视台综合频道	3.6	9.0

表 3.43.9　2014 年呼和浩特市场新闻节目收视率排名前十位

名次	节目名称	播出频道	平均收视率（%）	平均占有率（%）
1	新闻天天看	内蒙古电视台新闻综合频道	6.4	24.7
2	新闻联播	中央电视台综合频道	4.4	15.8
3	2014 一年又一年	中央电视台综合频道	3.8	16.3
4	焦点访谈	中央电视台综合频道	3.5	10.5
5	都市全接触	内蒙古电视台经济生活频道	2.2	9.9
6	天天说法	内蒙古电视台新闻综合频道	2.1	12.2
7	新闻联播	中央电视台新闻频道	1.7	5.3
8	内蒙古新闻联播	内蒙古卫视	1.5	7.3
9	今日关注	中央台四套	1.5	4.6
10	晚间新闻	中央电视台综合频道	1.4	5.8

表 3.43.10　2014 年呼和浩特市场专题节目收视率排名前十位

名次	节目名称	播出频道	平均收视率（%）	平均占有率（%）
1	中国成语大会 2014(7 月 6 日)	中央电视台综合频道	4.9	16.3
2	舌尖上的中国第二季	中央电视台综合频道	4.6	12.7
3	中国谜语大会(2 月 11 日)	中央电视台综合频道	4.6	10.9
4	中国汉字听写大会 2014(8 月 31 日)	中央电视台综合频道	3.4	10.7
5	作风建设永远在路上——落实八项规定精神正风肃纪纪实	中央电视台综合频道	2.4	5.9
6	百年潮中国梦	中央电视台综合频道	1.6	7.0
7	雷蒙时间春节特别节目春晚走基层媒体接地气	内蒙古电视台经济生活频道	1.6	5.4
8	开讲啦开讲大时代	中央电视台综合频道	1.6	4.7
9	中国电影 2013	中央台六套	1.5	3.7
10	艺术人生	中央台三套	1.2	4.7

表 3.43.11　2014 年呼和浩特市场综艺节目收视率排名前十位

名次	节目名称	播出频道	平均收视率(%)	平均占有率(%)
1	中央电视台 2014 甲午年春节联欢晚会	中央电视台综合频道	12.2	28.6
2	中央电视台 2014 甲午年元宵晚会	中央电视台综合频道	8.5	26.0
3	星光大道(10 月 11 日)	中央电视台综合频道	7.4	18.1
4	喜到福到好运到	中央台三套	4.3	15.1
5	我是歌手歌王之战(4 月 4 日)	湖南电视台卫星频道	4.3	12.9
6	梦想星搭档为了孩子爱心集结	中央电视台综合频道	4.0	9.5
7	非诚勿扰	江苏卫视	3.6	12.4
8	我们的中国梦——中央电视台心连心艺术团慰问演出	中央台三套	3.5	9.7
9	我要上春晚 CCTV 年终总决选	中央台三套	3.5	9.0
10	启航 2015	中央台三套	3.2	9.8

表 3.43.12　2014 年呼和浩特市场体育节目收视率排名前十位

名次	节目名称	播出频道	平均收视率(%)	平均占有率(%)
1	2014 年索契冬奥会短道速滑男子 1000 米决赛	中央台五套	5.7	13.2
2	2014 第二届夏季青年奥林匹克运动会开幕式	中央电视台综合频道	4.2	12.5
3	2014 年仁川亚运会女子 4 × 200 米自由泳接力决赛	中央台五套	3.9	10.8
4	2014 年仁川亚运会男子 100 米决赛	中央台五套	3.7	11.0
5	我爱世界杯:2014 年巴西世界杯 1/4 决赛(德国 VS 法国)	中央台五套	3.2	51.2
6	直播周末:2014 年澳大利亚网球公开赛女单决赛	中央台五套	3.2	16.5
7	2014 年仁川亚运会羽毛球男团决赛	中央台五套	2.4	7.8
8	2014 年索契冬奥会演播室	中央台五套	2.3	6.2
9	足球之夜:2014 年南美超级德比杯(阿根廷 VS 巴西)	中央台五套	2.3	5.8
10	2014 年仁川亚运会女子沙滩排球决赛(中国 VS 泰国)	中央台五套	2.2	6.0

四十四、济南收视数据

表 3.44.1　2010～2014 年济南市场各类频道的市场占有率（%）

频道类别	年份				
	2010 年	2011 年	2012 年	2013 年	2014 年
中央台频道	20.4	16.5	18.7	20.4	21.4
中国教育台频道	0.2	0.2	0.1	0.1	0.0
山东省级频道	37.1	36.7	36.8	32.2	33.4
济南市级频道	23.7	27.4	25.8	25.6	23.4
其他省级卫视频道	17.3	13.2	13.4	17.1	18.6
其他频道	1.4	6.1	5.2	4.7	3.2

表 3.44.2　2014 年济南市场各类频道在不同目标观众中的市场占有率（%）

目标观众		中央台频道	中国教育台频道	山东省级频道	济南市级频道	其他省级卫视频道	其他频道
4 岁及以上所有人		21.4	0.0	33.4	23.4	18.6	3.2
性别	男	24.1	0.1	32.0	23.3	17.3	3.3
	女	19.0	0.0	34.7	23.5	19.8	3.0
年龄	4～14 岁	17.3	0.0	29.7	22.4	27.5	3.1
	15～24 岁	18.7	0.1	28.2	25.9	24.9	2.3
	25～34 岁	18.4	0.0	35.4	21.5	22.1	2.7
	35～44 岁	20.0	0.1	31.5	24.7	20.3	3.4
	45～54 岁	20.9	0.0	34.3	26.0	15.9	2.8
	55～64 岁	24.6	0.0	35.3	20.5	15.9	3.6
	65 岁及以上	27.2	0.1	34.7	22.7	11.7	3.7
教育程度	未受过正规教育	13.9	0.0	39.0	24.9	18.7	3.4
	小学	18.2	0.0	39.1	22.3	17.1	3.3
	初中	20.1	0.1	36.5	22.0	18.7	2.7
	高中	23.6	0.0	28.6	24.6	20.2	3.1
	大学及以上	27.0	0.0	26.6	25.1	17.6	3.6
职业类别	干部/管理人员	23.7	0.0	27.7	23.6	22.0	2.9
	个体/私营企业人员	20.3	0.0	32.7	25.9	18.5	2.6
	初级公务员/雇员	20.4	0.0	31.9	25.3	19.6	2.8
	工人	20.9	0.0	34.4	24.1	17.3	3.2
	学生	18.5	0.1	26.7	21.2	30.9	2.7
	无业	24.6	0.0	30.7	24.1	17.3	3.3
	其他	14.4	0.0	57.7	14.3	9.7	3.8
个人月收入	0～600 元	16.9	0.0	38.9	21.0	20.1	3.1
	601～1200 元	20.2	0.1	34.8	25.5	16.5	2.9
	1201～1700 元	23.7	0.0	32.7	22.7	18.3	2.6
	1701～2600 元	23.3	0.0	29.2	25.0	19.3	3.2
	2601～3500 元	24.2	0.0	30.5	24.9	16.8	3.5
	3501～5000 元	26.3	0.1	31.2	22.6	16.5	3.3
	5001 元及以上	21.2	0.0	30.5	28.0	17.8	2.5

表 3.44.3　2014 年济南市场各类频道在不同时段的市场占有率（%）

时间段	中央台频道	中国教育台频道	山东省级频道	济南市级频道	其他省级卫视频道	其他频道
02:00~03:00	39.1	0.2	23.8	5.7	24.2	7.1
03:00~04:00	46.2	0.0	16.4	7.9	21.5	8.0
04:00~05:00	55.0	0.0	10.9	8.3	17.0	8.9
05:00~06:00	51.0	0.0	10.6	10.0	21.2	7.1
06:00~07:00	50.5	0.0	20.7	8.2	16.7	3.8
07:00~08:00	40.2	0.0	26.6	16.3	14.3	2.6
08:00~09:00	39.6	0.0	26.0	10.9	20.3	3.1
09:00~10:00	32.6	0.0	24.9	10.8	28.0	3.6
10:00~11:00	28.7	0.1	24.3	10.6	32.5	3.8
11:00~12:00	28.4	0.1	27.8	12.9	27.4	3.4
12:00~13:00	27.4	0.1	25.2	24.1	20.2	3.0
13:00~14:00	28.1	0.1	23.3	17.6	26.2	4.7
14:00~15:00	29.1	0.2	22.7	11.1	32.1	4.9
15:00~16:00	29.4	0.1	22.2	9.2	34.9	4.1
16:00~17:00	26.7	0.0	21.1	14.1	34.0	4.1
17:00~18:00	16.6	0.0	38.7	23.2	18.4	3.1
18:00~19:00	15.2	0.0	44.4	31.0	6.7	2.7
19:00~20:00	17.1	0.0	43.2	29.4	8.0	2.4
20:00~21:00	13.4	0.0	43.2	27.3	13.7	2.3
21:00~22:00	14.9	0.0	39.3	27.8	15.5	2.5
22:00~23:00	18.2	0.0	21.9	34.8	21.6	3.5
23:00~24:00	25.3	0.0	16.3	26.7	28.3	3.4
24:00~25:00	36.8	0.0	20.8	9.7	28.8	3.9
25:00~26:00	42.7	0.1	19.9	5.3	26.4	5.7

表 3.44.4　2014 年济南市场收视份额排名前十位的频道

名次	频道名称	收视份额(%)
1	山东电视齐鲁频道	11.5
2	山东卫视	10.3
3	济南电视台新闻综合频道	8.0
4	中央电视台综合频道	3.9
5	济南电视台影视频道	3.8
6	济南电视台都市女性频道	3.7
7	济南电视台生活频道	3.0
8	山东电视生活频道	2.8
9	济南电视台少儿频道	2.6
9	山东电视公共频道	2.6

表 3.44.5 2014 年济南市场各主要频道的观众构成（%）

目标观众		所有频道	主要频道				
			山东电视齐鲁频道	山东卫视	济南电视台新闻综合频道	中央电视台综合频道	山东电视影视频道
4 岁及以上所有人		100.0	100.0	100.0	100.0	100.0	100.0
性别	男	47.5	45.0	46.0	45.6	44.1	34.3
	女	52.5	55.0	54.0	54.4	55.9	65.7
年龄	4～14 岁	8.0	7.2	5.7	4.1	5.7	9.3
	15～24 岁	8.8	6.3	8.1	8.6	7.2	11.2
	25～34 岁	17.8	20.3	14.7	10.4	15.4	17.3
	35～44 岁	12.4	11.8	10.4	9.9	9.6	15.2
	45～54 岁	22.4	20.5	27.0	27.1	22.8	25.5
	55～64 岁	14.5	18.4	15.6	16.1	16.9	5.7
	65 岁及以上	16.0	15.5	18.5	23.9	22.4	15.8
教育程度	未受过正规教育	6.6	8.5	8.3	5.1	7.1	12.4
	小学	16.5	20.9	20.2	18.7	10.5	16.8
	初中	34.7	35.5	35.1	34.2	30.5	34.0
	高中	25.3	19.8	23.9	23.8	28.8	20.6
	大学及以上	16.9	15.2	12.5	18.2	23.1	16.1
职业类别	干部/管理人员	4.7	3.9	4.8	5.1	4.4	2.8
	个体/私营企业人员	9.7	8.0	9.4	8.4	6.8	8.0
	初级公务员/雇员	17.6	14.8	17.2	16.7	15.4	24.8
	工人	17.1	20.4	15.7	16.2	19.2	17.5
	学生	8.7	5.7	7.0	5.2	5.4	11.1
	无业	34.0	29.7	32.0	43.9	40.6	28.2
	其他	8.2	17.5	13.9	4.4	8.2	7.5
个人月收入	0～600 元	31.2	40.8	35.7	22.8	25.8	32.5
	601～1200 元	7.6	6.1	8.5	8.8	8.7	7.5
	1201～1700 元	13.1	12.6	14.8	13.4	11.9	7.3
	1701～2600 元	25.2	21.5	20.7	32.7	30.2	29.6
	2601～3500 元	11.4	9.2	9.6	13.8	11.4	13.0
	3501～5000 元	8.3	6.9	7.3	5.4	9.1	8.2
	5001 元及以上	3.2	2.7	3.4	3.0	2.9	1.9

表 3.44.6 2012～2014 年济南市场各类节目的播出份额（%）和收视份额（%）

节目类别	2012 年		2013 年		2014 年	
	播出份额	收视份额	播出份额	收视份额	播出份额	收视份额
财经	2.2	0.5	1.6	0.6	1.3	0.5
电视剧	20.1	29.1	26.6	28.5	23.3	29.2
电影	3.8	2.3	4.3	3.4	3.9	4.4
法制	0.9	0.5	1.0	1.6	1.0	1.4
教学	0.3	0.0	0.4	0.1	0.2	0.1
青少	7.3	2.8	5.8	6.0	6.4	5.7
生活服务	9.5	11.2	10.4	7.5	15.0	8.6
体育	2.3	4.6	2.3	2.7	3.2	2.8
外语	0.0	0.0	0.0	0.0	0.0	0.0
戏剧	1.0	0.4	0.6	0.3	0.5	0.2
新闻/时事	15.0	16.3	10.3	17.4	9.9	15.6
音乐	2.6	0.6	2.2	0.4	2.2	0.4
专题	11.7	5.7	8.8	6.6	11.2	6.6
综艺	9.3	12.5	7.9	12.6	7.3	12.3
其他	14.0	13.6	17.8	12.4	14.4	12.1

表 3.44.7 2014 年济南市场所有节目收视率排名前三十位

名次	节目名称	节目类型	播出频道	平均收视率(%)	平均占有率(%)
1	中央电视台2014甲午年春节联欢晚会	综艺	中央电视台综合频道	14.3	25.6
2	红高粱	电视剧	山东卫视	13.2	27.8
3	勇敢的心	电视剧	山东卫视	11.5	25.0
4	满仓进城	电视剧	山东卫视	10.5	22.7
5	中央电视台2014甲午年元宵晚会	综艺	中央电视台综合频道	9.9	19.2
6	产科医生	电视剧	山东卫视	9.7	21.5
7	神犬奇兵	电视剧	山东卫视	7.8	17.0
8	花红花火	电视剧	山东电视齐鲁频道	7.8	16.4
9	豆腐西施杨七巧	电视剧	山东卫视	7.6	17.3
10	上海滩生死较量	电视剧	山东电视齐鲁频道	7.5	18.5
11	天狼星行动	电视剧	山东电视齐鲁频道	7.5	17.4
12	少林寺传奇藏经阁	电视剧	山东卫视	7.5	17.2
13	邻居也疯狂	电视剧	济南电视台新闻综合频道	7.5	15.6
14	勇士之城	电视剧	山东电视齐鲁频道	7.4	17.7
15	每日新闻	新闻	山东电视齐鲁频道	7.2	19.0
16	爱情最美丽	电视剧	济南电视台新闻综合频道	7.2	16.7
17	战火连天	电视剧	山东电视齐鲁频道	7.2	16.0
18	铁血武工队传奇	电视剧	山东卫视	7.1	16.0
18	铁血独立营	电视剧	山东电视齐鲁频道	7.1	16.0
20	刺刀英雄	电视剧	山东电视齐鲁频道	7.1	15.6
21	绝地枪王	电视剧	山东电视齐鲁频道	6.9	15.5
22	我是大明星颁奖盛典	综艺	山东电视综艺频道	6.9	15.3
23	直播中超:2014年中国平安中国足球协会超级联赛第10轮(山东鲁能泰山VS大连阿尔滨)	体育	山东电视体育频道	6.9	14.5
24	左手亲情右手爱	电视剧	济南电视台新闻综合频道	6.8	15.4
25	姥爷的抗战	电视剧	山东电视齐鲁频道	6.6	15.8
26	兄弟们上	电视剧	山东电视齐鲁频道	6.6	15.2
27	剿匪英雄	电视剧	山东电视齐鲁频道	6.6	14.6
28	野鸭子第二部前情	综艺	山东电视齐鲁频道	6.6	12.8
29	养父	电视剧	济南电视台新闻综合频道	6.5	15.2
30	错儿	电视剧	山东卫视	6.4	15.0

表 3.44.8 2014 年济南市场电视剧收视率排名前十位

名次	节目名称	播出频道	平均收视率（%）	平均占有率（%）
1	红高粱	山东卫视	13.2	27.8
2	勇敢的心	山东卫视	11.5	25.0
3	满仓进城	山东卫视	10.5	22.7
4	产科医生	山东卫视	9.7	21.5
5	神犬奇兵	山东卫视	7.8	17.0
6	花红花火	山东电视齐鲁频道	7.8	16.4
7	豆腐西施杨七巧	山东卫视	7.6	17.3
8	上海滩生死较量	山东电视齐鲁频道	7.5	18.5
9	天狼星行动	山东电视齐鲁频道	7.5	17.4
10	少林寺传奇藏经阁	山东卫视	7.5	17.2

表 3.44.9 2014 年济南市场新闻节目收视率排名前十位

名次	节目名称	播出频道	平均收视率（%）	平均占有率（%）
1	每日新闻	山东电视齐鲁频道	7.2	19.0
2	今晚 20 分	济南电视台新闻综合频道	4.4	10.5
3	今晚特别点击	济南电视台新闻综合频道	4.2	11.9
4	转播中央台新闻联播	济南电视台新闻综合频道	4.1	10.0
5	姊妹花	济南电视台新闻综合频道	3.8	12.6
6	拉呱	山东电视齐鲁频道	3.7	17.4
7	济南新闻	济南电视台新闻综合频道	3.2	8.5
8	都市新女报	济南电视台都市女性频道	3.0	6.7
9	社区聊吧	济南电视台新闻综合频道	2.9	14.4
10	有么说么新闻大社区	济南电视台新闻综合频道	2.7	10.4

表 3.44.10 2014 年济南市场专题节目收视率排名前十位

名次	节目名称	播出频道	平均收视率（%）	平均占有率（%）
1	节俭心力量节俭中国人冠军决选暨颁奖典礼	山东电视齐鲁频道	5.1	10.9
2	公益梦想榜样力量 2013 年度齐鲁公益盛典	山东电视齐鲁频道	5.1	10.6
3	山东好人 2013 十大年度人物颁奖典礼	山东电视齐鲁频道	4.7	10.0
4	有么说么故事会	济南电视台新闻综合频道	3.3	9.8
5	梦幻海北心灵家园	山东卫视	3.1	9.7
6	时代楷模朱彦夫	山东卫视	2.8	6.5
7	就你不知道宝贝计划	山东电视生活频道	2.7	5.6
8	有话好好说	济南电视台生活频道	2.6	5.5
9	深化改革开放激发市场活力专访山东省副省长赵润田	山东电视公共频道	2.5	5.1
10	深化改革开放激发市场活力专访山东省副省长夏耕	山东电视公共频道	2.4	5.2

表 3.44.11 2014 年济南市场综艺节目收视率排名前十位

名次	节目名称	播出频道	平均收视率(%)	平均占有率(%)
1	中央电视台2014甲午年春节联欢晚会	中央电视台综合频道	14.3	25.6
2	中央电视台2014甲午年元宵晚会	中央电视台综合频道	9.9	19.2
3	我是大明星颁奖盛典	山东电视综艺频道	6.9	15.3
4	野鸭子第二部前情	山东电视齐鲁频道	6.6	12.8
5	天下第一刀	山东卫视	6.3	21.6
6	节俭中国人	山东电视齐鲁频道	6.1	12.8
7	笑看红高粱	山东卫视	5.7	17.6
8	好运连连到	山东电视齐鲁频道	5.6	11.9
9	铭记历史隆重纪念国家首个公祭日	济南电视台新闻综合频道	5.4	10.5
10	济南电视台建台三十周年暨第六届济南电视观众节跨年狂欢夜	济南电视台新闻综合频道	5.1	18.7

表 3.44.12 2014 年济南市场体育节目收视率排名前十位

名次	节目名称	播出频道	平均收视率(%)	平均占有率(%)
1	直播中超:2014年中国平安中国足球协会超级联赛第10轮(山东鲁能泰山VS大连阿尔滨)	山东电视体育频道	6.9	14.5
2	现场直播:2014年亚冠E组第六轮(山东鲁能VS大阪樱花)	山东电视体育频道	6.0	13.5
3	2014年仁川亚运会男子1500米自由泳决赛	中央台五套	4.9	12.3
4	我爱世界杯:2014年巴西世界杯决赛(德国VS阿根廷)	中央台五套	4.8	68.3
5	现场直播:2014年足协杯半决赛第一回合(山东鲁能泰山VS青岛海牛)	山东电视体育频道	4.5	9.6
6	2014年仁川亚运会男子200米预赛	中央台五套	4.3	9.8
7	CBA直播:2014/2015赛季中国男子篮球职业联赛常规赛第1轮(山东高速VS江苏中天钢铁)	山东电视体育频道	3.9	8.2
8	2014年索契冬奥会短道速滑男子1000米决赛	中央台五套	3.9	7.8
9	精英赛场:2015年亚洲杯预选赛C组(中国队VS伊拉克队)	中央台五套	3.7	20.8
10	现场直播:2013/2014赛季中国男子篮球职业联赛第二十二轮(山东黄金VS东莞马可波罗)	山东电视体育频道	3.7	8.3

四十五、昆明收视数据

表 3.45.1　2010～2014 年昆明市场各类频道的市场占有率（%）

频道类别	年份				
	2010 年	2011 年	2012 年	2013 年	2014 年
中央台频道	33.2	29.8	33.3	34.8	34.5
中国教育台频道	0.2	0.2	0.2	0.1	0.1
云南省级频道	27.0	24.0	21.9	24.2	23.2
昆明市级频道	13.6	16.3	15.5	12.2	11.8
其他省级卫视频道	19.7	23.7	24.4	22.6	23.9
其他频道	6.3	6.0	4.7	6.2	6.5

表 3.45.2　2014 年昆明市场各类频道在不同目标观众中的市场占有率（%）

目标观众		中央台频道	中国教育台频道	云南省级频道	昆明市级频道	其他省级卫星频道	其他频道
4 岁及以上所有人		34.5	0.1	23.2	11.8	23.9	6.5
性别	男	37.2	0.1	22.5	11.7	21.4	7.0
	女	31.9	0.1	23.9	11.8	26.3	6.1
年龄	4～14 岁	29.5	0.1	21.9	8.8	30.0	9.8
	15～24 岁	31.6	0.1	22.0	10.6	28.6	7.0
	25～34 岁	28.7	0.2	22.2	10.1	31.5	7.4
	35～44 岁	31.2	0.1	24.2	13.9	21.6	9.0
	45～54 岁	33.2	0.1	22.8	13.3	24.3	6.3
	55～64 岁	36.8	0.1	24.0	12.6	21.6	4.7
	65 岁及以上	47.1	0.1	23.7	10.2	15.5	3.4
教育程度	未受过正规教育	26.7	0.1	28.9	9.9	27.0	7.4
	小学	34.0	0.2	26.6	13.0	20.0	6.3
	初中	34.2	0.1	22.7	13.8	22.7	6.4
	高中	34.1	0.1	23.2	11.8	24.2	6.6
	大学及以上	38.1	0.1	19.9	8.5	26.8	6.6
职业类别	干部/管理人员	33.6	0.2	14.6	14.2	29.6	7.8
	个体/私营企业人员	31.7	0.1	23.4	14.8	22.0	8.0
	初级公务员/雇员	33.0	0.1	22.4	9.9	26.7	8.0
	工人	30.2	0.0	28.6	12.5	23.1	5.7
	学生	31.0	0.1	22.7	10.0	28.1	8.2
	无业	38.5	0.1	22.9	11.0	22.4	5.2
	其他	29.4	0.4	26.2	18.4	19.4	6.2
个人月收入	0～600 元	30.6	0.1	23.3	11.3	27.3	7.3
	601～1200 元	32.4	0.1	24.6	11.6	26.4	4.9
	1201～1700 元	37.4	0.1	25.0	11.5	21.1	4.9
	1701～2600 元	34.4	0.2	22.9	12.8	23.1	6.7
	2601～3500 元	37.8	0.1	23.2	12.4	20.4	6.1
	3501～5000 元	36.9	0.1	21.7	10.2	24.0	7.2
	5001 元及以上	37.6	0.0	16.4	10.4	24.5	11.0

表 3.45.3　2014 年昆明市场各类频道在不同时段的市场占有率（%）

时间段	中央台频道	中国教育台频道	云南省级频道	昆明市级频道	其他省级卫星频道	其他频道
02:00~03:00	38.3	0.3	14.3	5.5	27.8	13.7
03:00~04:00	43.2	0.1	6.9	5.7	29.6	14.4
04:00~05:00	52.9	0.1	2.3	5.3	25.2	14.2
05:00~06:00	55.6	0.2	3.3	6.0	22.0	12.9
06:00~07:00	66.0	0.1	8.6	4.1	13.4	7.8
07:00~08:00	68.5	0.1	9.6	5.5	10.9	5.4
08:00~09:00	59.0	0.1	8.7	6.6	20.2	5.5
09:00~10:00	46.4	0.0	13.0	6.9	26.7	6.9
10:00~11:00	42.9	0.3	14.3	5.8	28.8	8.0
11:00~12:00	45.4	0.2	14.4	4.3	27.6	8.2
12:00~13:00	50.6	0.2	14.6	4.7	23.8	6.0
13:00~14:00	44.4	0.2	13.7	6.5	28.4	6.8
14:00~15:00	37.3	0.2	18.3	5.4	30.8	8.0
15:00~16:00	35.5	0.2	19.8	6.8	29.4	8.4
16:00~17:00	35.2	0.1	19.6	6.6	30.6	7.9
17:00~18:00	31.1	0.0	22.7	16.8	23.3	6.1
18:00~19:00	27.9	0.0	32.1	26.7	8.9	4.5
19:00~20:00	37.3	0.1	27.3	15.4	15.3	4.7
20:00~21:00	29.9	0.1	28.8	10.2	25.9	5.1
21:00~22:00	27.9	0.2	29.8	10.2	26.6	5.3
22:00~23:00	27.7	0.1	24.1	15.2	25.8	7.1
23:00~24:00	30.1	0.1	18.8	15.6	26.6	8.9
24:00~25:00	37.5	0.1	17.9	7.8	24.4	12.3
25:00~26:00	39.6	0.2	16.5	7.2	22.6	13.9

表 3.45.4　2014 年昆明市场收视份额排名前十位的频道

名次	频道名称	收视份额(%)
1	云南广播电视台都市频道(二套)	8.9
2	云南广播电视台卫视频道(一套)	7.6
3	中央电视台综合频道	7.5
4	昆明广播电视台春城频道	6.4
5	湖南卫视	3.8
6	中央台六套	3.4
6	中央台八套	3.4
8	中央电视台新闻频道	3.3
9	中央台四套	3.2
10	中央台三套	3.1

表 3.45.5　2014 年昆明市场各主要频道的观众构成（%）

目标观众		所有频道	主要频道				
			云南广播电视台都市频道（二套）	云南广播电视台卫视频道（一套）	中央电视台综合频道	昆明广播电视台春城频道	湖南卫视
4 岁及以上所有人		100.0	100.0	100.0	100.0	100.0	100.0
性别	男	49.8	48.4	46.6	51.4	52.2	36.5
	女	50.2	51.6	53.4	48.6	47.8	63.5
年龄	4～14 岁	6.2	5.0	4.1	4.9	4.8	10.7
	15～24 岁	8.9	6.3	10.5	9.6	7.3	17.4
	25～34 岁	16.1	14.1	15.8	9.6	12.4	21.1
	35～44 岁	18.5	19.7	16.8	15.0	22.4	22.7
	45～54 岁	19.2	19.4	20.0	16.5	20.6	14.9
	55～64 岁	14.8	17.7	13.5	15.3	15.7	6.3
	65 岁及以上	16.3	17.8	19.3	29.0	16.7	6.9
教育程度	未受过正规教育	5.0	6.1	5.2	3.8	4.6	4.7
	小学	14.6	18.2	15.2	17.6	17.7	13.7
	初中	29.6	27.3	25.7	26.6	34.1	31.4
	高中	29.9	32.1	30.9	28.8	29.5	30.9
	大学及以上	20.9	16.2	23.0	23.2	14.1	19.3
职业类别	干部/管理人员	3.4	2.3	1.3	2.9	3.1	3.6
	个体/私营企业人员	14.0	12.4	12.6	12.1	20.1	15.4
	初级公务员/雇员	20.0	19.6	21.2	18.7	15.3	23.2
	工人	8.8	10.7	11.6	5.7	8.4	8.5
	学生	7.9	5.1	8.2	6.1	5.4	18.7
	无业	41.5	45.9	40.6	51.1	39.3	26.7
	其他	4.3	4.0	4.5	3.5	8.4	3.9
个人月收入	0～600 元	23.7	21.3	22.1	17.7	22.2	33.3
	601～1200 元	9.4	7.3	13.8	10.7	8.9	6.8
	1201～1700 元	13.6	16.6	15.3	16.3	13.0	13.5
	1701～2600 元	25.3	26.2	22.4	23.1	27.0	21.8
	2601～3500 元	15.1	18.3	13.6	18.5	17.4	10.1
	3501～5000 元	9.6	7.9	10.3	10.8	8.9	10.9
	5001 元及以上	3.3	2.4	2.5	2.8	2.6	3.6

表 3.45.6　2012～2014 年昆明市场各类节目的播出份额（%）和收视份额（%）

节目类别	2012 年		2013 年		2014 年	
	播出份额	收视份额	播出份额	收视份额	播出份额	收视份额
财经	2.2	1.0	1.6	0.9	1.5	0.9
电视剧	20.1	31.1	26.5	33.2	23.3	32.2
电影	3.5	3.6	4.0	3.7	3.6	3.9
法制	1.1	1.1	1.2	1.1	0.9	1.0
教学	0.3	0.1	0.4	0.1	0.2	0.1
青少	7.0	3.1	5.5	4.2	6.2	3.6
生活服务	8.3	5.9	9.8	5.9	14.4	7.2
体育	1.4	2.1	2.2	2.0	3.1	2.7
外语	0.0	0.0	0.0	0.0	0.0	0.0
戏剧	1.2	0.9	0.8	0.7	0.6	0.4
新闻/时事	16.0	18.4	11.8	16.2	10.8	17.0
音乐	2.5	1.2	2.3	1.0	2.3	0.8
专题	12.2	7.3	8.8	6.6	11.1	6.8
综艺	10.3	13.2	8.2	13.3	7.8	12.5
其他	13.9	11.1	17.0	11.1	14.1	10.9

表 3.45.7　2014 年昆明市场所有节目收视率排名前三十位

名次	节目名称	节目类型	播出频道	平均收视率（%）	平均占有率（%）
1	中央电视台 2014 甲午年春节联欢晚会	综艺	中央电视台综合频道	11.2	26.3
2	士兵突击三（5 月 24 日）	专题	云南广播电视台卫视频道(一套)	9.2	25.1
3	中央电视台 2014 甲午年元宵晚会	综艺	中央电视台综合频道	8.1	21.0
4	我爱世界杯:2014 年世界杯小组赛 G 组（德国 VS 葡萄牙）	体育	中央台五套	7.8	57.1
5	我是歌手歌王之战	综艺	湖南卫视	7.5	21.3
6	315 让消费更有尊严——CCTV2014 年 3·15 晚会	综艺	中央电视台综合频道	7.3	18.8
7	中国灯谜大会第 2 季	综艺	云南广播电视台卫视频道（一套）	6.9	17.6
8	我是歌手歌王之战	综艺	湖南卫视	6.6	21.1
9	婚姻料理	电视剧	云南广播电视台卫视频道（一套）	6.5	17.6
10	少林寺传奇藏经阁	电视剧	云南广播电视台卫视频道（一套）	6.3	15.6
11	铁血尖刀	电视剧	云南广播电视台都市频道（二套）	6.1	17.6
12	战火连天	电视剧	云南广播电视台都市频道（二套）	6.1	16.9
13	光影	电视剧	云南广播电视台都市频道（二套）	6.1	15.4
14	恋爱相对论	电视剧	云南广播电视台卫视频道（一套）	6.0	17.0
15	鹿鼎记（1～31 集）	电视剧	云南广播电视台卫视频道（一套）	6.0	15.6
16	绝地枪王	电视剧	云南广播电视台都市频道（二套）	6.0	14.9
17	出彩中国人（3 月 2 日）	综艺	中央电视台综合频道	5.9	15.7
18	抗战神枪	电视剧	云南广播电视台都市频道（二套）	5.8	16.6
19	恋恋不忘	电视剧	云南广播电视台卫视频道（一套）	5.8	15.7
20	剿匪英雄	电视剧	云南广播电视台都市频道（二套）	5.8	14.1
21	孤胆英雄	电视剧	云南广播电视台都市频道（二套）	5.7	16.8
22	美丽的契约	电视剧	云南广播电视台卫视频道（一套）	5.7	15.3
23	昆明 301 严重暴力恐怖事件特别报道	新闻/时事	云南广播电视台都市频道（二套）	5.6	17.0
24	战地狮吼	电视剧	云南广播电视台都市频道（二套）	5.6	15.3
25	开学第一课	综艺	中央电视台综合频道	5.6	15.2
26	大都市小爱情	电视剧	云南广播电视台卫视频道（一套）	5.6	14.1
27	保卫金山城	电视剧	云南广播电视台都市频道（二套）	5.5	14.6
28	湄公河大案	电视剧	中央电视台综合频道	5.5	14.4
29	天气预报	生活服务	中央电视台综合频道	5.4	17.3
30	父母爱情	电视剧	中央电视台综合频道	5.4	15.2

表 3.45.8　2014 年昆明市场电视剧收视率排名前十位

名次	节目名称	播出频道	平均收视率（%）	平均占有率（%）
1	婚姻料理	云南广播电视台卫视频道（一套）	6.5	17.6
2	少林寺传奇藏经阁	云南广播电视台卫视频道（一套）	6.3	15.6
3	铁血尖刀	云南广播电视台都市频道（二套）	6.1	17.6
4	战火连天	云南广播电视台都市频道（二套）	6.1	16.9
5	光影	云南广播电视台都市频道（二套）	6.1	15.4
6	恋爱相对论	云南广播电视台卫视频道（一套）	6.0	17.0
7	鹿鼎记（1~31 集）	云南广播电视台卫视频道（一套）	6.0	15.6
8	绝地枪王	云南广播电视台都市频道（二套）	6.0	14.9
9	抗战神枪	云南广播电视台都市频道（二套）	5.8	16.6
10	恋恋不忘	云南广播电视台卫视频道（一套）	5.8	15.7

表 3.45.9　2014 年昆明市场新闻节目收视率排名前十位

名次	节目名称	播出频道	平均收视率（%）	平均占有率（%）
1	昆明 301 严重暴力恐怖事件特别报道	云南广播电视台都市频道（二套）	5.6	17.0
2	都市条形码	云南广播电视台都市频道（二套）	4.6	23.8
3	大口马牙	云南广播电视台都市频道（二套）	4.6	17.0
4	街头巷尾	昆明广播电视台春城频道	4.0	20.8
5	昆明 301 严重暴力恐怖事件特别报道	昆明广播电视台春城频道	4.0	19.0
6	习近平主席在中法建交 50 周年纪念大会上发表重要讲话	中央电视台综合频道	3.8	11.1
7	昆明 301 严重暴力恐怖事件特别报道	云南广播电视台卫视频道（一套）	3.5	11.0
8	301 暴恐事件特别节目	昆明广播电视台春城频道	3.5	9.3
9	新闻重新说	昆明广播电视台春城频道	3.4	12.7
10	新闻联播	中央电视台综合频道	3.1	11.5

表 3.45.10　2014 年昆明市场专题节目收视率排名前十位

名次	节目名称	播出频道	平均收视率（%）	平均占有率（%）
1	士兵突击三（5 月 24 日）	云南广播电视台卫视频道（一套）	9.2	25.1
2	中央电视台特别节目：新的中拉时间开始了	中央电视台综合频道	4.4	10.9
3	中央电视台特别节目：一桥飞架中欧	中央电视台综合频道	4.1	13.3
4	舌尖上的中国第二季	中央电视台综合频道	3.7	10.2
5	感动中国 2013 年度人物颁奖盛典	中央电视台综合频道	3.6	9.7
6	士兵日志	云南广播电视台卫视频道（一套）	3.1	9.6
7	一场别开生面的座谈会——习近平总书记主持召开文艺工作座谈会侧记	中央电视台综合频道	2.8	7.4
8	中国谜语大会（2 月 13 日）	中央电视台综合频道	2.7	7.3
9	2014 寻找最美村官颁奖典礼	中央电视台综合频道	2.5	6.2
10	中国梦时代楷模	云南广播电视台卫视频道（一套）	2.3	7.4

表 3.45.11　2014 年昆明市场综艺节目收视率排名前十位

名次	节目名称	播出频道	平均收视率(%)	平均占有率(%)
1	中央电视台 2014 甲午年春节联欢晚会	中央电视台综合频道	11.2	26.3
2	中央电视台 2014 甲午年元宵晚会	中央电视台综合频道	8.1	21.0
3	315 让消费更有尊严——CCTV2014 年 3·15 晚会	中央电视台综合频道	7.3	18.8
4	中国灯谜大会第 2 季	云南广播电视台卫视频道(一套)	6.9	17.6
5	我是歌手歌王之战	湖南卫视	6.6	21.1
6	出彩中国人(3 月 2 日)	中央电视台综合频道	5.9	15.7
7	开学第一课	中央电视台综合频道	5.6	15.2
8	中国好声音(10 月 7 日)	浙江卫视	5.3	13.6
9	爸爸去哪儿第二季	湖南卫视	5.1	17.1
10	苏州月中华情——2014 年中央电视台中秋晚会	中央电视台综合频道	4.2	11.3

表 3.45.12　2014 年昆明市场体育节目收视率排名前十位

名次	节目名称	播出频道	平均收视率(%)	平均占有率(%)
1	我爱世界杯:2014 年世界杯小组赛 G 组(德国 VS 葡萄牙)	中央台五套	7.8	57.1
2	2014 年仁川亚运会男子 4×100 米自由泳接力决赛	中央台五套	3.6	9.2
3	2014 第二届夏季青年奥林匹克运动会闭幕式	中央电视台综合频道	3.0	7.8
4	2014 第二届夏季青年奥林匹克运动会开幕式	中央电视台综合频道	2.9	8.2
5	2014 年仁川亚运会女子 10000 米决赛	中央台五套	2.4	10.4
6	2014 年亚洲冠军联赛小组赛 G 组(广州恒大 VS 全北现代)	中央台五套	2.2	5.8
7	黄金赛场:2014 年中国足球协会超级联赛第 14 轮(北京国安 VS 广州恒大)	中央台五套	2.1	6.6
8	2014 年仁川亚运会女子沙滩排球决赛(中国 VS 泰国)	中央台五套	2.1	5.3
9	2014 年南京青奥会体操男子吊环决赛	中央台五套	2.1	5.2
10	现场直播:第二届 CCTV 贺岁杯 WBC 迷你轻量级世界拳王争霸赛 12 回合	中央台五套	1.9	6.1

四十六、兰州收视数据

表 3.46.1 2010～2014 年兰州市场各类频道的市场占有率（%）

频道类别	年份				
	2010 年	2011 年	2012 年	2013 年	2014 年
中央台频道	56.3	43.4	47.3	46.7	44.8
中国教育台频道	0.3	0.4	0.4	0.7	0.3
甘肃省级频道	6.0	7.9	6.5	6.8	5.7
兰州市级频道	4.8	4.3	4.0	4.0	3.8
其他省级卫视频道	26.8	34.1	34.2	35.3	36.9
其他频道	6.0	9.9	7.6	6.5	8.5

表 3.46.2 2014 年兰州市场各类频道在不同目标观众中的市场占有率（%）

目标观众		中央台频道	中国教育台频道	甘肃省级频道	兰州市级频道	其他省级卫视频道	其他频道
4 岁及以上所有人		44.8	0.3	5.7	3.8	36.9	8.5
性别	男	45.7	0.3	6.1	3.5	35.5	8.9
	女	43.8	0.4	5.3	4.1	38.5	7.9
年龄	4～14 岁	42.4	0.2	4.4	1.9	42.3	8.8
	15～24 岁	37.0	0.4	3.4	3.5	46.9	8.7
	25～34 岁	41.4	0.5	4.3	1.9	44.3	7.6
	35～44 岁	42.9	0.3	5.2	4.3	34.8	12.5
	45～54 岁	39.4	0.4	7.2	4.1	40.7	8.2
	55～64 岁	50.8	0.2	7.2	5.2	31.1	5.5
	65 岁及以上	53.9	0.2	5.9	4.1	27.6	8.3
教育程度	未受过正规教育	43.8	0.2	4.7	1.9	37.6	11.8
	小学	45.9	0.3	5.6	3.6	36.3	8.4
	初中	44.6	0.3	6.5	4.4	36.6	7.6
	高中	44.2	0.3	6.2	4.3	36.1	8.9
	大学及以上	45.7	0.4	3.9	2.3	39.7	8.1
职业类别	干部/管理人员	49.7	0.2	7.2	3.7	33.0	6.3
	个体/私营企业人员	40.5	0.5	5.1	4.2	41.0	8.7
	初级公务员/雇员	44.6	0.2	6.3	4.3	37.6	6.9
	工人	39.9	0.5	5.5	2.7	40.0	11.4
	学生	39.7	0.3	3.2	2.8	45.4	8.6
	无业	49.1	0.2	6.4	4.0	32.5	7.8
	其他职业	36.6	0.6	4.5	2.2	38.2	17.8
个人月收入	0～600 元	41.7	0.4	4.5	3.3	41.1	9.1
	601～1200 元	38.3	0.4	6.0	4.7	38.6	12.0
	1201～1700 元	44.4	0.2	9.2	4.5	34.8	6.9
	1701～2600 元	48.5	0.3	5.8	4.0	34.7	6.7
	2601～3500 元	46.9	0.4	3.3	2.5	37.5	9.4
	3501～5000 元	49.7	0.5	3.3	3.7	34.3	8.5
	5001 元及以上	52.7	0.2	2.1	1.8	34.0	9.3

表 3.46.3 2014 年兰州市场各类频道在不同时段的市场占有率（%）

时间段	中央台频道	中国教育台频道	甘肃省级频道	兰州市级频道	其他省级卫视频道	其他频道
02:00~03:00	33.2	0.9	5.1	0.7	40.7	19.4
03:00~04:00	35.1	0.7	4.8	0.3	38.9	20.2
04:00~05:00	38.6	0.2	5.5	0.4	34.2	21.1
05:00~06:00	42.0	0.5	6.3	0.4	31.3	19.5
06:00~07:00	54.3	0.1	3.3	0.3	26.7	15.3
07:00~08:00	64.1	0.1	3.3	1.8	21.2	9.5
08:00~09:00	55.0	0.1	4.9	4.6	26.3	9.0
09:00~10:00	44.8	0.1	4.9	3.9	36.7	9.6
10:00~11:00	41.8	0.4	4.7	3.2	40.8	9.1
11:00~12:00	46.9	0.4	3.4	2.1	38.3	8.9
12:00~13:00	56.4	0.3	2.0	2.1	31.9	7.4
13:00~14:00	48.5	0.5	2.5	2.3	37.5	8.7
14:00~15:00	39.4	0.6	2.7	2.4	44.6	10.3
15:00~16:00	37.1	0.4	2.6	2.3	45.8	11.7
16:00~17:00	38.3	0.2	2.9	2.8	45.3	10.4
17:00~18:00	47.3	0.1	2.8	3.4	36.4	9.9
18:00~19:00	63.4	0.2	6.2	6.2	15.7	8.3
19:00~20:00	58.0	0.2	7.8	5.3	22.5	6.1
20:00~21:00	39.0	0.5	7.7	4.1	42.7	6.1
21:00~22:00	36.8	0.3	8.2	4.3	43.9	6.5
22:00~23:00	33.7	0.4	9.1	5.4	43.6	7.8
23:00~24:00	38.5	0.2	4.7	2.4	44.3	10.0
24:00~25:00	41.9	0.2	4.2	2.2	37.9	13.6
25:00~26:00	39.5	0.5	4.2	1.4	37.3	17.1

表 3.46.4 2014 年兰州市场收视份额排名前十位的频道

名次	频道名称	收视份额(%)
1	中央电视台综合频道	10.6
2	中央电视台新闻频道	6.0
3	湖南卫视	4.6
4	中央台六套	4.0
5	中央台三套	3.7
6	中央台四套	3.4
7	中央台八套	3.2
8	中央电视台少儿频道	2.9
9	江苏卫视	2.8
10	甘肃电视台文化影视频道	2.7

表 3.46.5　2014 年兰州市场各主要频道的观众构成（%）

目标观众		所有频道	主要频道				
			中央电视台综合频道	中央电视台新闻频道	湖南卫视	中央台六套	中央台三套
4 岁及以上所有人		100.0	100.0	100.0	100.0	100.0	100.0
性别	男性	51.6	50.4	59.0	38.8	55.9	51.3
	女性	48.4	49.6	41.0	61.2	44.1	48.7
年龄	4～14 岁	7.2	4.8	5.2	13.6	7.8	5.2
	15～24 岁	8.3	7.1	4.0	20.2	11.0	7.3
	25～34 岁	14.0	11.4	10.6	18.9	17.3	11.7
	35～44 岁	14.4	15.4	10.2	13.7	20.9	11.9
	45～54 岁	21.3	19.8	18.0	22.0	22.5	19.2
	55～64 岁	14.9	18.3	20.1	5.4	9.3	20.4
	65 岁及以上	19.9	23.2	31.9	6.2	11.2	24.3
教育程度	未受正规教育	4.6	2.7	4.2	1.9	3.5	3.0
	小学	11.4	9.6	14.5	14.3	10.0	8.4
	初中	27.4	34.0	23.1	31.6	26.9	31.7
	高中	39.2	35.4	41.3	31.7	38.8	42.1
	大学及以上	17.4	18.2	17.0	20.6	20.9	14.7
职业类别	干部/管理人员	4.3	6.0	5.9	5.1	4.2	5.4
	个体/私营企业人员	19.3	18.1	12.0	25.5	28.0	18.8
	初级公务员/雇员	12.4	12.1	9.5	10.5	16.3	12.4
	工人	11.0	9.0	13.1	11.0	10.4	7.8
	学生	9.5	8.9	4.9	23.8	11.0	7.0
	无业	41.7	44.6	53.4	23.1	29.0	46.4
	其他职业	1.8	1.2	1.3	1.1	1.1	2.2
个人月收入	0～600 元	21.9	21.0	13.1	34.9	21.5	17.9
	601～1200 元	13.8	10.8	12.3	15.8	17.7	13.9
	1201～1700 元	18.4	19.5	18.9	13.7	15.6	25.8
	1701～2600 元	27.7	31.6	29.5	16.6	26.0	29.9
	2601～3500 元	11.9	9.8	15.7	14.2	10.3	9.8
	3501～5000 元	5.6	6.7	9.5	3.8	7.9	2.1
	5001 元及以上	0.7	0.6	1.0	0.9	1.0	0.7

表 3.46.6　2012～2014 年兰州市场各类节目的播出份额（%）和收视份额（%）

节目类别	2012 年		2013 年		2014 年	
	播出份额	收视份额	播出份额	收视份额	播出份额	收视份额
财经	2.3	1.2	1.9	1.0	1.8	0.7
电视剧	21.5	35.5	22.2	32.5	20.9	32.3
电影	3.7	4.7	4.0	4.6	3.6	4.4
法制	0.8	1.0	0.9	0.8	0.9	1.2
教学	0.3	0.1	0.3	0.0	0.3	0.1
青少	7.6	4.2	6.8	4.2	7.2	4.2
生活服务	10.3	6.4	10.5	6.6	10.3	6.9
体育	1.5	2.8	1.8	1.9	2.8	2.3
外语	0.0	0.0	0.0	0.0	0.0	0.0
戏剧	1.1	0.4	0.8	0.3	0.7	0.4
新闻/时事	14.5	12.3	14.9	14.2	14.6	14.3
音乐	2.7	0.9	2.5	0.8	2.5	0.8
专题	11.2	7.2	10.5	7.1	12.6	7.4
综艺	8.8	13.2	8.9	15.0	8.9	14.2
其他	13.9	10.4	14.0	10.9	12.9	10.8

表 3.46.7　2014 年兰州市场所有节目收视率排名前三十位

名次	节目名称	节目类别	播出频道	平均收视率（%）	平均占有率（%）
1	中央电视台 2014 甲午年春节联欢晚会	综艺	中央电视台综合频道	22.1	44.6
2	中央电视台 2014 甲午年元宵晚会	综艺	中央电视台综合频道	16.1	37.5
3	星光大道(1 月 4 日)	综艺	中央电视台综合频道	9.9	23.7
4	天气预报	生活服务	中央电视台综合频道	9.0	29.0
5	父母爱情	电视剧	中央电视台综合频道	8.8	22.0
6	苏州月中华情——2014 年中央电视台中秋晚会	综艺	中央电视台综合频道	8.5	24.2
7	感动中国 2013 年度人物颁奖盛典	专题	中央电视台综合频道	7.3	17.5
8	舌尖上的中国第二季	专题	中央电视台综合频道	7.1	19.2
9	315 让消费更有尊严——CCTV2014 年 3·15 晚会	综艺	中央电视台综合频道	6.9	18.8
10	中国梦劳动美——中央电视台心连心艺术团慰问演出	综艺	中央电视台综合频道	6.6	16.7
11	开学第一课	综艺	中央电视台综合频道	6.3	19.7
12	2014 年仁川亚运会男子 100 米仰泳决赛	体育	中央台五套	5.8	23.3
13	新闻联播	新闻/时事	中央电视台综合频道	5.8	20.8
14	湄公河大案	电视剧	中央电视台综合频道	5.8	18.9
15	我爱世界杯:2014 年世界杯小组赛 G 组(德国 VS 葡萄牙)	体育	中央台五套	5.7	50.8
16	我在北京挺好的	电视剧	中央电视台综合频道	5.6	18.6
17	中国成语大会 2014(7 月 6 日)	专题	中央电视台综合频道	5.4	19.4
18	天气预报	生活服务	中央电视台新闻频道	5.3	17.2
19	2014 中国上海团结和谐的亚洲携手向明天	综艺	中央电视台综合频道	5.2	17.1
20	2014 第二届夏季青年奥林匹克运动会开幕式	体育	中央电视台综合频道	5.1	17.2
21	众里寻你——2014 寻找最美孝心少年颁奖典礼	青少	中央电视台综合频道	5.1	14.8
22	中国谜语大会（2 月 13 日）	专题	中央电视台综合频道	5.1	10.1
23	中国汉字听写大会 2014（7 月 27 日）	专题	中央电视台综合频道	5.0	19.7
24	我是歌手半决赛	综艺	湖南卫视	4.9	14.1
25	第 32 届大众电影百花奖颁奖典礼	综艺	中央台六套	4.9	12.5
25	中央电视台特别节目：一带一路千年的时空穿越	专题	中央电视台综合频道	4.9	12.5
27	毛泽东	电视剧	中央电视台综合频道	4.8	11.5
28	原乡	电视剧	中央电视台综合频道	4.6	13.1
29	锋刃	电视剧	中央电视台综合频道	4.6	12.2
30	清网行动	电视剧	中央电视台综合频道	4.5	12.7

表 3.46.8　2014 年兰州市场电视剧收视率排名前十位

名次	节目名称	播出频道	平均收视率（%）	平均占有率（%）
1	父母爱情	中央电视台综合频道	8.8	22.0
2	湄公河大案	中央电视台综合频道	5.8	18.9
3	我在北京挺好的	中央电视台综合频道	5.6	18.6
4	毛泽东	中央电视台综合频道	4.8	11.5
5	原乡	中央电视台综合频道	4.6	13.1
6	锋刃	中央电视台综合频道	4.6	12.2
7	清网行动	中央电视台综合频道	4.5	12.7
8	武媚娘传奇	湖南卫视	4.3	12.6
9	大河儿女	中央电视台综合频道	4.3	12.3
10	历史转折中的邓小平	中央电视台综合频道	4.2	13.2

表 3.46.9　2014 年兰州市场新闻节目收视率排名前十位

名次	节目名称	播出频道	平均收视率（%）	平均占有率（%）
1	新闻联播	中央电视台综合频道	5.8	20.8
2	习近平主席在柏林发表重要演讲	中央电视台综合频道	4.3	13.6
3	习近平主席在欧洲学院发表重要演讲	中央电视台综合频道	4.3	12.2
4	2014 一年又一年	中央电视台综合频道	4.2	15.9
5	焦点访谈	中央电视台综合频道	4.1	13.0
6	习近平主席在联合国教科文组织总部发表演讲	中央电视台综合频道	3.6	12.9
7	习近平在韩国首尔大学发表演讲	中央电视台综合频道	3.2	14.7
8	习近平在巴西国会发表重要演讲	中央电视台综合频道	3.2	12.5
9	习近平主席在中法建交 50 周年纪念大会上发表重要讲话	中央电视台综合频道	3.1	10.0
10	守望相助共创中蒙关系发展新时代——习近平在蒙古国家大呼拉尔的演讲	中央电视台综合频道	2.7	8.9

表 3.46.10　2014 年兰州市场专题节目收视率排名前十位

名次	节目名称	播出频道	平均收视率（%）	平均占有率（%）
1	感动中国 2013 年度人物颁奖盛典	中央电视台综合频道	7.3	17.5
2	舌尖上的中国第二季	中央电视台综合频道	7.1	19.2
3	中国成语大会 2014(7 月 6 日)	中央电视台综合频道	5.4	19.4
4	中国谜语大会(2 月 13 日)	中央电视台综合频道	5.1	10.1
5	中国汉字听写大会 2014(7 月 27 日)	中央电视台综合频道	5.0	19.7
6	中央电视台特别节目:一带一路千年的时空穿越	中央电视台综合频道	4.9	12.5
7	中央电视台特别节目:一桥飞架中欧	中央电视台综合频道	4.0	13.3
8	寻找最美乡村医生大型公益活动	中央电视台综合频道	3.9	10.2
9	一场别开生面的座谈会——习近平总书记主持召开文艺工作座谈会侧记	中央电视台综合频道	3.2	9.2
10	第五届我最喜爱的人民警察评选颁奖典礼	中央电视台综合频道	3.0	9.2

表 3.46.11　2014 年兰州市场综艺节目收视率排名前十位

名次	节目名称	播出频道	平均收视率(%)	平均占有率(%)
1	中央电视台 2014 甲午年春节联欢晚会	中央电视台综合频道	22.1	44.6
2	中央电视台 2014 甲午年元宵晚会	中央电视台综合频道	16.1	37.5
3	星光大道(1 月 4 日)	中央电视台综合频道	9.9	23.7
4	苏州月中华情——2014 年中央电视台中秋晚会	中央电视台综合频道	8.5	24.2
5	315 让消费更有尊严——CCTV2014 年 3·15 晚会	中央电视台综合频道	6.9	18.8
6	中国梦劳动美——中央电视台心连心艺术团慰问演出	中央电视台综合频道	6.6	16.7
7	开学第一课	中央电视台综合频道	6.3	19.7
8	2014 中国上海团结和谐的亚洲携手向明天	中央电视台综合频道	5.2	17.1
9	我是歌手半决赛	湖南卫视	4.9	14.1
10	第 32 届大众电影百花奖颁奖典礼	中央台六套	4.9	12.5

表 3.46.12　2014 年兰州市场体育节目收视率排名前十位

名次	节目名称	播出频道	平均收视率(%)	平均占有率(%)
1	2014 年仁川亚运会男子 100 米仰泳决赛	中央台五套	5.8	23.3
2	我爱世界杯:2014 年世界杯小组赛 G 组(德国 VS 葡萄牙)	中央台五套	5.7	50.8
3	2014 第二届夏季青年奥林匹克运动会开幕式	中央电视台综合频道	5.1	17.2
4	2014 年仁川亚运会女子铅球决赛	中央台五套	4.0	20.6
5	2014 年索契冬奥会短道速滑女子 3000 米接力决赛	中央台五套	4.0	10.7
6	现场直播:2014 年世界乒乓球团体锦标赛女团决赛	中央台五套	3.2	11.7
7	2014 年仁川亚运会体操男子吊环决赛	中央台五套	3.1	10.3
8	2014 年仁川亚运会女排决赛(中国队 VS 韩国队)	中央台五套	2.8	11.4
9	2014 年仁川亚运会羽毛球男团决赛	中央台五套	2.7	9.5
10	2014 第二届夏季青年奥林匹克运动会闭幕式	中央电视台综合频道	2.6	9.5

四十七、南昌收视数据

表 3.47.1　2010～2014 年南昌市场各类频道的市场占有率（%）

频道类别	年份				
	2010 年	2011 年	2012 年	2013 年	2014 年
中央台频道	24.7	22.4	23.6	25.0	27.5
中国教育台频道	0.1	0.1	0.2	0.4	0.3
江西省级频道	39.2	44.9	43.0	40.4	36.3
南昌市级频道	3.4	2.6	3.4	4.4	4.7
其他省级卫视频道	20.8	19.5	19.1	18.3	19.0
其他频道	11.9	10.5	10.7	11.5	12.2

表 3.47.2　2014 年南昌市场各类频道在不同目标观众中的市场占有率（%）

目标观众		中央台频道	中国教育台频道	江西省级频道	南昌市级频道	其他省级卫视频道	其他频道
4 岁及以上所有人		27.5	0.3	36.3	4.7	19.0	12.2
性别	男	29.8	0.3	34.1	4.8	18.5	12.5
	女	25.1	0.3	38.6	4.6	19.5	11.9
年龄	4～14 岁	27.6	0.4	22.3	3.2	35.7	10.8
	15～24 岁	18.9	0.2	40.0	3.1	20.7	17.1
	25～34 岁	24.8	0.3	35.0	4.3	24.9	10.7
	35～44 岁	25.5	0.2	39.6	3.9	17.0	13.8
	45～54 岁	27.6	0.6	37.3	6.2	14.7	13.6
	55～64 岁	30.7	0.2	40.6	5.3	13.6	9.6
	65 岁及以上	35.7	0.2	36.0	5.6	12.1	10.4
教育程度	未受过正规教育	35.2	0.5	27.5	4.9	22.2	9.7
	小学	24.5	0.4	34.5	4.6	21.6	14.4
	初中	24.6	0.4	36.3	4.8	19.1	14.8
	高中	28.7	0.2	37.9	4.4	18.1	10.7
	大学及以上	30.8	0.3	38.3	5.1	16.5	9.0
职业类别	干部/管理人员	33.0	0.1	31.9	5.4	20.9	8.7
	个体/私营企业人员	26.3	0.2	36.4	5.3	15.9	15.9
	初级公务员/雇员	26.7	0.3	43.5	4.2	14.9	10.4
	工人	25.4	0.4	37.1	5.4	18.2	13.5
	学生	22.3	0.3	28.7	2.8	32.3	13.6
	无业	30.7	0.3	34.7	5.0	18.6	10.7
	其他	23.2	0.2	40.9	3.6	13.4	18.7
个人月收入	0～600 元	24.0	0.4	30.7	4.0	28.4	12.5
	601～1200 元	22.8	0.3	41.1	4.6	18.8	12.4
	1201～1700 元	25.8	0.2	42.8	3.8	14.4	13.0
	1701～2600 元	31.0	0.3	36.1	6.1	15.8	10.7
	2601～3500 元	31.8	0.2	34.8	4.8	17.0	11.4
	3501～5000 元	29.1	0.3	39.3	3.6	13.2	14.5
	5001 元及以上	31.4	0.3	29.7	5.2	18.5	14.9

表 3.47.3　2014 年南昌市场各类频道在不同时段的市场占有率（%）

时间段	中央台频道	中国教育台频道	江西省级频道	南昌市级频道	其他省级卫视频道	其他频道
02:00~03:00	27.3	1.4	16.2	2.4	22.7	30.0
03:00~04:00	31.3	1.1	12.8	1.1	19.7	34.0
04:00~05:00	34.6	0.7	12.4	0.8	18.1	33.4
05:00~06:00	35.8	0.6	13.5	1.5	20.8	27.8
06:00~07:00	42.2	0.4	12.5	8.9	17.7	18.3
07:00~08:00	43.8	0.1	17.0	7.5	15.9	15.7
08:00~09:00	41.6	0.1	22.9	4.2	18.5	12.7
09:00~10:00	34.6	0.1	27.0	4.1	21.7	12.5
10:00~11:00	31.4	0.3	30.2	3.2	22.9	12.0
11:00~12:00	35.2	0.3	28.0	4.0	21.4	11.1
12:00~13:00	38.3	0.4	25.6	3.7	20.6	11.4
13:00~14:00	36.5	0.6	23.1	3.5	23.6	12.7
14:00~15:00	29.4	0.7	24.2	4.6	27.0	14.1
15:00~16:00	27.3	0.5	29.1	3.8	26.0	13.3
16:00~17:00	26.2	0.2	32.6	3.6	24.9	12.5
17:00~18:00	28.2	0.1	33.0	5.0	21.4	12.3
18:00~19:00	28.9	0.1	42.8	5.4	10.2	12.6
19:00~20:00	28.2	0.2	43.2	6.3	12.2	9.9
20:00~21:00	20.9	0.4	47.1	4.2	17.6	9.8
21:00~22:00	19.9	0.3	47.5	3.4	18.3	10.6
22:00~23:00	20.1	0.4	40.6	5.5	21.0	12.4
23:00~24:00	26.3	0.2	26.4	6.7	25.0	15.4
24:00~25:00	28.2	0.2	21.7	7.4	22.8	19.7
25:00~26:00	26.0	1.0	18.2	8.2	21.7	24.9

表 3.47.4　2014 年南昌市场收视份额排名前十位的频道

名次	频道名称	收视份额(%)
1	江西电视台卫星频道(一套)	9.8
2	江西电视台都市频道(二套)	8.3
3	江西电视台影视频道(四套)	6.6
4	中央电视台综合频道	5.6
5	江西电视台公共频道(五套)	5.4
6	湖南卫视	3.5
7	中央电视台少儿频道	2.9
8	江西电视台财经频道(三套)	2.7
8	中央台六套	2.7
10	湖南电视台金鹰卡通频道	2.3

表 3.47.5　2014 年南昌市场各主要频道的观众构成（%）

目标观众		所有频道	主要频道				
			江西电视台卫星频道（一套）	江西电视台都市频道（二套）	江西电视台影视频道（四套）	中央电视台综合频道	江西电视台公共频道（五套）
4 岁及以上所有人		100.0	100.0	100.0	100.0	100.0	100.0
性别	男	51.1	42.6	50.2	52.7	51.0	49.0
	女	48.9	57.4	49.8	47.3	49.0	51.0
年龄	4～14 岁	10.5	5.7	7.5	5.2	9.1	6.5
	15～24 岁	10.4	12.5	9.1	14.9	6.4	6.1
	25～34 岁	16.2	12.9	15.9	13.8	13.0	20.9
	35～44 岁	14.7	21.5	14.0	12.4	12.1	13.8
	45～54 岁	18.8	15.1	19.3	23.0	17.6	26.4
	55～64 岁	15.9	18.6	20.6	17.4	20.2	16.1
	65 岁及以上	13.4	13.7	13.7	13.3	21.5	10.3
教育程度	未受过正规教育	5.9	3.3	6.9	2.7	7.9	4.9
	小学	18.8	15.5	28.1	17.5	18.5	14.7
	初中	26.3	27.2	28.6	21.8	20.2	25.7
	高中	33.2	35.0	26.5	38.9	36.1	34.6
	大学及以上	15.8	19.0	9.9	19.1	17.3	20.1
职业类别	干部/管理人员	3.5	3.4	2.6	3.9	4.4	4.1
	个体/私营企业人员	12.8	10.1	16.9	13.8	10.1	12.3
	初级公务员/雇员	18.4	24.9	13.0	24.4	18.2	26.0
	工人	15.3	14.4	13.1	13.4	11.7	19.1
	学生	11.0	9.8	7.7	10.2	6.9	5.2
	无业	36.1	33.2	40.8	32.4	46.0	31.7
	其他	2.9	4.2	6.0	1.9	2.7	1.5
个人月收入	0～600 元	25.4	23.1	26.8	19.6	21.1	14.3
	601～1200 元	9.1	12.7	12.1	11.3	7.7	7.6
	1201～1700 元	17.6	18.5	14.3	25.6	16.9	21.1
	1701～2600 元	26.0	24.2	28.4	25.3	30.5	28.0
	2601～3500 元	12.1	12.8	9.3	11.1	11.5	13.7
	3501～5000 元	7.0	6.5	6.4	5.7	9.7	13.1
	5001 元及以上	2.8	2.2	2.7	1.5	2.7	2.2

表 3.47.6　2012～2014 年南昌市场各类节目的播出份额（%）和收视份额（%）

节目类型	2012 年		2013 年		2014 年	
	播出份额	收视份额	播出份额	收视份额	播出份额	收视份额
财经	2.1	0.7	1.8	0.5	1.7	0.5
电视剧	21.7	31.7	22.2	32.5	22.3	35.8
电影	4.7	4.3	5.5	4.7	4.6	4.2
法制	1.3	2.8	1.4	2.9	1.5	2.7
教学	0.4	0.1	0.4	0.0	0.3	0.1
青少	7.1	5.4	6.7	6.9	6.9	6.2
生活服务	9.1	7.8	9.5	7.7	10.1	7.7
体育	1.5	2.0	1.8	1.2	2.7	1.4
外语	0.0	0.0	0.0	0.0	0.0	0.0
戏剧	1.0	0.1	0.7	0.1	0.7	0.1
新闻/时事	14.8	13.2	14.7	12.3	14.4	12.5
音乐	2.5	0.6	2.3	0.6	2.4	0.7
专题	11.7	10.6	10.5	8.8	11.6	7.4
综艺	8.3	9.1	8.4	9.0	8.3	9.0
其他	13.8	11.7	14.1	12.7	12.6	11.7

表 3.47.7　2014 年南昌市场节目收视率排名前三十位

名次	节目名称	节目类型	播出频道	平均收视率(%)	平均占有率(%)
1	无贼(第 25~48 集)	电视剧	江西电视台卫星频道(一套)	7.2	18.1
2	男媒婆	电视剧	江西电视台卫星频道(一套)	6.8	17.0
3	中央电视台 2014 甲午年元宵晚会	综艺	中央电视台综合频道	6.7	15.5
4	新闺蜜时代	电视剧	江西电视台卫星频道(一套)	6.5	16.0
5	错放你的手	电视剧	江西电视台卫星频道(一套)	6.4	15.6
6	江西卫视 2013 幽默盛典	综艺	江西电视台卫星频道(一套)	6.2	27.9
7	家有公婆	电视剧	江西电视台卫星频道(一套)	5.8	16.2
8	错婚	电视剧	江西电视台卫星频道(一套)	5.8	15.4
9	老爸回家	电视剧	江西电视台卫星频道(一套)	5.8	14.8
10	中央电视台 2014 甲午年春节联欢晚会	综艺	江西电视台卫星频道(一套)	5.8	12.7
11	实干兴赣圆梦中国——江西省庆祝中华人民共和国成立 65 周年文艺晚会	综艺	江西电视台卫星频道(一套)	5.7	14.7
12	知足常乐	电视剧	江西电视台卫星频道(一套)	5.6	16.0
13	第三种幸福	电视剧	江西电视台卫星频道(一套)	5.6	15.3
14	大都市小爱情	电视剧	江西电视台卫星频道(一套)	5.6	15.1
15	别逼我结婚	电视剧	江西电视台卫星频道(一套)	5.5	15.0
16	钟点工们	电视剧	江西电视台卫星频道(一套)	5.4	15.2
17	母子连心	电视剧	江西电视台卫星频道(一套)	5.4	13.7
18	乱世玫瑰	电视剧	江西电视台都市频道(二套)	5.4	13.1
19	离婚律师	电视剧	江西电视台卫星频道(一套)	5.2	14.4
20	雅典娜女神之青春烈火	电视剧	江西电视台卫星频道(一套)	5.2	14.3
21	血色黎明	电视剧	江西电视台影视频道(四套)	5.2	13.6
22	战之狼	电视剧	江西电视台影视频道(四套)	5.2	12.5
23	复仇天使	电视剧	江西电视台都市频道(二套)	5.1	14.1
24	千金保姆	电视剧	江西电视台卫星频道(一套)	5.1	14.0
25	娘心	电视剧	江西电视台都市频道(二套)	5.1	12.7
26	穷丫头富千金(第 10~54 集)	电视剧	江西电视台都市频道(二套)	5.0	12.7
27	错恨	电视剧	江西电视台卫星频道(一套)	4.9	13.4
28	利箭纵横	电视剧	江西电视台影视频道(四套)	4.9	13.2
29	带着爸妈去旅行	综艺	江西电视台卫星频道(一套)	4.8	15.6
30	铁血突击队	电视剧	江西电视台影视频道(四套)	4.8	12.1

表 3.47.8　2014 年南昌市场电视剧收视率排名前十位

名次	节目名称	播出频道	平均收视率(%)	平均占有率(%)
1	无贼(第 25～48 集)	江西电视台卫星频道(一套)	7.2	18.1
2	男媒婆	江西电视台卫星频道(一套)	6.8	17.0
3	新闺蜜时代	江西电视台卫星频道(一套)	6.5	16.0
4	错放你的手	江西电视台卫星频道(一套)	6.4	15.6
5	家有公婆	江西电视台卫星频道(一套)	5.8	16.2
6	错婚	江西电视台卫星频道(一套)	5.8	15.4
7	老爸回家	江西电视台卫星频道(一套)	5.8	14.8
8	知足常乐	江西电视台卫星频道(一套)	5.6	16.0
9	第三种幸福	江西电视台卫星频道(一套)	5.6	15.3
10	大都市小爱情	江西电视台卫星频道(一套)	5.6	15.1

表 3.47.9　2014 年南昌市场新闻节目收视率排名前十位

名次	节目名称	播出频道	平均收视率(%)	平均占有率(%)
1	都市现场	江西电视台都市频道(二套)	3.5	13.8
2	转播中央台新闻联播	江西电视台卫星频道(一套)	3.5	11.4
3	李克强总理会见中外记者并回答提问	中央电视台综合频道	3.3	8.2
4	新闻联播	中央电视台综合频道	2.7	8.8
5	转播中央台新闻联播	江西电视台公共频道(五套)	2.7	8.5
6	江西新闻联播	江西电视台卫星频道(一套)	2.5	10.3
7	习近平主席在联合国教科文组织总部发表演讲	中央电视台综合频道	2.4	6.1
8	习近平主席在柏林发表重要演讲	中央电视台综合频道	2.1	5.5
9	习近平在韩国首尔大学发表演讲	中央电视台综合频道	2.0	6.2
10	习近平主席在欧洲学院发表重要演讲	中央电视台综合频道	2.0	5.4

表 3.47.10　2014 年南昌市场专题节目收视率排名前十位

名次	节目名称	播出频道	平均收视率(%)	平均占有率(%)
1	都市情缘	江西电视台都市频道(二套)	3.6	10.2
2	金牌调解	江西电视台卫星频道(一套)	3.4	13.9
3	中国谜语大会(2 月 12 日)	中央电视台综合频道	3.2	7.1
4	千里走单骑	江西电视台卫星频道(一套)	3.1	9.5
5	传奇故事	江西电视台卫星频道(一套)	3.0	8.2
6	中央电视台特别节目:一桥飞架中欧	中央电视台综合频道	2.9	6.8
7	感动中国 2013 年度人物颁奖盛典	中央电视台综合频道	2.5	5.9
8	舌尖上的中国第二季	中央电视台综合频道	2.4	6.0
9	我眼中的父母爱情	江西电视台公共频道(五套)	2.3	6.1
10	中国汉字听写大会 2014(8 月 3 日)	中央电视台综合频道	2.1	5.9

表 3.47.11　2014 年南昌市场综艺节目收视率排名前十位

名次	节目名称	播出频道	平均收视率(%)	平均占有率(%)
1	中央电视台2014甲午年元宵晚会	中央电视台综合频道	6.7	15.5
2	江西卫视2013幽默盛典	江西电视台卫星频道(一套)	6.2	27.9
3	中央电视台2014甲午年春节联欢晚会	江西电视台卫星频道(一套)	5.8	12.7
4	实干兴赣圆梦中国——江西省庆祝中华人民共和国成立65周年文艺晚会	江西电视台卫星频道(一套)	5.7	14.7
5	带着爸妈去旅行	江西电视台卫星频道(一套)	4.8	15.6
6	挑战文化名人	江西电视台卫星频道(一套)	3.9	12.4
7	出彩中国人(2月9日)	中央电视台综合频道	3.8	9.2
8	苏州月中华情——2014年中央电视台中秋晚会	中央电视台综合频道	3.7	9.5
9	为爱而战	江西电视台影视频道(四套)	3.5	10.4
10	勇者为王(7月6日)	江西电视台影视频道(四套)	3.5	10.1

表 3.47.12　2014 年南昌市场体育节目收视率排名前十位

名次	节目名称	播出频道	平均收视率(%)	平均占有率(%)
1	2014年仁川亚运会男子110米栏决赛	中央台五套	3.5	9.1
2	2014第二届夏季青年奥林匹克运动会开幕式	中央电视台综合频道	3.0	8.8
3	我爱世界杯:2014年巴西世界杯决赛(德国VS阿根廷)	中央台五套	2.8	55.2
4	2014年仁川亚运会男子200米仰泳决赛	中央台五套	2.7	8.8
5	2014第二届夏季青年奥林匹克运动会闭幕式	中央电视台综合频道	2.6	7.0
6	直播周末:2014年澳大利亚网球公开赛女单决赛	中央台五套	2.4	12.2
7	2014年索契冬奥会短道速滑男子1000米决赛	中央台五套	1.8	4.2
8	2014年仁川亚运会羽毛球男团决赛	中央台五套	1.7	5.1
9	2014年仁川亚运会乒乓球男团决赛	中央台五套	1.6	4.3
9	2014年仁川亚运会女子沙滩排球决赛(中国VS泰国)	中央台五套	1.6	4.3

四十八、南京收视数据

表 3.48.1 2010～2014 年南京市场各类频道的市场占有率（%）

频道类别	年份				
	2010 年	2011 年	2012 年	2013 年	2014 年
中央台频道	20.0	19.1	21.3	21.9	24.5
中国教育台频道	0.1	0.3	0.3	0.3	0.3
江苏省级频道	38.4	39.5	38.4	34.7	35.3
南京市级频道	22.6	21.6	17.1	16.1	13.2
其他省级卫视频道	14.7	14.8	16.7	17.9	15.0
其他频道	4.2	4.7	6.2	9.1	11.7

表 3.48.2 2014 年南京市场各类频道在不同目标观众中的市场占有率（%）

目标观众		中央台频道	中国教育台频道	江苏省级频道	南京市级频道	其他省级卫视频道	其他频道
4 岁及以上所有人		24.5	0.3	35.3	13.2	15.0	11.7
性别	男	26.6	0.3	33.8	12.5	14.4	12.4
	女	22.2	0.3	36.9	13.8	15.7	11.1
年龄	4～14 岁	24.1	0.3	31.7	8.1	24.1	11.7
	15～24 岁	16.2	0.2	37.4	15.7	16.0	14.5
	25～34 岁	20.5	0.2	33.8	14.6	15.9	15.0
	35～44 岁	24.4	0.3	35.3	12.8	15.3	11.9
	45～54 岁	21.1	0.3	41.1	12.1	12.8	12.6
	55～64 岁	31.0	0.4	34.1	13.2	13.2	8.1
	65 岁及以上	33.6	0.6	29.7	13.4	15.1	7.6
教育程度	未受过正规教育	26.5	0.4	33.4	12.1	15.4	12.2
	小学	23.7	0.4	39.2	12.1	15.9	8.7
	初中	25.7	0.3	36.7	11.8	16.1	9.4
	高中	24.4	0.3	34.8	13.9	14.8	11.8
	大学及以上	23.2	0.2	33.3	14.3	13.8	15.2
职业类别	干部/管理人员	27.4	0.3	33.4	16.0	12.5	10.4
	个体/私营企业人员	22.5	0.2	37.0	11.5	16.5	12.3
	初级公务员/雇员	21.9	0.2	34.3	15.2	13.4	15.0
	工人	21.8	0.3	37.8	12.9	15.0	12.2
	学生	17.4	0.2	36.0	13.3	21.8	11.3
	无业	29.6	0.4	33.3	12.5	15.3	8.9
	其他	24.8	0.2	38.7	10.0	12.7	13.6
个人月收入	0～600 元	22.9	0.2	35.3	12.5	17.9	11.2
	601～1200 元	20.0	0.3	40.0	14.2	14.1	11.4
	1201～1700 元	24.0	0.2	35.9	17.2	12.2	10.5
	1701～2600 元	25.6	0.4	37.0	12.3	14.2	10.5
	2601～3500 元	26.8	0.4	34.6	12.1	15.2	10.9
	3501～5000 元	21.0	0.3	33.2	15.0	14.6	15.9
	5001 元及以上	27.9	0.3	32.3	13.2	14.1	12.2

表 3.48.3　2014 年南京市场各类频道在不同时段的市场占有率（%）

时间段	中央台频道	中国教育台频道	江苏省级频道	南京市级频道	其他省级卫视频道	其他频道
02:00～03:00	29.3	0.4	15.6	1.7	24.5	28.5
03:00～04:00	30.7	0.2	15.0	0.7	27.0	26.4
04:00～05:00	36.1	0.2	15.5	0.1	24.5	23.6
05:00～06:00	36.0	0.2	20.2	1.7	22.3	19.6
06:00～07:00	40.7	0.2	29.8	3.0	13.2	13.1
07:00～08:00	40.3	0.1	32.7	3.5	12.2	11.2
08:00～09:00	41.0	0.1	21.5	5.1	19.2	13.1
09:00～10:00	35.5	0.2	20.3	5.6	23.2	15.2
10:00～11:00	35.1	0.8	20.6	5.3	23.6	14.6
11:00～12:00	40.0	0.7	19.9	5.2	21.3	12.9
12:00～13:00	43.5	0.4	18.0	5.1	21.0	12.0
13:00～14:00	39.2	0.7	17.5	4.0	23.9	14.7
14:00～15:00	33.8	0.9	18.8	4.5	26.1	15.9
15:00～16:00	33.8	0.6	19.0	5.0	26.6	15.0
16:00～17:00	34.1	0.3	19.1	5.1	26.5	14.9
17:00～18:00	29.0	0.1	27.5	15.9	17.2	10.3
18:00～19:00	17.4	0.0	42.2	28.2	4.3	7.9
19:00～20:00	18.2	0.3	46.4	20.0	6.9	8.2
20:00～21:00	16.7	0.5	45.2	16.3	12.4	8.9
21:00～22:00	18.6	0.2	43.9	13.2	13.9	10.2
22:00～23:00	18.6	0.2	40.6	12.0	15.4	13.2
23:00～24:00	27.7	0.2	23.9	8.2	22.4	17.6
24:00～25:00	32.6	0.1	15.7	4.5	23.8	23.3
25:00～26:00	32.9	0.4	13.8	2.7	22.1	28.1

表 3.48.4　2014 年南京市场收视份额排名前十位的频道

名次	频道名称	收视份额(%)
1	江苏卫视	9.4
2	江苏电视台城市频道	8.6
3	江苏电视台综艺频道	5.4
4	江苏电视台影视频道	5.3
5	南京电视台新闻综合频道(一套)	3.7
6	中央电视台综合频道	3.6
7	中央台六套	3.0
7	南京电视台影视频道(二套)	3.0
7	中央台四套	3.0
10	南京电视台十八频道	2.8

表 3.48.5　2014 年南京市场各主要频道的观众构成（%）

目标观众		所有频道	主要频道				
			江苏卫视	江苏电视台城市频道	江苏电视台综艺频道	江苏电视台影视频道	南京电视台新闻综合频道（一套）
4 岁及以上所有人		100.0	100.0	100.0	100.0	100.0	100.0
性别	男	51.0	46.7	49.3	48.8	50.5	50.9
	女	49.0	53.3	50.7	51.2	49.5	49.1
年龄	4~14 岁	5.3	3.7	2.4	3.8	3.7	2.1
	15~24 岁	8.7	12.2	6.6	7.6	7.3	7.9
	25~34 岁	19.8	18.2	17.0	18.7	20.3	20.6
	35~44 岁	15.9	17.8	14.2	16.7	15.6	14.7
	45~54 岁	21.0	26.1	24.9	27.7	21.5	17.7
	55~64 岁	16.4	12.9	19.0	14.1	21.7	21.4
	65 岁及以上	12.9	9.1	15.9	11.4	9.9	15.6
教育程度	未受过正规教育	5.5	4.1	4.5	5.2	5.8	3.7
	小学	10.6	10.9	11.2	14.0	12.8	11.9
	初中	26.1	28.5	28.6	32.5	23.3	22.6
	高中	33.0	32.1	31.2	29.4	32.3	30.8
	大学及以上	24.8	24.4	24.5	18.9	25.8	31.0
职业类别	干部/管理人员	4.2	4.5	5.1	2.9	4.1	5.0
	个体/私营企业人员	7.0	7.2	5.5	7.9	10.1	7.3
	初级公务员/雇员	22.1	22.3	19.1	22.0	22.7	27.4
	工人	23.2	26.1	23.9	23.9	23.9	19.8
	学生	6.4	6.9	4.5	4.6	5.7	5.0
	无业	32.1	27.2	39.2	28.0	28.9	31.1
	其他	5.0	5.8	2.7	10.7	4.6	4.4
个人月收入	0~600 元	20.9	20.9	18.9	19.8	17.2	18.3
	601~1200 元	5.1	6.1	4.8	8.5	4.8	6.6
	1201~1700 元	6.0	5.9	6.2	6.1	6.3	5.0
	1701~2600 元	28.0	28.8	30.9	31.5	26.6	26.7
	2601~3500 元	14.6	14.5	13.9	12.7	16.2	13.8
	3501~5000 元	13.9	13.5	12.6	11.8	16.3	17.3
	5001 元及以上	11.5	10.3	12.7	9.6	12.6	12.3

表 3.48.6　2012~2014 年南京市场各类节目的播出份额（%）和收视份额（%）

节目类别	2012 年		2013 年		2014 年	
	播出份额	收视份额	播出份额	收视份额	播出份额	收视份额
财经	2.9	0.9	2.5	0.8	2.4	0.8
电视剧	20.4	35.7	20.9	34.9	20.5	34.5
电影	3.4	2.0	3.8	2.4	3.4	3.0
法制	1.2	3.4	1.3	3.7	1.2	2.9
教学	0.3	0.0	0.2	0.0	0.3	0.1
青少	6.6	2.9	6.1	3.0	6.7	3.3
生活服务	11.0	7.2	11.3	6.2	11.9	7.2
体育	2.5	2.1	2.8	1.7	3.7	2.3
外语	0.0	0.0	0.0	0.0	0.0	0.0
戏剧	0.9	0.1	0.7	0.1	0.6	0.1
新闻/时事	14.0	16.8	14.2	16.3	13.8	16.3
音乐	2.3	0.5	2.1	0.3	2.2	0.4
专题	11.9	4.7	11.1	4.5	11.4	4.1
综艺	8.8	11.2	9.2	13.2	9.4	12.1
其他	13.8	12.5	13.8	12.9	12.5	12.9

表 3.48.7　2014 年南京市场所有节目收视率排名前三十位

名次	节目名称	节目类型	播出频道	平均收视率(%)	平均占有率(%)
1	最强大脑(3 月 28 日)	综艺	江苏卫视	13.2	39.0
2	2014 第二届夏季青年奥林匹克运动会开幕式	体育	中央台五套	8.7	14.6
3	勇敢的心	电视剧	江苏卫视	8.4	17.1
4	涛女郎	电视剧	江苏卫视	8.2	18.2
5	2014 第二届夏季青年奥林匹克运动会闭幕式	体育	江苏卫视	8.1	15.0
6	非诚勿扰	综艺	江苏卫视	7.7	19.8
7	产科男医生	电视剧	江苏卫视	7.7	17.7
8	中央电视台 2014 甲午年春节联欢晚会	综艺	中央电视台综合频道	7.3	17.1
9	二炮手	电视剧	江苏卫视	7.2	16.5
10	乡村爱情圆舞曲	电视剧	江苏卫视	7.2	15.4
11	金玉良缘	电视剧	江苏卫视	7.0	15.5
12	离婚律师	电视剧	江苏卫视	7.0	14.4
13	第二次人生	电视剧	江苏卫视	6.9	15.7
14	婆媳的战国时代	电视剧	江苏电视台城市频道	6.8	15.4
15	生活启示录	电视剧	江苏卫视	6.7	15.7
16	兄弟兄弟	电视剧	江苏电视台城市频道	6.7	13.7
17	剑侠	电视剧	江苏卫视	6.6	14.3
18	杉杉来了	电视剧	江苏卫视	6.6	14.1
19	最强天团	综艺	江苏卫视	6.5	17.7
20	情定三生	电视剧	江苏电视台城市频道	6.5	14.4
21	惊心动魄之产科医生	电视剧	江苏电视台城市频道	6.5	14.0
22	爱情最美丽	电视剧	江苏卫视	6.4	13.6
23	与狼共舞二	电视剧	江苏卫视	6.2	13.7
24	中央电视台 2014 甲午年元宵晚会	综艺	中央电视台综合频道	6.2	13.3
25	烽火英雄传	电视剧	江苏电视台城市频道	6.1	13.8
26	兄弟们上	电视剧	江苏电视台城市频道	6.1	13.4
27	女汉子	电视剧	江苏电视台城市频道	6.1	12.7
28	英雄祭	电视剧	江苏电视台城市频道	6.0	14.6
29	战神	电视剧	江苏卫视	6.0	12.7
30	我爷爷和我奶奶的故事	电视剧	江苏电视台综艺频道	5.9	13.1

表 3.48.8　2014 年南京市场电视剧收视率排名前十位

名次	节目名称	播出频道	平均收视率（%）	平均占有率（%）
1	勇敢的心	江苏卫视	8.4	17.1
2	涛女郎	江苏卫视	8.2	18.2
3	产科男医生	江苏卫视	7.7	17.7
4	二炮手	江苏卫视	7.2	16.5
5	乡村爱情圆舞曲	江苏卫视	7.2	15.4
6	金玉良缘	江苏卫视	7.0	15.5
7	离婚律师	江苏卫视	7.0	14.4
8	第二次人生	江苏卫视	6.9	15.7
9	婆媳的战国时代	江苏电视台城市频道	6.8	15.4
10	生活启示录	江苏卫视	6.7	15.7

表 3.48.9　2014 年南京市场新闻节目收视率排名前十位

名次	节目名称	播出频道	平均收视率（%）	平均占有率（%）
1	零距离 2014	江苏电视台城市频道	4.6	12.5
2	直播青奥（8 月 16 日）	南京电视台新闻综合频道（一套）	4.2	11.5
3	直播南京	南京电视台新闻综合频道（一套）	3.0	10.6
4	东升工作室（1 月 1 日 ~4 月 7 日 19:00）	南京电视台新闻综合频道（一套）	2.7	7.1
5	新闻 360	江苏电视台公共频道	2.3	6.1
6	标点	南京电视台十八频道	2.2	7.1
7	江苏新时空	江苏卫视	2.2	6.9
8	新闻眼	江苏卫视	2.1	8.5
9	大刚说新闻	南京电视台新闻综合频道（一套）	2.0	11.9
10	今日关注	中央台四套	2.0	4.6

表 3.48.10　2014 年南京市场专题节目收视率排名前十位

名次	节目名称	播出频道	平均收视率（%）	平均占有率（%）
1	首届江苏方言听写大赛（8 月 3 日）	江苏电视台综艺频道	5.7	12.6
2	315 大型全媒体互动直播护航安全消费 2014	江苏电视台公共频道	3.1	9.6
3	1937 南京记忆	江苏卫视	2.6	9.5
4	电影过年映像冯小刚	江苏电视台影视频道	2.6	6.6
5	舌尖上的中国第二季	中央电视台综合频道	2.6	5.6
6	第二届江苏科技创业大赛第三届中国创新创业大赛江苏赛区颁奖仪式	南京电视台教育科技频道（六套）	2.4	4.8
7	你所不知道的中国	江苏卫视	2.0	7.5
8	中国汉字听写大会 2014（9 月 7 日）	中央电视台综合频道	1.9	3.7
9	百年潮中国梦	江苏卫视	1.7	8.0
10	超级女兵	江苏卫视	1.7	6.0

表 3.48.11　2014 年南京市场综艺节目收视率排名前十位

名次	节目名称	播出频道	平均收视率（%）	平均占有率（%）
1	最强大脑(3 月 28 日)	江苏卫视	13.2	39.0
2	非诚勿扰	江苏卫视	7.7	19.8
3	中央电视台 2014 甲午年春节联欢晚会	中央电视台综合频道	7.3	17.1
4	最强天团	江苏卫视	6.5	17.7
5	中央电视台 2014 甲午年元宵晚会	中央电视台综合频道	6.2	13.3
6	心花怒放青春盛典暨震撼一条龙十周年纪念晚会	江苏电视台综艺频道	5.5	11.8
7	离婚律师之斗智情缘	江苏卫视	5.0	10.1
8	明星到我家	江苏卫视	4.6	16.2
9	带你看星星	江苏卫视	3.5	12.6
10	综艺兄弟连	江苏电视台综艺频道	3.4	8.5

表 3.48.12　2014 年南京市场体育节目收视率排名前十位

名次	节目名称	播出频道	平均收视率（%）	平均占有率（%）
1	2014 第二届夏季青年奥林匹克运动会开幕式	中央台五套	8.7	14.6
2	2014 第二届夏季青年奥林匹克运动会闭幕式	江苏卫视	8.1	15.0
3	青奥来了	南京电视台新闻综合频道(一套)	4.9	11.2
4	我爱世界杯:2014 年世界杯小组赛 D 组(英格兰 VS 意大利)	中央台五套	4.6	55.4
5	2014 年仁川亚运会男子 100 米决赛	中央台五套	3.7	8.1
6	青春盛会精彩绽放第二届夏季青年奥林匹克运动会开幕特别节目	江苏电视台公共频道	3.5	7.2
7	2014 年索契冬奥会短道速滑男子 1000 米决赛	中央台五套	3.3	7.1
8	直播周末:2014 年澳大利亚网球公开赛女单决赛	中央台五套	3.2	17.4
9	2014 年仁川亚运会男子 4×100 米混合接力决赛	中央台五套	2.9	6.5
10	2014 年青奥会女子七人制橄榄球小组赛	中央台五套	2.9	5.8

四十九、南宁收视数据

表 3.49.1　2010～2014 年南宁市场各类频道的市场占有率（%）

频道类别	年份				
	2010 年	2011 年	2012 年	2013 年	2014 年
中央台频道	34.9	29.6	31.9	35.4	32.7
中国教育台频道	0.6	0.8	0.8	0.5	0.1
广西壮族自治区级频道	25.1	31.0	30.7	28.8	30.2
南宁市级频道	19.5	13.2	10.4	11.7	10.5
其他省级卫视频道	16.4	18.4	21.0	19.4	20.3
其他频道	3.5	6.9	5.2	4.2	6.2

表 3.49.2　2014 年南宁市场各类频道在不同目标观众中的市场占有率（%）

目标观众		中央台频道	中国教育台频道	广西壮族自治区级频道	南宁市级频道	其他省级卫视频道	其他频道
4 岁及以上所有人		32.7	0.1	30.2	10.5	20.3	6.2
性别	男	35.1	0.1	31.6	9.7	16.6	6.9
	女	30.3	0.1	28.8	11.3	24.2	5.3
年龄	4～14 岁	28.3	0.1	24.1	8.2	34.4	4.9
	15～24 岁	28.0	0.2	34.4	7.3	19.7	10.4
	25～34 岁	30.4	0.1	26.7	12.5	23.3	7.0
	35～44 岁	34.5	0.2	30.4	9.7	18.9	6.3
	45～54 岁	32.8	0.1	34.4	9.5	16.7	6.5
	55～64 岁	34.6	0.1	31.1	13.0	15.9	5.3
	65 岁及以上	39.8	0.1	31.6	11.4	14.6	2.5
教育程度	未受过正规教育	27.2	0.0	31.9	7.9	28.5	4.5
	小学	29.3	0.1	31.9	13.2	22.2	3.3
	初中	28.7	0.2	39.9	8.4	14.9	7.9
	高中	35.5	0.1	24.4	11.9	21.7	6.4
	大学及以上	40.1	0.1	21.9	10.3	21.8	5.8
职业类别	干部/管理人员	38.4	0.1	31.1	6.5	17.1	6.8
	个体/私营企业人员	34.1	0.1	28.0	9.4	21.6	6.8
	初级公务员/雇员	33.5	0.1	26.2	11.1	21.0	8.1
	工人	32.5	0.2	26.2	16.7	17.1	7.3
	学生	30.3	0.1	27.2	7.5	30.1	4.8
	无业	34.6	0.1	28.4	10.7	21.3	4.9
	其他	25.3	0.2	47.1	9.7	12.1	5.6
个人月收入	0～600 元	28.4	0.1	33.2	9.1	24.3	4.9
	601～1200 元	28.8	0.2	36.3	12.4	16.2	6.1
	1201～1700 元	33.6	0.2	28.9	10.5	21.0	5.8
	1701～2600 元	37.8	0.1	26.4	12.4	15.2	8.1
	2601～3500 元	39.9	0.1	23.7	12.9	18.6	4.8
	3501～5000 元	36.9	0.1	23.7	6.9	23.5	8.9
	5001 元及以上	35.5	0.0	31.4	4.9	23.2	5.0

表 3.49.3　2014 年南宁市场各类频道不同时段的市场占有率（%）

时间段	中央台频道	中国教育台频道	广西壮族自治区级频道	南宁市级频道	其他省级卫视频道	其他频道
02:00～03:00	40.9	0.9	19.2	1.5	24.9	12.6
03:00～04:00	42.0	0.3	21.3	0.6	22.7	13.1
04:00～05:00	52.4	0.2	18.3	0.4	18.7	10.0
05:00～06:00	49.8	0.1	20.4	0.6	18.8	10.3
06:00～07:00	55.5	0.1	20.7	1.2	15.3	7.2
07:00～08:00	52.0	0.1	18.1	3.6	18.3	7.9
08:00～09:00	44.7	0.2	25.1	5.1	17.1	7.8
09:00～10:00	39.8	0.1	24.0	4.6	22.5	9.0
10:00～11:00	40.4	0.2	20.8	3.9	25.6	9.1
11:00～12:00	44.1	0.2	21.2	3.2	23.7	7.6
12:00～13:00	47.7	0.1	22.2	4.0	19.6	6.4
13:00～14:00	41.1	0.2	23.9	3.6	23.1	8.1
14:00～15:00	37.9	0.2	23.8	2.9	25.6	9.6
15:00～16:00	36.2	0.1	23.2	2.9	27.7	9.9
16:00～17:00	36.5	0.1	22.5	2.6	28.2	10.1
17:00～18:00	41.6	0.0	20.6	7.8	22.9	7.1
18:00～19:00	32.6	0.0	36.2	13.4	13.1	4.7
19:00～20:00	26.3	0.1	37.4	20.5	12.1	3.6
20:00～21:00	25.0	0.1	38.6	16.6	15.7	4.0
21:00～22:00	26.8	0.2	37.3	11.4	20.2	4.1
22:00～23:00	27.2	0.2	27.7	11.4	28.1	5.4
23:00～24:00	29.2	0.1	25.8	9.5	28.0	7.4
24:00～25:00	37.6	0.1	26.2	5.9	20.7	9.5
25:00～26:00	41.5	0.4	23.6	3.7	20.0	10.8

表 3.49.4　2014 年南宁市场收视份额排名前十位的频道

名次	频道名称	收视份额(%)
1	广西电视台综艺频道	10.6
2	中央电视台综合频道	5.7
2	广西电视台卫星频道	5.7
4	南宁电视台新闻综合频道	4.5
5	中央电视台新闻频道	3.9
6	广西电视台科教频道	3.8
6	广西电视台都市频道	3.8
6	广西电视台新闻频道	3.8
9	湖南卫视	3.5
9	中央台五套	3.5

表 3.49.5　2014 年南宁市场各主要频道的观众构成（%）

目标观众		所有频道	主要频道				
			广西电视台综艺频道	中央电视台综合频道	广西电视台卫星频道	南宁电视台新闻综合频道	中央电视台新闻频道
4 岁及以上所有人		100.0	100.0	100.0	100.0	100.0	100.0
性别	男	50.6	53.2	51.0	53.5	46.5	58.5
	女	49.4	46.8	49.0	46.5	53.5	41.5
年龄	4～14 岁	11.9	12.3	12.7	5.6	10.6	5.0
	15～24 岁	7.0	6.1	6.9	12.4	4.2	4.8
	25～34 岁	19.2	16.7	20.3	12.2	22.2	15.2
	35～44 岁	17.9	13.6	16.1	23.0	15.6	19.0
	45～54 岁	19.5	28.9	17.5	10.3	15.2	21.3
	55～64 岁	14.3	10.9	14.8	28.6	16.6	18.1
	65 岁及以上	10.2	11.5	11.7	7.9	15.6	16.6
教育程度	未受过正规教育	7.9	11.4	8.7	5.9	8.6	3.5
	小学	15.0	21.2	15.5	8.1	19.5	3.5
	初中	29.6	39.8	22.7	49.0	24.4	18.1
	高中	29.3	20.4	31.0	23.8	31.8	47.4
	大学及以上	18.2	7.2	22.0	13.1	15.8	27.4
职业类别	干部/管理人员	3.6	1.1	5.6	8.3	2.1	5.3
	个体/私营企业人员	19.6	16.5	17.1	16.4	15.8	24.1
	初级公务员/雇员	13.5	7.0	12.1	16.7	14.6	15.7
	工人	9.7	9.4	11.5	5.3	12.4	6.3
	学生	8.6	7.5	9.0	4.7	5.5	4.1
	无业	31.7	26.6	31.9	35.8	36.6	37.8
	其他	13.2	32.0	12.8	12.8	12.9	6.7
个人月收入	0～600 元	31.5	44.2	34.1	29.3	27.6	21.1
	601～1200 元	15.2	22.4	11.2	12.9	19.0	10.3
	1201～1700 元	17.2	13.7	18.7	17.3	18.0	14.2
	1701～2600 元	18.7	11.0	21.4	24.5	23.6	24.3
	2601～3500 元	7.7	4.8	7.3	4.5	7.8	12.5
	3501～5000 元	6.2	1.9	4.9	6.8	2.6	12.5
	5001 元及以上	3.5	1.9	2.4	4.7	1.3	5.3

表 3.49.6　2012～2014 年南宁市场各类节目的播出份额（%）和收视份额（%）

节目类别	2012 年		2013 年		2014 年	
	播出份额	收视份额	播出份额	收视份额	播出份额	收视份额
财经	2.2	0.9	1.9	0.8	1.7	0.5
电视剧	21.2	32.5	23.0	31.4	22.0	30.9
电影	4.7	5.1	4.8	4.0	4.5	5.2
法制	1.3	2.4	1.2	2.2	1.8	4.1
教学	0.3	0.1	0.2	0.0	0.2	0.0
青少	6.8	6.6	6.4	7.5	6.7	7.0
生活服务	8.5	6.7	8.9	6.5	9.8	6.9
体育	1.5	2.7	1.8	2.0	2.7	3.0
外语	0.0	0.0	0.0	0.0	0.0	0.0
戏剧	1.0	0.1	0.8	0.1	0.7	0.1
新闻/时事	15.1	13.5	15.5	16.4	15.0	14.0
音乐	2.6	0.9	2.4	0.9	2.4	0.9
专题	11.8	7.0	10.6	6.3	11.7	5.8
综艺	9.1	9.7	8.5	9.4	8.3	9.2
其他	14.0	12.0	14.0	12.3	12.5	12.4

表 3.49.7　2014 年南宁市场所有节目收视率排名前三十位

名次	节目名称	节目类型	播出频道	平均收视率(%)	平均占有率(%)
1	中央电视台 2014 甲午年春节联欢晚会	综艺	中央电视台综合频道	10.9	25.0
2	终极任务	电视剧	广西电视台综艺频道	8.9	23.4
3	军刺	电视剧	广西电视台综艺频道	7.3	22.5
4	飞哥大英雄	电视剧	广西电视台综艺频道	7.2	21.7
5	冷枪手	电视剧	广西电视台综艺频道	7.2	21.5
6	神偷侠盗	电视剧	广西电视台综艺频道	7.0	21.5
7	我爱世界杯:2014 年巴西世界杯决赛(德国 VS 阿根廷)	体育	中央台五套	6.7	81.9
8	搏杀 1937	电视剧	广西电视台综艺频道	6.7	20.5
9	双谍	电视剧	广西电视台综艺频道	6.7	20.1
10	杀破狼	电视剧	广西电视台综艺频道	6.7	18.7
11	神箭	电视剧	广西电视台综艺频道	6.5	18.4
12	战旗飘飘二	电视剧	广西电视台综艺频道	6.3	19.3
13	兄弟们上	电视剧	广西电视台综艺频道	6.3	18.3
14	利箭纵横	电视剧	广西电视台综艺频道	6.3	17.3
15	孤胆英雄(第 41、42 集)	电视剧	广西电视台综艺频道	6.2	18.7
16	神镖	电视剧	广西电视台综艺频道	6.2	18.4
17	决战蓉城	电视剧	广西电视台综艺频道	6.2	17.6
18	绝地	电视剧	广西电视台综艺频道	5.7	17.7
19	屠狼刀	电视剧	广西电视台综艺频道	5.7	17.3
20	剿匪突击队	电视剧	广西电视台综艺频道	5.6	17.4
21	铁血兄弟连	电视剧	广西电视台综艺频道	5.6	17.3
22	东北剿匪记	电视剧	广西电视台综艺频道	5.6	16.6
23	战旗飘飘	电视剧	广西电视台综艺频道	5.4	18.2
24	勇士之城	电视剧	广西电视台综艺频道	5.4	17.6
25	穿越火线	电视剧	广西电视台综艺频道	5.3	17.3
26	剑刃小鬼子	电视剧	广西电视台综艺频道	5.3	15.8
27	我的抗战之铁血轻奇兵	电视剧	广西电视台综艺频道	5.2	16.0
28	特战神兵	电视剧	广西电视台综艺频道	5.2	15.1
29	抗倭侠侣	电视剧	广西电视台综艺频道	5.1	15.3
30	2014 年仁川亚运会男子 4×100 米混合接力决赛	体育	中央台五套	5.0	15.9

表 3.49.8　2014 年南宁市场电视剧收视率排名前十位

名次	节目名称	播出频道	平均收视率（%）	平均占有率（%）
1	终极任务	广西电视台综艺频道	8.9	23.4
2	军刺	广西电视台综艺频道	7.3	22.5
3	飞哥大英雄	广西电视台综艺频道	7.2	21.7
4	冷枪手	广西电视台综艺频道	7.2	21.5
5	神偷侠盗	广西电视台综艺频道	7.0	21.5
6	搏杀 1937	广西电视台综艺频道	6.7	20.5
7	双谍	广西电视台综艺频道	6.7	20.1
8	杀破狼	广西电视台综艺频道	6.7	18.7
9	神箭	广西电视台综艺频道	6.5	18.4
10	战旗飘飘二	广西电视台综艺频道	6.3	19.3

表 3.49.9　2014 年南宁市场新闻节目收视率排名前十位

名次	节目名称	播出频道	平均收视率（%）	平均占有率（%）
1	转播中央台新闻联播	南宁电视台新闻综合频道	3.4	11.7
2	新闻夜班	南宁电视台新闻综合频道	3.1	9.3
3	习近平主席在欧洲学院发表重要演讲	中央电视台综合频道	3.0	9.6
4	金旺角精彩之夜大地飞歌 2014 直播特别报道	广西电视台综艺频道	2.6	9.5
5	夜班 1 周	南宁电视台新闻综合频道	2.5	7.3
6	在线大搜索	广西电视台新闻频道	2.3	9.1
7	守望相助，共创中蒙关系发展新时代——习近平在蒙古国家大呼拉尔的演讲	中央电视台综合频道	2.2	5.8
8	盛会亮亮点	广西电视台新闻频道	1.8	5.8
9	新闻在线	广西电视台新闻频道	1.8	5.4
10	焦点访谈	中央电视台综合频道	1.5	4.6

表 3.49.10　2014 年南宁市场专题节目收视率排名前十位

名次	节目名称	播出频道	平均收视率（%）	平均占有率（%）
1	中国汉字听写大会 2014（8 月 17 日）	中央电视台综合频道	3.0	9.2
2	寻找最美乡村医生大型公益活动	中央电视台综合频道	2.3	6.2
3	中央电视台特别节目：一桥飞架中欧	中央电视台综合频道	2.2	6.1
4	中国谜语大会（2 月 11 日）	中央电视台综合频道	2.2	5.9
5	一年级	湖南卫视	2.1	11.1
6	舌尖上的中国第二季	中央电视台综合频道	2.1	6.6
7	一场别开生面的座谈会——习近平总书记主持召开文艺工作座谈会侧记	中央电视台综合频道	2.1	6.5
8	老友倾计之真情追踪	南宁电视台都市生活频道	2.1	6.3
9	感动中国 2013 年度人物颁奖盛典	中央电视台综合频道	1.8	4.6
10	中央电视台特别节目：一带一路千年的时空穿越	中央电视台综合频道	1.5	4.3

表 3.49.11　2014 年南宁市场综艺节目收视率排名前十位

名次	节目名称	播出频道	平均收视率(%)	平均占有率(%)
1	中央电视台 2014 甲午年春节联欢晚会	中央电视台综合频道	10.9	25.0
2	开学第一课	中央电视台综合频道	4.8	12.2
3	中央电视台 2014 甲午年元宵晚会	中央电视台综合频道	4.3	11.9
4	星光大道(1 月 31 日)	中央电视台综合频道	3.8	11.4
5	爸爸去哪儿第二季	湖南卫视	3.5	15.4
6	出彩中国人(2 月 9 日)	中央电视台综合频道	3.5	9.1
7	梦想星搭档总冠军之夜为爱而歌为公益而唱	中央电视台综合频道	3.1	8.9
8	我是歌手(1 月 3 日)	湖南卫视	3.1	8.8
9	2014 综艺新春喜乐汇	广西电视台综艺频道	3.0	10.8
10	寻找刘三姐去唱歌给全世界的人听广西赛区选拔赛 10 进 6	广西电视台综艺频道	2.8	11.0

表 3.49.12　2014 年南宁市场体育节目收视率排名前十位

名次	节目名称	播出频道	平均收视率(%)	平均占有率(%)
1	我爱世界杯:2014 年巴西世界杯决赛(德国 VS 阿根廷)	中央台五套	6.7	81.9
2	2014 年仁川亚运会男子 4 × 100 米混合接力决赛	中央台五套	5.0	15.9
3	2014 年仁川亚运会举重男子 69 公斤级挺举	中央台五套	4.0	12.2
4	2014 年仁川亚运会男子 4 × 100 米自由泳接力颁奖仪式	中央台五套	3.9	11.9
5	2014 年仁川亚运会男子 110 米栏决赛	中央台五套	3.9	11.4
6	黄金赛场:2014 年亚冠联赛 1/8 决赛次回合(大阪樱花 VS 广州恒大)	中央台五套	3.8	11.2
7	2014 年仁川亚运会体操男子自由操决赛	中央台五套	3.5	11.2
8	黄金赛场:2013/2014 赛季中国男子篮球职业联赛半决赛第五场(广东东莞银行 VS 北京金隅)	中央台五套	3.5	10.0
9	实况录像:2014 年世界女排锦标赛复赛第三阶段(中国队 VS 多米尼加队)	中央台五套	3.3	9.7
10	2014 年仁川亚运会羽毛球男子单打半决赛	中央台五套	3.1	10.4

五十、宁波收视数据

表 3.50.1 2010～2014 年宁波市场各类频道的市场占有率（%）

频道类别	年份				
	2010 年	2011 年	2012 年	2013 年	2014 年
中央台频道	31.5	31.0	31.6	30.4	29.7
中国教育台频道	0.7	1.0	0.8	0.8	0.5
浙江省级频道	20.2	15.7	16.9	12.8	12.9
宁波市级频道	27.8	25.9	20.6	23.6	21.4
其他省级卫视频道	16.0	19.9	21.6	22.9	24.0
其他频道	3.8	6.5	8.5	9.5	11.5

表 3.50.2 2014 年宁波市场各类频道在不同目标观众中的市场占有率（%）

目标观众		中央台频道	中国教育台频道	浙江省级频道	宁波市级频道	其他省级卫视频道	其他频道
4 岁及以上所有人		29.7	0.5	12.9	21.4	24.0	11.5
性别	男	34.9	0.5	12.3	19.3	21.7	11.3
	女	23.9	0.5	13.5	23.6	26.5	12.0
年龄	4～14 岁	40.5	0.2	7.6	11.2	29.8	10.7
	15～24 岁	20.5	0.5	13.1	12.3	38.3	15.3
	25～34 岁	26.3	0.4	17.3	16.6	22.8	16.6
	35～44 岁	33.7	0.5	12.0	20.5	23.1	10.2
	45～54 岁	28.5	0.5	13.7	20.3	23.7	13.3
	55～64 岁	28.9	0.4	11.6	27.2	23.7	8.2
	65 岁及以上	31.3	0.7	12.2	32.9	14.7	8.2
教育程度	未受过正规教育	48.3	0.2	7.1	22.0	13.5	8.9
	小学	30.9	0.7	11.5	27.6	19.1	10.2
	初中	26.8	0.5	13.8	22.5	25.0	11.4
	高中	28.5	0.5	12.1	16.6	28.2	14.1
	大学及以上	32.5	0.3	14.4	17.2	24.7	10.9
职业类别	干部/管理人员	42.7	0.3	10.0	22.2	16.1	8.7
	个体/私营企业人员	25.6	0.6	13.6	23.1	23.5	13.6
	初级公务员/雇员	29.2	0.4	13.0	20.8	23.8	12.8
	工人	30.3	0.6	16.5	17.5	23.3	11.8
	学生	26.5	0.4	9.6	10.0	41.9	11.6
	无业	32.0	0.4	11.7	26.3	20.8	8.8
	其他	25.1	1.7	16.6	15.1	22.7	18.8
个人月收入	0～600 元	29.2	0.6	13.0	15.6	31.1	10.5
	601～1200 元	28.2	0.5	9.5	29.7	16.0	16.1
	1201～1700 元	26.2	0.4	16.1	24.0	19.9	13.4
	1701～2600 元	26.0	0.5	13.0	27.0	23.7	9.8
	2601～3500 元	31.1	0.4	13.7	18.9	22.3	13.6
	3501～5000 元	32.4	0.4	11.2	24.3	23.5	8.2
	5001 元及以上	37.4	0.6	11.1	12.3	25.8	12.8

表 3.50.3　2014 年宁波市场各类频道在不同时段的市场占有率（%）

时间段	中央台频道	中国教育台频道	浙江省级频道	宁波市级频道	其他省级卫视频道	其他频道
02:00～03:00	35.2	0.8	11.5	8.4	24.2	19.9
03:00～04:00	36.3	0.5	11.2	9.1	22.3	20.6
04:00～05:00	40.3	0.5	9.5	8.3	20.8	20.6
05:00～06:00	38.8	0.6	8.2	8.3	27.4	16.7
06:00～07:00	48.0	0.5	6.7	6.8	24.6	13.4
07:00～08:00	46.3	0.2	9.2	5.4	28.1	10.8
08:00～09:00	40.7	0.2	10.7	11.0	25.8	11.6
09:00～10:00	37.5	0.2	10.6	10.1	29.4	12.2
10:00～11:00	36.9	0.6	10.6	10.3	29.9	11.7
11:00～12:00	39.2	0.6	9.6	8.4	30.9	11.3
12:00～13:00	34.8	0.5	8.4	11.8	32.2	12.3
13:00～14:00	34.6	0.6	8.5	9.3	33.5	13.5
14:00～15:00	31.7	0.7	8.3	12.0	33.1	14.2
15:00～16:00	33.3	0.5	8.4	10.5	34.1	13.2
16:00～17:00	32.1	0.2	9.7	11.9	33.8	12.3
17:00～18:00	33.8	0.2	9.7	19.7	25.3	11.3
18:00～19:00	29.9	0.1	14.6	34.7	8.7	12.0
19:00～20:00	24.1	0.4	21.6	33.3	11.2	9.4
20:00～21:00	23.5	0.8	16.9	28.4	21.4	9.0
21:00～22:00	23.9	0.6	11.3	28.4	25.7	10.1
22:00～23:00	25.1	0.6	12.4	20.8	29.2	11.9
23:00～24:00	27.5	0.2	9.8	16.2	31.7	14.6
24:00～25:00	32.6	0.2	11.8	12.4	26.7	16.3
25:00～26:00	34.6	0.5	14.1	8.4	24.7	17.7

表 3.50.4　2014 年宁波市场收视份额排名前十位的频道

名次	频道名称	收视份额(%)
1	宁波电视台三套(都市文体频道)	6.9
2	宁波电视台二套(经济生活频道)	5.3
3	浙江卫视	4.3
4	湖南卫视	4.2
5	宁波电视台四套(影视剧频道)	3.6
5	宁波电视台一套(新闻综合频道)	3.6
7	中央台五套	3.5
8	中央电视台新闻频道	3.4
8	中央电视台综合频道	3.4
10	中央台六套	3.0

表 3.50.5 2014 年宁波市场各主要频道的观众构成（%）

目标观众		所有频道	主要频道				
			宁波电视台三套（都市文体频道）	宁波电视台二套（经济生活频道）	浙江卫视	湖南卫视	宁波电视台四套（影视剧频道）
4 岁及以上所有人		100.0	100.0	100.0	100.0	100.0	100.0
性别	男	51.9	42.9	39.4	46.3	33.3	51.9
	女	48.1	57.1	60.6	53.7	66.7	48.1
年龄	4～14 岁	5.7	1.0	1.4	5.4	10.0	0.9
	15～24 岁	8.8	4.8	3.9	11.0	27.5	5.2
	25～34 岁	12.8	9.9	12.1	20.4	16.3	6.4
	35～44 岁	20.1	19.7	21.5	20.2	19.8	19.1
	45～54 岁	23.1	20.4	20.5	23.7	15.0	24.1
	55～64 岁	17.4	23.8	23.2	11.7	8.5	20.2
	65 岁及以上	12.1	20.4	17.4	7.6	2.9	24.1
教育程度	未受过正规教育	2.9	2.3	2.7	2.8	1.2	0.6
	小学	21.0	30.4	25.7	13.2	12.7	31.7
	初中	37.4	38.2	38.4	37.1	35.6	38.4
	高中	20.5	14.0	15.0	21.6	27.0	17.4
	大学及以上	18.2	15.1	18.2	25.3	23.5	11.9
职业类别	干部/管理人员	1.9	2.5	3.4	2.2	1.4	0.5
	个体/私营企业人员	10.8	12.3	13.2	9.5	7.6	11.3
	初级公务员/雇员	35.7	35.0	37.1	41.9	40.3	29.5
	工人	11.5	9.5	9.0	15.9	11.6	11.6
	学生	7.4	2.6	2.1	7.5	23.0	2.6
	无业	30.0	35.9	34.1	21.8	13.7	42.7
	其他	2.7	2.2	1.1	1.2	2.4	1.8
个人月收入	0～600 元	17.2	9.1	9.8	15.9	29.0	12.4
	601～1200 元	5.7	10.3	6.1	3.2	4.7	8.2
	1201～1700 元	10.4	10.6	14.0	7.4	8.8	12.6
	1701～2600 元	24.5	35.0	34.7	26.0	23.5	29.8
	2601～3500 元	21.2	17.6	17.2	28.0	17.2	15.1
	3501～5000 元	10.5	12.8	13.0	10.1	10.8	12.8
	5001 元及以上	10.5	4.6	5.2	9.4	6.0	9.1

表 3.50.6 2012～2014 年宁波市场各类节目的播出份额（%）和收视份额（%）

节目类别	2012 年		2013 年		2014 年	
	播出份额	收视份额	播出份额	收视份额	播出份额	收视份额
财经	2.2	0.9	1.9	0.8	1.7	0.8
电视剧	21.5	32.1	22.1	30.8	20.7	31.3
电影	3.6	3.4	4.3	4.1	4.1	4.2
法制	0.7	0.4	0.7	0.4	0.9	0.4
教学	0.3	0.1	0.3	0.0	0.2	0.0
青少	7.4	3.7	6.8	3.6	7.1	4.2
生活服务	9.8	7.6	10.0	7.2	11.0	7.8
体育	1.5	2.5	1.8	2.4	2.7	3.1
外语	0.0	0.0	0.0	0.0	0.0	0.0
戏剧	1.0	0.3	0.7	0.3	0.7	0.3
新闻/时事	15.0	12.4	15.2	13.0	15.1	13.1
音乐	2.5	0.7	2.3	0.6	2.4	0.6
专题	11.8	11.6	10.8	10.5	11.9	9.1
综艺	8.6	12.5	8.7	13.6	8.7	12.6
其他	14.1	11.8	14.4	12.7	12.8	12.5

表 3.50.7　2014 年宁波市场所有节目收视率排名前三十位

名次	节目名称	节目类型	播出频道	平均收视率(%)	平均占有率(%)
1	中国好声音(7 月 25 日)	综艺	浙江卫视	9.1	31.3
2	2014 年仁川亚运会男子 100 米决赛	体育	中央台五套	5.8	21.4
3	2014 年仁川亚运会男子 200 米仰泳决赛	体育	中央台五套	5.5	26.0
4	天堂不相信眼泪	电视剧	宁波电视台二套(经济生活频道)	5.4	18.5
5	药行街	电视剧	宁波电视台三套(都市文体频道)	5.2	18.2
6	乡音乡情情系观众——宁波电视台建台三十周年文艺晚会	综艺	宁波电视台三套(都市文体频道)	5.0	19.2
7	娘心	电视剧	宁波电视台三套(都市文体频道)	5.0	17.2
8	中央电视台 2014 甲午年春节联欢晚会	综艺	中央台三套	4.8	12.7
9	有爱就有家	电视剧	宁波电视台二套(经济生活频道)	4.4	16.7
10	夏家三千金	电视剧	宁波电视台二套(经济生活频道)	4.1	14.6
11	大漠枪神	电视剧	宁波电视台三套(都市文体频道)	4.0	13.9
12	我爱世界杯:2014 年巴西世界杯 D 组赛(英格兰 VS 意大利)	体育	中央台五套	3.9	55.1
13	奔跑吧兄弟	综艺	浙江卫视	3.9	17.6
14	情系百姓	戏剧	宁波电视台三套(都市文体频道)	3.9	15.2
15	讲大道(18:45)	专题	宁波电视台三套(都市文体频道)	3.8	16.4
16	防御台风凤凰特别节目	新闻/时事	宁波电视台一套(新闻综合频道)	3.7	17.3
17	中央电视台 2014 甲午年元宵晚会	综艺	中央台三套	3.7	11.3
18	2014 年索契冬奥会短道速滑女子 3000 米接力半决赛	体育	中央台五套	3.7	10.4
19	反击	电视剧	宁波电视台三套(都市文体频道)	3.6	11.8
20	我是歌手歌王之战	综艺	湖南卫视	3.5	16.5
21	2014 年仁川亚运会举重女子 75 公斤以上级决赛	体育	中央台五套	3.5	11.8
22	隋唐英雄	电视剧	宁波电视台三套(都市文体频道)	3.5	11.4
23	奔跑吧 2015 跨年晚会	综艺	浙江卫视	3.4	13.8
24	警界英豪	电视剧	宁波电视台二套(经济生活频道)	3.4	12.9

续表

名次	节目名称	节目类型	播出频道	平均收视率（%）	平均占有率（%）
25	2014年仁川亚运会男子4×100米自由泳接力颁奖仪式	体育	中央台五套	3.3	12.3
26	宫锁连城	电视剧	湖南卫视	3.2	12.0
27	得月街	电视剧	宁波电视台三套（都市文体频道）	3.1	12.5
28	城市1对1	专题	宁波电视台三套（都市文体频道）	3.1	12.2
29	2014年仁川亚运会羽毛球男子单打半决赛	体育	中央台五套	3.1	10.5
30	直播周末：2014年澳大利亚网球公开赛女单决赛	体育	中央台五套	3.0	22.0

表3.50.8　2014年宁波市场电视剧收视率排名前十位

名次	节目名称	播出频道	平均收视率（%）	平均占有率（%）
1	天堂不相信眼泪	宁波电视台二套（经济生活频道）	5.4	18.5
2	药行街	宁波电视台三套（都市文体频道）	5.2	18.2
3	娘心	宁波电视台三套（都市文体频道）	5.0	17.2
4	有爱就有家	宁波电视台二套（经济生活频道）	4.4	16.7
5	夏家三千金	宁波电视台二套（经济生活频道）	4.1	14.6
6	大漠枪神	宁波电视台三套（都市文体频道）	4.0	13.9
7	反击	宁波电视台三套（都市文体频道）	3.6	11.8
8	隋唐英雄	宁波电视台三套（都市文体频道）	3.5	11.4
9	警界英豪	宁波电视台二套（经济生活频道）	3.4	12.9
10	宫锁连城	湖南卫视	3.2	12.0

表3.50.9　2014年宁波市场新闻节目收视率排名前十位

名次	节目名称	播出频道	平均收视率（%）	平均占有率（%）
1	防御台风凤凰特别节目	宁波电视台一套（新闻综合频道）	3.7	17.3
2	来发讲啥西	宁波电视台二套（经济生活频道）	2.8	9.3
3	看看看	宁波电视台一套（新闻综合频道）	1.9	10.2
4	特别节目直击凤凰	浙江卫视	1.8	10.2
5	关注马航失联客机特别报道	中央台四套	1.6	8.6
6	聚焦APEC	中央电视台新闻频道	1.6	7.8
7	习近平在韩国首尔大学发表演讲	中央电视台新闻频道	1.6	5.2
8	李克强总理会见中外记者并回答提问	中央电视台综合频道	1.5	5.0
9	特别节目华尔街阿里来了	浙江卫视	1.4	13.8
10	今日关注	中央台四套	1.4	5.7

表 3.50.10　2014 年宁波市场专题节目收视率排名前十位

名次	节目名称	播出频道	平均收视率(%)	平均占有率(%)
1	讲大道(18:45)	宁波电视台三套(都市文体频道)	3.8	16.4
2	城市 1 对 1	宁波电视台三套(都市文体频道)	3.1	12.2
3	舌尖上的中国第二季	中央电视台综合频道	2.7	9.0
4	阿磊讲故事	宁波电视台二套(经济生活频道)	2.4	10.4
5	娘舅大石头	宁波电视台二套(经济生活频道)	2.4	7.8
6	互联网之光	浙江卫视	2.3	11.8
7	科普闯关	宁波电视台三套(都市文体频道)	2.1	10.0
8	天下宁波帮	宁波电视台二套(经济生活频道)	1.9	6.1
9	中国谜语大会(2 月 13 日)	中央电视台综合频道	1.9	5.4
10	千亿启航再创辉煌——2014 宁波外贸提质增效主题活动	宁波电视台一套(新闻综合频道)	1.6	5.4

表 3.50.11　2014 年宁波市场综艺节目收视率排名前十位

名次	节目名称	播出频道	平均收视率(%)	平均占有率(%)
1	中国好声音(7 月 25 日)	浙江卫视	9.1	31.3
2	乡音乡情情系观众——宁波电视台建台三十周年文艺晚会	宁波电视台三套(都市文体频道)	5.0	19.2
3	中央电视台 2014 甲午年春节联欢晚会	中央台三套	4.8	12.7
4	奔跑吧兄弟	浙江卫视	3.9	17.6
5	中央电视台 2014 甲午年元宵晚会	中央台三套	3.7	11.3
6	我是歌手歌王之战	湖南卫视	3.5	16.5
7	奔跑吧 2015 跨年晚会	浙江卫视	3.4	13.8
8	爸爸去哪儿第二季	湖南卫视	3.0	17.0
9	开学第一课	中央电视台综合频道	3.0	9.6
10	中国好舞蹈年度盛典	浙江卫视	2.9	12.3

表 3.50.12 2014 年宁波市场体育节目收视率排名前十位

名次	节目名称	播出频道	平均收视率（%）	平均占有率（%）
1	2014 年仁川亚运会男子 100 米决赛	中央台五套	5.8	21.4
2	2014 年仁川亚运会男子 200 米仰泳决赛	中央台五套	5.5	26.0
3	我爱世界杯:2014 年巴西世界杯 D 组赛（英格兰 VS 意大利）	中央台五套	3.9	55.1
4	2014 年索契冬奥会短道速滑女子 3000 米接力半决赛	中央台五套	3.7	10.4
5	2014 年仁川亚运会举重女子 75 公斤以上级决赛	中央台五套	3.5	11.8
6	2014 年仁川亚运会男子 4 × 100 米自由泳接力颁奖仪式	中央台五套	3.3	12.3
7	2014 年仁川亚运会羽毛球男子单打半决赛	中央台五套	3.1	10.5
8	直播周末:2014 年澳大利亚网球公开赛女单决赛	中央台五套	3.0	22.0
9	2014 年仁川亚运会女子沙滩排球决赛	中央台五套	2.9	10.1
10	2014 年仁川亚运会乒乓球男团决赛	中央台五套	2.8	9.6

五十一、青岛收视数据

表 3.51.1　2010～2014 年青岛市场各类频道的市场占有率（%）

频道类别	年份				
	2010 年	2011 年	2012 年	2013 年	2014 年
中央台频道	31.3	32.0	31.3	32.6	33.8
中国教育台频道	0.4	0.3	0.2	0.2	0.2
山东省级频道	19.0	17.9	20.1	17.0	19.9
青岛市级频道	19.7	22.4	20.4	22.7	21.6
其他省级卫视频道	21.9	21.9	22.7	23.2	20.4
其他频道	7.8	5.5	5.3	4.3	4.1

表 3.51.2　2014 年青岛市场各类频道在不同目标观众中的市场占有率（%）

目标观众		中央台频道	中国教育台频道	山东省级频道	青岛市级频道	其他省级卫视频道	其他频道
4 岁及以上所有人		33.8	0.2	19.9	21.6	20.4	4.1
性别	男	36.5	0.2	18.9	20.8	19.3	4.3
	女	31.2	0.2	20.9	22.4	21.5	3.8
年龄	4～14 岁	33.2	0.4	15.1	15.0	32.7	3.6
	15～24 岁	28.7	0.2	16.4	20.5	30.3	3.9
	25～34 岁	33.4	0.1	16.5	19.6	24.9	5.5
	35～44 岁	37.6	0.4	17.7	18.1	22.6	3.7
	45～54 岁	30.3	0.2	18.0	25.8	20.4	5.4
	55～64 岁	36.4	0.2	26.1	17.5	16.4	3.5
	65 岁及以上	35.5	0.1	23.1	27.1	11.6	2.6
教育程度	未受过正规教育	30.7	0.2	19.3	25.1	21.9	2.8
	小学	31.7	0.3	28.5	19.8	16.0	3.8
	初中	32.4	0.2	22.0	21.8	19.7	4.0
	高中	34.4	0.2	16.7	21.9	22.9	3.9
	大学及以上	38.8	0.1	14.4	21.1	20.6	5.1
职业类别	干部/管理人员	35.7	0.2	10.5	26.1	21.2	6.4
	个体/私营企业人员	33.5	0.2	20.5	22.7	19.4	3.8
	初级公务员/雇员	34.3	0.2	16.6	22.3	22.1	4.6
	工人	34.5	0.2	19.9	19.6	22.2	3.5
	学生	32.7	0.3	14.5	13.4	35.7	3.4
	无业	33.8	0.2	23.2	22.6	16.8	3.4
	其他	31.3	0.1	20.6	22.1	14.7	11.1
个人月收入	0～600 元	28.5	0.2	23.1	18.2	25.7	4.3
	601～1200 元	26.8	0.2	23.5	20.7	22.5	6.3
	1201～1700 元	33.8	0.2	23.4	20.7	18.9	3.0
	1701～2600 元	34.5	0.2	19.7	24.5	17.7	3.5
	2601～3500 元	35.3	0.3	17.1	23.4	19.8	4.2
	3501～5000 元	41.0	0.1	12.9	21.4	20.5	4.2
	5001 元及以上	39.5	0.1	23.1	19.0	12.6	5.7

表 3.51.3　2014 年青岛市场各类频道在不同时段的市场占有率（%）

时间段	中央台频道	中国教育台频道	山东省级频道	青岛市级频道	其他省级卫视频道	其他频道
02:00～03:00	26.9	0.4	12.9	6.9	38.8	14.2
03:00～04:00	28.4	0.1	13.3	5.2	38.7	14.3
04:00～05:00	39.0	0.1	11.8	3.6	34.5	11.1
05:00～06:00	48.6	0.2	10.3	5.3	30.2	5.4
06:00～07:00	51.4	0.1	13.4	10.6	22.4	2.2
07:00～08:00	56.6	0.1	9.7	15.3	15.8	2.7
08:00～09:00	52.1	0.1	14.1	11.0	18.8	4.0
09:00～10:00	43.5	0.1	17.7	7.6	26.2	5.0
10:00～11:00	39.6	0.2	18.3	8.9	28.2	4.8
11:00～12:00	45.9	0.3	17.9	8.1	24.1	3.8
12:00～13:00	51.0	0.2	17.2	7.0	20.9	3.6
13:00～14:00	43.0	0.3	17.8	7.8	26.5	4.6
14:00～15:00	37.2	0.3	17.7	8.2	31.4	5.2
15:00～16:00	36.2	0.3	16.2	11.0	31.0	5.3
16:00～17:00	35.0	0.1	13.7	16.0	29.9	5.3
17:00～18:00	29.0	0.1	16.2	30.4	20.7	3.5
18:00～19:00	33.3	0.1	19.0	37.0	7.6	3.0
19:00～20:00	32.8	0.1	23.9	31.1	9.1	2.9
20:00～21:00	22.2	0.3	27.8	29.1	17.6	3.0
21:00～22:00	24.8	0.2	26.3	23.9	21.2	3.7
22:00～23:00	26.4	0.3	17.0	23.9	27.1	5.3
23:00～24:00	29.0	0.1	11.5	23.5	28.3	7.6
24:00～25:00	34.2	0.1	12.8	18.5	26.2	8.2
25:00～26:00	34.0	0.3	11.2	13.8	30.7	10.2

表 3.51.4　2014 年青岛市场收视份额排名前十位的频道

名次	频道名称	收视份额(%)
1	山东卫视	8.2
2	青岛电视台新闻综合频道	5.9
3	山东电视齐鲁频道	5.4
4	中央电视台综合频道	4.9
4	青岛电视台生活服务频道	4.9
6	中央台四套	4.4
7	中央台三套	4.0
8	中央台六套	3.5
9	青岛电视台休闲资讯频道	3.4
10	山东电视综艺频道	3.2

表 3.51.5　2014 年青岛市场各主要频道的观众构成 (%)

目标观众		所有频道	主要频道				
			山东卫视	青岛电视台新闻综合频道	山东电视齐鲁频道	中央电视台综合频道	青岛电视台生活服务频道
4 岁及以上所有人		100.0	100.0	100.0	100.0	100.0	100.0
性别	男	49.5	47.0	48.5	45.5	47.3	44.9
	女	50.5	53.0	51.5	54.5	52.7	55.1
年龄	4~14 岁	6.1	5.4	3.1	2.6	5.3	1.9
	15~24 岁	8.9	7.7	5.5	7.3	5.2	9.3
	25~34 岁	11.9	7.5	6.5	9.6	10.9	8.3
	35~44 岁	14.2	13.6	10.6	11.6	12.6	12.1
	45~54 岁	21.6	17.7	19.6	18.6	17.5	29.8
	55~64 岁	18.0	23.9	16.2	25.8	27.7	14.1
	65 岁及以上	19.4	24.3	38.4	24.5	20.8	24.5
教育程度	未受过正规教育	5.5	4.0	3.6	6.3	4.6	8.3
	小学	12.9	19.5	16.9	21.5	15.3	11.7
	初中	36.0	41.9	32.7	34.9	37.3	37.3
	高中	30.0	23.7	33.7	25.9	26.6	29.4
	大学及以上	15.6	10.8	13.1	11.4	16.2	13.4
职业类别	干部/管理人员	3.3	1.6	3.9	2.0	2.5	3.2
	个体/私营企业人员	12.5	10.9	10.6	11.2	9.7	14.8
	初级公务员/雇员	21.3	15.6	16.1	19.1	19.1	22.1
	工人	12.1	10.1	8.8	13.1	11.1	10.1
	学生	7.5	6.6	4.1	3.9	6.3	3.8
	无业	40.6	52.4	53.5	47.6	48.0	41.7
	其他	2.7	2.8	3.0	3.2	3.4	4.3
个人月收入	0~600 元	23.9	32.7	16.2	24.4	20.2	22.0
	601~1200 元	4.3	4.4	3.2	7.0	4.0	6.3
	1201~1700 元	10.3	10.4	9.1	12.9	12.1	10.8
	1701~2600 元	29.3	26.6	37.9	27.8	33.8	32.2
	2601~3500 元	14.7	10.5	14.6	16.2	13.2	15.1
	3501~5000 元	13.0	7.7	13.9	7.4	13.0	10.1
	5001 元及以上	4.5	7.8	5.0	4.4	3.7	3.5

表 3.51.6　2012~2014 青岛市场各类节目的播出份额 (%) 和收视份额 (%)

节目类别	2012 年		2013 年		2014 年	
	播出份额	收视份额	播出份额	收视份额	播出份额	收视份额
财经	2.0	0.7	1.7	0.7	1.6	0.3
电视剧	20.5	29.4	27.1	30.2	19.9	27.6
电影	3.6	2.8	4.1	3.5	3.4	3.3
法制	1.0	1.0	1.1	2.0	1.1	1.1
教学	0.3	0.1	0.4	0.2	0.2	0.0
青少	7.3	3.8	5.5	4.7	7.4	4.7
生活服务	9.8	8.1	10.0	7.5	11.6	9.2
体育	2.2	3.0	2.3	2.4	3.1	2.2
外语	0.0	0.0	0.0	0.0	0.0	0.0
戏剧	0.9	0.3	0.6	0.4	0.7	0.4
新闻/时事	15.0	17.6	10.6	15.9	14.7	16.9
音乐	2.4	0.9	2.2	1.0	2.3	0.8
专题	11.9	6.5	9.0	6.1	12.3	6.1
综艺	9.8	14.6	8.0	14.2	9.5	16.1
其他	13.5	11.2	17.3	11.2	12.1	11.3

表 3.51.7　2014 年青岛市场所有节目收视率排名前三十位

名次	节目名称	节目类型	播出频道	平均收视率（%）	平均占有率（%）
1	中央电视台 2014 甲午年春节联欢晚会	综艺	中央电视台综合频道	11.5	21.2
2	中央电视台 2014 甲午年元宵晚会	综艺	中央电视台综合频道	10.9	20.6
3	红高粱	电视剧	山东卫视	8.7	22.6
4	满仓进城	电视剧	山东卫视	7.5	19.1
5	我是大明星颁奖盛典	综艺	山东电视综艺频道	7.3	18.6
6	勇敢的心	电视剧	山东卫视	6.8	18.5
7	零下三十八度	电视剧	青岛电视台新闻综合频道	6.7	15.6
8	黎明前的抉择	电视剧	青岛电视台新闻综合频道	6.7	14.7
9	产科医生	电视剧	山东卫视	6.3	17.4
10	喜到福到好运到	综艺	中央台三套	5.6	13.7
11	樱桃红之袖珍妈妈	电视剧	山东卫视	5.5	14.7
12	豆腐西施杨七巧	电视剧	山东卫视	5.2	15.0
13	铁血武工队传奇	电视剧	山东卫视	5.2	14.3
14	少林寺传奇藏经阁	电视剧	山东卫视	5.1	14.0
15	我爱世界杯：2014 年巴西世界杯决赛（德国 VS 阿根廷）	体育	中央台五套	5.0	76.0
16	终极对决	电视剧	山东电视齐鲁频道	5.0	13.5
17	神犬奇兵	电视剧	山东卫视	4.9	13.6
18	绝地枪王	电视剧	山东电视齐鲁频道	4.8	13.6
19	穿越火线	电视剧	山东卫视	4.8	13.1
20	爱情最美丽	电视剧	青岛电视台新闻综合频道	4.8	13.0
21	2014 年仁川亚运会女子 800 米预赛	体育	中央台五套	4.8	12.6
22	邻居也疯狂	电视剧	青岛电视台新闻综合频道	4.8	10.4
23	老农民	电视剧	山东卫视	4.6	12.3
24	虎刺红	电视剧	青岛电视台新闻综合频道	4.6	10.9
25	中国好声音（8 月 29 日）	综艺	浙江卫视	4.5	17.6
26	天气预报	生活服务	中央电视台综合频道	4.5	12.0
26	我爱男闺蜜	电视剧	山东卫视	4.5	12.0
28	一仆二主	电视剧	山东卫视	4.5	11.4
29	星光大道（1 月 18 日）	综艺	中央电视台综合频道	4.5	9.4
30	笑看红高粱	综艺	山东卫视	4.4	16.1

表 3.51.8　2014 年青岛市场电视剧收视率排名前十位

名次	节目名称	播出频道	平均收视率(%)	平均占有率(%)
1	红高粱	山东卫视	8.7	22.6
2	满仓进城	山东卫视	7.5	19.1
3	勇敢的心	山东卫视	6.8	18.5
4	零下三十八度	青岛电视台新闻综合频道	6.7	15.6
5	黎明前的抉择	青岛电视台新闻综合频道	6.7	14.7
6	产科医生	山东卫视	6.3	17.4
7	樱桃红之袖珍妈妈	山东卫视	5.5	14.7
8	豆腐西施杨七巧	山东卫视	5.2	15.0
9	铁血武工队传奇	山东卫视	5.2	14.3
10	少林寺传奇藏经阁	山东卫视	5.1	14.0

表 3.51.9　2014 年青岛市场新闻节目收视率排名前十位

名次	节目名称	播出频道	平均收视率(%)	平均占有率(%)
1	2014 一年又一年	中央电视台综合频道	3.7	10.0
2	今日～今日 60 分	青岛电视台新闻综合频道	3.6	12.5
3	转播中央台新闻联播	青岛电视台新闻综合频道	3.1	8.9
4	生活在线	青岛电视台生活服务频道	2.7	8.0
5	青岛新闻	青岛电视台新闻综合频道	2.3	6.1
6	今日	青岛电视台新闻综合频道	2.2	11.7
7	新闻直播间	中央电视台新闻频道	2.2	8.1
8	今日关注	中央台四套	2.2	6.4
9	聚焦 APEC	中央电视台新闻频道	2.0	5.4
10	习近平主席在印度新德里发表重要演讲	中央电视台综合频道	2.0	5.2

表 3.51.10　2014 年青岛市场专题节目收视率排名前十位

名次	节目名称	播出频道	平均收视率(%)	平均占有率(%)
1	中国成语大会 2014(7 月 6 日)	中央电视台综合频道	3.0	8.4
2	时代楷模朱彦夫	山东卫视	3.0	8.1
3	岛城先锋	青岛电视台新闻综合频道	2.5	7.6
4	感动中国 2013 年度人物颁奖盛典	中央电视台综合频道	2.5	5.5
5	2014 福进万家新春特别节目	青岛电视台新闻综合频道	2.4	7.3
6	中国谜语大会(2 月 13 日)	中央电视台综合频道	2.4	5.2
7	大城小事	青岛电视台新闻综合频道	2.3	6.0
8	中央电视台特别节目:新的中拉时间开始了	中央电视台综合频道	1.9	5.5
9	中央电视台特别节目:一桥飞架中欧	中央电视台综合频道	1.9	5.1
10	舌尖上的中国第二季	中央电视台综合频道	1.9	5.0

表 3.51.11 2014 年青岛市场综艺节目收视率排名前十位

名次	节目名称	播出频道	平均收视率（%）	平均占有率（%）
1	中央电视台 2014 甲午年春节联欢晚会	中央电视台综合频道	11.5	21.2
2	中央电视台 2014 甲午年元宵晚会	中央电视台综合频道	10.9	20.6
3	我是大明星颁奖盛典	山东电视综艺频道	7.3	18.6
4	喜到福到好运到	中央台三套	5.6	13.7
5	中国好声音(8 月 29 日)	浙江卫视	4.5	17.6
6	星光大道(1 月 18 日)	中央电视台综合频道	4.5	9.4
7	笑看红高粱	山东卫视	4.4	16.1
8	2014 春节联欢晚会	湖南卫视	4.4	11.7
9	2014@梦想第八届全球华人网络春节联欢晚会	山东卫视	4.0	11.1
10	天下第一刀	山东卫视	3.9	18.1

表 3.51.12 2014 年青岛市场体育节目收视率排名前十位

名次	节目名称	播出频道	平均收视率（%）	平均占有率（%）
1	我爱世界杯:2014 年巴西世界杯决赛（德国 VS 阿根廷）	中央台五套	5.0	76.0
2	2014 年仁川亚运会女子 800 米预赛	中央台五套	4.8	12.6
3	直播周末:2014 年澳大利亚网球公开赛女单决赛	中央台五套	4.3	16.8
4	黄金赛场:2014 年中国平安中国足球协会超级联赛第 14 轮（北京国安 VS 广州恒大）	中央台五套	4.3	12.4
5	2014 年索契冬奥会短道速滑男子 1000 米决赛	中央台五套	4.3	8.3
6	2014 年亚洲冠军联赛小组赛 G 组	中央台五套	3.7	9.0
7	2014 年仁川亚运会乒乓球女子双打决赛	中央台五套	3.6	12.7
8	2014 年仁川亚运会男子 1500 米自由泳决赛	中央台五套	3.6	11.3
9	2014 年仁川亚运会女排决赛	中央台五套	3.1	9.1
10	2014 年仁川亚运会体操男子吊环决赛	中央台五套	3.0	8.3

五十二、沈阳收视数据

表 3.52.1　2010～2014 年沈阳市场各类频道的市场占有率（%）

频道类别	年份				
	2010 年	2011 年	2012 年	2013 年	2014 年
中央台频道	27.0	26.5	30.0	32.6	30.2
中国教育台频道	0.4	0.6	0.6	0.5	0.3
辽宁省级频道	28.9	26.1	28.3	25.2	25.6
沈阳市级频道	15.2	15.5	5.6	4.7	4.5
其他省级卫视频道	23.6	26.8	31.7	32.6	34.4
其他频道	4.8	4.5	3.8	4.4	5.0

表 3.52.2　2014 年沈阳市场各类频道在不同目标观众中的市场占有率（%）

目标观众		中央台频道	中国教育台频道	辽宁省级频道	沈阳市级频道	其他省级卫视频道	其他频道
4 岁及以上所有人		30.2	0.3	25.6	4.5	34.4	5.0
性别	男	32.1	0.3	24.9	4.9	32.5	5.3
	女	28.4	0.3	26.3	4.1	36.2	4.7
年龄	4～14 岁	36.2	0.2	14.3	1.7	42.0	5.6
	15～24 岁	26.1	0.2	19.1	2.9	46.8	4.9
	25～34 岁	28.7	0.3	21.5	2.0	40.4	7.1
	35～44 岁	26.4	0.2	22.7	2.6	43.3	4.8
	45～54 岁	26.9	0.3	27.7	3.9	36.4	4.8
	55～64 岁	34.5	0.3	29.1	6.3	25.6	4.2
	65 岁及以上	34.1	0.4	29.5	7.8	23.4	4.8
教育程度	未受过正规教育	39.7	0.4	19.4	3.8	31.2	5.5
	小学	30.9	0.3	27.8	3.5	31.4	6.1
	初中	29.4	0.3	28.0	4.6	33.4	4.3
	高中	27.3	0.3	23.0	5.4	38.0	6.0
	大学及以上	34.6	0.3	22.5	3.7	34.3	4.6
职业类别	干部/管理人员	34.0	0.1	22.7	3.2	34.9	5.1
	个体/私营企业人员	26.9	0.4	20.9	5.7	41.8	4.3
	初级公务员/雇员	29.0	0.3	20.4	3.8	40.1	6.4
	工人	28.9	0.2	27.2	3.0	35.7	5.0
	学生	26.6	0.1	16.0	2.3	49.9	5.1
	无业	33.0	0.4	27.7	6.1	28.3	4.5
	其他	25.4	0.2	29.7	2.1	35.9	6.7
个人月收入	0～600 元	28.5	0.3	21.9	3.5	40.1	5.7
	601～1200 元	30.8	0.2	30.0	2.6	32.7	3.7
	1201～1700 元	29.5	0.4	28.3	5.4	31.8	4.6
	1701～2600 元	27.6	0.3	27.8	4.8	34.4	5.1
	2601～3500 元	38.1	0.2	23.1	6.6	28.2	3.8
	3501～5000 元	30.8	0.2	21.3	3.2	38.2	6.3
	5001 元及以上	33.4	0.4	17.0	1.8	39.4	8.0

表 3.52.3 2014 年沈阳市场各类频道不同时段的市场占有率（%）

时间段	中央台频道	中国教育台频道	辽宁省级频道	沈阳市级频道	其他省级上星频道	其他频道
02:00~03:00	39.9	1.3	13.1	2.8	33.1	9.8
03:00~04:00	41.8	0.9	14.2	3.2	31.0	8.9
04:00~05:00	53.1	0.4	11.9	3.9	24.2	6.5
05:00~06:00	38.3	0.4	22.3	7.4	26.5	5.1
06:00~07:00	35.0	0.2	29.1	18.1	13.5	4.1
07:00~08:00	33.0	0.1	33.9	18.8	10.1	4.1
08:00~09:00	34.2	0.1	28.4	9.7	22.4	5.2
09:00~10:00	31.9	0.1	22.4	5.5	34.0	6.1
10:00~11:00	31.6	0.6	17.2	3.7	40.6	6.3
11:00~12:00	35.0	0.6	13.7	2.9	42.2	5.6
12:00~13:00	31.2	0.4	18.8	9.3	35.5	4.8
13:00~14:00	38.2	0.7	10.3	3.7	41.9	5.2
14:00~15:00	37.4	0.8	10.5	2.2	43.8	5.3
15:00~16:00	37.9	0.8	10.7	1.6	43.7	5.3
16:00~17:00	33.1	0.2	18.4	1.8	41.6	4.9
17:00~18:00	26.6	0.1	39.4	4.0	25.4	4.5
18:00~19:00	29.0	0.0	50.1	4.4	11.4	5.1
19:00~20:00	29.2	0.2	40.7	3.5	21.7	4.7
20:00~21:00	25.8	0.3	25.5	2.5	41.7	4.2
21:00~22:00	25.7	0.2	22.5	2.8	44.8	4.0
22:00~23:00	24.7	0.3	17.1	4.1	48.6	5.2
23:00~24:00	27.4	0.2	14.5	2.4	49.0	6.5
24:00~25:00	35.3	0.2	13.1	2.1	40.6	8.7
25:00~26:00	40.3	0.5	11.9	2.5	34.0	10.8

表 3.52.4 2014 年沈阳市场收视份额排名前十位的频道

名次	频道名称	收视份额（%）
1	辽宁广播电视台都市频道	8.2
2	辽宁广播电视台经济频道	5.7
3	辽宁卫视	5.2
4	中央台三套	4.6
5	沈阳电视台一套（新闻频道）	4.5
5	中央电视台综合频道	4.5
7	中央电视台新闻频道	3.4
8	中央台六套	3.3
9	湖南卫视	3.1
10	中央台四套	3.0

表 3.52.5　2014 年沈阳市场各主要频道的观众构成（%）

目标观众		所有频道	主要频道				
			辽宁广播电视台都市频道	辽宁广播电视台经济频道	辽宁卫视	中央台三套	沈阳电视台一套（新闻频道）
4 岁及以上所有人		100.0	100.0	100.0	100.0	100.0	100.0
性别	男	49.6	47.0	46.6	48.5	48.6	54.2
	女	50.4	53.0	53.4	51.5	51.4	45.8
年龄	4~14 岁	5.0	2.6	1.6	2.9	2.3	1.9
	15~24 岁	6.6	4.8	5.1	5.1	5.0	4.3
	25~34 岁	12.1	9.8	10.5	9.2	8.8	5.3
	35~44 岁	13.4	12.3	10.8	11.6	9.4	7.8
	45~54 岁	25.9	30.7	28.7	24.8	23.2	22.8
	55~64 岁	19.7	20.2	26.7	20.3	26.5	27.6
	65 岁及以上	17.4	19.6	16.5	26.1	24.7	30.3
教育程度	未受过正规教育	2.7	1.2	1.9	3.7	1.3	2.3
	小学	12.1	12.5	13.7	12.0	12.9	9.6
	初中	44.6	51.0	47.5	48.1	51.9	45.6
	高中	24.6	20.9	23.3	20.9	18.5	29.4
	大学及以上	15.9	14.4	13.6	15.4	15.4	13.1
职业类别	干部/管理人员	1.8	2.9	0.5	1.0	1.5	1.3
	个体/私营企业人员	6.7	6.0	5.7	5.6	5.7	8.5
	初级公务员/雇员	10.9	8.0	8.9	8.4	8.3	9.3
	工人	25.0	28.0	27.5	25.3	25.0	16.8
	学生	6.4	3.9	3.4	4.1	3.4	3.4
	无业	42.0	43.9	45.0	46.8	49.2	57.4
	其他	7.2	7.3	9.1	8.9	7.0	3.3
个人月收入	0~600 元	19.8	16.6	15.7	18.3	12.7	15.6
	601~1200 元	10.5	11.4	13.0	11.6	14.3	6.2
	1201~1700 元	23.4	27.6	26.1	25.6	26.3	28.1
	1701~2600 元	25.1	24.8	27.9	26.6	25.1	26.9
	2601~3500 元	11.9	11.8	9.5	10.9	13.2	17.4
	3501~5000 元	6.5	6.1	5.1	5.4	6.7	4.7
	5001 元及以上	2.7	1.6	2.7	1.5	1.6	1.1

表 3.52.6　2012~2014 年沈阳市场各类节目的播出份额（%）和收视份额（%）

节目类别	2012 年		2013 年		2014 年	
	播出份额	收视份额	播出份额	收视份额	播出份额	收视份额
财经	2.2	0.6	2.0	0.6	1.7	0.5
电视剧	20.3	30.2	21.3	28.4	20.3	29.8
电影	4.2	3.5	4.6	3.4	4.3	3.6
法制	0.9	1.1	1.1	0.8	1.2	0.6
教学	0.3	0.1	0.2	0.0	0.2	0.0
青少	7.0	3.8	6.5	3.5	7.0	2.8
生活服务	9.9	13.1	10.2	12.7	11.2	12.0
体育	2.6	3.7	2.8	3.4	3.6	3.5
外语	0.0	0.0	0.0	0.0	0.0	0.0
戏剧	1.0	0.3	0.8	0.2	0.7	0.2
新闻/时事	14.7	13.4	14.6	14.4	14.6	15.4
音乐	2.5	0.8	2.4	0.6	2.4	0.7
专题	12.1	6.5	11.1	6.2	11.7	5.0
综艺	9.2	12.7	8.7	14.2	8.8	14.4
其他	13.2	10.3	13.6	11.5	12.1	11.4

表 3.52.7　2014 年沈阳市场所有节目收视率排名前三十位

名次	节目名称	节目类别	播出频道	平均收视率（%）	平均占有率（%）
1	2014 辽宁卫视春节联欢晚会	综艺	辽宁卫视	24.2	51.6
2	中央电视台 2014 甲午年春节联欢晚会	综艺	中央电视台综合频道	16.7	32.2
3	乡村爱情圆舞曲	电视剧	辽宁卫视	10.4	22.1
4	中央电视台 2014 甲午年元宵晚会	综艺	中央电视台综合频道	8.7	17.3
5	老兵	电视剧	辽宁卫视	8.2	18.4
6	男人四十要出嫁	电视剧	辽宁卫视	7.8	18.6
7	2014 年仁川亚运会男子 400 米自由泳决赛	体育	中央台五套	7.6	17.9
8	我爱世界杯：2014 巴西世界杯半决赛（荷兰 VS 阿根廷）	体育	中央台五套	7.3	66.5
9	新北方	新闻/时事	辽宁广播电视台都市频道	7.0	23.0
10	中国好声音（7 月 18 日）	综艺	浙江卫视	7.0	21.4
11	马上迎喜又一年 2014 百姓春晚倒计时	综艺	辽宁广播电视台都市频道	7.0	18.4
12	2014 年仁川亚运会女子 400 米栏决赛	体育	中央台五套	6.8	17.6
13	喜到福到好运到	综艺	中央台三套	6.3	17.4
14	星光大道（1 月 31 日）	综艺	中央电视台综合频道	6.0	15.7
15	粘豆包	电视剧	辽宁卫视	5.9	14.2
16	男媒婆	电视剧	辽宁卫视	5.3	11.7
17	2014 年索契冬奥会短道速滑男子 1000 米决赛	体育	中央台五套	5.2	10.4
18	我是歌手歌王之战	综艺	湖南卫视	4.9	12.8
19	新闻正前方	新闻/时事	辽宁广播电视台都市频道	4.7	21.0
20	2014 年仁川亚运会女排决赛（中国 VS 韩国）	体育	中央台五套	4.6	12.4
21	九九艳阳天重阳节大型直播活动	综艺	中央台三套	4.6	12.3
22	都市红绿灯	生活服务	辽宁广播电视台都市频道	4.5	16.3
23	武媚娘传奇	电视剧	湖南卫视	4.4	10.7
24	健康一身轻	生活服务	辽宁广播电视台都市频道	4.2	10.7
25	直播周末：2014 年澳大利亚网球公开赛女单决赛	体育	中央台五套	4.1	14.3
26	现场直播：2014/2015 赛季中国男子篮球职业联赛第 21 轮（辽宁药都本溪 VS 四川野马汽车）	体育	辽宁广播电视台体育频道	4.1	8.9
27	启航 2015	综艺	中央台三套	4.0	10.0
28	直播生活	生活服务	辽宁广播电视台经济频道	3.8	12.8
29	甲午战争在辽宁	专题	辽宁广播电视台都市频道	3.8	12.2
30	2014 年仁川亚运会女子沙滩排球决赛（中国 VS 泰国）	体育	中央台五套	3.8	8.8

表 3.52.8　2014 年沈阳市场电视剧收视率排名前十位

名次	节目名称	播出频道	平均收视率（%）	平均占有率（%）
1	乡村爱情圆舞曲	辽宁卫视	10.4	22.1
2	老兵	辽宁卫视	8.2	18.4
3	男人四十要出嫁	辽宁卫视	7.8	18.6
4	粘豆包	辽宁卫视	5.9	14.2
5	男媒婆	辽宁卫视	5.3	11.7
6	武媚娘传奇	湖南卫视	4.4	10.7
7	乡村爱情圆舞曲	黑龙江卫视	3.8	8.1
8	冷枪手	辽宁广播电视台经济频道	3.7	9.2
9	兄弟们上	辽宁广播电视台经济频道	3.5	8.7
10	黄金背后	辽宁卫视	3.3	8.3

表 3.52.9　2014 年沈阳市场新闻节目收视率排名前十位

名次	节目名称	播出频道	平均收视率（%）	平均占有率（%）
1	新北方	辽宁广播电视台都市频道	7.0	23.0
2	新闻正前方	辽宁广播电视台都市频道	4.7	21.0
3	新闻直播间	中央电视台新闻频道	2.9	9.5
4	2014 一年又一年	中央电视台综合频道	2.7	8.5
5	新北方汇天下	辽宁广播电视台都市频道	2.5	10.2
6	海巡 01 轮发现黑匣子脉冲信号	中央电视台新闻频道	2.5	7.8
7	2014 悬崖边的日本	中央电视台新闻频道	2.0	7.1
8	习近平主席在中法建交 50 周年纪念大会上发表重要讲话	中央电视台综合频道	2.0	4.8
9	今日关注	中央台四套	1.8	4.6
10	习近平主席在欧洲学院发表重要演讲	中央台四套	1.8	4.3

表 3.52.10　2014 年沈阳市场专题节目收视率排名前十位

名次	节目名称	播出频道	平均收视率（%）	平均占有率（%）
1	甲午战争在辽宁	辽宁广播电视台都市频道	3.8	12.2
2	中国汉字听写大会 2014(8 月 17 日)	中央电视台综合频道	2.6	6.5
3	舌尖上的中国第二季	中央电视台综合频道	2.4	6.1
4	中央电视台特别节目:一带一路千年的时空穿越	中央电视台新闻频道	2.1	5.0
5	中央电视台特别节目:新的中拉时间开始了	中央电视台综合频道	2.0	5.4
6	中央电视台特别节目:从雁栖湖到太平洋——习近平主席大洋洲之行综述	中央电视台新闻频道	2.0	4.4
7	中国成语大会 2014(5 月 11 日)	中央电视台综合频道	1.9	4.5
8	中央电视台特别节目:一带一路千年的时空穿越	中央电视台综合频道	1.9	4.4
9	中国谜语大会(2 月 11 日)	中央电视台综合频道	1.9	4.0
10	中央电视台特别节目:一桥飞架中欧	中央台四套	1.8	4.9

表 3.52.11　2014 年沈阳市场综艺节目收视率排名前十位

名次	节目名称	播出频道	平均收视率（%）	平均占有率（%）
1	2014 辽宁卫视春节联欢晚会	辽宁卫视	24.2	51.6
2	中央电视台 2014 甲午年春节联欢晚会	中央电视台综合频道	16.7	32.2
3	中央电视台 2014 甲午年元宵晚会	中央电视台综合频道	8.7	17.3
4	中国好声音(7 月 18 日)	浙江卫视	7.0	21.4
5	马上迎喜又一年 2014 百姓春晚倒计时	辽宁广播电视台都市频道	7.0	18.4
6	喜到福到好运到	中央台三套	6.3	17.4
7	星光大道(1 月 31 日)	中央电视台综合频道	6.0	15.7
8	我是歌手歌王之战	湖南卫视	4.9	12.8
9	九九艳阳天重阳节大型直播活动	中央台三套	4.6	12.3
10	启航 2015	中央台三套	4.0	10.0

表 3.52.12　2014 年沈阳市场体育节目收视率排名前十位

名次	节目名称	播出频道	平均收视率（%）	平均占有率（%）
1	2014 年仁川亚运会男子 400 米自由泳决赛	中央台五套	7.6	17.9
2	我爱世界杯:2014 巴西世界杯半决赛（荷兰 VS 阿根廷）	中央台五套	7.3	66.5
3	2014 年仁川亚运会女子 400 米栏决赛	中央台五套	6.8	17.6
4	2014 年索契冬奥会短道速滑男子 1000 米决赛	中央台五套	5.2	10.4
5	2014 年仁川亚运会女排决赛（中国 VS 韩国）	中央台五套	4.6	12.4
6	直播周末:2014 年澳大利亚网球公开赛女单决赛	中央台五套	4.1	14.3
7	现场直播:2014/2015 赛季中国男子篮球职业联赛第 21 轮（辽宁药都本溪 VS 四川野马汽车）	辽宁广播电视台体育频道	4.1	8.9
8	2014 年仁川亚运会女子沙滩排球决赛（中国 VS 泰国）	中央台五套	3.8	8.8
9	2014 年仁川亚运会羽毛球男团决赛	中央台五套	3.4	9.0
10	2014 年仁川亚运会体操男子自由操决赛	中央台五套	3.4	8.3

五十三、深圳收视数据

表 3.53.1　2010～2014 年深圳市场各类频道的市场占有率（%）

频道类别	年份				
	2010 年	2011 年	2012 年	2013 年	2014 年
中央台频道	20.2	19.6	20.2	21.1	22.3
中国教育台频道	0.1	0.1	0.2	0.1	0.1
广东省级台	9.4	9.1	9.0	8.8	7.4
深圳市级台	33.0	35.1	35.2	33.9	35.1
境外频道	11.4	8.9	8.7	6.5	6.4
其他省级卫视频道	19.6	18.5	17.7	20.1	19.8
其他频道	6.3	8.7	9.0	9.5	8.9

表 3.53.2　2014 年深圳市场各类频道在各目标观众中的市场占有率（%）

目标观众		中央台频道	中国教育台频道	广东省级台	深圳市级台	境外频道	其他省级卫视频道	其他频道
4 岁及以上所有人		22.3	0.1	7.4	35.1	6.4	19.8	8.9
性别	男	24.0	0.1	7.6	34.2	6.7	18.4	9.0
	女	20.3	0.1	7.3	36.1	6.0	21.4	8.8
年龄	4～14 岁	22.2	0.1	16.7	30.0	3.5	19.5	8.0
	15～24 岁	18.4	0.1	4.8	35.5	9.3	21.9	10.0
	25～34 岁	21.2	0.1	6.9	33.6	5.8	22.1	10.3
	35～44 岁	23.0	0.2	7.0	37.4	5.5	18.9	8.0
	45～54 岁	22.2	0.1	6.8	37.9	7.3	17.6	8.1
	55～64 岁	25.7	0.2	8.0	36.1	7.0	15.7	7.3
	65 岁及以上	34.8	0.2	7.4	29.0	7.5	15.7	5.4
教育程度	未受过正规教育	26.1	0.1	15.7	30.7	3.6	17.9	5.9
	小学	21.8	0.2	12.3	36.3	3.7	18.2	7.5
	初中	20.8	0.1	9.1	35.4	6.3	18.7	9.6
	高中	22.1	0.1	6.0	36.3	7.0	19.5	9.0
	大学及以上	23.9	0.1	4.7	33.3	7.0	22.4	8.6
职业类别	干部/管理人员	25.2	0.1	5.6	31.7	7.5	20.2	9.7
	个体/私营企业人员	22.9	0.1	5.4	37.6	5.2	17.3	11.5
	初级公务员/雇员	20.9	0.1	6.2	35.1	8.0	21.4	8.3
	工人	20.0	0.1	7.1	40.5	5.2	19.7	7.4
	学生	21.0	0.1	11.3	28.5	4.8	25.1	9.2
	无业	24.1	0.1	9.7	33.3	6.3	18.0	8.5
	其他	*	*	*	*	*	*	*
个人月收入	0～600 元	22.8	0.1	11.1	31.0	5.0	20.8	9.2
	601～1200 元	22.6	0.1	4.6	35.7	13.5	15.0	8.5
	1201～1700 元	17.8	0.1	8.7	31.0	14.1	19.4	8.9
	1701～2600 元	19.3	0.1	8.4	37.8	7.8	19.2	7.4
	2601～3500 元	20.4	0.1	7.0	37.1	6.6	18.3	10.5
	3501～5000 元	22.9	0.1	5.9	39.0	5.6	17.2	9.3
	5001 元及以上	24.5	0.1	4.8	34.2	5.8	22.4	8.2

注：*表示由于样本量太小，无法进行统计推断。

表 3.53.3　2014 年深圳市场各类频道在不同时段的市场占有率（%）

时间段	中央台频道	中国教育台频道	广东省级台	深圳市级台	境外频道	其他省级卫视频道	其他频道
02:00～03:00	26.0	0.7	7.3	20.0	5.8	20.7	19.5
03:00～04:00	26.2	0.3	7.9	19.2	5.9	18.1	22.4
04:00～05:00	29.5	0.1	11.4	15.1	6.2	15.8	21.9
05:00～06:00	28.1	0.1	11.8	16.7	7.9	15.0	20.4
06:00～07:00	27.9	0.1	9.7	27.0	11.1	10.8	13.4
07:00～08:00	30.4	0.0	12.7	30.3	9.6	7.6	9.4
08:00～09:00	29.4	0.1	12.5	27.9	7.6	13.6	8.9
09:00～10:00	30.0	0.1	12.2	23.3	4.2	19.2	11.0
10:00～11:00	30.5	0.2	11.5	19.4	4.3	22.6	11.5
11:00～12:00	33.1	0.2	11.0	15.7	7.1	22.2	10.7
12:00～13:00	27.5	0.2	8.8	29.5	7.9	18.4	7.7
13:00～14:00	31.1	0.2	10.0	22.6	5.5	21.3	9.3
14:00～15:00	30.3	0.3	9.6	18.0	4.2	25.2	12.4
15:00～16:00	30.4	0.2	7.8	16.7	4.2	27.3	13.4
16:00～17:00	28.6	0.1	9.2	18.6	3.7	27.1	12.7
17:00～18:00	24.6	0.0	8.0	33.1	5.4	19.0	9.9
18:00～19:00	20.3	0.0	6.7	52.6	7.5	5.9	7.0
19:00～20:00	20.3	0.1	7.1	49.6	4.5	11.5	6.9
20:00～21:00	18.0	0.1	6.6	39.1	6.0	23.3	6.9
21:00～22:00	16.5	0.1	6.0	37.6	7.9	25.0	6.9
22:00～23:00	14.2	0.1	4.1	41.9	8.3	23.9	7.5
23:00～24:00	16.2	0.0	5.1	42.8	5.4	21.7	8.8
24:00～25:00	25.8	0.1	6.2	28.2	7.1	19.9	12.7
25:00～26:00	29.2	0.4	8.1	19.8	7.6	19.2	15.7

表 3.53.4　2014 年深圳市场收视份额排名前十位的频道

名次	频道名称	收视份额(%)
1	深圳电视台一套(都市频道)	11.6
2	深圳电视台二套(电视剧频道)	6.6
3	深圳卫视(新闻综合频道)	5.3
4	湖南卫视	5.1
5	深圳电视台七套(公共频道)	4.5
6	中央电视台综合频道	4.0
7	中央台三套	2.4
8	深圳电视台六套(少儿频道)	2.3
9	中央台六套	2.2
9	中央电视台少儿频道	2.2

表 3.53.5　2014 年深圳市场各主要频道的观众构成（%）

目标观众		所有频道	主要频道				
			深圳电视台一套（都市频道）	深圳电视台二套（电视剧频道）	深圳卫视（新闻综合频道）	湖南电视台卫星频道	深圳电视台七套（公共频道）
4 岁及以上所有人		100.0	100.0	100.0	100.0	100.0	100.0
性别	男	53.2	49.4	56.6	51.9	43.4	52.7
	女	46.8	50.6	43.4	48.1	56.6	47.3
年龄	4～14 岁	6.7	3.5	4.1	4.5	10.9	5.2
	15～24 岁	9.2	5.9	13.3	10.1	14.0	16.4
	25～34 岁	36.5	38.4	28.3	37.5	46.7	27.8
	35～44 岁	18.6	20.7	19.5	18.2	15.0	21.6
	45～54 岁	19.5	21.5	24.6	22.6	10.3	20.4
	55～64 岁	6.2	7.4	7.0	4.5	2.5	6.2
	65 岁及以上	3.3	2.6	3.2	2.6	0.6	2.4
教育程度	未受过正规教育	2.5	1.8	1.1	1.7	1.7	1.1
	小学	10.5	8.9	16.6	7.9	11.5	11.5
	初中	27.9	26.2	33.1	27.5	22.8	34.5
	高中	32.7	36.2	30.2	34.4	32.6	33.6
	大学及以上	26.4	26.9	19.0	28.5	31.4	19.3
职业类别	干部/管理人员	8.9	7.0	6.8	11.3	12.8	7.5
	个体/私营企业人员	17.1	21.9	18.3	18.2	11.5	15.3
	初级公务员/雇员	25.8	29.1	18.2	26.1	25.7	26.3
	工人	16.4	15.9	32.7	17.0	14.9	16.8
	学生	8.2	4.6	5.3	6.5	16.4	9.2
	无业	23.6	21.5	18.7	20.9	18.7	24.9
	其他	*	*	*	*	*	*
个人月收入	0～600 元	24.3	19.0	16.6	20.2	32.8	24.8
	601～1200 元	2.2	1.6	2.7	1.9	2.4	4.0
	1201～1700 元	2.7	2.1	1.8	1.7	1.2	3.1
	1701～2600 元	14.2	12.1	17.9	15.6	10.6	22.1
	2601～3500 元	13.9	13.8	18.3	13.0	12.2	16.0
	3501～5000 元	17.5	20.7	23.6	23.5	14.2	14.1
	5001 元及以上	25.2	30.7	19.1	24.1	26.6	15.9

表 3.53.6　2012～2014 年深圳市场各类节目的播出份额（%）和收视份额（%）

节目类别	2012 年		2013 年		2014 年	
	播出份额	收视份额	播出份额	收视份额	播出份额	收视份额
财经	2.3	1.4	1.9	1.2	1.8	1.1
电视剧	27.4	32.1	22.2	32.6	21.6	32.8
电影	4.3	4.1	4.1	3.2	3.7	3.0
法制	0.9	1.2	0.8	0.4	0.9	0.4
教学	0.4	0.1	0.3	0.1	0.3	0.1
青少	6.0	5.8	6.5	5.7	7.0	5.4
生活服务	8.8	5.8	9.1	6.6	9.9	7.2
体育	3.5	4.6	3.3	2.4	3.7	3.5
外语	0.1	0.0	0.2	0.0	0.2	0.0
戏剧	0.8	0.1	0.6	0.1	0.6	0.2
新闻/时事	11.4	14.8	15.1	16.9	15.0	16.8
音乐	2.1	0.7	2.1	0.8	2.1	0.9
专题	10.0	6.8	10.4	6.1	10.8	5.6
综艺	6.7	9.8	8.4	10.4	8.6	10.2
其他	15.4	12.6	15.0	13.5	13.8	12.8

表 3.53.7 2014 年深圳市场所有节目收视率排名前三十位

名次	节目名称	类型	频道	平均收视率（%）	平均占有率（%）
1	中央电视台 2014 甲午年春节联欢晚会	综艺节目	中央电视台综合频道	9.1	28.2
2	中国好声音（8 月 29 日）	综艺节目	浙江卫视	6.7	21.8
3	第 1 现场	新闻/时事	深圳电视台一套(都市频道)	5.2	25.5
4	爱情面前谁怕谁	电视剧	深圳电视台一套(都市频道)	5.0	17.1
5	快乐中国 20142015 跨年演唱会	音乐	湖南卫视	4.6	19.3
6	爸爸去哪儿第二季	综艺	湖南卫视	4.4	19.7
7	坐 88 路车回家（1 ~ 23 集）	电视剧	深圳电视台一套(都市频道)	4.2	15.5
8	小曼的幸福生活	电视剧	深圳电视台一套(都市频道)	4.2	15.4
9	爱情来了挡不住	电视剧	深圳电视台一套(都市频道)	4.1	15.0
10	婚前婚后	电视剧	深圳电视台一套(都市频道)	4.0	15.1
11	大都市小爱情	电视剧	深圳电视台一套(都市频道)	3.7	15.1
12	生死相依	电视剧	深圳电视台一套(都市频道)	3.7	13.9
13	因为爱情	电视剧	深圳电视台一套(都市频道)	3.6	14.6
14	超级特工	电视剧	深圳电视台二套（电视剧频道）	3.6	14.5
15	大当家	电视剧	深圳卫视(新闻综合频道)	3.6	14.2
15	幸福在哪里	电视剧	深圳电视台一套(都市频道)	3.6	14.2
17	邻居也疯狂	电视剧	深圳电视台一套(都市频道)	3.5	13.5
18	欢喜冤家	电视剧	深圳电视台一套(都市频道)	3.5	13.4
19	铁娘子	电视剧	深圳电视台一套(都市频道)	3.5	13.2
20	亲爱的	电视剧	深圳电视台一套(都市频道)	3.5	12.9
21	苏州月中华情——2014 年中央电视台中秋晚会	综艺	中央电视台综合频道	3.5	12.1
22	家有一老(19 ~ 33 集)	电视剧	深圳电视台一套(都市频道)	3.4	13.1
23	涛女郎	电视剧	深圳电视台一套(都市频道)	3.4	12.9
24	我爱世界杯:2014 年巴西世界杯 1/8 决赛（巴西 VS 智利）	体育	中央台五套	3.3	34.3
25	浴血战神	电视剧	深圳电视台二套（电视剧频道）	3.3	14.5
26	我爷爷和我奶奶的故事	电视剧	深圳电视台二套（电视剧频道）	3.3	13.7
27	金牌律师	电视剧	深圳电视台一套(都市频道)	3.3	13.1
28	保卫亲情	电视剧	深圳电视台一套(都市频道)	3.3	11.8
29	镖门(1 ~ 19 集)	电视剧	深圳卫视(新闻综合频道)	3.3	11.6
30	裸嫁时代	电视剧	深圳电视台一套(都市频道)	3.2	12.6

表 3.53.8 2014 年深圳市场电视剧收视率排名前十位

名次	节目名称	播出频道	平均收视率(%)	平均占有率(%)
1	爱情面前谁怕谁	深圳电视台一套(都市频道)	5.0	17.1
2	坐 88 路车回家(1~23 集)	深圳电视台一套(都市频道)	4.2	15.5
3	小曼的幸福生活	深圳电视台一套(都市频道)	4.2	15.4
4	爱情来了挡不住	深圳电视台一套(都市频道)	4.1	15.0
5	婚前婚后	深圳电视台一套(都市频道)	4.0	15.1
6	大都市小爱情	深圳电视台一套(都市频道)	3.7	15.1
7	生死相依	深圳电视台一套(都市频道)	3.7	13.9
8	因为爱情	深圳电视台一套(都市频道)	3.6	14.6
9	超级特工	深圳电视台二套(电视剧频道)	3.6	14.5
10	大当家	深圳卫视(新闻综合频道)	3.6	14.2

表 3.53.9 2014 年深圳市场新闻节目收视率排名前十位

名次	节目名称	播出频道	平均收视率(%)	平均占有率(%)
1	第 1 现场	深圳电视台一套(都市频道)	5.2	25.5
2	18 点新闻	深圳电视台七套(公共频道)	2.0	13.7
3	1 时间	深圳电视台一套(都市频道)	1.8	13.8
4	2014 一年又一年	中央电视台综合频道	1.7	10.3
5	许勤市长记者会	深圳电视台一套(都市频道)	1.6	6.3
6	都市路路通	深圳电视台一套(都市频道)	1.5	13.6
7	新闻广场	深圳电视台七套(公共频道)	1.4	6.4
8	特别节目华尔街阿里来了	浙江卫视	1.3	7.9
9	关键洞察力	深圳卫视(新闻综合频道)	1.0	4.7
10	中秋月中秋情 2014 广东新闻频道特别节目	广东广播电视台新闻频道	1.0	3.4

表 3.53.10 2014 年深圳市场专题节目收视率排名前十位

名次	节目名称	播出频道	平均收视率(%)	平均占有率(%)
1	鞠说好看	深圳电视台一套(都市频道)	2.3	12.4
2	舌尖上的中国第二季	中央电视台综合频道	1.7	6.1
3	来吧孩子美赞新生命	深圳卫视(新闻综合频道)	1.6	5.8
4	一年级	湖南卫视	1.5	7.6
5	中国汉字听写大会 2014(7 月 27 日)	中央电视台综合频道	1.5	5.1
6	第十三届汉语桥世界大学生中文比赛(8 月 19 号)	湖南卫视	1.3	7.9
7	变形计	湖南卫视	1.2	7.1
8	好记者讲好故事——2014 年中国记者节特别节目	中央电视台综合频道	1.2	4.5
9	决胜制高点	深圳卫视(新闻综合频道)	1.1	5.1
10	军情直播间	深圳卫视(新闻综合频道)	1.1	4.9

表 3.53.11 2014 年深圳市场综艺节目收视率排名前十位

名次	节目名称	播出频道	平均收视率（%）	平均占有率（%）
1	中央电视台 2014 甲午年春节联欢晚会	中央电视台综合频道	9.1	28.2
2	中国好声音(8 月 29 日)	浙江卫视	6.7	21.8
3	爸爸去哪儿第二季	湖南卫视	4.4	19.7
4	苏州月中华情——2014 年中央电视台中秋晚会	中央电视台综合频道	3.5	12.1
5	极速前进(10 月 17 日)	深圳卫视(新闻综合频道)	3.0	11.9
6	中央电视台 2014 甲午年元宵晚会	中央电视台综合频道	2.9	9.8
7	元宵喜乐会	湖南卫视	2.8	11.7
8	我是歌手双年巅峰会	湖南卫视	2.7	12.4
9	快乐大本营	湖南卫视	2.6	9.9
10	我是歌手(2 月 7 日)	湖南卫视	2.6	9.8

表 3.53.12 2014 年深圳市场体育节目收视率排名前十位

名次	节目名称	播出频道	平均收视率（%）	平均占有率（%）
1	我爱世界杯:2014 年巴西世界杯 1/8 决赛(巴西 VS 智利)	中央台五套	3.3	34.3
2	2014 第二届夏季青年奥林匹克运动会开幕式	中央电视台综合频道	2.9	11.8
3	2014 年仁川亚运会男子 1500 米自由泳决赛	中央台五套	1.7	11.1
4	2014/2015 赛季中国男子篮球职业联赛常规赛第二十二轮(山东高速 VS 广东东莞银行)	深圳电视台五套(体育健康频道)	1.6	6.1
5	2014 年中国足球协会超级联赛第 23 轮(广州恒大 VS 辽宁宏远)	深圳电视台五套(体育健康频道)	1.5	5.4
6	直播周末:2014 年汤姆斯杯世界羽毛球男子团体锦标赛决赛第五场	中央台五套	1.4	7.3
7	天天看比赛:2014/2015 赛季英格兰足球超级联赛第 16 轮(斯旺西 VS 热刺)	深圳电视台五套(体育健康频道)	1.4	5.5
8	2013/2014 赛季 CBA1/4 决赛第 3 场(广东东莞银行 VS 上海玛吉斯)	广东广播电视台体育频道	1.4	4.8
9	黄金赛场:2014 年亚冠联赛 1/4 决赛次回合(西悉尼巡游者 VS 广州恒大)	中央台五套	1.4	4.7
10	直播周末:2014 年世界羽毛球锦标赛男单决赛	中央台五套	1.1	9.3

五十四、石家庄收视数据

表 3.54.1　2010～2014 年石家庄市场各类频道的市场占有率（%）

频道类别	年份				
	2010 年	2011 年	2012 年	2013 年	2014 年
中央台频道	33.8	34.6	35.3	36.6	35.9
中国教育台频道	0.2	0.2	0.7	0.1	0.1
河北省级频道	19.7	17.6	19.5	20.1	22.5
石家庄市级频道	13.7	12.5	10.1	10.1	8.8
其他省级卫视频道	24.8	29.1	28.8	28.1	27.8
其他频道	7.7	6.0	5.6	5.1	4.9

表 3.54.2　2014 年石家庄市场各类频道在不同目标观众中的市场占有率（%）

目标观众		中央台频道	中国教育台频道	河北省级频道	石家庄市级频道	其他省级卫视频道	其他频道
4 岁及以上所有人		35.9	0.1	22.5	8.8	27.8	4.9
性别	男	37.9	0.1	23.1	8.7	25.0	5.2
	女	33.9	0.1	21.9	8.9	30.7	4.5
年龄	4～14 岁	31.4	0.1	21.0	5.7	37.5	4.3
	15～24 岁	26.2	0.1	23.1	8.2	36.7	5.7
	25～34 岁	34.8	0.1	19.0	7.8	33.9	4.4
	35～44 岁	31.8	0.1	23.7	9.6	27.7	7.1
	45～54 岁	32.8	0.1	25.7	10.4	26.9	4.1
	55～64 岁	37.9	0.1	22.4	9.4	25.7	4.5
	65 岁及以上	47.2	0.1	20.5	7.9	19.6	4.7
教育程度	未受过正规教育	32.3	0.0	16.0	5.0	41.5	5.2
	小学	37.8	0.1	25.5	8.9	22.3	5.4
	初中	34.6	0.1	25.3	8.3	27.0	4.7
	高中	33.8	0.1	24.1	9.3	27.7	5.0
	大学及以上	40.0	0.1	16.4	9.0	29.8	4.7
职业类别	干部/管理人员	38.7	0.1	16.8	7.6	30.4	6.4
	个体/私营企业人员	29.4	0.1	26.3	8.8	30.7	4.7
	初级公务员/雇员	33.2	0.1	21.7	10.0	30.0	5.0
	工人	33.5	0.1	24.9	9.0	28.1	4.4
	学生	29.8	0.1	24.7	7.2	32.0	6.2
	无业	41.6	0.1	20.9	8.6	24.2	4.6
	其他	*	*	*	*	*	*
个人月收入	0～600 元	31.1	0.3	25.6	6.3	27.5	9.2
	601～1200 元	31.1	0.2	24.4	9.7	30.8	3.8
	1201～1700 元	34.8	0.0	25.3	8.2	26.0	5.7
	1701～2600 元	37.7	0.1	21.2	9.7	26.8	4.5
	2601～3500 元	38.6	0.1	22.6	8.8	25.5	4.4
	3501～5000 元	47.0	0.1	14.6	7.2	26.0	5.1
	5001 元及以上	39.5	0.0	19.5	7.5	29.2	4.3

注：* 表示样本量太小，无法进行统计推断。

表 3.54.3 2014 年石家庄市场各类频道在不同时段的市场占有率（%）

时间段	中央台频道	中国教育台频道	河北省级频道	石家庄市级频道	其他省级卫视频道	其他频道
02:00～03:00	28.1	0.1	21.9	6.5	35.3	8.1
03:00～04:00	28.7	0.1	20.4	6.4	35.8	8.6
04:00～05:00	41.4	0.1	17.7	5.2	28.3	7.3
05:00～06:00	43.3	0.0	20.3	4.9	24.0	7.5
06:00～07:00	50.4	0.1	20.0	2.6	22.0	4.9
07:00～08:00	55.4	0.0	17.4	3.8	19.4	4.0
08:00～09:00	54.6	0.0	13.6	3.8	22.5	5.5
09:00～10:00	41.2	0.0	17.3	4.9	30.7	5.9
10:00～11:00	37.2	0.1	18.5	3.4	34.8	6.0
11:00～12:00	39.9	0.1	22.1	3.5	29.0	5.4
12:00～13:00	31.5	0.1	38.7	9.8	16.4	3.5
13:00～14:00	38.6	0.1	22.8	4.8	27.6	6.1
14:00～15:00	37.2	0.1	14.5	3.7	38.4	6.1
15:00～16:00	37.2	0.1	13.9	3.4	39.3	6.1
16:00～17:00	37.3	0.0	16.1	2.5	37.9	6.2
17:00～18:00	37.8	0.0	18.9	8.2	30.0	5.1
18:00～19:00	41.4	0.0	25.5	16.9	12.0	4.2
19:00～20:00	40.6	0.1	22.2	16.9	16.5	3.7
20:00～21:00	30.9	0.1	23.5	10.9	30.7	3.9
21:00～22:00	31.0	0.1	22.9	8.6	33.1	4.3
22:00～23:00	26.6	0.4	23.6	7.1	37.1	5.2
23:00～24:00	26.8	0.2	22.6	4.8	38.8	6.8
24:00～25:00	29.7	0.1	22.9	4.6	35.0	7.7
25:00～26:00	29.0	0.2	23.9	5.8	32.2	8.9

表 3.54.4 2014 年石家庄市场收视份额排名前十位的频道

名次	频道名称	收视份额(%)
1	中央电视台综合频道	8.3
2	河北电视台农民频道(七套)	6.3
3	河北电视台二套(经济生活频道)	6.2
4	石家庄电视台新闻综合频道(一套)	4.4
5	中央台四套	4.1
6	河北卫视	3.7
6	中央台三套	3.7
8	中央电视台新闻频道	3.3
9	北京卫视	3.1
10	中央台五套	2.8

表 3.54.5 2014 年石家庄市场各主要频道的观众构成（%）

目标观众		所有频道	主要频道				
			中央电视台综合频道	河北电视台农民频道（七套）	河北电视台二套（经济生活频道）	石家庄电视台新闻综合频道（一套）	中央台四套
4 岁及以上所有人		100.0	100.0	100.0	100.0	100.0	100.0
性别	男	49.9	48.7	48.3	51.9	49.5	55.9
	女	50.1	51.3	51.7	48.1	50.5	44.1
年龄	4~14 岁	5.8	5.7	4.1	4.3	4.6	2.3
	15~24 岁	10.3	8.0	9.0	10.3	7.5	4.6
	25~34 岁	13.1	11.7	11.5	9.4	8.6	5.9
	35~44 岁	14.7	13.4	14.7	14.0	14.9	9.1
	45~54 岁	21.2	18.2	26.2	23.9	23.1	15.9
	55~64 岁	14.0	12.8	16.6	13.0	16.3	16.8
	65 岁及以上	20.9	30.1	17.8	25.1	25.0	45.4
教育程度	未受过正规教育	2.4	1.7	2.0	1.9	1.5	0.9
	小学	9.3	12.6	11.6	10.6	11.9	8.0
	初中	28.9	24.6	29.0	33.9	26.5	29.0
	高中	34.8	32.4	43.4	37.1	38.9	27.2
	大学及以上	24.7	28.8	14.0	16.5	21.2	34.9
职业类别	干部/管理人员	3.9	4.1	1.9	2.0	1.6	3.3
	个体/私营企业人员	16.2	12.8	19.5	18.4	14.8	8.1
	初级公务员/雇员	22.8	19.9	19.7	21.6	23.7	14.6
	工人	7.0	6.3	10.2	7.0	5.4	4.4
	学生	9.7	10.2	8.1	9.2	7.9	4.2
	无业	39.9	46.3	39.6	41.3	46.3	63.3
	其他	*	*	*	*	*	*
个人月收入	0~600 元	22.2	22.0	24.2	20.0	21.3	13.7
	601~1200 元	12.2	12.3	13.2	13.4	13.0	9.0
	1201~1700 元	17.5	17.4	21.0	21.9	18.3	17.6
	1701~2600 元	26.7	27.2	23.4	26.7	31.3	33.2
	2601~3500 元	13.4	13.5	12.3	13.5	10.5	13.9
	3501~5000 元	6.0	6.2	4.4	3.4	4.7	11.7
	5001 元及以上	2.0	1.4	1.5	1.1	0.9	0.9

注：*表示样本量太小，无法进行统计推断。

表 3.54.6 2012~2014 年石家庄市场各类节目的播出份额（%）和收视份额（%）

节目类别	2012 年		2013 年		2014 年	
	播出份额	收视份额	播出份额	收视份额	播出份额	收视份额
财经	2.1	0.9	1.6	1.0	1.5	0.8
电视剧	21.3	31.7	29.5	30.9	28.0	31.1
电影	5.2	4.8	5.4	4.6	3.9	4.6
法制	1.1	1.9	1.4	3.2	1.5	2.5
教学	0.3	0.1	0.4	0.2	0.3	0.1
青少	7.2	3.6	5.5	3.9	6.7	4.1
生活服务	8.6	7.6	9.0	7.4	14.1	8.1
体育	1.7	3.2	2.1	2.4	3.4	2.9
外语	0.0	0.0	0.0	0.0	0.0	0.0
戏剧	1.0	0.6	0.6	0.5	0.5	0.4
新闻/时事	14.6	12.9	10.1	14.7	9.7	13.7
音乐	2.5	0.6	2.4	0.4	1.4	0.4
专题	11.4	7.8	8.5	7.8	11.6	8.8
综艺	9.4	13.4	7.4	12.5	7.1	12.4
其他	13.7	10.9	16.2	10.5	10.3	10.1

表 3.54.7　2014 年石家庄市场所有节目收视率排名前三十位

名次	节目名称	节目类型	播出频道	平均收视率（%）	平均占有率（%）
1	中央电视台 2014 甲午年元宵晚会	中央电视台综合频道	综艺	15.6	33.9
2	中央电视台 2014 甲午年春节联欢晚会	中央电视台综合频道	综艺	14.5	28.4
3	2014 一年又一年	中央电视台综合频道	新闻/时事	11.3	27.1
4	315 让消费更有尊严——CCTV 2014 年 3·15 晚会	中央电视台综合频道	综艺	8.0	22.6
5	聚焦 APEC	中央电视台综合频道	新闻/时事	6.3	18.4
6	开学第一课	中央电视台综合频道	综艺	6.1	17.5
7	苏州月中华情——2014 年中央电视台中秋晚会	中央电视台综合频道	综艺	6.0	17.0
8	天气预报	中央电视台综合频道	生活服务	5.9	18.7
9	父母爱情	中央电视台综合频道	电视剧	5.7	15.4
10	2014 年仁川亚运会女子 800 米自由泳颁奖仪式	中央台五套	体育	5.4	19.7
11	我爱世界杯:2014 年巴西世界杯决赛(德国 VS 阿根廷)	中央台五套	体育	5.0	78.2
12	警察故事 2013	中央台六套	电影	5.0	12.6
13	气象视界	石家庄电视台新闻综合频道(一套)	生活服务	4.9	19.3
14	习近平主席在联合国教科文组织总部发表演讲	中央电视台综合频道	新闻/时事	4.9	15.1
15	感动中国 2013 年度人物颁奖盛典	中央电视台综合频道	专题	4.9	12.4
16	中国谜语大会(2 月 13 日)	中央电视台综合频道	专题	4.9	11.6
17	2014 中国上海团结和谐的亚洲携手向明天	中央电视台综合频道	综艺	4.5	15.3
18	大丈夫	北京卫视	电视剧	4.5	12.4
19	2014 年仁川亚运会体操男子吊环决赛	中央台五套	体育	4.4	14.3
20	2014 年仁川亚运会男子 4×100 米混合接力决赛	中央台五套	体育	4.4	14.1
21	中国好声音(10 月 7 日)	浙江卫视	综艺	4.2	14.8
22	中国成语大会 2014(5 月 11 日)	中央电视台综合频道	专题	4.2	11.7
23	新闻联播	中央电视台综合频道	新闻/时事	4.0	14.1
24	我在北京挺好的	中央电视台综合频道	电视剧	4.0	13.2
25	出彩中国人	中央电视台综合频道	综艺	4.0	11.1
26	2014 年仁川亚运会女子七项全能颁奖仪式	中央台五套	体育	3.9	17.8
27	我是歌手突围赛（3 月 21 日）	湖南卫视	综艺	3.9	11.5
28	满仓进城	河北卫视	电视剧	3.9	11.4
29	2014 第二届夏季青年奥林匹克运动会开幕式	中央电视台综合频道	体育	3.8	12.0
30	梦想星搭档为了孩子爱心集结(1 月 28 日)	中央电视台综合频道	综艺	3.8	10.3

表 3.54.8　2014 年石家庄市场电视剧收视率排名前十位

名次	节目名称	播出频道	平均收视率(%)	平均占有率(%)
1	父母爱情	中央电视台综合频道	5.7	15.4
2	大丈夫	北京卫视	4.5	12.4
3	我在北京挺好的	中央电视台综合频道	4.0	13.2
4	满仓进城	河北卫视	3.9	11.4
5	战地尖刀	河北电视台二套(经济生活频道)	3.8	9.5
6	湄公河大案	中央电视台综合频道	3.7	12.4
7	双谍姐妹花	河北电视台二套(经济生活频道)	3.7	11.5
8	历史转折中的邓小平	中央电视台综合频道	3.6	11.5
9	大漠枪神	河北电视台二套(经济生活频道)	3.5	10.4
9	石门情报战	河北电视台二套(经济生活频道)	3.5	10.4

表 3.54.9　2014 年石家庄市场新闻节目收视率排名前十位

名次	节目名称	播出频道	平均收视率(%)	平均占有率(%)
1	2014 一年又一年	中央电视台综合频道	11.3	27.1
2	聚焦 APEC	中央电视台综合频道	6.3	18.4
3	习近平主席在联合国教科文组织总部发表演讲	中央电视台综合频道	4.9	15.1
4	新闻联播	中央电视台综合频道	4.0	14.1
5	李克强总理会见中外记者并回答提问	中央电视台综合频道	3.7	10.7
6	焦点访谈	中央电视台综合频道	3.6	11.0
7	守望相助,共创中蒙关系发展新时代——习近平在蒙古国家大呼拉尔的演讲	中央电视台综合频道	3.5	10.9
8	习近平在巴西国会发表重要演讲	中央电视台综合频道	3.4	11.2
9	习近平主席在欧洲学院发表重要演讲	中央电视台综合频道	3.3	10.5
10	转播中央台新闻联播	石家庄电视台新闻综合频道(一套)	3.2	11.4

表 3.54.10　2013 年石家庄市场专题节目收视率排名前十位

名次	节目名称	播出频道	平均收视率(%)	平均占有率(%)
1	感动中国 2013 年度人物颁奖盛典	中央电视台综合频道	4.9	12.4
2	中国谜语大会(2 月 13 日)	中央电视台综合频道	4.9	11.6
3	中国成语大会 2014(5 月 11 日)	中央电视台综合频道	4.2	11.7
4	舌尖上的中国第二季	中央电视台综合频道	3.6	11.0
5	中央电视台特别节目:一桥飞架中欧	中央电视台综合频道	3.4	11.0
6	中国汉字听写大会 2014(10 月 3 日)	中央电视台综合频道	3.3	10.6
7	好记者讲好故事——2014 年中国记者节特别节目	中央电视台综合频道	2.9	7.8
8	中央电视台特别节目:新的中拉时间开始了	中央电视台综合频道	2.8	9.8
9	中央电视台特别节目:一带一路千年的时空穿越	中央电视台综合频道	2.7	7.9
10	寻找最美乡村教师 2014 大型公益活动	中央电视台综合频道	2.6	8.4

表 3.54.11　2014 年石家庄市场综艺节目收视率排名前十位

名次	节目名称	播出频道	平均收视率(%)	平均占有率(%)
1	中央电视台 2014 甲午年元宵晚会	中央电视台综合频道	15.6	33.9
2	中央电视台 2014 甲午年春节联欢晚会	中央电视台综合频道	14.5	28.4
3	315 让消费更有尊严——CCTV2014 年 3·15 晚会	中央电视台综合频道	8.0	22.6
4	开学第一课	中央电视台综合频道	6.1	17.5
5	苏州月中华情——2014 年中央电视台中秋晚会	中央电视台综合频道	6.0	17.0
6	2014 中国上海团结和谐的亚洲携手向明天	中央电视台综合频道	4.5	15.3
7	中国好声音(10 月 7 日)	浙江卫视	4.2	14.8
8	出彩中国人	中央电视台综合频道	4.0	11.1
9	我是歌手突围赛(3 月 21 日)	湖南卫视	3.9	11.5
10	梦想星搭档为了孩子爱心集结(1 月 28 日)	中央电视台综合频道	3.8	10.3

表 3.54.12　2014 年石家庄市场体育节目收视率排名前十位

名次	节目名称	播出频道	平均收视率(%)	平均占有率(%)
1	2014 年仁川亚运会女子 800 米自由泳颁奖仪式	中央台五套	5.4	19.7
2	我爱世界杯:2014 年巴西世界杯决赛(德国 VS 阿根廷)	中央台五套	5.0	78.2
3	2014 年仁川亚运会体操男子吊环决赛	中央台五套	4.4	14.3
4	2014 年仁川亚运会男子 4 × 100 米混合接力决赛	中央台五套	4.4	14.1
5	2014 年仁川亚运会女子七项全能颁奖仪式	中央台五套	3.9	17.8
6	2014 第二届夏季青年奥林匹克运动会开幕式	中央电视台综合频道	3.8	12.0
7	2014 年仁川亚运会女子沙滩排球决赛	中央台五套	3.5	10.2
8	现场直播:2014 年世界乒乓球团体锦标赛女团决赛	中央台五套	3.1	12.0
9	2014 年仁川亚运会举重女子 75 公斤以上级决赛	中央台五套	3.1	9.5
10	2014 年仁川亚运会羽毛球男团决赛	中央台五套	2.9	10.8

五十五、太原收视数据

表 3.55.1　2010~2014 年太原市场各类频道的市场占有率（%）

频道类别	年份				
	2010 年	2011 年	2012 年	2013 年	2014 年
中央台频道	33.7	32.7	33.8	34.0	33.9
中国教育台频道	0.5	0.8	0.8	0.7	0.6
山西省级频道	17.3	19.4	16.6	18.1	19.0
太原市级频道	16.6	14.2	11.3	7.8	6.2
其他省级卫视频道	27.8	29.5	34.3	34.5	34.2
其他频道	4.1	3.4	3.2	4.9	6.1

表 3.55.2　2014 年太原市场各类频道在不同目标观众中的市场占有率（%）

目标观众		中央台频道	中国教育台频道	山西省级频道	太原市级频道	其他省级卫星频道	其他频道
4 岁及以上所有人		33.9	0.6	19.0	6.2	34.2	6.1
性别	男	35.4	0.7	19.1	6.0	32.8	6.0
	女	32.3	0.5	18.9	6.3	35.6	6.4
年龄	4~14 岁	28.2	0.4	18.7	2.9	45.1	4.7
	15~24 岁	29.1	0.8	15.5	5.7	42.7	6.2
	25~34 岁	29.5	0.3	18.1	3.4	40.9	7.8
	35~44 岁	34.9	0.7	17.8	6.8	33.5	6.3
	45~54 岁	33.4	1.2	20.9	8.3	29.5	6.7
	55~64 岁	29.7	0.3	22.7	5.0	36.0	6.3
	65 岁及以上	45.4	0.2	18.1	8.2	23.3	4.8
教育程度	未受过正规教育	36.0	0.4	18.3	3.1	36.4	5.8
	小学	30.5	0.3	20.4	4.8	37.8	6.2
	初中	32.4	0.5	20.5	5.8	34.5	6.3
	高中	33.7	0.9	18.4	7.7	32.6	6.7
	大学及以上	37.3	0.4	17.2	6.1	33.4	5.6
职业类别	干部/管理人员	35.5	0.1	23.8	6.4	31.4	2.8
	个体/私营企业人员	31.7	1.1	20.7	6.1	32.4	8.0
	初级公务员/雇员	34.2	0.3	18.9	6.2	33.8	6.6
	工人	31.7	0.8	17.8	6.2	37.4	6.1
	学生	30.2	0.8	14.0	5.0	44.2	5.8
	无业	36.1	0.4	19.2	6.5	32.3	5.5
	其他	25.9	0.4	28.0	2.5	31.9	11.3
个人月收入	0~600 元	29.6	0.5	19.6	5.0	38.5	6.8
	601~1200 元	32.7	1.2	18.1	6.9	34.4	6.7
	1201~1700 元	32.4	0.7	21.5	7.4	30.6	7.4
	1701~2600 元	36.5	0.6	17.9	6.1	34.1	4.8
	2601~3500 元	38.7	0.3	17.2	6.8	31.0	6.0
	3501~5000 元	34.1	0.2	19.4	5.7	34.2	6.4
	5001 元及以上	37.2	0.3	20.1	7.1	29.0	6.3

表 3.55.3　2014 年太原市场各类频道在不同时段的市场占有率（%）

时间段	中央台频道	中国教育台频道	山西省级频道	太原市级频道	其他省级卫视频道	其他频道
02:00~03:00	32.1	2.8	10.7	5.1	30.6	18.7
03:00~04:00	28.9	3.0	11.8	5.1	29.3	21.9
04:00~05:00	33.5	2.6	11.9	4.9	26.6	20.5
05:00~06:00	37.0	2.3	11.5	5.0	29.5	14.7
06:00~07:00	53.3	0.8	7.0	3.6	27.5	7.8
07:00~08:00	53.5	0.3	8.5	4.2	26.8	6.7
08:00~09:00	48.2	0.3	10.8	5.9	28.3	6.5
09:00~10:00	37.6	0.3	16.8	3.9	34.4	7.0
10:00~11:00	35.9	0.9	12.8	3.5	40.3	6.6
11:00~12:00	38.5	0.8	16.5	3.4	35.6	5.2
12:00~13:00	41.6	0.7	20.4	2.1	31.0	4.2
13:00~14:00	31.9	0.8	28.9	2.7	30.4	5.3
14:00~15:00	33.0	0.8	17.2	2.8	39.1	7.1
15:00~16:00	36.9	0.7	10.0	3.0	42.1	7.3
16:00~17:00	35.2	0.3	9.0	3.6	44.1	7.8
17:00~18:00	38.4	0.2	11.2	4.0	39.0	7.2
18:00~19:00	39.2	0.2	24.0	11.7	17.3	7.6
19:00~20:00	37.3	0.4	22.6	13.4	21.3	5.0
20:00~21:00	27.3	0.6	22.1	9.4	35.6	5.0
21:00~22:00	28.4	0.5	20.3	5.4	39.6	5.8
22:00~23:00	27.6	0.8	18.5	4.9	41.9	6.3
23:00~24:00	30.5	0.3	18.0	4.4	39.8	7.0
24:00~25:00	35.0	0.4	18.1	3.4	32.8	10.3
25:00~26:00	35.6	1.7	14.2	4.1	30.7	13.7

表 3.55.4　2014 年太原市场收视份额排名前十位的频道

名次	频道名称	收视份额(%)
1	中央电视台综合频道	7.0
2	山西广播电视台科教频道	6.0
3	湖南卫视	4.1
4	中央电视台新闻频道	3.8
5	中央台四套	3.6
6	中央台六套	3.3
7	中央台三套	3.2
7	山西卫视	3.2
7	山西黄河电视台	3.2
10	山西广播电视台影视频道	2.9

表 3.55.5　2014 年太原市场各主要频道的观众构成（%）

目标观众		所有频道	主要频道				
			中央电视台综合频道	山西广播电视台科教频道	湖南卫视	中央电视台新闻频道	中央台四套
4 岁及以上所有人		100.0	100.0	100.0	100.0	100.0	100.0
性别	男	50.0	49.8	47.8	42.3	55.5	55.9
	女	50.0	50.2	52.2	57.7	44.5	44.1
年龄	4～14 岁	6.5	3.9	4.1	10.0	2.7	2.3
	15～24 岁	10.7	9.1	9.3	28.8	7.4	6.5
	25～34 岁	15.2	11.0	12.7	15.7	8.3	6.8
	35～44 岁	16.1	15.3	13.3	16.3	16.5	11.8
	45～54 岁	18.8	23.0	21.3	18.0	19.1	13.7
	55～64 岁	14.8	11.1	20.7	4.9	17.7	14.9
	65 岁及以上	17.9	26.6	18.6	6.3	28.3	44.0
教育程度	未受过正规教育	4.5	2.7	2.7	3.2	5.2	4.6
	小学	10.7	8.5	12.7	10.6	10.3	8.6
	初中	33.0	26.1	39.6	34.2	32.0	36.8
	高中	28.4	32.8	24.3	35.9	24.9	25.8
	大学及以上	23.4	29.9	20.7	16.1	27.6	24.2
职业类别	干部/管理人员	2.3	1.7	2.2	1.4	2.3	1.7
	个体/私营企业人员	17.0	16.0	13.1	14.6	16.2	10.7
	初级公务员/雇员	19.0	18.9	19.2	18.8	17.8	15.9
	工人	9.3	9.1	9.5	8.3	7.8	6.2
	学生	9.4	8.2	6.2	27.1	6.2	5.2
	无业	41.9	45.2	48.3	29.2	49.1	60.1
	其他	1.1	0.9	1.5	0.6	0.6	0.2
个人月收入	0～600 元	28.1	21.8	29.8	49.7	18.1	15.8
	601～1200 元	6.8	8.5	5.3	5.7	5.0	5.1
	1201～1700 元	17.2	16.0	21.2	9.6	22.9	21.5
	1701～2600 元	26.0	33.0	23.5	17.1	33.4	36.0
	2601～3500 元	15.1	16.0	13.7	11.1	13.9	15.5
	3501～5000 元	4.9	3.4	5.1	5.2	4.3	4.2
	5001 元及以上	1.9	1.3	1.4	1.6	2.4	1.9

表 3.55.6　2012～2014 年太原市场各类节目的播出份额（%）和收视份额（%）

节目类型	2012 年		2013 年		2014 年	
	播出份额	收视份额	播出份额	收视份额	播出份额	收视份额
财经	2.1	0.9	1.8	0.9	1.6	0.7
电视剧	21.3	30.5	22.1	27.1	21.2	29.7
电影	3.8	3.3	4.2	3.5	3.8	3.8
法制	1.2	3.0	1.3	3.3	1.4	3.1
教学	0.3	0.1	0.2	0.0	0.3	0.1
青少	7.2	4.0	6.8	5.7	7.2	5.2
生活服务	9.1	8.7	9.6	8.9	10.5	9.2
体育	1.6	2.8	1.9	2.3	2.8	2.4
外语	0.0	0.0	0.0	0.0	0.0	0.0
戏剧	1.0	0.5	0.7	0.2	0.7	0.2
新闻/时事	15.2	13.3	15.1	14.7	13.9	13.8
音乐	2.5	0.9	2.4	0.6	2.5	0.5
专题	11.8	7.0	10.4	6.4	11.7	5.9
综艺	8.8	14.0	9.3	15.1	9.6	13.8
其他	14.1	11.0	14.2	11.3	12.8	11.6

表 3.55.7　2014 年太原市场所有节目收视率排名前三十位

名次	节目名称	节目类型	播出频道	平均收视率(%)	平均占有率(%)
1	中央电视台 2014 甲午年春节联欢晚会	综艺	中央电视台综合频道	15.0	25.3
2	315 让消费更有尊严——CCTV 2014 年 3·15 晚会	综艺	中央电视台综合频道	8.2	17.7
3	中央电视台 2014 甲午年元宵晚会	综艺	中央电视台综合频道	7.7	19.3
4	快乐中国 20142015 跨年演唱会	音乐	湖南卫视	7.5	19.2
5	我是歌手歌王之战(4 月 4 日)	综艺	湖南卫视	6.1	18.0
6	父母爱情	电视剧	中央电视台综合频道	5.9	13.5
7	天气预报	生活服务	中央电视台综合频道	5.7	17.9
8	我们的中国梦——中央电视台心连心艺术团慰问演出	综艺	中央台三套	5.7	12.9
9	中国谜语大会(2 月 13 日)	专题	中央电视台综合频道	5.5	12.6
10	开学第一课	综艺	中央电视台综合频道	5.3	12.9
11	苏州月中华情——2014 年中央电视台中秋晚会	综艺	中央电视台综合频道	4.9	11.6
12	2014 春节联欢晚会	综艺	湖南卫视	4.8	11.1
13	舌尖上的中国第二季	专题	中央电视台综合频道	4.7	11.5
14	2014 第二届夏季青年奥林匹克运动会开幕式	体育	中央电视台综合频道	4.6	11.1
15	2014 年仁川亚运会男子 100 米决赛	体育	中央台五套	4.5	10.6
16	我在北京挺好的	电视剧	中央电视台综合频道	4.3	12.1
17	2014 年仁川亚运会体操男子吊环决赛	体育	中央台五套	4.3	10.4
18	感动中国 2013 年度人物颁奖盛典	专题	中央电视台综合频道	4.2	9.3
19	2014 年索契冬奥会短道速滑男子1000 米决赛	体育	中央台五套	4.2	8.8
20	我爱世界杯:2014 年巴西世界杯 1/4 决赛(阿根廷 VS 比利时)	体育	中央台五套	4.0	39.7
21	在五彩缤纷的节日里 2014 年六一晚会	青少	中央电视台综合频道	4.0	11.9
22	2014 中国上海团结和谐的亚洲携手向明天	综艺	中央电视台综合频道	3.8	12.2
23	2014 年仁川亚运会羽毛球男团决赛	体育	中央台五套	3.8	10.5
24	小郭跑腿	生活服务	山西广播电视台科教频道	3.8	9.4
25	李克强总理会见中外记者并回答提问	新闻/时事	中央电视台综合频道	3.8	9.2

续表

名次	节目名称	节目类型	播出频道	平均收视率（%）	平均占有率（%）
25	红箭	电视剧	山西卫视	3.8	9.2
27	爸爸去哪儿第二季	综艺	湖南卫视	3.7	15.9
28	我要当八路	电视剧	山西卫视	3.7	9.1
29	武媚娘传奇（1～17集）	电视剧	湖南卫视	3.6	9.0
30	美丽中国光荣梦想——庆祝中华人民共和国成立65周年音乐会	音乐	中央电视台综合频道	3.6	8.7

表3.55.8　2014年太原市场电视剧收视率排名前十位

名次	节目名称	播出频道	平均收视率（%）	平均占有率（%）
1	父母爱情	中央电视台综合频道	5.9	13.5
2	我在北京挺好的	中央电视台综合频道	4.3	12.1
3	红箭	山西卫视	3.8	9.2
4	我要当八路	山西卫视	3.7	9.1
5	武媚娘传奇（1～17集）	湖南卫视	3.6	9.0
6	大河儿女	中央电视台综合频道	3.4	8.7
7	原乡	中央电视台综合频道	3.4	8.5
8	历史转折中的邓小平	中央电视台综合频道	3.2	8.2
9	毛泽东（9～49集）	中央电视台综合频道	3.2	7.2
9	爱情公寓四	安徽卫视	3.2	7.2

表3.55.9　2014年太原市场新闻节目收视率排名前十位

名次	节目名称	播出频道	平均收视率（%）	平均占有率（%）
1	李克强总理会见中外记者并回答提问	中央电视台综合频道	3.8	9.2
2	新闻联播	中央电视台综合频道	3.5	13.1
3	2014一年又一年	中央电视台综合频道	3.3	13.0
4	习近平主席在联合国教科文组织总部发表演讲	中央电视台综合频道	3.0	9.3
5	习近平主席在柏林发表重要演讲	中央电视台综合频道	3.0	8.3
6	守望相助，共创中蒙关系发展新时代——习近平在蒙古国家大呼拉尔的演讲	中央电视台综合频道	2.5	7.9
7	焦点访谈	中央电视台综合频道	2.2	6.3
8	今日关注	中央台四套	2.2	5.7
9	习近平主席在印度新德里发表重要演讲	中央电视台综合频道	2.0	6.1
10	中国新闻	中央台四套	2.0	4.9

表 3.55.10　2014 年太原市场专题节目收视率排名前十位

名次	节目名称	播出频道	平均收视率（%）	平均占有率（%）
1	中国谜语大会(2 月 13 日)	中央电视台综合频道	5.5	12.6
2	舌尖上的中国第二季	中央电视台综合频道	4.7	11.5
3	感动中国 2013 年度人物颁奖盛典	中央电视台综合频道	4.2	9.3
4	中国成语大会 2014(5 月 11 日)	中央电视台综合频道	3.3	8.3
5	寻找最美乡村医生大型公益活动	中央电视台综合频道	3.3	7.7
6	一场别开生面的座谈会——习近平总书记主持召开文艺工作座谈会侧记	中央电视台综合频道	2.9	8.2
7	中央电视台特别节目:一带一路千年的时空穿越	中央电视台综合频道	2.6	6.2
8	寻找最美乡村教师 2014 大型公益活动	中央电视台综合频道	2.5	6.8
9	中央电视台特别节目:一桥飞架中欧	中央电视台综合频道	2.5	6.6
10	中央电视台特别节目:新的中拉时间开始了	中央电视台综合频道	2.4	6.8

表 3.55.11　2014 年太原市场综艺节目收视率排名前十位

名次	节目名称	播出频道	平均收视率（%）	平均占有率（%）
1	中央电视台 2014 甲午年春节联欢晚会	中央电视台综合频道	15.0	25.3
2	315 让消费更有尊严——CCTV2014 年 3·15 晚会	中央电视台综合频道	8.2	17.7
3	中央电视台 2014 甲午年元宵晚会	中央电视台综合频道	7.7	19.3
4	我是歌手歌王之战(4 月 4 日)	湖南卫视	6.1	18.0
5	我们的中国梦——中央电视台心连心艺术团慰问演出	中央台三套	5.7	12.9
6	开学第一课	中央电视台综合频道	5.3	12.9
7	苏州月中华情——2014 年中央电视台中秋晚会	中央电视台综合频道	4.9	11.6
8	2014 春节联欢晚会	湖南卫视	4.8	11.1
9	2014 中国上海团结和谐的亚洲携手向明天	中央电视台综合频道	3.8	12.2
10	爸爸去哪儿第二季	湖南卫视	3.7	15.9

表 3.55.12　2014 年太原市场体育节目收视率排名前十位

名次	节目名称	播出频道	平均收视率（%）	平均占有率（%）
1	2014 第二届夏季青年奥林匹克运动会开幕式	中央电视台综合频道	4.6	11.1
2	2014 年仁川亚运会男子 100 米决赛	中央台五套	4.5	10.6
3	2014 年仁川亚运会体操男子吊环决赛	中央台五套	4.3	10.4
4	2014 年索契冬奥会短道速滑男子 1000 米决赛	中央台五套	4.2	8.8
5	我爱世界杯:2014 年巴西世界杯 1/4 决赛(阿根廷 VS 比利时)	中央台五套	4.0	39.7
6	2014 年仁川亚运会羽毛球男团决赛	中央台五套	3.8	10.5
7	2014 年仁川亚运会乒乓球男团决赛	中央台五套	3.0	6.7
8	2014 年仁川亚运会男子 200 米仰泳决赛	中央台五套	2.7	10.6
9	2014 年仁川亚运会举重女子 75 公斤以上级决赛	中央台五套	2.7	6.7
10	直播周末:2014 年澳大利亚网球公开赛女单决赛	中央台五套	2.6	17.8

五十六、乌鲁木齐收视数据

表 3.56.1　2010～2014 年乌鲁木齐市场各类频道的市场占有率（%）

频道类别	年份				
	2010 年	2011 年	2012 年	2013 年	2014 年
中央台频道	43.5	44.2	37.4	38.0	38.7
中国教育台频道	0.2	0.4	0.5	0.4	0.3
新疆维吾尔自治区级频道	13.5	10.7	11.6	10.8	10.8
乌鲁木齐市级频道	6.1	5.0	5.3	5.2	4.6
其他省级卫视频道	31.2	33.2	32.3	31.7	31.1
其他频道	5.5	6.5	12.9	13.9	14.5

表 3.56.2　2014 年乌鲁木齐市场各类频道在不同目标观众中的市场占有率（%）

目标观众		中央台频道	中国教育台频道	新疆维吾尔自治区级频道	乌鲁木齐市级频道	其他省级卫视频道	其他频道
4 岁及以上所有人		38.7	0.3	10.8	4.6	31.1	14.5
性别	男	41.0	0.3	10.1	4.4	29.9	14.2
	女	36.3	0.2	11.5	4.8	32.3	14.8
年龄	4～14 岁	25.7	0.2	15.4	4.3	36.0	18.4
	15～24 岁	26.8	0.2	14.5	6.1	32.6	19.9
	25～34 岁	35.9	0.2	8.8	4.8	31.5	18.7
	35～44 岁	37.5	0.3	10.9	5.0	30.9	15.4
	45～54 岁	39.4	0.4	10.6	4.9	31.8	12.8
	55～64 岁	47.1	0.2	7.9	4.7	27.6	12.5
	65 岁及以上	49.8	0.1	11.8	2.6	29.4	6.3
教育程度	未受过正规教育	27.7	0.1	16.3	4.2	35.2	16.4
	小学	33.6	0.1	17.9	4.9	26.8	16.6
	初中	41.0	0.3	11.5	4.9	29.5	12.8
	高中	38.6	0.3	7.3	4.8	34.2	14.7
	大学及以上	42.0	0.2	8.9	4.0	30.5	14.4
职业类别	干部/管理人员	42.0	0.3	11.9	4.5	29.3	12.0
	个体/私营企业人员	39.8	0.3	8.0	4.6	29.8	17.5
	初级公务员/雇员	41.5	0.3	7.0	4.6	32.6	14.1
	工人	37.2	0.4	12.0	4.3	32.2	13.9
	学生	27.7	0.2	14.0	5.3	34.6	18.2
	无业	39.9	0.2	12.8	4.7	29.5	13.0
	其他	44.8	0.2	2.3	1.8	44.7	6.3
个人月收入	0～600 元	27.3	0.2	16.7	5.4	32.4	18.0
	601～1200 元	44.0	0.2	12.2	4.1	28.0	11.5
	1201～1700 元	41.7	0.3	8.6	4.8	31.8	12.8
	1701～2600 元	46.1	0.3	7.4	4.6	30.9	10.7
	2601～3500 元	40.4	0.3	11.8	4.4	30.2	13.0
	3501～5000 元	39.3	0.3	7.7	4.3	32.1	16.3
	5001 元及以上	44.4	0.2	4.2	3.9	29.7	17.6

表 3.56.3　2014 年乌鲁木齐市场各类频道在不同时段的市场占有率（%）

时间段	中央台频道	中国教育台频道	新疆维吾尔自治区级频道	乌鲁木齐市级频道	其他省级卫视频道	其他频道
02:00～03:00	30.9	0.6	8.8	3.1	36.1	20.5
03:00～04:00	35.8	0.2	6.2	1.8	31.4	24.6
04:00～05:00	42.9	0.1	4.5	2.1	24.8	25.5
05:00～06:00	46.6	0.2	3.5	1.6	21.6	26.6
06:00～07:00	56.6	0.1	3.4	2.3	18.2	19.3
07:00～08:00	65.6	0.1	2.9	1.2	17.6	12.6
08:00～09:00	61.3	0.1	5.6	1.2	21.6	10.1
09:00～10:00	53.2	0.1	7.4	3.9	24.8	10.6
10:00～11:00	47.1	0.4	10.2	3.4	27.3	11.5
11:00～12:00	45.0	0.4	11.4	3.5	26.8	12.9
12:00～13:00	44.8	0.2	11.4	3.3	26.2	14.1
13:00～14:00	41.8	0.3	9.4	3.7	30.4	14.4
14:00～15:00	38.0	0.3	9.6	2.8	33.3	15.9
15:00～16:00	35.3	0.3	11.3	2.3	34.1	16.7
16:00～17:00	32.6	0.1	11.6	3.1	34.9	17.7
17:00～18:00	36.9	0.1	10.7	2.8	31.2	18.3
18:00～19:00	53.7	0.1	9.2	2.3	18.5	16.2
19:00～20:00	54.9	0.3	8.7	3.6	21.4	11.1
20:00～21:00	38.5	0.4	9.7	6.4	34.2	10.9
21:00～22:00	35.2	0.2	10.8	6.3	34.7	12.9
22:00～23:00	30.5	0.3	12.1	7.3	35.2	14.6
23:00～24:00	31.0	0.1	13.5	5.4	35.1	14.9
24:00～25:00	30.6	0.2	15.1	4.9	31.7	17.6
25:00～26:00	30.7	0.5	9.9	4.8	33.5	20.6

表 3.56.4　2014 年乌鲁木齐市场收视份额排名前十位的频道

名次	频道名称	收视份额（%）
1	中央电视台新闻频道	6.4
2	中央电视台综合频道	5.9
3	中央台六套	3.6
4	中央台八套	3.1
5	湖南卫视	3.0
6	中央电视台少儿频道	2.8
6	中央台四套	2.8
6	中央台五套	2.8
9	江苏卫视	2.4
10	浙江卫视	2.3

表 3.56.5　2014 年乌鲁木齐市场各主要频道的观众构成（%）

目标观众		所有频道	主要频道				
			中央电视台新闻频道	中央电视台综合频道	中央台六套	中央台八套	湖南卫视
4 岁及以上所有人		100.0	100.0	100.0	100.0	100.0	100.0
性别	男	51.8	57.4	48.9	59.8	46.1	41.0
	女	48.2	42.6	51.1	40.2	53.9	59.0
年龄	4~14 岁	9.0	3.2	5.1	7.3	4.5	10.8
	15~24 岁	6.5	3.8	3.0	6.4	3.5	16.2
	25~34 岁	16.9	17.3	12.2	19.7	11.8	26.0
	35~44 岁	21.1	15.9	17.3	28.3	21.0	19.6
	45~54 岁	19.6	21.6	19.1	18.5	20.7	15.3
	55~64 岁	15.2	23.8	22.5	10.4	22.7	6.7
	65 岁及以上	11.7	14.4	20.7	9.4	15.7	5.5
教育程度	未受过正规教育	5.5	1.7	4.2	4.4	6.0	5.9
	小学	14.3	11.3	11.5	12.5	15.7	9.8
	初中	26.3	30.5	26.1	23.2	30.7	22.0
	高中	30.5	28.2	31.4	34.6	27.9	33.3
	大学及以上	23.4	28.3	26.7	25.3	19.6	29.0
职业类别	干部/管理人员	4.8	4.8	4.9	5.7	5.4	4.3
	个体/私营企业人员	17.1	20.4	13.2	22.0	16.2	15.8
	初级公务员/雇员	18.2	20.0	15.1	23.9	19.7	22.8
	工人	12.0	10.3	11.9	11.0	11.5	11.4
	学生	10.1	4.5	5.1	10.4	5.5	19.2
	无业	36.8	38.9	49.0	26.6	41.2	25.9
	其他	1.0	1.1	0.9	0.5	0.5	0.7
个人月收入	0~600 元	25.1	12.3	15.5	22.7	17.4	34.8
	601~1200 元	6.4	4.1	10.7	5.2	9.5	3.8
	1201~1700 元	9.3	13.0	9.6	7.6	13.0	6.7
	1701~2600 元	20.5	25.6	24.4	20.8	30.2	13.9
	2601~3500 元	19.7	22.4	21.5	18.7	18.5	15.1
	3501~5000 元	11.7	12.6	13.0	13.4	7.8	18.7
	5001 元及以上	7.3	10.1	5.3	11.6	3.7	6.9

表 3.56.6　2012~2014 年乌鲁木齐市场各类节目的播出份额（%）和收视份额（%）

节目类别	2012 年		2013 年		2014 年	
	播出份额	收视份额	播出份额	收视份额	播出份额	收视份额
财经	2.1	1.1	1.6	1.1	1.4	0.9
电视剧	21.0	29.3	26.7	27.8	23.4	27.0
电影	5.0	6.1	6.1	7.6	5.4	7.8
法制	0.8	1.2	1.0	1.8	1.0	1.8
教学	0.3	0.2	0.4	0.2	0.2	0.2
青少	6.9	5.7	5.3	6.8	6.0	7.5
生活服务	9.2	6.1	9.3	5.6	13.2	6.1
体育	2.4	4.0	2.9	3.1	3.8	4.3
外语	0.0	0.0	0.0	0.0	0.0	0.0
戏剧	1.0	0.4	0.6	0.3	0.5	0.2
新闻/时事	14.4	14.0	10.0	14.5	9.5	13.7
音乐	2.6	0.9	2.4	1.0	2.4	1.1
专题	11.7	8.4	8.6	8.1	11.0	8.5
综艺	8.6	12.6	6.7	12.0	6.5	11.3
其他	14.3	10.0	18.4	10.1	15.6	9.7

表 3.56.7 2014 年乌鲁木齐市场所有节目收视率排名前三十位

名次	节目名称	类别	频道	平均收视率（%）	平均占有率（%）
1	中央电视台2014 甲午年春节联欢晚会	综艺	中央电视台综合频道	9.9	26.0
2	中央电视台 2014 甲午年元宵晚会	综艺	中央电视台综合频道	9.3	26.4
3	中国好声音(10 月 7 日)	综艺	浙江卫视	7.2	22.3
4	我爱世界杯:2014 年世界杯小组赛 F 组(尼日利亚 VS 阿根廷)	体育	中央台五套	6.3	43.2
5	315 让消费更有尊严——CCTV2014 年 3·15 晚会	综艺	中央电视台综合频道	5.8	16.4
6	直播周末:2013/2014 赛季中国男子篮球职业联赛总决赛第六场（新疆广汇汽车 VS 北京金隅）	体育	中央台五套	5.5	18.3
7	父母爱情	电视剧	中央电视台综合频道	5.4	16.6
8	出彩中国人(3 月 16 日)	综艺	中央电视台综合频道	5.2	15.9
9	惊天危机	电影	中央台六套	4.7	15.7
10	星光大道(1 月 31 日)	综艺	中央电视台综合频道	4.5	12.9
11	天气预报	生活服务	中央电视台新闻频道	4.0	19.6
12	奔跑吧兄弟	综艺	浙江卫视	4.0	11.2
13	失落的世界侏罗纪公园	电影	中央台六套	3.9	14.6
14	爸爸去哪儿第二季	综艺	湖南卫视	3.9	12.3
15	开学第一课	综艺	中央电视台综合频道	3.6	14.6
16	我是歌手歌王之战	综艺	湖南卫视	3.6	12.4
17	黑日危机	电影	中央台六套	3.5	11.1
18	苏州月中华情——2014 年中央电视台中秋晚会	综艺	中央电视台综合频道	3.3	12.5
19	马向阳下乡记	电视剧	中央电视台综合频道	3.3	11.5
20	众里寻你——2014 寻找最美孝心少年颁奖典礼	青少	中央电视台综合频道	3.3	10.3
21	跑男来了	综艺	浙江卫视	3.3	10.0
22	狼	电影	中央台六套	3.2	11.8
23	舌尖上的中国第二季	专题	中央电视台综合频道	3.2	11.7
24	历史转折中的邓小平	电视剧	中央电视台综合频道	3.1	12.3
25	倚天屠龙记之魔教教主一	电影	中央台六套	3.1	9.3
26	2014 年索契冬奥会单板滑雪男子U 型池半决赛	体育	中央台五套	3.0	12.3
27	2014 年索契冬奥会速度滑冰男子500 米决赛第一轮	体育	中央台五套	3.0	8.3
28	湄公河大案	电视剧	中央电视台综合频道	2.9	12.1
29	原乡	电视剧	中央电视台综合频道	2.9	10.1
29	桥	电影	中央台六套	2.9	10.1

表 3.56.8　2014 年乌鲁木齐市场电视剧收视率排名前十位

名次	节目名称	频道	平均收视率(%)	平均占有率(%)
1	父母爱情	中央电视台综合频道	5.4	16.6
2	马向阳下乡记	中央电视台综合频道	3.3	11.5
3	历史转折中的邓小平	中央电视台综合频道	3.1	12.3
4	湄公河大案	中央电视台综合频道	2.9	12.1
5	原乡	中央电视台综合频道	2.9	10.1
6	我在北京挺好的	中央电视台综合频道	2.7	11.3
7	女人心	中央台八套	2.6	10.6
8	开国元勋朱德	中央电视台综合频道	2.6	8.6
9	铁血红安	中央电视台综合频道	2.6	8.4
10	雪鹰	中央台八套	2.5	8.1

表 3.56.9　2014 年乌鲁木齐市场新闻节目收视率排名前十位

名次	节目名称	频道	平均收视率(%)	平均占有率(%)
1	新闻联播	中央电视台综合频道	2.7	15.7
2	新闻直播间(3 月 15 日)	中央电视台新闻频道	2.6	6.9
3	守望相助,共创中蒙关系发展新时代——习近平在蒙古国家大呼拉尔的演讲	中央电视台综合频道	2.5	14.2
4	2014 一年又一年	中央电视台综合频道	2.5	11.7
5	聚焦 APEC	中央电视台新闻频道	2.1	10.3
6	习近平主席在中法建交 50 周年纪念大会上发表重要讲话	中央电视台综合频道	1.9	8.2
7	2014 悬崖边的日本	中央电视台新闻频道	1.9	5.3
8	习近平在韩国首尔大学发表演讲	中央电视台综合频道	1.8	9.2
9	焦点访谈	中央电视台综合频道	1.8	8.2
10	环球视线特别节目	中央电视台新闻频道	1.8	6.1

表 3.56.10　2014 年乌鲁木齐市场专题节目收视率排名前十位

名次	节目名称	频道	平均收视率(%)	平均占有率(%)
1	舌尖上的中国第二季	中央电视台综合频道	3.2	11.7
2	中央电视台特别节目:一桥飞架中欧	中央电视台综合频道	2.6	11.5
3	中央电视台特别节目:新的中拉时间开始了	中央电视台综合频道	2.5	13.8
4	感动中国 2013 年度人物颁奖盛典	中央电视台综合频道	2.5	7.4
5	中央电视台特别节目:一带一路千年的时空穿越	中央电视台新闻频道	2.3	8.6
6	中国谜语大会(2 月 13 日)	中央电视台综合频道	2.1	6.2
7	2014 寻找最美村官颁奖典礼	中央电视台综合频道	2.0	7.0
8	寻找最美乡村医生大型公益活动	中央电视台综合频道	1.9	6.9
9	一场别开生面的座谈会——习近平总书记主持召开文艺工作座谈会侧记	中央电视台综合频道	1.8	8.9
10	好记者讲好故事——2014 年中国记者节特别节目	中央电视台综合频道	1.8	5.0

表 3.56.11　2014 年乌鲁木齐市场综艺节目收视率排名前十位

名次	节目名称	频道	平均收视率（%）	平均占有率（%）
1	中央电视台 2014 甲午年春节联欢晚会	中央电视台综合频道	9.9	26.0
2	中央电视台 2014 甲午年元宵晚会	中央电视台综合频道	9.3	26.4
3	中国好声音(10 月 7 日)	浙江卫视	7.2	22.3
4	315 让消费更有尊严——CCTV2014 年 3·15 晚会	中央电视台综合频道	5.8	16.4
5	出彩中国人(3 月 16 日)	中央电视台综合频道	5.2	15.9
6	星光大道(1 月 31 日)	中央电视台综合频道	4.5	12.9
7	奔跑吧兄弟	浙江卫视	4.0	11.2
8	爸爸去哪儿第二季	湖南卫视	3.9	12.3
9	开学第一课	中央电视台综合频道	3.6	14.6
10	我是歌手歌王之战	湖南卫视	3.6	12.4

表 3.56.12　2014 年乌鲁木齐市场体育节目收视率排名前十位

名次	节目名称	播出频道	平均收视率（%）	平均占有率（%）
1	我爱世界杯:2014 年世界杯小组赛 F 组(尼日利亚 VS 阿根廷)	中央台五套	6.3	43.2
2	直播周末:2013/2014 赛季中国男子篮球职业联赛总决赛第六场(新疆广汇汽车 VS 北京金隅)	中央台五套	5.5	18.3
3	2014 年索契冬奥会单板滑雪男子 U 型池半决赛	中央台五套	3.0	12.3
4	2014 年索契冬奥会速度滑冰男子 500 米决赛第一轮	中央台五套	3.0	8.3
5	黄金赛场:2013/2014 赛季 CBA 半决赛(新疆广汇 VS 东莞马可波罗)	中央台五套	2.9	9.6
6	2014 第二届夏季青年奥林匹克运动会闭幕式	中央电视台综合频道	2.1	9.6
7	直播周末:2014 年 CBA 全明星赛扣篮大赛	中央台五套	2.1	6.3
8	2014 年仁川亚运会举重女子 75 公斤以上级决赛	中央台五套	2.0	9.0
9	2014 第二届夏季青奥会开幕式	中央电视台新闻频道	2.0	8.4
10	2014 年仁川亚运会女子铅球决赛	中央台五套	1.9	14.0

五十七、武汉收视数据

表 3.57.1　2010~2014 年武汉市场各类频道的市场占有率 (%)

频道类别	年份				
	2010 年	2011 年	2012 年	2013 年	2014 年
中央台频道	22.9	23.8	24.8	22.9	23.5
中国教育台频道	0.1	0.2	0.2	0.1	0.1
湖北省级频道	23.3	25.4	25.7	28.8	25.2
武汉市级频道	22.1	17.9	15.4	14.6	15.7
其他省级卫视频道	22.3	23.4	25.0	25.7	29.2
其他频道	9.3	9.3	8.9	8.0	6.3

表 3.57.2　2014 年武汉市场各类频道在不同目标观众中的市场占有率 (%)

目标观众		中央台频道	中国教育台频道	湖北省级频道	武汉市级频道	其他省级卫视频道	其他频道
4 岁及以上所有人		23.5	0.1	25.2	15.7	29.2	6.3
性别	男	26.3	0.1	24.1	15.2	27.3	7.0
	女	20.8	0.1	26.2	16.1	31.2	5.6
年龄	4~14 岁	17.5	0.0	16.0	18.0	40.5	8.0
	15~24 岁	18.0	0.1	21.5	16.6	39.5	4.3
	25~34 岁	20.0	0.1	22.2	19.4	31.9	6.4
	35~44 岁	23.5	0.1	22.6	14.9	31.6	7.3
	45~54 岁	24.7	0.1	26.7	15.2	27.8	5.5
	55~64 岁	26.4	0.1	30.0	14.2	22.6	6.7
	65 岁及以上	28.3	0.1	28.7	12.6	23.5	6.8
教育程度	未受过正规教育	20.0	0.1	22.9	17.0	35.0	5.0
	小学	22.3	0.1	25.2	16.5	28.5	7.4
	初中	23.3	0.1	27.8	15.4	26.6	6.8
	高中	23.3	0.1	25.2	15.2	30.9	5.3
	大学及以上	25.2	0.1	22.3	16.1	29.0	7.3
职业类别	干部/管理人员	30.2	0.1	19.2	17.0	25.6	7.9
	个体/私营企业人员	25.8	0.1	24.3	12.9	30.5	6.4
	初级公务员/雇员	23.6	0.0	21.7	18.2	29.2	7.3
	工人	22.3	0.1	23.5	17.3	32.1	4.7
	学生	17.9	0.1	18.2	16.4	40.8	6.6
	无业	23.7	0.1	27.4	14.8	27.6	6.4
	其他	25.6	0.1	31.8	13.3	21.5	7.7
个人月收入	0~600 元	25.9	0.1	29.8	15.6	21.5	7.1
	601~1200 元	22.2	0.1	32.3	15.5	24.6	5.3
	1201~1700 元	21.2	0.1	27.5	17.8	27.9	5.5
	1701~2600 元	24.6	0.1	26.2	15.6	27.7	5.8
	2601~3500 元	26.4	0.1	22.8	13.4	31.7	5.6
	3501~5000 元	30.7	0.0	20.2	11.9	28.5	8.7
	5001 元及以上	25.4	0.1	19.7	19.5	24.2	11.1

表 3.57.3 2014 年武汉市场各类频道在不同时段的市场占有率（%）

时间段	中央台频道	中国教育台频道	湖北省级频道	武汉市级频道	其他省级卫视频道	其他频道
02:00～03:00	32.6	0.2	16.0	5.4	27.1	18.7
03:00～04:00	34.6	0.2	15.5	4.8	27.9	17.0
04:00～05:00	38.8	0.2	15.6	4.7	26.0	14.7
05:00～06:00	39.9	0.2	15.9	4.5	26.1	13.4
06:00～07:00	43.4	0.1	17.4	3.7	25.1	10.3
07:00～08:00	44.0	0.1	19.2	5.7	22.7	8.3
08:00～09:00	39.8	0.1	16.2	6.7	28.7	8.5
09:00～10:00	31.5	0.0	22.1	5.6	32.2	8.6
10:00～11:00	30.8	0.1	23.6	4.5	33.1	7.9
11:00～12:00	30.9	0.1	29.2	3.6	29.0	7.2
12:00～13:00	29.7	0.1	37.4	3.1	22.6	7.1
13:00～14:00	33.2	0.2	24.7	4.2	29.6	8.1
14:00～15:00	31.5	0.2	22.4	4.7	33.5	7.7
15:00～16:00	31.0	0.2	22.1	5.2	34.6	6.9
16:00～17:00	28.9	0.1	22.3	7.5	34.6	6.6
17:00～18:00	21.1	0.0	40.2	13.4	20.2	5.1
18:00～19:00	16.8	0.0	43.6	27.4	7.9	4.3
19:00～20:00	20.5	0.1	29.3	24.8	21.1	4.2
20:00～21:00	18.5	0.1	19.5	20.1	37.4	4.4
21:00～22:00	18.2	0.1	19.6	19.6	37.7	4.8
22:00～23:00	15.8	0.1	22.6	21.2	34.2	6.1
23:00～24:00	24.3	0.0	14.1	17.9	35.4	8.3
24:00～25:00	32.2	0.1	15.1	10.7	29.1	12.8
25:00～26:00	34.2	0.1	15.4	7.4	25.1	17.8

表 3.57.4 2014 年武汉市场收视份额排名前十位的频道

名次	频道名称	收视份额(%)
1	湖北经视	7.9
2	湖北卫视	6.7
3	武汉电视台文艺频道	4.5
4	湖北综合	4.1
5	中央电视台综合频道	3.9
6	湖北影视	3.3
7	中央台三套	3.2
8	中央电视台新闻频道	3.0
8	湖南卫视	3.0
10	中央台六套	2.7

表 3.57.5　2014 年武汉市场各主要频道的观众构成（%）

目标观众		所有频道	主要频道				
			湖北经视	湖北卫视	武汉电视台文艺频道	湖北综合	中央电视台综合频道
4 岁及以上所有人		100.0	100.0	100.0	100.0	100.0	100.0
性别	男	49.7	45.5	46.6	46.9	48.7	47.3
	女	50.3	54.5	53.4	53.1	51.3	52.7
年龄	4~14 岁	5.6	2.9	6.0	5.7	1.4	4.8
	15~24 岁	7.7	6.0	8.4	6.6	7.4	4.6
	25~34 岁	18.5	12.2	18.2	18.4	14.2	18.1
	35~44 岁	13.9	11.3	12.9	15.3	11.5	10.0
	45~54 岁	23.5	24.8	22.3	25.0	30.3	20.7
	55~64 岁	17.2	23.3	18.6	16.2	20.7	18.2
	65 岁及以上	13.6	19.6	13.6	12.7	14.6	23.5
教育程度	未受过正规教育	4.4	3.0	5.9	5.4	3.4	6.4
	小学	9.4	9.5	9.7	12.2	7.9	10.6
	初中	28.0	31.7	27.3	32.3	27.4	25.0
	高中	35.0	38.3	32.1	30.5	38.8	30.4
	大学及以上	23.2	17.4	24.9	19.6	22.5	27.7
职业类别	干部/管理人员	2.5	1.8	2.8	2.6	1.6	2.9
	个体/私营企业人员	7.8	8.3	7.7	5.6	5.0	7.8
	初级公务员/雇员	14.1	9.8	13.1	13.3	16.1	14.6
	工人	21.3	16.3	20.7	20.9	22.8	14.8
	学生	6.7	4.2	6.8	6.6	5.0	4.7
	无业	37.6	48.4	36.5	38.3	43.1	44.5
	其他	10.0	11.2	12.3	12.6	6.4	10.7
个人月收入	0~600 元	25.0	22.1	25.4	32.0	19.1	21.4
	601~1200 元	9.8	10.4	13.0	9.5	11.4	8.9
	1201~1700 元	12.7	16.9	13.0	10.8	14.4	13.5
	1701~2600 元	27.8	33.0	26.3	27.3	31.2	26.8
	2601~3500 元	13.1	9.4	12.9	12.4	13.8	12.8
	3501~5000 元	8.7	6.0	7.2	5.7	7.9	12.8
	5001 元及以上	2.8	2.2	2.2	2.3	2.3	3.8

表 3.57.6　2012~2014 年武汉市场各类节目的播出份额（%）和收视份额（%）

节目类别	2012 年		2013 年		2014 年	
	播出份额	收视份额	播出份额	收视份额	播出份额	收视份额
财经	2.0	0.8	1.5	0.9	1.4	0.8
电视剧	21.7	33.9	28.7	33.2	26.4	32.9
电影	4.4	3.9	4.5	3.6	2.9	4.0
法制	0.8	0.6	1.0	0.8	1.2	0.8
教学	0.3	0.1	0.4	0.1	0.3	0.1
青少	6.6	2.7	5.2	3.2	6.4	3.5
生活服务	8.8	7.6	10.1	8.4	16.2	9.2
体育	2.1	2.6	2.1	2.2	3.2	2.8
外语	0.0	0.0	0.0	0.0	0.0	0.0
戏剧	0.9	0.3	0.6	0.1	0.5	0.2
新闻/时事	14.4	13.8	10.1	14.3	9.8	13.4
音乐	2.4	0.9	2.2	0.8	1.3	0.7
专题	11.9	7.0	9.0	6.6	11.6	6.1
综艺	9.0	13.1	7.4	13.1	7.6	13.2
其他	14.7	12.8	17.2	12.7	11.2	12.3

表 3.57.7　2014 年武汉市场所有节目收视率排名前三十位

名次	节目名称	节目类别	播出频道	平均收视率（%）	平均占有率（%）
1	我是传奇经视直播十周年盛典湖北广电听众观众节闭幕式	综艺	湖北经视	7.8	20.0
2	中央电视台 2014 甲午年春节联欢晚会	综艺	中央台三套	7.7	15.1
3	全球华人年夜饭——湖北卫视 2014 春节大联欢	综艺	湖北卫视	7.0	17.2
4	我为喜剧狂	综艺	湖北卫视	6.8	18.0
5	我的中国星新年环球狂欢夜 2014 湖北卫视	综艺	湖北卫视	6.3	15.6
6	我爱世界杯：2014 年巴西世界杯决赛（德国 VS 阿根廷）	体育	中央台五套	6.0	64.0
7	经视直播	新闻/时事	湖北经视	5.9	19.9
8	如果爱	综艺	湖北卫视	5.5	12.7
9	挑战女人帮心随我动	综艺	湖北卫视	5.2	13.8
10	调解面对面	专题	湖北卫视	5.0	15.6
11	桃花朵朵开	生活服务	湖北经视	5.0	11.6
12	唱响武汉——武汉解放暨武汉广播电视台建台 65 周年主题晚会	综艺	武汉电视台新闻综合频道	5.0	10.9
13	绝地枪王	电视剧	湖北卫视	4.9	11.2
14	谁是我家人	综艺	湖北卫视	4.8	13.5
15	创青春 2014 全国大学生创业大赛创业实践挑战赛电视公开赛	专题	湖北卫视	4.8	12.6
16	我爱我的祖国	综艺	湖北卫视	4.7	12.7
17	兄弟兄弟	电视剧	湖北卫视	4.6	10.6
18	今天不烦恼	综艺	湖北卫视	4.5	13.0
19	中央电视台 2014 甲午年元宵晚会	综艺	中央电视台综合频道	4.5	10.1
20	加强作风建设推进城市治理——2014 十个突出问题承诺整改电视问政	专题	武汉电视台新闻综合频道	4.5	9.8
21	爸爸去哪儿第二季	综艺	湖南卫视	4.4	14.4
22	2014 一年又一年	新闻/时事	中央电视台综合频道	4.4	10.7
23	和音乐在一起酷狗音乐十年	综艺	湖北卫视	4.2	11.2
24	我是歌手突围赛（3 月 21 日）	综艺	湖南卫视	4.2	9.1
25	中国好声音（8 月 29 日）	综艺	浙江卫视	4.1	9.5
26	爱情公寓四	电视剧	湖北卫视	4.1	9.4
27	盛夏晚晴天	电视剧	湖北卫视	4.0	8.8
28	剿匪英雄	电视剧	湖北卫视	3.9	9.2
29	情定三生	电视剧	湖北卫视	3.9	8.7
30	无贼（第 25～48 集）	电视剧	湖北卫视	3.8	9.6

表 3.57.8　2014 年武汉市场电视剧收视率排名前十位

名次	节目名称	播出频道	平均收视率(%)	平均占有率(%)
1	绝地枪王	湖北卫视	4.9	11.2
2	兄弟兄弟	湖北卫视	4.6	10.6
3	爱情公寓四	湖北卫视	4.1	9.4
4	盛夏晚晴天	湖北卫视	4.0	8.8
5	剿匪英雄	湖北卫视	3.9	9.2
6	情定三生	湖北卫视	3.9	8.7
7	无贼(第 25 ~48 集)	湖北卫视	3.8	9.6
8	傻儿传奇	湖北卫视	3.8	8.8
9	幸福在哪里	湖北卫视	3.8	8.6
10	汉阳造	湖北卫视	3.6	8.7

表 3.57.9　2014 年武汉市场新闻节目收视率排名前十位

名次	节目名称	播出频道	平均收视率(%)	平均占有率(%)
1	经视直播	湖北经视	5.9	19.9
2	2014 一年又一年	中央电视台综合频道	4.4	10.7
3	哼天	湖北经视	2.8	20.8
4	新闻 360	湖北综合	2.6	9.4
5	直播大事件	湖北经视	2.6	6.4
6	李克强总理会见中外记者并回答提问	中央电视台综合频道	2.6	6.3
7	习近平主席在联合国教科文组织总部发表演讲	中央电视台综合频道	2.5	5.8
8	习近平在巴西国会发表重要演讲	中央电视台综合频道	2.4	5.7
9	第 1 直播室	武汉电视台新闻综合频道	2.2	8.0
10	新闻直播间	中央电视台新闻频道	2.2	5.8

表 3.57.10　2014 年武汉市场专题节目收视率排名前十位

名次	节目名称	播出频道	平均收视率(%)	平均占有率(%)
1	调解面对面	湖北卫视	5.0	15.6
2	创青春 2014 全国大学生创业大赛创业实践挑战赛电视公开赛	湖北卫视	4.8	12.6
3	加强作风建设推进城市治理——2014 十个突出问题承诺整改电视问政	武汉电视台新闻综合频道	4.5	9.8
4	大王小王	湖北卫视	3.3	8.8
5	中国汉字听写大会 2014(9 月 7 日)	中央电视台综合频道	2.8	6.4
6	感动中国 2013 年度人物颁奖盛典	中央电视台综合频道	2.7	6.4
7	舌尖上的中国第二季	中央电视台综合频道	2.5	5.5
8	江城尖板眼	武汉电视台影视频道	2.0	5.6
9	中央电视台特别节目:一桥飞架中欧	中央电视台综合频道	2.0	4.6
9	大揭秘	湖北卫视	2.0	4.6

表 3.57.11　2014 年武汉市场综艺节目收视率排名前十位

名次	节目名称	播出频道	平均收视率（%）	平均占有率（%）
1	我是传奇经视直播十周年盛典湖北广电听众观众节闭幕式	湖北经视	7.8	20.0
2	中央电视台 2014 甲午年春节联欢晚会	中央台三套	7.7	15.1
3	全球华人年夜饭——湖北卫视 2014 春节大联欢	湖北卫视	7.0	17.2
4	我为喜剧狂	湖北卫视	6.8	18.0
5	我的中国星新年环球狂欢夜 2014 湖北卫视	湖北卫视	6.3	15.6
6	如果爱	湖北卫视	5.5	12.7
7	挑战女人帮心随我动	湖北卫视	5.2	13.8
8	唱响武汉——武汉解放暨武汉广播电视台建台 65 周年主题晚会	武汉电视台新闻综合频道	5.0	10.9
9	谁是我家人	湖北卫视	4.8	13.5
10	我爱我的祖国	湖北卫视	4.7	12.7

表 3.57.12　2014 年武汉市场体育节目收视率排名前十位

名次	节目名称	播出频道	平均收视率（%）	平均占有率（%）
1	我爱世界杯:2014 年巴西世界杯决赛（德国 VS 阿根廷）	中央台五套	6.0	64.0
2	2014 年仁川亚运会男子 400 米自由泳决赛	中央台五套	3.3	9.1
3	直播周末:2014 年澳大利亚网球公开赛女单决赛	中央台五套	2.9	14.7
4	2014 年仁川亚运会羽毛球男团决赛	中央台五套	2.8	7.1
5	2014 年仁川亚运会女子 4×400 米接力决赛	中央台五套	2.7	6.2
6	2014 年索契冬奥会速度滑冰女子 1000 米决赛	中央台五套	2.6	5.7
7	2014 年仁川亚运会举重男子 69 公斤级挺举	中央台五套	2.5	6.2
8	精英赛场:2015 年亚洲杯预选赛 C 组（中国队 VS 伊拉克队）	中央台五套	2.3	9.2
9	2014 第二届夏季青年奥林匹克运动会开幕式	中央电视台综合频道	2.2	4.7
10	2014 年仁川亚运会乒乓球男子双打决赛	中央台五套	2.1	13.0

五十八、西安收视数据

表 3.58.1 2010~2014 年西安市场各类频道的市场占有率（%）

频道类别	年份				
	2010 年	2011 年	2012 年	2013 年	2014 年
中央台频道	34.0	32.2	37.7	39.8	37.6
中国教育台频道	0.2	0.4	0.4	0.4	0.3
陕西省级频道	22.2	21.6	18.6	18.1	17.7
西安市级频道	11.1	8.5	6.6	4.7	3.4
其他省级卫视频道	26.5	30.6	31.6	29.0	28.3
其他频道	6.0	6.8	5.1	8.0	12.7

表 3.58.2 2014 年西安市场各类频道在各目标观众中的市场占有率（%）

目标观众		中央台频道	中国教育台频道	陕西省级频道	西安市级频道	其他省级卫视频道	其他频道
4 岁及以上所有人		37.6	0.3	17.7	3.4	28.3	12.7
性别	男	39.2	0.3	17.8	3.7	26.0	13.0
	女	36.1	0.3	17.6	3.2	30.4	12.4
年龄	4~14 岁	38.6	0.2	12.0	3.1	32.8	13.3
	15~24 岁	30.8	0.3	20.8	2.9	34.1	11.1
	25~34 岁	34.3	0.3	17.2	3.4	29.1	15.7
	35~44 岁	32.6	0.3	19.0	3.9	30.1	14.1
	45~54 岁	36.0	0.3	17.8	3.1	29.3	13.5
	55~64 岁	42.1	0.3	19.1	3.1	26.7	8.7
	65 岁及以上	45.3	0.4	15.6	4.7	21.0	13.0
教育程度	未受过正规教育	41.6	0.1	11.4	2.2	29.8	14.9
	小学	39.4	0.3	15.8	4.3	28.5	11.7
	初中	35.3	0.3	20.1	4.0	29.0	11.3
	高中	37.4	0.3	18.7	3.0	28.3	12.3
	大学及以上	39.4	0.3	14.6	3.4	27.1	15.2
职业类别	干部/管理人员	37.1	0.3	13.0	2.9	27.4	19.3
	个体/私营企业人员	33.0	0.3	21.4	3.8	28.7	12.8
	初级公务员/雇员	36.4	0.3	18.8	3.3	28.4	12.8
	工人	36.3	0.4	18.9	3.6	27.0	13.8
	学生	36.2	0.3	13.0	3.0	36.1	11.4
	无业	40.1	0.3	16.9	3.5	27.3	11.9
	其他	28.1	0.1	25.4	5.3	24.2	16.9
个人月收入	0~600 元	33.8	0.3	18.2	3.5	31.8	12.4
	601~1200 元	34.7	0.4	22.1	4.0	27.4	11.4
	1201~1700 元	38.4	0.3	18.7	3.0	30.3	9.3
	1701~2600 元	39.8	0.3	17.1	3.8	25.5	13.5
	2601~3500 元	39.7	0.3	16.6	2.9	27.8	12.7
	3501~5000 元	39.1	0.3	15.6	2.8	27.9	14.3
	5001 元及以上	32.9	0.5	16.9	4.5	26.3	18.9

表 3.58.3 2014 年西安市场各类频道在各时段的市场占有率（%）

时间段	中央台频道	中国教育台频道	陕西省级频道	西安市级频道	其他省级卫视频道	其他频道
02:00~03:00	34.9	1.2	5.9	1.1	38.5	18.4
03:00~04:00	35.0	0.4	3.8	0.7	40.6	19.5
04:00~05:00	41.1	0.2	2.8	0.6	37.1	18.2
05:00~06:00	44.0	0.2	3.0	0.3	33.2	19.3
06:00~07:00	46.0	0.2	6.2	0.4	29.5	17.7
07:00~08:00	52.7	0.1	12.3	2.0	19.4	13.5
08:00~09:00	48.1	0.2	15.5	2.3	21.6	12.3
09:00~10:00	43.4	0.2	14.3	3.0	26.5	12.6
10:00~11:00	41.0	0.4	13.6	2.8	29.0	13.2
11:00~12:00	42.0	0.4	16.4	2.0	26.3	12.9
12:00~13:00	47.3	0.2	15.9	2.1	22.2	12.3
13:00~14:00	43.4	0.3	11.9	2.1	27.9	14.4
14:00~15:00	39.3	0.5	8.4	2.7	35.0	14.1
15:00~16:00	37.6	0.4	8.8	2.8	36.5	13.9
16:00~17:00	36.8	0.2	9.1	2.8	36.2	14.9
17:00~18:00	40.8	0.1	10.5	4.3	29.4	14.9
18:00~19:00	43.6	0.1	27.3	6.2	10.4	12.4
19:00~20:00	43.7	0.3	23.3	4.5	18.1	10.1
20:00~21:00	32.4	0.5	18.3	4.6	34.2	10.0
21:00~22:00	29.2	0.3	22.9	3.1	34.4	10.1
22:00~23:00	27.1	0.3	25.3	3.1	30.8	13.4
23:00~24:00	31.9	0.2	15.1	3.3	33.5	16.0
24:00~25:00	36.2	0.2	15.3	3.6	27.7	17.0
25:00~26:00	36.6	0.8	12.3	3.6	28.9	17.8

表 3.58.4 2014 年西安市场收视份额排名前十位的频道

名次	频道名称	收视份额(%)
1	中央电视台综合频道	7.6
2	陕西广播电视台都市青春频道(二套)	6.9
3	中央电视台新闻频道	4.0
4	中央台八套	3.8
5	中央台三套	3.4
6	湖南卫视	3.0
6	中央台五套	3.0
8	中央台四套	2.9
9	江苏卫视	2.7
10	中央电视台少儿频道	2.5

表 3.58.5　2014 年西安市场各主要频道的观众构成（%）

目标观众		所有频道	主要频道				
			中央电视台综合频道	陕西广播电视台都市青春频道(二套)	中央电视台新闻频道	中央台八套	中央台三套
4 岁及以上所有人		100.0	100.0	100.0	100.0	100.0	100.0
性别	男	48.2	48.3	46.6	54.0	43.8	43.7
	女	51.8	51.7	53.4	46.0	56.2	56.3
年龄	4～14 岁	5.8	5.3	3.3	2.9	4.0	3.5
	15～24 岁	8.9	6.9	8.1	7.0	8.2	7.6
	25～34 岁	13.8	8.6	14.1	11.8	10.1	11.2
	35～44 岁	12.4	11.5	13.8	10.4	9.7	9.6
	45～54 岁	25.8	24.2	27.0	25.1	23.5	25.6
	55～64 岁	18.7	20.6	23.2	19.8	24.5	25.6
	65 岁及以上	14.6	22.9	10.5	23.0	20.0	16.9
教育程度	未受过正规教育	2.5	2.3	1.6	1.0	2.0	2.7
	小学	8.0	9.0	6.5	6.0	8.4	8.4
	初中	27.0	23.7	31.8	23.1	35.0	21.9
	高中	39.2	39.1	43.4	42.3	35.2	45.6
	大学及以上	23.3	25.9	16.7	27.6	19.4	21.4
职业类别	干部/管理人员	3.3	3.3	2.9	3.1	3.7	3.4
	个体/私营企业人员	9.6	7.3	11.4	8.4	6.4	7.5
	初级公务员/雇员	21.7	22.6	20.5	20.3	19.7	19.3
	工人	12.3	9.3	13.8	11.0	11.3	11.3
	学生	7.7	7.1	4.9	5.7	6.3	4.7
	无业	44.2	48.9	44.5	49.4	52.2	53.4
	其他	1.2	1.5	2.0	2.1	0.4	0.4
个人月收入	0～600 元	21.8	19.6	21.6	16.8	15.6	22.4
	601～1200 元	7.1	5.7	8.0	5.2	9.9	5.4
	1201～1700 元	14.9	14.5	17.6	15.7	18.7	17.3
	1701～2600 元	29.7	34.0	28.7	33.0	32.6	33.1
	2601～3500 元	13.6	14.7	13.1	12.0	12.7	12.0
	3501～5000 元	9.0	9.5	7.6	11.1	8.7	7.8
	5001 元及以上	3.9	2.0	3.4	6.2	1.8	2.0

表 3.58.6　2012～2014 年西安市场各类节目的播出份额（%）和收视份额（%）

节目类别	2012 年		2013 年		2014 年	
	播出份额	收视份额	播出份额	收视份额	播出份额	收视份额
财经	2.1	1.1	1.9	1.0	1.7	0.9
电视剧	20.2	29.8	21.1	28.2	20.6	30.1
电影	5.3	6.5	5.5	5.5	5.2	4.9
法制	0.9	0.7	0.9	0.9	0.9	0.9
教学	0.3	0.1	0.3	0.1	0.3	0.1
青少	6.6	3.8	6.1	3.6	6.6	3.4
生活服务	10.5	9.1	10.4	9.7	11.0	10.3
体育	1.9	3.0	2.0	2.2	3.0	2.6
外语	0.0	0.0	0.0	0.0	0.0	0.0
戏剧	1.3	1.2	1.3	1.3	1.2	1.3
新闻/时事	14.3	15.1	14.5	15.7	14.1	14.8
音乐	2.4	0.7	2.3	0.7	2.3	0.6
专题	10.9	5.8	10.1	6.3	11.5	6.3
综艺	8.5	11.1	8.6	12.8	8.5	12.2
其他	14.6	12.0	15.0	12.0	13.1	11.6

表 3.58.7 2014 年西安市场所有节目收视率排名前三十位

名次	节目名称	节目类别	播出频道	平均收视率（%）	平均占有率（%）
1	中央电视台 2014 甲午年春节联欢晚会	综艺	中央电视台综合频道	23.0	44.7
2	中央电视台 2014 甲午年元宵晚会	综艺	中央电视台综合频道	13.1	32.2
3	父母爱情	电视剧	中央电视台综合频道	6.7	18.9
4	星光大道(1 月 31 日)	综艺	中央电视台综合频道	6.4	18.6
5	我爱世界杯:2014 年巴西世界杯 1/4 决赛(德国 VS 法国)	体育	中央台五套	6.1	45.3
6	天气预报	生活服务	中央电视台综合频道	5.8	20.4
7	315 让消费更有尊严——CCTV 2014 年 3·15 晚会	综艺	中央电视台综合频道	5.8	16.5
8	满仓进城	电视剧	陕西广播电视台都市青春频道(二套)	5.5	16.3
9	开学第一课	综艺	中央电视台综合频道	5.1	14.0
10	出彩中国人(2 月 9 日)	综艺	中央电视台综合频道	5.0	12.5
11	快乐中国 20142015 跨年演唱会	音乐	湖南卫视	4.7	15.8
12	苏州月中华情——2014 年中央电视台中秋晚会	综艺	中央电视台综合频道	4.7	11.8
13	我是歌手歌王之战	综艺	湖南卫视	4.5	16.8
14	中国谜语大会(2 月 12 日)	专题	中央电视台综合频道	4.4	11.6
15	2014 年仁川亚运会男子 3000 米障碍决赛	体育	中央台五套	4.2	13.7
16	中国好声音(8 月 29 日)	综艺	浙江卫视	4.2	13.1
17	毛泽东(9～49 集)	电视剧	中央电视台综合频道	4.1	11.3
18	2014 年仁川亚运会女子 200 米个人混合泳决赛	体育	中央台五套	3.9	15.4
19	中央电视台特别节目:一桥飞架中欧	专题	中央电视台综合频道	3.9	11.1
20	天赐我爱(16～42 集)	电视剧	中央台八套	3.7	17.2
21	湄公河大案	电视剧	中央电视台综合频道	3.6	12.3
22	双谍姐妹花	电视剧	陕西广播电视台都市青春频道(二套)	3.6	10.4
23	感动中国 2013 年度人物颁奖盛典	专题	中央电视台综合频道	3.6	9.3
24	新闻联播	新闻/时事	中央电视台综合频道	3.5	13.5
25	我在北京挺好的	电视剧	中央电视台综合频道	3.5	11.9
26	历史转折中的邓小平	电视剧	中央电视台综合频道	3.5	10.5
27	舌尖上的中国第二季	专题	中央电视台综合频道	3.5	10.4
28	第十届中国金鹰电视艺术节、第二十七届中国电视金鹰奖颁奖晚会	综艺	湖南卫视	3.4	11.2
29	都市快报	新闻/时事	陕西广播电视台都市青春频道(二套)	3.4	10.8
30	武媚娘传奇(1～17 集)	电视剧	湖南卫视	3.4	10.1

表 3.58.8 2014 年西安市场电视剧收视率排名前十位

名次	节目名称	播出频道	平均收视率(%)	平均占有率(%)
1	父母爱情	中央电视台综合频道	6.7	18.9
2	满仓进城	陕西广播电视台都市青春频道(二套)	5.5	16.3
3	毛泽东(9~49 集)	中央电视台综合频道	4.1	11.3
4	天赐我爱(16~42 集)	中央台八套	3.7	17.2
5	湄公河大案	中央电视台综合频道	3.6	12.3
6	双谍姐妹花	陕西广播电视台都市青春频道(二套)	3.6	10.4
7	我在北京挺好的	中央电视台综合频道	3.5	11.9
8	历史转折中的邓小平	中央电视台综合频道	3.5	10.5
9	武媚娘传奇(1~17 集)	湖南卫视	3.4	10.1
10	大河儿女	中央电视台综合频道	3.3	10.5

表 3.58.9 2014 年西安市场新闻节目收视率排名前十位

名次	节目名称	播出频道	平均收视率(%)	平均占有率(%)
1	新闻联播	中央电视台综合频道	3.5	13.5
2	都市快报	陕西广播电视台都市青春频道(二套)	3.4	10.8
3	2014 一年又一年	中央电视台综合频道	3.3	12.7
4	守望相助,共创中蒙关系发展新时代——习近平在蒙古国家大呼拉尔的演讲	中央电视台综合频道	3.0	10.5
5	李克强总理会见中外记者并回答提问	中央电视台综合频道	3.0	9.7
6	习近平在巴西国会发表重要演讲	中央电视台综合频道	2.8	10.1
7	习近平主席在柏林发表重要演讲	中央电视台综合频道	2.7	9.0
8	习近平主席在欧洲学院发表重要演讲	中央电视台综合频道	2.6	9.9
9	习近平主席在联合国教科文组织总部发表演讲	中央电视台综合频道	2.6	7.9
10	聚焦 APEC	中央电视台新闻频道	2.2	8.3

表 3.58.10 2014 年西安市场专题节目收视率排名前十位

名次	节目名称	播出频道	平均收视率(%)	平均占有率(%)
1	中国谜语大会(2 月 12 日)	中央电视台综合频道	4.4	11.6
2	中央电视台特别节目:一桥飞架中欧	中央电视台综合频道	3.9	11.1
3	感动中国 2013 年度人物颁奖盛典	中央电视台综合频道	3.6	9.3
4	舌尖上的中国第二季	中央电视台综合频道	3.5	10.4
5	中央电视台特别节目:新的中拉时间开始了	中央电视台综合频道	3.0	9.6
6	中国成语大会 2014(6 月 2 日)	中央电视台综合频道	2.8	9.3
7	寻找最美乡村医生大型公益活动	中央电视台综合频道	2.7	8.3
8	中国汉字听写大会 2014(8 月 24 日)	中央电视台综合频道	2.6	8.1
9	一场别开生面的座谈会——习近平总书记主持召开文艺工作座谈会侧记	中央电视台新闻频道	2.3	7.9
10	中央电视台特别节目:从雁栖湖到太平洋——习近平主席大洋洲之行综述	中央电视台新闻频道	2.2	6.5

表 3.58.11 2014 年西安市场综艺节目收视率排名前十位

名次	节目名称	播出频道	平均收视率(%)	平均占有率(%)
1	中央电视台 2014 甲午年春节联欢晚会	中央电视台综合频道	23.0	44.7
2	中央电视台 2014 甲午年元宵晚会	中央电视台综合频道	13.1	32.2
3	星光大道(1 月 31 日)	中央电视台综合频道	6.4	18.6
4	315 让消费更有尊严——CCTV2014 年 3·15 晚会	中央电视台综合频道	5.8	16.5
5	开学第一课	中央电视台综合频道	5.1	14.0
6	出彩中国人(2 月 9 日)	中央电视台综合频道	5.0	12.5
7	苏州月中华情——2014 年中央电视台中秋晚会	中央电视台综合频道	4.7	11.8
8	我是歌手歌王之战	湖南卫视	4.5	16.8
9	中国好声音(8 月 29 日)	浙江卫视	4.2	13.1
10	第十届中国金鹰电视艺术节、第二十七届中国电视金鹰奖颁奖晚会	湖南卫视	3.4	11.2

表 3.58.12 2014 年西安市场体育节目收视率排名前十位

名次	节目名称	播出频道	平均收视率(%)	平均占有率(%)
1	我爱世界杯:2014 年巴西世界杯 1/4 决赛(德国 VS 法国)	中央台五套	6.1	45.3
2	2014 年仁川亚运会男子 3000 米障碍决赛	中央台五套	4.2	13.7
3	2014 年仁川亚运会女子 200 米个人混合泳决赛	中央台五套	3.9	15.4
4	2014 第二届夏季青年奥林匹克运动会开幕式	中央电视台综合频道	3.4	9.4
5	直播周末:2014 年澳大利亚网球公开赛女单决赛	中央台五套	3.3	16.0
6	2014 年仁川亚运会举重男子 69 公斤级挺举	中央台五套	3.0	9.3
7	2014 年索契冬奥会短道速滑男子 1000 米决赛	中央台五套	2.9	7.5
8	直播周末:2013/2014 赛季中国男子篮球职业联赛总决赛第三场(北京金隅 VS 新疆广汇汽车)	中央台五套	2.4	7.4
9	2014 第二届夏季青年奥林匹克运动会闭幕式	中央电视台综合频道	2.4	6.8
10	2014 年仁川亚运会乒乓球女子双打决赛	中央台五套	2.3	10.7

五十九、西宁收视数据

表 3.59.1　2010～2014 年西宁市场各类频道的市场占有率（%）

频道类别	年份				
	2010 年	2011 年	2012 年	2013 年	2014 年
中央台频道	49.0	47.4	47.2	50.9	48.9
中国教育台频道	0.3	0.4	0.3	0.3	0.2
青海省级频道	6.3	6.6	6.8	5.9	6.0
西宁市级频道	5.9	3.0	2.4	2.1	2.5
其他省级卫视频道	32.2	36.8	37.2	35.8	37.8
其他频道	6.3	5.8	6.1	4.9	4.6

表 3.59.2　2014 年西宁市场各类频道在不同目标观众中的市场占有率（%）

目标观众		中央台频道	中国教育台频道	青海省级频道	西宁市级频道	其他省级卫视频道	其他频道
4 岁及以上所有人		48.9	0.2	6.0	2.5	37.8	4.6
性别	男	51.2	0.2	5.6	2.4	35.2	5.4
	女	46.5	0.2	6.3	2.5	40.3	4.2
年龄	4～14 岁	43.0	0.2	4.7	1.2	46.0	4.9
	15～24 岁	44.5	0.2	5.5	2.2	42.1	5.5
	25～34 岁	50.5	0.2	4.3	1.8	38.6	4.7
	35～44 岁	47.6	0.2	4.7	2.1	39.4	6.1
	45～54 岁	48.5	0.3	6.4	2.5	36.7	5.6
	55～64 岁	44.9	0.1	9.8	3.2	37.2	4.9
	65 岁及以上	57.9	0.1	5.9	3.5	30.7	1.9
教育程度	未受过正规教育	45.5	0.1	6.8	2.2	41.4	4.0
	小学	49.5	0.1	7.2	2.4	37.7	3.1
	初中	47.7	0.2	6.9	3.3	36.9	5.0
	高中	47.8	0.2	5.5	2.3	39.0	5.2
	大学及以上	53.6	0.2	3.5	1.4	35.8	5.5
职业类别	干部/管理人员	54.8	0.2	4.6	1.8	31.4	7.3
	个体/私营企业人员	46.3	0.2	5.7	2.2	40.7	5.1
	初级公务员/雇员	49.7	0.3	4.3	2.0	38.1	5.7
	工人	47.8	0.2	6.3	2.5	37.9	5.3
	学生	45.9	0.3	4.6	1.6	42.0	5.7
	无业	50.5	0.1	6.9	3.0	35.7	3.8
	其他	*	*	*	*	*	*
个人月收入	0～600 元	44.7	0.2	5.6	2.1	42.2	5.2
	601～1200 元	48.1	0.2	6.9	3.1	38.2	3.6
	1201～1700 元	47.3	0.2	7.0	2.4	38.3	4.8
	1701～2600 元	49.8	0.1	6.5	3.2	36.8	3.6
	2601～3500 元	49.9	0.2	6.0	2.3	35.3	6.4
	3501～5000 元	53.6	0.3	4.2	1.6	35.1	5.2
	5001 元及以上	64.0	0.3	2.5	0.9	26.8	5.4

* 表示样本量不足，无法进行统计推断。

表 3.59.3 2014 年西宁市场各类频道在不同时段的市场占有率（%）

时间段	中央台频道	中国教育台频道	青海省级频道	西宁市级频道	其他省级卫视频道	其他频道
02:00~03:00	45.5	0.3	1.2	0.1	43.4	9.6
03:00~04:00	48.8	0.2	0.6	0.0	39.8	10.7
04:00~05:00	55.5	0.1	0.2	0.0	33.9	10.4
05:00~06:00	63.6	0.0	0.8	0.0	25.0	10.6
06:00~07:00	71.8	0.1	0.4	0.5	20.1	7.2
07:00~08:00	70.1	0.1	1.4	1.8	21.3	5.3
08:00~09:00	61.4	0.1	1.7	1.2	30.5	5.1
09:00~10:00	52.4	0.1	2.2	1.1	38.9	5.3
10:00~11:00	48.8	0.2	2.1	1.1	42.6	5.2
11:00~12:00	50.9	0.2	1.9	1.7	40.3	5.0
12:00~13:00	54.7	0.2	3.2	1.1	36.1	4.6
13:00~14:00	50.4	0.4	2.7	1.3	40.7	4.5
14:00~15:00	43.6	0.5	2.0	1.2	47.3	5.5
15:00~16:00	41.4	0.4	1.8	1.2	49.1	6.1
16:00~17:00	41.4	0.1	2.0	1.4	48.5	6.6
17:00~18:00	47.8	0.1	3.1	5.7	37.3	6.1
18:00~19:00	51.3	0.0	21.8	8.2	14.4	4.3
19:00~20:00	59.1	0.1	12.7	2.9	22.2	3.1
20:00~21:00	46.5	0.2	4.8	2.0	43.5	3.0
21:00~22:00	44.6	0.2	4.7	1.5	45.7	3.3
22:00~23:00	44.7	0.3	4.3	1.9	43.0	5.8
23:00~24:00	43.9	0.1	2.6	2.0	42.5	8.9
24:00~25:00	47.8	0.1	2.7	2.5	36.1	10.9
25:00~26:00	48.6	0.2	2.3	1.6	37.4	9.9

表 3.59.4 2014 年西宁市场收视份额排名前十位的频道

名次	频道名称	收视份额（%）
1	中央电视台综合频道	8.3
2	中央台六套	7.1
3	中央台八套	5.5
4	中央电视台新闻频道	5.4
5	山东卫视	4.2
6	中央台三套	3.8
7	湖南卫视	3.6
8	中央台四套	3.0
9	中央台五套	2.9
9	青海电视台经济生活频道	2.9

表 3.59.5　2014 年西宁市场各主要频道的观众构成（%）

目标观众		所有频道	主要频道				
			中央电视台综合频道	中央台六套	中央台八套	中央电视台新闻频道	山东卫视
4 岁及以上所有人		100.0	100.0	100.0	100.0	100.0	100.0
性别	男	49.6	48.2	55.5	44.5	58.3	46.1
	女	50.4	51.8	44.5	55.5	41.7	53.9
年龄	4～14 岁	8.8	6.1	9.4	5.7	4.8	4.9
	15～24 岁	10.4	9.8	11.2	9.5	8.7	13.1
	25～34 岁	10.8	11.9	14.7	9.9	9.2	7.2
	35～44 岁	19.6	13.0	33.3	20.4	12.8	17.5
	45～54 岁	19.6	19.2	17.1	16.6	18.8	22.6
	55～64 岁	13.0	13.7	6.3	13.5	14.2	16.6
	65 岁及以上	17.8	26.3	8.1	24.4	31.5	18.2
教育程度	未受过正规教育	8.1	5.3	4.2	9.6	10.5	5.2
	小学	15.1	18.2	15.1	20.0	9.7	17.1
	初中	31.3	28.2	33.1	28.4	37.1	33.1
	高中	28.0	28.0	26.8	26.6	26.5	34.3
	大学及以上	17.5	20.3	20.8	15.4	16.2	10.3
职业类别	干部/管理人员	3.1	3.9	3.8	3.2	3.2	2.1
	个体/私营企业人员	15.5	10.5	23.3	16.8	9.8	18.2
	初级公务员/雇员	12.9	11.0	16.3	13.3	10.5	7.9
	工人	14.7	13.0	18.1	10.7	14.5	20.4
	学生	11.4	10.8	14.3	9.8	7.7	8.4
	无业	41.8	50.5	23.8	46.1	52.9	41.6
	其他	*	*	*	*	*	*
个人月收入	0～600 元	26.0	21.9	27.3	21.0	20.3	20.1
	601～1200 元	8.7	7.4	8.4	10.5	7.8	9.5
	1201～1700 元	11.6	14.2	9.8	12.0	7.9	21.3
	1701～2600 元	26.2	25.3	22.8	31.3	32.3	28.4
	2601～3500 元	15.5	19.0	17.5	12.1	14.5	13.3
	3501～5000 元	9.0	8.0	9.5	10.2	14.4	4.9
	5001 元及以上	3.1	4.2	4.7	2.8	2.9	2.5

* 表示样本量不足，无法进行统计推断。

表 3.59.6　2012～2014 年西宁市场各类节目的播出份额（%）和收视份额（%）

节目类别	2012 年		2013 年		2014 年	
	播出份额	收视份额	播出份额	收视份额	播出份额	收视份额
财经	2.4	1.1	1.8	0.9	1.8	0.6
电视剧	20.4	33.7	28.2	31.6	20.1	30.8
电影	4.1	6.0	4.5	6.2	3.9	6.9
法制	0.8	1.5	1.2	2.5	1.1	1.7
教学	0.3	0.1	0.4	0.1	0.3	0.0
青少	7.5	4.8	5.8	5.9	7.2	4.6
生活服务	8.3	6.3	8.4	5.6	9.7	6.6
体育	1.7	3.3	2.2	2.4	2.9	2.6
外语	0.0	0.0	0.0	0.0	0.0	0.0
戏剧	1.2	0.5	0.7	0.4	0.8	0.3
新闻/时事	15.3	11.4	10.7	14.2	15.2	15.1
音乐	2.9	0.9	2.6	0.9	2.7	0.7
专题	12.2	8.0	8.8	7.3	12.4	7.2
综艺	9.1	12.3	7.0	11.0	9.0	11.9
其他	13.8	10.2	17.7	10.9	13.0	10.9

表 3.59.7 2014 年西宁市场所有节目收视率排名前三十位

名次	节目名称	节目类别	播出频道	平均收视率（%）	平均占有率（%）
1	中央电视台 2014 甲午年春节联欢晚会	综艺	中央电视台综合频道	14.9	32.3
2	中央电视台 2014 甲午年元宵晚会	综艺	中央电视台综合频道	10.3	23.8
3	父母爱情	电视剧	中央电视台综合频道	8.6	20.1
4	湄公河大案	电视剧	中央电视台综合频道	7.9	20.7
5	315 让消费更有尊严——CCTV 2014 年 3·15 晚会	综艺	中央电视台综合频道	7.8	18.7
6	天气预报	生活服务	中央电视台综合频道	7.7	22.5
7	星光大道(1 月 25 日)	综艺	中央电视台综合频道	7.5	17.6
8	快乐中国 20142015 跨年演唱会	音乐	湖南卫视	6.9	19.7
9	中央电视台特别节目：一桥飞架中欧	专题	中央电视台综合频道	6.9	18.1
10	我在北京挺好的	电视剧	中央电视台综合频道	6.8	19.0
11	侏罗纪公园三	电影	中央台六套	6.6	29.1
12	地火	电视剧	中央台八套	6.6	19.6
13	养父的花样年华	电视剧	中央台八套	6.0	16.9
14	人在冏途	电影	中央台六套	5.7	17.7
15	宝贝计划	电影	中央台六套	5.6	16.5
16	历史转折中的邓小平	电视剧	中央电视台综合频道	5.6	14.6
17	我是谁	电影	中央台六套	5.5	26.9
18	感动中国 2013 年度人物颁奖盛典	专题	中央电视台综合频道	5.5	12.9
19	我是歌手歌王之战	综艺	湖南卫视	5.4	15.1
20	大漠苍狼	电视剧	中央台八套	5.4	14.7
21	舌尖上的中国第二季	专题	中央电视台综合频道	5.4	14.3
22	痞子英雄之全面开战	电影	中央台六套	5.4	13.8
23	人在囧途之泰囧	电影	中央台六套	5.4	13.2
24	2014 中国上海团结和谐的亚洲携手向明天	综艺	中央电视台综合频道	5.3	15.2
25	夜店	电影	中央台六套	5.3	13.6
26	黑日危机	电影	中央台六套	5.2	24.7
27	戴手铐的旅客	电影	中央台六套	5.1	15.9
28	大海啸之鲨口逃生	电影	中央台六套	5.1	13.8
29	举起手来之二追击阿多丸	电影	中央台六套	5.1	13.7
30	寻找最美乡村医生大型公益活动	专题	中央电视台综合频道	5.1	11.8

表 3.59.8　2014 年西宁市场电视剧收视率排名前十位

名次	节目名称	播出频道	平均收视率(%)	平均占有率(%)
1	父母爱情	中央电视台综合频道	8.6	20.1
2	湄公河大案	中央电视台综合频道	7.9	20.7
3	我在北京挺好的	中央电视台综合频道	6.8	19.0
4	地火	中央台八套	6.6	19.6
5	养父的花样年华	中央台八套	6.0	16.9
6	历史转折中的邓小平	中央电视台综合频道	5.6	14.6
7	大漠苍狼	中央台八套	5.4	14.7
8	战长沙	中央台八套	4.8	14.3
9	红高粱	山东卫视	4.8	13.0
10	大河儿女	中央电视台综合频道	4.7	12.3

表 3.59.9　2014 年西宁市场新闻节目收视率排名前十位

名次	节目名称	播出频道	平均收视率(%)	平均占有率(%)
1	新闻联播	中央电视台综合频道	4.8	15.6
2	习近平主席在联合国教科文组织总部发表演讲	中央电视台综合频道	4.5	12.0
3	2014 一年又一年	中央电视台综合频道	4.3	13.7
4	习近平主席在柏林发表重要演讲	中央电视台综合频道	4.3	11.2
5	聚焦 APEC	中央电视台新闻频道	4.1	10.6
6	习近平在巴西国会发表重要演讲	中央电视台综合频道	3.8	12.6
7	焦点访谈	中央电视台综合频道	3.8	10.8
8	守望相助,共创中蒙关系发展新时代——习近平在蒙古国家大呼拉尔的演讲	中央电视台综合频道	3.7	9.5
9	习近平在韩国首尔大学发表演讲	中央电视台综合频道	3.4	11.9
10	习近平主席在欧洲学院发表重要演讲	中央电视台综合频道	3.4	8.5

表 3.59.10　2014 年西宁市场专题节目收视率排名前十位

名次	节目名称	播出频道	平均收视率(%)	平均占有率(%)
1	中央电视台特别节目:一桥飞架中欧	中央电视台综合频道	6.9	18.1
2	感动中国 2013 年度人物颁奖盛典	中央电视台综合频道	5.5	12.9
3	舌尖上的中国第二季	中央电视台综合频道	5.4	14.3
4	寻找最美乡村医生大型公益活动	中央电视台综合频道	5.1	11.8
5	中央电视台特别节目:新的中拉时间开始了	中央电视台综合频道	4.5	11.6
6	中国成语大会 2014 (6 月 22 日)	中央电视台综合频道	4.0	11.6
7	中国汉字听写大会 2014(8 月 17 日)	中央电视台综合频道	3.9	9.8
8	一场别开生面的座谈会——习近平总书记主持召开文艺工作座谈会侧记	中央电视台综合频道	3.6	10.1
9	作风建设永远在路上——落实八项规定精神正风肃纪纪实	中央电视台综合频道	3.2	8.3
10	中央电视台特别节目:一带一路千年的时空穿越	中央电视台新闻频道	2.9	7.7

表 3.59.11　2014 年西宁市场综艺节目收视率排名前十位

名次	节目名称	播出频道	平均收视率（%）	平均占有率（%）
1	中央电视台 2014 甲午年春节联欢晚会	中央电视台综合频道	14.9	32.3
2	中央电视台 2014 甲午年元宵晚会	中央电视台综合频道	10.3	23.8
3	315 让消费更有尊严——CCTV2014 年 3·15 晚会	中央电视台综合频道	7.8	18.7
4	星光大道(1 月 25 日)	中央电视台综合频道	7.5	17.6
5	我是歌手歌王之战	湖南卫视	5.4	15.1
6	2014 中国上海团结和谐的亚洲携手向明天	中央电视台综合频道	5.3	15.2
7	中国好声音(8 月 29 日)	浙江卫视	4.9	15.4
8	梦想星搭档总冠军之夜为爱而歌为公益而唱	中央电视台综合频道	4.7	14.0
9	中国梦劳动美——中央电视台心连心艺术团慰问演出	中央电视台综合频道	4.7	12.2
10	梦想星搭档为了孩子爱心集结	中央电视台综合频道	4.3	10.0

表 3.59.12　2014 年西宁市场体育节目收视率排名前十位

名次	节目名称	播出频道	平均收视率（%）	平均占有率（%）
1	我爱世界杯:2014 年巴西世界杯 1/4 决赛（德国 VS 法国）	中央台五套	4.7	44.6
2	2014 第二届夏季青年奥林匹克运动会开幕式	中央电视台综合频道	4.7	13.9
3	2014 年仁川亚运会女子 400 米自由泳决赛	中央台五套	4.0	21.6
4	2014 年索契冬奥会短道速滑男子 1000 米决赛	中央台五套	3.9	9.1
5	现场直播:第二届 CCTV 贺岁杯 WBC 迷你轻量级世界拳王争霸赛 12 回合	中央台五套	3.8	8.5
6	2014 第二届夏季青年奥林匹克运动会闭幕式	中央电视台综合频道	3.2	8.1
7	2014 年仁川亚运会男子 100 米决赛	中央台五套	3.1	8.7
8	直播周末:2013/2014 赛季中国男子篮球职业联赛总决赛第六场（新疆广汇汽车 VS 北京金隅）	中央台五套	3.1	7.7
9	2014 年仁川亚运会举重男子 62 公斤级挺举	中央台五套	2.9	8.8
10	2014 年仁川亚运会跆拳道男子 68 公斤级决赛	中央台五套	2.6	13.6

六十、厦门收视数据

表 3. 60. 1　2010～2014 年厦门市场各类频道的市场占有率（%）

频道类别	年份				
	2010 年	2011 年	2012 年	2013 年	2014 年
中央台频道	36. 5	34. 2	37. 0	39. 6	41. 8
中国教育台频道	0. 2	0. 8	0. 5	0. 5	0. 3
福建省级频道	8. 2	6. 9	5. 8	4. 6	4. 3
厦门市级频道	27. 2	27. 1	22. 6	17. 0	22. 0
其他省级卫视频道	24. 1	27. 6	29. 0	30. 7	25. 0
其他频道	3. 8	3. 3	5. 1	7. 6	6. 6

表 3. 60. 2　2014 年厦门市场各类频道在不同目标观众中的市场占有率（%）

目标观众		中央台频道	中国教育台频道	福建省级频道	厦门市级频道	其他省级卫视频道	其他频道
4 岁及以上所有人		41. 8	0. 3	4. 3	22. 0	25. 0	6. 6
性别	男	43. 7	0. 3	4. 4	20. 9	23. 4	7. 3
	女	39. 7	0. 3	4. 2	23. 2	26. 8	5. 8
年龄	4～14 岁	36. 8	0. 4	3. 2	11. 4	40. 4	7. 8
	15～24 岁	44. 8	0. 5	3. 6	23. 7	21. 3	6. 1
	25～34 岁	37. 9	0. 3	4. 3	21. 8	27. 1	8. 6
	35～44 岁	40. 3	0. 6	4. 2	22. 5	23. 3	9. 1
	45～54 岁	44. 0	0. 2	4. 1	22. 3	24. 7	4. 7
	55～64 岁	42. 4	0. 3	4. 6	26. 2	21. 6	4. 9
	65 岁及以上	46. 6	0. 4	6. 1	20. 9	21. 1	4. 9
教育程度	未受过正规教育	40. 7	0. 2	3. 4	24. 4	24. 9	6. 4
	小学	39. 6	0. 3	4. 5	25. 2	25. 1	5. 3
	初中	40. 1	0. 5	4. 6	22. 4	27. 9	4. 5
	高中	43. 7	0. 4	4. 6	19. 4	25. 2	6. 7
	大学及以上	46. 4	0. 3	3. 3	17. 8	20. 5	11. 7
职业类别	干部/管理人员	50. 8	0. 2	3. 6	14. 0	23. 4	8. 0
	个体/私营企业人员	42. 8	0. 4	3. 8	24. 1	23. 5	5. 4
	初级公务员/雇员	41. 3	0. 2	3. 2	20. 0	24. 8	10. 5
	工人	44. 5	0. 5	5. 3	22. 2	20. 5	7. 0
	学生	30. 6	0. 6	3. 8	16. 1	39. 9	9. 0
	无业	41. 4	0. 3	4. 5	22. 4	26. 0	5. 4
	其他	40. 0	0. 2	4. 4	30. 2	22. 1	3. 1
个人月收入	0～600 元	37. 5	0. 3	3. 9	22. 5	29. 6	6. 2
	601～1200 元	43. 9	0. 1	4. 4	24. 9	20. 0	6. 7
	1201～1700 元	43. 2	0. 3	3. 9	28. 1	20. 9	3. 6
	1701～2600 元	43. 5	0. 3	5. 1	23. 6	21. 7	5. 8
	2601～3500 元	44. 4	0. 4	4. 4	19. 3	26. 5	5. 0
	3501～5000 元	41. 8	0. 6	4. 0	15. 5	26. 7	11. 4
	5001 元及以上	43. 5	0. 2	3. 6	21. 5	22. 9	8. 3

表 3.60.3 2014 年厦门市场各类频道在不同时段的市场占有率（%）

时间段	中央台频道	中国教育台频道	福建省级频道	厦门市级频道	其他省级卫视频道	其他频道
02:00～03:00	38.2	0.8	3.4	2.5	40.9	14.2
03:00～04:00	38.4	0.7	3.0	2.1	40.2	15.6
04:00～05:00	42.7	0.6	2.7	1.0	37.6	15.4
05:00～06:00	41.3	0.3	4.4	2.3	40.6	11.1
06:00～07:00	55.7	0.1	5.5	4.9	23.8	10.0
07:00～08:00	50.3	0.0	3.5	24.2	16.1	5.9
08:00～09:00	51.4	0.1	3.8	14.6	22.4	7.7
09:00～10:00	48.8	0.1	4.2	11.4	26.1	9.4
10:00～11:00	49.8	0.3	4.4	10.0	27.7	7.8
11:00～12:00	51.8	0.2	4.2	10.2	26.1	7.5
12:00～13:00	43.3	0.3	2.1	27.0	21.0	6.3
13:00～14:00	49.8	0.5	3.0	10.6	29.3	6.8
14:00～15:00	44.8	0.6	3.7	12.4	31.3	7.2
15:00～16:00	45.9	0.5	3.9	10.7	31.0	8.0
16:00～17:00	45.9	0.3	3.8	9.3	32.8	7.9
17:00～18:00	49.2	0.2	3.7	12.9	26.4	7.6
18:00～19:00	46.8	0.1	7.2	27.5	11.2	7.2
19:00～20:00	40.3	0.3	7.0	32.8	13.7	5.9
20:00～21:00	34.7	0.6	4.3	32.9	22.8	4.7
21:00～22:00	33.8	0.4	3.0	31.2	26.8	4.8
22:00～23:00	32.0	0.6	3.3	23.0	35.8	5.3
23:00～24:00	34.0	0.2	4.2	13.1	42.0	6.5
24:00～25:00	39.7	0.1	4.9	7.3	36.7	11.3
25:00～26:00	39.0	0.3	2.9	4.0	34.8	19.0

表 3.60.4 2014 年厦门市场收视份额排名前十位的频道

名次	频道名称	收视份额(%)
1	中央电视台综合频道	6.5
2	厦门电视台综合频道	6.4
3	中央电视台少儿频道	6.0
4	厦门电视台影视频道	5.7
5	中央台六套	4.9
6	中央台四套	3.8
7	厦门电视台生活频道	3.7
7	中央台八套	3.7
9	厦门卫视	3.4
9	中央台五套	3.4

表 3.60.5　2014 年厦门市场各主要频道的观众构成（%）

目标观众		所有频道	主要频道				
			中央电视台综合频道	厦门电视台综合频道	中央电视台少儿频道	厦门电视台影视频道	中央台六套
4 岁及以上所有人		100.0	100.0	100.0	100.0	100.0	100.0
性别	男性	51.5	47.0	51.4	41.2	47.3	63.4
	女性	48.5	53.0	48.6	58.8	52.7	36.6
年龄	4～14 岁	7.4	6.6	2.7	17.8	4.1	5.0
	15～24 岁	8.6	6.3	5.8	28.1	14.9	7.6
	25～34 岁	20.5	24.5	22.1	12.5	13.9	19.3
	35～44 岁	14.8	12.5	13.1	5.2	15.3	20.0
	45～54 岁	25.0	20.6	22.4	23.8	31.1	32.5
	55～64 岁	15.3	17.2	26.2	10.1	11.8	11.5
	65 岁及以上	8.4	12.3	7.7	2.5	8.9	4.1
教育程度	未受正规教育	8.2	6.5	6.6	16.2	11.2	10.5
	小学	30.3	21.5	32.7	31.6	34.9	33.0
	初中	24.3	20.3	22.8	31.6	28.8	20.5
	高中	21.6	27.2	24.5	9.6	14.5	23.2
	大学及以上	15.6	24.5	13.4	11.0	10.6	12.8
职业类别	干部/管理人员	3.9	6.1	2.6	1.6	1.3	4.0
	个体/私营企业人员	15.1	11.9	14.0	19.3	17.3	14.6
	初级公务员/雇员	15.3	18.0	17.4	4.8	8.3	17.1
	工人	16.6	11.6	16.0	28.2	20.3	21.4
	学生	5.4	3.8	2.5	5.9	4.4	5.2
	无业	38.2	44.3	41.2	37.3	39.6	31.3
	其他	5.5	4.3	6.3	2.9	8.8	6.4
个人月收入	0～600 元	27.2	24.4	24.5	39.6	32.5	25.6
	601～1200 元	5.5	5.1	5.5	8.5	4.8	4.2
	1201～1700 元	6.9	7.4	7.3	17.4	12.0	5.3
	1701～2600 元	25.4	21.2	26.3	22.3	31.0	27.4
	2601～3500 元	12.2	16.7	14.2	4.6	8.9	13.8
	3501～5000 元	11.6	11.0	8.0	5.0	6.1	11.8
	5001 元及以上	11.2	14.2	14.2	2.6	4.8	11.8

表 3.60.6　2012～2014 年厦门市场各类节目的播出份额（%）和收视份额（%）

节目类别	2012		2013		2014	
	播出份额	收视份额	播出份额	收视份额	播出份额	收视份额
财经	2.4	0.9	2.1	1.0	1.9	0.9
电视剧	21.5	28.5	21.7	33.0	20.5	33.6
电影	3.6	3.0	4.3	5.2	4.0	5.5
法制	0.8	0.5	0.9	0.7	0.9	0.7
教学	0.4	0.1	0.2	0.0	0.2	0.0
青少	7.2	3.3	6.7	6.5	6.9	7.6
生活服务	9.1	7.2	10.2	6.0	11.4	6.3
体育	2.0	3.4	2.1	3.0	3.1	2.9
外语	0.0	0.0	0.0	0.0	0.0	0.0
戏剧	1.0	1.5	0.7	0.9	0.7	0.9
新闻/时事	15.5	18.5	15.0	13.7	14.7	13.9
音乐	2.5	0.7	2.3	1.2	2.3	1.0
专题	11.3	5.0	10.8	6.6	11.7	5.5
综艺	8.6	10.9	8.3	10.5	8.4	9.7
其他	14.2	16.5	14.7	11.7	13.3	11.5

表 3.60.7　2014 年厦门市场所有节目收视率排名前三十位

名次	节目名称	节目类型	播出频道	平均收视率（%）	平均占有率（%）
1	中央电视台 2014 甲午年春节联欢晚会	综艺	中央电视台综合频道	6.8	17.3
2	风狼突击队	电视剧	厦门电视台综合频道	5.2	20.6
3	霹雳飞铊	电视剧	厦门电视台综合频道	4.9	22.6
4	密战龙城	电视剧	厦门电视台综合频道	4.8	18.6
5	2014 年仁川亚运会男子 4×100 米混合接力决赛	体育	中央台五套	4.7	22.6
6	铁血神枪	电视剧	厦门电视台综合频道	4.7	19.8
7	我爱世界杯：2014 年巴西世界杯小组赛 C 组（科特迪瓦 VS 日本）	体育	中央台五套	4.6	35.1
8	虎寨传奇	电视剧	厦门电视台综合频道	4.5	18.3
9	狮子黑	电视剧	厦门电视台综合频道	4.4	17.9
10	中央电视台 2014 甲午年元宵晚会	综艺	中央电视台综合频道	4.1	16.4
11	涛女郎	电视剧	厦门电视台影视频道	3.9	17.5
12	猎天狼	电视剧	厦门电视台综合频道	3.8	15.0
13	2014 年仁川亚运会体操男子自由操决赛	体育	中央台五套	3.7	15.6
14	铁血迷案	电视剧	厦门电视台综合频道	3.7	15.3
15	毒牙	电视剧	厦门电视台综合频道	3.5	15.9
16	斗狼	电视剧	厦门电视台综合频道	3.5	14.8
17	铁血突击队	电视剧	厦门电视台综合频道	3.5	14.7
17	利剑出鞘（20～27 集）	电视剧	厦门电视台综合频道	3.5	14.7
19	武间道	电视剧	厦门电视台综合频道	3.5	14.1
20	中国好声音（10 月 7 日）	综艺	浙江卫视	3.4	20.1
21	左手亲情右手爱	电视剧	中央台八套	3.3	13.6
22	小醉拳（11 月 13 日）	电影	中央台六套	3.2	13.4
23	封神榜	电视剧	厦门电视台生活频道	3.1	18.0
24	杀无赦	电视剧	厦门电视台综合频道	3.1	13.3
25	开学第一课	综艺	中央电视台综合频道	3.1	13.1
25	借问英雄何处	电视剧	厦门电视台综合频道	3.1	13.1
27	快乐新一年 2014 春节特别节目	青少	中央电视台少儿频道	3.1	12.0
28	青天衙门第二部	电视剧	厦门电视台生活频道	3.0	14.7
29	2014 年仁川亚运会羽毛球男团决赛	体育	中央台五套	3.0	13.8
30	英雄本色（10 月 28 日）	电影	中央台六套	3.0	12.9

表 3.60.8　2014 年厦门市场电视剧收视率排名前十位

名次	节目名称	播出频道	平均收视率(%)	平均占有率(%)
1	风狼突击队	厦门电视台综合频道	5.2	20.6
2	霹雳飞铓	厦门电视台综合频道	4.9	22.6
3	密战龙城	厦门电视台综合频道	4.8	18.6
4	铁血神枪	厦门电视台综合频道	4.7	19.8
5	虎寨传奇	厦门电视台综合频道	4.5	18.3
6	狮子黑	厦门电视台综合频道	4.4	17.9
7	涛女郎	厦门电视台影视频道	3.9	17.5
8	猎天狼	厦门电视台综合频道	3.8	15.0
9	铁血迷案	厦门电视台综合频道	3.7	15.3
10	毒牙	厦门电视台综合频道	3.5	15.9

表 3.60.9　2014 年厦门市场新闻节目收视率排名前十位

名次	节目名称	播出频道	平均收视率(%)	平均占有率(%)
1	特区新闻广场	厦门电视台海峡频道	2.7	11.4
2	习近平在巴西国会发表重要演讲	中央电视台综合频道	2.5	10.9
3	厦视直播室	厦门电视台海峡频道	2.3	9.5
4	习近平主席在联合国教科文组织总部发表演讲	中央电视台综合频道	2.0	8.4
5	新闻联播	中央电视台综合频道	1.7	8.3
6	习近平在韩国首尔大学发表演讲	中央电视台综合频道	1.7	8.1
7	澳门回归祖国十五周年特别报道	中央台四套	1.7	7.4
8	厦视直播室	厦门电视台综合频道	1.6	10.4
9	习近平主席在欧洲学院发表重要演讲	中央电视台综合频道	1.6	7.3
10	直通 APEC CHINA2014 特别报道	中央台四套	1.5	6.2

表 3.60.10　2014 年厦门市场专题节目收视率排名前十位

名次	节目名称	播出频道	平均收视率(%)	平均占有率(%)
1	美丽厦门逐梦前行	厦门电视台综合频道	2.4	11.4
2	舌尖上的中国第二季	中央电视台综合频道	2.2	8.9
3	中国谜语大会(2 月 11 日)	中央电视台综合频道	2.1	8.0
4	中央电视台特别节目:新的中拉时间开始了	中央电视台综合频道	2.0	7.7
5	中国成语大会 2014(6 月 22 日)	中央电视台综合频道	2.0	7.5
6	中国汉字听写大会 2014(7 月 13 日)	中央电视台综合频道	2.0	7.4
7	一场别开生面的座谈会——习近平总书记主持召开文艺工作座谈会侧记	中央电视台综合频道	1.8	7.8
8	作风建设永远在路上——落实八项规定精神正风肃纪纪实	中央电视台综合频道	1.6	6.3
9	中央电视台特别节目:一带一路千年的时空穿越	中央电视台综合频道	1.5	6.7
10	励志校园感动海西厦门市第二届海西励志先锋颁奖典礼	厦门电视台生活频道	1.5	6.1

表 3.60.11　2014 年厦门市场综艺节目收视率排名前十位

名次	节目名称	播出频道	平均收视率（%）	平均占有率（%）
1	中央电视台 2014 甲午年春节联欢晚会	中央电视台综合频道	6.8	17.3
2	中央电视台 2014 甲午年元宵晚会	中央电视台综合频道	4.1	16.4
3	中国好声音(10 月 7 日)	浙江卫视	3.4	20.1
4	开学第一课	中央电视台综合频道	3.1	13.1
5	苏州月中华情——2014 年中央电视台中秋晚会	中央电视台综合频道	2.7	13.6
6	315 让消费更有尊严——CCTV2014 年 3·15 晚会	中央电视台综合频道	2.7	10.4
7	我是歌手(3 月 14 日)	湖南卫视	2.6	11.0
8	喜到福到好运到	中央台三套	2.6	9.5
9	爸爸去哪儿第二季	湖南卫视	2.4	18.4
10	非诚勿扰	江苏卫视	2.1	10.2

表 3.60.12　2014 年厦门市场体育节目收视率排名前十位

名次	节目名称	播出频道	平均收视率（%）	平均占有率（%）
1	2014 年仁川亚运会男子 4 × 100 米混合接力决赛	中央台五套	4.7	22.6
2	我爱世界杯:2014 年巴西世界杯小组赛 C 组（科特迪瓦 VS 日本）	中央台五套	4.6	35.1
3	2014 年仁川亚运会体操男子自由操决赛	中央台五套	3.7	15.6
4	2014 年仁川亚运会羽毛球男团决赛	中央台五套	3.0	13.8
5	2014 年仁川亚运会举重男子 62 公斤级抓举	中央台五套	2.6	11.8
6	黄金赛场;2013/2014 赛季中国男子篮球职业联赛总决赛第四场（北京金隅 VS 新疆广汇）	中央台五套	2.3	10.8
7	足球之夜:2014 年南美超级德比杯（阿根廷 VS 巴西）	中央台五套	2.3	9.3
8	2014 第二届夏季青年奥林匹克运动会闭幕式	中央电视台综合频道	2.2	8.8
9	直播周末:2014 年斯诺克中国公开赛决赛第二阶段	中央台五套	2.1	8.6
10	2014 年南京青奥会女子体操资格赛	中央台五套	2.1	7.5

六十一、银川收视数据

表 3.61.1　2010～2014 年银川市场各类频道的市场占有率（%）

频道类别	年份				
	2010 年	2011 年	2012 年	2013 年	2014 年
中央台频道	55.1	51.4	53.1	52.9	46.0
中国教育台频道	0.6	1.0	0.9	0.6	0.2
宁夏回族自治区级频道	7.0	6.5	4.5	4.2	6.1
银川市级频道	1.6	3.0	4.8	4.4	5.1
其他省级卫视频道	31.3	35.0	33.8	34.6	34.2
其他频道	4.5	3.1	2.8	3.4	8.4

表 3.61.2　2014 年银川市场各类频道在不同目标观众中的市场占有率（%）

目标观众		中央台频道	中国教育台频道	宁夏回族自治区级频道	银川市级频道	其他省级卫视频道	其他频道
4 岁及以上所有人		46.0	0.2	6.1	5.1	34.2	8.4
性别	男	48.3	0.2	6.2	5.2	31.8	8.3
	女	43.6	0.2	6.0	5.0	36.7	8.5
年龄	4～14 岁	39.3	0.2	3.6	2.7	46.1	8.2
	15～24 岁	40.4	0.2	4.9	5.1	40.5	8.9
	25～34 岁	41.6	0.3	5.0	3.0	37.0	13.1
	35～44 岁	43.3	0.2	7.0	5.7	34.7	9.1
	45～54 岁	49.3	0.1	5.8	5.8	30.9	8.1
	55～64 岁	53.2	0.1	6.9	7.1	27.4	5.3
	65 岁及以上	54.8	0.4	8.8	5.4	25.8	4.9
教育程度	未受过正规教育	48.1	0.0	7.5	5.6	35.8	3.0
	小学	41.3	0.3	5.8	5.5	38.2	9.0
	初中	46.1	0.2	5.9	5.4	35.1	7.4
	高中	45.6	0.2	6.6	5.2	32.6	9.8
	大学及以上	48.5	0.3	5.7	4.2	32.5	8.8
职业类别	个体/私营企业人员	43.0	0.2	5.2	4.0	36.6	11.0
	初级公务员/雇员	44.8	0.3	6.4	5.2	35.2	8.1
	工人	46.6	0.2	6.4	5.2	32.2	9.5
	学生	38.2	0.3	4.5	3.5	43.3	10.3
	无业	51.3	0.2	6.8	6.0	29.7	6.0
	其他	*	*	*	*	*	*
个人月收入	0～600 元	40.8	0.2	5.5	4.8	40.5	8.1
	601～1200 元	44.8	0.2	6.4	8.8	37.1	2.8
	1201～1700 元	52.4	0.1	6.6	5.2	26.5	9.2
	1701～2600 元	48.5	0.2	6.3	5.1	31.7	8.3
	2601～3500 元	45.0	0.4	6.8	5.8	33.8	8.2
	3501～5000 元	47.3	0.2	5.7	3.9	32.2	10.7
	5001 元及以上	48.4	0.1	6.2	5.3	33.3	6.7

注：*表示该目标观众样本量不足，无法进行统计推断。

表 3.61.3　2014 年银川市场各类频道在不同时段的市场占有率（%）

时间段	中央台频道	中国教育台频道	宁夏回族自治区级频道	银川市级频道	其他省级卫视频道	其他频道
02:00～03:00	33.6	0.2	8.9	0.2	36.4	20.7
03:00～04:00	36.0	0.1	9.0	0.0	31.0	23.9
04:00～05:00	44.0	0.2	7.8	0.0	27.1	21.0
05:00～06:00	45.3	0.2	4.6	0.0	33.3	16.5
06:00～07:00	58.1	0.1	4.5	0.1	28.5	8.6
07:00～08:00	60.7	0.0	4.2	8.2	20.7	6.1
08:00～09:00	56.9	0.1	4.9	7.3	23.9	7.0
09:00～10:00	47.2	0.1	6.4	3.0	35.4	8.0
10:00～11:00	44.1	0.6	5.1	2.8	39.0	8.4
11:00～12:00	49.9	0.4	4.1	3.6	33.8	8.1
12:00～13:00	58.0	0.1	2.7	5.2	27.3	6.6
13:00～14:00	49.5	0.2	3.4	1.9	36.0	9.1
14:00～15:00	37.8	0.3	4.7	3.5	42.2	11.5
15:00～16:00	38.6	0.3	4.5	3.7	41.9	11.1
16:00～17:00	39.9	0.1	4.7	1.9	42.9	10.6
17:00～18:00	48.5	0.1	5.2	1.7	35.7	8.8
18:00～19:00	59.1	0.0	7.6	12.2	14.0	7.0
19:00～20:00	58.8	0.2	6.8	6.2	21.7	6.3
20:00～21:00	41.1	0.4	5.9	4.4	42.0	6.2
21:00～22:00	40.4	0.2	5.0	4.3	43.3	6.8
22:00～23:00	35.0	0.1	9.8	7.8	37.0	10.2
23:00～24:00	32.3	0.1	11.5	6.0	36.1	14.1
24:00～25:00	36.3	0.1	11.5	5.6	31.1	15.5
25:00～26:00	39.0	0.2	11.6	1.9	30.3	17.0

表 3.61.4　2014 年银川市场收视份额位于前十位的频道

名次	频道名称	收视份额（%）
1	中央电视台综合频道	8.7
2	中央台六套	6.3
3	湖南卫视	5.5
4	中央台八套	4.7
5	中央电视台新闻频道	4.2
6	中央台三套	3.6
6	江苏卫视	3.6
8	湖南电视台金鹰卡通频道	3.4
8	中央电视台少儿频道	3.4
10	中央台四套	3.2

表 3.61.5　2014 年银川市场各主要频道的观众构成（%）

目标观众		所有频道	主要频道				
			中央电视台综合频道	中央台六套	湖南卫视	中央台八套	中央电视台新闻频道
4 岁及以上所有人		100.0	100.0	100.0	100.0	100.0	100.0
性别	男	50.8	49.9	55.7	40.8	45.3	59.7
	女	49.2	50.1	44.3	59.2	54.7	40.3
年龄组	4～14 岁	9.4	6.3	9.1	16.5	5.8	3.5
	15～24 岁	13.1	10.0	17.1	22.7	11.1	8.0
	25～34 岁	15.0	13.6	17.5	21.1	14.3	8.1
	35～44 岁	20.7	16.3	26.6	20.2	16.7	14.8
	45～54 岁	16.8	19.1	14.6	12.0	19.6	22.7
	55～64 岁	13.0	16.4	6.7	4.1	15.2	25.8
	65 岁及以上	12.0	18.3	8.3	3.3	17.3	17.1
教育程度	未受过正规教育	3.9	3.8	2.2	2.9	7.7	2.9
	小学	11.9	10.5	10.3	14.9	7.7	15.3
	初中	34.6	32.7	37.2	33.2	36.5	30.8
	高中	27.8	29.8	27.0	27.8	25.1	22.8
	大学及以上	21.8	23.2	23.2	21.1	23.0	28.2
职业类别	干部/管理人员	1.1	0.4	1.8	1.7	0.7	0.4
	个体/私营企业人员	13.1	10.1	16.5	12.3	10.6	12.4
	初级公务员/雇员	19.5	19.5	19.8	20.9	15.6	19.5
	工人	18.5	19.5	21.4	16.0	22.4	12.9
	学生	14.8	9.7	17.4	26.3	9.2	7.9
	无业	32.8	40.7	23.0	22.8	41.3	46.8
	其他	*	*	*	*	*	*
个人月收入	0～600 元	27.9	23.4	30.0	44.4	24.4	14.9
	601～1200 元	2.8	2.4	1.1	1.5	3.2	5.7
	1201～1700 元	9.1	12.7	9.1	6.3	11.6	6.9
	1701～2600 元	31.2	34.0	30.3	21.3	30.5	37.2
	2601～3500 元	13.7	12.1	14.0	10.5	13.2	16.1
	3501～5000 元	12.1	12.7	10.5	11.8	12.3	16.6
	5001 元及以上	3.3	2.7	5.0	4.2	4.7	2.7

注：* 表示该目标观众样本量不足，无法进行统计推断。

表 3.61.6　2012～2014 年银川市场各类节目的播出份额（%）和收视份额（%）

节目类别	2012 年		2013 年		2014 年	
	播出份额	收视份额	播出份额	收视份额	播出份额	收视份额
财经	2.5	0.7	2.1	0.5	1.8	0.6
电视剧	20.9	31.9	21.6	29.6	20.8	31.2
电影	4.0	3.9	4.4	3.7	5.0	9.0
法制	0.8	1.0	0.9	1.1	1.4	1.8
教学	0.4	0.1	0.3	0.0	0.3	0.0
青少	7.5	3.3	6.7	4.7	7.3	5.4
生活服务	8.4	8.4	8.7	8.0	9.2	6.2
体育	1.7	2.6	2.0	1.6	2.8	2.1
外语	0.0	0.0	0.0	0.0	0.0	0.0
戏剧	1.1	0.2	0.8	0.3	0.7	0.2
新闻/时事	15.5	14.6	15.3	15.3	14.6	12.6
音乐	2.9	0.7	2.6	0.4	2.5	0.7
专题	11.0	5.9	11.2	5.8	12.1	6.9
综艺	9.0	10.8	9.0	12.3	8.6	12.8
其他	14.4	15.9	14.6	16.6	13.0	10.3

表 3.61.7　2014 年银川市场所有节目收视率排名前三十位

名次	节目名称	节目类型	播出频道	平均收视率（%）	平均占有率（%）
1	中央电视台 2014 甲午年春节联欢晚会	综艺	中央电视台综合频道	40.8	83.7
2	中央电视台 2014 甲午年元宵晚会	综艺	中央电视台综合频道	16.2	33.2
3	父母爱情	电视剧	中央电视台综合频道	10.7	27.1
4	星光大道(1 月 4 日)	综艺	中央电视台综合频道	9.9	23.7
5	天气预报	生活服务	中央电视台综合频道	7.2	23.5
6	中国汉字听写大会 2014（7 月 27 日）	专题	中央电视台综合频道	7.0	14.7
7	315 让消费更有尊严——CCTV 2014 年 3·15 晚会	综艺	中央电视台综合频道	5.9	16.2
8	快乐中国 20142015 跨年演唱会	音乐	湖南卫视	5.5	23.7
9	我在北京挺好的	电视剧	中央电视台综合频道	5.4	16.7
10	习近平主席在中法建交 50 周年纪念大会上发表重要讲话	新闻/时事	中央电视台综合频道	5.1	15.9
11	人在囧途之泰囧	电影	中央台六套	5.1	12.6
12	中国谜语大会(2 月 13 日)	专题	中央电视台综合频道	5.1	10.1
13	九品芝麻官	电影	中央台六套	5.0	14.1
14	窈窕绅士	电影	中央台六套	5.0	12.3
15	我爱世界杯:2014 年巴西世界杯 1/4 决赛(阿根廷 VS 比利时)	体育	中央电视台综合频道	4.9	46.1
16	苏州月中华情——2014 年中央电视台中秋晚会	综艺	中央电视台综合频道	4.9	13.8
17	舌尖上的中国第二季	专题	中央电视台综合频道	4.9	13.7
18	新闻联播	新闻/时事	中央电视台综合频道	4.8	17.5
19	毛泽东	电视剧	中央电视台综合频道	4.8	11.4
20	人在囧途	电影	中央台六套	4.7	13.6
21	梦想星搭档为了孩子爱心集结	综艺	中央电视台综合频道	4.7	11.5
22	重返地球	电影	中央台六套	4.6	25.0
23	湄公河大案	电视剧	中央电视台综合频道	4.6	13.9
24	李克强总理会见中外记者并回答提问	新闻/时事	中央电视台综合频道	4.6	13.6
25	澳门风云	电影	中央台六套	4.5	15.4
26	武媚娘传奇	电视剧	湖南卫视	4.5	13.7
27	左手亲情右手爱	电视剧	中央台八套	4.4	14.7
28	喜盈门	电影	中央台六套	4.4	13.6
29	习近平主席在欧洲学院发表重要演讲	新闻/时事	中央电视台综合频道	4.4	12.4
30	感动中国 2013 年度人物颁奖盛典	专题	中央电视台综合频道	4.4	10.2

表 3.61.8　2014 年银川市场电视剧收视率排名前十位

名次	节目名称	播出频道	平均收视率(%)	平均占有率(%)
1	父母爱情	中央电视台综合频道	10.7	27.1
2	我在北京挺好的	中央电视台综合频道	5.4	16.7
3	毛泽东	中央电视台综合频道	4.8	11.4
4	湄公河大案	中央电视台综合频道	4.6	13.9
5	武媚娘传奇	湖南卫视	4.5	13.7
6	左手亲情右手爱	中央台八套	4.4	14.7
7	大漠苍狼	中央台八套	4.3	13.5
8	神犬奇兵	湖南卫视	4.2	13.4
9	亲爱的	中央台八套	4.0	14.3
10	原乡	中央电视台综合频道	4.0	11.1

表 3.61.9　2014 年银川市场新闻节目收视率排名前十位

名次	节目名称	播出频道	平均收视率(%)	平均占有率(%)
1	习近平主席在中法建交 50 周年纪念大会上发表重要讲话	中央电视台综合频道	5.1	15.9
2	新闻联播	中央电视台综合频道	4.8	17.5
3	李克强总理会见中外记者并回答提问	中央电视台综合频道	4.6	13.6
4	习近平主席在欧洲学院发表重要演讲	中央电视台综合频道	4.4	12.4
5	聚焦 APEC	中央电视台综合频道	3.6	10.4
6	习近平在巴西国会发表重要演讲	中央电视台综合频道	3.1	10.8
7	焦点访谈	中央电视台综合频道	3.0	9.3
8	澳门回归十五周年特别节目	中央电视台综合频道	2.5	7.5
9	直播银川	银川电视台公共频道	2.3	10.5
10	习近平主席在联合国教科文组织总部发表演讲	中央电视台综合频道	2.3	7.3

表 3.61.10　2014 年银川市场专题节目收视率排名前十位

名次	节目名称	播出频道	平均收视率(%)	平均占有率(%)
1	中国汉字听写大会 2014(7 月 27 日)	中央电视台综合频道	7.0	14.7
2	中国谜语大会(2 月 13 日)	中央电视台综合频道	5.1	10.1
3	舌尖上的中国第二季	中央电视台综合频道	4.9	13.7
4	感动中国 2013 年度人物颁奖盛典	中央电视台综合频道	4.4	10.2
5	中国成语大会 2014(7 月 6 日)	中央电视台综合频道	3.7	11.8
6	中央电视台特别节目:新的中拉时间开始了	中央电视台综合频道	3.5	12.7
7	中央电视台特别节目:从雁栖湖到太平洋——习近平主席大洋洲之行综述	中央电视台综合频道	3.2	8.6
8	中央电视台特别节目:一桥飞架中欧	中央电视台综合频道	2.8	9.1
9	寻找最美乡村医生大型公益活动	中央电视台综合频道	2.6	7.3
10	作风建设永远在路上——落实八项规定精神正风肃纪纪实	中央电视台综合频道	2.4	6.6

表 3.61.11　2014 年银川市场综艺节目收视率排名前十位

名次	节目名称	播出频道	平均收视率（%）	平均占有率（%）
1	中央电视台 2014 甲午年春节联欢晚会	中央电视台综合频道	40.8	83.7
2	中央电视台 2014 甲午年元宵晚会	中央电视台综合频道	16.2	33.2
3	星光大道(1 月 4 日)	中央电视台综合频道	9.9	23.7
4	315 让消费更有尊严——CCTV2014 年 3·15 晚会	中央电视台综合频道	5.9	16.2
5	苏州月中华情——2014 年中央电视台中秋晚会	中央电视台综合频道	4.9	13.8
6	梦想星搭档为了孩子爱心集结	中央电视台综合频道	4.7	11.5
7	我是歌手歌王之战	湖南卫视	4.3	19.2
8	快乐大本营	湖南卫视	3.6	10.0
9	大丈夫精彩抢先看	浙江卫视	3.5	8.8
10	离婚律师之斗智情缘	江苏卫视	3.3	9.7

表 3.61.12　2014 年银川市场体育节目收视率排名前十位

名次	节目名称	播出频道	平均收视率（%）	平均占有率（%）
1	我爱世界杯:2014 年巴西世界杯 1/4 决赛(阿根廷 VS 比利时)	中央电视台综合频道	4.9	46.1
2	2014 年索契冬奥会速度滑冰女子 1000 米决赛	中央台五套	3.7	12.2
3	2014 年仁川亚运会举重男子 69 公斤级抓举	中央台五套	3.7	11.3
4	2014 年仁川亚运会女子 4×400 米接力决赛	中央台五套	3.2	10.4
5	2014 第二届夏季青年奥林匹克运动会闭幕式	中央台五套	3.0	8.1
6	2014 年索契冬奥会自由式滑雪女子空中技巧资格赛	中央台五套	2.9	7.0
7	2014 年仁川亚运会女子 50 米仰泳颁奖仪式	中央台五套	2.7	24.0
8	2014 第二届夏季青年奥林匹克运动会开幕式	中央台五套	2.6	6.6
9	足球之夜:2014 年南美超级德比杯(阿根廷 VS 巴西)	中央台五套	2.1	6.2
10	2014 年仁川亚运会羽毛球男子单打半决赛	中央台五套	2.0	5.4

六十二、郑州收视数据

表 3.62.1 2010~2014 年郑州市场各类频道的市场占有率(%)

频道类别	年份				
	2010 年	2011 年	2012 年	2013 年	2014 年
中央台频道	28.4	24.7	26.6	27.8	30.8
中国教育台频道	0.1	0.0	0.0	0.1	0.3
河南省级频道	29.6	31.9	28.3	24.8	20.7
郑州市级频道	10.4	9.7	8.1	7.7	7.2
其他省级卫视频道	29.4	32.3	35.9	35.7	34.2
其他频道	2.1	1.4	1.1	3.9	6.8

表 3.62.2 2014 年郑州市场各类频道在各目标观众中的市场占有率(%)

目标观众		中央台频道	中国教育台频道	河南省级频道	郑州市级频道	其他省级卫视频道	其他频道
4 岁及以上所有人		30.8	0.3	20.7	7.2	34.2	6.8
性别	男	32.9	0.3	20.5	7.4	31.7	7.2
	女	28.7	0.3	20.8	7.1	36.6	6.5
年龄	4~14 岁	25.8	0.4	13.8	4.2	50.4	5.4
	15~24 岁	23.5	0.3	20.7	5.3	43.1	7.1
	25~34 岁	28.5	0.4	19.5	6.5	37.9	7.2
	35~44 岁	29.9	0.3	21.6	7.1	34.3	6.8
	45~54 岁	31.7	0.3	23.3	9.5	27.9	7.3
	55~64 岁	33.9	0.3	22.6	8.4	28.2	6.6
	65 岁及以上	39.4	0.2	19.4	6.4	28.1	6.5
教育程度	未受过正规教育	33.7	0.4	18.3	5.1	36.9	5.6
	小学	26.1	0.3	22.9	6.7	37.5	6.5
	初中	28.0	0.3	21.6	7.9	36.3	5.9
	高中	32.3	0.3	20.7	8.9	29.9	7.9
	大学及以上	34.5	0.4	18.5	4.7	34.5	7.4
职业类别	干部/管理人员	31.1	0.3	19.2	7.8	33.5	8.1
	个体/私营企业人员	33.5	0.4	22.1	7.5	29.3	7.2
	初级公务员/雇员	33.6	0.4	20.2	5.9	33.6	6.3
	工人	26.9	0.4	23.4	8.3	33.6	7.4
	学生	23.5	0.4	14.9	4.3	51.4	5.5
	无业	33.2	0.3	19.6	7.8	32.4	6.7
	其他	19.7	0.1	33.1	8.5	31.7	6.9
个人月收入	0~600 元	26.2	0.3	20.5	6.9	40.3	5.8
	601~1200 元	26.8	0.3	24.7	7.8	32.5	7.9
	1201~1700 元	29.7	0.4	20.8	8.5	34.1	6.5
	1701~2600 元	33.6	0.4	21.1	7.7	29.8	7.4
	2601~3500 元	34.1	0.3	18.7	6.0	34.1	6.8
	3501~5000 元	35.6	0.3	20.9	6.6	28.4	8.2
	5001 元及以上	37.7	0.3	18.1	6.4	29.0	8.5

表 3.62.3　2014 年郑州市场各类频道在各时段的市场占有率（%）

时间段	中央台频道	中国教育台频道	河南省级频道	郑州市级频道	其他省级卫视频道	其他频道
02:00~03:00	27.4	0.9	13.3	9.4	26.6	22.4
03:00~04:00	28.3	0.5	14.0	9.5	26.7	21.0
04:00~05:00	33.1	0.3	14.7	8.7	23.8	19.4
05:00~06:00	36.4	0.5	18.2	4.4	25.2	15.3
06:00~07:00	48.1	0.3	17.1	5.6	18.2	10.7
07:00~08:00	50.8	0.1	17.2	5.5	18.9	7.5
08:00~09:00	43.5	0.1	14.4	9.2	26.4	6.4
09:00~10:00	35.7	0.1	12.7	9.3	35.2	7.0
10:00~11:00	34.6	0.4	11.6	7.0	39.9	6.5
11:00~12:00	39.2	0.4	10.6	5.3	37.9	6.6
12:00~13:00	41.3	0.3	16.4	4.5	32.2	5.3
13:00~14:00	36.3	0.5	14.4	7.5	34.0	7.3
14:00~15:00	32.3	0.5	12.1	8.7	37.4	9.0
15:00~16:00	33.6	0.4	10.2	7.1	40.4	8.3
16:00~17:00	32.2	0.2	9.8	6.4	43.2	8.2
17:00~18:00	34.0	0.2	12.9	7.6	37.7	7.6
18:00~19:00	36.7	0.1	27.7	12.7	16.3	6.5
19:00~20:00	33.8	0.2	31.7	6.6	22.6	5.1
20:00~21:00	23.1	0.4	25.4	6.1	39.6	5.4
21:00~22:00	22.4	0.3	24.4	7.1	40.6	5.2
22:00~23:00	21.7	0.7	23.7	7.5	39.4	7.0
23:00~24:00	24.3	0.3	21.9	5.4	38.3	9.8
24:00~25:00	29.3	0.2	15.1	9.9	31.0	14.5
25:00~26:00	30.7	0.5	13.8	11.8	24.0	19.2

表 3.62.4　2014 年郑州市场收视份额排名前十位的频道

名次	频道名称	收视份额(%)
1	中央电视台综合频道	7.8
2	河南电视台都市频道(二套)	5.0
3	河南电视台卫星频道(一套)	4.7
4	湖南卫视	4.0
5	中央电视台新闻频道	3.3
6	河南电视台电视剧频道(五套)	2.9
6	郑州一套	2.9
8	浙江卫视	2.8
8	中央台六套	2.8
10	中央台四套	2.5

表 3.62.5　2014 年郑州市场各主要频道的观众构成（%）

目标观众		所有频道	主要频道				
			中央电视台综合频道	河南电视台都市频道（二套）	河南电视台卫星频道（一套）	湖南卫视	中央电视台新闻频道
4 岁及以上所有人		100.0	100.0	100.0	100.0	100.0	100.0
性别	男	49.1	49.1	47.3	50.1	32.0	58.9
	女	50.9	50.9	52.7	49.9	68.0	41.1
年龄	4~14 岁	9.1	7.6	7.8	6.5	20.6	3.9
	15~24 岁	8.8	6.8	9.9	7.0	16.9	4.7
	25~34 岁	18.6	16.8	22.4	12.4	26.6	14.7
	35~44 岁	14.8	12.6	16.4	14.7	14.3	14.1
	45~54 岁	23.5	21.5	26.6	25.9	12.4	26.1
	55~64 岁	13.3	18.2	11.7	14.2	6.3	16.1
	65 岁及以上	11.9	16.5	5.2	19.3	2.9	20.4
教育程度	未受过正规教育	5.3	5.3	4.3	4.3	4.4	2.9
	小学	12.2	11.2	12.5	15.7	18.6	9.0
	初中	31.3	25.5	30.1	33.5	32.7	29.3
	高中	30.1	31.1	31.9	29.2	20.6	37.5
	大学及以上	21.1	26.9	21.2	17.3	23.7	21.3
职业类别	干部/管理人员	3.2	3.1	3.1	3.8	2.9	2.5
	个体/私营企业人员	11.6	10.5	13.3	13.0	10.8	15.8
	初级公务员/雇员	18.1	20.5	18.4	16.7	19.3	18.1
	工人	19.6	15.9	20.4	20.7	15.7	16.3
	学生	9.1	6.8	8.0	7.1	25.1	3.8
	无业	35.5	42.6	33.2	34.7	24.9	36.4
	其他	2.9	0.6	3.6	4.0	1.3	7.1
个人月收入	0~600 元	30.2	23.2	34.0	28.5	43.6	27.3
	601~1200 元	6.9	7.4	7.3	9.5	5.0	6.4
	1201~1700 元	12.6	12.2	11.4	12.8	10.8	10.6
	1701~2600 元	26.8	31.6	25.8	25.5	20.3	28.0
	2601~3500 元	13.5	14.0	11.1	13.5	12.5	14.8
	3501~5000 元	7.2	8.9	7.2	7.7	5.8	8.5
	5001 元及以上	2.8	2.7	3.2	2.5	2.0	4.4

表 3.62.6　2012~2014 年郑州市场各类节目的播出份额（%）和收视份额（%）

节目类别	2012 年		2013 年		2014 年	
	播出份额	收视份额	播出份额	收视份额	播出份额	收视份额
财经	2.2	0.9	1.9	0.7	1.6	0.6
电视剧	21.3	30.9	20.9	31.7	21.0	34.4
电影	4.8	4.8	5.3	4.4	4.4	4.1
法制	1.2	1.9	1.3	2.0	1.2	1.3
教学	0.3	0.0	0.2	0.1	0.2	0.0
青少	6.3	4.8	5.8	5.0	6.4	4.7
生活服务	8.7	7.8	10.3	8.2	10.8	8.1
体育	1.7	2.2	2.0	1.7	2.8	1.9
外语	0.0	0.0	0.0	0.0	0.0	0.0
戏剧	1.0	0.7	0.8	0.6	0.7	0.6
新闻/时事	15.0	14.1	14.6	13.2	14.2	12.3
音乐	2.4	0.5	2.3	0.4	2.3	0.6
专题	11.3	7.7	10.5	6.9	11.9	6.5
综艺	9.5	12.3	9.6	12.3	9.5	12.0
其他	14.3	11.4	14.5	12.8	13.0	12.9

表 3.62.7 2014 年郑州市场所有节目收视率排名前三十位

名次	节目名称	节目类别	播出频道	平均收视率（%）	平均占有率（%）
1	中央电视台 2014 甲午年春节联欢晚会	综艺	中央电视台综合频道	9.2	22.0
2	中央电视台 2014 甲午年元宵晚会	综艺	中央电视台综合频道	8.4	21.5
3	天气预报	生活服务	中央电视台综合频道	5.3	19.3
4	开学第一课	综艺	中央电视台综合频道	5.1	13.8
5	恋恋不忘	电视剧	河南电视台卫星频道(一套)	4.9	14.7
6	父母爱情	电视剧	中央电视台综合频道	4.6	13.0
7	满仓进城	电视剧	河南电视台卫星频道(一套)	4.5	14.1
8	神枪之倒刺	电视剧	河南电视台卫星频道(一套)	4.4	14.5
9	二叔(17～44 集)	电视剧	河南电视台卫星频道(一套)	4.4	13.6
10	幸福请你等等我	电视剧	河南电视台卫星频道(一套)	4.4	13.4
11	武媚娘传奇(1～17 集)	电视剧	湖南卫视	4.3	13.1
12	315 让消费更有尊严——CCTV2014 年 3·15 晚会	综艺	中央电视台综合频道	4.1	12.3
13	我爱世界杯：2014 年巴西世界杯决赛（德国 VS 阿根廷）	体育	中央台五套	4.0	72.8
14	男媒婆	电视剧	河南电视台卫星频道（一套）	3.9	12.0
15	恋恋不忘	电视剧	浙江卫视	3.8	13.4
16	快乐中国 20142015 跨年演唱会	音乐	湖南卫视	3.6	15.3
17	2014 春节联欢晚会	综艺	湖南卫视	3.6	11.9
18	苏州月中华情——2014 年中央电视台中秋晚会	综艺	中央电视台综合频道	3.6	11.6
19	北平无战事	电视剧	河南电视台卫星频道（一套）	3.4	10.6
20	李克强总理会见中外记者并回答提问	新闻/时事	中央电视台综合频道	3.4	10.3
21	在五彩缤纷的节日里 2014 年六一晚会	青少	中央电视台综合频道	3.3	11.2
22	老农民	电视剧	河南电视台卫星频道（一套）	3.3	10.2
23	都市报道扩大版	新闻/时事	河南电视台都市频道（二套）	3.2	15.1
24	习近平主席在印度新德里发表重要演讲	新闻/时事	中央电视台综合频道	3.2	10.3
25	中国成语大会 2014（6 月 8 日）	专题	中央电视台综合频道	3.2	10.2
26	妇道	电视剧	河南电视台卫星频道（一套）	3.2	10.1
27	梨园春	戏剧	河南电视台卫星频道（一套）	3.2	10.0
28	大河儿女	电视剧	中央电视台综合频道	3.2	9.5
29	感动中国 2013 年度人物颁奖盛典	专题	中央电视台综合频道	3.1	8.3
30	良心	电视剧	河南电视台卫星频道（一套）	3.0	9.5

表 3.62.8　2014 年郑州市场电视剧收视率排名前十位

名次	节目名称	播出频道	平均收视率(%)	平均占有率(%)
1	恋恋不忘	河南电视台卫星频道(一套)	4.9	14.7
2	父母爱情	中央电视台综合频道	4.6	13.0
3	满仓进城	河南电视台卫星频道(一套)	4.5	14.1
4	神枪之倒刺	河南电视台卫星频道(一套)	4.4	14.5
5	二叔(17～44 集)	河南电视台卫星频道(一套)	4.4	13.6
6	幸福请你等等我	河南电视台卫星频道(一套)	4.4	13.4
7	武媚娘传奇(1～17 集)	湖南卫视	4.3	13.1
8	男媒婆	河南电视台卫星频道(一套)	3.9	12.0
9	恋恋不忘	浙江卫视	3.8	13.4
10	北平无战事	河南电视台卫星频道(一套)	3.4	10.6

表 3.62.9　2014 年郑州市场新闻节目收视率排名前十位

名次	节目名称	播出频道	平均收视率(%)	平均占有率(%)
1	李克强总理会见中外记者并回答提问	中央电视台综合频道	3.4	10.3
2	都市报道扩大版	河南电视台都市频道(二套)	3.2	15.1
3	习近平主席在印度新德里发表重要演讲	中央电视台综合频道	3.2	10.3
4	新闻联播	中央电视台综合频道	2.9	12.4
5	习近平在巴西国会发表重要演讲	中央电视台综合频道	2.5	10.9
6	聚焦 APEC	中央电视台综合频道	2.5	8.6
7	习近平主席在中法建交 50 周年纪念大会上发表重要讲话	中央电视台综合频道	2.5	8.5
8	习近平在韩国首尔大学发表演讲	中央电视台综合频道	2.2	8.4
9	都市报道	河南电视台都市频道(二套)	2.1	7.1
10	焦点访谈	中央电视台综合频道	2.1	7.0

表 3.62.10　2014 年郑州市场专题节目收视率排名前十位

名次	节目名称	播出频道	平均收视率(%)	平均占有率(%)
1	中国成语大会 2014(6 月 8 日)	中央电视台综合频道	3.2	10.2
2	感动中国 2013 年度人物颁奖盛典	中央电视台综合频道	3.1	8.3
3	中央电视台特别节目:新的中拉时间开始了(8 月 12 日)	中央电视台综合频道	2.8	9.2
4	舌尖上的中国第二季	中央电视台综合频道	2.8	8.3
5	寻找最美乡村教师 2014 大型公益活动	中央电视台综合频道	2.6	7.8
6	中央电视台特别节目:从雁栖湖到太平洋——习近平主席大洋洲之行综述(12 月 15 日)	中央电视台综合频道	2.6	7.7
7	寻找最美乡村医生大型公益活动	中央电视台综合频道	2.5	7.3
8	中国谜语大会(2 月 11 日)	中央电视台综合频道	2.5	6.6
9	一场别开生面的座谈会——习近平总书记主持召开文艺工作座谈会侧记(10 月 16 日)	中央电视台综合频道	1.9	6.0
10	中央电视台特别节目:一带一路千年的时空穿越(9 月 30 日)	中央电视台综合频道	1.7	5.1

表 3.62.11　2014 年郑州市场综艺节目收视率排名前十位

名次	节目名称	播出频道	平均收视率（%）	平均占有率（%）
1	中央电视台 2014 甲午年春节联欢晚会	中央电视台综合频道	9.2	22.0
2	中央电视台 2014 甲午年元宵晚会	中央电视台综合频道	8.4	21.5
3	开学第一课	中央电视台综合频道	5.1	13.8
4	315 让消费更有尊严——CCTV2014 年 3·15 晚会	中央电视台综合频道	4.1	12.3
5	2014 春节联欢晚会	湖南卫视	3.6	11.9
6	苏州月中华情——2014 年中央电视台中秋晚会	中央电视台综合频道	3.6	11.6
7	元宵喜乐会	湖南卫视	3.0	9.2
8	我是歌手歌王之战	湖南卫视	2.8	11.7
9	爸爸去哪儿第二季	湖南卫视	2.7	15.0
10	第十届中国金鹰电视艺术节、第二十七届中国电视金鹰奖颁奖晚会	湖南卫视	2.5	9.7

表 3.62.12　2014 年郑州市场体育节目收视率排名前十位

名次	节目名称	播出频道	平均收视率（%）	平均占有率（%）
1	我爱世界杯：2014 年巴西世界杯决赛（德国 VS 阿根廷）	中央台五套	4.0	72.8
2	2014 年仁川亚运会男子 3000 米障碍决赛	中央台五套	2.8	9.1
3	2014 年仁川亚运会男子 400 米自由泳决赛	中央台五套	2.2	8.2
4	足球之夜：2014 年南美超级德比杯（阿根廷 VS 巴西）	中央台五套	2.1	6.0
5	2014 年索契冬奥会短道速滑男子 1000 米决赛	中央台五套	2.1	5.6
6	2014 第二届夏季青年奥林匹克运动会开幕式	中央电视台综合频道	1.9	5.8
7	2014 年亚洲冠军联赛小组赛 E 组（浦项铁人 VS 山东鲁能）	中央台五套	1.8	5.9
7	足球之夜：2014 年中国足球协会超级联赛第 4 轮（上海绿地申花 VS 河南建业）	中央台五套	1.8	5.9
9	武林风	河南电视台卫星频道（一套）	1.6	7.2
10	2014 第二届夏季青年奥林匹克运动会闭幕式	中央电视台综合频道	1.6	4.7

六十三、其他城市收视概览

表 3.63.1　2014 年安庆市场（安徽省）收视份额排名前十位频道

名次	频道名称	收视份额(%)
1	安徽卫视	15.7
2	中央电视台综合频道	10.9
3	湖南卫视	6.8
4	安庆广播电视台新闻综合频道	6.5
5	中央台八套	3.8
6	安徽影视	3.7
7	中央电视台新闻频道	3.6
8	中央电视台少儿频道	3.2
8	安徽公共	3.2
10	中央台十二套	2.3

表 3.63.2　2014 年鞍山市场（辽宁省）收视份额排名前十位频道

名次	频道名称	收视份额(%)
1	辽宁卫视	10.6
2	辽宁广播电视台都市频道	8.5
3	中央电视台综合频道	8.2
4	中央电视台新闻频道	5.5
5	中央台三套	4.5
6	中央台八套	4.2
7	江苏卫视	3.9
8	湖南卫视	3.8
9	上海东方卫视	3.6
9	中央台五套	3.6

表 3.63.3　2014 年蚌埠市场（安徽省）收视份额排名前十位频道

名次	频道名称	收视份额(%)
1	中央电视台综合频道	16.2
2	安徽卫视	9.8
3	湖南卫视	5.4
4	安徽公共	3.8
5	安徽经视	3.7
5	中央电视台新闻频道	3.7
7	蚌埠电视台新闻综合频道	3.3
7	中央台八套	3.3
9	中央电视台少儿频道	3.1
10	江苏卫视	2.4

表 3.63.4　2014 年包头市场（内蒙古自治区）收视份额排名前十位频道

名次	频道名称	收视份额(%)
1	中央电视台综合频道	21.8
2	中央台八套	4.3
3	中央台三套	4.2
4	江苏卫视	4.1
4	湖南卫视	4.1
6	中央台四套	4.0
7	北京卫视	3.9
8	中央电视台新闻频道	3.7
9	中央台六套	3.0
10	安徽卫视	2.9

表 3.63.5　2014 年宝鸡市场（陕西省）收视份额排名前十位频道

名次	频道名称	收视份额(%)
1	中央电视台综合频道	14.2
2	湖南卫视	7.5
3	中央台八套	4.9
4	陕西广播电视台都市青春频道(二套)	4.1
5	中央电视台少儿频道	4.0
6	陕西广播电视台新闻资讯频道(一套)	3.9
7	中央电视台新闻频道	3.8
8	中央台三套	3.1
9	安徽卫视	3.0
10	陕西广播电视台公共频道(五套)	2.9

表 3.63.6　2014 年保定市场（河北省）收视份额排名前十位频道

名次	频道名称	收视份额(%)
1	中央电视台综合频道	17.7
2	河北电视台农民频道(七套)	7.8
3	河北电视台二套(经济生活频道)	5.3
4	湖南卫视	5.1
5	河北卫视	3.8
6	中央电视台少儿频道	3.7
7	中央台五套	3.3
8	中央电视台新闻频道	3.1
9	中央台三套	3.0
10	北京卫视	2.7

表 3.63.7　2014 年北海市场（广西壮族自治区）收视份额排名前十位频道

名次	频道名称	收视份额(%)
1	广西电视台综艺频道	10.6
2	中央电视台综合频道	10.1
3	湖南卫视	9.8
4	中央电视台少儿频道	5.9
5	中央电视台新闻频道	4.5
6	广西电视台都市频道	3.1
7	中央台四套	2.9
8	安徽卫视	2.7
9	广西电视台卫星频道	2.6
9	广西电视台科教频道	2.6

表 3.63.8　2014 年滨州市场（山东省）收视份额排名前十位频道

名次	频道名称	收视份额(%)
1	山东卫视	14.2
2	中央电视台综合频道	10.5
3	山东电视综艺频道	7.2
4	山东电视齐鲁频道	6.5
5	湖南卫视	3.7
5	中央电视台新闻频道	3.7
7	中央台四套	3.3
8	中央电视台少儿频道	3.2
8	山东电视生活频道	3.2
10	中央台十一套	3.0

表 3.63.9　2014 年常德市场（湖南省）收视份额排名前十位频道

名次	频道名称	收视份额(%)
1	湖南电视台经济频道	17.7
2	湖南电视台电视剧频道	11.0
3	湖南卫视	7.0
4	湖南电视台都市频道	6.6
5	中央电视台综合频道	5.7
6	湖南电视台潇湘电影频道	3.9
7	湖南电视台金鹰卡通频道	3.6
8	中央电视台新闻频道	3.5
9	湖南电视台娱乐频道	2.7
9	中央电视台少儿频道	2.7

表 3.63.10　2014 年常熟市场（江苏省）收视份额排名前十位频道

名次	频道名称	收视份额(%)
1	苏州电视台新闻综合频道(一套)	6.2
2	中央台六套	5.2
3	湖南卫视	4.5
4	江苏卫视	4.4
5	中央电视台综合频道	4.2
6	中央电视台新闻频道	4.0
6	常熟电视台新闻综合频道	4.0
8	中央电视台少儿频道	3.4
9	中央台三套	3.3
10	中央台五套	3.2

表 3.63.11　2014 年常州市场（江苏省）收视份额排名前十位频道

名次	频道名称	收视份额(%)
1	江苏卫视	6.2
2	常州电视台一套(新闻综合频道)	5.2
2	湖南卫视	5.2
4	常州电视台二套(都市频道)	5.0
5	中央电视台新闻频道	4.8
6	中央台三套	4.6
7	江苏电视台城市频道	3.8
7	中央台六套	3.8
9	中央电视台综合频道	3.2
10	中央台五套	3.1

表 3.63.12　2014 年潮州市场（广东省）收视份额排名前十位频道

名次	频道名称	收视份额(%)
1	潮州电视台二套(公共频道)	14.9
2	潮州电视台一套(新闻综合频道)	10.9
3	湖南卫视	6.8
4	广东广播电视台嘉佳卡通频道	5.2
5	中央电视台综合频道	5.0
6	广东广播电视台经济科教频道	4.8
7	翡翠台(中文)(潮州有线网转播)	3.6
8	广东广播电视台少儿频道	3.1
9	中央台三套	3.0
10	中央电视台新闻频道	2.6

表 3.63.13　2014 年承德市场（河北省）收视份额排名前十位频道

名次	频道名称	收视份额(%)
1	中央电视台综合频道	13.2
2	河北电视台二套(经济生活频道)	8.1
3	中央台八套	6.0
4	中央台三套	4.6
5	中央电视台新闻频道	3.9
6	江苏卫视	3.7
6	河北电视台农民频道(七套)	3.7
8	中央台四套	3.6
9	河北卫视	2.9
9	湖南卫视	2.9

表 3.63.14　2014 年滁州市场（安徽省）收视份额排名前十位频道

名次	频道名称	收视份额(%)
1	安徽卫视	13.6
2	中央电视台综合频道	13.5
3	安徽经视	5.8
4	中央电视台少儿频道	4.9
5	安徽公共	4.8
6	中央台十二套	4.0
7	中央电视台新闻频道	3.7
8	湖南卫视	3.3
9	江苏卫视	3.0
10	中央台四套	2.8

表 3.63.15　2014 年达州市场（四川省）收视份额排名前十位频道

名次	频道名称	收视份额(%)
1	中央电视台综合频道	15.3
2	达州新闻综合频道	10.3
3	四川卫视	7.5
4	湖南卫视	7.0
5	中央电视台少儿频道	4.2
6	中央台六套	4.0
6	四川电视台影视文艺频道(五套)	4.0
8	中央电视台新闻频道	3.3
9	中央台八套	3.2
10	中央台三套	2.8

表 3.63.16 2014 年大理市场（云南省）收视份额排名前十位频道

名次	频道名称	收视份额(%)
1	湖南卫视	14.6
2	中央电视台综合频道	8.0
3	中央台八套	6.8
4	云南广播电视台都市频道(二套)	6.7
5	安徽卫视	4.7
6	中央台六套	4.0
7	中央台十二套	3.0
8	四川卫视	2.9
9	山东卫视	2.8
9	云南广播电视台卫视频道(一套)	2.8

表 3.63.17 2014 年大同市场（山西省）收视份额排名前十位频道

名次	频道名称	收视份额(%)
1	中央电视台综合频道	19.9
2	湖南卫视	6.0
3	中央台三套	5.2
4	江苏卫视	4.1
5	北京卫视	3.7
6	山东卫视	3.6
7	中央电视台新闻频道	3.5
8	山西卫视	3.4
8	中央台八套	3.4
8	中央台四套	3.4

表 3.63.18 2014 年丹东市场（辽宁省）收视份额排名前十位频道

名次	频道名称	收视份额(%)
1	辽宁卫视	12.9
2	辽宁广播电视台都市频道	12.7
3	中央电视台综合频道	12.2
4	中央电视台新闻频道	4.8
5	中央台三套	4.3
6	中央台四套	3.4
7	江苏卫视	3.3
8	湖南卫视	3.2
9	辽宁广播电视台影视剧频道	2.9
10	中央台八套	2.8

表 3.63.19　2014 年德阳市场（四川省）收视份额排名前十位频道

名次	频道名称	收视份额(%)
1	中央电视台综合频道	9.6
2	湖南卫视	8.2
3	四川卫视	7.1
4	四川电视台影视文艺频道(五套)	6.6
5	中央电视台新闻频道	4.4
6	中央台四套	3.9
7	四川经视频道	3.4
8	中央台十二套	3.2
9	中央台六套	3.1
10	四川电视台新闻资讯频道	2.5

表 3.63.20　2014 年德州市场（山东省）收视份额排名前十位频道

名次	频道名称	收视份额(%)
1	山东卫视	14.0
2	山东电视齐鲁频道	8.1
3	山东电视综艺频道	5.5
4	中央台三套	4.8
5	中央电视台综合频道	4.7
6	中央台六套	4.5
7	中央电视台少儿频道	4.4
8	中央台八套	2.9
9	湖南卫视	2.7
10	中央电视台新闻频道	2.5

表 3.63.21　2014 年东莞市场（广东省）收视份额排名前十位频道

名次	频道名称	收视份额(%)
1	东莞电视台公共频道	8.6
2	中央电视台综合频道	7.3
3	广东广播电视台公共频道	5.6
4	广东广播电视台珠江频道	4.8
5	翡翠台(中文)(东莞有线网转播)	4.7
6	广东广播电视台影视频道	4.6
7	中央电视台少儿频道	4.1
8	广东广播电视台经济科教频道	3.7
9	广东卫视	3.2
10	湖南电视台金鹰卡通频道	3.0

表 3.63.22 2014 年佛山市场（广东省）收视份额排名前十位频道

名次	频道名称	收视份额(%)
1	广东广播电视台珠江频道	10.7
2	佛山电视公共频道	9.0
3	翡翠台(中文)(佛山有线台转播)	8.5
4	广东广播电视台影视频道	7.7
5	广东广播电视台公共频道	5.2
6	湖南卫视	3.9
7	佛山电视影视频道	3.1
8	广东广播电视台体育频道	3.0
9	广东广播电视台少儿频道	2.7
10	广东广播电视台南方卫视	2.4

表 3.63.23 2014 年抚顺市场（辽宁省）收视份额排名前十位频道

名次	频道名称	收视份额(%)
1	辽宁卫视	10.1
2	辽宁广播电视台都市频道	10.0
3	中央台四套	5.0
4	中央电视台新闻频道	4.4
5	中央台三套	4.2
6	中央台六套	3.7
7	中央电视台综合频道	3.2
8	中央台五套	2.9
9	湖南卫视	2.8
10	江苏卫视	2.6

表 3.63.24 2014 年阜阳市场（安徽省）收视份额排名前十位频道

名次	频道名称	收视份额(%)
1	安徽卫视	15.2
2	中央电视台综合频道	11.3
3	湖南卫视	8.9
4	中央电视台少儿频道	5.5
5	中央台十二套	4.9
6	安徽影视	3.5
7	四川卫视	3.3
7	山东卫视	3.3
9	江苏卫视	2.7
10	中央电视台新闻频道	2.1

表 3.63.25　2014 年赣州市场（江西省）收视份额排名前十位频道

名次	频道名称	收视份额(%)
1	中央电视台综合频道	8.5
2	江西电视台都市频道(二套)	7.0
3	中央台六套	5.6
4	中央台四套	5.4
5	湖南卫视	5.3
6	中央电视台少儿频道	4.7
7	江西电视台卫星频道(一套)	4.4
8	中央台三套	4.3
9	中央电视台新闻频道	3.8
10	中央台八套	3.6

表 3.63.26　2014 年广元市场（四川省）收视份额排名前十位频道

名次	频道名称	收视份额(%)
1	四川电视台影视文艺频道(五套)	10.1
2	中央电视台综合频道	5.8
3	中央台八套	5.2
4	湖南卫视	4.9
5	中央台六套	4.7
6	四川卫视	4.1
6	四川经视频道	4.1
8	四川电视台新闻资讯频道	3.7
9	四川电视台公共频道	3.2
9	中央台三套	3.2

表 3.63.27　2014 年桂林市场（广西壮族自治区）收视份额排名前十位频道

名次	频道名称	收视份额(%)
1	中央电视台综合频道	16.4
2	广西电视台综艺频道	8.6
3	中央电视台少儿频道	8.3
4	湖南卫视	5.7
5	中央电视台新闻频道	3.2
6	江苏卫视	3.1
7	桂林电视台公共频道	2.8
7	广西电视台卫星频道	2.8
9	中央台五套	2.4
10	广西电视台都市频道	2.2

表 3.63.28 2014 年邯郸市场（河北省）收视份额排名前十位频道

名次	频道名称	收视份额(%)
1	中央电视台综合频道	21.2
2	河北电视台二套(经济生活频道)	6.3
3	湖南卫视	4.9
4	河北卫视	4.4
5	北京卫视	3.8
6	河北电视台农民频道(七套)	3.7
6	中央电视台新闻频道	3.7
8	中央台三套	3.0
9	山东卫视	2.9
10	中央台八套	2.7

表 3.63.29 2014 年河源市场（广东省）收视份额排名前十位频道

名次	频道名称	收视份额(%)
1	广东广播电视台珠江频道	11.5
2	中央电视台综合频道	7.6
3	湖南卫视	7.2
4	广东广播电视台经济科教频道	6.0
4	广东卫视	6.0
6	广东广播电视台嘉佳卡通频道	5.7
7	中央电视台少儿频道	4.1
8	广东广播电视台影视频道	3.5
9	广东广播电视台公共频道	3.3
10	广东广播电视台少儿频道	3.1

表 3.63.30 2014 年衡阳市场（湖南省）收视份额排名前十位频道

名次	频道名称	收视份额(%)
1	湖南电视台经济频道	17.9
2	湖南卫视	12.6
3	湖南电视台电视剧频道	8.7
4	湖南电视台都市频道	7.1
5	湖南电视台金鹰卡通频道	4.3
6	湖南电视台潇湘电影频道	4.0
7	中央台三套	3.1
8	中央电视台综合频道	2.9
9	中央电视台少儿频道	2.7
10	中央电视台新闻频道	2.6

表3.63.31　2014年湖州市场（浙江省）收视份额排名前十位频道

名次	频道名称	收视份额(%)
1	浙江卫视	6.7
2	湖州电视台文化娱乐频道	5.4
3	湖州电视台新闻综合频道	5.3
4	浙江电视台教育科技频道	5.1
5	中央台六套	4.2
6	湖南卫视	4.1
7	中央台四套	3.7
8	中央电视台新闻频道	3.6
8	湖州电视台公共民生频道	3.6
10	中央电视台综合频道	3.1

表3.63.32　2014年淮安市场（江苏省）收视份额排名前十位频道

名次	频道名称	收视份额(%)
1	中央电视台综合频道	10.7
2	江苏卫视	8.9
3	江苏电视台城市频道	7.8
4	中央电视台少儿频道	5.4
5	中央台十二套	5.3
6	湖南卫视	5.2
7	淮安电视台新闻综合频道	4.2
7	中央台八套	4.2
9	中央台六套	3.4
10	中央台四套	2.9

表3.63.33　2014年惠州市场（广东省）收视份额排名前十位频道

名次	频道名称	收视份额(%)
1	广东广播电视台经济科教频道	7.5
2	湖南卫视	5.2
3	中央台三套	4.6
3	广东广播电视台公共频道	4.6
3	中央电视台综合频道	4.6
6	广东广播电视台珠江频道	4.4
7	广东广播电视台影视频道	3.8
8	湖南电视台金鹰卡通频道	3.5
9	中央电视台少儿频道	3.3
10	中央电视台新闻频道	3.1

表 3.63.34　2014 年吉林市市场（吉林省）收视份额排名前十位频道

名次	频道名称	收视份额(%)
1	中央电视台综合频道	11.0
2	中央电视台新闻频道	6.3
3	吉林电视台都市频道(二套)	5.7
4	吉林电视台生活频道(三套)	5.0
5	吉林电视台乡村频道(五套)	4.3
6	中央台八套	3.9
7	江苏卫视	3.8
7	中央台三套	3.8
9	中央电视台少儿频道	3.5
9	湖南卫视	3.5

表 3.63.35　2014 年济宁市场（山东省）收视份额排名前十位频道

名次	频道名称	收视份额(%)
1	山东卫视	13.4
2	山东电视齐鲁频道	6.8
3	中央电视台综合频道	5.3
4	山东电视综艺频道	4.3
5	中央台三套	3.8
6	中央电视台新闻频道	3.5
6	中央台六套	3.5
8	湖南卫视	2.9
9	湖南电视台金鹰卡通频道	2.8
10	北京卡酷少儿频道	2.7

表 3.63.36　2014 年嘉兴市场（浙江省）收视份额排名前十位频道

名次	频道名称	收视份额(%)
1	嘉兴电视台新闻综合频道	12.1
2	嘉兴电视台公共频道	6.4
3	湖南卫视	5.9
3	浙江电视台民生休闲频道	5.9
5	嘉兴电视台文化影视频道	5.2
5	浙江卫视	5.2
7	中央台六套	5.0
8	中央台四套	3.9
9	上海电视台娱乐频道	3.6
10	中央电视台综合频道	3.3

表 3.63.37　2014 年江门市场（广东省）收视份额排名前十位频道

名次	频道名称	收视份额(%)
1	广东广播电视台珠江频道	11.4
2	翡翠台(中文)(江门有线网转播)	9.1
3	江门电视公共频道	6.7
4	广东广播电视台影视频道	5.5
5	广东广播电视台公共频道	5.3
6	湖南卫视	4.7
7	中央电视台综合频道	3.6
8	广东广播电视台经济科教频道	3.5
9	广东广播电视台新闻频道	2.8
10	广东广播电视台南方卫视	2.7

表 3.63.38　2014 年江阴市场（江苏省）收视份额排名前十位频道

名次	频道名称	收视份额(%)
1	江苏卫视	5.7
2	湖南卫视	5.0
3	江阴电视台民生频道	4.8
4	中央台六套	4.7
5	中央电视台少儿频道	4.0
6	中央台八套	3.5
7	中央电视台综合频道	3.4
8	无锡广播电视台新闻综合频道	3.3
8	中央台三套	3.3
10	优漫卡通卫视	3.1

表 3.63.39　2014 年揭阳市场（广东省）收视份额排名前十位频道

名次	频道名称	收视份额(%)
1	湖南卫视	16.8
2	中央电视台综合频道	8.3
3	揭阳电视台新闻综合频道	8.1
4	揭阳电视台公共频道	5.0
5	中央电视台少儿频道	4.3
6	广东广播电视台经济科教频道	4.2
7	中央电视台新闻频道	3.4
8	中央台三套	2.9
9	广东卫视	2.8
9	翡翠台(中文)(揭阳有线网转播)	2.8

表 3.63.40 2014 年金华市场（浙江省）收视份额排名前十位频道

名次	频道名称	收视份额(%)
1	金华电视台教育科技频道	10.4
2	金华电视台公共频道(经济生活)	10.2
3	中央电视台综合频道	8.7
4	金华电视台新闻综合频道	8.3
5	浙江卫视	7.2
6	湖南卫视	4.7
7	中央台三套	3.9
8	中央台四套	3.5
9	中央台六套	3.1
10	中央台八套	2.9

表 3.63.41 2014 年锦州市场（辽宁省）收视份额排名前十位频道

名次	频道名称	收视份额(%)
1	辽宁卫视	10.7
2	辽宁广播电视台都市频道	8.9
3	中央电视台综合频道	6.1
3	中央台三套	6.1
5	中央台八套	3.6
6	湖南卫视	3.5
7	中央台六套	3.4
8	中央电视台少儿频道	3.2
9	江苏卫视	2.9
10	中央电视台新闻频道	2.6

表 3.63.42 2014 年荆门市场（湖北省）收视份额排名前十位频道

名次	频道名称	收视份额(%)
1	湖南卫视	6.9
2	中央电视台综合频道	6.7
3	湖北卫视	6.5
4	中央台六套	5.3
4	中央电视台新闻频道	5.3
6	中央台三套	5.0
7	湖北综合	4.2
8	湖北影视	3.8
9	湖北经视	3.7
10	江苏卫视	3.4

表 3.63.43　2014 年荆州市场（湖北省）收视份额排名前十位频道

名次	频道名称	收视份额(%)
1	荆州电视台新闻频道	7.9
2	湖北垄上	7.2
3	中央电视台综合频道	6.7
4	荆州电视台公共频道	4.4
5	中央台六套	4.3
5	湖南卫视	4.3
7	中央台三套	4.0
7	荆州电视台社区频道	4.0
7	中央电视台新闻频道	4.0
10	湖北综合	3.4

表 3.63.44　2014 年九江市场（江西省）收视份额排名前十位频道

名次	频道名称	收视份额(%)
1	江西电视台都市频道(二套)	14.5
2	中央电视台综合频道	10.3
3	湖南卫视	5.3
4	江西电视台卫星频道(一套)	5.2
5	中央台四套	4.1
6	中央电视台少儿频道	4.0
7	中央台八套	3.9
7	中央电视台新闻频道	3.9
7	中央台六套	3.9
10	中央台三套	3.7

表 3.63.45　2014 年拉萨市场（西藏自治区）收视份额排名前十位频道

名次	频道名称	收视份额(%)
1	湖南卫视	7.5
2	中央电视台综合频道	4.9
3	中央台六套	3.5
4	安徽卫视	2.8
5	西藏二套(汉语卫视)	2.6
6	中央电视台新闻频道	2.5
7	中央电视台少儿频道	2.4
8	四川卫视	2.2
9	浙江卫视	1.4
10	中国教育台一套	1.3

表 3.63.46　2014 年莱芜市场（山东省）收视份额排名前十位频道

名次	频道名称	收视份额(%)
1	山东卫视	22.0
2	中央电视台综合频道	12.7
3	山东电视齐鲁频道	9.1
4	中央电视台新闻频道	4.4
5	湖南卫视	4.0
6	中央电视台少儿频道	3.3
7	山东电视综艺频道	3.1
8	中央台十二套	2.6
9	中央台十一套	2.4
9	中央台七套	2.4

表 3.63.47　2014 年乐山市场（四川省）收视份额排名前十位频道

名次	频道名称	收视份额(%)
1	四川卫视	8.9
2	湖南卫视	7.9
3	中央电视台综合频道	7.0
4	乐山新闻综合频道	5.6
5	中央电视台新闻频道	5.4
6	中央台十二套	3.5
7	中央台三套	3.3
7	山东卫视	3.3
9	中央电视台少儿频道	3.2
10	乐山公共．新农村频道	3.1

表 3.63.48　2014 年丽水市场（浙江省）收视份额排名前十位频道

名次	频道名称	收视份额(%)
1	浙江卫视	9.2
2	丽水文化休闲频道	6.6
3	丽水电视台新闻综合频道(一套)	5.8
4	中央电视台综合频道	5.5
5	湖南卫视	5.3
6	丽水公共频道	4.7
6	中央台四套	4.7
8	中央电视台新闻频道	3.9
9	浙江电视台民生休闲频道	3.7
10	浙江电视台教育科技频道	3.5

表 3.63.49　2014 年连云港市场（江苏省）收视份额排名前十位频道

名次	频道名称	收视份额(%)
1	中央电视台综合频道	10.1
2	江苏卫视	9.6
3	连云港电视台新闻综合频道	8.5
4	中央台三套	5.7
5	中央台六套	5.3
6	江苏电视台城市频道	4.8
7	中央台八套	4.5
8	中央电视台少儿频道	4.2
9	中央台四套	3.4
9	中央台十二套	3.4

表 3.63.50　2014 年临沂市场（山东省）收视份额排名前十位频道

名次	频道名称	收视份额(%)
1	山东卫视	21.7
2	中央电视台综合频道	13.2
3	山东电视齐鲁频道	6.1
4	中央电视台少儿频道	5.2
5	湖南卫视	5.1
6	中央台十二套	3.5
7	山东电视综艺频道	3.4
8	北京卡酷少儿频道	2.2
9	北京卫视	1.9
10	中央台七套	1.7

表 3.63.51　2014 年柳州市场（广西壮族自治区）收视份额排名前十位频道

名次	频道名称	收视份额(%)
1	广西电视台综艺频道	7.8
2	中央电视台新闻频道	6.0
3	中央电视台综合频道	5.2
4	湖南卫视	4.7
5	中央台四套	4.3
6	柳州电视台科教频道(二套)	3.5
7	中央台八套	3.4
7	中央台五套	3.4
9	广西电视台科教频道	3.3
10	中央台三套	3.2

表 3.63.52　2014 年泸州市场（四川省）收视份额排名前十位频道

名次	频道名称	收视份额(%)
1	中央电视台综合频道	12.0
2	湖南卫视	9.1
3	四川电视台影视文艺频道(五套)	7.4
4	四川卫视	7.1
5	中央电视台少儿频道	4.9
6	中央电视台新闻频道	4.2
7	中央台十二套	4.0
8	四川电视台公共频道	3.6
9	贵州卫视	3.3
10	四川经视频道	3.2

表 3.63.53　2014 年洛阳市场（河南省）收视份额排名前十位频道

名次	频道名称	收视份额(%)
1	中央电视台综合频道	24.3
2	中央台四套	4.2
3	中央电视台少儿频道	4.1
4	湖南卫视	3.7
5	中央台六套	3.4
5	中央台八套	3.4
7	河南电视台都市频道(二套)	3.3
8	河南电视台卫星频道(一套)	3.2
9	北京卫视	3.1
10	江苏卫视	2.7

表 3.63.54　2014 年茂名市场（广东省）收视份额排名前十位频道

名次	频道名称	收视份额(%)
1	广东广播电视台珠江频道	22.5
2	广东广播电视台影视频道	6.9
3	湖南卫视	5.9
4	广东广播电视台嘉佳卡通频道	5.6
5	广东广播电视台少儿频道	5.1
6	中央电视台少儿频道	3.3
7	中央电视台综合频道	2.8
8	广东广播电视台公共频道	2.6
9	广东卫视	2.2
9	广东广播电视台南方卫视	2.2

表 3.63.55　2014 年眉山市场（四川省）收视份额排名前十位频道

名次	频道名称	收视份额(%)
1	四川卫视	12.2
2	中央电视台综合频道	7.8
3	湖南卫视	7.0
4	中央电视台新闻频道	5.1
4	中央电视台少儿频道	5.1
6	中央台十二套	4.8
7	四川电视台影视文艺频道(五套)	4.5
8	四川电视台新闻资讯频道	3.1
9	四川电视台公共频道	2.8
10	中央台四套	2.5

表 3.63.56　2014 年梅州市场（广东省）收视份额排名前十位频道

名次	频道名称	收视份额(%)
1	梅州电视台时政综合频道	23.6
2	广东广播电视台经济科教频道	12.2
3	中央电视台综合频道	5.9
4	梅州电视台客家公共频道	4.1
5	湖南卫视	4.0
6	中央台四套	3.6
7	中央台五套	3.4
8	中央台三套	3.3
9	广东卫视	3.2
10	中央电视台少儿频道	3.1

注：梅州数据时间范围为 2014 年 1 月 ~9 月日记卡数据。

表 3.63.57　2014 年绵阳市场（四川省）收视份额排名前十位频道

名次	频道名称	收视份额(%)
1	中央电视台综合频道	13.6
2	四川卫视	7.3
3	湖南卫视	6.5
4	中央台八套	6.4
5	中央台六套	5.3
6	中央台三套	4.8
7	四川电视台影视文艺频道(五套)	4.3
8	中央电视台少儿频道	3.5
9	四川电视台公共频道	2.5
10	中央电视台新闻频道	2.3

表 3.63.58　2014 年牡丹江市场（黑龙江省）收视份额排名前十位频道

名次	频道名称	收视份额(%)
1	中央电视台综合频道	9.5
2	黑龙江电视台都市频道	9.3
3	黑龙江卫视	6.4
4	黑龙江电视台影视频道	4.7
5	中央电视台新闻频道	4.6
6	湖南卫视	4.0
7	中央台三套	3.8
8	黑龙江电视台文艺频道	3.2
8	江苏卫视	3.2
10	中央电视台少儿频道	3.1

表 3.63.59　2014 年南充市场（四川省）收视份额排名前十位频道

名次	频道名称	收视份额(%)
1	四川电视台影视文艺频道(五套)	11.5
2	中央电视台综合频道	8.9
3	中央电视台少儿频道	6.7
4	湖南卫视	6.0
5	四川卫视	5.6
6	四川电视台新闻资讯频道	5.3
7	中央电视台新闻频道	4.8
8	安徽卫视	3.5
9	中央台八套	3.4
10	中央台三套	3.3

表 3.63.60　2014 年南通市场（江苏省）收视份额排名前十位频道

名次	频道名称	收视份额(%)
1	南通电视台新闻综合频道	9.6
2	中央台三套	5.5
2	南通电视台社教频道	5.5
4	江苏卫视	5.4
5	中央台八套	4.7
6	中央电视台综合频道	4.4
7	中央台四套	4.3
7	中央台六套	4.3
9	中央电视台新闻频道	4.2
10	湖南卫视	3.2

表 3.63.61　2014 年南阳市场（河南省）收视份额排名前十位频道

名次	频道名称	收视份额(%)
1	中央电视台综合频道	16.6
2	中央电视台少儿频道	8.2
3	河南电视台电视剧频道(五套)	6.3
4	河南电视台都市频道(二套)	4.7
5	湖南卫视	4.6
6	河南电视台卫星频道(一套)	3.7
7	南阳电视台新闻综合频道(一套)	3.1
8	中央台十二套	2.7
9	中央电视台新闻频道	2.4
10	山东卫视	2.3

表 3.63.62　2014 年宁波市场（江苏省）收视份额排名前十位频道

名次	频道名称	收视份额(%)
1	宁波电视台三套(都市文体频道)	6.9
2	宁波电视台二套(经济生活频道)	5.3
3	浙江卫视	4.3
4	湖南卫视	4.2
5	宁波电视台四套(影视剧频道)	3.6
5	宁波电视台一套(新闻综合频道)	3.6
7	中央台五套	3.5
8	中央电视台新闻频道	3.4
8	中央电视台综合频道	3.4
10	中央台六套	3.0

表 3.63.63　2014 年攀枝花市场（四川省）收视份额排名前十位频道

名次	频道名称	收视份额(%)
1	中央电视台综合频道	14.5
2	湖南卫视	7.9
3	四川电视台影视文艺频道(五套)	7.5
4	四川电视台新闻资讯频道	4.4
5	中央电视台少儿频道	4.0
6	中央台六套	3.7
7	四川卫视	3.6
8	四川经视频道	3.3
8	中央电视台新闻频道	3.3
10	中央台八套	3.2

表 3.63.64　2014 年平顶山市场（河南省）收视份额排名前十位频道

名次	频道名称	收视份额(%)
1	中央电视台综合频道	20.5
2	中央电视台少儿频道	6.6
3	河南电视台卫星频道(一套)	6.2
4	中央台八套	4.4
5	湖南卫视	4.2
6	中央电视台新闻频道	3.3
6	中央台六套	3.3
8	河南电视台都市频道(二套)	2.8
8	安徽卫视	2.8
10	中央台十二套	2.7

表 3.63.65　2014 年秦皇岛市场（河北省）收视份额排名前十位频道

名次	频道名称	收视份额(%)
1	中央电视台综合频道	13.5
2	河北电视台二套(经济生活频道)	5.3
3	中央台三套	4.7
4	中央台八套	4.4
5	江苏卫视	4.3
6	中央电视台少儿频道	3.9
7	湖南卫视	3.6
8	中央电视台新闻频道	3.5
8	安徽卫视	3.5
10	秦皇岛电视台公共频道	3.2

表 3.63.66　2014 年清远市场（广东省）收视份额排名前十位频道

名次	频道名称	收视份额(%)
1	广东广播电视台珠江频道	45.1
2	广东广播电视台影视频道	8.3
3	广东广播电视台公共频道	5.4
4	广东广播电视台综艺频道	3.7
5	广东广播电视台经济科教频道	3.4
6	湖南卫视	3.2
6	翡翠台(中文)(清远有线网转播)	3.2
8	广东广播电视台南方卫视	2.9
8	广东广播电视台珠江电影频道	2.9
10	广东广播电视台少儿频道	2.5

表 3.63.67　2014 年衢州市场（浙江省）收视份额排名前十位频道

名次	频道名称	收视份额(%)
1	衢州电视公共频道	7.5
2	中央电视台综合频道	7.2
3	衢州电视经济信息频道	7.0
4	衢州电视新闻综合频道	6.9
5	浙江卫视	5.6
6	湖南卫视	5.0
6	浙江电视台民生休闲频道	5.0
8	中央台四套	4.9
9	中央电视台新闻频道	4.2
10	安徽卫视	3.3

表 3.63.68　2014 年泉州（新）市场（福建省）收视份额排名前十位频道

名次	频道名称	收视份额(%)
1	泉州电视台新闻综合频道	11.1
2	中央电视台综合频道	9.8
3	泉州电视台闽南语频道	7.9
3	湖南卫视	7.9
5	泉州电视台影视剧频道	5.2
6	泉州电视台都市生活频道	3.7
7	中央电视台新闻频道	3.4
7	中央台五套	3.4
9	中央台四套	3.3
10	安徽卫视	3.2

表 3.63.69　2014 年三亚市场（海南省）收视份额排名前十位频道

名次	频道名称	收视份额(%)
1	海南广播电视总台综合频道	11.3
2	中央电视台综合频道	10.2
3	湖南卫视	4.7
4	三亚广播电视台新闻综合频道	4.6
5	中央台六套	4.3
6	中央台八套	4.2
7	中央台三套	2.7
8	中央台五套	2.5
8	中央台七套	2.5
10	中央电视台新闻频道	2.4

表 3.63.70　2014 年汕头市场（广东省）收视份额排名前十位频道

名次	频道名称	收视份额(%)
1	湖南卫视	11.2
2	汕头电视台~2(生活经济频道)	11.0
3	汕头电视台~1(新闻综合频道)	6.3
4	中央电视台新闻频道	3.5
5	中央电视台综合频道	2.8
6	广东广播电视台嘉佳卡通频道	2.7
6	江苏卫视	2.7
8	安徽卫视	2.4
9	中央电视台少儿频道	2.3
10	广东广播电视台少儿频道	2.2

表 3.63.71　2014 年汕尾市场（广东省）收视份额排名前十位频道

名次	频道名称	收视份额(%)
1	湖南卫视	16.4
2	广东广播电视台经济科教频道	5.7
3	广东广播电视台影视频道	5.1
4	翡翠台(中文)(汕尾有线网转播)	4.9
5	广东广播电视台综艺频道	3.8
6	广东广播电视台珠江频道	3.3
7	广东广播电视台嘉佳卡通频道	3.1
8	安徽卫视	3.0
9	中央电视台综合频道	2.8
10	中央电视台少儿频道	2.7

表 3.63.72　2014 年上海浦东市场（上海市）收视份额排名前十位频道

名次	频道名称	收视份额(%)
1	上海电视台新闻综合频道	21.6
2	上海电视台娱乐频道	9.9
2	上海东方卫视	9.9
4	上海电视台电视剧频道	6.3
5	上海东方电影频道	5.4
6	上海电视台星尚频道	3.6
7	中央电视台综合频道	3.3
8	上海电视台五星体育频道	3.0
9	湖南卫视	2.9
10	中央台四套	2.7

表 3.63.73 2014 年韶关市场（广东省）收视份额排名前十位频道

名次	频道名称	收视份额(%)
1	广东广播电视台经济科教频道	7.8
2	广东广播电视台珠江频道	5.7
3	湖南卫视	4.9
4	韶关电视台经济生活频道	4.4
5	中央台六套	4.1
6	韶关电视台新闻综合频道	3.5
7	中央电视台综合频道	3.3
8	广东广播电视台影视频道	3.0
9	广东广播电视台公共频道	2.7
10	广东广播电视台南方卫视	2.6

表 3.63.74 2014 年绍兴市场（浙江省）收视份额排名前十位频道

名次	频道名称	收视份额(%)
1	绍兴电视台公共频道(二套)	17.2
2	中央电视台综合频道	8.4
3	浙江卫视	7.5
4	绍兴电视台文化影视频道(三套)	6.9
5	绍兴电视台新闻综合频道(一套)	6.8
6	湖南卫视	4.5
7	中央台五套	3.9
8	中央电视台少儿频道	3.6
9	中央台四套	3.2
9	中央电视台新闻频道	3.2

表 3.63.75 2014 年深圳蛇口市场（广东省）收视份额排名前十位频道

名次	频道名称	收视份额(%)
1	深圳电视台一套(都市频道)	16.0
2	中央电视台综合频道	7.3
3	深圳电视台二套(电视剧频道)	6.9
4	湖南卫视	6.6
5	中央台三套	5.0
6	江苏卫视	4.1
7	中央电视台少儿频道	3.5
8	深圳电视台六套(少儿频道)	2.6
9	安徽卫视	2.5
10	中央台十二套	2.4

注：数据时期范围为 2014 年 1 月 1 日 ~1 月 31 日。

表 3.63.76　2014 年苏州市场（江苏省）收视份额排名前十位频道

名次	频道名称	收视份额(%)
1	苏州电视台新闻综合频道(一套)	15.5
2	苏州电视台社会经济频道(二套)	11.2
3	江苏卫视	5.2
4	中央电视台综合频道	4.6
5	苏州电视台生活资讯频道(五套)	4.3
6	苏州电视台文化生活频道(三套)	3.6
7	中央电视台少儿频道	3.1
7	苏州电视台电影娱乐信息频道(四套)	3.1
9	中央台六套	2.9
10	湖南卫视	2.7

表 3.63.77　2014 年遂宁市场（四川省）收视份额排名前十位频道

名次	频道名称	收视份额(%)
1	四川卫视	10.3
2	湖南卫视	9.3
3	中央电视台综合频道	8.8
4	四川电视台影视文艺频道(五套)	7.4
5	中央电视台少儿频道	5.6
6	四川电视台公共频道	4.1
7	四川经视频道	3.7
8	中央台六套	3.1
9	四川电视台新闻资讯频道	3.0
10	中央电视台新闻频道	2.9

表 3.63.78　2014 年台州市场（浙江省）收视份额排名前十位频道

名次	频道名称	收视份额(%)
1	台州电视台影视文化频道(二套)	13.7
2	台州电视台新闻综合频道(一套)	7.8
3	台州电视台公共频道(三套)	6.8
4	浙江卫视	6.0
5	湖南卫视	5.9
6	中央电视台综合频道	5.6
7	中央台四套	3.6
8	浙江电视台教育科技频道	3.1
9	中央台八套	2.7
10	中央台六套	2.6

表 3.63.79　2014 年泰安市场（山东省）收视份额排名前十位频道

名次	频道名称	收视份额(%)
1	山东电视齐鲁频道	22.2
2	中央电视台综合频道	17.5
3	山东卫视	15.8
4	中央电视台少儿频道	3.8
5	山东电视综艺频道	3.7
6	山东电视生活频道	2.3
6	湖南卫视	2.3
8	中央台三套	2.1
9	中央电视台新闻频道	1.9
10	中央台四套	1.5

表 3.63.80　2014 年泰州市场（江苏省）收视份额排名前十位频道

名次	频道名称	收视份额(%)
1	泰州电视台新闻综合频道	15.8
2	泰州电视台经济生活频道	8.0
3	中央电视台综合频道	7.4
4	江苏卫视	7.3
5	中央电视台新闻频道	5.5
6	中央台六套	5.1
7	湖南卫视	4.3
8	中央台三套	3.9
9	中央电视台少儿频道	3.0
10	安徽卫视	2.8

表 3.63.81　2014 年唐山市场（河北省）收视份额排名前十位频道

名次	频道名称	收视份额(%)
1	中央电视台综合频道	7.0
2	江苏卫视	4.6
3	中央台三套	4.3
4	河北卫视	4.2
4	中央电视台新闻频道	4.2
6	湖南卫视	3.8
7	安徽卫视	2.9
8	中央台四套	2.8
8	中央台八套	2.8
10	河北电视台农民频道(七套)	2.6

表 3.63.82 2014 年铜陵市场（安徽省）收视份额排名前十位频道

名次	频道名称	收视份额(%)
1	安徽卫视	16.2
2	中央电视台综合频道	15.3
3	湖南卫视	5.1
4	中央电视台少儿频道	4.7
5	中央电视台新闻频道	4.4
6	安徽公共	4.2
7	中央台八套	3.7
8	中央台五套	3.6
9	中央台十二套	3.0
10	安徽综艺	2.5

表 3.63.83 2014 年威海市场（山东省）收视份额排名前十位频道

名次	频道名称	收视份额(%)
1	山东卫视	14.6
2	山东电视齐鲁频道	10.3
3	中央电视台综合频道	9.8
4	山东电视综艺频道	6.9
5	中央电视台新闻频道	4.1
6	中央台八套	4.0
7	山东电视生活频道	3.4
8	中央台六套	3.2
9	湖南卫视	3.0
9	中央台三套	3.0

表 3.63.84 2014 年潍坊市场（山东省）收视份额排名前十位频道

名次	频道名称	收视份额(%)
1	山东电视综艺频道	8.4
2	山东卫视	7.9
3	山东电视齐鲁频道	6.6
4	潍坊电视台新闻综合频道	4.8
5	中央电视台综合频道	4.5
6	中央台三套	3.7
6	中央电视台新闻频道	3.7
8	中央台六套	3.6
9	湖南卫视	3.3
10	湖南电视台金鹰卡通频道	3.2

表 3.63.85　2014 年温州市场（浙江省）收视份额排名前十位频道

名次	频道名称	收视份额(%)
1	温州市广播电视总台新闻综合频道	10.3
2	温州市广播电视总台经济科教频道	8.5
3	温州市广播电视总台都市生活频道	6.3
4	温州市广播电视总台公共民生频道	5.8
5	湖南卫视	4.5
6	浙江卫视	3.8
6	中央台六套	3.8
8	中央电视台新闻频道	3.0
8	湖南电视台金鹰卡通频道	3.0
10	中央电视台综合频道	2.9

表 3.63.86　2014 年无锡（M）市场（江苏省）收视份额排名前十位频道

名次	频道名称	收视份额(%)
1	无锡广播电视台都市资讯频道	12.0
2	无锡广播电视台新闻综合频道	7.3
3	无锡广播电视台影视频道	4.6
4	江苏卫视	4.5
5	中央台三套	4.3
6	中央台六套	3.9
7	江苏电视台影视频道	3.6
8	中央电视台综合频道	3.4
9	中央台五套	3.3
9	中央电视台新闻频道	3.3

表 3.63.87　2014 年芜湖市场（安徽省）收视份额排名前十位频道

名次	频道名称	收视份额(%)
1	安徽卫视	13.1
2	中央电视台综合频道	8.7
3	芜湖电视台生活频道	5.6
4	中央台八套	4.7
5	中央电视台新闻频道	4.0
6	湖南卫视	3.9
7	中央电视台少儿频道	3.8
8	中央台四套	3.0
8	芜湖电视台徽商频道	3.0
8	江苏卫视	3.0

表 3.63.88　2014 年湘潭市场（湖南省）收视份额排名前十位频道

名次	频道名称	收视份额(%)
1	湖南电视台都市频道	10.6
2	湖南卫视	9.2
3	湖南电视台电视剧频道	8.5
4	湖南电视台经济频道	7.2
5	中央台四套	5.3
6	湖南电视台潇湘电影频道	5.2
7	湖南电视台金鹰卡通频道	5.1
8	中央电视台综合频道	4.0
9	中央台三套	3.2
10	中央电视台新闻频道	3.0

表 3.63.89　2014 年襄阳市场（湖北省）收视份额排名前十位频道

名次	频道名称	收视份额(%)
1	中央电视台综合频道	15.3
2	襄阳广播电视台新闻综合频道	11.8
3	湖南卫视	6.5
4	中央电视台少儿频道	4.4
5	中央台四套	3.5
6	湖北影视	3.4
7	中央台三套	3.2
8	中央台六套	2.9
8	中央台八套	2.9
10	湖南电视台金鹰卡通频道	2.4

表 3.63.90　2014 年徐州市场（江苏省）收视份额排名前十位频道

名次	频道名称	收视份额(%)
1	中央电视台综合频道	7.5
2	徐州电视台新闻综合频道	6.2
3	徐州电视台经济生活频道	4.7
3	江苏卫视	4.7
5	中央电视台少儿频道	4.1
6	中央台三套	4.0
7	中央台六套	3.8
8	中央台八套	3.6
9	湖南卫视	3.4
10	优漫卡通卫视	3.0

表 3.63.91　2014 年烟台市场（山东省）收视份额排名前十位频道

名次	频道名称	收视份额(%)
1	山东卫视	10.6
2	中央电视台综合频道	7.6
3	山东电视齐鲁频道	5.4
4	山东电视综艺频道	4.8
5	中央台三套	4.0
6	江苏卫视	3.7
7	中央电视台新闻频道	3.6
8	中央台四套	3.4
9	中央台八套	3.0
10	中央台六套	2.9

表 3.63.92　2014 年盐城市场（江苏省）收视份额排名前十位频道

名次	频道名称	收视份额(%)
1	盐城电视台一套	13.0
2	盐城电视台二套	8.1
3	江苏卫视	7.3
4	中央电视台综合频道	6.5
5	江苏电视台综艺频道	6.2
6	湖南卫视	4.8
7	中央台三套	3.9
8	中央台六套	3.5
9	中央电视台新闻频道	3.1
10	江苏电视台城市频道	2.9

表 3.63.93　2014 年扬州市场（江苏省）收视份额排名前十位频道

名次	频道名称	收视份额(%)
1	扬州电视台二套	15.3
2	扬州电视台一套	8.8
3	中央电视台综合频道	5.0
4	江苏卫视	4.6
5	中央台六套	4.3
6	湖南卫视	3.5
7	扬州电视台三套	3.3
8	中央台四套	3.2
9	中央台三套	3.1
10	中央电视台少儿频道	2.7

表 3.63.94 2014 年阳江市场（广东省）收视份额排名前十位频道

名次	频道名称	收视份额(%)
1	广东广播电视台珠江频道	21.5
2	广东广播电视台经济科教频道	6.1
3	中央电视台综合频道	5.2
4	广东广播电视台影视频道	5.0
5	广东广播电视台南方卫视	4.7
6	湖南卫视	4.3
7	广东广播电视台综艺频道	3.9
8	广东卫视	3.8
9	广东广播电视台公共频道	3.3
10	翡翠台(中文)(阳江有线网转播)	3.2

表 3.63.95 2014 年宜宾市场（四川省）收视份额排名前十位频道

名次	频道名称	收视份额(%)
1	中央电视台综合频道	8.9
2	四川电视台影视文艺频道(五套)	8.8
3	湖南卫视	7.8
4	四川卫视	6.6
5	中央台十二套	4.1
6	中央电视台少儿频道	3.8
7	四川电视台新闻资讯频道	3.3
8	四川电视台公共频道	3.2
8	宜宾电视台二套(公共频道)	3.2
10	中央台六套	2.8

表 3.63.96 2014 年宜昌市场（湖北省）收视份额排名前十位频道

名次	频道名称	收视份额(%)
1	中央电视台综合频道	7.2
2	中央电视台新闻频道	5.8
3	湖南卫视	5.5
4	湖北经视	5.2
5	中央台四套	4.7
6	宜昌三峡综合频道	4.6
7	中央台六套	4.3
8	湖北影视	3.2
9	中央电视台少儿频道	3.1
10	中央台三套	2.9

表 3.63.97　2014 年宜春市场（江西省）收视份额排名前十位频道

名次	频道名称	收视份额(%)
1	江西电视台都市频道(二套)	11.3
2	湖南卫视	9.2
3	中央电视台综合频道	8.2
4	中央电视台少儿频道	7.7
5	江西电视台卫星频道(一套)	4.7
6	中央台六套	3.7
7	江西电视台影视频道(四套)	3.5
8	中央台八套	3.3
9	湖南电视台金鹰卡通频道	3.2
10	安徽卫视	2.9

表 3.63.98　2014 年营口市场（辽宁省）收视份额排名前十位频道

名次	频道名称	收视份额(%)
1	辽宁卫视	13.0
2	辽宁广播电视台都市频道	12.3
3	中央电视台综合频道	5.7
4	中央电视台少儿频道	5.4
5	湖南卫视	5.2
6	中央台三套	4.5
7	中央电视台新闻频道	4.0
8	上海东方卫视	2.9
9	中央台四套	2.8
10	北京卫视	2.7

表 3.63.99　2014 年永济市场（山西省）收视份额排名前十位频道

名次	频道名称	收视份额(%)
1	中央电视台综合频道	18.7
2	山东卫视	8.0
3	湖南卫视	6.6
4	中央电视台少儿频道	5.6
5	中央台十二套	4.4
6	山西卫视	3.9
7	辽宁卫视	3.2
8	中央台八套	2.8
9	北京卡酷少儿频道	2.3
9	上海东方卫视	2.3

表 3.63.100　2014 年玉林市场（广西壮族自治区）收视份额排名前十位频道

名次	频道名称	收视份额(%)
1	广西电视台综艺频道	21.6
2	湖南卫视	7.5
3	中央电视台综合频道	7.4
4	广西电视台卫星频道	6.6
5	中央电视台少儿频道	6.3
6	中央电视台新闻频道	2.5
7	中央台三套	2.2
7	中央台七套	2.2
9	广西电视台都市频道	1.9
9	安徽卫视	1.9

表 3.63.101　2014 年岳阳市场（湖南省）收视份额排名前十位频道

名次	频道名称	收视份额(%)
1	湖南卫视	13.8
2	中央电视台综合频道	11.3
3	湖南电视台都市频道	10.0
4	湖南电视台电视剧频道	8.7
5	湖南电视台经济频道	5.1
6	中央电视台少儿频道	3.9
7	中央电视台新闻频道	3.3
8	中央台三套	3.1
8	湖南电视台金鹰卡通频道	3.1
10	湖南电视台潇湘电影频道	2.5

表 3.63.102　2014 年湛江市场（广东省）收视份额排名前十位频道

名次	频道名称	收视份额(%)
1	广东广播电视台珠江频道	10.7
2	湖南卫视	6.6
3	中央电视台综合频道	5.4
4	广东广播电视台影视频道	5.0
5	广东广播电视台经济科教频道	3.6
6	广东广播电视台南方卫视	3.2
7	广东卫视	3.0
8	广东广播电视台珠江电影频道	2.9
9	中央台六套	2.8
10	江苏卫视	2.6

表 3.63.103　2014 年漳州市场（福建省）收视份额排名前十位频道

名次	频道名称	收视份额(%)
1	中央电视台综合频道	16.8
2	漳州电视台新闻综合频道(一套)	6.2
3	湖南卫视	5.8
4	中央电视台少儿频道	5.5
5	福建省广播影视集团综合频道	4.1
6	中央电视台新闻频道	3.5
7	湖南电视台金鹰卡通频道	3.2
7	厦门卫视	3.2
9	中央台六套	3.0
10	漳州电视台生活文化频道(二套)	2.8

表 3.63.104　2014 年肇庆市场（广东省）收视份额排名前十位频道

名次	频道名称	收视份额(%)
1	广东广播电视台珠江频道	19.2
2	广东广播电视台影视频道	7.8
3	广东广播电视台公共频道	6.3
4	广东广播电视台南方卫视	6.2
5	翡翠台(中文)(肇庆有线网转播)	6.0
6	湖南卫视	4.3
7	广东广播电视台综艺频道	3.7
8	广东广播电视台少儿频道	2.8
9	广东广播电视台新闻频道	2.7
10	广东广播电视台珠江电影频道	2.5

表 3.63.105　2014 年镇江市场（江苏省）收视份额排名前十位频道

名次	频道名称	收视份额(%)
1	镇江文广民生频道	11.5
2	镇江文广新闻频道	8.2
3	江苏卫视	7.8
4	江苏电视台城市频道	5.7
5	中央电视台综合频道	4.0
6	中央台四套	3.7
7	中央台五套	3.6
7	中央电视台新闻频道	3.6
9	中央台六套	3.4
10	湖南卫视	3.0

表 3.63.106　2014 年中山市场（广东省）收视份额排名前十位频道

名次	频道名称	收视份额(%)
1	广东广播电视台珠江频道	6.8
2	广东广播电视台影视频道	6.5
3	中山电视台公共频道	6.1
4	翡翠台(中文)(中山有线网转播)	5.4
5	湖南卫视	4.6
6	中央电视台综合频道	3.5
7	广东广播电视台南方卫视	3.4
8	广东广播电视台体育频道	3.3
9	广东广播电视台公共频道	3.0
10	江苏卫视	2.9

表 3.63.107　2014 年舟山市场（浙江省）收视份额排名前十位频道

名次	频道名称	收视份额(%)
1	浙江电视台教育科技频道	10.1
2	舟山电视台新闻综合频道	6.0
3	浙江卫视	5.7
4	中央台八套	5.6
5	湖南卫视	5.3
6	中央台六套	4.9
7	中央电视台综合频道	3.7
8	舟山电视台公共频道	3.0
8	安徽卫视	3.0
8	上海电视台娱乐频道	3.0

表 3.63.108　2014 年珠海市场（广东省）收视份额排名前十位频道

名次	频道名称	收视份额(%)
1	中央电视台综合频道	6.3
2	翡翠台(中文)(珠海有线台转播)	5.3
3	湖南卫视	5.0
4	广东广播电视台公共频道	4.6
5	凤凰卫视中文台	4.4
6	珠海电视台一套(新闻综合频道)	4.2
7	珠海电视台二套(都市生活频道)	4.1
7	广东广播电视台珠江频道	4.1
9	广东广播电视台南方卫视	3.8
10	中央台三套	2.7

表 3.63.109　2014 年株洲市场（湖南省）收视份额排名前十位频道

名次	频道名称	收视份额（%）
1	湖南卫视	11.3
2	湖南电视台电视剧频道	11.2
3	湖南电视台都市频道	10.2
4	湖南电视台经济频道	6.6
5	中央电视台综合频道	5.5
6	中央电视台新闻频道	4.6
7	湖南电视台潇湘电影频道	4.0
8	中央台四套	3.6
9	湖南电视台金鹰卡通频道	3.5
10	中央台五套	3.2

表 3.63.110　2014 年资阳市场（四川省）收视份额排名前十位频道

名次	频道名称	收视份额（%）
1	中央电视台综合频道	11.3
2	四川卫视	9.5
3	四川电视台影视文艺频道（五套）	7.3
4	湖南卫视	6.7
5	四川电视台新闻资讯频道	6.4
6	四川电视台公共频道	5.5
7	四川经视频道	5.0
8	中央电视台少儿频道	4.1
9	中央台三套	3.9
10	中央台十二套	3.7

表 3.63.111　2014 年淄博市场（山东省）收视份额排名前十位频道

名次	频道名称	收视份额（%）
1	中央电视台综合频道	20.1
2	山东卫视	12.6
3	山东电视齐鲁频道	7.1
4	山东电视综艺频道	4.5
5	淄博电视台科教频道	3.7
6	中央电视台少儿频道	3.5
7	湖南卫视	3.4
8	中央台三套	3.0
9	中央台四套	2.8
10	淄博电视台新闻综合频道	2.4

表 3.63.112 2014 年遵义市场（贵州省）收视份额排名前十位频道

名次	频道名称	收视份额(%)
1	湖南卫视	9.8
2	中央电视台综合频道	6.7
3	贵州卫视	6.1
4	中央台八套	4.2
5	中央电视台少儿频道	3.6
5	遵义-1	3.6
7	四川卫视	3.5
8	中央台十二套	3.3
9	中央电视台新闻频道	2.8
10	贵州广播电视台公共频道	2.7

第四部分
Part Four

附　录　Appendix

附　录

CSM各收视调查网概况

表4.1　2014年全国收视调查网样本规模及推及人口

	固定样组规模(户)	推及户数(千户)	推及人口(千人)
全国	8125	432920	1278026
城域	4200	164224	484814
乡域	3925	268696	793212

表4.2　2014年全国收视调查网家庭规模结构（%）

	1人户	2人户	3人户	4人及以上户
全国	7.7	34.4	28.1	29.8
城域	8.5	38.7	30.3	22.5
乡域	7.1	31.4	26.6	34.9

表4.3　2014年全国收视调查网家庭收入结构（%）

	0～900元	901～2000元	2001～2900元	2901～3800元	3801～5000元	5001～7000元	7001元及以上
全国	7.9	13.0	13.4	13.8	14.3	17.4	20.2
城域	3.8	7.4	9.4	12.1	14.9	22.6	29.8
乡域	10.7	16.9	16.3	14.9	13.8	13.9	13.5

表4.4　2014年全国收视调查网家庭购买决策者年龄结构（%）

	15～29岁	30～49岁	50岁及以上
全国	10.7	49.0	40.3
城域	12.1	47.5	40.4
乡域	9.6	50.2	40.2

表4.5　2014年全国收视调查网性别与年龄结构（%）

	性别		年龄						
	男性	女性	4～14岁	15～24岁	25～34岁	35～44岁	45～54岁	55～64岁	65岁及以上
全国	51.0	49.0	12.7	17.7	15.5	19.0	14.6	11.1	9.4
城域	51.2	48.8	10.0	19.1	17.5	19.4	14.7	10.5	8.8
乡域	50.9	49.1	14.3	16.9	14.3	18.8	14.5	11.5	9.7

表 4.6　2014 年各省级收视调查网样本规模及推及人口

省份	固定样组规模(户)	推及户数(千户)	推及人口(千人)
安徽省	600	19569	56112
福建省	800	12146	35085
甘肃省	600	7276	24234
广东省	1000	33677	100157
广西壮族自治区	600	13779	43582
贵州省	600	10564	32099
海南省	450	2466	8252
河北省	800	21520	68617
黑龙江省	600	13436	37053
河南省	600	26636	87211
湖北省	800	18113	54671
湖南省	800	19749	62204
内蒙古自治区	600	8748	23747
江苏省	800	26525	75348
江西省	800	11997	41306
吉林省	600	9087	25929
辽宁省	800	15362	41768
宁夏回族自治区	600	2043	6161
陕西省	600	11587	35870
山东省	800	31998	91398
山西省	600	11030	34276
四川省	800	26927	76820
新疆维吾尔自治区	600	7231	21094
云南省	600	12977	43898
浙江省	800	20372	52134

表 4.7　2014 年各省级收视调查网家庭规模结构（%）

省份	1 人户	2 人户	3 人户	4 人及以上户
安徽省	8.8	35.9	28.1	27.2
福建省	9.3	34.1	27.2	29.4
甘肃省	5.4	26.9	26.3	41.4
广东省	11.1	36.3	20.7	31.9
广西壮族自治区	5.5	30.9	24.7	38.9
贵州省	7.4	33.0	25.5	34.1
海南省	5.9	29.7	22.7	41.7
河北省	4.6	28.5	29.4	37.5
黑龙江省	5.5	39.4	33.6	21.5
河南省	5.0	28.1	26.7	40.2
湖北省	9.1	31.6	30.3	29.0
湖南省	7.3	30.5	27.6	34.6
内蒙古自治区	4.5	40.5	35.1	19.9
江苏省	6.9	38.4	28.2	26.5
江西省	6.4	23.8	26.4	43.4

续表

省份	1人户	2人户	3人户	4人及以上户
吉林省	6.5	36.9	31.4	25.2
辽宁省	7.8	38.3	33.4	20.5
宁夏回族自治区	4.5	34.8	29.3	31.4
陕西省	5.2	31.9	29.2	33.7
山东省	6.5	36.7	32.7	24.1
山西省	4.6	30.4	28.7	36.3
四川省	10.4	36.1	27.0	26.5
新疆维吾尔自治区	7.9	33.7	25.9	32.5
云南省	6.7	22.9	26.1	44.3
浙江省	10.6	42.8	27.3	19.3

表4.8 2014年各省级收视调查网家庭收入结构（%）

省份	0～900元	901～2000元	2001～2900元	2901～3800元	3801～5000元	5001～7000元	7001元及以上
安徽省	10.9	18.0	15.1	13.2	16.5	13.2	13.1
福建省	5.7	10.3	9.9	10.2	13.8	23.0	27.1
甘肃省	12.5	13.9	14.3	15.5	20.0	13.8	10.0
广东省	4.9	10.8	11.9	13.0	14.5	19.0	25.9
广西壮族自治区	8.7	32.4	21.4	13.7	9.0	9.6	5.2
贵州省	16.9	23.6	17.0	14.2	10.8	7.5	10.0
海南省	4.6	17.5	16.0	19.2	14.0	13.7	15.0
河北省	7.7	12.8	13.5	14.5	18.1	18.6	14.8
黑龙江省	3.1	14.3	19.1	18.6	16.8	18.2	9.9
河南省	7.9	14.7	17.6	18.7	13.5	16.0	11.6
湖北省	8.1	11.2	14.8	13.5	15.4	16.7	20.3
湖南省	11.4	19.1	15.3	13.4	11.6	12.9	16.3
内蒙古自治区	7.9	9.8	14.5	17.3	15.5	19.6	15.4
江苏省	4.3	6.9	8.0	9.8	13.4	22.9	34.7
江西省	3.9	8.3	13.5	15.7	20.5	16.2	21.9
吉林省	4.2	13.5	17.6	14.6	18.1	17.1	14.9
辽宁省	4.5	14.7	14.5	17.8	15.5	20.4	12.6
宁夏回族自治区	4.5	11.6	14.1	13.2	19.3	19.5	17.8
陕西省	6.4	14.9	17.3	12.8	15.4	17.3	15.9
山东省	12.6	9.9	12.6	16.5	16.5	19.7	12.2
山西省	6.7	11.6	14.7	14.7	15.4	18.5	18.4
四川省	17.6	16.7	15.1	12.7	11.4	13.5	13.0
新疆维吾尔自治区	3.3	15.2	15.4	12.3	13.6	17.9	22.3
云南省	12.0	13.0	15.2	17.3	17.5	13.2	11.8
浙江省	4.5	8.1	7.9	10.9	11.0	19.2	38.4

表 4.9　2014 年各省级收视调查网家庭购买决策者年龄结构（%）

省份	15~29 岁	30~49 岁	50 岁及以上
安徽省	10.9	46.1	43.0
福建省	10.7	50.2	39.1
甘肃省	10.5	53.6	35.9
广东省	14.7	47.4	37.9
广西壮族自治区	7.7	50.0	42.3
贵州省	9.1	52.5	38.4
海南省	11.3	54.6	34.1
河北省	11.7	48.3	40.0
黑龙江省	7.9	56.8	35.3
河南省	9.8	46.3	43.9
湖北省	11.2	46.4	42.4
湖南省	12.0	49.1	38.9
内蒙古自治区	10.1	54.7	35.2
江苏省	8.1	46.7	45.2
江西省	8.3	48.0	43.7
吉林省	11.1	50.9	38.0
辽宁省	9.2	42.8	48.0
宁夏回族自治区	13.2	55.9	30.9
陕西省	10.0	51.1	38.9
山东省	8.6	51.5	39.9
山西省	9.6	56.8	33.6
四川省	8.3	48.6	43.1
新疆维吾尔自治区	21.5	51.4	27.1
云南省	13.6	57.3	29.1
浙江省	7.8	47.4	44.8

表 4.10　2014 年各省级收视调查网性别与年龄结构（%）

省份	性别		年龄						
	男性	女性	4~14 岁	15~24 岁	25~34 岁	35~44 岁	45~54 岁	55~64 岁	65 岁及以上
安徽省	50.4	49.6	13.5	17.1	13.6	20.1	13.4	11.5	10.8
福建省	51.1	48.9	11.4	18.9	17.8	19.9	14.1	9.4	8.5
甘肃省	51.1	48.9	14.1	19.5	13.5	20.7	13.6	9.9	8.7
广东省	51.8	48.2	13.2	22.1	19.5	18.5	12.1	7.4	7.2
广西壮族自治区	51.9	48.1	16.8	16.6	16.4	17.3	13.2	9.8	9.9
贵州省	51.2	48.8	20.8	15.9	13.7	18.6	12.1	10.1	8.8
海南省	52.8	47.2	15.1	19.5	17.6	17.5	13.7	8.3	8.3
河北省	50.4	49.6	12.3	18.6	15.7	16.9	15.5	12.2	8.8
黑龙江省	50.6	49.4	9.4	15.1	15.8	21.2	17.9	12.1	8.5
河南省	50.1	49.9	16.2	19.3	13.5	17.8	13.3	11.2	8.7

续表

省份	性别		年龄						
	男性	女性	4～14岁	15～24岁	25～34岁	35～44岁	45～54岁	55～64岁	65岁及以上
湖北省	51.1	48.9	10.3	18.2	14.5	19.1	16.3	12.0	9.6
湖南省	51.2	48.8	13.1	16.5	14.5	19.4	14.6	11.7	10.2
内蒙古自治区	52.0	48.0	10.8	15.6	16.9	21.1	17.2	10.6	7.8
江苏省	50.3	49.7	9.4	17.6	14.5	19.1	15.4	12.6	11.4
江西省	51.4	48.6	16.6	17.8	15.7	18.7	13.4	9.7	8.1
吉林省	50.4	49.6	9.2	15.3	15.3	20.3	18.3	12.8	8.8
辽宁省	50.6	49.4	8.9	14.3	14.8	18.5	19.1	13.7	10.7
宁夏回族自治区	51.1	48.9	17.1	18.4	17.4	19.8	12.4	8.3	6.6
陕西省	51.6	48.4	11.2	20.3	14.8	18.6	15.2	10.9	9.0
山东省	50.3	49.7	11.8	16.3	14.5	18.7	15.9	12.6	10.2
山西省	51.1	48.9	13.4	19.2	15.2	18.7	15.2	10.3	8.0
四川省	50.7	49.3	13.4	16.3	12.1	20.6	13.1	13.0	11.5
新疆维吾尔自治区	51.7	48.3	15.5	18.8	17.6	21.3	12.5	7.5	6.8
云南省	51.9	48.1	16.5	17.8	17.1	19.4	12.7	8.6	7.9
浙江省	51.3	48.7	10.1	16.1	16.9	20.2	15.7	11.2	9.8

表4.11 2014年各城市收视调查网样本规模及推及人口

城市	固定样组规模(户)	推及户数(千户)	推及人口(千人)
安庆	100	285	739
鞍山	100	469	1212
蚌埠	100	300	781
包头	100	683	1730
宝鸡	100	298	810
保定	100	377	1098
北海	100	100	323
北京	500	5675	13435
滨州	100	231	655
常德	100	472	1402
常熟	100	510	1466
常州	200	1213	3229
潮州	100	188	574
成都	400	2896	7409
承德	100	212	596
滁州	100	110	291
达州	100	163	454
大理	100	196	626
大连	300	1631	4030
大同	100	434	1178
丹东	100	249	651

续表

城市	固定样组规模(户)	推及户数(千户)	推及人口(千人)
德阳	100	267	692
德州	100	228	651
东莞	200	3025	7237
佛山	200	1470	3959
福州	300	1019	2808
抚顺	100	543	1359
阜阳	100	597	1660
赣州	100	188	599
广元	100	187	511
广州	400	4312	10900
贵阳	200	925	2565
桂林	100	310	837
哈尔滨	300	1781	4685
海口	200	532	1647
邯郸	100	448	1372
杭州	400	2333	5978
合肥	300	1169	3045
河源	100	128	453
衡阳	100	385	1093
呼和浩特	300	745	1909
湖州	100	250	731
淮安	100	198	617
惠州	100	757	2196
吉林	100	683	1854
济南	300	1492	4130
济宁	100	407	1181
嘉兴	100	228	595
江门	100	314	934
江阴	100	540	1569
揭阳	100	222	909
金华	100	316	727
锦州	100	399	1030
荆门	100	220	608
荆州	100	401	1121
九江	100	230	681
昆明	300	1292	3091
拉萨	100	112	271
莱芜	100	479	1249
兰州	200	930	2443
乐山	100	232	644
丽水	100	174	424

续表

城市	固定样组规模(户)	推及户数(千户)	推及人口(千人)
连云港	100	349	1044
临沂	100	857	2441
柳州	100	464	1308
泸州	100	451	1300
洛阳	100	439	1300
茂名	100	327	1174
眉山	100	284	797
绵阳	100	348	847
牡丹江	100	347	925
南昌	300	867	2635
南充	100	241	669
南京	400	2912	7821
南宁	200	949	2549
南通	100	419	1107
南阳	100	507	1633
宁波	200	840	1998
攀枝花	100	198	511
平顶山	100	328	988
秦皇岛	100	375	992
青岛	300	1706	4428
清远	100	247	789
衢州	100	175	447
泉州	200	317	847
三亚	100	189	683
厦门	200	1490	3518
汕头	100	1225	5108
汕尾	100	116	478
上海	500	6801	16647
韶关	100	337	953
绍兴	100	336	860
深圳	500	4608	9814
沈阳	300	2191	5554
石家庄	300	952	2687
苏州	300	1441	3948
遂宁	100	216	623
台州	100	681	1807
太原	300	1199	3228
泰安	100	264	733
泰州	100	291	848
唐山	100	586	1620
天津	500	4537	12133

续表

城市	固定样组规模(户)	推及户数(千户)	推及人口(千人)
铜陵	100	176	450
威海	100	333	841
潍坊	100	677	1948
温州	200	500	1216
乌鲁木齐	300	1335	3173
无锡	200	1303	3480
芜湖	100	553	1395
武汉	400	3484	9489
西安	300	1679	4342
西宁	200	436	1161
湘潭	100	332	936
襄阳	100	354	1074
徐州	100	582	1662
烟台	200	642	1606
盐城	100	527	1526
扬州	200	444	1348
阳江	100	206	656
宜宾	100	277	781
宜昌	100	314	846
宜春	100	281	977
银川	200	493	1283
营口	100	333	862
永济	100	123	426
玉林	100	256	935
岳阳	100	403	1167
湛江	100	479	1565
漳州	100	188	520
长春	300	1163	3163
长沙	300	1271	3419
肇庆	100	217	630
镇江	100	324	879
郑州	300	1583	4171
中山	100	264	719
重庆	500	6673	17176
舟山	100	355	829
珠海	100	340	863
株洲	100	373	1028
资阳	100	344	868
淄博	100	1142	3028
遵义	100	384	1041

表 4.12　2014 年各城市收视调查网家庭规模结构（%）

城市	1 人户	2 人户	3 人户	4 人及以上户
安庆	9.5	40.3	33.0	17.2
鞍山	8.8	38.4	38.7	14.1
蚌埠	6.3	42.0	33.9	17.8
包头	5.9	42.2	41.6	10.3
宝鸡	5.0	42.1	34.3	18.6
保定	5.4	31.5	39.1	24.0
北海	7.4	25.1	32.2	35.3
北京	13.5	44.4	29.7	12.4
滨州	3.6	37.8	36.5	22.1
常德	5.7	32.8	31.4	30.1
常熟	7.1	40.2	22.9	29.8
常州	8.8	40.3	29.6	21.3
潮州	4.8	31.7	27.3	36.2
成都	12.4	38.8	30.4	18.4
承德	7.0	38.0	33.4	21.6
滁州	8.1	39.9	32.8	19.2
达州	9.7	37.2	28.8	24.3
大理	7.7	25.3	27.3	39.7
大连	7.5	44.2	37.1	11.2
大同	8.0	30.4	45.6	16.0
丹东	8.3	40.3	35.8	15.6
德阳	7.1	42.1	33.8	17.0
德州	4.4	35.6	38.5	21.5
东莞	13.8	54.0	15.6	16.6
佛山	9.0	42.3	23.7	25.0
福州	8.9	35.2	32.9	23.0
抚顺	9.8	41.9	35.6	12.7
阜阳	10.2	36.9	26.8	26.1
赣州	3.8	25.5	36.0	34.7
广元	7.2	37.5	32.0	23.3
广州	12.8	43.0	24.4	19.8
贵阳	10.0	34.1	32.4	23.5
桂林	8.4	35.7	35.1	20.8
哈尔滨	8.4	39.8	35.1	16.7
海口	7.9	30.5	28.3	33.3
邯郸	4.5	30.4	34.1	31.0
杭州	9.1	45.0	26.2	19.7
合肥	10.8	35.2	35.8	18.2
河源	5.3	24.4	21.9	48.4
衡阳	8.0	34.8	31.5	25.7
呼和浩特	6.0	41.4	41.4	11.2

续表

城市	1人户	2人户	3人户	4人及以上户
湖州	6.8	34.9	30.4	27.9
淮安	4.1	30.3	33.4	32.2
惠州	8.3	39.9	21.7	30.1
吉林	6.7	38.5	35.6	19.2
济南	6.9	35.8	36.2	21.1
济宁	4.6	36.0	36.4	23.0
嘉兴	9.0	41.1	30.1	19.8
江门	7.6	30.2	31.0	31.2
江阴	6.9	34.7	29.6	28.8
揭阳	5.1	17.8	16.2	60.9
金华	10.1	50.4	26.1	13.4
锦州	4.9	43.1	36.2	15.8
荆门	6.2	38.9	33.5	21.4
荆州	4.9	40.8	32.8	21.5
九江	6.1	32.1	36.3	25.5
昆明	11.2	44.5	29.5	14.8
拉萨	10.2	50.7	22.4	16.7
莱芜	4.4	45.9	34.2	15.5
兰州	7.1	39.9	35.3	17.7
乐山	8.8	35.7	31.1	24.4
丽水	12.2	47.1	26.1	14.6
连云港	5.1	32.3	34.2	28.4
临沂	4.5	37.9	34.1	23.5
柳州	4.5	35.7	35.4	24.4
泸州	11.2	32.7	27.5	28.6
洛阳	3.5	31.8	36.2	28.5
茂名	3.9	25.0	24.1	47.0
眉山	8.0	34.7	33.0	24.3
绵阳	7.0	49.2	29.4	14.4
牡丹江	5.7	41.4	35.2	17.7
南昌	5.4	31.1	33.3	30.2
南充	13.5	34.2	27.3	25.0
南京	7.8	38.9	33.6	19.7
南宁	8.6	38.1	30.7	22.6
南通	6.9	40.5	34.2	18.4
南阳	5.5	27.6	28.6	38.3
宁波	10.9	45.6	32.0	11.5
攀枝花	11.1	41.1	30.3	17.5
平顶山	4.7	29.3	37.1	28.9
秦皇岛	5.0	41.1	39.0	14.9
青岛	8.5	40.5	34.8	16.2

续表

城市	1 人户	2 人户	3 人户	4 人及以上户
清远	6.1	30.9	24.8	38.2
衢州	9.2	41.3	32.4	17.1
泉州	10.5	40.6	26.1	22.8
三亚	6.2	24.2	22.5	47.1
厦门	10.8	48.5	24.5	16.2
汕头	3.8	20.1	17.7	58.4
汕尾	4.0	19.0	17.7	59.3
上海	11.0	44.2	30.9	13.9
韶关	8.6	35.3	31.0	25.1
绍兴	7.9	41.1	33.5	17.5
深圳	14.3	48.9	21.3	15.5
沈阳	8.9	42.2	34.0	14.9
石家庄	5.1	34.4	37.5	23.0
苏州	13.9	34.7	29.6	21.8
遂宁	8.8	33.6	29.4	28.2
台州	7.4	42.7	26.8	23.1
太原	6.1	38.7	36.0	19.2
泰安	3.1	38.3	39.0	19.6
泰州	7.3	34.7	29.8	28.2
唐山	6.1	35.9	37.6	20.4
天津	5.5	41.5	36.3	16.7
铜陵	5.8	43.4	34.9	15.9
威海	7.3	42.4	38.3	12.0
潍坊	2.1	38.9	34.9	24.1
温州	8.4	50.1	25.5	16.0
乌鲁木齐	10.5	47.5	28.5	13.5
无锡	6.4	42.0	31.0	20.6
芜湖	6.4	45.5	31.5	16.6
武汉	9.7	35.9	34.1	20.3
西安	9.4	41.4	30.8	18.4
西宁	10.0	39.0	31.0	20.0
湘潭	10.4	30.3	36.9	22.4
襄阳	5.5	33.6	29.4	31.5
徐州	8.5	33.1	36.1	22.3
烟台	5.9	43.7	39.1	11.3
盐城	6.4	34.4	31.9	27.3
扬州	6.3	29.3	33.5	30.9
阳江	7.2	29.5	25.6	37.7
宜宾	7.3	35.9	29.8	27.0
宜昌	9.0	37.0	34.8	19.2
宜春	5.6	25.4	24.0	45.0

续表

城市	1人户	2人户	3人户	4人及以上户
银川	6.8	41.8	35.9	15.5
营口	7.5	41.2	35.5	15.8
永济	2.6	28.0	28.2	41.2
玉林	5.9	20.1	23.5	50.5
岳阳	7.4	35.3	32.6	24.7
湛江	5.9	30.0	25.4	38.7
漳州	6.4	34.5	34.8	24.3
长春	6.1	35.8	39.1	19.0
长沙	7.8	37.3	34.4	20.5
肇庆	6.2	34.6	30.6	28.6
镇江	7.6	35.2	37.4	19.8
郑州	10.3	38.5	30.0	21.2
中山	8.5	45.4	19.0	27.1
重庆	10.0	42.0	26.9	21.1
舟山	15.7	43.7	29.2	11.4
珠海	11.3	41.8	26.4	20.5
株洲	7.7	35.2	38.0	19.1
资阳	12.0	44.0	23.5	20.5
淄博	3.7	42.6	36.7	17.0
遵义	7.4	39.8	28.4	24.4

表4.13　2014年各城市收视调查网家庭收入结构（%）

<table>
<tr><th>城市</th><th>0～1200元</th><th>1201～2300元</th><th>2301～3500元</th><th>3501～4400元</th><th>4401～5600元</th><th>5601～8000元</th><th>8001～10000元</th><th>10001元及以上</th></tr>
<tr><td>安庆</td><td>10.4</td><td>14.8</td><td>21.1</td><td>16.5</td><td>17.0</td><td>13.7</td><td colspan="2">6.5</td></tr>
<tr><td>鞍山</td><td>0.6</td><td>10.4</td><td>15.1</td><td>19.1</td><td>19.2</td><td>20.8</td><td colspan="2">14.8</td></tr>
<tr><td>蚌埠</td><td>2.9</td><td>11.4</td><td>29.2</td><td>15.6</td><td>18.3</td><td>15.0</td><td colspan="2">7.6</td></tr>
<tr><td>包头</td><td>1.8</td><td>6.3</td><td>13.1</td><td>12.4</td><td>25.2</td><td>23.1</td><td colspan="2">18.1</td></tr>
<tr><td>宝鸡</td><td>4.2</td><td>8.3</td><td>18.3</td><td>16.4</td><td>20.6</td><td>23.4</td><td colspan="2">8.8</td></tr>
<tr><td>保定</td><td>1.1</td><td>6.9</td><td>18.1</td><td>13.8</td><td>20.4</td><td>21.9</td><td colspan="2">17.8</td></tr>
<tr><td>北海</td><td>3.7</td><td>11.2</td><td>13.2</td><td>19.1</td><td>14.9</td><td>19.3</td><td colspan="2">18.6</td></tr>
<tr><td>北京</td><td>2.6</td><td>3.0</td><td>6.0</td><td>7.5</td><td>13.4</td><td>21.1</td><td>12.9</td><td>33.5</td></tr>
<tr><td>滨州</td><td>10.6</td><td>14.4</td><td>19.4</td><td>13.5</td><td>18.1</td><td>15.0</td><td colspan="2">9.0</td></tr>
<tr><td>常德</td><td>8.5</td><td>18.3</td><td>18.3</td><td>14.2</td><td>18.6</td><td>13.0</td><td colspan="2">9.1</td></tr>
<tr><td>常熟</td><td>3.2</td><td>4.9</td><td>8.0</td><td>4.0</td><td>10.7</td><td>21.4</td><td>18.8</td><td>29.0</td></tr>
<tr><td>常州</td><td>5.8</td><td>5.7</td><td>11.7</td><td>5.7</td><td>15.0</td><td>25.7</td><td>12.9</td><td>17.5</td></tr>
<tr><td>潮州</td><td>7.8</td><td>13.6</td><td>14.4</td><td>12.7</td><td>16.2</td><td>22.4</td><td colspan="2">12.9</td></tr>
<tr><td>成都</td><td>1.4</td><td>5.2</td><td>12.1</td><td>13.4</td><td>15.9</td><td>26.6</td><td>13.5</td><td>11.9</td></tr>
<tr><td>承德</td><td>5.2</td><td>8.7</td><td>13.6</td><td>16.6</td><td>20.5</td><td>20.8</td><td colspan="2">14.6</td></tr>
<tr><td>滁州</td><td>4.7</td><td>9.2</td><td>16.3</td><td>16.6</td><td>17.1</td><td>21.3</td><td colspan="2">14.8</td></tr>
<tr><td>达州</td><td>20.4</td><td>21.2</td><td>16.6</td><td>7.4</td><td>16.2</td><td>10.9</td><td colspan="2">7.3</td></tr>
<tr><td>大理</td><td>10.5</td><td>16.1</td><td>19.7</td><td>14.2</td><td>13.3</td><td>12.7</td><td colspan="2">13.5</td></tr>
<tr><td>大连</td><td>1.9</td><td>7.3</td><td>9.4</td><td>10.7</td><td>20.7</td><td>24.4</td><td>13.1</td><td>12.5</td></tr>
<tr><td>大同</td><td>4.3</td><td>14.1</td><td>20.3</td><td>16.2</td><td>17.8</td><td>15.5</td><td colspan="2">11.8</td></tr>
</table>

续表

城市	0～1200元	1201～2300元	2301～3500元	3501～4400元	4401～5600元	5601～8000元	8001～10000元	10001元及以上
丹东	1.0	7.9	12.1	22.6	22.4	25.1	8.9	
德阳	15.3	25.6	20.8	11.8	10.0	11.2	5.3	
德州	1.7	8.7	16.4	16.0	22.8	23.2	11.2	
东莞	3.0	8.1	14.3	14.5	16.8	24.9	18.4	
佛山	1.5	3.8	11.8	12.8	14.9	24.2	12.2	18.8
福州	1.9	3.2	6.6	8.2	13.8	28.4	17.4	20.5
抚顺	5.0	18.5	28.4	20.1	12.3	12.0	3.7	
阜阳	21.1	19.3	24.6	13.6	10.5	7.2	3.7	
赣州	3.0	7.3	12.7	13.4	20.3	18.7	13.6	11.0
广元	3.2	14.6	18.6	14.3	18.7	16.0	14.6	
广州	3.8	6.0	14.8	14.5	16.7	23.7	8.7	11.8
贵阳	2.3	9.7	14.3	15.1	17.7	23.4	17.5	
桂林	1.4	9.7	15.4	19.6	15.8	23.0	15.1	
哈尔滨	1.4	9.3	13.9	15.2	18.3	23.8	18.1	
海口	1.8	8.6	15.9	11.1	13.3	23.7	11.3	14.3
邯郸	4.7	17.8	22.9	15.9	14.2	15.0	9.5	
杭州	1.3	3.4	7.0	4.0	9.9	22.1	11.3	41.0
合肥	2.1	6.6	9.7	12.9	16.8	28.9	11.2	11.8
河源	3.3	5.8	12.7	13.4	25.1	20.0	19.7	
衡阳	6.5	16.3	16.0	19.3	19.6	12.0	10.3	
呼和浩特	3.7	6.1	12.8	14.6	19.2	23.7	19.9	
湖州	1.3	5.6	9.8	6.4	16.8	20.2	16.1	23.8
淮安	3.8	5.9	11.9	15.0	15.8	22.6	12.7	12.3
惠州	3.7	9.1	9.8	6.1	11.2	23.9	10.8	25.4
吉林	6.5	16.0	16.8	19.5	15.1	14.6	11.5	
济南	6.2	6.8	11.8	13.6	15.5	23.8	11.5	10.8
济宁	14.6	15.7	20.5	14.6	14.0	11.8	8.8	
嘉兴	1.5	4.5	7.4	6.7	19.1	24.9	15.7	20.2
江门	7.2	11.8	11.8	13.7	16.6	20.8	18.1	
江阴	5.9	5.5	8.1	8.3	15.2	24.5	12.9	19.6
揭阳	4.4	8.5	14.4	15.1	20.0	18.7	18.9	
金华	9.6	11.3	14.2	20.4	16.2	16.7	11.6	
锦州	2.4	11.3	17.8	16.1	22.0	20.9	9.5	
荆门	6.3	13.0	15.0	14.4	16.6	18.0	16.7	
荆州	5.3	11.2	16.0	15.8	16.6	21.8	13.3	
九江	2.5	8.8	15.6	14.8	24.5	20.5	13.3	
昆明	1.2	5.3	11.5	11.9	18.7	27.0	14.6	9.8
拉萨	31.3	20.4	14.2	9.6	7.9	9.3	7.3	
莱芜	16.8	21.7	25.4	15.3	9.0	8.7	3.1	
兰州	3.1	9.0	13.9	16.9	17.3	22.3	17.5	
乐山	4.9	11.1	22.7	13.1	24.9	15.0	8.3	
丽水	11.5	12.5	14.7	9.0	13.6	13.8	10.5	14.4
连云港	5.7	7.4	13.0	15.1	14.9	24.1	19.8	
临沂	11.9	10.2	13.0	18.4	14.6	19.6	12.3	
柳州	3.1	15.7	22.7	15.9	18.1	15.8	8.7	
泸州	39.9	18.3	13.6	8.9	7.3	5.2	6.8	

续表

城市	0～1200元	1201～2300元	2301～3500元	3501～4400元	4401～5600元	5601～8000元	8001～10000元	10001元及以上
洛阳	0.6	5.4	16.6	20.9	20.5	21.8	14.2	
茂名	6.8	15.2	19.1	11.8	15.5	15.0	16.6	
眉山	10.1	14.5	19.4	12.7	17.8	17.5	8.0	
绵阳	0.7	6.5	17.5	14.9	20.7	19.1	9.6	11.0
牡丹江	0.6	6.0	19.5	22.9	19.8	24.4	6.8	
南昌	1.1	6.0	8.7	12.5	22.8	29.4	19.5	
南充	26.6	14.6	14.8	10.2	11.5	13.2	9.1	
南京	1.0	4.2	6.2	6.6	13.9	21.2	18.7	28.2
南宁	13.2	17.2	15.0	9.3	12.1	17.3	15.9	
南通	1.1	3.9	8.7	11.7	19.1	28.0	14.4	13.1
南阳	5.1	13.7	17.5	14.9	17.9	17.7	13.2	
宁波	0.8	3.7	12.5	6.8	13.1	29.7	14.1	19.3
攀枝花	1.0	8.9	21.2	17.1	20.5	20.4	10.9	
平顶山	5.3	13.6	18.8	17.3	20.0	17.7	7.3	
秦皇岛	4.7	9.7	12.9	16.1	13.1	26.8	16.7	
青岛	5.8	8.9	11.1	11.2	14.3	25.0	12.4	11.3
清远	4.5	6.7	11.9	12.0	16.6	26.4	11.8	10.1
衢州	5.9	6.3	9.7	8.9	15.8	25.4	12.3	15.7
泉州	4.5	7.1	10.0	4.4	15.4	20.0	19.1	19.5
三亚	9.3	19.7	19.4	10.7	12.1	11.0	17.8	
厦门	1.8	4.8	9.0	5.7	15.0	23.9	14.5	25.3
汕头	3.0	10.9	22.3	16.0	17.5	13.8	16.5	
汕尾	5.7	18.8	23.5	17.0	16.1	9.6	9.3	
上海	0.5	1.7	8.8	6.8	12.6	26.7	16.1	26.8
韶关	11.0	17.8	21.4	11.8	11.1	12.9	14.0	
绍兴	3.3	5.2	10.5	5.8	21.3	22.5	11.8	19.6
深圳	0.1	0.2	5.3	3.3	7.6	19.6	15.1	48.8
沈阳	2.8	9.1	14.1	12.4	21.4	23.0	17.2	
石家庄	1.1	7.7	12.4	16.5	14.5	28.3	19.5	
苏州	4.2	4.9	10.5	8.5	17.5	22.8	12.9	18.7
遂宁	11.9	21.8	22.3	14.0	11.6	12.2	6.2	
台州	5.6	7.9	9.0	9.3	15.2	22.9	12.7	17.4
太原	1.1	5.8	11.6	11.3	21.1	28.7	10.3	10.1
泰安	4.5	8.4	15.5	15.1	22.8	16.5	17.2	
泰州	9.6	7.3	15.2	12.2	15.2	21.4	19.1	
唐山	1.2	6.4	14.3	18.6	22.4	23.6	13.5	
天津	2.6	9.1	10.4	15.2	16.8	24.4	10.4	11.1
铜陵	2.9	10.9	17.0	18.9	24.3	19.1	6.9	
威海	9.4	13.1	13.2	12.9	17.2	22.4	11.8	
潍坊	7.9	8.8	14.6	14.8	23.5	16.2	14.2	
温州	0.9	2.2	4.8	5.2	7.9	22.0	19.6	37.4
乌鲁木齐	1.8	5.6	7.6	10.4	17.1	22.5	19.4	15.6
无锡	4.5	5.1	6.5	6.7	15.9	24.8	16.5	20.0
芜湖	10.7	8.5	15.5	13.4	15.8	22.3	13.8	
武汉	5.0	8.5	9.8	13.0	16.0	24.5	12.8	10.4
西安	1.8	6.5	9.6	11.8	23.6	27.9	18.8	

续表

城市	0～1200元	1201～2300元	2301～3500元	3501～4400元	4401～5600元	5601～8000元	8001～10000元	10001元及以上
西宁	1.6	6.1	16.0	13.5	17.4	25.3	9.5	10.6
湘潭	2.4	11.1	13.8	16.8	18.3	22.5	15.1	
襄阳	3.0	9.2	21.9	15.5	17.5	21.1	11.8	
徐州	2.5	7.3	11.5	12.0	16.4	27.4	9.5	13.4
烟台	4.9	12.4	12.6	14.1	17.8	22.5	15.7	
盐城	1.5	2.6	3.0	3.8	14.6	24.9	21.2	28.4
扬州	5.2	5.2	11.9	8.5	14.9	23.2	13.3	17.8
阳江	11.9	18.0	19.7	12.6	11.8	14.2	11.8	
宜宾	10.5	15.3	16.1	13.6	18.1	16.7	9.7	
宜昌	3.1	6.0	13.5	16.2	19.0	20.9	10.1	11.2
宜春	12.2	17.4	25.6	15.6	12.2	8.6	8.4	
银川	1.8	5.7	13.2	12.6	17.4	26.9	13.1	9.3
营口	10.9	14.6	18.2	19.0	14.2	13.3	9.8	
永济	3.8	5.3	12.9	13.7	18.3	25.1	12.4	8.5
玉林	15.1	23.8	23.5	10.3	13.2	8.1	6.0	
岳阳	8.4	13.4	17.1	12.7	16.0	13.1	19.3	
湛江	9.0	10.0	15.8	13.7	14.6	19.2	17.7	
漳州	3.2	9.0	15.9	15.5	19.6	21.8	15.0	
长春	0.8	5.1	9.5	12.9	19.1	26.8	12.6	13.2
长沙	2.0	8.4	10.5	11.7	14.6	23.8	11.8	17.2
肇庆	4.8	9.9	14.2	10.7	17.0	24.3	19.1	
镇江	1.3	4.8	11.1	9.8	17.4	23.8	13.4	18.4
郑州	2.3	8.4	13.7	13.8	16.1	18.1	12.8	14.8
中山	1.9	12.3	12.5	11.7	13.4	16.6	11.5	20.1
重庆	20.3	16.2	15.1	11.0	14.2	10.8	12.4	
舟山	5.4	5.2	12.4	9.6	15.4	24.4	13.2	14.4
珠海	0.8	6.0	10.7	10.7	15.4	21.8	13.0	21.6
株洲	1.3	9.9	14.6	13.5	17.1	21.0	9.6	13.0
资阳	58.7	17.5	10.7	4.9	4.1	2.8	1.3	
淄博	9.9	14.1	21.6	17.8	15.3	13.7	7.6	
遵义	6.5	10.7	15.3	12.3	22.0	16.8	16.4	

表4.14　2014年各城市收视调查网家庭购买决策者年龄结构（%）

城市	15～29岁	30～49岁	50岁及以上
安庆	7.1	47.7	45.2
鞍山	7.8	38.1	54.1
蚌埠	7.8	46.4	45.8
包头	8.7	49.5	41.8
宝鸡	6.3	46.2	47.5
保定	12.6	51.5	35.9
北海	11.0	50.5	38.5
北京	16.2	41.2	42.6
滨州	10.8	54.1	35.1
常德	6.7	53.6	39.7

续表

城市	15~29岁	30~49岁	50岁及以上
常熟	8.5	45.4	46.1
常州	10.1	46.0	43.9
潮州	6.4	44.6	49.0
成都	16.0	45.4	38.6
承德	12.4	48.9	38.7
滁州	9.6	51.5	38.9
达州	10.1	48.2	41.7
大理	10.4	56.1	33.5
大连	10.4	45.2	44.4
大同	8.5	54.6	36.9
丹东	5.7	37.6	56.7
德阳	9.2	47.3	43.5
德州	15.9	51.7	32.4
东莞	22.6	55.7	21.7
佛山	13.7	58.9	27.4
福州	12.1	42.2	45.7
抚顺	7.5	35.9	56.6
阜阳	10.6	47.3	42.1
赣州	8.0	46.2	45.8
广元	7.2	55.4	37.4
广州	17.5	43.1	39.4
贵阳	10.6	47.3	42.1
桂林	10.0	48.2	41.8
哈尔滨	10.9	44.9	44.2
海口	10.8	52.5	36.7
邯郸	7.0	50.1	42.9
杭州	12.9	41.0	46.1
合肥	19.6	48.6	31.8
河源	8.0	46.9	45.1
衡阳	12.4	44.5	43.1
呼和浩特	9.8	53.2	37.0
湖州	7.4	40.8	51.8
淮安	9.3	51.7	39.0
惠州	16.7	60.4	22.9
吉林	7.6	40.8	51.6
济南	11.9	48.3	39.8
济宁	14.3	49.7	36.0
嘉兴	6.4	43.0	50.6
江门	10.1	49.7	40.2
江阴	6.7	49.9	43.4
揭阳	7.8	56.2	36.0

续表

城市	15 ~ 29 岁	30 ~ 49 岁	50 岁及以上
金华	8.7	50.5	40.8
锦州	6.1	46.4	47.5
荆门	9.1	56.8	34.1
荆州	7.5	48.5	44.0
九江	8.0	55.2	36.8
昆明	14.6	38.2	47.2
拉萨	13.2	50.7	36.1
莱芜	8.5	48.7	42.8
兰州	8.0	46.2	45.8
乐山	11.4	47.7	40.9
丽水	9.7	47.0	43.3
连云港	12.1	51.0	36.9
临沂	17.8	53.4	28.8
柳州	6.6	43.8	49.6
泸州	8.1	48.7	43.2
洛阳	6.5	48.9	44.6
茂名	9.0	50.0	41.0
眉山	10.9	50.5	38.6
绵阳	7.5	51.1	41.4
牡丹江	7.7	42.8	49.5
南昌	6.9	47.4	45.7
南充	8.3	40.9	50.8
南京	10.0	46.7	43.3
南宁	11.5	45.6	42.9
南通	8.2	44.8	47.0
南阳	10.6	47.1	42.3
宁波	14.4	47.4	38.2
攀枝花	13.5	54.1	32.4
平顶山	8.8	55.3	35.9
秦皇岛	8.3	44.7	47.0
青岛	9.2	45.2	45.6
清远	11.1	54.0	34.9
衢州	5.0	47.0	48.0
泉州	11.6	52.2	36.2
三亚	11.1	57.3	31.6
厦门	16.1	47.6	36.3
汕头	10.9	55.3	33.8
汕尾	7.4	57.0	35.6
上海	13.1	36.1	50.8
韶关	8.4	48.4	43.2
绍兴	4.2	50.0	45.8

续表

城市	15~29岁	30~49岁	50岁及以上
深圳	33.6	55.3	11.1
沈阳	12.7	39.7	47.6
石家庄	9.9	46.4	43.7
苏州	21.9	42.0	36.1
遂宁	7.0	44.1	48.9
台州	7.2	51.0	41.8
太原	8.2	48.7	43.1
泰安	8.0	50.8	41.2
泰州	3.6	42.2	54.2
唐山	9.1	44.8	46.1
天津	9.8	41.8	48.4
铜陵	4.8	42.5	52.7
威海	8.3	52.4	39.3
潍坊	12.4	48.6	39.0
温州	14.2	47.3	38.5
乌鲁木齐	14.4	50.9	34.7
无锡	6.9	42.9	50.2
芜湖	6.4	51.5	42.1
武汉	8.5	43.3	48.2
西安	12.9	39.3	47.8
西宁	12.9	52.2	34.9
湘潭	8.7	47.8	43.5
襄阳	12.5	46.8	40.7
徐州	12.9	43.4	43.7
烟台	9.1	50.8	40.1
盐城	4.1	47.4	48.5
扬州	7.5	51.2	41.3
阳江	9.7	53.5	36.8
宜宾	8.6	48.7	42.7
宜昌	9.6	44.7	45.7
宜春	9.0	50.5	40.5
银川	13.7	50.8	35.5
营口	8.5	46.2	45.3
永济	4.5	55.5	40.0
玉林	13.7	50.1	36.2
岳阳	8.9	58.5	32.6
湛江	8.7	47.6	43.7
漳州	6.2	48.4	45.4
长春	9.3	47.9	42.8
长沙	16.5	44.9	38.6
肇庆	10.2	53.0	36.8

续表

城市	15～29岁	30～49岁	50岁及以上
镇江	4.7	44.4	50.9
郑州	19.4	45.5	35.1
中山	14.5	51.7	33.8
重庆	7.4	46.7	45.9
舟山	5.4	44.4	50.2
珠海	14.8	60.5	24.7
株洲	12.0	51.1	36.9
资阳	5.7	50.6	43.7
淄博	8.0	47.8	44.2
遵义	12.5	49.5	38.0

表4.15 2014年各城市收视调查网性别与年龄结构（%）

城市	性别		年龄						
	男性	女性	4～14岁	15～24岁	25～34岁	35～44岁	45～54岁	55～64岁	65岁及以上
安庆	49.9	50.1	10.7	16.1	12.8	22.5	15.7	11.8	10.4
鞍山	49.9	50.1	6.1	11.8	13.7	17.4	23.7	13.9	13.4
蚌埠	50.2	49.8	10.1	17.5	14.6	19.6	15.9	11.5	10.8
包头	51.5	48.5	9.8	16.1	16.3	21.6	17.0	9.6	9.6
宝鸡	51.0	49.0	10.6	16.3	15.8	19.8	16.6	11.6	9.3
保定	49.4	50.6	9.3	24.2	17.2	16.8	13.4	10.5	8.6
北海	50.4	49.6	11.4	16.7	18.1	20.2	15.8	9.7	8.1
北京	51.1	48.9	5.6	18.9	22.4	17.3	15.9	10.2	9.7
滨州	49.4	50.6	11.9	16.4	16.3	19.8	13.3	13.2	9.1
常德	49.6	50.4	8.7	17.0	12.0	22.0	16.7	12.7	10.9
常熟	50.2	49.8	7.1	18.1	16.6	19.6	14.9	12.4	11.3
常州	51.4	48.6	8.6	17.7	17.6	21.0	14.5	11.5	9.1
潮州	49.1	50.9	10.8	20.5	15.1	18.2	15.4	11.5	8.5
成都	50.5	49.5	7.9	18.6	17.5	22.4	13.5	10.8	9.3
承德	50.5	49.5	9.7	18.8	15.3	18.7	17.8	10.8	8.9
滁州	49.8	50.2	10.5	17.6	14.8	22.6	14.6	10.8	9.1
达州	49.4	50.6	12.8	17.0	12.3	23.5	13.7	12.0	8.7
大理	49.8	50.2	13.0	18.1	16.4	20.0	13.8	9.9	8.8
大连	49.7	50.3	6.9	18.2	18.3	17.7	16.5	12.1	10.3
大同	50.6	49.4	11.6	14.3	15.6	21.7	18.0	10.1	8.7
丹东	49.8	50.2	6.8	13.0	13.4	18.0	21.1	14.9	12.8
德阳	50.8	49.2	9.0	15.1	13.1	22.7	15.7	13.5	10.9
德州	51.1	48.9	11.8	18.7	18.0	19.9	14.2	10.1	7.3
东莞	53.4	46.6	6.5	28.1	28.7	22.1	8.4	3.6	2.6
佛山	53.7	46.3	9.0	20.8	23.2	22.7	11.8	7.0	5.5
福州	50.7	49.3	9.2	19.1	20.4	19.1	14.1	10.0	8.1

续表

城市	性别		年龄						
	男性	女性	4～14岁	15～24岁	25～34岁	35～44岁	45～54岁	55～64岁	65岁及以上
抚顺	50.1	49.9	6.3	12.5	13.1	17.1	23.9	14.3	12.8
阜阳	49.4	50.6	15.3	17.2	15.3	19.5	12.3	10.6	9.8
赣州	50.8	49.2	12.2	21.1	15.9	18.3	13.7	10.6	8.2
广元	50.8	49.2	11.3	17.9	13.0	25.0	13.7	10.4	8.7
广州	52.2	47.8	8.0	22.9	22.3	19.5	12.6	7.8	6.9
贵阳	51.1	48.9	12.2	19.5	16.8	20.5	13.7	8.8	8.5
桂林	50.0	50.0	9.7	17.1	19.3	19.5	15.0	11.1	8.3
哈尔滨	50.7	49.3	6.8	17.5	16.7	18.8	18.4	12.1	9.7
海口	51.2	48.8	12.6	21.5	18.4	19.1	12.9	7.9	7.6
邯郸	51.3	48.7	10.8	16.4	15.4	19.5	16.9	11.8	9.2
杭州	51.2	48.8	7.9	19.8	19.4	18.9	15.2	10.1	8.7
合肥	53.1	46.9	9.5	22.3	19.1	20.2	12.6	9.0	7.3
河源	50.9	49.1	13.8	20.8	21.1	20.4	11.5	6.1	6.3
衡阳	50.5	49.5	10.9	20.6	14.5	18.5	15.6	11.6	8.3
呼和浩特	50.5	49.5	10.5	20.9	18.2	19.6	14.9	8.9	7.0
湖州	50.5	49.5	8.1	19.6	16.4	18.6	15.7	11.5	10.1
淮安	51.1	48.9	10.2	24.0	15.2	19.3	14.3	9.1	7.9
惠州	52.5	47.5	11.8	24.1	21.8	21.2	10.7	5.4	5.0
吉林	50.2	49.8	7.3	15.1	14.4	19.0	19.8	13.7	10.7
济南	50.5	49.5	9.2	20.5	17.6	17.1	15.7	10.9	9.0
济宁	50.3	49.7	11.8	16.9	18.3	18.4	15.2	10.7	8.7
嘉兴	50.5	49.5	8.2	19.1	15.1	18.5	16.5	11.9	10.7
江门	51.3	48.7	11.1	19.5	19.4	21.4	12.8	8.8	7.0
江阴	51.4	48.6	8.3	17.2	17.0	21.2	14.8	12.0	9.5
揭阳	51.3	48.7	15.0	24.1	13.6	17.5	13.4	9.1	7.3
金华	51.8	48.2	10.2	16.5	18.3	20.2	15.3	10.7	8.8
锦州	49.3	50.7	7.8	15.3	14.7	17.7	19.4	13.6	11.5
荆门	50.7	49.3	9.4	17.5	15.9	22.0	16.5	11.0	7.7
荆州	50.7	49.3	8.0	19.1	13.9	20.1	17.3	12.6	9.0
九江	50.5	49.5	11.3	21.5	14.9	19.4	14.1	10.3	8.5
昆明	51.0	49.0	9.1	19.3	20.1	20.2	13.0	9.7	8.6
拉萨	51.7	48.3	8.5	21.5	22.1	25.4	13.4	5.5	3.6
莱芜	50.3	49.7	12.9	12.0	12.6	20.6	18.1	13.4	10.4
兰州	51.1	48.9	9.2	21.1	15.8	19.6	15.4	9.5	9.4
乐山	48.9	51.1	8.1	18.9	12.8	21.6	14.3	12.8	11.5
丽水	51.5	48.5	10.9	16.9	16.9	20.0	15.6	10.4	9.3
连云港	51.9	48.1	10.8	19.6	16.4	19.0	15.2	10.8	8.2
临沂	49.7	50.3	13.1	19.3	17.4	20.3	13.2	8.5	8.2
柳州	51.4	48.6	11.4	15.2	18.1	21.2	14.9	10.5	8.7

续表

城市	性别		年龄						
	男性	女性	4~14岁	15~24岁	25~34岁	35~44岁	45~54岁	55~64岁	65岁及以上
泸州	49.9	50.1	13.4	14.3	10.9	21.2	14.6	14.4	11.2
洛阳	49.7	50.3	11.2	18.1	15.5	19.3	15.4	10.7	9.8
茂名	52.0	48.0	17.4	22.3	14.7	16.1	12.4	8.5	8.6
眉山	49.5	50.5	8.9	15.0	12.0	23.6	14.4	13.8	12.3
绵阳	50.8	49.2	9.0	20.9	15.5	22.8	13.2	10.2	8.4
牡丹江	49.4	50.6	7.7	14.9	14.7	19.3	19.5	13.1	10.8
南昌	51.8	48.2	11.1	24.2	15.8	17.2	13.9	9.6	8.2
南充	49.0	51.0	10.9	19.7	13.3	19.7	13.4	12.6	10.4
南京	51.8	48.2	6.9	21.1	18.1	17.9	15.1	11.3	9.6
南宁	51.7	48.3	10.4	20.9	20.4	19.0	13.2	8.6	7.5
南通	50.2	49.8	7.4	20.6	16.7	19.3	14.4	11.2	10.4
南阳	50.3	49.7	15.0	16.9	15.8	18.4	13.9	11.1	8.9
宁波	50.9	49.1	8.3	16.5	19.9	20.4	15.4	11.1	8.4
攀枝花	51.7	48.3	11.7	13.8	13.8	26.7	12.2	12.1	9.7
平顶山	51.0	49.0	11.7	18.6	15.5	22.7	14.2	9.4	7.9
秦皇岛	49.9	50.1	8.4	21.2	16.5	17.7	15.6	11.7	8.9
青岛	50.1	49.9	8.8	18.5	17.6	17.3	16.0	11.6	10.2
清远	52.0	48.0	11.9	20.3	17.9	20.1	13.0	8.7	8.1
衢州	50.7	49.3	11.6	12.4	15.2	21.1	16.9	12.2	10.6
泉州	51.3	48.7	8.8	25.6	21.8	20.1	11.9	6.6	5.2
三亚	52.9	47.1	13.1	25.6	20.9	18.3	11.2	6.0	4.9
厦门	51.6	48.4	9.0	24.7	24.7	19.7	10.8	6.3	4.8
汕头	50.0	50.0	18.6	22.2	15.3	15.6	12.5	8.5	7.3
汕尾	51.1	48.9	15.8	23.9	16.7	17.3	12.1	7.8	6.4
上海	51.1	48.9	5.7	15.6	21.0	16.1	16.8	13.7	11.1
韶关	51.2	48.8	11.7	17.3	15.4	20.3	15.5	10.1	9.7
绍兴	49.4	50.6	9.8	18.7	15.7	20.0	15.7	11.3	8.8
深圳	53.5	46.5	7.0	26.3	31.2	21.7	8.6	3.3	1.9
沈阳	50.2	49.8	6.5	14.0	17.0	17.0	20.3	13.7	11.5
石家庄	49.0	51.0	9.1	22.7	18.1	17.4	14.3	9.7	8.7
苏州	51.0	49.0	6.6	24.4	21.1	17.5	12.5	9.8	8.1
遂宁	49.8	50.2	11.7	18.0	13.7	20.5	13.7	12.4	10.0
台州	51.6	48.4	10.8	15.3	17.7	22.1	14.8	10.0	9.3
太原	50.9	49.1	9.3	24.0	16.5	17.5	15.8	8.6	8.3
泰安	50.1	49.9	11.4	18.4	16.5	19.5	14.7	10.9	8.6
泰州	49.7	50.3	8.9	15.7	14.3	19.8	15.2	13.5	12.6
唐山	50.5	49.5	8.3	15.8	16.8	15.8	18.4	15.0	9.9
天津	53.7	46.3	6.3	19.8	19.6	16.6	16.9	11.9	8.9
铜陵	51.3	48.7	10.4	13.9	14.1	23.3	16.8	11.1	10.4

续表

城市	性别		年龄						
	男性	女性	4~14岁	15~24岁	25~34岁	35~44岁	45~54岁	55~64岁	65岁及以上
威海	50.5	49.5	9.2	19.6	18.6	20.0	14.5	10.0	8.1
潍坊	50.8	49.2	11.3	16.7	16.1	18.9	15.7	11.8	9.5
温州	52.2	47.8	7.8	19.9	23.7	21.0	13.3	7.9	6.4
乌鲁木齐	51.7	48.3	10.2	18.1	17.4	24.5	14.0	7.3	8.5
无锡	52.1	47.9	7.4	18.6	18.7	20.3	14.2	11.6	9.2
芜湖	52.5	47.5	7.4	22.0	14.9	18.9	15.9	11.0	9.9
武汉	51.4	48.6	7.5	22.6	16.2	17.3	16.1	11.5	8.8
西安	51.3	48.7	8.2	22.7	18.6	17.7	14.7	9.1	9.0
西宁	51.1	48.9	10.7	17.4	15.9	22.5	15.7	8.5	9.3
湘潭	51.3	48.7	8.3	22.6	14.8	18.4	15.3	11.2	9.4
襄阳	50.2	49.8	11.2	18.2	16.1	19.4	15.6	11.4	8.1
徐州	50.5	49.5	9.4	18.7	15.8	18.4	15.5	11.7	10.5
烟台	50.8	49.2	7.7	22.2	17.5	18.4	15.1	10.4	8.7
盐城	50.4	49.6	10.0	16.2	13.9	20.6	15.8	12.5	11.0
扬州	50.4	49.6	8.2	18.3	14.6	19.1	15.6	13.2	11.0
阳江	51.2	48.8	12.1	19.4	16.5	19.3	13.9	9.1	9.7
宜宾	50.2	49.8	12.4	16.3	13.0	22.1	14.1	12.3	9.8
宜昌	50.9	49.1	8.9	15.8	17.3	19.7	15.3	13.3	9.7
宜春	51.1	48.9	17.1	17.4	15.7	18.2	13.6	9.6	8.4
银川	50.7	49.3	11.8	19.8	19.3	21.0	13.2	8.1	6.8
营口	50.8	49.2	8.2	14.7	16.6	19.3	18.5	12.4	10.3
永济	50.7	49.3	12.1	19.9	14.6	18.5	15.8	10.3	8.8
玉林	52.2	47.8	14.8	19.8	18.9	17.3	11.7	9.3	8.2
岳阳	51.0	49.0	11.5	17.4	14.9	23.2	14.7	10.2	8.1
湛江	51.5	48.5	14.3	23.2	16.0	16.1	13.2	8.4	8.8
漳州	50.1	49.9	10.9	20.0	18.0	19.4	14.5	9.0	8.2
长春	50.1	49.9	7.9	18.5	17.4	18.1	17.0	12.0	9.1
长沙	50.0	50.0	8.7	21.9	17.1	19.3	14.3	10.4	8.3
肇庆	50.8	49.2	11.1	21.6	15.7	20.3	13.6	9.2	8.5
镇江	52.6	47.4	7.6	17.4	15.6	20.2	16.8	12.5	9.9
郑州	50.8	49.2	10.4	25.3	19.4	18.7	12.0	7.5	6.7
中山	52.9	47.1	9.2	23.6	23.7	22.1	10.5	6.2	4.7
重庆	50.6	49.4	10.6	16.4	11.8	21.2	14.4	13.8	11.8
舟山	52.2	47.8	7.8	13.3	15.9	21.4	19.0	12.3	10.3
珠海	51.4	48.6	10.8	21.4	21.6	23.3	12.1	6.1	4.7
株洲	51.1	48.9	9.1	18.7	16.0	21.8	15.0	10.5	8.9
资阳	50.3	49.7	13.2	15.1	10.7	20.8	13.4	14.0	12.8
淄博	50.2	49.8	10.8	14.7	14.9	19.8	17.2	12.3	10.3
遵义	50.5	49.5	14.8	16.8	15.8	22.4	12.9	9.4	7.9

图书在版编目（CIP）数据

中国电视收视年鉴．2015／陈若愚主编．—北京：中国传媒大学出版社，2015.8
ISBN 978－7－5657－1394－1

Ⅰ.①中…　Ⅱ.①陈…　Ⅲ.①电视工作－抽样调查－中国－2015－年鉴　Ⅳ.①G229.2－54

中国版本图书馆CIP数据核字（2015）第133983号

中国电视收视年鉴2015

主　　编　陈若愚
责任编辑　欣　雯
责任印制　阳金洲
封面制作　大鹏设计
出 版 人　王巧林

出版发行　中国传媒大学出版社
地　　址　北京市朝阳区定福庄东街1号　邮编100024
　　　　　电话：86－10－65450532　65450528　传真：65779405
网　　址　http://www.cucp.com.cn
经　　销　全国新华书店

印　　刷　北京艺堂印刷有限公司
开　　本　787mm×1092mm　1/16
印　　张　47.5
版　　次　2015年8月第1版　2015年8月第1次印刷

书　　号　ISBN 978－7－5657－1394－1/G·1394　　定　价　168.00元

民法典及司法解释

新旧条文对照与重点条文释义

含民法典总则编司法解释

中国法制出版社
CHINA LEGAL PUBLISHING HOUSE